Im Gegensatz zu den bisher gebräuchlichen Nachschlagewerken wurden im ›dtv-Atlas Weltgeschichte‹ Karten, Genealogien und graphische Darstellungen mit einem detaillierten chronologischen Abriß vereinigt. Dem historisch interessierten Leser wird damit ein Hilfsmittel an die Hand gegeben, das ihm eine rasche und gründliche Information über geschichtliche Situationen und Vorgänge ermöglicht. Den übersichtlichen Schaubildern und Karten ist der jeweils interpretierende Text gegenübergestellt. Beide bilden eine Einheit. Sie ergänzen und intensivieren sich wechselseitig. Die bisher noch immer übliche europabezogene Sicht der Geschichte wurde durch universalhistorische Aspekte erweitert. Der ›dtv-Atlas Weltgeschichte‹ ist somit ein Nachschlagewerk von hohem Informationsgehalt, gleichzeitig aber auch ein wertvolles Hilfsmittel für Unterricht und Studium.

In der Reihe ›dtv-Atlas‹ sind bisher erschienen:

Akupunktur, 3232
Anatomie, 3 Bände, 3017, 3018, 3019
Astronomie, 3006
Atomphysik, 3009
Baukunst, 2 Bände, 3020, 3021
Biologie, 3 Bände, 3221, 3222, 3223
Chemie, 2 Bände, 3217, 3218
Deutsche Literatur, 3219
Deutsche Sprache, 3025
Ernährung, 3237
Erste Hilfe, 3238
Informatik, 3230
Mathematik, 2 Bände, 3007, 3008
Musik, 2 Bände, 3022, 3023
Namenkunde, 3234
Ökologie, 3228
Pathophysiologie, 3236
Philosophie, 3229
Physik, 2 Bände, 3226, 3227
Physiologie, 3182
Psychologie, 2 Bände, 3224, 3225
Stadt, 3231
Weltgeschichte, 2 Bände, 3001, 3002

Weitere dtv-Atlanten sind in Vorbereitung

Hermann Kinder/Werner Hilgemann

dtv-Atlas Weltgeschichte

Von den Anfängen
bis zur Gegenwart

Mit 249 Abbildungsseiten in Farbe

Graphische Gestaltung der Abbildungen
Harald und Ruth Bukor

Deutscher Taschenbuch Verlag

Übersetzungen

Bulgarien: Lettera Publishers Nadja Furnadjieva, Plovdiv
Dänemark: Munksgaard International Publishers, Kopenhagen
Estland: Avita Publ., Tallinn (in Vorb.)
Frankreich: Librairie Academique Perrin, Paris
Großbritannien: The Penguin Group, London
Italien: Garzanti Editore, Milano
Japan: Heibonsha Limited, Publishers, Tokio
Lettland: Zvaigzne ABC Publ., Riga (in Vorb.)
Libanon: Librairie Orientale, Beirut (in Vorb.)
Litauen: Alma Littera, Wilna (in Vorb.)
Niederlande: Ambo/Anthos Uitgevers, Amsterdam
Polen: Prószyński i s-ka, Warschau
Portugal: Paz Editora de Multimedia Lda, Lissabon (in Vorb.)
Rumänien: Enciclopedia RAO, Bukarest (in Vorb.)
Schweden: Tiden, Stockholm
Spanien: Ediciones Istmo, Madrid
Tschechische Rep.: The Lidové Noviny Publ. House, Prag (in Vorb.)
Ukraine: Znannia-Press Publ. House Ltd., Kiew (in Vorb.)
Ungarn: Athenaeum Kiadó, Budapest
USA: Doubleday & Co. Inc., New York

Für die 25. Auflage von Band 2 wurden die weltgeschichtlichen Ereignisse bis 1990/91 unter Mitarbeit von Wolfgang Pöppinghaus fortgeführt.

Originalausgabe
Sonderausgabe des im dtv in zwei Bänden 1964 und 1966
erstmals erschienenen dtv-Atlas Weltgeschichte
April 2000

www.dtv.de

Umschlagkonzept: Balk & Brumshagen
Gesamtherstellung: Appl, Wemding
Printed in Germany · ISBN 3-423-03000-3

Aus dem Vorwort zu Band 1

Der ›dtv-Atlas zur Weltgeschichte‹ stellt einen Versuch dar, Karten und chronologischen Abriß sinnvoll miteinander zu verbinden und dem Benutzer historische Situationen auch auf optischem Wege nahezubringen. Bei der Auswahl der Fakten haben wir uns nicht von einem bestimmten Geschichtsbild leiten lassen, sondern wollten versuchen, einen möglichst objektiven Überblick zu geben. Aus diesem Grunde wurden auch außereuropäische Themen und Epochen berücksichtigt.

Wenn Karten und Graphiken von der herkömmlichen Darstellung abweichen, so wurden wir nicht nur durch das Format dazu gezwungen. Es lag in unserer Absicht, historische Prozesse nur in ihrem wesentlichen Verlauf nachzuzeichnen und sie nicht durch Aufnahme nebensächlicher Dinge zu belasten.

Die Überblicke über Kultur, Kunst, Religion etc. sollen zur Abrundung dienen. Wir glaubten in der Regel darauf verzichten zu sollen, geistige Vorgänge kartographisch bzw. graphisch umzusetzen, weil derartige Versuche nur selten befriedigen.

Unser Dank gilt Herrn und Frau Bukor, die mit großem Einfühlungsvermögen die Karten und Graphiken gestalteten, sowie Herrn Dr. Erhard Klöss, in dessen Händen die Gesamtredaktion lag.

Bielefeld, im August 1964 — Die Verfasser

Aus dem Vorwort zur 1. Auflage von Band 2

Der zweite Band des ›dtv-Atlas zur Weltgeschichte‹ möchte – wie sein erster Teil – eine möglichst objektive und umfassende Orientierungshilfe sein. Der Text will nicht als eine Erläuterung der Karten oder graphischen Darstellungen verstanden werden, vielmehr sollen chronologischer Abriß und Skizzen sich zwar ergänzen, aber ihren jeweils spezifischen Aussagewert behalten.

Je gegenwärtiger die Vergangenheit, desto umfangreicher, aber auch undurchsichtiger wird unser Wissen von ihr. Die Fülle des Stoffes und der zur Verfügung stehende begrenzte Raum zwangen zu einer strengen Auswahl und Ordnung des Geschehens.

Bielefeld, im September 1966 — Die Verfasser

Aus dem Vorwort zur 12. Auflage von Band 2

Nach dem plötzlichen Tode meines Freundes Hermann Kinder – der den über Erwarten großen Erfolg des Atlas noch erleben durfte – oblag mir die Pflicht, die Zeitgeschichte bis zum Jahre 1977 fortzuführen: als Anhang, chronologisch gerafft, da die Gegenwart sich der historischen Wertung noch weitgehend verschließt.

Bielefeld, im April 1977 — Werner Hilgemann

Aus dem Vorwort zur 25. Auflage von Band 2

Für diese Auflage wurden die Ereignisse bis 1990 ergänzt.

Bielefeld, am 3. 1. 1991 — Werner Hilgemann

Inhalt

Die im Text in eckigen Klammern stehenden Jahreszahlen geben Regierungsdaten an, die in runden Klammern befindlichen verweisen auf die Lebensdaten.

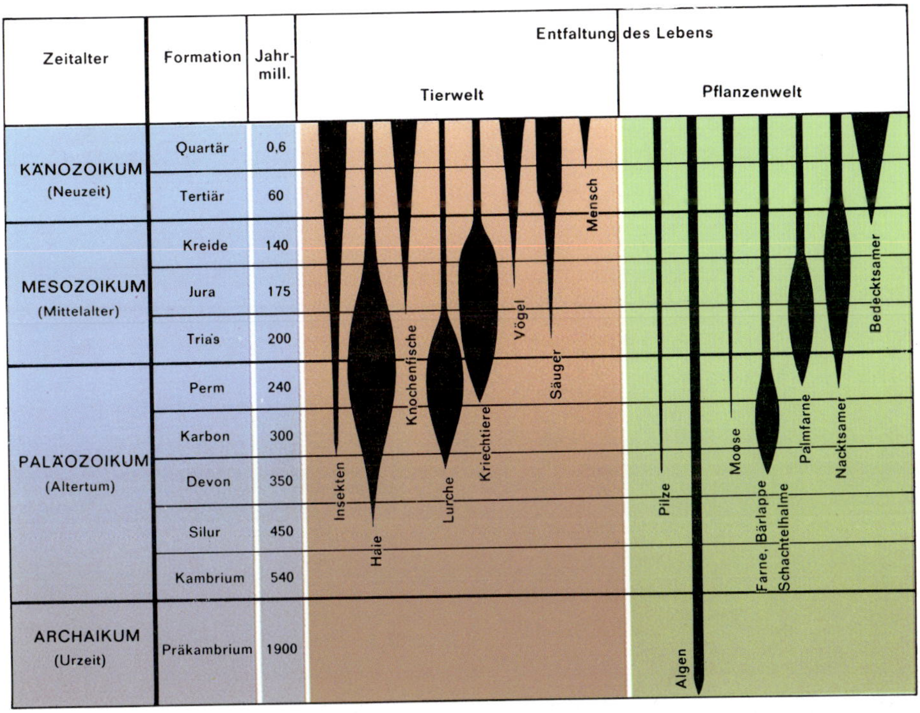

Erd- und Lebensgeschichte

Zeitalter	Australopithecinen [Prähominiden]	Pithecanthropi [Archanthropinen]	Neandertaler [Paläanthropinen]	Ungesicherte Funde	Präsapiens [Neanthropinen]
OBERES PLEISTOZÄN		Ngandong	Monte Circeo Gibraltar Engis-Spy La Chapelle La Ferrassie Eyassie-See Tabun Krapina Saccopastore Ehringsdorf	Broken Hill Saldanha	Karmel Fontéchevade
MITTLERES PLEISTOZÄN		Chou Kou Tien Trinil Casablanca Ternifine Rabat Montmaurin Mauer Modjokerto Oldoway	Neandertal	Swanscombe Steinheim	
UNTERES PLEISTOZÄN	China Südafrika			Anmerkung: Beide Tabellen sind nicht maßstäblich angelegt und sollen nur den ungefähren zeitlichen Ablauf verdeutlichen.	

Wichtigste Funde der Hominiden im Pleistozän

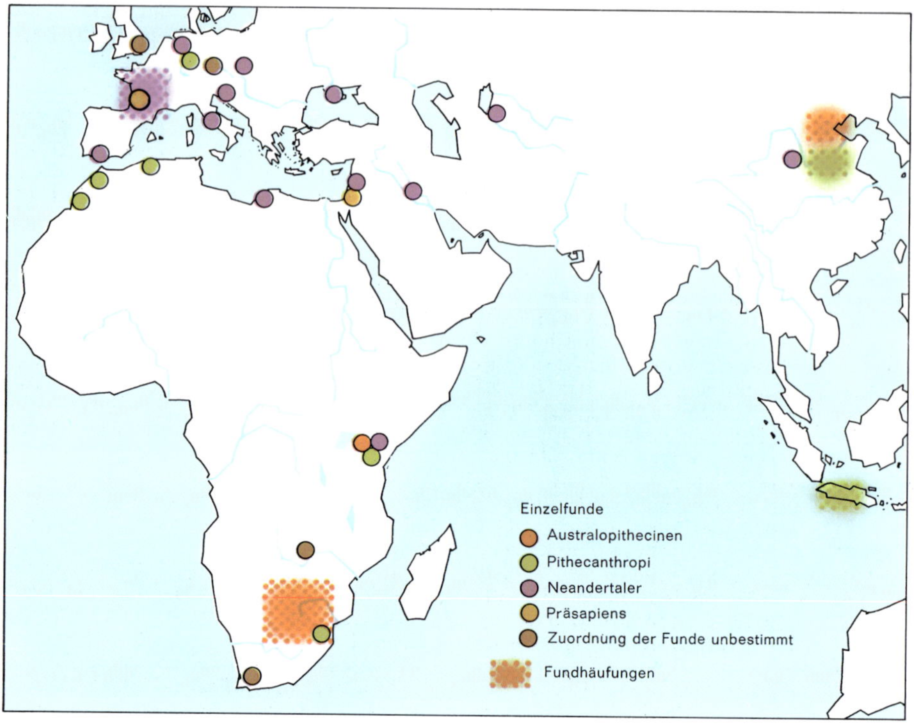

Menschenfunde im Pleistozän

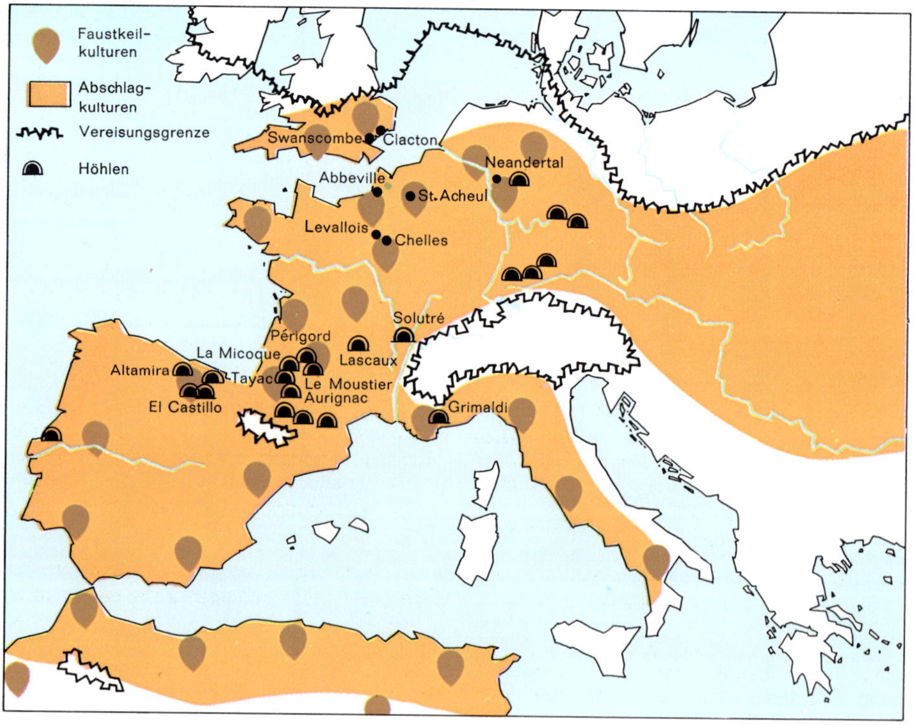

Altsteinzeitliche Kulturen

Der Mensch der Altsteinzeit (Paläolithikum)
Vom Ende des Tertiärs bzw. vom unteren Mittelpleistozän datieren die frühesten Menschenfunde: die **Australopithecinen** oder Prähominiden (Name nach dem Fund in Taung, Transvaal, durch den Entdecker DART, 1925). Wegen des Auftretens menschlicher Intelligenz (Formung von Geräten: Artefakte) Stellung der Prähominiden zwischen Tier und Mensch. Die Prähominiden sind die Träger der Geröllkultur (Pebble-culture). Allmähliche Entfaltung der Menschen im Pleistozän: die **Pithecanthropi** oder Archanthropinen sind Träger der frühen menschlichen Kulturen. Sie kennen bereits das Feuer (erstes Hantieren mit Feuer in China).
Im mittleren Pleistozän Vorkommen des **Neandertalers** (Paläanthropinen) als Träger der Moustérien-Kultur; dazu die **Präsapiens-Gruppe** (Neanthropinen). Bestimmte Zuordnungen (z.B. die Funde von Broken Hill, Saldanha, Swanscombe und Steinheim) sind ungewiß. In der letzten Eiszeit folgt auf die Präsapiens-Gruppe der **Homo sapiens** (Cromagnon, Grimaldi, Chancelade, Oberkassel, Predmost, Lautsch, Combe-capelle, Brünn).
Am Ende des Pleistozäns bilden sich die menschlichen **Großrassen:** Mongolide (Asien), Negride (Zentralafrika), Europide und Australide.
Die Gliederung des **Pleistozäns** (Eiszeitalter) erfolgt nach den Eis- und Warmzeiten (Glaziale und Interglaziale, Jahre in Tsd.):

600–540 1. Eiszeit (Günz)
540–480 1. Warmzeit (Günz-Mindel)
480–430 2. Eiszeit (Mindel)
430–240 2. Warmzeit (Mindel-Riß)
240–180 3. Eiszeit (Riß)
180–120 3. Warmzeit (Riß-Würm)
120–10 4. Eiszeit (Würm); es folgt die Nacheiszeit.

Historisch und anthropologisch wird die Zeit in 3 Perioden gegliedert:

600–100 Altpaläolithikum (Ältere Altsteinzeit)
100–50 Mittelpaläolithikum (Mittlere Altsteinzeit)
50–10 Jungpaläolithikum (Jüngere Altsteinzeit)

Die Kulturen
Der Name dieser historischen Epoche wird von dem wichtigsten Rohstoff hergeleitet, dem **spaltbaren Stein,** der durch Zuschläge bewußt geformt wird, um mit ihm als Werkzeug Holz und Knochen bearbeiten oder ihn als Waffe (Keule, Beil, Spitze) gebrauchen zu können.
Durch die Behandlung des Steins entstehen vier Arten von Artefakten (Werkzeugen):

1. Werkzeuge aus dem unbearbeiteten Stein.
   Geröllkultur (Pebble-culture): Süd- und Ostafrika, Siam, Burma, Malaya, Java, China. Durch Auseinanderschlagen von Geröllsteinen entstehen: Hauwerkzeuge (chopping tools), grobe Schaber (choppers), Vorformen der Faustkeile.
2. Werkzeuge, die aus einem übriggebliebenen Kernstein (-stück) meist doppelseitig bearbeitet sind **(Faustkeil).**
   Abbevillien (Abbeville a. d. Somme), früher Chelléen (Chelles a. d. Marne) genannt: Afrika, Indien, Java, Westeuropa.
   Acheuléen (St.Acheul bei Amiens): Afrika, Indien, West- und Mitteleuropa.
   Micoquien (La Micoque, Dordogne): Afrika, Indien, West- und Mitteleuropa, Palästina, Syrien.
3. Werkzeuge, die durch Beschlagen des Kerns mit Haugeräten entstehen (einseitig bearbeitete **Abschläge).**
   Clactonien (Clacton, Essex): West- und Mitteleuropa, Afrika, Indien.
   Levalloisien (Levallois-Peret bei Paris): Afrika, Europa, Nordindien.
   Tayacien (Tayac, Dordogne): Palästina, Syrien, Nordafrika, Westeuropa.
   Verschmelzung der technischen Traditionen der Faustkeil- und Abschlagkulturen erfolgt im **Moustérien** (Le Moustier, Dordogne): Handspitzen, Schaber (sorgfältig retuschiert). Totenbestattung mit Grabbeigaben, vielleicht **Urmonotheismus.** – Nur Werkzeuge festgestellt; Hinweise auf künstl. Betätigung fehlen.
4. Werkzeuge, die durch Bearbeitung der Abschläge entstehen: **Klingen** (Spitzen, Bohrer, Kratzer, Stichel).
   Périgordien (Périgord): »Chatelperron-Spitze«, später die Gravette-Spitze.
   Aurignacien (Aurignac): Knochenwerkzeuge, Waffenspitzen, Kiel- und Stichelkratzer. – Entstehung der Kunst aus der Jagdmagie: Frauenidole (›Venus von Willendorf‹); Gravierungen auf Stein, Knochen und Elfenbein (linearer Stil, geometrische Muster); **Mal- und Zeichenkunst** in den Höhlen von Altamira, El Castillo u. a. – Der Homo sapiens dringt von Vorderasien nach Norden vor.
   Solutréen (Solutré): Werkzeuge mit Flächenretuschen, lorbeerblattförmige Spitzen; keine Kunst.
   Magdalénien (Abri La Madeleine bei Tursac): Knochenwerkzeuge, Speerschleudern, Harpunen, lange Klingen.
   Höhepunkt der Höhlenkunst (ca. 120 Fundstellen) in Altamira (1879 gefunden) und Lascaux (1940 gefunden) u. a. – Kleinere Kunstgegenstände werden aus Knochen, Geweihen, Elfenbein und Stein (Gravierungen und Skulpturen) hergestellt. Am Ende des Magdalénien Erlöschen der Kunst.
   Die Menschen leben in Horden (Wildbeuter); sie ernähren sich durch Jagd mit Hilfe von Fallgruben und Fanggehegen und wohnen in Höhlen, Hütten, Zelten oder unter Felsdächern.
   Religion: Jagdzauber, Magie, Glaube an eine Fruchtbarkeitsgöttin (Magna mater). Bestattung der Toten mit Grabbeigaben. Wichtige Stellung des Zauberers (Darstellungen in den Höhlen, »Kommandostäbe«).

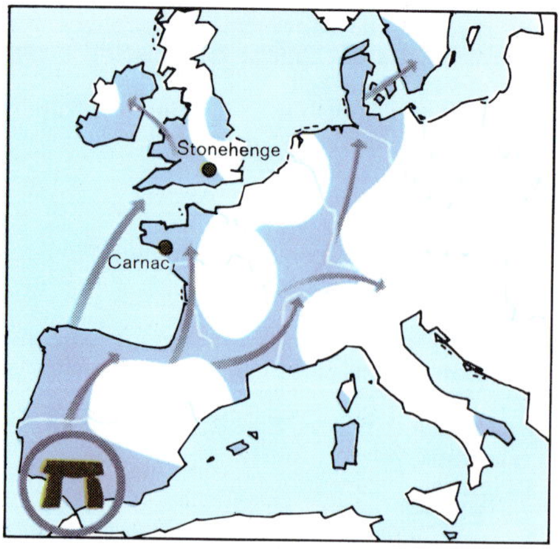

Megalith-Kultur

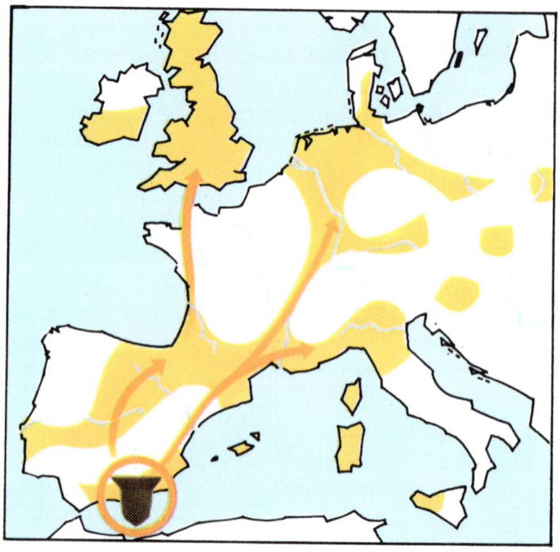
Glockenbecher-Kultur

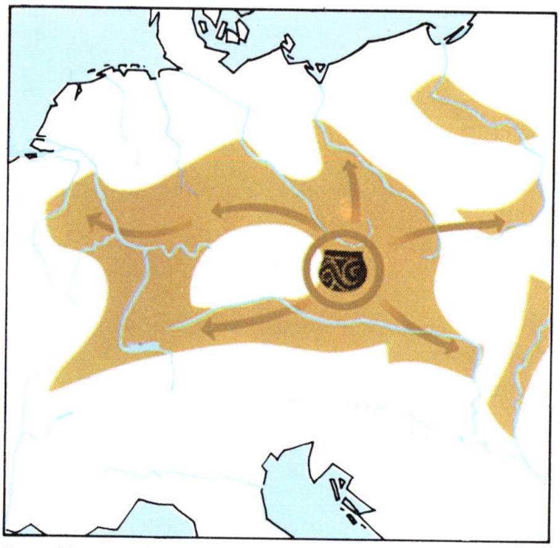
Bandkeramik-Kultur

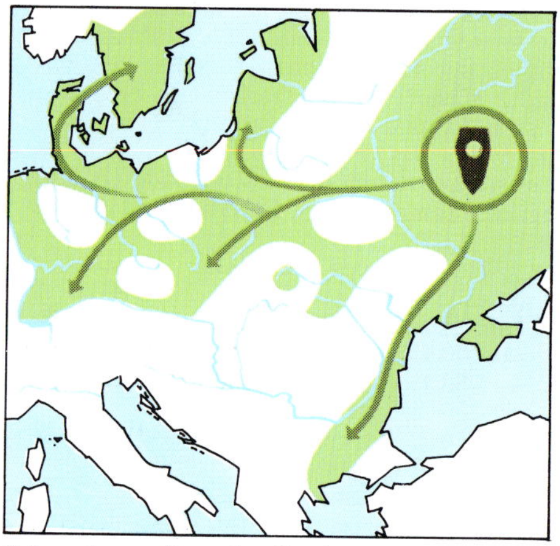
Schnurkeramik- oder Streitaxt-Kultur

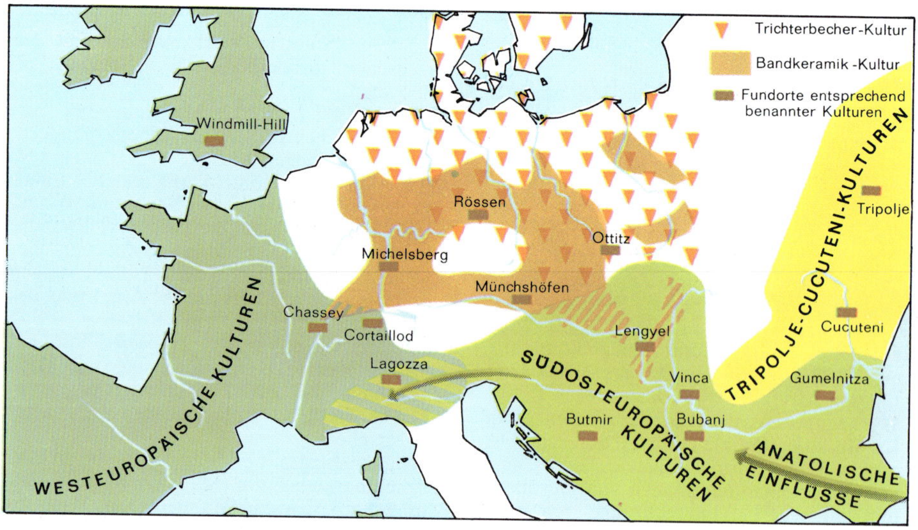

Jungsteinzeit in Europa

Die Mittelsteinzeit (Mesolithikum)
Der Beginn dieser Kulturstufe liegt um 10000 in Mesopotamien, Ägypten und Südeuropa, um 8000 in Nordeuropa; die Mittelsteinzeit endet 5000 bzw. 4000. Die **Wirtschaftsform** der mesolithischen Jäger-Fischer-Sammler-Gruppen ist die der vorausgegangenen Altsteinzeit. Das günstigere Klima schafft aber für die Menschen bessere Lebensbedingungen (Ausdehnung des Waldes: Birke, Weide, Eiche). Ernährungsgrundlage bildet die Jagd (auch Vogeljagd) und die Fischerei. In Europa werden hauptsächlich die Küsten besiedelt, da das Meer als Nahrungsquelle dient, aber auch die Ufer der Flüsse, Bäche und Seen (reiche Muschelbänke, daher Funde riesiger Muschelhaufen). Nahrungsmangel gestattet nur das Wohnen in kleineren Gruppen (Wechsel der Lagerplätze, Wohnen unter Felsschutzdächern, in Höhlen und in Reisighütten). Kennzeichen für das Mesolithikum ist die Bearbeitung des Feuersteins: Mikrolithen (kleine Spitzen und Klingen); technische Neuerungen sind die Beile und Querbeile (im Anfang ohne Steinschliff). Wegen der Rohstoffquellen in bestimmten Gebieten beginnt der Handel und damit der Verkehr (Boote und Kufenschlitten). Die Ornamente bestehen aus abstrakten Mustern. Beginn einer Domestikation der Tiere (Hund) und Pflanzen, am Ende der Kulturstufe Anfänge des Ackerbaues und der Töpferei. Ausbreitungsgebiet der mesolithischen Kulturen ist Europa, Nordafrika (Capsien, Oranien, Sébilien) und Palästina (Natuf- und Jericho-Kultur).
Frühe Kulturen: Das **Azilien,** später das **Sauveterrien** (Artefakte aus Silex-Gestein).
Maglemose-Kultur: Schwerpunkte an den Ufern der Binnenseen (Fischfang auf Seen und Flüssen mit gebogenen Angelhaken und Fischreusen in Kanus oder Fellbooten mit Rudern).
Ertebölle-Kultur: Ausbreitung an der Küste Skandinaviens (Hochseefischerei, damit verbunden Tauschhandel). Übergang vom Großwild- zum Kleinwildbestand. **Arbeitsteilung:** Zuständigkeit der Frau für den Bedarf an pflanzlicher Nahrung (wild wachsende Getreidearten, Wasserpflanzen). Haustiere: Hunde.
Tardenoisien: Kleine Siedlungen. Herkunft der Siedler wohl aus der Ägäis. Winzige Werkzeuge in Trapezform.
Natoufien (El Natuf): Werkzeuge aus Silex. Mikrolithen. Sicheln (für Getreide) aus Feuerstein. Die spätere Jericho-Kultur kennt Häuser aus Ziegeln. In Qualat Dscharmo (Ost-Irak) bäuerliche Wirtschaftsweise.

Die Jungsteinzeit (Neolithikum) in Europa
Westeuropäischer Kreis. Die **Megalith-Kultur** umfaßt Spanien, Frankreich, England, Irland, Schweiz, Teile Italiens. Starker Einfluß Nordafrikas. Kennzeichen: Dolmen, Grabkammern aus Steinen, wie ein Tisch zusammengestellt, dann auch Ganggräber, später Kuppelgräber (»falsche Gewölbe«, durch Vorkragen geschaffen). Zentrum: **Bretagne,** dort auch Menhire (anthropomorpher Charakter durch Einritzung bestätigt), die zu Steinalleen (200–1500 m Länge, Carnac) oder zu Rundanlagen (Stonehenge/England) angeordnet werden. Später Ausbreitung der **Glockenbecher-Kultur** (Gefäßbecher in Form einer umgestürzten Glocke) von Spanien nach West- und Mitteleuropa. Kleine Gruppen von vorwiegend Jägern (Bogen).
Balkankreis: Wohnhügel, farbige Keramik, Idole (Frauen). Mauern aus Lehmziegeln und befestigte Herrensitze, die unter oriental. Einfluß entstehen. Vorkommen von Rechteckbauten (**Megarontyp** mit Hauptraum und Vorhalle). Pferd und Streitaxt. **Tripolje-Kultur** (zwischen Karpaten und Dnjepr in der Ukraine): Rechteckige Langhäuser werden um eine freie Mittelfläche im Kreis angeordnet. Weiter östlich die **pontisch-aralische Kultur,** bekannt durch Grabfunde: keine Grabbeigaben, aber viel Ocker. **Bandkeramik-Kultur:** Eingeritzte Bänder auf den Gefäßen (Spiralen, Mäander, Winkel), Schuhleistenkeile aus Amphibolitschiefer. Kerngebiet: Böhmen, Mähren, Mitteldeutschland, von hier Ausstrahlungen nach Osten (Theiß, Weichsel), nach Westen (Rhein), nach Süden (Drau) und nach Norden (Linie Köln–Hannover–Magdeburg). Siedlungsweise: durch Wall und Graben geschützte Dörfer mit Großbauten (30–40 m Länge, 5–7 m Breite).
Nordischer Kreis (Polen, Mitteldeutschland, Dänemark, Südschweden). 2 Gruppen:
1. **Trichterbecher-Kultur:** Die Herkunft der Trichterbecher-Leute, die in kammerartig aufgeteilten Langhäusern wohnen, ist unbekannt (wahrscheinlich aus dem Osten).
2. **Schnurkeramik- oder Streitaxt-Kultur:** Gefäße, die durch Abdrücken von Schnüren verziert werden (Ausbreitung in Sachsen, Thüringen, Schleswig-Holstein, Mündungsgebiet der Oder). Wichtigste Waffe war die **Streitaxt.** Pferdezüchtung. Die Schnurkeramiker (Streitaxt-Leute) sind wohl keine Indogermanen, haben aber an der Indogermanisierung Europas Anteil. **Zusammenfassung:** Zwischen den verschiedenen Kulturen bestehen durch lebhaften und ausgedehnten Handel (Mahlsteine, Bernstein, Feuerstein) enge Beziehungen. Der Verkehr vollzieht sich auf den Flüssen mit Einbaum und Fellbooten, zu Lande auf Knüppeldämmen und Bohlenwegen mit Wagen (Scheibenräder), die von Rindern, Rentieren, später von Pferden gezogen werden. Religion: Glaube an ein Fortleben nach dem Tode; Angst vor Wiederkehr (Verbrennung oder Umschnürung der Leichname); Ahnenkult. Fruchtbarkeitskulte; Glaube an einen Himmelsgott (oft mit dem Donner- und Blitzgott identisch) sowie an Zauber und Dämonen. Wirtschaft: Zu Beginn noch Jagd, später nur Viehzucht (Kleinvieh) und Ackerbau. Die intensive Landwirtschaft bringt eine ständige Verlegung der Siedlungen mit sich; nach Erholung des Bodens kehren die Bewohner in ihre ursprüngl. Siedlungsgebiete zurück.

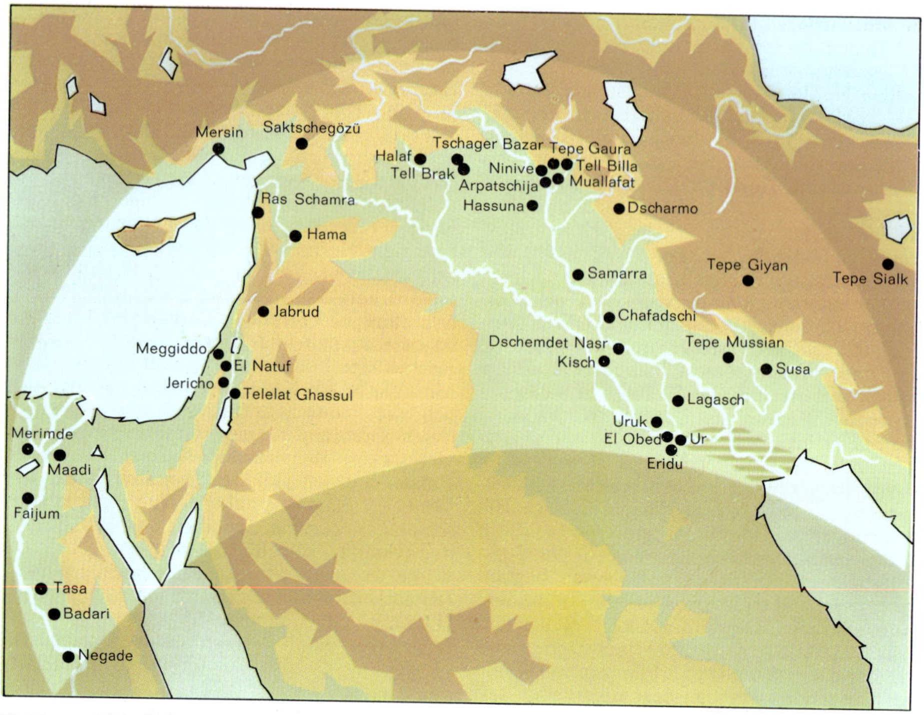

Frühgeschichtliche Kulturzentren im »Fruchtbaren Halbmond«

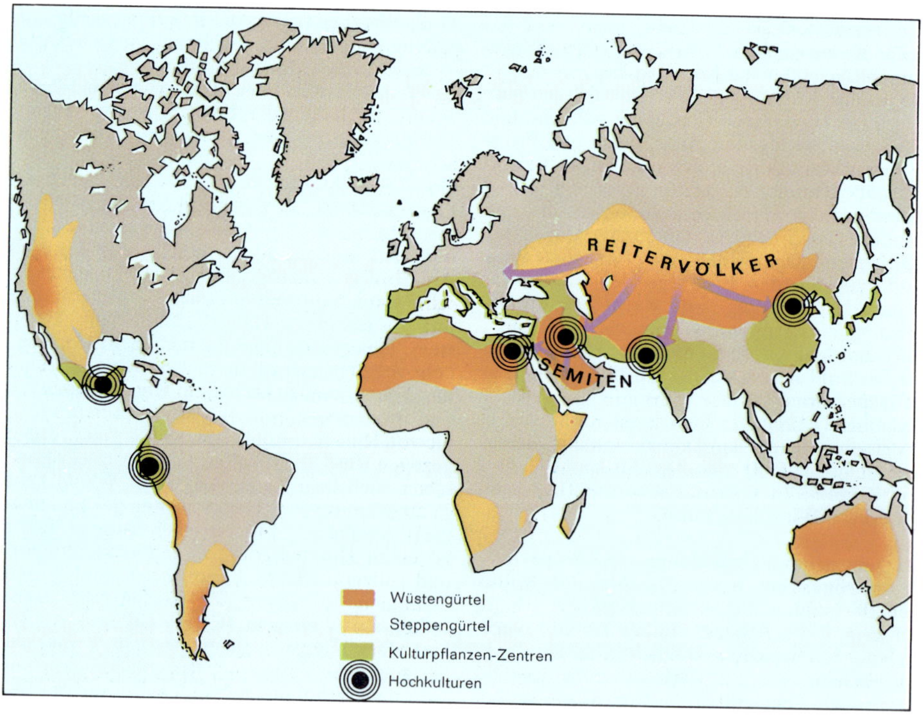

Hochkulturzentren

Die Jungsteinzeit (Neolithikum)
In den neolithischen Kulturen, für die die Lage an niederschlagsreichen Stufenplateaus und Randbergen bezeichnend ist, vollziehen sich wichtige Neuerungen (Ziegelbau, Steinschliff, Keramik, Töpferscheibe) und eine wirtschaftliche Umwälzung: **Übergang zum Bauerntum** – und damit zur produzierenden Wirtschaftsweise – durch Vereinigung von Ackerbau (Pflanzer) und Viehzucht (Hirten) am Ende des Neolithikums (»Neolithische Revolution«, G. CHILDE). Kultivierung von Wildgetreide (Weizen, Gerste, Hirse) und Domestikation von Schafen, Ziegen, Schweinen und Equiden. Die entstehenden Großfamilien siedeln in Dörfern, später in der mit Mauern befestigten Stadt. Jericho (zwischen 8000 und 6000?) darf als Vorstufe der städtischen Hochkultur bezeichnet werden. Neben Rundhäusern werden rechteckige Häuser gebaut, zuerst aus Schilf und mit Lehm beworfen, dann aus Stampflehm, später aus **Trokkenziegeln.** Kunst: anfangs Schmuck aus Muscheln und Steinen, später aus Edelmetallen und Edelsteinen. Die kunstvollen farbigen Keramiken, auf der Töpferscheibe hergestellt, werden mit geometrischen Mustern, abstrakten und naturalistischen Darstellungen von Menschen und Tieren verziert (Höhepunkt: Susa). Kleinplastik (Frauenidole). Aufkommen von Stempelsiegeln. Wichtig wird der Gebrauch des Kupfers (erst gehämmert, dann auch gegossen). – Errichtung der ersten **Sakralbauten** in Eridu, Tepe Gaura und Uruk: Tempel in größeren Tempelbezirken (Außenwände durch vorstehende Pfeiler gegliedert). – Erste beschriebene Tontafeln (Tempelabrechnungen) finden sich in Uruk; aus der Bilderschrift entstehen Wort- und Lautzeichen. Sorge für die Toten in allen Kulturen.
Wichtig sind in der älteren Periode die Kulturen von Hassuna, Qualat Dscharmo (Ost-Irak), Sialk (I) in Ost-Iran, Jericho und Saktschegözü (Syrien); in der mittleren Periode die Kulturen von Halaf, Samarra, Sialk (II), Arpatschija, Tepe Gaura, Hissar, Tasa, Badari, Merimde und Faijum; in der jüngeren Periode die Kulturen von El Obed, Susa (Elam), Telelat Ghassul, Sialk (III), Hissar (I B-C), Amrah und Gerzeh.

Um 3000 die »Sintflut« (vermutlich mehrere Überschwemmungen und katastrophenhafte Ausbrüche). Bau von Dämmen und Kanälen in Ägypten (Nil) und Mesopotamien (Euphrat und Tigris). Der Bericht der Bibel entspricht dem im Gilgamesch-Epos.

Das Werden der Hochkulturen
Mit der Ausbildung der städtischen Hochkulturen (nach WITTFOGEL: hydraulische Gesellschaften), die auf die »Neolithische Revolution« folgt, beginnt die **geschichtliche Zeit.** Die Hochkulturen entstehen als potamische (Fluß-)Kulturen in Ägypten am Nil, in Mesopotamien an Euphrat und Tigris, in Indien am Indus und in China am Hoangho (Altamerikanische Kulturen S. 223). Entscheidend ist der Klimawechsel, der im Mesolithikum beginnt und zur Austrocknung großer Gebiete führt (Wüstengürtel von Westen nach Osten: von der Sahara bis zur Kirgisensteppe). Da die Bevölkerung zunimmt, der Boden jedoch ausgezehrt ist und die Austrocknung fortschreitet, wandern die Bewohner der betroffenen Gebiete in die Flußoasen. Voraussetzung für das Leben in den Flußoasen ist die gemeinsame Lösung der Aufgaben, denen sich die Menschen gegenübergestellt sehen. Da ein Teil der Bevölkerung durch die nahrungsproduzierende Wirtschaftsform vom Zwang der Urproduktion befreit ist, wird er für andere anfallende Aufgaben frei (Handwerk, Verteidigung, Kult, Verwaltung, Technik). So entsteht eine Aufgliederung in verschiedene Berufsschichten – und damit die Bildung einer **differenzierten Gesellschaft –** durch die Emanzipation arbeitsteiliger Gewerbe und die komplizierten Produktionsverfahren.
Als Zentren der Gütererzeugung, des Güteraustauschs, des Handels und des Marktverkehrs entsteht die **Stadt,** ein wichtiges Kennzeichen der Hochkulturen. Die Macht in dieser Stadt übt in Mesopotamien ein Priesterkönig aus (Stellvertreter des Gottes, dem die Stadt gehört), in Ägypten herrscht der Pharao, der als Sohn des Gottes, ja sogar als Gott selbst verehrt wird (charismatisches Führertum). Eine Staatsreligion begründet und unterstützt seine Herrschaft.
Durch die Zentralisierung des Staates, die hierarchisch gegliederte Gesellschaft mit scharf gegeneinander abgegrenzten Schichten (Herrscher, Priester, Krieger, Beamte, Handwerker, Händler, Bauern, Sklaven) und eine organisierte Verwaltung (deshalb Schrift zur Zählung und Buchführung) können die Aufgaben gelöst werden, vor die sich jede Hochkultur in den Flußoasen gestellt sieht: Organisation der Wirtschaft durch Arbeitsteilung in der Stadt (Versorgung der Menschen, Auferlegung von Fronden und Abgaben) und eine geplante Landwirtschaft in dem zur Stadt gehörigen Gebiet. Wichtigste Aufgaben sind aber die großangelegten Vorbereitungsarbeiten zum Zwecke der Bewässerung und die Schutzarbeiten zur Lenkung der Überschwemmungen (Flutabwehr): Bau von Dämmen, Gräben und Kanälen sowie von Aquädukten und Staubecken für Trinkwasser. Alle Hochkulturen haben den Drang, ihre Territorien zu erweitern: aus den Stadtstaaten werden Weltreiche.
Ein gemeinsames Fühlen und Denken entsteht durch Sprache, Kultur und Religion. Ausgedehnte Handelsbeziehungen (die Städte sind zugleich Märkte) führen zu wechselseitiger Beeinflussung und großräumigem Denken.
Gemeinsame Güter aller Hochkulturen: Technik der Metallverarbeitung, Ziegel, Quader (Grundelement der Architektur), polygonaler Mauerbau, Edelmetall- und Edelsteinverarbeitung, Herstellung dünnwandiger Gefäße, Schrift, Großplastik, Steinschliff.

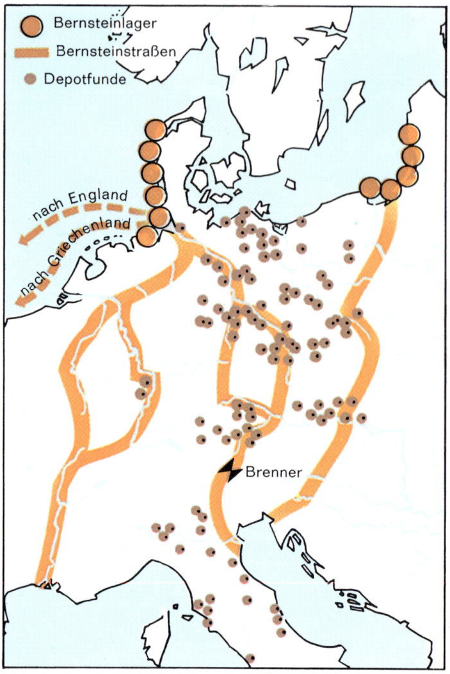

Handel und Depotfunde

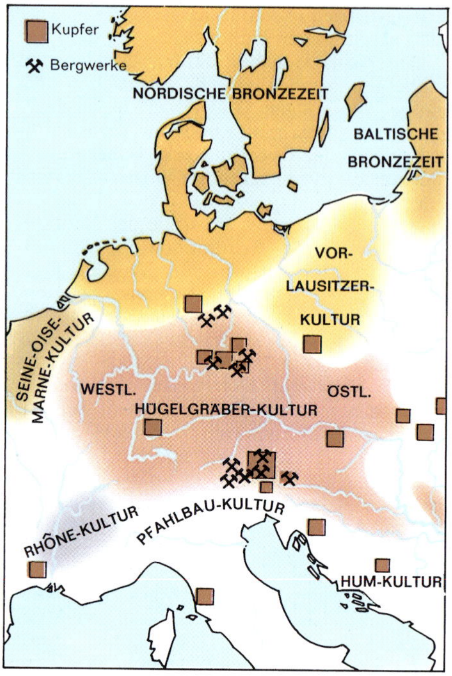

Hochbronzezeit

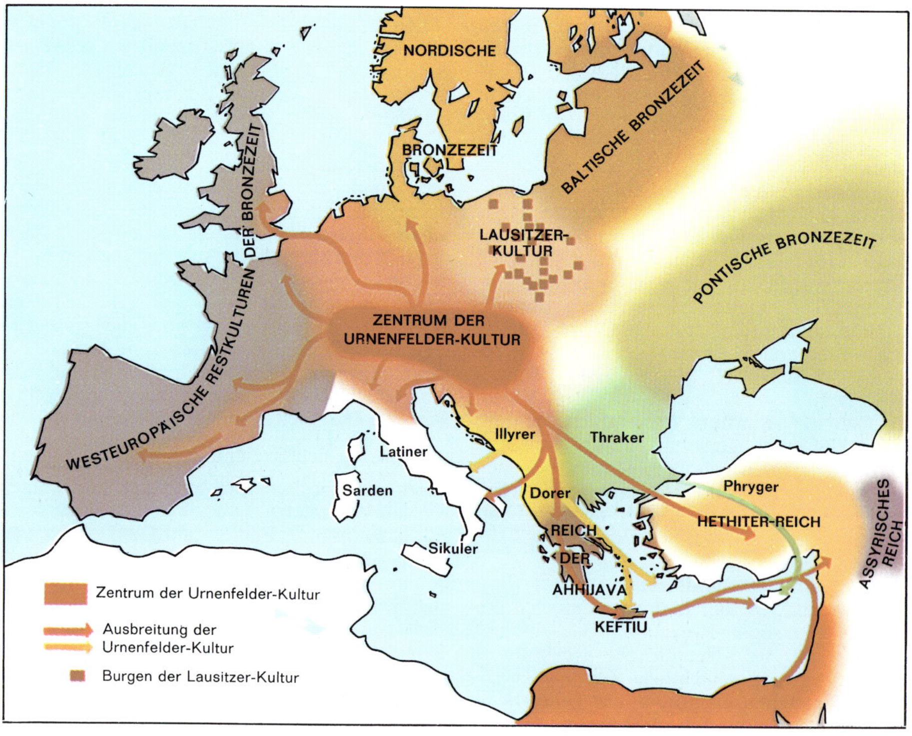

Die Urnenfelder-Kultur

Die Bronzezeit (ca. 1700–800)

Da das Ursprungsgebiet der Erzverarbeitung der Vordere Orient ist (Kupfer im 4. Jt., Bronze ab 2500), bilden sich die ältesten Bronzekulturen in Mesopotamien. Von dort dringt die Kenntnis der Bronze nach dem Norden (Kaukasus und Anatolien), nach Ägypten, in den ägäischen Raum und nach Kreta, das für die westeuropäischen Kulturen ein wichtiges Ausstrahlungszentrum wird. In der zweiten Hälfte des 2. Jts. wird Kreta abgelöst von Mykene. Ungarn gerät sehr bald unter den myken. Einfluß, etwas später folgt das germ. Gebiet. Goldfunde in Irland weisen ebenfalls auf die enge Verbindung mit Mykene hin.

Die kult. Beeinflussung Europas durch die oriental. Hochkulturen in der Bronzezeit vollzieht sich auf drei Wegen:

1. über Anatolien in den Südosten Europas (Balkanraum). Folge: Entstehung der mitteleurop. Frühbronzezeit (Monochrome Keramik). Wichtigste Kulturen sind die Badener Kultur (Ungarn, Böhmen, Mähren, Österreich, Schlesien) und die Kultur von Laibach/Krain und Vucedol. Diese frühbronzezeitlichen Donaukulturen strahlen auch auf die Apenninenhalbinsel aus (Abhängigkeit der Remedello- und Rinaldone-Kultur);
2. von der Iberischen Halbinsel (Kultur von Almeria [Reichtum an Silber und Kupfer] und Algar) breitet sich die Glockenbecherkultur aus, deren Ausweitung in Europa den Beginn der Bronzezeit anzeigt;
3. über die transkarpatische Tumuluskultur, die durch ihre Abhängigkeit von der kaukasischen Kubankultur (kultische Opfer beim Tod der Fürsten, Prunkäxte) Elemente der anatolischen Kultur (Alaca hüyük) übernimmt. Die Träger der Streitaxtkultur werden von diesen Kulturen beeinflußt und bringen die Kenntnis der Bronze nach Mittel- und Westeuropa.

Ab 1700 Bronzezeit in Europa, die zur Herausbildung differenzierter Kulturen führt. Ausstrahlungszentren sind die Bergbaugebiete: Siebenbürgen, slowak. Erzgebirge, österr. Schieferalpenzone (Salzburg, Tirol), Mitteldeutschland, Spanien, England und Irland. Entstehung von Kulturgroßräumen mit stärker gegliederter Gesellschaft (neben Ackerbau und Viehzucht jetzt auch Industrie, Handwerk und Handel).

Mit dem in Jütland und Samland gefundenen Bernstein werden Tauschgeschäfte abgewikkelt. Die Handelswege führen von der Donau an Saale, Main und Elbe (nach Jütland) und Oder (nach dem Baltikum). Da die Expansionsrichtung südnördlich ist, verläuft auch der Handel in dieser Richtung. Bernstein wurde in den myken. Schachtgräbern entdeckt, dagegen fand man ägypt. Fayenceperlen in England. – Die Toten werden zu Beginn der Bronzezeit vorwiegend in Hockergräbern (Beisetzung mit angezogenen Beinen) begraben, seit der mittleren Bronzezeit verbrannt.

Die wichtigsten Kulturen

1. Aunjetitzer-Kultur in der frühen Bronzezeit: Mitteldeutschland, Böhmen, Niederösterreich. Bekannt sind die »Fürstengräber« Mitteldeutschlands (Hügelgrab von Leubingen mit reichem Goldfund). Die Kultur hat weitreichende Handelsbeziehungen (Durchgangsgebiet vom Mittelmeer zum Norden). Nahestehende Kulturen unter starkem Anteil der Glokkenbecher-Kultur: Straubinger-Kultur in Bayern (Ausbeutung reicher Erzvorkommen) und Adlerberg-Kultur am Mittelrhein.

2. Hügelgräber-Kultur in der mittleren Bronzezeit: Das Siedlungsgebiet ist begrenzt durch Maas, Seine, Alpen, Oder, Niedersachsen. Die Toten (wohl nur die der Oberklasse) werden unter Grabhügeln mit Beigaben von Waffen und Schmuck bestattet. Wirtschaftliche Grundlage: Viehzucht. Wichtige Zwischenstellung im Handel von Norden nach Süden.

3. Urnenfelder-Kultur ab 1300 (Verbrennung der Toten, Beisetzung der Asche auf großen Friedhöfen = »Urnenfelder«): Ausbreitung von der mittleren Donau nach Süden, der Donau entlang nach Böhmen, Polen (Lausitzer-Kultur), Mitteldeutschland sowie nach Westfrankreich, Mittelitalien, Nordspanien. In Verbindung mit der Urnenfelder-Kultur stehen die Veneter und Illyrer. Die Urnenfelder-Leute entfalten eine starke politische Aktivität, wobei sie auch kriegerische Auseinandersetzungen nicht scheuen (Funde von Bronzedepots und Verstecken mit Schmuck). Die Gesellschaft ist stärker gegliedert (Trennung von Bauern und Gewerbetreibenden durch zunehmende Spezialisierung). Das Abhängigkeitsverhältnis vom Vorderen Orient wird allmählich lockerer und Europa wirtschaftlich und kulturell selbständig. Das Vordringen der Urnenfelder-Kultur nach Süden hat Folgen:

a) Ende der mykenischen Zentren und der spätminoischen Kultur auf Kreta;
b) Eindringen nach Kleinasien (Ende des Hethiter-Reichs, S. 35) und
c) nach Norditalien und Latium;
d) Einfall der »Seevölker« in Ägypten (S. 25; Philister in Palästina, S. 37).

4. Nordischer Kreis: In Norddeutschland und Skandinavien (»Urgermanen«, vgl. S. 109) leben die Bewohner in Rechteckhäusern mit »Vorhalle« (griech. Megaron). In der Bronzekunst lassen sich Beziehungen über die Urnenfelder-Kultur zu Griechenland feststellen. Zu Beginn der Bronzezeit werden die Metallgegenstände in Stein nachgebildet; dann entsteht eine selbst. Bronzeindustrie. Pferdebespannte Streitwagen, Totenbestattung unter großen Grabhügeln (reich ausgestattete Gräberfunde in Uppsala und Seddin), später durch Verbrennung. Religion: Sonnenkult (›Sonnenwagen von Trundholm‹, goldene »Sonnenbarken« und Darstellungen auf Felsbildern: Schiffe, Sonnenscheibe, Götterbilder – mit Speer, mit Axt bzw. Hammer usw.). – Seefahrt der Küste entlang und allmähliche Ausbreitung nach Süden.

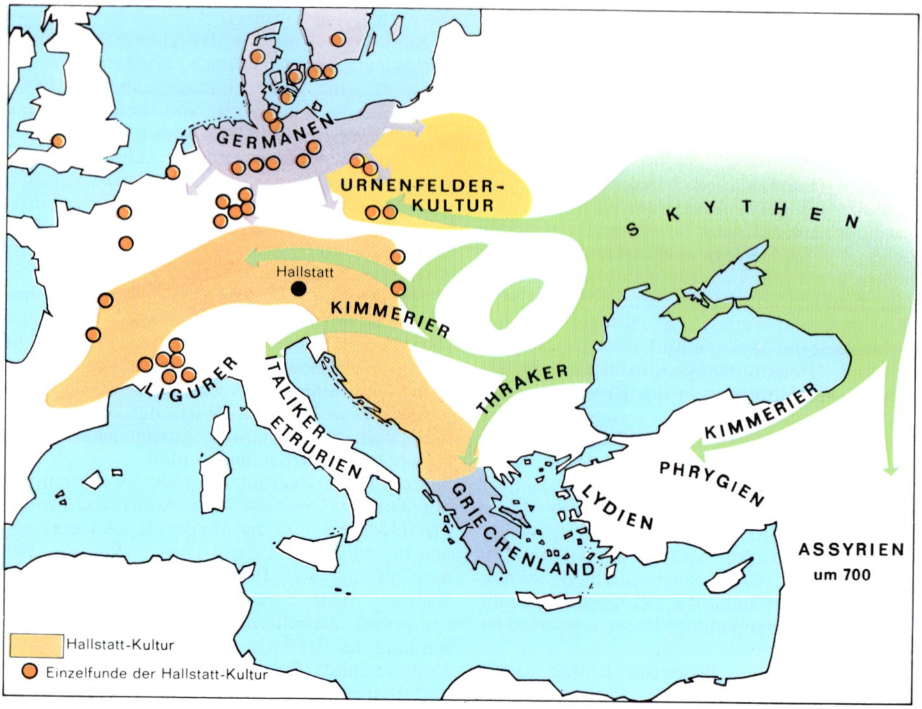

Hallstatt-Kulturen

Kurgane der Skythen im Schwarzmeergebiet

Die Eisenzeit (ab 800)
Die Eisenzeit in Europa wird nach dem Gräberfeld bei Hallstatt im Salzkammergut auch Hallstattzeit genannt (auf der Grundlage der Urnenfelder-Kultur). Voraussetzung für ihre Entstehung sind die zahlreichen Eisenvorkommen, die zur Bildung von Eisenhütten und Industrien führen. Die zweite wichtige Industrie ist der **Salzbergbau** (Hallstatt, Dürnberg b. Hallein). In diesen schnell aufblühenden wirtschaftl. Zentren vollzieht sich eine immer stärker werdende soziale Gliederung der Bevölkerung: Bauern, Handwerker, Händler.

Verbreitungsgebiet der Hallstatt-Kulturen: Kroatien, Bosnien, Süd- und Westdeutschland, Alpengebiet, Schweiz, Ost- und Südfrankreich, Nordspanien. Die wichtigste aristokrat.-städtische Kultur entsteht in Este und an der oberen Adria (starke korinthische und etrusk. Einflüsse). In den übrigen Gebieten existieren noch Spätformen der Urnenfelder-Kultur. – Hauptmerkmal der Hallstatt-Kultur sind die sog. Hallstattschwerter, lange Schwerter aus Bronze, später aus Eisen. An die Stelle der großen Nadeln der Urnenfelder-Kultur treten jetzt Fibeln (Sicherheitsnadeln).
Bestattung der Toten: Zunächst noch Brandbestattung, vor allem in der Spätzeit der Urnenfelder-Kultur, dann Übergang zur Körperbestattung. Die Toten werden unter Grabhügeln auf einem Wagen beigesetzt, in der Spätzeit werden die Frauen und Diener nach dem Tod des Gatten oder Herren ebenfalls getötet und mit ihm beerdigt (wohl unter skythischem Einfluß). Die **»Fürstengräber«** liegen immer in der Nähe befestigter Herrensitze (Heuneburg, Mont Lassoix-Vix). In Nordostdeutschland werden die unter Gefäße gestellten Urnen (sog. »Glockengräber«) in Steinkisten bestattet. Die Urnen haben zum Teil die Gestalt von Haus- oder Speicherformen und sind mit Bildern von Jagdszenen, Reitern oder pferdebespannten Wagen verziert. Die
ab 450 La Tène-Kultur (Jüngere Eisenzeit) bildet den Höhepunkt der Eisenzeit. Beeinflußt wird sie von den Skythen (über die Hallstatt-Kultur), von den Griechen (über Massilia die Rhone aufwärts) und den Etruskern (»Argonautenweg« = den Po entlang über die Schweizer Pässe an Rhein und Rhone). In kult. zurückgebliebene Gebiete (Böhmen, die brit. Inseln und die Iberische Halbinsel) bringen die Träger der La Tène-Kultur (im Ursprungsgebiet wohl die Kelten) die städtische Kultur (Ausbreitung der Kelten S. 77). In den Ausstrahlungsgebieten findet eine starke Keltisierung der einheimischen Bevölkerung statt.

Die Kimmerier und Skythen
Während der Bronzezeit stoßen zwei indogerm. Reitervölker aus dem östl. Steppenraum nach Westen und Süden vor:

1. **Kimmerier,** die um 750 aus der Krim über den Kaukasus nach Süden vordringen und Kleinasien und Assyrien bedrohen. Im Bunde mit den Assyrern vernichten sie das Reich von Urartu (S. 35), doch werden sie dann nach Westen abgedrängt und ziehen durch Kleinasien (Sieg über das Phrygische Reich und GYGES VON LYDIEN, der im Abwehrkampf gegen sie den Tod findet). Den Kimmeriern folgen die

2. **Skythen aus Turkestan,** die die Kimmerier vertreiben und unterwerfen. Bei der Verfolgung der Kimmerier nach Kleinasien werden sie in Kämpfe mit den Assyrern und Medern verwickelt und von KYAXARES 628 zurückgedrängt. Feldzüge des KYROS und des DAREIOS (514–512) gegen die Skythen, die nördl. des Schwarzen Meeres ihre Wohnsitze haben. Über den Dnjestr stoßen die Skythen in den Balkanraum vor an die untere Donau, in die pannonische Ebene und in den Raum südlich der Karpaten. Ein weiterer Vorstoß führt sie in die heutige Mark Brandenburg (Fund von Vettersfelde). Neben den Vorstößen nach Süden in die Hochkulturgebiete richtet sich der Angriff auch nach Westen. Skythen und Kimmerier erreichen Ostdeutschland, Bayern und – zusammen mit den Thrakern (Funde von Pferdezaumzeug) – Norditalien.
Die Überlegenheit der Skythen beruht auf der **Kampftechnik der Steppe:** Reiter mit leichter Bewaffnung, dem doppelt gekrümmten Bogen aus Horn mit einer Sehne und Pfeilen mit dreikantigen Spitzen aus Stein, Knochen, Bronze und Eisen. Nach der Eroberung Asiens durch die Skythen bilden sich in der ganzen mittelöstl. Welt die in der Folgezeit die Kriegstechnik bestimmenden Reiterheere.
Wirtschaft: Viehzucht (Milchgewinnung), Handel mit verarbeiteten Pelzen (Märkte in Baktrien, Assyrien, Griechenland) und Fleisch, Getreide, Sklaven (Märkte im Pontusgebiet).
Religion: Verehrung der TABITI (Große Göttin), des PAPEUS (Himmelsgott), der APIA (Erdgöttin), des OETOSYRUS (Sonnengott) und der ARTIMPAASA (Mondgöttin). Schamanentum (Magie, Hexerei, Zauberkraft der Amulette: Klapperbleche und Rasseln). Wahrsagung mit Hilfe von Rutenbündeln und durch Zerreißen von Bastfäden. Keine Tempel und Altäre.
Totenkult: Die Fürsten werden unter Grabhügeln **(Kurgane)** beigesetzt, von denen die großartigsten in Südrußland liegen (westl. Funde: Bessarabien, Walachei, Dobrudscha, Ungarn, Ostdeutschland). Frauen und Gefolge sowie Pferde werden getötet und mitbestattet, der Verstorbene erhält außerdem überreiche Beigaben aus Edelmetallen.
Die Kimmerier wirken durch Übernahme der Taurischen Kultur stark auf die ältere Hallstatt-Kultur ein und werden dadurch Vermittler vorderasiat. Kulturelemente, die Skythen wirken auf die jüngere Hallstatt-Kultur und die La Tène-Kultur.
Veneter, Illyrer und Thraker nehmen ihre historischen Sitze ein.

Altes und Mittleres Reich

Ägypten (nach Herodot »Das Geschenk des Nils«) liegt in dem ungefähr 1000 km langen, 10–20 km breiten fruchtbaren Nil-Tal (»schwarzes Land«), das im Westen und Osten von Wüste umgeben ist (»rotes Land«). Das zwischen Juli und Oktober heranflutende, fruchtbaren Schlamm mit sich führende Hochwasser (»Nilschwelle«) ist Grundlage für die Fruchtbarkeit des Landes. Auf die vorgeschichtlichen Kulturen von **Badari, Merimde** und **Negade** erfolgt um 3000 die Bildung eines oberägypt. und unterägypt. Reichs. Die beiden Reiche werden unter Narmer und Aha (nach griech. Überlieferung: Menes) vereinigt, die Hauptstadt Memphis (»Weiße Mauer«) gegründet.

Altes Reich (2850–2052)

2850–2650 Thinitenzeit (1. und 2. Dyn.). In dieser Epoche isoliert sich der Staat anderen Völkern gegenüber, fremde Einflüsse werden beseitigt, die Beduinen auf der Sinai-Halbinsel bekämpft (Gewinn der Kupferminen). – Fahrten nach Byblos (Zedernholz); Vorstöße nach Nubien. Bau von Königsgräbern (Mastaba = Bank).

2650–2190 Pyramidenzeit (3.–6. Dyn.). Politisches Zentrum: Memphis unter dem 1. König Djoser, der in der vom Arzt und Architekten Imhotep erbauten »Stufenpyramide« von Sakkara (= sechs aufeinandergestellte Mastabas) bestattet ist. 4. Dyn.: **Die Pyramidenerbauer:** Snofru (Pyramiden von Dahschur und Medum), Cheops, Chephren und Mykerinos (Pyramiden von Giseh, westl. Kairo). 5. Dyn.: Die Sonnenreligion (Re von Heliopolis) wird Staatsreligion (Sonnenheiligtümer mit Obelisk). 6. Dyn.: Mit der Ohnmacht der Pharaonen wächst die Macht der Feudalherren. Soziale Umwälzungen beschleunigen den Zusammenbruch des Einheitsstaates (der Süden macht sich selbständig). Die Kämpfe unter den lokalen Feudalherren fördern die zunehmende Rechtsunsicherheit; Aufstände, Zerstörung der Gräber. Literarischer Niederschlag der geistigen Krisenstimmung: ›Lehre für König Merikare‹, ›Klagen des beredten Bauern‹, ›Gespräch eines Lebensmüden mit der Seele‹.

2190–2052 Erste Zwischenzeit (7.–10. Dyn. = Herakleopolitenzeit). Unter den lokalen Feudalherren erlangen nur die Gaufürsten von Herakleopolis größere Bedeutung. Die Fürsten von Theben ringen um die Einheit.

Staat: Der Pharao (»Großes Haus«) ist absoluter, erblicher König, die Inkarnation des Falkengottes Horus (»Großer Gott«). Seit der 4. Dyn. wird er als Sohn des Sonnengottes Re verehrt. **Zentralisierte Staatsverwaltung:** Beamte (»Schreiber«) unter einem obersten Minister werden vom König aus dem alten, entmachteten Adel ernannt. Einteilung des Landes in Gaue unter Gaufürsten. Kein stehendes Heer. Naturalwirtschaft. Neben der Besteuerung (Korn und Vieh) besteht die Pflicht der Untertanen zu Frondiensten. Rechtssicherheit wird durch Gerichte gewährleistet. Auslandsbeziehungen nach Syrien und Punt (Somaliland). Feldzüge nach Libyen und Palästina.

Religion: Im Anfang Vielfalt der Kulte (tiergestaltige oder tierköpfig dargestellte Gottheiten). In historischer Zeit große Bedeutung der **Sonnenreligion.** Entstehung wichtiger Kultzentren: Re-Aton von Heliopolis, Ptah von Memphis, Thot von Hermopolis. Der Vegetationsgott Osiris wird Totenkönig. Glaube an ein Totengericht und Fortleben nach dem Tode.

Hieroglyphenschrift: Bilderschrift aus Wortzeichen, Konsonantengruppen und einzelnen Konsonanten, ohne Vokale, daneben die »hieratische«, später als Gebrauchsschrift die »demotische« Schrift (um 700). Der Kalender (Beginn des Jahres: Mitte Juli, z. Z. der Nilschwelle) umfaßt 365 Tage (12 mal 30 plus 5). Schaltjahre sind unbekannt, dadurch Differenz zum Sonnenjahr. (Später Beobachtung des Sothis = Sirius: Sothisjahr = 365¼ Tage.)

Mittleres Reich (2052–um 1570)

Nach kriegerischen Auseinandersetzungen wird die Einigung Ägyptens durch Mentuhotep II. von Theben aus vollzogen.

1991–1786 12. Dyn.: Erneute Zentralisierung der Verwaltung und Entmachtung der Gaufürsten. Sicherung Ägyptens durch Bau von Befestigungsanlagen im Ostdelta und am II. Katarakt. Bau großer Tempelanlagen in Karnak, dem Sitz des neuen Reichsgottes Amun. Größte Ausdehnung und Glanzzeit des Reiches unter

1878–1841 Sesostris III.: Der ägypt. Einfluß reicht nach Unternubien (Goldbergwerke); Handelswege entstehen nach dem Roten Meer, der Sinaihalbinsel, Punt, Kreta und Byblos. Unter Amenemhet III. Erschließung des Faiyum durch Anlage des Moeris-Sees und Bau von Pyramide und Totentempel bei Hawara (»Labyrinth«). Plastik: Altersporträts Sesostris' III. und Amenemhets III. Königssphingen. Neuer Statuentyp: »Würfelhocker« (= Gestalt mit hochgezogenen Knien in langem, bis auf die Füße fallendem Gewand). Literatur: ›Lehre des Königs Amenemhet‹, ›Geschichte des Sinuhe‹.

1778– um 1610 Zweite Zwischenzeit (13./14. Dyn.): Innenpolit. Wirren begünstigen den

um 1650 Einfall der Hyksos, einer Völkergruppe aus Churritern und semit. Stämmen (ägypt. heka-chesut = »Häuptlinge der Fremdländer« bezeichnet die Oberschicht), als Folge der um 2000 einsetzenden, durch das Vordringen der Indogermanen ausgelösten Völkerverschiebungen. Oberägypten wird von den Eindringlingen, die eine Herrenschicht bilden, durch die von ihnen nach Ägypten gebrachte **neue Kampftechnik: Pferd und Streitwagen** von der Residenz Auaris im Ostdelta aus (15./16. Dyn.) beherrscht; die Hyksos passen sich jedoch der überlegenen Kultur Ägyptens an.

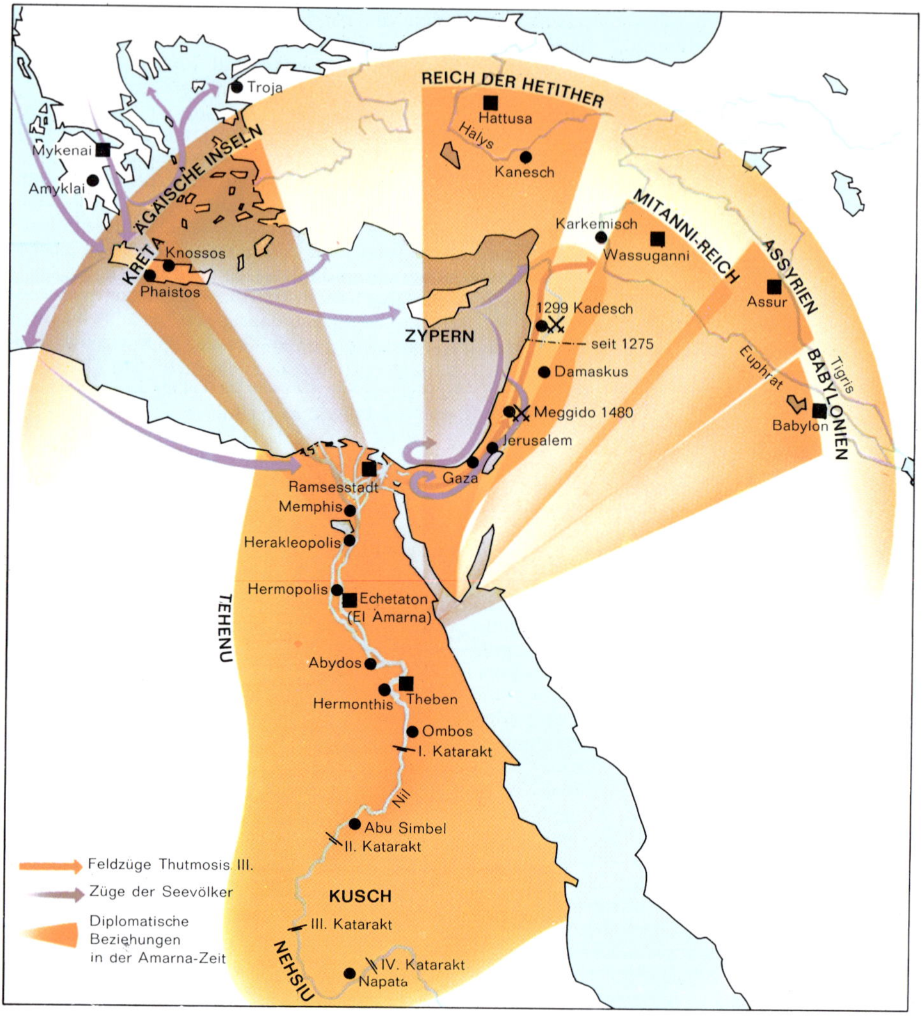

Neues Reich

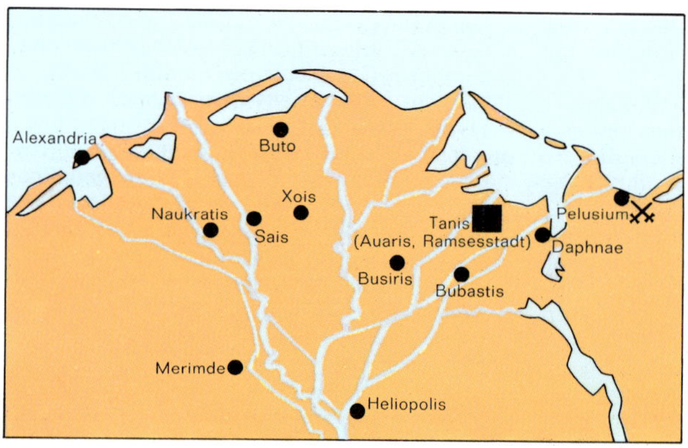

Das Deltagebiet in der Spätzeit

Mittelägypten

Neues Reich (1570–715)
AHMOSE vertreibt die Hyksos aus ihrer Residenz, verfolgt sie nach Palästina und gründet das Neue Reich (18. Dyn.). Unter seinen Nachfolgern AMENOPHIS I. und THUTMOSIS I. wird Ägypten führende Großmacht: Feldzüge nach Asien (Euphrat) und Nubien (bis zum III. Katarakt). Die größte Machtentfaltung wird unter der Königin

1501–1480 Hatschepsut erreicht. Kriegerische Auseinandersetzungen werden vermieden. Handelsexpeditionen nach Punt, rege Bautätigkeit (Terrassentempel von Deir el Bahri) unter der Leitung ihres Günstlings und Ministers SEMNUT. Nach ihrem Tode folgt ihr Stiefsohn und Neffe (Mitregent)

1480–1448 Thutmosis III. Unter ihm erhält das ägypt. Reich seine größte Ausdehnung (vom Euphrat bis zum IV. Nilkatarakt). Nach der

1480 Zerschlagung der syrisch-palästinens. Koalition bei Meggido unter Einsatz von Söldnerheeren und pferdebespannten Kampfwagen werden Phönikien und Palästina erobert, das Mitanni-Reich wird Nachbar (S. 35). Die Nachfolger setzen die erfolgreiche Außenpolitik fort.

1413–1377 Amenophis III., verheiratet mit TEJE, einer bürgerlichen Frau. Genießerische Regierungszeit. Trotz kluger Heiratspolitik und regem Diplomaten- und Handelsverkehr mit Mitanni, Babylonien, Kreta, Zypern, Assyrien, dem Hethiterreich und den Ägäischen Inseln (›Tontafeln von El Amarna‹, abgefaßt in der akkad. »Diplomatensprache«) setzt der Niedergang der ägypt. Weltmacht ein.

1377–1358 Amenophis IV., der »Ketzerkönig«, verheiratet mit NOFRETETE, führt die Verehrung des ATON, der Sonnenscheibe, ein (Sonnenmonotheismus).
Hymne: ›Sonnengesang‹. Die Residenz wird nach Echetaton (= »Lichtort des Aton« – El Amarna) verlegt, und AMENOPHIS nennt sich später ECHNATON. Da die außenpolit. Beziehungen wenig gepflegt werden, schwindet die ägypt. Autorität in Asien. Die nach dem Tode ECHNATONS zu Einfluß gekommene Reaktion macht die relig. Neuerungen rückgängig. Seine Schwiegersöhne SAMENCHKARE und TUTANCHAMUN (berühmt durch das 1922 gefundene, reich ausgestattete Grab) kehren nach Theben zurück. HAREMHAB, ein ehemaliger General ECHNATONS, erhebt sich zum König, kämpft erfolgreich in Syrien gegen die Hethiter und schafft durch harte Gesetze Ordnung im Innern. Vollendung der relig. Restauration (Verfemung der Amarna-Zeit).

1345–1200 19. Dyn. SETHOS I. und RAMSES II. kämpfen gegen die Hethiter (Rückeroberung Syriens, Schlacht von Kadesch 1299).

Um 1275 Freundschaftsvertrag zwischen RAMSES II. und dem Hethiterkönig HATTUSILIS III. Das Gleichgewicht der Mächte in Syrien wird wiederhergestellt, die Grenze ist der Orontes. Ägyptens neue Residenz im Deltatal ist Ramsesstadt.

1234–um 1220 MEREMPTAH kämpft in Palästina (auf der ›Israelstele‹ findet sich die erste Erwähnung des Stammes Israel) und gegen die mit den »Seevölkern« (u. a. Griechen und Philister) verbundenen Libyer.

1197–1165 Ramses III. Wiederholte Angriffe der »Seevölker« und Libyer werden abgeschlagen, die bei den Kämpfen eingebrachten Gefangenen im Deltagebiet angesiedelt. Unter RAMSES' Nachfolgern setzen innere Wirren ein. Palästina und Nubien gehen verloren, das Land verarmt, jedoch entsteht eine wirtschaftl. **Machtkonzentration der großen Tempel.**

Kunst: Während des Neuen Reiches werden riesige Tempelbauten errichtet: Amuntempel in Karnak, Luxor, Medinet Habu. Die »Amarna-Kunst« entsteht (Köpfe ECHNATONS und NOFRETETES, »Familien«-Bildnisse). Unter den Ramessiden werden der große Säulensaal von Karnak, der Felsentempel von Abu Simbel, Kolossalstatuen und der Totentempel in Medinet Habu gebaut.

Nach Kämpfen mit den Priestern des AMUN in Theben und den libyschen Söldnerführern reißt

um 950 **Scheschonk** (in der Bibel SISAK), ein libyscher Söldnerführer, von Bubastis aus die Herrschaft an sich. Daraufhin wandert ein Teil der Priester nach Nubien aus, ihre Nachkommen gründen einen theokratischen Staat mit der Hauptstadt Napata (um 750).

Um 920 Zug **Scheschonks** nach Palästina und Plünderung Jerusalems.

Die Spätzeit (715–332)

715–663 Äthiopische Fremdherrschaft. Sie wird beendet durch die Einfälle der Assyrer, die unter ASARHADDON bis Theben vordringen (671), doch von den Äthiopiern zurückgedrängt werden.

662 Eroberung Ägyptens durch ASSURBANIPAL (S. 31). **Ägypten wird assyr. Provinz.** Als Statthalter regieren die Gaufürsten, unter ihnen der Begründer der 26. Dyn.

663–609 Psammetich, der Ägypten von der assyr. Herrschaft befreit und die Macht der Amunpriester sowie der libyschen Söldner unterdrückt. **Ansiedlung jonischer Söldner** im Deltagebiet und Gründung jonischer Handelsfaktoreien **(Naukratis).** – Letzte Blütezeit des Reichs unter

569–525 Amasis. Ägypten wird Seemacht im östl. Mittelmeer und pflegt Beziehungen zu den Inselgriechen und den griech. Kolonien der Kyrenaika. Defensivbündnisse mit KROISOS VON LYDIEN und POLYKRATES VON SAMOS gegen die Perser scheitern. AMASIS' Sohn PSAMMETICH III. wird

525 bei Pelusium von dem Perserkönig KAMBYSES geschlagen. **Ägypten wird pers. Provinz** (S. 45).

332 Alexander d. Gr. erobert Ägypten (S. 65).

Ab 304 Herrschaft der Ptolemaier (S. 67).

30 v. Chr. Beginn der römischen Herrschaft.

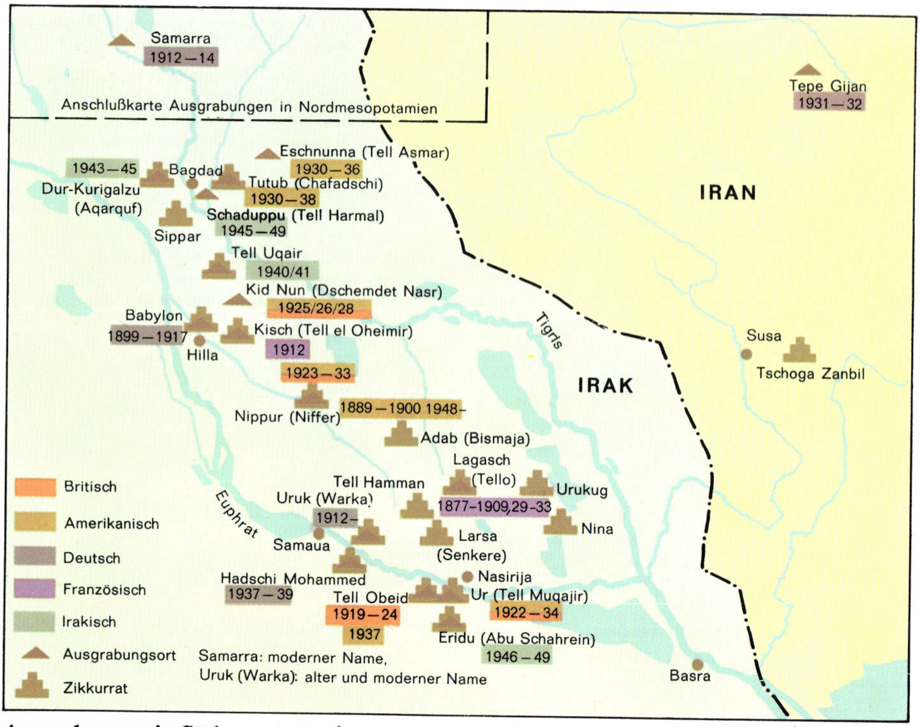

Ausgrabungen in Südmesopotamien

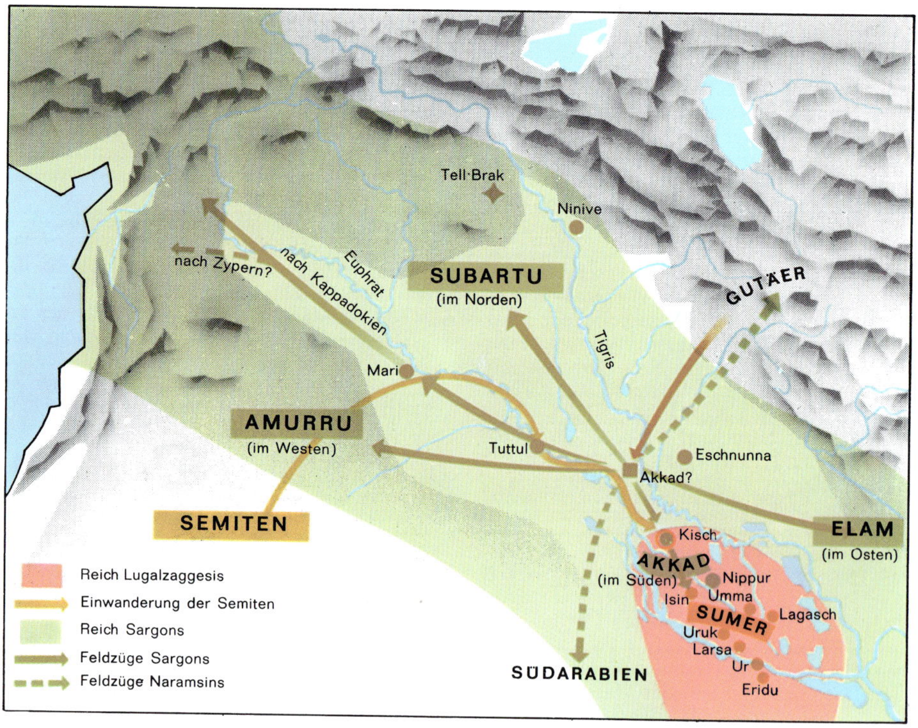

Reich Sargons von Akkad

Sumer

Um 3200–2800 siedeln die **Sumerer** im Süden Mesopotamiens (= »Land zwischen den Flüssen«). Ihre Herkunft ist unbekannt, vielleicht stammen sie aus dem Osten und sind mit den Schöpfern der Indus-Kultur verwandt. Das Land ist in Stadtstaaten aufgeteilt. Zentren der Städte sind die monumentalen, auf Hochterrassen aus Ziegeln errichteten Tempel, deren Wände mit farbigen Tonbolzen mosaikartig besetzt sind und die inmitten eines Bezirks für den Stadtgott liegen, dem das Land gehört. An der Spitze der Priesterschaft und der Stadt steht der **Stadtfürst** (Lugal = »großer Mann«) als Träger der Staatsgewalt und als oberster Priester. Der Tempel ist polit., relig. und wirtschaftl. Zentrum. Im Dienste der Tempelverwaltung steht die dafür erfundene Schrift (erst Bilderschrift, später abstrakte Zeichen, die mit Griffeln in weichen Ton eingeritzt werden = **Keilschrift). Kunst:** An die Stelle der Stempelsiegel treten Rollsiegel (Amtssiegel zum Versiegeln der Vorratskrüge im Tempelbezirk); daneben Kleinplastik in Ton, Stein und Metall. **Anfänge der Großplastik** (›Dame von Warka‹). **Religion:** Älteste sumer. Trinität: Enlil, An und Enki, daneben der Sonnengott Utu, der Mondgott Nanna, die Liebesgöttin Inanna. Sexagesimales Zahlensystem der Tageseinteilung (24 Stunden, 60 Minuten, 60 Sekunden) und Kreiseinteilung (360 Grad).

2800–2500 Frühdynast. Zeit. Langsames Einsikkern der Semiten. Mesilim von Kisch wird erster Oberkönig. Nippur wird relig. Zentrum. Der »relig. Staatssozialismus« (= Einheit von Staat und Tempel) wird aufgegeben. Die polit. Macht (Palast) tritt neben die relig. (Tempel). Bau von Stadtmauern (in Uruk durch Gilgamesch). Der auf Hochterrassen errichtete Tempel wird zur Zikkurrat ausgebaut (mehrere aufeinandergesetzte, durch Treppen verbundene Stockwerke bilden mit dem Tempel auf der Spitze den »Tempelturm«).

Seit 2500 1. Dyn. von Ur, begründet von Mesannepadda. Berühmt sind die seit 1922 freigelegten Königsgräber: 16 Grabanlagen von Königen und Fürstinnen bzw. Priesterinnen mit reichen Beigaben und Mitbestatteten, die freiwillig (durch Gift) mit in den Tod gehen (die Sitte ist vermutlich der Nachvollzug der »Heiligen Hochzeit« zwischen der Göttin Inanna – dargestellt von der Hohepriesterin – und ihrem Geliebten, dem Unterweltgott Dumuzi – dargestellt durch den König).

Um 2500–2360 1. Dyn. von Lagasch, deren Begründer, Urnansche, die Oberhoheit von Kisch abwirft. Von den Taten seines Sohnes Eannatum kündet das erste histor. Denkmal, die sog. ›Geierstele‹. Sein Nachfolger Entemena kämpft gegen den Einfluß der Priesterschaft, die dem 4. Herrscher Lugalanda zum Thron verhilft. Der Usurpator Urukagina führt soz. Reformen durch (Vertrag mit Ningirsu: Beschneidung der Priestereinkünfte, Schutz der Witwen und Waisen). Mit Hilfe der unzufriedenen Priesterschaft erobert Lugalzaggesi von Umma (»König der Länder«) Lagasch, ferner Ur, Uruk, Larsa, Kisch und Nippur und dringt bis zum Mittelmeer vor. Gegen ihn, den letzten sumer. Herrscher, erhebt sich das Reich von Akkad.

Akkad

Um 2350–2300 Sargon I., »Herrscher der vier Weltteile«, der Mesopotamien, Teile Syriens und Kleinasiens sowie Elam erobert. Überlegenheit durch die neue bewegliche Kampftechnik mit Wurfspeer, Pfeil und Bogen (Kampfesweise der Wüste) gegenüber der sumer. schwerbeweglichen Phalanx mit Langspeer und mächtigem Schild. Sargon begründet einen zentralisierten Großstaat (die amtlichen Inschriften nun in akkad. Sprache) und baut eine neue Hauptstadt: Akkad. **Der Herrscher ist Gottkönig.** Neue akkad. Gottheiten: Ischtar Anunitu und der Sonnengott Schamasch. – Nach Sargons Tod brechen Aufstände aus. Sein Enkel

2270–2230 Naramsin, der »Gott von Akkad«, erneuert die Macht des Reiches. Kämpfe in Südarabien und im Zagros-Gebirge (Darstellungen auf der ›Kampfesstele‹). Nach seinem Tod Verfall des Reichs und

2150–2050 Fremdherrschaft der Gutäer (Einfall aus dem Iran), die durch Utuchengal von Uruk vertrieben werden. Restauration des Sumerertums.

2050–1950 3. Dyn. von Ur (Herrscher: Urnammu, Schulgi, Bursin [= Amarsin], Schusin, Ibbisin). Wiederherstellung des Reiches von Sumer und Akkad und der Tempel. Unter Schulgi werden die Stadtkönige zu Provinzstatthaltern des neuen Reiches. Durch Vollzug der »Heiligen Hochzeit« (s. oben) wird er Gott. Bau eines Totenhauses auf dem Königsfriedhof von Ur für sich und seine Eltern. – Unter Schusin Eindringen westsemit. Stämme und Bau einer Befestigungslinie am mittleren Euphrat. Handelsbeziehungen nach Indien. – Das Reich geht durch die Kämpfe gegen die Elamiter und den König von Mari zugrunde. In der **Bildkunst** zeigen sich keine neuen Motive; die sumer. **Literatur** hat ihren Höhepunkt. – Die Herrschaft wird von einer hochentwickelten Tempel- und Staatswirtschaft mit riesigem Beamtenapparat getragen. – Zu Beginn der 3. Dyn. von Ur erstrebt **Gudea von Lagasch** die Wiederherstellung des klass. Sumerertums. Der durch den Handel erworbene Reichtum ermöglicht den Bau großer Kultstätten.

Seit 2000 fallen die semit. Kanaanäer in das Reich ein, eine starke Semitisierung ist die Folge: Staatenbildungen in Isin, Larsa und Babylon (»Babili« = Gottespforte). Trotzdem bleibt das Sumerische als Kultsprache erhalten. Eine letzte polit. und kult. Blütezeit erlebt das Sumerertum unter Rimsin von Larsa [1758–1698].

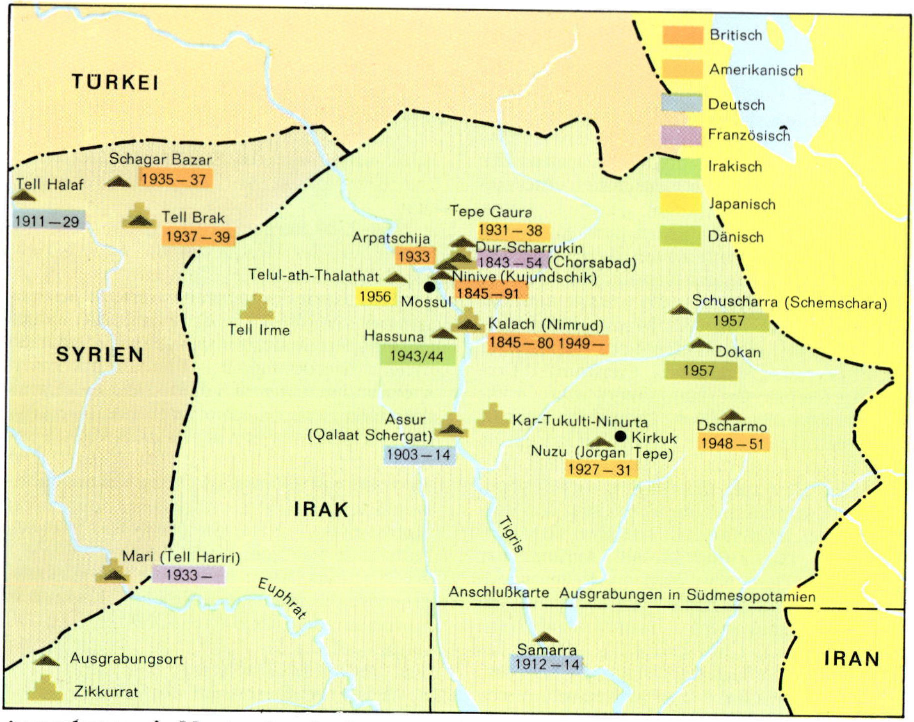

Ausgrabungen in Nordmesopotamien

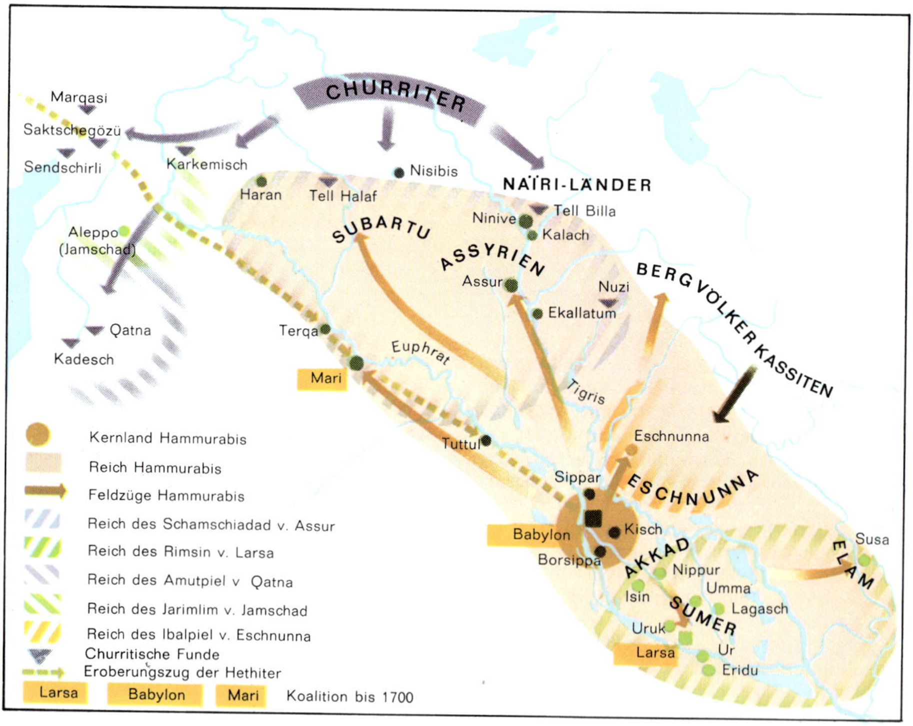

Reich Hammurabis von Babylon

Altassyrisches Reich (1800–1375)
Um 2500 siedeln die **Assyrer** am oberen Tigris und Großen Zab. Zähe, kriegerische Bevölkerung, die aus Vermischung von nichtsumer. Urbewohnern (Tell Halaf- und Samarra-Kultur) und semit. Einwanderern entstanden und kult. abhängig vom Süden ist. **Assur,** der höchste Gott, gibt Hauptstadt und Land den Namen. Nach dem Fall der 3. Dyn. von Ur Emporkommen Assurs und Eroberung des nordbabylon. Gebiets (um 1800). Ein Hethitereinfall unterbricht die Handelsbeziehungen zum Norden und Nordwesten, wodurch die Staatseinkünfte zurückgehen und die altassyr. Macht geschwächt wird. – Nach der Fremdherrschaft NARAMSINS VON ESCHNUNNA (berühmt durch seine Gesetzessammlung) bemächtigt sich **Schamschiadad I.** [1749–1717] des Throns (»König der Gesamtheit«). Sein Reich umfaßt Teile der Gebirgsländer, Mesopotamiens und Maris. Ausgedehntes Bündnissystem. Patriarchalischer Absolutismus. Sein Sohn ISCHMEDAGAN wird von RIMSIN VON LARSA besiegt und später Vasall HAMMURABIS. –Bis 1450 ist über die Geschichte des altassyrischen Reiches wenig bekannt. Ab 1450 wird es Vasallenstaat Mitannis.

Babylon
1728–1686 Hammurabi. Bei seinem Regierungsantritt rivalisieren sechs Mächte um die Vorherrschaft in Mesopotamien: Larsa, Eschnunna, Babylon, Qatna, Jamschad (Aleppo) und Assur. Über 15 Jahre besteht der Dreibund Larsa – Mari – Babylon, um Eschnunna, Elam, die Bergvölker und Assur bekämpfen zu können.
Nach den siegreichen Kriegen gegen die Nachbarvölker besiegt HAMMURABI seine beiden Bündnispartner RIMSIN VON LARSA und ZIMRILIM VON MARI, in dessen Regierungszeit der berühmte Palast von Mari, in dem ein Archiv von 20000 Tontafeln gefunden wurde, vollendet wird (Bericht über das Auftreten von Propheten an Kultheiligtümern).
Von der Fürsorge HAMMURABIS für Leben und Eigentum seiner Untertanen zeugt der **›Codex Hammurabi‹,** Reformgesetze nach dem Grundsatz der ›Talion‹ (»Auge um Auge, Zahn um Zahn«). Strafen: Auspeitschung, Verstümmelung, Hinrichtung (Pfählen, Verbrennen, Ertränken). Verwaltungs- und Kultursprache ist das Akkadische. Hauptwerke der alten mesopot. Literaturen in babyl. Gestaltung: ›Weltschöpfungs-‹ und ›Gilgamesch-Epos‹, Hymnen, Psalmen, Gebete. Hauptgötter: MARDUK von Babylon, der Sonnengott SCHAMASCH, die Liebesgöttin ISCHTAR.
Unter den Nachfolgern HAMMURABIS Abfall des Südens, Kämpfe mit den Kassiten und Churritern.
1531 Plünderung und Brandschatzung Babylons durch den Hethiterkönig MURSILIS I. (S. 35).
ca. 1530–1160 Kassitenzeit (Kassiten = Volksstamm aus dem Iran).
1160 Plünderung Babylons und Sturz der kassit. Herrschaft durch die Elamiter.
Ab 1137 vorübergehende Großmachtstellung Babyloniens durch NEBUKADNEZAR I. (4. babyl. Dyn.). Er errichtet ein nat. Königtum und befreit das Land von der Herrschaft Elams. Babylonien gerät in der Folgezeit unter assyr. Einfluß.

Churriter
Im 2. Jt. Einwanderung der Churriter aus der Gegend des Wan-Sees in das nördl. Mesopotamien. Von dort aus unternehmen sie Züge nach Assyrien, Mesopotamien, Kleinasien, Syrien und Palästina. Überall bilden sie eine **Oberschicht** (Marjanni = Ritter, vgl. ind. marja = junger Held). Grundbesitz ist erblich und unverkäuflich, doch werden die Bestimmungen durch »Adoptionen« und »Schenkungen« umgangen. – Überlegenheit im Kampf durch pferdebespannte Streitwagen.
Religion: Hauptgötter sind TESCHUP (Wettergott), CHEPAT (Sonnengöttin) und KUMARBI (Göttervater). Bei der arischen Oberschicht werden die ind. Götter INDRA, MITRA und VARUNA verehrt.
Kunst: Mit Reliefs geschmückte, in Reihen aufgestellte Steinplatten (Orthostaten). Rechteckiges Langhaus. Monumentale Bildkunst.

Mittelassyrisches Reich (1375–1047)
1390–1364 ERIBAADAD gewinnt, verbündet mit den Hethitern, die Unabhängigkeit Assyriens von Mitanni (S. 35). Sein Sohn ASSURUBALLIT I. [1364–1328] nennt sich »Bruder des Pharao«. Unter SALMANASSER I. [1273–1244] und TUKULTININURTA I. [1243–1207] Fortsetzung der Eroberungspolitik im Dienst des Gottes ASSUR. **Brutale Kriegführung:** Massendeportation der unterworfenen Völker. Ausbau von Assur und Ninive. Gleichzeitig mit der Invasion der Aramäer und dem Niedergang des Hethiter-Reichs geht auch die assyr. Macht zurück, die unter
1112–1074 Tiglatpileser I. wiederhergestellt wird. Kämpfe im Norden gegen die »Naïri«-Länder bis ans Schwarze Meer. Tributzahlung der syr. Dynasten. Unter TIGLATPILESERS Nachfolgern Kämpfe gegen die Aramäer und Schrumpfung Assurs auf das Kerngebiet.
Kriegswesen: Im Mittelpunkt stehen die Wagenkämpfer, daneben Infanterie und Pioniere mit Helmen, Panzern und Schilden. Aufkommen des Eisens nach 1200 durch Umsiedlung hethit. Schmiede.
Recht: Barbarische Härte der Strafen: Abschneiden der Ohren, Unterlippe und Finger; Kastration; Zerstörung des Gesichts durch Begießen mit heißem Asphalt.
Wirtschaft: Das Land ist im Besitz der Tempel, der Krone und des Adels. Höhepunkt der Landwirtschaft (techn. verbesserte Pflüge); Gartenbau.

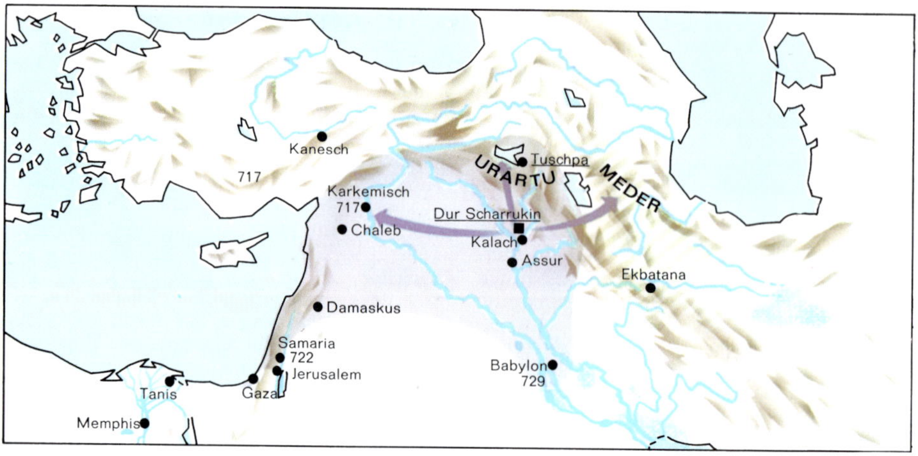

Das Reich Sargons II.

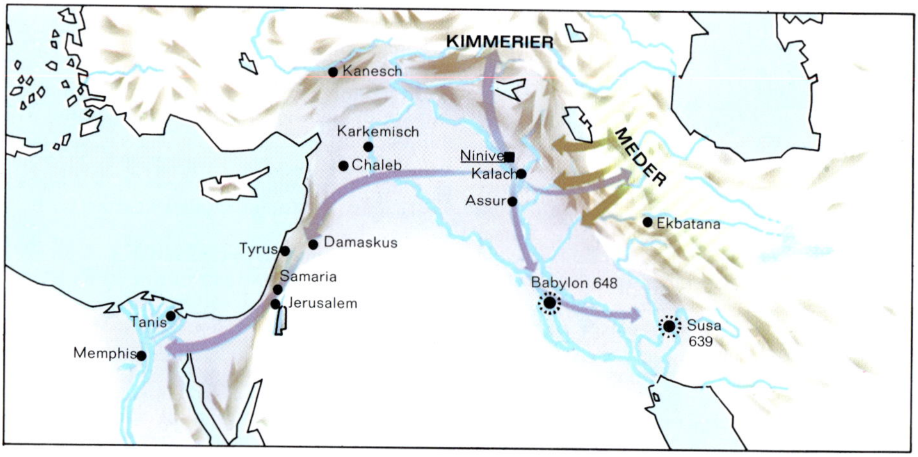

Das Reich Assurbanipals

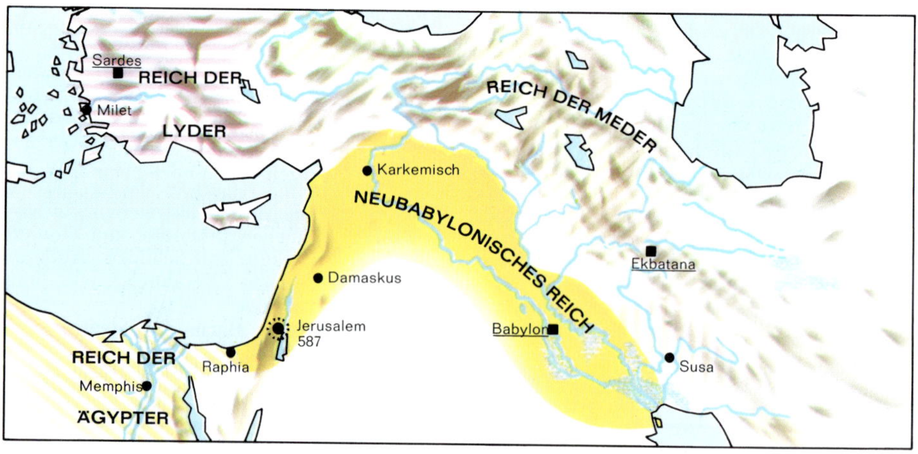

Das Neubabylonische Reich

Neuassyrisches Reich (883–612)
Nach Kämpfen ADADNIRARIS II. [909–889] in Nordmesopotamien errichtet sein Urenkel
883–859 ASSURNASIRPAL II., **der grausamste aller assyr. Könige,** ein Reich, das im Umfang dem TIGLATPILESERS I. entspricht. Der Widerstand der benachbarten Völker wird durch jährlich stattfindende Feldzüge gebrochen, in denen eine neue Waffengattung, die zum erstenmal in der Geschichte erscheint, die Entscheidung bringt: die **Reiterei.** In Furcht versetzt werden die Völker durch die grausamen Methoden der Unterwerfung: Pfählen und Schinden, Massenhinrichtungen. Neue Residenz: das mit Deportierten besiedelte Kalach mit riesigem Palast. Sein Sohn
858–824 SALMANASSER III. festigt die Oberhoheit in Syrien und Palästina, um die Handelswege vom Euphrat und Tigris nach dem Mittelmeer kontrollieren zu können. Die Unterwerfung von Damaskus, der aramäischen Hauptstadt, wird nicht erreicht. – Erste Erwähnung der Meder und Perser (835). – Ein Aufstand am Ende der Regierungszeit SALMANASSERS kann durch seinen Sohn SCHAMSCHIADAD V. nur mit Hilfe Babylons niedergeschlagen werden. In Anlehnung an Babylon kann sich Assur gegen die Meder behaupten, die sich am Urmia-See festsetzen (S. 45).
810–806 SCHAMMURAMAT (griech. SEMIRAMIS) führt für den minderjährigen Thronfolger eine innen- und außenpolit. erfolgreiche Regierung. Ihr Sohn ADADNIRARI III. und seine Nachfolger kämpfen gegen Babylonien, die Meder, vor allem aber gegen das Reich von Urartu (S. 35). – Die Selbstherrlichkeit der assyr. Statthalter und das schwache Königtum werden beseitigt von
745–727 Tiglatpileser III., dem Gründer des Assyr. Weltreichs. SARDUR II. VON URARTU wird besiegt, Nordsyrien, Damaskus und Gaza werden erobert. Unter dem Namen PULU wird er König von Babylon (729). Unter seinem Nachfolger SALMANASSER V. Unruhen in Syrien und Palästina und Auseinandersetzungen mit der Priesterschaft. Bei der Belagerung Samarias wird SALMANASSER V. ermordet.
722–705 SARGON II. (Scharrukin = »rechter Herrscher«). Er erneuert die aristokratischen und priesterlichen Privilegien. Die letzten Hethiter-Staaten werden unterworfen, das Reich Urartu besiegt, die Meder bekämpft und Babylonien niedergezwungen; die Ägypter schlägt er bei Raphia. SARGON baut eine Residenz in Dur Scharrukin (»Sargonsburg«). Sein Sohn
704–681 SANHERIB ist ein maßloser Despot. Er unterwirft 701 Juda (Belagerung Jerusalems) und zerstört Babylon. Ninive wird zur ersten Stadt des Reichs unter Einsatz riesiger Zwangsarbeiterheere ausgebaut (25 m hohe Doppelmauer mit 15 Toren. Wasserversorgung durch Bau eines 50 km langen, über einen 280 m langen und 22 m breiten Aquädukt geführten Kanals). – Seine Härte, Verschwendung und brutale Behandlung Babylons führen zu seiner Ermordung. Sein jüngerer Sohn
680–669 ASARHADDON schlägt einen Aufstand seiner Brüder nieder und befiehlt den Wiederaufbau Babylons. Im Bündnis mit den Skythen drängt er die Kimmerier zurück und erobert Ägypten bis Nubien: **Größte Ausdehnung des Assyr. Reichs.**
668–626 ASSURBANIPAL zerstört Theben, kann jedoch Ägypten nicht halten, da es zu entfernt liegt und sich sein Bruder SCHAMASCHSCHUMUKIN VON BABYLON mit Unterstützung aller Feinde Assurs erhebt. 648 Eroberung Babylons. 639 Zerstörung Susas (Elam). Gründung der großen Bibliothek in Ninive (über 22000 Tontafeln: Dichtungen; literar., hist., philosoph., med. und astronom. Texte; Geschäftsurkunden). – Innere Unruhen und Einfälle der Skythen schwächen den Staat. Unter KYAXARES VON MEDIEN und NABOPOLASSER VON BABYLONIEN **Eroberung und Zerstörung aller assyr. Städte** (Assur 614, Ninive 612, Charran 608). Die Bewohner werden ausgerottet, das Land wird verwüstet.
Kunst: Riesige Palastanlagen mit ornamentaler, den Maßstäben der Architektur entsprechender Plastik in Ninive, Kalach, Dur Scharrukin und Assur (Jagd-, Kriegs- und Kultszenen = »Historienmalerei« in Reliefs).

Neubabylonisches Reich (625–539)
Die dauernden Versuche der Chaldäer, sich Babylons zu bemächtigen, haben erst nach dem Tode ASSURBANIPALS endlich Erfolg.
625–605 NABOPOLASSER ist König von Babylonien, Elam, Westmesopotamien, Syrien und Palästina.
604–562 Nebukadnezar II., ein geschickter Diplomat, führt das Reich zur Blüte. Ausbau Babylons: Prozessionsstraße, Ischtartor, Zentralheiligtum Esangila (»Haus der Haupterhebung«) mit dem Stufenturm Etemenanki (»Haus der Gründung Himmels und der Erde« = sagenberühmter »Turm zu Babel«, Gesamthöhe 90 m). –Gleichgewicht der Kräfte zwischen den Großmächten.
598 Besetzung Jerusalems als Folge des Bündnisses zwischen Juda und Ägypten (1. Deportation). 587 Zerstörung Jerusalems (S. 37). In der Folgezeit Zerfallserscheinungen und Kampf mit der Marduk-Priesterschaft, die den Emporkömmling
555–539 NABONID, »den Archäologen auf dem Thron«, als König einsetzt. Unkluge Maßnahmen gegen die Priesterschaft zwingen den König zum Verlassen Babylons (er begibt sich in die Oasenstadt Teima). Regent der letzten zehn Jahre ist BALSAZER.
539 Eroberung Babyloniens durch den Perserkönig KYROS II. **Babylonien wird pers. Provinz** (S. 45).
331 Alexander d. Gr. erobert Babylonien (S. 65).

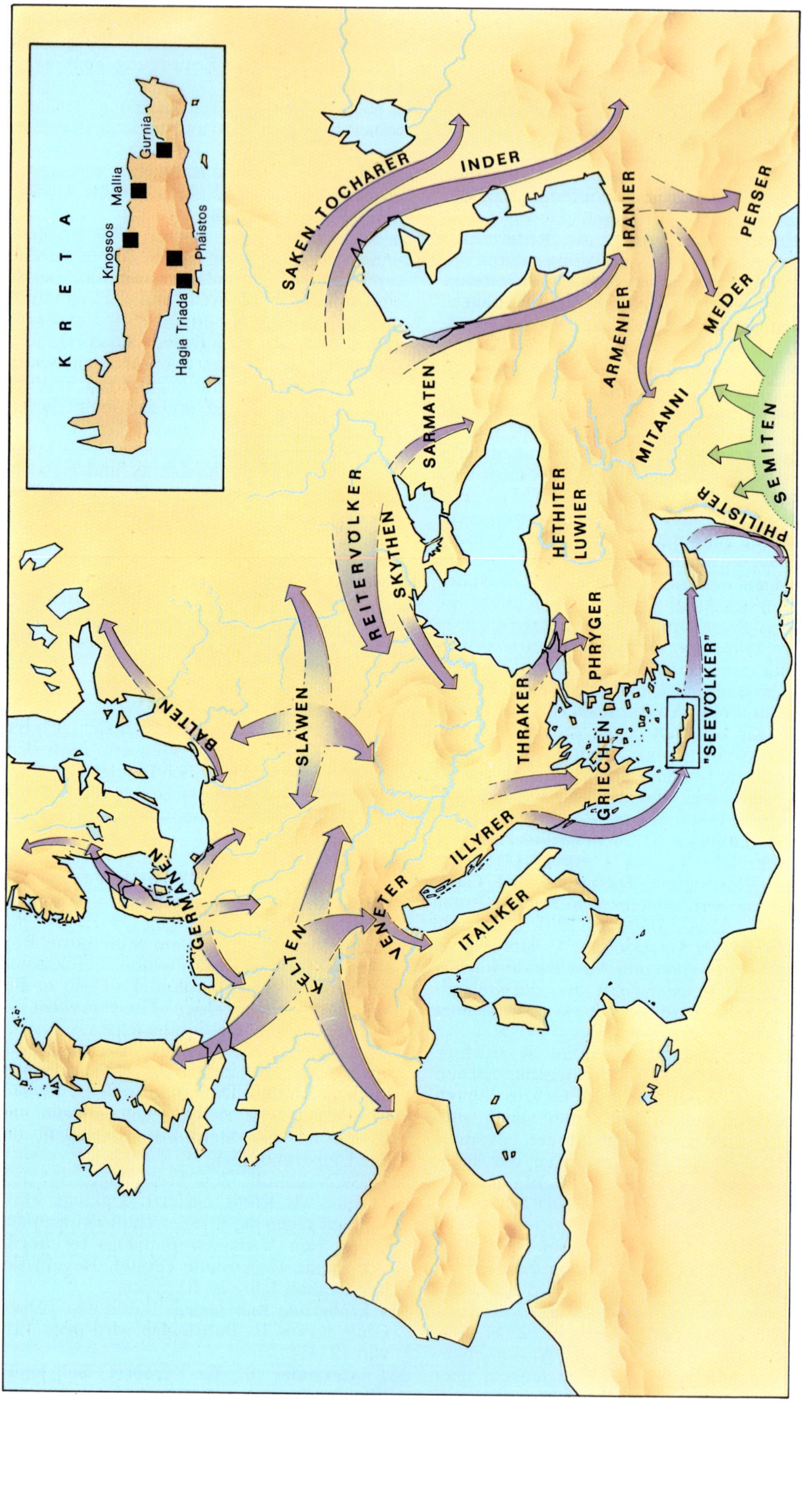

Ausbreitung der Indogermanen, Kreta

Indogermanen (Indoeuropäer)
Die Indogermanen lassen sich als Völkerfamilie nicht so sehr aus Bodenfunden, sondern von der Sprache her nachweisen. Alle Völker Europas, mit Ausnahme der Basken und der finnisch-ugrischen Völker, sprechen indogerm. Sprachen. Zu den indogerm. Sprachen gehören die keltischen, germanischen, italischen, baltischen und slawischen Sprachen. Ausgestorben sind das Illyrische, Venetische, Thrakische, Phrygische, Hethitische, Luwische, Tocharische und Altindische. Griechisch, Armenisch und die iranischen Sprachen existieren bis heute. Die indogermanischen Sprachen werden in **zwei Gruppen** geteilt: Satem- und Kentum-Sprachen (bzw. Ost- und Westgruppe). Unterscheidungsmerkmal ist die Wiedergabe des palatalen k-Lauts, der in einigen Sprachen durch s wiedergegeben wird (Beispiel: Das Zahlwort hundert = altind. sata, awest. satem; griech. hekaton, lat. centum).
Die Heimat der Indogermanen ist wahrscheinlich das Gebiet zwischen Mitteleuropa und Südrußland (in frühester Zeit vermutlich die Kirgisensteppe in Westkasachstan: Nachbarschaft mit der ural-altaischen Sprachgemeinschaft). Ein genau begrenztes Kerngebiet ist unbekannt. Es ist daher falsch, vereinfachend von einer »Ursprache«, einem »Urvolk« oder der indogerm. »Urheimat« zu sprechen. Jedoch kann man eine Ost- und eine Westgruppe unterscheiden. Die **Entstehung der indogerm. Einzelsprachen** braucht nicht durch Abspaltung, sondern kann auch durch Mischung mit fremden Sprachelementen erklärt werden. Eine indogerm. Gemeinschaft fällt wohl in die jüngere Steinzeit; um 2000 spaltet sie sich in Einzelvölker.
Wirtschaft: Eine vergleichende Betrachtung der Frühzeit der indogerm. Völker zeigt, daß an Metallen Gold, Silber und Kupfer (lat. aes) bekannt ist. Die Indogermanen besitzen Haustiere: Pferde, Rinder, Schafe, Hunde, Ziegen und Schweine. Dies läßt Rückschlüsse auf überwiegende Viehzucht zu. Erst später wird beim Vordringen in Gebiete mit überlegenerer Kultur der Ackerbau übernommen. Töpferei und Weberei sind ebenfalls bekannt.
Gesellschaft: Vaterrechtlich organisierte Großfamilie. Über einer breiten Unterschicht erheben sich die Herren mit ihrem Gefolge, deren Hauptbeschäftigungen Krieg und Jagd sind. Waffen: Axt, Pfeil und Bogen.
Religion: Göttliche Hierarchie mit dem Himmelsgott an der Spitze.
Ausbreitung: Im Zusammenhang mit der Ausbreitung der Indogermanen steht wohl das Vordringen der **Schnurkeramiker** (Streitaxtleute) in Mitteldeutschland, auf die das Kulturbild von den frühesten Indogermanen am ehesten zutrifft.
Um 2000 Wanderungen der Indogermanen, die zur Bildung der ersten indogerm. Großreiche in Vorderasien und Indien führen (Adelsgesellschaft mit pferdebespannten Streitwagen).

Kreta
Die kretische Kultur wird nach ihrem Entdekker Sir Arthur Evans in eine früh-, mittel- und spätminoische Periode eingeteilt. Jede dieser Perioden ist in sich noch durch drei Zeiträume begrenzt (Frühminoisch – FM – I-III, Mittelminoisch – MM – I-III, Spätminoisch – SM – I-III). Auf die neolithische und subneolithische Zeit folgt

2600–2000 die minoische Frühzeit (FM I-III), bekannt durch die Hafenstädte in Ostkreta und die Rundgräber in der Mesara (Tholoi = Grabkammern). Funde: Siegel, kupferne und bronzene Dolche, Goldschmuck. Die minoische Kultur erlebt um 2200 eine Blütezeit (zur selben Zeit wird Troja II zerstört).

2000–1570 Zeit der ersten (»älteren«) unbefestigten Paläste (MM I-II) in Knossos, Phaistos und Mallia. – **Wirtschaftl. Mittelpunkte** sind die Paläste (riesige Speicheranlagen für Öl, Getreide und Wein). Die Bewohner treiben Handel mit dem griech. Festland und den syr. und ägypt. Häfen. Unter ägypt. Einfluß bildet sich eine Bilderschrift. Keine Eroberungen. – **Kunstgewerbe:** Blütezeit der **Kamareskeramik;** Stein- und Fayencegefäße. Zur Zeit des Hyksoseinfalls in Ägypten (S. 23) werden die ersten Paläste zerstört. – **Religion:** Bildlose, ekstatische Kulte in Naturheiligtümern und heiligen Höhlen. Verehrung einer Mutter- und Erdgöttin (als Herrin der Tiere, Schlangengöttin, Schildgöttin) und männl. Götter.

1570–1425 Blütezeit der (»jüngeren«) Paläste (MM III – SM II) in Knossos (»Labyrinth«), Phaistos und Hagia Triada (großartige, um einen Mittelhof gelagerte Anlagen). In diese Zeit fällt die Reichsgründung: Auf- und Ausbau einer zentral gelenkten Verwaltung und Wirtschaft nach ägypt. Vorbild. Unbestrittene **Seeherrschaft** (Thalassokratie). Lebhafter Tauschhandel mit dem Neuen Reich in Ägypten. Die Bilderschrift wird ersetzt durch die Linearschrift A (vorgriech. Sprache). – Die Frauen nehmen in der Gesellschaft eine bevorzugte Stellung ein. – Im 16. Jh. wird der Palast von Knossos durch Erdbeben zweimal beschädigt, jedoch immer wieder aufgebaut. Im 15. Jh. beginnen die Achaier vom Festland her die Insel zu besiedeln. Sie gewinnen rasch an Einfluß. Die Ureinwohner verlassen die Paläste von Mallia, Hagia Triada und Phaistos. Die Eroberer verwenden von nun an die Linearschrift B, die für die griech. Sprache auf dem Festland schon in Gebrauch ist.

Kunst: Veränderung des ornamentalen Formenschatzes (Tektonik). Letzte Blüte in Knossos: Palaststil in der Keramik und Freskomalerei.

Um 1425 Zerstörung des Palastes von Knossos durch Brand in einem erfolglosen Aufstand der kretischen Bevölkerung gegen die neuen Herren von Mykenai. Endgültige Festigung der achaischen Herrschaft (S. 47).

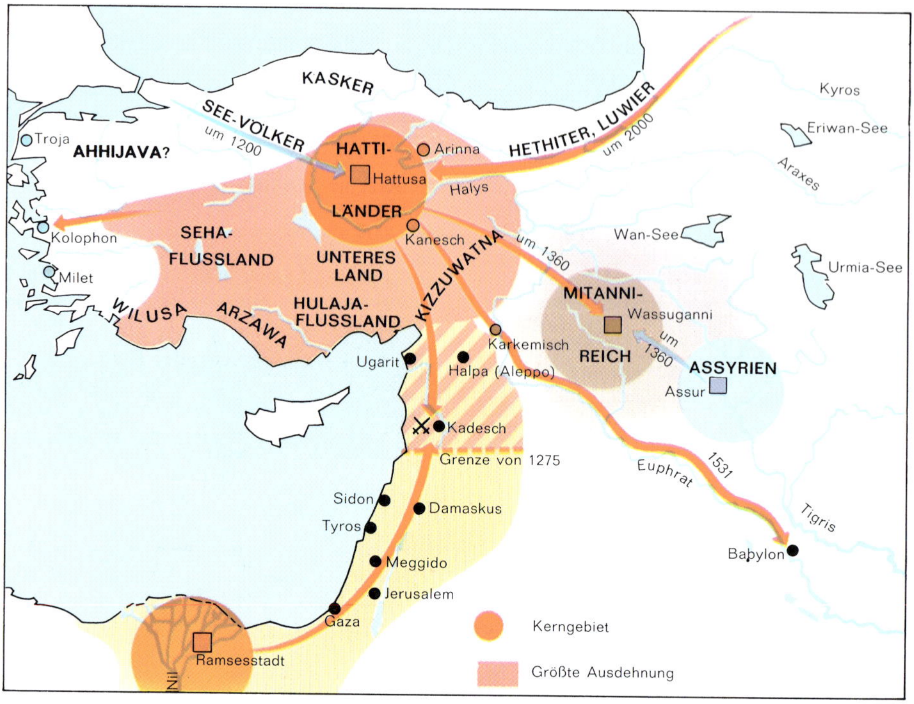

Das Reich der Hethiter

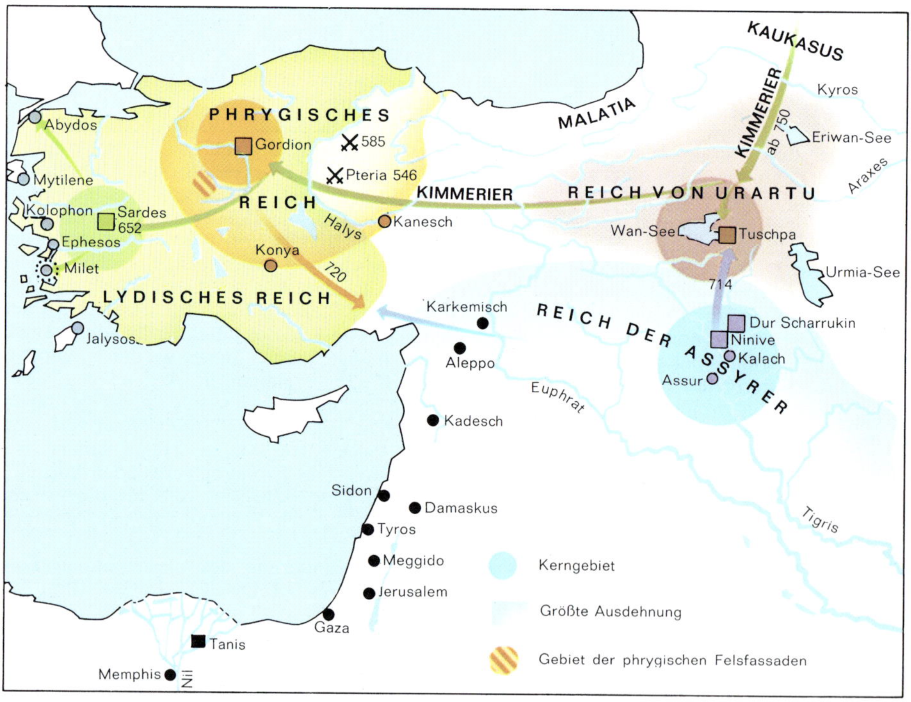

Das Reich von Urartu und die Reiche der Lyder und Phryger

Hethiter

Um 2000 Vorstoß der Hethiter, des ältesten indogerm. Kulturvolks, und der Luwier in das von Protohattiern besiedelte Zentralkleinasien (Sprachen: »Hattili«, Sprache der kleinasiatischen »Hatti«; »Luwili«, Sprache der Luwier; »Nasili«, Sprache der Hethiter). Der Name »Hethiter« ist nicht indogerm., sondern bekannt aus der Bibel und der assyr. Geschichtsschreibung. Staatl. Anfänge des Reiches bleiben im Dunkel. Nach schweren krieger. Auseinandersetzungen mit einheimischer Bevölkerung Gründung eines Reiches in Anatolien (Hauptstadt Kussar).

1640–1380 Altes Hethiterreich, gegründet durch Labarna, dessen Name zum Titel der folgenden Hethiterkönige wird. Unter seinem Nachfolger Hattusilis I. wird das polit. Zentrum nach Hattusa verlegt. Vorstoß nach Syrien. Sein Nachfolger Mursilis I. wirft Aleppo nieder und erobert Babylon (1531). Nach seiner Ermordung wird das Reich durch innere Wirren (Königsmorde) geschwächt. Die Reform Telepinus' (um 1460) stellt die Ruhe im Innern wieder her: Gesetzl. Regelung der Nachfolge; die Rechte des Adels bleiben erhalten. Weiterhin Festigung des Reichs.

1380–1200 Neues Hethiterreich.

1380–1346 Unter Suppiluliuma wird das Hethiterreich als Großmacht anerkannt. Unterwerfung großer Teile Kleinasiens und Zerstörung des **Mitanni-Reiches,** dessen Blütezeit in die Zeit von 1450 bis 1350 fällt. Seine Hauptstadt ist Wassuganni, der bedeutendste Herrscher Schauschschatar, dessen Herrschaftsgebiet vom Zagrosgebirge bis zum Mittelmeer und vom Wan-See bis Assur reicht. Unter Tuschratta unglückliche Kämpfe mit Assyrien und den Hethitern. Ugarit, Aleppo, Karkemisch in Syrien werden von den Hethitern abhängig. Mursilis II. [ca. 1345–1315] kämpft im Westen und Osten erfolgreich. Muwatallis [1315 bis 1290] siegt in Syrien bei Kadesch über die Ägypter (S. 25). Um 1200 Zusammenbruch des Reichs im »Seevölker«-Sturm. Seit Suppiluliuma Beziehungen zum **Volk der Ahhijava** (griech. Achaier).

Religion: Aufnahme churritischer und protohethitischer Götter (Sonnengöttin von Arinna). Aus Babylonien: Kult, Vorzeichen, Magie.

Gesellschaft: An der Spitze des Feudalstaats steht der König (Labarna), der jeweils vom Vorgänger eingesetzt wird; nach seinem Tode Vergottung. Er ist oberster Richter, Priester und Kriegsherr. Starke Stellung der Königin (Tawannanna); daneben Adel (freier Stand von Kriegern), später durch Beamte zurückgedrängt. Wenig brutale Kriegführung. Humane Gesetzgebung: Geld- und Freiheitsstrafen, Schutz der Rechte von Mann und Frau.

Urartu, Phrygien, Lydien

Im 13. Jh. Bildung urartäischer Königreiche in Ostanatolien mit vorwiegend churritischer Bevölkerung. Die Versuche der Assyrer, in diesen Gebieten polit. Einfluß zu gewinnen, mißlingen. In der Zeit des Rückgangs der assyr. Macht gründet

ca. 835–825 Sardur I. das Reich von Urartu (bibl. Ararat) an Urmia- und Wan-See. Reichtum des Landes: Kupfer- und Eisengewinnung; Großhandel. Hauptstadt: Tuschpa. Unter seinen Nachfolgern wird Urartu Großmacht. Das Reichsgebiet wird begrenzt durch Euphrat, Urmia-See, Aleppo, Eriwan-See. Unter Sardur II. Vorstoß über Tigris und Euphrat, doch wird er von Tiglatpileser III. geschlagen. Seit 750 Kampf gegen die über den Kaukasus einbrechenden Kimmerier.

714 Sieg Assyriens über Urartu. Seit 620 Einbruch der Skythen aus Südrußland. Nach 600 Einwanderung der indogerm. Armenier. Ab 610 im **Reich der Meder** (S. 45).

An der Spitze des von Beamten verwalteten Staats steht der König im Dienst des Nationalgotts Chaldi. Provinzen unter Statthaltern. – Bau von Festungen. Führendes Land in der Metallverarbeitung. Getreide-, Wein-, Obstbau mit Hilfe von Bewässerungsanlagen.

Um 800 Bildung eines Phrygischen Reichs in Anatolien (Hauptstadt: Gordion). Größter Herrscher ist der auch aus der griech. Sage wegen seines legendären Goldreichtums bekannte Midas (assyr. Mita), der mit einer griech. Prinzessin verheiratet ist. Kämpfe mit den Assyrern, 709 Friedensschluß und Zahlung von Tributen an Sargon II., im 7. Jh. Eindringen der Kimmerier und Unterwerfung Phrygiens (S. 21).

Religion: Orgiastischer Kult der »Großen Mutter« (Kybele) und ihres Geliebten Attis; Verehrung des Weingottes Sabazios (= Dionysos).

Nach dem Zusammenbruch des Phrygerreichs gewinnt das **Lyderreich** unter der Dynastie der Mermnaden Bedeutung.

680–652 Gyges stürzt Kandaules und unterwirft Westkleinasien, kämpft aber erfolglos gegen die Griechenstädte (nur Eroberung Kolophons). Er fällt im Abwehrkampf gegen die Kimmerier. Unter seinem Sohn Ardys Wiederherstellung der lyd. Macht und Kampf gegen die Griechenstädte (Fall Prienes).

605–560 Alyattes, der Begründer der lyd. Großmachtstellung, dehnt das Reich bis an den Halys aus (585). Um 575 Zerstörung Smyrnas. Gleichgewicht der Mächte Medien, Babylonien, Lydien und Ägypten zwischen 585 und 546. Sein Sohn

560–546 Kroisos unterwirft alle Griechenstädte außer Milet. Reiche Stiftungen für griech. Tempel. Scheitern des im Bündnis mit Babylonien, Ägypten und Sparta geführten Präventivkriegs gegen die Perser.

546 Niederlage bei Pteria. **Lydien wird pers. Provinz** (S. 45). Die bedeutende zivilisatorische Leistung der Lyder ist die **Erfindung des gemünzten Geldes** (7. Jh.).

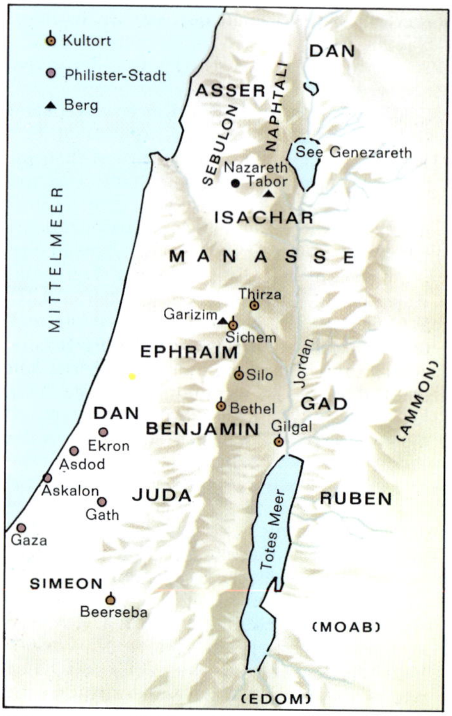

Stämme um 1200 v. Chr.

Das Reich Davids

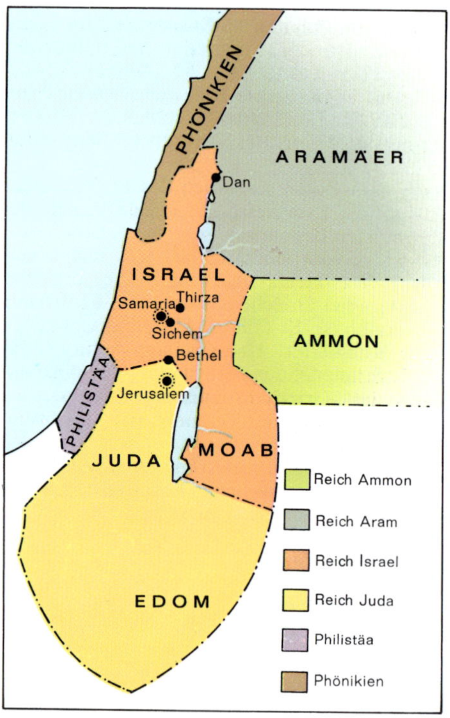

Die Reiche Israel und Juda

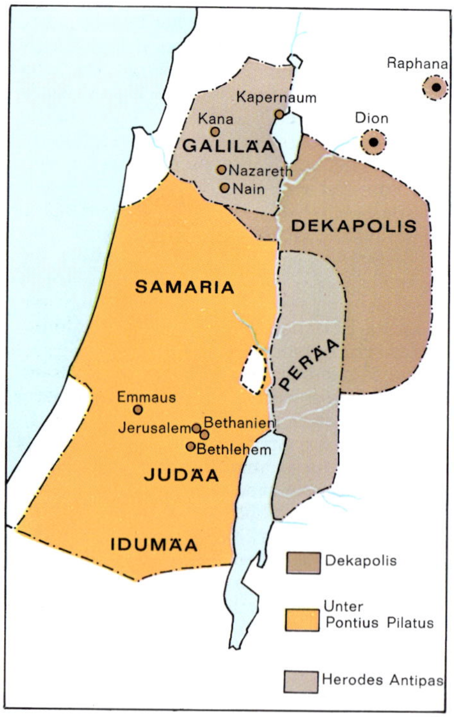

Palästina z. Z. Jesu

Ab 1500 Eindringen der israelitischen Stämme im Zusammenhang mit der aramäischen Wanderung in Palästina. Um 1250 Auszug von Teilen der Stämme aus Ägypten unter MOSE (Gottes Offenbarung am Sinai: Bund zwischen Gott und den auserwählten israelitischen Stämmen: JAHWE alleiniger Herr; Kultmittelpunkt: Bundeslade) und Verbindung mit den schon in Palästina wohnenden Stämmen.

Um 1200 Bildung des **Zwölfstämmeverbandes** (Amphiktionie: kultisch-polit. Zusammenschluß der Umwohner zum Schutz eines zentral gelegenen Heiligtums) auf Grund gemeinsamer Herkunft und Gottesverehrung. Die Richter sind Wächter über Dienst und Recht Gottes (1200 bis 1000).

Seit 1200 Besiedlung der Küste Palästinas durch die **Philister** (»Seevölker«-Sturm) und Bildung eines Stadtstaatenbundes (Asdod, Askalon, Ekron, Gaza, Gath). Im 11. Jh. starker Druck der Philister und der Ammoniter (Ostjordanland); zur Abwehr der Gefahr **Übergang zum Königtum** in Israel.

Um 1010 Saul, Führer im Kampf gegen die Ammoniter, wird zum König proklamiert. Im Kampf gegen die Philister unterliegt er nach kurzer Regierungszeit in der Ebene Jesreel. Im Norden kurze Herrschaft von SAULS Sohn ESBAAL, im Süden wird

um 1006–966 David zum König in Hebron gesalbt. Vereinigung Judas und Israels. Siegreicher Kampf gegen die Philister und Eroberung Jerusalems, das die sakrale und politische Hauptstadt wird (Sitz der Bundeslade und einer straffen Verwaltung). Mit Hilfe der Söldner kämpft DAVID erfolgreich gegen die Moabiter, Ammoniter und Edomiter. Mit der Eroberung der restlichen kanaanitischen Stadtstaaten entsteht ein palästinens. Großstaat.

Nachfolger DAVIDS: Der Sohn seiner Frau BATHSEBA

um 966–926 Salomo wird König, ein großer Diplomat, Schwiegersohn eines Pharaonen. Trotz seiner Fähigkeiten verliert er die aramäischen Provinzen. Das edom. Königtum wird wiederhergestellt. Der große Reichtum, gewonnen aus dem Arabienhandel zusammen mit HIRAM VON TYROS (S. 39), dient dem Ausbau Jerusalems (Palast, Jahwetempel). Zentralistischer Staatsaufbau mit Steuer und Frondienst. Einteilung des Landes in 12 Provinzen, von denen jede einmal im Jahr einen Monat den Unterhalt des Hofes bestreiten muß. Unterhaltung einer Streitwagengruppe.

Nach dem Tode SALOMOS

926 Zerfall des Reiches in Südreich (Juda, Hauptstadt Jerusalem) unter REHABEAM und Nordreich (Israel, Hauptstadt Sichem, dann Thirza und Pnuel, später Samaria) unter JEROBEAM, der die alten Heiligtümer Dan und Bethel zu königlichen Kultstätten erhebt.

926–722 Reich Israel. Nach inneren Wirren und Kämpfen mit Ägypten, dem aramäischen Damaskus und den Philistern erhebt das Heer seinen Anführer

878–871 OMRI zum König. Festigung der Macht nach innen. Bau des militärisch starken Samaria, der politischen und sakralen Hauptstadt. Wiederangliederung Moabs.

871–852 folgt OMRIS Sohn AHAB, verheiratet mit der phönik. Prinzessin ISEBEEL. Seine Tochter ATHALJA heiratet König JORAM VON JUDA. Einführung und Verehrung phönik. Gottheiten. Kampf des Propheten ELIA, des Führers einer jahwistischen Gegenbewegung gegen das »Haus Omri«.

845–817 JEHU. Er wird von einem Abgesandten des Propheten ELISA zum König gesalbt. Ausrottung der Omriden, Unterdrückung des Baalkults. Tributzahlungen an die Assyrer. In den Wirren der Folgezeit treten als Vertreter der reinen Jahwereligion **Amos** und **Hosea** auf, die den Untergang Israels verkünden (Entrüstung über die Ausbeutung der Armen).

722 Zerstörung Samarias (nach dreijähriger Belagerung) durch SARGON II. (S. 31). Umsiedlung zahlreicher Israeliten nach Medien und Mesopotamien. Israel wird assyrische Provinz. Die zurückbleibende Bevölkerung vermischt sich mit den Neusiedlern: Samariter.

925–587 Reich Juda. Das Verhältnis zum Nordreich ist unter den ersten Herrschern gespannt. Eine enge Verbindung entsteht unter JORAM [852–845]. Nach Beseitigung der Omriden führt ATHALJA [845–839, s. o.] ein tyrannisches Regiment. Ausrottung des Hauses DAVID. Einführung des Baaldienstes. Nachfolger ATHALJAS (ermordet 839): JOAS. Zahlung von Tributen an Damaskus unter seinem Sohn AMAZJA. Niederlage durch die Israeliten und Raub des Tempelschatzes. Auftreten des Propheten **Jesaja,** der auch polit. Ratschläge erteilt.

725–697 HISKIA versucht, gestützt auf ein Bündnis mit Ägypten, eine Lösung von Assyrien. SANHERIB (S. 31) schlägt die Ägypter, unterwirft Juda und bedroht Jerusalem (701). HISKIAS Sohn MANASSE ist wieder von Assyrien abhängig. Unter seinem Urenkel

639–609 **Josia** setzt eine Umgestaltung des geistlichen Lebens nach Auffindung eines alten, im Tempel gefundenen Gesetzbuches ein. Reinigung des Tempels und Zerstörung aller anderen Heiligtümer.

Auftreten des Propheten **Jeremia,** dessen Botschaft über das sich nahende Unheil abgelehnt wird. Innere und äußere Gegensätze (Thronfolgestreitigkeiten und Kampf zwischen Ägypten und Babylonien) führen nach eineinhalbjähriger Belagerung durch NEBUKADNEZAR II. zur

587 Eroberung und Zerstörung Jerusalems.

586–538 »Babylonische Gefangenschaft« (S. 31). Schicksal der **Juden** (Gesamtbezeichnung des Volkes statt »Israel« und »Hebräer«) wird die »Verstreuung« (griech. Diaspora).

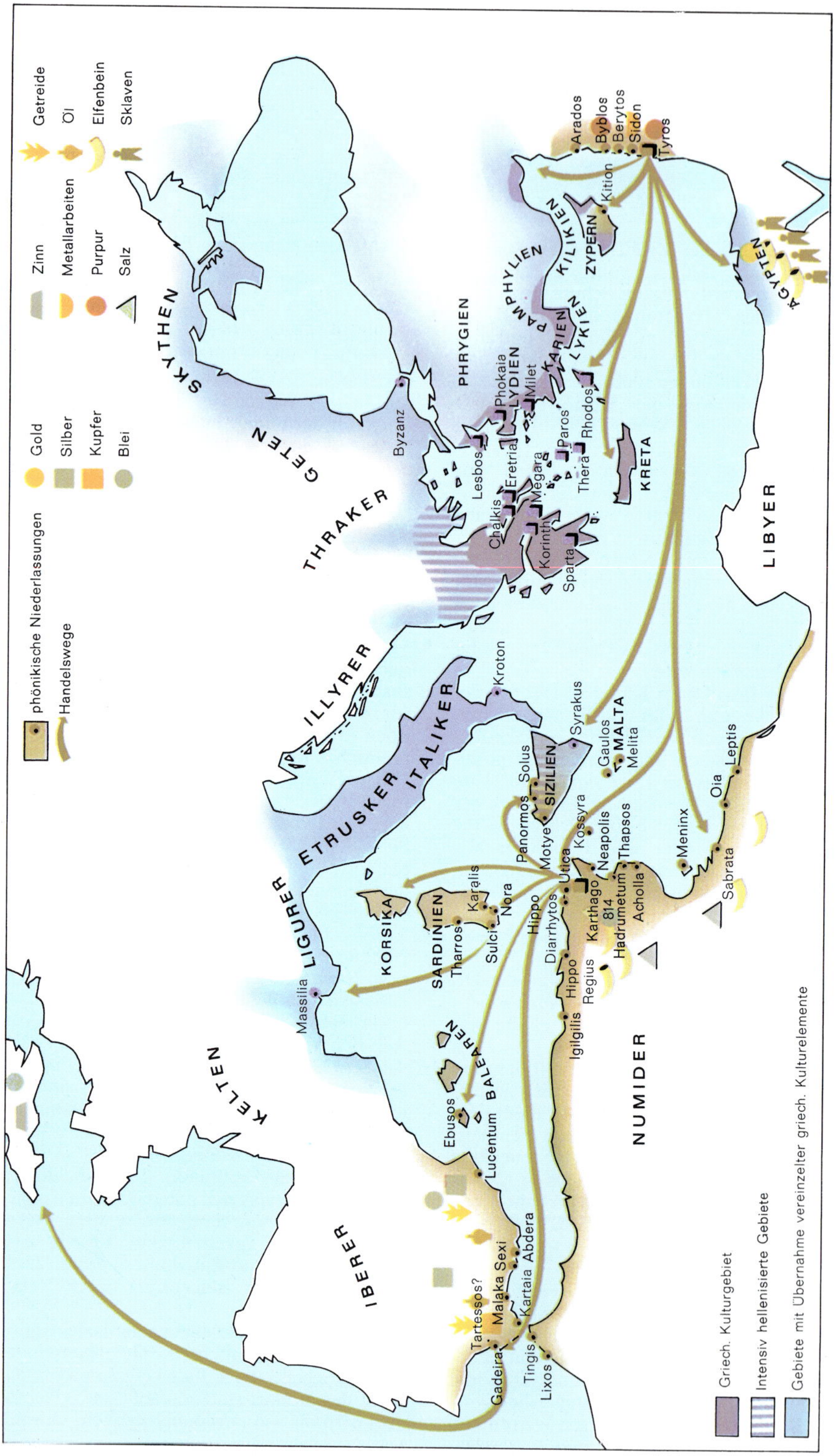

Die phönikische Kolonisation

Israel

539 Nach Eroberung des neubabyl. Reiches durch KYROS II. gehört **Palästina zum Pers. Weltreich.** Der Tempel wird wiederhergestellt (515 vollendet), ein Teil der Deportierten kehrt zurück. Unter NEHEMIA [445–433] und ESRA setzt eine polit. und relig. Neuordnung ein (Bau der Stadtmauern, Umsiedlung von Landleuten, Schuldenerlasse, Eheverbot zwischen Judäern und Angehörigen fremder Völker). Jerusalem wird nicht nur kultisches Zentrum der nachexilischen Gemeinde, sondern auch der polit. Mittelpunkt der Provinz Juda (Statthaltersitz). Ein durch Esra 458 (?) eingeführtes Gesetz (›Heiligkeitsgesetz‹, ›Priesterschrift‹ oder ›Pentateuch‹) begründet die Gesetzesreligion (das Gesetz ist eine Gabe Gottes). Das gesamte Leben wird durch das Gesetz geregelt, weshalb seine Kenntnis, Auslegung und Erklärung durch die Schriftgelehrten nötig wird, welche ihre Tätigkeit in Synagogen (Lehrhäusern) ausführen. Damit ist zugleich die Grundlage für ein relig. und polit. aktives **Judentum** gegeben. An der Spitze der Jerusalemer Kultgemeinde steht der Hohepriester. Den Opferdienst versehen die zaddokischen Priester, die niedrigeren Dienste verrichten die Leviten.

Ab 332 ist Palästina unter der Herrschaft Alexanders d. Gr. Die Samaritaner lösen sich von den Juden und errichten ein eigenes Heiligtum auf dem Berg Garizim: »Samaritanisches Schisma«. Sie übernehmen den Pentateuch als hl. Schrift.

Um 200 Übersetzung des Alten Testaments ins Griechische (›Septuaginta‹). Ein weiteres Zentrum des Judentums bildet sich in Ägypten (Alexandreia). Das Eindringen des Hellenismus führt zur Spaltung der Gemeinde in eine hellenist. und eine gesetzestreue Partei.

168 Aufstand der Hasmonäer (MATTATHIAS und seine Söhne, vor allem JUDAS MAKKABÄUS) gegen die Seleukiden, um relig. und polit. Freiheit zu erlangen (Glaubenskrieg). Die Oberherrschaft der Seleukiden wird zwar ab 142 anerkannt, jedoch erhalten die Juden weitgehende polit. Unabhängigkeit.

140–37 Königtum der Hasmonäer.

Bildung von religiösen Gruppen: Pharisäer: gesetzestreue »Abgesonderte«. **Sadduzäer:** sehr konservativ eingestellte Gruppe, die den Glauben vom Fortleben nach dem Tode ablehnt. **Essener:** Vorbereitung auf ein messianisches Reich durch Askese und Reinheitsriten sowie durch ein Leben in klösterlichen Gemeinschaften (Chirbet Qumran, Funde seit 1947 im Wadi Qumran).

63 Eingliederung Palästinas durch Pompeius in das Röm. Reich (Eroberung Jerusalems, Tributpflicht).

39–4 v. Chr. Herodes d. Gr., vom röm. Senat zum König der Juden ernannt, rottet mit röm. Duldung das Geschlecht der Hasmonäer aus und nimmt Jerusalem ein (37). Aufteilung des Reiches unter seine Söhne: Judäa, Samaria, Idumäa an ARCHELAOS (6 n. Chr. verbannt, Einsetzung des röm. Statthalters PONTIUS PILATUS); Galiläa und Peräa an HERODES ANTIPAS. Unter diesem Ermordung JOHANNES D. TÄUFERS.

Auftreten Jesu. Verkündigung der Botschaft vom Anbruch des Reiches Gottes. Nach seiner Verurteilung als Gotteslästerer durch Kreuzigung hingerichtet (um 33 n. Chr.).

66–70 n. Chr. Aufstand der Juden (Grund: Die Römer fordern den Kaiserkult und errichten eine kaiserl. Kultstätte in Jerusalem).

70 Eroberung und **Zerstörung Jerusalems** durch TITUS, den Sohn VESPASIANS (S. 97).

133 Unterdrückung des jüd. Aufstands durch HADRIAN. Juden dürfen nicht mehr in Jerusalem wohnen; neues relig. Zentrum wird Jamnia.

Phönikien

Kasios im Norden und Karmel im Süden und der Libanon im Osten bilden die Grenzen Phönikiens. Das Reich besteht aus **Stadtstaaten** mit politischer Selbständigkeit unter einem König (Mitwirkung der Geschlechter): Arados, Byblos, Berytos, Sidon und **Tyros,** die führende Macht zwischen 1000–774.

969–936 HIRAM I. Reichtum durch ausgedehnten Handel im Roten Meer und Mittelmeer (Partner: SALOMO).

Im 8. Jh. Abhängigkeit der phönik. Städte von den Assyrern.

701 Eroberung Phönikiens – außer Tyros – durch SANHERIB (S. 31).

Ab 586 Zugehörigkeit zum neubabyl. Reich; nur Tyros kann einer 13jährigen Belagerung (585–573) widerstehen. Unter pers. Herrschaft werden Vasallenkönigtümer errichtet, die sich ALEXANDER D. GR. kampflos unterwerfen, dagegen gelingt die

332 Eroberung von Tyros erst nach siebenmonatiger Belagerung.

Handel: Nach dem Zusammenbruch der kret.-myken. Herrschaft (um 1200) übernehmen die Phöniker den Mittelmeerhandel. Ausfuhrgüter: Glaswaren, purpurgefärbte Gewebe, fabrikmäßig hergestellte Metallarbeiten unter Zuhilfenahme mesopot., ägypt. und kleinasiat. Motive **(Mischkultur).**

Um 1000 entsteht die **phönik. Schrift,** die von den Griechen als »phönik. Zeichen« übernommen wird. Aus dem griech. bildet sich das latein. Alphabet, die Grundlage unserer heutigen Antiqua.

814 Gründung Karthagos (»Neustadt«) durch Tyros. Polit. Aufstieg im westl. Mittelmeergebiet nach Unterwerfung der Mutterstädte durch die Assyrer. Seit 650 besitzt Karthago eine eigene Flotte und Heere (später Söldner) und wird Schutzmacht für die westl. phönik. Gründungen. Aristokratische Verfassung, doch Gegensatz zwischen Rat und gewählten Feldherren. Oberste Götter: BAAL-HAMMON und TANIT (Astarte); Menschenopfer.

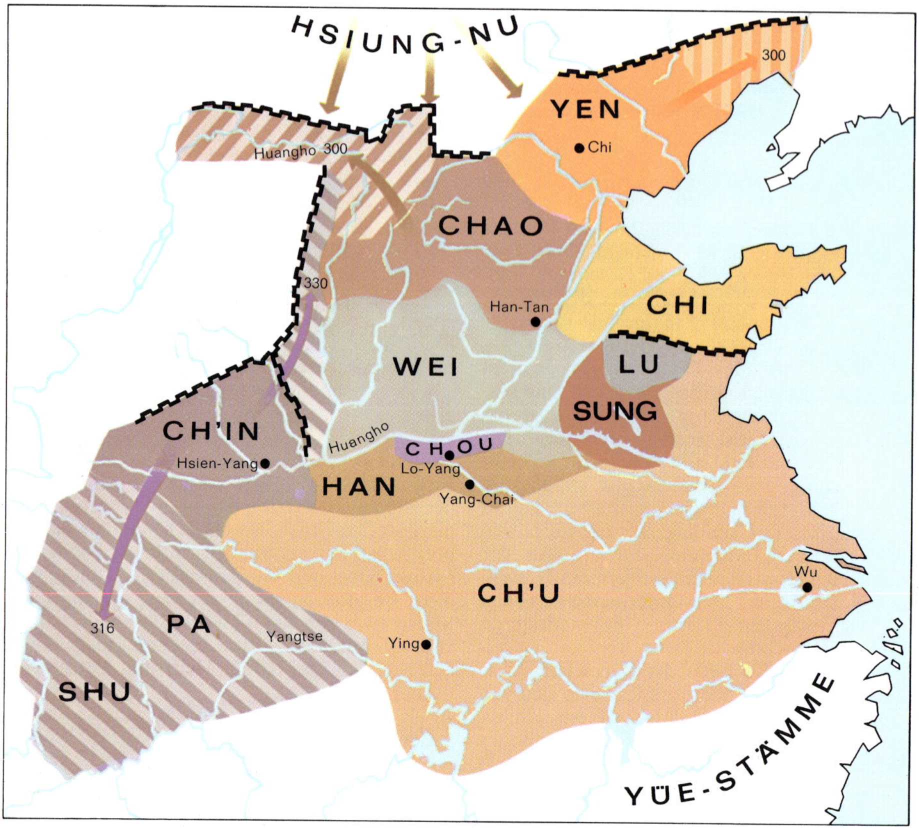

Die Zeit der kämpfenden Staaten

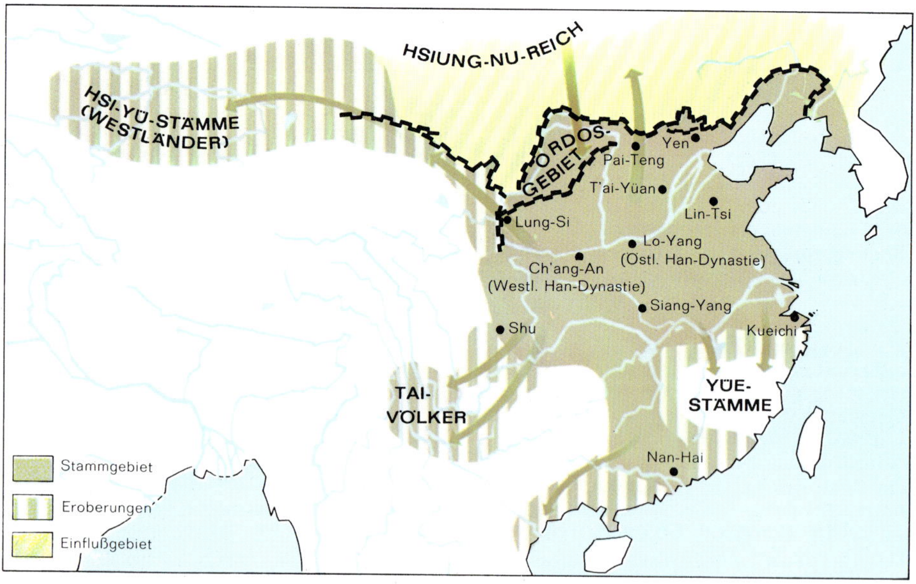

China zur Zeit der Han-Dynastie

Auf die neolith. Kulturen von Kansu, Yengshao (West-Honan), Lung-shen und eine noch nicht genau zu bestimmende in Nord-Hopei folgt die sagenhafte Hsia-Dyn. (ca. 1800–1500), auf diese die

1500–1000 Shang-Dyn. in Nordost-Honan, die einen Lehnsstaat unter einem König mit priesterl. Funktionen errichtet. Die Städte, in denen sich Tempelanlagen befinden, sind mit Mauern befestigt. Entwickelte Zeichenschrift, die von Orakelpriestern gebraucht wird. Gebrauch des Streitwagens. Mehrmals Verlegung der Königssitze und Kämpfe mit den benachbarten Stämmen.

Religion: Im Mittelpunkt steht das Tao (= die Bahn), das das geordnete Weltall gesetzmäßig leitende Prinzip. Neben dem Tao Verehrung des »erhabenen Himmels«. Natur und Ahnengeister; Opferkult und Orakelwesen.

1000–770 Westl. Chou-Dyn. Rein feudaler Staat: Königsland in der Mitte, umgeben von den Domänen der Vasallen, die von kleineren Lehnsstaaten begrenzt sind. Folge: Keine Ausdehnungsmöglichkeiten der Zentralmacht, dafür Erstarken der Vasallen, die Nomaden ins Land rufen. Durch Verlegung der Hauptstadt nach Lo-Yang (770) geht ein großer Teil des Königslandes verloren.

770–256 Östl. Chou-Dyn. Die Macht der Könige schwindet, die Lehnsherren gewinnen an Unabhängigkeit. Bildung größerer Fürstentümer, die sich nur zur Abwehr der Nomaden verbünden. Zerrüttung des Landes durch dauernde Kriege, in denen ein Teil des Adels verarmt. Die Bauern gewinnen an Bedeutung, da sie jetzt zu einem entscheidenden Faktor in der Kriegführung werden (nicht die adligen Streitwagenfahrer, sondern die Bauern entscheiden die Kämpfe). Der Kaufmannsstand wird zum staatstragenden Element: er zieht die Naturalabgaben der Lehnsleute ein, welche für die Ernährung der Städte wichtig sind.

551–479 Kung-tse (Konfuzius), Begründer einer relig. vertieften Ethik: Glaube an den menschl. Willen zur Sittlichkeit und Humanität.

Im 6. Jh. Lao-tse. Mittelpunkt seiner mystischen Lehre ist das Tao: Ursprung und Quelle alles Seienden und Wahren. Die menschliche Gesellschaft wird durch den Weisen gelenkt.

Im 5. Jh. fordert Mo-Ti »die allumfassende Liebe«. Verurteilung von Angriffskriegen.

403–221 Chan-kuo-Zeit (»Zeit der kämpfenden Staaten«). Aufteilung Chinas in Einzelstaaten. Verwaltung der Reiche durch Berufsbeamte. Steigende Bedeutung der Städte als Verwaltungsmittelpunkte und Entstehung eines Bürgertums.

221 Cheng, König von Ch'in, annektiert die noch bestehenden sechs Staaten: Han, Chao, Wei, Ch'u, Yen, Chi. Einführung der von Westen übernommenen Reiterei, Benutzung eiserner statt bronzener Waffen. Unter den um die Macht kämpfenden Staaten setzt sich allmählich der straff organisierte Grenzstaat Ch'in durch.

221–206 Ch'in-Dyn. Titel des Herrschers: »Erster Erhabener Herrscher der Ch'in«. Ein zentralisierter, von Beamten gelenkter Einheitsstaat wird aufgebaut (Einteilung des Landes in Kommanderien und Präfekturen), eine Reform verfügt die Vereinheitlichung von Gewichten, Maßen, Münzen und Schrift; dadurch werden regionale Unterschiede beseitigt und der Handel erleichtert. Kanzler LI SSE läßt die »Bücherverbrennung« (213) durchführen, um die feudalistische Tradition zu zerstören. Militärische Vorstöße nach Norden gegen die Hunnen (Bau der ›Großen Mauer‹, die aber vorwiegend aus Erdwällen besteht) und nach Süden. Widerstände gegen die Zentralisierung führen zu Kämpfen und zur Bildung der

206–9 n. Chr. Westl. Han-Dyn., die das Verwaltungssystem der Ch'in übernimmt, aber mit der Lehnsorganisation der Chou verbindet. Verfassung und Verwaltung werden demokratisiert und ein Beamtenstaat gegründet, dem folgende Aufgaben zugeordnet sind: Erhebung von Steuern, Schutz der Grenzen, Verwaltung der Bewässerungsanlagen, Lenkung des Handels und Verkehrs. Nach außen Abwehr der Hsiung-nu (Hunnen), deren Stämme sich im 3. Jh. vereinigen. Höhepunkt der Macht unter

140–87 Kaiser Wu-ti, der die Hunnen siegreich bekämpft. Damit gewinnt das Reich seine größte Ausdehnung. Die feudale Adelsmacht wird beseitigt, der transkontinentale Handel auf den »Seidenstraßen« floriert. Trotzdem treten innere wirtschaftl. Schwierigkeiten durch die Kriege ein. Unter WU-TIS Nachfolgern wird die Kraft der Hunnen gebrochen (Abwanderung nach Westen). Kämpfe der großen Adelsfamilien untereinander. Der Vertreter einer dieser Familien,

9–23 n. Chr. Wang-Mang, erhebt sich zum Kaiser, hat aber mit seinem polit. Reformprogramm keinen Erfolg. Der Verlust der zentralasiat. Besitzungen und Naturkatastrophen fördern zahlreiche Aufstände, darunter denjenigen der »roten Augenbrauen«.

25–220 Östl. Han-Dyn., begründet durch LIU HSIU, einen Abkömmling der Han-Kaiser. Neue Blüte des Reichs: Überseehandel von Nan-Hai (Kanton) aus. Export chines. Seide ins Röm. Reich. Am Ende des 1. Jhs. hat China die alte Machtstellung wie z. Z. Kaiser WU-TIS zurückgewonnen: Turkestan wird erobert, der Persische Golf erreicht. Erfindung des Papiers um 100. Im 1. Jh. Aufkommen des Buddhismus. In der Folgezeit innere Kämpfe am Kaiserhof (Macht der Kaiserinnen und ihres Anhangs, polit. Einfluß der Eunuchen), die zum Volksaufstand der »gelben Turbane« (184) führen.

220 TS'AO PEI (Wei-Dyn.) zwingt den letzten Han-Herrscher zur Abdankung.

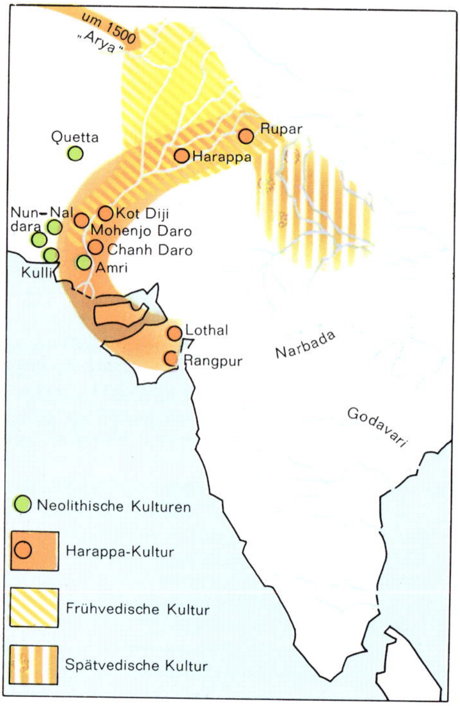

Frühzeit

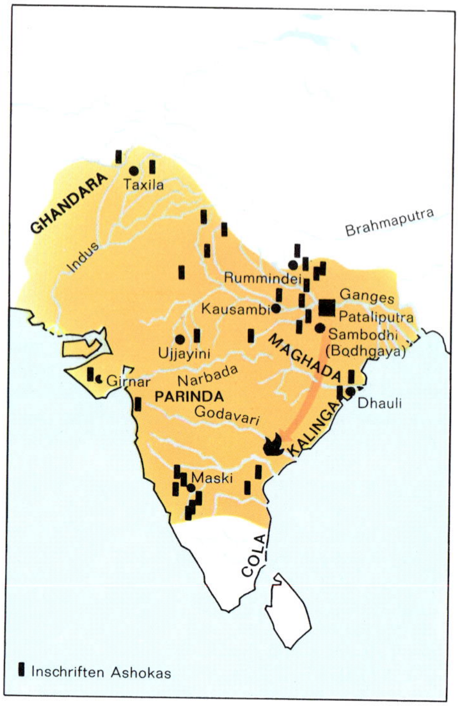

Das Reich Ashokas

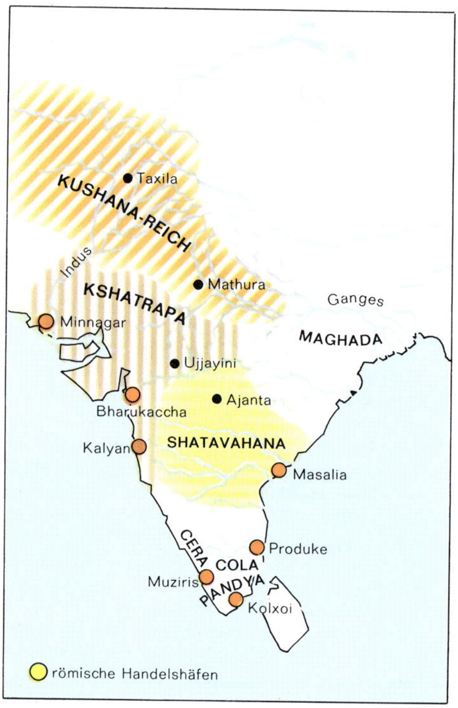

Indien um 150 n. Chr.

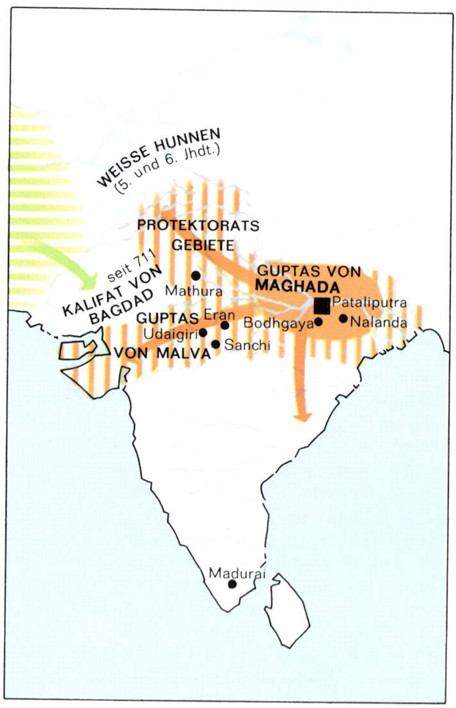

Das Gupta-Reich um 400 n. Chr.

Um 3000 Neolith. Indus-Kulturen im Nordwesten Indiens (Amri, Nal, Quetta, Kulli, Nundara). Bedeutendste Kultur ist die

2500–1800 Harappa-Kultur. Von Königen (Rajas) und Großkönigen (Maharajas) beherrschte, schachbrettförmig angelegte Städte (Burgberg mit beherrschter Stadt) aus Backsteinhäusern und mit Kanalisationsanlagen. Flußhandel. Siegel mit Tierabbildungen (darunter auf einem Siegel eine von Tieren umgebene männl. Gestalt im Yogasitz: SHIVA). Vielleicht Beziehung zu den Sumerern (S. 27).

Um 1500 **Einwanderung der Arier** (»Arya«), eines Zweiges der Indogermanen, aus dem Nordwesten in die Gangesebene.

1500–1000 Frühvedische Zeit. Die Arier, die den pferdebespannten Streitwagen kennen, sind den Ureinwohnern (Drawida) überlegen. Bauernkultur: Einzelhöfe, Viehherden, kaum Getreideanbau.

1000–600 Spätvedische Zeit. Allmähliche Ausbreitung im Gangesgebiet und Vordringen bis in die Gegend des heutigen Delhi. Kämpfe der arischen Stämme untereinander.

Religion: Die ›Veden‹ (vgl. lat. vidi = ich habe gesehen, ich weiß; hl. »Wissen«) sind das älteste hl. Schrifttum der Menschen in Sanskrit, einer indogerm. Sprache. Um 1000 die **›Rigveda‹** (später die ›Sama-‹, die ›Yajur-‹ und die ›Atharvaveda‹). Neben der unpersönl. Macht RITA (= Wahrheit) werden die Götter VARUNA (Eidgott) und MITRA (Vertragsgott) verehrt, daneben als Gottheiten aufgefaßte Naturkräfte: USHAS (Morgenröte), AGNI (Feuer), SURYA (Sonne). Nationalgott: INDRA. Wichtigstes Opfer: Somaopfer (Trinkfest). Glaube an ein Fortleben nach dem Tode.

Die Auslegung der Veden erfolgt durch Priester als »vorwissenschaftl. Wissenschaft« in den ›Brahmana-Texten‹ (8. Jh.), und durch Priester und Laien in den ›Upanischaden‹ (myst. Schriften), die in Verbindung mit den ›Brahmana-Texten‹ stehen und später zur Yogatechnik führen. Im Mittelpunkt steht ein großes Erlösungsverlangen: Einheit mit der höchsten Wirklichkeit.

Ausbildung der Kastenordnung (göttl. Einrichtung): Krieger (Kschatryas), Priester (Brahmanen), Bauern (Vaishias), Unterworfene und Mischlinge (Shudras). Kastenlose: Parias.

ca. **560–483 Gautama Buddha** (der »Erleuchtete«) verkündet die Erlösung von der Wiedergeburt durch Selbstvervollkommnung auf dem »achtgliedrigen Pfad«, der den durch sittl. Verhalten geläuterten Gläubigen nach Erlöschen des Lebens ins Nirvana eingehen läßt.

ca. **540–468 Vardhamana,** der Mahavira (»großer Held«) und Jina (»Sieger«). Lehre: Das Leiden der Welt ist eine Folge der Verbindung von Geist und Materie. Die Befreiung erfolgt durch Selbstpeinigung: Askese, Kasteiung, Hungertod. Seine Anhänger nennen sich Jaina (nach Jina).

512 Ghandara und Sind gehören zum Pers. Weltreich (DARIUS I.).

327–325 Zug Alexanders d. Gr. nach Indien. Unterwerfung Ghandaras, Sieg am Hydaspes über POROS und Umkehr (S. 65). In der Folgezeit Vermittlung griech. Kultur durch das Baktrische Reich (Gandhara-Kunst).

321–185 Maurya-Dyn., begründet von

321–297 Tshandragupta, der den letzten König der Nanda-Dyn. (Königreich von Maghada) besiegt, das Reich erweitert und sich gegen SELEUKOS NIKATOR [312–282] behauptet.

272–231 Ashoka, sein Enkel, wird Gründer des 1. Indischen Großreiches (Hauptstadt: Pataliputra) und tritt unter dem Eindruck der Eroberung von Kalinga (fürchterliche Greuel: 100000 Tote, 150000 Deportierte) zum Buddhismus über. – Der Friedensherrscher regiert, tolerant gegenüber anderen Religionen, voll tiefen sittl. Ernstes, mit Hilfe einer ausgedehnten Verwaltung das Reich. Nach seinem Tod Teilung des Reichs und Machtverfall.

Seit 170 Gründung kleiner griech. Herrschaften von Baktrien aus im Pandschab, die von den Saken (75 v. Chr.) erobert werden. Die Saken werden von den Parthern geschlagen. Im Süden Indiens bilden sich drei Reiche: Cera oder Kerala, Pandya und Cola.

Um 50 n. Chr. Nach der Invasion der Yüetschi von Baktrien aus entsteht nach Vereinigung der 5 Stämme das **Kushana-Reich** in Nordindien, das seine größte Blüte unter KANISHKA erreicht, der den Buddhismus fördert und im Zusammenhang mit der Mission den Handel ausdehnt. – Um 240 gerät das Reich in Abhängigkeit von den Sassaniden.

Um 50 n. Chr. Beginn der Herrschaft der **Shatavahana-Dyn.** über das Andhra-Reich im nordwestl. Dekhan, das um 195 zerfällt. – Die vor den Parthern zurückweichenden sakischen Adligen begründen den **Kshatrapastaat,** der bis ungefähr 405 besteht.

Um 320–535 Gupta-Reich. Unter den drei ersten Herrschern erhält das Reich (Hauptstadt Pataliputra) seine Vormachtstellung. Ausdehnung nach Norden und Süden. Große kult. Blüte (KALIDASA, größter ind. Dichter, Schöpfer von Epen und Schauspielen).

Seit 430 Einfälle der weißen Hunnen (Hephthaliten). Verfall des Gupta-Reiches durch Eroberung und Teilung in ein westl. und ein östl. Teilreich.

Um 527 Zusammenbruch der Herrschaft der weißen Hunnen. In der Folgezeit entsteht neben dem Reich der späteren Guptas von Malva in Nordindien das Großreich von **Kanyakubia** unter HORSHA, das seit 647 in Kleinstaaten unter Radschputen-Geschlechtern zerfällt.

Ab 700 Verdrängung des Buddhismus durch den Hinduismus.

Seit 711 Einfälle der Araber.

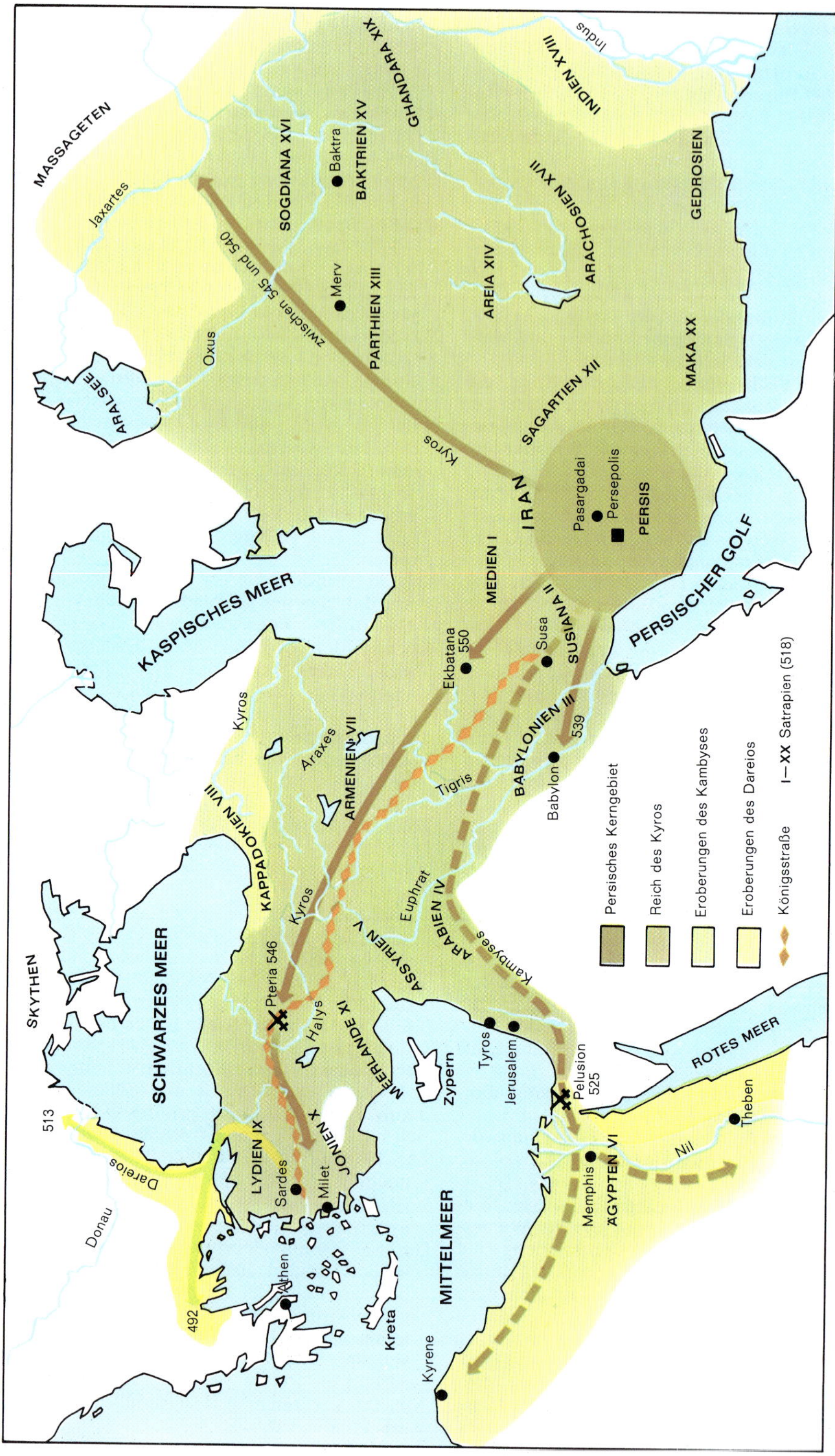

Die Entstehung des Perserreiches

Iran (»Land der Arier«): Hochebene zwischen den alten Hochkulturgebieten im Irak und Pandschab. Ab 1500 Einwanderung der Iranier in zwei Wellen: 1. Baktrer und Sogder, 2. Meder und Perser.

Meder

835 erwähnt der Assyrerkönig SALMANASSER III. Persien (Parsua) und Medien (Mada) am Urmia-See. In dauernden Kämpfen mit den Assyrern können die Meder ihr Land behaupten.

715 Gefangennahme DAIAUKKUS, nach HERODOT der Gründer des Mederreiches.

Um 700 Regierungsbeginn der Achaimeniden in Persien, die aber die medische Oberhoheit anerkennen müssen.

647–625 PHRAORTES. Er fällt im Kampf gegen die eindringenden Kimmerier und Skythen.

625–585 KYAXARES, **Begründer der medischen Großmacht,** vertreibt die Skythen und Kimmerier. Mit babyl. Hilfe (S. 31) vernichtet er Assyrien (614 Fall Assurs, 612 Ninives). In Kleinasien bildet nun der Halys die Grenze, an der er – unter dem Eindruck einer von THALES VON MILET vorhergesagten Sonnenfinsternis – den unentschiedenen Kampf mit ALYATTES VON LYDIEN abbricht (28. 5. 585). Gegen KYAXARES' Sohn ASTYAGES [585–550] erhebt sich der pers. Vasallenkönig **Kyros II. von Anschan,** Sohn des KAMBYSES, aus dem Königshaus der Achaimeniden.

Das Perserreich

559–529 KYROS II. erobert das medische Reich (550) und festigt seine Herrschaft im Iran.

546 besiegt er den Lyderkönig KROISOS, unterwirft die griech. Städte Westkleinasiens und führt Feldzüge in Ost-Iran.

539 Eroberung Babyloniens. Rückkehr der Juden nach Palästina (S. 39).

529 Tod KYROS' II. bei Kämpfen gegen die Massageten in Ost-Iran.

529–522 KAMBYSES II. tötet bei seinem Regierungsantritt seinen Bruder BARDIJA. 525 erobert er Ägypten und stößt nach Nubien und Libyen vor. Während seiner Abwesenheit zettelt der Magier GAUMATA als angeblich noch lebender BARDIJA einen Aufstand an.

522 stirbt KAMBYSES II. in Syrien.

521–486 Dareios I. aus einer Nebenlinie der Achaimeniden, Schwiegersohn KYROS' II. (Gemahlin: ATOSSA), tötet GAUMATA (16. 10. 521) und schlägt die Aufstände nieder. Er ist der Schöpfer des Pers. Weltreichs. 518 Zug nach Ägypten. 513 Unterwerfung des Indusgebietes. 512 bleibt er in einem Feldzug gegen die Skythen über den Bosporus und an die untere Donau erfolglos, erzwingt aber die Abhängigkeit Thrakiens und Makedoniens.

500–494 Niederwerfung des zunächst erfolgreichen Aufstandes der Griechenstädte Westkleinasiens. 494 Zerstörung Milets. 490 mißlingt die Strafexpedition gegen die griech. Städte bei Marathon (S. 57). Während der Vorbereitungen zu einem Feldzug gegen Griechenland stirbt DAREIOS.

486–465 XERXES I. zerschlägt die Aufstände in Babylonien und Ägypten.

480–479 Zug gegen Griechenland scheitert. In der Folgezeit Aufstände in den unterworfenen Gebieten und Erhebungen der Satrapen. Mit dem zunehmenden Verfall der Macht gewinnt die Eunuchenwirtschaft an Einfluß.

387 fällt Westkleinasien im Königsfrieden (Antalkidas-Frieden) wieder an Persien (S. 63).

330 Nach Ermordung DAREIOS' III. durch den Satrapen BESSOS gehört der Iran zum Weltreich ALEXANDERS D. GR. (S. 65).

Ziele der pers. Politik: Verteidigung der Nordostgrenze gegen die Steppenvölker jenseits des Jaxartes. Besitz der jenseitigen Ufer des Ägäischen und Schwarzen Meeres (Skythen). Überspannung der Ziele: Mangel an Menschen und Mitteln.

Überlegenheit des pers. Heeres über die vorderasiat. Völker wegen der von den Steppenvölkern übernommenen Kampfweise: Ansturm der berittenen Bogenschützen. Den Kern des Heeres bilden Perser, unter ihnen die berühmte Leibgarde der »10000 Unsterblichen«.

Verwaltung und Verfassung: Aufteilung des Landes in 20 Verwaltungsbezirke (Satrapien). Steuern in festgesetzter Höhe. Basis der Währung ist der Golddareikos. Besetzung der hohen Verwaltungsstellen mit Angehörigen des königl. Hauses, aber auch mit einheimischen Herren und Tyrannen.

Aufgaben der Satrapen: Aufstellung stehender Heere, Aufgebot der Bevölkerung für öffentl. Arbeiten.

Der Verkehr zwischen den Provinzen und der Zentralverwaltung vollzieht sich auf den Königsstraßen (die berühmteste ist die von Sardes nach Susa).

Der Kanal zwischen Nil und Rotem Meer wird für den Seeverkehr zwischen Persien und Ägypten instand gesetzt.

Verwaltungssprache ist das Aramäische. Beaufsichtigung der Bürokratie durch die »Horcher« (»Ohren des Königs«).

Religion: Im 6. Jh. Auftreten **Zarathustras,** der eine neue Religion nach einer Offenbarung begründet. **Ahura Mazda** ist Schöpfer und Herr der Welt. Es liegt im Ermessen des Menschen, sich für Gut oder Böse, Wahrheit oder Lüge zu entscheiden. Am Weltende steht der Tag des Gerichts. – Verkündung der Lehre in den 16 ›Gathas‹ (Hymnen). Vergröberung des Gegensatzes von Gut und Böse in der Folgezeit. Das Sittengesetz wird zum politischen Bekenntnis (unter DAREIOS: Die Gegner sind Lügner, er selbst Vertreter des Wahren). Die Religionen der unterworfenen Völker werden von den Persern toleriert.

Das pers. Reich, die erste indo-europäische Großmacht, wandelt sich in kurzer Zeit in eine **oriental. Despotie** (XERXES): Einführung des oriental. Hofzeremoniells, der Proskynese; die Untertanen sind Sklaven.

Die mykenische Zeit

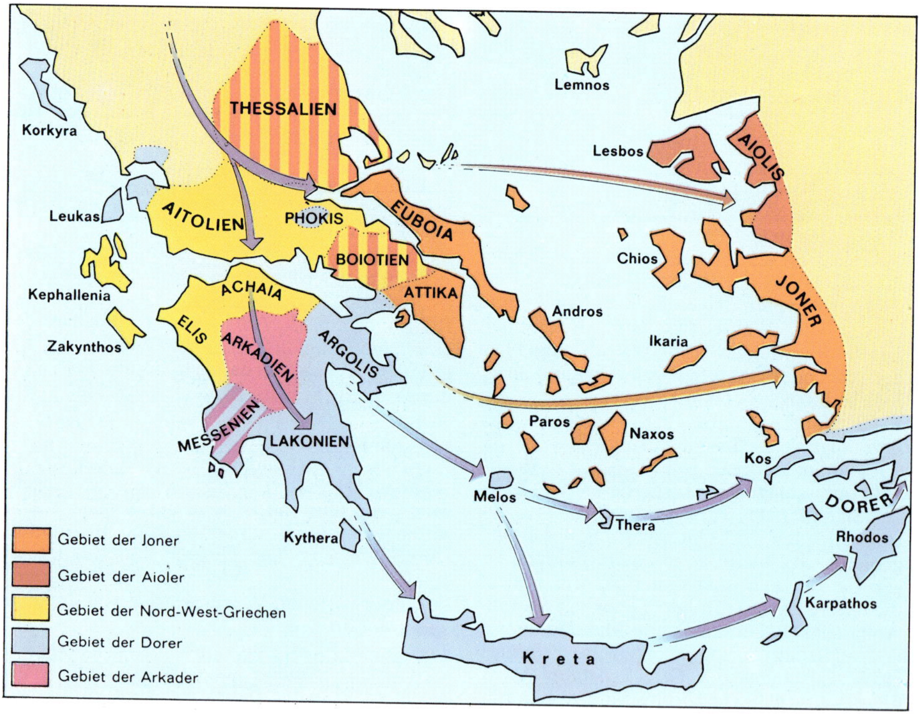

Die »Griechische Völkerwanderung«

Früh- und mittelhelladische Epoche (2500–1600)

2500–1850 Frühhelladische Epoche. Bildung von verschiedenen Kulturkreisen im ägäischen Raum. In Griechenland entsteht eine **Bauernkultur,** die Thrakien, Phokis, Boiotien, Attika, Argolis und Korinth umfaßt (Kennzeichen: »Urfirnis«-Keramik). Sprachlich sind Spuren dieser altmediterranen Bevölkerung nachweisbar: Ortsnamen mit der Endung auf -nthos und -ssos sind nicht indogermanisch (Namen der Pflanzen, der Metalle, aus der Schifffahrt und dem Fischereiwesen werden von den Griechen übernommen).

1850–1600 Mittelhelladische Epoche. **Einwanderung indogerm. Stämme** (»Protogriechen«): Joner und Aioler (Achaier). Sie vollzieht sich nicht in einem einmaligen großen Heereszug, sondern durch langsames Eindringen von Stämmen und Stammessplittern (friedl. Zusammenleben und kriegerische Auseinandersetzungen). Verschmelzung mit der mittelmeerischen Urbevölkerung bereitet einen bruchlosen Übergang vor in die

1600–1150 Späthelladische (myken.) Zeit. Gesellschaft: Adlige Herren (Aristoi), Streitwagenkämpfer, auf monumentalen Burgen mit dem Megaron als Mittelpunkt (»Kyklopische Mauern«). Es gibt Zeugnisse kriegerischer Auseinandersetzungen unter den myken. Herren (kantonale Herrschaftsbereiche), aber auch friedl. Koexistenz unter einem Oberherrn (Herrscher des »goldreichen Mykenai« in der Argolis). Voraussetzung für den Burgenbau ist eine große Anzahl von Sklaven. Das adlige Leben besteht aus Krieg, Jagd, höfischen Festlichkeiten. – Im

15. Jh. Ausdehnung der Macht nach Kleinasien (Milet), Melos und Kreta (Raubzüge). Übernahme der minoischen Keramik und der Kuppelgräber für den Ahnenkult der Herrenschicht. Zerstörung der jüngeren Paläste (S. 33). Besiedlung von Kreta, Rhodos, Zypern.

1400–1150 Spätmyken. Zeit. **Bau der Kuppelgräber** und der Befestigungsanlagen von gigantischen Ausmaßen (Mykenai, Tiryns, Pylos, Gia, Athen). Berühmt sind das ›Löwentor‹ und das ›Schatzhaus des Atreus‹ (Durchmesser der Kuppel: 14,5 m) in Mykenai. Im

13. Jh. monumentale Erweiterungen der Burgbefestigungen zur Abwehr der aus dem Balkangebiet einwandernden Stämme.

Um 1250 neue Einwanderungswelle (»Ägäische Wanderung«). Folgen: Aufstieg des mittelassyr. Reichs und der phönik. Stadtstaaten. Erscheinen der Etrusker in Italien. Zerstörung von Troja VII a.

Um 1150 Zerstörung der myken. Burgen.

Die »Griechische Völkerwanderung« (1200 bis 1000) (auch »Dorische Wanderung«) wird ausgelöst durch den Vorstoß der Illyrer zum Mittelmeer. Nordwestgriechen nehmen in Epeiros, Aitolien und Akarnanien ihre Sitze ein; die Dorer erreichen auf dem Seeweg Kreta und Südwestkleinasien und zu Land die Peloponnes. Verdrängung der Achaier auf die jon. Inseln. Attika, Euboia und die Kykladen bleiben – von den Wanderungen unberührt – in den Händen der Joner. Besiedlung der Westküste Kleinasiens. Die Wanderbewegungen spiegeln sich in der Verbreitung der wichtigsten Sprachgruppen (Dialekte) der griech. Stämme: Jonisch, Achaisch (Aiolisch) und Dorisch. Überlegenheit der Einwanderer auf Grund der neuen Kampfesweise: **Reiterkrieger mit Eisenwaffen gegen Streitwagenkämpfer mit Bronzewaffen. Allmähliche Ausbildung neuer polit. Ordnungen:**

1. Weiterbesiedlung einer alten myken. Burg (Polis) führt zum Stadtstaat.
2. Aus Niederlassungen in neueroberten Gebieten entstehen Dorfsiedlungen, in denen die alte Heeresordnung (Versammlung von König und freien Kriegern) aufgegeben wird und sich eine grundbesitzende Schicht (Adel) bildet.
3. Das Königtum bleibt in den griech. Randgebieten (Epeiros, Makedonien) erhalten.

Gesamtgriech. Bindungen sind die von den Phönikern übernommene **Schrift** und das von den Griechen aus ihr weiterentwickelte **Alphabet** (Wiedergabe von Vokalen durch entbehrliche Konsonantenzeichen: erste reine Lautschrift); – die aus der myken. Zeit stammenden Mythen (›Atriden‹, ›Perseus‹, ›Ödipus‹, ›Sieben gegen Theben‹, ›Helena‹, ›Menelaos‹), Vorläufer der homerischen Epen; – die **Religion** mit Kultheiligtümern gemeingriech. Bedeutung (Delphi, Delos, Samos, Olympia) und die aus dem Kult erwachsenen **Spiele** als panhellenische Institutionen (Wettkampf = gr. agon): die **Olympischen Spiele** zu Ehren des Zeus, **Siegeraufzeichnung ab 776 v. Chr.;** die Pythien in Delphi zu Ehren Apolls; die Isthmien auf der Landenge von Korinth zu Ehren Poseidons und die Nemeen zu Nemea in der Argolis zu Ehren des Zeus. Entstehung des Gegensatzes **Hellenen** (Menschen, die an der griech. Kultur teilhaben) – **Barbaren.**

Kunst: Zwei Kunstbereiche der Vergangenheit wirken auf die griech.-geometrische Epoche ein: die kret.-myken. Kunst (Anfang des 3. Jt. – etwa 1400) und die myken. Kunst (etwa 1600–1200). Unter der submyken. Kunst (12.–11. Jh.) setzt eine **Verwilderung und Verarmung des myken. Formschatzes** ein, in der protogeometrischen (1050–950) erfolgt eine weitere Schrumpfung des Traditionsstoffs, zugleich aber auch ein Neubeginn (Geometrisierung). In der geometrischen Epoche (950–700) **Aufbau eines ornamentalen Kosmos** aus einfachen geometr. Ornamenten (Linien, Mäander, Halbkreis) bei den Amphoren. Festigung des Kunstwerks durch straffen Aufbau (Tektonik = Verhältnis der Waagerechten und Senkrechten zueinander). Abstrakte Darstellung (Statuetten).

Griechische Stadtstaaten

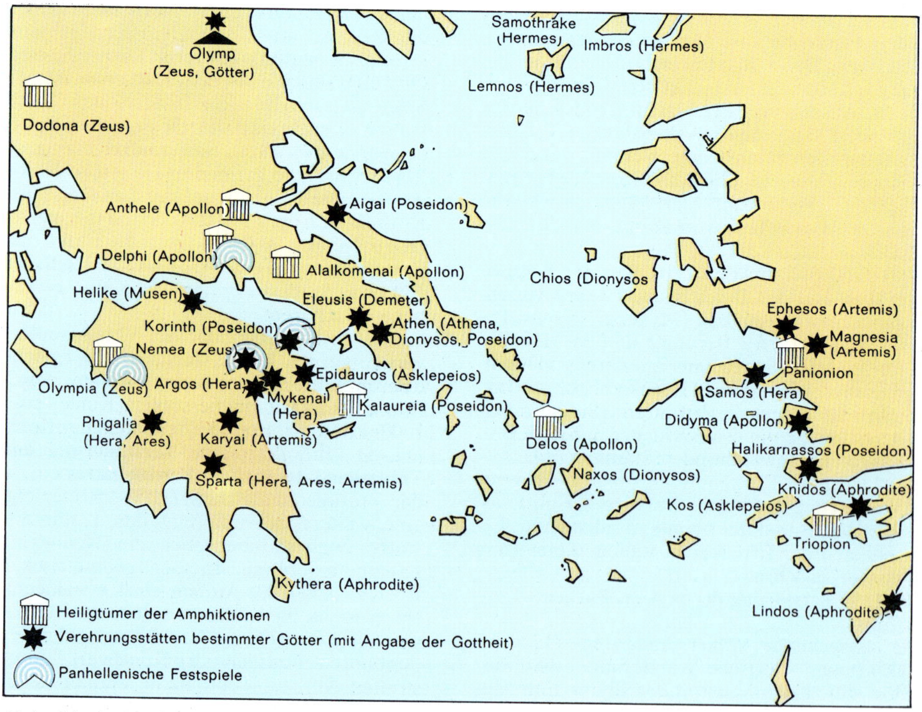

Griechische Kultstätten

Die Staatsformen

Die **Polis,** der Stadt- oder Gemeindestaat, entsteht aus den Stadtsiedlungen und dem sich daran anschließenden Gemeindeland. Sie ist gekennzeichnet durch innen- und außenpolit. Selbständigkeit (Autonomie und Eleutherie), wirtschaftl. Selbstgenügsamkeit (Autarkie) und lokale Kulte (staatl. und relig. Gemeinschaft). Der völkerrechtliche Verkehr der Stadtstaaten untereinander wird durch Friedensschlüsse und Bündnisverträge geregelt. Den Namen erhält die Polis nicht nach dem Ort, sondern nach dem davon abgeleiteten Namen der Bewohner. Die Polis steht unter dem Schutz der Gottheit und unter den von ihr gestifteten Gesetzen. Fläche der Stadtstaaten: Attika 2550 qkm, Korinth 880 qkm, Argos 1400 qkm, 22 Stadtstaaten in Phokis mit zusammen 1650 qkm.

Im Anfang wird die Regierungsform der Unterworfenen übernommen, das **Königtum** (Basileus = der König, ein Wort nichtgriech. Ursprungs). Der König hat keine uneingeschränkte Macht, sie ist ihm von ZEUS übergeben (Bild: Hirte und anvertraute Herde). Nach dem Abschluß der Landnahme durch die griech. Stämme ist die straffe königl. Gewalt und einheitl. Führung überflüssig. In Lakonien, Argos, Arkadien, Elis und Makedonien besteht das Königtum unter Einschränkung seiner Gewalt weiter. In den anderen Landschaften wird das Königtum durch den **Adel** entmachtet, der, gestützt auf seinen Landbesitz und die große Gefolgschaft von Hintersassen und Hörigen, die Herrschaft übernimmt: **Aristokratie als Kastenherrschaft** der Großgrundbesitzer (Kriegerkaste). Adliges Leben: Kampfspiele, Wagenrennen, Jagd und Muße. Kennzeichen ist die Pferdezucht. Einführung der **Oligarchie** (»Herrschaft weniger«), von denen die »Vielen« (Freie, Halbfreie, Sklaven) oder Armen beherrscht werden. Im 7. und 6. Jh. machen sich Usurpatoren aus dem Adel mit Hilfe der unzufriedenen Kleinbürger und des Bauernstandes zu **Alleinherrschern (Tyrannen):** Kampf gegen Großgrundbesitz und Großbürgertum, Begünstigung der Handwerker und Kleinbauern. Am Schluß der Entwicklung steht die **Demokratie** (»Herrschaft des Volkes«) mit der Verleihung der Bürgerrechte an immer breitere Schichten der Polisangehörigen (Beanspruchung von Rechten für auferlegte Pflichten). Sie wird ermöglicht durch die Einführung der Sklaverei, durch die der freie Bürger Muße zur polit. Betätigung erhält.

Die griechische Religion

Zwei Kulturbereiche liefern zu den relig. Vorstellungen der Griechen ihren Beitrag:

1. **der altmediterrane** (bäuerliche): Fruchtbarkeits- und Muttergöttinnen (die der Erde und der Unterwelt nahestehen) und der sterbende Frühjahrsgott; daneben Bauernkulte.
2. **der indogermanische** (verschiedene Einwanderungswellen zwischen 2000–1100): ZEUS, der Wetter- und Lichtgott, Hüter des Rechts und göttl. Erzeuger; vielleicht HESTIA, die Göttin des Herdes (lat. VESTA).

Seit 1600 verschmelzen in der kret.-myken. Adelswelt altmediterrane und indogerm. Gottesvorstellungen unter starkem minoischem Einfluß. Götter dieser Zeit sind: ZEUS, HERA, POSEIDON, ATHENA, HERMES, ARTEMIS, PAION (= APOLLON) und EILEITHYIA, vielleicht auch DIONYSOS. Eine Weitergestaltung dieser feudalen Religion, die der hierarchisch gegliederten Gesellschaft auf den myken. Burgen entspricht, erfolgt in der durch **Homer** verbreiteten **Adelsreligion** (olympische Götter): ZEUS, der Himmelsgott, seine Gemahlin HERA, die Göttin des Herdes und der Ehe; DEMETER, die mütterliche Erde; POSEIDON, der Herr der Meere; HEPHAISTOS, der Gott der Schmiede; ARES, der Kriegsgott; APOLLON, der Gott der Helle, der Reinheit und der Erkenntnis, seine Schwester ARTEMIS, die Göttin der Jagd; APHRODITE, die Liebesgöttin; HERMES, der Gott der Diebe und Kaufleute; ATHENA, die Beschützerin des Handwerks, der Künste und Wissenschaften. Daneben tritt die **Volksreligion:** Lokalgötter in Form alter Fetische, Personifizierungen von Naturkräften, Himmelskörpern (Sonne, Mond) und abstrakten Begriffen (Streit, Hoffnung). Dogmen, Magie, Priester, Aberglaube sind unbekannt. Bei HESIOD in der ›Theogonie‹ starker sittl. Eifer und naiver Glaube an die Gerechtigkeit (ZEUS als göttl. Rechtsprecher). Neue relig. Gedanken bei den **Orphikern** und **Pythagoräern** (Gedanken über Lohn und Strafe nach dem Tode) und in den **Mysterienkulten** (Eleusis), die den Eingeweihten (Mysten) ein Leben nach dem Tod zusichern.

Im 7. Jh. Vordringen des aus Thrakien kommenden Weingottes DIONYSOS. Mit seiner Aufnahme durch APOLLON in Delphi findet der letzte Gott Eingang in den Olymp.

Im 4. Jh. Einführung des Kults des ASKLEPEIOS, des Gottes der Heilkunst.

Kennzeichen der hellenist. Zeit ist ein relig. **Synkretismus** (Auflösung der relig. und polit. Gemeinschaft der Polis). Zweifel an dem Sein der olympischen Götter und den vielen Lokalgottheiten werden geäußert, aber ein Atheismus breitet sich nicht aus, die relig. erhitzte Phantasie bei persönlichen oder polit. Erschütterungen (Kelteneinfall) spricht dagegen. – Verehrung der TYCHE, der Göttin des blind waltenden, grausamen Zufalls, der alle unterworfen sind. Neben den alten Mysterienkulten (DEMETER und DIONYSOS) tauchen nun auch die neuen geheimnisvollen Kulte der ISIS, des BAAL und der KYBELE auf, die als neue Verkörperungen schon bekannter, alter griech. Götter angesehen werden (Interpretatio Graeca).

Künstliche Schaffung eines Kults: der in Ägypten zum Reichsgott erhobene **Sarapis** (aus Osiris-Apis) als Heil- und Orakelgott (später verbunden mit der Götterkönigin ISIS).

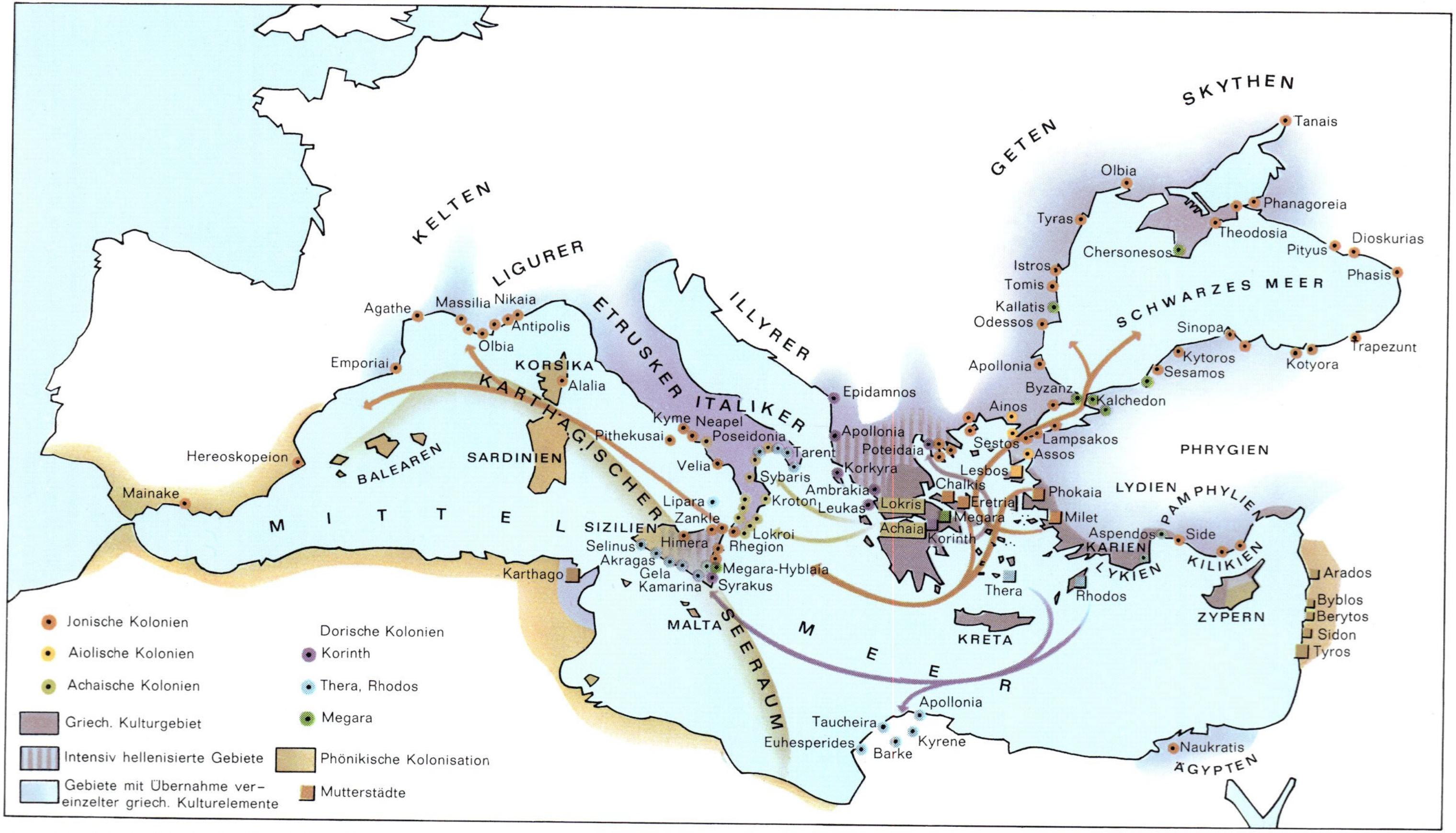

Die griechische Kolonisation 750–550 v. Chr.

Die griechische Kolonisation (750–550) bildet die Grundlage für das Aufkommen eines gesamtgriech. Gefühls und hat folgende Ursachen: Aufschwung des Handwerks, Ausweitung des Seehandels, Bevölkerungsüberschuß (Rat des HESIOD, sich auf ein Kind zu beschränken; Aussetzung von Neugeborenen), Verschuldung der Bauern, polit. Emigration, soziale Gegensätze (Megara, Korinth und Athen). Die Kolonisation ist aber nicht zuletzt Ausdruck eines neuen, elementar hervorbrechenden Lebensgefühls. Die Gründung einer Kolonie erfolgt durch eine Mutterstadt, die – oft auf einen Orakelspruch hin – einen Gründer (Oikisten) bestimmt, oder von zentral gelegenen Seehäfen aus. Eine zentralist. Lenkung fehlt.

Zwei Arten von Kolonien: **Handelsplätze** und **Agrarkolonien.** Polit. Selbständigkeit, doch Verbindung mit der Mutterstadt durch gemeinsame Kulte und Sitten. **Hellenisierung der Randländer.** Die Ausdehnung erfolgt nach Westen wegen des Vordringens der Assyrer im Osten: Kampanien, Sizilien, Unteritalien, Südgallien. Allerdings wird das westl. Mittelmeer durch Karthago für die friedl. Kolonisation gesperrt. An der Nordküste Afrikas gewinnen Kyrene und Naukratis (S. 25) als Handelszentren an Bedeutung.

Jonien

Polit. und kult. führende Stadt wird **Milet,** die Mutterstadt für die über 90 Pflanzstädte an den Küsten des Schwarzen Meeres und bedeutendster Umschlaghafen für den Handel mit dem Orient.

Um 750 **Homer** verarbeitet die älteren Heldenepen vom Trojanischen Krieg zu den Epen ›Ilias‹ und ›Odyssee‹. Enge Verflechtung mit der Geschichte des Vorderen Orients.

Ab 700 Beziehungen zum Phrygischen und Lydischen Reich. **Übernahme der Geldwirtschaft durch die Joner** (Talent, Mine). Kriegerische Auseinandersetzungen mit GYGES und ALYATTES VON LYDIEN (S. 35).

Ab 650 Verdrängung des Geburtsadels durch Großhandelsfamilien im Verlauf sozialer und polit. Unruhen in den jon. Städten. Wachsender Einfluß des Volkes, oft unter der Führung von Tyrannen.

560 Unterwerfung Joniens durch KROISOS VON LYDIEN (S. 35). Folgen: Autonomie der Städte bleibt erhalten, Handelsverbindungen bis in das lyd. Hinterland. die Städte sind zur Heeresfolge verpflichtet.

546 Beginn der pers. Herrschaft. Sardes wird Hauptstadt der jon. Satrapie (517). Hilfeleistung der jon. Flotte beim Skythenfeldzug des DAREIOS. Folge: Auswanderung der jon. Naturphilosophen nach Unteritalien.

537–522 Tyrannis des Polykrates von Samos, errichtet mit Hilfe des LYGDAMIS VON NAXOS. Blütezeit von Samos. Seeherrschaft im Ägäischen Meer (Thalassokratie). Bündnis mit König AMASIS VON ÄGYPTEN (S. 25).

Kunst: 700–600 Orientalisierende Zeit. Eindringen naturalistischer Elemente (Fabelwesen, Pflanzen, Tiere) aus dem Orient. Eine wichtige Mittlerrolle spielt **Korinth** durch den Handel mit Jonien. Weitere Kunstzentren: Attika, Chalkis, Rhodos. Monumentalbauten entstehen unter östl. Einfluß (Heraion von Samos, Zeus-Tempel der Peisistratiden). Spätgeometrische Tempel in Sparta, auf Samos und Thermos (Herleitung des Tempels aus dem frühgriech. Herrenhaus, dem Megaron). In diese Zeit fallen auch die ersten **Kleinkunstwerke:** Reliefgeschmückte Metallarbeiten, Kleinplastik und Waffen. **Frühe Skulpturen:** Statuette von Auxerre, Kouros des POLYMEDES VON ARGOS. Als »Erfinder« der Großplastik gilt der Kreter DAIDALOS. Diese Großplastik darf als Sinnbild des Menschen, die gleichzeitige monumentale Architektur (Steintempel mit Säulenumgang = Peristasis) als Symbol der griech. Polis verstanden werden.

Jonische Lyrik: 1. Jambos, begleitet von Saiteninstrumenten: ARCHILOCHOS VON PAROS, HIPPONAX VON EPHESOS. 2. Elegie, begleitet von der Flöte (Totenklage): KALLINOS VON EPHESOS, TYRTAIOS, MIMNERMOS VON KOLOPHON. 3. Das lesbische Lied: TERPANDER VON LESBOS (der Erfinder der siebensaitigen Leier), ALKAIOS und SAPPHO VON LESBOS, ANAKREON VON TEOS. 4. Chorlyrik: ALKMAN VON SARDES, STESICHOROS VON HIMERA.

Philosophie: Entstehung der **jon. Naturphilosophie** durch Loslösung von der Herrschaft der myth. Tradition in Milet. Frage nach dem Anfang, der **Arché** = Urstoff, Urgrund und Ursache. Arché bei THALES (um 624–546) ist das Wasser; bei ANAXIMANDER (um 611–546) das »Apeiron«, etwas Grenzenloses und Unbestimmtes; bei ANAXIMENES (um 586–525) die Luft (Aer, Pneuma), ein einheitlicher, unendlicher und unzerstörbarer Stoff. Gründung einer Philosophenschule in Elea (Unteritalien) durch XENOPHANES VON KOLOPHON (570–nach 480): Einheit und Kugelgestalt des Alls, Götterkritik: Für PARMENIDES VON ELEA (540–470) steht im Mittelpunkt des Denkens das Sein. Gründung einer ordensähnlichen Vereinigung in Kroton durch PYTHAGORAS VON SAMOS (580–500): Erkennen der Harmonie und Ordnung der Welt mit Hilfe der Mathematik, Physik, Akustik und Astronomie. Zahlenlehre. Musik und Staatstheorie. Lehre von der Seelenwanderung. Bei HERAKLEITOS VON EPHESOS (um 535–470) ist das Prinzip der Welt kein Sein, sondern ein Werden (Veränderlichkeit), aber in einem best. Rhythmus, der als Ordnung und Vernunft der Welt bezeichnet wird.

Wirtschaft: Ausdehnung des jon. Handels nach Kleinasien. Durch die Münzprägung Ablösung der Naturalwirtschaft (Tauschhandel) durch die Geldwirtschaft. Entstehen eines Kaufmannsstandes. Kaufsklaven (zuerst in Chios).

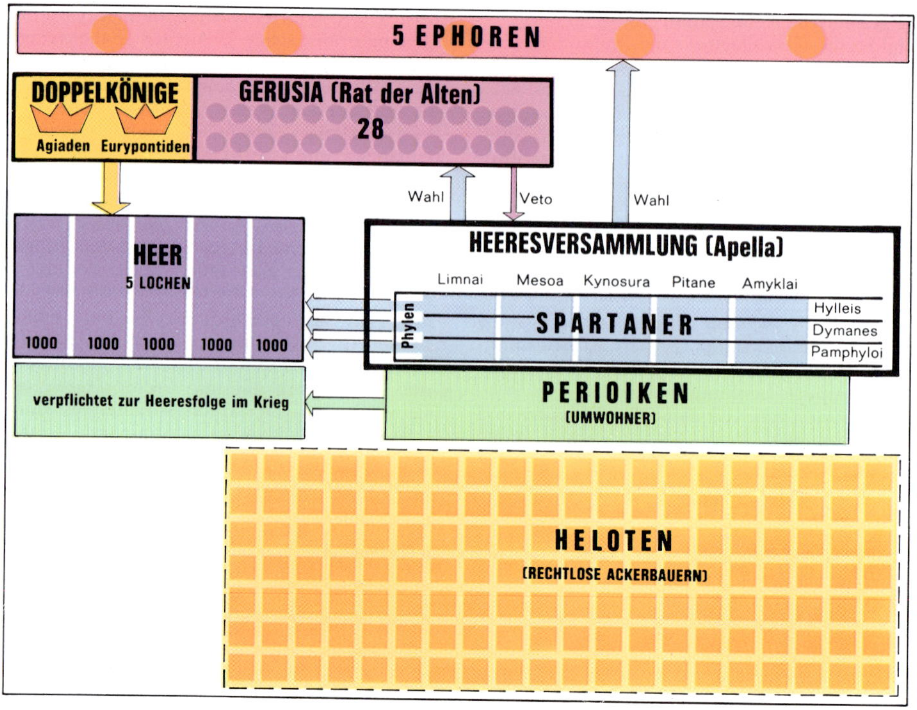

Die spartanische Verfassung (»Spartanischer Kosmos«)

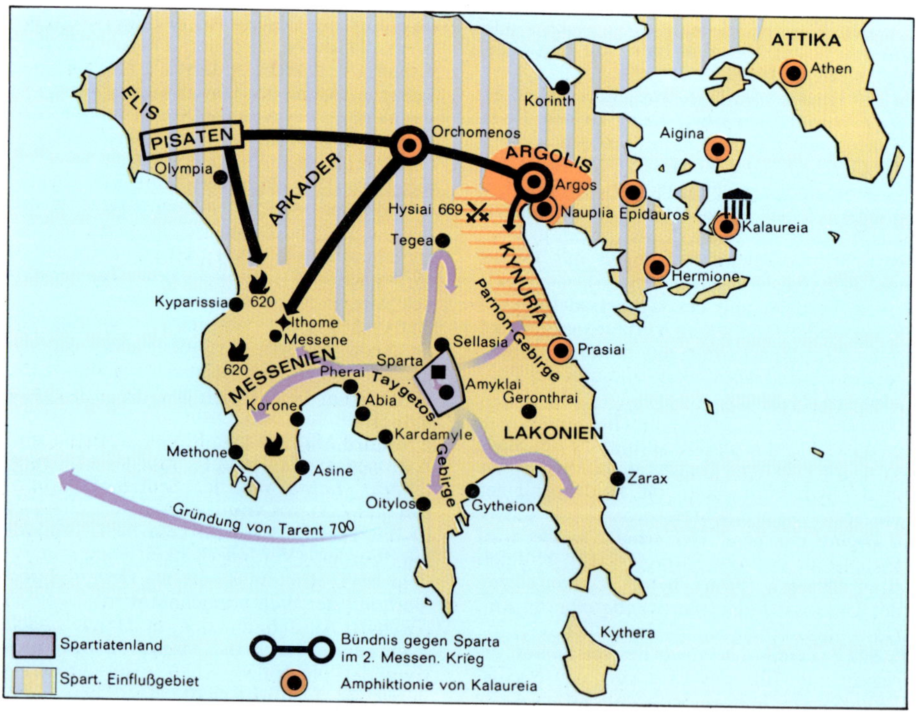

Die Peloponnes bis 500 v. Chr.

Sparta

Um 900 Gründung der Dorfsiedlung Sparta durch Zusammenlegung von vier Dörfern (Limnai, Mesoa, Kynosura, Pitane) im Eurotas-Tal.

740–720 1. Messenischer Krieg. Einnahme der Bergfestung Ithome und Eroberung Messeniens durch König THEOPOMPOS.

706 Gründung von Tarent. – Nach Kämpfen gegen Tegea und Sparta (Streit um die Landschaft Kynuria, Schlacht von Hysiai 669) **Vormachtstellung von Argos** in der Nordostpeloponnes unter

680–650 König Pheidon. Einführung genormter Maße und Gewichte (pheidonischer Fuß; Obolos und Drachme). Schaffung der Amphiktionie von Kalaureia festigt die Führungsstellung PHEIDONS.

660–640 2. Messenischer Krieg. Aufstand der Messenier, unterstützt von Achaia, Elis und Argos. Starke innenpolit. und wirtschaftl. Spannungen in Sparta beim Verlust des messenischen Spartiatenlandes.

640 Niederwerfung der Messenier durch die **neue Taktik der in der Phalanx zusammengefaßten Hopliten** (= gepanzerte Fußkämpfer mit Speer, Schwert, Rundschild, Harnisch und Beinschienen). Entstehung eines Militärstaates in Sparta, einer »Hoplitenpoliteia« in vielen Städten des übrigen Griechenland.

Kriegsfolgen: Rücksichtslose Unterdrückung der Heloten, Abschließung des spartan. Volkes vom Ausland (Eisenbarren als Inlandswährung), kulturelle Verkümmerung, Herrschaft einer Minorität: 9000 Spartiaten als Vollbürger.

550 Peloponnesischer Bund unter der militär. Vorherrschaft Spartas (Hegemonie). Verpflichtung aller peloponnes. Staaten zur Heeresfolge (Ausnahme: Achaia und Argos), aber Beibehaltung der Autonomie. In der Folgezeit wird Sparta als stärkste Militärmacht Griechenlands Vorkämpfer gegen Tyrannis (Eingreifen in Samos, Athen und Sikyon) und Demos (Volk), aber nach der Mitte des 5. Jhs. keine Eroberungen durch Sparta, sondern Beibehaltung des Status quo (keine Bevölkerungszunahme).

Verfassung und Staat

Um 700 Verfassung Spartas (sog. Große Rhetra), der Sage nach verfaßt von LYKURG, in Wirklichkeit das Ergebnis einer jahrhundertelangen Entwicklung: Doppelkönigtum, »Rat der Alten« (Gerusia) und Heeresversammlung. Nach Aufnahme Amyklais in den spart. Siedlungsverband entsteht der **Staat der Lakedaimonier;** später Verfassungsreform durch Schaffung des Ephorats (nur noch Heereskönigtum). Die Ephoren werden in der 2. Hälfte des 6. Jhs. Leiter der Innen- und Außenpolitik.

Die in 3 Phylen zusammengefaßten Spartiaten leben in männl. Gemeinschaften. Die Jünglinge in der Altersklasse von 14 bis 20 Jahren werden vom Staat erzogen; die 20 bis 30jährigen leben in der Gemeinschaft der Krieger, die älteren in Speisegenossenschaften (Syssitien). Wirtschaftl. Grundlage ist die Aufteilung des Landes in unverkäufliche Erbhöfe (Kleroi = Landlose), die – mit der Verpflichtung der Ablieferung des halben Ernteertrags – von Heloten (hörigen Ackerbauern) bearbeitet werden; ihnen wird jährlich der Krieg erklärt, und sie werden geheim überwacht (Krypteia). Die Perioiken (»Umwohner«) sind auch dorische Bewohner Lakedaimons und Messeniens (in ungefähr 100 Städten) minderen Rechts, die jedoch zur Heeresfolge verpflichtet sind. Sie haben nicht an der Heeresversammlung und der Staatserziehung teil.

Kultur: Starker Einfluß der jon. Kultur durch ostgriech. Lyriker: TERPANDER VON LESBOS, ALKMAN VON SARDES, TYRTAIOS (Lieder, Hymnen, Chöre).

Entwicklung im übrigen Griechenland

Um 700 Hesiod von Askra in Boiotien: ›Theogonie‹ (Göttermythen mit einer streng auf ZEUS hin gerichteten Entwicklung); ›Erga‹ – Werke und Tage (Niedergang der Menschheit in fünf Zeitaltern, Bauern- und Schiffahrtsregeln).

Um die Wende vom 7. zum 6. Jh. **Aufzeichnung des geltenden Rechts** an Stelle des bisher mündlich überlieferten, verbunden mit einer Entwicklung des Rechtswesens und Rechtsdenkens. Regelung des Lebens des Staates und der Bürger nach Gesetzen (oft gegen den Widerstand des Adels).

Im Laufe des 7. Jhs. **Aufkommen der Tyrannis,** hervorgegangen aus dem inneren Streit der Adelsklasse, in versch. griech. Stadtstaaten. Ergebnis: Starke Regierungsgewalt, zielbewußte innere und äußere Politik.

657–580 Tyrannis in Korinth: KYPSELOS, PERIANDER und PSAMMETICH. Größte Blütezeit Korinths als 1. Seemacht Griechenlands. Begünstigung der Bauern gegenüber dem Adel.

600–570 Tyrannis des Kleisthenes von Sikyon. Nach polit. Neuordnung Unterstützung der delph. Amphiktionie im 1. Heiligen Krieg gegen die Phoker. Beseitigung des Durchgangszolls für Pilger nach Delphi durch Zerstörung von Kirrha. **Delphi wird größtes griech. Heiligtum.**

582 Neuordnung der Delph. Spiele (Pythien).

Kunst: 600–500 Archaische Epoche. Die dorischen Landschaften (Korinth) haben zuerst die Führung, es folgen die jon. (Athen). Nackte **Jünglingsstatuen** (Kouroi) und **bekleidete Mädchen** (Koren) als Weihestatuen. Schwarzfigurige Vasenmalerei (mit Darstellungen der Mythen) erreicht ihren Höhepunkt unter EXEKIAS (um 550–520), ab 530 die rotfigurige, deren größter Vertreter der att. Meister EUPHRONIOS ist. Tempelskulpturen (Giebel, Metopen, Fries). **Abschluß und Vollendung der reifarchaischen Kunst in Athen.**

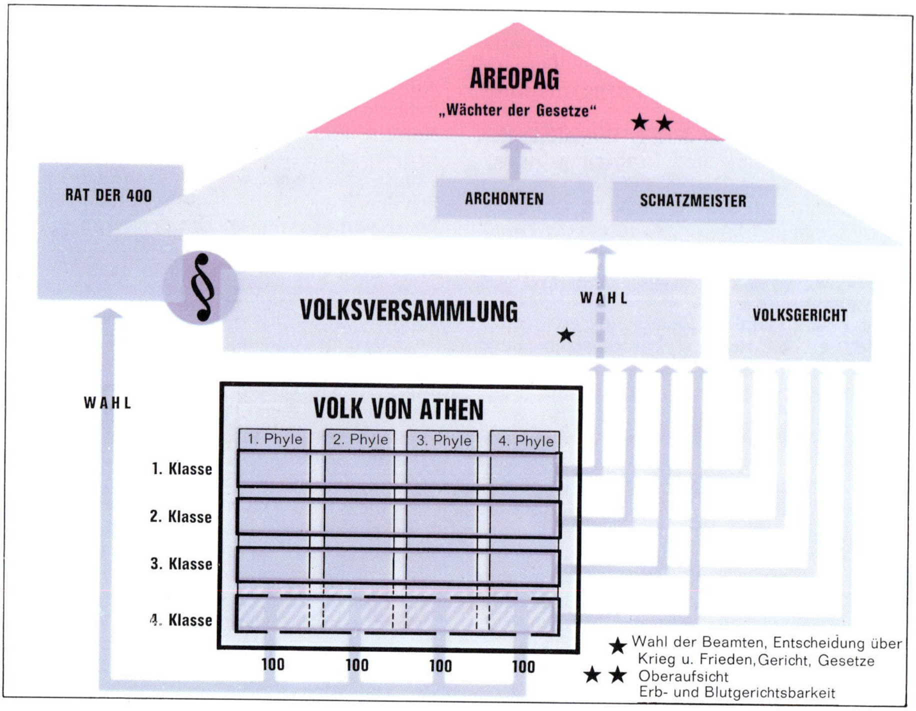

Die Verfassung Solons

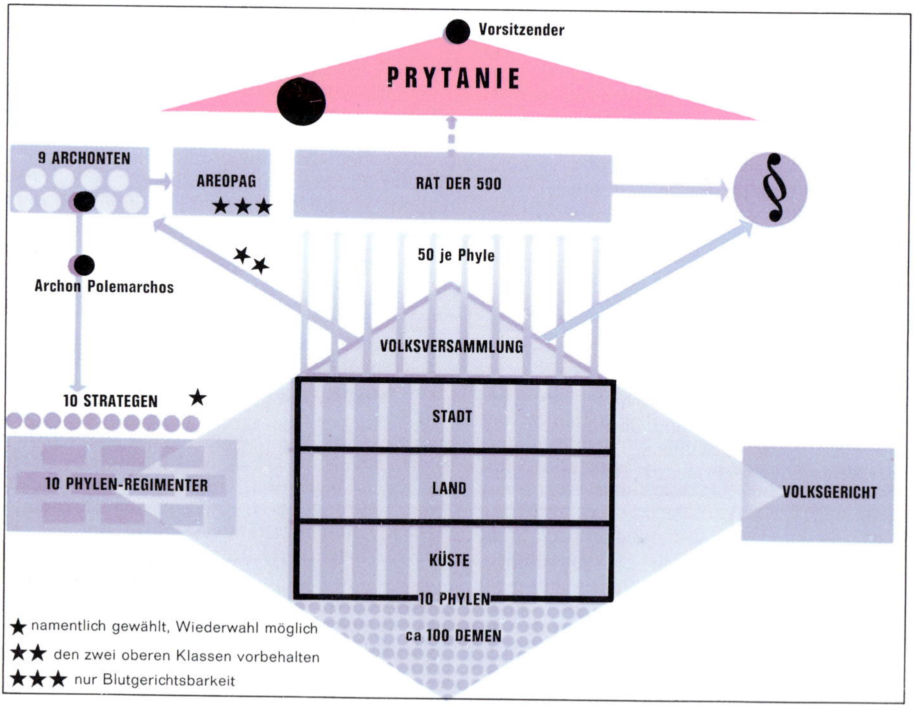

Die Verfassung des Kleisthenes

Im Anfang besteht ein Königtum, dem sich die adligen Herren der att. Landschaften unterwerfen. Nach ihrer Übersiedlung in die Stadt Athen (Stadtadel) wird die Königsgewalt allmählich eingeschränkt.

683 Das Königtum wird durch das **Archontat** ersetzt. Die Archonten sind Beamte für jeweils ein Jahr. Amtsbereiche: Archon Basileus für den Dionysos-Kult, Archon Eponymos (der alte Stadtvorsteher von Athen), Archon Polemarchos als Heerführer. – Eine Staatskrise (Verschuldung der Bauern) soll behoben werden durch die

um 624 Gesetzgebung Drakons mit den »drakonischen Strafen«. 6 Thesmotheten werden als weitere Archonten eingesetzt, die Blutrache wird abgeschafft. Verschärfung der innenpolit. Situation durch **soziale Spannungen:** Wirtschaftl. Notlage der Kleinbauern (Schuldknechtschaft); wachsende Bedeutung des Mittelstandes durch den Überseehandel, polit. Forderungen gegenüber dem Adel.

594 Solon, Archon mit diktator. Vollmachten, als »Versöhner« eingesetzt, verfügt:

1. **Bauernbefreiung:** Aufhebung von Grundschulden (Hypotheken) und Leibeigenschaft (Seisachtheia), keine Neuverteilung des Bodens, doch Festsetzung eines bestimmten Größenumfangs für Landbesitz.
2. **Einschränkung der Adelsmacht** durch Einteilung der grundbesitzenden Bürger in vier Klassen: Pentakosiomedimnen (500 Scheffel Getreide), Hippeis (300–500 Scheffel), Zeugiten (Gespannbauern), die im Hoplitenchor dienen, und Theten (besitzlose Klasse). Timokratie = Herrschaft der Besitzenden (eine auf Bodenertrag und Produktion eingestellte Klassenordnung).
3. **Münzreform** durch Übergang von der aiginetischen zur euboiisch-milesischen Währung.
4. **Aufzeichnung des Rechts.** Jeder Staatsbürger kann öffentl. Anklage erheben.

Grundgedanken der solonischen Gesetze:

1. Emanzipation des einzelnen, der nicht mehr im Geschlecht verwurzelt ist, sondern in den Staat hineingestellt wird.
2. Förderung von Handel und Gewerbe.

Verfassung: Die Volksversammlung (Ekklesia) wählt Archonten und Schatzmeister aus den Angehörigen der 1. Klasse sowie den »Rat der Vierhundert« (entsprechend den 4 alten Phylen) aus den 3 oberen Klassen. Die Theten sind in der Volksversammlung und im Volksgericht. – Die Gesetze bringen keine polit. Stabilisierung, sondern neue Unruhen und Auseinanderfall des Volkes in 2 Gruppen: Adel des Binnenlandes und Küstenbewohner unter der Führung der Alkmaioniden. Die Kleinbauern des Gebirges unterstützen die

560 Errichtung der Tyrannis des Peisistratos. Wirtschaftl. und kulturelle Blüte Athens. Förderung des Bauerntums. Einschränkung der Adelsmacht. Leibwache für den Herrscher. Keine Abschaffung der Gesetze Solons. Staatsmünze mit dem Bild der Athena und der Eule. Neuordnung der Panathenaien (566 gestiftet). **Förderung des Dionysos-Kults.**

527–514 Hippias und Hipparch folgen als Tyrannen.

519 Bündnis Plataiais mit Athen gegen Theben.

514 Ermordung des Hipparch aus Privatrache durch Harmodios und Aristogeiton (»Tyrannenmörder«). – Mit Unterstützung des Delphischen Orakels und eines spart. Heeres unter Kleomenes

510 Sturz der Tyrannis durch den Alkmaioniden Kleisthenes.

509–507 Reform des Kleisthenes: Schaffung einer Demokratie durch Isonomie (gleiches Recht für alle Staatsbürger) in der neuen Phylenordnung. Einteilung der Bürgerschaft in 10 Phylen, die sich aus je einem Drittel (Trittys) der 3 Bezirke (Stadt, Land, Küste) durch Los zusammensetzen. Jede Phyle sendet 50 Phylenabgeordnete als Vertreter in den »Rat der Fünfhundert«, die für eine Ratsperiode (36 Tage) die Geschäfte der Stadt führen (als Prytanie) unter einem von ihnen gewählten, täglich wechselnden Vorsitzenden (Prytanen). Jede Trittys besteht aus Gemeinden (Demen), selbst. Verwaltungseinheiten (Führung der Bürgerlisten), die die lokale Grundlage der Verfassung bilden. Jeder Bürger gehört der Volksversammlung an. – Übertragung der Phylenordnung auf das Heer: Phylenregimenter unter 10 gewählten Strategen, dem Archon Polemarchos unterstellt. Einführung des Giftbechers zur Vollstreckung der Todesstrafe. Abschaffung der Folter für Freie. **Einführung des Ostrakismos (Scherbengericht)** zur Verbannung der die Stadt gefährdenden Bürger ohne Ehr-oder Vermögensminderung.

508 Vertreibung des Kleisthenes auf Intervention Spartas. Nach der

507 Belagerung des Kleomenes und des Adelsführers Isagoras auf der Akropolis durch das Volk von Athen erfolgt die Rückkehr des Kleisthenes.

506 Niederlage der Spartaner, Boioter und Chalkidier durch die Athener, Ansiedlung von 4000 att. Kolonisten (Kleruchen = Losinhaber) in Chalkis. Durch die Niederlage des Kleomenes gegen Argos auch hier Einführung der Demokratie.

Dichtung: Blütezeit der reifarchaischen Lyrik. Theognis von Megara: Elegien (adlige Klage über die soziale Umschichtung, Symposionlieder); Anakreon von Teos (570–488): Wein- und Liebeslieder (Knabenliebe, Symposion), der mit Ibykos von Rhegion, dem Dichter leidenschaftlicher Liebe, einen Teil seines Lebens am Hofe des Polykrates von Samos verbringt. Die Chorlyriker Simonides (556–468) und Bakchylides (505–450) sind am Ende ihres Lebens am Hof von Syrakus, dort Begegnung mit Pindar von Theben (518–446), dem größten griech. Chorlyriker: Kultlieder (Paiane, Dithyramben, Hymnen), Siegeslieder.

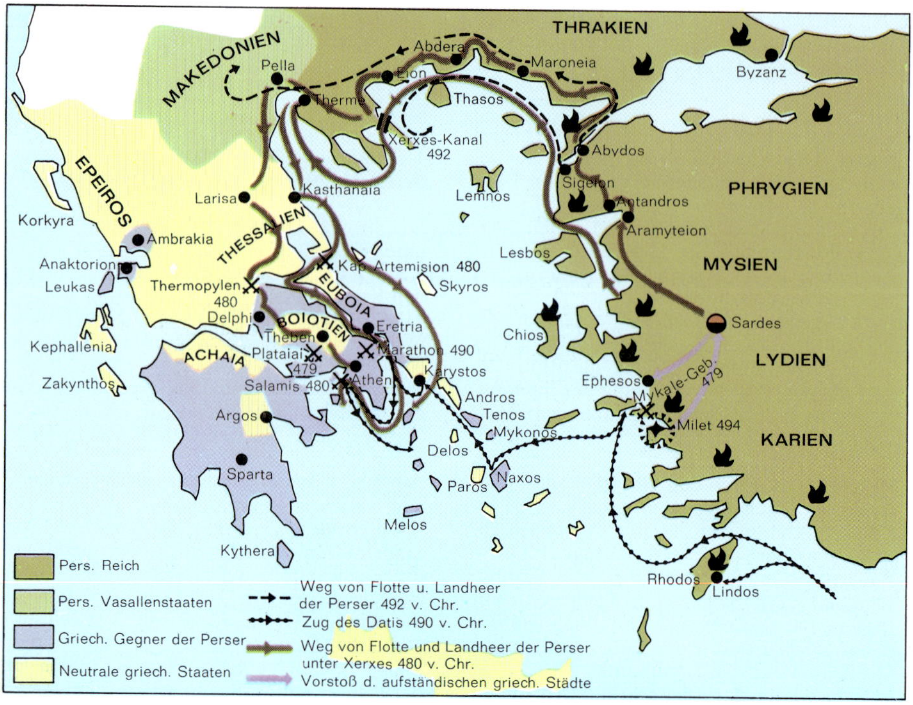

Die Perserkriege

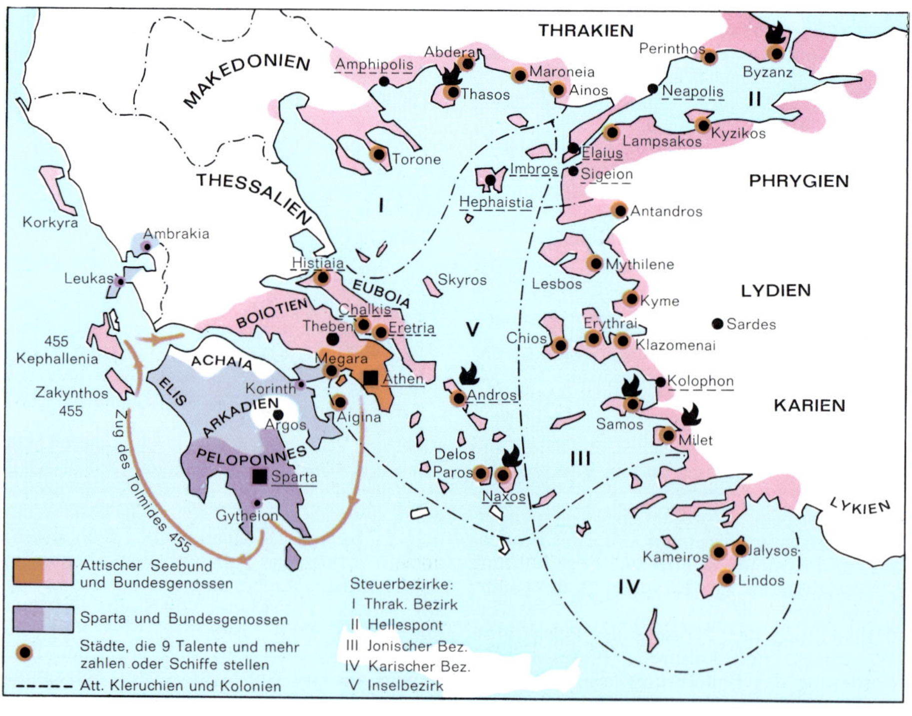

Der Attische Seebund

Die Perserkriege (500–479)

500–494 Jonischer Aufstand unter Führung des ARISTAGORAS VON MILET – nur von Athen und Eretria unterstützt – wird nach ersten Erfolgen (Vorstoß gegen Sardes) von den Persern niedergeschlagen (Niederlage bei Ephesos). Gegenschlag der Perser: Zurückeroberung Zyperns (497), Vernichtung der jon. Flotte bei Lade und

494 Zerstörung von Milet. Deportation der Bewohner nach Mesopotamien.

493 THEMISTOKLES wird Archon.

492 Eroberung von Thrakien und Makedonien durch die Perser unter ihrem Feldherrn MARDONIOS. Flucht des Tyrannen von Chersones, MILTIADES D. J., nach Athen, dort seine Wahl zu einem der 10 Strategen. Vernichtung der pers. Flotte durch Sturm am Athos-Vorgebirge. Die pers. Aufforderung an alle Griechenstädte, sich zu unterwerfen (Übersendung von Wasser und Erde), wird von Sparta und Athen abgelehnt.

490 1. Perserzug unter Datis und Artaphernes, begleitet von HIPPIAS. Zerstörung Eretrias und Deportation seiner Bewohner.

Sept. 490 Schlacht von Marathon. Sieg des athen. Landheeres (gemeldet durch den »Marathonläufer«) unter Führung des MILTIADES (durch die überlegene griech. Taktik) und Rückkehr der pers. Flotte nach Kleinasien. Athen als Vorkämpfer von ganz Hellas ist nach dem Sieg über die bisher unbesiegten Perser auf dem Weg zur polit. Großmacht. MILTIADES stirbt nach einem unglücklichen Feldzug gegen Paros im Gefängnis (489).

487 Wahl der Archonten durch Los aus 500 Kandidaten der 1. und 2. Klasse. Das Amt wird dadurch polit. neutralisiert; der polit. Einfluß des Strategenamtes (Wiederwahl und Vollmachten) wird größer, da es administrative und finanztechnische Befugnisse erhält. – Nach der

487–483 Verbannung der polit. Gegner durch Ostrakismos: HIPPARCH (487), MEGAKLES (486), XANTHIPPOS (484), ARISTEIDES (483) erhält THEMISTOKLES die Möglichkeit zur **Durchführung des Flottenbauprogramms** (180 Trieren = Dreiruderer – bis 481): Bau der Schiffe durch den Staat, Finanzierung aus dem Ertrag der Silberbergwerke des Laurion; Ausrüstung durch reiche Bürger (Liturgie). Wachsende polit. Bedeutung der Theten als Ruderer.

480 2. Perserzug: Aufbruch des Xerxes von Sardes mit einem Heer von über 100000 Mann. Karthago erhält über die Mutterstadt Tyros den Befehl zum **Angriff auf die sizilischen Griechen.**

480 Schlacht bei Himera. Die Karthager werden durch den Tyrannen GELON VON SYRAKUS besiegt, die etruskische Flotte durch HIERON VON SYRAKUS, den Bruder GELONS, in der

474 Seeschlacht v. Kyme (lat. Cumae, S. 73): dadurch ist der Aufstieg Roms gesichert.

481 Abschluß eines Kampfbundes (Hellenische Symmachie) unter Führung Spartas. Nach unentschiedener Seeschlacht am **Kap Artemision** Opfertod des LEONIDAS mit 300 Spartiaten und 5600 anderen Kriegern zur Sicherung des Rückzugs des griech. Heeres

August 480 am Thermopylenpaß. Plünderung Athens durch die Perser.

September 480 Seesieg der Griechen bei Salamis unter Führung des Spartaners EURYBIADES nach Plänen des THEMISTOKLES: Keine Entfaltungsmöglichkeit der überlegenen pers. Flotte im engen Sund gegen die 310 griech. Schiffe. Abzug der pers. Flotte nach Kleinasien. Winterquartier des pers. Heeres unter MARDONIOS in Thessalien. Nach der 2. Zerstörung Athens im Frühjahr

479 Landschlacht von Plataiai und Sieg der griech. Flotte in der **Seeschlacht am Mykale-Gebirge** bei Milet. Keine Rache an den perserfreundlichen griech. Staaten auf Rat des THEMISTOKLES. 20jährige Friedenszeit in Griechenland.

Bedeutung der Perserkriege: Die Perser geben ihre Eroberungsabsichten auf. Die polit. und geistige Freiheit der Griechen wird gerettet. Dadurch Entfaltung der griech. Kultur.

479 Bau der Stadtmauern von Athen gegen den Einspruch Spartas.

478 Befreiung der jon. Städte durch griech. Flotte unter dem Spartaner PAUSANIAS, der wegen seines tyrannischen Benehmens durch die Ephoren abberufen wird. Sparta ruft die Jonier auf, sich im griech. Mutterland anzusiedeln, und scheidet aus dem Krieg aus. Athen wird auf Bitte der Jonier Schutzmacht gegen die Perser.

Der 1. Attische Seebund

477 Gründung des 1. Att. Seebundes zur Abwehr der Persergefahr (Athen und jon. Städte). Steuerzahlung der Bundesgenossen (460 Talente, festgesetzt durch ARISTEIDES, »den Gerechten«). Delos wird Bundessitz. Alle Mitglieder erhalten im Bundesrat gleiches Stimmrecht. Athen wird erste Wirtschaftsmacht in Griechenland. Entfremdung zwischen Sparta und Athen.

470 Ostrakismos des THEMISTOKLES (gest. als pers. Vasallenfürst in Magnesia am Mäander). KIMON, Sohn des MILTIADES, setzt den Krieg gegen Persien als Führer der Seebundsflotte fort.

465 Doppelsieg Kimons am Eurymedon in Südkleinasien über Flotte und Heer der Perser. Die feindliche Haltung Spartas gegenüber Athens Machtzuwachs nimmt zu, die Bevölkerung Spartas wird infolge der Erdbebenkatastrophe (464) und des 3. Messen. Krieges (464–455) reduziert. Das zur Belagerung der Bergfestung Ithome von Sparta angeforderte athen. Hilfsheer wird aus Besorgnis über Ausbreitung demokrat. Tendenzen zurückgeschickt, deshalb wird

461 der spartafreundliche KIMON durch Ostrakismos aus Athen verbannt.

Klassische Kunst (5. und 4. Jh.)
Höhepunkte bilden der Tempel des Zeus in Olympia und der Tempel der Athena (Parthenon) auf der Akropolis (Iktinos und Kallikrates). Die führenden Bildhauer sind der Dorer **Polyklet** (Doryphoros = Speerträger): Proportion und Rhythmus (Entdeckung des Kontraposts = Gegeneinanderspielen von Ruhe und Bewegung des menschl. Körpers, ausgedrückt durch Stand- und Spielbein) und Phidias, der Schöpfer der Parthenonskulpturen, der Goldelfenbeinbilder des Zeus und der Athena. Von der monumentalen Wandmalerei des Polygnot von Thasos ist nichts erhalten. Voraussetzungen für die **Kunst des 4. Jhs.** sind die Auflösung der Polis und die Verbürgerlichung des Lebens. Entdeckung des seelischen Eigenlebens (Porträt). Die großen Künstler sind **Praxiteles** (knidische Aphrodite, Hermes): Menschlichkeit der Götter; **Skopas** (Mänade): Verkündigung des Pathos; **Lysipp** (Schaber): Schöpfer des hellenist. Menschentyps.

Literatur
Die großen Gestalter der aus dem Gottesdienst des Dionysos erwachsenen **Tragödie** (Chor und 1. »Antworter« bei Thespis):
Aischylos (525–456) führt den 2. Schauspieler ein, der Chor wird verkleinert, seine Bedeutung tritt zugunsten des Dialogs zurück. Archaisch-heroischer, tief relig. Inhalt seiner Tragödien: ›Perser‹ (472), ›Sieben gegen Theben‹ (467), ›Orestie‹ (458).
Sophokles (497–406) gibt der Tragödie die klass. Form, indem er den dritten Schauspieler in die Handlung einführt und den Chor verstärkt. Er entwickelt die dramatische Handlung aus dem Seelischen der Charaktere (Charaktertragödie): ›Antigone‹ (442), ›Oidipus‹ (427), ›Elektra‹ und ›Philoktet‹.
Euripides (480–406) versucht mit psychologischen Mitteln und durch Abänderung der Sagenstoffe eine Desillusionierung des Helden zu erreichen. Er ist der Wegbereiter des bürgerlichen Dramas, daher seine starke Wirkung auf die Weltliteratur: ›Medea‹ (431), ›Hippolytos‹ (428), ›Troerinnen‹ (415). Blüte der polit. att. **Komödie** durch Kratinos (520–423), Eupolis (446–411) und **Aristophanes** (445–385), den Hauptvertreter der älteren att. Komödie. Er beschäftigt sich mit sozialen Fragen, begleitet die Politik seiner Vaterstadt mit Kritik und bekämpft die Sophisten: ›Die Wolken‹ (423), ›Die Wespen‹ (422), ›Die Vögel‹ (414), ›Die Frösche‹ (405).
Hauptvertreter der jüngeren, unpolit. Komödie ist Menander (343–290) mit seinen bürgerl., gesellschaftskritischen Lustspielen: ›Schiedsgericht‹, ›Menschenfeind‹.

Geschichtsschreibung
Herodot von Halikarnassos (484–425), der »Vater der Geschichte« (nach Cicero), beschreibt in seinem Hauptwerk ›Darstellung der Erkundung‹ (= Histories apodexis) die Auseinandersetzung zwischen Europa und Asien (Hellenen und Barbaren); seine Geschichtsbetrachtung wurzelt im Sittlich-Religiösen, nicht im Nationalen (der hist. Vorgang wird durch den tiefen Glauben an eine göttl. Prädestination erklärt).
Thukydides (460–396), der Schöpfer der objektiven Geschichtswissenschaft, schreibt seine Geschichte des Peloponnesischen Krieges als eine Lehre für die Praxis (pragmatische Geschichtsschreibung). Der geschichtl. Verlauf wird nicht durch die Götter, sondern durch die Kausalität bestimmt.
Xenophon (430–354) verfaßt die ›Anabasis‹, in der der Feldzug des Kyros beschrieben wird und der Rückzug der Griechen, sowie eine Geschichte seiner Zeit (›Hellenika‹).

Philosophie
Die **Sophisten** (= Weisheitslehrer) wollen eine allgemeine Bildung vermitteln, um junge Menschen mit Hilfe der Redekunst (Rhetorik), der Dialektik und der Bürgerkunde »lebenstauglich« zu machen. Wissen wird als »Ware« vermittelt. Hauptvertreter: Protagoras von Abdera: Vorbereitung eines Subjektivismus und Relativismus (»Der Mensch ist das Maß aller Dinge«), Infragestellung des Wissens (es gibt nur ein Meinen), Recht des Stärkeren; Gorgias von Leontinoi: Lehrer einer Rhetorik, die es sich zum Ziel setzt, die »unterlegene Sache zur siegenden zu machen«; Prodikos von Kos: Staatsbürgerliche Ethik; Hippias von Elis: Unabhängigkeit des Menschen von seiner Umgebung.
Sokrates (469–399), der Begründer einer anthropologischen Philosophie, versucht, durch seine induktive Methode (Ironie, Maieutik = »Hebammenkunst«) zu einer begrifflichen Bestimmung des Allgemeinen zu kommen (Wesen der Tugend), damit der Mensch zum einsichtigen Denken und damit zum Handeln gelangen kann (Tugend als Wissen ist lehrbar). Warnung vor Irrwegen durch eine innere Stimme (Daimonion).
Platon (427–347), Begründer der Akademie in Athen (387), gelangt über die sokratische Begriffsbildung (das Gute, die Tugend) zur Lehre von den Ideen (= Urformen) und zur Lehre von der Welt des Seienden gegenüber der Erscheinungswelt, die nur an den Ideen teilhat. Erkennen der Idee durch Wiedererinnerung. – Platons hist. Bedeutung liegt in seinen polit.-programmat. Werken, in denen er als Haupttugenden im Gesetzesstaat Weisheit, Tapferkeit, Besonnenheit, Gerechtigkeit nennt. Werke: ›Apologie‹, ›Kriton‹, ›Symposion‹, ›Phaidon‹, ›Politeia‹, ›Gesetze‹ u. a.
Aristoteles von Stageira (384–322), Begründer des Lykeions in Athen, erfaßt das Gesamtwissen seiner Zeit; Verselbständigung philosophischer Teilgebiete und Begründung neuer Wissenschaftszweige. Analytisches Denken, empirische Methodik und spekulative Konstruktion kennzeichnen seine Schriften.

Die Vollendung der Demokratie

462 Auf Antrag des Perikles und des Ephialtes werden alle polit. Entscheidungen und Rechte an den Rat (Boulé), die Ausschüsse der Geschworenengerichte und die Volksversammlung (Ekklesia) überwiesen; dadurch Ausschaltung des Areopags (nur noch Blutgerichtsbarkeit). Nach Ermordung des Ephialtes (461) Fortsetzung der Reformtätigkeit durch Perikles.

461 Einführung von Tagegeldern für Mitglieder des Rats und der Geschworenengerichte (Auszahlung durch Bundessteuern).

458 Vollendung der Demokratie durch **Zulassung der 3. Klasse** (Zeugiten) zum Archontat. Leitung des Staates durch die Ratsvorsitzenden (Prytanen). Durch die Entmachtung des Adels geht die polit. Verantwortung auf das Volk über, soweit es aus Bürgern im Sinne des

451 Bürgerrechtsgesetzes besteht: beide Eltern müssen aus Attika sein. (Exklusivität: Verlust des Bürgerrechts für Athener mit ausländischer Mutter; Egoismus: Soziale Vorteile – Diäten und Getreidezuteilungen – für nur wenige; gefährliche unorganische Abschließung).

Der Kampf gegen Sparta und Persien

461 Kündigung des Bündnisses mit Sparta durch Athen, dafür Bündnis Athens mit Argos, dem spart. Erbfeind.

460–457 Bau der »Langen Mauern«, durch die Athen größte Festung Griechenlands wird.

460 Nach Umsiedlung der messen. Heloten nach Naupaktos mit athen. Hilfe und nach dem Bündnis Athens mit Megara wächst der spart. Einfluß auf Korinth, das sich – wie Aigina – mit Sparta verbündet.

457 Bedrohung Athens im Norden durch Bündnis Spartas mit Theben. Sieg der Spartaner und Thebaner bei Tanagra, der Athener bei Oinophyta. Durch Anschluß von Boiotien, Lokris und Phokis **Hegemonie Athens in Mittelgriechenland.**

456 Zwangsaufnahme Aiginas in den Seebund (Auslieferung der Flotte). Folgen: Beseitigung der Handelskonkurrenz, Peiraios wird größter Umschlaghafen Griechenlands.
Athen unterstützt aus handelspolit. Gründen Aufstandsbewegungen gegen die Perser, z. B. des Inaros in Ägypten (Ägypten ist neben Sizilien und Südrußland das reichste Kornland dieser Zeit). Dabei Vernichtung der athen. Hilfsflotte und

454 Verlegung der Bundeskasse nach Athen (Abgabe eines Sechzigstels der Tribute an die Göttin Athena). Die allmähliche Erschöpfung Athens durch den Zweifrontenkrieg gegen Sparta und Persien führt zum

451 Waffenstillstand mit Sparta (5 Jahre) unter Vermittlung des aus der Verbannung zurückgekehrten Kimon, der kurz vor dem

449 Doppelsieg der Athener bei Salamis über die Perser auf Zypern stirbt.

448 Friede zwischen Persien und Athen (Kalliasfriede). Ergebnis: Die Griechenstädte Kleinasiens und Zyperns verbleiben unter Wahrung ihrer Autonomie im pers. Reich. Gegenseitiger Verzicht auf Einmischung, Ägäis ist griech. Binnenmeer.

448 Gründung des Att. Reichs durch Umwandlung des Att. Seebundes (als Kampfbund gegen Persien überflüssig): Allmähliche Einführung des att. Münz-, Maß- und Gewichtssystems bei allen Mitgliedern. Weiterzahlung der Tribute.

447 Der von Perikles nach Athen einberufene gemeingriech. **Friedenskongreß** (Programm: Sicherung des Friedens, Sicherheit der Meere, Aufbau der von den Persern zerstörten Heiligtümer), scheitert am Widerstand Spartas. In der Folgezeit Erhebungen gegen Athen (oligarchischer Umsturz in Boiotien 447, Abfall Euboias und Megaras 446) und Einfall eines spart. Heeres in Attika. Athen wird dadurch

445 zu dem **30jährigen Frieden** mit Sparta gezwungen: Anerkennung des Att. Reichs durch Sparta und der Hegemoniestellung Spartas auf der Peloponnes durch Athen. **Athen ist neben Persien und Karthago 3. Großmacht im Mittelmeer.** Weiterbestehen des Dualismus zwischen Sparta und Athen.

443–429 Perikleisches Zeitalter. Perikles wird nach Beseitigung der Opposition (Ostrakismos seines Gegners Thukydides 443) als »Demagoge« (Volksführer) jährlich zum Strategen wiedergewählt. Das Strategenamt ist die rechtl. Grundlage seiner beherrschenden Stellung, in Wirklichkeit überragt er seine Mitstrategen aber durch seine Autorität beim att. Volk – Rednergabe. Athen ist »dem Namen nach eine Demokratie, in Wirklichkeit [aber] die Monarchie des ersten Mannes« (Thukydides). Gründung von Kolonien und Anlage von Kleruchien zur Versorgung der unbemittelten Bevölkerung. Gefahren für den att. Staat: Übergang vom Leistungs- zum Fürsorgestaat (Diäten). Einheit von Kultur-, Außen- und Innenpolitik. Verbindung von polit. Hegemonie und Kulturmission. Mit Hilfe der Bundesgelder Errichtung der Bauten auf der Akropolis, was über Jahre hinaus einer großen Anzahl von Menschen Arbeit und Einkommen sichert, aber eine starke Belastung der Finanzen bedeutet. Kultureller Kreis um Perikles und Aspasia: Herodot von Halikarnassos, Anaxagoras von Klazomenai, Hippodamos von Milet, Sophokles und Phidias.
Neuordnung des Seebundes durch Einteilung der Städte in 5 Steuerkreise und Errichtung der Demokratie in den Bundesstädten. Die zu Untertanen herabgedrückten und zu Tributzahlungen verpflichteten Bündner leisten Athen Widerstand (440 Abfall von Samos und Eroberung durch Perikles). Im Jahre 425 sind mehr als 400 Stadtstaaten Mitglieder des Seebundes.

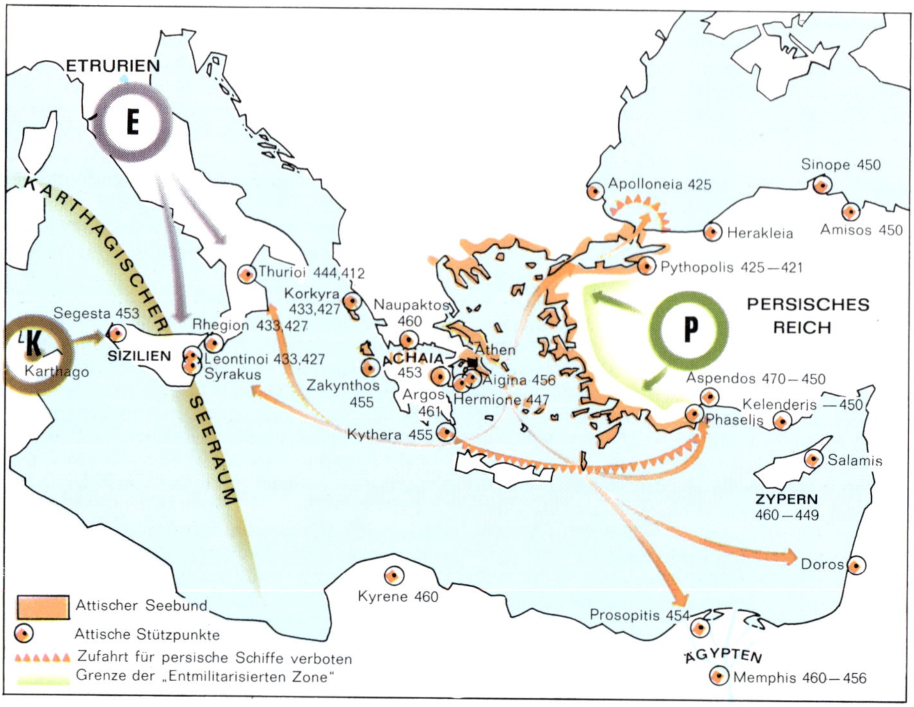

Athens Expansionspolitik im 5. Jh.

Der Peloponnesische Krieg

Der Peloponnesische Krieg (431–404)
Veranlassung: Bündnis Korkyras mit Athen gegen Sparta, Angriff Athens auf Poteidaia, Verhängung einer Handelssperre über Megara durch Athen; daraufhin Forderung Spartas nach Autonomie für alle Bundesstädte.

432 Kriegsbeschluß Spartas und der Peloponnesier, obwohl in Sparta keine Neigung zum Krieg besteht (Bevölkerungsabnahme, Furcht vor neuen Helotenaufständen, Fehlen finanzieller Hilfsquellen).

Perikles' Kriegsplan: Evakuierung der Attiker in die Festung Athen-Peiraios. Einsatz der Flotte gegen die Peloponnes. Vermeidung eines Zusammenstoßes mit dem überlegenen spart. Heer. Im Staatsschatz Athens befinden sich 6000 Talente, angesammelt seit dem Finanzdekret des KALLIAS (434).

431–421 Archidamischer Krieg.

431–430 zwei Einfälle des ARCHIDAMOS in Attika. Operationen der athen. Flotte an den Küsten der Peloponnes.

429 Kapitulation Poteidaias nach zweijähriger Verteidigung, doch Niederlage des athen. Belagerungsheeres bei Spartalos. **Ausbruch der Pest** in Athen (Tod eines Drittels der attischen Bevölkerung in vier Jahren), an der auch PERIKLES stirbt. Volksführer in Athen wird KLEON (zu Lebzeiten des PERIKLES ein Gegner der Kriegspolitik, nun einer ihrer schärfsten Verfechter: »Durchhaltepolitiker«), Führer der Oligarchen ist NIKIAS.

429–427 Abfall der Insel Lesbos vom Att. Seebund und Bestrafung. Zwei neue Einfälle des ARCHIDAMOS in Attika. Einnahme von Plataiai durch Spartaner und Hinrichtung der Verteidiger.

425 Niederlage der Spartaner auf Sphakteria (Gefangennahme von 120 Spartiaten). Ablehnung eines spart. Friedensangebots durch KLEON, der für offensive Kriegführung eintritt. – Nach Erfolgen der Athener

424 Spart. Heeresreform des Brasidas und Zug der Spartaner nach Thrakien (Abfall der Küstenstädte vom Seebund). Hilfe durch die athen. Flotte unter KLEON.

422 Niederlage der Athener bei Amphipolis. Tod des KLEON und des BRASIDAS.

421 Friede zwischen Sparta und Athen durch NIKIAS auf 50 Jahre (Nikiasfriede). Wiederherstellung des Status quo ante. Verteidigungsbündnis Spartas mit Athen gegen Bündnis der Peloponnesier mit Argos. Die Beziehungen Athens zu Sparta verschlechtern sich durch die Politik des ALKIBIADES (Gegner des NIKIAS): Athen verbündet sich mit Argos, Elis und Mantineia gegen Sparta, erzwingt den Anschluß von Melos (416) und verübt Überfälle auf die Küste Lakoniens.

415–413 4. Sizilische Expedition. Hilfe Athens für Segesta gegen Syrakus und Selinus. NIKIAS rät ab. ALKIBIADES wird des Religionsfrevels angeklagt und zurückbeordert; er flieht nach Sparta. – Nach Anfangserfolgen Athens kommt es zur

413 Vernichtung der athen. Flotte im Hafen von Syrakus und des Heeres am Asinaros: NIKIAS wird hingerichtet, die griech. Gefangenen verrichten in Steinbrüchen Zwangsarbeit.

413–404 Dekeleischer Krieg. Auf Rat des ALKIBIADES besetzen die Spartaner die Festung Dekeleia, um Attika zu verwüsten. Folge: Abfall der Bündner, Mißstimmung in Athen.

412 Eingreifen Persiens (Hilfsgelder) zugunsten Spartas, das die jon. Städte preisgibt.

411 Einführung der Oligarchie in Athen (Rat der Vierhundert; Volksversammlung von nur 5000 besitzenden Bürgern). Folgen: Erhebung des athen. Heeres auf Samos, das ALKIBIADES zurückholt. Daraufhin Sturz der Oligarchie und Erweiterung der Demokratie (allgemeines Klagerecht).

410 Sieg des 411 zum Strategen gewählten ALKIBIADES bei Kyzikos. Ein spart. Friedensangebot wird abgelehnt.

408 Rückkehr des ALKIBIADES nach Athen. Nach der Niederlage der athen. Flotte bei Notion Absetzung des ALKIBIADES (407).

406 Sieg der Athener bei den Arginusen, doch werden die Flottenführer trotz Einspruch des SOKRATES zum Tode verurteilt (unterlassene Bergung Schiffbrüchiger).

405 Sieg bei Aigospotamoi durch den Spartaner LYSANDER.

404 Belagerung und Übergabe Athens. Friedensbedingungen: Schleifung der »Langen Mauern«, Auflösung des Att. Seebundes und Verpflichtung zur Heeresfolge. Hegemonie Spartas. Einführung der Oligarchie (»30 Tyrannen«) in Athen. Endgültiger Sieger in dem Machtkampf der gesamten mittelmeerischen Welt ist nicht Sparta, sondern das Perserreich.

Sizilien: Nach der Niederlage der Athener vor Syrakus erneutes Eingreifen der Karthager auf Sizilien.

409 Zerstörung der Städte Selinus und Himera durch die Karthager. Nach Eroberung von Akragas (405) stoßen die Karthager nach Syrakus vor, treffen aber wegen der Einigung der Griechenstädte unter

405–367 Dionysios I. auf Widerstand. – Nach DIONYSIOS' Tod Zwistigkeiten zwischen seinem Sohn DIONYSIOS II. und dessen Vetter DION, dem Schüler PLATONS.

344 Sturz DIONYSIOS' II. durch den Korinther TIMOLEON. Wirkungsvolle Abwehr der Karthager (341) und Einführung einer demokrat. Verfassung (337). Neue Blüte unter

307–288 Agathokles, mit Hilfe der Karthager Tyrann, ab 304 König von Sizilien (nach dem Vorbild der Diadochen). Seine Herrschaft wird auf Unteritalien ausgedehnt. Nach seinem Tod wird Syrakus durch PYRRHUS vor dem Angriff Karthagos bewahrt (278).

274–215 HIERON II. Nach dem Tarentin. Krieg (S. 83) wird Unteritalien röm.

201 Einbeziehung von Syrakus in die röm. Provinz Sicilia.

Die Hegemonie Thebens

Makedonien unter Philipp II.

Athen, Sparta, Theben

Dic in Griechenland errichteten Oligarchien werden durch Sparta kontrolliert (Garnisonen unter spart. Kommandanten = Harmosten). Mit Spartas Hilfe **kurze Herrschaft der »30 Tyrannen«**, darauf

403 Wiederherstellung der Demokratie in Athen durch THRASYBULOS (Diäten für den Besuch von Volksversammlungen und Theatervorstellungen ab 392).

399 Verurteilung des Sokrates zum Tode durch Schierlingsbecher (Anklage: Verderben der Jugend und Einführung neuer Götter) von der innerlich unsicher gewordenen neuen Demokratie.

401 Schlacht von Kunaxa. Tod des pers. Prinzen KYROS, dessen Erhebung gegen seinen Bruder, den Perserkönig ARTAXERXES II., damit endet, und Heimkehr des griech. Hilfskontigents auf dem »Zug der Zehntausend« unter dem Athener XENOPHON.

399–394 Krieg der Spartaner gegen Persien. Sparta nimmt den Krieg unter AGESILAOS wieder auf, um die jon. Städte zu befreien.

395–387 Korinthischer Krieg: Athen, Theben, Korinth und Argos kämpfen, unterstützt von Persien, gegen Sparta. Die von dem Athener KONON reorganisierte pers. Flotte siegt über die Spartaner in der

394 Seeschlacht von Knidos, doch werden im selben Jahr Athener und Thebaner bei Koroneia von den Spartanern geschlagen. Wegen der von Athen versuchten Erneuerung des Seebundes und Wiedererrichtung der Festung Athen-Peiraios kommt es zu spart.-pers. Verhandlungen: der Bosporus wird durch eine spart.-pers. Flotte gesperrt, um die Getreideausfuhr aus Südrußland nach Athen zu unterbinden.

387 Königsfriede (Antalkidasfriede) zwischen Athen und Sparta unter Vermittlung des Perserkönigs: die griech. Städte Kleinasiens kommen unter pers. Herrschaft, die übrigen Griechenstädte erhalten Autonomie, über deren Einhaltung Sparta wacht.

377 Gründung des 2. Att. Seebundes (Autonomie durch Gleichberechtigung der 60 Bündner) gegen spart. Übergriffe.

371 Landfriede zwischen Athen und Sparta. Theben weigert sich, seine seit 379 betriebene Einigung Boiotiens rückgängig zu machen, deshalb spart. Angriff.

371 Schlacht bei Leuktra. Niederlage des spart. Heeres durch EPAMEINONDAS (Anwendung der »schiefen Schlachtordnung«). Diese erste Niederlage in offener Feldschlacht zeigt den Beginn des Niedergangs von Sparta an. Vorstoß der Thebaner nach Lakonien; Befreiung Messeniens und Arkadiens.

369 Bündnis Spartas und Athens gegen Theben, das eine eigene Flotte aufbaut.

362 Schlacht bei Mantineia: die Thebaner besiegen Sparta und Athen; doch wird EPAMEINONDAS verwundet und stirbt. Ende der theban. Hegemonie.

Makedonien

359–336 Philipp II. von Makedonien

Dreigliederung des Staates: Heerkönigtum, Adel (»Hetairoi«) und Heeresversammlung. Grundlage für die außenpolit. Erfolge ist die milit. Überlegenheit: Einteilung der adligen Reiterei in Regimenter (Ilen), Hauptwaffe ist die Stoßlanze. Bildung einer makedon. Phalanx (»Hetairen zu Fuß«). Waffen: »Sarissen« (lange Speere) und kleiner Rundschild. Übernahme der »schiefen Schlachtordnung« und organische Verbindung der verschiedenen Waffengattungen. **Vernichtungsstrategie.** Die Städte werden nicht durch lang andauerndes Aushungern, sondern mit Belagerungsmaschinen eingenommen. **Finanzielle Mittel** für den milit. Aufbau liefern die eroberten Goldbergwerke des Pangeiongebirges östl. des Strymon.

Nach **Einigung Makedoniens** (358) ist es PHILIPPS außenpolit. Ziel, seinem Binnenstaat einen Zugang zum Meer zu verschaffen. Vordringen nach Amphipolis und der Halbinsel Chalkidike (357): Abfall von Chios, Rhodos, Kos und Byzanz vom 2. Att. Seebund und dessen Auflösung im **Bundesgenossenkrieg (357–355).**

356–346 2. Heiliger Krieg gegen die Phoker, die von Athen und Sparta unterstützt werden, wegen Verletzung des delph. Heiligtums. Eingreifen PHILIPPS gegen die Phoker. Er gewinnt Poteidaia, Methone, Stageiros und Olynthos, das mit Athen verbündet ist. Vergebliche Aufforderung des DEMOSTHENES zu energischer Hilfe.

352 Gewinnung Thessaliens.

348 Abfall Euboias von Athen auf Betreiben PHILIPPS.

346 Friede des Philokrates zwischen Makedonien und Athen auf Grund des Status quo (Athen bleibt stärkste Seemacht: 350 Trieren). – Sieg PHILIPPS über die Phoker und **Aufnahme in die Amphiktionie von Delphi.**

343/342 Eroberung Thrakiens. In Athen Kampf zwischen ISOKRATES (Einigung Griechenlands unter PHILIPP, gemeinsamer Perserkrieg) und DEMOSTHENES (Kampf gegen den »Barbaren« PHILIPP).

340 Gründung des Hellenenbundes gegen PHILIPP wegen der Bedrohung der Schiffahrt im Schwarzen Meer und neuer Einmischungen in Griechenland.

338 Schlacht von Chaironeia. Sieg PHILIPPS über die Griechen, entschieden durch die Reiterei unter seinem Sohn ALEXANDER. Harte Bestrafung Thebens, doch milder Friede für Athen (»Freundschaft und Bündnis«).

337 Korinthischer Bund aller griech. Städte mit Ausnahme Spartas unter PHILIPPS Patronat. **Landfriedensordnung:** Bundesrat in Korinth, der makedon. König als Führer (Hegemon) und Bundesfeldherr, Autonomie für alle Mitglieder (Garantie durch PHILIPP im bewußten Gegensatz zur Garantie des Perserkönigs im »Königsfrieden«). **Kriegsbeschluß gegen Persien.**

336 Ermordung PHILIPPS.

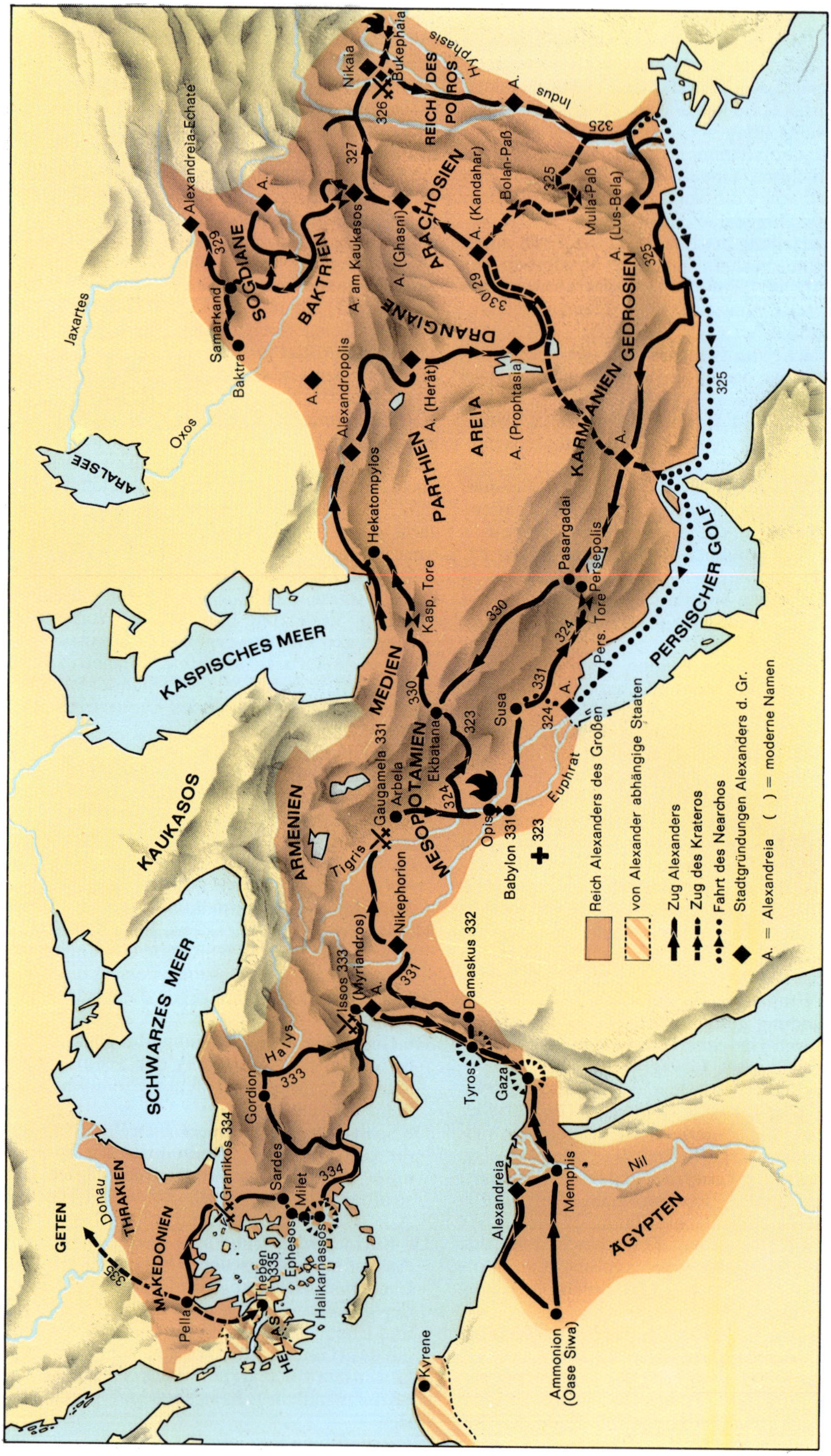

Der Alexanderzug

Alexander der Große (336–323)
Nach Sicherung der makedon. Herrschaft gegen Thraker und Illyrer wird der griech. Aufstand (Theben, Athen, Peloponnes) niedergeschlagen.
335 Zerstörung Thebens und Versklavung seiner Bewohner.
334 Eröffnung des pers. Feldzugs: ein griech. Rache- und makedon. Eroberungskrieg (30000 Mann Fußvolk, 5000 Reiter). Nach Überschreitung des Hellespont:
Mai 334 Sieg am Granikos über die kleinasiatischen pers. Satrapen. Nach den griech. Küstenstädten werden Karien, Phrygien (in Gordion Lösung des »Gordischen Knotens« mit dem Schwert) und Kilikien erobert. Makedon. Offiziere regieren als Satrapen in den eroberten Gebieten.
Sommer 333 Rückschläge durch zu frühe Auflösung der jon. Flotte. Die Perser erobern Chios und Mytilene.
November 333 Schlacht bei Issos (»Schiefe Schlachtordnung«). Sieg Alexanders über die Perser unter DAREIOS III. KODOMANNOS. Ein pers. Friedensangebot wird abgelehnt.
332–331 Unterwerfung Syriens (332 Eroberung von Tyros nach siebenmonatiger Belagerung), Ägyptens (Gründung Alexandreias, Zug zur Oase Siwa, dem Heiligtum des ZEUS AMMON, und Begrüßung ALEXANDERS durch die Priester als Sohn des Gottes) und Mesopotamiens.
331 Niederwerfung einer spart. Erhebung in der Schlacht bei Megalopolis durch ANTIPATER. Sparta wird Mitglied des Korinthischen Bundes. – Nach Überschreitung von Euphrat und Tigris
1. 10. 331 Schlacht von Gaugamela (»Schiefe Schlachtordnung« wie am Granikos und bei Issos). Flucht des DAREIOS; Ausrufung ALEXANDERS zum König von Asien; Einzug in Babylon und Susa. Der pers. Goldschatz (50000 Talente) wird erbeutet.
330 Persepolis wird zur Sühne für die Zerstörung der Akropolis (480) niedergebrannt, Pasargadai und Ekbatana besetzt. Entlassung der Griechen wegen **Beendigung des panhellenischen Bundesfeldzuges.**

Das Weltreich Alexanders
Nach der Ermordung des DAREIOS durch den Satrapen BESSOS nimmt dieser den Königstitel an, gleichzeitig erhebt ALEXANDER Anspruch, als Rechtsnachfolger der Achaimeniden zu gelten (Anlegung der pers. Königstracht). Daraufhin makedon. Opposition gegen ALEXANDER: PHILOTAS wird hingerichtet, sein Vater PARMENION ermordet. Eroberung der Satrapien Areia, Drangiane, Arachosien.
329 Unterwerfung Ost-Irans. BESSOS wird gefangen und hingerichtet. – Vorstoß über den Jaxartes.
328 Kämpfe in Sogdiane, Vermählung ALEXANDERS mit der sogdianischen Fürstentochter ROXANE (Beginn der Versöhnungspolitik). **Einführung des pers. Hofzeremoniells** (Proskynese = Kniefall) gegen Widerstand des makedon.-griech. Gefolges: Hinrichtung des KALLISTHENES, eines Neffen des ARISTOTELES, nach der »Pagenverschwörung« (327). Seinen Jugendfreund KLEITOS tötet ALEXANDER im Jähzorn.
327–325 Zug nach Indien zur Erreichung des Süd- und Ostrandes der bewohnten Welt (Oikumene): **Weltherrschaftsgedanke.**
326 Sieg am Hydaspes über POROS und dessen Kriegselefanten. POROS wird Vasall ALEXANDERS. – Eine Meuterei der Truppen am Hyphasis zwingt zur Rückkehr. Flottenbau und Indus-Fahrt nach Süden. Rückmarsch des Heeres unter ALEXANDER und KRATEROS durch Gedrosien und Karmanien nach Persepolis; Rückfahrt der Flotte unter NEARCHOS an den Küsten des Ind. Ozeans und Pers. Golfs zur Euphrat-Tigris-Mündung.
324 Plan der Verschmelzung von Makedonen und Persern zu einer neuen Herrenschicht (diese Verschmelzungspolitik ist Voraussetzung für die weiteren Pläne ALEXANDERS: Eroberung des Westens und Verschmelzung aller Völker durch Umsiedlung). Massenhochzeit zu Susa zwischen Makedonen und Iranierinnen. ALEXANDER verheiratet sich mit pers. Prinzessinnen. Durchführung einer Amnestie für die polit. Verbannten in Griechenland. Nach der Meuterei der entlassenen alten Veteranen in Opis **Neuordnung des Reiches in Babylon.** Perser und Makedonen erhalten Gleichberechtigung (Homonoia = Eintracht und Koinonia = Gemeinschaft), Perser werden in das Heer aufgenommen. Zusammenfassung der drei Reichsgebiete unter ALEXANDER in Personalunion: als Perserkönig in Asien, als Hegemon des Korinthischen Bundes in Griechenland, als makedon. König. Trennung von Militär- und Zivilgewalt in den Satrapien, doch Finanzverwaltung für das Gesamtreich. **Schaffung einer einheitlichen Währung (att. Münzfuß).** Statt orientalischer Königswirtschaft (Thesaurierung von Gold) nun Weltwirtschaft. Kein Nebeneinander von Gold- und Silberwährung: Fundament der Reichswährung ist das Silber. Damit ist die Voraussetzung für die Entstehung eines riesigen Wirtschaftsgebiets geschaffen. Das Griechische wird Weltsprache (Koiné). Expeditionen im Dienst der wirtschaftl. Planung (Erforschung der Ursachen der Nilschwelle, Fahrt des NEARCHOS und ONESIKRITOS vom Indus-Delta zur Euphrat-Tigris-Mündung). – Gründung von ungefähr 70 Städten nicht nur als Garnisonen, sondern als Zentren für die Ausbreitung der griech. Kultur. Mitten in den Vorbereitungen zu neuen Feldzügen gegen Karthago und in das westl. Mittelmeer stirbt
13. Juni 323 ALEXANDER in Babylon am Fieber (33 J.). »Der Name ALEXANDER bedeutet das Ende einer Weltepoche, den Anfang einer neuen.« (J. G. DROYSEN)

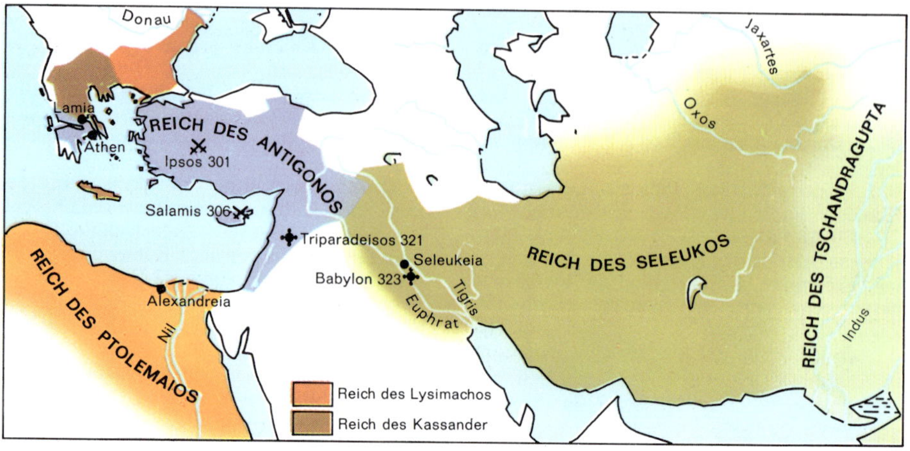

Diadochenreiche 303 v. Chr.

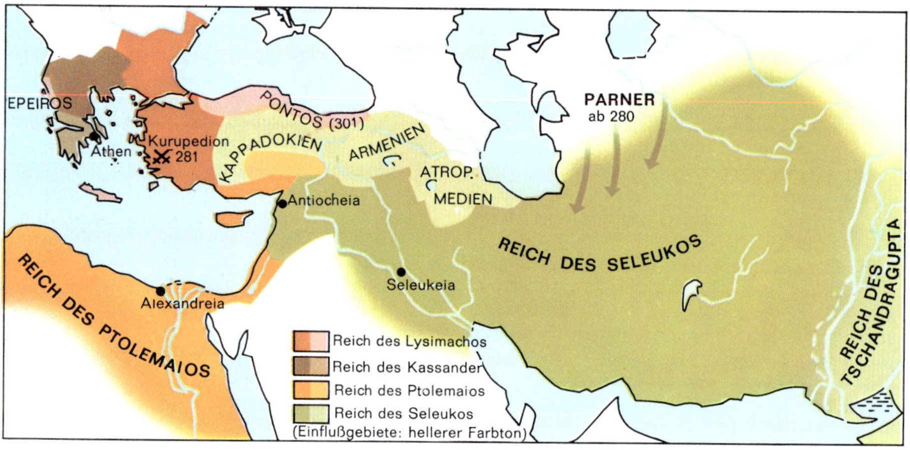

Diadochenreiche nach 301 v. Chr.

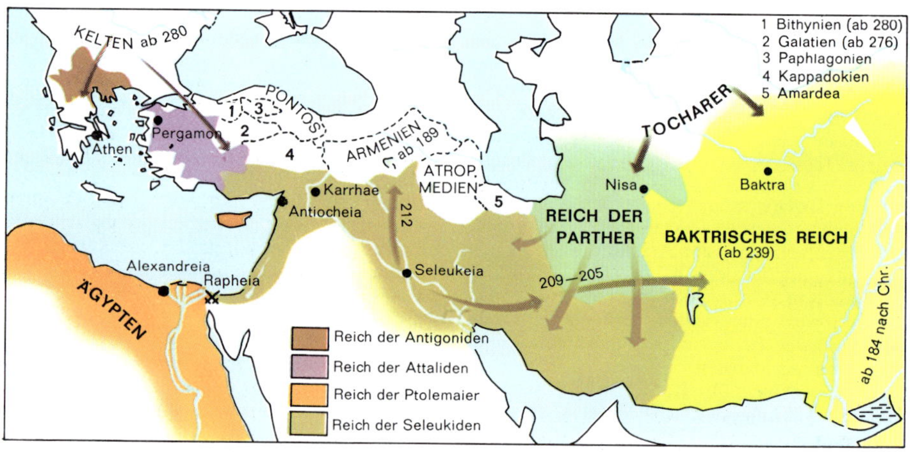

Diadochenreiche um 180 v. Chr.

Die Diadochenkämpfe (323–280)
Nach dem Tod ALEXANDERS DES GROSSEN (S. 65) beginnen die Auseinandersetzungen unter seinen Nachfolgern (Diadochen).
323 Übertragung der kgl. Gewalt an die makedon. Großen (Vormundschaftsregierung für den unmündigen Sohn und den Halbbruder ALEXANDERS). **Teilung der Herrschaftsbereiche:** PERDIKKAS wird Reichsverweser, ANTIPATER Statthalter in Makedonien und Griechenland, ANTIGONOS in Phrygien und Lykien, PTOLEMAIOS in Ägypten, LYSIMACHOS in Thrakien.
In den folgenden Jahren (bis 281) kämpfen die Nachfolger um die Macht (»Diadochenkämpfe«). Einzelne Persönlichkeiten versuchen, die Reichseinheit zu erhalten. Nach der Ermordung des PERDIKKAS beim Angriff auf Ägypten
321 **Neuverteilung der Ämter in Triparadeisos:** ANTIPATER Reichsverweser; ANTIGONOS und KASSANDER Reichsfeldherren.
316 Ermordung der OLYMPIAS, der Mutter ALEXANDERS, durch KASSANDER, der Herr Makedoniens wird (310 Ermordung der ROXANE und ihres Sohnes).
316 Tod des EUMENES, des von POLYPERCHON, dem Nachfolger ANTIPATERS, eingesetzten Reichsfeldherrn im Kampf gegen ANTIGONOS, den »Einäugigen«. Wegen seines Strebens nach Alleinherrschaft verbünden sich KASSANDER, PTOLEMAIOS, LYSIMACHOS und SELEUKOS, der Statthalter von Babylon, gegen ANTIGONOS im
315–301 3. Diadochenkrieg. Nach Eingreifen des PTOLEMAIOS in Griechenland Eroberung von Athen durch DEMETRIOS POLIORKETES (»Städteeroberer«), den Sohn des ANTIGONOS.
306 Flottensieg des DEMETRIOS über PTOLEMAIOS bei Salamis. Folge: **Annahme des Königstitels durch Antigonos und Demetrios,** später auch durch PTOLEMAIOS, SELEUKOS, LYSIMACHOS und KASSANDER. **Auflösung der Reichseinheit.**
301 Entscheidungsschlacht von Ipsos. Sieg des SELEUKOS und LYSIMACHOS über ANTIGONOS, den letzten Vertreter der Zentralgewalt (81 J.). **Entstehung von 4 Reichen:** Thrakien und Kleinasien unter LYSIMACHOS, Makedonien unter KASSANDER, Ägypten unter PTOLEMAIOS, die pers. Kerngebiete unter SELEUKOS.
In der Folgezeit (295–285) bemächtigt sich DEMETRIOS, der Sohn des ANTIGONOS, nach abenteuerlichem Piratenleben Athens und nach KASSANDERS Tod Makedoniens. LYSIMACHOS, SELEUKOS und PTOLEMAIOS schließen ein Bündnis gegen DEMETRIOS, der aus Makedonien vertrieben wird. Er wird von SELEUKOS gefangengenommen und stirbt 283.
281 Schlacht bei Kurupedion. Niederlage und Tod des LYSIMACHOS (75 J.) durch SELEUKOS.
Damit sind die Diadochenkämpfe zu Ende. Bildung von drei großen Monarchien: Makedonien unter den Antigoniden, **Vorderasien** unter den Seleukiden, **Ägypten** unter den Ptolemaiern.

Die hellenistische Staatenwelt
1. Phase: 304–220 Gleichgewicht der Großmächte. Ausbreitung und Weltgeltung der griech. Kultur.
2. Phase: 220–30 Niedergang der hellenist. Staatenwelt. Hervortreten oriental. Staaten und Kultur. Eingreifen der Römer. Unterwerfung der östl. Gebiete durch Rom (S. 85).

Ägypten
304–30 Herrschaft der Ptolemaier, begründet durch den Historiker und Feldherrn ALEXANDERS D. GR., PTOLEMAIOS I., nach dem alle nachfolgenden Herrscher genannt werden. **Gründung des Museions** von Alexandreia. – Unter den Nachfolgern Kämpfe mit den Seleukiden um den Besitz Syriens und Palästinas (Fernhandelsstraßen), aber auf die Dauer kann nur Ägypten gehalten werden. Thronwirren und Einfluß Roms führen am
3. 8. 30 zur Einnahme Alexandreias. Ägypten wird röm. Provinz (S. 93).
Staat: Alexandreia (»Knotenpunkt der Erde«) ist Mittelpunkt eines streng zentralistisch aufgebauten Staates. Verwaltung des Landes (kgl. Privateigentum) durch eine Beamtenbürokratie nach ägypt. Vorbild. Einnahmen für den König aus der staatl. Monopolwirtschaft (Bergbau, Getreide, Öl, Brauereien, Bauten), dem Export (Papyros, Glas), der Verpachtung der Steuern und der Fronarbeit der Einheimischen.

Makedonien
279–168 Herrschaft der Antigoniden, begründet durch ANTIGONOS GONATAS, den Sohn des DEMETRIOS, nach dem Sieg bei Lysimacheia über die Galater (277, S. 69).
215 Bündnis Makedoniens unter PHILIPP V. [221–179] mit Karthago, dadurch
215–205 1. Makedon. Krieg (S. 81), der durch den Frieden von Phoinike beendet wird (Wiederherstellung des Status quo ante).
202 Bündnis mit ANTIOCHOS III. gegen Ägypten. Rom greift auf Bitten von Pergamon, Athen und Rhodos in den
200–197 2. Makedon. Krieg ein. – Nach der Niederlage bei Kynoskephalai (197) Abtretung aller makedon. Außenbesitzungen.
196 Verkündung der Autonomie aller griech. Städte durch FLAMININUS bei den Isthmischen Spielen (S. 85).
179–168 PERSEUS. Konflikt mit EUMENES II. VON PERGAMON, der Rom zum Krieg gegen Makedonien veranlaßt.
171–168 3. Makedon. Krieg. Niederlage des PERSEUS bei Pydna durch die Römer unter L. AEMILIUS PAULLUS (168). Ende des Königtums der Antigoniden. Aufteilung Makedoniens in 4 selbst. Gebiete. Verfolgung der Römerfeinde in Griechenland (Hinrichtungen und Deportation von 1000 Geiseln aus Achaia, unter ihnen POLYBIOS).
148 Nach einem Aufstand Beseitigung der makedon. Teilstaaten und **Errichtung der röm. Provinz Macedonia** (S. 85).

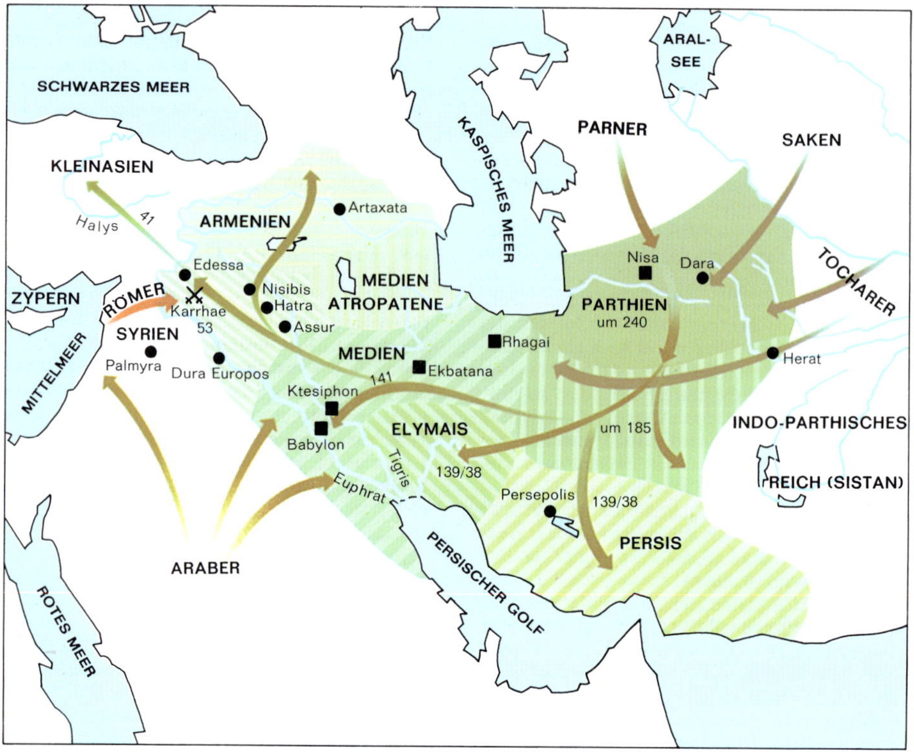

Das Reich der Parther

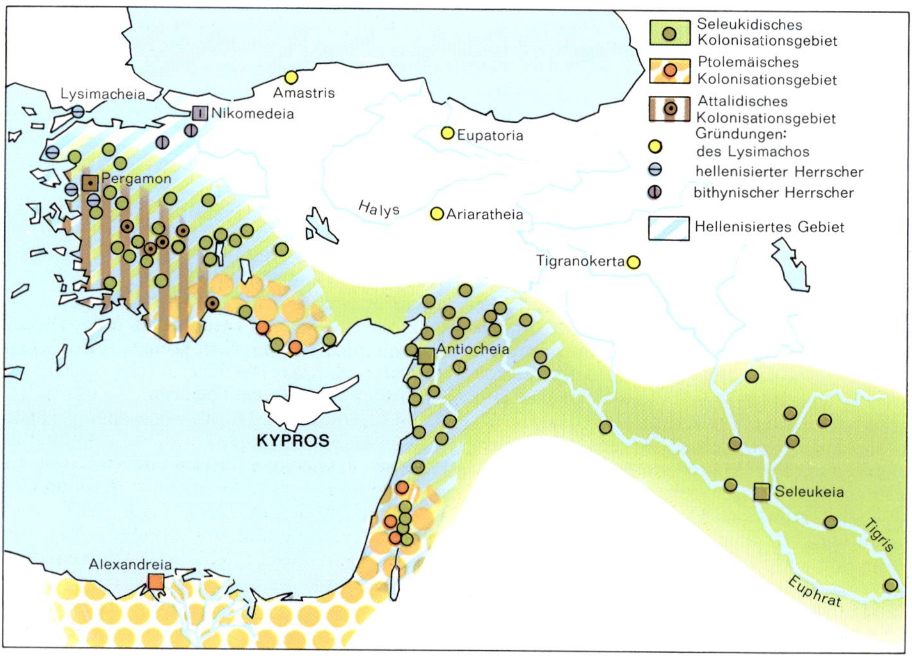

Hellenistische Städtegründungen

Griechenland

323–322 Lamischer Krieg. Der Versuch, die Selbständigkeit zu erhalten, wird von ANTIPATER vereitelt. Einführung der Timokratie und Freitod des DEMOSTHENES. Griechenland wird von makedon. Garnisonen besetzt.

266–261 Chremonideischer Krieg. Athens Versuch der Befreiung mißlingt, doch zieht die Besatzung nach Verhandlungen ab (262). Athen wird frei, politisch zwar bedeutungslos, aber als **geistige Hauptstadt des Griechentums** (Philosophenschulen) anerkannt.

Polit. Neuschöpfungen sind die nun sich bildenden **Bünde** an Stelle der alten Stadtstaaten:

1. **Aitolischer Bund.** Er erreicht nach Abwehr der Gallier bei den Thermopylen und bei Delphi (279) größte Ausdehnung, doch wird er im »Bundesgenossenkrieg« (220–217) durch das Eingreifen Makedoniens wegen des aitol. Piratenunwesens in der Agäis geschwächt.
2. **Achaiischer Bund** (um 280: Sikyon, Korinth, Argos, Aigina), gerichtet gegen den Aitol. Bund und Sparta, dessen König KLEOMENES III. den Versuch einer Sozialreform unternimmt (Abschaffung des Ephorats, Aufnahme von Perioiken unter die Vollbürger, Freilassung der Heloten).

222 Niederlage Spartas bei Sellasia durch den Achaiischen Bund und Makedonien (Abschaffung des Königtums).

Der Kampf der Bünde untereinander und die geschickte Diplomatie Roms führen den polit. Niedergang Griechenlands herbei. Nach Erhebung des Achaiischen Bundes gegen die Römer und seiner Niederlage am Isthmos

146 Auflösung des Achaiischen Bundes und **Zerstörung Korinths.** Autonomie für Sparta, Athen und Delphi.

145 Angliederung der besiegten griech. Städte an die Provinz Macedonia.

Mesopotamien, Persien, Kleinasien

304–64 Herrschaft der Seleukiden, begründet von SELEUKOS I. NIKATOR. Kein geschlossenes Territorium, daher Gründung selbständiger Herrschaften in Kleinasien und im Osten, begünstigt durch die lockere Verwaltung (föderalistisch): Beibehaltung der pers. Satrapieneinteilung unter griech.-makedon. Gebietsstatthaltern (Strategen). Hauptstadt Seleukeia (statt Babylon), daneben viele andere Stadtgründungen in Kleinasien und Syrien. Nebeneinanderleben von Griechen (Übernahme der att. Währung und der griech. Verwaltungssprache), Makedonen (Militärkolonien) und Einheimischen (aramäische Verwaltungssprache neben der griech.).

Überlassung der ind. Provinzen an TSHANDRAGUPTA (S. 43) durch SELEUKOS I. gegen Lieferung von 500 Kriegselefanten für den Kampf gegen ANTIGONOS und DEMETRIOS. Unter seinem Nachfolger ANTIOCHOS I. SOTER (der »Retter«) Loslösung kleinasiat. Gebietsteile.

Um 280 Gründung des Königreichs Pontos am Schwarzen Meer durch MITHRIDATES I. Allmähliche Hellenisierung im 2. Jh. Nach den drei Mithridatischen Kriegen gegen Rom Beschränkung auf das Bosporanische Reich unter PHARNACES, der 47 von CAESAR (S.91) bei Zela geschlagen wird.

279 Einbruch der Kelten (= Galater) in Kleinasien, zur Hilfe gerufen von NIKOMEDES, der, auf sie gestützt, das **Königreich Bithynien** mit der Hauptstadt Nikomedeia gründet. – 74 wird Bithynien röm. (durch Erbschaft).

275 Zurückdrängung der Galater durch ANTIOCHOS I. in das nach ihnen benannte Gebiet Galatien in Kleinasien.

263–133 Reich von Pergamon, begründet durch EUMENES I. 230 Sieg seines Neffen ATTALOS I. bei Pergamon über die Galater (›Galliergruppen‹).

Gründung der Bibliothek. Unter seinen Nachfolgern EUMENES II. und ATTALOS II. Bau des monumentalen Zeusaltars von Pergamon (Berlin). 133 vererbt ATTALOS III. sein Reich den Römern.

Unter ANTIOCHOS II. THEOS (»Gott«) und SELEUKOS II. KALLINIKOS (»Sieger«) Verlust des Ostens:

247–227 n. Chr. Reich der Parther, entstanden durch den Einbruch des skyth. Stammes der Parner (= Parther), begr. von ARSAKES I.: **Feudalstaat mit Anknüpfung an die Tradition der Achaimeniden.** Unter MITHRIDATES I. [171–138], ab 140 »König der Könige«, Ausdehnung der Herrschaft über ganz Iran und Mesopotamien. Tod seines Sohnes PHRAATES II. im Abwehrkampf gegen die von ihm gegen die Seleukiden herbeigerufenen Saken. Wiederherstellung der Macht durch MITHRIDATES II. [124–87]. Unter seinen Nachfolgern innenpolit. Wirren und Zusammenstoß mit den Römern.

53 Schlacht von Karrhae. Sieg der Parther über CRASSUS durch Überlegenheit der berittenen Bogenschützen. – Dauernde Auseinandersetzungen mit Rom um Armenien.

227 n. Chr. Ardaschir aus dem Hause Sasan besiegt den Partherkönig ARTABAN V.

239–130 Griech.-baktr. Reich. Kämpfe mit den durch die Hunnen verdrängten Yüetschi und Tocharern an der Nordgrenze. 130 Zusammenbruch des Reiches durch Angriff der Parther, Saken und Tocharer.

223–187 Antiochos III. d. Gr., bedeutendster Seleukidenherrscher, gerät nach Anfangserfolgen in Syrien, Palästina und im Osten (Erwerbung indischer Gebiete) in Auseinandersetzungen mit den Römern (192–188).

190 Schlacht von Magnesia. Niederlage des ANTIOCHOS. Durch den Frieden von Apameia Verlust Kleinasiens. Beginn der Auflösung der Seleukidenherrschaft. Langsamer Verfall durch innenpolit. Konflikte, Kämpfe mit den Parthern und Thronstreitigkeiten.

64 Ende des Seleukidenreiches durch CN. POMPEIUS (S. 91).

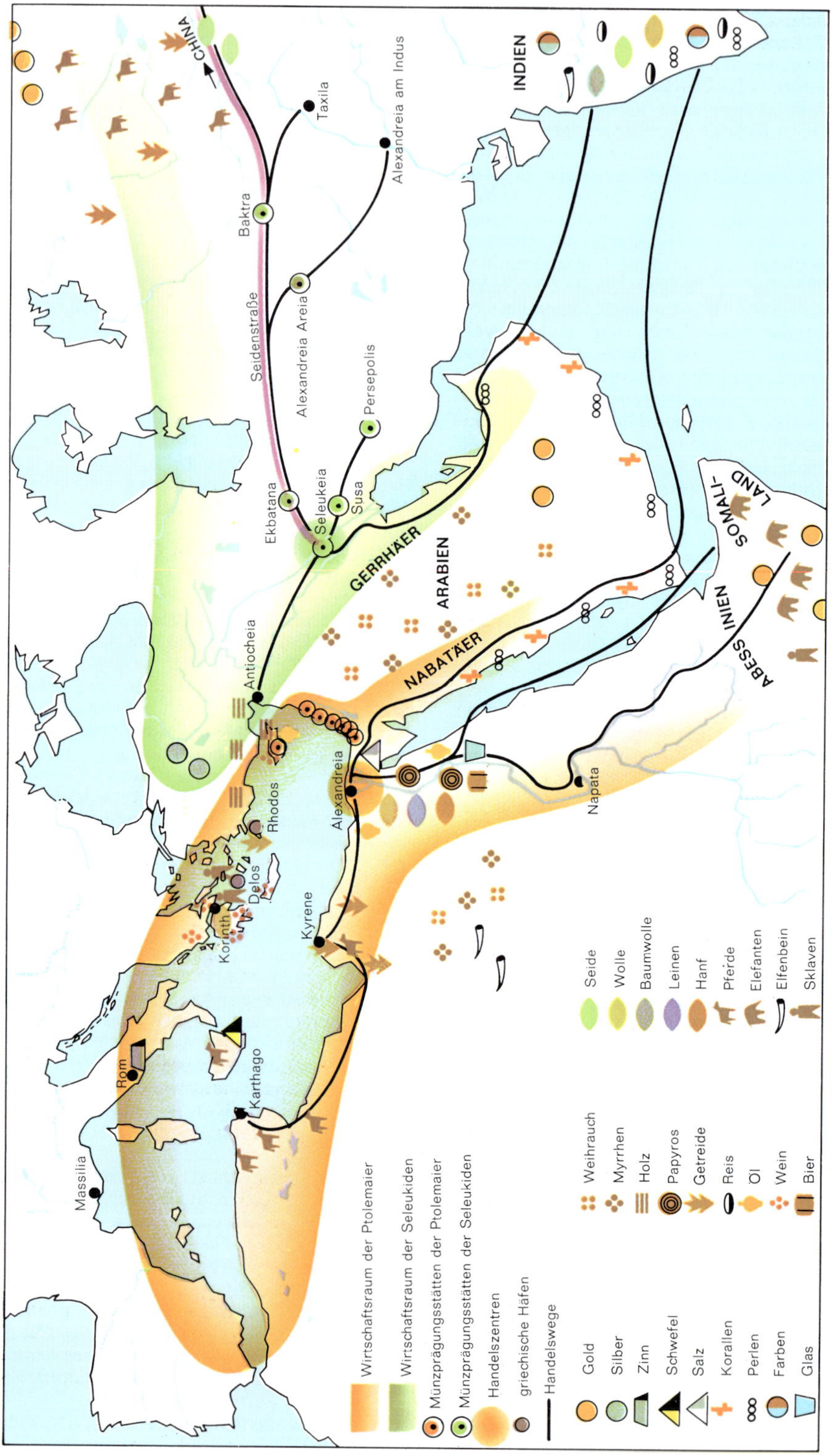

Wirtschaft in hellenistischer Zeit

Die Ausbreitung griech. Kultur

Voraussetzungen für die Ausbreitung des Griechentums im Orient sind die Siege ALEXANDERS D. GR. und die Reichsgründungen der Diadochen.

Träger der griech. Kultur sind die in die neugegründeten Städte aus dem Mutterland einwandernden griech. Kaufleute, Handwerker und Söldner (Entstehung einer einheitl. hellenist. Weltstadtkultur an Stelle der früheren Polis- bzw. Nationalkultur).

Staat: Stützen der Diadochenherrschaft sind 1. das Beamtentum, 2. die Finanzverwaltung, 3. das Söldnerheer. – In Makedonien besteht das patriarchalische Herrscherkönigtum weiter; die auf asiat. Boden entstehenden Staaten (Privateigentum der Herrscher: »speergewonnenes Land«) sind **weiträumige Nationalitätenstaaten** mit einer kleinen Oberschicht von Makedonen und Griechen gegenüber den Einheimischen.

Merkmale der Dynastien:

1. Heeresversammlung.
2. Legitimität der Herrscher auf Grund ihrer milit. und polit. Leistungen als Einzelpersönlichkeiten.
3. Dynastische Beziehungen (Heiratspolitik).
4. **Einführung des Herrscherkults** in Ägypten und im Seleukidenreich.

Kultureller Mittelpunkt im 3. Jh. ist das **Museion in Alexandreia** mit einer Bibliothek von mehreren hunderttausend Papyrusrollen, später auch die Bibliothek von Pergamon. Kennzeichen der hellenist. Wissenschaft: zunehmende Spezialisierung. – Bedeutender Gelehrter: ERATOSTHENES VON KYRENE (280–200): Erdmessung (Kugelgestalt der Erde), Geographie, Chronographie (1184 Trojazug, 844 LYKURG, 776 1. Olympiade).

Mathematik: Euklid (um 300): ›Lehrbuch der Geometrie‹ (»Elemente«). ARCHIMEDES VON SYRAKUS (280–212): Mathematische und physikalische Entdeckungen (Integralrechnung, Bestimmung des spezifischen Gewichts der Körper, Wurfmaschinen für die Verteidigung von Syrakus gegen die Römer).

Dichtung: (gelehrte Dichtung in Hof- und Großstadtluft für Kenner und »Feinschmekker«) KALLIMACHOS VON KYRENE, Bibliothekar in Alexandreia (310–240): Elegien, Epigramme, Hofgedichte (›Locke der Berenike‹), Entstehungsgeschichten von Bräuchen und Festen (Aitia). – THEOKRIT VON SYRAKUS (um 270): Hirtengedichte (Bukolik) und Idyllen. – APOLLONIOS VON RHODOS (295–215): Argonauten-Epos.

Medizin: HEROPHILOS, der Entdecker der Nerven und des Gehirns als Zentralorgan des Nervensystems, und ERASISTRATOS VON KEOS, der sich mit dem Blutkreislauf beschäftigt (Pneuma-Lehre), führen im 3. Jh. auch Sektionen am menschlichen Körper durch.

Philosophie: »Weltuniversität« ist Athen. Neben den alten Schulen der Akademie und des Peripatos entstehen neue: **Epikur von Samos** (342–271): Zurückhaltung gegenüber dem polit. Leben (»Lebe verborgen«), Furchtlosigkeit vor dem Tode und den Göttern, Hinnahme von Schmerzen, Bekämpfung der Begierden durch den Verstand. – **Zenon von Kition** (336 bis 263) ist der Begründer des **Stoizismus:** Ethik steht im Mittelpunkt der Philosophie. Die Welt (Oikumene) ist Vaterland des Menschen (Kosmopolitismus). Beseitigung aller Gegensätze zwischen den Menschen. Anfänge der antiken Humanitätsidee. Formung einer ausgeglichenen Einzelpersönlichkeit. – POSEIDONIOS VON APAMEIA (130 bis 50), Begründer einer Schule auf Rhodos: Verbindung des Stoizismus mit Mystik und Mantik. Historiker.

Astronomie: ARISTARCH VON SAMOS (320 bis 250): heliozentrisches Weltbild, Achsendrehung der Erde, Drehung der Erde um die Sonne. HIPPARCH VON NIKAIA in Bithynien (190–120): Sternkatalog, Verzeichnis der Finsternisse, Entdeckung und Beschreibung der Präzession (Fortschreiten der Jahrespunkte infolge der Ekliptik). In der **Astrologie** Verknüpfung des menschl. Schicksals mit den Gestirnen.

Philologie: ARISTOPHANES VON BYZANTION (257–180): Klassikerausgaben mit Einleitung. KRATES VON MALLOS (um 170) in Pergamon: allegorische Erklärung HOMERS. ARISTARCH VON SAMOTHRAKE (217–145): Kommentare. DIONYSIOS THRAX (170–90): Griech. Elementargrammatik.

Wirtschaft: Verschmelzung von Orient und Mittelmeerraum zu einem Welthandelsgebiet mit Welthandelszentren (Alexandreia, Seleukeia) und Weltmarktpreisen. Handel mit Indien, China, Arabien und dem inneren Afrika. Ab 200 stetiges Steigen der Preise und soziale Unruhen.

Kunst: Verlagerung der Kunstzentren an die Peripherie der griech. Welt (Rhodos, Alexandreia, Pergamon). **Realistische Kunst** (Statue des DEMOSTHENES) und neuer **Idealismus** der pergamenischen Kunst (Altar von Pergamon). **Große Stadtanlagen** (nach HIPPODAMOS) mit rechtwinklig sich schneidenden Straßen und Stadtbefestigungen gegen die neuartigen Belagerungsmaschinen. Den Mittelpunkt der Städte bildet die Agora, daneben Gymnasium, Theater, Rathaus, Hallen und Bäder.

Plastik: Barberinischer Faun, Gallier, Nike von Samothrake, Faustkämpfer. Entstehung einer Hofkunst: Alexander- und Herrscherporträts.

Architektur: Riesige und pompöse Bauten (Verlust des Gefühls für das Maß).

Seit dem 2. Jh. geistige Reaktion der einheimischen Bevölkerung gegen die Hellenisierung. Festhalten an der eigenen Kultur und Sprache. Die oriental. Gegenwirkung, die zunehmende Macht der Randmächte (Parther, Inder) und eine allg. Wirtschaftskrise sind die Ursachen für den Niedergang der hellenist. Kultur.

CELTAE
CELTAE
LIGURES
VENETI
HISTRI
ILLYRII
Mantua
Hatria
Felsina
Volaterrae
Arretium
Cortona
Perusia
Vetulonia
Rusellae
Clusium
Volsinii
Volci
Tarquinii
Veji
Caere
Rom
PICENTES
UMBRI
SABINI
PAELIGNI
LATINI
SAMNITES
DAUNI
PEUCETII
OSCI
MESSAPII
LUCANI
BRUTTII
Alalia
540
CORSICA
SARDINIA
Carales
Cumae
Neapolis
474
Tarentum
Elea
Laūs
Croton
Locri
Rhegium
Panormos
Himera
Selinus
Agrigentum
Gela
Camarina
Syracusae
Hippo Diarrhytus
Utica
Hippo Regius
Carthago
Cossura
Latino-faliskische Stämme
Umbro-sabellische Stämme
Illyrische Stämme
Kerngebiet der Etrusker
Ausdehnung der Etrusker
Gebiet der Karthager
Griechen

Altitalien

Die Frühzeit Italiens

Auf die neolith. Kulturen von **Molfetta** und **Stentinello** sowie die **Remedello-Kultur** der frühen Metallzeit in Oberitalien folgt in der Bronzezeit die **Terramare-Kultur** (Terra mara = dunkle Erde der Siedlungen) – mit den befestigten Dörfern aus Pfahlbauten (Palafitte) im Norden – und die **Extraterramariculi-Kultur** in Mittel- und Unteritalien.

Um 1000 v. Chr. Beginn der Eisenzeit: Villanova-Kultur, deren Träger die im Zusammenhang mit der »Großen Wanderung« nach Italien einwandernden Italiker sind:

1. die **latinisch-faliskische Gruppe** in Latium und dem Tibertal und um Falerii (»Verbrennende Italiker«; Bergung der Aschenurnen in Erdlöchern: Pozzi);
2. die **umbrisch-sabellische** oder **oskisch-umbrische Gruppe** in Umbrien, Campanien, Süditalien und dem Sabinerland (»Bestattende Italiker«; Beisetzung der Leichen in Gräbern: Fosse);
3. **illyrische Stämme** aus dem Donauraum, die als Nachbarn der Thraker das aus Innerasien stammende Reiterkriegertum (eiserne Waffen) mitbringen.

Der Name **Italien** (von Vituli = Jungstiere, Söhne des Stiergottes) bezeichnet ursprünglich die Südwestspitze der Halbinsel, später das gesamte Gebiet bis zu den Alpen.

Ab 900 Einwanderung der **Etrusker** (Tyrrhener, Tyrsener, Volk der Rasenna) wahrscheinlich aus Kleinasien. Allmähliche Unterwerfung des Gebiets zwischen Tiber und Arno (metallreiche Toskana).

Um 600 Gründung eines **»Zwölfstädtebundes«** (Vorbild: jon. Städtebund).

6. Jh. Ausdehnung der Macht nach Norden in die Po-Ebene und nach Süden über Rom hinaus nach Latium und Campanien. Landhandel nach Mittel- und Nordeuropa von Felsina (Bologna) aus.

Um 540 Seesieg der Etrusker im Bunde mit Karthago über die Griechen bei Alalia. Damit ist die Seeherrschaft der Etrusker im nordwestl. Mittelmeer gesichert (Seehandel).

5. Jh. Niedergang der etrusk. Macht nach dem Sturz der Tarquinier in Rom und der

474 Seeschlacht von Cumae (Kyme), in der die Etrusker durch die syrakusische Flotte unter HIERON besiegt werden (S. 57).

396 Eroberung Vejis durch Rom und Verfall der etrusk. Macht in der Po-Ebene durch den Einfall der Kelten.

Staat und Verwaltung: Es besteht **kein geschlossenes Staatswesen,** doch besitzen die Etrusker in Italien durch die Städtebünde eine Vormachtstellung. Die Städte werden von Königen regiert, später übt der Adel durch adlige Wahlbeamte starken Einfluß aus. Ihre Amtszeichen (Insignia) sind: Purpurstreifen am Gewand (Toga praetexta), Elfenbeinsessel (Sella curulis), Begleitung von Amtsdienern (Lictores) mit dem Beil im Rutenbündel (Fasces) als Symbol der Gewalt über Leben und Tod.

Ausgeprägter Totenkult: Beisetzung der Leichname, verbunden mit Opferfeiern und Leichenspielen (Gladiatoren), in festen Gräbern, später unter Grabhügeln (Tumuli) in Totenstädten. – Wichtige Stellung der Priester, die den Willen der Götter durch Leber- und Eingeweideschau sowie durch Beobachtung des Vogelflugs erforschen. Ein kultischer Mondkalender regelt die Amtshandlungen des Königs. – Unter griech. Einfluß entstehen die Freskomalerei und eine hochentwickelte Metallkunst. Eigene Leistung: Kanopen (Aschenurnen mit Deckeln in Form menschl. Köpfe) und realistische Porträtkunst (zuerst aus Ton). Die Etrusker sind vornehmlich als Kulturmittler zwischen Griechenland und Rom von hist. Bedeutung.

Um 750–550 Gründung der griech. Kolonien in Unteritalien (Magna Graecia) und in Ostsizilien.

Um 800 Gründung phönik. Seestützpunkte im westl. Mittelmeer (Westsizilien und Nordafrika) zur Sicherung und Kontrolle der Handelsschiffahrt. Nach Eroberung von Tyrus durch die Assyrer wird **Karthago Schutzmacht der phönik. Kolonien** im westl. Mittelmeer. Besetzung der Pityusen, Sardiniens und Westsiziliens. Nach der Seeschlacht von Alalia erfolgt die Zerstörung von Tartessos in Südspanien und Sperrung der Meerenge von Gibraltar durch Karthago wegen des Zinnhandels mit Britannien. Balearen, Korsika und Sardinien sperren die Küsten Südgalliens und Italiens, Sizilien, Malta, Penteleria die Durchfahrt ins westl. Mittelmeer.

Um 750 Gründung Roms durch Zusammenschluß der Latiner (»Roma quadrata« auf dem Palatin) und Sabiner (Esquilin, Viminal und Quirinal) zu einer Stadtgemeinde unter etrusk. Einfluß (Herleitung des Stadtnamens von der etrusk. Gens Ruma). Später gilt der 21. April 753 als Gründungsdatum und Beginn der Zeitrechnung (»ab urbe condita«). Sagen über die Gründung: Aufzucht der Zwillinge ROMULUS und REMUS durch die Wölfin, AENEAS, Raub der Sabinerinnen unter ROMULUS und Übereinkommen mit dem Sabinerfürsten TITUS TATIUS.

750–510 Sagenhafte Überlieferung von der **Herrschaft der 7 Könige** über Rom: ROMULUS, NUMA POMPILIUS, TULLUS HOSTILIUS, ANCUS MARCIUS, TARQUINIUS PRISCUS, SERVIUS TULLIUS, TARQUINIUS SUPERBUS.

Unter den Tarquiniern tritt Rom an Stelle von Alba Longa die polit. Vormachtstellung in Latium an. Bau des Hafens von Ostia und weiterer Ausbau der Salinen an der Tibermündung (Via Salaria).

Die Bevölkerung besteht aus Bauern bzw. Grundbesitzern, daneben aus Hirten und Handwerkern. Tauschmittel ist das Vieh (Pecus, daher Pecunia = Geld). Übernahme der Schrift von den unteritalischen Griechen (aus dem chalkidischen Alphabet entsteht das lateinische).

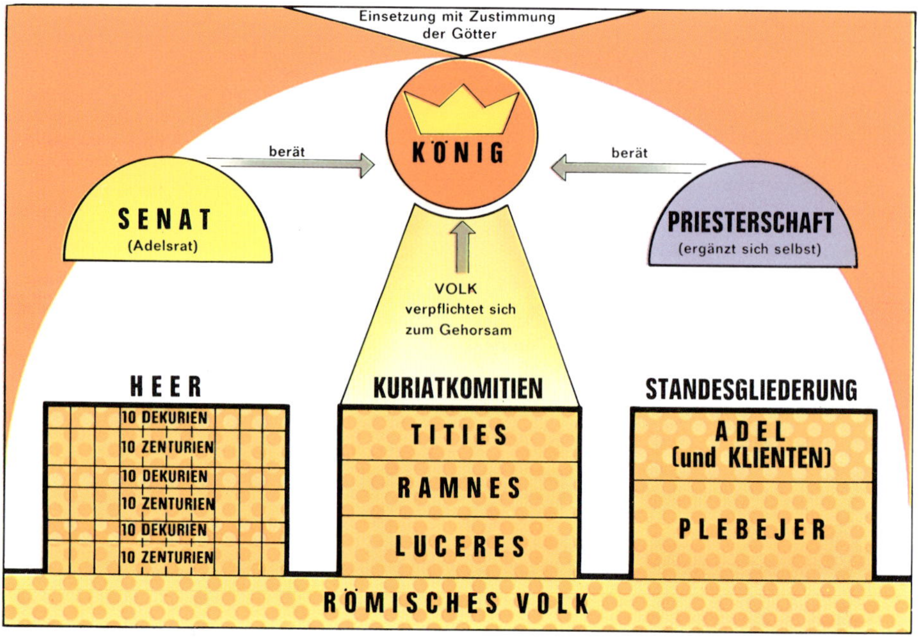

Die Verfassung der Königszeit

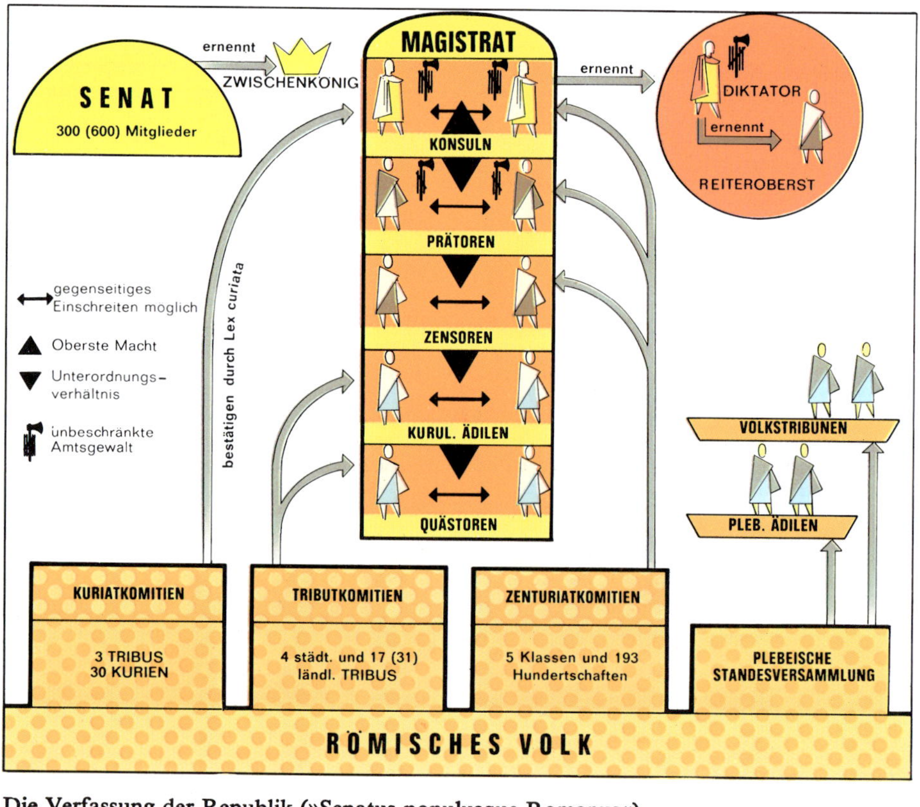

Die Verfassung der Republik (»Senatus populusque Romanus«)

Verfassung von Königszeit und Republik
Die Gründung Roms wird als ein bewußt polit. Akt (Populus Romanus Quirites oder Quiritium) aufgefaßt, wodurch eine Auflockerung der Stammesbindung und ein Selbständigwerden der Familien erfolgt. An die Stelle der Stämme (Gentes) tritt das Volk (Populus = Heerbann der Gemeinde, vgl. Magister populi = Heermeister; später bedeutet Populus die Gesamtheit der Bürger =Cives).
In der **Königszeit** ist der **König** (Rex), der mit Zustimmung der Götter eingesetzt wird, oberster Heerführer, Priester und Richter. Grundlage des Königtums ist das Imperium (oberste Befehlsgewalt) und das Auspicium (Erkennen des göttl. Willens). Beratend steht dem König die Ältestenversammlung (Senatus; Senes = Älteste) der Stammeshäupter (Patres gentium) und die Priesterschaft zur Seite. Die Versammlung des Volkes findet in 30 Kurien (Curia = Coviria = Männergemeinschaft) statt (Comitia curiata): Einteilung der Bürgerschaft in 3 Bezirke (= Tribus: Tities, Ramnes, Luceres) mit je 10 Kurien. Jede Tribus stellt 100 Reiter (Celeres = die »Hervorragenden«) und 10 Hundertschaften Fußvolk (= 1 Tausendschaft).
Servianische Heeres- und Verfassungsreform (Ende der Königszeit): Bürgerschaft und Staatsgebiet werden in territoriale Verwaltungsbezirke (Tribus), 4 städtische und 17 (bzw. 31) ländliche, eingeteilt, die die Grundlage für die Besteuerung und Aushebung bilden. Das gentilizische Prinzip wird damit durchbrochen. Im Zusammenhang mit der **Tribuseinteilung** erfolgt die Bildung der Zenturiatkomitien (Comitia centuriata) als Basis für das Heer (Timokratie: Grund und Boden, bzw. Vermögen, nicht der Zusammenhang der Geschlechter ist entscheidend). Diese Heeresversammlung (Aufgebot des Volkes in Waffen) wird wichtigste Volksversammlung auch in der Zeit der Republik (»jede Staatsverfassung ist Heeresverfassung«). Einberufung erfolgt auf Befehl der Konsuln auf dem Marsfeld, wenn auf dem Kapitol die rote Kriegsfahne aufgezogen wird. Die Heeresversammlung der Patrizier und Plebejer ist gegliedert nach **5 Vermögensklassen** (Classes) in **193 Hundertschaften** (Centuriae): 18 Reiterzenturien, 80 Zenturien Schwerbewaffnete (Hopliten), 90 Zenturien Leichtbewaffnete, 4 Zenturien Techniker und Musikanten, 1 Zenturie Besitzlose (Capite censi). Die Hälfte der Zenturien besteht aus Bürgern bis zu 46 Jahren (Juniores), die das Feldheer bilden, die andere aus Bürgern bis zu 60 Jahren (Seniores), die zum Schutze der Stadt zurückbleiben. Aufgaben: Entscheidung über Krieg und Frieden, Wahl der obersten Beamten (Konsuln, Prätoren, Zensoren), Beschlußfassung über Gesetze, Strafjustiz über die Bürger der Stadt. Abstimmung erfolgt nach Klassen durch Aufrufung und Stimmabgabe. Reiterzenturien und 1. Klasse (18 + 80) haben bei Übereinstimmung die Mehrheit (Bevorzugung der Grundbesitzer für ihre Leistung im Hoplitenheer).

Nach der Abschaffung des Königtums steht an der Spitze des Staates der **oberste Jahresbeamte** (Praetor maximus) als Inhaber des Imperiums, später die **Konsuln.**
Senat, Magistrat und Volksvertretung sind die tragenden Pfeiler der röm. Republik.

1. **Der Senat** (300 Mitglieder) besteht aus den Häuptern der Geschlechter (Patres) und ehemaligen Konsularbeamten (Consulares), später wird er ergänzt durch Plebejer (Conscripti). Aufgabe: Beratung der Magistrate (Senatus consultum) – diese Ratschläge werden später bindende Befehle – und Zustimmung zu den Volksbeschlüssen (Auctoritas patrum). Wahl eines Zwischenkönigs (Interrex) als Geschäftsführer für 5 Tage bei Vakanz des Konsulats.
2. **Die Volksversammlungen:** Kuriatkomitien, Tributkomitien, Zenturiatkomitien (s. o.).
3. **Der Magistrat** (Beamte): Beschränkung der Amtszeit auf 1 Jahr und Gleichstellung der beiden Amtsgenossen (Annuität und Kollegialität) zur Sicherung gegen die Despotie einzelner.
   a) **Konsuln** (Consules = Berater): Aufgaben: Kriegführung, Finanzwesen, Gerichtsbarkeit. In Notzeiten (Krieg) wird von einem Konsul ein Diktator (alte Benennung: Magister populi) ernannt, der eine unbeschränkte Herrschaft (= Imperium) ohne Rechenschaftspflicht und Kollegen (im Höchstfall 6 Monate) ausübt und seinen Gehilfen, den Reiterobersten (Magister equitum), selbst ernennt. Die späteren Ämter (Honor = Amt) entstehen durch Anwachsen der staatl. Aufgaben. Festsetzung von Altersgrenzen und Intervallen für die Ämterlaufbahn soll Amtsmißbräuchen vorbeugen.
   b) **Prätoren** für die Rechtsprechung, zuerst der Praetor urbanus (Collega minor der Konsuln), der ab 366 für Rechtsstreitigkeiten zwischen röm. Bürgern zuständig ist. Der Praetor peregrinus urteilt ab 247 sowohl zwischen röm. Bürgern und Fremden als auch zwischen Fremden und Fremden.
   c) **Zensoren** (gewesene Konsuln [Consulares], außerhalb der Ämterlaufbahn, Amtszeit 18 Mon.) ab 443 für Sittenaufsicht und Vermögensveranlagung (alle 5 Jahre).
   d) **Kurulische Ädilen** ab 366 für die Polizeigewalt, Marktaufsicht, Festspiele und Tempelfürsorge.
   e) **Quästoren** ab 447 für die Verwaltung der Staatskasse.

   Diktator, Konsuln und Prätoren besitzen unbeschränkte Amtsgewalt (Magistratus cum imperio). Die übrigen Beamten besitzen nur beschränkte Amtsgewalt (Magistratus cum potestate). Die Amtsbefugnisse werden durch Unterordnung unter das Gesetz und durch das Interzessionsrecht (Widerspruch eines Amtsinhabers gegen die Amtshandlung seines Kollegen: Jus intercedendi) eingeschränkt. Berufungsinstanz: die Komitien (Provocatio).

Rom und Mittelitalien bis 380 v. Chr.

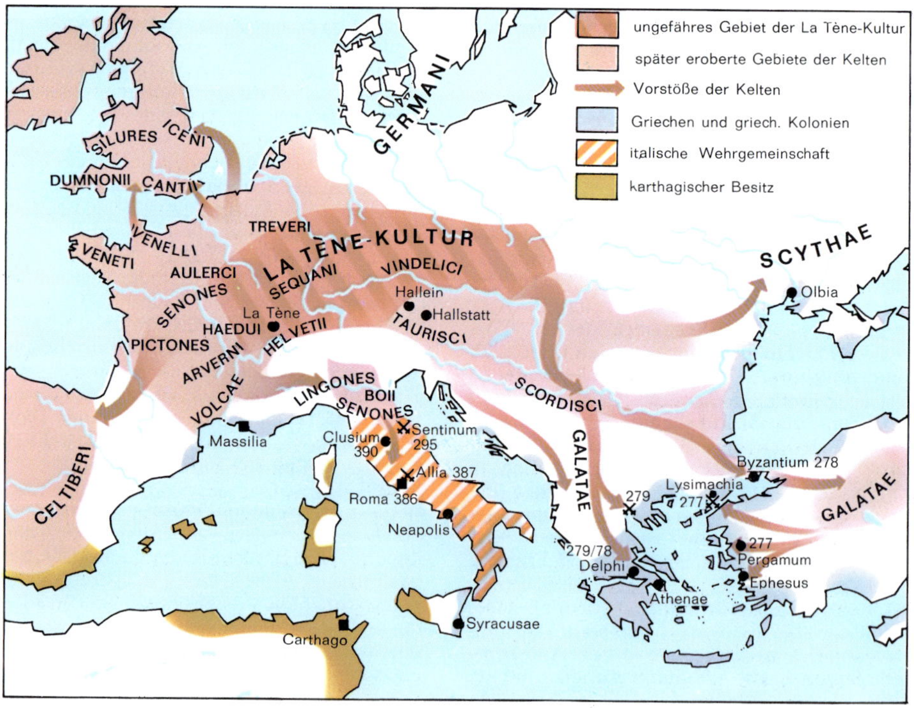

Die Ausbreitung der Kelten

Der Ständekampf

Der Gegensatz zwischen Patriziat mit seinen polit. und relig. Vorrechten und Plebs (Terrae filii = Söhne der Erde, also vaterlos) wird immer größer. Hinzu tritt die Verschuldung der Plebejer und mehrfache Verletzung des Versprechens (Fides) durch das Patriziat, die wirtschaftliche und rechtliche Lage der Plebejer zu bessern.

494 Schaffung einer Heerschar der Plebejer in Form einer Schwurgemeinschaft (Lex sacrata) und Auszug auf den Heiligen Berg (Mons sacer) oder Aventin. Rückkehr des Volkes nach Zugeständnissen der Patrizier: **Schaffung der Concilia plebis tributa** (Versammlung der Plebejer in Tribus) unter Vorsitz der Volkstribunen. Die Volksversammlung ist für die Wahl der Tribunen – erst 2, seit 471 4 (5) nach den städtischen Bezirken (Lex Publilia), später 10 – und die Volksbeschlüsse (Plebiscita) zuständig. Beschlüsse der Volksversammlung werden seit **287 (Lex Hortensia)** für das ganze Volk verbindlich. Aufgaben der unverletzlichen (sakrosankten) **Volkstribunen:** Schutz der Plebejer vor Willkürakten des Magistrats (Jus auxilii), Einspruchsrecht bei Bestrafung oder Verhaftung eines Bürgers (Jus intercedendi) sowie bei Amtshandlungen der Magistrate und bei Senatsbeschlüssen (Veto) außer im Krieg. Gehilfen der Tribunen sind die **plebejischen Ädilen** als Vorsteher des 493 auf dem Aventin geweihten Tempels der Dreiheit Ceres, Liber, Libera, des sakralen Mittelpunkts der Plebs mit Kasse und Archiv.

Reaktion der Patrizier: Abschließung der Geschlechter um 485. Fortsetzung des Kampfes zwischen Patriziat, das die ländlichen Klienten gegen die Plebs aufbietet, und Plebs, deren Tribunen Angehörigen des Patriziats mit dem Kapitalprozeß vor der plebejischen Standesversammlung drohen. Einigung durch das

um 450 Zwölftafelgesetz (Leges duodecim tabularum): Eine Kommission von 10 Männern wird mit der schriftlichen Fixierung des Gewohnheitsrechts beauftragt (Decemviri legibus scribundis). Inhalt: Privatrecht, Straf- und Prozeßrecht, Staats- und Sakralrecht (starker Einfluß des griech. Rechts: Gesetze Solons). Verbot der Ehegemeinschaft zwischen Patriziern und Plebejern (das Verbot wird in der Lex Canuleia 445 aufgehoben). Aufstellung der 12 Bronzetafeln auf dem Forum. **Sieg der Staatsidee über Standesdenken.**

367/66 Licinisch-sextische Gesetze: 1. Schuldenermäßigung (Abzug der gezahlten Zinsen von den Schulden). 2. Festsetzung einer Höchstgrenze für Grundbesitz aus Staatsland (500 Joch = 125 ha). 3. Abschaffung des Konsulartribunats (ab 445 Wahl von Militärtribunen mit konsularischer Gewalt), dafür Zulassung der Plebejer zum Konsulat. **Entstehung eines Amtsadels** (Optimates, Nobiles) aus Plebejern und Patriziern. Die Öffnung aller Ämter für die plebejische Oberschicht (Diktator 356, Zensor 351, Prätor 337) wird mit der

300 Zulassung zu den Priesterämtern (Lex Ogulnia) abgeschlossen: **Ende des Ständekampfes** und Ausgleich zwischen den Ständen im Interesse des Staates.

Außenpolitik

Um 510 Vertrag zwischen der röm. Republik und Karthago (1. röm. Staatsvertrag): Anerkennung des karthagischen Handelsmonopols im westl. Mittelmeer durch Rom, keine Schädigung der röm. Bundesgenossen durch Karthago.

498–493 Der **Latinerkrieg** endet mit der Anerkennung der Autonomie der Latinerstädte durch Rom. Im Krieg hat Rom den Oberbefehl. Handelsverkehr und Ehegemeinschaft. 486 Anschluß der Herniker. Nach Kämpfen mit den aus den Bergen vordringenden Äquern und Volskern (Legenden von Coriolan und Cincinnatus) Offensive Roms:

406–396 10jähriger Krieg mit Veji, der mit der Eroberung und Zerstörung der Stadt endet. Ein Vordringen der Römer nach Norden ist nun möglich, doch setzt die Wanderung von 2 Völkern ein:

1. **Die Kelten** wandern aus ihrem Ursprungsgebiet an Oberrhein und Oberdonau langsam nach Frankreich, Spanien, auf die britischen Inseln und nach dem Süden der Donau entlang (La Tène-Zeit). Durch Besitz eiserner Waffen sichern sie sich eine milit. Vormachtstellung. Die Stämme stehen unter der Führung einer kriegerischen Aristokratie. Der große Einfluß der Priesterschaft (Druiden) beruht darauf, daß nur sie opfern und in allen Rechtsfragen entscheiden dürfen.

Um 400 Einfall der Kelten in Italien und Ansiedlung in der Po-Ebene. Nach erstem Zusammenstoß mit den Römern bei **Clusium (390)** kommt es zur

387 Gallierkatastrophe: Nach vernichtender Niederlage der Römer in der Schlacht an der Allia (18. Juli) durch die Kelten unter ihrem Herzog (= Brennus) Einnahme und Niederbrennung der »Hellenenstadt« Rom. Belagerung des Kapitols. Nach Zahlung eines Lösegelds Abzug der Kelten mit großer Beute (Vae victis! = Wehe den Besiegten!). Folgen: Verlust der röm. Macht in Latium durch Angriffe der umwohnenden Stämme.

Ab 380 Wiederaufbau der Stadt; starker Mauerring um die 7 Hügel (Servian. Mauer).

358 Erneuerung des Vertrags zwischen Rom, den Latinern und Hernikern wegen der Keltengefahr.

2. **Die Samniten** stoßen in 4 Richtungen vor: auf Corfinium zu, nach Picenum und Apulien und an die Westküste Italiens. Eroberung von Capua, Cumae und Posidonia.

354 Röm.-samnitisches Bündnis zur Abwehr der Gallier und Niederhaltung gemeinsamer Nachbarn (Volsker, Aurunker, Campaner).

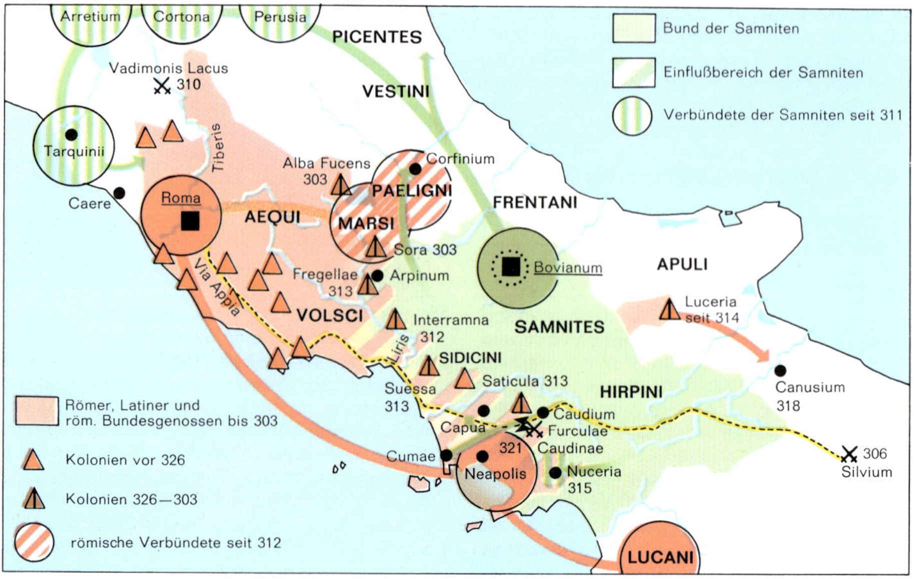

Der 2. Samnitenkrieg 326–304 v. Chr.

Der 3. Samnitenkrieg 298–290 v. Chr.; der Krieg mit Tarent 282–272 v. Chr.

348 2. Vertrag Roms mit Karthago: Sperrung des westl. Mittelmeers für den röm.-latinischen Handel, doch Freihandel auf Sizilien und in Karthago. Schutz für die latinischen Städte, die Rom untertan sind.

345 Unterwerfung der Aurunker. Die Sidiciner schließen sich den Samniten an. – Wegen des Bündnis-Vertrages (Foedus aequum) Capuas mit Rom (343) kommt es zum

343–341 1. Samnitenkrieg, der mit Kompromißfrieden endet: Die Samniten billigen den Anschluß Capuas, Rom den der Sidiciner.

340–338 Latinerkrieg. Ein Aufstand der Latiner, die den selbst. Latinerbund erneuern, wird von Rom und den verbündeten Samniten (340 Schlacht von Sinuessa) niedergeworfen, der latinische Bund aufgelöst. Die einzelnen Gemeinden werden durch verschiedene Rechtsordnungen mit Rom verbunden (s. u.). – Die in der Seeschlacht von 338 erbeuteten Schiffsschnäbel zieren die Rednertribüne (= Rostra) auf dem Forum Romanum.

338 Capuas zivilrechtl. Gleichstellung mit Rom: Eigene Truppen, Münzprägung und Selbstverwaltung.

329 völlige Unterwerfung der Volsker nach der Einnahme von Privernum.

326–304 2. Samnitenkrieg wegen der Hilfe Roms für das von Samniten bedrängte Neapel und der Besetzung Fregellaes (328) durch Rom, das gegen die Samniten befestigt wird.

321 wird das röm. Heer in den **Caudinischen Pässen** eingeschlossen, Erlaubnis zum Abzug wird unter schimpflichen Bedingungen gewährt (Stellung von Geiseln, Unter-»jochung«). Bau der Via Appia als Aufmarschstraße nach Capua und gegen die Samniten. Sieg über die mit den Samniten seit 311 verbündeten Etrusker am Vadimonischen See (310) und Einkreisung der Samniten durch Anlage von Kolonien (Garnisonen). Vordringen nach Apulien und Samnium (Eroberung Bovianums, der Hauptstadt der Samniten).

304 Friedensschluß: Campanien fällt an Rom, der Bund der Samniten bleibt unangetastet, eine Expansion wird jedoch verhindert.

306 3. Vertrag Roms mit Karthago.

298–290 3. Samnitenkrieg (Koalition: Samniten, Etrusker, Kelten, Sabiner, Lukaner, Umbrer). Siege Roms über die Gegner. Besetzung von Bovianum (298). Durchbruch der Samniten nach Norden und Vereinigung mit Kelten und Etruskern in Umbrien.

295 Sieg der Römer bei Sentinum, darauf Friede mit den Etruskern. Nach Gründung der Kolonie Venusia (20000 röm. Bürger) in Apulien (291)

290 Friede mit den Samniten und Verpflichtung zur Heeresfolge.

285–282 Kämpfe mit den Kelten. Das Gebiet des keltischen Stammes der Senonen (Ager Gallicus mit der Kolonie Sena Gallica) wird erobert. **Roms Herrschaft in Mittelitalien ist damit gesichert.**

282–272 Krieg Roms mit Tarent. Die Hilfeleistungen Roms für Thurii (gegen die Lukaner), Locri und Rhegium verletzen die Interessensphäre Tarents. Mit dem Überfall auf eine röm. Flotte im Hafen von Tarent, die nach einem im Jahre 303 geschlossenen Vertrag den Hafen nicht anlaufen darf, kommt es zum offenen Krieg. Tarent verbündet sich mit König PYRRHUS VON EPIRUS, der mit 20000 Söldnern, 3000 thessalischen Reitern und 26 Kriegselefanten in Tarent den Oberbefehl übernimmt. Er siegt über die Römer in der

280 Schlacht bei Heraclea. Bruttier, Lukaner und Samniten schließen sich ihm an.

279 Sieg des Pyrrhus bei Ausculum unter großen Verlusten (Pyrrhussieg). Sein Friedensangebot wird vom Senat, der Räumung Unteritaliens fordert, zurückgewiesen. Kriegsbündnis Roms mit Karthago, das eine Hilfsflotte nach Ostia entsendet.

278–275 Erfolgreiche Kämpfe des PYRRHUS gegen die Karthager auf Sizilien, das er – von den Griechenstädten zu Hilfe gerufen – fast ganz erobert (bis auf Lilybaeum). Sein Ziel – die Errichtung eines Königtums in Sizilien und Unteritalien – scheitert am Abfall der Griechenstädte, die sich hinter seinem Rükken mit Karthago einigen. PYRRHUS kehrt mit großen Verlusten nach Italien zurück.

275 Niederlage des Pyrrhus bei Benevent durch die Römer. Rückkehr nach Epirus.

272 Friedensschluß nach Übergabe Tarents: Gebietsabtretungen Tarents. Unteritalische Griechenstädte werden Bundesgenossen Roms. **Roms Herrschaft in Unteritalien ist gesichert.**

Staat und Verwaltung

Durch die **Organisation der Herrschaft** in Mittel- und Unteritalien werden die milit. Erfolge gefestigt. Der röm. Gemeindestaat bleibt durch die Entsendung röm. Bürger in die überall gegründeten Kolonien erhalten (Verbindung von Stadtstaat und Reich). Die **italische Wehrgemeinschaft** besteht nun 1. aus **Bürgern der Stadt Rom** und des röm. Gebiets, sowie röm. Bürgern in den Kolonien und Stammesgruppen, die das röm. Bürgerrecht erhalten haben; 2. aus **Gemeinden mit röm. Bürgerrecht** ohne Wahlrecht (Civitates sine suffragio = Municipia); 3. aus **Bundesgenossen** (Socii, Civitates foederatae) mit Autonomie oder Anerkennung der röm. Oberhoheit. Das Territorium Roms umfaßt 130000 qkm mit 292000 waffenfähigen röm. Bürgern. **Finanzwesen:** Auferlegung von Kriegssteuern (Tributum) und indirekten Steuern (Zölle = Portoria). **Geldwesen:** Im Anfang dienen Rohkupfer (Aes rude) in Stangen oder Platten, dann Kupferbarren (Aes signatum) mit Bildern oder einer Aufschrift, ab 300 Kupferschwergeld (Aes grave) mit dem Januskopf auf der Vorder- und dem Bug eines Schiffes auf der Rückseite als Zahlungsmittel. Beginn der Silberprägung.

Der 1. Punische Krieg

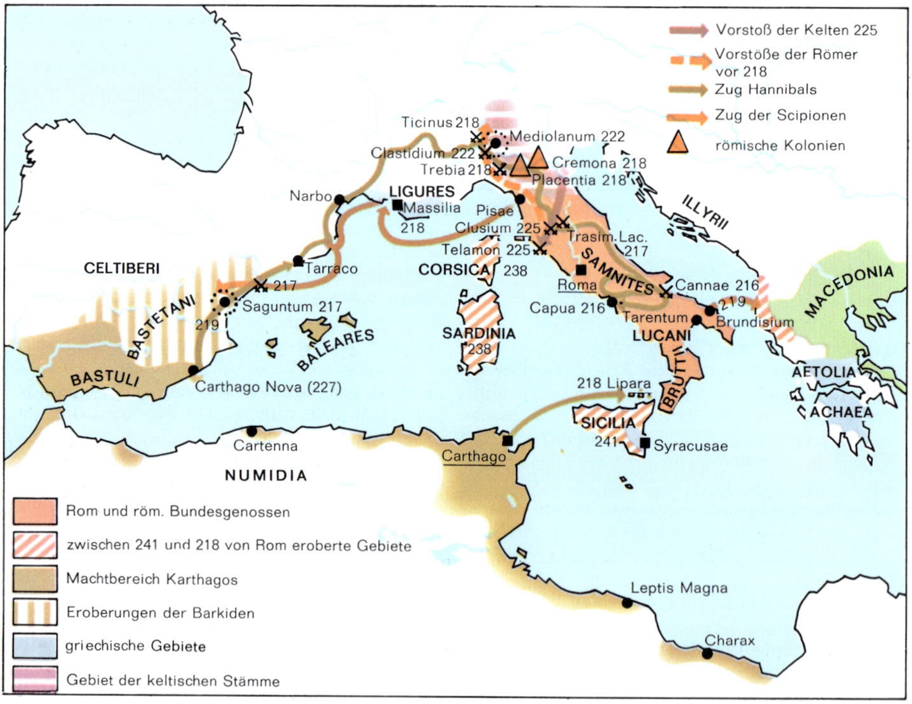

Der 2. Punische Krieg bis 216 v. Chr.

Der 1. Punische Krieg (264–241)
Die Mamertiner (Söhne des MARS, campanische Söldner) richten aus Messana sowohl an Rom wie auch an Karthago ein Hilfsgesuch gegen HIERON VON SYRAKUS. Nach der Landung eines röm. Heeres verbünden sich Syrakus und Karthago, doch geht HIERON VON SYRAKUS nach der Niederlage ihrer Heere bei Messana ein Bündnis mit Rom ein. Eroberung Ostsiziliens durch die Römer bis Akragas (= Agrigentum, 261).

260 Seeschlacht von Mylae. Seesieg der Römer mit Schiffen nach dem Modell eines gestrandeten punischen Fünfruderers. Durch Erfindung der Enterbrücke wird die Taktik des Landkampfes auf den Seekrieg übertragen.

256 Seesieg am Vorgebirge Ecnomus ermöglicht den Römern die Landung in Afrika. Vordringen des röm. Heeres bis vor Karthago, das um Frieden bittet, doch die harten Bedingungen Roms ablehnt.

255 Schlacht von Tunis. Sieg der Karthager unter dem spart. Söldnerführer XANTHIPPOS mit Hilfe der Reiterei und Elefanten. Eine röm. Flotte mit geretteten Resten des Heeres wird durch einen Seesturm vernichtet. Die Römer verzichten auf den Seekrieg, erobern jedoch Sizilien bis auf die karth. Stützpunkte Lilybaeum, Drepanum und Eryx. Eine neuerbaute röm. Flotte siegt 250 bei **Panormus,** wird aber dann 249 bei **Drepanum** vernichtet. Nach jahrelangem zermürbendem Kleinkrieg mit HAMILKAR BARKAS wird der Bau einer neuen Flotte aus Privatmitteln röm. Bürger (200 Penteren) finanziert.

241 Seesieg der Römer bei den Ägatischen Inseln. Friedensschluß: Karthago verzichtet auf **Sizilien (1. röm. Provinz)** und zahlt eine Kriegsentschädigung von 3200 Talenten in 10 Jahren.

Nach Aufständen von Söldnern und Libyern gegen Karthago richten die sardinischen Söldner ein Hilfsgesuch an Rom, das Karthago erneut den Krieg erklärt (238) und die Abtretung Sardiniens (227 mit Korsika vereint) sowie die Zahlung von weiteren 1200 Talenten erzwingt. Das Tyrrhenische Meer wird zum »Mare nostrum« der Römer.

229–228 Röm. Flotte bekämpft die illyr. Seeräuberei. Zahlung von Tributen durch die illyr. Königin TEUTA; ab 219 steht die illyr. Küste unter röm. Herrschaft. Nach einem Vorstoß der Kelten

222 Sieg der Römer bei Clastidium, Eroberung von Mediolanum, Hauptstadt der kelt. Insubrer. Anlage von Kolonien (Placentia, Cremona, Mutina), Bau der Via Flaminia.

Ab 237 Neuorientierung der karth. Politik (Tat der Barkiden). Karthago erobert Spanien als Ersatz für Sardinien und Sizilien, gewinnt 236 das Erzgebiet in Südostspanien (Sierra Morena), wodurch die Zahlung der letzten Rate der Kriegsentschädigung an Rom (231) ermöglicht wird. Gründung von Carthago Nova (227).

226 Ebrovertrag: HASDRUBAL verzichtet darauf, den Ebro in feindlicher Absicht zu überschreiten. Die Römer anerkennen die karth. Herrschaft südl. des Ebro. Nach der Ermordung HASDRUBALS (221) wird HAMILKARS ältester Sohn **Hannibal** (247–183) oberster karth. Feldherr.

219 Röm.-karth. Konflikt um Sagunt, das trotz Intervention Roms von HANNIBAL belagert und erobert wird. Röm. Forderung: Freigabe Sagunts und Auslieferung HANNIBALS. Karthago lehnt ab, worauf Rom den Krieg erklärt.

Der 2. Punische Krieg (218–201)
Den röm. Kriegsplan (Angriff auf Spanien und von Sizilien aus auf Afrika) vereitelt HANNIBALS überraschender Angriff (Überschreitung der Pyrenäen und Alpen) mit 50000 Mann, 9000 Reitern und 37 Kriegselefanten. Verlustreiche Kämpfe verringern das Heer nach Ankunft in Oberitalien auf 26000 Mann. HASDRUBAL, HANNIBALS Bruder, schützt mit einem Heer Spanien. Der Konsul P. CORNELIUS SCIPIO schickt seinen Bruder Cn. CORNELIUS SCIPIO CALVUS nach Spanien, kehrt von der Rhône nach Italien zurück und wird von HANNIBAL im **Herbst 218 am Ticinus** (Tessin) geschlagen. Auch der aus Sizilien herannahende Konsul TIB. SEMPRONIUS LONGUS verliert – zusammen mit SCIPIO – im

Dez. 218 die Schlacht an der Trebia. Die Kelten schließen sich den Karthagern an. Nach dem Apenninübergang HANNIBALS

217 Niederlage des Konsuls C. FLAMINIUS am **Trasimenischen See,** daraufhin **Ernennung des Q. Fabius Maximus** (Cunctator = Zauderer) **zum Diktator.** Vorsichtige Kriegführung. – Unter den nächsten Konsuln

2. 8. 216 Schlacht von Cannae, schwerste Niederlage der röm. Geschichte. – Überflügelung des röm. Heeres durch die karth. Reiterei führt zur Vernichtung von nahezu 50000 Römern, darunter dem Konsul AEMILIUS PAULLUS, bei einer Heeresstärke von 86000 Mann. Abfall Capuas, der Samniten, Lukaner und Bruttier. Wiederaufnahme der Defensivpolitik durch die Römer (Ermattungsstrategie). HANNIBAL bezieht Winterquartiere in Campanien, muß aber den Angriffskrieg wegen ungenügender Unterstützung durch Karthago aufgeben.

215 Bündnis Hannibals mit Philipp V. von Makedonien (1. Makedonischer Krieg bis 205), dessen Vorstoß in Illyrien scheitert.

Spanien: Nach dem ersten Seesieg der Brüder P. und Cn. CORNELIUS SCIPIO an der Ebromündung (217) und der Einnahme Sagunts folgt der Sieg über HASDRUBAL (216), dessen Durchbruch nach Italien verhindert wird. Die Römer dringen bis zum Baetis (= Guadalquivir) vor und schließen mit dem Fürsten der westl. Numider, SYPHAX, ein Bündnis gegen Karthago (212).

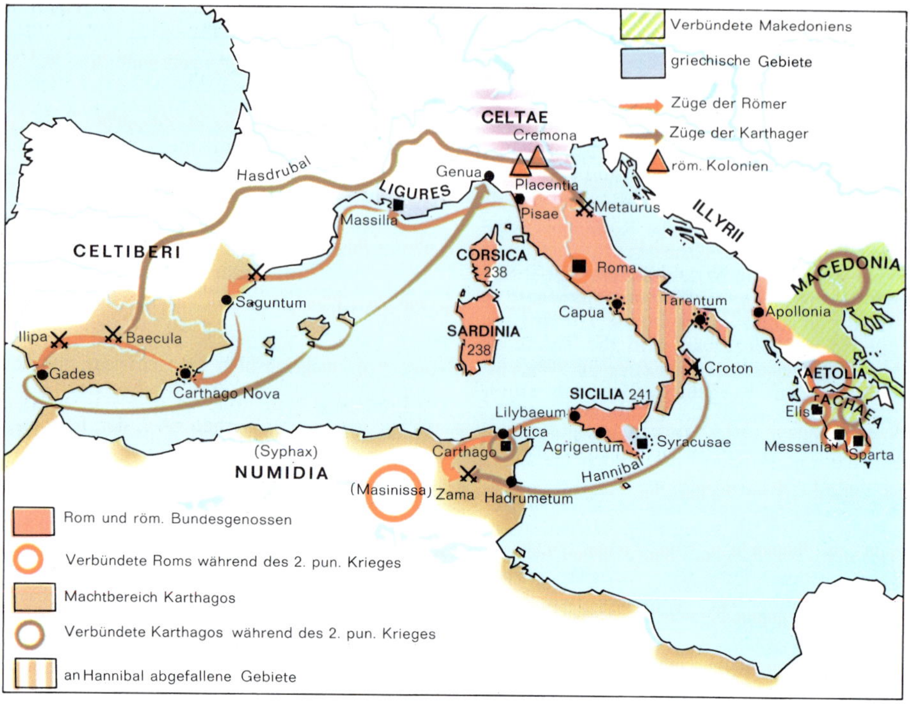

Der 2. Punische Krieg bis 202 v. Chr.

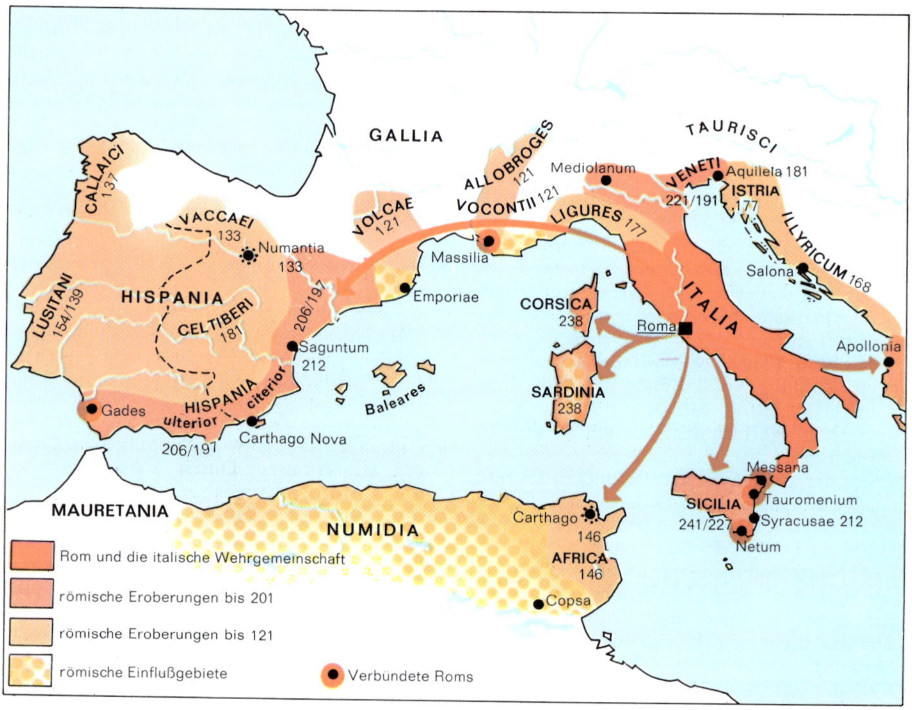

Das westliche Mittelmeer im 3. und 2. Jh. v. Chr.

Sizilien: Nach dem Tode HIERONS VON SYRAKUS (215) Bündnis seines Nachfolgers mit Karthago. Nach zweijähriger Belagerung durch ein röm. Heer (Abwehrmaschinen des ARCHIMEDES) unter dem Konsul MARCELLUS

212 Eroberung und Plünderung von Syrakus. Sizilien wird von den Römern zurückerobert und von den Karthagern geräumt (210).

212 Eroberung Tarents durch Hannibal (Abfall der Griechenstädte an der süditalischen Küste) und Sieg HANNIBALS bei Capua.

212 Bündnis Roms mit dem Ätolischen Bund zur Entlastung im Kampf gegen PHILIPP V. VON MAKEDONIEN (später Anschluß von Elis, Messena und Sparta, 211): Eroberte Gebiete fallen an den Bund, Beute an die Römer. ATTALOS I. VON PERGAMUM schließt sich 209 dem Bündnis an.

211 Belagerung und Eroberung Capuas durch die Römer, da der Entlastungsvorstoß HANNIBALS auf Rom mißlingt (»Hannibal ante portas«). Capua wird Ager publicus (Gemeindeland).

Spanien: Nach der Niederlage und dem Tod der Scipionen (211) durch HASDRUBAL und den Numiderfürsten MASINISSA ziehen sich die Römer bis zum Ebro zurück. Rom sendet PUBLIUS CORNELIUS SCIPIO (25 J.) als Privaten an Stelle eines Konsuls (pro consule) nach Spanien (210), der 209 Carthago Nova erobert. Nach der verlustreichen Durchbruchsschlacht bei Baecula (208) zieht HASDRUBAL nach Italien. Rom ist jetzt gezwungen, seine Truppen aus Griechenland abzuziehen. PHILIPP V. schließt mit dem Ätolischen Bund Frieden (206).

207 Schlacht am Metaurus bei Sena Gallica. Die Römer siegen unter M. LIVIUS SALINATOR und C. CLAUDIUS NERO mit Hilfe der von den Karthagern übernommenen Taktik: Überflügelung des Heeres, selbst. Operieren der Legionen. Tod HASDRUBALS.

Nach dem Sieg SCIPIOS bei Ilipa (206) über MAGO und MASINISSA dringen die Römer bis Südspanien vor (Einnahme von Gades). Abzug der karth. Flotte unter MAGO nach den Balearen, von dort nach Genua, um Ligurer und Gallier noch einmal für den Kampf gegen Rom zu gewinnen. **Ende der karth. Herrschaft in Spanien.** SCIPIO kehrt nach Rom zurück und wird zum Konsul gewählt (205). Friede zwischen Rom und PHILIPP V. (205).

204 Überfahrt Scipios nach Afrika (Anschluß MASINISSAS). Nach dem Sieg der Römer bei Tunis (203) und ergebnislosen Friedensverhandlungen ruft Karthago HANNIBAL aus Italien zurück (203 Tod MAGOS in Oberitalien).

202 Entscheidungsschlacht von Zama. – Das karth. Heer wird vernichtet, HANNIBAL flieht nach Hadrumetum und rät zum Frieden. **Friedensschluß:** Verzicht auf Spanien, Übergabe Numidiens an MASINISSA, Zahlung einer Reparation von 10000 Talenten in 50 Jahren, Auslieferung der Kriegsschiffe bis auf 10 Trieren, Verbot der Führung von Kriegen außerhalb Afrikas, Führung von Kriegen in Afrika nur mit Genehmigung der Römer. Das Gebiet von Syrakus fällt an die Provinz Sicilia. – Die karth. Niederlage dokumentiert den Sieg des röm. Bürgers (Opferbereitschaft) über den karth. Händler.

SCIPIO erhält den Ehrennamen AFRICANUS und einen Triumph. In der Folgezeit finden in Spanien laufend Aufstände statt. Vor dem ersten (191– 189) wird Spanien in zwei Provinzen eingeteilt: Hispania citerior und Hispania ulterior (197). Die 154 begonnene Aufstandsbewegung der Lusitaner, deren Führer von 147 bis zu seiner Ermordung (139) VIRIATHUS ist, und Keltiberer beendet nach vielen röm. Niederlagen der nach Spanien entsandte P. CORNELIUS SCIPIO AEMILIANUS (134) durch die

133 Einnahme Numantias. PUBLIUS CORNELIUS SCIPIO AEMILIANUS erhält noch den Ehrennamen NUMANTINUS.

Folgen der Punischen Kriege: Es bilden sich eine Adelspartei (Optimates) unter der Führung berühmter Geschlechter und eine Volkspartei (populares); die Amtszeit der Jahresbeamten zur Durchführung langjähriger militärischer Aufgaben wird verlängert. Nach Ausdehnung der röm. Macht über Italien hinaus werden in den unterworfenen Gebieten, die Eigentum des röm. Volkes werden, Provinzen gebildet. Der Boden bleibt gegen Zahlung einer Steuer (Stipendium) im Besitz der alten Eigentümer. Die **Verwaltung der Provinzen** erfolgt durch Prätoren als Statthalter des röm. Volkes. **Ausbeutung** der Provinzen durch Verpachtung der Steuern und Zölle an Steuerpächter (= Publicani), die meist dem im 2. Jh. zur Macht gekommenen **Ritterstand** (Ordo equester) entstammen. Rom wird größtes Bankiers- und Kapitalistenzentrum. Viele Staaten verlieren durch das Klientelverhältnis an Unabhängigkeit (MASINISSA VON NUMIDIEN, PRUSIAS VON BITHYNIEN u. a.): sie anerkennen die röm. Oberhoheit und dulden die Überwachung ihrer Außenpolitik mit diplomatischen Mitteln.

Durch das Eingreifen Roms im östl. Mittelmeer ist zunächst nicht die Eroberung der hellenist. Staaten beabsichtigt. Es entspringt vielmehr polit. Überlegungen: Erhaltung des Gleichgewichts der Mächte.

Wirtschaft: Entstehung einer Kriegsindustrie im 2. Punischen Krieg durch Einsatz von Sklaven, im 2. Jh. Sklavenwirtschaft auch auf Großgütern (Latifundia). Durch Verwüstung der Länder im Süden Italiens verödet das Land, die Bauern wandern in die Stadt Rom. Ende des altröm. Agrarstaates und Bauernstandes. Um 211 Prägung des röm. Silberdenars (4,55 g Gewicht). Ausdehnung des röm. Fernhandels über das Mittelmeergebiet.

Kultur: Übernahme des griech. Bildungsideals, vor allem durch den **Kreis der Scipionen,** zu dem PANAITIOS (stoische Ethik), POLYBIOS (Geschichtsschreibung), C. LAELIUS (Rhetorik) und LUCILIUS (Satirendichtung) gehören.

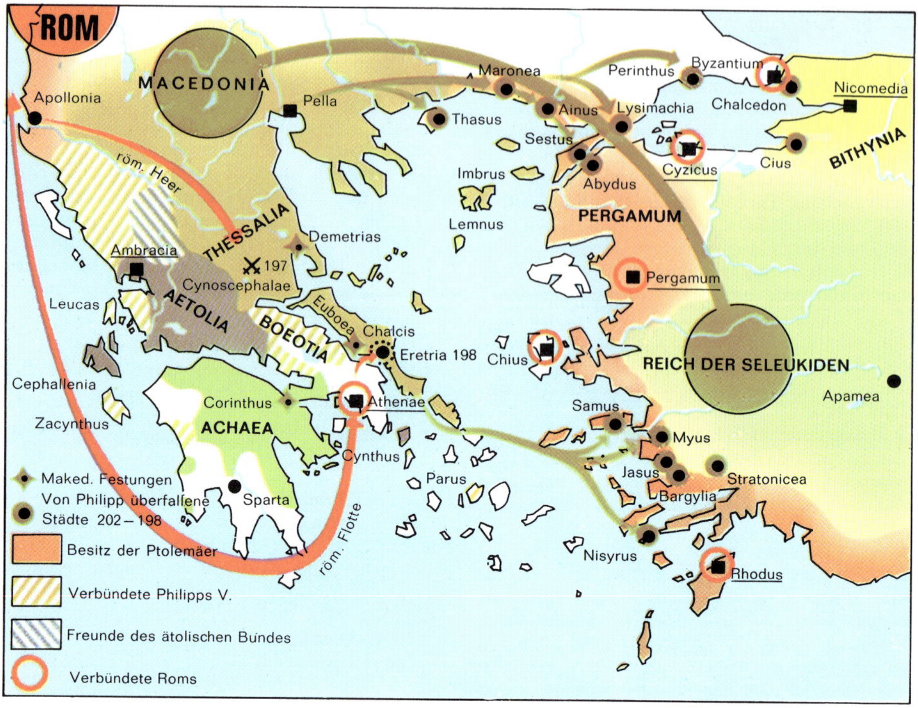

Der 2. Makedonische Krieg 200–197 v. Chr.

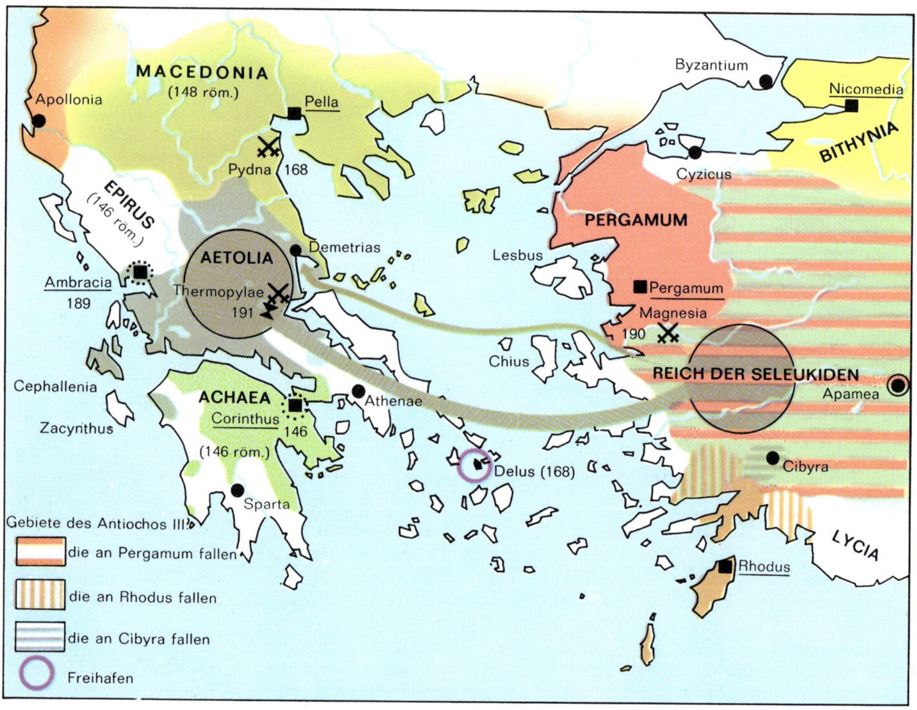

Der Krieg gegen Antiochos III. 192–188 v. Chr.

200–190 Keltenkrieg in Oberitalien. – Rom schlägt die Erhebung der Boier und Insubrer, die von karth. Versprengten unterstützt werden, nieder. Bau der Via Aemilia als Fortführung der Via Flaminia nach Placentia (187). Anlage der Kolonie Aquileia als Handelsmetropole für Nordeuropa (181).

200–197 2. Makedonischer Krieg. – Hilfsgesuch von Pergamum, Rhodus und Athen an Rom gegen die Ausdehnungsbestrebungen PHILIPPS V. VON MAKEDONIEN, der ein Bündnis mit ANTIOCHOS III. VON SYRIEN schließt, das gegen Ägypten gerichtet ist. Eine röm. Flotte schützt den Piraeus und bedroht Eretria, das von den Römern eingenommen wird (198). Nach dem Durchbruch unter T. QUINCTIUS FLAMININUS nach Thessalien siegen die Römer in der

197 Schlacht bei Cynoscephalae. Friedensschluß: Verzicht PHILIPPS V. auf die Hegemonie über Griechenland, Zahlung von 1000 Talenten als Kriegsentschädigung. Auslieferung der Flotte bis auf 6 Schiffe.

196 Freiheitserklärung für die griech. Staaten durch FLAMININUS bei den Isthmischen Spielen in Korinth. Räumung Griechenlands durch die Römer (194).

192–188 Roms Krieg gegen Antiochos III., der nach Wiederaufrichtung der Seleukidenherrschaft im Osten (Zug nach Baktrien) die Ägypter aus Syrien und Palästina verdrängt. Im Bündnis mit dem Ätolischen Bund will er die ptolemäischen Besitzungen in der Ägäis gewinnen. Er landet in Thessalien. Nach der Niederlage ANTIOCHOS' III. bei den Thermopylen (191)

190 Schlacht bei Magnesia am Sipylus. Sieg der Römer unter L. CORNELIUS SCIPIO mit Hilfe seines Bruders SCIPIO AFRICANUS über ANTIOCHOS. Der Ätolische Bund wird durch die

189 Einnahme von Ambracia besiegt.

188 Friede von Apamea. ANTIOCHOS III. muß 15000 Talente in 12 Jahresraten zahlen, außerdem die Kriegsschiffe bis auf 10 ausliefern. Der kleinasiat. Besitz fällt an Rhodus und Pergamum, die als Mittelstaaten zu Gegenspielern des Seleukidenreichs gemacht werden. **Rom ist Herrin des östl. Mittelmeeres.**

Rom und Karthago

HANNIBAL, der zum obersten Beamten (Sufeten) in Karthago gewählt wird (196), flieht wegen eines röm. Auslieferungsantrages (195) zu ANTIOCHOS III., der seinen Kriegsplan – Führung des Krieges in Italien – verwirft. Nach dem Frieden von Apamea flieht HANNIBAL zu König PRUSIAS VON BITHYNIEN, von dem die Römer seine Auslieferung verlangen. **Freitod Hannibals (183).** Sein großer Gegenspieler SCIPIO AFRICANUS wird in Rom wegen Hochverrats, sein Bruder L. SCIPIO, der nach dem Sieg über ANTIOCHOS III. den Ehrennamen ASIATICUS und einen Triumph erhält, wegen Unterschlagung angeklagt. CATO, der seit 184 Zensor ist und gegen die Korruption in der Nobilität kämpft, ist der Führer der den Scipionen feindlich gesinnten Partei. SCIPIO AFRICANUS stirbt 183 in freiwilliger Verbannung.

171–168 3. Makedonischer Krieg. – PERSEUS, Sohn PHILIPPS V., versucht die Hegemonialstellung über Griechenland wiederzugewinnen und wird von EUMENES VON PERGAMUM in Rom angeklagt. Anfängliche röm. Mißerfolge und schwankende Haltung von Rhodus und Pergamum.

22. 6. 168 Schlacht bei Pydna, Sieg der Römer unter dem Sohn des bei Cannae gefallenen gleichnamigen Konsuls, L. AEMILIUS PAULLUS. Nach der Gefangennahme des PERSEUS auf Samothrace Friede: Beseitigung des makedon. Königtums durch Aufteilung Makedoniens in 4 selbständige Gebiete. 1000 Geiseln (unter ihnen der Historiker POLYBIOS) des Achäischen Bundes werden nach Rom weggeführt (S. 95). **Delus wird Freihafen** und tritt in Konkurrenz zu Rhodus (fällt 166 an Athen). Den röm. Bürgern wird die Vermögenssteuer (Tributum) wegen der Beute erlassen. Makedonien wird nach einem Aufstand röm. Provinz (148; S. 67). – ANTIOCHOS IV. muß auf röm. Intervention hin nach der Schlacht bei Pydna Ägypten räumen. – Ein Aufstand des Achäischen Bundes wird nach der

146 Zerstörung von Korinth unterdrückt. Die Gebiete des Achäischen Bundes fallen unter die makedon. Provinzverwaltung. Anlage der Via Egnatia (Dyrrhachium–Thessalonice).

149–146 3. Punischer Krieg. – Dauernde von Rom geschürte Streitigkeiten mit MASINISSA, der sein Reich auf Kosten Karthagos vergrößert, treiben Karthago in einen von Rom nicht genehmigten Krieg (150), worauf Rom den Krieg erklärt (CATO: »Ceterum censeo Carthaginem esse delendam«). Die Karthager kapitulieren nach Landung zweier röm. Heere, weigern sich aber, die Stadt zu verlassen. Sie nehmen den Kampf wieder auf. Dem nach Karthago gesandten P. CORNELIUS SCIPIO AEMILIANUS (147) gelingt die

146 Eroberung Karthagos, das trotz Fürsprache des P. CORNELIUS SCIPIO AEMILIANUS zerstört wird. Die Überlebenden werden in die Sklaverei verkauft. Das karth. Gebiet wird röm. Provinz Africa. Triumph des SCIPIO AEMILIANUS (Ehrenname: AFRICANUS MINOR).

136–132 1. Sklavenkrieg. – Der Syrer EUNUS sammelt die Sklaven der Großgüter (Latifundia) in Sizilien und führt sie in den Kampf gegen die Römer (zeitweise 200000 aufständische Sklaven). Annahme des Königstitels durch EUNUS nach hellenistischem Vorbild. Nach der Einnahme von Enna und Tauromenium wird EUNUS gefangengenommen, 20000 Sklaven werden gekreuzigt.

133 Attalos III. von Pergamum vererbt den Römern sein Reich, das 129 zur röm. Provinz Asia wird.

Familie: An der Spitze der Familie steht der Hausvater (Pater familias) mit allumfassender, unbeschränkter und unteilbarer Herrschaftsgewalt (Patria potestas) über Ehefrau (Mater familias), Kinder (Liberi), Sklaven (Servi), Vieh, bewegliches und unbewegliches Eigentum. Mit dem Tode des Hausvaters erlischt die Patria potestas, und die Söhne werden freie Herren über ihr Leben und ihr Vermögen. Wahrung der Hauszucht (Disciplina, Potestas) erreicht der Hausvater durch Autorität (Auctoritas), die sich gründet auf seine Erfahrung (Sapientia), sein reifes Urteil (Consilium) und seine Rechtschaffenheit (Probitas). Bedächtigkeit (Diligentia), Strenge (Severitas) und Selbstbeherrschung (Continentia, Temperantia) bestimmen sein feierliches und würdevolles Handeln und Tun (Gravitas). Durch Fleiß (Industria) und Zähigkeit (Constantia) erreicht er sein Ziel. Die jüngere Generation wird nach dem Beispiel der älteren (Mos maiorum) erzogen. Bescheidenheit (Modestia) und Ehrfurcht (Reverentia) kennzeichnen das Verhältnis der jungen Generation zur älteren, die Gehorsam (Obsequium), Respekt (Verecundia) und Reinheit (Pudicitia, Integritas morum) verlangt. Dieses Verhalten im Haus (Disciplina domestica) ist die Grundlage der militärischen Disziplin (Disciplina militaris) und damit der röm. Macht und Größe.

Bürger: Tugend (Virtus), Freiheit der Gesinnung und des Handelns (Libertas), Ruhm (Gloria), Ehrfurcht und Frömmigkeit (Pietas), Treue und Zuverlässigkeit (Fides) und eine Stellung in der Öffentlichkeit (Dignitas) sind die Wertmaßstäbe des röm. Bürgers, der sich in den Dienst des Gemeinwesens (Res publica) stellt und sich für die Macht und Größe seines Volkes (Maiestas populi Romani) einsetzt. Das Wohl des Volkes ist ihm oberstes Gesetz (Salus populi suprema lex). Geprägt wird das Leben des Römers, in dessen Denken und Handeln der Staat die wichtigste Stellung einnimmt, durch die Scheidung in zwei Lebenssphären: Res publica (Staat) und Res privata (Sache des einzelnen), wobei die letztere sich immer dem Staat unterzuordnen hat. Dieser Staat ist ein Rechtsstaat, in dem das Gesetz (Lex) an die Stelle des Königs (Rex) getreten ist. Das Heraustreten der Einzelpersönlichkeit aus dem Staat wird an zwei Tagen geduldet:
1. beim Triumphzug des siegreichen Feldherrn,
2. beim Begräbnis eines Adligen.

Es gibt keine geschriebene Verfassung. Grundpfeiler des staatlichen Denkens und Handelns ist die Erfahrung früherer Geschlechter (Mos maiorum), die als größter Erziehungsfaktor den Römer formt.

Recht: Die größte Leistung des röm. Volks (»der stolzen Gesetzgeberin aller Nationen« nach HERDER) liegt auf dem Gebiet des Rechts. Neben das **Jus civile,** dem aus zivilen Rechtsquellen stammenden überlieferten Recht (Gesetz und Gewohnheit), tritt nach dem Ausgreifen Roms über Italien hinaus das **Jus gentium** (Völkerrecht) als eine Weiterbildung der Teile des Jus civile, die ohne Veränderungen auch auf Nichtrömer angewandt werden können. Jus civile und Jus gentium gehören zum Bereich des Jus publicum (= Jus populi), dem vom Volk gesetzten Recht, im Gegensatz zum Jus privatum (= Jus singulorum), das zur Regelung der Rechtsbeziehungen zwischen den Familien (Familiae), später zwischen den Bürgern (Cives) dient. In der späten Kaiserzeit Einführung und Begründung staatl. Zwangsmaßnahmen durch das Jus publicum. Auf Grund seiner Amtsgewalt entwickelt der Prätor das **Jus praetorianum** bzw. Jus honorarium, niedergelegt in dem Edikt, das der Prätor zu Beginn seiner Amtszeit veröffentlicht und in dem er die Grundsätze seiner Rechtsweisung an die Richter (Juris dictio) darlegt. Geltung des Edikts für die Amtsdauer des Prätors, bei Erprobung Übernahme durch seinen Nachfolger (Entstehung des Edictum perpetuum am Ende der Republik).

Pflege des Rechts ist zuerst den Priestern anvertraut, da das Recht zur göttl. Ordnung gehört. Nach Aufstellung des Zwölftafelgesetzes bleibt es noch immer in Händen der Priester; erst nach der Veröffentlichung der Klageformel und des Kalenders durch den Schreiber CN. FLAVIUS auf Veranlassung des Zensors APPIUS CLAUDIUS CAECUS kann sich jeder Bürger über das geltende Recht informieren (Folge: Zulassung der Plebejer zu den Priesterämtern). – Neben dem Rechtssatz (Lex) und dem niedergelegten Rechtsstoff (Jus scriptum) bestehen die Mores, das ungeschriebene Gewohnheitsrecht (Jus non scriptum). Die Gesetze entstehen in der Republik auf Vorschlag des Magistrats und Beschluß der Volksversammlung.

Beginn der **Tätigkeit der Juristen,** zunächst in der Praxis. Später begründen sie die Rechtswissenschaft, die ihren Höhepunkt in der Kaiserzeit durch Bildung von Rechtsschulen (Sectae) erreicht: Sabinianer und Proculianer. Die bedeutenden Juristen dürfen auf Grund eines vom Kaiser verliehenen Privilegs Gutachten (Responsa prudentium) verfassen, die für die Richter bindend sind. Wichtig ist die kaiserliche Gesetzgebung, die die Rechtsentwicklung vollendet. Zusammenfassung der Gesetze im Corpus juris.

Die Übernahme des röm. Rechts durch die europ. Völker verleiht ihm bis auf die heutige Zeit Bedeutung.

Religion (von lat. Religio = Achthaben auf den Willen der Götter, der sich im richtung- und weisunggebenden Spruch [Fatum] offenbart. Neglegentia = Vernachlässigung des göttl. Willens): Oberste Götterdreiheit: 1. JUPPITER (Optimus Maximus), ehemals der »strahlende Himmelsvater«, dann der Gott von Regen und Wind, Sturm und Gewitter; 2. MARS, früher der Gott des Ackerbaus, dann der Gott des Krieges und Herr über Leben und Tod; 3. QUIRINUS (mit denselben Funktionen wie MARS). Später wird die Götterdreiheit JUPPITER, JUNO und MINERVA verehrt (ab 506). Mit deren Kult beginnt eine neue Epoche: die Republik. Andere wichtige Götter sind: Janus, der Gott des Überschreitens der Schwelle und Gott des Anfangs (Januar), Liber (Dionysos) und Volcanus (Hephaistos), der Gott des Feuers, Mercurius (Hermes), der Gott des Handels; wichtige Göttinnen: Vesta, die Göttin des Herdes, und Ceres (Demeter), die Göttin des Wachstums; außerdem gibt es Sondergottheiten für Quellen, Haine und Höhlen. Entscheidend sind die Offenbarungen und Akte der unpersönlichen Gottheiten (Numina) in bestimmten geschichtlichen Augenblicken durch Hinweise (Prodigia).

Neuaufnahme von Göttern erfolgt durch Aufforderung (Evocatio: Bitte an die Götter einer anderen Stadt, die bisherige Kultstätte zu verlassen und nach Rom zu ziehen) und durch Einführung von Kulten mit Hilfe der Interpretatio Romana. Zu ihnen gehört der Kult der Kybele aus Phrygien (205), der unter dem Namen der Magna Mater (Große Mutter) von den Römern übernommen wird.

In der Kaiserzeit Verehrung des Herrschers, der den Staat verkörpert, und Verbreitung von Mysterienkulten (z.B. Attis und Mithras).

Römische Religion ist Staatsreligion (Beaufsichtigung durch die Magistrate und Durchführung des Rituals durch Priester als Beauftragte des Staates). Trennung von staatlichen Kulten (Sacra publica pro populo Romano) und privaten Kulten (Sacra privata) der Familien (Gentes), deren Durchführung dem Hausvater obliegt. Gottheiten der privaten Sphäre: Penates (Beschützer der Vorräte), Genius (Zeugungskraft des Mannes), Lares (Beschützer von Feld und Haus), Di parentes (Ahnen), Di manes (Gottheiten der Toten).

Priesterkollegien: Pontifices unter dem Pontifex maximus, Vestales und Augures, die den göttl. Willen durch Beobachtung des Vogelfluges erforschen, daneben Haruspices (Eingeweide-, vor allem Leberschau). Die Duumviri sorgen für die Sibyllinischen Bücher, während für jede Gottheit ein Flamen zuständig ist.

Kunst: Grundlagen der röm. Kunst sind

1. die griech. Kunst, die auf zwei Wegen nach Rom gelangt: über Unteritalien und Sizilien (Magna Graecia) und über die Etrusker (die ersten Heiligtümer und Götterbilder sind »tuskanisch«). Durch die Etrusker lernt der Römer die oriental. Formen der Natur kennen, die er nachbildet, aber eigenen Gesetzen unterwirft.

2. die altitalischen Kulturen (Terramare- und Villanova-Kultur) und röm. Charakter. **Das röm. Formgefühl** drückt sich aus in der

1. Symmetrie und Achsialität (Betonung der Hauptachse), die schon bei den Terramaresiedlungen, die nach einem Vermessungsplan durchgeführt sein müssen, vorhanden ist und die später in den Anlagen des röm. Lagers mit den sich kreuzenden Hauptstraßen (Cardo und Decumanus) wiederkehrt.

2. Formung des Raumes (Wand ist nicht mehr Körper, sondern Raumschale). Aus dem griech. »Körperstil« (der Tempel ist eine gewaltige Rundplastik) wird der röm. »Raumstil« (Fassade und Innenraum sind Hauptträger der künstlerischen Gestaltung). **Die schöpferische Leistung** der röm. Kunst:

Baukunst: Im Gegensatz zur griech. Baukunst, in deren Mittelpunkt der Tempel für die Götter steht, entstehen die monumentalen Typen der röm. Baukunst aus praktischen Bedürfnissen (Gleichberechtigung der profanen neben der religiösen Baukunst).

Neue Technik: Gußwerk bzw. Mörtelwerk; Backsteine; Bogen- und Gewölbebau. Zu den wichtigsten Bauten gehören die Ingenieurbauten (Wasseranlagen und Aquädukte wie der Pont du Gard in Südfrankreich), das röm. Stockwerkhaus (Etagenbauten aus Raummangel) mit einer Fassadenarchitektur (Balkone und Säulenhallen), Palastbauten – aus der italischen Villa entstanden –, bei denen sich die architektonische Anlage mit einer hochentwickelten Gartenkunst verbindet. Durch ihre Monumentalität und kompositionelle Geschlossenheit fallen die Kaiserforen mit ihren Tempeln (Unterbau = Podium mit einer Treppenanlage an der Frontseite, dadurch Betonung der Eingangsseite) und Säulenhallen auf. Die Zusammenfassung einer Vielzahl von Räumen in einem Baukörper gelingt durch Systembildung (Kaiserthermen mit Kreuzgewölben, Tonnengewölben, Kuppeln, Halbkuppeln). Die Basilika, ein mehrschiffiger Hallenbau mit schweren Tonnengewölben für Marktverkehr und Rechtsprechung, wird in der Spätantike der christliche Kultbau für die Gemeinde, allerdings mit flacher Decke, Apsiden und überhöhtem Mittelschiff. Neben die Langbauten tritt der auf altitalische Bauten zurückgehende überkuppelte **Zentralbau** (Pantheon), der Vorläufer des christl. Zentralbaus (Sophienkirche in Konstantinopel).

Bildniskunst:

1. Das Porträt (Herme, Büste, Kopfporträt mit genauer Wiedergabe der Züge des Antlitzes im Gegensatz zur Idealisierung und Heroisierung der griech. Porträtkunst) geht auf die aus Wachs geformten Ahnenbilder der Vorfahren (Imagines maiorum) zurück, die im Atrium des röm. Hauses aufbewahrt werden. Verfeinerung erfolgt unter der Berührung mit der hellenist. Kunst, später stark illusionistische Wirkungen. In der Spätantike Abkehr vom Diesseits und Hinwendung zum Jenseits.

2. Das historische Relief hat seine Vorbilder wohl in den im Triumphzug mitgeführten gemalten Schaubildern, die später im Tempel oder im Haus des Triumphators aufbewahrt werden. Erstes repräsentatives Beispiel ist der am 9. Januar 9 v. Chr. geweihte Friedensaltar des Augustus (Ara pacis), dann folgen die sog. Triumphbögen. Höhepunkte: Trajans- und Marc-Aurel-Säule.

Die dekorative **Wandmalerei** (Pompeii) wird später verdrängt durch die Mosaikkunst der Spätantike (Ravenna).

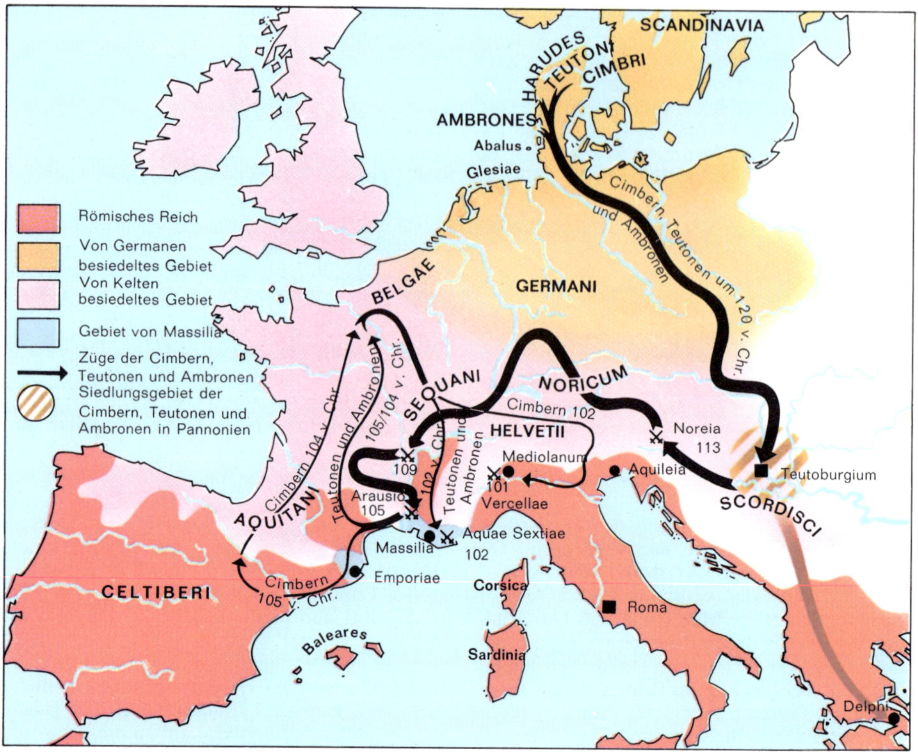

Züge der Cimbern, Teutonen und Ambronen

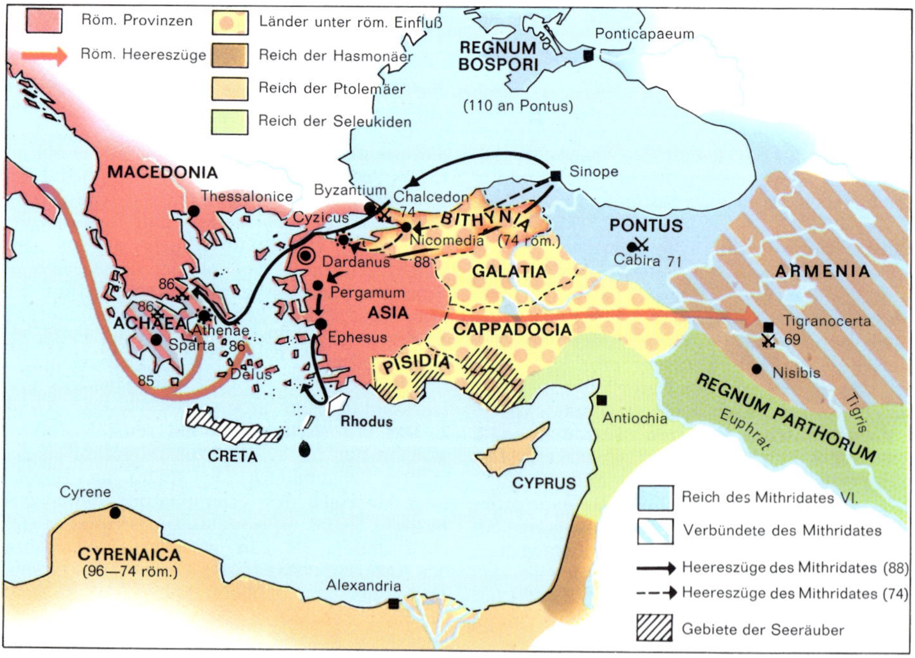

Die Mithridatischen Kriege 88–64 v. Chr.

Die Reformbewegung der Gracchen (133–121)

133 TIB. SEMPRONIUS GRACCHUS versucht als Volkstribun die Ansiedlung von Proletariern durch Landzuweisung aus dem Gemeindeland (Ager publicus), deshalb Beschränkung des Grundbesitzes aus Gemeindeland auf 1000 Jugera (250 ha) und Verteilung des Königsschatzes von Pergamum als Betriebskapital an die Neusiedler. Nach dem Einspruch seines Kollegen M. OCTAVIUS erfolgt dessen gesetzwidrige Amtsenthebung durch die Tributkomitien. Bei dem Versuch, seine unzulässige Wiederwahl zu erreichen, wird TIBERIUS GRACCHUS erschlagen.

123 Wiederaufnahme der Pläne seines Bruders durch den jüngeren GAIUS SEMPRONIUS GRACCHUS: **Erneuerung des Ackergesetzes** (Lex agraria) und Besetzung bestimmter Richterstellen durch Ritter (Lex iudicaria), um diesen Stand für seine Pläne zu gewinnen. Er scheitert an seinem Antrag auf Verleihung des Vollbürgerrechtes an die Latiner und des Bürgerrechtes an alle italischen Bundesgenossen (Widerstand der Senatspartei und der niederen Volksschichten). Besetzung des Aventin durch GRACCHUS und seine Anhänger und Notstandserklärung des Senats. Die Anhänger werden erschlagen, C. GRACCHUS läßt sich von einem Sklaven töten (121).

111–105 Jugurthinischer Krieg. Nach der Teilung des Numiderreiches durch eine Senatskommission wird JUGURTHA Alleinherrscher durch Überfall auf seinen Mitkönig ADHERBAL und Einnahme von Cirta (112). Der Krieg (Bestechung der Römer durch JUGURTHA und röm. Mißerfolge) wird 106 beendet durch **Marius** (156–86); Auslieferung JUGURTHAS 105 an **Sulla** (138–78). Ein Teil Numidiens wird röm. Prov.

113–101 Krieg gegen die Cimbern und Teutonen, die – zusammen mit den Ambronen aus Jütland kommend – die Römer besiegen in der

113 Schlacht von Noreia (Kärnten). In Gallien erleiden zwei weitere röm. Heere Niederlagen, darunter bei Arausio (105): Panik in Rom (2. Keltensturm). Der zum Konsul gewählte MARIUS (104) führt eine **Heeresreform** durch: Bildung eines Berufsheeres aus Proletariern mit Anrecht auf Zivilversorgung nach 16jähriger Dienstzeit, dadurch persönl. Bindung an den Feldherrn. Neugliederung des Heeres durch Einteilung der Legion (etwa 6000 Mann) in 10 Kohorten zu je 6 Zenturien oder 3 Manipeln. Die Bundesgenossen stellen die Reiterei. Sieg des MARIUS über die Teutonen in der

102 Schlacht von Aquae Sextiae; über die Cimbern in der

101 Schlacht von Vercellae.

100 Die Durchführung eines Siedlungsprogramms durch den Volkstribunen L. APULEIUS SATURNINUS mit Hilfe des zum 6. Mal zum Konsul gewählten MARIUS scheitert am Widerstand der Optimaten. Der Aufstand wird von Senatoren und Rittern niedergeworfen.

91 Anträge des Tribunen M. LIVIUS DRUSUS: Er fordert die Erneuerung der gracchischen Agrargesetze, Besetzung von Richterstellen durch Ritter und die Verleihung des Bürgerrechts an die italischen Bundesgenossen. DRUSUS wird ermordet, und es kommt zum

91–89 Bundesgenossenkrieg. Die Bundesgenossen (Socii) gründen einen neuen Staat (Hauptstadt Corfinium = Italia) und wählen einen italischen Senat (500 Mitglieder). Ende des Bürgerkrieges durch Zugeständnis Roms: Verleihung des Bürgerrechts an die Bundesgenossen (89: Lex Plautia Papiria).

88–84 1. Mithridat. Krieg (Beginn der Bürgerkriege). Angriff des MITHRIDATES VI. VON PONTUS auf röm. Gebiet im Osten; Aufruf an die Griechen zur Erhebung gegen Rom.

88 »Vesper von Ephesus«: Ermordung von 80000 Römern in Kleinasien. Dem durch den Senat mit der Führung des Krieges beauftragten SULLA wird der Oberbefehl durch das Volk entzogen und auf MARIUS übertragen. Eroberung Roms durch SULLA und Wiederherstellung der Senatsherrschaft (Plebiszite erhalten Gesetzeskraft nur mit Zustimmung des Senats). Nach SULLAS Abreise nach Asien kehren MARIUS und seine Anhänger nach Rom zurück. Schreckensregiment des CINNA und MARIUS, der während des 7. Konsulats stirbt (86), gegen die Optimaten. Nach der Einnahme von Athen schlägt SULLA die Truppen des MITHRIDATES (Chaeronea 86, Orchomenus 85) und zwingt ihn zum

84 Frieden von Dardanus: Auslieferung der eroberten Gebiete und Flotte, Zahlung von 3000 Talenten. Erfüllung der Friedensbedingungen wird erreicht durch den Proprätor L. LICINIUS MURENA im **2. Mithridat. Krieg** (83–81). SULLA kehrt 83 nach Rom zurück und vernichtet die Marianer und die mit ihnen verbündeten Samniten und Lukaner in der

82 Schlacht am Collinischen Tor (Beiname SULLAS: FELIX = der Glückliche), darauf Eroberung der Provinzen Sizilien und Afrika durch POMPEIUS, der dafür einen Triumph und den Beinamen MAGNUS (der Große) erhält.

82–79 Diktatur Sullas: Veröffentlichung von Ächtungslisten (Proscriptionen): 90 Senatoren und 2600 Ritter werden getötet. **Wiederherstellung der Senatsherrschaft:** Besetzung der Geschworenengerichte nur mit Senatoren (keine Ritter). Erhöhung des Senats, in den jeder Quästor eintritt, auf 600 Mitglieder. Konsuln und Prätoren gehen als Statthalter nach Ablauf ihrer Amtszeit in die Provinzen (pro consule, pro praetore). Schwächung des Tribunats: Anträge in den Komitien (Volksversammlungen) sind nur mit Genehmigung des Senats möglich, der Volkstribun ist von einer weiteren Ämterlaufbahn ausgeschlossen.

79 SULLA legt die Diktatur freiwillig nieder und stirbt ein Jahr später.

Die Verteilung der Provinzen an Caesar, Pompeius und Crassus

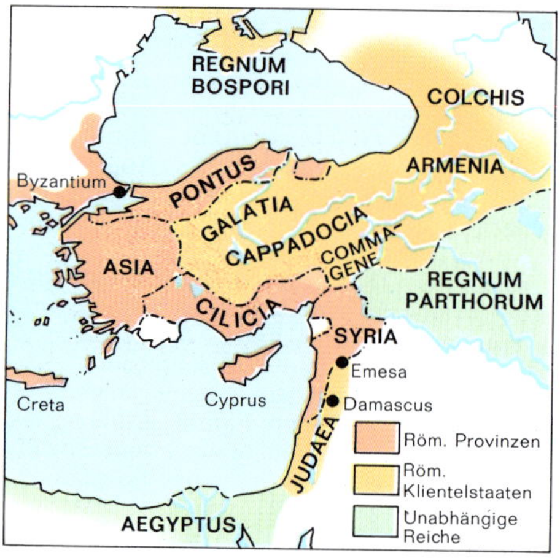

Die Neuordnung des Ostens

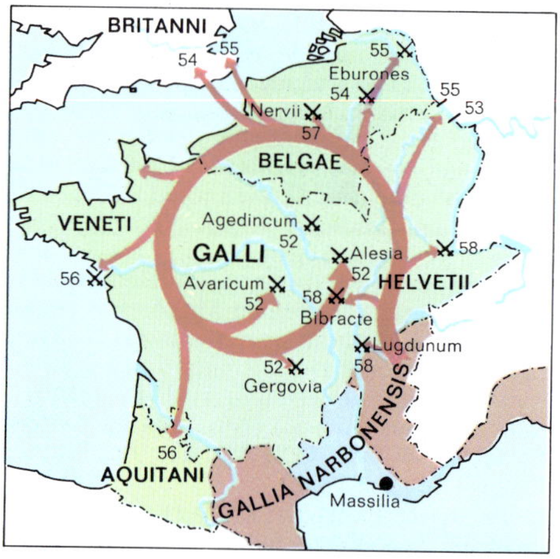

Die Eroberung Galliens durch Caesar

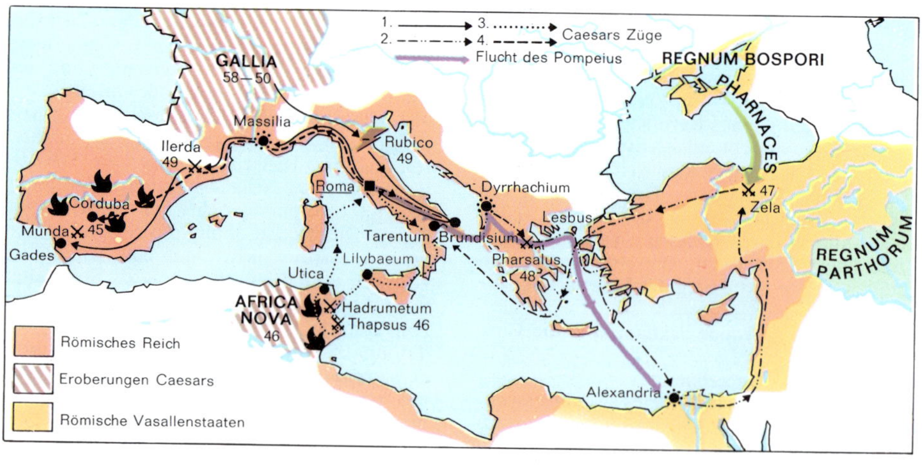

Der Bürgerkrieg

77–71 Kampf des POMPEIUS in Spanien gegen die letzten Marianer unter SERTORIUS. Nach der Ermordung des SERTORIUS Unterwerfung und Neuordnung Spaniens.

74–64 3. Mithridatischer Krieg. Nach anfänglichen Erfolgen meutert das Heer, und LUCULLUS wird vom Senat zurückgerufen (68).

73–71 Sklavenaufstand unter Spartacus, der im Kampf gegen M. LICINIUS CRASSUS in Apulien fällt. Reste des Sklavenheeres werden von POMPEIUS geschlagen.

70 Konsulat des Pompeius und Crassus: Beseitigung der sullanischen Gesetze: Wiederherstellung der Tribunatsgewalt; Besetzung der Richterstellen zu gleichen Teilen aus Senatoren, Rittern und Bürgerlichen; Gesetzeskraft der Plebiszite.

67 POMPEIUS beendet den Krieg gegen die Seeräuber auf Grund einer außerordentlichen Befehlsgewalt (Imperium extraordinarium) und wird betraut mit dem

66 Oberbefehl gegen MITHRIDATES, den er am Euphrat besiegt.

64 Neuordnung des Ostens durch Pompeius: Röm. Provinzen werden Pontus, Syria und Cilicia, Klientelstaaten Armenia, Cappadocia, Galatia, Colchis, Judaea.

63–62 Die »Catilinarische Verschwörung« wird durch den als »Homo novus« zum Konsul gewählten CICERO (Pater patriae = Vater des Vaterlandes) aufgedeckt und niedergeschlagen. Tod CATILINAS mit 3000 Anhängern bei Pistoria (62).
Nach seiner Rückkehr aus dem Osten entläßt POMPEIUS sein Heer und feiert einen Triumph. Der Senat bestätigt seine Anordnungen im Osten und die Verteilung von Land an Veteranen nicht; daher kommt es zum

60 1. Triumvirat des Pompeius, Crassus und Caesar (Private Abmachung ohne gesetzl. Bestätigung zur gegenseitigen politischen Unterstützung).

59 Konsulat des Gajus Julius Caesar (100–44 [ermordet]): Durchführung der Forderungen des POMPEIUS, Festsetzung der Steuern für die Prov.-Bevölkerung. CAESAR erhält die Prov. Gallia cisalpina, Illyricum und Gallia Narbonensis für 5 Jahre.

56 Konferenz von Luca: Erneuerung des Triumvirats. Darauf folgt das

55 Konsulat des Pompeius und Crassus. Provinzverteilung: CAESAR erhält Gallien auf weitere 5 Jahre, POMPEIUS Spanien, CRASSUS Syrien.

53 Niederlage und Tod des CRASSUS bei **Carrhae** gegen die Parther.

58–51 Eroberung Galliens durch Caesar: Er siegt über die Helvetier bei Bibracte und über ARIOVIST im Elsaß bei Mülhausen (58), unterwirft die belgischen Stämme, vor allem die Nervier (57), zieht gegen die Stämme in der Bretagne und besiegt die Aquitaner (56). Die germ. Stämme der Usipeter und Tenkterer werden zurückgetrieben. 1. Rheinübergang und Überfahrt nach Britannien (55). 2. Überfahrt nach Britannien und Kämpfe mit CASSIVELAUNUS. Erhebung der Eburonen unter AMBIORIX, der Nervier und Treverer (54); Niederwerfung und 2. Rheinübergang (53); Aufstand der Gallier unter VERCINGETORIX, Eroberung von Cenabum, Avaricum und Lutetia Parisiorum, doch nicht Gergovias, Belagerung und Übergabe von Alesia (52); Abschluß der Unterwerfung (51).

52 Wegen der in Rom herrschenden Anarchie (Bandenkämpfe) wird POMPEIUS, der sich dem Senat zuwendet, zum Konsul ohne Kollegen (sine collega) gewählt, um die Ordnung wiederherzustellen. Nachdem der Vorschlag CAESARS auf gleichzeitige Entlassung der Heere vom Senat verworfen wird, fordert der Senat von CAESAR Auflösung des Heeres und Niederlegung des Amts und erläßt einen

7. 1. 49 ultimativen Senatsbeschluß (Senatus consultum ultimum): Beauftragung des POMPEIUS mit der Verteidigung der Republik gegen CAESAR.

49–46 Bürgerkrieg gegen POMPEIUS.
CAESAR überschreitet den Rubicon und erobert Rom und Italien. POMPEIUS und ein Teil des Senats fliehen nach Griechenland. CAESAR erobert Spanien (Sieg bei Ilerda) und setzt nach Epirus über.

9. 8. 48 Niederlage des Pompeius bei Pharsalus. 20000 Pompejaner ergeben sich: POMPEIUS flieht nach Ägypten und wird dort ermordet.

48–47 Alexandrinischer Krieg. CAESAR wird in Alexandria eingeschlossen (Brand der Bibliothek); danach siegt er am Nil und setzt CLEOPATRA als Königin ein.

47 Sieg Caesars bei Zela über PHARNACES VON PONTUS (veni, vidi, vici = ich kam, ich sah, ich siegte). Er kehrt nach Italien zurück, begibt sich dann aber nach Afrika.

46 Sieg Caesars bei Thapsus über die Pompejaner (Selbstmord CATOS in Utica). CAESAR feiert in Rom Triumphe, wird zum Diktator auf 10 Jahre ernannt und Praefectus moribus (Zensor für Sitte und Moral).

Neuordnung des Staates: Census der Bürgerschaft, Verminderung der Getreideempfänger auf 150000, Gemeindeordnung für Italien (Lex Julia municipalis).

45 Sieg Caesars bei Munda in Spanien über die Söhne des POMPEIUS. CAESAR wird Diktator auf Lebenszeit (Dictator perpetuus) und **Imperator,** Konsul auf 10 Jahre, Oberbefehlshaber des Heeres, Pontifex maximus und Träger tribunizischer Gewalt. Vorschlagsrecht und Ernennung der Beamten. Landverteilung an die Soldaten, Fürsorge für die Provinzen, Erweiterung des Senats auf 900 Mitglieder. Kalenderreform. Bau der Basilika Julia, Erweiterung des Forum Julium.

15. 2. 44 M. ANTONIUS bietet CAESAR das Königsdiadem an, das dieser jedoch zurückweist. Durch Senatorenverschwörung unter C. CASSIUS und M. JUNIUS BRUTUS

15. 3. 44 (Iden des März) Ermordung Caesars.

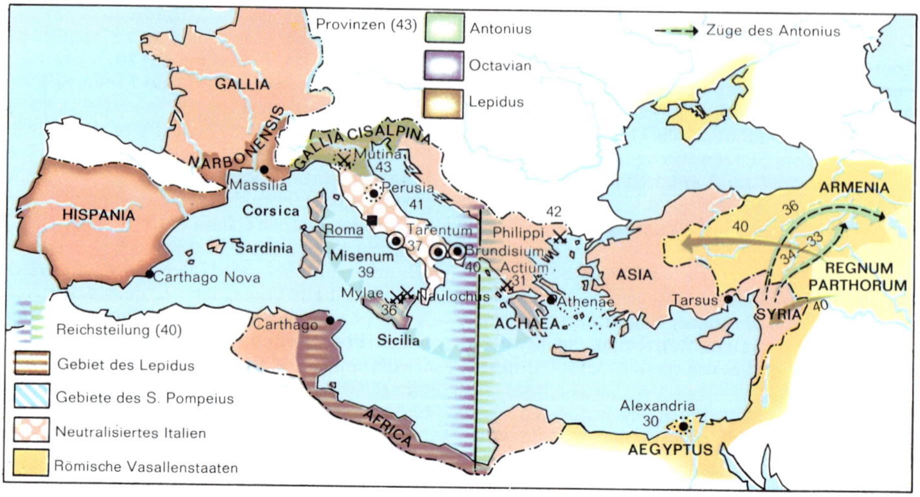

Das Ende der Bürgerkriege 44-30 v. Chr.

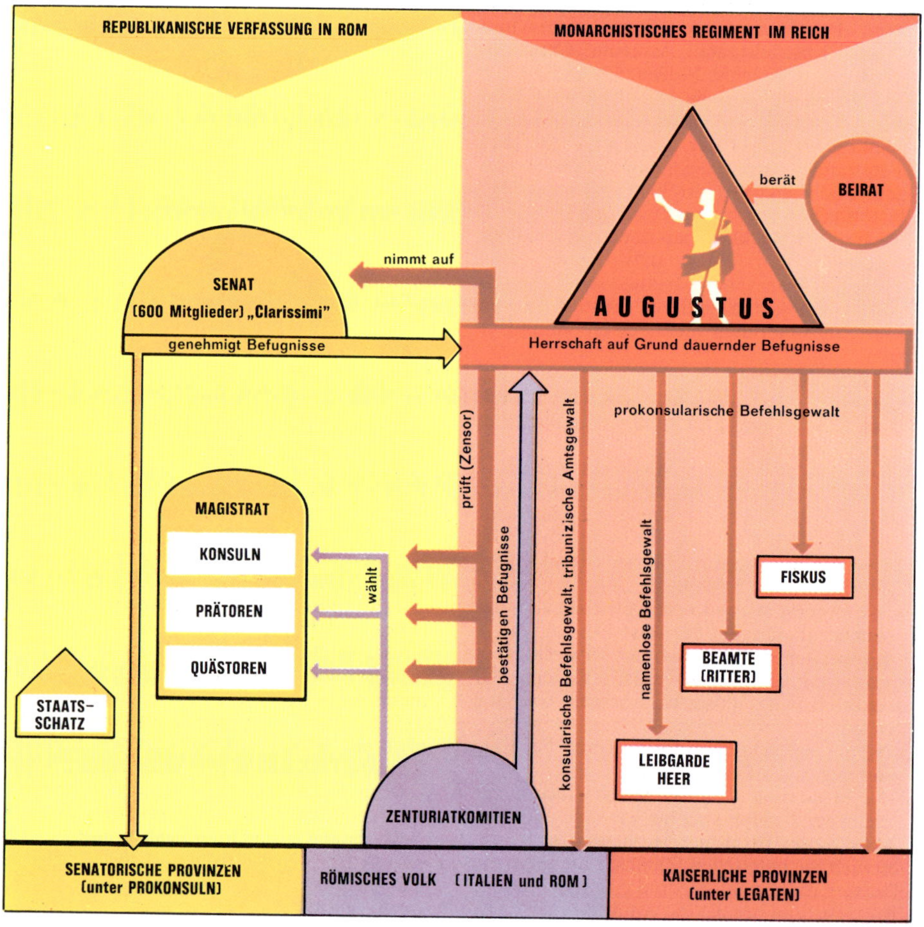

Die Verfassung des Prinzipats

Das Ende der Bürgerkriege
Nach dem Tode CAESARS übernimmt der Senat die Leitung des Staates. Er führt die Anordnungen CAESARS aus, amnestiert die Caesar-Mörder. Obwohl CAESARS Großneffe **C. Octavius** (OCTAVIAN, 63 v. Chr. bis 14 n. Chr.) von CAESAR adoptiert und zum Erben eingesetzt ist, bringt ANTONIUS die Erbschaft an sich. Nach dem Leichenbegängnis und der Veröffentlichung von CAESARS Testament müssen die Caesar-Mörder Rom verlassen. Die Diktatur wird abgeschafft.

44–43 Mutinensischer Krieg. M. BRUTUS geht in die Provinz Macedonia, CASSIUS in die Provinz Syria und DEC. BRUTUS in die Provinz Gallia cisalpina, wo er von ANTONIUS in Mutina belagert wird. OCTAVIAN erhält mit seiner privaten Armee proprätorische Befehlsgewalt, besiegt ANTONIUS in der Schlacht von Mutina (die Konsuln HIRTIUS und PANSA fallen) und erhält das Konsulat für das Jahr 43. Sondergerichte gegen die Caesar-Mörder werden eingesetzt.

11. 11. 43 2. Triumvirat (Antonius, Lepidus und Octavian), das staatsrechtlich anerkannt (Lex Titia: Triumviri rei publicae constituendae = 3 Männer zur Neuordnung des Staates) und auf 5 Jahre begrenzt wird. Die Prov. Sicilia und Africa fallen an OCTAVIAN, Gallia cisalpina an ANTONIUS, Gallia Narbonensis und Spanien an LEPIDUS. Schreckensherrschaft in Rom durch Proscriptionen (über 200 Senatoren, 2000 Ritter, darunter CICERO).

42 Doppelschlacht bei Philippi. CASSIUS und 20 Tage später M. BRUTUS werden von ANTONIUS geschlagen. ANTONIUS geht in den Osten (Asien, Syrien, Ägypten). Nach dem Perusinischen Krieg (41–40), der wegen des rücksichtslosen Vorgehens des OCTAVIAN bei der Ansiedlung der Veteranen ausbricht, und Kampf mit dem Konsul L. ANTONIUS, dem Bruder des Triumvirn, erfolgt durch Vermittlung des MAECENAS

40 Verständigung von Brundisium. Reichsteilung: ANTONIUS erhält den Osten, OCTAVIAN den Westen, LEPIDUS Afrika. Italien wird neutralisiert.

39 Vertrag von Misenum: S. POMPEIUS erhält Sizilien, Sardinien, Korsika und Achaea gegen Getreidelieferungen nach Rom.

38 Erneuerung des Triumvirats auf 5 Jahre.

37 Vertrag von Tarent. ANTONIUS überläßt OCTAVIAN seine Flotte für den Kampf gegen S. POMPEIUS.

36 Sieg des VIPSANIUS AGRIPPA über S. POMPEIUS bei Mylae und Naulochus. LEPIDUS wird durch Wahl zum Pontifex Maximus ausgeschaltet. Nach der Trennung von OCTAVIA, der Schwester OCTAVIANS,

36 Vermählung des Antonius mit Cleopatra VII. Er führt einen erfolglosen Feldzug gegen die Parther, kann aber Armenien besetzen (34). ANTONIUS versucht, ein hellenist.-oriental. Sultanat zu errichten (Schenkungen von röm. Gebieten an CLEOPATRA, Mitregentschaft des CAESARION). Veröffentlichung seines bei den Vestalinnen hinterlegten Testaments durch OCTAVIAN und Ausbruch des

32–30 Ptolemäischen Kriegs, der entschieden wird durch die

2. 9. 31 Schlacht von Actium: Seesieg AGRIPPAS über die Flotte CLEOPATRAS, kampflose Übergabe von 19 Legionen.

3. 8. 30 Einnahme Alexandrias (Selbstmord des ANTONIUS und der CLEOPATRA). **Ägypten wird röm. Provinz.**

Nach einem Triumph in Rom und der Ansiedlung von 120000 Veteranen werden im 6. Konsulat des OCTAVIAN die außerordentlichen Gewalten (Potestas omnium rerum) allmählich eingeschränkt.

13. 1. 27 Wiederherstellung der Republik durch Niederlegung der Macht im Senat.

16. 1. 27 Verleihung des Ehrennamens Augustus an OCTAVIAN durch den Senat.

Der Prinzipat
(von Princeps = Erster unter Gleichen) beruht auf dem Consensus universorum (= allg. Übereinstimmung) und stellt einen Ausgleich zwischen monarch. und republikan. Elementen dar. Die Machtbefugnisse werden vom Senat und vom Volk übertragen. Kennzeichen: Autoritäre Macht (Auctoritas) und Ehrfurcht vor den überlieferten Formen (Mores maiorum).
Im Gemeindestaat Rom erhält AUGUSTUS das Konsulat (27–23), im Reich ein namenloses Imperium (Herrschaft): Oberbefehl über das Heer, Führung der Außenpolitik; daneben ein Imperium pro consulare für die kaiserlichen Provinzen, die durch von ihm eingesetzte Legaten (Legati Augusti pro praetore provinciae) verwaltet werden.

1. 7. 23 Übertragung der tribunizischen Gewalt (Tribunicia potestas) auf Lebenszeit (nach Verzicht auf die Weiterführung des Konsulats), ohne Volkstribun zu sein, deshalb ist auch die Interzession eines Volkstribunen gegen Gesetze des AUGUSTUS unmöglich.

22 AUGUSTUS lehnt die Übernahme des Konsulats und der mit diesem Amt verbundenen Aufgaben ab, dafür übernimmt er Befugnisse zur Fürsorge: Getreideversorgung (Cura annonae), Straßennetz (Cura viarum).

19 AUGUSTUS erhält die konsularische Gewalt (Imperium consulare) auf Lebenszeit und die Sittenaufsicht (Cura morum) auf 5 Jahre: Er erhält damit Amtsbefugnisse, ohne die Ämter zu besitzen.

Ab 12 v. Chr. ist **Augustus Pontifex Maximus,** im Jahre 2 wird ihm der Titel Pater patriae (Vater des Vaterlandes) verliehen.

Der Senat verwaltet die befriedeten Provinzen (senatorische) und den Staatsschatz (Aerarium populi Romani), die Finanzverwaltung (Fiscus) übernimmt dagegen der Princeps. Der Ritterstand wird Dienstadel (Kommando über die kaiserl. Leibgarde der Prätorianer, Präfekten und Beamten), Freunde (Amici Caesaris) beraten den Princeps.

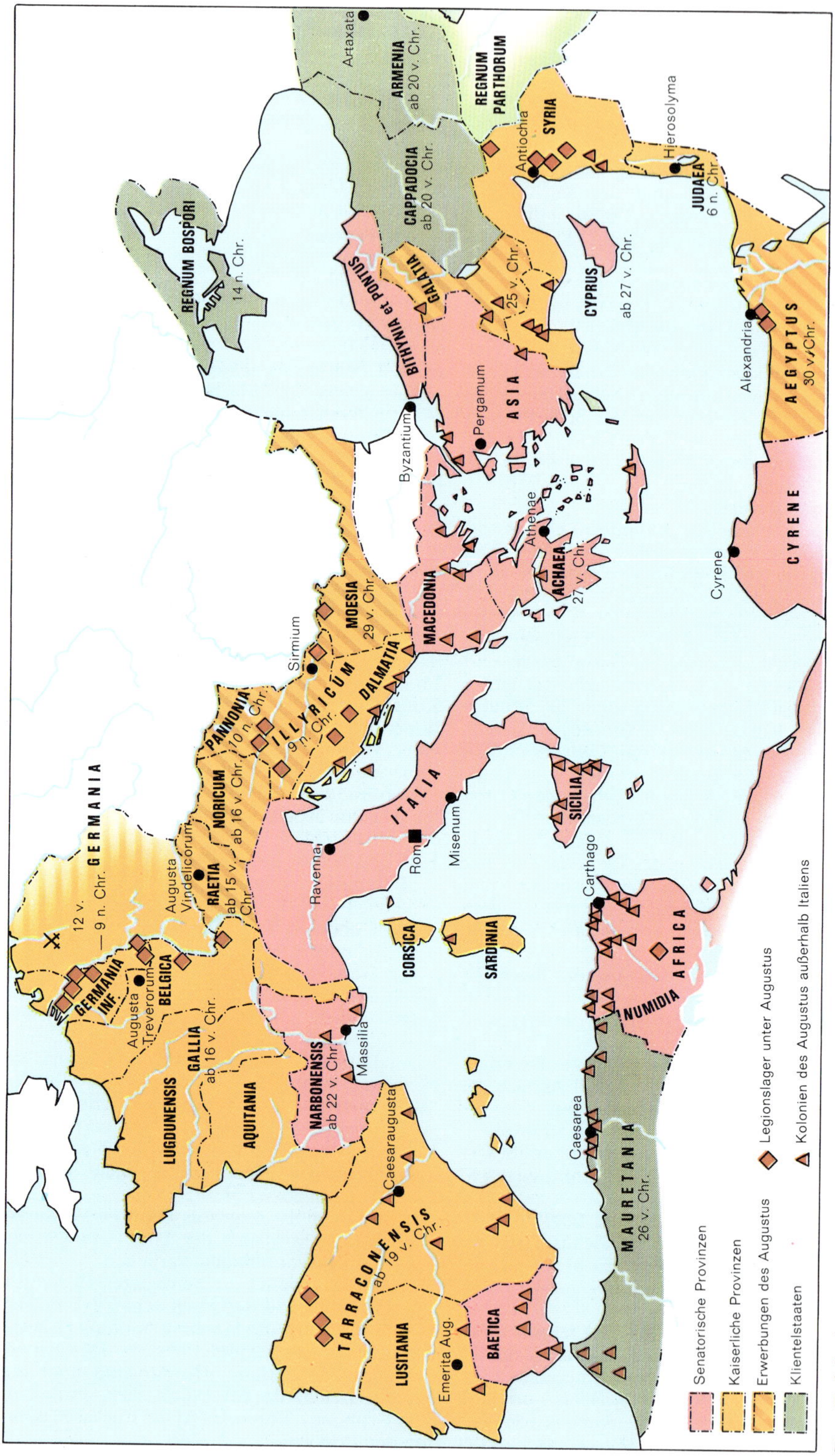

Das Reich des Augustus

Augustus und seine Nachfolger

27–25 Neuordnung der Provinzen Gallien und Spanien durch AUGUSTUS. Das vom König AMYNTAS an Rom vererbte Galatien wird Provinz.

20 Rückgabe der erbeuteten Legionsadler des CRASSUS und ANTONIUS durch den Partherkönig PHRAATES IV. auf Grund einer friedl. Verständigung; Rom verzichtet auf weitere Expansion.

18 Sittengesetzgebung: Eheverbot zwischen Senatoren und Freigelassenen, Strafen für Ehebruch. AGRIPPA wird durch Verleihung der tribunizischen Gewalt auf 5 Jahre Mitregent.

17 Säkularfeier der Stadt Rom (›Carmen saeculare‹ des HORAZ) und Verkündung des Weltfriedens (Pax Augusta).

16–13 AUGUSTUS in Gallien. Neuordnung der Prov.: Aquitania, Lugdunensis, Belgica.

15 Vorstoß des TIBERIUS und DRUSUS, der Stiefsöhne des Kaisers, an die obere Donau: Errichtung der Provinzen Raetia und Noricum.

13–9 Unterwerfung der Pannonier durch AGRIPPA (gest. 12) und TIBERIUS. Die mittlere Donau wird erreicht. – Nach Sicherung der Euphrat- und Donaugrenze Vormarsch in 4 Feldzügen zur Elbe:

12–9 Germanenkriege des Drusus: Unterwerfung der Bataver, Friesen und Chauken. Nach Kämpfen gegen Quaden und Markomannen erreicht er die Elbe und stirbt dort.

30. 1. 9 Einweihung des Friedensaltars auf dem Marsfeld (Ara pacis Augustae).

8–6 1. Kommando des TIBERIUS in Germanien, der bis zur Elbe vorstößt.

6 v. Chr. TIBERIUS geht nach Übertragung der tribunizischen Gewalt – statt Armenien neu zu ordnen – nach einem Zerwürfnis mit AUGUSTUS als Privatmann nach Rhodus (5 v. Chr.) in freiwillige Verbannung, kehrt aber 2 n. Chr. zurück.

Nachfolge des Augustus: Da die von AUGUSTUS ausgewählten Nachfolger nach und nach aus dem Leben scheiden, sichert AUGUSTUS die Erbfolge durch Adoption des TIBERIUS (26. 6. 4 n. Chr.) als TIBERIUS JULIUS CAESAR.

4–6 2. Kommando des Tiberius in Germanien: Vertrag mit den Cheruskern, Unterwerfung der Langobarden, Errichtung einer Provinzverwaltung, Bau von Straßen und Sicherung des neugewonnenen Gebiets durch Legionslager. Der Krieg gegen die Markomannen muß wegen des Aufstandes der Pannonier (6–9) abgebrochen werden; der Aufstand wird durch den Sieg über die Dalmater beendet. Pannonia wird röm. Provinz (10). **Die Donaugrenze ist gesichert.**

9 Schlacht im Teutoburger Wald. 3 Legionen unter VARUS werden von den Cheruskern unter ARMINIUS vernichtet. Die Provinz Germanien wird aufgegeben, die Rheingrenze jedoch gehalten.

19. 8. 14 Tod des Augustus in Nola (76 J.). Vergöttlichung (Consecratio) des verstorbenen Princeps (Divus Augustus). Ein Bericht über die Taten des AUGUSTUS (Res gestae), von ihm selbst verfaßt, wird vor dem Mausoleum Augusti (Marsfeld) auf zwei mit Bronzeplatten versehenen Pfeilern angebracht (Abschrift in griech. und lat. Sprache im Romatempel zu Ancyra [›Monumentum Ancyranum‹]).

Literatur: Livius Andronicus, der »Erfinder der Übersetzungskunst«, begründet eine Literatur in lateinischer Sprache (Übersetzung der ›Odyssee‹ = ›Odusia‹ und griech. Tragödien). GNAEUS NAEVIUS schreibt lat. Komödien (Zeitkritik) und die nationalröm. ›Praetexta‹ (hist. Dramen). Von ihm stammt auch ein Epos über den 1. Pun. Krieg (235). **Titus Maccius Plautus** verfaßt Komödien, durchsetzt mit volkstüml., obszönen und burlesken Bildern. ENNIUS (239–169) dichtet ein Epos über die röm. Geschichte in Hexametern (›Annales‹). Begründer der röm. Geschichtsschreibung ist FABIUS PICTOR mit seinem Werk ›Annales‹ (Annalistik = nach Jahresabschnitten geordnete Darstellung), das in griech. Sprache um 200 erscheint. LUCILIUS (180–102) – zum Kreis der Scipionen gehörend – schreibt Satiren, sein Zeitgenosse P. TERENTIUS AFER Komödien, allerdings ohne die Derbheit des PLAUTUS. Von **Cato** (234–149) stammt ein Geschichtswerk über Rom und Italien (›Origines‹ = Ursprünge) und das älteste landwirtschaftl. Fachbuch. Der als Geisel nach Rom gekommene **Polybios** (168) verfaßt seine ›Weltgeschichte‹ (pragmat. Geschichtsschreibung). **M. Terentius Varro** (116–27), Bibliothekar CAESARS und größter röm. Gelehrter, schreibt eine Kulturgeschichte, behandelt aber auch die latein. Sprache und den Ackerbau.

Cicero (106–43) verfaßt Gerichts- und Staatsreden, rhetorische und philosophische Schriften (›De re publica‹ = über den Staat, ›De legibus‹ = über die Gesetze u. a.) und viele Briefe an Freunde, seinen Bruder QUINTUS und seinen Verleger T. POMPONIUS ATTICUS (109–32).

Cornelius Nepos (100–27) schreibt Biographien, **C. Sallustius Crispus** (86–35) die ›Verschwörung des Catilina‹ und den ›Jugurthinischen Krieg‹. T. LUCRETIUS CARUS (98–55) faßt die Philosophie EPIKURS in ein Lehrgedicht: ›De rerum natura‹ (= Über die Natur). Einführung hellenist.- alexandrinischer Dichtung erfolgt durch die Neoteriker: **C. Valerius Catullus** (87–54): Epigramme und Liebesgedichte; **Quintus Horatius Flaccus** (65–8): Epoden, und P. VERGILIUS MARO (70–19): Bucolica.

Caesar (100–44) schreibt Kommentare zu den Feldzügen in Gallien (›Bellum Gallicum‹) und zum Bürgerkrieg (›Bellum civile‹). Im Zusammenhang mit der kult. Erneuerung des Staates fördern AUGUSTUS, sein Freund MAECENAS (daher Mäzen), ASINIUS POLLIO und MESSALLA die Literatur. VERGIL schreibt die ›Georgica‹ und die ›Aeneis‹, in der er den Aufstieg des röm. Volkes rechtfertigt. Seine tiefe Humanität teilt auch HORAZ: Satiren, Oden (›Carmina‹), Episteln (Kunstbriefe).

Die Römer in Deutschland

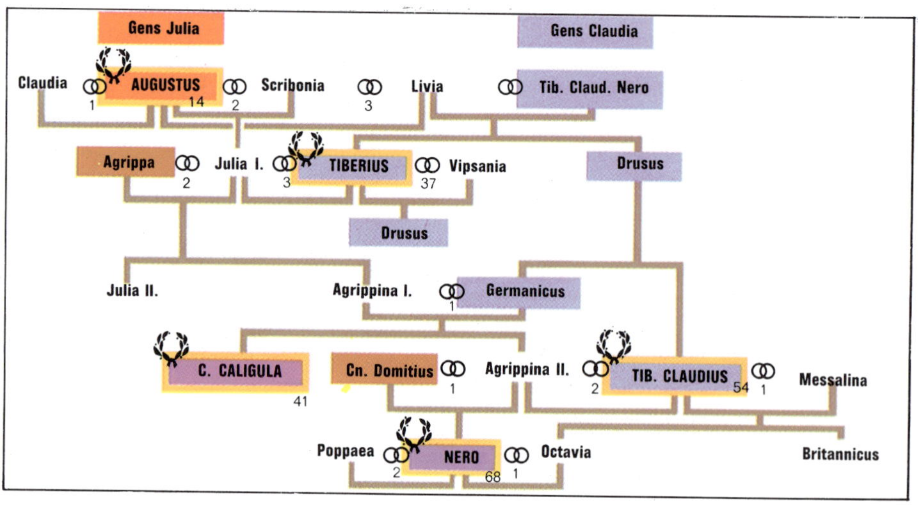

Das julisch-claudische Kaiserhaus

Die julisch-claudische Dynastie (bis 68 n. Chr.)

14–37 Tiberius. Übertragung der Beamtenwahl vom Volk auf den Senat. Meuterei der Legionen in Pannonien und am Rhein wird durch GERMANICUS niedergeworfen.

14–16 Feldzug des Germanicus gegen die Germanen, dessen Fortsetzung wegen zu hoher Kosten abgebrochen wird. Kriege der Germanen untereinander.

17 Einrichtung der Provinzen Cappadocia und Commagene.

22–31 Einfluß des selbstsüchtigen Prätorianerpräfekten SEIAN, der die Garde in ein Standlager am Stadtrand Roms verlegt. Seine Anklagen führen zu Majestätsprozessen, Hinrichtungen und Selbstmorden. Der verbitterte TIBERIUS zieht sich nach Capri zurück (27).

31 Sturz und Hinrichtung des SEIAN als Verschwörer, doch weitere Prozesse.

37 Tod des Tiberius in Misenum.

37–41 Caligula (Soldatenstiefelchen) = **Gaius Caesar Germanicus.** Er schafft die Majestätsprozesse ab und läßt das Volk wieder den Magistrat wählen. **Der augusteische Prinzipat wird in ein hellenist.- oriental. Gottkönigtum (Caesar und Gott) umgewandelt:** Einführung des oriental. Hofzeremoniells und göttl. Verehrung des Kaisers (CALIGULA fühlt sich als ALEXANDER, CAESAR und Gott). Schau-Feldzüge gegen Germanien und Britannien.

41 Ermordung des CALIGULA durch den Prätorianerpräfekten CASSIUS CHAEREA.

41–54 Claudius. Rückkehr zur augusteischen Tradition (geordnete Verwaltung), doch Ausbau der Hofämter mit kaiserl. Freigelassenen (NARCISSUS). Einfluß der Frauen.

43 Eroberung Südbritanniens.

46 Einrichtung der Provinz Thracia.

54 Ermordung des CLAUDIUS durch AGRIPPINA, deren Sohn den Thron besteigt.

54–68 Nero Claudius Caesar. Die ersten Regierungsjahre unter dem Einfluß des Philosophen SENECA und des Prätorianerpräfekten BURRUS sind für Rom glücklich.

58–63 Rückgewinnung Armeniens durch CORBULO und Verständigungsfriede mit den Parthern.

60–61 Niederwerfung der Erhebung in Britannien durch C. SUETONIUS PAULLINUS.

Die Ermordung des BRITANNICUS, seiner Mutter AGRIPPINA, seiner Gattin OCTAVIA und des BURRUS, sowie neue Majestätsprozesse (62) und der Brand Roms (64) lassen die Regierung NEROS zu einer reinen Willkürherrschaft ausarten **(Caesarenwahnsinn).**

Nach der mißglückten Pisonischen Verschwörung (65), der auch SENECA zum Opfer fällt, rebelliert der gallische Statthalter C. JULIUS VINDEX, dem sich S. SULPICIUS GALBA in Hispania citerior und M. SALVIUS OTHO in Lusitania anschließen.

68 Selbstmord NEROS.

68–69 1. Vierkaiserjahr: GALBA, VITELLIUS (Befehlshaber der Rheinarmee), OTHO und VESPASIAN.

Die flavische Dynastie (69–96)

69–79 T. Flavius Vespasianus. Nach seinem Regierungsantritt werden die Aufstände der Bataver am Rhein und der Juden in Palästina (im Aufstand seit 66) niedergeworfen.

70 Eroberung Jerusalems (Titusbogen in Rom). Sicherung der Grenzen.

74 Unterwerfung des Neckargebietes: Agri decumates.

Erhöhung des Senats auf 1000 Mitglieder durch Aufnahme aus dem plebejischen Munizipaladel Italiens, dem VESPASIAN auch angehört. Spanien erhält latinisches Recht. Äußerste Sparsamkeit im Staatshaushalt. Bau des Amphitheatrum Flavium (Colosseum). Unter seinem Sohn

79–81 Titus Ausbruch des Vesuvs: Pompeii, Stabiae und Herculaneum werden verschüttet. Tod des Naturforschers C. PLINIUS SECUNDUS.

81–96 Domitian. Die 78 wieder aufgenommene Eroberung der Prov. Britannia wird 84 mit der Anlage eines Grenzwalls in Schottland beendet.

83 Feldzug gegen die Chatten. Bau des Limes wird begonnen. Schwere Kämpfe gegen die unter König DECEBALUS geeinten Daker an der unteren Donau (85–89). Die Ausartung der anfänglich guten Herrschaft in Despotismus (Beanspruchung des Titels Dominus et Deus) führt zu einer Palastverschwörung und schließlich zu der

96 Ermordung des DOMITIAN.

Literatur: A. TIBULLUS (55–19) und S. PROPERTIUS (50–15) sind neben **P. Ovidius Naso** (43 v. – 17 n. Chr.) die Schöpfer der augusteischen Elegie (selbstbiograph. Charakter). OVID schreibt u. a. ›Amores‹, ›Metamorphosen‹, ›Ars amatoria‹ (Über die Liebeskunst).

Titus Livius (59 v. – 17 n. Chr.) ist der große Historiker, der – stolz auf die Einheit Italiens und voller Vaterlandsliebe – in den 142 Büchern seines Werkes ›Ab urbe condita‹ (Von der Gründung der Stadt an) die Geschichte Roms beschreibt, wie sie dank der Virtus Romana (röm. Tugend) und der göttl. Vorsehung verlaufen ist. In der Julisch-Claudischen Zeit folgen **L. Annaeus Seneca** (4 v. – 65 n. Chr.), der Erzieher NEROS, geprägt von der Stoa (Dialoge und Tragödien), und PETRONIUS (›Satiricon‹, ›Gastmahl des Trimalchio‹). Unter DOMITIAN kommen der Satiriker D. JUNIUS JUVENALIS (58?–140?) und M. VALERIUS MARTIALIS (40–102), der Klassiker des Epigramms, zu Ansehen. Der größte Historiker der Zeit ist **Cornelius Tacitus** (55?–117?), der als wirkungsvoller Erzähler und analytischer Psychologe die große Persönlichkeit in den Mittelpunkt seiner Werke stellt (Vorbild ist SALLUST): ›Historiae‹, ›Annales‹, ›Germania‹. **C. Suetonius Tranquillus** (70–146) schreibt Biographien (›De viris illustribus‹). **L. Apuleius** ist der Verfasser der ›Metamorphosen‹ (›Der goldene Esel‹ mit dem Märchen ›Amor und Psyche‹).

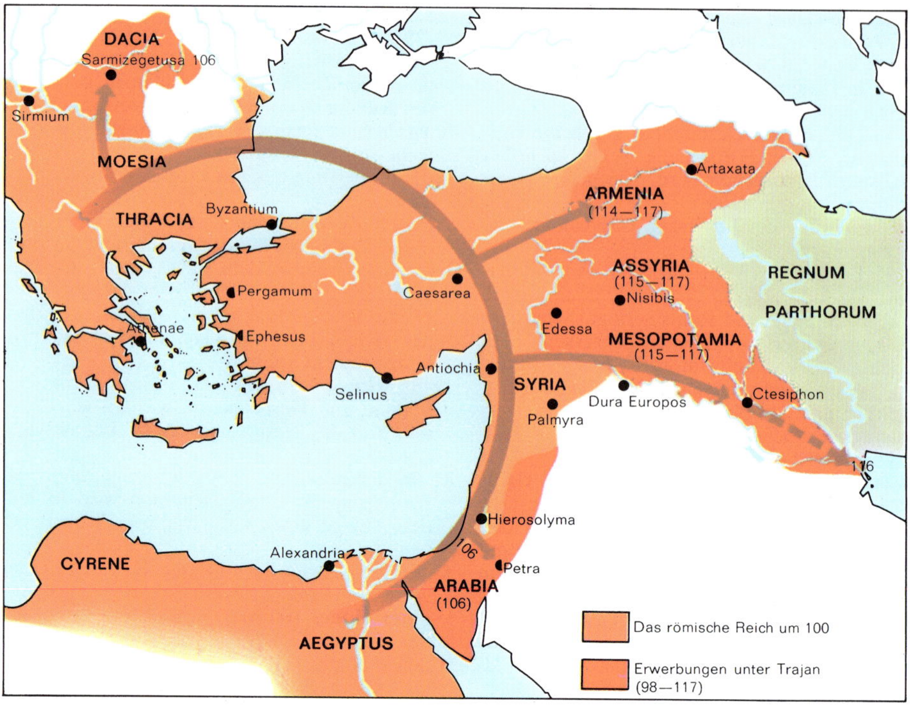

Die Eroberungen Trajans im Osten

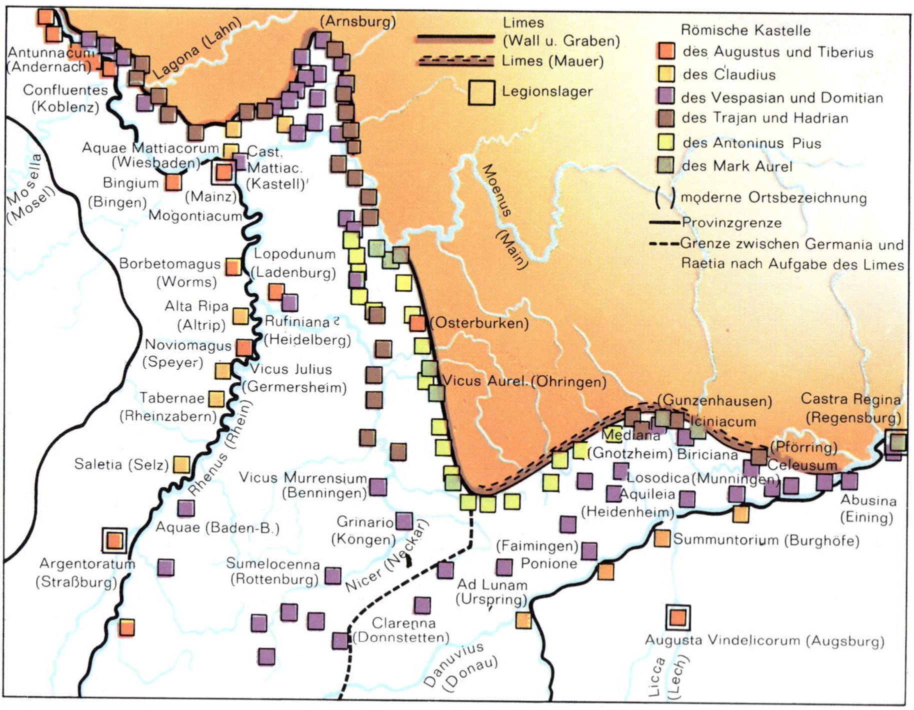

Der obergermanisch-rätische Limes

Die Adoptivkaiser (96–192)
Die folgenden Kaiser gelangen durch Adoption auf den Thron. **Das dynastische Prinzip wird in ein Adoptivkaisertum (Wahl des Besten)** umgewandelt.
96–98 M. Cocceius Nerva, vom Senat zum Princeps bestimmt, adoptiert nach der Meuterei der Prätorianer (97) den Spanier
98–117 Trajan, den ersten Kaiser provinzial-röm. Herkunft, dem 114 der Senat den Titel »Optimus« (der Beste) verleiht. In mehreren Feldzügen unterwirft er die Daker (101–102, 105) – Provinz Dacia –, das Reich der Nabatäer in Nordarabien(106) – Provinz Arabia – und errichtet nach siegreichem Krieg gegen die Parther (114–117) nach der Eroberung Armeniens und Mesopotamiens die Provinzen Armenia, Assyria und Mesopotamia: **Größte Ausdehnung des Römischen Reichs.**
117–138 Hadrian, seit 116 Statthalter in Syrien, schließt unter Verzicht auf die eroberten Gebiete mit den Parthern einen Frieden. Wiederherstellung der Euphratgrenze, gleichzeitig Bau von Befestigungsanlagen (Limes) zur Grenzsicherung in England, an der Rhein-, Donau- und Euphratgrenze. Nach Ausbau der Kanzleibürokratie macht HADRIAN (»Reisekaiser«) ausgedehnte Reisen zur Überwachung der Reichsverwaltung (121–125, 126–129). Der Wiederaufbau Jerusalems als Kolonie Aelia Capitolina entfacht den
132–135 Aufstand der Juden unter Bar Kochba, der mit der Eroberung Jerusalems durch HADRIAN endet.
138 Tod HADRIANS in Baiae und Beisetzung in dem monumentalen Rundgrab (Engelsburg).
138–161 Antoninus Pius setzt die Friedenspolitik seines Vorgängers fort. Die Limesanlagen werden ausgebaut, das Heer durch einheimische Hilfstruppen verstärkt. In Britannien kann die Grenze bis zum Firth of Forth (Antoninuswall) verschoben werden.
161–180 Mark Aurel, der »Philosoph auf dem Kaiserthron«, regiert zuerst mit seinem Adoptivbruder L. VERUS (bis 169): **Doppelprinzipat.**
162–165 Krieg gegen die Parther, die Armenien, Kappadokien und Syrien besetzen. Er wird beendet durch den Sieg der Römer bei Dura Europos (163) und die Besetzung Mesopotamiens. Wegen der Pest, die sich von Ost nach West über das Reich ausbreitet, kommt es zum Friedensschluß. Nach Überschreiten der Donaugrenze durch Markomannen, Quaden und Sarmaten beginnt der
167–175 1. Markomannenkrieg. Eine Offensive MARK AURELS zur Sicherung der Donaugrenze (171) bringt den Frieden: Räumung eines Gebietsstreifens links der Donau durch Quaden und Markomannen. Während des Feldzugs entsteht MARK AURELS Hauptwerk in griech. Sprache ›Wege zu sich selbst‹.
176 Errichtung einer Ehrensäule (Markussäule) mit Darstellungen aus dem Markomannenkrieg. – **Commodus wird Mitregent: Aufgabe des Adoptionsprinzips zugunsten der dyn. Erbfolge.**
178–180 2. Markomannenkrieg. Die Römer errichten das Legionslager Castra Regina (Regensburg 179). Aber nach dem Tod des MARK AUREL (180) in Vindobona (Wien) müssen sie wegen des ungünstigen Friedensschlusses die Offensivpolitik aufgeben. Diese Entscheidung fällt
180–192 Commodus, der glaubt, eine Inkarnation des HERKULES und MITHRAS zu sein (Cäsarenwahn). – Wahlloser Ämterverkauf. Nach einer mißlungenen Verschwörung (182), dem Bandenkrieg in Italien (186) und den Aufständen in Afrika und Britannien fällt COMMODUS einer Palastverschwörung zum Opfer.
193 2. Vierkaiserjahr: DIDIUS JULIANUS (Rom), P. NIGER (Syrien), CLODIUS ALBINUS (Britannien) und SEPTIMIUS SEVERUS (Pannonien).

Das severische Herrscherhaus (193–235)
193–211 Septimius Severus besiegt die Gegenkaiser und sucht durch fiktive Adoption (Sohn des göttl. MARK AUREL) sein Kaisertum zu legitimieren. Nach erfolgreichem Partherkrieg (197–199) Aufenthalt in den östl. Provinzen. Er bevorzugt Syrien (Förderung Palmyras) und Afrika (zunehmende Bedeutung Karthagos). Aus dem Grenzheer entwickelt sich durch die Ansiedlung der Familien außerhalb des Lagers eine **Miliz. Ausschaltung des Senats,** Abschaffung der Steuerverpachtung und Beseitigung der Vorrechte Roms und Italiens.
208–211 Britannischer Krieg des SEVERUS in Begleitung der JULIA DOMNA (»Mutter des Feldlagers«) und seiner Söhne CARACALLA (seit 198 2. Mitkaiser) und GETA (seit 209 3. Mitkaiser). Tod in Eburacum (York).
211–217 CARACALLA. Er läßt seinen Mitkaiser GETA und die meisten seiner Anhänger 212 ermorden.
212 Constitutio Antoniniana: Verleihung des röm. Vollbürgerrechts an alle freien Provinzialen: **Reichseinheit.** Nach Kämpfen am Rhein (Alamannen) und Euphrat (Parther) wird der Kaiser ermordet. Nach kurzem Kaisertum des MACRINUS wird der Neffe CARACALLAS und Priester des syr. Sonnengottes, ELAGABAL VON EMESA, vom Heer zum Kaiser ausgerufen.
218–222 Elagabal steht unter dem verhängnisvollen Einfluß seiner Großmutter JULIA MAESA. **Einführung des syr. Baalkults in Rom.** Nach der Ermordung ELAGABALS und seiner Mutter SOAEMIAS durch die Garde besteigt sein Vetter den Thron.
222–235 Severus Alexander steht unter dem Einfluß seiner Mutter JULIA MAMMAEA, die die Regentschaft führt. Nach Kämpfen mit Parthern (231) und Einfall der Markomannen (232) Meuterei des Heeres in Mainz unter C. J. V. MAXIMINUS. Der Kaiser und seine Mutter werden erschlagen.

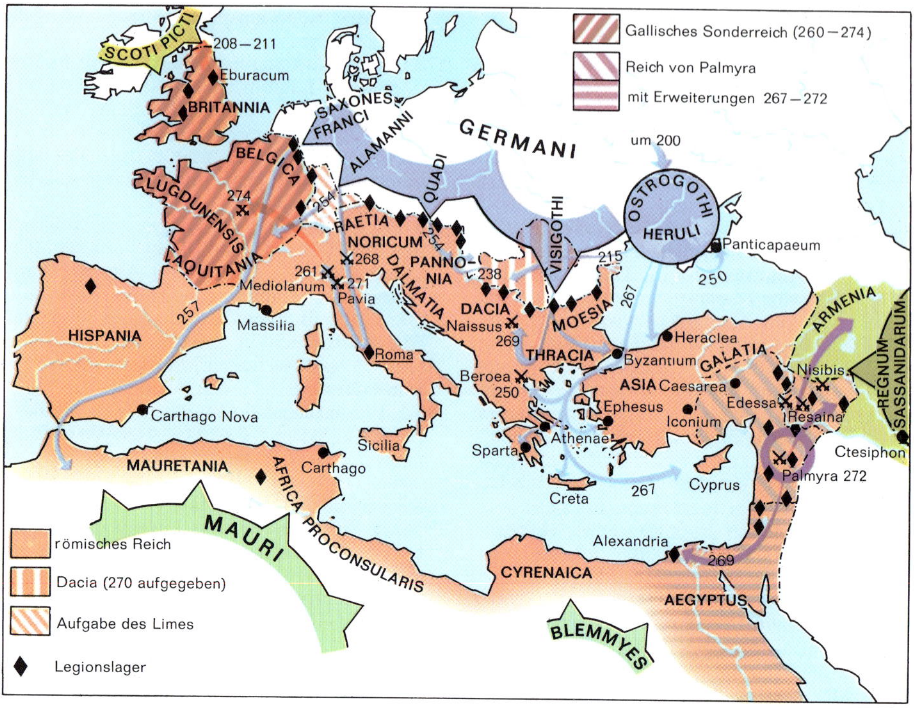

Das Römische Reich im 3. Jh.

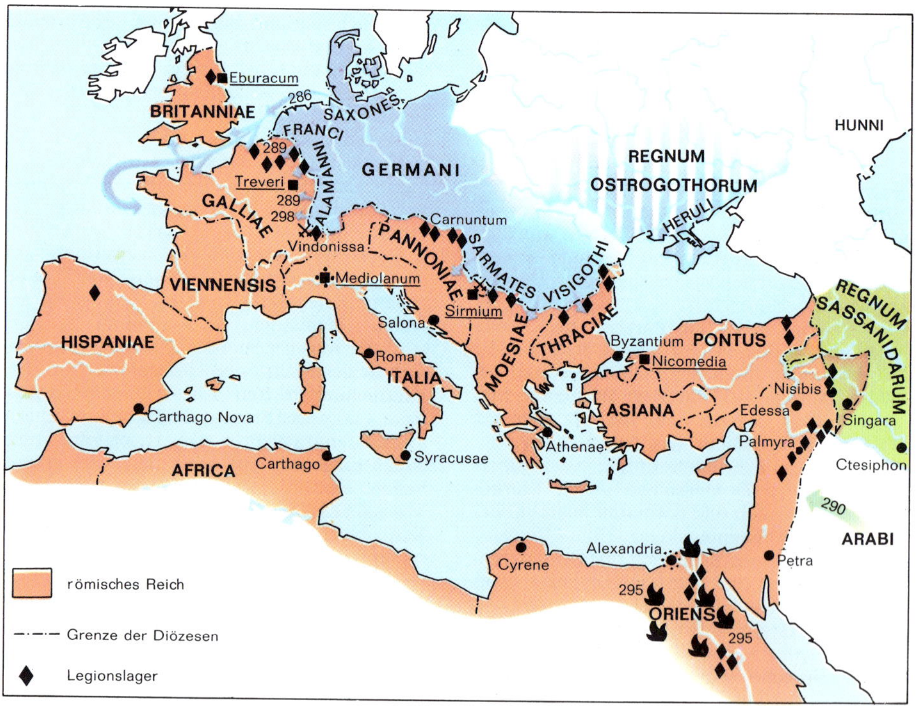

Das Römische Reich unter Diocletian

Die Bedrohung von außen
Durch den Ansturm der berittenen Randvölker (Germanen, Sarmaten, Perser, Berber, Mauren) setzt die »Krise der alten Welt« ein. Das Fehlen eines Klientelstaatengürtels ist der Grund für die Aufgabe von Provinzen und die Bildung von Sonderreichen. Gefährlichster und stärkster Gegner des Röm. Reichs wird in der Folgezeit das neupers. **Reich der Sassaniden.**

227–241 Ardaschir I. fühlt sich als Nachfolger der Achaimeniden (S. 45). Erneuerung der Lehre ZARATHUSTRAS, die Staatsreligion wird, doch daneben Ausbreitung der synkretistischen, gnostischen Lehre des MANI (217–277). Im 3. und 4. Jh. dauernde Kämpfe mit den Römern in Mesopotamien, Syrien und Armenien, das 384 geteilt wird. Seit Ende des 4.Jh. Kämpfe mit den »Hephtaliten« (weißen Hunnen). Die dauernden Spannungen zwischen zentralisierendem Königtum (Kanzleibürokratie) und Feudaladel, die eine starke Außenpolitik nicht zulassen, führen zur sozialist.-relig. Reform des MAZDAK unter KAWADH I. [488–531], die sich gegen den Adel richtet: Forderung nach Güter- und Weibergemeinschaft. Niederwerfung der Mazdakiten und **Reichsreform unter Chosru I.** [531–579]: Steuerreform nach röm. Vorbild (Schaffung eines Beamtenadels, Neuvermessung des Landes). In der Folgezeit behauptet sich das Reich gegen Ostrom und besiegt die Hephtaliten. Ausbreitung unter CHOSRU II. PARWEZ [590–628] bis Ägypten (614 Entführung der Kreuzesreliquie aus Jerusalem).

628 Friedensschluß mit dem oströn. Kaiser HERAKLEIOS (Rückgabe der Kreuzesreliquie).

637 Ende des Sassanidenreichs durch die Araber (S. 135).

Die Soldatenkaiser (235–305)
Sie sind bewährte Generäle – doch Provinziale –, die durch das Heer, den entscheidenden Machtfaktor, berufen und fast alle nach kurzer Regierungszeit ermordet werden.

235–238 Maximinus Thrax besiegt die Alamannen. Einfall der Perser in Mesopotamien (237).

238–244 Gordian III. besiegt die unter SCHAPUR I. [241–272] in Mesopotamien eingefallenen Perser mit Hilfe gotischer Hilfstruppen in der **Schlacht von Resaina** (242) und zwingt sie, Mesopotamien zu räumen.

244–249 Philippus Arabs, Sohn eines arab. Scheichs, kann die Tausendjahrfeier zur Gründung Roms begehen.

249–251 Decius (illyr. Herkunft) versucht eine Erneuerung des Römertums und der Religion. Seine Maßnahmen lösen die erste allg. Christenverfolgung aus (S. 107). Er fällt im Kampf gegen die Goten.

Ab 250 Ausbreitung der Pest von Äthiopien aus.

251–253 Trebonianus Gallus schließt Frieden mit den Goten.

253–260 Valerian übernimmt die Verteidigung des Ostens und setzt seinen Sohn GALLIENUS zum Mitkaiser im Westen ein. – Die Reichsgrenzen sind bedroht: Ansturm der Goten, Quaden und Sarmaten (254) und der Parther (256). Franken und Alamannen überschreiten den obergerm.-rätischen Limes, mauretanische Stämme bedrängen die Grenze in Nordafrika. – VALERIAN wird durch SCHAPUR I. bei Edessa (260) gefangengenommen und stirbt in der Gefangenschaft.

260–268 Gallienus führt eine **Heeresreform** durch: Aufstellung eines Reserve- und Reiterheeres zum schnellen Einsatz in bedrohten Grenzgebieten.

268–270 Claudius II. besiegt die Alamannen (268), die Goten bei Naissus (269).

270–275 Aurelian schlägt die Alamannen bei Pavia (271), unterwirft das **palmyrenische Reich der Kaiserin Zenobia** (272) und das Gallische Sonderreich (274), das sich 260 gebildet hat (»30 Tyrannen«): Wiederherstellung der Reichseinheit.

274 Annahme des Titels »Herr und Gott« (Dominus et Deus) und Einführung des Sonnenkults von Emesa (Sol invictus) in Verbindung mit dem Kaiserkult als Staatskult. Auf **Tacitus** [275–276] folgt

276–282 Probus, der die Rhein- und Donaugrenze sichert.

283–284 Carus kämpft siegreich gegen die Perser, doch werden er und seine Söhne CARINUS und NUMERIAN ermordet.

284–305 Diocletian führt eine umfassende **Reichsreform** durch, um durch Dezentralisation die Reichsverwaltung zu entlasten (293). DIOCLETIAN und der 286 zum Mitkaiser erhobene MAXIMIAN adoptieren ihre Gardepräfekten GALERIUS und CONSTANTIUS CHLORUS und ernennen sie zu Nachfolgern (Caesares): **Einführung der Tetrarchie.** DIOCLETIAN erhält den Osten (Nicomedia), MAXIMIAN Italien und Afrika (Mailand), CONSTANTIUS Spanien, Gallien und Britannien (Trier und York), GALERIUS Illyricum, Makedonien und Griechenland (Sirmium). Nach 20 Jahren soll der Rücktritt der Augusti zugunsten der Caesares erfolgen, die wiederum Caesares als Gehilfen (Apparitores) bestimmen.

297 Einteilung des Reichs in 12 Verwaltungsbezirke (Diözesen) unter Diözesenvorstehern (Vicarii) und 101 Prov. Das Reich wird absolute Monarchie = **Dominat** (Gottkaiser mit Herrschertracht und Kronrat). Die Bürger werden Untertanen (Subiecti), über die verfügt wird: Bindung der Bauern an die Scholle (Kolonat) und Zwangsgemeinschaft der Handwerker (Korporationen) zur Versorgung des Heeres.

301 Höchstpreistarif gegen die zunehmende Teuerung. – Die Aufstände im Innern werden niedergeschlagen, die Reichsgrenzen gesichert und die röm. Herrschaft im Osten erweitert.

305 Abdankung Diocletians und Maximians.

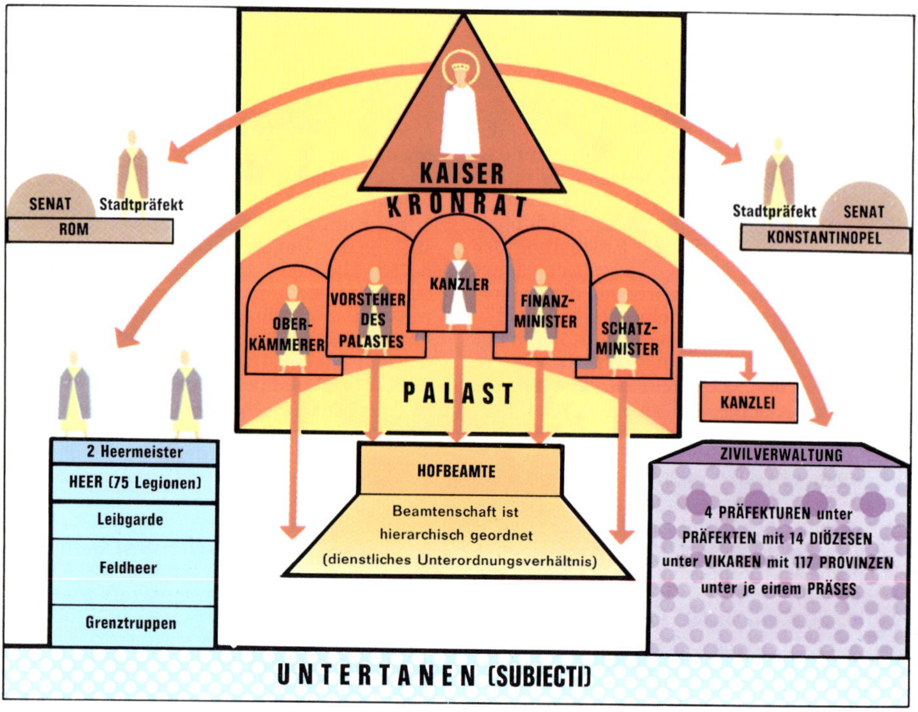

Die diocletianisch-konstantinische Verfassung

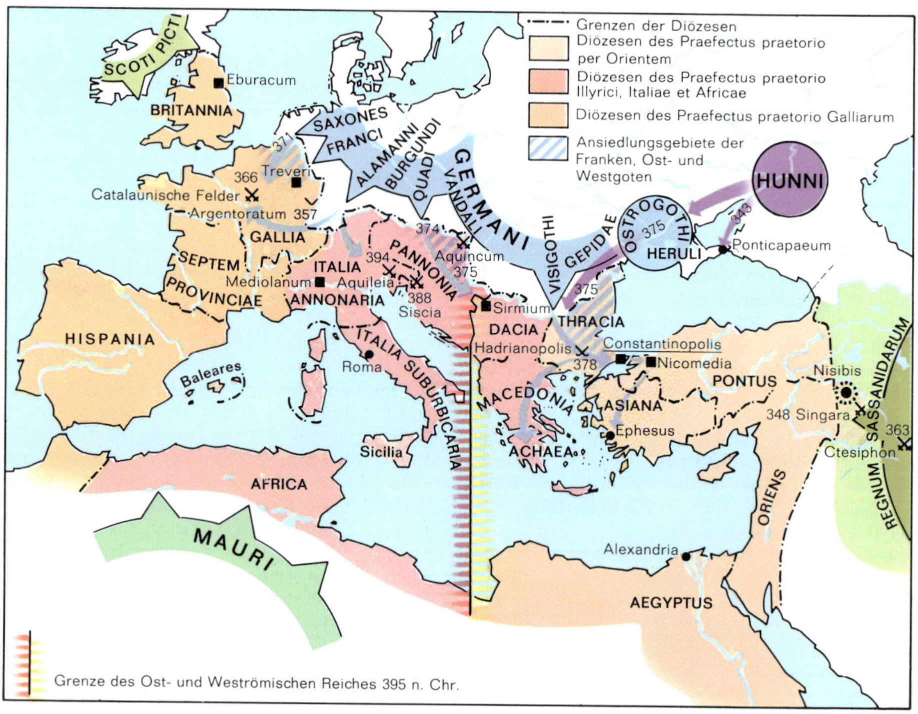

Das Römische Reich im 4. Jh.

Konstantin der Große

Nach Beendigung der 1. Tetrarchie ernennen die neuen Augusti, Galerius und Constantius, Severus und Maximinus Daia zu Caesares: doch scheitert das System der Tetrarchie an der dynast. Politik der Einzelherrscher (Constantius' Sohn Konstantin in York, Maximians Sohn Maxentius in Rom).

308 Kaiser-Konferenz von Carnuntum: Ernennung des Licinius zum Augustus des Westens; Diocletian lehnt jedoch die Kaiserwürde ab.

312 Niederlage des Maxentius an der Milvischen Brücke durch Konstantin, der Beherrscher des Westens wird, und

313 Sieg des Licinius über Maximinus Daia bei Adrianopel (Tzirallum).

324–337 Konstantin der Große.

324 Sieg Konstantins über Licinius bei Adrianopel und Chrysopolis: **Konstantin ist Alleinherrscher** (»Totius orbis imperator«).

11. 5. 330 Byzantium wird nach Umbenennung in Konstantinopel christl. Reichshauptstadt (2. Rom) im bewußten Gegensatz zum heidnischen Rom.

Vollendung des absolutistischen Staats durch Ausbau der Reichsreform Diocletians. Strenges Hofzeremoniell zur Betonung der Gottähnlichkeit des Kaisers (Goldgewand, Diadem, Proskynese). Dem Kaiser untersteht das Heer unter den Heermeistern (Magistri militum), die Präfekten der 4 Reichsteile, der Kronrat (Sacrum consistorium) und der Präfekt (Praefectus urbi) von Rom und Konstantinopel.

1. Das auf 75 Legionen (900000 Mann) verstärkte Heer besteht aus Feldheer (Comitatenses), Grenztruppen (Limitanei) und kaiserl. Leibgarde (Candidati). Anwohner (Foederati) übernehmen den Grenzschutz.
2. Einteilung des Reichs in 4 Präfekturen: Oriens (Konstantinopel), Illyricum (Sirmium), Italia (Mailand), Gallia (Trier) mit 14 Diözesen und 117 Provinzen.
3. Der Kronrat besteht aus folgenden Ministern (Comites): »Vorsteher der Ämter« = Kanzler (Magister officiorum), »Vorsteher des heiligen Palastes« (Quaestor sacri palatii), Oberkämmerer (Praepositus sacri cubiculi), Finanzminister (Comes sacrarum largitionum) und Schatzminister (Comes rerum privatarum). Dem Kronrat, dem die Kanzlei untergeordnet ist, unterstehen die Hofbeamten. 2 Oberbefehlshaber der Palastwache (zu Fuß und zu Pferde) übernehmen den Schutz des Kaisers.
4. Der Senat von Rom und Konstantinopel wird Stadtrat.

Entscheidend ist die Trennung von Militär- und Zivilgewalt (Abkehr von Roms tausendjähr. Tradition). Erbl. Berufsbindung. Einführung einer Kopf- und Grundsteuer.

337 Tod Konstantins d. Gr. nach Empfang der christl. Taufe auf dem Sterbelager. – Aus den Erbstreitigkeiten unter den Söhnen geht nach dem Tod seiner Brüder als Alleinherrscher Constantius II. hervor.

Die Nachfolger Konstantins

337–361 Constantius II. Der Arianismus wird für die Gesamtkirche verbindlich.

357 Schlacht bei Argentoratum (Straßburg): Wiederherstellung der Rheingrenze. – Kampf gegen die Perser, in dem sein Nachfolger Julian [361–363], wegen seiner Bevorzugung der nichtchristl. Kulte »Apostata« genannt, als letzter der konstantin. Dyn. stirbt. Der Krieg wird durch Jovian [363–364] beendet: Rom verliert Armenien.

364–375 Valentinian I., vom Hof zum Kaiser erwählt, erhebt seinen Bruder Valens zum Augustus und Mitregenten im Osten (Oriens mit Konstantinopel), der den Krieg gegen die Goten führt. Valentinian besiegt die Alamannen. Erneuerung der Rheingrenze und des Hadrianwalls in Britannien.

Um 375 Zerstörung des Ostgotenreichs in Südrußland durch die Hunnen. Tod des Ermanerich. **Beginn der Völkerwanderung.** Nach dem Tode Valentinians I. folgen

375–378 Valens und bis **383 Gratian.** Die 376 durch Ansiedlungsvertrag in das Reich aufgenommenen Westgoten erheben sich. Valens wird geschlagen. Er fällt in der

378 Schlacht bei Adrianopel (Hadrianopolis).

379 Theodosius I. wird Mitkaiser im Osten. Ansiedlung der Ostgoten in Pannonien, der Westgoten in Makedonien.

380 Das Edikt von Thessalonike verbietet den Arianismus im Osten. Der Athanasianismus wird Staatsreligion (Katholizismus).

382 neuer Ansiedlungs- und Friedensvertrag mit den Westgoten (S. 115).

384 Vertrag (Frieden und Freundschaft) zwischen Theodosius und Schapur III. [384–388]: Armenien wird geteilt.
Im Kampf gegen den Usurpator Magnus Maximus fällt Gratian (383). Nach vorübergehender Anerkennung durch Theodosius, zu dem Valentinian II., der Bruder Gratians, flieht, bei Aquileia

388 Sieg des Theodosius über Maximus.

391 Das Christentum wird Staatsreligion (Verbot aller heidnischen Kulte).

392 Valentinian II. wird durch Arbogast, den fränkischen Heerführer des Theodosius, ermordet, Eugenius [392–394] Kaiser des Westens. Wiedereinführung heidnischer Kulte.

394 Niederlage und Tod des Eugenius am Frigidus bei Aquileia.

394–395 Theodosius d. Gr. ist Alleinherrscher. Nach seinem Tod wird das Reich unter seinen Söhnen geteilt. Arcadius erhält den Osten, Honorius den Westen: **Ende der Reichseinheit.** Bildung eines Oström. Reiches, das eigene Wege geht, und eines Weström. Reiches (Hauptstadt seit 404: Ravenna), das noch 8 Jahrzehnte unter schwächlichen Kaisern – von Germanen und Hunnen bedroht – besteht.

476 Mit der Absetzung des Romulus Augustulus durch Odowaker erlischt das Weström. Reich.

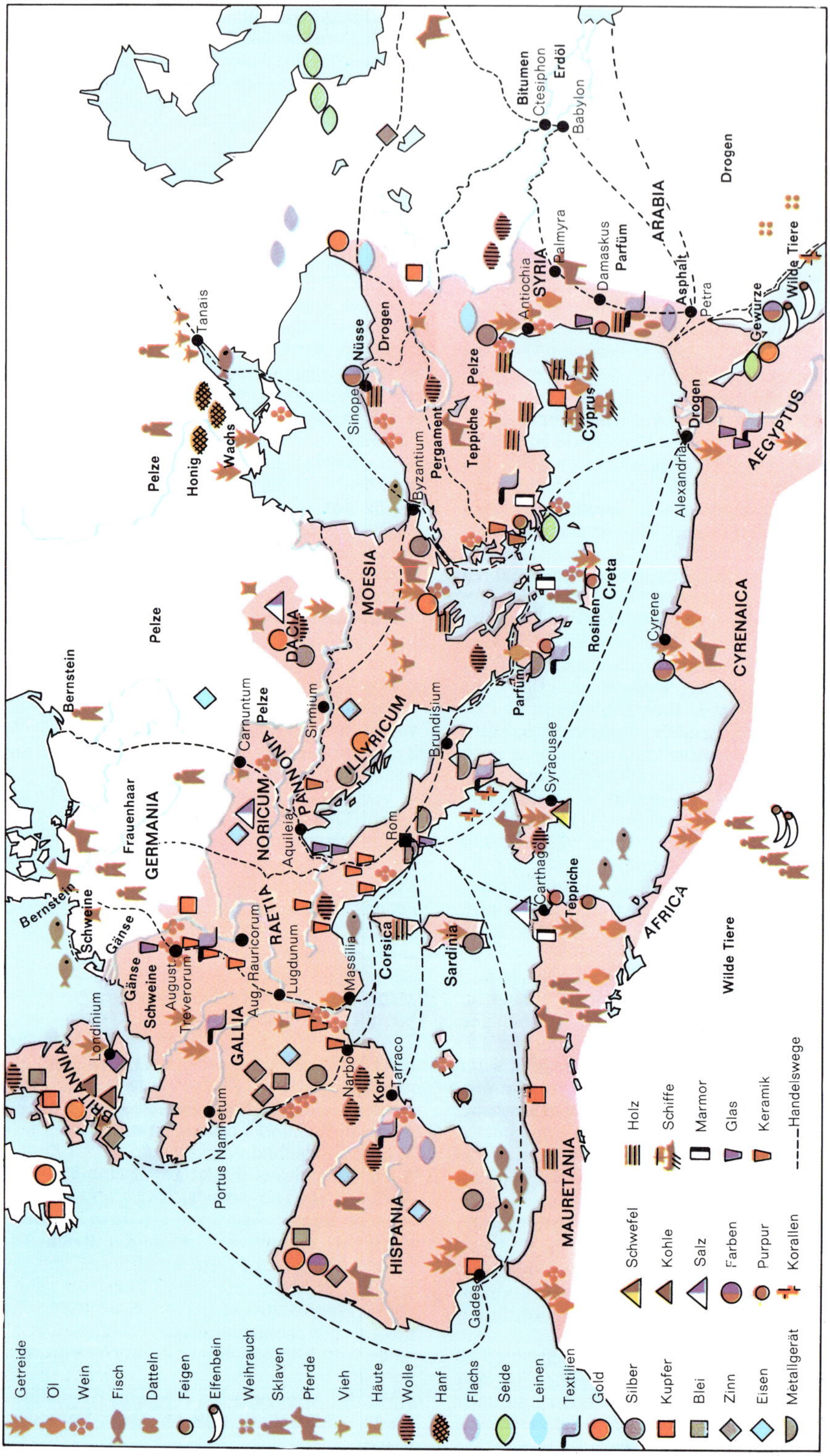

Wirtschaft im römischen Kaiserreich

Die Wirtschaft der röm. Kaiserzeit

Währung: Seit CAESAR tritt neben die alte republikanische Silberwährung eine **Goldwährung** durch Prägung von Goldmünzen (1 Aureus = 25 Silberdenare). Dadurch entsteht eine **Doppelwährung,** die bis an das Ende des 2. Jhs. trotz Zersetzungserscheinungen stabil bleibt; der Aureus wird – vor allem in nichtröm. Ländern – Hauptgeschäftsmünze. Mit dem beginnenden Währungszerfall im 3. Jh. (Ansteigen der Preise um das Dreifache) erfolgt eine Inflation des Denar am Beginn des 4.Jhs., die die antike Silberwährung beendet. Nach dem Versuch DIOCLETIANS, die Währung zu stabilisieren (1 Goldmünze [Aureus] = 20 Silberstücke [Argentei]) führt KONSTANTIN die Goldwährung ein: 1 Goldstück (Solidus) = 25 Silberdenare (Siliquae).

Wirtschaftsräume: Im röm. Reichsgebiet entstehen im 1. Jh. wirtschaftl. Großräume: Italien mit Sardinien, Korsika und dem südl. Alpengebiet; Gallien, Britannien, Irland, Schottland und Westgermanien; Afrika (Marokko bis Tripolis); Alpen- und Balkangebiete; Griechenland, Kleinasien, Kreta, Cyrenaika, Südrußland und Schwarzmeergebiet; Palästina, Syrien und Mesopotamien; Ägypten und Nubien. Diese noch im 1. Jh. Italien untergeordneten Großräume werden im 2. Jh. selbständiger. Die Folge ist ein Sinken der Bodenpreise und eine Landverödung in Italien durch die Konkurrenz der Provinzen. Im 3. Jh. vollzieht sich eine völlige wirtschaftl. **Eigenentwicklung in den Großräumen,** durch die Italien seine Absatzmärkte verliert.

Handel: Voraussetzung für den Handel ist der durch AUGUSTUS geschaffene **Reichsfriede** (Pax Augusta) für die gesamte Kulturwelt (Oikumene). Die kaiserl. Residenz Rom wird als Hauptstadt des Imperiums Mittelpunkt eines ausgezeichneten Straßennetzes. Der Staat baut die Verbindungswege zu Wasser und zu Land aus (Anlage von Post- und Relaisstationen), um den polit. und strategischen Zusammenhalt des Reiches sicherzustellen. Daneben entstehen Leuchttürme entlang den Küsten sowie Hafen- und Dockanlagen in den Küstenstädten. Im Binnenland erweitern Kanalbauten das System der natürlichen Flußverkehrsadern. Damit garantiert der Staat den wirtschaftl. Zusammenhalt der Mittelmeerwelt.

Seit Beginn der röm. Kaiserzeit ist eine Ausweitung des **Fernhandels** zu beobachten, der Irland, Schottland, Germanien, Nord- und Südosteuropa umspannt. Vom röm. Afrika bestehen Verbindungen nach Zentral- und Westafrika, von Ägypten nach Ostafrika und Abessinien. Karawanenverbindungen beziehen den Osten in den Fernhandel ein: Südindien, China, Sibirien und Ceylon. Dieser Fernhandel liegt nicht mehr in den Händen von Männern, die Spezialberufen angehören, sondern in denen der **unspezialisierten Fernhändler** (Pragmatheutes), denen ein Kontor, Buchhalter und Agenten zur Seite stehen. Eine der wichtigsten Fernhandelsemporien im Osten wird Palmyra, das – auf seinen Reichtum gestützt – den Versuch einer eigenen Reichsbildung unternimmt (S. 101). Voraussetzung für das Funktionieren des Fernhandels ist der Schutz und die Hilfe des Staates. – Der **Nahhandel** besteht in der Kaiserzeit bis auf die seit dem 3. Jh. durch bewaffnete Banden und einfallende Stämme hervorgerufenen Unterbrechungen weiter.

Handwerk: Der Ein-Mann-Betrieb wird allmählich durch größere Handwerksbetriebe abgelöst, vor allem auf den privaten und staatl. Gütern. Der Staat baut für die Bedürfnisse von Armee, Flotte und Bürokratie **Staatswerkstätten** (Fabricae = Gewerbebetriebe), da das freie Handwerkertum in den Städten im 2. Jh. immer mehr zurückgeht. Die Handwerker, die sich zuerst freiwillig in **Korporationen** zusammenschließen, werden im 3. Jh. zu Lieferungen an den Staat gezwungen. Später besteht staatl. verordnete Berufsbindung, eine Entwicklung, die durch DIOCLETIANS Anordnung von **Zwangsinnungen** für Handwerker (297) abgeschlossen wird: **Gelenkte Wirtschaft** zur Sicherstellung der Heeresversorgung.

Landwirtschaft: Die einheitl. agrar. Technik (Agrarpflanzen, landwirtschaftl. Maschinen, Düngemittel), die sich in der Kaiserzeit bildet, wird bald von den nichtröm. Dorfkulturen Eurasiens und Afrikas übernommen. Seit dem Ende des 2. Jhs. entsteht durch ihr großes Angebot eine bedrohliche Konkurrenz für die röm. Landwirtschaft. – Zwar nimmt das Wachstum der Großstädte im 2. Jh. zu (Karthago, Mailand, Lyon), doch verschwindet der Zivilisationsunterschied zwischen Stadt und Land immer mehr. Das **Gutshaus** (Villa) der landbesitzenden Oberschicht wird zum wichtigen Kulturzentrum. Das Sklaventum geht immer mehr zurück, aber auch das Freibauerntum, das sich gegen bewaffnete Banden u.a. nicht genügend schützen kann. Die Freibauern übergeben ihren Landbesitz den Großgrundbesitzern, die ihnen dafür in ihren ummauerten Gutshöfen Schutz gewähren und ihnen gegen die Übergriffe der Steuerbeamten helfen. **Aus Freibauern werden Kolonen,** die zwar persönlich frei sind, aber durch DIOCLETIAN an die Scholle gebunden werden. Zum Teil wandern die städt. Proletarier seit dem 3. Jh. auch auf das Land, um als Kolonen wenigstens den Lebensunterhalt zu haben, den die Stadt ihnen nicht mehr bieten kann. – Wegen der Einschränkung des Handels (Verkehrsunsicherheit) kommt die **Naturalwirtschaft** wieder auf.

Am Ende der Kaiserzeit verlagert sich der wirtschaftl. Schwerpunkt von den Städten, in denen der Wohlstand sinkt und oft anarchische Zustände herrschen, auf das Land. Damit verbunden ist eine immer mehr um sich greifende **Dezentralisierung,** die unter DIOCLETIAN (Einführung der Tetrarchie: räumliche Teilung der Tätigkeitsbereiche) und KONSTANTIN (Schaffung der 4 Präfekturen) auch auf polit. Gebiet verwirklicht wird.

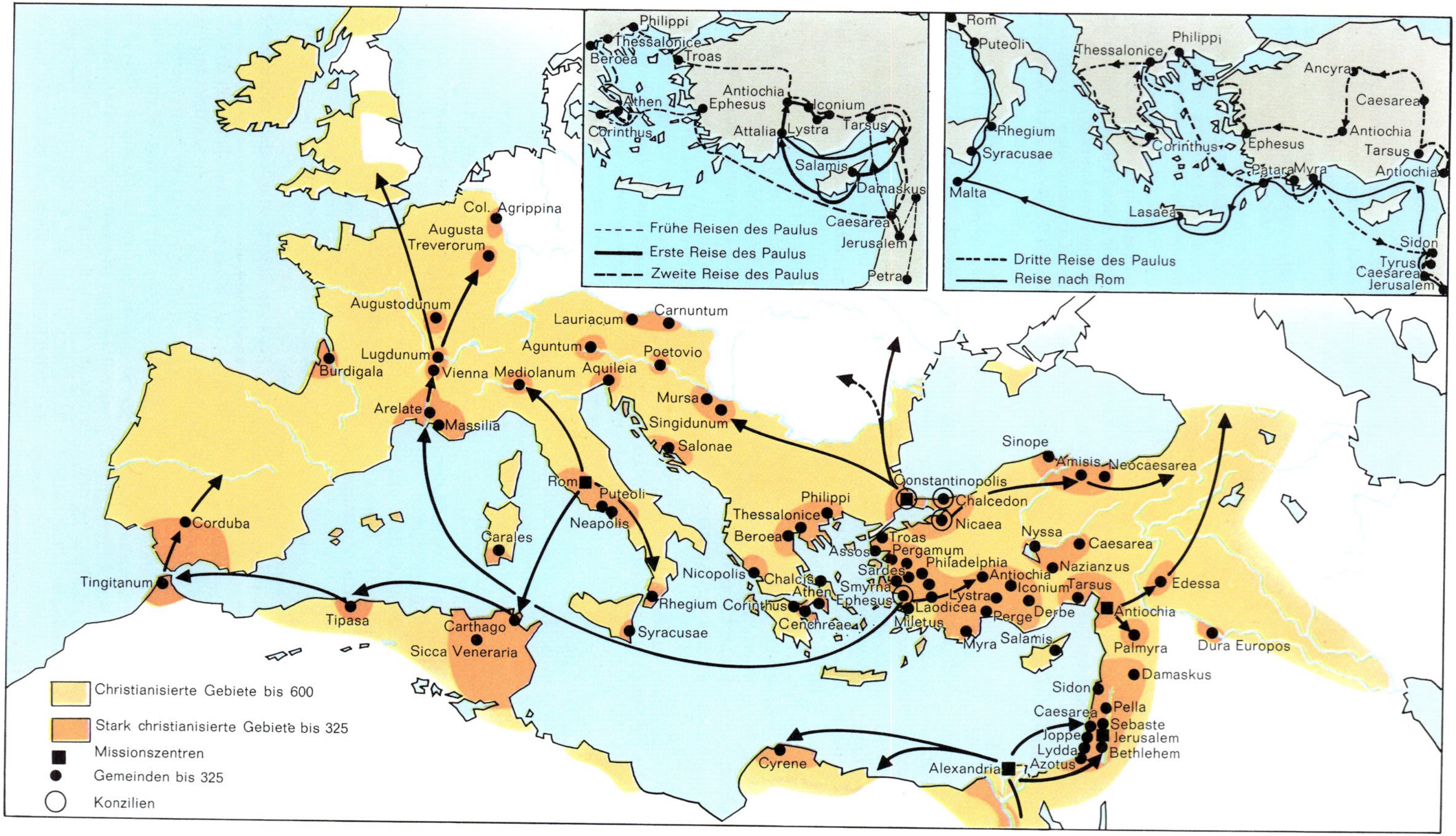

Die Ausbreitung des Christentums (Nebenkarten: Die Reisen des Paulus)

Die Ausbreitung des Christentums

50 Tage nach der Auferstehung JESU (Pfingstfest) bildet sich die erste Gemeinde (Taufe und Abendmahl). Die judenchristl. Gemeinde leitet zuerst JAKOBUS (hingerichtet 44), dann JAKOBUS DER HERRENBRUDER (gekreuzigt 62). Der erste Märtyrer der heidenchristl. Gemeinde ist STEPHANUS.

Der vom Hohen Rat zur Bekämpfung der christl. Gemeinde nach Damaskus gesandte SAULUS erlebt auf dem Wege dorthin seine Bekehrung, missioniert erfolglos in Arabien und wird, nach Tarsus zurückgekehrt, von BARNABAS nach Antiochia geholt.

45–48 1. Missionsreise des PAULUS und BARNABAS: Taufe von Heidenchristen unter Verzicht auf Beschneidung und Einhaltung der jüd. Speisegebote.

48 Apostelkonzil in Jerusalem: Anerkennung der Oberleitung der Jerusalemer Kirche, Einteilung der Missionsgebiete (PETRUS und die Urapostel übernehmen die Judenmission, PAULUS und BARNABAS die Heidenmission), Anerkennung der paulinischen Lehre (Freiheit vom jüd. Gesetz und Verkündigung der Gratia Dei [= Gnade Gottes]).

49–52 2. Missionsreise des PAULUS mit längerem Aufenthalt in Korinth (1. und 2. Brief an die Thessalonicher).

54–58 3. Missionsreise des PAULUS nach Ephesus (Briefe an die Galater, Korinther [1. und 2.] und Römer) und nach Korinth. Bei der Überbringung der Kollekte in Jerusalem wird PAULUS verhaftet und in Caesarea gefangengehalten (58–60). Von dort aus appelliert er an das Urteil des Kaisers und beginnt die

60–61 Reise nach Rom (Briefe an die Philipper, Kolosser und Epheser).

64 Enthauptung des Paulus an der Straße nach Ostia und **Kreuzigung des Petrus** am Mons Vaticanus.

Das Christentum breitet sich von **Antiochia** nach Syrien und Edessa, von **Ephesus** nach Kleinasien und Gallien, von **Alexandria** nach dem Süden und Südosten des Röm. Reichs aus. **Rom** missioniert langsam Italien/Afrika und Spanien. **Konstantinopel** ist das Zentrum für die Christianisierung der Goten und Slawen.

Innere Krisen entstehen im 2. Jh. durch:

1. **Die Gnosis:** Versuch einer Umwandlung der christl. Lehre in eine mystische Kosmologie und Erlösungslehre.
2. **Markion:** Verbindung von paulinischen und iranisch-dualistischen Ideen (Gründung einer Sonderkirche).
3. **Montanus:** Askese und Erneuerung der altchristl. Ekstatik mit Verkündigung neuer Offenbarungen.

Die Festigung des Christentums

Die von der Gnosis verursachte Krise wird überwunden. **Zusammenschluß der frühkath. Kirche** (Bildung von Synoden und Verständigung über bestimmte feste Normen): Glaubensregel (Regula fidei) als Taufbekenntnis, Kanon der Schriften um 180 (Aufnahme des Alten Testaments), Herausbildung des monarchischen Episkopats (durch die Theorie der apostolischen Einsetzung und der Sukzession). Zusammenschluß der Gemeinden zum Verband. Das demokratische Führungsprinzip wird durch Ausbildung einer **hierarchischen Verfassung** beseitigt: Bischöfe und Priester (Klerus) stehen den Laien gegenüber. Die Kirche wird die hierarch. organisierte, äußerlich sichtbare Heilsanstalt (CYPRIAN). – Der **Zusammenstoß zwischen röm. Staat und christl. Kirche** folgt aus der christl. Lehre vom Gegensatz zwischen dem Reich Gottes und dem Reich dieser Welt, der Verweigerung des Kaiseropfers und den Vergottungsansprüchen späterer Kaiser. Nach den begrenzten Ausschreitungen unter NERO (64), DOMITIAN [81–96] und TRAJAN [98–117] ist

249–251 die 1. allg. Christenverfolgung unter DECIUS (altröm. Restauration): Geringe Anzahl von Hingerichteten, aber viele Abgefallene (Lapsi).

257–258 Verfolgung unter Valerian (Tod des CYPRIAN VON KARTHAGO, der seit 250 Primas von Afrika ist).

260 Toleranzedikt des GALLIENUS und 40jährige Friedenszeit.

303–311 Diokletianische Verfolgung;

311 Toleranzedikt des GALERIUS und LICINIUS. Nach der Bekehrung KONSTANTINS

313 Toleranzedikt von Mailand: Völlige Religionsfreiheit und Gleichberechtigung des Christentums, Rückgabe des kirchl. Eigentums, Abschaffung des Staatskults.

Auf die **christl. Apologetik** (JUSTIN DER MÄRTYRER) in der 1. Hälfte des 2. Jhs. folgen die großen **Kirchenväter** IRENÄUS, TERTULLIAN, HIPPOLYT, CYPRIAN, KLEMENS VON ALEXANDRIA und ORIGENES (Logos-Christologen: griech. Gedanken mit östl. Logoslehre). Gegner der Logos-Christologen (pluralistischer Monotheismus) werden die **Monarchianer:** 1. Adoptianer: Christus ist Mensch; 2. Modalisten: Christus ist eine Erscheinungsweise Gottes.

318–381 Arianischer Streit: ARIUS, Presbyter in Alexandria, lehrt, daß Christus geschaffen – also nicht ewig – und vom Vater verschieden sei. Spätere Lehre: Ähnlichkeit (Homoiusie).

325 Das Konzil von Nicaea, von KONSTANTIN D. GR. einberufen, formuliert das Glaubensbekenntnis nach der Lehre des ATHANASIUS: Der Sohn ist Gott gleich (Homusie = Gottgleichheit). – Das

381 2. Ökumen. Konzil von Konstantinopel bestätigt das Nizänum.

Vermittler der griech. Theologie im Westen:

1. **Hieronymus** (ca. 345–420) schafft eine Bibelausgabe in latein. Sprache (›**Vulgata**‹);

2. **Ambrosius** (ca. 340–397), Bischof von Mailand, schreibt (Vorbild CICERO) eine christl. Pflichtenlehre: ›De officiis ministrorum‹;

3. **Augustin** (354–430), nach seiner Bekehrung (386) Bischof von Hippo Regius (395): ›Confessiones‹ (Bekenntnisse), ›De civitate Dei‹ (Gottesstaat).

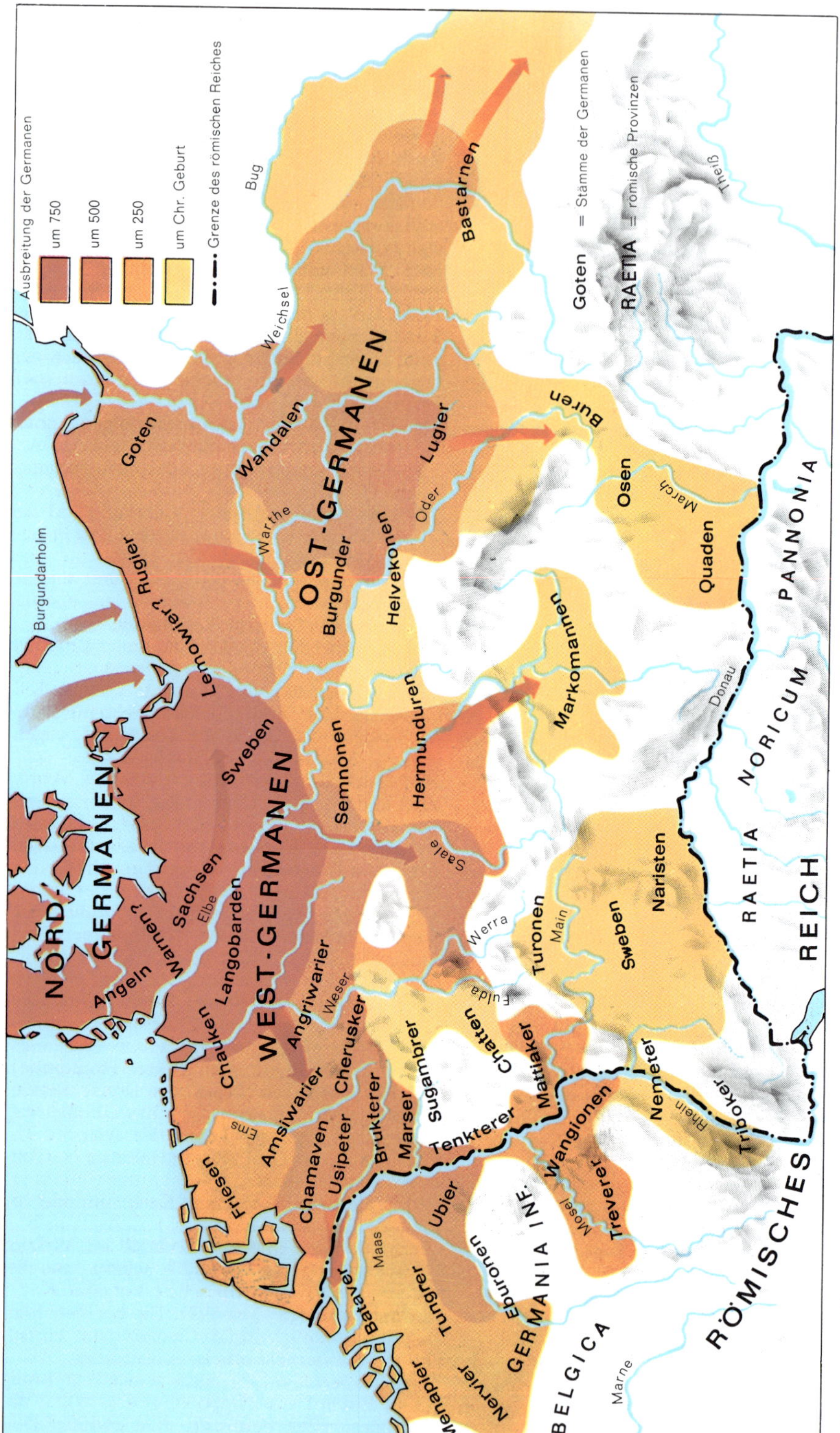

Siedlungs- und Ursprungsgebiete der Germanen in Mitteleuropa

Die Germanen, zur indogerm. Sprachfamilie gehörend, entstehen am Ende der jüngeren Steinzeit aus Trägern der nach Westen vorstoßenden Megalithkultur, der Trichterbecher- und Schnurkeramik- bzw. Streitaxtkultur. Sie bewohnen Südskandinavien, Dänemark und Schleswig. Der Name »Germanen« wird zuerst von POSEIDONIOS erwähnt (um 90 v. Chr.) und von CAESAR in die röm. Literatur eingeführt. Wichtige Aufschlüsse über die Germanen vermitteln PLINIUS D. Ä. (gest. 79 n. Chr.) in seiner ›Naturalis Historia‹, TACITUS in seiner ›Germania‹ (98 n. Chr.) und die Weltgeographie des Griechen PTOLEMAIOS. Man unterscheidet drei Gruppen:

1. Die **Nordgermanen** umfassen die in Skandinavien verbliebenen Stämme.
2. Die **Ostgermanen,** den Nordgermanen nahestehend, wandern aus Skandinavien in das Gebiet östl. der Elbe (Wandalen, Burgunder, Goten, Rugier u. a.).
3. Die **Westgermanen** (Rhein-, Weser-, Nordsee- und Elbgermanen) teilt PLINIUS in drei Gruppen (keine ethnischen Einheiten, sondern Kultverbände): **Ingwäonen** (a. d. Nordsee), **Istwäonen** (am Rhein) und **Herminonen** (im Binnenland), die ihre Abstammung von den drei Söhnen des MANNUS herleiten. Zu diesen Gruppen gehören die Cherusker, Ubier, Bataver, Chatten, Franken (entstanden aus dem Zusammenschluß der Usipeter, Tenkterer, Sugambrer und Brukterer), Chauken, Friesen, Sachsen, Sweben, Semnonen, Hermunduren, Langobarden, Markomannen, Quaden u. a.

Siedlung und Wirtschaft: Gesiedelt wird in Einzelhöfen oder kleinen Dörfern. Das in der Eisenzeit vorkommende rechteckige hölzerne Pfostenhaus vereinigt Herd, Herdecke und Stall unter einem Giebeldach. Zunächst **Ackerbau** (Weizen, Gerste, Hafer, Roggen, Flachs, Hirse, Gemüse) und **Viehzucht** (alle bekannten Haustiere), später wird durch die Römer **Wein-** und **Obstbau** bekannt. Die Besiedlung erfolgt durch die **Sippe** (Identität von Sippe und Dorfgemeinschaft): Verteilung des Pfluglandes zur Nutzung an die Mitglieder der Sippe in Gewannfluren mit Flurzwang; gemeinsame Nutzung der Allmende (Wald, Weide, Wasser u. a.). Sondereigentum ist der umfriedete Besitz (Haus und Hofstatt), der als Sitz der Hausgötter und Grabstätte der Ahnen heilig ist.

Handel gibt es zwischen den Germanen und den Mittelmeergebieten seit der Bronzezeit. **Gesellschaft:** Drei Stände: 1. Der **Adel** wird von den Geschlechtern gebildet, die ihre Abstammung von den Göttern herleiten. 2. Die **Freien** (Frilinger, Kerle) bilden die Masse der wehrfähigen Bevölkerung und besitzen polit. Rechte. 3. Die **Minderfreien** (oder Halbfreien) setzen sich aus Freigelassenen (Liberti) und Liten (Laeti, Lassi) zusammen. Die letzteren sind Unterworfene eines oft stammverwandten Stammes. – Die Unfreien (Sklaven) sind Kriegsgefangene, unfrei Geborene oder durch Zahlungsunfähigkeit (Spielschulden) unfrei Gewordene. **Der germanische Stamm,** der von den Nachbarstämmen durch breite Ödlandstreifen getrennt ist, zerfällt in Gaue, diese in Hundertschaften. Wichtigster Verband ist die **Sippe,** deren Mitglieder durch gemeinsame Abstammung verbunden sind. Sie gewährt ihren Gliedern Frieden, Schutz und Recht. Die Wiederherstellung der Ehre ist u. a. sakrale Pflicht der Sippe (Fehde und Blutrache, die später durch Wergeld abgelöst wird), nicht des einzelnen.

Heer: Die Gesamtheit der nach Sippen geordneten, wehrhaften Männer bildet die in Keilformation kämpfende Truppe.

Recht: Keine geschriebenen Rechtssatzungen, sondern nur ein auf einer vernünftigen Ordnung beruhendes, ungeschriebenes und mündlich weitergegebenes Volksrecht.

Verfassung: Oberstes Organ ist die Landgemeinde (Thing, Ding), die in regelmäßigen Zeitabständen zusammentritt (**Heeresversammlung**). Die Fürsten stellen die Anträge, die das Volk ablehnen oder annehmen kann. Abgestimmt (einstimmig) wird über Krieg und Frieden, Freilassung; als **Gericht** entscheidet die Landgemeinde über Kultfrevel, Landesverrat, Kriegsverbrechen und Taten ehrloser Gesinnung. Sie stößt den Täter aus der Gemeinschaft aus (»Friedlosigkeit«), spricht das Todesurteil aus und bestimmt die Art der Vollstreckung. Die Stämme der Ostgermanen werden von **Königen** geführt (sakrale, krieger. und richterl. Aufgaben). Königlose Stämme (Westgermanen, die erst später das Königtum übernehmen) wählen im Krieg **Herzöge** aus der aristokratischen Gesellschaft: Nicht die Abstammung, sondern die Tüchtigkeit entscheidet. Könige, Herzöge und Adelige haben das Recht, eine **Gefolgschaft** zu halten (zuerst Jungmannen zur krieger. Ausbildung, später bewährte Krieger, die einen Treueid leisten, der sie auf Leben und Tod verpflichtet).

Religion: Neben den Fruchtbarkeitsgöttern (»Vanen«) NJÖRD (identisch mit NERTHUS, der Muttergöttin), FREY und FREYJA stehen die Asen. Gewöhnlich werden drei Götter genannt: **Wodan** (ODIN), Totengeleiter und Herr des Zaubers, später Kriegsgott, dessen ekstatischer Kult auf die Herkunft aus dem Osten (Reiten auf dem Pferd) weist; **Thor** (DONAR), der Beschützer der Bauern gegen die Riesen, und **Tiwaz** (ZIU, TYR), der Kriegsgott, der im Norden mit WODAN konkurriert. Die Götter werden in Kultfesten gefeiert, die periodisch vom Stamm oder nach siegreich beendeten Kriegen in bestimmten **Kultbezirken** veranstaltet werden: Schlachtung von Opfertieren und gemeinsames Kultmahl mit Gesängen und Tänzen. Die Kultbezirke sind heilige **Haine,** Berge und Plätze an heiligen Bäumen, Quellen und Steinen. Daneben gibt es **Tempel** mit Idolen aus Holz oder Metall, später unter fremdem Einfluß auch Götterbilder. Durch **Orakel** wird der Wille der Götter erforscht. Politisches Amt und Kultamt liegt in einer Hand; kein Priestertum.

Die Ausbreitung der Slawen

Urheimat der Slawen (Slovene von Slovo = das Wort), eines Hauptzweiges der indogerm. Völkerfamilie, ist das Gebiet der Pripet-Sümpfe. Später umfaßt das von Slawen besiedelte Gebiet Teile Polens, Weißrußlands und der Ukraine. In den ersten Jahrhunderten ist die Geschichte der Slawen verknüpft mit der der Germanen (Goten), Hunnen, Alanen und Turkvölker, mit denen die Slawen sehr oft eine für alle Völker fruchtbare Lebensgemeinschaft (= Symbiose) eingehen. Von PLINIUS D. Ä., von TACITUS und dem Geographen PTOLEMAIOS werden sie als Venedi oder Veneti (den Deutschen als Wenden bekannt) bezeichnet, seit dem 6. Jh. sprechen die byzantin. Schriftsteller (PROKOPIOS und JORDANES) von den Sklavenoi, die zuerst an der unteren Donau, dann auch in den Ostalpen ansässig sind. Ab 600 siedeln slaw. Völker (Abodriten, Sorben, Veneter und Pomoranen) östl. der Elbe in den von den Germanen verlassenen Gebieten. Geschichtlich greifbar werden sie, wie die Tschechen, erst in der Karolingerzeit (805 Errichtung des »Limes sorbicus« durch KARL D. GR. = Linie der östlichsten fränk. Marktorte).

Gliederung der Slawenstämme: Ostslawen (Russen; später spalten sie sich in Ukrainer, Weiß- und Großrussen), Westslawen (Polen, Pomoranen, Abodriten, Sorben, Tschechen und Slowaken) und Südslawen (Slowenen, Serben, Kroaten und Bulgaren).

Durch die deutsche Kolonisation im Donautal und in den Ostalpen nach Vernichtung des Awarenreichs und durch die Einwanderung der Ungarn um 900 in das ungar. Tiefland wegen der von Osten nachdrängenden Petschenegen wird die Einheit der slaw. Welt zerrissen: Trennung der Westslawen im Norden von den Südslawen.

Gesellschaft: Die Ur-Slawen leben in Sippen (Ahnenverehrung), die sich aus den sog. »Großfamilien« zusammensetzen. Mehrere Sippen bilden einen Sippenverband, der durch die Sippenältesten geleitet wird. Aus dem Sippenverband erwächst der Stamm mit der militär. Organisation (Hundertschaft als Grundeinheit des Aufgebots, daneben Tausendschaft) und dem gemeinsamen Kult. Die Sippenführer bilden allmählich eine aristokrat. Oberschicht. Der Stammespartikularismus verhindert jegliche slaw. Großmachtbildung. – Die in späterer Zeit gebrauchten Herrschertitel werden fremden Sprachen entlehnt: Kunedzi (Fürst) ist germ. (König), Korlji (tschech. Kral) leitet sich ab von dem Namen KARLS D. GR., der Zarentitel vom röm. Caesar.

Wirtschaft: In dem großräumigen Siedlungsgebiet betätigen sich die Slawen als Ackerbauer, Jäger, Fischer, Vieh- und Bienenzüchter. Daneben gibt es aber auch, vor allem in den Städten, Handwerkerberufe (Spezialisten): Zimmerleute, Weber, Töpfer, Gerber, Kürschner. Ein lebhafter Handel entsteht entlang den Flüssen. Rohstoffe (Honig, Wachs, Tierfelle) werden gegen Gewebe, Waffen, Geräte, Schmuck, Gold und Silber getauscht. Das Handelsmonopol besitzen zunächst nur Juden, Germanen und Griechen, erst später auch die Slawen selbst.

Religion: Die Quellen berichten über Götternamen und -bilder, über Tempel der Westslawen (Tempel von Arkona auf Rügen, Heiligtümer des Gottes TRIGLAW in Stettin und des Gottes SVAROCIC in Rethra), von Baumkulten und Orakeln. Der Gebrauch von Amuletten und Sinnbildern läßt auf Berührungen mit den Iraniern und Turkvölkern schließen. Bekannt ist der Donner- und Blitzgott PERUN (bei den Ostslawen). Höchste Gottheit der alten Slawen ist SVAROG, ein alter Himmels- und Donnergott. Die Slawen im Havelgebiet verehren DAZBAG (Sonnengott) und JAROWIT (Frühlingsgott). Innerhalb der Sippe werden ROD und ROZANICY (Fruchtbarkeitsgötter) verehrt. Bei allen Stämmen Anbetung der Natur.

Die Christianisierung der Slawen beginnt mit dem Vordringen der röm. und byzantin. Kultur in Ost- und Mitteleuropa: Im 6. Jh. Mission unter den Kroaten von Aquileia, im 8. Jh. unter den Slowenen von Salzburg aus. Unter KARL D. GR. setzt die Missionierung der Wenden, der Tschechen (von Regensburg aus), der Abodriten und Elbslawen (von Verden a. d. Aller aus) ein. Um 850 schließen sich die Serben der Ostkirche an. Seit 863 missionieren KONSTANTIN (CYRILL) und METHODIUS im Großmährischen Reich; sie schließen sich später Rom an.

864/65 Bekehrung der Bulgaren (1. autokephale Ostkirche).
866 Christianisierung einer Gruppe der Rus.
948 Errichtung der Bm. Havelberg, Brandenburg und Oldenburg.
966 Taufe des Herzogs MIESZKO VON POLEN.
968 Gründung des Ebm. Magdeburg mit den Suffraganen Meißen, Merseburg und Zeitz (1032 nach Naumburg verlegt) durch OTTO I. (zur Bekehrung der Elbslawen).
973 Gründung des Bm. Prag.
983 Vernichtung der christl. Mission im Slawenaufstand (Havelberg, Brandenburg).
988 Taufe des warägischen Großfürsten WLADIMIR.
1000 Gründung des Ebm. Gnesen und
1001 des Ebm. Gran. Mit der Gründung dieser Ebm. wird die poln. und ungar. Kirche dem deutschen Einfluß entzogen.

Alle slaw. Staaten versuchen, eine selbständige Kirche zu gründen (autokephales Ebm. bzw. Patriarchat). Das auf einem makedonischen Dialekt aufbauende Slawische wird zur Sprache der slaw. Kirchen und zur Schriftsprache der Balkan- und Ostslawen. Die Slawen erreichen in der Gemeinschaft der christl. Völker ein höheres kult. Niveau; in den slaw. Staatsgründungen trägt außerdem der Glaube zur Verschmelzung heterogener völk. und kult. Elemente bei. Trotz der Spaltung der Slawen in röm.-kath. (Westslawen) und griech.-orthodoxe Staaten (Ostslawen) gehören beide Teile seit der Christianisierung zum europ. Kulturkreis.

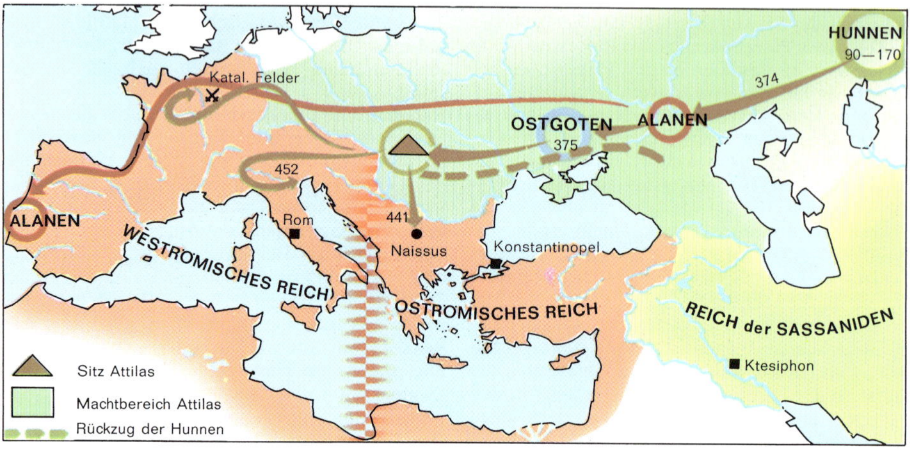

Die Hunnen

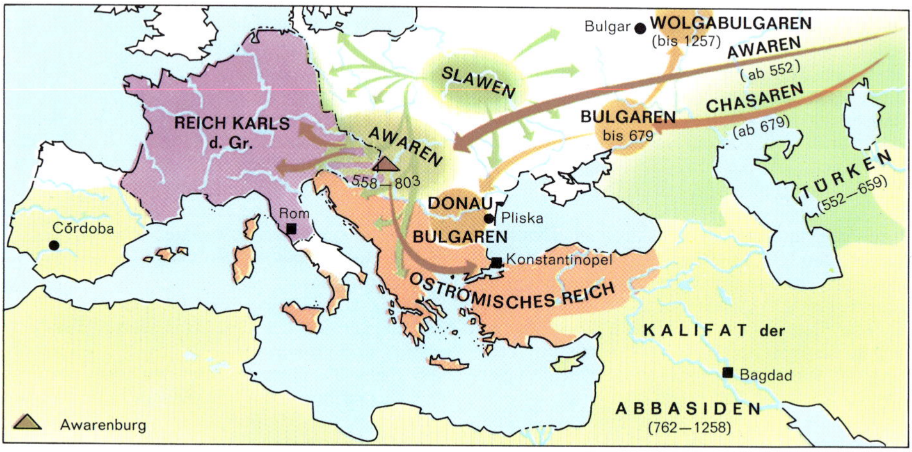

Bulgaren und Awaren

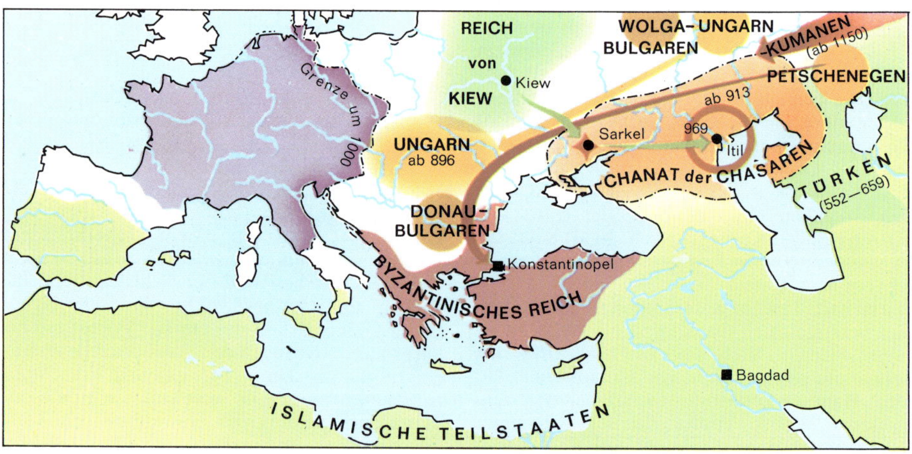

Chasaren, Petschenegen, Kumanen und Ungarn (Magyaren)

Die Reitervölker Nordeurasiens

Die **Grassteppe** von Osteuropa (Polen) bis Ostasien (Gelbes Meer) ist Heimat der Reitervölker, deren **wirtschaftl. Grundlage** der gemeinsame Viehbesitz ist. Die gemeinsamen Interessen (Schutz gegen Naturgewalten und feindl. Stämme) schließen die Familien, deren Mittelpunkt der Pater familias ist, zu Interessengemeinschaften, diese zu Stämmen und die Stämme zu Horden zusammen. **Kennzeichen** aller Reiternomaden, die eine gleiche Kultur und Lebensauffassung besitzen, sind Herrentum, Organisationstalent und Weltreichsbildungen auf föderativer Grundlage. Jeder besiegte Feind wird zum Freund, wenn er sich mit den Interessen der Horde identifiziert.

Religion: Der weite Horizont der Steppe lenkt den Blick der »bogenspannenden« Völker zum Himmel, von dem der Regen für die Weiden der Herden kommt. Dort ist der Sitz des **allwissenden Himmelsvaters.** Die Verbindung zu den Göttern stellt durch Opfer der **Schamane** her, der auch in der Ekstase die Seelen der Verstorbenen ins Jenseits geleitet. Diese schamanist. Religion verdrängt wiederholt die in den Steppenraum eindringenden Hochreligionen (Judentum, Christentum, Islam und Buddhismus) oder bleibt neben ihnen bestehen.

Gesellschaft: An der Spitze der aus freien und gleichberechtigten Kriegern bestehenden Horde steht der **Fürst,** der im nomadischen Weltreich zum **Kagan** wird. Für viele dieser Fürsten bildet der Beruf des Schmiedes, des Waffenherstellers, die Ausgangsstellung für ihren Aufstieg. Der Schmied hat Verbindung zu den Göttern, die ihn seine Kunst lehren, oft ist er der Auserwählte der Götter **(Schmiedekönigtum).** Die Idee des Königtums verschmilzt oft mit der Gottesvorstellung; so wird DSCHINGIS, der »vom Schicksal Gesandte«, nach seinem Tode zum »Gewaltigen des Himmels«.

Weltreichsgedanke: Die einzige Orientierungsmöglichkeit in der grenzenlosen Weite der Steppe ist der Himmel. Das Weltall dreht sich um den Polarstern, die »Achse der Welt«, unter der der mongolische Weltherrscher seinen Sitz (»Nabel« der Welt) hat (Zusammenfallen von »Welt«- und »Ethno«[Volks-]zentrum). Aus diesem Weltbild ergibt sich für den Nomaden die Aufgabe: Unterwerfung und Befriedung aller Völker der »Vier Ecken« (= vier Himmelsgegenden). Alle Herrscher scheitern, sobald sie ihre Völker aus der Steppe führen und auf die städt. Kulturen des Westens stoßen.

Die Hunnen dringen nach der Vertreibung aus China und der Zerstörung des 2. Hunn. Reiches in Turkestan und der Dzungarei (36/35 v. Chr.) durch die Chinesen nach Westen in die südruss. Steppe vor.

375 Vernichtung des Ostgotenreiches in Südrußland. Die germ. und germ.-sarmatischen Völker werden unterworfen.

441–453 Attila (gest. 453) wird nach Beseitigung seines Bruders BLEDA Alleinherrscher und unternimmt Vorstöße nach Byzanz, das ihn als gleichberechtigten Partner anerkennen muß, und nach dem Westen. Nach der

451 Schlacht auf den Katalaunischen Feldern zieht er sich nach einem Einfall in die Poebene in das Zentrum seines Reiches (Theißebene) zurück und stirbt, ohne bei den Hunnen eine den westl. Verhältnissen entsprechende Ordnung eingeführt zu haben (Beamte, Adel, Offiziere). Die Germanen unter ARDERICH, König der Gepiden, zertrümmern das Hunnenreich.

Die Bulgaren: Reste hunn. Scharen ziehen sich in die südruss. Steppe zurück und gründen – vermischt mit den Uiguren – ein bulgar. Reich, das seine größte Blüte unter KUVRAT (gest. 679) erlebt. Nach der Zertrümmerung des Reichs durch die Chasaren gründet ein Teil das Donaubulgar., ein anderer das Wolgabulgar. Reich, das durch die Mongolen beseitigt wird (13. Jh.); der Rest unterwirft sich den Chasaren.

Die Awaren wandern nach der Zerstörung ihres ostasiat. Reiches durch die Turkstämme (552), durch Hunnen und Bulgaren verstärkt, in die Theißebene. Mit den Anten und Sklavenoi (S. 111) kommt es zu einer awarisch-slaw. Lebensgemeinschaft. Nach einer Blütezeit unter Kagan BAJAN [565–602] erliegt das Reich zwischen 791 und 796 den Angriffen KARLS D. GR.

Die Chasaren sind Halbnomaden (Bearbeitung des Bodens, Handel), die nördl. des Kaukasus ein Reich gründen. Ihr Staat, der enge Beziehungen zu Byzanz hat, erhält seine Einnahmen aus den Zöllen und unterhält ein stehendes Heer. Der Zusammenbruch erfolgt durch die Angriffe der Waräger.

965 Eroberung Sarkels, der westl. Grenzfestung an der Don-Mündung, durch SWJATOSLAW VON KIEW (S. 133).

969 fällt Itil, die Residenz an der Wolgamündung.

Die Petschenegen unternehmen seit dem 10. Jh. Vorstöße in den Balkan, bis sie in der

1091 Schlacht von Levunion eine entscheidende Niederlage durch ALEXIOS KOMNENOS erhalten (S. 175).

Die Kumanen gründen in Südrußland ein Reich, das von 1154–1222 besteht. Gutes Verhältnis zum Reich von Kiew. Das Reich wird von den Mongolen vernichtet.

Die Magyaren dringen im 9. Jh. nach Westen vor. Sie nehmen im Gegensatz zu Hunnen und Awaren nicht nur die südl. Steppenzone (Deserta Avarorum) in Besitz, sondern den gesamten Karpatenbogen. Nach Zerstörung des Chasarenreichs verlieren sie die Verbindung zum steppennomad. Kreis und finden neue Bindungen im Westen (Übernahme westl. Kultur und Religion; S. 169).

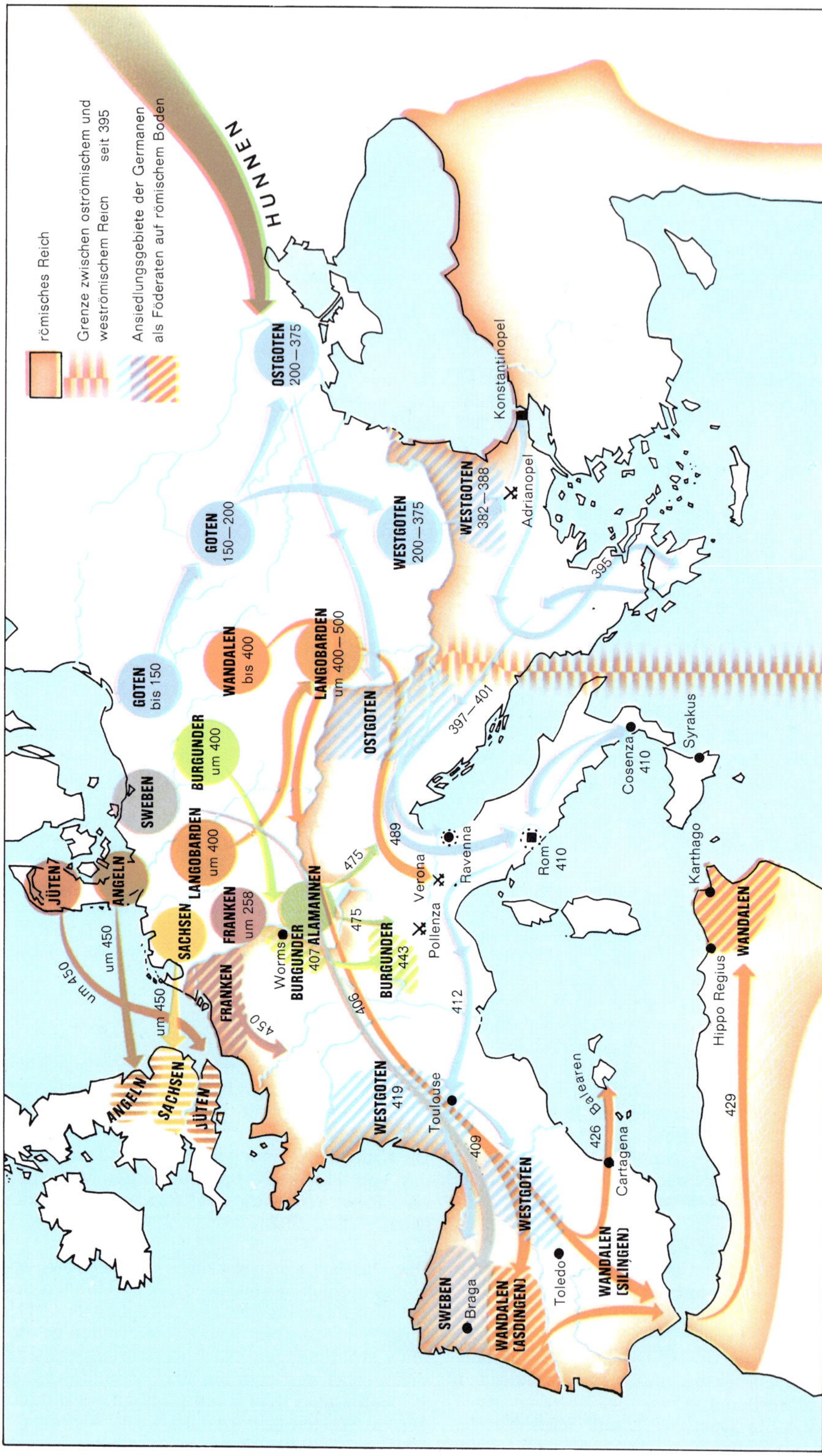

Züge und Siedlungsgebiete der Germanen im 4. und 5. Jh.

Die Völkerwanderung (375–568)

Die ersten Züge: Zwischen 230 und 200 v. Chr. ziehen Bastarnen und Skiren (zum Schwarzen Meer), später folgen die Cimbern, Teutonen und Ambronen (S. 89). CAESAR schlägt die unter ARIOVIST in Gallien einfallenden Sweben zurück (58). Die Erfolge der Römer unter AUGUSTUS (S. 95) werden zunichte durch die Niederlage des VARUS (9 n. Chr.), doch wird die Rhein-Donau-Grenze gehalten, später sogar das Gebiet zwischen Donau und Oberrhein (Agri decumates, 74) gewonnen und durch den Limes gesichert. Nach den ersten Kämpfen mit den Markomannen (166–180) folgen die Einfälle der Chatten (171), der Alamannen (ab 213), der Goten (236) und der Franken (ab 257). Nach Aufgabe der oberrhein.-rätischen Limesgrenze (260) beginnen die Vorstöße der Alamannen an der Rheingrenze, nach der Aufgabe der Prov. Dacia (270) die Angriffe der Goten an der Donaugrenze. Im 4. Jh. werden Germanen als **Föderaten** an den Grenzen angesiedelt, die Jahrgelder (Annonae foederatae) erhalten und den Grenzschutz übernehmen. Im 5. Jh. entstehen **germ. Volkssiedlungen auf röm. Boden.**

Die **Ostgermanen** werden zu Trägern der **»Völkerwanderung«,** die zeitlich durch die Jahre 375 (Hunneneinfall) und 568 (Landnahme der Langobarden in Italien) begrenzt wird.

Gründe: Die Stämme werden durch Klimawechsel, Bevölkerungszunahme und Landnot zur Wanderung gezwungen. Nicht zuletzt treibt sie Kriegs- und Abenteuerlust.

Anlaß ist der Vorstoß der Hunnen (S. 113), die das Reich der Ostgoten unter ERMANERICH am Schwarzen Meer vernichten (375).

Folgen: Der westl. Teil des röm. Reiches wird beseitigt. An seine Stelle treten die Germanenreiche. – Die Germanen werden von dem Goten WULFILA (um 310–382/3), der die Bibel ins Gotische übersetzt (Codex Argenteus in Uppsala), zum arianischen Christentum bekehrt. – Das von den Germanen östl. der Elbe verlassene Gebiet wird von Slawen besiedelt.

Die Westgoten werden von Kaiser VALENS im Röm. Reich angesiedelt (376). Sie schlagen die Römer nach einem Aufstand in der

378 Schlacht von Adrianopel. Von THEODOSIUS werden sie erneut in Moesien und Thrakien angesiedelt (382). – Unter ALARICH, der den Königstitel annimmt, suchen die Westgoten neue Wohnsitze. Nach einem Plünderungszug durch die Balkanhalbinsel und die Peloponnes wird ALARICH zum Magister militum per Illyricum (= Heermeister Illyriens) ernannt. Von dort unternimmt er einen

401–403 Angriff auf Italien. Durch STILICHO bei Pollenza (402) und Verona (403) zurückgeschlagen, erfolgt nach STILICHOS Tod (408) die Belagerung Roms. Abzug der Goten nach Zahlung einer riesigen Kontribution. Vergebliche Belagerung des HONORIUS in Ravenna.

410 Einnahme und Plünderung Roms. Vor der Überfahrt nach Afrika stirbt ALARICH in Süditalien (Cosenza).

410–415 ATHAULF, Nachfolger und Schwager ALARICHS, heiratet die gefangene GALLA PLACIDIA, Halbschwester des HONORIUS. Nach seinem Tod gründet sein Bruder WALLIA das **Tolosanische Reich der Westgoten** (Tolosa = Toulouse).

Die Wandalen, durch die Goten verdrängt, siedeln in der Slowakei und in Siebenbürgen. Mit Quaden, Sweben und Alanen überschreiten sie die durch STILICHO von den röm. Legionen entblößte Rheingrenze (406), ziehen nach Gallien und erreichen Spanien (409), wo sie als Föderaten angesiedelt werden. 429 Überfahrt unter GEISERICH [428–477] nach Afrika und Gründung des Wandalenreiches.

Die Burgunder wandern um 400 in das Rhein-Main-Gebiet und gründen ein Reich am Mittelrhein (Hauptstadt ist der Sage nach Worms) unter GUNDAHAR (= Gunther), das durch die von dem weström. Heermeister AETIUS herbeigerufenen hunnischen Hilfstruppen vernichtet wird (436).

443 Ansiedlung der Burgunder an Saône und Rhône zum Schutz der Alpenpässe; Gründung eines Reiches der Burgunder.

Die Ostgoten. Um Christi Geburt siedeln die Goten an der Weichselmündung, wandern im 2. Jh. nach Südosten und teilen sich in West- (=Wisigoten) und Ostgoten (= Ostrogoten). Das Ostgotenreich am Schwarzen Meer wird durch die Hunnen zerstört. Nach ATTILAS Tod (S. 113) lassen sich die Ostgoten in Pannonien nieder. Unter dem als Geisel am oström. Hof erzogenen THEODERICH aus dem Geschlecht der AMALER plündern sie die Balkanhalbinsel. THEODERICH zieht nach seiner Ernennung zum Magister militum und Patricius von Italien (488) mit den Goten nach Italien, besiegt ODOWAKER, den das aus germ. Söldnern bestehende Heer zum Heerkönig ausgerufen (476) und der Sizilien und Dalmatien erobert sowie das Donaureich der Rugier zerstört hat, in drei Schlachten. Nach der Übergabe Ravennas (dreijährige Belagerung: »Rabenschlacht«) wird ODOWAKER von THEODERICH ermordet. Gründung des Ostgotenreiches.

Jüten, Angeln und **Sachsen** (S. 129), **Franken** (S. 121), **Langobarden** (S. 119).

Die Nordgermanen verlassen ihr Siedlungsgebiet in Skandinavien und Jütland nicht. Im Raum zwischen Rhein und Elbe bilden sich folgende deutsche Stämme, die durch Mischung und Zusammenschluß verschiedener Stämme und Stammessplitter entstehen (Völkerbünde): **Alamannen, Sachsen, Franken** (Salier, Ripuarier, Mosel- und Mainfranken, Chatten), später **Thüringer** und **Bayern.**

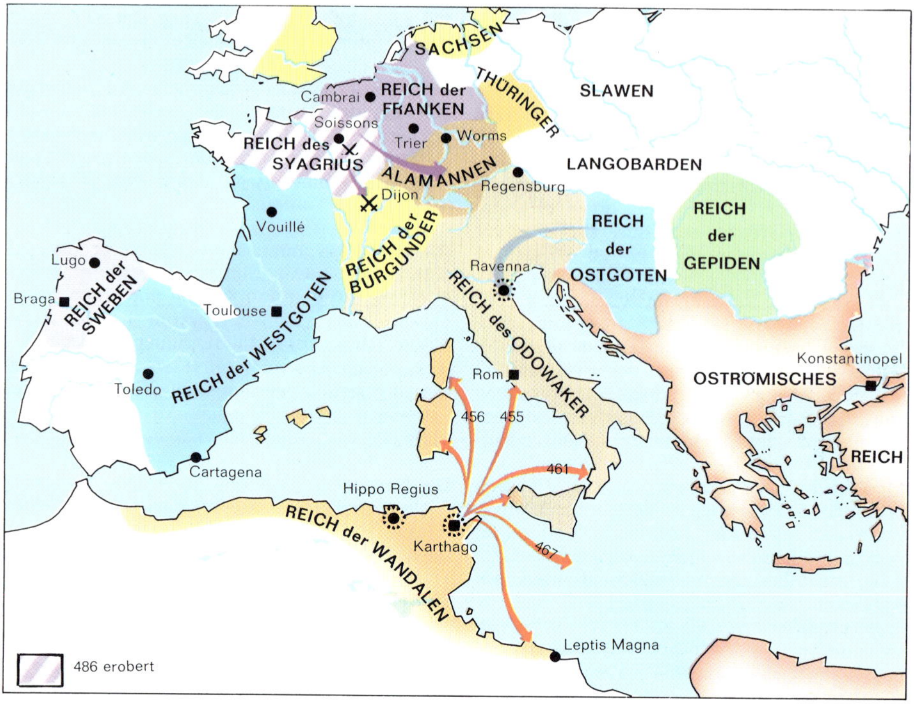

Die Germanenreiche bis 486

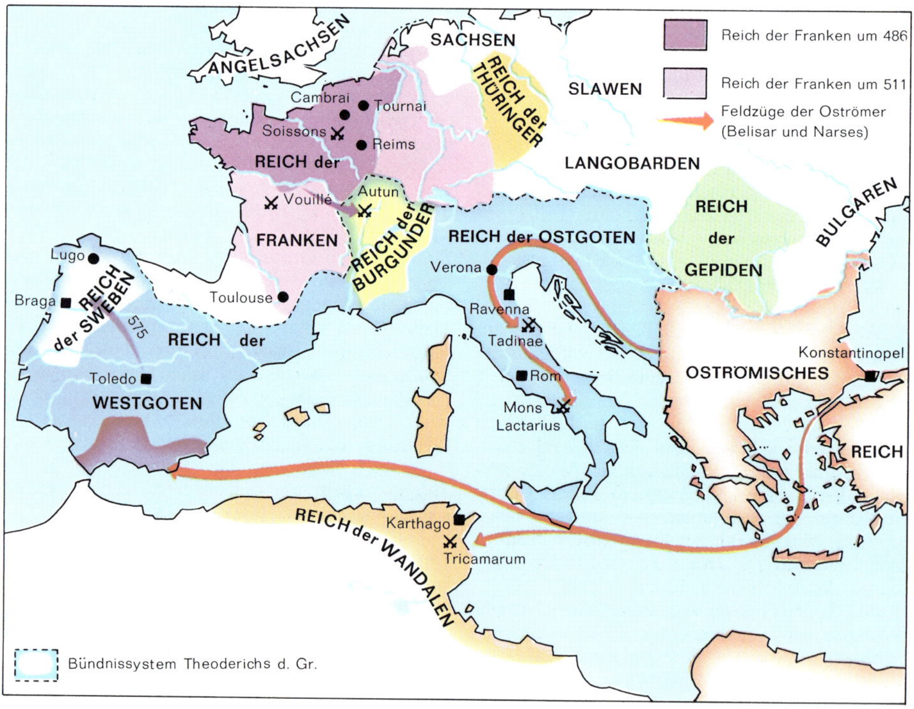

Die Germanenreiche um 526

Die **Germanen** werden als Föderaten in das Röm. Reich aufgenommen und auf Kolonengütern einquartiert. Die ihnen zugewiesenen Landanteile liegen inmitten des röm. Volkstums, so daß es bald zu einer Verschmelzung zwischen Germanen und Römern (= Romanen) kommt. Allerdings lösen sich die Germanen bald aus dem Föderatenverhältnis und gründen auf weström. Boden souveräne Kgr. auf volksrechtl. Grundlage. Die röm. Kultur wird von den Germanen nicht zerstört. Vorbereitet ist die Gründung german. Staaten durch die Dezentralisation des röm. Reiches seit DIOCLETIAN (Zersplitterung der Staatsgewalt).

Die Reiche der Ostgermanen sind nicht von bleibender Dauer, weil die ostgerm. Stämme den Zusammenhang mit der Heimat verlieren, so daß die dünne Erobererschicht nicht ergänzt werden kann. Hinzu tritt der relig. Gegensatz: Die Eroberer sind Arianer und gründen Nationalkirchen unter kgl. Führung, während die unterworfene Bevölkerung röm.-kath. ist.

Das Wandalenreich in Afrika (429–534)

Nach Eroberung von Hippo Regius (Tod des Kirchenvaters AUGUSTIN während der Belagerung, 430) siedeln die Wandalen im Gebiet von Tunis und werden von Rom als Föderaten anerkannt (435). Nach der Einnahme Karthagos (439) anerkennen die Römer das eroberte Land als souveränen Besitz (442): **1. germ. Reichsgründung auf weström. Reichsgebiet.** Die röm. Grundbesitzer werden verjagt (keine Landnahme nach dem Jus hospitale). Von GEISERICH wird die Thronfolge durch das **Senioratsprinzip** geregelt, das an die Stelle des germ. Geblütsrechts tritt: der Älteste wird Thronfolger. Die wandal. Flotte beherrscht das westl. Mittelmeer; sie übt auf Rom, das auf Getreide aus Afrika angewiesen ist, einen Druck aus. Die Eroberung der röm. Prov. in Afrika wird durch Kaiser ZENO anerkannt (474).

455 Eroberung Roms durch die Wandalen. Keine Zerstörung der Kunstschätze (»Wandalismus«), sondern systematische Plünderung. Nach dem Tode GEISERICHS wird das Reich durch Kämpfe zwischen Adel und König und relig. Auseinandersetzungen geschwächt.

534–535 Zerstörung des Wandalenreichs durch BELISAR (S. 139).

Das Tolosanische Westgotenreich (419–507)

Die Westgoten erhalten in Aquitanien (Hauptstadt Tolosa = Toulouse) zwei Drittel des Landes als steuerfreies Grundeigentum zugewiesen, dafür übernimmt der König mit dem Heer den Schutz und regiert als kaiserl. Statthalter. Höhepunkt der westgot. Macht unter

466–484 Eurich, dem Begründer der westgot. Herrschaft in Spanien. Unter ihm wird das **älteste germ. Gesetzgebungswerk** in lat. Sprache verfaßt (›Codex Euricianus‹, um 470). Sein Nachfolger

484–507 ALARICH II. fällt gegen die Franken unter CHLODWIG bei Vouillé (S. 121).

Das Westgotenreich in Spanien (507–711)

Das neue Reich wird durch die Kämpfe zwischen Adel und König geschwächt.

551 Die ins Land gerufenen Byzantiner erobern den Süden.

568–586 LEOWGILD, der Toledo zur Hauptstadt macht, drängt die Byzantiner zurück und erobert das Reich der um 409 eingewanderten Sweben (575).

586–601 REKHARED I. wird katholisch. Großer Einfluß der Kirche, die sich mit dem germ. Hochadel verbündet.
Die **Reichskonzilien von Toledo** sind gleichzeitig auch Reichsversammlungen, an deren Beschlüsse der König bei Strafe des Kirchenbanns gebunden ist.

633 Einführung der Wahlmonarchie.

649–672 REKISWINTH schafft ein für Goten und Römer gemeinsames Gesetzbuch (›Lex Visigothorum‹, um 654).

711 Sieg der Araber über die Westgoten unter RODERICH (S. 135).

Das Reich der Burgunder (443–534)

Die durch AETIUS am Genfer See angesiedelten Burgunder dehnen ihr Reich der Rhône und Saône entlang aus. Blüte unter

um 480–516 GUNDOBAD, der ein burgund. Gesetz (›Lex Burgundium‹, 516) schreiben läßt. Nach vergeblichen Versuchen (523–524) gelingt den Franken nach THEODERICHS Tod durch den Sieg bei Autun

534 Eroberung des Burgunderreichs.

Das Ostgotenreich in Italien (493–553)

493–526 Theoderich d. Gr. trennt Römer und Goten (Heiratsverbot). Die Goten erhalten ein Drittel des vorhandenen Grundbesitzes für ihren Dienst als Krieger. Zivilverwaltung und Wirtschaft bleiben in Händen der Römer. Auch läßt der relig. Gegensatz keine got.-röm. Verständigung aufkommen.

Politisches Ziel THEODERICHS ist ein gegen Byzanz gerichtetes german. Bündnissystem, das er durch dynast. Heiraten zu stärken sucht. Das Scheitern dieser Politik (Gegenspieler ist der Franke CHLODWIG), die Sorgen um die Thronfolge und Spannungen zwischen got. Arianern und röm. Katholiken verdunkeln den Lebensabend des Königs. – BOETHIUS, der im Gefängnis den ›Trost der Philosophie‹ verfaßt, wird zusammen mit seinem Schwiegervater SYMMACHUS wegen Opposition des Senats hingerichtet.

526 Tod THEODERICHS in Ravenna.

535–553 Gotenkrieg Justinians. Der von den Goten zum König erhobene WITIGIS [536–540] wird von BELISAR nach der Belagerung Ravennas gefangengenommen.

542–552 TOTILA gewinnt von Verona aus Italien (außer Ravenna) zurück, behauptet sich zwischen 544 und 549 gegen BELISAR, doch fällt er im Kampf gegen NARSES bei Tadinae. Sein Nachfolger TEJA stirbt wenige Monate später am Mons Lactarius.

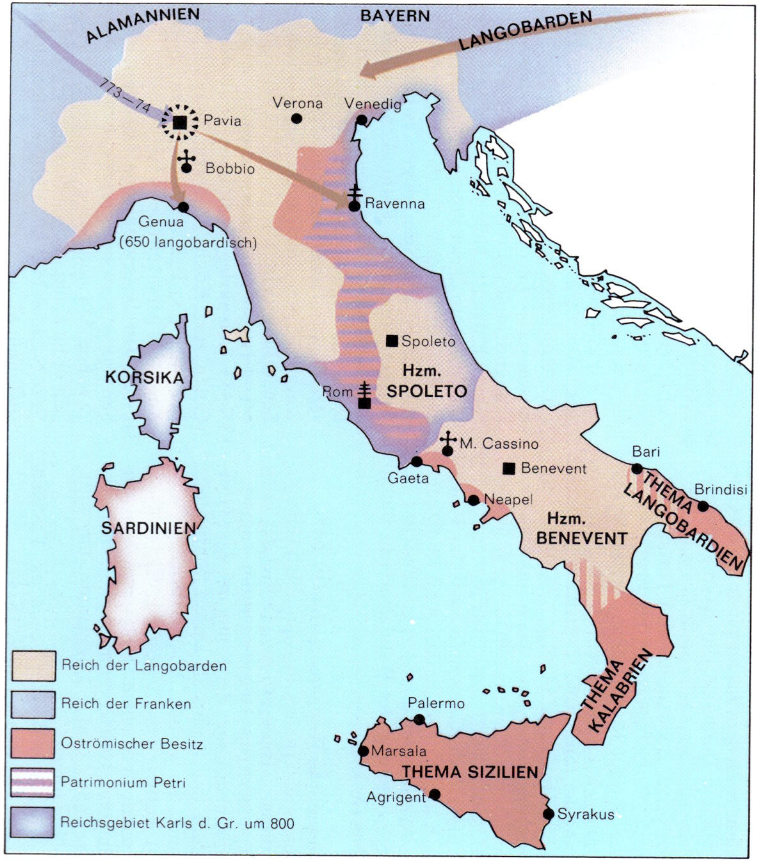

Das Reich der Langobarden in Italien

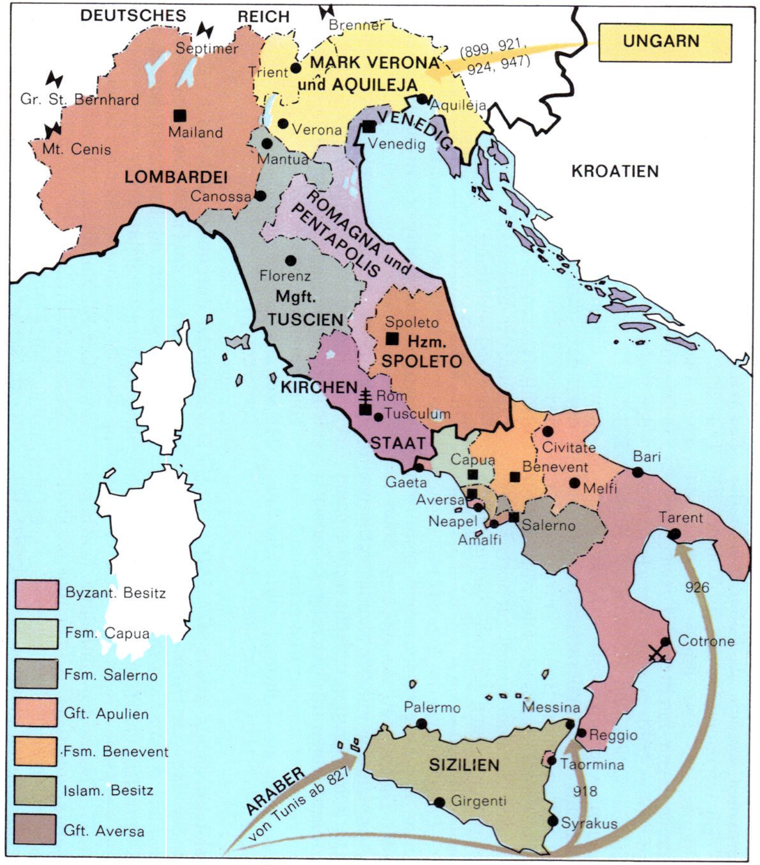

Italien im 9. und 10. Jh.

Das Langobardenreich in Italien (568–774)
Die Langobarden ziehen aus ihrer Urheimat Skandinavien an die untere Elbe, von dort nach Mähren und gründen im Donauraum (Pannonien) ein 1. Reich. Nach Vernichtung des Gepidenreichs durch Langobarden und Awaren unter Kg. ALBOIN fallen die Langobarden mit Teilen der Gepiden in Italien ein und errichten ein 2. Reich (568). Pavia wird erobert (572). Die Langobarden siedeln vor allem in der Po-Ebene, aber auch in der Nordtoskana, in Umbrien, Spoleto und Benevent. Nach der um 650 abgeschlossenen Eroberung bestehen neben dem Kgr. (Stadt Pavia) fast selbst. Hzm.: Trient, Friaul, Spoleto, Tuscien, Benevent. Den Byzantinern verbleiben das Exarchat von Ravenna, Istrien, der Dukat von Rom, der Dukat von Neapel, die Südspitzen Italiens und Sizilien. Folge: Italien zerfällt in ein langobard. (später fränk., dann kaiserl.) und ein byzantin. (später normann., z.T. päpstl.) Gebiet. Die Führung durch Herzöge wird nach Restauration des Königtums beseitigt (584). Das Langobardenreich wird durch die polit. Entrechtung der unterworfenen Römer und Beseitigung der röm. Verwaltung ein rein germ. Staatswesen. Unter

584–590 AUTHARI, verheiratet mit THEUDELINDE, der Tochter des Bayernherzogs, beginnen die guten polit. Beziehungen zu Bayern. Abhängigkeit vom Frankenreich (Tributzahlung).

590–615 AGILULF schließt mit den Franken Frieden, mit den Byzantinern einen Waffenstillstand.

636–652 ROTHARI läßt das langobard. Volksrecht kodifizieren: ›Edictus Rothari‹ (643). – Seine Nachfolger werden katholisch. Das langobard. Volk tritt seit 600 allmählich zum Katholizismus über. Höhepunkt der Macht wird erreicht unter

661–671 Grimwald I. durch die Vereinigung mit dem Hzm. Benevent. Siegreiche Kämpfe gegen Franken, Byzantiner, Awaren und Slawen. – Nach GRIMWALDS Tod setzen Thronwirren ein (Macht der Aristokratie).

712–744 LIUTPRAND versucht eine Einigung Italiens durch Unterwerfung der Herzöge von Spoleto und Benevent und Angriffe auf Ravenna und Rom.

751 Eroberung Ravennas durch AISTULF [749–756]: Ende des Exarchats von Ravenna und damit der byzantin. Herrschaft in Mittelitalien.

756–774 DESIDERIUS, Hz. von Tuscien, wird König.

773–774 Eroberung des Langobardenreichs (Einnahme Pavias) durch KARL D. GR. (S. 123). DESIDERIUS muß abdanken. Das langobard. Reich wird mit dem fränk. vereinigt, doch bleibt das Hzm. Benevent selbständig.

Italien unter den Karolingern (774–887)
Neben dem Hzm. Benevent entstehen neue »langobard.« Herrschaften (Neapel, Salerno, Capua). Die Araber greifen in die unterital. Politik ein (827); erstes Eindringen der Ungarn in die Po-Ebene. Die Markgrafen von Friaul, Tuscien und Spoleto, die im Grenzland erstarken, werden selbständiger.

Die italien. Nationalkönige (888–962)

888–924 Mgf. BERENGAR VON FRIAUL wird nach dem Tod KARLS III. (S. 125) zum König von Italien gekrönt, doch im Anfang durch die Herzöge von Spoleto, WIDO [891–894] und LAMBERT [892–898], verdrängt, die sich als Erben des Langobardenreiches fühlen und die Päpste zwingen, sie zu Kaisern zu krönen.

894 ARNULF VON KÄRNTEN wird als König anerkannt und zum Kaiser gekrönt (896), doch kehrt er nach Bayern zurück. Nach dem Tod LAMBERTS wird

900 LUDWIG VON DER PROVENCE in Pavia zum König, in Rom als LUDWIG III. zum Kaiser gekrönt (901). Nach seiner Überwindung und Blendung durch BERENGAR in Verona (905) kehrt LUDWIG in die Provence zurück, wo er 928 stirbt.

915 BERENGAR wird zum Kaiser gekrönt. Nach seiner Niederlage gegen die Ungarn an der Brenta (899) erfolgen dauernde Plünderungszüge der Ungarn, denen BERENGAR Tribute zahlen muß. Angriffe der Araber auf Reggio, Oria und Tarent.

922–926 Kg. RUDOLF II. VON HOCHBURGUND wird nach Italien gerufen und stürzt BERENGAR (924 ermordet). Nach dem Tod seines Schwiegervaters BURCHARD II. VON SCHWABEN überläßt er die Herrschaft in Italien

926–947 HUGO VON VIENNE, der sich gegen den von der Gegenpartei gewählten EBERHARD VON BAYERN behauptet. Nach dem Tode HUGOS wird sein Sohn LOTHAR König (931 als Mitregent gekrönt; verheiratet mit ADELHEID, Tochter RUDOLFS II. VON HOCHBURGUND). Nach dessen Tod wird

950 BERENGAR II. VON IVREA gekrönt. LOTHARS Witwe wird von ihm gefangen gehalten.

951 Otto d. Gr., von ADELHEID zu Hilfe gerufen, gewinnt die Herrschaft in Oberitalien. Er setzt BERENGAR als Vasallenkg. wieder ein, doch gerät dieser gemeinsam mit seinem Sohne ADALBERT in Streit mit dem Kirchenstaat. JOHANNES XII. ruft OTTO D. GR. zu Hilfe, der auf dem 2. Italienzug (961–965) seine Herrschaft in Oberitalien festigt. BERENGAR wird gefangengenommen, ADALBERT stirbt in der Verbannung. Die deutschen Könige betrachten sich nach ihrer Krönung auch als Herrscher über das lombard. Kgr. (Reichsitalien), das zum christl. Imperium gehört. Nach dem Tod OTTOS III. wird von den lombard. Großen

1002–1015 ARDUIN VON IVREA zum König erhoben, der aber HEINRICH II. unterliegt. In der Folgezeit bilden sich in Italien zwei Parteien: die Ghibellinen (nach der Stauferburg Waiblingen), Anhang der deutschen Herrscher, und die Guelfen (Welfen, Päpstliche).

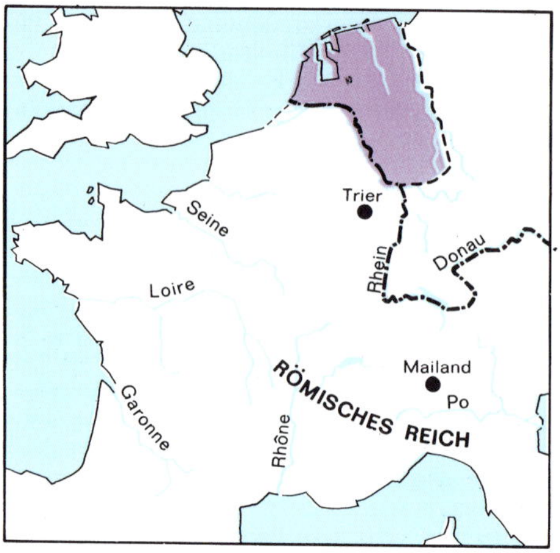

Stammessitze der Franken um 260

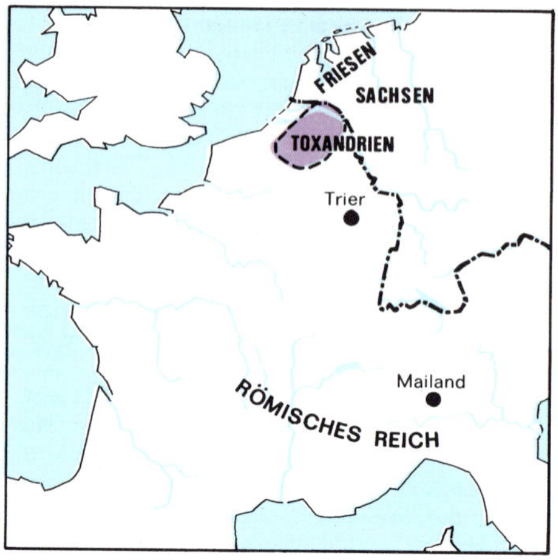

Franken als Föderaten in Nordbrabant 358

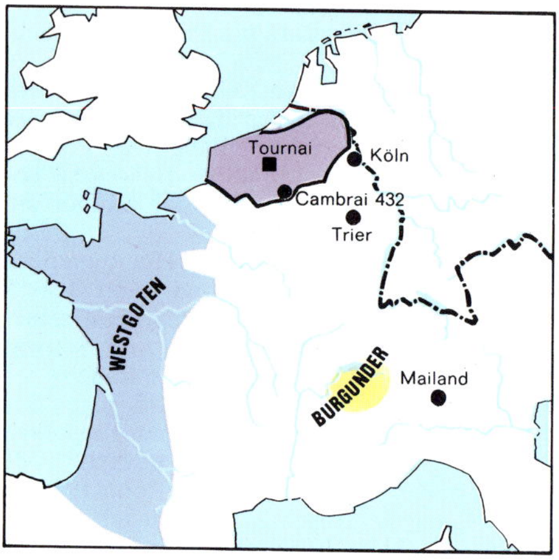

Gebiet der Franken um 460

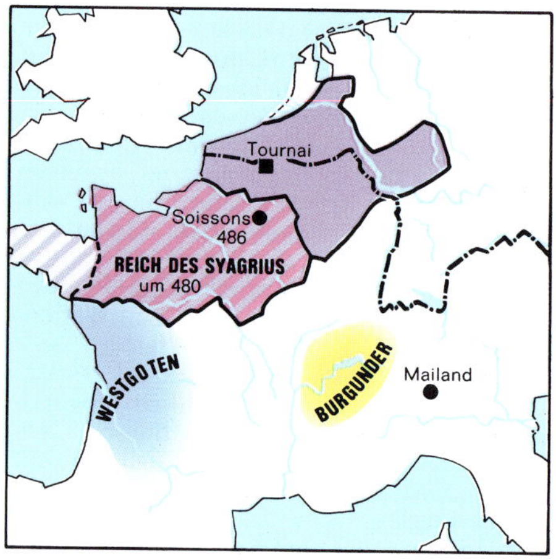

Reiche der Franken und Reich des Syagrius um 480

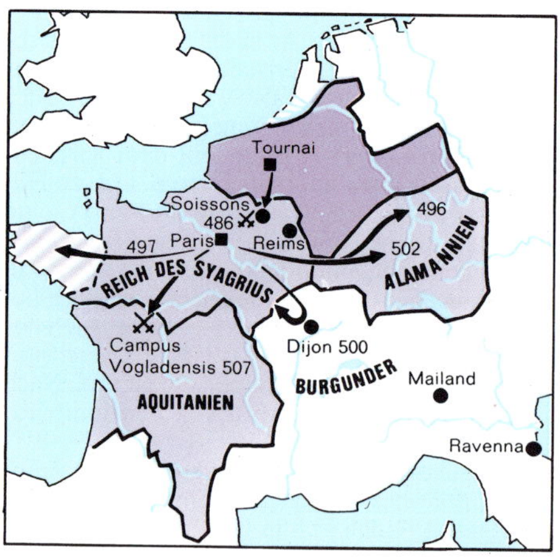

Reich Chlodwigs

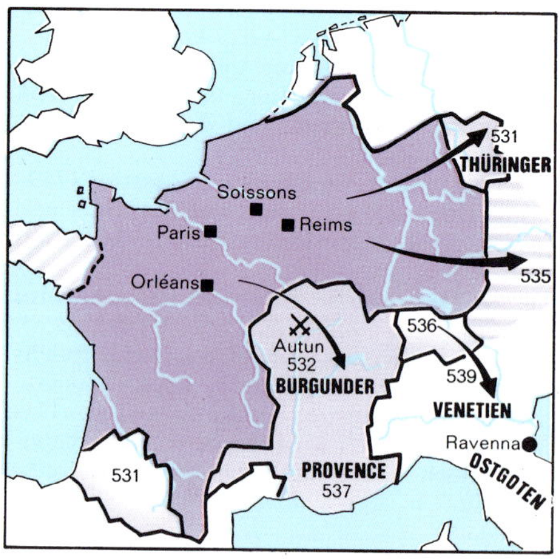

Die Reiche unter Chlodwigs Söhnen

Das Frankenreich unter den Merowingern

Die **Franken** (Salier, Ripuarier) dehnen sich langsam von der Rheingrenze südwestwärts aus, bleiben aber mit ihrer Heimat verbunden. Im 5. Jh. erreichen sie die Somme. Die zahlreichen Gaukönige, unter denen die Franken leben, werden gewaltsam beseitigt und die polit. Einheit des Gesamtstammes erreicht durch

482–511 Chlodwig, der die Reste der weström. Herrschaft durch den

486 Sieg über den röm. Dux Syagrius beseitigt. Das Land zwischen Somme und Loire fällt an CHLODWIG.

Um 496 Sieg über die Alamannen, deren Reste THEODERICH D. GR. schützt. CHLODWIGS kath. burgund. Gemahlin CHRODECHILDIS soll CHLODWIG während der Schlacht zum Übertritt zum Christentum bewogen haben. Weihnachten 497 oder 498 erfolgt die Taufe in Reims durch Bf. REMIGIUS. Folge: Im Gegensatz zum System Theoderichs (Nebeneinander von Romanen und Goten) gelingt es CHLODWIG und seinen Nachfolgern, durch die Verschmelzung von Galloromanen und Franken ein gemeinsames Staatswesen zu begründen.

Um 500 Sieg über die Burgunder bei Dijon. Mit westgot. Hilfe kann sich der burgund. Kg. GUNDOBAD behaupten.

507 Schlacht von Vouillé (Vouglé): Mit burgund. Hilfe erobert CHLODWIG das Westgotenreich bis zu den Pyrenäen (S. 117). Durch Intervention THEODERICHS erreicht er das Mittelmeer nicht (Septimanien bleibt westgotisch). – Nach dem Tode CHLODWIGS in Paris wird das Reich unter seine Söhne geteilt.

531 Eroberung des Thüringerreichs (Kg. ERMINFRIED) mit Hilfe der Sachsen.

532–534 Unterwerfung des Burgunderreiches (Schlacht bei Autun, S. 117) durch CHLOTHAR I., CHILDEBERT I. und CHLODWIGS Neffen THEUDEBERT I. [534–548].

535–537 erhalten die Franken, um sie zur Neutralität zu bewegen, die Reste Alamanniens und die Provence von den Ostgoten (mit der Rhônemündung: Zugang zum Mittelmeer).

539 Sieg THEUDEBERTS über Ostgoten und Byzantiner, doch gelingt die Eroberung Oberitaliens nicht. Bayern wird vom Frankenreich abhängig.

558–561 CHLOTHAR I. vereinigt das Frankenreich, doch wird nach seinem Tode das Reich wiederum geteilt: Beginn der inneren Auseinandersetzungen (Gegensatz zwischen Königtum und lokaler Aristokratie). Ergebnis der Kämpfe ist die **Bildung von drei Reichsteilen:** Austrien (Champagne, Maas- und Moselland) mit der Hauptstadt Reims, Neustrien (der roman. Westen zwischen Schelde und Loire) mit der Hauptstadt Paris und Burgund (Loire- und Rhônegebiet) mit der Hauptstadt Orléans.

613–629 Chlothar II. vereinigt, nachdem die Aristokratie von Burgund und Austrien unter Führung von Bf. ARNULF VON METZ [614–629] und PIPPIN D. Ä. (gest. 640) zu ihm übergegangen ist, das Gesamtreich, muß jedoch für diese Unterstützung zahlen in dem

614 Edictum Chlotarii: Der König verpflichtet sich, die kgl. Beamten (Grafen) aus den Grundbesitzern der Gft. zu wählen (Beseitigung eines vom Herrscher abhängigen Beamtentums und Auslieferung der Staatsgewalt an den Grundbesitzeradel).

Die Kernländer Austrien, Neustrien und Burgund erhalten eine gewisse Selbständigkeit unter einem Hausmeier (Majordomus), der an der Spitze der kgl. Hofverwaltung steht, aber auch Führer der kgl. Gefolgschaft ist und somit Oberhaupt des gesamten Adels wird.

629–639 DAGOBERT I. vereinigt noch einmal das Gesamtreich. Nach seinem Tod setzen neue Reichsteilungen ein: Zerfall des merowing. Staatswesens. Die Erhebung und Regierung der Hausmeier beginnt.

Der Aufstieg der Karolinger

679–714 PIPPIN II. DER MITTLERE wird Hausmeier von Austrien und regiert nach dem

687 Sieg bei Tertry über den Hausmeier von Neustrien-Burgund als Majordomus das Gesamtreich. Folge: **Wahrung der Reichseinheit,** Verschiebung des polit. Schwergewichts an Mosel, Maas und Niederrhein.

689 Sieg über **Radbod** und die Friesen. Vereinigung Westfrieslands mit dem Frankenreich. Gründung des BM. Utrecht und des Klosters Echternach zur Bekehrung der Friesen (um 690, WILLIBRORD). Die Bindung Alamanniens an das Reich gelingt nicht (709–712). Nach Aquitanien (672) werden auch Bayern, Thüringer, Alamannen und Bretonen fast selbständig.

714–741 Karl Martell, ein unehelicher Sohn PIPPINS II., erkämpft sich die Stellung des Majordomus und richtet das Reich nach Kämpfen mit Neustrien und Aquitanien wieder auf. Unterwerfung der Alamannen und Thüringer; Kämpfe gegen die Sachsen. Bayern gerät in Abhängigkeit. In der

732 Schlacht zwischen Tours und Poitiers (Abwehrerfolg des Fußvolks) besiegt KARL MARTELL die Araber unter ABD AR-RAHMAN (S. 135). Der seit 737 ohne einen merowing. König herrschende

741 KARL MARTELL teilt vor seinem Tod das Reich unter seine im Kloster von St. Denis erzogenen Söhne:

KARLMANN erhält den Osten (Austrien, Schwaben, Thüringen), PIPPIN den Westen (Neustrien, Burgund, Provence), Aquitanien und Bayern unterstehen gemeinsamer Oberhoheit. In mehreren Feldzügen werden Aquitanier, Bayern, Sachsen und Schwaben unterworfen.

751 Absetzung des letzten merowing. Schattenkönigs (CHILDERICH III.). Nach dem Eintritt KARLMANNS in ein Kloster (747) wird PIPPIN Alleinherrscher des Frankenreiches (S. 123).

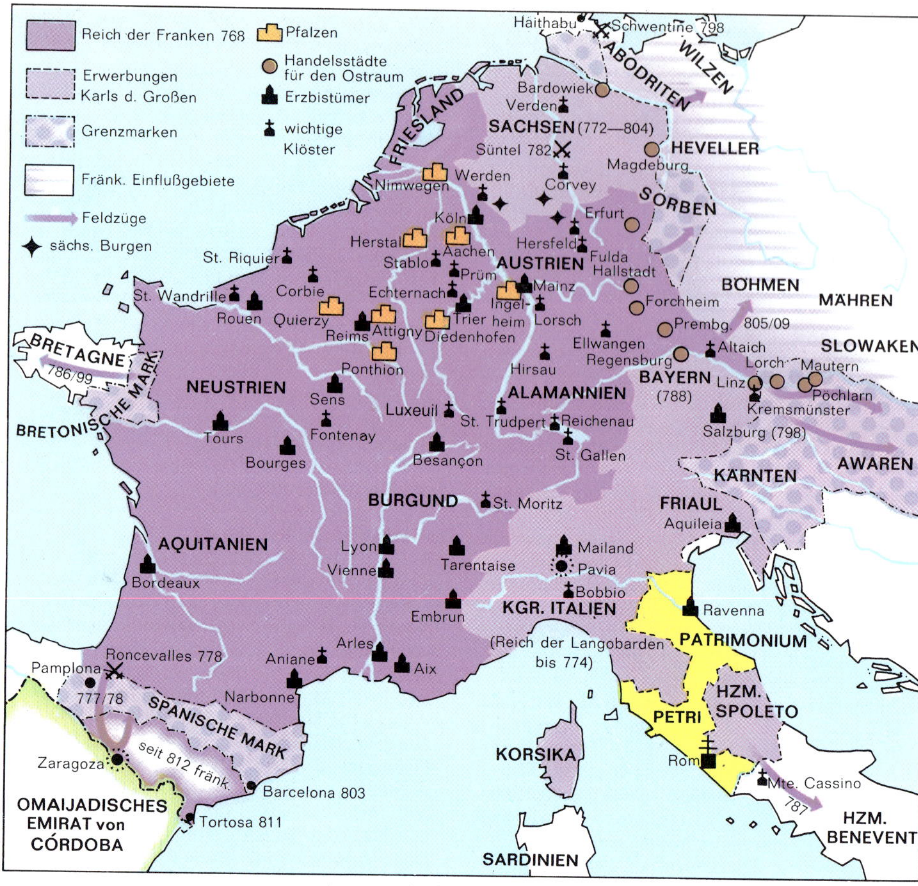

Das Reich Karls des Großen

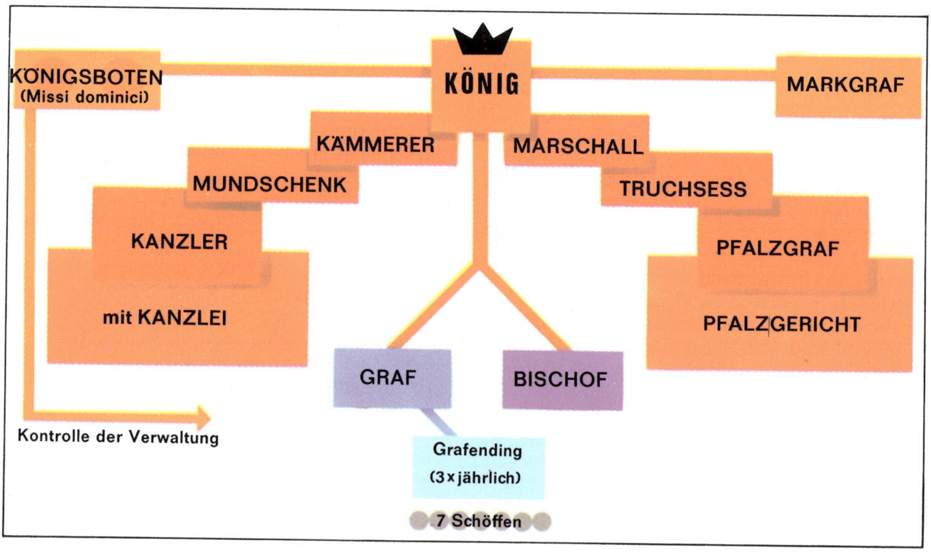

Die Verwaltung Karls des Großen

Die Karolinger (751–814)

751–768 Pippin. Papst ZACHARIAS [741–752] stimmt der Entthronung des letzten Merowingerkönigs zu, der ins Kloster geschickt wird.

751 PIPPIN wird in Soissons von »allen Franken« zum König erhoben und durch den päpstl. Legaten, Ebf. BONIFATIUS, als erster fränk. König mit hl. Öl gesalbt.

754 Abmachungen von Ponthion und Quierzy: Papst STEPHAN II. [752–757] bittet PIPPIN um Hilfe gegen den Langobardenkönig AISTULF (S. 119), stellt Rom unter den Schutz des fränk. Königs und salbt PIPPIN noch einmal in St. Denis. PIPPIN und seine Söhne erhalten den Titel »Patricius Romanorum« (Schutzherr der Römer). PIPPIN zwingt nach zwei erfolgreichen Feldzügen (754, 756) AISTULF zur Rückgabe der eroberten Gebiete (Exarchat von Ravenna, Pentapolis), die er dem Papst schenkt (Pippinische Schenkung). Mit dem Dukat von Rom bilden diese Gebiete den Kirchenstaat (S. 140). – Unterwerfung des sarazen. Narbonne (759).

760–768 Nach erfolgr. Feldzügen in Aquitanien wird das dortige Hzm. beseitigt.

768 Teilung des Reiches durch PIPPIN unter seine Söhne KARL und KARLMANN, der jedoch vor dem offenen Ausbruch der Zwistigkeiten stirbt (771).

Karl der Große (768–814)

772–804 Sachsenkriege. Sie beginnen mit der Eroberung der Eresburg und Zerstörung der Irminsul (hl. Holzstamm). Massentaufen des Adels, der den Anschluß an den Frankenkönig begünstigt und im Gegensatz zu WIDUKIND und den freien Bauern steht. Niederwerfung des Aufstands WIDUKINDS (779/80). Nach der Vernichtung eines fränk. Heeres am Süntelgebirge (782) erfolgt der

782 Tag von Verden a. d. Aller: Hinrichtung von 4500 (die Zahl wird bezweifelt) aufständ. Sachsen, die von dem sächs. Adel an KARL ausgeliefert werden. Ausbruch eines neuen Aufstandes (783–785) und Vordringen KARLS bis zur Elbe.

785 Friedensschluß zwischen WIDUKIND und KARL und Taufe WIDUKINDS in der kaiserl. Pfalz Attigny. Nach neuen Aufständen der bäuerl. Schichten (792–799) aus Protest gegen den kirchl. »Zehnten« werden Sachsen in fränk. Gebiet deportiert und Franken im sächs. Gebiet angesiedelt. Endgültige Unterwerfung der Sachsen nach einem letzten Feldzug (804). Versöhnung zwischen Franken und Sachsen durch die ›Lex Saxonum‹ (Sächs. Gesetz 802), die sich zwar an das fränk. Gesetz (›Lex Ripuaria‹) anlehnt, aber auch das altsächs. Volksrecht berücksichtigt. Die Christianisierung erfolgt von den Bm. Bremen, Verden, Minden, Münster, Paderborn und Osnabrück aus, die den von KARL begründeten Kirchenprovinzen Mainz und Köln unterstehen. LUDWIG DER FROMME gründet Hildesheim und Halberstadt. Wichtigstes sächs. Kloster wird das vom nordfranz. Corbie aus gegr. Corvey a. d. Weser (822).

773–774 Eroberung des Langobardenreiches. Nach der Übergabe Pavias (S. 119) nennt sich KARL »König der Franken und Langobarden«, erneuert das Schenkungsversprechen PIPPINS und stellt den Kirchenstaat unter fränk. Schutz (Herrschaft).

789–812 In mehreren Slawenkriegen werden Wilzen, Sorben und Tschechen tributpflichtig. Anlage von Marken, keine Mission.

788 Hz. TASSILO VON BAYERN wird abgesetzt (Verbannung in ein Kloster): **Beseitigung des letzten Stammeshzm.**

791–796 werden die Awaren (S. 113) nach Angriffen auf Friaul und Österreich in 3 Feldzügen unterworfen: Zerstörung der Awarenburg (822 letzte Erwähnung des »Rings«). Missionierung der von ihnen unterworfenen Südslawen von Aquileia und dem Ebm. Salzburg (798) aus. Durch die Feldzüge gegen Sachsen, Slawen und Awaren wird das Gebiet von der Odermündung bis zur Adria in das Reich KARLS einbezogen. Nach der Niederlage des fränk. Heeres durch die Araber im Tal Roncevalles (778; Tod des Gf. ROLAND, ›Chanson de Roland‹), und nach dem Arabereinfall in Narbonne (793)

795 Errichtung der Spanischen Mark.

23./24. 12. 800 Kaiserkrönung Karls d. Gr. durch Papst LEO III. [795–816]. Kaiserformel: »Romanum gubernans imperium.«

812 Vertrag von Aachen. KARL D. GR. wird vom oström. Kaiser MICHAEL I. (S. 139) gegen Herausgabe Venetiens, Istriens und Dalmatiens als Kaiser anerkannt (»Zweikaiserproblem«). Sein Sohn LUDWIG setzt sich nach byzantin. Vorbild (ohne Mitwirkung des Papstes) die Krone selbst aufs Haupt (a Deo coronatus).

28. 1. 814 KARL D. GR. stirbt in Aachen und wird im Münster beigesetzt.

Das karolingische Imperium

Die kgl. Reg. basiert auf dem **kgl. Hof,** dem **Pfalzgericht** und der **Kanzlei** unter dem **Kanzler** (gebildeter Kleriker), der auch Kapellan (Kaplan) für geistl. Angelegenheiten ist. An der Spitze des Haushalts steht der Kämmerer, hinzu kommen Seneschall, Mundschenk und Marschall. Neben den Grafen, der nicht mehr Beamter, sondern großer Herr ist, tritt der **Immunitätsherr** (ohne Hochgerichtsbarkeit). Weltl. Sachwalter der geistl. Immunitätsherren sind die **Vögte.** Mit besonderen Vollmachten versehene **Königsboten** (Missi dominici: je ein geistl. und weltl. Herr) dienen zur Kontrolle der Grafen, der Geistlichkeit und der Verwaltung. Die Grenzmarken umfassen mehrere Grafschaften, oft auch Gebiete tributpflichtiger Stämme; auch bestehen Unterkönigreiche (z.B. Aquitanien). – Jährl. finden 3 Dinge der Gesamtgemeinde (Erscheinungspflicht) statt; das Urteil in gebotenen Dingen sprechen 7 bis 12 Schöffen.

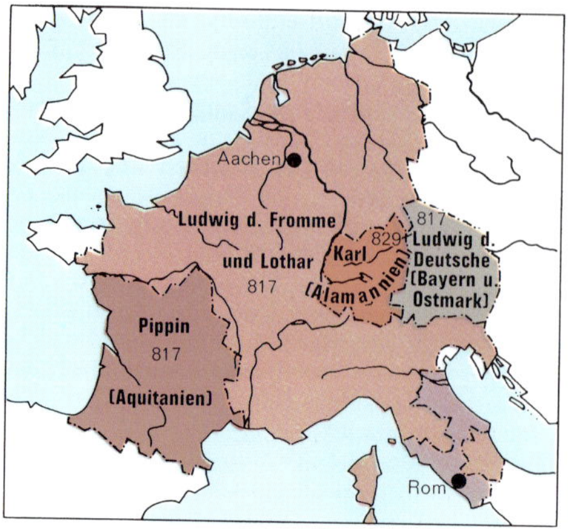

Das Frankenreich 829

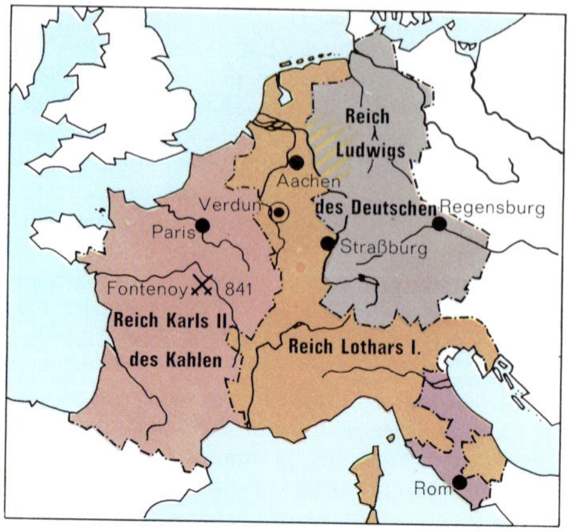

Der Vertrag von Verdun 843

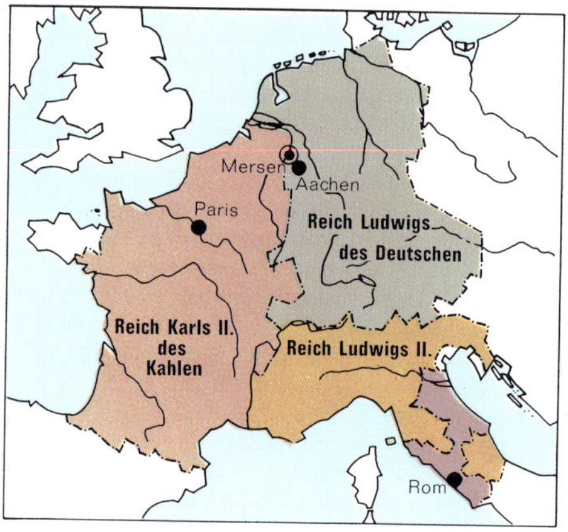

Der Vertrag von Mersen 870

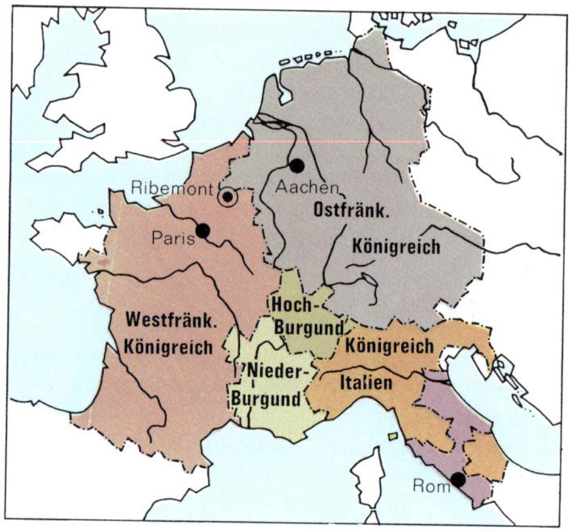

Der Vertrag von Ribemont 880

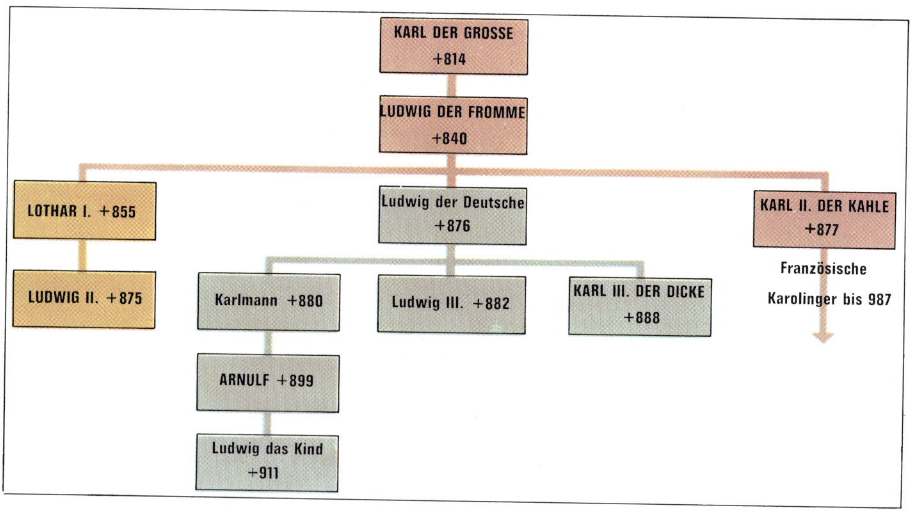

Die Karolinger

Das Frankenreich (814–843)

814–840 Ludwig der Fromme steht unter dem Einfluß geistl. Berater.

816 Krönung LUDWIGS durch Papst STEPHAN IV. [816–817] in Reims: Verleihung der kaiserl. Würde durch den Papst.

817 Ordinatio imperii: Durch die Reichsordnung soll die kaiserl. Würde auf den ältesten Sohn LOTHAR übergehen, die jüngeren Söhne erhalten Teilreiche (PIPPIN: Aquitanien; LUDWIG DER DEUTSCHE: Bayern). Weitere Teilreiche sollen nicht gebildet werden. LOTHAR wird Mitkaiser. Gegen diese Ordnung verstößt LUDWIG D. FR., als er für KARL (den Kahlen), den Sohn seiner 2. Frau JUDITH, ein Teilreich (Alamannien 829) schafft.

830 Empörung der Söhne PIPPIN, LUDWIG und LOTHAR. LOTHAR hat sich als Regent in Italien von Papst PASCHALIS I. [817–824] krönen lassen und durch die **Constitutio Romana** (824) kaiserl. Rechte im Kirchenstaat erhalten (Gerichtsaufsicht, Treueid des neugewählten Papstes vor der Weihe).

833 erfolgt die 2. Empörung der Söhne, als LUDWIG D. FR. seinem Sohn PIPPIN Aquitanien nimmt. Auf dem **Lügenfeld bei Kolmar** geht das Heer LUDWIGS zu dem seiner Söhne über. Der Kaiser wird abgesetzt, doch von LUDWIG und PIPPIN, die die Macht LOTHARS einschränken wollen, wieder eingesetzt.

838 KARL DER KAHLE erhält nach PIPPINS Tod Aquitanien.

840 Bruderkrieg LUDWIGS DES DEUTSCHEN und KARLS DES KAHLEN gegen LOTHAR, der in der

841 Schlacht bei Fontenoy (bei Auxerre) geschlagen wird. LUDWIG und KARL bekräftigen ihr Bündnis durch die

842 Straßburger Eide (ältestes Sprachdenkmal der althochdeutschen und altfranz. Sprache). Teilung des Reiches im

843 Vertrag zu Verdun in ein Mittel-, Ost- und Westreich. – Kaiser LOTHAR I. erhält das Mittelreich (»Kegelbahn«), das von der Nordsee über Burgund bis zum Golf von Gaeta reicht, mit den Kaiserstädten Aachen und Rom. LUDWIG DER DEUTSCHE erhält das Ostfrankenreich, KARL II. DER KAHLE das Westfrankenreich. Ideell und nominell bleibt die Reichseinheit gewahrt.

Das Mittelreich (843–875)

843–855 LOTHAR I. Nach seinem Tod wird das Reich unter seinen Söhnen geteilt: LUDWIG II. (gest. 875) erhält Italien und die Kaiserkrone, LOTHAR II. (gest. 869) das Gebiet von der Nordsee bis zu den Maas- und Moselquellen (Lothari regnum = Lothringen), KARL (gest. 863) Burgund und die Provence. Nach KARLS Tod teilen sich die Brüder das Land.

870 Vertrag von Mersen: Nach dem Tod LOTHARS II. erhält LUDWIG DER DEUTSCHE die Osthälfte Lothringens mit Aachen. Nach dem Tod LUDWIGS II. erwirbt KARL II. DER KAHLE Italien und wird von Papst JOHANNES VIII. [872–882] zum Kaiser gekrönt.

Das Ostfrankenreich (843–911)

843–876 LUDWIG DER DEUTSCHE. Angriffe der Normannen (S. 131; 845 Zerstörung Hamburgs) und der Ungarn (862, S. 113). Nach seinem Tod fällt Bayern mit den südöstl. Marken an KARLMANN (gest. 880), Mainfranken, Thüringen und Sachsen an LUDWIG III. (gest. 882), Alamannien (Schwaben) an KARL III. DEN DICKEN (gest. 888).

876 Schlacht von Andernach: KARL II. DER KAHLE wird von LUDWIG III. bei dem Versuch geschlagen, nach dem Tod LUDWIGS DES DEUTSCHEN die Osthälfte Lothringens zu gewinnen.

880 Vertrag von Ribemont: LUDWIG III. erhält von den Enkeln KARLS DES KAHLEN die Westhälfte Lothringens. Die Westgrenze des Mittelreichs bleibt, von geringen Veränderungen abgesehen, das Mittelalter hindurch die Grenze zwischen Deutschland und Frankreich.

881–887 Kaiser KARL III. DER DICKE gewinnt Italien, wird von Papst JOHANNES VIII. zum Kaiser gekrönt und nach dem Tod seiner Brüder Alleinherrscher (882). Er gewinnt die Herrschaft über das Westfrankenreich (außer Niederburgund).

887 Reichstag zu Tribur: KARL III. wird zur Abdankung gezwungen.

887–899 ARNULF VON KÄRNTEN, Sohn KARLMANNS, wird von allen deutschen Stämmen zum König gewählt. Kein Verzicht auf das Gesamtreich: Leistung des Lehnseids durch die Kronprätendenten im Westen. Kaiserkrönung durch Papst FORMOSUS (896). Unter

900–911 LUDWIG DEM KIND wird das Ostreich durch innere Fehden zerrissen. Dauernde Einfälle der Ungarn (S. 169). Das Versagen der kgl. Zentralgewalt gegenüber den Angriffen eindringender Feinde (Ungarn, Normannen) führt zur **Bildung von Stammesherzogtümern:** Sachsen, Thüringen, Bayern, Schwaben, Lothringen und Franken.

Das Westfrankenreich (843–987)

843–877 KARL II. DER KAHLE wird 875 zum Kaiser gekrönt. Durch den frühen Tod seines Sohnes LUDWIG DES STAMMLERS [877–879] und dessen beider Söhne löst sich das Reich auf.

877 Niederburgund (Arelat) wird unter BOSO VON VIENNE,

888 Hochburgund unter dem Welfen RUDOLF I. [888–912] ein selbst. Kgr. Die Söhne beider Herrscher werden Könige in Italien (S. 119). Nach der Absetzung KARLS III. wird als erster Gegenkg. ODO, Gf. von Paris [888 bis 898] gewählt. Die Karolinger behaupten sich zwar noch hundert Jahre, doch befindet sich die reale Macht in den Händen der ROBERTINER, der Nachfahren ODOS. Wie in Deutschland, bilden sich in Frankreich große Territorien: Francien, Champagne, Aquitanien, Gascogne, Toulouse, Gothien, Katalonien, Bretagne, Normandie und Flandern.

Reich und Verfassung: An der Spitze des fränk. Reiches steht der **König,** dessen Herrschaft auf dem Erbcharisma (Königsheil), der Wirtschaftsmacht der Grundherrschaften (kgl. Herrschaften, Königsgut, Kirchenherrschaft) und dem kgl. Gefolge beruht. Er herrscht durch den **Königsbann** (Bann = Imperium = Herrschaft), durch den **Heerbann** nach außen und den **Gerichtsbann** im Innern. Die Thronfolge regelt sich nach dem **Geblütsrecht:** Erhebung des Königs aus dem Geschlecht, das Träger des Königsheils ist (Wahl- und Erbmoment). Der **Adel** schiebt sich allmählich zwischen König und Volk und wird zum Gegenspieler des Königs. Das **Volk** (polit. berechtigte, freie Bauernkrieger) handelt mit dem König auf dem **Märzfeld** (alljährl. Heeresversammlung) zusammen, doch werden nach der Schlacht zwischen Tours und Poitiers die unberittenen Bauern als Krieger und auch polit. entbehrlich. Die Heeresversammlung bleibt in Austrien erhalten, wird aber in Burgund und Neustrien durch die Versammlung der Großen ersetzt.

Verwaltung: Mittelpunkt ist der **kgl. Hof** (Palatium). Vorsteher des kgl. Haushalts ist der **Majordomus,** Hofrichter der **Pfalzgraf** (Comes Palatii). Die **Kanzlei** mit den Schreibern (Notarii) steht unter der Leitung von Vortragenden Räten (Referendarii) aus dem Laienstand. Ein vom König ernannter Beamter, der **Graf** (Comes), der später Lehnsherr wird, amtiert in den Civitates und Gauen, kgl. Amtsbezirken, die sich vom Kern des Frankenreiches ausbreiten (»Grafschaftsverfassung«). Dem Grafen unterstehen das milit. Aufgebot, Verwaltung und Gerichtswesen. In größeren Territorien an den Grenzen und in den Gebieten der Alamannen, Thüringer und Bayern setzt der König einen **Herzog** (Dux) ein.

Kirche: Unter CHLODWIG entsteht eine fränk. Nationalkirche. Der König, der auf Grund der sakralen Prägung des Königtums Leiter der fränk. Reichskirche wird, erläßt kirchl. Gesetze (Capitularia ecclesiastica), besetzt die Bistümer und übt starken Einfluß auf den Reichssynoden aus. Das Vorgehen KARL MARTELLS gegenüber der Kirche ist durch Staatsinteresse bedingt: Abgabe von Kirchengut als Landleihe an seine Mannen, Einsetzung zuverlässiger Laien als Bischöfe und Äbte, Unterstützung der Mission in den östl. Gebieten zur Verstärkung des fränk. Einflusses. Unter den Söhnen KARL MARTELLS, KARLMANN und PIPPIN, wird **Bonifatius** der Reorganisator der fränk. Reichskirche (742–747): Ordnung des Kirchenguts, Zucht des Klerus, Neuerrichtung von Erzbistümern (Reims, Sens, Rouen). Die fränk. Bischöfe erkennen die Autorität Roms an und unterwerfen sich dem Papst (747).

Handel: Der noch zu Beginn der Merowingerzeit bestehende Orienthandel wird durch die Einfälle der Araber vernichtet. Gleichzeitig erlischt die Geldwirtschaft. Neues Handelszentrum wird das Land zwischen Rhein und Loire. Neben die Juden und Syrer treten die Friesen als Händler (Handel nach England und Skandinavien, Handelszentrum Doorstad).

Landwirtschaft: Nach dem Rückgang von Handel und Gewerbe und durch die Geldverknappung gewinnen Landwirtschaft, Großgrundbesitz und Naturalwirtschaft an Bedeutung. Ein neues bäuerl. Wirtschaftssystem entwickelt sich zwischen Seine und Loire (Ausstrahlung nach Norden und Osten): das **Hufensystem** (Einheit von Haus, Hof, Ackerland des Hufenbauern mit den Nutzungsrechten an Wald und Weide), das in Zusammenhang mit der Gewanneinteilung, der Markgenossenschaft und der Dreifelderwirtschaft steht, die die alte Feld-Gras-Wirtschaft mit überwiegender Viehhaltung ablöst (S. 171). Folge: »Vergetreidung« und Bevölkerungszunahme.

Großgrundbesitz befindet sich in den Händen des Königs (röm. Fiskalländereien, herrenlose Waldgebiete), der einen Teil an geistl. und weltl. Große (Potentes) verschenkt. Bezeichnend für diesen Großgrundbesitz ist die Streulage: Um den Herrenhof (Salhof) und das Herrenland befinden sich in der Nähe oder weit verstreut die abhängigen Höfe. Dieser Großgrundbesitz (z. T. Kirchen und Klöster) vermittelt die röm. Techniken (Obst-, Wein- und Gemüsebau; Steinbau) und sichert seine Autarkie durch Gewerbebetriebe (Schmiede, Mühle usw.).

Grundherrschaft entsteht aus der Verbindung der spätantiken Grundherrschaft, an deren Spitze der röm. Grundherr mit seiner Herrschaft über die Klientel seiner Kolonen steht (Verpflichtung zur Aufbringung von Steuern und Gestellung von Soldaten), mit der germ. Grundherrschaft: Das Haus des Herrn ist Sonderfriedensbezirk, in dem der Herr persönl. Herrschaft ausübt: Hausgewalt über Personen (»Munt«) – Freie, Unfreie und krieg. Gefolge – und Sachen (»Gewere«) – Häuser, Bauernhöfe, Eigenkirchen. Die Herrschaften erhalten **Immunität** (von lat. immunitas = Freiheit von bestimmten staatl. Lasten) wie in der Spätantike der kaiserl. Fiskus, der Kirchenbesitz und bestimmte Privatgüter des senatorischen Adels. Die erweiterte fränk. Immunität besteht im Verbot des Introitus, der Exactiones und der Districtio (Eintritt, Forderungen, Zwangsgewalt) der Grafen. Die allmähliche Ausbildung einer eigenen **Immunitätsgerichtsbarkeit,** nicht nur über Minder- und Unfreie, sondern auch über freie Hintersassen und freie Bauern, die sich in den persönl. »Schutz« (Vertretung in Gericht und Heer, Übernahme öffentl. Lasten durch den Grundherrn) begeben, führt zu einer Unterstellung unter die Gerichtsbarkeit des Grundherrn, die aus freien Bauern und Hintersassen Hörige werden läßt. Verstärkt wird dieser Vorgang durch die intensive Fronwirtschaft mit ihrer überwiegend unfreien Arbeit.

Stadt: Sie verliert nicht nur ihre polit. Vorrangstellung, sondern geht auch als Wirtschaftszentrum und Siedlung zurück. Sie ist noch Sitz des Bischofs und Mittelpunkt der Diözese, im

Süden auch noch Sitz des Grafen, dessen Amtsbezirk im Norden die Landschaft ist. Die kgl. Residenzen der Merowinger befinden sich noch in den Städten, die Pfalzen der Karolinger liegen auf dem Lande.

Kirche, Kultur, Regierung

Kirche: Nach dem Bruch zwischen Rom und Byzanz wegen des Bilderstreits (S. 139) geht das Papsttum eine Verbindung mit dem fränk. Herrscherhaus ein (Schutz gegen die Langobarden). Dadurch wird die neue karoling. Dyn. legitimiert und das Papsttum vor Übergriffen durch die Langobarden geschützt. Bei der Krönung PIPPINS (S. 123) verbürgt nicht das Geblütsrecht (heidnische Heiligkeit des götterentstammten Geschlechts) sondern die Salbung (religiöse Autorität: Dei gratia = durch Gottes Gnade) den sakralen Charakter des Königtums. KARLS Konzeption des Kaisertums knüpft nicht an die Tradition der Cäsaren an, sondern an das germ. Königspriestertum in Verbindung mit dem augustin. Gedanken einer Civitas Dei (Gottesstaat). Die kaiserl. Würde vergibt der Papst als Translator imperii (päpstl. Auffassung von der Vakanz des Thrones in Byzanz). –KARL beansprucht als von Gott berufener Schirmherr der Kirche die oberste Leitung und Kirchenhoheit (Theokratie: Staatskirchentum). Die Sorge für die Kirche ist Pflicht seines ihm von Gott übertragenen kgl. Amts. Reichssynoden finden unter KARLS Vorsitz statt, König und Volksversammlung behandeln kirchl. Angelegenheiten: Entschädigung für das Kirchengut durch den Kirchenzehnten, wirtschaftl. Sicherung der Eigenkirchen, Errichtung der Metropolitensprengel (12 franz., 5 italien., 4 deutsche Ebm.) und Pfarrsprengel (selbst. Pfarrkirchen auf dem Lande), Hebung der Bildung der Kleriker (Vita canonica: gemeinsames Leben der Kleriker), Vereinheitlichung der Liturgie, Sorge um das sittl. Verhalten der Laien. KARL greift auch in Lehrstreitigkeiten der Kirche ein (Adoptianismus, Bilderverehrung, »Filioque«-Streit). Einsetzung der Bischöfe erfolgt durch den Herrscher.

Kultur (»Karoling. Renaissance«): Die »Hofgelehrten«, von KARL aus England, Irland, Spanien, der Lombardei und Italien berufen, bilden das geistige Zentrum zur Durchführung kulturpolit. Aufgaben. **Alkuin** (ca. 730–804) wird von York als Leiter der Hochschule (781, seit 796 Abt von St. Denis) berufen. Neben ihm wirken **Paulus Diaconus** (ca. 720–795), der Geschichtsschreiber der Langobarden, PETRUS VON PISA, PAULINUS VON AQUILEJA und THEODULF, Bf. von Orléans. Unter den fränk. Laien befindet sich **Einhard** (ca. 770–840), der Biograph KARLS D. GR. (›Vita Caroli‹). Die Palastschule (Schola Palatina) wird Vorbild für die im ganzen Reich entstehenden Dom- und Klosterschulen. Durch die Anordnungen KARLS schafft das alte bildungsfeindl., asketisch und eremitisch eingestellte Mönchtum Bildungsanstalten, pflegt die Wissenschaften und wird Träger der klass.-antiken und christl.-antiken literarischen Tradition. Bildung wird vermittelt durch die **Artes liberales** (Studien, die eines freien Mannes würdig sind im Gegensatz zu den Artes mechanicae: Handwerkskünste): Grammatik, Rhetorik, Dialektik (Trivium); Arithmetik, Geometrie, Astronomie, Musik (Quadrivium). (Kunst S. 156.)

Regierung: Sie sorgt für die Beseitigung der für die minderbemittelten Kleinbauern drückenden Lasten des Heerbanns, die Sammlung der Stammesrechte und die Durchführung des Rechts durch Verordnungen (Capitularia). Das **Volksgericht** wird durch die Schöffenverfassung reformiert. Jährl. finden nur noch 3 echte Dinge unter Mitwirkung der gesamten Gerichtsgemeinde und unter Vorsitz des Grafen statt. Die Wahrnehmung der gebotenen Dinge erfolgt durch Schöffen (7), die das Urteil sprechen.

Die Entstehung des Lehnswesens

Voraussetzung für das Aufkommen des Lehnswesens ist die Schaffung einer Reiterei (Panzerkrieger), die seit der Mitte des 8. Jhs. stärker in den Vordergrund tritt. Durch **Landleihe** (Ausstattung mit Land) wird der Krieger wirtschaftl. selbständig und ihm seine Ausrüstung als Reiter (Pferd, Waffen) ermöglicht. Die spätröm. **Commendatio** (Ergebung in den Schutz), in der ein Mann als **Vasall** (von kelt. gewas = Knecht) in den Dienst eines Herrn tritt, verbindet sich mit dem **germ. auf Treue beruhenden Gefolgschaftswesen.** Durch die Treue wandelt sich der Knechtsdienst zu einem Ehrendienst. Das gegenseitige Treueverhältnis zwischen Lehnsmann und Lehnsherrn und die Gehorsamspflicht des Vasallen (Hominium = Lehnsmannschaft; Fidelitas = Treueid) bestimmen die persönl. Seite des Lehnswesens, zu der die dingliche tritt: das **Lehen,** das vom Herrn verliehene Land (Beneficium, Feudum), das die Voraussetzung für den Dienst wird. Dienst und Treue bilden den Rechtsgrund für das Lehen, für das der Belehnte persönl. Pflichten übernimmt. – Anfangs fällt das Lehen, da Vasallität und Beneficium persönlich gedacht sind, beim Tod des Herrn (Herrnfall) wie des Lehnsmanns (Mannfall) heim, doch bald werden die Lehen erblich. Im Kapitulare von Quierzy (877) wird festgelegt, daß dem tauglichen Erben das Lehen des Vaters neu verliehen wird. Das Lehnswesen beschränkt sich aber nicht nur auf die Reiterkriegerschicht. Auch die Großen (Potentes) erhalten ihre Ämter (Herzogtümer, Grafschaften) und zu ihren allodialen (Allod = freies Eigentum) weitere Herrschaften zu Lehen, um das persönl. Band zwischen König und Amtsinhaber durch die Treue zu verstärken (polit. Unterordnung). –

Lehen und Amtslehen werden erst de facto, dann aber auch de jure erblich: Schwinden der Bindung des Adels an den Herrscher ist die Folge. Aus den Lehen, über die der Adel verfügt (Kauf, Verkauf, Teilung), bilden sich die ersten Ansätze zu Territorien.

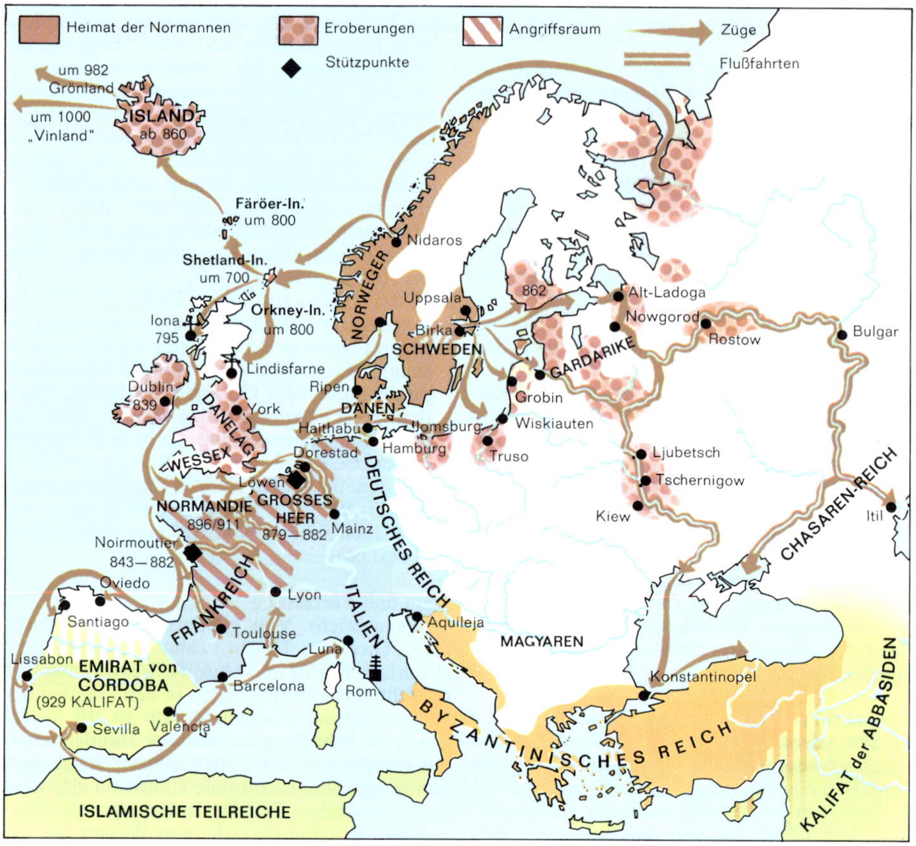

Die Züge der Normannen im 8., 9. und 10. Jh.

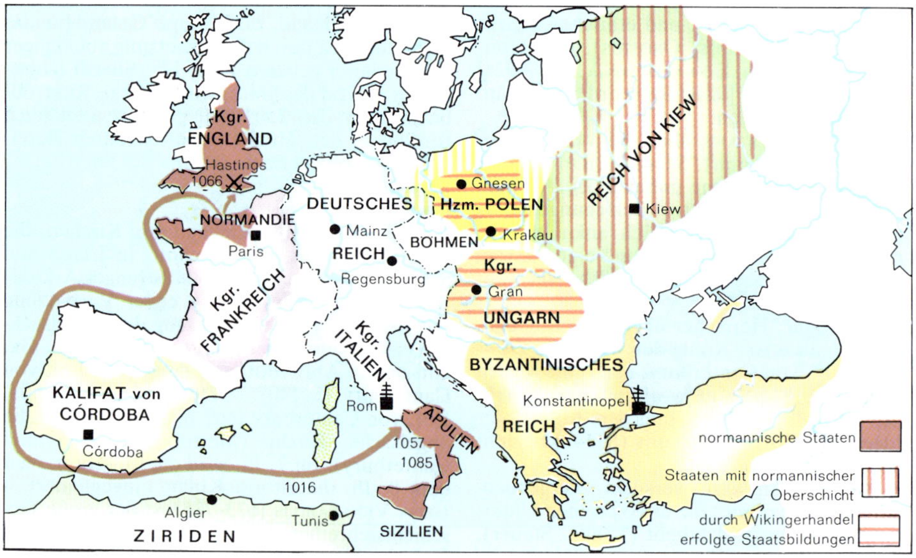

Staatsbildungen der Normannen in Europa

Dänen, Schweden und Norweger sind **Normannen** (= Nordmannen) oder **Wikinger,** in Rußland heißen sie **Waräger.** Die **Expansion** der Nordleute wird ausgelöst durch Übervölkerung, Freude am Kampf, Ruhmsucht und Abenteuerlust sowie durch die Unzufriedenheit mit den polit. Verhältnissen (die Entstehung oberkgl. Herrschaften veranlaßt Abwanderung). Techn. Voraussetzung ist das Kielboot (Gokstad, Oseberg) mit verstärkter Bodenplatte für Kiel und Mast des Segels anstelle des alten Ruderbootes.

Die Frühzeit

Um 500 bewohnen die Dänen die dän. Inseln, Schonen, später Jütland.

Um 600 dehnen die Könige der Svear von Uppsala ihre Herrschaft über ganz Schweden aus und beherrschen (ab 650) zusammen mit den Gotländern den Ostseeraum (Finnland,Kurland,Ostpreußen): Die Ostsee ist im 8. Jh. ein schwed., dem fries. Handel verschlossenes Binnenmeer. – In Norwegen gibt es Teilkönigtümer, aber auch Bauernrepubliken.

790–840 Plünderungen und Überfälle an den Küsten – vor allem der kelt. Gebiete: Lindisfarne (793), Jarrow, Monkwearmouth (794), Rechru, Skye und Iona (795). Ab 799 Plünderungen an der fries.- sächs. Küste, die KARL D. GR. zur Errichtung einer Küstenwacht veranlassen. Üblich: Angriff der Wikinger im Frühjahr, Heimkehr im Winter.

Ab 840 (Tod LUDWIGS DES FROMMEN) werden die Fahrten Unternehmen gewaltiger Armeen, die feste Lager an den Flußmündungen beziehen und überwintern.

1. Die dän. Wikinger (das **große Heer**) plündern alljährlich die stromnahen Städte des Frankenreiches, unternehmen Raubzüge nach Asturien und Portugal (844), nach den Balearen, in die Provence und die Toskana (859–862) und unterwerfen nach ihrer Rückkehr in England Northumberland und Ost-Anglia = Danelag (das Gebiet, in dem dän. Recht herrscht). Nur ALFRED D. GR. (S. 129), König von Wessex, behauptet sich, indem er eine Flotte schafft. Die später stattfindenden Eroberungszüge (980 bis 990) stehen unter der Leitung der dän. Könige. Unter KNUT D. GR. (S. 163) wird England mit Dänemark vereinigt.

2. Die norweg. Wikinger besetzen im 8. Jh. die Shetland- und Orkney-Inseln, dann die Färöer, Hebriden und Irland. Nach der Einigung Norwegens (872) durch HARALD SCHÖNHAAR [um 860–933] verlassen viele Norweger die Heimat und siedeln ab 874 in dem 860 entdeckten Island. Die **Landnahmezeit** wird mit Recht und Thing beendet (930). 982 wird Grönland, um 1000 Amerika (Winland) entdeckt (S. 225).

3. Die schwed. Wikinger unternehmen Züge in den osteurop. Raum. Von slaw. und finn. Stämmen gerufen, kommen sie unter RURIK in den Raum von Nowgorod (S. 133).

Um 1000 Christianisierung und Seßhaftwerden der Wikinger.

Reichsbildungen (9.–12.Jh.)

Normandie:

896 dänische Wikinger lassen sich an der Seinemündung nieder.

911 Übereinkommen von Saint-Clair-sur-Epte zwischen den Seine-Wikingern unter ROLLO und dem fränk. König KARL DEM EINFÄLTIGEN [898–923]: ROLLO erhält das Land als Lehen und übernimmt dafür die Verteidigung. Nach seiner Taufe (912) wird er Herzog und Vasall des fränk. Königs, das Lehen ein Herzogtum.

Unteritalien:

1059 Die Normannen erkennen auf der Synode von Melfi die päpstl. Lehenshoheit an. ROBERT GUISKARD wird Herzog (Dux Apuliae et Calabriae). Die Normannen beenden die Herrschaft der Byzantiner in Unteritalien, aber auch die der Araber auf Sizilien: Eroberung Messinas (1061) und Palermos (1072).

1130 Roger II. [1105–54] vereinigt Sizilien mit Kalabrien und Apulien (Rex Siciliae, Calabriae, Apuliae) und macht Palermo zur Hauptstadt. Eroberung Amalfis (1137), Neapels (1139) und Gaetas.

1186 Heinrich VI. heiratet die normann. Erbin KONSTANZE, Tochter ROGERS II., und erbt das Normannenreich (1194).

England: (S. 129).

Rußland: Zwischen 800 und 850 bilden schwed. Wikinger im Gebiet des Ladogasees als krieger. Kaufleute Herrschaftsgebiete (Gardarike) mit festen Burgen inmitten der slaw. Stämme. Die nördl. Herrschaften werden unter RURIK im Reich von Nowgorod vereinigt (S. 133).

Die Normannenreiche werden von einer krieger. Herrenschicht gegründet, die in kurzer Zeit vom Volkstum der Unterworfenen aufgesogen wird.

Handel: Der im 8. und 9. Jh. von den Juden (Mittelmeer und Orient) und Friesen (in Europa) beherrschte Handel wird abgelöst von dem weitgespannten Handelsnetz der Wikinger. Der Güteraustausch vollzieht sich auf Meeren und Strömen (Schleppen der Schiffe über kürzere Landstrecken zwischen zwei Flüssen).

Durch Beherrschung der russ. Handelswege (Dnjepr nach Byzanz, Wolga nach der arab. Welt) verschiebt sich der Welthandel nach Schweden (Birka) und ab 900 nach Haithabu, das zur Beherrschung und Verkürzung des Transitweges zwischen dem Südosten und dem Westen angelegt wird. Bedeutender als der Handel mit den Griechen ist der mit den Arabern (Silber aus Westturkestan und Afghanistan: Fund von 40000 arab. Silbermünzen auf Gotland). Die Wikinger liefern Pelze, Sklaven (aus den balt., slaw. und finn. Gebieten) und Schmuck aus Edelmetallen. Der Handel der Wikinger versiegt um 1050. Das Silber der Harzer Bergwerke tritt an die Stelle des arab. Silberstroms (Versiegen der Silberwerke im östl. Kalifat). Den Ostseehandel übernehmen die Slawen.

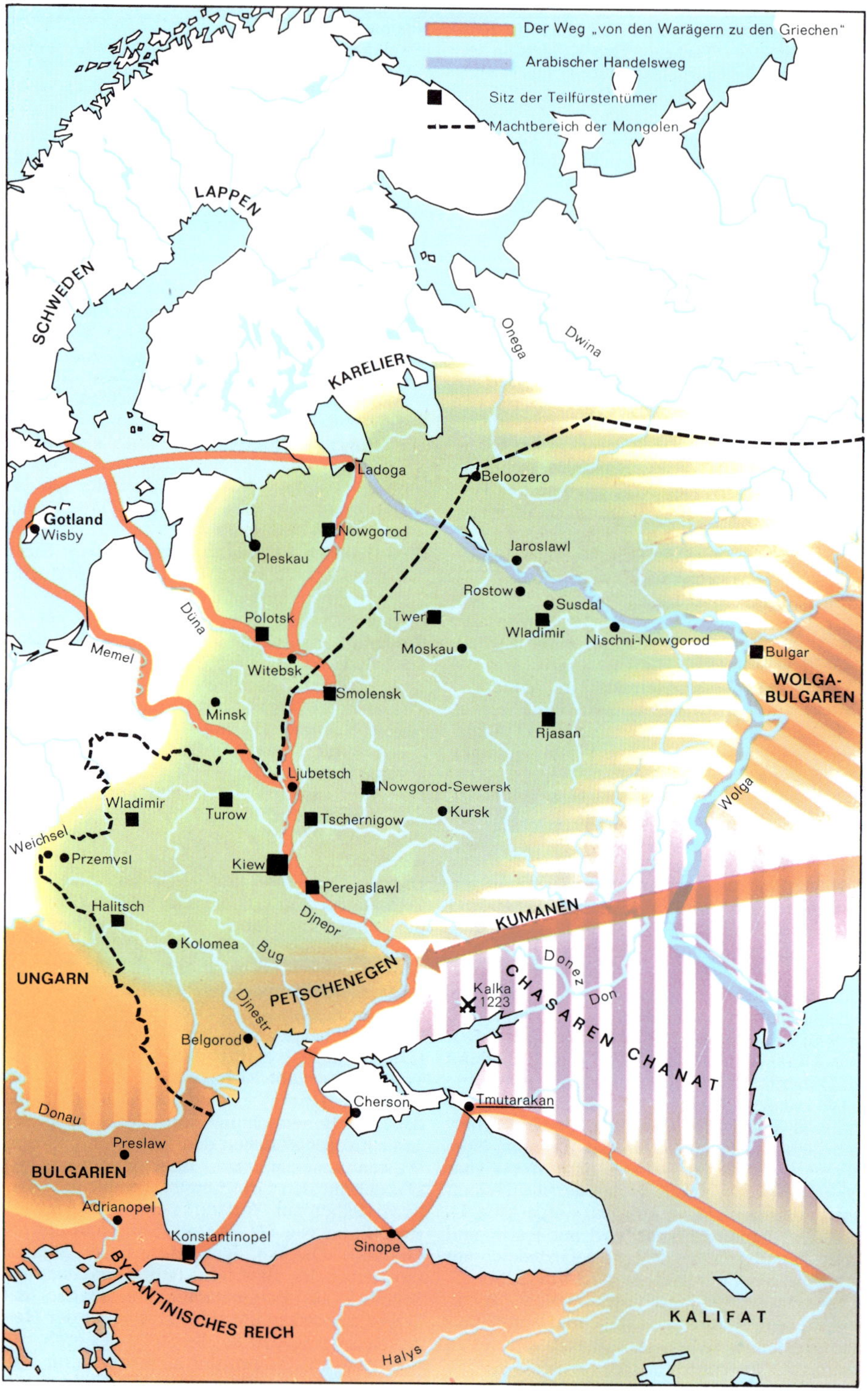

Das Reich von Kiew um 1000

Die Zeit der Waräger

Das Russ. Reich entsteht durch die **»Berufung der (schwed.) Waräger«** (RURIK), die von slaw. und finn. Stämmen ins Land geholt werden und inmitten slaw. Gebiete Herrschaften errichten. Unter RURIK wird die Einigung von Nowgorod aus über Nordrußland vollzogen. Zwei Gefolgsleute RURIKS,

858 ASKOLD und DIR, gelangen auf dem Weg »von den Warägern zu den Griechen« nach Kiew. 860 wird ihr 1. Angriff auf Konstantinopel abgeschlagen.

882 Oleg der Weise [879–912] vereinigt den Norden (Nowgorod) mit dem Süden (Kiew); Kiew wird Hauptstadt des russ. Staates, der durch nomadische Einfälle im südöstl. Steppengebiet gefährdet ist.

Das Reich von Kiew

944 IGOR [912–945] schließt nach einem erfolglosen Angriff auf Konstantinopel einen Handelsvertrag mit Byzanz und öffnet das Reich christl. Einflüssen.

957 Taufe seiner Witwe OLGA.

961 (?)–972 Swjatoslaw beherrscht die internat. Handelsstraßen. Er vernichtet das Chasarenreich (bis 966) und das Donaubulgarische Reich (967–972) und gerät deshalb in Konflikt mit Byzanz, dessen Verbündete, die Petschenegen, SWJATOSLAW auf dem Rückzug (972) erschlagen. Seine Nachfolger sind Rurikiden. Unter ihnen wird

978–1015 WLADIMIR I. (»Helle Sonne«) mit Hilfe der Waräger Alleinherrscher (980). Nach seiner Heirat mit der byzantin. Prinzessin ANNA, der Schwester BASILEIOS' II., und seiner Taufe (988) wird Kiew relig. Mittelpunkt (Sitz des Metropoliten).

1019–54 Jaroslaw der Weise folgt nach jahrelangen Bruderkämpfen (Hilfe der Waräger). Im Kampf gegen Polen gewinnt er die Czerwiner Burgen, unterstützt aber mit Kaiser HEINRICH III. (S. 147) KASIMIR I. bei der Wiederherstellung der Piastenherrschaft (1039). 1036 besiegt er die Petschenegen, 1043 mißlingt sein Flottenangriff auf Konstantinopel.

WLADIMIR und JAROSLAW DER WEISE schaffen nach Beseitigung der Mitregenten den russ. Einheitsstaat, dessen waräg. Oberschicht im 10. Jh. slawisiert wird. Nach Angriffen auf das Reich der Wolgabulgaren (965 und 985), dessen Reichtum auf dem Handel zwischen Nord- und Ostrußland beruht, verbessern sich die Beziehungen zwischen den beiden Staaten. Kiew wird das künstl. und geistige Zentrum Rußlands. Unter JAROSLAW DEM WEISEN erfolgt die Kompilation der 1. Redaktion des ›Reußischen Rechts‹, einer Verbindung von byzantin. Gesetzen und slaw. Gewohnheitsrecht (Eindämmung der Blutrache durch ein System von Strafen).

Die Teilfürstentümer

Nach 1054 zerfällt Rußland in Teilfürstentümer. Jeweilige Neuverteilung der Macht nach dem Tod eines Fürsten von Kiew (Senioratsprinzip) schwächt den Staat. Auch das Versöhnungstreffen der Fürsten in Ljubetsch 1097 (Neuverteilung der Macht) und starke Herrscher wie WLADIMIR MONOMACH [1113–25] und MSTISLAW D. GR. [1125–32] können den Verfall nicht aufhalten. Konflikte und Rivalitäten, von Byzanz geschickt ausgenutzt, beherrschen das Geschlecht der Rurikiden. Nach Gründung des Latein. Kaiserreichs (1204) geht der russ. Schwarzmeerhandel an Venedig verloren.

Im 12. und 13. Jh. setzt auch der polit., wirtschaftl. und kult. Niedergang Kiews ein. Die Teilfürstentümer gehen mit Ausnahme von Groß-Nowgorod und Pleskau zugrunde. Trotzdem wird das obere Wolgabecken kolonisiert, ein »Reich der Dörfer« mit absolutist. Regierungsform entsteht. Zersplitterung des Landes in Territorialherrschaften.

Der Staat der Rurikiden: An der Spitze steht der Fürst, der nicht unumschränkter Herrscher, wohl aber oberster Richter ist. Seine Hauptaufgabe ist die Verteidigung der Stadt und des Landes. Ihm zur Seite stehen die Ratsversammlung der Bojaren (landbesitzender Adel) und die Bürgerversammlungen der Städte (Verbindung monarch., aristokrat. und demokrat. Elemente).

Leistung des Kiewer Reichs: Verschmelzung von Slawen und Warägern durch byzantin. Christentum und Kultur.

Die Mongolenherrschaft

1223 Sieg der Mongolen, von den Russen Tataren genannt, in der Schlacht a. d. Kalka. Die Niederlage bleibt wegen des Todes des DSCHINGIS-CHAN (1227) ohne Folgen.

Ab 1245 Herrschaft der Mongolen in ganz Rußland. Karakorum wird Sitz des Groß-Chans ÜGEDEI (S. 179), sein Untergebener BATÜ begründet in Saraj die Herrschaft der »Goldenen Horde« (1251), die sich nach 1260 von der Zentralregierung löst.

Verwaltung: Zählung und Registrierung der steuerpflichtigen Bevölkerung. Einziehung der Steuern durch »Zähler« (private Steuerpächter). Aushebung russ. Rekruten und Deportation von Arbeitskräften. Die Herrschaft der russ. Fürsten wird nicht angetastet, doch befinden sich an ihren Höfen Statthalter des Chans (»Baskaken«). Die Fürsten müssen die Oberhoheit der »Goldenen Horde« anerkennen (Huldigung vor dem Chan) und einen Gnadenbrief (»Jarlyk«) erlangen. Privileg. Stellung der russ. Kirche wegen der toleranten mongol. Religionspolitik: Befreiung von Steuern, keine Konfiszierung geistl. Besitzes; die Kirche unterwirft sich willig der Gewaltherrschaft.

Folgen der Mongolenherrschaft: Zerstörung der persönl. Würde des Menschen (Fußfall und Küssen des Gewandsaums); niedrige soz. Stellung der Frau. Grausame Strafen (Folter, Verstümmelung). **Abbruch der Beziehungen zum Westen und Abkapselung des orthodoxen Rußland.**

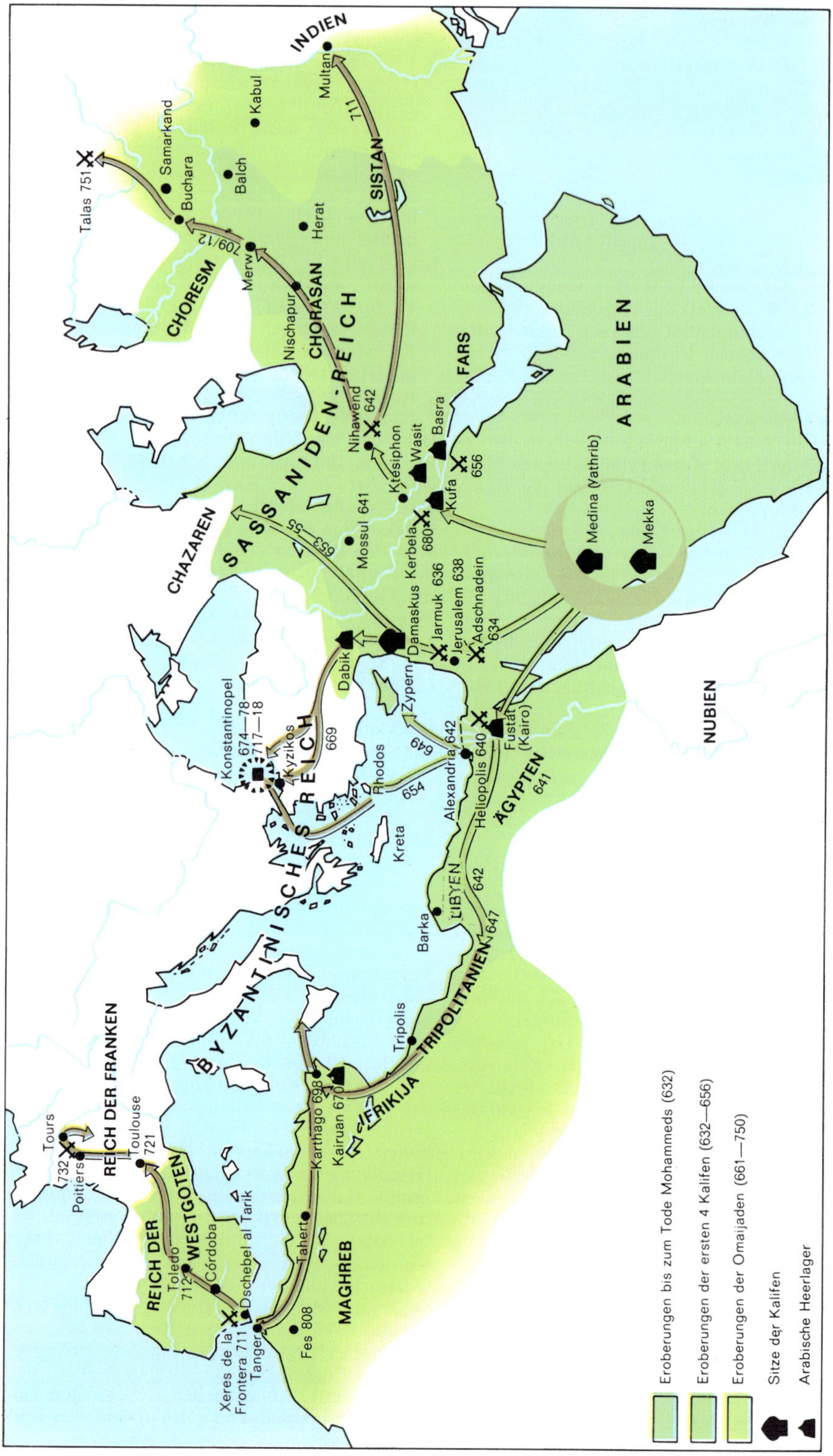

Die Ausbreitung des Islam bis 750

Die Lehre des Islam (= »Ergebung in den Willen Gottes«) wird von MOHAMMED nach seinem Berufungserlebnis (610) verkündet: nahendes Weltgericht (Strafe und Belohnung der Taten) und die Lehre von ALLAH, dem Schöpfer und Richter, der das Schicksal der Menschen bestimmt. Die fünf **Hauptpflichten des Muslim** sind das Glaubensbekenntnis (»Es gibt keinen Gott außer Gott, Mohammed ist der Gesandte Gottes«), das Pflichtgebet (fünfmal täglich), das Almosengeben (Steuer), das Fasten im Monat Ramadan und die Wallfahrt nach Mekka. Die drei **Glaubensfundamente** sind der unter OTHMAN (s. u.) schriftl. fixierte **Koran** (= Wort Gottes, 114 Suren), die Sunna (= Überlieferung der Gewohnheiten und Aussprüche des Propheten) und die Idschma (= Übereinstimmung der Gläubigen). Unter ALI (s. u.) kommt es zur Spaltung in Sunniten und Schiiten (Verwerfung der Sunna). Die Schiiten sehen in ALI den rechtmäßigen Nachfolger des Propheten, denen die Charidschiten gegenüberstehen, nach deren Auffassung jeder Gläubige zum Leiter der Gemeinde gewählt werden kann.

Der Prophet

Um 570–632 Mohammed. Er muß nach seiner Verkündigung Mekka verlassen:

15. 6. 622 »Hedschra« (= Auswanderung nach Yathrib-Medina, »Stadt des Propheten«, Beginn der islam. Zeitrechnung).

1. 11. 630 Rückkehr MOHAMMEDS nach Mekka. Er reinigt die Stadt und die Kaaba, das alte arab. Heiligtum, vom Götzendienst. Die neue Lehre siegt in Arabien.

632 Tod MOHAMMEDS in Medina.

Die Wahlkalifen (632–661)

632–634 Kalif (= Nachfolger) ABU BEKR wirft die abgefallenen arab. Stämme nieder und stößt nach Syrien und Persien vor.

634–644 Omar, »der Beherrscher der Gläubigen«, wandelt den nat. arab. Staat in ein theokrat. Weltreich um und baut eine Militärverwaltung auf: Der Befehlshaber der arab. Besatzungstruppen wird zugleich ziviler Statthalter des Kalifen, relig. Oberhaupt und weltl. Richter. OMAR erobert Syrien und Palästina (Damaskus 635, Jerusalem 638), Persien (Einnahme Ktesiphons 636, Schlacht bei Nihawend 642), sein Feldherr AMR BIN AL-AS Ägypten (Räumung Alexandrias 642).

644–656 Der Omaijade OTHMAN wird zum Kalifen gewählt und setzt die Eroberungspolitik fort: Vordringen der Araber nach Barka (642–645). Der Statthalter von Damaskus, MUAWIJA, kämpft gegen Byzanz. Nach der Bedrohung Alexandrias durch eine byzantin. Flotte wird eine arab. Flotte geschaffen. OTHMAN begünstigt die Omaijaden und wird von Widersachern ermordet.

656–661 ALI, Vetter und Schwiegersohn des Propheten, verlegt die Residenz nach dem Kampf gegen MOHAMMEDS Witwe AISCHA (1. Bürgerkrieg) und Sieg in der Kamelschlacht bei Basra (656) nach Kufa: **Medina wird polit. bedeutungslos.** MUAWIJA, Statthalter von Syrien, will den Tod seines Vetters OTHMAN rächen. Nach der unentschiedenen Schlacht bei Siffin (657) und dem Schiedsgericht von Adhruch (658; ein Teil der Anhänger verläßt ALI: **Charidschiten),** wird ALI ermordet.

Die Dynastie der Omaijaden (661–750)

661–680 Muawija findet die unfähigen Söhne ALIS ab. Damaskus wird Residenz. Wiederherstellung der Verwaltung, des Finanz- und Steuerwesens. Die Angriffe gegen Byzanz (ab 667) scheitern. Im Osten werden Kabul, Buchara und Samarkand erobert.

680–683 JAZID I. schlägt ALIS Sohn HUSAIN und dessen Anhänger bei **Kerbela** (10. 10. 680 = **Passionstag der Schiiten),** das schiitischer Wallfahrtsort wird.

685–705 ABD AL-MALIK stellt nach Niederwerfung der schiitischen und charidschitischen Aufstände und Beseitigung des Gegenkalifats in Mekka die Reichseinheit wieder her. Sicherung der Herrschaft in Nordafrika (Eroberung Karthagos 698). **Einführung einer arab. Währung.** Unter

705–715 Walid I. wird der Höhepunkt der omaijadischen Macht erreicht: Eroberung Transoxaniens, des Indus-Gebietes (711) und Spaniens: TARIK überschreitet die Meerenge von Gibraltar (=Dschebel al Tarik) und vernichtet das Westgotenheer (S. 117).

718 Erfolglose Belagerung Konstantinopels.

732 Die Schlacht zwischen Tours und Poitiers verhindert das weitere Vordringen der Araber im Westen. Die gesellschaftl. und wirtschaftl. Krise, die durch die steuerl. Gleichstellung bekehrter Nichtaraber mit Arabern entsteht, Aufstände der Schiiten und Charidschiten sowie Zwistigkeiten zwischen Omaijaden und Abbasiden führen zum Untergang der Omaijaden-Dyn.

750 MERWAN II. [744–750] wird in der Schlacht am Zab (Nebenfluß des Tigris) vernichtend geschlagen. Dem unter den überlebenden Omaijaden angerichteten Blutbad entkommt nur ABD AR-RAHMAN, der in Spanien das **Emirat der Omaijaden von Córdoba** begründet (756).

Staat, Gesellschaft

Die arab. Weltmacht vereinigt Völker verschiedenster Herkunft und Religion. Trotz dieser Besonderheiten erwächst schnell eine **einheitl. arab. Kultur** durch Religion (Islam) und (arab.) Sprache, die überall herrschend wird, weil der Koran nicht übersetzt werden darf. Die unterworfenen Völker werden weder bekehrt noch zur Annahme des Islam gezwungen, sondern nur einer Besteuerung unterworfen. Später entsteht ein Gegensatz zwischen der Vorherrschaft der arab. Kriegerkaste (nur Kriegsdienst, keine Steuer) und den Untertanen. Die von dem nichtarab. Bevölkerungsteil geforderte Gleichberechtigung muß gewährt werden.

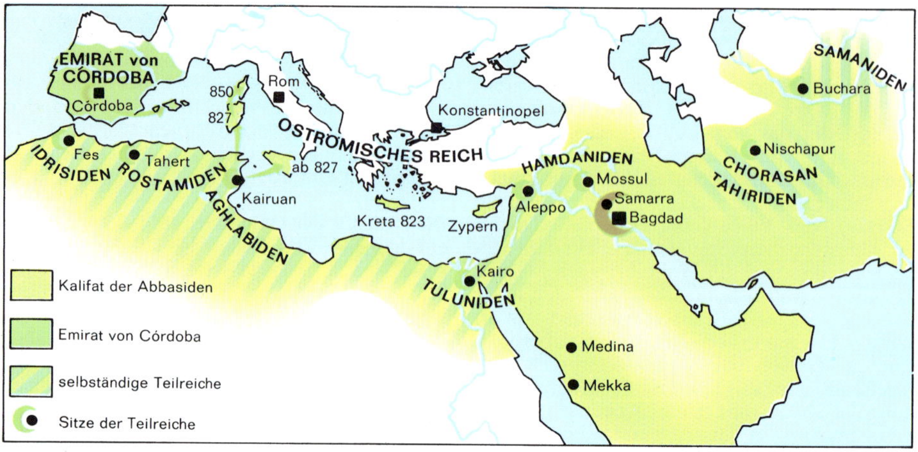

Die Ausbreitung des Islam im 8., 9. und 10. Jh.

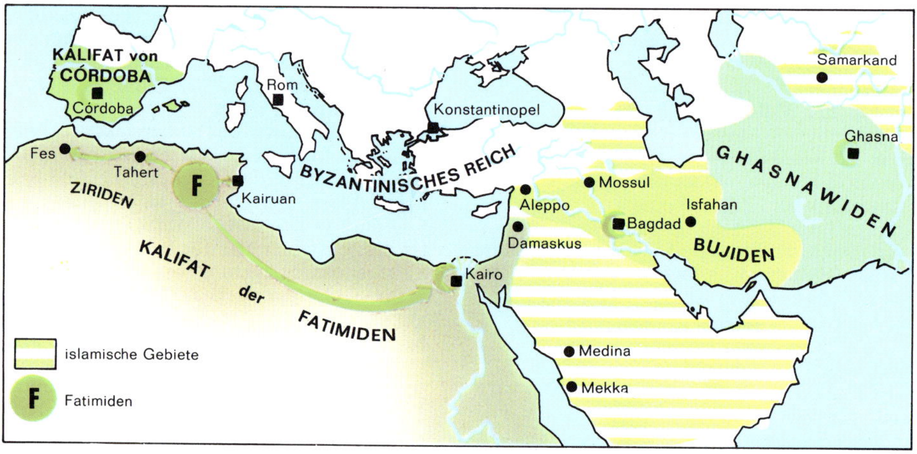

Die islamischen Teilreiche um 1000

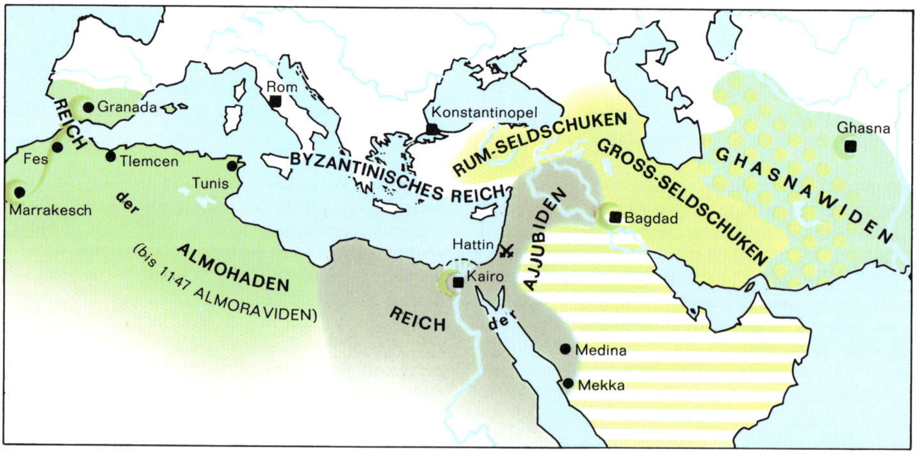

Die islamischen Teilreiche um 1180

Die Dynastie der Abbasiden (750–1258)

Auf den 754 verstorbenen 1. Kalifen ABU L'ABBAS folgt

754–775 al-Mansur (= der Siegreiche), der eigentliche Begründer der Abbasiden-Dyn., der die Machtgrundlage des neuen Staates mit Hilfe pers. Hilfstruppen schafft (762 Gründung der Residenz Bagdad). Die Vorrangstellung der Araber wird beendet, die **Führung geht an die Perser über:** Einführung des pers. Hofzeremoniells, Leitung des Staates durch Wesire, Neuorganisation der Verwaltung nach pers. und byzantin. Vorbild. Der von seinem Hofstaat umschlossene Kalif wird für die Öffentlichkeit unerreichbar. Hochblüte des Kalifats unter

786–809 Harun al-Raschid (bekannt aus ›Tausend und eine Nacht‹). Trotz siegreicher Kämpfe gegen Byzanz beginnt die polit. Auflösung des Reiches: In Marokko macht sich die Dyn. der Idrisiden (788), in Kairuan die der Aghlabiden selbständig (801). Nach seinem Tod droht der Zerfall des Reiches durch Kämpfe unter seinen Söhnen.

Im 9. Jh. führen innere Zwistigkeiten, schiitische Aufstände, das Emporkommen selbst. Dyn. (Tahiriden in Chorasan) zur **polit. Entmachtung des Kalifen,** der sich auf die Würde eines geistl. Oberhaupts aller Gläubigen beschränkt, während die Staatsleitung in den Händen des **Amir al-Umara (Oberemir)** liegt (ab 936). Die Fürsten der unabhängigen Dyn. reißen bald den Titel an sich. Von

940–1256 ist das Kalifat der Abbasiden ohne polit. Bedeutung.

1256 Einfall der Mongolen in Persien.

1258 Eroberung und Zerstörung Bagdads durch die Mongolen (S. 179).

Die innere Entwicklung

Trotz großer außenpolit. Erfolge (Mittelmeerherrschaft bis ins 11. Jh., Eroberung Indiens im 11. Jh.) setzt seit dem 9. Jh. die **Sonderentwicklung** auf relig. (Sekten), polit. und völk. Gebiet ein (Reiche unter eigenen Dyn. mit despot. Herrschaftsform). Entscheidend für alle Reiche ist seit dem 8. Jh. das **Einsickern der Turkvölker,** die im 9. Jh. **Palastgarden** an allen islam. Höfen bilden. Ihre Führer werden Statthalter und üben die Macht aus. Die Ghasnawiden in Afghanistan bilden die erste türk. Dyn. (962–1186). Verluste erleidet der Islam durch die Reconquista in Spanien (S. 187) und Sizilien.

Kultur: In den islam. Kulturzentren (Bagdad, Damaskus, Kairo, Mekka, Samarkand) wird oriental. und hellenist. Wissensgut von den Arabern verschmolzen und zur Grundlage einer islam. Wissenschaft, die im 9. und 10. Jh. ihren Höhepunkt erreicht und – vor allem über Spanien – das christl. Abendland beeinflußt.

Die islamischen Teilreiche

Spanien erlebt unter der Dyn. der **Omaijaden** (755–1031) eine große Blütezeit. Bedeutendster Herrscher ist ABD AR-RAHMAN III. [912–961], der die zentrale Macht des Emirats im Kampf gegen den Adel wiederherstellt und Anspruch auf das Kalifat erhebt (929). Nach der Wiederherstellung der arab. Herrschaft über ganz Spanien durch AL-MANSUR [977–1002] setzen bald Thronwirren ein (1008–31), durch die sich Andalusien in Teilreiche auflöst (Periode der Reyes de Teijas 1031–86). Gegen ALFONS VII. VON KASTILIEN (S. 187), der die christl. Offensive wieder aufnimmt, werden die berberischen Almoraviden ins Land gerufen (1086–1147), die von den Almohaden (1150–1250) abgelöst werden. Das Emirat von Granada (1246–1492), das maurische Restreich, endet mit der Eroberung Granadas durch Kastilien (S. 187).

Nordafrika: Um 800 entstehen 3 kleinere Dyn.: die Rostamiden von Tahert, die Idrisiden von Fes (808–930) und die Aghlabiden von Kairuan (801–909). Sie erliegen alle den **Fatimiden** (909–972), die als Abkömmlinge der Tochter des Propheten FATIMA und ihres Gatten ALI die Herrschaft über die Gläubigen beanspruchen und bald Ägypten erobern (969). In Ifrikija herrschen zuerst als Statthalter der Fatimiden die Ziriden (972–1167), die sich aber bald selbständig machen (1041). Im 11. Jh. gerät Nordafrika und Spanien unter die Herrschaft der Almoraviden (1061–1163), deren Macht durch die Almohaden (1147–1269) unter ABD AL-MURMIN, dem bedeutendsten Moslemherrscher Nordafrikas, vernichtet wird. Das Reich der Almohaden wird durch christl. und arab. Angriffe vernichtet.

Ägypten: Auf die Dyn. der Tuluniden (868–905) und der Ichsididen (935–969) folgen die **Fatimiden** (969–1171), die die Autorität der Abbasiden-Kalifen nicht mehr anerkennen (Gegenkalifen). Ihre Herrschaft wird abgelöst durch die Ajjubiden-Dyn. (1171–1250), deren Begründer der Kurde SALAHAD-DIN (SALADIN) ist, der den König von Jerusalem bei Hattin schlägt (1187). In der Folgezeit gewinnt die türk. Mameluken-Garde an Einfluß. Sie schlägt den Angriff der Mongolen auf Ägypten ab (1260).

Der Osten: Nordmesopotamien wird durch die Hamdaniden von Mossul und Aleppo (890–1003) beherrscht, während die Samaniden (819–999), zuerst als Statthalter in Transoxanien von den Tahiriden abhängig, seit 875 unabhängig regieren (Entstehung einer pers. Nationalliteratur). Das größte Reich bildet sich unter den Bujiden (932–1055). Mit ihm erfolgt der Durchbruch zu einem polit. Selbstbewußtsein des Iraniertums. Ab 945 residieren die Bujiden dem Namen nach als höchste Beamte (Amir al-Umara) in Bagdad, in Wirklichkeit üben sie die Macht aus. Die polit. Führung der islam. Welt übernehmen in der Folgezeit die Türken, die bedeutendste Staatsbildung wird das Reich der Groß-Seldschuken.

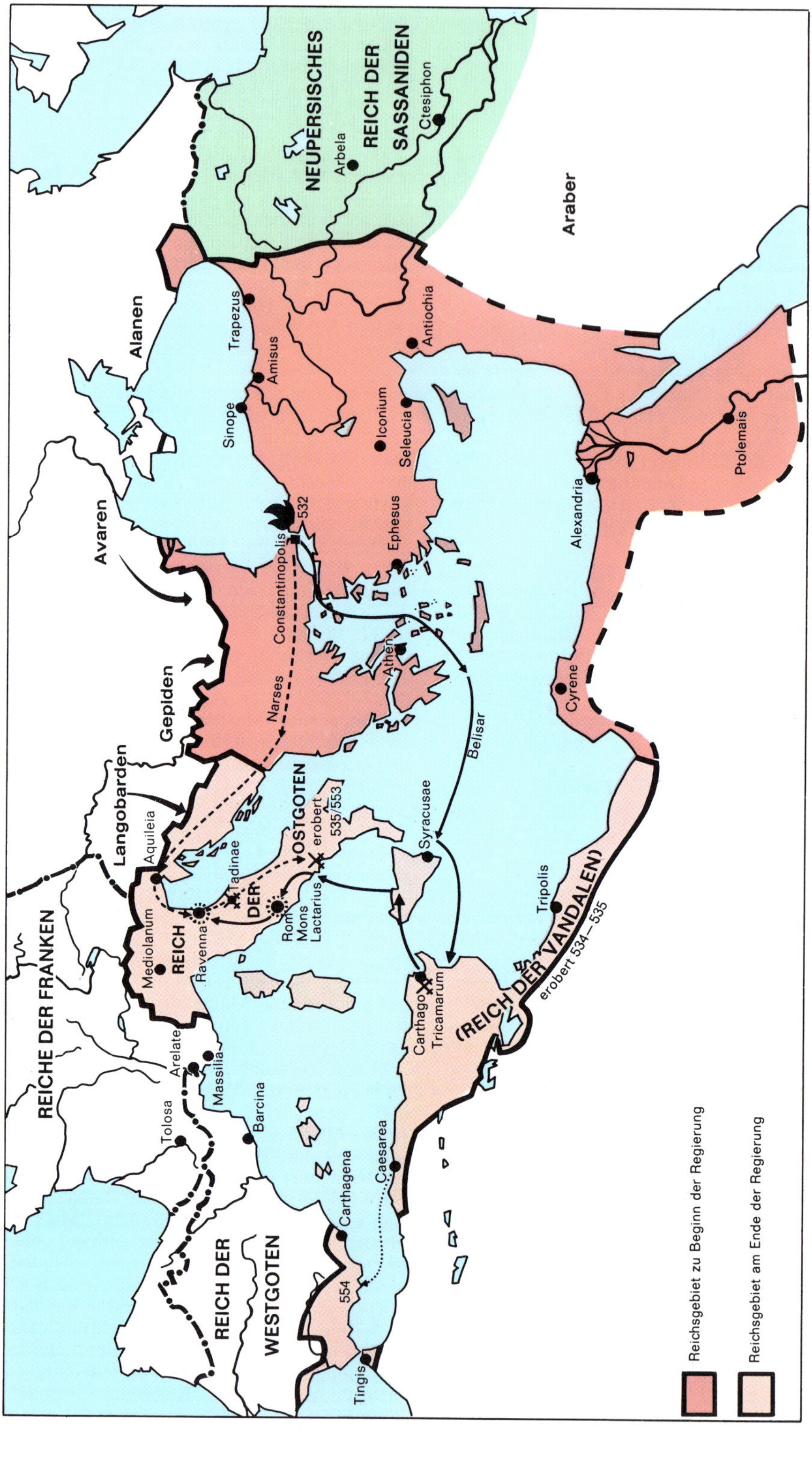

Das Reich Justinians

Die frühbyzantinische Zeit

Grundlagen des byzantin. Reichs bilden röm. Recht und Verwaltung, griech. Sprache und Kultur, christl. Glaube und Sitte. Bedeutender Machtfaktor ist die Kirche, von der der Kaiser die Krone empfängt (ab 479). Durch deren Zwiespalt in dogmat. Fragen (Christologie = Verhältnis Christi zur Menschheit) wird das Reich geschwächt. Der Streit wird durch das

431 3. Ökumen. Konzil von Ephesus beendet: Die Lehre des NESTORIUS (Betonung der menschl. Natur Christi) wird verworfen, diejenige CYRILLS VON ALEXANDRIEN (Betonung der göttl. Natur Christi) anerkannt.

451 4. Ökumen. Konzil von Chalkedon: Die monophysit. Lehre wird als Häresie verurteilt; die von Papst LEO I. im Sinne AUGUSTINS formulierte Zweinaturenlehre (Duae naturae, una persona) als verbindlich erklärt.

Der Einfluß der Germanen bei Hof in der 1. Hälfte des 5. Jhs. wird durch Kaiser LEON I. D. GR. [457–474] mit Hilfe der Isaurier aus Kleinasien beseitigt.

476 ODOWAKER wird als röm. Patrizius in Italien anerkannt.

527–565 Justinian, verheiratet mit THEODORA (gest. 548), beendet den Krieg mit den Persern durch einen »ewigen Frieden« (532), um die westl. Reichshälfte wiedergewinnen zu können: Nordafrika 535, Italien 553, Südspanien 554 durch BELISAR und NARSES. Durch wirtschaftl. und finanz. Überforderung kommt es zur Verschuldung des Staates. Nach der Niederwerfung des Nika-Aufstandes der Zirkusparteien (532) ist die autokratische Stellung des Kaisers gesichert **(Caesaropapismus).**

528–535 Kodifikation des röm. Rechts (Corpus iuris civilis): Institutionen (Lehrbuch), Digesten oder Pandekten (Schriften klass. Rechtsgelehrter), Codex Justinianus (Sammlung kaiserl. Konstitutionen), Novellen (von JUSTINIAN nach 534 erlassene Konstitutionen).

568 Italien geht an die Langobarden verloren.

582–602 Maurikios gründet, nach Einbrüchen der Awaren und Slawen auf dem Balkan, zur Festigung des Reichs Exarchate (Statthalterschaften): Ravenna, Karthago. Der Exarch hat militär. und ziv. Gewalt, wodurch seine Autorität wächst. 591 gewinnt MAURIKIOS Armenien.

Entstehung des mittelbyzantin. Reichs

610–641 Herakleios (Titel: Basileus statt Imperator). Griechisch wird Amtssprache. Mit der **Themenverfassung** vollendet HERAKLEIOS das Werk des MAURIKIOS: Einteilung des kleinasiat. Gebiets in Militärbezirke (Themen) unter einem Strategen, der sowohl militär. als auch ziv. Gewalt besitzt. Durch Ansiedlung von Soldaten entsteht eine Bauernmiliz (Stratioten). Jeder Stratiot ist zum Waffendienst verpflichtet; er erhält einen erblichen Besitz, aus dem die Mittel für Ausrüstung und Lebensunterhalt zu erwirtschaften sind.

628 Sieg über die Perser und Zusammenbruch des Sassanidenreichs nach dem Doppelangriff der Awaren und Slawen sowie der Perser auf Konstantinopel (626). – Wegen der dauernden Angriffe der auf die Perser folgenden Araber muß die Balkanhalbinsel den Slawen überlassen werden, die jedoch unter KONSTANS II. [641–668] die byzantin. Hoheit anerkennen. Die Angriffe der Araber auf Konstantinopel (674–678, 717–718) werden abgewehrt.

717–802 Syrische (isaurische) Dyn. Durch den unter dem Einfluß der bilderfeindl. östl. Sekten, des Judentums und Islams ausbrechenden **Bilderstreit** ist der Staat geschwächt. Heftiger Widerstand der Bilderverehrer (unterstützt von Papst GREGOR III.), die das Bild als Symbol und Mittler auffassen.

740 Sieg über die Araber bei Akroinon. Die anschließenden Feldzüge KONSTANTINS V. [741–775] lassen aus dem Existenzkampf des byzantin. Staates allmählich einen Grenzkrieg werden. Die Expansion der Araber richtet sich nach Nordafrika und Spanien.

751 Ravennas Fall (Zusammenbruch der byzantin. Herrschaft in Italien) und die

800 Kaiserkrönung KARLS D. GR., die die Kaiserin IRENE nicht verhindern kann, bringen die **Verbindung zwischen Papsttum und Frankenreich** zustande.

812 MICHAEL I. billigt KARL den Titel Basileus zu.

820–867 Armorische (phrygische) Dyn. Besetzung Kretas durch die Araber. Nach Beendigung des Bilderstreits (843) folgt eine neue Blütezeit unter

842–867 Michael III. Missionierung der slaw. Völker: KONSTANTIN und METHODIUS gehen nach Mähren. Chan BORIS VON BULGARIEN [852–889] läßt sich taufen (865): Hoheitsrechte des byzantin. Patriarchen werden anerkannt (870).

863 Sieg über den Emir von Melitene (Beginn der byzantin. Offensivpolitik in Asien).

867 Patriarch PHOTIOS löst die orthodoxe Kirche von Rom.

Heer, Verfassung, Wirtschaft: Die Themenordnung erhöht die milit. Schlagkraft. Das Heer besteht aus den Aufgeboten der Themen und den in Konstantinopel stationierten Garderegimentern (Tagmata), die Flotte aus den Themengeschwadern und der kaiserl. Flotte der Hauptstadt. Aufteilung der Zentralverwaltung in Logothesien unter Leitung von Logotheten (wichtigster Logothet: der Dromos, Leiter der Staatspolitik). Der **Feudalisierungsprozeß** durch Bildung eines Themenadels und Anwachsen des Klosterbesitzes macht aus Freibauern und Stratioten Hörige des Großgrundbesitzes, über die die Zentralgewalt nicht mehr verfügen kann. Byzanz muß wieder Söldner anwerben. – Kontrolle des Staates über die Stadtwirtschaft bleibt durch die Zunftorganisation erhalten. Kampf zwischen Beamtenadel und Militäradel. Intrigenwirtschaft am Hof.

Der Aufstieg des Papsttums

Nach dem Eintreten der Kirchenväter IRENÄUS und TERTULLIAN für die Autorität Roms als apostol. Stadt behauptet CALIXTUS I. [217–222] die **Ausnahmestellung des röm. Bischofs** (Matth. 16,18) gegen den Widerspruch TERTULLIANS und des ORIGINES und wird damit der **Schöpfer der Papstidee.** Der Kirchenvater CYPRIAN verteidigt den Ehrenprimat des PETRUS, ist aber von der **rechtl. Gleichheit aller Bischöfe** überzeugt.

325 Geistl. Gleichstellung der 4 Patriarchate Jerusalem, Antiochia, Alexandria und Rom (einziges Patriarchat im Westen) auf dem Konzil von Nicäa. Nachdem

um 375 DAMASUS I. [366–384] für die **Lehrautorität des röm. Bischofs** auf Grund der Petrustradition eintritt (Verwendung des Begriffs »Apostol. Stuhl«) und damit die Entwicklung des Bischofs von Rom zum Papst (Papa) einsetzt, erkennt THEODOSIUS D. GR. den Bischof von Rom als Hüter des rechten Glaubens und als oberste Autorität an. SIRICIUS [384–399] verfaßt Papstschreiben (Decretalia constituta) unter formaler Anlehnung an kaiserl. Erlasse, in denen die **Identität von Papst und Petrus** bezeugt wird.

440–461 Leo I., der »heimliche weström. Kaiser«, ist der erste eigentliche Papst und **Begründer des röm. Primats.**

445 Edikt VALENTINIANS III.: Bestätigung des Primats des röm. Bischofs über das Abendland. Nachfolger des von Christus mit besonderer Machtfülle ausgestatteten Apostels PETRUS sind die Bischöfe von Rom als »Vicarii Christi«, denen das höchste Richteramt (Matth. 16,18), die oberste Verwaltung der Kirche (Joh. 21, 25–27) und das höchste Lehramt (Luk. 22,32) übertragen ist.

451 Protest LEOS I. gegen die Erklärung des Konzils von Chalkedon über die Gleichrangigkeit der Bischöfe von Rom und Byzanz (Kan. 28). Die Nachfolger LEOS halten die gesteigerten Machtansprüche aufrecht.

492–496 Gelasius I. vertritt in einem Schreiben an Kaiser ANASTASIOS I. die **»Zweigewaltenlehre«:** Verantwortlichkeit der Bischöfe vor Gott für die weltl. Herrscher, denen die Priester als Spender der Sakramente überlegen sind (Unterordnung der Herrscher als Glieder der Kirche unter die Kirchenzucht).

498–514 SYMMACHUS. Während seines Pontifikats wird festgelegt, daß der Papst von keinem Menschen gerichtet werden darf (Constitutum Silvestri). – Polit. werden die Päpste in der Folgezeit zuerst von den Ostgoten, dann von den Langobarden abhängig.

590–604 Gregor I. d. Gr., der erste Mönchspapst, nennt sich »Servus servorum Dei« (Diener der Diener Gottes, später offizielle Titulatur). Er verflacht die Lehre AUGUSTINS zu einem »Vulgärkatholizismus«, wird durch Zentralisierung des päpstl. Besitzes (Patrimonien = Latifundien der röm. Kirche) der **Begründer der weltl. Macht des Papsttums in Italien** und dadurch allmählich zum weltl. Herrscher der Stadt Rom (Übernahme polit. und verwaltungstechn. Funktionen). Abwendung vom byzantin. Kulturkreis und Hinwendung zu den german. Völkern, deren Bedeutung von ihm erkannt wird: Westgoten, Sweben und Langobarden werden kath. **Bekehrung der Angelsachsen** durch den Mönch AUGUSTIN, der 596 zu König ETHELBERT VON KENT geschickt wird (Gründung des Ebm. Canterbury). Die Angelsachsen unterwerfen sich der päpstl. Jurisdiktion.

664 Synode von Whitby gewährt dem Papst in England folgende Rechte: Gründung von Bm. und Ernennung von Bischöfen. Der iroschottische Einfluß wird zurückgedrängt. – Rom erneuert die Primatansprüche gegenüber dem Osten.

680/81 6. Ökumen. Konzil von Konstantinopel verdammt die monotheletische Lehre, die Kaiser HERAKLEIOS I. verkündet hat (zwei Naturen CHRISTI, aber nur ein Wille) und der Papst HONORIUS I. [625–638] zugestimmt hatte; er wird nun als ein Förderer der Häresie verflucht: **Zerstörung der Vormachtstellung Roms.**

722 BONIFATIUS schwört nach seiner Weihe zum Bischof Papst GREGOR II. [715–731] den Gehorsamseid und missioniert in Deutschland. 747 unterstellt sich eine fränk. Generalsynode auf seine Veranlassung hin dem Papst.

752–757 STEPHAN II. wendet sich von Ostrom ab und geht eine **Verbindung mit dem Frankenreich** ein (S. 123): Gründung des Kirchenstaats (»Pippinische Schenkung«, S. 123). Der Papst erhebt nun Ansprüche auf eine unabhängige Landesherrschaft, die er mit einer gefälschten Urkunde, der **Konstantinischen Schenkung** (›Donatio Constantini‹), begründet, wonach die Verselbständigung Roms gegenüber dem Osten schon auf KONSTANTIN D. GR. zurückgeht, der dem Papst Rom mit der westl. Reichshälfte übertragen haben soll.

800 LEO III. [795–816] krönt KARL D. GR. zum Kaiser (S. 123).

847–852 Die Pseudoisidorischen Dekretalien (gefälschte päpstl. Kanones), entstanden in der Kirchenprov. Reims, sollen die Stellung der Bischöfe gegenüber Metropoliten, Synoden und weltl. Gewalten festigen; die Unabhängigkeit der Kirche soll durch den Papst als Garanten der kirchl. Freiheit erreicht werden. Deshalb Proklamierung der irdischen Oberhoheit des Papstes (Papa caput totius orbis).

858–867 NIKOLAUS I. Da die kaiserl. Macht der Karolinger abnimmt, will der Papst als Verfechter kirchl. Machtansprüche und unter Berufung auf Pseudoisidor das System der Landeskirchen durch eine röm. Zentralverwaltung verdrängen.

867 erneutes Schisma mit der Ostkirche durch den Prozeß gegen PHOTIOS, den Patriarchen von Konstantinopel.

Die Ausbreitung des Mönchtums

Das Mönchtum entsteht im ägypt. und syr. Osten. Sinn: Wahrung einer strengen Form des Christentums mit Hilfe asket. und eremit. Ideale. Um 300 geht ANTONIUS als Eremit in die Einsamkeit der Wüste (Anachoreten- oder Eremitenleben). PACHOMIUS (292–346) gründet das erste Kloster (Koinobitentum oder Klosterleben). Ziel des mönch. Lebens: Erlangung der Vollkommenheit durch strengste Askese. Im 4. Jh. verbreitet sich das Mönchtum von Ägypten aus im ganzen Morgenland. BASILEIOS D. GR., seit 370 Metropolit von Caesarea in Kappadokien, schafft eine für das griech. Mönchtum verbindliche Regel. Seit

451 dem Konzil von Chalkedon führen die Bischöfe Aufsicht über die Klöster ihrer Diözese; das Klostergelübde ist für das ganze Leben verbindlich.

Seit 370 Entfaltung des westl. Mönchtums unter Einfluß der ›Vita Antonii‹ (lat. Übersetzung des EUAGRIOS VON ANTIOCHIA).

480–543 Benedikt von Nursia (Norcia östl. Spoleto). Er gründet ca. 529 das Kloster Monte Cassino in Kampanien und schafft mit der ›Regula Benedicti‹ die westl., abendländ. Form des Mönchtums. In der Benediktinerregel verbinden sich röm. Disziplin und altmönch. Traditionen: Stabilitas loci (Beharren im Kloster) in bewußtem Gegensatz zu den umherschweifenden Asketen; Conversio morum (Armut und Keuschheit), Oboedientia (Gehorsam gegen den Abt). Betonung der Handarbeit (Ora et labora = bete und arbeite) und Ablehnung einer übertriebenen Askese. Aufgaben des Klosters: Gastfreundschaft, Armenpflege und Errichtung einer Klosterschule. **Die Klöster werden Kulturzentren** (Sammlung und Erhaltung der antiken Literatur, Geschichtsschreibung; daneben Viehzucht, Acker- und Weinbau). Durch die Gunst GREGORS D. GR. und KARLS D. GR. wird die Regel BENEDIKTS im Abendland vorherrschend, seit

743 ist sie im Frankenreich allgemein verbindlich.

816/817 1. Klosterreform unter Führung des BENEDIKT VON ANIANE: Strenge Einhaltung der Benediktinerregel.

10./11. Jh. 2. Reformbewegung. Gegen die Verweltlichung des Klosterlebens, entstanden durch das Aufkommen einer geistl. Fürstengewalt, und gegen die Eingriffe weltl. Herrscher, die ein Eigenkirchenrecht für sich beanspruchen, entsteht die **cluniazensische Bewegung,** die von den Klöstern Cluny (gegr. 910) und Gorze ausgeht. Forderungen: Reform der Klosterwirtschaft, Unterstellung der Klöster unter den Schutz des Papstes (nicht unter die Herrschaft des Episkopats), strenge Mönchszucht und Gehorsam gegen den Abt. Zusammenschluß von ca. 200 Klöstern zu einer Kongregation (Gemeinschaft) unter dem Abt von Cluny. – Weitere Reformbewegungen gehen aus von den **Camaldulensern.** 1012 gestiftet von ROMUALD VON RAVENNA, den Karthäusern, 1084 gestiftet von BRUNO VON KÖLN, und den **Hirsauern** (Kloster Hirsau, reformiert 1069), die sich seelsorgerischen Aufgaben widmen.

1098 Gründung des **Zisterzienserordens** durch Abt ROBERT VON MOLESME (gest. 1100). Starker Einfluß BERNHARDS, der 1112 in Citeaux eintritt und 1115 erster Abt von Clairvaux (Clara vallis) wird.

1119 **»Charta caritatis«:** Ergänzung der Benediktinerregel durch den dritten Abt von Clairvaux STEPHAN HARDING. Durch Gründung von Tochterklöstern erhält der Zisterzienserorden eine neue Organisationsform. Höchste Autorität ist das jährlich tagende Generalkapitel der Äbte. Die Klöster werden vom Mutterkloster, das Mutterkloster von den vier ältesten Tochterklöstern (La Ferté, Pontigny, Clairvaux, Morimond) überwacht. Kennzeichen der Zisterzienser: Strenge Askese, Einfachheit (Klosterkirche ohne Turm), mystische Frömmigkeit, wirtschaftl. Tätigkeit. Kolonisation des deutschen Ostens.

1120 Gründung des **Prämonstratenserordens** in Prémontré durch NORBERT VON XANTEN, seit 1126 Erzbischof von Magdeburg. Mitglieder sind regulierte Kanoniker (Stiftsgeistliche), nicht Mönche. Tätigkeit: Seelsorge und Mission, vor allem östl. der Elbe.

Bettelorden: Ihr Ideal ist die »Imitatio Christi«, der Nachvollzug des Lebens Jesu. Im Gegensatz zu den alten ländlich-aristokrat. Orden entwickeln sie sich in den Städten zu zentralist. geleiteten, disziplinierten Hilfsorganen des Papstes. Man tritt in den Orden ein, nicht in das Kloster, das bloßer Unterkunftsort ist.

Der reformat. Versuch **Franz von Assisis** (1182–1226) – Erfüllung der gesamten Christenheit mit urchristl. Geist – endet nach dem Eingreifen der Kurie mit der Gründung der **Franziskaner** oder **Minoriten** (Ordo fratrum minorum = O. F.M.).

1223 wird der Orden von HONORIUS III. bestätigt. Aufgaben: Erweckung der Volksfrömmigkeit und wissenschaftl. Arbeit, Forderung absoluter Armut.

1216 Gründung des **Dominikanerordens** (Ordo fratrum praedicatorum = O.P.) von DOMINIKUS VON CALERUEGA (1170–1221). Dieser Klerikerorden soll gegen Ketzer (zuerst gegen die Albigenser) vorgehen, unter ihnen missionieren und sie wieder der Hierarchie unterwerfen. Hauptaufgaben: Wanderpredigt, ab 1231 als **Orden mit der Inquisition** beauftragt.

Seit 1227 bilden die **Clarissen** den weibl. Zweig (zweiter Orden) der Bettelorden. Im »Dritten Orden« schließen sich Laien (Tertiarier) zusammen, die von den ersten Orden kontrolliert werden. Aus Eremitengemeinschaften entsteht 1156 auf dem Berg Karmel in Palästina der **Karmeliterorden.** 1256 bildet sich in Italien der **Augustiner-Eremiten-Orden.**

Mitteleuropa zur Zeit der sächsischen Kaiser

Nach dem Aussterben der ostfränk. Karolinger wählen die Großen des Reiches
911–918 Konrad I. von Franken zum König. Er bemüht sich vergeblich um die Durchsetzung des Königtums gegenüber den Herzögen. Lothringen schließt sich dem Westreich an.

Die sächsischen Kaiser (919–1024)
919–936 Heinrich I. wird von den Franken und Sachsen zum König erhoben. Im **Kampf gegen die Herzöge** erfolgt die
921 Unterwerfung des zum Gegenkönig erhobenen ARNULF VON BAYERN,
925 Rückkehr Lothringens unter die Hoheit des Ostreichs. Hz. GISELBERT heiratet später HEINRICHS Tochter GERBERGA.
926 Erhebung des fränk. Grafen HERMANN zum Herzog von Schwaben nach dem Tod BURKHARDS II. VON SCHWABEN. Im
928/29 **Kampf gegen die Slawen** werden die Heveller (Brennaburg a. d. Havel) und Daleminzier unterworfen. Ein Aufstand der Wilzen und Abodriten wird bei Lenzen niedergeschlagen. – Zur **Abwehr der Ungarn** erkauft HEINRICH einen Waffenstillstand (9 Jahre), legt in dieser Zeit Burgen zur Verteidigung an und stellt ein gepanzertes Reiterheer auf. Mit ihm erringt er den
933 Sieg über die Ungarn bei Riade.
936–973 Otto I. d. Gr., Sohn HEINRICHS und von ihm zum Nachfolger designiert, wird in Aachen von den weltl. Großen inthronisiert und nach Akklamation durch das Volk von den Erzbischöfen gesalbt und gekrönt. Die Herzöge – EBERHARD VON FRANKEN als Truchseß, GISELBERT VON LOTHRINGEN als Kämmerer, HERMANN VON SCHWABEN als Mundschenk, ARNULF VON BAYERN als Marschall – walten ihres Amtes beim Krönungsmahl.
936–937 Markenorganisation unter HERMANN BILLUNG und Markgraf GERO (Sicherung der Ostgrenze).
938 OTTOS Halbbruder THANKMAR fällt.
939 Aufstand der Herzöge EBERHARD VON FRANKEN und GISELBERT VON LOTHRINGEN sowie HEINRICHS, OTTOS Bruder, wird in der Schlacht von Andernach durch HERMANN VON SCHWABEN niedergeschlagen. EBERHARD fällt, GISELBERT ertrinkt im Rhein. Der begnadigte HEINRICH unterwirft sich nach mißglückter Verschwörung (941) endgültig. Verleihung der Hzm. an OTTOS Verwandte: Franken wird eingezogen, KONRAD DER ROTE erhält Lothringen (944), HEINRICH Bayern (947), LIUDOLF Schwaben (950).
950 Unterwerfung Herzog BOLESLAWS VON BÖHMEN.
951–952 Auf den Hilferuf ADELHEIDS VON BURGUND zieht OTTO nach Pavia (1. Italienzug) und nennt sich ohne Wahl und Krönung König der Franken und Langobarden. Heirat mit ADELHEID. BERENGAR empfängt Italien zu Lehen, muß aber Istrien, Friaul und Verona an Bayern abtreten.
953–954 Aufstand Liudolfs und Konrads des Roten wird nach dem Ungarneinfall niedergeworfen: Schwaben fällt an BURKHARD III., Lothringen erhält OTTOS Bruder BRUN, Erzbischof von Köln.
10. 8. 955 Sieg Ottos über die Ungarn auf dem Lechfeld. Okt. 955 Sieg a. d. Recknitz über die Slawen.
Die **Missionierung der Slawen** erfolgt durch die Gründung der Bm. Schleswig, Oldenburg, Havelberg, Brandenburg (948), Meißen, Merseburg und Zeitz (später Naumburg), die dem Ebm. Magdeburg unterstellt werden (968); Prag (973) und Olmütz (975) werden von Mainz regiert.
961–965 2. Zug OTTOS nach Italien.
2. 2. 962 Kaiserkrönung Ottos in Rom.
966–972 **3. Italienzug:** Die langobard. Fürsten Unteritaliens huldigen OTTO. Unentschiedene Kämpfe gegen das byzant. Kalabrien; gegen Räumung des byzantin. Besitzes erkennt Byzanz das Kaisertum OTTOS an.
973–983 Otto II., verheiratet mit THEOPHANU, der Nichte des oström. Kaisers, unternimmt Züge gegen HARALD BLAUZAHN VON DÄNEMARK (974) und gegen Böhmen.
976 Absetzung HEINRICHS DES ZÄNKERS (von Bayern): Kärnten wird selbst. Herzogtum, den Nordgau (S. 144) und die Ostmark erhalten die Babenberger BERCHTOLD und LUITPOLD.
980–983 Italienzug, veranlaßt durch Angriffe der fatimid. Araber auf die langobard. Fürstentümer und durch Spannungen mit Byzanz.
982 Niederlage bei Cotrone in Kalabrien gegen die Araber.
983 Großer Slawenaufstand: Verlust des ostelb. Gebiets.
983–1002 Otto III., bis 995 unter Vormundschaft seiner Mutter THEOPHANU und seiner Großmutter ADELHEID, unternimmt 996 einen Italienzug, setzt seinen Vetter BRUN als Papst GREGOR V. [996–999] ein und wird zum Kaiser gekrönt.
999 GERBERT VON AURILLAC wird Papst SYLVESTER II.
1000 Gründung des Ebm. Gnesen als unabhängige Kirchenprovinz und Ernennung König BOLESLAW CHROBRYS VON POLEN zum »Bruder und Mithelfer im Reich«.
1001 Gründung des Ebm. Gran für Ungarn.
1002–24 Heinrich II. Er führt 1003–18 erfolglose Kriege mit BOLESLAW CHROBRY und erobert 1004 Böhmen, doch 1018 behält BOLESLAW im **Frieden von Bautzen** die Lausitz und das Milzenerland als Reichslehen (S. 167).
1007 Gründung des Bm. Bamberg: Mission unter den Mainslawen.
Drei Italienzüge: HEINRICH wird in Pavia zum König gekrönt (1004) und in Rom zum Kaiser (1014). Durch seinen Kampf gegen Byzanz vereitelt er dessen weitere Ausdehnung in Unteritalien (1021–22).

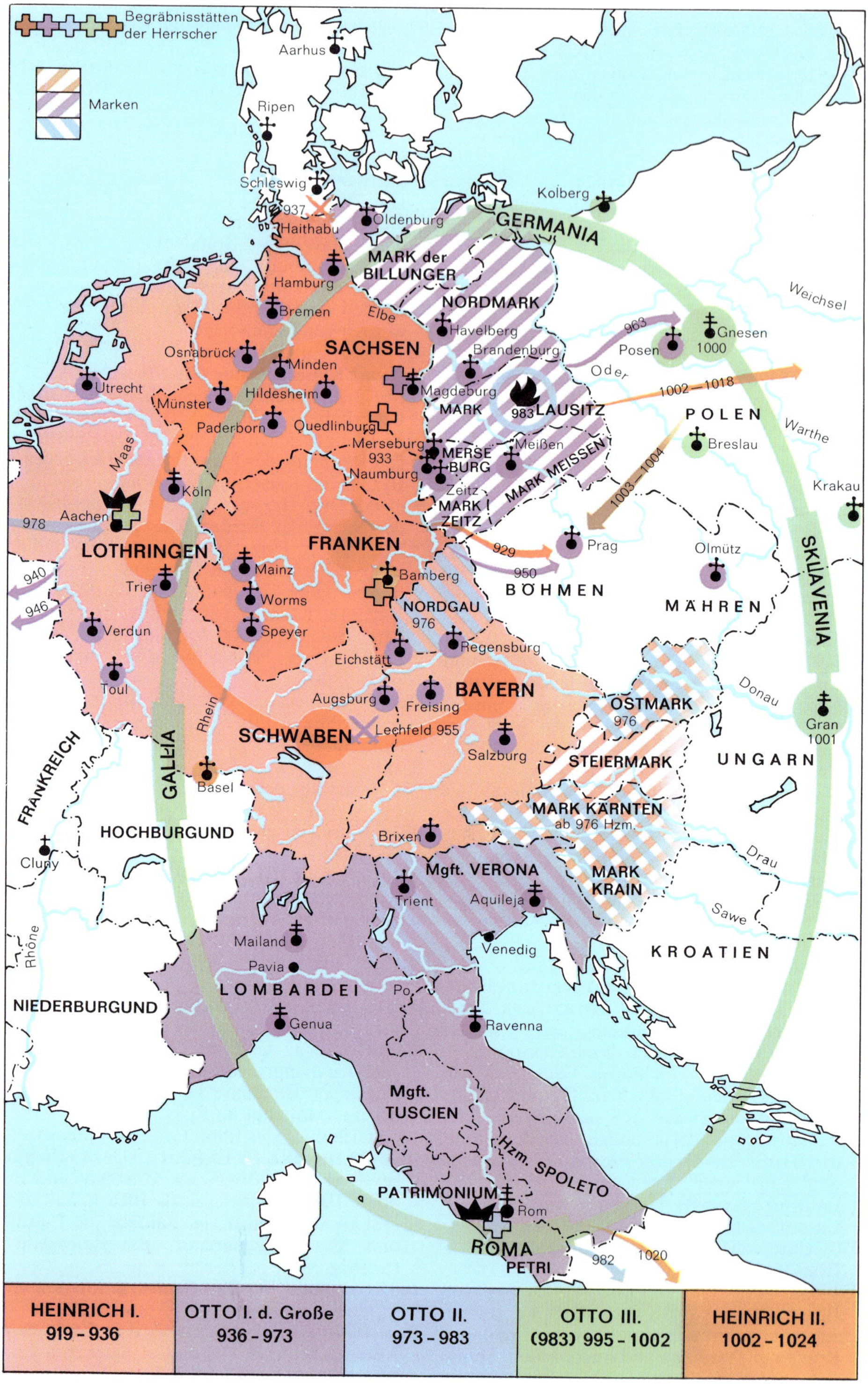

Das Deutsche Reich 919–1024

Staat und Politik

An der Spitze des **Reichs** (Regnum Francorum, seit dem ausgehenden 11. Jh. auch Regnum Teutonicum), das unteilbar ist, steht der **König** (Rex, Rex Francorum), der nach fränk. Recht lebt. Nach der Kaiserkrönung in Rom nennt er sich »Imperator Augustus« (seit 982 »Imperator Romanorum Augustus«), während der Zeit bis zur Kaiserkrönung führt der gewählte König den Titel »Rex Romanorum« (seit HEINRICH III.). – Entscheidend für die Thronerlangung ist die **Wahl** (Auswahl des Kandidaten und förmliche Erhebung zum König, später in Wahl und Kür unterteilt) durch die »Großen«, bei der **Designation** (Wahlvorschlag des Vorgängers mit Zustimmung der Großen) das **Geblütsrecht** (Auswahl innerhalb der Königssippe) und die »Folgepflicht« der Großen. Bei der **Krönung** in Aachen findet Wahl und **Huldigung** der weltl. Großen mit 1. Thronsetzung, Handgang und Treueid und die **kirchl. Weihe** mit Übergabe der Insignien (hl. Lanze, Krone, Reichsschwert), Salbung, Krönung und 2. Thronsetzung (Besteigen des Stuhls KARLS D. GR.) statt. Den Abschluß bildet das Königsmahl, bei dem die Herzöge die Erzämter ausüben (Marschall, Kämmerer, Truchseß, Mundschenk).

Die **Macht** des Königs, der oberster Heerführer ist und den Friedensbann ausübt, beruht auf dem Haus- und Reichsgut, seiner Hoheit über die Reichskirche (Regalien- und Spolienrecht), den Regalien (Hoheitsrechte des Königs): Jagd-, Berg-, Salz-, Markt-, Geleit- und Judenregal, dem Münz- und Zollrecht, nicht zuletzt aber auf seiner sakralen Würde und der Gefolgschaftstreue.

Während des Zerfalls der Karolingermacht im 9. Jh. bilden sich in den Abwehrkämpfen die jungen **Stammesherzogtümer** (Sachsen, Bayern, Schwaben, Lothringen). Lothringen, von Rheinfranken bewohnt, ist der Rest des Reiches LOTHARS (Regnum Lothari). Die Franken (»Reichsvolk«) bilden, wie die Thüringer, kein geschlossenes Stammeshzm.

Während KONRAD I. sich im Kampf gegen die Stämme auf die Bischöfe stützt, lehnt HEINRICH I. nach der Wahl Salbung und Krönung ab und will als Volksherrscher mit den Herzögen zusammenarbeiten. Zuerst nur von Franken und Sachsen anerkannt, beseitigt er allmählich auch die Opposition der oberdeutschen Stämme. Durch seinen Tod werden ein Romzug und die Gewinnung der Kaiserkrone verhindert.

Otto I.: Nachdem der Versuch scheitert, eine patriarchale Monarchie zu errichten, wendet sich der König der einzigen Instanz zu, die über den Stämmen steht: der Kirche.

Ottonische Reichskirchenpolitik: Das Kirchengut, Teil des Reichsguts, wird vermehrt, die Fürstenmacht der Reichsbischöfe und Reichsäbte, die als Träger der höchsten Reichsämter Stützen der Königsmacht werden, begründet. Für die reichen Zuwendungen und die volle Immunität (Ausübung der hohen Gerichtsbarkeit durch einen edelfreien Kirchenvogt) ist der Episkopat zu militär. und finanz. Leistungen verpflichtet (Servitium regis: Zwei Drittel des Reichsheers und der Reichslasten). **Die Kirche wird Verfechterin der Reichseinheit.** Die Ehelosigkeit der Kirchenfürsten verhindert die Vererbung von Amt und Lehen und damit eine dynast. Zwecken dienende Politik.

Westpolitik: Die Auseinandersetzungen mit Frankreich gehen um das reiche, kult. hochstehende und dichtbesiedelte **Lothringen.**

942 LUDWIG IV. VON FRANKREICH muß nach dem Zug OTTOS I. (940) auf Lothringen verzichten.

946 2. Zug nach Frankreich verschafft OTTO I. eine Mittlerstellung. Durch

978 den Überfall auf OTTO II. in Aachen versucht König LOTHAR VON FRANKREICH, Lothringen zu gewinnen.

980 Vergeltungszug OTTOS II. bis kurz vor Paris und Friedensschluß in Margut am Chiers: Abschluß der Kämpfe um Lothringen, doch wird die westfränk.-franz. Auffassung einer Überordnung Frankreichs über Lothringen und damit Deutschland nicht aufgegeben.

Burgund: Nach dem Freundschaftsbündnis HEINRICHS I. mit RUDOLF II. VON BURGUND (935) schützt OTTO I. KONRAD III., den am sächs. Hof herangewachsenen Sohn des 937 verstorbenen RUDOLFS II., vor dem Zugriff König HUGOS VON DER PROVENCE UND ITALIEN (946). Der

1006 Erbvertrag mit dem kinderlosen RUDOLF III. VON BURGUND, der HEINRICH II. zum Erben einsetzt, bereitet den Anschluß an das Reich unter Kaiser KONRAD II. vor (S. 147).

Kaiser- und Italienpolitik: Sie erwächst aus der karoling. Tradition. OTTO I. tritt die Rechtsnachfolge des fränk. Imperiums an, das er aber nicht völlig wiederherstellen kann. Mit der Kaiserwürde erhält er die Oberhoheit über das Patrimonium Petri und die Schutzherrschaft über die Kirche. Die eigenmächtige Italienpolitik der oberdeutschen Herzöge wird beendet. Nicht zuletzt bedeutet der Besitz des wirtschaftl. reichen Oberitaliens eine Zunahme an Macht. Verständlich werden die Krönung in Aachen (im Gegensatz zu seinem Vater), die Politik gegenüber Frankreich und Burgund sowie die Italienpolitik aus der karoling. Tradition: OTTO I. betrachtet sich als Rechtsnachfolger der fränk. Kaiser. (In den letzten Jahren seines Lebens verbringt er 9¾ Jahre in Italien.)

Otto III. versucht die »Renovatio Imperii Romanorum« (= Erneuerung des Röm. Reichs): Rom soll Reichsresidenz werden, von der aus das Reich (= Imperium: Germania, Roma, Gallia, Sklavenia) regiert werden soll (997).

1001 Annahme des Titels »Servus apostolorum« (= Knecht der Apostel), um auf die dem Hl. Stuhl übertragenen Länder Polen und Ungarn Einfluß gewinnen zu können.

Ostpolitik: Sie erwächst aus der Aufgabe des christl. Reiches: Ausbreitung des Glaubens und Unterwerfung der Heiden (Barbaren). Im 9. und 10. Jh. noch keine Kolonisation.

Das Deutsche Reich unter den fränkischen (salischen) Kaisern 1024–1125

Die fränk. oder salischen Kaiser (1024–1125)

1024–39 Konrad II., Urenkel des Lothringerherzogs KONRAD DES ROTEN, wird in Kamba gegenüber Oppenheim auf fränk. Erde gewählt (Geblütsrecht) und in Mainz gekrönt. Den Vasallen gewährleistet er Erblichkeit und Unentziehbarkeit der Lehen (1037). Die Mark Schleswig tritt er an KNUT D. GR. ab (1025), das Gebiet zwischen Fischa und Leitha an die Ungarn; dagegen muß MIESZKO II. (S. 167) auf die Lausitz und das Milzenerland verzichten (1031).

1033 Vereinigung des Kgr. Burgund mit dem Deutschen Reich. Die Verbindung mit Reichsitalien ist durch Beherrschung der wichtigen westl. Alpenpässe gesichert. Das »Imperium« besteht aus der »Trias«: Deutschland–Italien–Burgund.

1026/27 1. Italienzug KONRADS. Krönung mit der »Eisernen Krone« in Mailand.

1027 Kaiserkrönung in Rom.

1037–38 2. Italienzug: Im Kampf gegen ARIBERT VON MAILAND, der sich auf das aufstrebende Bürgertum stützt, erleidet ein deutscher Kaiser die erste Niederlage gegen die lombard. Städte. ARIBERT verleiht der Miliz von Mailand den Fahnenwagen (Carroccio), das Symbol der Städtefreiheit.

1039–56 Heinrich III., verheiratet mit AGNES VON POITOU, bemüht sich um eine Kirchenreform. Nach der Unterwerfung BRETISLAWS VON BÖHMEN (1041) und dem Sieg über die Ungarn (1044) werden Böhmen und Ungarn deutsche Lehen.

1046 Synoden von Sutri und Rom: HEINRICH III. setzt 3 Päpste ab und beseitigt den Einfluß der röm. Adelsparteien bei der Papstwahl.

1047 Kaiserkrönung Heinrichs III.

Nach der Teilung Lothringens (1044) finden dauernde Kämpfe zwischen dem Kaiser und dem nur mit Oberlothringen belehnten Herzog GOTTFRIED DEM BÄRTIGEN statt, der heimlich BEATRIX VON TUSCIEN heiratet (1054) und einen mächtigen fürstlichen Territorialstaat bildet. Durch Verleihung von Privilegien an die Städte schränkt HEINRICH III. die markgräfl. Gewalt ein. BEATRIX und ihre Tochter MATHILDE werden verhaftet nach Deutschland geführt.

1045 Erhebung ADALBERTS zum Erzbischof von Bremen. Missionstätigkeit im Norden. Die Erhebung Bremens zum Patriarchat des Nordens mißlingt.

1056–1106 Heinrich IV. Während der Regentschaft seiner Mutter AGNES VON POITOU (bis 1062), des Erzbischofs ANNO VON KÖLN (bis 1063) und ADALBERTS VON BREMEN (bis 1065) wächst die fürstl. Macht. ADALBERT wird 1066, nach der Regierungsübernahme durch HEINRICH, von den Fürsten gestürzt. – Im Kampf mit den Fürsten stützt sich HEINRICH auf den niederen Adel, die Ministerialen und die Bürger der aufstrebenden Reichsstädte. Sein rücksichtsloses Vorgehen bei der Abrundung seiner Besitzungen in der Harzgegend führt zum Aufstand der Sachsen, dem Überfall auf HEINRICH in der Harzburg und der Zerstörung der Burgen (1073), darauf Friede von Gerstungen. Die Sachsen unterwerfen sich nach dem

1075 **Sieg Heinrichs bei Homburg a. d. Unstrut** endgültig.

Das Reformpapsttum (1046–1075)

Aus der rein relig. Reform der Cluniazenser (S. 141) erwächst im 11. Jh. die Forderung nach **Reform der Gesamtkirche.** Der Kampf der Reformer richtet sich gegen die Simonie (Übertragung von geistl. Würden und Ämtern gegen Geldzahlung) und die Priesterehe (Forderung nach Ehelosigkeit = Zölibat). Die Reformpartei erstarkt in Frankreich durch die »Gottesfriedensbewegung«.

1040 Verkündigung des Gottesfriedens (Pax Dei) durch den Klerus: Schutz für Geistliche, Ackerbauern, Reisende und Frauen. Treuga Dei (trêve = Waffenstillstand): Waffenruhe von Mittwochabend bis Montagmorgen und an allen Festtagen (Kampf nur an 90 Tagen im Jahr).

1046 Synode von Sutri: Papst KLEMENS II. [1046–47] soll nach dem Willen des Kaisers die Kirche von Simonie und Priesterehe reinigen. – Der vom Kaiser eingesetzte Bischof BRUNO VON TOUL setzt sich als

1049–54 Papst Leo IX. für die kirchl. Reform ein. Berufung von Anhängern der Reformpartei nach Rom: HUMBERT VON SILVA-CANDIDA, PETRUS DAMIANI, FRIEDRICH VON LOTHRINGEN, HUGO CANDIDUS, HILDEBRAND, die den »Primatus Petri« innerhalb der Kirche zur Geltung bringen wollen (Sammlung von Rechtssätzen zur Stellung der röm. Kirche [Libertas ecclesiae Romanae]).

1054 Bruch zwischen Ost- und West-Kirche (S. 175).

1057 Kardinal HUMBERT verfaßt die ›Libri tres adversus simoniacos‹, in deren 3. Buch das Laienrecht in der Kirche bestritten wird.

1059 Papstwahlordnung Nikolaus' II. [1058 bis 1061]: Die Kardinalbischöfe nominieren den Papst. Verbot der Laieninvestitur. Die Stärkung des Papsttums erfolgt durch das Bündnis mit den Normannen in Süditalien (1059 Belehnung ROBERT GUISKARDS mit Apulien, Kalabrien, Capua), der Markgräfin MATHILDE VON TUSCIEN und der Mailänder Pataria, einer soz. und kirchl. Aufstandsbewegung.

1073–85 Gregor VII. (Hildebrand). Der Sieg der papalistischen Idee mit monarch., zentralist. Verfassung kommt zum Ausdruck im **›Dictatus Papae‹.** Der Papst als oberster und unumschränkter Leiter der Universalkirche darf nicht nur Bischöfe, sondern auch Könige absetzen, die als Amtsträger Gottes auch Amtsträger der Kirche sind. Der Kampf geht um die »rechte Ordnung in der Welt« und um die Freiheit der Kirche. Der sakrale Charakter des Königtums (König = Vicarius Dei) wird nicht mehr anerkannt (Entgeistlichung des Königsamts).

Der Investiturstreit

1074 Fastensynode: Verbot der Priesterehe (Zölibatsvorschriften).

1075 Fastensynode: Das **Verbot der Laieninvestitur** eröffnet den Kampf mit dem deutschen Königtum. **Beginn des Investiturstreits.** GREGOR VII. droht HEINRICH IV. mit dem Bann.

Januar 1076 Synode von Worms: HEINRICH IV. und die deutschen Bischöfe erklären den Papst für abgesetzt.

1076 Fastensynode: **Absetzung und Exkommunikation des deutschen Königs** durch GREGOR VII. (päpstl. Strafbefehl), Lösung der Untertanen vom Treueid.

Oktober 1076 Fürstentag zu Tribur (Trebur): Die deutschen Fürsten beschließen in Anwesenheit päpstl. Legaten, den König abzusetzen, falls die Lösung vom Banne nicht in Jahresfrist erfolgt ist.

25.–28. 1. 1077 Canossa. HEINRICH zwingt durch Kirchenbuße den Papst zur Aufhebung des Bannes und muß den Papst als Schiedsrichter in dem Streit mit den Fürsten anerkennen. Die Fürsten warten die Entscheidung des Papstes nicht ab und wählen RUDOLF VON SCHWABEN zum Gegenkönig: Freie Wahl unter Mißachtung des Geblütsrechts. Der nun ausbrechende Bürgerkrieg (1077 bis 1080) endet mit dem Tod des Gegenkönigs (Schlacht von Hohenmölsen, 1080).

1080 2. Bannung HEINRICHS durch GREGOR. Wahl Erzbischofs WIBERT VON RAVENNA zum Gegenpapst. Sieg der Lombarden über das Heer MATHILDES. Nach der Eroberung Roms (1083) im 1. Italienzug

1084 Kaiserkrönung Heinrichs IV. durch den Gegenpapst KLEMENS III.

GREGOR VII., der sich in der belagerten Engelsburg behauptet, wird von den Normannen unter ROBERT GUISKARD entsetzt. HEINRICH IV. muß Rom räumen. GREGOR VII. muß nach der normann. Plünderung ebenfalls die Stadt verlassen. Am 25. 5. 1085 stirbt GREGOR VII. in Salerno. Die Begründung der Einheit von Kirche und Welt unter päpstl. Führung durch GREGOR VII. ist gescheitert, die Lehre von der Gottunmittelbarkeit des Königs ist noch nicht erschüttert.

1085 Verkündigung des Gottesfriedens in Mainz durch HEINRICH IV.

1088–99 URBAN II. rettet durch seine Konzilianz das Werk GREGORS VII. Auf der Synode von Clermont (1095) wird das Verbot der Laieninvestitur erneuert und die Ablegung eines Lehnseides durch Geistliche an Weltliche verboten.

1090–97 2. Italienzug HEINRICHS IV. Durch die Politik URBANS II. gelingt die Schaffung eines Lombardenbundes, der Abfall des Kaisersohnes KONRAD und das Bündnis zwischen Welfen und Tuscien. WELF I. hebt die Sperrung der Alpenpässe nach Bestätigung seines bayer. Besitzes durch den Kaiser auf. Nach der Verkündigung eines allg. Landfriedens erfolgt der

1104 Abfall HEINRICHS (V.), der sich an die Spitze einer Fürstenverschwörung stellt und vom Papst anerkannt wird. Gründe: Angst vor dem Verlust der Nachfolge wegen der Auseinandersetzungen des Kaisers mit der Kirche und seiner Begünstigung des niederen Adels und der Ministerialen.

1106 HEINRICH IV. wird zur Abdankung gezwungen und stirbt vor der endgültigen Entscheidung in Lüttich.

1106–25 Heinrich V. überträgt Sachsen an LOTHAR VON SUPPLINBURG. Wiederherstellung der Oberhoheit in Böhmen (1110).

1110–11 1. Italienzug.

1111 Vertrag von Sutri zwischen PASCHALIS II. [1099–1118] und HEINRICH V.: der König verzichtet auf die Investitur, die Kirche auf das seit KARL D. GR. verliehene Reichsgut. Der Vertrag scheitert am Widerstand der Bischöfe und Prälaten. Der gefangene Papst bestätigt dem König im Frieden von Ponte Mammolo das Recht der Investituren. – Nach Kämpfen HEINRICHS mit den Fürsten, vor allem gegen LOTHAR VON SUPPLINBURG, und einem 2. Italienzug, auf dem die Güter der Gräfin MATHILDE eingezogen werden, kommt es zum

23.9.1122 Wormser Konkordat zwischen HEINRICH V. und CALIXT II.[1119–24] auf Grund der Unterscheidung von Temporalia (verliehene weltl. Güter) und Spiritualia (geistl. Würden) durch franz. Theologen und Juristen (IVO VON CHARTRES). Verzicht des Königs auf Investitur mit Ring und Stab. In Deutschland findet die kanonische Wahl in Gegenwart des Königs oder seines Abgesandten statt, dann erfolgt die Investitur mit dem Zepter vor der Weihe, in Italien und Burgund 6 Monate nach der Weihe.

Folgen: Durch die Lockerung der Abhängigkeit vom Kaiser wird das otton. Reichskirchensystem beseitigt. Die Bischöfe werden aus Reichsbeamten zu Reichsvasallen. Erstarken der Fürsten in Deutschland, der Städte in Oberitalien.

Frankreich: Da in Frankreich nur wenige Bistümer der Krone unterstehen, ist die Investitur keine Lebensfrage für den franz. König. Im Abkommen zwischen PHILIPP I. und PASCHALIS II. gibt der König die Investitur mit Ring und Stab auf und verleiht die Temporalien gegen Leistung eines Treueids durch den Bischof.

England: Als HEINRICH I. [1100–35] von Ebf. ANSELM VON CANTERBURY den Lehnseid fordert, führt ANSELMS Weigerung zu seiner Verbannung und zum engl. Investiturstreit. 1107 »freie Wahl« der Bischöfe am Hof des Königs und Zustimmung des Königs, der dem Gewählten die Temporalien vor der Weihe durch Urkunde verleiht, für deren Empfang ihm Huldigung geleistet werden muß. Er erkennt das Appellationsrecht nach Rom an.

Polen: Durch Ebf. HEINRICH KIETLICZ VON GNESEN [1199–1219] wird die Kirchenfreiheit durch kanon. Bischofswahl in den meisten Hzm. gesichert.

Die Weltherrschaft der Päpste (12./13. Jh.)
Trotz des Schismas ANAKLETS II. [1130 bis 1138] und der Unruhen, die durch die Forderung ARNOLDS VON BRESCIA nach einer Rückkehr der verweltlichten Kirche zur apostol. Armut entstehen, erreicht das Papsttum durch das Wirken BERNHARDS VON CLAIRVAUX (Vertiefung der Frömmigkeit) im 12./13. Jh. den Höhepunkt seiner Macht (Brechung der Vorherrschaft der deutschen Kirche). Rückhalt findet das Papsttum bei Frankreich. Im Streit um die Führung der abendländ. Christenheit (imperiale oder kuriale Weltherrschaft) stößt FRIEDRICH I. (S. 165) auf die Herrschaftsansprüche

1159–81 Alexanders III., die er anerkennen muß.

1179 **Das 3. Ökumen. Laterankonzil** beschließt, daß eine Zweidrittelmehrheit der Kardinäle für die Papstwahl erforderlich ist.

1198–1216 Innozenz III. ist nicht nur Statthalter Petri, sondern Statthalter Christi oder Gottes (Vicarius Christi), von dem die weltl. Herrscher ihre Reiche zu Lehen empfangen. Beseitigung der bischöfl. Gewalt, Zentralisation der Gewalt durch das päpstl. Institut der Legaten. Sizilien, England und Portugal werden lehnsabhängig. Eingreifen in die inneren Verhältnisse Deutschlands (S. 173), Frankreichs (S. 159) und Norwegens (S. 163). Entsendung von Legaten nach Serbien und Bulgarien. Errichtung einer lat. Kirche im Latein. Ksr. (1204).

1215 4. Ökumen. Laterankonzil: Beschlüsse über die bischöfl. Inquisition, Verbot neuer Ordensgründungen. Den Kampf um die Weltherrschaft führen GREGOR IX. [1227–41] und INNOZENZ IV. [1243–1257] fort (S. 173). Die Vollendung der päpstl. Universalkirche wird erreicht durch das

um 1140 Decretum Gratiani (Sammlung des kirchl. Rechts): Verselbständigung des Kirchenrechts. Mit späteren Ergänzungen bildet es das ›**Corpus iuris canonici**‹.

Die Inquisition
Die Häresie wird bis ins 12. Jh. mit Bann und Klosterhaft durch die Kirche bestraft. Nach Einführung der bischöfl. Inquisition (1215) wird die päpstl. Inquisition durch GREGOR IX. geschaffen (1231). Gleichzeitig Einführung der Todesstrafe für Häretiker in Frankreich und Deutschland.

Die Sekten
Die Verflechtung der Kirche mit der Welt nach ihrer Befreiung aus den Bindungen der Welt (Libertas ecclesiae) führt zur **Bildung von Sekten,** die das Recht auf Herrschaft und Besitz der Kirche bestreiten und die Armut der Apostel fordern. Die **Sekte der Katharer** entsteht aus dem Bogomilentum Bulgariens (radikaldualist. Lehre, strengste Askese, apostelgleiches Leben) und der häret. Wanderbewegung (Häresie = Sondermeinung). Bildung von Bischofskirchen. Nach dem **Ketzerkonzil von St. Felix-de-Caraman** (1167) siegt die radikaldualist. Lehre des NIKETAS VON BYZANZ. Wichtigste Gruppe werden die **Albigenser** (Stadt Albi) in Südfrankreich. – Die Sekte der **Waldenser,** begründet von dem Lyoner Kaufmann **Petrus Waldes** (Armutsideal: evgl. Vollkommenheit) breitet sich rasch aus. Neben den franz. Waldensern (Pauperes spiritu) entsteht durch Verbindung mit den Humiliaten (Demütige) in Oberitalien eine zweite Gruppe (Pauperes Lombardi), die sich 1210 selbständig macht. Verkündigung in der Volkssprache (Übersetzung der Hl. Schrift ins Provençalische). Die wörtl. Befolgung der Bergpredigt führt zur Ablehnung des Eides, Verurteilung der Todesstrafe, Ablehnung einer hierarch. Kirche, Verwerfung des Fegefeuers, der Ablässe und der Heiligenverehrung. Die kath. Kirche bekämpft die Sekten durch die neugegründeten Orden (S. 141), durch »Kreuzzüge« und Inquisition.

1209–29 Albigenserkriege (S. 159).

Philosophie
Die **Scholastik** (Scholasticus = zur Schule gehörig) bezeichnet die Wissenschaft und Theologie des Mittelalters, die die vorausgegangene traditionalist. Theologie logisch durchdenkt, die dialekt. Methode entwickelt und zu einem vertieften Verständnis des Glaubens gelangen will.

Frühscholastik: Anselm von Canterbury (1033–1109) erstrebt, vom Glauben ausgehend, ein Erkennen der Glaubensinhalte (»Credo ut intelligam«: Ich glaube, damit ich verstehe), wird der Ausleger der Satisfaktionstheorie (Cur Deus homo) und führt den ontologischen Gottesbeweis. **Petrus Abaelard** (1079–1142) wird der Schöpfer der dialekt. Methode (Sic et non: Ja und nein). Der **Universalienstreit** ist das philos. Hauptproblem der Zeit: Der Realismus vertritt den Seinscharakter der Allgemeinbegriffe (Universalia), der Nominalismus hält sie für Abstraktionen des Verstandes. PETRUS LOMBARDUS (gest. 1160) verfaßt das dogmatische Lehrbuch des Mittelalters: ›Sententiarum libri IV‹.

Hochscholastik: Die Kenntnis des ARISTOTELES, vermittelt durch jüd. und arab. Philosophen, vor allem durch AVERROËS (IBN ROSCHD, 1126–98), ist Voraussetzung für die Denksysteme (Summen) der den beiden Bettelorden angehörigen Scholastiker:

ALEXANDER VON HALES (gest. 1245): ›Summa universae theologiae‹, ALBERTUS MAGNUS (1193?–1280): Kommentare zu ARISTOTELES und **Thomas von Aquin** (1225–74): ›Summa contra gentiles‹ (gegen die Heiden), ›Summa theologica‹ (Hauptwerk), ›De regimine principum‹ (staatsphilos. Werk). Natur und Übernatur (Vernunft und Offenbarung) werden zu einem großen harmon. System vereinigt. Im Gegensatz zu dem mit einer gewissen Zielstrebigkeit verbundenen Intellektualismus des Aquinaten vertritt **Duns Scotus** (gest. 1308) Gedanken AUGUSTINS.

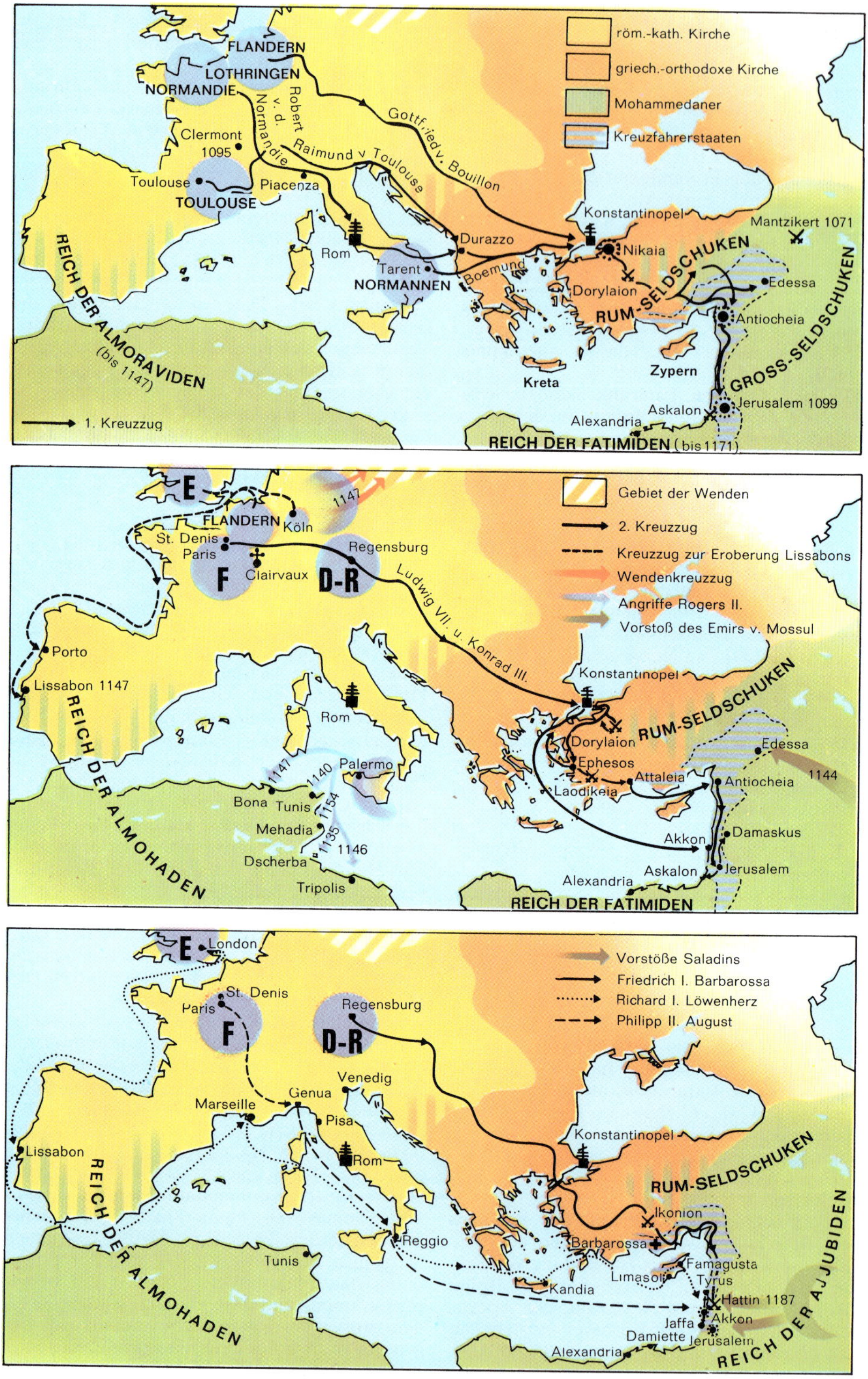

Der 1., 2. und 3. Kreuzzug

Ursachen. 1. bis 3. Kreuzzug

Die Kreuzzugsbewegung, eine **Folge des kirchl. Aufschwungs** und **der religiös. Verinnerlichung,** wird ausgelöst durch das Vordringen des türk. Stammes der Seldschuken, die unter ALP ARSLAN, dem Nachfolger des in Bagdad zum Kalifen gekrönten TOGUL BEG (1055), Jerusalem und Syrien den fatimid. Kalifen von Ägypten entreißen und das byzantin. Heer in der Schlacht von Mantzikert (1071) vernichtend schlagen (S. 175).

1074 Gregor VII. plant, an der Spitze eines abendländ. Ritterheeres (als Dux und Pontifex) den oriental. Christen zu Hilfe zu kommen. Neben der Befreiung des Hl. Grabes und der von den Seldschuken eroberten Gebiete ist die Union der griech. und röm. Kirche sein Ziel. Nach der Errichtung des Sultanats von Rum (oder Ikonion) in Kleinasien schickt

1095 ALEXIOS I. KOMNENOS eine Gesandtschaft an Papst URBAN II. auf die Synode von Piacenza mit der Bitte um Hilfe.

26. 11. 1095 Synode von Clermont: URBAN II. gewinnt die abendländ. Ritter und Fürsten durch seine berühmte, mit Begeisterung aufgenommene Rede für den Kreuzzug (»Deus lo volt« = Gott will es). Losungswort wird »Jerusalem«, Symbol das weiße Kreuz.

Zwei geistige Strömungen treffen sich und geben der Kreuzzugsbewegung Antrieb und Stoßkraft:

1. Der Gedanke der Pilgerschaft in das Hl. Land: Die Pilgerfahrten, die schon seit altkirchl. Zeit als verdienstvolle Fahrten waffenlos durchgeführt werden, nehmen im 11. Jh. als Folge einer Vertiefung der christl. Frömmigkeit zu, stoßen aber bei den Seldschuken auf zunehmenden Widerstand und Feindseligkeit.

2. Der Gedanke des als notwendig und berechtigt betrachteten Hl. Krieges gegen die Heiden wird sehr stark, zumal Jerusalem nicht das einzige Ziel für die abendländ. Ritter ist, die auch gegen den Islam und die Wenden kämpfen.

1096 ein erster ungeordneter Zug von Abenteurern unter Führung des Eremiten PETER VON AMIENS, der die Massen mit seinen Kreuzzugspredigten begeistert, wird von Bulgaren und Seldschuken aufgerieben.

1096–99 1. Kreuzzug (ohne die gebannten Herrscher HEINRICH IV und PHILIPP I. VON FRANKREICH) steht unter der Leitung ROBERTS VON DER NORMANDIE (Nordfranzosen), GOTTFRIEDS VON BOUILLON, BALDUINS VON FLANDERN, ROBERTS II. VON FLANDERN (Lothringer und Flamen), RAIMUNDS VON TOULOUSE (Südfranzosen), BOEMUNDS VON TARENT und seines Neffen TANKRED (Normannen). ADHEMAR, Bischof von Puy, ist päpstl. Kreuzzugslegat. Nach der erfolgreichen Belagerung Nikaias und dem Sieg über den Sultan von Ikonion bei Dorylaion fällt Antiocheia nach siebenmonatiger Belagerung durch Verrat. Ein Entsatzheer unter KETBOGA, dem Emir von Mossul, wird durch einen siegreichen Ausfall der Kreuzfahrer in die Flucht geschlagen (Auffindung der Hl. Lanze).

15. 7. 1099 Erstürmung Jerusalems nach fünf Wochen Belagerung. Errichtung christl., stark feudalisierter Lehnstaaten mit Selbständigkeit der Vasallen nach franz. Vorbild.

Das **Kgr. Jerusalem** wird unter GOTTFRIED VON BOUILLON gebildet, dem »Beschützer des Hl. Grabes«. Nach dessen Tode folgt sein Bruder BALDUIN [1100–18], der den Königstitel annimmt. An innerer Ohnmacht und Thronwirren geht das Kgr. 1187 zugrunde. **Kleinere Lehnstaaten** sind das Fsm. Antiocheia, die Gft. Edessa und Tripolis. Patriarchensitze werden Antiocheia und Jerusalem. Ständige Kämpfe der Normannenfürsten von Antiocheia mit den Byzantinern und der christl. Staaten untereinander schwächen die Herrschaften. Hinzu treten die Gegensätze innerhalb der verschiedenen Bevölkerungsgruppen. Ein großer Vorteil für die christl. Staaten ist die Zwietracht der Gegner (Seldschuken–Fatimiden). Bleibende Monumente sind die Kreuzfahrerburgen.

1144 Die Eroberung Edessas durch EMIR IMADEDDIN ZENKIS VON MOSSUL veranlaßt den

1147–49 2. Kreuzzug unter Führung des Staufers KONRAD III. und LUDWIGS VII. VON FRANKREICH, die unter dem geistigen Einfluß BERNHARDS VON CLAIRVAUX das Kreuz nehmen. Das Zusammenwirken des deutschen und franz. Heeres wird verhängnisvoll gestört durch das Bündnis LUDWIGS VII. mit ROGER II. VON SIZILIEN (antibyzantin. Machtpolitik) und das Gegenbündnis zwischen MANUEL KOMNENOS und seinem Schwager KONRAD III. Nach der Niederlage bei Dorylaion und Laodikeia unternehmen KONRAD und LUDWIG, die sich in Jerusalem treffen (1148), noch zwei erfolglose Züge gegen Damaskus und Askalon.

1187 Einnahme Jerusalems durch Sultan SALADIN, der in der **Schlacht von Hattin** vorher die Christen schlägt.

1189–92 3. Kreuzzug. In echter Kreuzzugsbegeisterung stellt sich Kaiser FRIEDRICH I. BARBAROSSA entsprechend seiner Idee von der universalen Stellung des Kaisers an die Spitze des gesamtabendländ. Unternehmens, doch ertrinkt er nach dem glänzenden Sieg bei Ikonion am 10. 6. 1190 im Kalykadnus (Saleph). Sein Sohn, Herzog FRIEDRICH VON SCHWABEN, führt einen Teil des Heeres vor Akkon, wo er 1191 stirbt. Akkon wird durch RICHARD LÖWENHERZ, König von England, und PHILIPP II. AUGUST, König von Frankreich, 1191 eingenommen. RICHARD schließt einen Waffenstillstand mit SALADIN: Gewinn des Küstenstrichs zwischen Tyrus und Jaffa, Erlaubnis zu Pilgerbesuchen in Jerusalem. Zypern, das er 1191 erobert hat, gibt RICHARD LÖWENHERZ als Lehen an GUIDO VON LUSIGNAN.

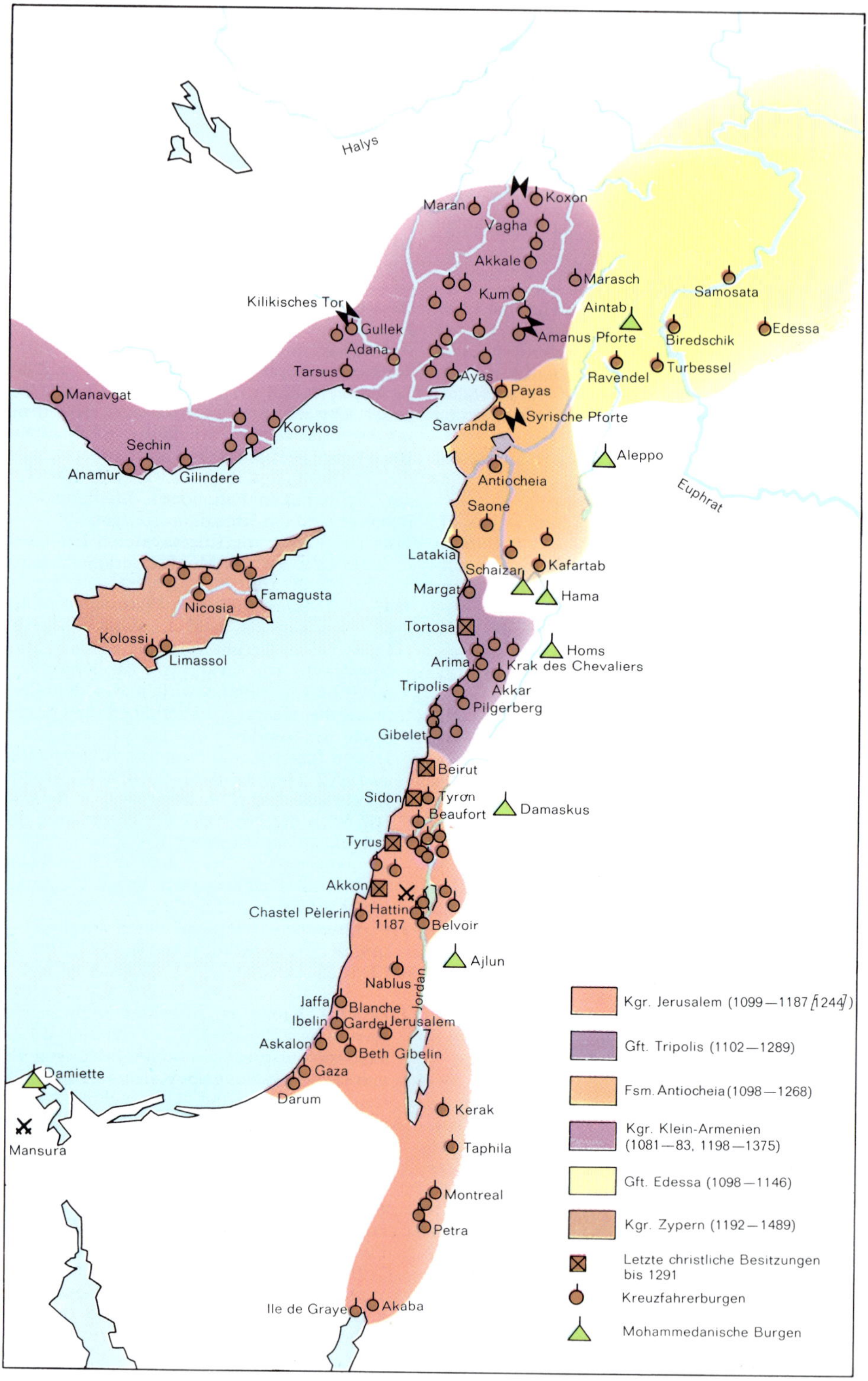

Die Kreuzfahrerstaaten

4. bis 7. Kreuzzug

1197 Der wohlvorbereitete Kreuzzug Kaiser HEINRICHS VI. hat zwar die Gewinnung des Hl. Landes zum Ziel, doch soll er auch zur Erreichung des alten Ziels der normann. Ostpolitik dienen: der Eroberung des byzantin. Reichs. Durch den plötzlichen Tod des Kaisers kommt es nur zur Gewinnung eines Küstenstrichs bei Antiocheia.

1202–04 4. Kreuzzug. Papst INNOZENZ III. [1198–1216] ruft den Adel Europas zu einem neuen Kreuzzug auf, dessen Ziel Ägypten sein soll. Ein großer Teil des franz. Adels folgt dem Ruf (Markgraf BONIFAZ VON MONTFERRAT, BALDUIN VON FLANDERN u. a.). Damit Venedig den Transport übernimmt, müssen die Kreuzfahrer Zara in Dalmatien erobern. Der Doge ENRICO DANDOLO lenkt das Kreuzfahrerheer, veranlaßt durch die Bitten des byzantin. Prinzen ALEXIOS und im Hinblick auf das venezianische Interesse am Levantehandel, nach Konstantinopel, das erobert wird (S. 175). Die Vereinigung der griech. mit der röm. Kirche scheitert. Für kurze Zeit vertrieben, erobern die Kreuzfahrer (Lateiner) die Stadt zum 2. Male: Nach erbarmungsloser Plünderung wird das **Latein. Kaisertum** errichtet (Karte S. 206), das 1261 durch MICHAEL PALAIOLOGOS, das Oberhaupt des griech. Kaisertums, mit Hilfe Genuas von Nikaia aus beseitigt wird (S. 207).

1212 Kinderkreuzzug. Tausende von Jungen und Mädchen werden von Marseille aus von betrügerischen Reedern nach Alexandria verschifft und als Sklaven verkauft.

1228–29 5. Kreuzzug. Der gebannte Kaiser FRIEDRICH II. fährt nach Akkon und erhält durch Vertrag vom Sultan ELKAMIL VON ÄGYPTEN Jerusalem, Bethlehem und Nazareth.

1244 Eroberung Jerusalems durch die Moslems. Die Christen verlieren die Stadt für immer.

1248–54 6. Kreuzzug. LUDWIG IX. DER HEILIGE, König von Frankreich, will Ägypten, die Hauptmacht der Moslems, vernichten. Er nimmt Damiette (1249), wird aber bei Mansura geschlagen und gerät mit dem ganzen Heer in Gefangenschaft. Gegen hohes Lösegeld freigelassen, befestigt er Akkon und kehrt nach Frankreich zurück (1254).

1270 7. Kreuzzug. LUDWIG IX. fährt nach Tunis, wo er mit einem großen Teil des Heeres umkommt.

1291 Akkon wird als letztes christl. Bollwerk von den Mameluken erobert. Tyrus, Beirut und Sidon werden von den Christen geräumt. Zypern besteht unter dem Hause Lusignan bis 1489, die Herrschaft des Johanniterordens über Rhodos bis 1523.

Auswirkungen der Kreuzzugsbewegung

Die Kreuzzüge scheitern, weil sich die nationalen Interessen der beteiligten Nationen nicht mit der universalen Idee vereinigen lassen. Byzanz will aus dem Abendland Hilfe für seine gefährdeten Grenzen. Venedig bleibt aus wirtschaftl., das Normannen-Reich aus machtpolit. Gründen immer Gegner des byzantin. Reichs, ohne dessen Hilfe militär. Operationen unmöglich sind.

Folgen der Kreuzzüge: Die oberital. Seestädte, auch die Städte Südfrankreichs, nehmen durch den Orienthandel einen starken Aufschwung. Die Geldwirtschaft floriert und ein reiches Bürgertum entsteht, der Lebensstandard steigt (große Nachfrage nach Orientwaren). – Das Nationalbewußtsein des polit. zerrissenen Frankreich wächst (Gesta Dei per Francos). Das abendländ. Kulturbewußtsein wird durch die Berührung und Gegenüberstellung mit der überlegenen byzantin. und arab. Welt gestärkt, das kult. Niveau steigt. Das Papsttum erlebt den Höhepunkt seiner Macht, doch trägt gerade diese Machtentfaltung dazu bei, die relig. Verehrung des Hl. Stuhls bei weiten Bevölkerungsschichten zu untergraben. Die furchtbare Katastrophe des 2. Kreuzzugs hat dem Ansehen des Papsttums geschadet, BERNHARD VON CLAIRVAUX erscheint vielen als falscher Prophet, und weltl.-antikirchl. Geistesströmungen breiten sich aus. Die Kreuzzüge sind nur im Zusammenhang mit den überall stattfindenden Angriffen gegen den Islam (Pyrenäenhalbinsel: Eroberung von Lissabon 1147; Nordafrika) und gegen die nichtchristl. Völker des Ostens (von BERNHARD VON CLAIRVAUX proklamierter erfolgloser Kreuzzug gegen die Wenden) zu sehen und zu verstehen.

Die Ritterorden, die das asket. mit dem ritterl. Ideal vereinigen (Gelübde des Mönchs: Armut, Keuschheit, Gehorsam; Aufgabe des Ritters: Schutz der Bedrängten) werden gegründet.

1. Johanniter, hervorgegangen aus der Bruderschaft des Spitals in Jerusalem, werden 1113 von PASCHALIS II. bestätigt und seit 1120 unter RAIMUND DU PUY zum Orden umgeformt. Aufgabe: Krankenpflege und Waffendienst. Ordenstracht: Schwarzer Mantel mit weißem Kreuz, im Kriege roter Waffenrock. 1291 wird der Orden nach Zypern, 1309 nach Rhodos, 1530 nach Malta (bis 1798, daher Malteser) verlegt.

2. Tempelherren oder Templer, hervorgegangen aus der Verbindung HUGO VON PAYENS mit mehreren franz. Rittern zum bewaffneten Schutz des Hl. Landes und der Pilger (1120). Ordenstracht: Weißer Mantel mit rotem Kreuz. 1312 wird der Orden auf dem Konzil von Vienne durch Papst KLEMENS V. aufgehoben.

3. Deutscher Orden, 1190 vor Akkon als Bruderschaft zur Krankenpflege gestiftet, wird 1198 Ritterorden. Ordenstracht: Weißer Mantel mit schwarzem Kreuz. Nach vorübergehender Niederlassung in Siebenbürgen, wo der Orden durch ANDREAS II. VON UNGARN vertrieben wird (1225), läßt er sich in Preußen nieder (HERMANN VON SALZA). Sitze des Hochmeisters: Akkon, ab 1291 Venedig und ab 1309 Marienburg (S. 199).

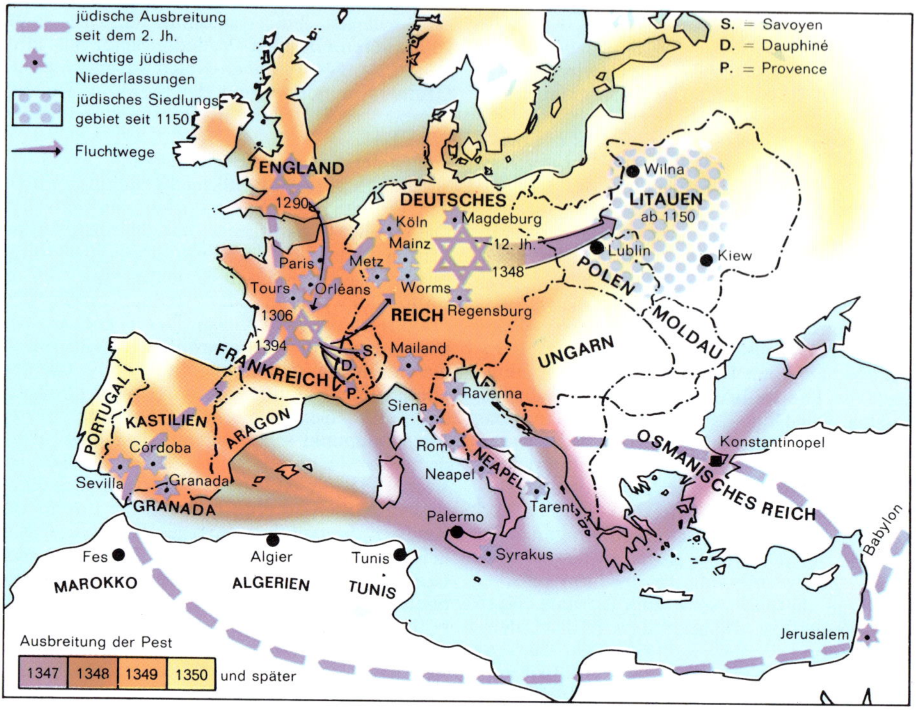

Die Ausbreitung der Pest und die damit begründete Vertreibung der Juden aus Mitteleuropa

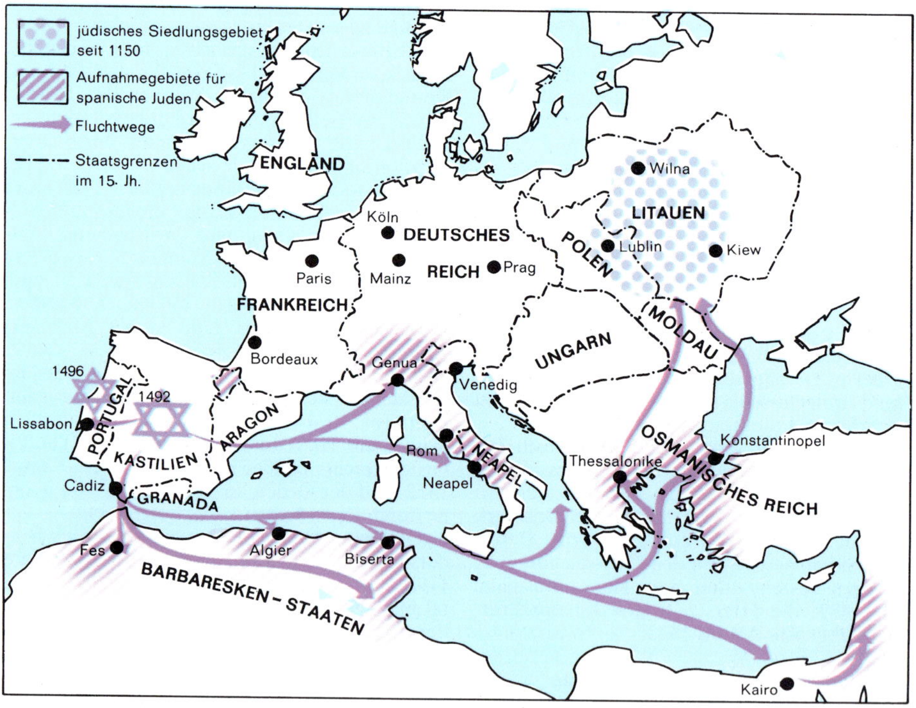

Die Vertreibung der Juden aus Spanien

Das Ende des jüdischen Nationalstaates
Nach dem gescheiterten Aufstand des BAR KOCHBA (S. 99) ist den Juden das Betreten Jerusalems (röm. Kolonie Aelia Capitolina) bei Todesstrafe verboten. Der jüd. Nationalstaat (**»Kultnation«**) endet mit dem Verlust des polit. und kult. Mittelpunkts. Für die Religionsgemeinschaft der Juden beginnt das **Leben in der Diaspora,** deren geistiger Mittelpunkt die **Synagoge** (Versammlungsort der Gemeinde) wird.
Mesopotamien: Viele Vertriebene wenden sich nach Babylon, wo sie unter den Parthern zu wirtschaftl. Wohlstand gelangen. Unter den Sassaniden finden Verfolgungen durch die Priesterkaste der Magier statt, doch bessert sich die Lage der Juden unter der arab. Herrschaft (S. 135). Die jüd. Religion (»Buchreligion«) vertritt wie der Islam einen strengen Monotheismus:
Um 500 Vollendung des babyl. Talmud, der aus der Mischna (Lehre) und der Gemara (Gespräche über die Mischna) besteht. – Von Babylon ziehen die Juden nach Afghanistan, Persien, Indien, Armenien und in das Kaukasusgebiet.

Die Juden im Römischen Reich
Unter CARACALLA erhalten die Juden wie alle übrigen Bewohner des Röm. Reiches das Bürgerrecht (212). Sie lassen sich in allen Gebieten des Reiches nieder (vor allem in Kleinasien, im Balkanraum, in Nordafrika und Spanien). Den aufkommenden **Judenhaß** führen die röm. Schriftsteller zurück auf die relig. Absonderung, den Ausschließlichkeitsanspruch JAHWES, die Bildlosigkeit der Gottesverehrung und die rituellen Reinheitsgebote. Die **Judengesetze** der christl. Kaiser KONSTANTIN, THEODOSIUS (417, 423) und JUSTINIAN (534) degradieren die Juden zu Bürgern minderen Rechts. Die christl. Staatskirche verfolgt dieselben Ziele (Konzilien des 4. bis 7. Jhs.).

Die Juden im Mittelalter
Gregor d. Gr. [590–604], der richtungweisend für die päpstl. Judenpolitik des Mittelalters wird, lehnt die Zwangstaufe ab und will die Juden durch Vergünstigungen gewinnen. Die Juden gelten als schutzlose Fremde und müssen sich unter den persönl. Schutz des Königs begeben (»Königsmunt«: Sonderschutz für einzelne Personen), zuerst unter LUDWIG DEM FROMMEN [814–840]. Privilegien erteilen auch die deutschen Könige der Folgezeit. Die Juden werden durch das Zinsverbot der Kirche gezwungen, sich dem Geldhandel zuzuwenden (Jude als Gläubiger, Christen als Schuldner). Dies und die Pogrome während des 1. Kreuzzuges (S. 151) machen Schutzgesetze für die Juden als Nicht-Christen (nicht als Kaufleute und Stadtbewohner) notwendig.
1103 Mainzer Reichslandfrieden HEINRICHS IV.: Unter den »befriedeten« Personen werden neben Klerikern, Frauen und Kaufleuten auch Juden genannt. Wegen des Waffenverbots werden die Juden schutzbedürftig, aber auch waffenunfähig und daher unfrei. Zur Zeit der
1096–1215 Kreuzzüge (S. 150ff.) finden die ersten großen Verfolgungen der Juden statt. **Hauptanklagen** sind Hostienfrevel und Blutbeschuldigung (Ritualmord). Unter
1236 FRIEDRICH II. werden die Juden als Kammerknechte **(Servi camerae nostrae)** bezeichnet. Der von der Kirche spirituell aufgefaßte Gedanke der »Knechtschaft der Juden« wird unter dem Einfluß des röm. Rechts juristisch gefaßt: Servitus camerae (persönl. und wirtschaftl. Abhängigkeit vom Kaiser).
1215 4. Laterankonzil: Ämterverbot und Kleiderordnung für Juden.
Vertreibungen: Die Juden werden aus Frankreich 1306, endgültig 1394 (Ausnahme: Provence, Dauphiné, Avignon), aus England 1290 vertrieben. Während der Ausbreitung der Pest (»Schwarzer Tod«, 1347–54) werden in Deutschland 350 jüdische Gemeinden durch Pogrome vernichtet. Die Ostwanderung der Juden, die während der Kreuzzüge beginnt, setzt sich fort. In den jüd. Siedlungsgebieten ist die Sprache das Jiddische, Kleidung ist die Judentracht des Mittelalters. Der von der kath. Kirche ab 1391 gegen die Juden geführte Kampf in Spanien endet mit deren Ausweisung auf Betreiben des Großinquisitors TORQUEMADA (1492). 1496 Vertreibung aus Portugal.

Die Juden im 16., 17. und 18.Jh.
Humanismus und Reformation: Auf Grund seiner Kenntnis des Hebräischen wird REUCHLIN zum Fürsprecher der Juden (Kampf mit den Dominikanern und dem getauften Juden PFEFFERKORN, der die Verbrennung des Talmud fordert). Für REUCHLIN ist die »Synagoge« nicht mehr besiegte Sklavin, sondern Schwester der »Ekklesia«. Im ›Augenspiegel‹ (1511) versucht er, den ursprüngl. Sinn des röm. Rechts (Juden sind Untertanen des Reiches) und des Kirchenrechts (die Juden sind die Nächsten) wiederherzustellen. Durch die Reformation bessert sich die Lage der Juden nicht. Auf LUTHERS Verteidigung der Juden (›Daß unser Herr Jesus Christus ein geborener Jude sei‹, 1523) folgt, nachdem sich LUTHERS Hoffnung auf ihre Bekehrung nicht erfüllt, die polemische Schrift ›Von den Juden und ihren Lügen‹ (1542).
Der absolutist. Staat (17./18. Jh.) läßt sich in seiner Judenpolitik vom Grundsatz des Merkantilismus leiten: Schaffung einer aktiven Handelsbilanz. Das Geldbedürfnis der deutschen Fürsten nach 1648 für das stehende Heer und die Außenpolitik macht die Erschließung neuer Geldquellen notwendig (Monopole, Manufakturen, Steuererhebungen, Lotterie u. a.). Der Fürst stützt sich auf die jüd. Hoffaktoren. Das Hofjudentum bildet eine kleine Aristokratie, die von den übrigen Juden, welche von Trödel- und Hausierhandel, Geldwechsel und Verkauf von Pfändern leben, durch »Generalprivilegierung«, Reichtum und Einfluß getrennt ist.

Kunst: Die **karoling. Kunst** entsteht in Anlehnung an Byzanz (Auseinandersetzung mit der orientalisierten Spätantike): **Pfalzkapelle in Aachen** (Zentralbau), mit der folgenreichen Gliederung der Eingangshalle, deren überhöhter Mittelraum von zwei Türmen flankiert wird. Die röm. Basilika wird Vorbild für Kloster- und Bischofskirchen, allerdings weiterentwickelt durch das **Motiv der Türme** und durch die Ausbildung des Westwerks (zur Abwehr der Dämonen). – Neben **Buchmalerei** und Kleinplastik (Elfenbeinreliefs) sind nur geringe Reste der Palastbauten und der Wandmalerei erhalten. **Keine monumentale Plastik.**

Der **romanische Stil** (Benennung durch den franz. Romantiker de Gerville analog der Bezeichnung »roman. Sprachen«, 1818) ist der erste monumentale Baustil des christl. Abendlandes, der auf die karoling. Reichskunst folgt (um 950). Größte Leistung der kirchl. Baukunst ist die **Basilika,** bei der neben der schon in karoling. Zeit betonten Ostseite (Querschiff, Apsis) die Westseite weiter ausgebildet wird (Fassaden, Doppelchörigkeit). Durchbrechung der Horizontalgliederung durch Türme über der Vierung, am Westwerk und an den Seiten der Chöre (Vieltürmigkeit). Der **roman. Massenbau** mit seinem charakterist. Wechsel von runden (zylindrischen) und rechtflächigen (kubischen) Formen wird durch die Beziehung auf die Höhenrichtung zu einer Einheit zusammengefaßt. Die um 1100 eingeführte **Wölbung** vereinheitlicht den Raum und durchdringt Wand und Decke. Herausarbeitung des **plastischen Körpers** aus der Fläche in der Bildhauerkunst und Schaffung von Freifiguren. Diese Großplastik von archaischer Strenge entsteht in Verbindung mit dem Bauwerk **(Bauplastik).** Höhepunkte finden sich in den Tympanonreliefs (Darstellung des Jüngsten Gerichts) und den Gewändefiguren der Portale. Die **Wandmalerei** (ohne Raum- und Körperillusionismus) zeigt Szenen aus Altem und Neuem Testament sowie dem Leben der Heiligen. In **Deutschland** folgt auf den strengen Stil der frühroman. Epoche (Ottonische Kunst: Dom zu Magdeburg, St. Cyriacus in Gernrode) die Reife des monumentalen Wölbungsbaues (Dome von Speyer, Mainz, Worms). In **Frankreich** entstehen Landschaftsschulen: Normandie (zweitürmige Westfassade: St. Etienne in Caen), Burgund (Chor mit Umgang und ausstrahlendem Kapellenkranz), Provence (Nachbildung antiker Formen: St. Trophime in Arles).

Der **gotische Stil** mit seinen techn. Neuerungen (Spitzbogen, Strebewerk, Kreuzrippen) entsteht in der Isle de France, dem franz. Kronland, der Champagne, der Picardie und verbreitet sich über ganz Europa. Die größte Schöpfung dieses kirchl. Universalstils ist die **gotische Kathedrale:** ein langgestreckter, mehrschiffiger Bau mit Querschiff und einem von Umgang und Kapellenkranz umschlossenen Chor (kultischer Mittelpunkt). Entscheidend ist die **Gliederung des Aufrisses:** Durch Verlagerung der Gewölbelast durch Rippen auf Bündelpfeiler und ein außerhalb des Raumes befindliches Strebewerk kann die Hochschiffwand in tragendes Gerippe und entlastete Füllungen (Glaswände) aufgelöst werden. Der Vertikalismus führt zur Beseitigung des horizontalen Wandstreifens zwischen Arkaden und Fenstern in den dreischiffigen Basiliken (Wegfall der Emporen).

In **Frankreich** folgt auf die Frühgotik (St. Denis, Chorweihe 1144; Sens, beg. 1142) die Hochgotik (Chartres, beg. 1194; Reims, beg. 1211; Amiens, beg. 1220; Beauvais, beg. 1272, Chorhöhe 48 m). Die Spätgotik (Lineargotik) begnügt sich mit einer Abwandlung.

In **England** wird bei den Kathedralen (Abteikirchen, in Frankreich Bischofskirchen) die Längsachse betont, daneben fällt das Nebeneinander der Raumteile auf (Chor, Querschiffe, Marienkapelle: Lady Chapel). An das »Early English« (York, Salisbury, Lincoln) schließt sich der »Decorated Style« an, dessen Kennzeichen die langgestreckten Chöre für die Mönchsgeistlichen und die Übernahme der Maßwerkfenster aus Frankreich sind (Exeter, Wells). Im 15. Jh. entsteht der »engl. Einheitsraum«, der Sakralraum des »Perpendicular Style« (King's College Chapel, Cambridge). Abhängig von der anglonormann. Gotik ist der Dom von Drontheim in **Norwegen.**

In **Deutschland** leiten die Liebfrauenkirche in Trier (Zentralbau) und die Elisabethkirche in Marburg (Hallenraum) die Gotik ein. Die Dome von Straßburg und Köln führen zur Hochgotik. Im Norden entsteht die Backsteingotik (Baustil der Zisterzienser u. a. in Chorin, Doberan). Wichtig wird die Raumform der Hallenkirche (Wiesenkirche in Soest, Marienkirche in Danzig) im Norden Deutschlands und in Skandinavien. In der Spätgotik versucht man, eine malerische Wirkung durch Wechsel von Licht und Schatten zu erzielen (Lorenzkirche in Nürnberg). Ausbreitung der Gotik nach den Niederlanden (hölzerne Tonnengewölbe), der iberischen Halbinsel und Italien.

Die **Bauhütten** fassen die an einem Bauwerk beschäftigten Steinmetzen in einer Werkgemeinschaft zusammen (Hüttenordnung), vermitteln als Hüttengeheimnis die techn. Erfahrungen, Proportionsgrundsätze und Methoden und schaffen die »Hüttenplastik« (Bildhauerarbeit an den Kathedralen).

Die **Plastik,** die nach Beseelung und Vermenschlichung strebt, steht in engem Zusammenhang mit der Architektur (Senlis, Chartres). Ihre Kennzeichen sind ein Idealismus (Bildung schöner Menschen in Anlehnung an antike Vorbilder in Frankreich) und ein Naturalismus mit spürbarem Willen zur Vergeistigung (Darstellung des leidenden Christus und der Maria als Mutter: Madonna). Die Wandmalerei tritt zurück (nur noch an Profanbauten). Bedeutend wird die **Glasmalerei,** die den Innenraum mit farbigem Licht füllt (Chartres: 146 Fenster mit 1359 Szenen). Anfänge der Tafelmalerei.

Der Staat des Hochmittelalters: Während in Frankreich (S. 159) und England (S. 161) die Gewalt des Königs durch die ligische Treue (Bindung an einen Herrn), den Untertaneneid und den Rückfall erledigter Lehen an die Krone erstarkt, wird die Macht des deutschen Königs geschwächt durch Lehnsgesetze (KONRAD II., 1037; LOTHAR III., 1136), die den Vasallen die Vererblichkeit und Unentziehbarkeit ihrer Lehen zugestehen, durch den **Leihezwang** (Weiterverleihung eines erledigten weltl. Fürstenlehens nach einem Jahr, dadurch keine Erweiterung der Krondomäne) und die Vergrößerung des allodialen Besitzes (Reichslehen werden wegen Fehlens eines Lehnsregisters oft zu freiem Eigentum). Der zunehmenden Zentralisierung in England und Frankreich steht eine feudale Zersplitterung in Deutschland gegenüber, die auch durch die **Heerschildordnung** (Festsetzung einer Rangordnung in der Lehnshierarchie) nicht aufgehalten werden kann. Danach hat der König den 1., die geistl. Fürsten haben den 2., die weltl. Fürsten den 3., die freien Herren den 4., die Schöffenfreien und Ministerialen den 5., deren Mannen den 6. und die übrigen Ritterfähigen den 7. Heerschild (nach Sachsen- und Schwabenspiegel).

Der Adel: Die Macht der großen erbberechtigten Lehnsträger **(»Hoher Adel«),** die aus den alten germanischen Adelsgeschlechtern, den Beamten der fränkischen Könige und den Kronvasallen hervorgehen, beruht auf der Verknüpfung von Grafschaft und Herrschaft. Neben die alten Grafschaften, die zu Erblehen werden und deren Grenzen durch Erbfall, Teilung und Eroberung nicht mehr mit den Gaugrenzen übereinstimmen (Gauauflösung), treten neue allodiale und grundherrschaftl. Grafschaften (Burgen im Mittelpunkt), deren Macht auf ihrer Immunität und Gerichtsbarkeit beruht, die sie – wie die Bistümer und Klöster – auszubauen bestrebt sind. Neben diesen hohen Adel tritt der **niedere Adel:** In England und Frankreich die **Ligesse** (Homines ligii), in Deutschland die **Ministerialität.** Die Ministerialen (Unterbeamte des Königs und Vasallen der großen Grundherren und Kronvasallen) werden aus Unfreien zu Freien durch Ausbildung eines eigenen Rechts, Eintritt von Freien in die Ministerialität, gewissenhafte Ausübung und Führung ihrer Ämter und Teilnahme am Hofdienst und an der Heerfahrt (keine Handarbeit). Durch Erblichkeit der Lehen und Ritterfähigkeit wird aus einem Stand von Berufskriegern (Waffenhandwerk zu Pferd) ein Geburtsstand (in der Stauferzeit), der eine gemeinsame Lebensform ausbildet: das **Rittertum.** Der europ. Adel zerfällt in hohen und niederen: Herren und Ritter (Deutschland), Lords und Gentry (England), Barone und Chevaliers (Frankreich), Granden und Hidalgos (Spanien).

Das Rittertum: BONIZO VON SUTRI stellt einen Kodex des christl. Ritters (Miles christianus) auf im ›Liber de vita christiana‹ (um 1090), in dem der Ritter zur Ergebenheit gegenüber dem Herrn, zum Verzicht auf Beute, zur Hingabe des Lebens für den Herrn, zum Kampf für das Wohl der »Res publica«, zum Krieg gegen die Ketzer, zum Schutz der Armen, Witwen und Waisen und zur Einhaltung der dem Herrn gelobten Treue aufgefordert wird. Diese Aufgaben werden mit den Kardinaltugenden des Ritters: Tapferkeit, Gerechtigkeit, Weisheit und Maßhalten (Vorbilder: ALEXANDER D. GR., KARL D. GR.) in der **Dichtung** der ritterl.-höf. Kultur, die ein erhöhtes Abbild der Gesellschaft in der Kunst schafft, immer wieder besungen. Grundlage der Dichtkunst ist der Frauendienst. In der Epik erscheint der Dienst des Mannes als ritterl. Tat (im Turnier, dem höf. Fest, und auf der »Âventiure«), in der Lyrik (Minne: seel. Gebundenheit, geist. Zuneigung) als Huldigung des Ritters an seine Dame (frouwe). Zwischen der Forderung und der Realität entsteht ein unaufhebbarer Widerspruch. Die Dichter (Trobadors der Provence, nordfranz. Trouvères und deutsche Minnesänger) sind ritterl. Mannen, die Zuhörerschaft besteht aus Herren und verheirateten Frauen.

In **Frankreich** verfaßt **Chrétien von Troyes** zwischen 1160 und 1190 seine großen höf. Romane (Romans courtois): ›Erec‹, ›Cligés‹, ›Lancelot‹, ›Yvain‹, ›Perceval‹, der erste Troubadour ist WILHELM IX. VON POITIERS (1071–1127).

Die Blüte des **Minnesangs** wird in Deutschland erreicht durch REINMAR VON HAGENAU, HEINRICH VON MORUNGEN (zwischen 1190–1200) und **Walther von der Vogelweide** (um 1190–1230). Hauptvertreter der höf. Epik sind HEINRICH VON VELDEKE (›Servatius‹, um 1170; ›Eneit‹, um 1190), **Hartmann von Aue** (›Gregorius‹, ›Armer Heinrich‹, 1190–1200; ›Iwein‹, um 1205), **Wolfram von Eschenbach** (›Parzifal‹, um 1210), **Gottfried von Straßburg** (›Tristan‹, um 1210). Um 1200 entsteht das ›Nibelungenlied‹, um 1220 die ›Klage‹ und um 1240 ›Kudrun‹. In die 2. Hälfte des 13. Jhs. fallen die Heldenepen: ›Hugdietrich‹, ›Wolfdietrich‹, ›Rabenschlacht‹, ›Rosengarten‹, ›Laurin‹ u. a.

Recht: Aufzeichnung des Gewohnheitsrechts in Deutschland im **›Sachsenspiegel‹** (zwischen 1220 und 1230) mit Land- und Lehnsrecht durch EIKE VON REPKOW. Der unvollendet gebliebene ›Deutschenspiegel‹ (oberdeutsche Übersetzung des ›Sachsenspiegels‹) wird um 1275 fortgesetzt durch den **›Schwabenspiegel‹. – Bologna** wird um 1088 zum Mittelpunkt für die Lehre des röm. Rechts. Bildung einer Rechtsschule. Die Rezeption des röm. Rechts beginnt im 13. Jh., vor allem in England, Frankreich und Deutschland (S. 185).

In **Deutschland** werden die Bestimmungen der **Landfrieden** wichtig, die auf die Gottesfrieden zurückgehen und sich vor allem gegen das Fehdewesen richten, das nie ganz verboten werden kann (Landfrieden HEINRICHS IV., FRIEDRICHS I. BARBAROSSA, FRIEDRICHS II.). Die Bestimmungen der Landfrieden dienen auch strafrechtlichen Zwecken (erste unvollständige Strafgesetze).

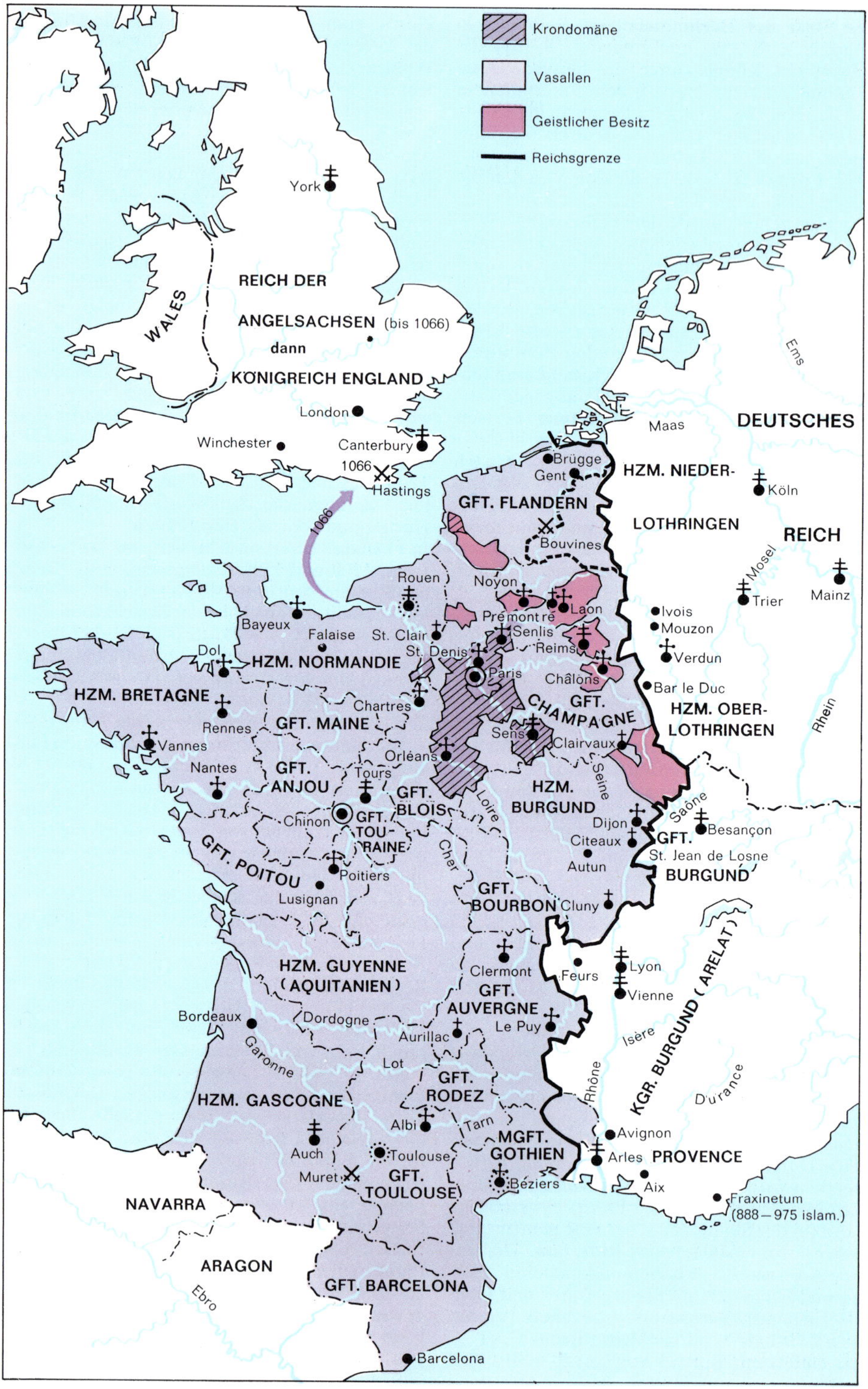

Frankreich unter den Capetingern

Der Aufstieg der Capetinger

987–996 Hugo Capet (von Cappa: Mäntelchen), Sohn Hugos d. Gr., wird unter dem Einfluß Ebf. Adalberts von Reims, des Führers der deutschfreundl. Partei, und mit Unterstützung der Kaiserin Theophanu zum König gewählt und gekrönt. Seine Nachfolger, Robert d. Fromme [996–1031], Heinrich I. [1031–1060] und Philipp I. [1060–1108], führen den Titel »Rex Francorum« (König der Franken), sind aber nur Schattenkönige. Der Aufstieg der Capetinger setzt mit

1108–37 Ludwig VI. dem Dicken ein, der die unbotmäßigen Vasallen der Krondomäne unterwirft und durch Regelung der Investitur als Mitregent Philipps I. die Verbindung des franz. Königtums mit dem Papsttum (Schutz gegen Deutschland) herstellt. Sein Berater, Abt Suger von St. Denis [1122–51], baut eine zentrale Verwaltung auf und stellt durch seinen Freund Bernhard von Clairvaux Beziehungen zwischen dem König und den neuen Mönchsorden her. Durch die Kreuzzüge, in denen sich die Franzosen als »auserwähltes Werkzeug Gottes« fühlen (Gesta Dei per Francos), und durch den

1124 Angriff Kaiser Heinrichs V. (S. 148), des Verbündeten seines Schwiegervaters Heinrich I. von England, entsteht ein **franz. Nationalgefühl.** Stiftung der Oriflamme (Auri flamma), des goldenen Königsbanners.

1137–80 Ludwig VII. (verh. mit Eleonore von Poitou, der Erbin Aquitaniens) nimmt am 2. Kreuzzug (S. 151) teil. Abt Suger vertritt während dessen Abwesenheit den König und führt zur Deckung der durch den Kreuzzug entstandenen Kosten eine allg. direkte Steuer ein. – Nach der Scheidung von Ludwig VII. (1152) heiratet Eleonore den Hz. von der Normandie, Gf. von Anjou, Maine und Touraine, Heinrich, dem sie Aquitanien (Poitou, Guyenne, Gascogne) zubringt. 1154 wird Heinrich Kg. von England.

1180–1223 Philipp II. August beendet die Auseinandersetzungen mit dem Angevinischen Reich unter Johann I. (S. 161).

1202 Johann I. Ohneland wird in einem gegen ihn von Philipp II. eröffneten Prozeß seiner Lehen verlustig erklärt. Philipp II. erobert die Gebiete nördl. der Loire. Kapitulation von Rouen (1204).

1212 Bündnis mit dem Staufer Friedrich II. (S. 173) gegen Johann I., den Welfenkaiser Otto IV. und die Großen von Flandern.

1214 Schlacht bei Bouvines: Philipp II. besiegt seine Gegner. Friedensschluß mit Johann I. in Chinon auf 5 Jahre: Die engl. Besitzungen nördl. der Loire bleiben in der Hand Philipps II. (ein Drittel von Frankreich ist Kronland).

1209–29 Albigenserkriege in Südfrankreich (S. 149): Nach der Ermordung des päpstl. Legaten Peter von Castelnau durch einen Pagen des Gf. Raimund VI. von Toulouse ruft Papst Innozenz III. zum Kreuzzug auf. Das Kreuzheer unter Simon von Montfort, Gf. von Leicester, erobert die Provence (1209–18). Einnahme und Verbrennung von Béziers (1209). Sieg Simons von Montfort über Raimund VI. und dessen Schwager Peter II. von Aragon bei Muret (1213). Simon fällt 1218, Raimund VI. erobert sein Land zurück.

1223–26 Ludwig VIII. Frankreich wird Erbland (Krönungsstadt Reims). Er nimmt den Engländern Poitou und Saintonge (1224), erobert Avignon (1226) und die Languedoc.

1226–70 Ludwig IX. der Heilige.

1229 Vertrag von Paris beendet die Albigenserkriege.

Raimund VII. von Toulouse tritt den zwischen Tarn und Agout gelegenen Teil des Albigeois, das nördl. Quierzy und das Hzm. Narbonne an die Krone ab. Die übrigen Besitzungen erbt nach seinem Tode (1249) seine Tochter Johanna, die den 3. Sohn Ludwigs VIII., Alfons von Poitiers, heiratet. Ihr Besitz fällt 1271 an die Krone: Das bis 1202 rein binnenländische Kronland dehnt sich bis zum Mittelmeer aus. – Nach seiner Rückkehr vom Kreuzzug (S. 153) schlägt Ludwig IX. einen von England unterstützten Aufstand der Barone nieder und siegt über Heinrich III. (S. 161).

1259 Friede von Paris: Heinrich III. muß auf die Normandie, Maine, Anjou und Poitou verzichten und für das Hzm. Guyenne (Aquitanien) den franz. König als Lehnsherrn anerkennen. Nach dem Tod Kaiser Friedrichs II. (1250) ist Ludwig IX. der mächtigste Herrscher des Abendlandes (»Schiedsrichter«).

Staat und Verfassung

Machtgrundlage des franz. Königs ist die Krondomäne. Nach einer Zeit der feudalen Auflösung bilden sich im 11. Jh. große Territorien, Flächenstaaten mit ausgebildetem Behördenapparat und eingespielter Verwaltung. Diese Konzentration kommt dem Königtum zugute, das allmählich eine starke Zentralgewalt errichtet (»konzentrische Konzentration«). Durch Ausbildung des Lehnsrechts setzt sich der König an die Spitze der Lehnspyramide. Erreicht wird dies durch die Feudalisierung des Landes, durch das Zurückfallen erledigter Lehen an die Krone und durch Verpflichtung der Vasallen zur Treue nur ihrem Herrn gegenüber (Homines ligii, Ligesse), jedoch nur soweit, als dadurch die Treuepflicht gegenüber dem König nicht verletzt wird (Rex: Dominus ligius ante omnes). Die Zentralverwaltung wird durch Errichtung des **Parlaments** (oberstes Gericht) und durch den Aufbau eines Beamtenstabes gefestigt.

Ansatz für eine direkte Besteuerung wird die **Taille** (Geldersatz für allg. bestehende Dienstpflicht). Aufstellung eines Staatshaushaltsplanes (Budget). Stärkung der Städte aus finanz. und milit. Gründen durch Erteilung von Kommunalprivilegien.

England und Frankreich 11.–13. Jh.

1066–87 Wilhelm der Eroberer wird nach der Schlacht bei Hastings in Westminster zum König gekrönt (1066) und erobert ganz England (bis 1071). Nach mehreren Aufständen wird der angelsächs. Adel seiner Besitzungen beraubt. Anlage des

1086 Domesday Book (Domesday: Gerichtstag, Jüngstes Gericht), eines Grundkatasters, das alle Herrschaften nach ihrem jährl. Ertragswert verzeichnet.

1086 Untertaneneid von Salisbury: Die Treueverpflichtung der Untervasallen gilt vorbehaltlich der ligischen Königstreue (vgl. S. 159). An der Spitze der feudalen Lehnspyramide steht der König, dem die Curia regis (Rat der Großen) beratend zur Seite steht.

1087–1100 Wilhelm II. der Rote. Sein ältester Bruder, Robert Kurzhose, erhält das Hzm. Normandie. Nach dem Tod Wilhelms läßt sich sein jüngerer Bruder,

1100–35 Heinrich I. zum König krönen. Er siegt über Robert Kurzhose bei Tinchebrai (1106) und vereinigt die Normandie wieder mit England.

1107 Das Konkordat v. Westminster beendet den Investiturstreit (S. 148). – Der König zwingt den Adel zur

1127 Anerkennung seiner Tochter Mathilde (Witwe Kaiser Heinrichs V. [S. 148]) als Thronfolgerin. Sie heiratet Gf. Gottfried von Anjou (1128), der nach seiner Helmzier, dem Ginsterzweig, »Plantagenet« genannt wird (S. 159).

Unter Heinrich I. wird eine **Rechenkammer** (Scaccarium, Exchequer) eingerichtet, vor der die Sheriffs (S. 129) der Shires an Ostern und Michaelis ihre Einnahmen (Pachtsummen und feudale Einkünfte) in Verzeichnissen (Pipe rolls: pfeifenförmige Jahresrollen, ab 1130/31) abrechnen. Aus den an die Wikinger gezahlten Tributen (Danegeld) entwickelt sich eine allg. Staatssteuer.

1135–54 Stephan von Blois. Nach der Landung Mathildes in England (1139) folgt ein Zeitalter der Anarchie (Bürgerkriege), in dem Adel und Kirche erstarken.

1154–1399 Haus Anjou-Plantagenet.

1154–89 Heinrich II. wird, von Stephan als Thronerbe anerkannt (1153), König. Seine franz. Kronlehen (Normandie und Bretagne von der Mutter; Anjou, Maine, Touraine vom Vater; Aquitanien von Eleonore [S. 159]) bilden mit England das Angevin. Reich. Wiederherstellung kgl. Rechte in den

1164 Konstitutionen von Clarendon: Aburteilung verbrecherischer Geistlicher durch ein geistl., Bestrafung durch ein weltl. Gericht, Einschränkung geistl. Appellationen nach Rom. Thomas Becket, Kanzler Heinrichs II. (1155), Ebf. von Canterbury (1162), leistet Widerstand und wird ermordet (1170). Buße Heinrichs II. an seinem Grabe (1174).

1171 Beginn der Eroberung Irlands.

1173–74 Aufstand der Söhne Heinrichs II. Heinrichs Leistung: Ausbau des **Königsgerichts** (Curia regis: seit Heinrich III. Bancum regis [King's bench]) und Errichtung eines ständigen **Gerichtshofes** mit 5 Beisitzern in Westminster (1178) mit geordnetem Untersuchungs- und Beweisverfahren. Wahl der Geschworenen durch das Volk. Allmähliche Ausbildung eines allg. engl. Rechts (Common law). Die **Rechenkammer** wird Finanzgerichtshof. Der **Sheriff** bleibt kgl. Beamter.

1189–99 Richard I. Löwenherz unterwirft nach seiner Rückkehr vom Kreuzzug (S. 151) seinen aufrührerischen Bruder Johann I. Ohneland. Nach seinem Tod vor der Burg Chalus besteigt

1199–1216 Johann I. Ohneland den Thron, der den franz. Festlandbesitz außer Guyenne verliert (S. 159) und im Konflikt mit Innozenz III. (S. 149) gebannt wird (1209). Wegen der drohenden Invasion Philipps II. August in England lenkt Johann ein (Anerkennung Stephan Langtons als Ebf. von Canterbury) und nimmt England vom Papst zu Lehen (1213). Nach Unterwerfung der Lusignans (Geschlecht in Poitou) werden in der

1214 Schlacht bei Bouvines (S. 159) Johanns Verbündete geschlagen. Nach dem Frieden von Chinon (Verlust aller Gebiete nördl. der Loire) erhebt sich der Adel. In Runnymede bei Windsor muß Johann die

15. 6. 1215 Magna Charta libertatum gewähren: Der König wird an das »alte Recht« gebunden und muß die Rechte der Barone verbriefen (feudales Widerstandsrecht). Neben Grundgedanken (Wahrung der Rechte der Kirche u. a.) treten Einzelforderungen und Klauseln des geltenden Lehnsrechts. Die Magna Charta wird die »Bibel der Verfassung«.

1216–72 Heinrich III. Das Erstarken der Kirche, die rücksichtslose Besteuerung durch die Kurie, die Berufung südfranz. Günstlinge (»Poitevins«) in die höchsten Staatsämter und Steuerforderungen zur Erlangung der sizil. und der deutschen Krone führen zum

1258–65 Aufstand der Barone. Heinrich III. muß unter dem Druck der von Simon von Montfort, dem 3. Sohn des Albigensersiegers (S. 159), geführten Opposition die

1259 Provisionen von Oxford gewähren: Neben dem König stehen 15 Barone zu dessen Beratung und zur Kontrolle der Verwaltung. Heinrich III. verbündet sich mit Ludwig IX. (1259 Friede von Paris, S. 159) und dem Papst, der ihn vom Eid auf die Provisionen löst (1261). Nachdem Ludwig IX. als Schiedsrichter die Provisionen für ungültig erklärt hat (Mise von Amiens, 1264), schlägt Simon von Montfort als Führer des niederen Adels und der Städte den König in der

1264 Schlacht von Lewes: Bildung eines Regentschaftsrates und Einberufung eines Parlaments, zu dem außer je 2 Grafschaftsrittern auch 2 Bürger aus jeder Stadt gehören. Eduard, Sohn Heinrichs III., besiegt Simon von Montfort in der

1265 Schlacht von Evesham (Simon fällt).

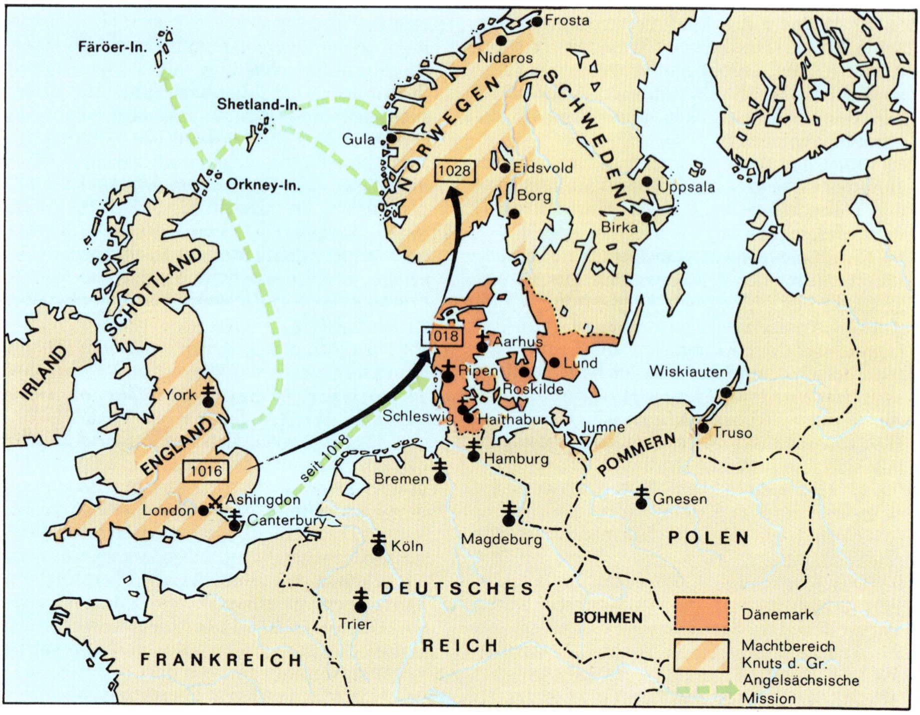

Das Nordseereich Knuts des Großen im 11. Jh.

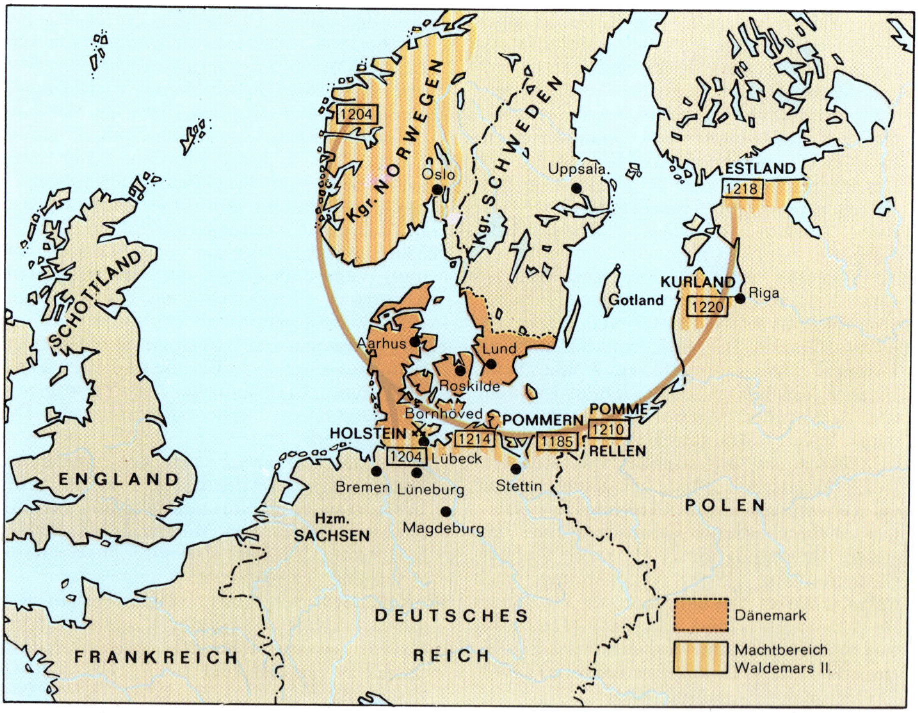

Das Reich Waldemars II. des Siegers

Um 900 bilden sich in Skandinavien die ersten Reiche unter Großkönigen, die zur Hebung und Festigung ihrer Herrschaft zum Christentum übertreten.

Dänemark (935–1286)

Um 935–945 Kg. GORM DER ALTE. Er erobert von Jütland aus das schwed. Wikingerreich von Haithabu (Schleswig). Unter seinem Sohn HARALD BLAUZAHN (getauft um 960) werden die Bm. Ripen, Aarhus und Schleswig errichtet (948). Nach seiner Niederlage gegen OTTO II. (974) wird HARALD vertrieben durch seinen Sohn

985–1014 SVEN GABELBART, der Dänemark christianisiert und ein dän. Heer gegen die Angelsachsen führt (994). Sein Sohn

1016–35 Knut d. Gr. wird nach seinem Sieg über EDMUND in London als König anerkannt (S. 129). Nach dem Tode seines Bruders HAROLD wird er Kg. von Dänemark (1019). Norwegen wird unterworfen (1028). Mission und Aufbau der Kirche erfolgen durch angelsächs. Priester.

1104 Gründung des Ebm. Lund. Dänemark wird im 11. und 12. Jh. oft vom Deutschen Reich lehnsabhängig und durch Thronwirren geschwächt.

1157–82 WALDEMAR I. D. GR. Der Aufstieg Dänemarks zur Großmacht beginnt. Mit ABSOLON, Bf. von Roskilde, unterwirft er die Prov. (Errichtung von Burgen) und unternimmt mit HEINRICH DEM LÖWEN

1160–64 Feldzüge gegen die Wenden. Eroberung Rügens (1168). Aufstieg von Kirche und Adel auf Kosten der Bauern.

1182–1202 KNUT IV., vermählt mit GERTRUD, der Tochter HEINRICHS DES LÖWEN, verweigert dem Kaiser die Lehnshuldigung, erobert Pommern (1184). Huldigung BOGISLAWS VON POMMERN (1185).
Sein Bruder WALDEMAR, Hz. von Schleswig, erobert Holstein mit Lübeck und Hamburg (1201).

1202–41 Waldemar II. der Sieger. Er erobert Lauenburg und Norwegen, Pommerellen, Estland und Kurland. Von FRIEDRICH II. erlangt er die Oberhoheit über das Land jenseits der Elbe. Während seiner Gefangenschaft (1223–25 bei Gf. HEINRICH VON SCHWERIN) gehen die dän. Eroberungen verloren.

1227 Schlacht bei Bornhöved: WALDEMAR II. wird von den norddeutschen Fürsten und von Lübeck besiegt. Folge: Aufstieg des deutschen Ostseehandels, Zusammenbruch der dän. Vormachtstellung.
WALDEMAR gibt weitere Eroberungspläne auf. Sein Enkel

1259–86 ERIK V. GLIPPING wird durch die dän. Magna Charta (1282) verpflichtet, den Danehof, die Versammlung der Prälaten, Barone und Hofbeamten, alljährl. zur Gesetzgebung einzuberufen: Einschränkung der kgl. Macht und der autonomen Landesdinge.

Norwegen (um 900–1280)

Um 900 errichtet HARALD SCHÖNHAAR aus dem Geschlecht der Ynglinger ein Großkönigtum. Unter OLAV TRYGGVASON [995–1000] und OLAV DEM HEILIGEN [1016–28] wird das Christentum – z. T. gewaltsam – eingeführt.

1035–47 MAGNUS DER GUTE wird nach Vertreibung SVENS, des Sohnes KNUTS D. GR., König. Sein Onkel

1047–66 HARALD HARDRADI fällt bei dem Versuch, England zu erobern (S. 129). Unter seinen Nachfolgern werden Bistümer errichtet. Die Entwicklung der Städte wird gefördert.

1130–1240 Bürgerkriege durch Thronwirren.

1152 Errichtung des Ebm. Nidaros (Drontheim).

1164 Reichstag zu Bergen: Die Bischöfe beanspruchen das Recht auf Königswahl. Gegen den Klerus erhebt sich die Partei der »Birkenbeine« unter

1184–1202 Sverrir, der sich gegen die Baglar (Krummstäbler) durchsetzt und die Bischöfe zwingt, ihn zu krönen. SVERRIR trotzt dem Interdikt INNOZENZ' III. Begründung eines starken Erbkönigtums. Sein Enkel

1217–63 HAAKON HAAKONSSON fällt im Kampf um die Hebriden auf der Insel Man.

1261 wird Grönland, 1262/64 Island norweg.

1263–1280 MAGNUS LAGABOETIR (Gesetzesverbesserer) verkauft die Hebriden an Schottland (1266) und beendet den Streit mit der Kirche (1277), die eigene Gerichtsbarkeit erhält und ihre Ämter frei besetzen kann.

Schweden (995–1290)

995–1022 Olav Schoßkönig aus der Uppsala-Dyn. wird 1008 getauft. Nach dem Tode seiner Söhne folgt das Königshaus der Stenkils, unter dem dauernde Kämpfe zwischen den christl. Gauten und den heidn. Svear Upplands stattfinden, die erst um 1125 (Aussterben der Stenkils) beendet werden. Mit

1130–56 SVERKER DEM ÄLTEREN gelangt das Königshaus der SVERKIRS auf den Thron. Berufung der Zisterzienser. Die Upsvear setzen SVERKER D. J. ab und berufen ERIK KNUTSSON zum König (1208).

1164 Errichtung des Ebm. Uppsala.
Der über ein halbes Jh. andauernde Kampf der Geschlechter SVERKERS und ERIKS um den Thron wird nach ihrem Aussterben (1222, 1250) beendet.

1250–66 Jarl Birger aus dem Geschlecht der Folkunger gewinnt die Macht. Freundschaftl. Verbindungen zu Norwegen und Dänemark. Gewinn Südfinnlands. Handelsprivilegien für die deutsche Hanse. Städtegründungen. Umfangreiche Gesetzgebung.

1275–90 MAGNUS LADULAS (= Scheunenschloß: Schutz der Bauern vor dem Adel). Entstehung eines Adels aus den Großbauerngeschlechtern. Bildung einer erbl. adligen Ritterschaft durch das

1279 Statut von Alsnö: die zu Pferde Streitenden werden von Abgaben befreit.

Das Reich der Hohenstaufen 1125–1254

1125–37 LOTHAR VON SUPPLINBURG wird gegen den Staufer FRIEDRICH II. VON SCHWABEN zum König gewählt. Begünstigung der Fürstenhäuser an der deutschen Ostgrenze (S. 171). Stärkung der Welfen in Sachsen durch Heirat HEINRICHS DES STOLZEN mit LOTHARS Tochter GERTRUD. Kaiserkrönung in Rom durch INNOZENZ II. (1133). Nach LOTHARS Tod fallen seine Allodialgüter und das Hzm. Sachsen an HEINRICH DEN STOLZEN.

Das Reich der Hohenstaufen

1137–52 KONRAD III. Verleihung Sachsens an ALBRECHT DEN BÄR, Bayerns an den Babenberger LEOPOLD IV., Mgf. von Österreich. HEINRICH DER LÖWE erhält im

1142 Frieden zu Frankfurt das Hzm. Sachsen, ALBRECHT DER BÄR als Entschädigung die Nordmark, HEINRICH II. JASOMIRGOTT, Mgf. von Österreich, Bayern. Unglücklich verlaufener 2. Kreuzzug (S. 151) und Aussöhnung mit HEINRICH DEM LÖWEN, der im »Wendenkreuzzug« (S. 171) die Abodriten zur Tributzahlung zwingt (1147).

1152–90 Friedrich I. »Barbarossa« führt den Ausgleich zwischen Staufern und Welfen herbei. Verleihung der Mgft. Tuscien und des Hzm. Spoleto an seinen Oheim WELF VI., des Hzm. Bayern an seinen Vetter HEINRICH DEN LÖWEN. Zur Entschädigung HEINRICHS II. JASOMIRGOTT wird Österreich Hzm.

Italienpolitik Friedrichs I.

1153 Vertrag von Konstanz: FRIEDRICH I. sagt Papst EUGEN III. Beistand gegen die Römer (röm. Kommune und ARNOLD VON BRESCIA) und gegen die Normannen zu; der Papst verspricht die Kaiserkrönung.

1154/55 1. Italienzug. FRIEDRICH I. liefert ARNOLD VON BRESCIA aus und wird von Papst HADRIAN IV. [1154–59] zum Kaiser gekrönt (1155). Wegen des unterlassenen Angriffs gegen die Normannen verständigt sich der Papst mit WILHELM I. VON SIZILIEN [1154–66] im Frieden von Benevent (1156): Belehnung WILHELMS mit Sizilien, Apulien und Capua.

Okt. 1157 Reichstag zu Besançon: Zusammenstoß zwischen dem päpstl. Legaten, Kardinal ROLAND BANDINELLI, und dem Kanzler RAINALD VON DASSEL [1156–67, 1159 Ebf. von Köln] wegen der Anwendung des Wortes »Beneficium« (Feudum: Lehen oder Bonum factum: Wohltat) auf die Kaiserkrone.

1158–62 2. Italienzug: FRIEDRICH I. fordert auf dem

Nov. 1158 Reichstag auf den Ronkal. Feldern die Rückgabe der von den autonom gewordenen Stadtstaaten eingezogenen Reichsgüter und Reichsrechte (Regalien) an die Krone sowie Wahrnehmung der kaiserl. Rechte durch Reichsbeamte.

1159 Papstwahl: ALEXANDER III. [1159 bis 1181] und VICTOR IV. [1159–64]. Letzterer wird vom Kaiser auf der Synode von Pavia (1160) anerkannt. Spaltung des Abendlandes in zwei Lager (bis 1177). Keine Beseitigung des Schismas durch die Zusammenkunft LUDWIGS VII. VON FRANKREICH und FRIEDRICHS I. bei St. Jean de Losne.

1163/64 3. Italienzug: Veroneser Städtebund. RAINALD VON DASSEL fordert auf dem

1165 Reichstag zu Würzburg die Nichtanerkennung ALEXANDERS III. durch Eid.

1166–68 4. Italienzug: Sieg RAINALDS VON DASSEL bei Tusculum. Der Ausbruch einer Seuche (Tod RAINALDS) zwingt das Heer zum Rückzug. Bildung des **Lombard. Bundes,** der sich mit dem Veroneser Bund vereinigt (Bundesfeste Alessandria).

1174–78 5. Italienzug: Vergebl. Belagerung Alessandrias, Verweigerung der Heeresfolge durch HEINRICH DEN LÖWEN (Zusammenkunft von Chiavenna). Nach dem mißlungenen Versuch eines Sonderfriedens mit den Lombarden und nach der

1176 Niederlage bei Legnano schließt FRIEDRICH den Vorfrieden von Anagni mit Papst ALEXANDER III., bald darauf den

1177 Frieden von Venedig: Waffenstillstand mit der Lombardei und Sizilien. Nutznießung der Mathildischen Güter bis zur endgültigen Regelung. Aussöhnung mit dem Papst.

1183 Friede von Konstanz mit den Lombarden: Anerkennung des Lombard. Bundes. Investitur der gewählten Beamten durch den Kaiser. Überlassung der Regalien innerhalb der Mauern an die Stadt.

1178–80 »Prozeß Heinrichs des Löwen«: Anklage des Herzogs durch die sächs. Adligen wegen seiner Landfriedensbrüche vor dem kaiserl. Hofgericht. Da er nicht erscheint, wird er geächtet und verliert im 2. lehnsrechtl. Verfahren seine Reichslehen (Hzm. Bayern und Sachsen). Sachsen fällt an BERNHARD, Gf. von Anhalt, Bayern an OTTO VON WITTELSBACH. Steiermark wird selbst. Hzm. Der Ebf. von Köln erhält die Herzogswürde für Westfalen und einen Teil Engerns (Reichstag von Gelnhausen). Nach einem Reichskrieg (1180–81) unterwirft sich HEINRICH (1181), erhält die Erbgüter Braunschweig und Lüneburg (Verbannung nach England). Seine Vasallen Mecklenburg und Pommern werden reichsunmittelbar, Lübeck Reichsstadt.

1184–86 6. Italienzug: Bündnis FRIEDRICHS I. mit Mailand. Krönung HEINRICHS VI. in Mailand zum König von Italien und Vermählung mit KONSTANZE VON SIZILIEN. Darauf verbündet sich Papst URBAN III. [1185–87] mit der norddeutschen Fürstenopposition.

1187 Bündnis FRIEDRICHS I. und PHILIPPS II. AUGUSTS VON FRANKREICH (S. 159) in Toul: Beginn des Bündnisses zwischen Staufern und Capetingern gegen Welfen und Anjous.

1188 Reichstag zu Worms. FRIEDRICH I. nimmt das Kreuz (S. 151).

Machtgrundlage Friedrichs I.: Stauf. Hausgüter, Reichsgut, Hochburgund (Arelat), dessen Erbin BEATRIX er heiratet (1156), Krönung zum Kg. von Burgund in Arles (1178).

Polen im 10. und 11. Jh.

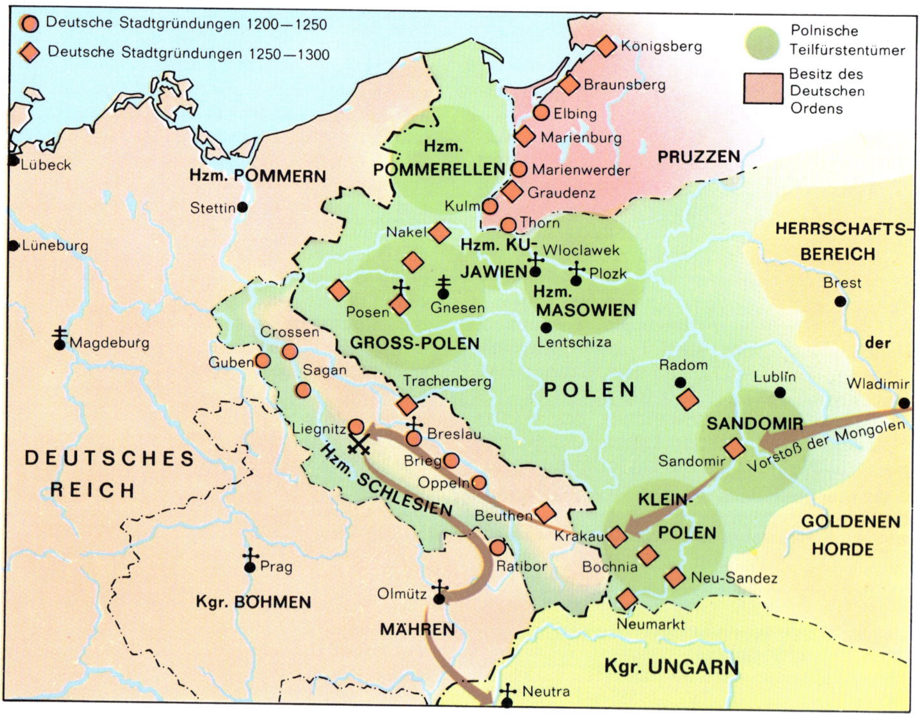

Die polnischen Teilfürstentümer und die deutsche Ostkolonisation im 12. und 13. Jh.

Polen bis 1320
Den poln. Stammesgebieten gelingt schon früh die Gründung eines selbst. poln. Staates (Poleni = Feldbewohner), der in Berührung und Auseinandersetzung mit der deutschen Ostpolitik gerät.

960–992 Mieszko I. aus dem Haus der Piasten. Nach seiner Heirat mit der tschech. Prinzessin Dubrawka tritt er zum Christentum über (966). Polen wird damit ein christl. Staat mit eigenem Bm. (Posen). Nach den Einfällen Wichmanns (963 und 967), eines abgefallenen sächs. Vasallen Ottos I., kommt es zu einem Verständigungsfrieden. Mieszko wird »Freund des Kaisers« (persönl. Treue-, kein Lehnsverhältnis). 985 huldigt er Otto III., stellt aber sein Land unter den Schutz des Papstes. Unter seinem Sohn

992–1025 Boleslaw I. Chrobry (= der Tapfere) entsteht ein freundschaftl. Verhältnis zum Reich (universale Auffassung vom christl. Kaisertum durch Otto III.). Seine Tochter Reginlindis heiratet den Mgf. Hermann I. von Meissen. Die Vormachtstellung Polens unter den Westslawen wird durch die Eroberung Krakaus und die Unterwerfung der Wislanenstämme gesichert.

1000 Errichtung des Ebm. Gnesen als selbst. poln. Kirchenprovinz mit den Bm. Breslau, Krakau und Kolberg. Otto III. nimmt als Pilger zum Grabe Bischofs Adalbert von Prag an der Zeremonie der Heiligsprechung teil.

1002 Boleslaw I. Chrobry wendet sich von der universalen Idee eines christl. Reichs ab und treibt eine gegen Böhmen und das Reich gerichtete poln. Interessenpolitik.

1003–18 Auseinandersetzungen mit dem Reich. Der Plan eines westslaw. Einheitsstaates unter poln. Führung ist gegen das Konzept der deutschen Ostpolitik. Es kommt zum Kampf um das Liutizenland, die Lausitz, die Mark Meißen und Böhmen.

1013 Boleslaw Chrobry erkennt die Lehnshoheit des deutschen Königs an.

1018 **Friede von Bautzen:** Lausitz und Milzenerland erhält Boleslaw als Reichslehen (S. 143).

1024 Nach der Besetzung Kiews während der russ. Thronwirren läßt Boleslaw sich zum König krönen.

1025–34 Mieszko II., seit 1018 mit einer Enkelin Ottos II. verheiratet, muß wegen seiner Opposition zu Konrad II. auf die Königskrone verzichten und die Lehnsabhängigkeit vom deutschen König anerkennen (1033). Verlust Pommerns, der Lausitz und großer Gebiete zwischen Weichsel und Bug.

1037–58 Kasimir I. Heidnische Aufstände und Einfälle der Böhmen (S. 169), die die Gebeine des hl. Adalbert nach Prag überführen und Schlesien annektieren (1038). Nach seiner Vertreibung kehrt Kasimir mit deutscher Hilfe in sein Land zurück. Von Krakau, der neuen Residenz, wird der Wiederaufbau von Kirche (deutsche Geistlichkeit) und Staat (Verlagerung der Macht von Groß- nach Kleinpolen) durchgeführt. Rückgabe Schlesiens durch Heinrich III. (1054).

Bis 1138 wird das Hzm. Polen vollkommen zentralist. durch Beauftragte des Herzogs (Kastellane) regiert. Unter dem Einfluß des deutschen Rechts entstehen Immunitäten für die Kirche, dann auch für die Adeligen, d. h. für die ehemals hzgl. Beamten und Gefolgsleute. Der Adel besteht aus den **Magnaten** und der **Szlachta,** dem ritterl. niederen Adel.

1058–79 Boleslaw II. steht im Kampf zwischen Kaisertum und Papsttum wegen der gegen ihn gerichteten Koalition (Heinrich IV., Böhmen, Rußland) auf der Seite Gregors VII. Er wird 1076 zum König gekrönt, aber bald vom geistl. und weltl. Adel vom Thron vertrieben.

1079–1102 Wladislaw Hermann.

1102–06 Zbigniew.

1106–38 Boleslaw III. Neue Machtentfaltung durch die Unterwerfung Pommerns (1121) und der Gebiete zwischen Oder und Elbe (Mission des Bischofs Otto von Bamberg 1124/25 und 1128). 1135 Anerkennung der Lehnshoheit des deutschen Königs und Belehnung mit Westpommern.

1138 Einführung des Seniorats: Der Älteste der Piastendyn. soll als oberster Herrscher Kleinpolen mit der Krönungs- und Hauptstadt Krakau, die übrigen Mitglieder sollen als Herzöge Schlesien, Masowien, Kujawien, Großpolen, das östl. Kleinpolen mit Sandomir erhalten. Die erhoffte Stärkung der Einheit bleibt aus. Die Idee der poln. Einheit lebt weiter in der einheitl. Kirchen-Organisation und der Tradition der großen Adelsgeschlechter.

1146 Wladislaw, ältester Sohn Boleslaws III., wird mit Hilfe des Adels von seinen Brüdern vertrieben. Er flieht zu seinem Schwager Konrad III.

1180 Die Versammlung der poln. Herzöge und Bischöfe in Lentschiza hebt das Seniorat auf und verbrieft Vorrechte der Geistlichkeit. Die Einheit Polens wird nicht erreicht, die Fsm. der Piasten bestehen nebeneinander. Der Besitz Krakaus bleibt aber Voraussetzung für die Wiederherstellung der poln. Reichseinheit.

1241 Einfall der Mongolen, die sich trotz ihres Sieges nach der **Schlacht von Liegnitz** zurückziehen.

1295 Przemysl II., Herzog von Großpolen, versucht die Einheit durch seine Krönung zum König in Gnesen wiederherzustellen. Er wird jedoch 1296 ermordet.

1300–05 Wenzel II. von Böhmen wird mit Hilfe der Kirche und des deutschen Bürgertums König. Nach Aussterben der Przemysliden (1306) und Sieg über die Teilfürsten wird

1320 Wladislaw Lokietek in Krakau gekrönt. Wiederherstellung der poln. Reichseinheit, jedoch ohne die schles. Hzm., die an Böhmen fallen (S. 201).

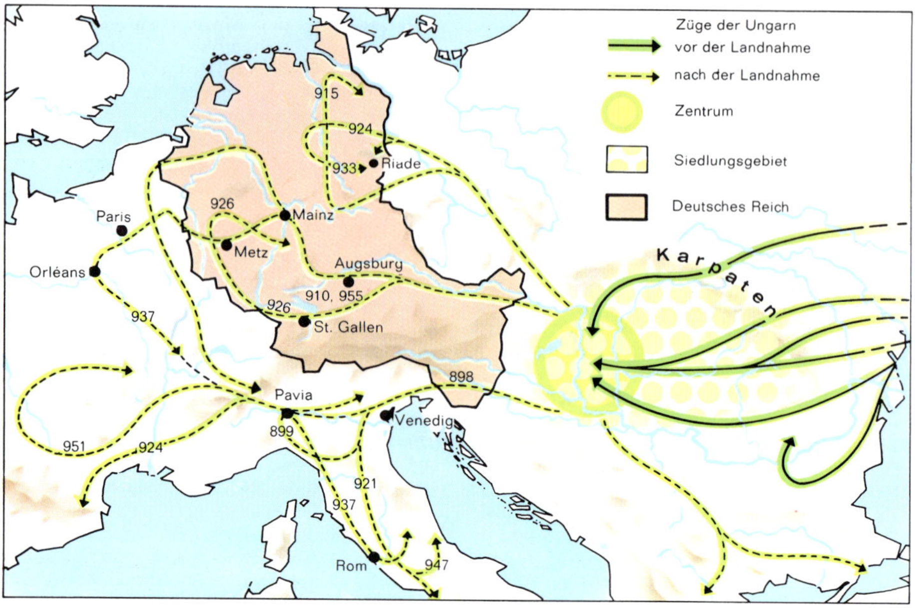

Die Raubzüge der Ungarn im 10. Jh.

Ungarn und Böhmen im 13. Jh.

Mähren (830–906)

Nach der Einwanderung der Slawen (um 600) befreit der fränk. Kaufmann **Samo** die westslaw. Stämme von der Herrschaft der Awaren (nach 626) und dem Einfluß des ostfränk. Reichs (631 Schlacht a. d. »Wogastis-Burg«). Nach seinem Tod zerfällt das Reich und gerät in tributäre Abhängigkeit von KARL D. GR. (805). Nach der Gründung des **Mährischen Reiches** durch MOJMIR [830–846] löst sein Neffe **Rastislaw** [846–870] die Abhängigkeit vom ostfränk. Reich durch Anlehnung an Byzanz. Mit Billigung Roms entsteht durch die Slawenapostel KONSTANTIN und METHODIUS eine selbständige Kirchenorganisation mit eigener slaw. Kirchen- und Literatursprache, deren Unabhängigkeit aber nach dem Tod des von Rom zum Erzbischof ernannten METHODIUS verloren geht (885). Nach mehreren erfolglosen Kriegszügen LUDWIGS DES DEUTSCHEN wird der große Aufstand RASTISLAWS durch seinen Neffen

870–94 Swatopluk, der seinen Onkel gefangen nimmt und ihn dem ostfränk. König ausliefert, nach einem noch vier Jahre andauernden Krieg durch den

874 Frieden von Forchheim beendet: SWATOPLUK verliert Unterpannonien, kann aber seine Expansionspolitik fortsetzen und gewinnt die Sudetenländer, die Slowakei, Böhmen, Westungarn und Schlesien.

880 Übereignung Großmährens an den HL. PETRUS und seinen Vikar in Rom.

906 Vernichtung Mährens durch die Ungarn.

Ungarn unter den Arpaden (896–1301)

Unter Führung ARPADS [896–907] nehmen sieben Magyaren-Stämme (Steppennomaden) die Tiefebene an der Theiß und mittl. Donau in Besitz. Sie führen Feldzüge (899 bis 955) gegen das Abendland: Gegen das ostfränk. Reich, gegen Italien, Frankreich, Lothringen, Burgund, Spanien und Byzanz. Nach ihrer Niederlage bei Augsburg (955) festigt ARPADS Enkel GEZA [972–997] die Fürstengewalt und fördert die Christianisierung und die Seßhaftwerdung der Ungarn.

997–1038 Stephan I. der Heilige begründet die christl. Königsgewalt. Durch den Aufenthalt deutscher Ritter bei Hofe und die Belehnung von Benediktinern mit Land wird Ungarn ein christl. Staat.

1001 Gründung des Ebm. Gran und Krönung STEPHANS mit der von SYLVESTER II. gesandten Krone. Dem König steht ein Rat aus Geistlichen und Grafen der »Komitate« zur Seite (Grafschaftsverfassung). In der Folgezeit wird das Land durch dynast. Erbfolgekämpfe, heidnische Reaktionen und äußere Einfälle geschwächt.

1077–95 LADISLAUS I. verbindet Kroatien in Personalunion mit Ungarn. Sein Nachfolger KOLOMAN I. wird König von Kroatien.

1173–96 Bela III. erreicht nach Auseinandersetzungen mit Byzanz den Anschluß Dalmatiens, Kroatiens und Bosniens (S. 175). Kult. Beziehungen zu Frankreich entstehen durch die Berufung der Zisterzienser und Prämonstratenser. **Siebenbürgen** wird durch die ins Land gerufenen »Sachsen« besiedelt, deren Selbstregierung gesichert wird (1224).

1205–35 Andreas II.

1222 erläßt ANDREAS die **»Goldene Bulle«:** Hoher Adel und Klerus erhalten Sicherheiten gegen Güterkonfiskation, Besteuerung, Verhaftung und freies Verfügungsrecht über die Güter des niederen Adels, der nun keine Stütze mehr für die Krone ist. Unentgeltliche Heerespflicht gilt nur für das Landesgebiet. Die Landesversammlung erhält das Beschwerde- und Widerstandsrecht (Resistenzklausel) gegen den König.

1241 Zusammenbruch Ungarns im Mongolensturm durch die Niederlage am Sajo-Fluß. Es folgen Auseinandersetzungen mit OTTOKAR II. VON BÖHMEN. Mit ANDREAS III. [1290–1301] erlischt die Dyn. der Arpaden.

Böhmen

Im 9. Jh. wird der Stammespartikularismus durch das in der Nähe Prags residierende Geschlecht der Przemysliden überwunden. Die Gründung eines selbst. starken Staates erfolgt durch eine fürstl. Reiterei, ein Elitekorps von Berufskriegern auf Kosten des Herrschers und durch die Umwandlung von Fluchtburgen in dauernde Stützpunkte. Nach der Ermordung WENZELS, des späteren Nationalheiligen, wird Böhmen im 10. Jh. unter eigener Dyn. dem Reich angegliedert.

973 Gründung des Bm. Prag unter Mainz. In Kämpfen mit Polen erfolgt die

1054 Abtretung Schlesiens an Polen. Mähren bleibt bei Böhmen.

1061–92 WRATISLAW wird von HEINRICH IV. zum König erhoben (1086). Nach Thronwirren in der ersten Hälfte des 12. Jhs., der Stärkung des Adels durch die Institution des Seniorats und nach Einführung der Primogenitur (1158) wird

1140–73 Wladislaw II. erblicher König. Mit dem Beginn der deutschen Ostbewegung (1170 Privileg für deutsche Kaufleute) entstehen Städte und ein Bürgertum neben dem einheimischen Adel und Klerus.

1198–1230 Przemysl Ottokar I. Er erhält Privilegien der deutschen Herrscher und der Päpste.

1253–78 Przemysl Ottokar II. Er unterstützt den deutschen Orden (die Gründung am Pregel wird ihm zu Ehren Königsberg genannt [1255]), gewinnt Österreich (1251), nach dem Sieg bei Kroißenbrunn über die Ungarn die Steiermark (1261), Teile der Slowakei (1260) sowie Kärnten und Krain. 1273 unterliegt er bei der Königswahl RUDOLF VON HABSBURG. Er fällt in der

1278 Schlacht auf dem Marchfeld. Böhmen und Mähren, das WENZEL II. erhält, wird nach dem Tode WENZELS III. (1306) als Reichsgut eingezogen (S. 195).

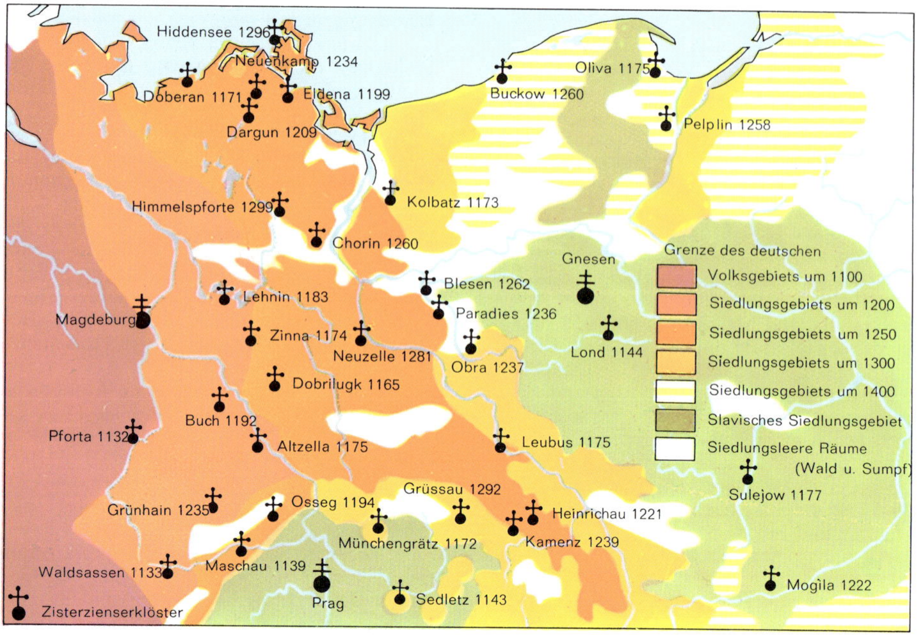

Die deutsche Ostbewegung im 12. und 13. Jh.

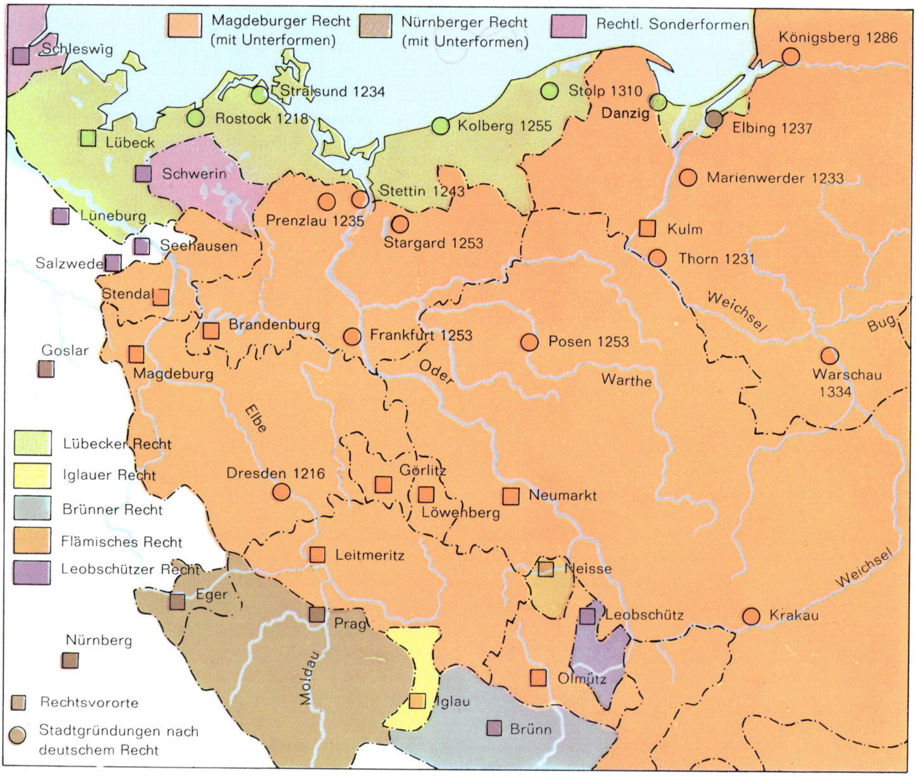

Stadtrechte in Ostmitteleuropa

Die deutsche Ostbewegung

1125–1137 Kaiser LOTHAR (von Supplinburg) gibt der Ostbewegung neue Impulse. Missionarischer Drang und machtpolit. Faktoren veranlassen den Kaiser, die Territorialherren als Träger der Ostpolitik einzusetzen:

1110 die Schauenburger (ADOLF VON SCHAUENBURG) in der Gft. Holstein,

1123 die Wettiner (KONRAD VON WETTIN) in der Mark Meißen, 1136 in der Mark Lausitz,

1134 die Askanier (ALBRECHT DER BÄR, Graf von Ballenstedt, ab 1150 Markgraf von Brandenburg) in der Nordmark (Altmark),

1139–95 HEINRICH DER LÖWE unterwirft den Abodritenfürsten PRIBISLAW (1167), macht sich die Herzöge von Pommern lehnsabhängig, verliert jedoch die Ostgebiete in dem

1178–80 land- und lehnrechtlichen Prozeß (S. 165).

Die im 11. Jh. einsetzende **Kolonisationswelle,** durch die in Frankreich die von Kriegen verödeten Gebiete neu besiedelt werden und in Deutschland neuer Boden durch Rodungen und Entwässerungen gewonnen wird, wird ermöglicht durch das im nordfranz. Raum entwickelte System der **Dreifelderwirtschaft** (Wechsel von Winterfrucht, Sommerfrucht, Brache). Sie bedeutet mit ihrem überwiegenden Getreideanbau (Bau von Scheunen) eine Intensitätssteigerung gegenüber der Zweifelderwirtschaft. **Verbesserungen der agrar. Technik:** Vervollkommnung von Pflug und Egge (jetzt aus Eisen), Herstellung der Sense in der heutigen Form, Verbreitung des Dreschflegels, Verarbeitung des Getreides durch die Wassermühle, seit dem 12. Jh. durch die Windmühle. Als Zugtier tritt das Pferd an die Stelle des Ochsen.

Die Intensivierung der Landwirtschaft bringt ein reicheres Nahrungsmittelangebot; die Geburten steigen. Die im 9. Jh. noch bedeutend geringere Bevölkerung des ostfränk. Reichsteils wächst im 12. Jh. so an, daß in Frankreich und Deutschland ein gleicher Bevölkerungsstand erreicht wird. An die Stelle der alten Kleindörfer treten die größeren Haufendörfer; die Städte nehmen an Zahl und Größe zu, was Preisanstiege der agrar. Produkte zur Folge hat.

Deutsche Territorialherren und slaw. Fürsten in Pommern, Polen, Schlesien, Böhmen, Mähren, Mecklenburg sowie einheimischer Adel und Klerus rufen deutsche Bauern und Bürger ins Land. Die östl. Reichsgrenze (Elbe–Saale–Böhmerwald) wird überschritten.

Mönche und Nonnen wandern nach Osten: die Augustiner-Chorherren, Prämonstratenser, Zisterzienser, der Deutsche Ritterorden, die Johanniter und der spanische Ritterorden von Calatrava.

Die **Ansiedlung** erfolgt

1. in einheitlich geplanten **Großdörfern** (Straßen-, Anger-, Waldhufendörfer) mit gleichem Besitz für alle Siedler in Blöcken oder Streifen (fränk. Hufe = 24 ha oder fläm. Hufe = 16,8 ha als Maßeinheit) durch einen Unternehmer (Lokator), der für seine Arbeit die erbl. Schulzenstelle erhält. Errichtung einer eigenen Kirche mit »Widmut« (1–4 Hufen). Wegen der Aufgabe der Heimat und der Entbehrungen bei der Siedlungsarbeit erhalten die Siedler eine verbesserte soz. Stellung: Vererbung der Güter als Eigentum, meist aber gegen Erbzins, der – nach den ersten Freijahren – in Geld oder Getreide bezahlt wird; Anerbenrecht. Ablösung der extensiven, wilden Feld-Gras-Wirtschaft (Wechsel von Acker und Brache, bzw. Weide, deshalb überwiegend Viehzucht) durch die Dreifelderwirtschaft, die zu einer Ausweitung der Anbaufläche und zu einer wesentlichen Steigerung des Ernteertrags führt;

2. in bewußt von slaw. Landesherren geplanten **Städten** (Gerichtsbarkeit, Befestigungsrecht und Selbstverwaltung) mit regelmäßigem Schachbrettsystem und dem in der Mitte gelegenen Marktplatz (»Zentralmarktschema«) inmitten slaw. Gaue.

Unter der Regierung von Vögten werden sie wirtschaftl., kult. und relig. Zentren und Stützpunkte des Fernhandels. Privilegierung des »deutschen Rechts« (Magdeburger Recht und Tochterrechte, lübisches Recht und süddeutsche Rechte);

3. in bestehenden slaw. ländl. und städt. Siedlungen, in denen die Siedler entweder nach eigenem Recht leben oder das deutsche Recht auch auf die nichtdeutschen Siedler ausgedehnt wird;

4. nach deutschem Recht, aber mit slaw. Siedlern, so in den östl. Gebieten Polens, in Litauen, in der Ukraine und Weißrußland, wo lediglich die deutschen Rechtsnormen übernommen und vielfach abgewandelt werden (Lemberg, Kiew u. a.).

Ab 1250 Beginn der Tochterkolonisation im Osten.

1253–78 König OTTOKAR II. VON BÖHMEN gründet über sechzig deutsche Städte in seinem Reich.

14.Jh. Ende der Ostbewegung. Für die Kolonisation stehen nicht mehr genügend Menschen zur Verfügung; die ländliche Bevölkerung wandert in die Städte ab. (»Wüstungsprozeß«: die Kleindörfer verschwinden).

Folgen: Die Ostbewegung hat eine friedl. kult. Durchdringung des Landes zur Folge: Die slaw. Bevölkerung wird nicht unterworfen bzw. ausgerottet (nach Empfehlung BERNHARDS VON CLAIRVAUX). Wohn- und Wirtschaftsgemeinschaft von Slawen und Deutschen, doch Eindeutschung weiter Gebiete zwischen Elbe/Saale und Oder. Bevölkerungszuwachs und Anwachsen der Nahrungsmittelproduktion um das Fünffache. Übergang des Handels, der sich bis zum 12. Jh. in den Händen der Slawen und Skandinavier (Haithabu/Schleswig) befindet, in die der Deutschen (1158 2. Gründung Lübecks) durch die geräumigen und segelfähigen Koggen. Einführung westl. Verfassungs-, Wirtschafts- und Rechtsformen (Stadtrecht und Burgfreiheit).

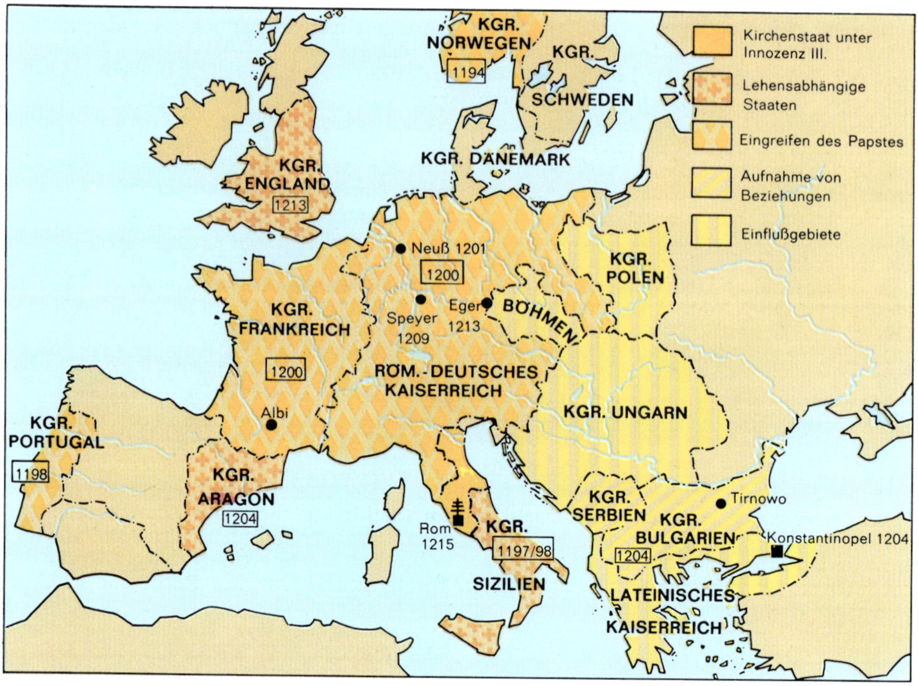

Die Weltherrschaft Innozenz' III.

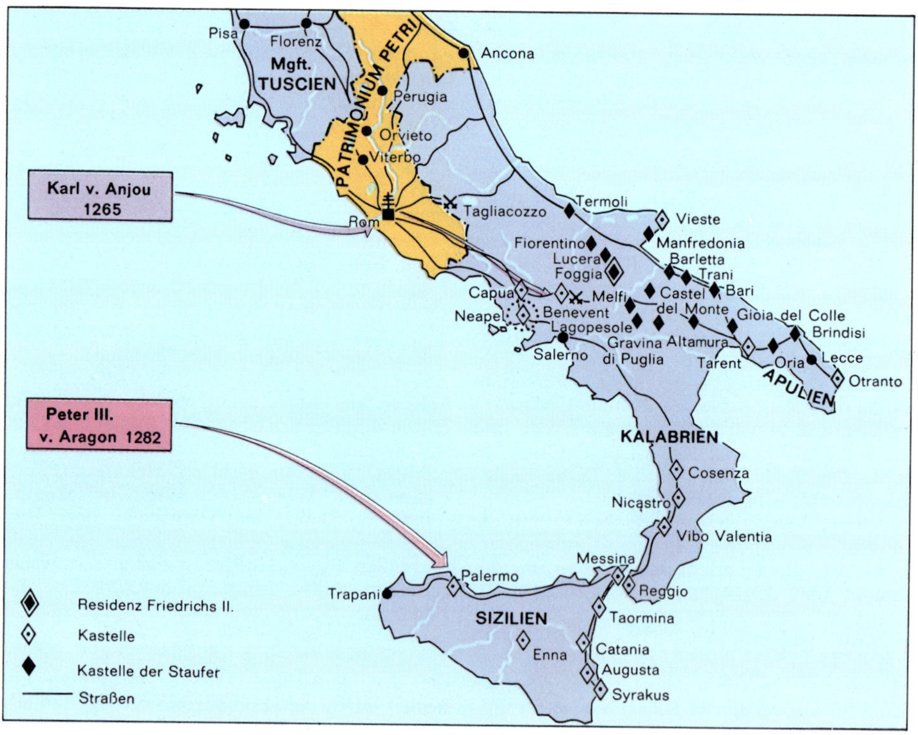

Mittel- und Unteritalien im 13. Jh.

Das Reich der Hohenstaufen

1190–97 Heinrich VI. hat zwei Gegner: HEINRICH DEN LÖWEN und TANKRED VON LECCE, den Halbbruder WILHELMS II. VON SIZILIEN, den eine normann. Partei zum Kg. wählt.

1191 1. Italienzug: Kaiserkrönung durch Papst COELESTIN [1191–98]. Die Belagerung Neapels wird abgebrochen (Seuche), das Heer kehrt nach Deutschland zurück. Der Papst belehnt TANKRED mit Sizilien.

1192–94 Die Fürstenopposition in Deutschland bricht nach der Gefangennahme von RICHARD LÖWENHERZ während seiner Rückkehr vom Kreuzzug zusammen. RICHARD leistet den Lehnseid und zahlt ein ungeheures Lösegeld. HEINRICH DER LÖWE söhnt sich mit dem Kaiser aus (1194).

1194–95 2. Italienzug: Krönung HEINRICHS VI. zum Kg. von Sizilien in Palermo (1194) und **»Unio regni ad imperium«** (Personalunion zwischen Sizilien und dem Deutschen Reich). HEINRICH VI. (32 J.) stirbt vor der Verwirklichung seines Planes, ein Erbreich zu schaffen. KONSTANZE, seine Witwe, übernimmt die Regentschaft für FRIEDRICH II. Nach ihrem Tod (1198) wird Papst INNOZENZ III. (S. 149), der **»Rekuperationen«** (Besetzungen) am Reichsgut (Hzm. Spoleto, Mk. Ancona, Tuscien) vornimmt, Vormund FRIEDRICHS II. In den Thronkämpfen zwischen PHILIPP VON SCHWABEN [1198–1208] und OTTO IV. [1198–1218] wird das Königtum geschwächt. Die Reichsministerialen und das Bürgertum werden von den Fürsten zurückgedrängt. OTTO IV. verzichtet im

1201 Vertrag von Neuß auf die Reichsrechte in den rekuperierten Gebieten, und im

1209 Vertrag von Speyer gibt er das Wormser Konkordat preis. Nach Wiederherstellung der Reichsrechte in Italien wird OTTO IV. zum Kaiser gekrönt, aber wegen seines Zuges nach Unteritalien gebannt.

1210–50 Friedrich II. verspricht dem Papst, Sizilien nicht mit dem Reich zu vereinen.

1213 Goldene Bulle zu Eger: Bestätigung der Zugeständnisse OTTOS IV. (1201, 1209).

1214 Schlacht bei Bouvines: PHILIPP II. AUGUST (S. 159) schlägt die welf.-engl. Opposition unter OTTO IV. – Für die Wahl seines Sohnes HEINRICH (VII.) zum König gewinnt FRIEDRICH II. die geistl. Fürsten durch die

1220 Confoederatio cum principibus ecclesiasticis: Überlassung wichtiger Regalien (Markt-, Münz- und Zollrecht, Befestigungshoheit, Gerichtsbarkeit) an die geistl. Fürsten.

Der Norden und Osten

1214 FRIEDRICH II. tritt WALDEMAR II., Kg. von Dänemark (S. 163), im Vertrag von Metz die deutschen Gebiete jenseits der Elbe für seine Hilfe gegen die Welfen ab.

1226 Goldene Bulle von Rimini: Der Deutsche Orden wird mit der Eroberung des heidnischen Preußen beauftragt (S. 199).

1227 Schlacht bei Bornhöved (S. 163).

Kaiser und Papst

Nach seiner Kaiserkrönung in Rom (1220) einigt sich FRIEDRICH II. mit dem Papst im Vertrag von San Germano (1226) über die Durchführung des Kreuzzuges, zu dem FRIEDRICH aufbricht (1227). Er muß aber wegen einer Seuche zurückkehren und wird deshalb von Papst GREGOR IX. [1227–41] gebannt.

1228–29 FRIEDRICH II. führt trotz des Banns den Kreuzzug durch. Nach seiner Rückkehr schließt er den

1230 Frieden von Ceprano: Der Kaiser wird vom Bann gelöst, der Papst erhält kirchl. Sonderrechte in Sizilien. 1239 wird der Kaiser abermals gebannt und auf dem 1. Konzil von Lyon (1245) für abgesetzt erklärt und als Ketzer bezeichnet.

Die Neuordnung Siziliens (1221–1231)

Beseitigung der feudalen und städt. Anarchie. Bildung eines modernen Staates durch Ämter (besoldete Beamte), Gesetzgebung, Staatsmonopole und Finanzwesen (direkte und indirekte Steuern). Zusammenfassung der Gesetze für Sizilien in den

1231 Konstitutionen von Melfi.

Deutschland

HEINRICH VII. versucht nach Übernahme der Regierung als deutscher König (1228) eine Stärkung der kaiserl. Rechte durch Verbindung mit den Ministerialen und den Städten, doch muß er auf dem Hoftag von Worms durch das

1231 Statutum in favorem principum den weltl. Fürsten die gleichen territorialen Herrschaftsrechte wie den geistl. zugestehen. FRIEDRICH II. bestätigt das Statut (1232), darauf empört sich HEINRICH VII. gegen den Kaiser und verbündet sich mit den lombard. Städten. FRIEDRICH II. kommt nach Deutschland und schickt HEINRICH VII. als Gefangenen nach Apulien (gest. 1242).

1235 Großer Mainzer Landfriede. Versöhnung mit den Welfen (OTTO DAS KIND, Enkel HEINRICHS DES LÖWEN, wird Hz. von Braunschweig-Lüneburg). Beschluß eines Krieges gegen die lombard. Städte, die in der

1237 Schlacht von Cortenuova geschlagen werden. – HEINRICH RASPE, Landgf. von Thüringen, und Gf. WILHELM VON HOLLAND werden zu Gegenkönigen gewählt.

1250 Tod FRIEDRICHS II. in Apulien.

1250–54 Konrad IV. Er stirbt bald nach der Einnahme Neapels (1253).

Der Untergang der Hohenstaufen (1254–1268)

Die Kurie überträgt KARL VON ANJOU, dem BRUDER LUDWIGS IX. VON FRANKREICH (S. 159), Sizilien. Er besiegt in der

1266 Schlacht von Benevent MANFRED, den Regenten Siziliens, der fällt, und in der

1268 Schlacht von Tagliacozzo KONRADIN, Sohn KONRADS IV. (in Neapel hingerichtet).

1282 Sizilianische Vesper: Vertreibung aller Franzosen aus Sizilien (S. 187).

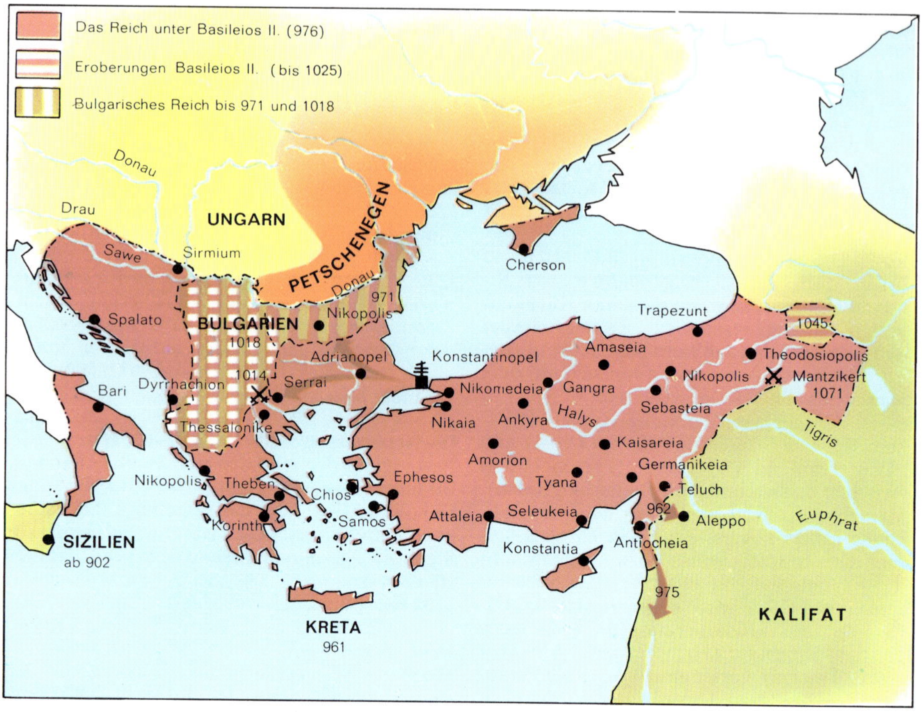

Byzanz im 10./11. Jh.

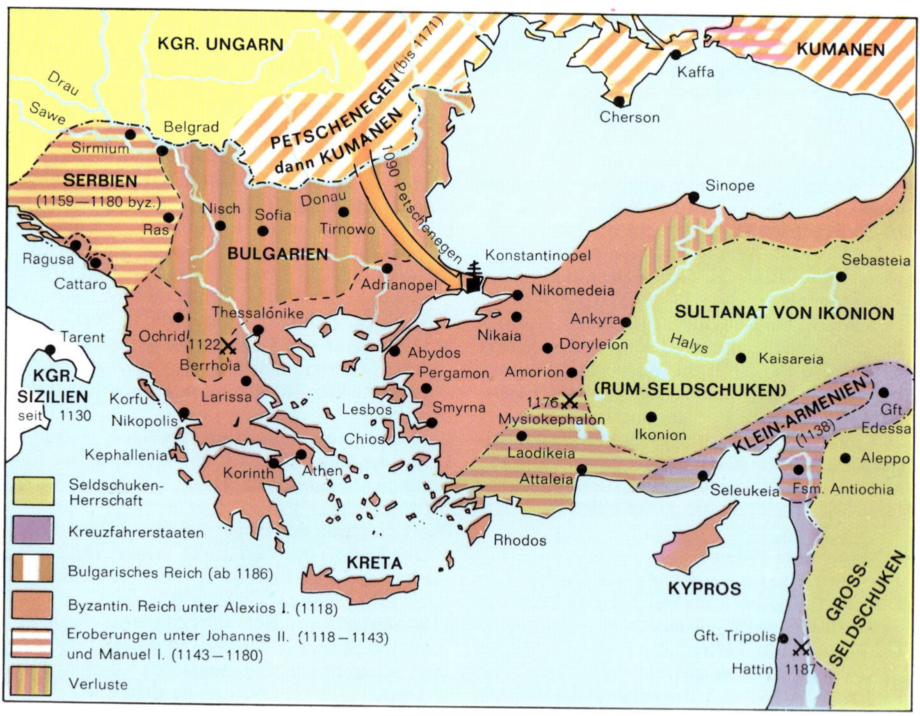

Byzanz im 12. Jh.

Die Machtentfaltung des mittelbyzantin. Reiches (867–1025)

867–1056 Makedon. Dyn. Unter den Kaisern BASILEIOS I. [867–886] und Leon IV. [886–912] findet eine Neubelebung des röm. Rechts statt (Rechtsbücher: 3 ›Basiliken‹). **Höhepunkt der kaiserl. Allmacht:** Der Kaiser ist Auserwählter Gottes. Vollkommene Bürokratisierung des Staatsapparats. Wiederherstellung der byzantin. Herrschaft in Italien durch Gewinnung Benevents (873) und Baris (876). Die Araber erzielen in dieser Zeit Erfolge: Eroberung Siziliens (902), Einnahme Thessalonikes (904).

907 Angriff der Russen auf Byzanz. Die Angriffe des Bulgarenzars SYMEON [893 bis 927], der den Versuch macht, Byzanz zu erobern, scheitern unter ROMANOS I. LAKAPENOS [920–944], der auch die Russen (941) und Araber (943) besiegt.

963–969 Nikephoros Phokas gewinnt als Feldherr Kreta (961) und Aleppo (962) zurück und als Kaiser in Feldzügen gegen die Araber Zypern (Kypros) und Kilikien.

969–976 Johannes I. Tzimiskes besiegt in einem »Zweifrontenkrieg« die Russen (971) und macht Ostbulgarien zu einer byzantin. Provinz (971). Syrien und Palästina werden erobert. **Höhepunkt der byzantin. Machtentfaltung** bildet die Regierungszeit

976–1025 Basileios'II., des »Bulgarentöters«. Durch die Heirat seiner Schwester mit dem russ. Großfürsten WLADIMIR (989), der sich taufen läßt, breitet sich der orthodoxe Glaube in Rußland aus. Die russ. Kirche wird dem Patriarchen von Konstantinopel unterstellt. Nach Sicherung der syr. Eroberungen seiner Vorgänger gegen die Fatimiden bezwingt er das westbulgar. Reich SAMUELS in jahrzehntelangen Kämpfen (991–1014).

1014 Niederlage der Bulgaren im Strumagebiet: Blendung von 14000 Gefangenen. Westbulgarien wird byzantin. Prov. (1018).

Der Niedergang des mittelbyzantin. Reiches (1025–1204)

Durch den **unaufhaltsamen Feudalisierungsprozeß** wird die fiskal. und milit. Grundlage des Reichs untergraben (Auflösung der Themenordnung): Verleihung der **fiskal. Immunität** (völlige Steuerfreiheit) an Großgrundbesitzer und Verpachtung der Steuern. Einführung des **Pronoia-Systems** (Abgabe von Ländereien als Lohn für Dienstleistungen auf bestimmte Zeit unter Überlassung aller Einkünfte) und des **Charistikar-Systems** (Übertragung von Klöstern und Klostergütern auch durch den Kaiser auf weltl. Verwalter [Charistikare] als Benefizien). Aufkommen einer gewaltigen **Beamtenbürokratie** in der Hauptstadt. Nach der

1045 Gewinnung Armeniens (letzte byzantin. Erwerbung im Osten)

1054 Bruch zwischen Ost- und Westkirche (Großes Schisma) wegen des Universalanspruchs beider Kirchen.

1059–78 Dyn. der Dukas: Vordringen der Normannen, Petschenegen (S. 113) und Ungarn, vor allem der seldschukischen Türken, die nach dem

1071 Sieg bei Mantzikert über Kaiser ROMANOS IV. DIOGENES das Sultanat von Ikonion (Rum) errichten (1080).

1081–1185 Dyn. der Komnenen.

1081–1118 ALEXIOS I. Abwehrkämpfe gegen die Normannen unter ROBERT GUISKARD, gegen Petschenegen, die 1090 bis vor Konstantinopel dringen, und gegen die Seldschuken. 1092 Beginn einer Offensivpolitik.

1082 erhalten die Venezianer für ihre Hilfe gegen die Normannen das Recht, in allen Teilen des byzantin. Reichs ohne Zollabgaben Handel zu treiben (Beginn der venezian. Levantemacht). 1111 folgt ein Vertrag mit Pisa.

1096 Beginn des Durchzugs der Kreuzfahrer und Gründung von Kreuzfahrerstaaten. ALEXIOS I. erreicht die Anerkennung der byzantin. Oberhoheit über Antiochia (1108) und erobert Westkleinasien.

1118–43 Johannes II. vernichtet die Petschenegen (Berrhoia 1122), kämpft gegen Ungarn (1124–28), um die Kontrolle über Serbien, Dalmatien und Kroatien zu erhalten (gegen Venedig), und unterwirft Kleinarmenien (Antiochia 1138).

1143–80 MANUEL I. versucht eine **Restaurationspolitik in Italien,** die zum wirtschaftl. Niedergang von Byzanz führt. Abwehr der Angriffe der Normannen unter ROGER VON SIZILIEN, der Serben und Ungarn.

1158 Oberlehnsherrschaft über die Kreuzfahrerstaaten in Syrien.

1159 Kroatien, Bosnien und Dalmatien geraten durch die Wiederaufnahme der Interventionspolitik in Ungarn unter byzantin. Einfluß.

1175 Bündnis Venedigs mit dem Normannenkönig WILHELM II. gegen Byzanz.

1176 Niederlage bei Mysiokephalon gegen die Seldschuken.

1185 Eroberung Thessalonikes durch die Normannen.

1185–1204 Dyn. der Angeloi. Das byzantin. Reich geht seinem Untergang entgegen.

1187 Anerkennung des 2. Bulgar. Reichs (S. 205). Verlust Dalmatiens, Kroatiens und Serbiens.

1203 1. Eroberung Konstantinopels durch die Kreuzfahrer.

1204 2. Eroberung Konstantinopels durch die Kreuzfahrer. Latein. Kaiserreich (S. 207).

Die Bedeutung von Byzanz, dem Bollwerk des Abendlandes, liegt in der Abwehr der Perser, Araber und Türken. Den westeurop. Völkern ist Gelegenheit gegeben, in dieser Zeit ein nat. Eigenleben zu entfalten. Die große kult. Leistung ist die Bekehrung der Slawen, vor allem der Russen. Griech. Theologie, östl. Mystik und Mönchtum wirken auf das Abendland. Nicht zuletzt aber bewahrt und überliefert Byzanz das geistige Gut der Antike.

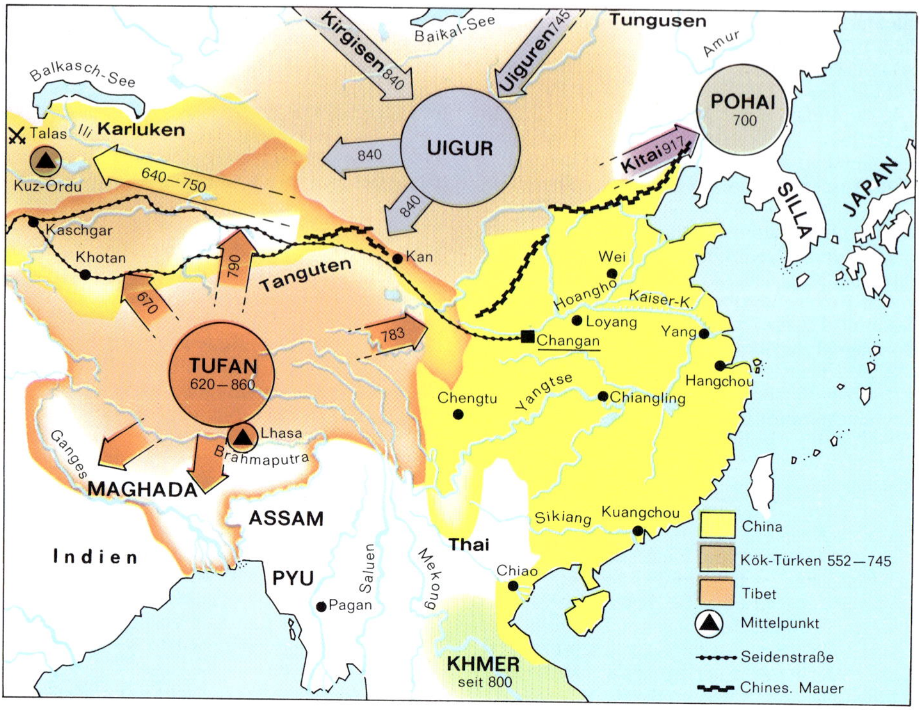

China zur Zeit der Tang-Dynastie 618–907

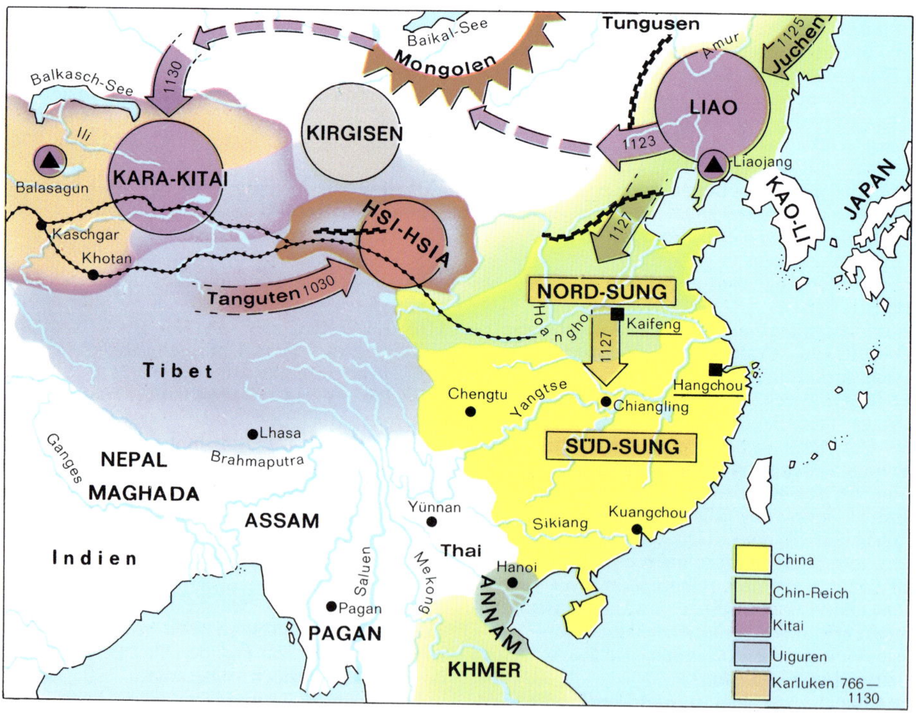

China zur Zeit der Sung-Dynastie 960–1279

China unter der Tang- und Sung-Dynastie

220–265 Zeitalter der »Drei Reiche« (Wei, Wu, Shu). Nach vorübergehender Einigung

317–589 Trennung von Nord- und Südchina. Während im Norden Fremdvölker einbrechen und 16 Reiche mit chin. Verwaltung und Zivilisation bilden, setzen die sog.

222–589 **Sechs Dyn.** im Süden die chin. Tradition fort. LIANG WU-TI [502–550] fördert den **Mahayana-Buddhismus,** der sich über China verbreitet. – Die polit. Vormacht vertritt das türk.

420–588 **To-pa-Reich** (Wei-Dyn.). Mit seinem Verfall steigt General YANG CHIEN auf und einigt wieder das ganze Reich als

580–604 Kaiser WENG **(Sui-Dyn.).** – YANG (bis 618) wählt seine Beamten durch ein

606 literar. Prüfungssystem aus (gültig bis zum 20. Jh.). – Der »Kaiser-Kanal« verbindet Yangtse und Hoangho. Milit. Rückschläge (Türken, Korea) verursachen Erhebungen, aus denen die **Tang-Dyn. (618–907)** hervorgeht. – Unter

627–649 Tai-tsung erreicht **China den Höhepunkt seiner Geschichte:** Einrichtung selbst. Militärbezirke zur Grenzsicherung; Vernichtung der Kök-Türken; Vorstoß nach Korea. 88 asiat. Völker erkennen die chin. Hoheit an. – Blüte der Wirtschaft, des arab. Übersee- und chin. Landhandels.

Kultur: Gipfel der chin. Lyrik durch WANG WEI (699–759), **Li Tai-po** (699–762), TU FU (712–770), PO KÜ-I und HAN-YÜ. Die ›Sammlung der Tang-Gedichte‹ umfaßt 48900 Gedichte von 2200 Dichtern.

725 Gründung der **Han-lin-Akademie** zur Auslese der höchsten Beamten. Die **Entfaltung des Buddhismus** beeinflußt Literatur und Kunst (Malerei, Plastik). Pilgerreisen vermitteln Anregungen aus Indien.

Im 8. Jh. **erste Rückschläge,** die den Abstieg des Weltreiches einleiten:

751 Niederlage am Talas gegen die Araber; Militärerhebungen unter Mithilfe der Uiguren, Kitai, Tanguten und Thai-Völker.

790 Eroberung des Westens durch das **Tufan-Reich,** das im 9. Jh. zerfällt, doch schwächen **Buddhistenverfolgungen** (844) das Reich. Es löst sich völlig auf in der

907–960 Zeit der Fünf Dyn. Reichserneuerung durch Tributleistungen der

960–1127 Nördl. Sung-Dyn. an **Kitan** (Dyn. Liao) und den **Hsi-Hsia-Staat.** Zur Kontrolle der Befehlshaber trennt

1068–85 SHEN-TSUNG die Zivil- von der Militär-Verwaltung und bildet eine Volksmiliz. Sie kann die polit. Katastrophe nicht aufhalten: Die **Juchen** erobern Nordchina und gründen das **Chin-Reich** (1125). Die

1127–1279 Südl. Sung-Dyn. hält bis zum Mongoleneinfall (S. 211) nur mit Mühe ihre Selbständigkeit durch Tribute. Trotz polit. Ohnmacht **2. kult. und wirtschaftl. Glanzzeit Chinas** (Salpeter, Pulver, Raketen, **Buchdruck, Porzellan).**

Kultur: Blüte der **Prosa** (histor. und geograph. Werke, Enzyklopädien); bedeutend als Essayisten sind OU-YANG SIU und SU TUNG-PO. Malerakademien. Die **Sung-Philosophie** dogmatisiert den Konfuzianismus zur Staatsmoral und begründet die **chin. Einheitskultur.** – Schöpfer der neu-chin. Sprache wird der »Scholastiker« **Tschu-hi** (1131–1200).

Das japanische Inselreich

Von Korea und dem Süden aus durch zwei Einwanderungswellen besiedelt, entstehen Geschlechterverbände (Clans), die die Ureinw. (Ainus) nach Norden drängen. Als mythischer Staatsgründer und erster **Mikado** (»Hohe Pforte«) mit dem Titel **Tenno** (himml. König) gilt der »Enkel der Sonnengöttin **Amaterasu«**

660 v. Chr. Yamato. – Tatsächl. gründet

ca. 120 v. Chr. Jimmu-Tenno das Yamato-Reich, das kult. von China abhängig ist und 363–662 n. Chr. Korea beherrscht.

5. Jh. n. Chr. Einführung der chin. Schrift. Im Streit zwischen den Clans der **Omi** und **Muraji** um die **Einführung des Buddhismus** (552 von China durch KIMMEI importiert) unterliegen die Verteidiger des nat.-jap. **Shintoismus** (Wege Gottes).

593–628 Kaiserin SUIKO und Prinz **Shotoku Taishi** fördern den »Pfad Buddhas« (butsudo) durch Tempelbauten. – Das

645–1192 Zeitalter des Beamtenstaates wird nach chin. Muster durch die

645 Taika-Reform eingeleitet (kodifiziert im ›Taiho‹, 702): kaiserl. Beamte (mit erbl. Landbesitz) ersetzen die alte Geschlechterverfassung und stärken das absolute Kaisertum. – Erste Kulturblüte mit buddh. Klöstern als Zentren in der

710–784 Nara-Periode. Der chin. Einfluß schwindet durch Verschmelzung von Shintoismus und Buddhismus. Ausbildung eines Beamten- (kuge) und Kriegeradels (buke) mit höf. Kultur in der

794–1192 Heian-Periode (Hauptstadt Kyoto). Die polit. Herrschaft erringt die

967–1068 Fujiwara-Familie. Den Streit der Buke-Familien **Taira** und **Minamoto** um Besitz und Würde eines milit. Oberbefehlshabers verlieren die Taira in der

1185 Schlacht von Dan-no-ura. Minamoto **Yoritomo** (1148–99) läßt sich vom Tenno zum erbl. **Shogun** (Barbarenbesieger) mit Hofhaltung in Kamakura ernennen.

1192–1333 Kamakura-Shogunat. Während nominell der Tenno (oft ein Kind oder Mönch) Herrscher bleibt und Beamte ernennt, regiert tatsächlich der Shogun mit seinen Vasallen (vgl. Hausmeier, S. 121). Der Verw.-Dualismus kompliziert sich durch einen ähnlichen Verdrängungsvorgang am Hof in Kamakura, indem die

1219–1333 Familie **Hojo** die erbl. Würde des polit. Regenten **(Shikken)** an sich bringt.

1274 und 1281 Mongoleneinfälle, werden von Ritterheeren (Samurai) abgeschlagen (S. 211).

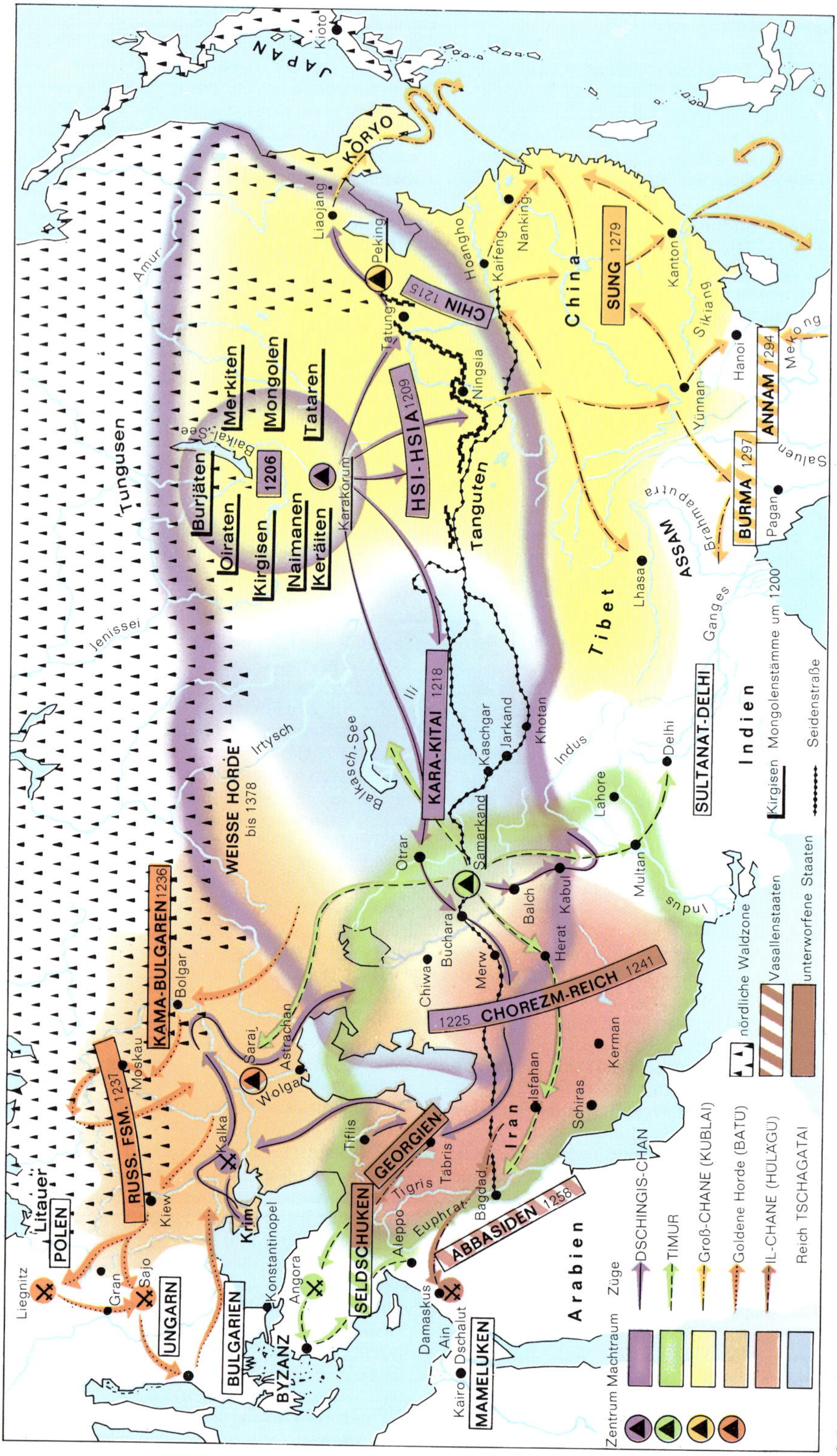

Mongolenreiche im 13./14. Jh.

Der mongolische Völkersturm im 13. Jh.

1196 wird der Stammesfürst TEMUDSCHIN (1155/67–1227) nach Ausrottung seiner Gegner zum **Dschingis-Chan** erhoben und

1206 auf einem Kurultai (Reichstag) aller mongol., türk. und tatar. Steppenvölker zum »höchsten Herrscher« ausgerufen (S. 113). Das **Jasa-Gesetz** macht aus den Heeresaufgeboten (Ulus) eine nat. Einheit: Gliederung der Völker in ca. 130 Tausendschaften und eine Garde unter erbl. Führern, die aus der »Goldenen Familie« des TEMUDSCHIN jeweils den **Groß-Chan** wählen. Biliks (Befehle) sichern den inneren Frieden bei äußerster Kriegsbereitschaft zur **Eroberung der Welt.** Anerkennung eines allmächtigen Gottes, der in beliebiger Form verehrt werden kann.

1205–09 Unterwerfung des Reiches Hsi-Hsia, der Aufmarschbasis gegen China;

1211–15 Verwüstung des Reiches Chin. – Die Mongolen entfalten ihre milit. Kraft in jährl. zwei genau geplanten Feldzügen und benutzen später die Technik chines. Ingenieure (Signalsysteme, Belagerungskunst). –

1219–25 Angriff auf das **Reich des Chorezm.** Die »Geißel Gottes« unterwirft »vom Sattel aus« ein Weltreich von Nord-China bis zum Schwarzen Meer, das aber von der dünnen mongol. Oberschicht nicht regiert werden kann. Die blühenden Kulturen Zentralasiens verfallen; der Handel verlagert sich von den asiat. Karawanenstraßen zum arab. Seeweg. – Der Feldherr **Sübütei** umgeht das Kaspische Meer und vernichtet ein russ. Heer an der Kalka.

1227 Tod Dschingis-Chans und **Reichsteilung** unter den vier Söhnen DSCHÖTI, TSCHAGATAI, TULUI, ÜGEDEI. Jeder erhält Ulus, einen Jurt (Weideraum) und Ingus (Tributanteile). **Karakorum** wird feste Residenz.

1229–41 Groß-Chan **Ügedei** vollendet die Unterwerfung Nordchinas (Chin-Reich bis 1234) und Persiens.
Beauftragt vom Kurultai, erobert

1236–55 Batü (Enkel DSCHINGIS-CHANS) mit **Sübütei** den Westen: Vernichtung der **Kama-Bulgaren** (1236); Fall Kiews (1240); Einbruch in die Walachei und in Polen.

1241 Schlacht bei Liegnitz (S. 167): das deutsch-poln. Ritterheer unterliegt wie das ungar. Heer unter BELA IV. in der

1241 Schlacht am Sajo-Fluß (S. 169). – **Rettung Europas** durch plötzlichen Rückzug der Mongolen, veranlaßt durch den Tod des Groß-Chans. – BATÜ gründet die

1251 Herrschaft der Goldenen Horde (Reich Kiptschak). Abschließung Rußlands von Europa (Ausnahme Nowgorod).

1251–59 MÖNGKE entsendet als Groß-Chan zwei Heere von je einer halben Mill. Kriegern unter seinen Brüdern:

1258 konzentrischer Angriff **Kublais,** Groß-Chan 1260–94, auf Südchina (S. 211).

1251–65 HÜLÄGÜ erobert Persien und errichtet das **Reich der Il-Chane.**

1258 Zerstörung der Millionenstadt Bagdad; Einnahme von Aleppo und Damaskus. – Der mongol. Stoß bricht sich an der überlegenen Tapferkeit der **Mameluken** (Söldnersklaven vom Schwarzmeergebiet), die eine Militärherrschaft über Ägypten (bis 1517) ausüben und den Mongolen die

1260 Niederlage bei Ain Dschalut (Goliathsquelle) beibringen. – Das Reich der Il-Chane wird nicht über den Euphrat ausgedehnt. Es islamisiert sich um 1300, Verschmelzung mit der kult. überlegenen Bevölkerung.

1336 Auflösung des Il-Chanats in die Teildyn. der Dschelairiden (Bagdad), Musaffariden (Schiras, Isfahan), Serbedariden, Guriden (Herat, Balch).

Das Zweite Mongolenreich (Timur Lenk)

Um 1360 erklärt sich der angebl. Nachkomme DSCHINGIS-CHANS **Timur Lenk** (der Lahme) oder **Tamerlan** (1336–1405) zum Erneuerer des mongol. Weltreiches unter Berufung auf den Koran; doch bleibt das Jasa-Gesetz in Kraft. Von den Reichen Tschagatai und Kiptschak als Groß-Chan anerkannt, unterwirft TIMUR von **Samarkand** aus in 35 grausam geführten Feldzügen das Ili-Gebiet,

1370–80 Chorezmien, ab 1380 den Iran und das Reich der Goldenen Horde mit Sarai.

1398/99 Vorstoß nach Indien (Delhi, S. 211). Die Osmanen müssen sich nach der

1402 Schlacht bei Angora beugen (S. 209).

1405 Tod TIMURS vor einem »heiligen Krieg« gegen China. Familienzwiste leiten den raschen Zerfall des Reiches ein. Die vom Groß-Chan vertriebenen Fürsten kehren zurück.

Iran: Letzte Vereinigung der Teile unter

1452–69 ABU SAID; der Mogulsultan unterliegt jedoch der turkmenischen »Horde der Weißen Hammel«. Die einheimische Seffewiden-Dyn. schüttelt die Fremdherrschaft ab. Erster Schah des schiitischen **Neupers. Reiches** (bis 1722) wird

1500–24 ISMAIL I., 1502 in Täbris gekrönt.

Goldene Horde (Chanat Kiptschak): Die Tataren lassen sich nicht von der russ.- byzant. Kultur assimilieren und islamisieren sich nur oberflächlich.

1258–67 Berke unterstützt 1265 die Bulgaren gegen Byzanz und verbündet sich mit den Mameluken gegen die Il-Chane. – Unter

1267–80 Mangu-Timur verselbständigt sich das Reich (eigene Münzprägung). Schon in innerer Auflösung begriffen und bedroht (S. 203), erfährt der Staat durch die

1378 Vereinigung mit der **Weißen Horde** einen Machtzuwachs, der aber durch die

Angriffe Timurs (1390–95) verlorengeht. Zerfall in die Teil-Chanate **Krim** 1430–1783; **Kasan** 1445–1552; **Astrachan** 1466–1556. – IWAN III. befreit Moskau

1480 von der Tatarenherrschaft; Krimtataren zerstören 1502 Sarai.

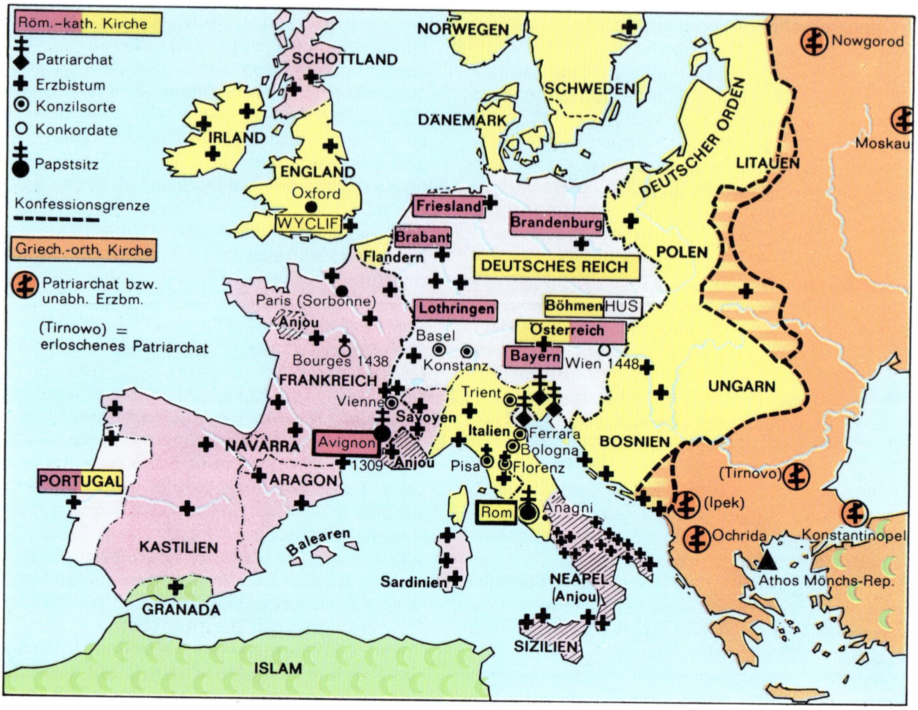

Das Schisma (Rom–Avignon) 1378–1417

Die Universitäten bis zum 15. Jh.

Die Anfänge der Universitäten

An Kloster- und Kathedralschulen bilden sich im 12. Jh. Genossenschaften von Lehrenden und Lernenden (Universitas magistrorum et scholarium). Gegliedert nach Nationen (der wandernden Studenten) und gestuft nach akadem. Graden (Baccalaureus, Licentiat, Magister – später Doktor), erhalten diese Vereinigungen eigene Verwaltung und Gerichtsbarkeit. Unterrichtsformen sind latein. Vorlesung und Disputation. Alte Universitäten sind **Salerno** (Medizin) und **Montpellier** (Jurisprudenz). Zum Vorbild werden **Paris** (Studenten unter Kontrolle des geistl. Lehrkörpers) und die Rechtsschule **Bologna** (weltl. Lehrkörper unter Kontrolle der Studenten). Neue Universitäten entstehen 1. durch Abwanderung (z.B. Oxford, Palenzia von Paris; Padua, Siena von Bologna); 2. durch kaiserl. oder päpstl. (später auch fürstl.) Gründungen.

Das Ende der päpstl. Weltherrschaft

Die Staufer sind mit franz. Hilfe besiegt worden (S. 173). Trotzdem fordert

1294–1303 Bonifaz VIII. für die Kirche Steuerfreiheit und weltl. Oberhoheit. Franz. Juristen (Legisten) lehnen dagegen jede Beschränkung des »allerchristlichsten Königs« ab. Bonifaz antwortet in der

1302 Bulle ›Unam sanctam‹ mit der schroffsten Formulierung des päpstl. Weltherrschaftsanspruches. – Philipp IV. (S. 191) plant ein allg. Konzil gegen den »Simonisten und Ketzer«; sein Kanzler Nogaret überfällt Bonifaz in Anagni.

1303 Gefangennahme des Papstes, der kurz nach seiner Befreiung stirbt.

1305–14 Klemens V. (vorher Ebf. von Bordeaux), der erste in einer Reihe von franz. Päpsten, besiegelt die Abhängigkeit der Kurie von Frankreich.

1309 Übersiedlung nach Avignon. Der Prozeß gegen die Templer (S. 191) wird dem

1311 /12 Konzil von Vienne entzogen. – Während ihrer »babylonischen Gefangenschaft« verliert die Kirche stark an Autorität.

1316–34 Johann XXII. verdammt im Armutsstreit mit den Franziskanern 1323 die Lehre von der Armut Christi und seiner Apostel. – Letzter päpstl. Eingriff in deutsche Thronstreitigkeiten (S. 195):

1324 Bannung Ludwigs des Bayern. – Auf Drängen der hl. Birgitta von Schweden (1303–73) geht Urban V. 1367 nach Rom, doch kann erst die hl. Katharina von Siena (S. 184) Gregor XI. 1377 zur endgültigen Rückkehr bewegen. Neue Residenz wird der Vatikan.

Verweltlichung und Verfall der Kirche

Im Exil von Avignon entfalten die Päpste eine üppige Hofhaltung und Verwaltung. Das kirchl. Finanzsystem belastet die Christenheit, die Kurie beansprucht die Spolien (persönl. Nachlaß der Geistlichen), **Annaten** (»Jahrgelder« eines Amtes), Konfirmations- und Palliengelder für die Amtsvergabe; sie erhebt Gebühren für Privilegien und Gnadenbriefe, für Provisionen (Ämterverleihung) und Reservationen (Ämtervormerkung). Reiche Erträge bringt der **Ablaß** (Nachlaß der Bußstrafen [nicht der Sünden], mit Wallfahrten, später mit Geld ablösbar). Der »Rock Christi« zerreißt mit der Doppelwahl von Urban VI. (Rom) und Klemens VII. (Avignon).

1378–1417 Großes Schisma. Europa spaltet sich in zwei Lager. Häresie (Irrlehren) und Aberglauben (Hexenwahn) nehmen zu (S. 230).

Die Reformbewegung der Kirche

Die Pariser Professoren D'Ailly und Gerson fordern zur »Reformation der Kirche an Haupt und Gliedern« ein allg. Konzil, da nicht der Papst, sondern die »Gesamtheit« aller Gläubigen den Willen Gottes vertrete. Diese **»konziliare Theorie«** gewinnt Anhang.

1409 Konzil zu Pisa; Kardinäle beider Richtungen wählen einen dritten Papst.

1414–18 Konzil zu Konstanz (33 Kardinäle, 900 Bischöfe, 2000 Doktoren). Unter kaiserl. Vorsitz stimmt das Konzil nach vier »Nationen« (franz., engl., ital., deutschen) ab; es erklärt sich zuständig

1. für die Einheit der Kirche (Causa unionis): Absetzung der bisherigen Päpste und Neuwahl Martins V. [1417–31];
2. für die Reform der Kirche (Causa reformationis), die vertagt werden muß;
3. für die Reinheit der Lehre (Causa fidei): trotz kaiserl. Geleites werden

1415 Johann Hus (S. 184) und Hieronymus von Prag (1416) als Ketzer verbrannt (S. 197). Nach dem erfolglosen

1423 Konzil von Pavia widersetzt sich das

1431–49 Konzil von Basel der Auflösung durch den Papst.

1433 Prager Kompaktaten: Ausgleich mit den Hussiten. Die Reformdekrete werden von Frankreich angenommen in der

1438 Pragmatischen Sanktion. Sie begründet die franz. (gallikanische) Nationalkirche. – Eugen IV. [1431–47] leitet den Sieg der **papalen Idee** mit dem

1438 Gegenkonzil von Ferrara (ab 1439 in Florenz) ein. Während die extremen Reformer Felix V. 1439 zum (letzten) Gegenpapst wählen [bis 1449], schließen sich die gemäßigten unter Cusanus (S. 184) Eugen an.

1439 Unionsdekret mit der Ostkirche (S. 207). – Den Fürsten werden durch Konkordate kirchl. Rechte zugesichert. – Im

1448 Wiener Konkordat verzichtet Friedrich III. auf Reformen in Deutschland (S. 197). Pius II. (S. 217) erklärt

1459 die konziliare Theorie für ketzerisch.

Ergebnisse der Reformbewegung: 1. Beseitigung des Schismas; 2. Scheitern innerer Reformen; 3. Erstarken eines verweltlichten Papsttums (S. 217); 4. Entstehung von fürstl. Landes- bzw. Nationalkirchen.

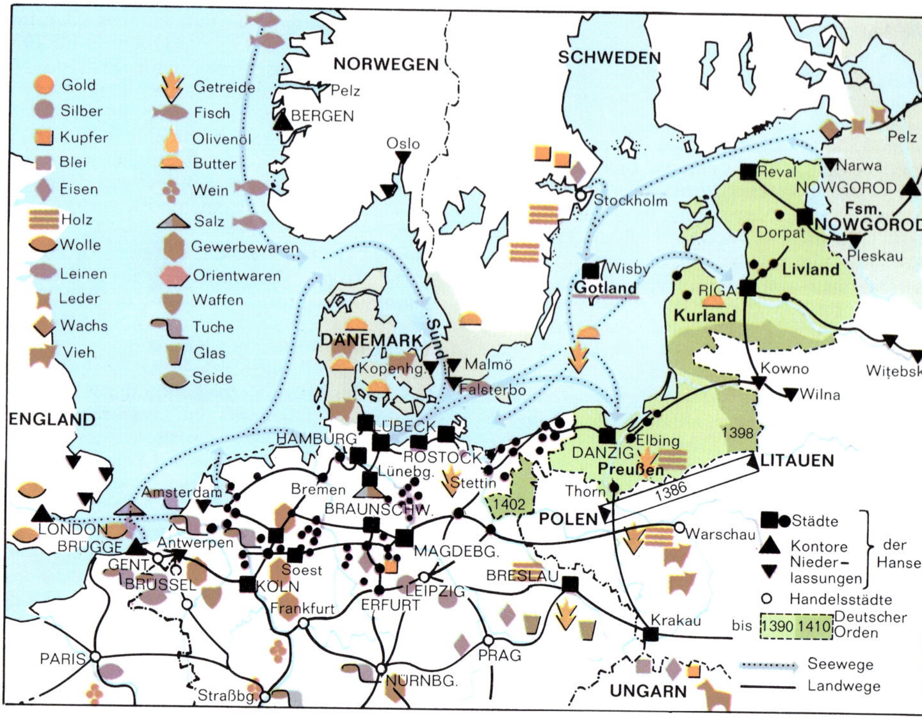

Der Ostseehandel um 1400

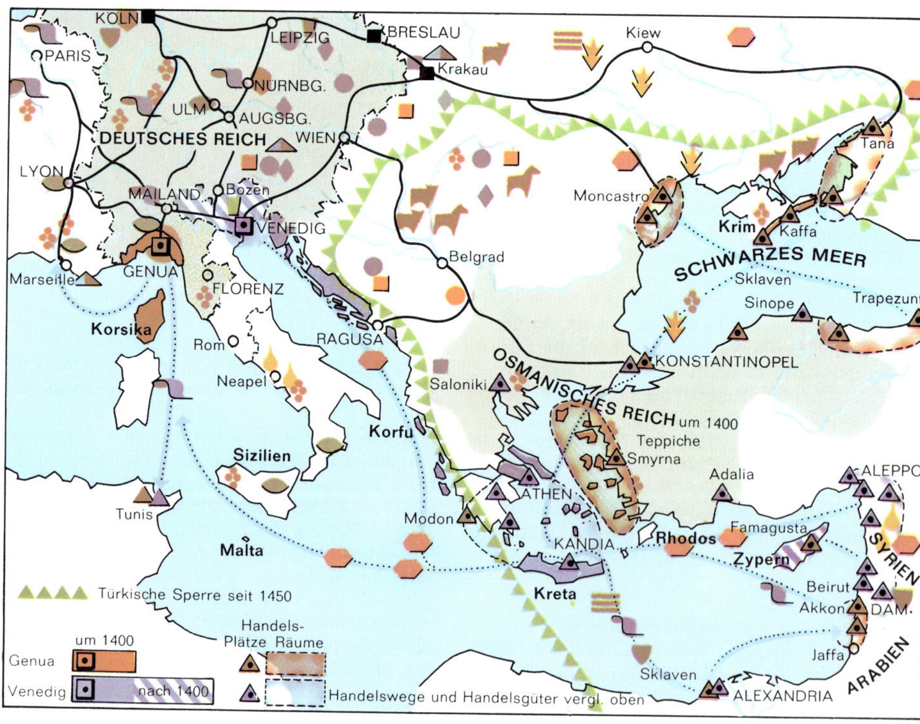

Der Levantehandel um 1400

Der Ostseehandel der Hanse

Seit dem 11. Jh. bestehen genossenschaftl. Zusammenschlüsse deutscher Kaufleute (Osterlinge) im Ausland. Ihre Hauptleistung ist der

1150–1250 Aufbau eines Wirtschaftsraumes der Ostseeländer. Ihre Koggen (100 BRT) sind den skandinav. Ruderbooten überlegen.

1161 Bildung einer deutschen **Hanse** (Schar) in **Wisby.** Nach Ablösung des alten Wanderhandels durch den Schriftverkehr (Buchführung, Kredit- und Kommissionsgeschäfte) verlagert sich der Handel nach **Lübeck** (gegr. 1158), das zum ost-westl. Umschlagplatz und Auswandererhafen für Livland und Preußen aufsteigt.

1259 Handelsbund zwischen Lübeck, Hamburg, Wismar, Rostock. – Bildung einer

1281 Hanse Kölner und westf. Kaufleute in London. – Allg. Zusammenschluß im

1358 Bund »van der düdeschen hanse« zur Sicherung von Handelsvorteilen: Stapelrecht eigener Waren; Stapelzwang (Warenvorlage) für fremde Kaufleute u. a. Privilegien. – Wirksamste Waffe ist die **Verhansung** (Warenboykott eines Hafens oder Landes) auf Grund von **Rezessen** (Beschlüssen) auf **Hansetagen** der landschaftl. in **Quartiere** gegliederten **Hansestädte** mit sog. Vororten. Führend wird das wendische Quartier mit Lübeck. – Es existiert jedoch keine Verfassung des lockeren Bundes, dessen Mitgliederbestand (über 200 Städte) wechselt. Ausländ. **Kontore:** Nowgorod (Peterhof); London (Stalhof); Bergen (Deutsche Brücke) u. a.; jährl. Heringsmärkte in Schonen (Falsterbo). – Hauptgegner ist Dänemark:

1361–62 WALDEMAR IV. (S. 199) schlägt die Hanse. Verbunden mit Mecklenburg, Holstein, Jütland und **Köln**

1367–70 siegreicher Gegenangriff.

1370 Friede von Stralsund: Wahl des dän. Königs nur mit Zustimmung der Hanse. Kampf gegen den Seeräuberbund der **Vitalienbrüder** (auch Likendeeler: Gleichmacher), der das belagerte

1389–95 Stockholm mit Lebensmitteln (Vitalien) versorgt und 1392 Wisby plündert.

1402 Sieg Hamburgs vor Helgoland und Hinrichtung des Anführers KLAUS STÖRTEBECKER. Nach neuem Krieg mit Dänemark (1420–35)

1435 Friede von Vordingborg: Befreiung der wendischen Städte vom dän. **Sundzoll.**

1468–74 Unterstützung des engl. Prätendenten EDUARD IV. (S. 189) gegen Bestätigung von Handelsprivilegien. – Von Dänemark wird 1470 das Verbot holl. und engl. Sundfahrt erzwungen.

15./16. Jh. Niedergang der Hanse durch: Erstarken der nord. Nationalstaaten seit der Kalmarer Union 1397 (Schweden S. 199; Rußland S. 203); Ausbleiben der Heringszüge aus der Nordsee; Verlagerung des Handels zum Atlantik (S. 225).

1494 Schließung des Peterhofs in Nowgorod,

1598 des Stalhofs in London.

Der Levantehandel Venedigs und Genuas

Seit dem 11. Jh. Auflösung der arab. Mittelmeerherrschaft durch Reconquista (S. 187) und Kreuzzüge (S. 153). Der Handel mit dem Westen fällt an Genua, Pisa, Neapel; der östl. Levantehandel an Sizilien und Venedig. Begehrte **Orientwaren** sind: Seide, Brokate, Damast- und Gazestoffe, Baumwolle, Kamelhaar, Elfenbein, Porzellan, Farbstoffe, Gewürze, Parfüme, Arzneimittel, Perlen, Edelsteine. Sie gelangen über die von Arabern kontrollierten asiat. Karawanenwege (Seidenstraße) oder den Ind.-Ozean-Handel zur Levante und werden gegen Tuche und andere Erzeugnisse der europ. Gewerbelandschaften (Mailand, Florenz, Oberdeutschland, Flandern, Brabant) gehandelt.

Die Stadtrepubliken **Venedig** und **Genua** gewinnen an Reichtum und Macht durch 1. Transportgeschäfte während der Kreuzzüge; 2. steigenden Geldbedarf (Bank- und Kreditgeschäfte); 3. byzant. und arab. Handelserfahrungen (schriftl. und rationale Handelsmethoden); 4. Zusammenbruch Siziliens (S. 173) und Niedergang von Byzanz (S. 207).

Beide Handelsmächte verlieren durch das Vordringen der Osmanen, weichen zunächst Kriegen aus, um Privilegien auszuhandeln. Ihre Bedeutung sinkt mit der Verlagerung des Handels zum Atlantik (S. 225).

Venedig: Die Adelsrepublik wird dank ihrer Schlüsselstellung zwischen West (Kontrolle der Alpenpässe) und Ost (Verbindung zu Byzanz S. 175) **erste See- und Handelsmacht.** Internat. Übernahme der Ende des 12. Jhs. geprägten Silberpfennige (Denarius grossus: Groschen) und Goldmünzen (Ducatus Venetiae) um 1280. – Der Doge

1192–1205 Enrico Dandolo übernimmt den Transport des 4. Kreuzzuges und gewinnt mit der Errichtung des Latein. Ksr. (S.207) Häfen und Stützpunkte zwischen Adria und Schwarzem Meer, die z. T. Fsm. der Nobili werden. – Die Rivalität Genuas wird im

1376–81 Chioggia-Krieg ausgeschaltet, die Ernährungsbasis auf dem ital. Festland gegen Mailand gesichert durch den

1406–28 Ausbau der **Terra Ferma.**

Genua: Zusammen mit Pisa Befreiung des westl. Mittelmeers von islam. Blockierung.

1261 Ausgriff zur Levante (Kaffa, Tana) im Bündnis mit dem Ksr. Nikaia; seither Handelskonkurrenz zu Venedig.

1284 Sieg über Pisa: Korsika, Elba, Sardinien (bis 1326) fallen an Genua. Fehden der Adelsfamilien Doria, Fieschi, Grimaldi, Spinola führen zu ihrem

1339 Ausschluß vom Dogenamt.

1381 Niederlage im »Hundertjährigen Krieg« gegen Venedig. Polit. Abhängigkeit von Mailand oder Frankreich.

1407 Gründung der Casa di San Giorgio, der ersten öffentl. Bank Europas. Zur Vermeidung des wirtschaftl. Abstiegs Teilnahme genues. Seefahrer an der Entdeckung des Seeweges nach Indien.

Die Spätscholastik
Ihr dichter. Symbol findet die Scholastik im relig. Epos des Florentiners **Dante Alighieri** (1265–1321). Der Schöpfer der ital. Schriftsprache gestaltet in der ›Divina Commedia‹ (Göttl. Komödie; 1311–21) den Gang von der Hölle (Inferno) zum Paradies als Vision eines universalen Weltgerichtes.
Innerhalb der Scholastik bekämpfen sich **Thomisten** (Via antiqua: Dominikaner) und **Scotisten** (Via moderna: Franziskaner). Zersetzend wirkt der **Armutsstreit** der Spiritualen (extreme Minoriten) mit der Kurie. Die Auffassung von der irdischen Besitzlosigkeit Christi (Ideal des HL. FRANZ VON ASSISI, S. 141) erklärt JOHANN XXII. 1323 als ketzerisch. Der Ordensgeneral MICHAEL VON CESENA, W. VON OCKHAM u. a. fliehen aus päpstl. Haft zu LUDWIG DEM BAYERN (S. 195). Sein Ratgeber **Marsilius von Padua** (1290–1343) vertritt (mit JOHANN VON JANDUN) im ›Defensor pacis‹ (Verteidiger des Friedens; 1324) eine rein weltl. Staatslehre: Volkssouveränität, Trennung von Staat und Kirche, Überordnung eines Konzils über den Papst (S. 181).
Roger Bacon (1214–94) ruft zu krit. Prüfung scholast. Lehrautoritäten (ARISTOTELES) und zu freierer Naturbetrachtung durch Experiment und Erfahrung auf.
Bedeutendster Vertreter der »Modernisten« ist **Wilhelm von Ockham** (um 1285–1349). Als Schüler von DUNS SCOTUS sind ihm allg. Begriffe (Universalia) nur »Namen« (Nomina) ohne Realität. Der **Nominalismus** trennt scharf zwischen unbegründbaren Glaubenswahrheiten, die göttl. Willensakte sind, und Wissen (Erkenntnis). – Zur Pariser Schule der Occamisten zählen JOH. BURIDAN (gest. 1358) und der Naturphilosoph NIKOLAUS VON ORESME (gest. 1382), der die Achsendrehung der Erde annimmt und Bewegungsberechnungen anstellt. – Via moderna und Nominalismus geben zwar Anstöße zu philos. und theol. Neubesinnung, verzetteln sich aber in spitzfindigen Streitereien.
Alle geistigen Bewegungen seiner Zeit faßt **Nikolaus von Kues** (CUSANUS, eigentl. KREBS; 1401–64) zusammen. Sein Hauptwerk ›De docta ignorantia‹ (Von der gelehrten Unwissenheit; 1440) überwindet die Scholastik. Das unendliche Universum hat weder einen Mittelpunkt (Erde), noch kann es rational erfaßt werden; jede Religion spiegelt einen Teil der göttl. Wahrheit. Sie kann Gott nur relativ erfassen, da in ihm alle Gegensätze vereint sind (Coincidentia oppositorum). – Seine Vorschläge zur Kalenderreform gründen sich auf neue astronom. Forschungen, die von seinem Schüler KOPERNIKUS (S. 221) weitergeführt werden.

Die Mystik
In Reaktion auf rationale Scholastik und kirchl. Verweltlichung (S. 181) sucht die Mystik (gr. mystein = die Augen schließen) Gott durch innere Schau (Vision, Kontemplation) zu erleben und in ihm aufzugehen (Unio mystica). Anregungen vermitteln der Neuplatonismus (bekannt geworden durch die arab. Philosophen AVICENNA und AVERROES S. 149) sowie Schriften des DIONYSIUS AREOPAGITA (um 500) und AUGUSTINS (S. 107). Frühe Mystiker sind BERNHARD VON CLAIRVAUX (1090–1153), HUGO VON ST. VICTOR (gest. 1141); HILDEGARD VON BINGEN (gest. 1179); MECHTHILD VON MAGDEBURG (gest. 1280). Die **hl. Katharina von Siena** (1347–80) veranlaßt Papst GREGOR XI. zur Rückkehr von Avignon nach Rom (S. 181).
Getragen von Dominikanern, Frauenkonventen und -klöstern, vertieft sich die Mystik vor allem in Deutschland. **Meister Eckart** (gest. 1327) lehrt in (deutschen) Schriften und Predigten die »Entwerdung« des Menschen, dessen »Seelenfunke« sich in Abgeschiedenheit »einbildet« in Gott. Sein Werk beeinflußt den Niederländer RUYSBROEK (1293–1381), JOH. TAULER (1300–61) und HEINRICH SEUSE (1295–1366), den Lyriker der deutschen Mystik.

Die neue Frömmigkeit (Devotio moderna)
Unter myst. Einfluß entstehen Bewegungen zur Verinnerlichung des Lebens: Die **»Gottesfreunde«** (Mönche, Bürger, Adelige am Oberrhein) wollen sich unter Leitung von TAULER und dem Kaufmann RULMAN MERSWIN in »Gelassenheit und Stille« von der Welt »entbilden«. Wichtigste Schrift: ›Theologia deutsch‹ (um 1400). – Als **Brüder vom Gemeinsamen Leben** (Niederrhein, Deventer) verbinden sich auf Anregung von GEERT GROOTE (1340–84) Kleriker und Laien ohne Gelübde zum Studium der Hl. Schrift, zu Volksmission und Schularbeit. Das THOMAS VON KEMPEN (eigentl. HAMERKEN; 1380–1471) zugeschriebene Hauptwerk des Kreises ›De imitatione Christi‹ (Nachfolge Christi) findet weite Verbreitung.
Ein Vorläufer der Laienbewegung ist die niederl. **Beginen-Bewegung:** eine ordensähnliche Gemeinschaft für Frauen (oder Männer, die Begharden = holl. Bettler), die ein asket.-relig. Leben im Dienst am Nächsten anstrebt. – Übersteigerte Formen relig. Askese breiter Volksschichten treten um 1350 im Gefolge der Pest (S. 154) auf: **»Flagellanten«** (Geißler) ziehen durch Ungarn, Mitteleuropa, England und Schweden; um 1400 durch die roman. Länder.

Außerkirchliche Reformbewegungen
Aus nat. und relig. Widerspruch gegen Papsttum und klerikale Papstkirche verbreiten sich in England die **Lollarden** (S. 189), Anhänger des Oxforder Prof. **John Wiclif** (gest. 1384), der nur die Hl. Schrift für christl. Lehre und Kult gelten läßt, deshalb die Bibel (Vulgata) übersetzt, Hierarchie, Zölibat, Ablaß, Abendmahlslehre verwirft und eine nat. Kirche in »christl. Armut« fordert. In England wird die Lehre unterdrückt; in Böhmen findet sie, gelehrt durch den Priester **Johann Hus** (S. 181), neue Anhänger. Sein Märtyrertod und die Bannung der **Hussiten** (S. 197) verursachen im tschech. Volk nat., relig. und soziale Krisen.

Das Städtewesen im Mittelalter
Für den Fernhandel mit Luxusgütern (betrieben von Kaufmannsgilden unter kgl. Schutz) bestehen seit fränk. Zeit befestigte Zoll- und Umschlagplätze (Wiks). Mit dem wirtschaftl. Aufstieg Europas seit dem 11. Jh. (Zunahme der Bevölkerung, des Handels, der gewerbl. Arbeitsteilung) wird die **Burg** zur **Stadt** mit **Bürgern** (burgess, bourgeois). Neben gewachsene Städte (Römersiedlungen, alte Pfalz-, Burg- oder Bischofsorte) treten **Neugründungen** durch Könige, Bischöfe, Fürsten oder aus »wilder Wurzel«. Entscheidend für den Aufstieg der Stadt ist ihre gute Wirtschafts- und Verkehrslage im Schnittpunkt von Land-, See- und Flußwegen, da sie trotz Zuzug von ländl. Handwerkern und Ackerbürgern vor allem **Kaufmannssiedlung mit ständigem Markt** zum Austausch von Bedarfsgütern (Stadtwirtschaft) ist. Von Bedeutung für den Fernhandel der **Gilden** (Hanse S. 183) werden die Großmärkte (**Messen,** da meist mit relig. Feiern verbunden). Die Gründer fördern die Städte durch **Privilegien** (Freiheiten: »Stadtluft macht frei«). Sie verzichten auf Hoheitsrechte (Markt-, Befestigungs-, Münz-, Zollregale), da sie sich reiche Einnahmen erhoffen. Die Stadt wird zur Hauptgeldquelle ihres Herrn, vertreten durch den Vogt (Burggraf, Schultheiß). Aus den **Stadtrechten** (Markt-, Handels-, später auch Miet-, Polizei-, Wehr-, Finanz- u. a. Rechte) entwickelt sich das **Stadtregiment** (städt. Gericht und Verw.) mit Ratsausschüssen unter Oberbeamten (Podesta, Bürgermeister, Maire, Major). Adelige oder wohlhabende Geschlechter **(Patriziat)** spielen eine führende Rolle. Lübisches und magdeburg. Recht werden vorbildlich für die ostelb. Länder, die Stadtfreiheiten von Sorris (LUDWIG VI.) für Frankreich, die Privilegien für Newcastle (HEINRICH I.) für England.
Seit dem 12. Jh. bilden sich **Zünfte,** Zwangsverbände zur Kontrolle, Planung und Lenkung der gewerbl. Produktion (Qualität, Preis, Absatz, Verdienst) und zur Ausbildung, Beschäftigung und Sozialfürsorge der Handwerker. In **Zunftkämpfen** mit dem Patriziat (14./15. Jh.) gewinnen sie häufig Anteil am Stadtregiment.
Die Städte streben nach Mehrung ihrer Freiheiten und Ausdehnung ihres Hoheitsbereiches (Bannmeile, Pfahlbürger S. 195). Nach ihrem Freiheitsgrad teilen sie sich in 1. polit. autonome Städte: **Communen** (souveräne Stadt-Rep. S. 183) und **Signorien** (S. 217) in Italien; Konsularstädte in der Provence; **Freie Reichsstädte** in Deutschland und Industriezentren in Flandern, Artois und der Picardie;
2. Städte mit beschränkter Selbstverw.: Königsstädte in West- und Osteuropa; Territorialstädte in Deutschland.
Bedeutung: Recht, Wirtschaft, Kultur, Verfassung der Städte werden wegweisend für den neuzeitl. National- bzw. Fürstenstaat, der den Typ der **Residenzstadt** als Regierungs- und Kulturzentrum ausbildet.

Die deutschen Territorialstaaten
Ansätze zur Bildung von »Staaten im Staate« liegen in der Immunität, im Lehnswesen und in der Reichspolitik. Entwicklungsstufen zur fürstl. **Landeshoheit** sind: Leihezwang und Erblichkeit der Lehen; Übertragung von Reichsrechten **(Regalien),** vor allem durch die **Fürstengesetze von 1220 und 1232** (S. 173); Unabhängigkeit fürstl. Gerichte vom Reich während des Interregnums; Anerkennung der vollen kurfürstl. Gerichtsbarkeit und Majestät in der **Goldenen Bulle 1356** (S. 195). Im **Westfäl. Frieden** (S. 255) gewinnen die Reichsstände staatl. Souveränität. **Bedeutung:** Die **Landesherrschaft,** der fürstl. Gebietsstaat, verdrängt den Personenverbandsstaat, löst das Deutsche Reich auf, bestimmt die föderale Struktur Deutschlands bis zur Gegenwart und schafft ein modernes Staatswesen.
Verwaltung: Das feudale Ämterwesen (durch das die Fürsten aufgestiegen sind) wird ersetzt durch einheitl. Amtsbezirke, verw. von absetzbaren Ministerialen, später **Beamten** (Vogt, Amtmann, Pfleger). Sie werden beaufsichtigt von der zentralen Landesverw. mit Hofämtern unter dem Kanzler. Seit dem 13. Jh. umgibt sich der Fürst mit Juristen **(Hofräten).**
Innerhalb der Territorien bestehen reichsunmittelbare Gebiete oder Immunitäten (Klöster, Städte, Reichsritter etc.). Die fürstl. Politik zielt deshalb auf ständige Gebietsabrundung, u. a. durch Erb- und Eheverträge.
Gerichtswesen: Nur langsam entsteht eine geschlossene Organisation mit Spitze im Hofgericht (Berufungsinstanz), oberem Landgericht (ständ. Adelsgericht) und niederem Landgericht. Daneben halten sich priv. Markt-, Dorf-, Berg- u. a. örtl. (Schulzen-)Gerichte. – Zur Überwindung der Rechtszersplitterung und Versachlichung der Rechtsprechung, aber auch wegen neuer Rechtsverhältnisse (z.B. durch den Geldverkehr) setzt sich die **Rezeption** (Übernahme) **des röm. Rechts** durch, das an den Universitäten gelehrt wird. Das Volk lehnt das ihm fremde Recht ab (S. 233).
Finanzwesen: In Anlehnung an kirchl. oder städt. Vorbilder werden regelm. **Steuern** (stiura = Hilfe) erhoben, von Rentmeistern nach Steuerlisten (deshalb Familiennamen) eingezogen und zur Unterhaltung von Hof, Beamten, Richtern, Söldnern und zum Landesausbau verwandt. – Einnahmequellen u.a.: **Vergabe** von Nutzungsrechten (Zoll, Münze, Bergbau) an Städte oder Gesellschaften (S. 215); **Bede** (Bitte) und **Ungeld** (direkte und indirekte Steuer).
Stände: Mit dem **Steuerbewilligungsrecht** sichern sich adelige Grundbesitzer (Ritter), hoher Klerus und Städte auf **Landtagen** polit. Mitbestimmung und Privilegien (Sondergerichte, Steuerbefreiung). Sie steigern ihre Macht im 14./15. Jh. oft durch **Einungen** (Bündnisse gegen den Landesherrn, z. T. mit eigenen Truppen, Behörden, Kassen), so daß der **dualist. Ständestaat** typische Staatsform bis zum 17. Jh. wird.

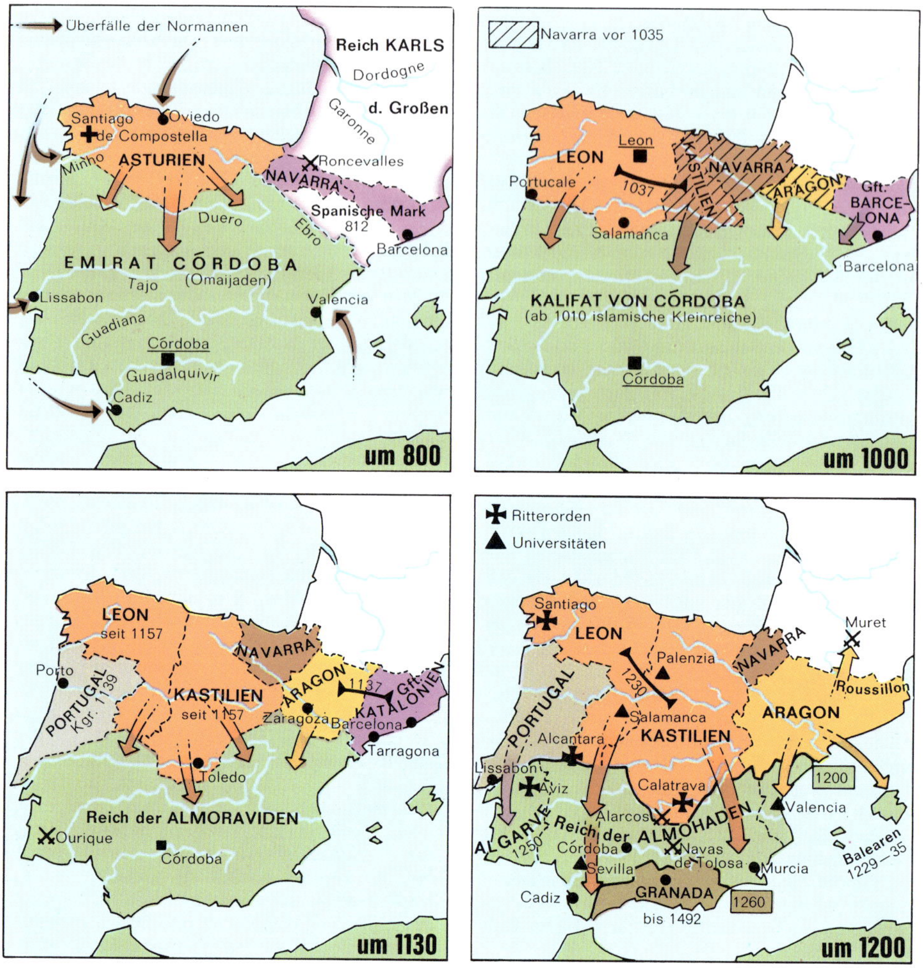

Die spanische Reconquista

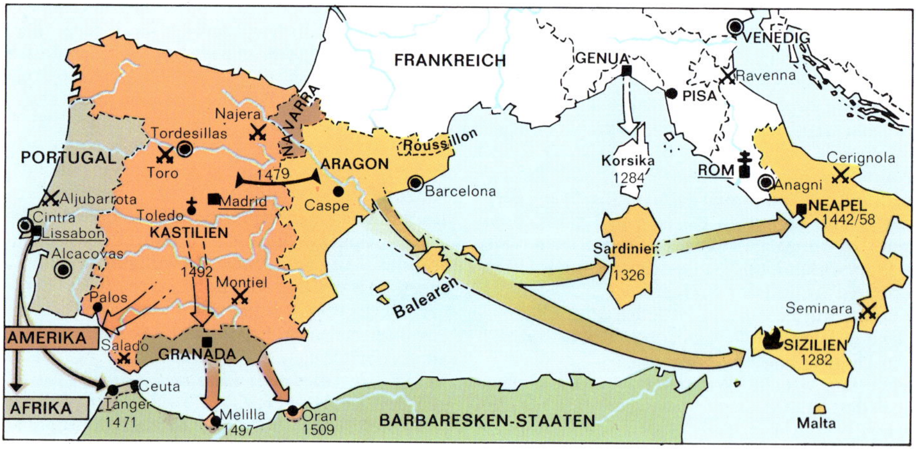

Die iberische Halbinsel im 14./15. Jh.

Die christlichen Randstaaten

Kgr. Navarra: SANCHO III. [1000–35] erbt

1029 die Gft. **Kastilien** und teilt das Reich in **Aragon, Kastilien** und **Navarra** (seit 1234 unter franz. Einfluß);

Gft. Barcelona, entstanden aus der Span. Mark KARLS D. GR. (S. 123);.

Kgr. Asturien (auch **Leon** genannt). – Nach den Kriegen des Kalifen ABD AR-RAHMAN III. [912–961] überrennt der Wesir **al-Mansur** (der Siegreiche) 978 die durch Zwietracht geschwächten Staaten.

Die Reconquista (Rückeroberung) 1031–1260

1008–28 Großer arabischer Bürgerkrieg (Auflösung des Omaijaden-Kalifats); Beginn christl. Angriffe.
Cluniazenser stärken die nat. Ritterorden und bringen die Kirche in enge Verbindung mit Rom. Päpste (GREGOR VII., INNOZENZ III.) fördern die Kreuzzüge durch Werbung und Geldmittel; Ritterorden (Templer, Johanniter, S. 153) leisten Hilfe.

Aragon: ALFONS I. DER KRIEGER [1104–34] erobert 1118 Zaragoza.

1137 Vereinigung mit Katalonien. – Vollendung der Reconquista mit der

1229–35 Einnahme der Balearen und 1238 Valencias durch JAKOB I. [1213–76]. Mit

1276–85 PETER III. greift Aragon nach Italien aus; er bemächtigt sich nach der

1282 Sizil. Vesper (S. 173) **Siziliens.** Unter JAKOB II. [1286–1327] Ausgleich mit dem päpstl. Lehnsherrn im

1295 Frieden von Anagni. – Ein neuer Krieg gegen Frankreich um Sizilien endet ohne polit. Klärung. – Mit Pisa und Genua

1323–25 Kämpfe um **Sardinien** und Korsika. Die »Union« des Adels überträgt Erbfolge im

1412 Schiedsspruch von Caspe FERDINAND VON KASTILIEN. Sein Sohn ALFONS [1416 bis 1458] wird mit **Neapel** belehnt.

Portugal: die Gft. um Porto macht sich

1094 selbständig. ALFONS I. nennt sich nach

1139 dem Sieg bei Ourique König. Rasche Ausdehnung nach Süden.

1279–1325 DIONYSIUS I. DER LANDWIRT fördert den Landesaufbau. – Erbfolgekämpfe mit Kastilien bis zum

1385 Sieg bei Aljubarrota. – Seit JOHANN I. [1385–1433] Ausbreitung nach Afrika:

1415 Eroberung von Ceuta (S. 243).

Kastilien: FERDINAND I. D. GR. [1035–65], gewinnt 1037 **Leon.**

1085 Eroberung Toledos. Held der Kämpfe ist RODRIGO DIAZ, gen. der **Cid** (arab. Herr). Er tritt in maurische Dienste und wird 1094 Herr von Valencia.

1126–57 ALFONS VII. erhält als Kaiser die Hoheit über alle christl. Staaten der iber. Halbinsel, doch zerfällt die Einheit wieder. Die

1185 Niederlage von Alarcos bringt eine neue Koalition zusammen. Nach dem

1212 Sieg bei Navas de Tolosa löst sich das Almohaden-Reich (seit 1145) auf.

1217–52 FERDINAND III. DER HEILIGE, erobert den Süden mit Córdoba (1236) und beendet die Reconquista. – In der

1340 Schlacht am Salado kann der Sultan von Marokko geschlagen werden. – Parteinahme im Hundertj. Krieg (S. 191). –

1369–79 HEINRICH II. VON TRASTAMARA schließt ein dauerhaftes Bündnis mit Frankreich.

Granada: Letzter arab. Staat auf europ. Boden; im 14. Jh. kult. Glanzzeit (Alhambra).

Das Ergebnis der Reconquista

Die Moriskos (Mauren) werden nicht rechtlos, aber in gesonderte Stadtteile umgesiedelt. Juden genießen Rechtsschutz gegen Abgaben; Zunahme der Sklaverei (Mauren, Nordafrikaner). – Kgl. Beauftragte lenken die christl. Besiedlung. – Gegen das Königtum (Rezeption des röm. Rechtes) opponiert der Hochadel (Granden), polit. vertreten in den **Cortes.** Fehden bis zur Staatsauflösung (Kastilien). Rückhalt der Krone an den Städten, die Hoheitsrechte über Stadt-Prov. erhalten und Bünde (Hermandades) bilden.

Kirche und Kultur: Starker Einfluß der reich dotierten Kirche (Franziskaner, Dominikaner); got. Baukunst (Dome in Toledo, Burgos); die arab. Wissenschaft (Math., Med., Phil.) beeinflußt die neuen Universitäten.

Die Ausbildung des span. Staates

Die Heirat der »kath. Könige« (1469)

1474–1504 **Isabella von Kastilien** und

1479–1516 **Ferdinand II. von Aragonien** leitet eine neue Epoche ein.

1474–79 Kastilischer Erbfolgekrieg gegen Frankreich und Portugal, das in der

1476 Schlacht bei Toro besiegt wird.

1479 Friede von Alcacovas: **Vereinigung von Kastilien und Aragon,** die ihre Sondereinrichtungen zunächst beibehalten.

Kastilien: Die erbl. Großmeisterwürde über die Ritterorden stärkt die Krone; Aufbau eines mod. Staates durch Rechtsreform, Dienstpflicht des Adels und der städt. Milizen; Entmachtung der Granden, die Hofdienste leisten. **Kgl.Rat** (Juristen) und städt. Kommissare leiten den Staat.

Kirche: Zwar werden ihre Privilegien anerkannt, doch der absolut. kgl. Primat bleibt gewahrt. Kardinal XIMENEZ DE CISNEROS (1436–1517), Ebf. von Toledo, reformiert den Klerus.

1481 Erneuerung der Inquisition. Unter dem Großinquisitor TORQUEMADA [1483–98] wird Spanien ein Land fanatischer Religiosität, in dem Landarbeit und Gewerbe als eines Christen unwürdig verachtet werden. Vertreibung der Juden und Moriskos nach der

1492 Eroberung Granadas. Angriff gegen Nordafrika: Eroberung von Melilla 1497, von Oran 1509. Der Habsburger

1496 Erzhz. PHILIPP DER SCHÖNE heiratet JOHANNA DIE WAHNSINNIGE. Sein Sohn KARL erhält 1516 das span. Erbe (S. 237).

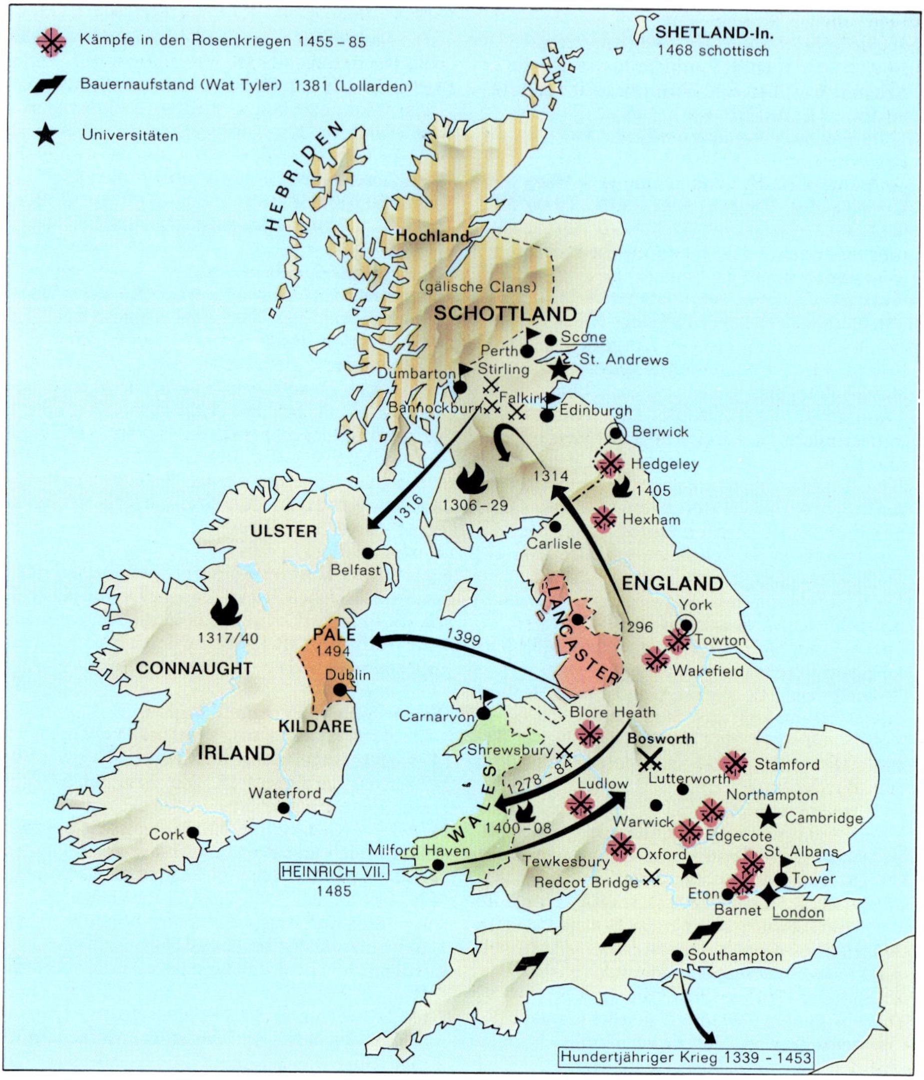

Die britischen Inseln im 14./15. Jh.

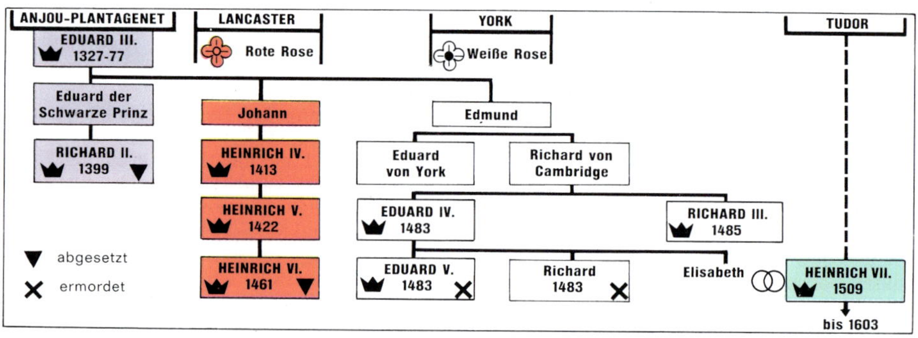

Der Kampf um die englische Krone

Innen- und Außenpolitik unter Eduard I.

1272–1307 **Eduard I.** festigt die Krongewalt durch Reformen.

1290 Ausweisung der Juden; dafür Privilegierung ausländ. Kaufleute (Hanse).

Nach zwei Feldzügen wird das keltische

1284 **Wales** annektiert und Fsm. des Kronprinzen (seit 1301 Prince of Wales).

1294–97 Krieg mit Frankreich um Guyenne.

Schottland: Thronwirren nach Aussterben des Königshauses. Als Oberherr anerkannt, ernennt EDUARD I. JOHN BALLIOL zum Herrscher [1292–96]. Später erhebt er Thronansprüche und besetzt das Land.

1297 Volksaufstand: der Nationalheld WILLIAM WALLACE (um 1270–1305) siegt bei Stirling und setzt nach der Niederlage von Falkirk den Kleinkrieg – ohne den

1304 abgefallenen Adel – bis zu seiner Hinrichtung fort.

1306–29 **Robert Bruce** erkämpft dem Volk die nat. Unabhängigkeit in der

1314 Schlacht von Bannockburn. –ROBERT II. begründet die

1371–1714 Dyn. der **Stuart.**

England während des Hundertjähr. Krieges

1327–77 Eduard III. beginnt den

1339 Krieg gegen Frankreich mit milit. Erfolgen (S. 191), doch zwingt der Geldbedarf zu Zugeständnissen an das Parlament. Schwere Wirtschaftskrise durch den

1349/50 Schwarzen Tod (S. 154).

1369 Wiederaufnahme des Krieges durch den SCHWARZEN PRINZEN. Unter

1377–99 RICHARD II. beginnen anhaltende Thronstreitigkeiten. – Rückschläge in Frankreich, Einführung einer Kopfsteuer, Haß auf die korrupte Regierung (JOHANN VON LANCASTER) lösen den großen

1381 Bauernaufstand WAT TYLERS und JOHN BALLS aus, der nach einem Sturm auf London zusammenbricht. – Wegen seines despot. Regimentes wird RICHARD II. vom Parlament abgesetzt, die Krone

1399–1413 HEINRICH IV. aus dem Hause **Lancaster** übertragen.

1403/05 Adelsaufstände (HENRY PERCY, gen. HOTSPUR). Hilfe erhält der König vom Klerus (Verfolgung der **Lollarden,** der Anhänger WICLIFS). – Zur Ablenkung erneuert

1413–22 HEINRICH V. 1415 den franz. Krieg; er endet mit einem Mißerfolg (S. 191). Dennoch hat der Hundertjährige Krieg das engl. Nationalbewußtsein gestärkt: die engl. Kultur löst sich von der franz.

1362 Einführung des Englischen als Gerichtssprache. Mit den

1387 ›Canterbury Tales‹ von **Chaucer** (1340 bis 1400) beginnt die eigene Literatur.

Kirche: »Franz. Päpste« und Fiskalisierung der Kurie (S. 181) werden abgelehnt.

1351 Statute of Provisors: Päpstl. Pfründenvergabe und Berufungsklagen bei der Kurie werden verboten (1353 Statute of Praemunire). JOHN WICLIF, Prof. in Oxford, bekämpft die Verweltlichung der Kirche (S. 184).

1380 erste engl. Bibelübersetzung durch WICLIF.

Recht: Seit EDUARD I., dem »engl. Justinian« Zusammenfassung der Rechtsfälle in den

1292 ›Yearbooks‹; durch sie entwickelt sich das engl. Recht (Common Law) als Gewohnheitsrecht. Neben die Sheriffs (kgl. Grafschaftsbeamte) treten seit

1327 Friedensrichter aus der Gentry (nied. Adel) mit Polizei- und Gerichtsbefugnissen (Grundlage der engl. Selbstverwaltung).

Parlament: SIMON VON MONTFORT (S. 161) erweitert den Rat der Barone (Curia regis) um 2 Ritter je Grafschaft (37) und 2 Bürger je Stadt zum

1265 ersten Parlament. Die Ausnahme wird unter EDUARD I. zur Regel durch das

1295 Model Parliament, da Gentry und Städte die Steuern eintreiben und der König ihre Zustimmung braucht. Die **Commons** (Vertreter der Gemeinwesen) tagen zusammen mit den Baronen.

1297 Bestätigung des Steuer- und Zollbewilligungsrechtes. Vom König genehmigte Petitionen werden Gesetz (Gesetzesinitiative). – Seit EDUARD III. regelmäßige Einberufung und allmähliche Trennung des Parlaments in **House of Lords** (oberstes Gericht) und **House of Commons** (Unterhaus).

Heerwesen: Die neue Waffe, den Langbogen, bedient der Yeoman (Freibauer). Der Krieg wird zur nat. Sache des Volkes (Anwerbung von »Kompanien« aus allen Ständen). – In den Thronkämpfen des 14./ 15. Jhs. kaufen sich die reich gewordenen Barone (Wollhandel) Parteigänger, die eine mit Abzeichen versehene Kleidung (Livery) und Rechtshilfe (Maintenance) erhalten.

1455–85 Rosenkriege der Häuser Lancaster und York. Sie lösen Staats- und Rechtsordnung vollends auf. »Kompanien« des franz. Krieges stellen die Soldaten, das Volk wird kaum gestört. Der Aufstieg von Handel und Gewerbe hält an, die Stellung des Parlaments sinkt durch Bestechung. – RICHARD VON YORK beansprucht als Regent die Krone, verhaftet den geisteskranken

1422–61 HEINRICH VI., fällt aber in der

1460 Schlacht bei Wakefield. Durch den

1461 Sieg von Towton gewinnt

1461–83 **Eduard IV. von York** den Thron. Graf WARWICK setzt HEINRICH wieder ein, doch fällt der »Königsmacher« in der

1471 Schlacht bei Barnet. HEINRICH und die Anhänger des Hauses Lancaster werden ermordet. Nach EDUARDS Tod usurpiert

1483 RICHARD III. [bis 1485] den Thron, indem er seine Neffen EDUARD V. (12 J.) und RICHARD im Tower erdrosseln läßt. –

1485–1509 HEINRICH VII., Erbe des Hauses Lancaster, schlägt nach seiner Landung in Wales RICHARD in der

1485 Schlacht bei Bosworth und begr. das Königtum des Hauses **Tudor** (bis 1603).

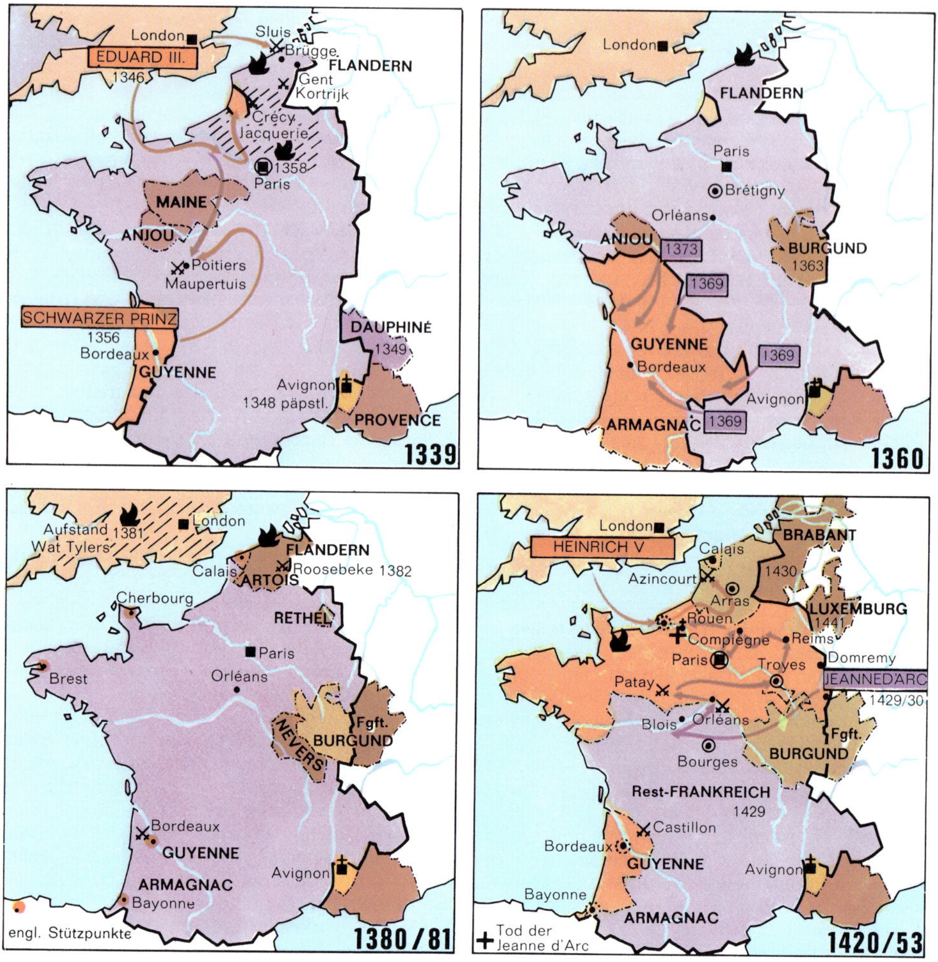

Der Hundertjährige Krieg in Frankreich

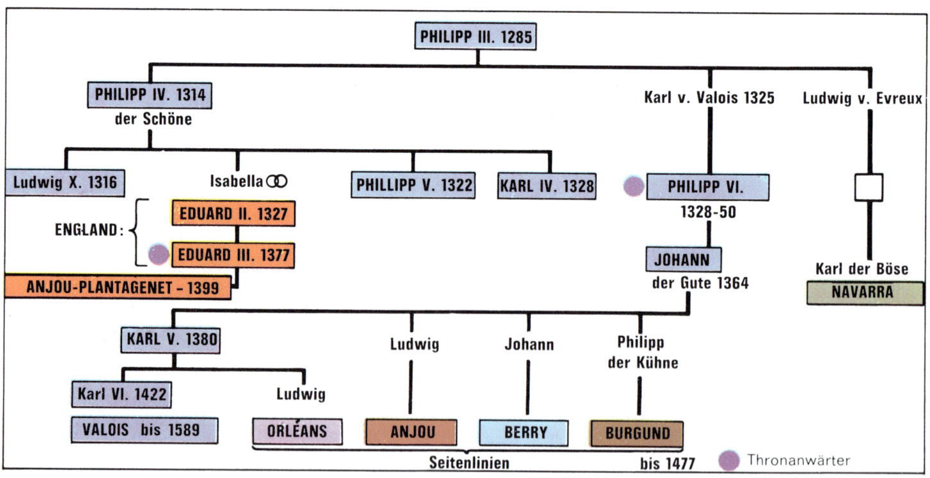

Die französischen Thronanwärter 1328

Das Werden des franz. Nationalstaates

1285–1314 PHILIPP IV. DER SCHÖNE stärkt das Königtum durch kluge Finanzpolitik: Errichtung eines Rechnungshofes (Chambre de comptes); Ablösung der Lehnspflichten durch Geld; Verfolgung und

1307 Auflösung des Templerordens, dessen Vermögen vom »Falschmünzerkönig« eingezogen wird. Er erzwingt die

1309 Übersiedlung der Päpste nach Avignon (S. 181) und erweitert das Krongut im Osten u. a. um die Champagne.

1297 Besetzung Flanderns. Durch Wollimporte nach England ausgerichtet, wehrt sich dieses Industriegebiet mit reicher Stadtkultur. Bürger schlagen erstmals ein Ritterheer in der

1302 Sporenschlacht bei Kortrijk (Courtrai). Nach Bestätigung seines franz. Kronlehens Guyenne (Aquitanien) im

1303 Vertrag zu Paris gibt EDUARD I. VON ENGLAND seine Unterstützung auf. Flandern muß sich 1305 unterwerfen.

Der Dualismus zwischen dem franz. Königtum und seinem stärksten Vasallen spitzt sich zur Krise zu, als mit KARL IV.

1328 die Capetinger aussterben. Nach salischem Recht (männl. Thronfolge) folgt das

1328–1498 Haus Valois. – Gegen

1328–50 PHILIPP VI. erhebt EDUARD III. Ansprüche, leistet zwar den Vasalleneid, sucht aber eine antifranz. Volksbewegung in Flandern für sich zu nutzen. – Der

1339–1453 Hundertjährige Krieg beginnt mit Siegen des engl. Volksheeres über die franz. Ritteraufgebote. Zur Bildung eines entsprechenden Heeres fehlen

1. feste Steuern: deshalb häufige Münzverschlechterungen und Einberufung der Stände **(États généraux);**
2. zureichende Bodenerträge: seit 1348 Wirtschaftskrisen durch den Schwarzen Tod (S. 154); die ersten Söldner (Armagnacs) plündern und werden zur Landplage;
3. ein Staatsgefühl: König und Seigneurs setzen sich nur für ihre Güter ein.

1340 Vernichtung der Flotte bei Sluis.

1346 Niederlage bei Crécy. Nach heldenhafter Verteidigung der Bürger

1347 Fall von Calais, bis 1559 Operationsbasis engl. Heere. – Durch Erbfall gewinnt der franz. Thronfolger

1349 die Dauphiné (daher Dauphin). Der Sieg des **»Schwarzen Prinzen«** und die Gefangennahme JOHANNS DES GUTEN in der

1356 Schlacht bei Maupertuis stürzen Frankreich in schwere innere Kämpfe.

1358 Aufstand in Paris (ÉTIENNE MARCEL). Die Stände verlangen vom Dauphin die Kontrolle der kgl. Verwaltung. – Dazu

1358 Bauernaufstand der Jacquerie (Jacques Bonhomme = guter Jakob). Der Adel erstickt beide Erhebungen.

1360 Friede von Brétigny: EDUARD III. verzichtet auf die franz. Krone gegen die Souveränität über Südwest-Frankreich.

1364–80 KARL V. DER WEISE. Der Krieg bricht 1369 erneut aus. Der engl. Gegner wird im Kleinkrieg abgenutzt (BERTRAND DU GUESCLIN) und auf wenige Stützpunkte zurückgedrängt. Dagegen seit

1378 Unruhen in den hoch besteuerten Städten Flanderns (PHILIPP VAN ARTEVELDE). Die Bürger werden in der

1382 Schlacht bei Roosebeke geschlagen. Der Sieger PHILIPP II. VON BURGUND erhält Flandern (S. 193).

Die Machtkämpfe der als Reichsverweser für den geisteskranken KARL VI. eingesetzten Herzöge von Burgund und Orléans mit ihren Parteien der Cabochiens (Pariser Zünfte) und der Armagnacs (Söldner) führen nach engl. Landung zur neuen Staatskrise.

1415 Schlacht bei **Azincourt;** die Normandie und Paris werden besetzt; Burgund verbindet sich mit England; HEINRICH V. wird an der Regierung Frankreichs beteiligt. Doch proklamieren Armagnacs und Klerus den Dauphin zum König.

1422–61 KARL VII. verliert die Krongebiete um Paris. Da ersteht in der **»Jungfrau von Orléans«** die Retterin. **Jeanne d'Arc** (um 1412–31), Bauernmädchen aus dem lothring. Domremy, folgt göttl. Eingebung, entfacht durch ihren Glauben den nat. Widerstand, zwingt die Engländer zur

1429 Aufhebung der Belagerung von Orléans und führt KARL VII. zur Salbung nach Reims. Von den Burgundern bei Compiègne gefangen und den Engländern ausgeliefert, wird sie als Ketzerin verurteilt und

30. Mai 1431 in Rouen verbrannt (franz. Nationalfeiertag). – 1456 Revision des Urteils; 1920 Heiligsprechung.

1435 Vertrag von Arras: Aussöhnung des Königs mit Burgund (S. 193);

1436 Eroberung von Paris. – Getragen vom Willen der Nation, erhält der franz. Einheitsstaat jetzt seine Grundlagen.

1438 Pragmatische Sanktion von Bourges (S. 181): Entstehung der **»gallikanischen Nationalkirche«. –** Geregelte Staatseinnahmen zur Besoldung eines stehenden Heeres durch den Ertrag der Krongüter;

1439 Einführung einer direkten Grund- und Kopfsteuer (Taille royale), von der Adel, Klerus und Bürger bestimmter Städte befreit bleiben. – Die Armee wird in **»Ordonnanz-Kompanien«** über Frankreich verteilt.

1449–53 Einmarsch in die Normandie und in Guyenne; der Krieg schläft nach dem

1453 Sieg von Castillon ein.

Ergebnis: Trotz immer noch großer Machtfülle der »Prinzen von Geblüt« (kgl. Seitenlinien) ist durch den Krieg der Nationalstaat entstanden. – Für

1461–83 LUDWIG XI. bildet bis 1477 KARL DER KÜHNE VON BURGUND eine Gefahr.

1483–98 KARL VIII. eröffnet infolge der Ansprüche des Hauses Anjou auf Neapel

1494 die ital. Kriege (S. 219).

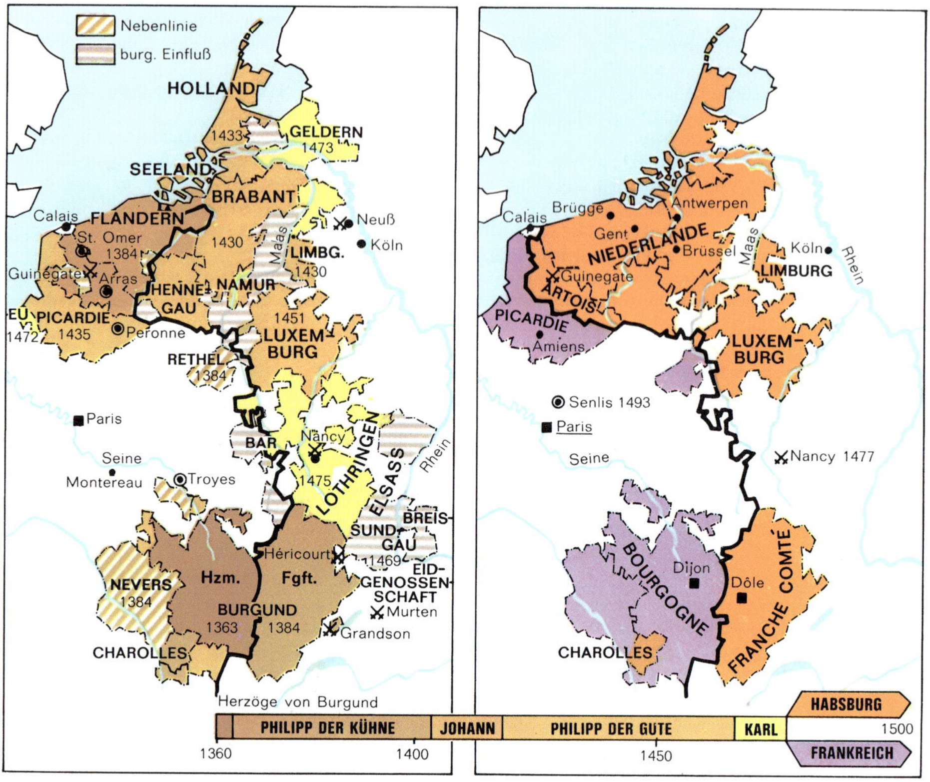

Das Zwischenreich Burgund 1363–1477

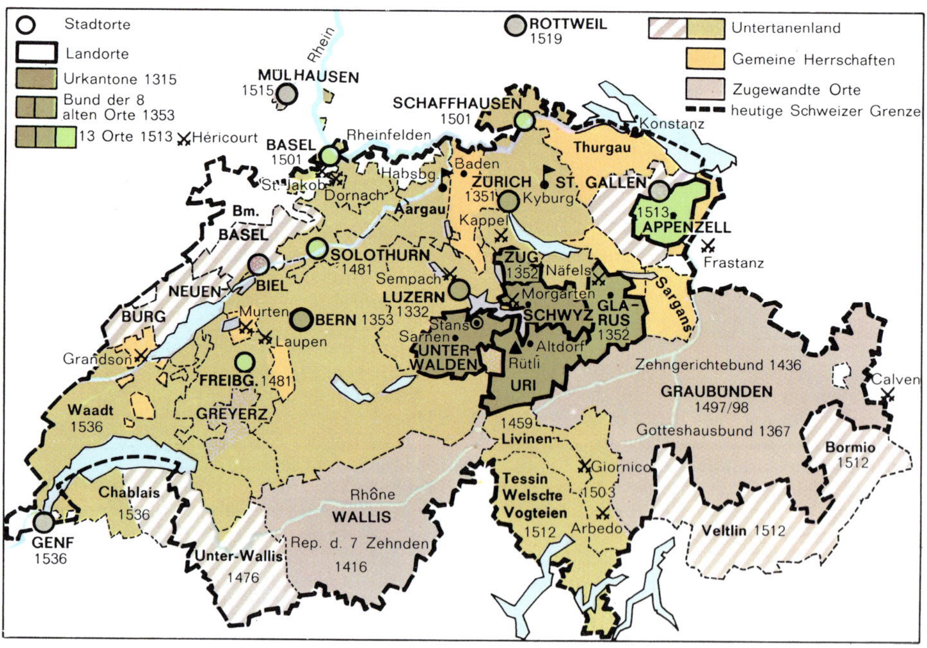

Die Schweizer Eidgenossenschaft 1315–1513

Die Schweizer Eidgenossenschaft (1291–1513)

Nach dem Aussterben der Zähringer (1218) zersplittert das Schweizer Alpengebiet in polit. selbst. Kleingebilde. Bei der Erweiterung ihrer Landeshoheit (Verbindung des oberrhein. Besitzes mit Tirol) stoßen die Habsburger nach 1278 (S. 195) auf den Widerstand der Bauern von **Uri** (reichsunmittelbar seit 1231) und **Schwyz** (1240). Mit Unterwalden schließen sich die drei **Urkantone** im

1291 »Ewigen Bund« zur Wahrung ihrer Freiheiten zusammen. (Rütlischwur, Geßlerhut und TELLS Apfelschuß gehören der Sage an.) Die **Eidgenossenschaft** wird von den Gegnern Habsburgs anerkannt (ADOLF VON NASSAU 1297; HEINRICH VII. 1309). Den Angriff eines Ritterheeres unter LEOPOLD I. VON ÖSTERREICH schlagen die Bauern in der

1315 Schlacht bei Morgarten ab.

1332 Luzern tritt als erster Stadtort dem Gemeinwesen bei, das sich zum

1353 Bund der acht alten Orte erweitert. Im »Städtekrieg« siegt das eidgen. Volksaufgebot in der

1386 Schlacht bei Sempach, 1388 bei Näfels über Österreich.

1415 Eroberung des habsbg. Aargaues, des ersten Untertanenlandes; Ausdehnung nach Süden zur Beherrschung der Paßstraßen nach Italien bis zur

1422 Niederlage von Arbedo. – Die Zusammenarbeit von Landorten (Bauern) und Stadtorten (Patrizier, Zünfte) wird gefährdet im Konflikt zwischen Schwyz und Zürich.

1440–46 Alter Zürichkrieg: die Stadt verbindet sich mit FRIEDRICH III., der die zügellosen Armagnacs (S. 191) ins Land zieht; aber Ausgleich des Bundes mit Frankreich trotz der

1444 Niederlage bei St. Jakob a. d. Birs. Zürich tritt erneut dem Bund bei; Stadt und Stift St. Gallen schließen sich 1451 als »Zugewandte Orte« an.

Habsburg verliert in der Folgezeit seinen Besitz (Thurgau) bis auf Rheinfelden und sucht sich deshalb die Hilfe KARLS DES KÜHNEN zu sichern (s. unten). Beunruhigt über dessen Vorgehen, verbinden sich aber unter franz. Vermittlung die Gegner nach Anerkennung ihres Besitzstandes zu gegenseitiger Hilfe in der

1474 »Ewigen Richtung«. – Auf seinem Zug gegen Bern erleidet KARL DER KÜHNE die

1476 Niederlagen bei Grandson und Murten; er fällt 1477 bei Nancy (s. unten). – Durch ihre Erfolge selbstbewußt geworden, widersetzen sich die Eidgenossen der Reichsreform MAXIMILIANS I. (S. 219). Der »Schwabenkrieg« endet mit dem

1499 Frieden von Basel: die »reichsverwandte« Schweiz erhält polit. Unabhängigkeit, sie löst sich vom Reich. Erweiterung zum

1513 Bund der 13 Orte und Expansion nach Süden (Veltlin, Bormio, Tessin) bis zur

1515 Niederlage bei Marignano. Die Schweizer »Gewalthaufen« leiten die neue Kriegführung mit Lands-(Lanz-)Knechten ein. Schweizer »Reisläufer« (Kriegsreise laufen) werden zu den begehrtesten Söldnern der Zeit.

Das Zwischenreich Burgund (1363–1477)

Verbunden durch eine Nebenlinie des Hauses Valois, entsteht im deutsch-franz. Grenzgebiet ein Länderkomplex, der dem karoling. Lotharingien (S. 125) ähnelt.

1363–1404 PHILIPP DER KÜHNE wird von seinem Vater JOHANN DEM GUTEN 1363 mit dem Hzm. Burgund (Bourgogne) belehnt. Er und seine Nachfolger gewinnen durch Erbschaft und Kauf

1384 die Fgft. Burgund (Franche Comté), ferner das Erbe der Wittelsbacher (Holland bis 1433) und der Luxemburger (bis 1451).

Zugleich deutsche und franz. Lehnsträger, gehören die Herzöge von Burgund zu den reichsten Fürsten Europas, da sie mit Flandern und Brabant über das stärkste europ. Wirtschaftszentrum verfügen (S. 245). An ihrem Hof entfaltet sich eine Spätblüte ritterlicher Kultur; das burgund. Hofzeremoniell wird dem absoluten Fürstenstaat zum Vorbild (S. 243). Die erworbenen Gebiete behalten ihre eigenen Rechte. In den Niederlanden bildet sich aus dem Geist eines selbstsicheren Bürgertums mit JAN VAN EYCK (1386–1440), ROGIER VAN DER WEYDEN (1400–64) u. a. die realistische flämische Malerei aus.

1419 Ermordung Hz. JOHANNS durch Anhänger des Dauphins in Montereau.

1419–67 PHILIPP DER GUTE schließt sich im

1420 Vertrag von Troyes der engl. Partei an (S. 191); erst im

1435 Frieden von Arras Ausgleich mit KARL VII. nach Lösung der Lehnsabhängigkeit von Frankreich. – Eine polit. selbst. Stellung erstrebt auch sein Sohn

1467–77 KARL DER KÜHNE. Er gewinnt England, Kastilien und Aragon, um seinen erbitterten Gegner LUDWIG XI. (S. 191) einzukreisen. SIGMUND VON ÖSTERREICH verpfändet ihm die habsbg. Besitzungen am Rhein (Elsaß) in der Hoffnung auf burgund. Hilfe gegen die Eidgenossen. Für den Königstitel fordert der Kaiser für seinen Sohn MARIA, die Erbin von Burgund. – Nach vergeblicher

1474 Belagerung von Neuß willigt KARL in die Eheabrede ein. Nach der

1475 Eroberung Lothringens treibt Bern (NIKOLAUS VON DIESSBACH) die Schweiz zum Krieg (s. oben). KARL fällt in der

1477 Schlacht bei Nancy. – MARIA heiratet MAXIMILIAN (I.) VON ÖSTERREICH. Im Streit um das burgund. Erbe siegt dieser über LUDWIG XI. in der

1479 Schlacht bei Guinegate. Erst

1489 erkennt auch Flandern MAXIMILIANS Rechte an. Mit der Teilung des Erbes im

1493 Frieden von Senlis beginnt der säkulare Gegensatz Frankreich – Habsburg.

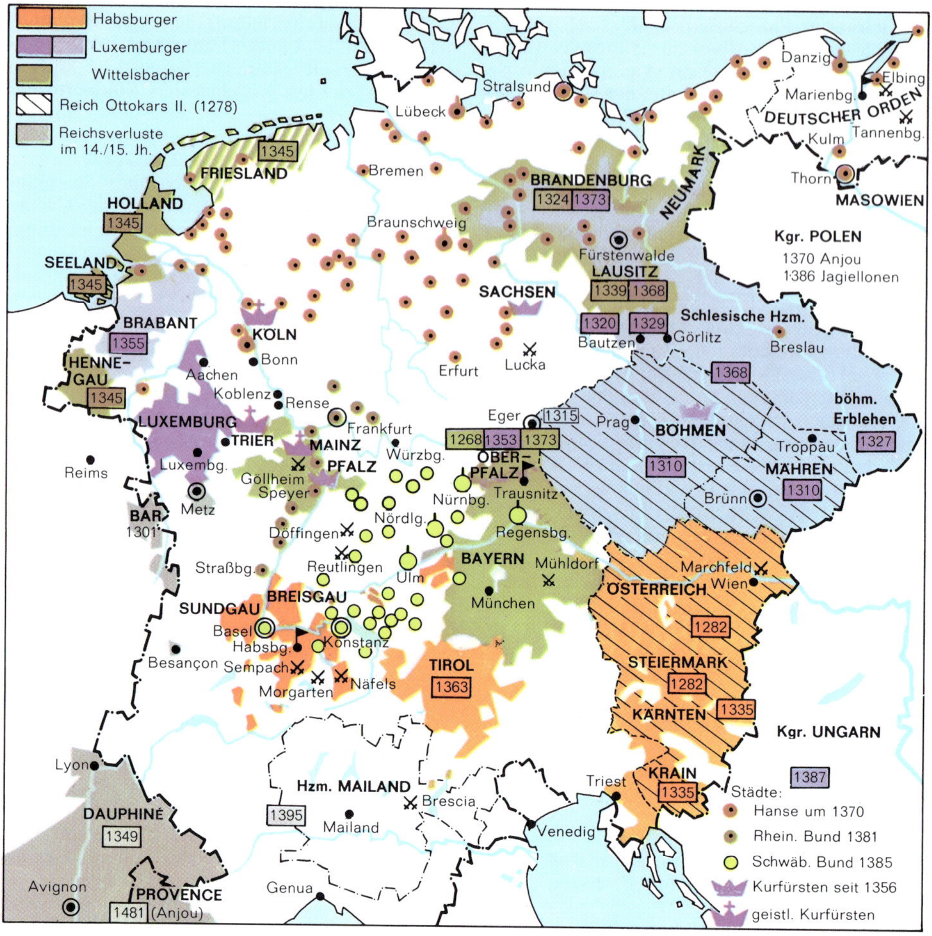

Hausmachtpolitik und Städtebünde im Spätmittelalter

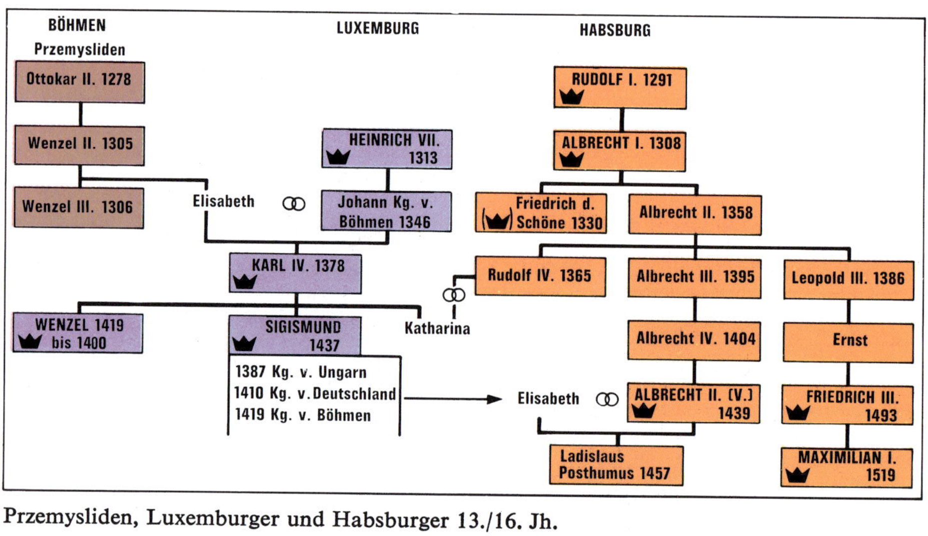

Przemysliden, Luxemburger und Habsburger 13./16. Jh.

Das deutsche Wahlkönigtum (1273–1356)
Friedlosigkeit und Rechtsbrüche (Faustrecht) während des Interregnums zwingen zur Erneuerung der Reichsgewalt durch **freie Königswahl,** die sich bei der Doppelwahl von 1257 (ALFONS VON KASTILIEN bis 1284; RICHARD VON CORNWALL bis 1272) endgültig durchgesetzt hat. Ihre Folgen sind: **Ausbildung eines Kurfürstenstandes:** Das Wahlrecht schränkt sich auf drei geistl. und vier weltl. Kurfürsten ein, die vom Kandidaten Sonderrechte (Kapitulationen) und polit. Mitspracherecht (Willebriefe) fordern, ein schwaches Königtum wünschen und deshalb die Krondyn. wechseln.
Hausmachtpolitik der Könige: In ihrer Macht abhängig vom Hausbesitz, trachten die Wahlkönige nach dessen Vergrößerung: Konflikte zwischen allg. Reichs- und Hausmachtpolitik.
Lösung vom Papsttum: Das »Heilige Römische Reich **Deutscher Nation«** gibt mit der Italienpolitik (S. 145, 217) die universale Reichsidee auf, findet aber keine Kraft zur Verwirklichung eines nationalen Staates.

1273–91 Rudolf von Habsburg – gegen OTTOKAR II. VON BÖHMEN (S. 169) gewählt – fordert entfremdete Reichsgüter zurück. OTTOKAR huldigt dem König, verweigert aber die Rückgabe seiner Reichslehen, wird geächtet und fällt in der
1278 Schlacht auf dem Marchfeld. Sein Sohn WENZEL II. behält nur Böhmen und Mähren. – **Begründung der habsbg. Hausmacht** durch
1282 Belehnung der Söhne RUDOLFS mit Österreich und Steiermark (Krain [als Pfand] und Kärnten an MEINHARD VON TIROL, 1335 an Habsburg).
1287 Reichstag von Würzburg: Erlaß eines allg. Landfriedens. Die Hausmachtpolitik
1291–98 ADOLFS VON NASSAU mißlingt. Er wird abgesetzt und fällt in der
1298 Schlacht bei Göllheim gegen
1298–1308 Albrecht I. von Habsburg. Der Sohn RUDOLFS bricht die
1301 Opposition rhein. Kurfürsten und zieht Böhmen als erledigtes Kronlehen ein. Mit der Ermordung des Königs durch seinen Neffen JOHANN PARRICIDA scheitert der Plan einer habsbg. Erbmonarchie. Gewählt wird der franz. Vasall und Bruder des Ebf. BALDUIN VON TRIER [1307–54]
1308–13 Heinrich VII. von Luxemburg (S. 217), dessen Sohn JOHANN [1310–46] das Kgr. Böhmen durch Heirat gewinnt.
1314–47 Ludwig der Bayer bekämpft seinen habsbg. Gegner mit Hilfe der Schweizer (S. 193) und siegt in der
1322 Schlacht bei Mühldorf: Gefangennahme FRIEDRICHS DES SCHÖNEN (Mitregent bis 1330). Päpstl. Einsprüche werden in der
1324 Appellation von Sachsenhausen zurückgewiesen; der Bann über LUDWIG zeitigt keine Wirkung mehr (S. 181).
1327/28 Italienzug und Kaiserkrönung. Auf Betreiben BALDUINS VON TRIER legt der
1338 Kurverein zu Rense in einem Weistum (Rechtsspruch) fest, daß eine Königswahl keiner päpstl. Bestätigung mehr bedarf. Rücksichtslose Hausmachtvergrößerung fordert die
1346 Gegenwahl des Luxemburgers KARL VON MÄHREN heraus, der nach dem Tod LUDWIGS allgemein anerkannt wird.
1346–78 Karl IV. macht das gut verwaltete Böhmen zum Kernland seiner Macht. Ausbau der Residenz Prag (Veitsdom, Hradschin);
1348 Gründung der ersten deutschen Universität. Die Reichskanzlei fördert die Schriftsprache (Prager Kanzleideutsch).
KARL erreicht durch kluges Verhandeln eine Verständigung mit der Kurie (1355 Kaiserkrönung) und mit den Kurfürsten:
1356 Goldene Bulle: Der durch Mehrheitsbeschluß in Frankfurt gewählte und in Aachen gekrönte König ist zugleich »erwählter röm. Kaiser« (Titel seit 1508). Die unteilbaren Kfsm. erhalten Majestätsrecht, Gerichts- und Landeshoheit.
Bedeutung des Reichsgrundgesetzes: Sicherung der dynast. Erbwahl zugunsten der Luxemburger (ab 1437 der Habsburger) und des **dualistischen Ständestaates** mit Teilung der Macht zwischen »Kaiser und Reich«. Die Fürsten erstreben die kurfürstl. Vorrechte.
Hausmachtpolitik: KARL IV. erwirbt 1353 die Oberpfalz; bis 1368 Schlesien und die Lausitz. Im Vertrag von Fürstenwalde kauft er 1373 das wittelsb. **Brandenburg.**

Die süddeutschen Städtebünde im 14. Jh.
1254 Rhein. Städtebund, zur Sicherung des Landfriedens im Interregnum gegründet. Spätere Einungen entstehen zum Schutz städt. Freiheiten. Sie richten sich gegen:
Ritter: Fehden und Plünderungen städtischer Kaufmannszüge;
Fürsten: ständiger Streit um **Pfahlbürger** (außerhalb der Mauern wohnende Bürger unter städt. Schutz), die dem Ausbau eines Territoriums im Wege sind;
Könige: Verpfändung von Städten aus polit. oder finanz. Gründen an Fürsten. – Die
1356 Goldene Bulle verbietet städt. Bündnisse. Trotzdem gründen 14 Städte den
1376 Schwäb. Städtebund (gegen Graf EBERHARD DEN GREINER VON WÜRTTEMBERG).
1377–89 Süddeutscher Städtekrieg mit
1377 Siegen bei Ulm über KARL IV. und bei Reutlingen über Württemberg. – Schwäb.-rhein. Zusammenschluß zum
1381 Süddeutschen Städtebund, der sich mit den Eidgenossen verbündet (1385). Das Fürstenheer besiegt den Bund in der
1388 Schlacht bei Döffingen (und Worms). – Mit dem Verzicht auf Sonderbünde im
1389 Landfrieden zu Eger endet die selbst. Politik der Reichsstädte, die aber als »drittes Kollegium« ab 1489 regelmäßig an Reichstagen teilnehmen, getrennt in eine Schwäb. und eine Rhein. Bank.

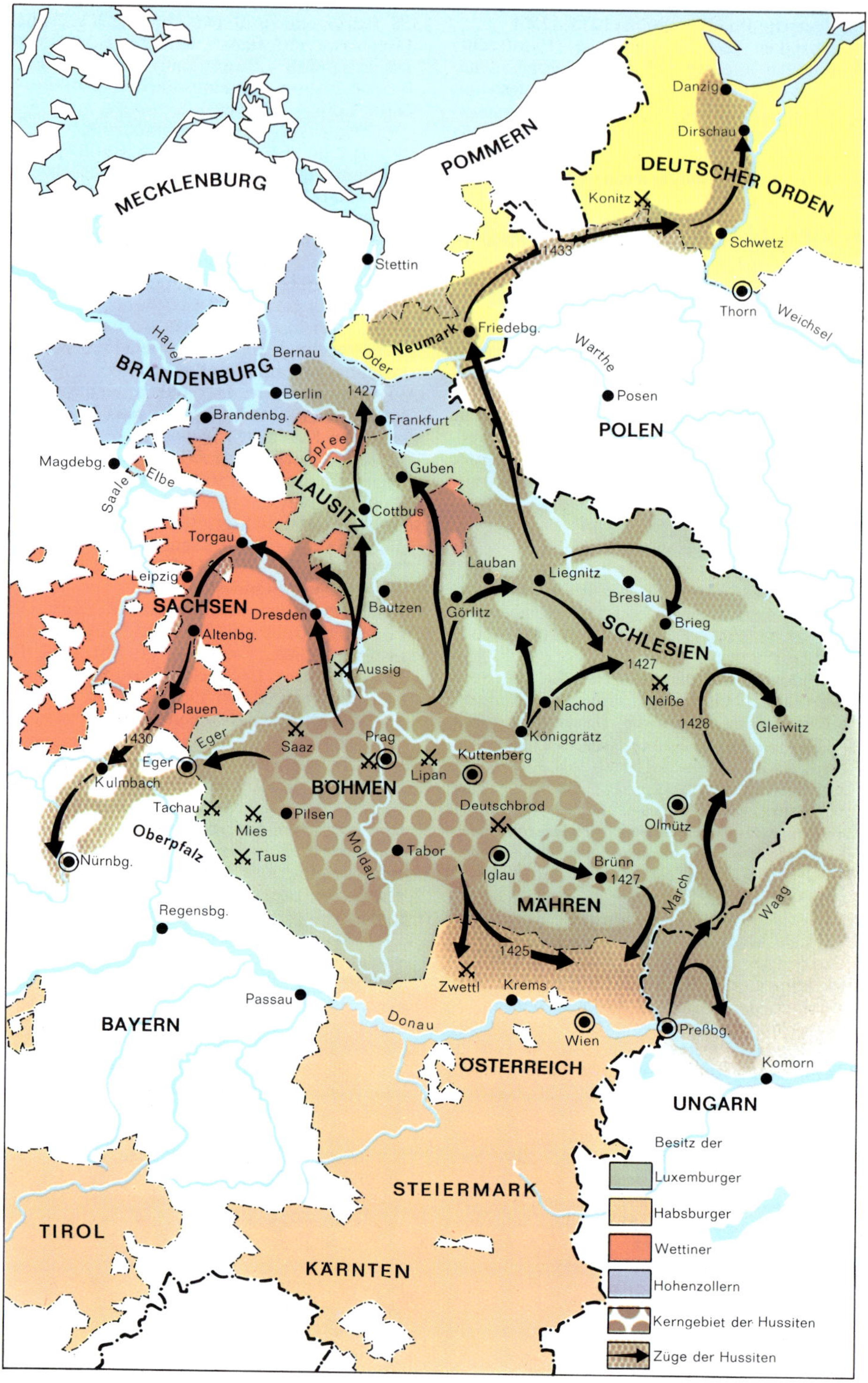

Die Hussitenkriege 1419–1436

Deutschland unter den Söhnen Karls IV.
Zur Verwirklichung des geplanten Großslaw. Reiches erhält **Sigismund** Brandenburg 1378 (Kg. von Ungarn 1387), **Wenzel** Böhmen, Schlesien und die deutsche Krone 1378.
1373–1419 Wenzel, Kg. von Böhmen. Gegen seine Willkürherrschaft – er läßt den HL. NEPOMUK, Vikar des Ebf. von Prag, ertränken – bildet sich der Herrenbund unter dem Vetter JOBST VON MÄHREN [1375–1411]. Nach Erfolgen über WENZEL (zweimalige Gefangensetzung 1394 und 1402) zerfällt die staatl. Ordnung in Böhmen.
Deutsches Reich: WENZEL (der Faule) [1378 bis 1400] bemüht sich zunächst um den
1383 Reichslandfrieden von Nürnberg, ist aber machtlos gegen Fürsten, Ritter- und Städtebünde (S. 195) und wird wegen Untätigkeit abgesetzt. – Doch kann auch
1400–10 RUPRECHT VON DER PFALZ das gesunkene Ansehen der Krone nicht heben. Thronansprüche JOBSTS VON MÄHREN klären sich zugunsten von
1410–37 Sigismund. Er betreibt die Einberufung des Konzils von Konstanz (S. 181). – **Aufstieg neuer Territorialmächte:**
1415 Burggraf Friedrich I. von Hohenzollern erhält das Kfsm. Brandenburg.
1423 Belehnung FRIEDRICHS DES STREITBAREN aus dem **Haus Wettin** mit dem Kfsm. **Sachsen.** Eine Reichsreform verhindern die **Hussitenkriege** (1419–36).

Die Hussiten in Böhmen im 15. Jh.
Johann Hus (1369–1415) wird nach seiner
1415 Hinrichtung (S. 181) zum nat. Märtyrer. Als der »Mörder« SIGISMUND die böhm. Krone beansprucht, entladen die Hussiten ihren Deutschenhaß in einer
1419 Erhebung (erster Prager Fenstersturz). Ihre Glaubenssätze sind enthalten in den
1420 Prager Artikeln: freie Predigt; Abendmahl »sub utraque« (in beiderlei Gestalt); apostolische Armut des Klerus. – Relig. Spaltung in **Kalixtiner** (Kelchler) oder **Utraquisten** (Universität, Adel, Bürgertum) und **Taboriten,** die als Anhänger WICLIFS (S. 185) alle unbiblischen Kultformen und Dogmen verwerfen (Bauern, niederer Klerus, Kleinbürger). – Geführt von **Jan Ziska** (1360–1424) und **Andreas Prokop** (1380–1434), schlägt das hussitische Volksheer fünf Angriffe von Reichsheeren ab und zieht mit seinen geschützbestückten Wagenburgen plündernd durch die Nachbarländer. Nach der verheerenden
1431 Niederlage FRIEDRICHS VON BRANDENBURG bei Taus findet das Konzil in den
1433 Prager Kompaktaten (S. 181) einen Ausgleich mit den Utraquisten, die über die radikalen Taboriten in der
1434 Schlacht bei Lipan siegen und auf dem
1436 Landtag zu Iglau SIGISMUND anerkennen. – Neue Kämpfe und
1448 Eroberung Prags durch **Georg Podiebrad,** den Anführer der Utraquisten. Seit
1452 Reichsverweser, 1458 böhm. Kg., wird PODIEBRAD nach päpstl. Aufhebung der Prager Kompaktaten 1466 gebannt und unterliegt **Matthias Corvinus** (S. 201), der
1468/69 Mähren, Schlesien und die Lausitz besetzt. – Die böhm. Stände wählen
1471–1516 WLADISLAW VON POLEN zum Nachfolger. Er einigt sich mit MATTHIAS im
1478 Frieden von Olmütz und wird 1490 ungar. Kg. – Aus Taboriten und Waldensern entsteht seit 1467 die **Unität der Böhm.-mähr. Brüder.** – Ausgleich zwischen Katholiken und Utraquisten, die ihre eigene Kirchenordnung behalten, im
1485 Frieden von Kuttenberg.
Ergebnis: Schwächung von Krone, Kirche und Deutschtum, während sich der Hochadel am Kirchengut bereichert, aber keinen tschech. Nationalstaat verwirklichen kann.

Deutschland unter den ersten Habsburgern
Nach dem Aussterben der Luxemburger fällt die Krone mit Ungarn und Böhmen an den Habsburger
1438–39 Albrecht II. von Österreich. Vormund seines nachgeborenen Sohnes LADISLAUS POSTHUMUS (1440–57) wird
1440–93 Friedrich III. – Sein Rat ENEA SILVIO PICCOLOMINI gewinnt ihn für Papst EUGEN IV.; die Konzilsbewegung endet mit dem
1448 Konkordat von Wien (S. 181). – Fürstl. Machtkämpfen sieht der Kaiser tatenlos zu. Der allg. **Rechtsunsicherheit** begegnet besonders in Westfalen die
Feme: der (Stuhl) Herr des kgl. Blutbannes belehnt den **Freigrafen** mit dem geheimen Gericht. Graf und **Freischöffen** (auch Bauern) sprechen als »Wissende« das Urteil (nur Freispruch oder Tod), das sofort vollzogen wird. Nichterscheinen des Angeklagten zieht die **Verfemung** (Ächtung) nach sich. Das Selbsthilferecht verfällt Ende des 15. Jhs.
1471 Reichstag zu Regensburg: **Verbot des Fehderechtes.** Zur Wahrung des Landfriedens
1488 Gründung des **Schwäbischen Bundes** (Fürsten, Ritter und Städte). – **Reichsverfall:** Nach dem Tod LADISLAUS'
1457 Erhebung nat. Könige in Ungarn (MATTHIAS CORVINUS) und Böhmen (GEORG PODIEBRAD); Reichsverluste an Polen (S. 201) und an Burgund (S. 193).
1471–80 türk. Raubzüge in der Steiermark; habsbg. Erbteilungen und seit 1477 ungar. Angriffe auf Österreich mit
1485 Eroberung Wiens und Besetzung Niederösterreichs, Kärntens und der Steiermark.
Hausmachtpolitik: Trotz aller Mißerfolge vertraut der Kaiser der Kraft Habsburgs. Seine Erb- und Heiratsverträge legen den **Grund zur habsbg. Weltmacht.**
1463 Erbabsprache mit Ungarn. – Durch den Ehevertrag seines Sohnes MAXIMILLIAN
1477 Erwerbung Burgunds (S. 193);
1490 Entsetzung Wiens; Erbgewinn Tirols,
1491 Erbvertrag mit Böhmen und Ungarn.

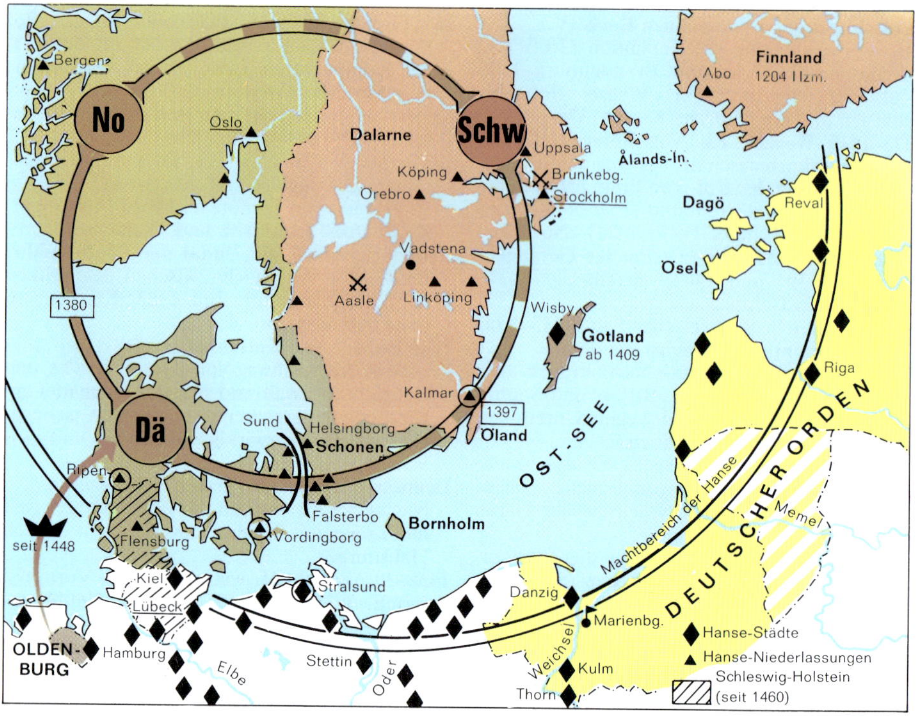

Die Ostseeländer um 1400

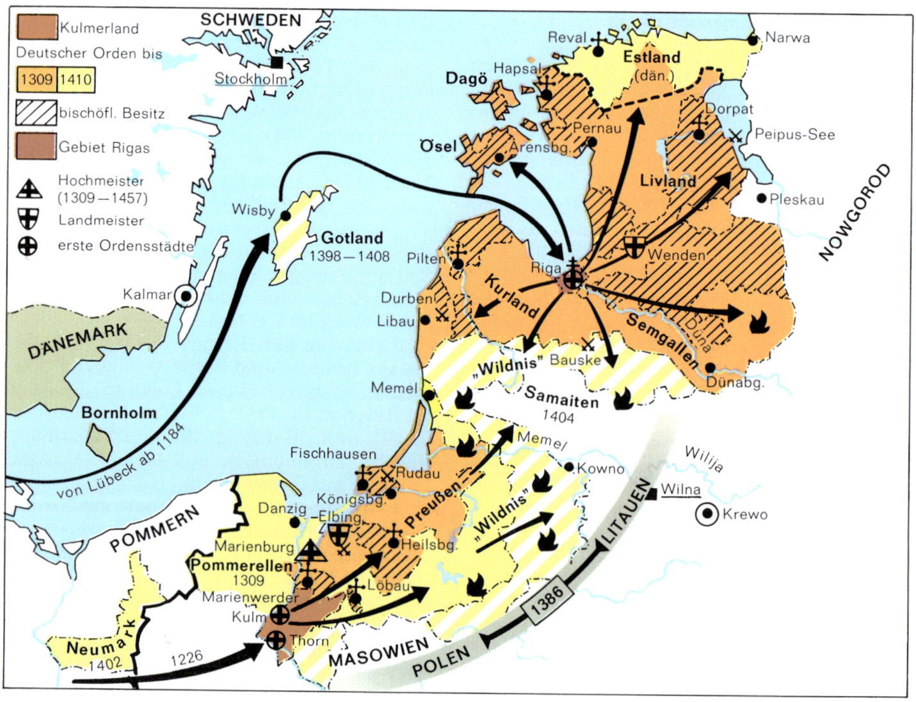

Der Aufstieg des Deutschen Ordens 1226–1410

Der Deutsche Orden (1226–1410)

Livland: Der Bremer Domherr ALBERT VON APPELDERN, 1199–1229 Bischof von Livland, sammelt ein Kreuzheer, gründet 1201 Riga und stiftet den Schwertbrüderorden (rotes Kreuz auf weißem Mantel).

Bis 1230 Unterwerfung Livlands und Kurlands, Landnahme durch den Adel, Gründung deutscher Städte und Bm., aber keine bäuerl. Besiedlung. Nach der

1236 Niederlage bei Saule gegen Litauer und Semgaller

1237 Vereinigung mit dem Deutschen Orden. Ein Vorstoß nach Nowgorod endet mit der

1242 Schlacht auf dem Peipus-See.

1346 erwirbt der Orden Estland von Dänemark.

Preußen: Hz. KONRAD VON MASOWIEN bittet den Orden um Hilfe gegen die heidn. Pruzzen und überläßt ihm das **Kulmerland.**

1209–39 Hochmeister Hermann von Salza erhält von FRIEDRICH II. (S. 173) in der

1226 Goldenen Bulle von Rimini Preußen als Ordensland; es wird 1234 dem Papst unterstellt. – Der Landmeister HERMANN VON BALK beginnt von Thorn (1231) und Kulm (1233) aus die Kreuzzüge gegen die Pruzzen. Nach Rückschlägen und Aufständen bis

1283 Eroberung Preußens;

1309 Erwerbung und Behauptung Pommerellens gegen Polen.

1351–82 Winrich von Kniprode bringt den Ordensstaat zu höchster Entfaltung.

1370 Niederlage der Litauer bei Rudau; planvolle Kolonisation (über 1400 Dorfgründungen); die neuen Städte (nach Kulmer Recht) gehören mit eigenen Handelsplätzen der Hanse an, doch gerät der Orden mit selbst. betriebenem Großhandel in Konkurrenz zu ihnen und zum Landadel, der polit. Mitbestimmung verlangt.

1393–1407 KONRAD VON JUNGINGEN vertreibt

1398 die Vitalienbrüder (S. 183) von Gotland (Wisby). Größte Ausdehnung des Ordens nach Pfandnahme der Neumark 1402 und Gewinn von Samaiten 1404.

Seit 1386 gerät der Staat durch die poln.-lit. Union (S. 201) in die Umklammerung eines überlegenen Gegners und verliert zudem seine Missionsaufgabe.

Verfassung: Der Orden (S. 153) besteht aus Ritter- und Priesterbrüdern, ihnen dienen nichtadelige Halbbrüder. Ergänzung der **Ordensstatuten** (Mönchsgelübde, Regel, Gesetze) durch Kapitelbeschlüsse und Verordnungen des »reichszugehörigen« **Hochmeisters** mit Sitz in der **Marienburg** (ab 1309). Gewählt vom Generalkapitel, regiert er mit 5 **Gebietigern,** dem Marschall (Krieg), Großkomtur (Verwaltung), Spittler (Fürsorge), Trappier (Bekleidung), Tressler (Finanzen) und **Landmeistern** für Preußen und Livland. Der Komtur leitet einen Ordensbezirk. Mehrere Komturen bilden außerhalb des Ordenslandes Balleien, die dem **Deutschmeister** unterstehen.

Skandinavien im Spätmittelalter

Schweden: Unter schwachen Königen Aufstieg des Adels (entstanden aus Großbauerngeschlechtern; kein soz. Gegensatz zum freien Bauerntum). Die Großen übertragen gegen Bestätigung ihrer Vorrechte und Bildung eines Reichsrates die Krone

1319–63 MAGNUS ERIKSSON. Der erste norw.-schwed. Unionskönig verliert Schonen, Öland und Gotland an Dänemark.

Norwegen: MAGNUS muß das Land

1355–80 HAAKON VI. überlassen. Dieser heiratet 1363 MARGARETE, ab 1387 Königin von Dänemark und Norwegen.

Dänemark: Den Wirren zwischen Krone, Adel und Klerus macht Gf. GERHARD III. VON HOLSTEIN, zum Reichsverweser gewählt, ein Ende. Er läßt 1326 den Hz. von Schleswig, WALDEMAR III., zum König wählen und erbt Schleswig. GERHARD wird 1340 ermordet.

1340–75 Waldemar IV. Atterdag. Seine Kriegszüge gegen Öland und Gotland (Wisby) veranlassen den

1361–70 Hansekrieg. Dänemark muß sich dem finanziell stärkeren Gegner beugen.

1370 Friede von Stralsund. Er sichert der Hanse die Ostseeherrschaft. – Die Tochter WALDEMARS setzt die Wahl ihres Sohnes OLAF (5 J.) in Dänemark und Norwegen (1380) durch. Nach dessen Tod wird die Regentin dän. und norw. Königin:

1387–1412 Margarete. – Eine schwed. Adelsopposition ruft die »Semiramis des Nordens« ins Land; der schwed. König ALBRECHT wird

1389 bei Aasle gefangen, Stockholm verteidigt sich bis 1395 mit Hilfe der »Vitalienbrüder« (S. 183). – Die Reichsräte der drei Länder vereinigen sich schließlich zur

1397 Union von Kalmar. – Ein 2. nord. Großreich entsteht nicht, da Schweden das dän. Unionskönigtum ablehnt.

1412–39 ERICH VON POMMERN begünstigt den holl. und engl. Handel; gerät durch

1423 Sund-Zollerhebungen mit der Hanse und Holstein in Konflikt und muß im

1435 Frieden von Vordingborg die Hanseprivilegien bestätigen. – In Schweden

1434–36 Volkserhebung unter dem Nationalhelden ENGELBRECHT ENGELBRECHTSSON (um 1400–36). Nach seiner Ermordung wird KARL KNUTSON BONDE bis 1441 Reichsverweser (als KARL VIII. König von 1448–70).

1439–48 CHRISTOPH III. VON BAYERN kann die Union noch erhalten. Sein Nachfolger

1448–81 CHRISTIAN I. aus dem **Haus Oldenburg** wird von den Ständen zum

1460 Hz. von Schleswig und Holstein gewählt. Seither Realunion der beiden Hzm. (»up ewich ungedeelt«) bis 1863.

1464 Aufstand in Schweden: der Reichsverweser STEN STURE I. [1470–1504] besiegt

1471 in der Schlacht am Brunkeberg die Dänen. Auch unter JOHANN [1481–1513] ständige Unruhen und Kämpfe mit Schweden, in denen die Union zerfällt (S. 249).

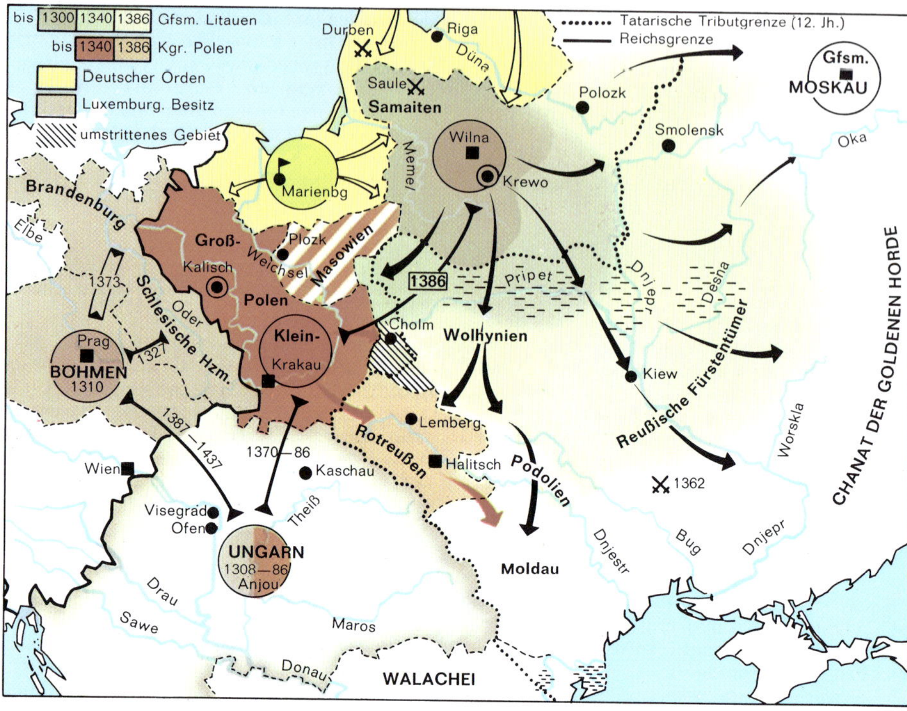

Der Aufstieg Litauens im 14. Jh.

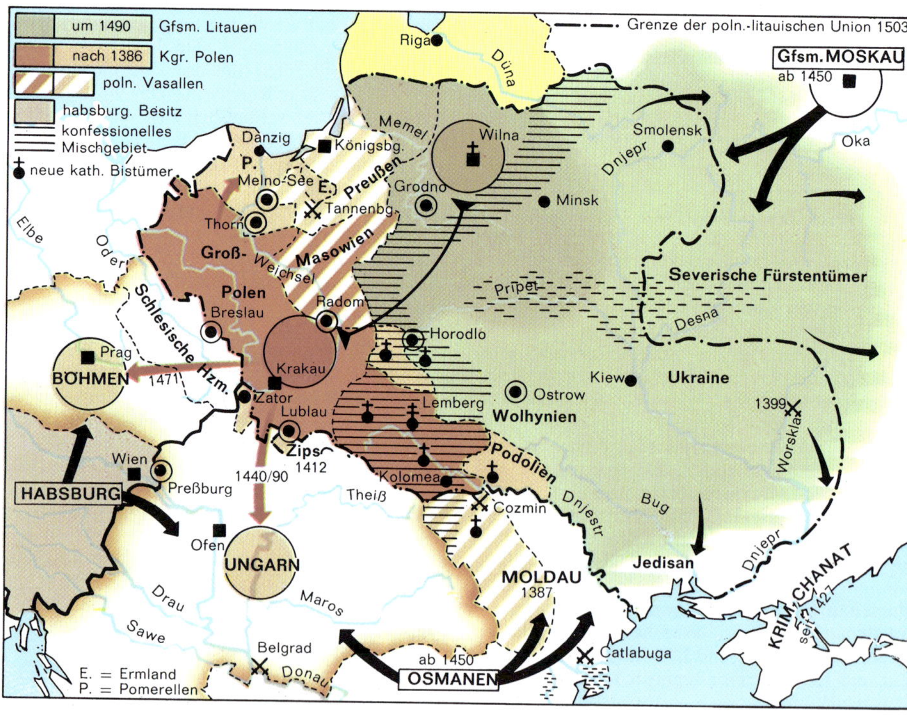

Das polnisch-litauische Großreich im 15. Jh.

Litauen als östl. Führungsmacht
Geeint durch Sprache und heidn. Kultur, lebt der baltische Zweig der Indogermanen in Wald- und Sumpfgebieten der Memel und Düna. Angriffe des Deutschen Ordens zwingen die Sippen um 1250 zu staatl. Zusammenschluß.

1316–41 GEDIMIN legt Burgen und Städte an. Beginn der Expansion nach Südosten durch Eingliederung der reußischen (weißruss. und ukrain.) Fsm., die ihre soz. und polit. Struktur behalten.

1345–77 OLGERD besiegt die Tataren in der

1362 Schlacht am Blauen Wasser und kämpft mit Polen um Galizien und Podolien. – Im lit. Großstaat überwiegt die russ. (orth.) Bevölkerung, die den heidn. Litauern kult. überlegen ist. Nach Übertritt zum kath. Glauben begründet JAGIELLO [1377–1434] als poln. König die

1386 Union mit Polen, doch bleibt Litauen in den Verträgen von Ostrow 1392, Horodlo 1413 und Grodno 1432 selbst. Groß-Fsm. unter poln. Oberhoheit.

1392–1430 WITOLD baut trotz des

1399 Tatarensieges an der Worskla die lit. Macht am Schwarzen Meer aus, ersetzt die Teilfürsten durch Statthalter, stirbt aber vor seiner Krönung zum lit. König. Gegensätze zwischen lit. (kath.) und russ. (orth.) Adel bzw. Bevölkerung begünstigen den Aufstieg Moskaus, das ab 1450 offensiv wird (S. 203).

Die Festigung Polens im 14. Jh.

1306–33 WLADISLAW I. LOKIETEK gelingt mit päpstl. Hilfe die nat. Einigung. Gestützt auf Ungarn, wird das Reich durch

1333–70 Kasimir III. d. Gr. gefestigt.

1335 Vertrag von Visegrad: Böhmen erhält Schlesien gegen Verzicht auf Polen.

1343 Friede von Kalisch mit dem Deutschen Orden. Dafür gewinnt der König

1366 Rotreußen (Fsm. Halitsch).

1347 Kodifikation des poln. Rechts. – Gegen Steuerfreiheit stimmt der Adel einer Personalunion mit Ungarn zu. Unter

1370–82 LUDWIG D. GR. (ANJOU) erweitern die »Krakauer Herren« ihre Macht.

1374 Kaschauer Privileg: erste Gewährung polit. Vorrechte für den Adel, der dafür die weibl. Thronfolge bestätigt und durchsetzt, daß die Tochter des Königs

1382–99 HEDWIG (JADWIGA) ihr habsbg. Verlöbnis löst und der Bewerbung JAGIELLOS von Litauen im Vertrag von Krewo 1385 zustimmt. Nach kath. Taufe Heirat und Krönung JAGIELLOS in Krakau.

1386 Personalunion Litauens mit Polen.

Das poln. Jagiellonenreich im 15. Jh.

1386–1434 WLADISLAW II. JAGIELLO stößt bei der Christianisierung Litauens auf Widerstand. Die Spaltung zwischen kath. und orth. Glauben belastet das poln.-lit. Großreich. Gemeinsamer Gegner ist der **Deutsche Orden,** dessen Niedergang die

1410 Schlacht bei Tannenberg einleitet. HEINRICH VON PLAUEN [1410–13] verteidigt die Marienburg. Nach dem

1411 (1.) Frieden von Thorn versucht er Reformen und wird deshalb abgesetzt. Ungarn erkennt den Frieden im

1412 Vertrag von Lublau an und verpfändet 13 Städte der Zips an Polen, das vom Konstanzer Konzil mit der Ausbreitung des kath. Glaubens im Osten betraut wird.

1422 Friede am Melno-See: der Orden verzichtet endgültig auf Samaiten.

1454 kommt es erneut zum Krieg, da sich die preuß. Stände Polen unterstellen.

1457 Erstürmung der Marienburg.

1466 (2.) Friede von Thorn: Ermland, Westpreußen (Pommerellen, Kulmerland) fallen an Polen; der Hochmeister ist zu Treueid und Heeresfolge verpflichtet (Lehnshoheit Polens seit 1525). Sonderrechte für Danzig.

1434–44 WLADISLAW III., seit 1440 ungar. König, fällt auf dem Türkenkreuzzug in der vernichtenden und folgenreichen

1444 Schlacht bei Warna (S. 209). Nachfolger wird der lit. Großfürst

1447–92 KASIMIR IV. Er stützt sich auf den Kleinadel (Szlachta), der seit 1454 Landtage abhält und ab 1468 die 2. Kammer des Reichstages (Sejm) bildet. – Nach dem 2. Thorner Frieden reicht Groß-Polen von der Ostsee bis zum Schwarzen Meer. KASIMIRS Sohn WLADISLAW wird

1471 König von Böhmen, 1490 von Ungarn.

1485 huldigt das Fsm. Moldau Polen, das dadurch in Konflikte mit den Türken gerät.

1497 Niederlage bei Cozmin. – Unter JOHANN I. ALBRECHT und ALEXANDER bis 1506 Einkreisung durch Habsburg (S. 249), Moskau (S. 203) und die Türken.

Das Ende des ungar. Reiches
Nach Aussterben der Arpaden (S. 169) innere Wirren bis zur Erneuerung der Krongewalt durch das Haus **Anjou** (1307–82).

1342–82 Ludwig I. d. Gr. entmachtet die Magnaten; Bürgertum und Städte blühen auf. Im Süden entsteht ein Gürtel türk. Vasallenstaaten (Moldau, Walachei).

1387–1437 Sigismund, deutscher König 1410, König von Böhmen 1419, Kaiser 1433, plant ein slaw. Großreich der Luxemburger. Die

1396 Schlacht bei Nikopolis (S. 209) beendet seinen Türkenzug. Die Magnaten erzwingen sich Feudalrechte.

1446 Wahl JOHANN HUNYADIS zum Reichsverweser. Er kämpft gegen habsbg. Ansprüche (LADISLAUS POSTHUMUS, S. 197);

1456 Sieg bei Belgrad über die Türken.

1458–90 Matthias I. Corvinus verlegt

1485 seine Residenz nach Wien (S. 197). Das Donaureich verfällt rasch unter

1490–1516 WLADISLAW II. v. BÖHMEN, der im

1491 Frieden von Preßburg die habsbg. Erbansprüche anerkennt.

1526 Schlacht bei Mohacs (S. 209).

Rußland um 1600

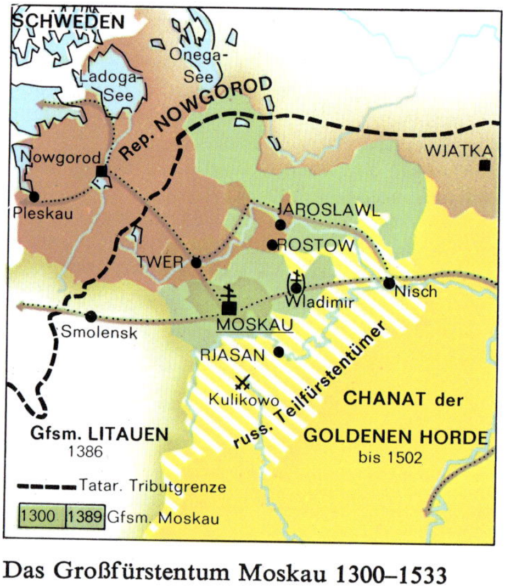

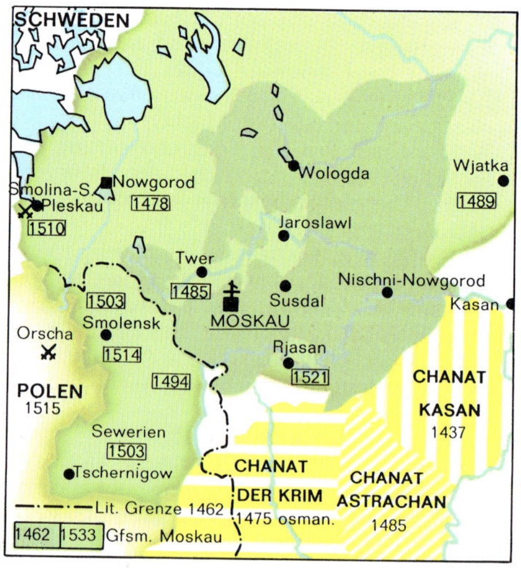

Das Großfürstentum Moskau 1300–1533

Der Aufstieg des Großfürstentums Moskau

Durch unterschiedliche polit. und kult. Entwicklung hat sich die altruss. Einheit aufgelöst in **Ukrainer** unter poln., **Weißrussen** unter lit., **Großrussen** unter tatar. (mongol.) Hoheit. Die russ. Teil-Fsm. sinken in polit. Anarchie. Keimzelle eines neuen russ. Reiches wird **Moskau,** 1147 erstmalig erwähnt, günstig gelegen, durch Wälder geschützt, relativ dicht besiedelt. Die Fürsten erweitern skrupellos ihren Besitz.

1325–41 IWAN I. KALITA (Geldbeutel) gilt als erster »Sammler der russ. Erde«. Er erkauft sich die Gunst der Tataren durch hohe Tribute und wird nach dem

1328 Sieg über Twer Großfürst. – Der Metropolit THEOGNOST verlegt seinen Sitz von Wladimir nach Moskau, sein Nachfolger ALEXEJ setzt seine Autorität für die nat. Einigung unter Moskau ein.

1359–89 DIMITRIJ DONSKOJ. Neue Kämpfe mit Twer und Rjasan, die sich auf Litauen stützen, enden 1375 mit der polit. Vorherrschaft Moskaus. – Erster russ.

1380 Sieg bei Kulikowo a. Don über die Tataren. Moskau gilt trotz innerer Konflikte und äußerer Rückschläge als Vorkämpfer gegen die Fremdherrschaft und für den rechten Glauben. Die

1439 Union von Florenz (S. 207) wird verworfen. Lösung der russ. Kirche von der griech.

Das »Sammeln der russischen Länder«

1462–1505 Iwan III. d. Gr. – verheiratet mit der byzant. Prinzessin ZOË – nennt sich »Selbstherrscher (Zar) von ganz Rußland«; ital. Architekten bauen den **Kreml** (Burg) zur Residenz aus. IWAN bildet mit Hilfe zuziehender Bojaren das Moskowiter-Reich in einen nat. Einheitsstaat um. Die autokrat. Staatsidee und ihre Symbole (Doppeladler, Hofzeremoniell) sind byzant. Ursprungs; der Mythos von Moskau, dem »Dritten Rom« und Hort der Rechtgläubigkeit (Mönch PHILOTHEOS), begründet das Sendungsgefühl des russ. Volkes und seines Herrschers, der von der orthodoxen Kirche als Stellvertreter Gottes begrüßt wird (Abt IOSIF VON WOLOKOLAMSK um 1480). – Abgelehnt wird diese Auffassung von der Bewegung der »Uneigennützigen« (NIL SORSKI, 1433–1509) zugunsten einer myst. Verinnerlichung der Kirche.

1478 Vernichtung der Rep. Nowgorod.

1480 Lösung aus der Oberhoheit der Goldenen Horde (S. 179), die sich in Teil-Chanate auflöst und 1502 von den Krimtataren zerschlagen wird. – Dem »Moskauer Vatererbe« werden einverleibt: Twer, Pleskau, Smolensk, Rjasan.

1502 erfolgloser Angriff auf Livland.

1533–84 Iwan IV. Grozny (der »Schreckliche«) (3 J.) erlebt als Kind Demütigungen, Gewaltakte, Intrigen sich bekämpfender Adelscliquen. Nach seiner

1547 Krönung zum Zaren: Reichserneuerung durch absolute Autokratie.

Innenpolitik: Reform der Zentralregierung (Prikasi), des Rechtes (Kodex Sudjebnik 1550) und des Heeres mit Hilfe persönl. Ratgeber (Fürst KURBSKIJ), des Dienstadels (Pomestje) und der **Strelitzen** (Schützen), der Kerntruppe des Heeres. Volk und Kirche unterstützen IWAN IV.

1551 Reformsynode des Metropoliten MAKARIJ: Einführung des Heiligenkalenders und eines Kirchenrechts (Stoglaw).

1553 Erschließung des Weißmeer-Weges durch den brit. Kapitän CHANCELLOR und Handelsaufnahme mit England.

1584 Gründung von Archangelsk (Seehafen).

1565–72 die Opritschnina: Teilung des Reiches in Gebiete des Zaren (Opritschnina) und der Bojaren (Semschtschina); deren Macht wird zwar durch Enteignung, Deportationen und Landverteilung an die Dvorjane (neue Kriegerklasse) gebrochen, doch der Staat furchtbarem Terror ausgesetzt: Liquidationen, Ausrottung ganzer Städte (1570 Nowgorod), Verfall der Landwirtschaft, Massenflucht der Bauern (Kosaken S. 273).

Außenpolitik: Ausdehnung nach Süden durch

1552–56 Unterwerfung von Kasan und Astrachan; Gegenstoß der Krimtataren:

1571 Einnahme und Brand Moskaus.

1581 Beginn der Eroberung Sibiriens (S. 273). Die Errichtung eines orthodoxen Weltreiches scheitert am

1558–82 Krieg um Livland (S. 249). IWAN hinterläßt ein zerrüttetes Reich.

1589 Moskau wird unabh. Patriarchat.

Die Zeit der Wirren (Smuta 1605–13)

In den Machtkämpfen um die Nachfolge wird der Bojar BORIS GODUNOW zum

1588 Reichsverweser, nach

1591 Ermordung des Zarensohns DIMITRIJ (DEMETRIUS) und dem Tod des letzten schwachsinnigen Rurikiden zum

1598–1605 Zaren gewählt. Gegen den »Usurpator« und »Mörder« tritt nach

1601–3 Hungersnöten und Unruhen mit poln. Hilfe ein polit. Abenteurer auf: der »FALSCHE DEMETRIUS« gibt sich als Zarensohn aus; poln. Truppen besetzen

1605 Moskau. – Unter IWAN BOLOTNIKOW

1606/07 erste soz. Kosaken- und Bauernaufstände, durch die ein zweiter (PSEUDO-) DEMETRIUS, der »Schelm von Tuschimo«, emporsteigt. Gegen ihn kann sich die Bojarenpartei mit schwed. Hilfe gegen Verzicht auf Livland im

1609 Vertrag von Wiborg behaupten. Doch beansprucht nun Polen (S. 249) den Zarenthron, gewinnt 1611 Smolensk, muß aber infolge einer antipolnischen Erhebung

1612 Moskau aufgeben. – Zum Zaren wird von einer Reichsversammlung der Bojar

1613–45 MICHAIL gewählt; er begründet die

1613–1762 **Dyn. Romanow,** überwindet die Wirren und findet einen polit. Ausgleich mit Schweden und Polen (S. 249).

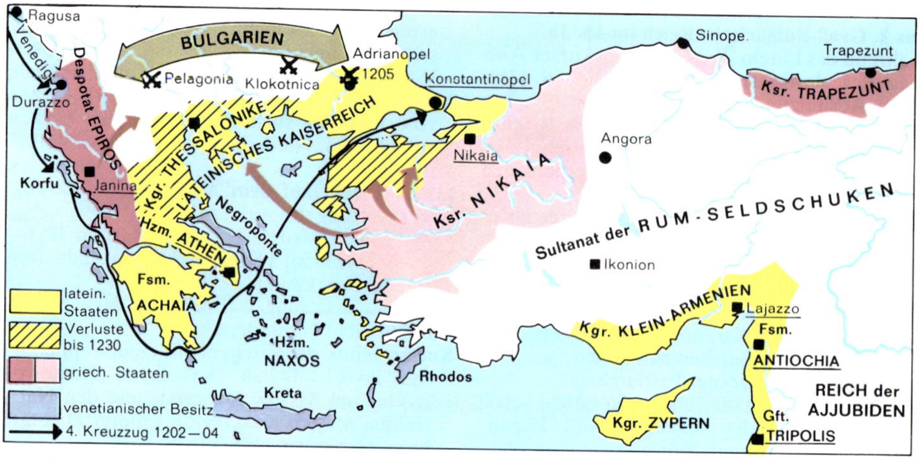

Das Lateinische Kaiserreich 1204–1261

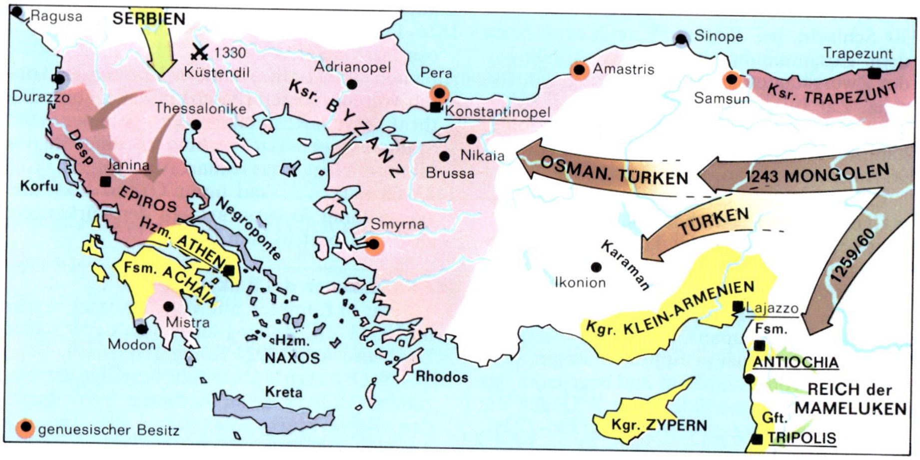

Byzanz nach 1261

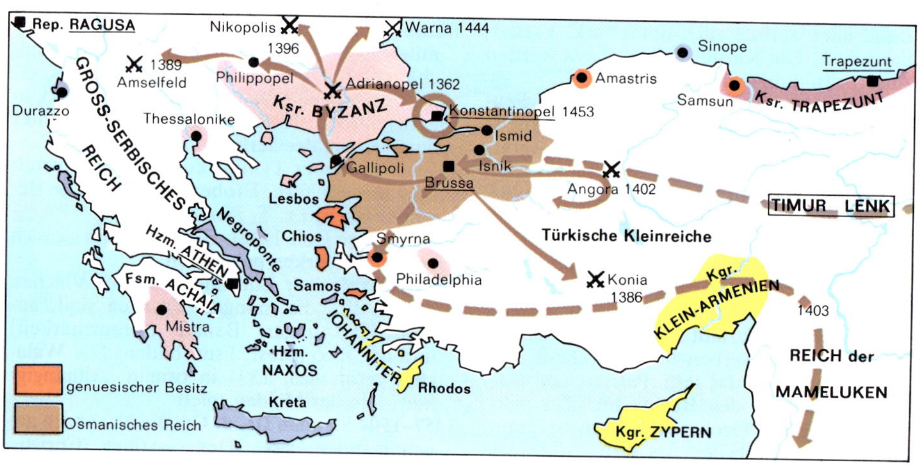

Das Vordringen der Osmanen im 14. und 15. Jh.

Das Lateinische Kaiserreich (1204–61)

Den von INNOZENZ III. aufgebotenen 34000 fläm. und franz. Kreuzrittern stellt **Venedig** eine Transportflotte (S. 153), fordert dafür trotz päpstl. Verbotes die

1202 Eroberung Zaras. – Ein Hilfsgesuch des byzant. Prätendenten ALEXIOS IV., der Kircheneinheit und Subsidien verspricht, lenkt den nach Ägypten geplanten

1202–04 4. Kreuzzug nach Konstantinopel um (S. 153). ALEXIOS hält sein Versprechen nicht und wird gestürzt.

1204 (2.) Eroberung Konstantinopels: der Griechenhaß der Lateiner entlädt sich in barbarischen Greueln: größte Plünderung des Mittelalters an Reliquien, Kunst- und Wertgegenständen. – Aufteilung des Reiches in feudale **Kreuzfahrerstaaten:**

Latein. Ksr.: BALDUIN I. VON FLANDERN [1204–05]; BALDUIN II. [1216–61].

Kgr. Thessalonike (HEINRICH VON MONTFERRAT); Fsm. Achaia, Hzm. Athen u. a. Gebilde. Venedig sichert sich Stützpunkte zum Aufbau eines kolonialen Handelsreiches. Die Unterstellung der griech. Kirche unter Rom steigert den Haß auf die latein. Fremdherrschaft. Bildung **byzant. Nachfolgestaaten:**

Ksr. Trapezunt: Ausdehnung mit Hilfe Georgiens nach Armenien; der christl. Vorposten in Kleinasien besteht bis 1461.

Despotat Epiros: THEODOR I. [1215–30] gerät in Gegensatz zu Nikaia nach der

1224 Eroberung von Thessalonike.

Ksr. Nikaia: Die byzant. Tradition führt THEODOR I. LASKARIOS [1204–22] fort und sucht mit den Bulgaren (S. 205) die latein. Herrschaft zu stürzen. Byzant.- bulg. Sieg in der

1205 Schlacht bei Adrianopel; im Frieden mit den Lateinern 1214 Festlegung der gegenseitigen Grenzen.

1222–54 JOHANNES III. VATATZES entreißt dem Latein. Ksr. Randprovinzen, besetzt 1246 Thessalonike und besiegt alle Rivalen (Epiros, Bulgarien). – Mit **Genua** (S. 183) verbündet, macht

1258–82 Michael VIII. Palaiologos der latein. Herrschaft BALDUINS II. ein Ende.

1259 Sieg bei Pelagonia über die Koalition zwischen Epiros und Sizilien; Untergang der fränk. Ritterschaft; auf Morea entsteht **Mistra** als Kern neuer byzant. Macht.

1261 Auflösung des Latein. Ksrs. Genua wird zweite Handelsmacht in der Levante.

Byzanz unter der Dynastie der Palaiologen

Von der Zerstörung des letzten christl. Bollwerks gegen den Islam erholt sich das neue Byzanz nicht mehr. Venedig behauptet die Inselwelt, in Griechenland halten sich die Lateiner. MICHAEL sucht deshalb diplomat. Beziehungen zu Frankreich, der Goldenen Horde, vor allem zum Papst. Seine Hoffnung auf kirchl. Wiedervereinigung durch die

1274 Kirchenunion des Konzils von Lyon erfüllt sich nicht. Dem neuen

1281 Bündnis von Orvieto zwischen Venedig und KARL VON ANJOU zur Wiederherstellung der latein. Herrschaft begegnet der Kaiser durch den Bund mit PETER III. VON ARAGON und dem sizil. Adel (S. 187). – Sein Restaurationswerk verfällt unter

1282–1328 ANDRONIKOS II. Wachsender Einfluß der orth. Kirche und ihrer Klöster (Mönchsgemeinschaft Athos) auf den Staat, der vollends verfällt in der

1321–54 Epoche der Bürgerkriege. Nach Thronkämpfen leitet die Politik seit

1328 JOHANNES KANTAKUZENOS. Gestützt auf die myst. Mönchsbewegung der Hesychasten (griech. = Ruhende), wirft er sich zum Gegenkaiser auf. In den Bürgerkrieg mit der soz.-rev. Partei der Zeloten werden Serben, Bulgaren, Seldschuken hineingezogen. Mit Hilfe des osman. Sultans URCHAN [1326–59] gewinnt JOHANNES 1347 erneut den Thron.

1349 Eroberung von Epiros, aber die Osmanen besetzen fast ganz Kleinasien und

1354 Gallipoli, ihren ersten europ. Besitz. Nach seinem Sturz wird JOHANNES Mönch; sein Sohn MATTHAIOS behält bis 1382 die Herrschaft in Mistra: Spätblüte byzantin. Kultur.

1354–91 JOHANNES V. gerät nach dem

1362 Fall von Adrianopel in osman. Abhängigkeit. Vergebliche Hilfsgesuche an LUDWIG VON UNGARN und Rom. Nach dem Scheitern des Türkenkreuzzuges vor Nikopolis 1396

1399–1402 vergebl. Reise MANUELS II. [1391–1425] nach Europa (Rom, Paris, London). Nur der Mongolensturm von 1402 (S. 179) verzögert die Vernichtung des Staates.

1422 erste osman. Belagerung Konstantinopels.

1425–48 JOHANNES VIII. erhofft sich von kirchl. Verhandlungen Unterstützung, tritt zum kath. Glauben über und schließt nach dem Konzil von Ferrara (S. 181) die

1439 Union von Florenz mit Papst EUGEN IV. (S. 181). Sie bringt keine Türkenhilfe und wird von der griech. Kirche abgelehnt. Nach der Anerkennung der Union durch den Metropoliten von Kiew, ISIDOR, verselbständigt sich die russ. Kirche. Die letzten Hoffnungen auf Entsatz schwinden mit der

1444 Niederlage von Warna (S. 209). Verteidigt von Byzantinern, Genuesen und Venezianern Belagerung und

29. 5. 1453 Fall von Konstantinopel. Ende des oström. Reiches.

Bedeutung: Entstehung eines asiat.-europ. **türk. Großreiches,** das unmittelbar das christl. Abendland bedroht; – Übertragung des antiken Erbes durch griech. Gelehrte nach Italien (Auslösung des europ. **Humanismus,** S. 212); – Übergang der Rechtsnachfolge von Byzanz und Führung der orth. Kirche auf das **Zartum und das »Dritte Rom« Moskau** (S. 203); Europa verliert mit dem Zugang zum Schwarzen Meer (Asow) den Landweg nach Indien; auf der Suche nach dem Seeweg wird die **»neue Welt«** entdeckt.

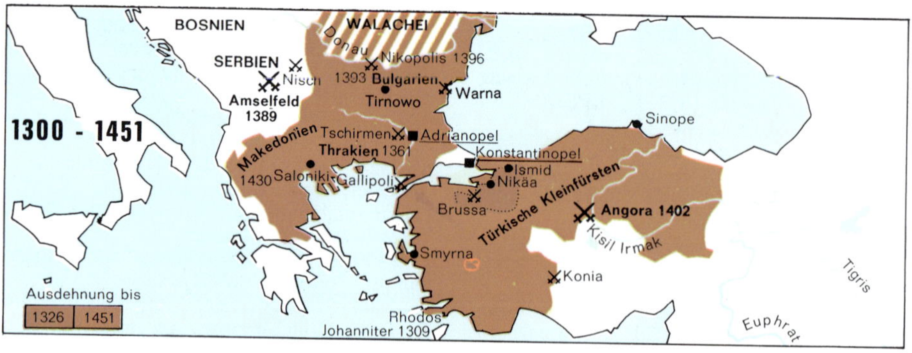

Der Aufstieg des Osmanischen Reiches 1300–1683

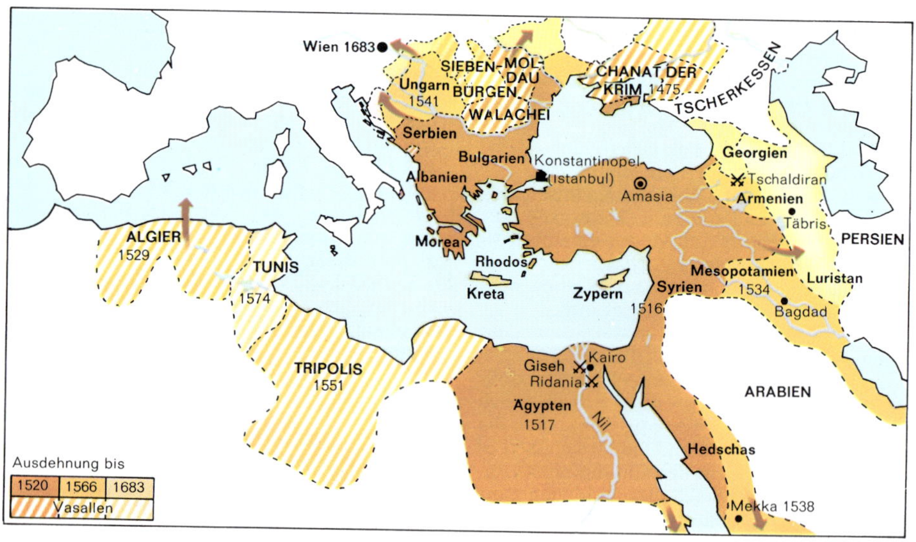

Das Osmanische Reich 1683

Die Anfänge des Osmanenreiches (1300–1402)

Mit dem Vordringen der Mongolen (S. 179) wandern Nomaden aus Turkestan nach Westen ab. Unter ihnen türkische Moslems, die sich nach dem Mongolensturm

ab 1243 in Kleinasien festsetzen. – Als Emir (Herrscher) einer Kriegergemeinschaft (Ghazid) im Dienst der Rum-Seldschuken (S. 137) erklärt sich

1281–1326 OSMAN I. zum Sultan und gründet

1301 das Osman. Reich.

1326 Eroberung von Brussa. OSMANS Sohn URCHAN [1326–59] vollendet die Unterwerfung Bithyniens mit der

1337 Einnahme von Nikomedia (Ismid). Er führt eine neue Währung und als nat. Symbol den Fes (glatte Mütze aus Filz) ein. Das Heer gliedert sich in leichte Truppen (Akindschi) und feudale Kavallerie (Sultansgarde der Paschas). Zum Schrecken Europas wird die Elite: die **Spahis** (Reiter) aus Renegaten (zum Islam Übergetretene) und die **Janitscharen** (Christenkinder, die als Sklaven zu fanatischen Moslems erzogen, mit eiserner Disziplin kämpfen. Bis zu 100000 Mann stark, bilden sie später einen »Staat im Staate«). Von einer byzant. Partei gerufen (S. 207), setzen die Osmanen nach Europa über:

1354 osman. Stützpunkt auf Gallipoli.

1359–89 MURAD I. stößt in das Kaiserreich vor und beschränkt Byzanz nach der

1361 Eroberung von Adrianopel auf die Stadt Konstantinopel. Der Widerstand der christl. Balkanvölker wird in der

1389 Schlacht auf dem Amselfeld (Kossowo) gebrochen. Das osman. Machtgebiet weitet sich bis zur Donau und zum Euphrat aus (1393 Bulgarien, Walachei). – Ein Kreuzzug Kaiser SIGISMUNDS (S. 201), der Byzanz befreien soll, endet in der

1396 Schlacht bei Nikopolis, doch verzögert sich der Fall Konstantinopels durch den Einfall TIMURS (S. 179).

1402 Schlacht bei Angora (Ankara) und Zusammenbruch des kleinasiat. Reiches.

Aufstieg und Blüte des Reiches (1413–1566)

Im europ. Reichsteil nicht bedroht, können MOHAMMED I. [1413–21] und MURAD II. [1421 –51] die Staatskrise überwinden. – Ein Kreuzheer unter JOHANN HUNYADI (S. 201) wird in der

1444 Schlacht bei Warna vernichtet.

1451–81 Mohammed II. (der Eroberer). Sein neues Hausgesetz bestimmt, daß jeder Sultan »um der Ordnung der Welt willen« seine Brüder zu töten habe.

1453 Belagerung und Fall Konstantinopels (S. 207), als Istanbul seither Hauptstadt. Serbien und Bosnien werden osman. Prov.; Albanien (SKANDERBEG) leistet bis 1468 Widerstand. MOHAMMED unterwirft 12 Reiche und 200 Städte. Venedig verliert seinen Besitz auf Morea; mit Trapezunt fällt

1461 der letzte christl. Vorposten.

1512–20 SELIM I. gewinnt Syrien, Arabien und Ägypten. – Die Weltmacht führt

1520–66 Suleiman II. d. Gr. (der Prächtige) zur höchsten Blüte. Drei entscheidende Siege:

1521 Eroberung Belgrads;

1522 Kapitulation der Johanniter auf Rhodos (türk. Kontrolle des venet. und genues. Handels);

1526 Schlacht bei Mohacs: Ungarn verliert mit König LUDWIG II. seine Selbständigkeit bis 1918 (S. 237). Die Verteidigung des Abendlandes fällt Österreich zu; Verbündete sind Polen und Venedig, während Frankreich mit dem Osmanenreich paktiert.

1529 erste Belagerung Wiens; 1533 Waffenstillstand mit Teilung Ungarns: der osman. Vasall JOHANN ZAPOLYA, Fürst von Siebenbürgen, erhält den Osten.

1541 wird das türk. Ungarn osman. Prov. Nach Verzicht des letzten Abbasiden-Kalifen (S. 137) übernimmt SULEIMAN

1534 Persien; Bagdad sinkt zur Prov.-Stadt ab. Die pers. Schiiten (S. 135) werden erbitterte Gegner der Osmanen.

Staat: Die Erfolge beruhen auf der Autokratie der Sultane und auf der Schlagkraft des Heeres. Deshalb jährl. Einfuhr von 20000 russ. und afrik. Sklaven; dazu Erhebung des Knabenzinses (Abgabe jedes 5. Christenknaben zur Ergänzung der Janitscharen). – Verwaltet von Großwesiren (oft slaw. oder griech. Abstammung), wird das eroberte Land in Militärlehen aufgeteilt und den Paschas zur Ausbeutung überlassen. Die Einheimischen (Rajas) bleiben unbelästigt, solange sie gehorchen und Steuern zahlen, und werden nicht gewaltsam bekehrt. – Ohne Begabung für Handel oder Gewerbe, dulden die Türken Armenier und Griechen als Händler, Seeleute, Verwaltungsgehilfen (Fanarioten), Dolmetscher (Dragomane). Trotz einiger Reformen keine innere Festigung; bestechliche Paschas.

Der Beginn des Reichsverfalls (1567–1661)

1566 Erstürmung der Festung Sziget, verteidigt vom ungar. Nationalhelden ZRINY;

1568 Friede von Adrianopel gegen jährl. Tributleistung Habsburgs. – Die

1571 Seeschlacht bei Lepanto (S. 243) bricht die Herrschaft der türk. Flotte.

1593–1606 neuer Krieg mit Österreich, doch muß der Sultan zum erstenmal im

1606 Frieden von Zsitvatorok mit dem Gegner verhandeln. Bagdad und Mossul fallen ab; Palastintrigen und Korruption zersetzen das Reich. MURAD IV. [1623–40] wirft mit unglaublicher Energie Janitscharen-Aufstände nieder und nimmt blutige Rache für den Abfall im Osten.

1639 Friede mit Persien; die Grenzregelung bleibt bis 1918 in Kraft. – Der

1645–69 Krieg um Kreta erschüttert erneut das Reich; doch verhindert der alban.

1656-61 Großwesir MOHAMMED KÖPRÜLÜ noch einmal die innere Reichsauflösung.

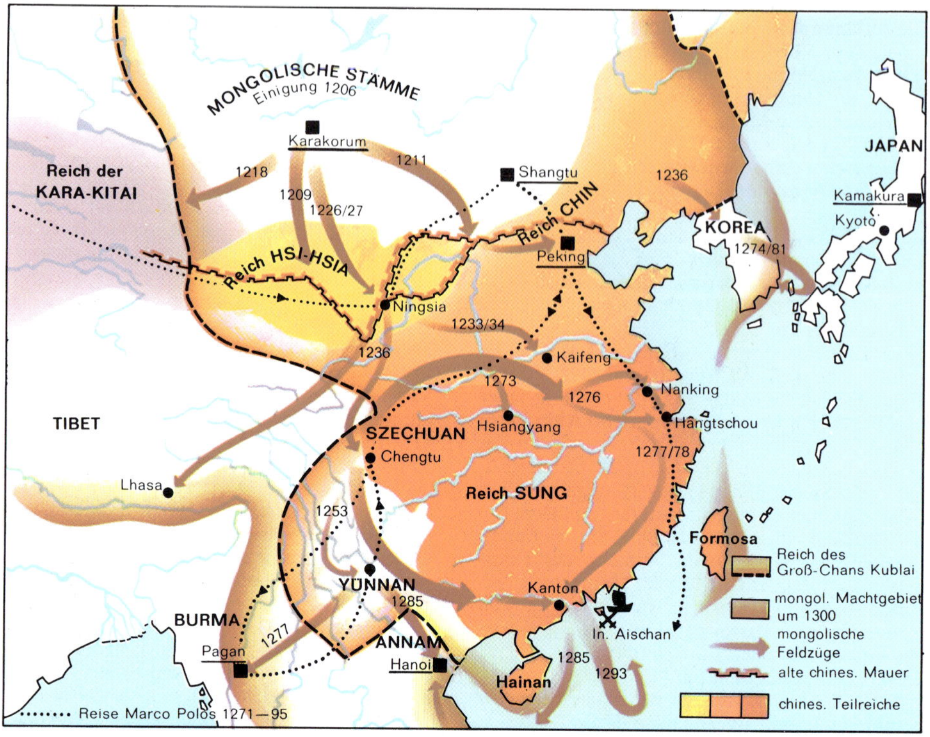

China zur Mongolenzeit (Yüan-Dynastie) 1205–1368

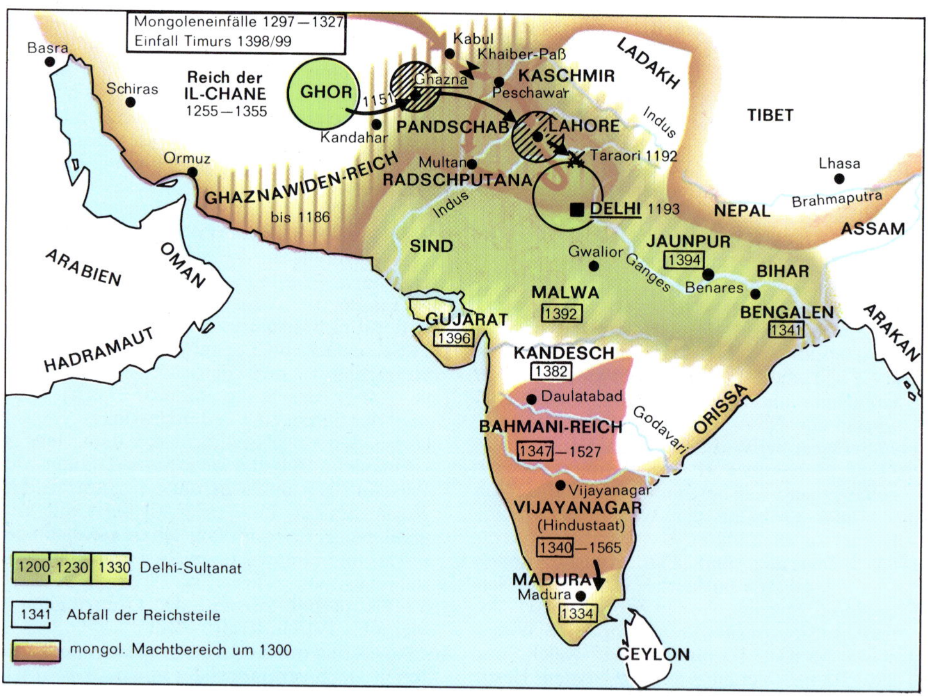

Das Sultanat von Delhi 1206–1526

Die Mongolenherrschaft in China (1264–1368)

1211–15 Einfall DSCHINGIS-CHANS in das Chin-Reich, das planmäßig verwüstet wird.

1215 Eroberung von Peking. Der Groß-Chan stirbt nach der

1227 Vernichtung des Reiches Hsi-Hsia. – Mongolen und Sung-Dyn. verbinden sich zur Unterwerfung und

1233/34 Aufteilung des Chin-Reiches. Nach Eroberung von Szechuan und Yünnan verlegt **Kublai** (1214–94), Enkel DSCHINGIS-CHANS, seine Residenz 1257 nach Chengtu, 1264 nach Peking (Khanbalik).

1258 Angriff auf das eingekreiste Sung-Reich. Als Groß-Chan vollendet KUBLAI nach einer Neuverteilung des Mongolen-Reiches die

1268–79 Eroberung des Sung-Reiches (Einsatz von Kanonen und Gewehren). Er begründet die **Yüan-Dyn.** (1280–1368) und regiert als Kaiser SHIH-TSU. – Vorstöße gegen Burma und Java (1293) schlagen fehl.

1281 Flottenangriff auf Japan, aber ein Taifun (Kamikadse = Götterwind) rettet die Inseln (vgl. Armada, S. 243).

Herrschaftsordnung: Einteilung Chinas in 12 Prov. und der Bevölkerung in 4 Klassen: Mongolen (Würdenträger, steuerfreie Grundbesitzer), Innerasiaten (Turkvölker, auch Europäer für Verwaltung und Handel), Nordchinesen, Koreaner (kleiner Mittelstand), Sung-Chinesen (rechtlose »Barbaren« ohne Handelserlaubnis). – Relig. tolerant, dulden die Mongolen das Eindringen des Islam im Westen.

1307 erstes kath. Ebm. in Peking.

Wirtschaft/Handel: Verwertung techn. Erfindungen (Flugmaschinen, U-Boote, Torpedo, Fernrohr), die die chin. Kultur später als zu primitiv ausscheidet. Riesige Porzellanmanufakturen für den Export. Peking wird Handelsmetropole Eurasiens; reger Handelsaustausch mit Europa.

Der Venezianer **Marco Polo** (1254–1324) gelangt auf seiner **Weltreise** 1275 an den kaiserl. Hof und unternimmt Reisen durch China. Seine Berichte bestimmen die Vorstellungen Europas über Asien im 14./15. Jh.

1325 Hungersnot: 8 von 45 Mill. Chinesen gehen zugrunde. Kult. Unterlegenheit und nat.-chines. Widerstand beschleunigen den Verfall des Yüan-Reiches (S. 227).

Literatur: Die vom Staatsdienst ausgeschlossenen chines. Beamten wenden sich der Volksdichtung (Romane) und dem Schauspiel zu.

Die ersten islam. Einfälle in Indien

Araber erobern im »Heiligen Krieg« das

712–45 Indusgebiet (Sind) mit Multan; ihr weiteres Vordringen wird verhindert.

999–1030 Mahmud d. Gr. von Ghazna (West-Turkestan), erster türk. Sultan. An seinem Hof wirken der größte pers. Epiker **Firdausi** (939–1020: ›Königsbuch‹) und der Mathematiker Al BIRUNI (973–1048: ind. Landesbeschreibungen).

1001–26 Raubzüge (17) des Sultans nach Indien (Überlegenheit der Kavallerie über ind. Fußheere mit Elefanten). Die Ghaznawiden setzen sich im Pandschab (Lahore) fest; sie werden vom Sultan von Ghor 1160 aus Ghazna verdrängt.

1162–1206 Mohammed von Ghor vernichtet

1186 das Ghaznawiden-Reich und besiegt die **Radschputen** (Hindu-Kleinfürsten) in der

1192 Schlacht von Taraori.

Das Sultanat von Delhi (1206–1526)

Der vom Sklaven zum General beförderte AIBAK erweitert die islam. Herrschaft, ermordet MOHAMMED und macht sich zum

1206 Sultan von Delhi (sog. Sklavendyn.).

1221 Vorstoß DSCHINGIS-CHANS zum Indus.

1296–1316 ALADIN KHALJI bricht die Macht der Radschputen und wehrt mongol. Einfälle im Nordwesten des Sultanats ab.

Herrschaftsordnung: Milit.-theokratische Despotie des Sultans, aber keine Erbfolgeordnung (deshalb mörderische dynast. Thronkämpfe); kein erbl. Feudaladel, sondern Staatsführung durch das **Jagir-System:** befristete Ausgabe von Lehen zur Ausbeutung an hohe Beamte (Türken, Araber, Inder, Mongolen u. a.). Hartes Steuersystem, dennoch großer Reichtum: Textilien (Bengalen), Schals (Kaschmir), Teppiche (Lahore), Zukker. Lebhafter Handel mit der islam. Welt (Ägypten). – Scharfe soz. Kontraste zwischen islam. (auch ind.) Herren, arab.- ind. Kaufleuten (relativer Wohlstand) und ind. Bauern bzw. Handwerkern (Armut durch Steuern bis zur Hälfte des Ertrages).

Vernichtung des ind. Buddhismus: Zerstörung der Klöster, Tempel, Schriften. Die zu zahlreichen Hindus müssen als »Buch-Leute« (Nichtheiden) eine Sondersteuer (Jizya) leisten. Das Verhältnis zwischen Moslems und Hindus richtet sich jeweils nach dem Sultan.

Um 1330 größte Ausdehnung des Sultanats unter MUHAMMED IBN TUGHLUQ [1325 bis 1351], dem »Zweiten Alexander«; Eroberung Süd-Indiens (Dekhans); gleichzeitig beginnende Auflösung.

Um 1340 bildet sich das Hindu-Reich **Vijayanagar** (Siegesstadt) zum unabh. Widerstandszentrum gegen den Islam aus. Ständige Kriege gegen das

1347 Bahmani-Reich des Moslem-Rebellen ZAFAR CHAN. Es zerfällt um 1490 in die »Fünf Dekhan-Sultanate« (bis 1527).

1351–88 FIRUZ III. sucht den staatl. Niedergang Delhis durch Förderung der Landwirtschaft (Bewässerungsanlagen) aufzuhalten. Nach ihm sinkt die Macht der Sultane weiter.

1398/99 Einfall Timurs (S. 179), Zerstörung Delhis, Plünderung und Annexion des Pandschab. – Im 15. Jh. beschränkt sich die Hoheit der Sultane auf Delhi (S. 229). –

Durch die portugiesische

1498 Entdeckung des Seewegs (S. 221) rückt Indien in das europ. Interesse.

Der Humanismus
(lat. humanitas = Menschlichkeit; von »studia humanitatis«.)
Italien: »Studia humanista« (Grammatik, Rhetorik, Poetik) werden an Schulen und Universitäten traditionell von »Oratores«, »Poetae« oder »Humanistae« gelehrt. Neu ist das antike Literaturstudium zur Nachahmung des Stils. Sprachl. Überlegenheit äußert sich in Kritik an der Scholastik (Unkenntnis lat. Autoren bzw. lat. Stilbildung). Auftrieb erhält die Bewegung durch die **Platon-Renaissance:** Aus Byzanz emigrierte Gelehrte (MANUEL CHRYSOLORAS, BESSARION) lehren ab 1400 die griech. Sprache und gründen um 1440 die **Platon. Akademie** in Florenz. Gefordert wird freie geistige Entfaltung des Menschen, der sich aus eigener Kraft durch das Studium klass. antiker Literatur vervollkommnen kann.
Starke Wirkungen gehen von **Petrarca** (1304–74) aus. Der Kenner AUGUSTINS, SENECAS und CICEROS sucht in ländl. Abgeschiedenheit die »Weisheit der erleuchteten Heiden« zur Bildung von Geist und Seele sowie zur Erneuerung der röm.-ital. Sendung. – Sein Freund **Boccaccio** (1313–75) schreibt mit dem **›Decamerone‹** das erste Novellenwerk der Neuzeit.
In **Florenz** entwickelt LEONARDO BRUNI im ›Cicero novus‹ 1415 das Ideal der gebildeten und zugleich polit. tätigen Persönlichkeit. Als Platon-Übersetzer vertritt der Arzt **Ficino** (1433–99) eine ästhetische Religion (Gott als das Schöne). **Pico della Mirandola** (1463–94) entwirft ein Weltbild aus christl., antiken und jüd. Kulturwerten.
In **Rom** gründet als erster päpstl. Humanist **Nikolaus V.** [1447–55] die **Vatikan. Bibliothek.** Sein Sekretär **Lorenzo Valla** (1405–57) leitet den **philolog. Humanismus** mit Text- und Bibelkritik ein: Vergleich der ›Vulgata‹ mit dem griech. Urtext; Nachweis der Konstantin. Schenkung als Fälschung.
Im neuen Stil PETRARCAS dichten LUIGI PULCI, ARIOSTO, **Torquato Tasso** (1544–95). Mitte des 15. Jhs. Verbreitung des Humanismus in **Europa,** vermittelt durch Studenten, Buchdrucker (BADIUS: Paris; FROBEN: Basel u. a.), ital. Kleriker und Diplomaten auf den Konzilien.
Deutschland: Kurzes Vorspiel am Hof KARLS IV. in Prag durch die Bekanntschaft des Kanzlers JOHANN VON NEUMARKT mit PETRARCA (JOHANN VON SAAZ: ›Ackermann aus Böhmen‹, 1400).
1348 Gründung der Universität Prag.
Vorbereitet durch Mystik und »Devotio moderna« (S. 184), kennzeichnet den deutschen Humanismus ein bes. relig. Ernst. **Philolog. Richtung:** Auswertung antiker und frühchristl. Werke zu vertieftem Lebensverständnis; Konflikte mit dem scholast. Lehrbetrieb. – **Rudolf Agricola** erstrebt eine Reform der Lateinschulen (Schlettstadt, Deventer). Die neue Bildung erobert bis 1500 fast alle Universitäten. – MAXIMILIAN I. beruft den zum »Poeta laureatus« gekrönten **Conrad Celtis** (1459–1508) zum ersten Lehrer der Rede- und Dichtkunst nach Wien. – **Johann Reuchlin** (1455–1522) fördert das Studium der griech. und hebr. Sprache. Von Kölner Dominikanern deshalb angegriffen, unterstützt ihn der **Erfurter Kreis** um MUTIANUS RUFUS in der sog. Reuchlin-Fehde (1515–17) mit den satir. **›Dunkelmännerbriefen‹** (CROTUS RUBEANUS, HUTTEN) gegen scholast. Unbildung. – **Philipp Melanchthon** (1497–1560) wird als »Praeceptor Germaniae« Schöpfer des human. Gymnasiums und ist um eine Synthese von Reformation und Humanismus bemüht (S. 231).
Nationale Richtung: Entdeckung und Sammlung deutscher Literaturdenkmäler wecken ein **Nationalbewußtsein,** das sich gegen den Vorwurf germ. Barbarei durch histor. Beweisführung wehrt. CELTIS ediert die erste **Tacitus-Ausgabe** (›Germania‹); **Jakob Wimpfeling** (1450–1528) verfaßt 1505 das erste deutsche Geschichtswerk; **Ulrich von Hutten** (1488–1523) kämpft gegen röm. Kirchenunwesen und Kurie für ein neues Deutsches Reich (S. 231).
Kosmopolit. Richtung: Als internat. berühmter Gelehrter sucht **Erasmus von Rotterdam** (1467–1536) nach einem Ausgleich zwischen human. Gesinnung und christl. Frömmigkeit. Sein wissenschaftl. Werk gipfelt in der griech. **Ausgabe des Neuen Testamentes** von 1516.
Neulat. Dichter und Übersetzer sind u. a. WILLIBALD PIRCKHEIMER, EOBANUS HESSUS; Historiker BEATUS RHENANUS, JOH. TURMAIR gen. AVENTINUS und PEUTINGER.
England: Verbreitung des »New learning« von Oxford aus. Der Schüler FICINOS, **John Colet** (bis 1519), gründet die St.-Pauls-Schule in London und ist befreundet mit ERASMUS, wie der Kanzler HEINRICHS VIII., **Thomas Morus** (1478–1535). In der **›Utopia‹** (1516) entwirft er einen Idealstaat nach dem Vorbild der ›Politeia‹ PLATONS (s. auch S. 238). – WYATT und HOWARD übertragen die poet. Formen PETRARCAS auf das Englische. Erste **Blüte der Dichtung** durch LYLY, SIDNEY und EDMUND SPENSER, die **Dramatiker** CHRISTOPHER MARLOWE (1564–93), BEN JONSON, JOHN WEBSTER. – Überragend das Werk von **William Shakespeare** (1564–1616) aus Stratford-on-Avon (Charaktertragödien, Komödien, Historien, Sonette).
Frankreich: Ende des 15. Jhs. werden die »Studia humanitatis« feste Tradition. ROBERT GAGUIN macht PLATON bekannt. Die neue Geschichtsschreibung würdigt das gall.-röm. Erbe. **Jacques Lefèvre** (FABER STAPULENSIS) übersetzt 1523 das griech. Testament; der Gräzist **Guillaume Budé** gründet das Collège de France und die Bibliothèque Nationale. – **François Villon** (1431?–89?) dichtet noch in Vagantenmanier; der Satiriker **Rabelais** (1495–1553) schreibt schon im neuen Stil (›Gargantua und Pantagruel‹) wie die Dichter der Plejade: **Ronsard,** PELLETIERS, BELLAY, die eine Theorie der Sprachkunst unter Betonung röm. Traditionen entwerfen. Für eine nat. Sprachreinigung wirkt MALHERBE; die Gattung des Essays begründet der Moralist **Michel de Montaigne** (1533–92).

Die Renaissance in Italien (15./16. Jh.)
Der franz. Begriff (ital. rinascita, rinascimento = Wiedergeburt) wurde als kunstgeschichtl. Bezeichnung von dem Maler VASARI um 1550 eingeführt und ist seit MICHELET und J. BURCKHARDT (nach 1860) allg. verbreitet.
Hinwendung zur Welt (S. 215) und Humanismus ändern das Lebensgefühl grundlegend vom »Viator mundi« (Pilger zur himml. Heimat) zum »Faber mundi« (Schöpfer und Beherrscher der Welt). Der Schriftsteller CASTIGLIONE (1478–1529) prägt das Bild vom **»Uomo universale«,** der umfassend gebildeten, großen Persönlichkeit, die sich mit der Natur in (schöner) Harmonie weiß und »alles kann, wenn sie nur will«. Das Ideal wirkt ein auf den franz. **»Gentilhomme«,** den engl. **»Gentleman«,** den span. **»Caballero«,** den deutschen **»Kavalier«.**
Den Durchbruch zur Entdeckung von Welt und Mensch zeigt am stärksten die **Kunst.** Die Antike soll zur **Naturwahrheit** anregen; sie zu übertreffen ist höchstes Ziel. Vorbereiter im 14. Jh. (Trecento) sind CIMABUE, GIOTTO, GIOVANNI PISANO. Ausbildung der **Frührenaissance** im 15. Jh. **(Quattrocento)** unter Förderung der Stadt-Rep. Venedig, Florenz, der Medici (S. 215), der Sforza (Mailand), der Este (Ferrara) und der Päpste (S. 217).
Steigerung zur **Hochrenaissance** im 16. Jh. **(Cinquecento),** die ab 1530 in den **Manierismus** der **Spätrenaissance** ausmündet.
Baukunst: Rückgriff auf antike Formen (Tonnengewölbe, Rundbogen, überkuppelter Zentralbau); neues Raumgefühl durch Betonung der Vertikalen mit klaren, ruhigen Proportionen; Ausbildung des dreigeschossigen ital. Stadtpalastes mit gegliederter Schauseite, Innenhöfen und Bogengängen. Am Neubau der **Peterskirche** in Rom, von JULIUS II. 1506 in Auftrag gegeben, arbeiten **Bramante** (1444–1514), **Raffael,** PERUZZI und **Michelangelo** (Domkuppel).
Plastik: Durch die Antike »Wiederentdeckung des menschl. Körpers«; freistehende Figuren (Bildnisbüste, Reiterstandbild, Grabdenkmäler). Führend sind **Ghiberti,** sein Schüler **Donatello** (1386–1466) und **Michelangelo** (1475–1564): David, Moses.
Malerei: Im Streben nach idealer Naturschönheit **Ausbildung der Perspektive,** der anatomischen **Proportionen,** der Technik des Tafelbildes (Ölfarbe) und des **Fresko.** Relig. Frühwerke von MASACCIO, FRA ANGELICO, DOMENICO VENEZIANO u. a.; Meisterwerke von **Sandro Botticelli** (1444–1510); **Raffael Santi** (1483–1520): Madonnen; **Michelangelo:** Jüngstes Gericht; **Leonardo da Vinci** (1452–1519): Abendmahl, Mona Lisa (auch kunsttheoret. Schriften); **Tizian** (1477?–1576).
Musik: Mit der Übertragung polyphoner Vokalmusik (Messe, Motette) auf Instrumente (Laute, Cembalo) entwickelt sich die reine **Instrumentalmusik.** Meister des Imitationsstiles sind **Orlando di Lasso** (1532–94) und der Erneuerer der liturg. Musik **Palestrina** (1525–94).

Die Spätgotik in Europa
Erst im 16. Jh. Verbreitung der Renaissance durch fürstl. Aufträge (FRANZ I. VON FRANKREICH) an ital. Künstler (LEONARDO DA VINCI) oder Studien europ. Künstler in Italien (DÜRER), ohne die got. Spätstile zu verdrängen. Fürstl. **Schloß** und Residenz lösen die Burg ab; der Künstler befreit sich aus der handwerkl. Gebundenheit der Maler-, Dombau- und Steinmetzschulen.
Deutschland: Der bürgerl. Charakter der Zeit spiegelt sich in städt. Patrizier- und Rathäusern, z. T. im Fachwerkstil mit Erkern, Treppen und Uhrtürmen (Nürnberg, Rothenburg). Rathäuser und Schloßbauten nach ital. Vorbild bes. im Süden (Heidelberger Schloß) und in der sog. »Weserrenaissance« um 1600. – Die altdeutsche Graphik (Holzschnitt) und Malerei gewinnt auch in den Altarbildern u. a. von STEPHAN LOCHNER (Kölner Schule), KONRAD WITZ, MARTIN SCHONGAUER (bis 1491), HANS HOLBEIN D. Ä. an Realistik, vollendet in dem »letzten Gotiker« **Matthias Grünewald** (bis 1528) aus Würzburg (Isenheimer Altar).
Albrecht Dürer (1471–1528) verbindet spätgot. Tradition und deutsches Empfinden mit ital. Sehweise. Durch Perspektivik und Proportionslehre, Selbstbildnisse, relig. Tafelbilder, Landschaftsaquarelle, Holzschnitte (Apokalypse, Marienleben, Passion), Kupferstiche (Madonnen) und Radierungen wird er zum Lehrmeister der neuen Malergeneration.
Ital. Einfluß auch in den Porträts von **Hans Holbein d. J.** (1497–1553), in den Bildern von ALBRECHT ALTDORFER und den Graphiken von LUKAS CRANACH D. Ä.
Blüte der **Plastik** durch die fränk. Schnitzaltäre **Tilman Riemenschneiders** (bis 1531) und durch die Nürnberger **Veit Stoss, Adam Kraft** und **Peter Vischer.**
Niederlande: Großartige Entfaltung des »weichen Stils« der realist. Stimmungsmalerei (frühe Porträts, Landschaften) u. a. durch die Gebrüder **van Eyck** (Genter Altar 1432) und **Rogier van der Weyden** (S. 193). Die grotesken Bilder des **Hieronymus Bosch** (bis 1516) wirken auf **Pieter Breughel d. Ä.** (bis 1569).
Frankreich: Auflösung der Baugestalt durch reiches Stab-, Maß- und Spitzenwerk im spätgot. **»Stil-Flamboyant«.** Kurze Hochblüte des Renaissancebaues in den **Loire-Schlössern** FRANZ' I. und in Paris durch LESCOT (Flügelbau des Louvre 1556–1564) und DELORME (Fassade der Tuilerien ab 1564). In der **Malerei** Übergang von der Miniatur zum Tafelbild bei **Jean Fouquet** (bis 1481) und der »Schule der Loire«. Ausbildung der Renaissance in der »Schule von Fontainebleau« sowie durch **Jean** und **François Clouet** um 1540.
England: Insulare Ausprägung der Gotik im **»Perpendicular Style«** um 1350–1530 (Fächergewölbe, Flachbogen, senkrechtes Stab- und Maßwerk). Renaissance-Einflüsse verbinden sich mit ihm zum **»Tudor-Stil«** (bis 1600): Schloß Hampton Court.

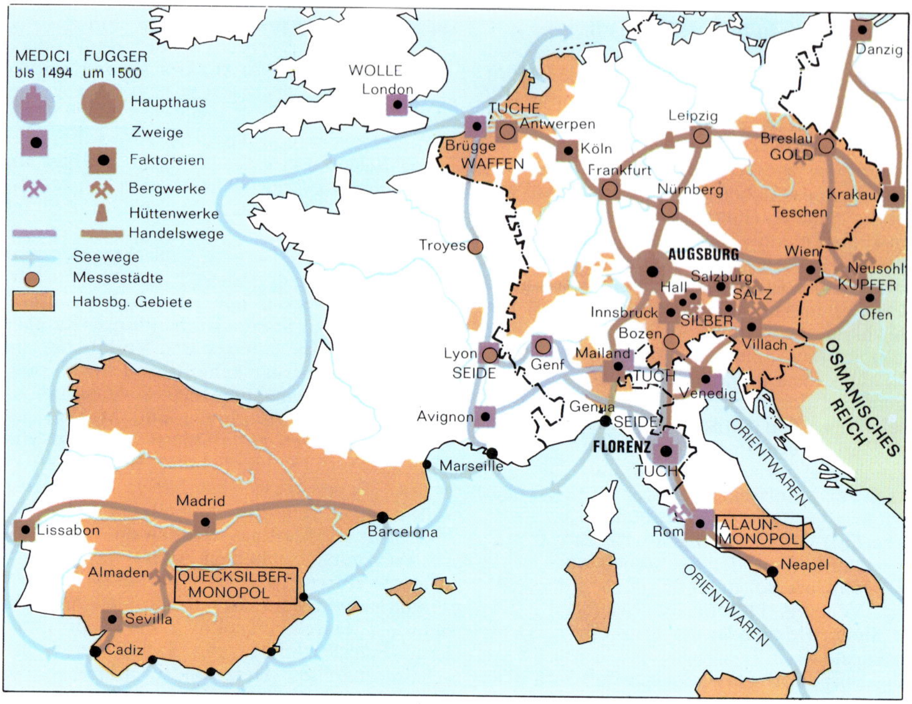

Frühkapitalistische Handelsgesellschaften

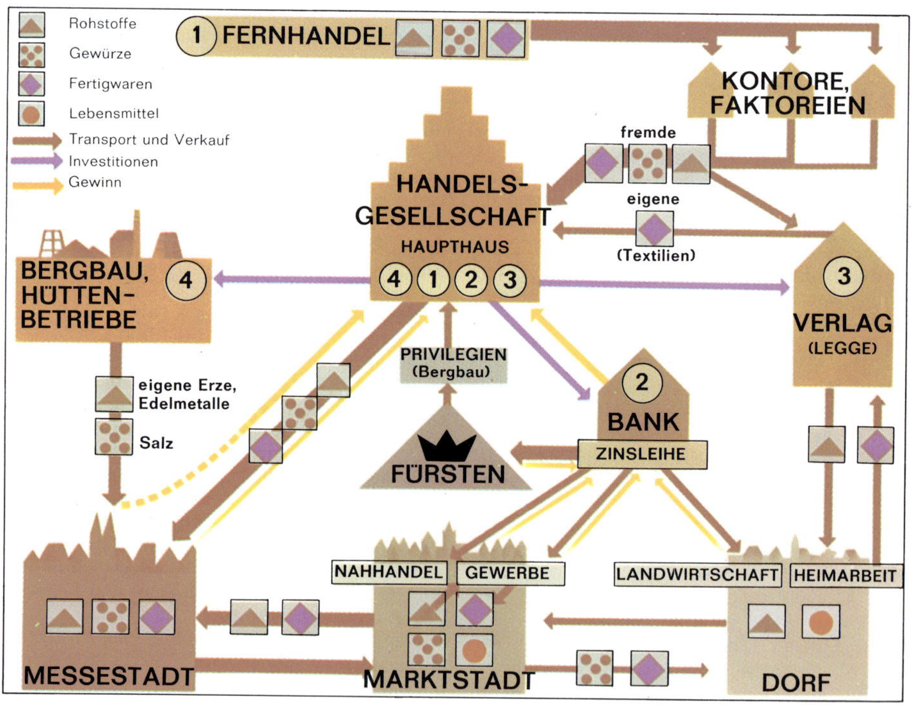

Die Entwicklung einer Handelsgesellschaft im 15./16. Jh.

Der Frühkapitalismus
Seit den Kreuzzügen (S. 153) allmähliche Ablösung der Natural- durch die **Geldwirtschaft,** die von Mittel- und Oberitalien (S. 183) über Süddeutschland, Frankreich und die Niederlande auf ganz Europa übergreift. Als Ausdruck einer gewandelten Gesinnung setzt die neue **Erwerbswirtschaft** kalkulierendes Profitdenken frei. Nicht Herkommen und Stand, sondern Talent und Können werden entscheidend für die Geldaristokratie.

Handel und Gewerbe: Zur Erweiterung des Fernhandels gründet der Großkaufmann private **Handelsgesellschaften** (z. B. die Ravensburger HG. 1380–1530) mit Kapitalbeteiligung zur Finanzierung des Warentransports (Schiffsbau) und auswärtiger Kontore (Faktoreien). Er leitet das Unternehmen mit Hilfe neuer Bilanz- und Verrechnungsverfahren und gewährt Kredite. Kirchl. Zinsverbote (Wucher) werden von der Kirche selbst durch das **Rentensystem** umgangen. Zur ersten europ. Finanzmacht geworden (S. 181), schaltet sie zur Sicherung kirchl. Abgaben Großkaufleute (auch den Templerorden, S. 153) ein, die für ihre Vorschüsse **Renten** (Privilegien) zur Nutzung erhalten. Nachahmung des Systems durch weltl. Fürsten, die Zölle, Münz-, Markt-, Berg- oder Bodenrechte verpachten.
Bankplätze entstehen in Genua, Florenz (die Familien der Bardi, Strozzi u. a.), Augsburg (Welser), Antwerpen (S. 245). Der **Kaufmannsbankier** baut eigene **Exportgewerbe** (Textilien, Metallverarbeitung) auf, die nach dem **Verlagssystem** produzieren. Der Verleger stellt bezahlten Heimarbeitern Rohstoffe und Geräte, vertreibt aber die Fertigwaren selbst.
Der Großkapitalist (Kaufmann, Bankier und Produzent) strebt nach Monopolen (Fürkauf) und polit. Einfluß durch Regie eines Wirtschaftszweiges (Bergbau), des Export- oder Kredithandels. Konkurrent ist oft der Staat, der seinerseits Monopole als Hoheitsrecht beansprucht (Spanien, S. 243). Seit dem 16. Jh. entstehen in England, Holland und Frankreich privilegierte **Handelskompanien,** die die staatl. Kolonialpolitik betreiben (S. 275).

Die Medici in Florenz: Reich geworden durch Orienthandel und das von der Kurie gewonnene **Alaun-Monopol,** begründet Giovanni Medici das größte europ. Bank- und Handelshaus, das allein im Tuchgewerbe ca. 300 Firmen mit 10000 Arbeitern beschäftigt.
1434–64 Cosimo der Alte übt als »Vater des Vaterlandes« ein monarch. Stadtregiment in republ. Formen aus. Er fördert Petrarca und Boccaccio (S. 212) und stiftet die
1440 Platonische Akademie. – Bedeutend als Dichter und Staatsmann, verfolgt
1469–92 Lorenzo il Magnifico (der Prächtige) eine ausgleichende ital. Friedenspolitik und führt Florenz zu höchster Blüte. An seinem Hof wirken Renaissance-Künstler: Botticelli, Michelangelo (S. 213), der auch unter Lorenzos Sohn
1513–21 Papst Leo X. in Rom arbeitet (Grabmal der Medici in Florenz; Fresken der Sixtin. Kapelle; Kuppel der Peterskirche). – Der Aufwand zur Förderung der Künste und Finanzspekulationen übersteigen schließlich die Finanzkraft des Hauses.

Die Fugger in Augsburg: Aufstieg der kleinbäuerl. Weberfamilie im 15. Jh. durch Handel und Geldgeschäfte. Als Bankier der Habsburger und Päpste finanziert
1511–25 Jakob Fugger der Reiche Kaiserwahl und Kriege Karls V., kontrolliert die europ. Blei-, Silber- und Kupferproduktion und erwirbt das **Quecksilber-Monopol.**
1525–60 Anton Fugger besitzt Handelskonzessionen in Chile, Peru, Moskau. Das Unternehmen verfällt Ende des 16. Jhs. durch span. Staatsbankrotte, Familienzwiste und Interesselosigkeit der Erben.

Landwirtschaft: Steigender städt. Lebensmittel- und Rohstoffbedarf bewirkt eine Strukturwandlung:
1. Übergang zur Spezialproduktion (Roggen, Weizen auf entspr. Böden, Milchwirtschaft);
2. Zerfall des patriarchal. Fronhofverbandes (S. 126) durch Ablösung bäuerl. Dienste in Renten (Zinsbauern);
3. Ausbildung neuer Grundherrschaftsformen: bäuerl. Erbpacht (Frankreich); freie Lohnarbeit (England); Verpachtung des Fronhofes an den »Meier«; Absinken des Hörigen in Leibeigenschaft; direkte Verwaltung adeligen Grundbesitzes;
4. Entstehung der **Gutsherrschaft** im Osten (Eigenproduktion des Herren mit Fronarbeit und Gesindezwang).

Soziale Krisen und Erschütterungen: Die Erwerbswirtschaft vermehrt den Geldumlauf; durch Überproduktion von Silber anhaltende Währungsentwertung und Teuerung. In den Städten bildet sich ein frühes Proletariat (handwerkl. Lohnarbeit), das die Zünfte zu Kämpfen mit dem Patriziat um die Stadtherrschaft drängt. Verschärfung der Gegensätze zwischen Arm und Reich sowie Seuchen und Epidemien (S. 155) sind Anlaß zu sozial-relig. Krisen:
Seit 1302 ständige Handwerkerunruhen in Flandern (S. 191); in Frankreich
1357/58 Aufstand der Pariser Zünfte und der »Jacquerie« (S. 191);
14./ 15. Jh. städt. Parteikämpfe in Italien;
1378 Aufstand der Wollkrempler in Florenz;
1381 Erhebung der Bauern (Wat Tyler) und Lollarden in England (S. 189);
1419–36 Hussitenkriege des tschech. Proletariats gegen das deutsche Bürgertum;
15. Jh. Zunftkämpfe und Bauernunruhen in Deutschland (S. 233);
16./ 17. Jh. Bauern- und Kosakenaufstände in Polen (S. 249) und Rußland.

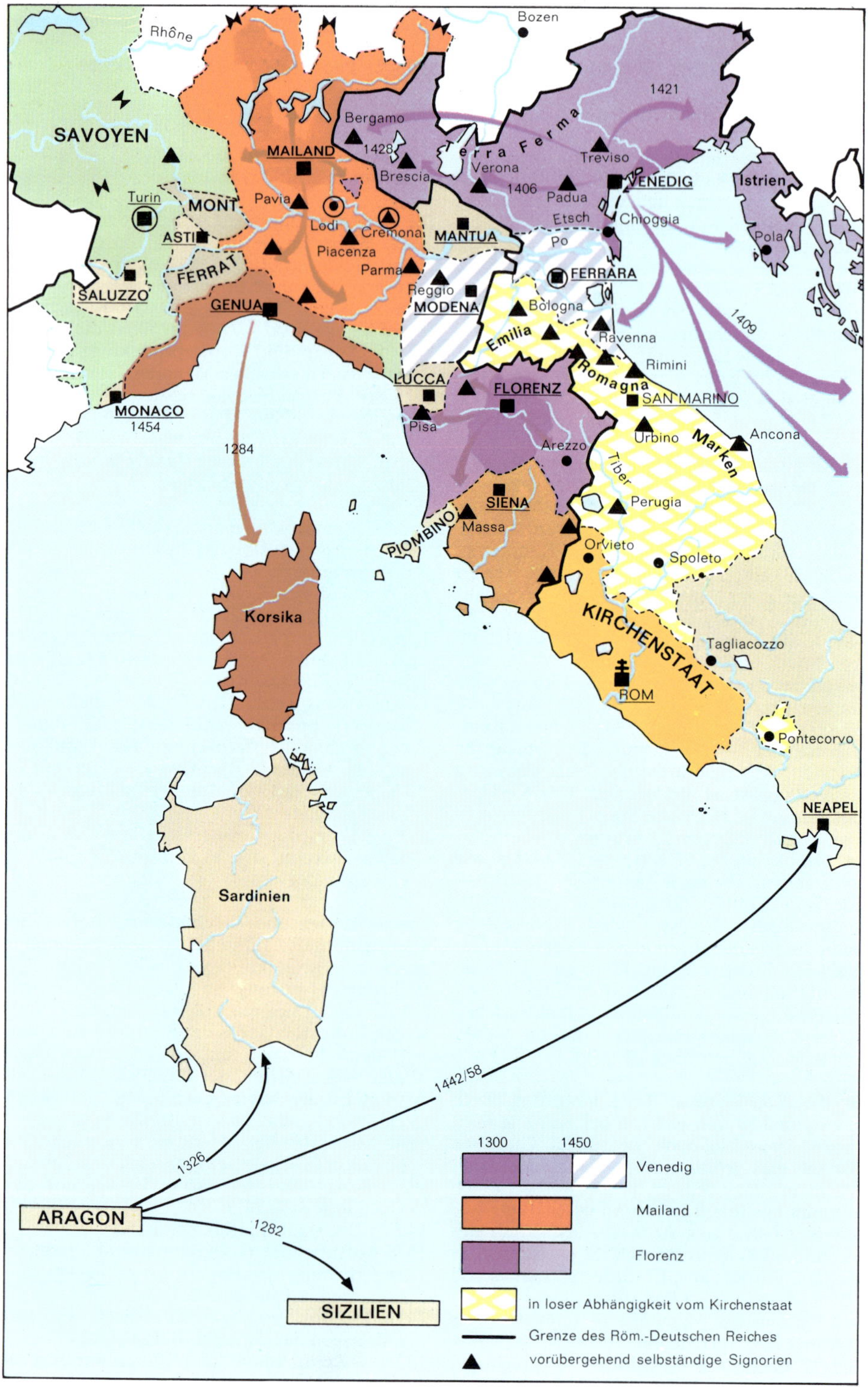

Italien um 1450

Nach dem Zusammenbruch der Staufer (S. 173) fehlt dem **Heiligen Römischen Reich** die Kraft zur polit. Kontrolle Italiens. Die Kurie residiert in Avignon (S. 181); Frankreich steht im Krieg mit England (S. 191).

Das Ende der deutschen Kaiserpolitik

1310–13 HEINRICH VII. in Italien. Von DANTE (S. 184) als »Befreier« begrüßt, setzt er die VISCONTI (Mailand) und SCALIGER (Verona) als Vikare ein. Nach seiner

1312 Kaiserkrönung stirbt HEINRICH in Siena vor einem Feldzug gegen Neapel. Wegen der Entsendung eines Vikars

1324 letzter Streit zwischen Kaiser (LUDWIG IV.) und Papst (JOHANN XXII.) (S. 181).

1327–30 Römerzug LUDWIGS: Bündnis mit Sizilien gegen Neapel; Krönung durch das röm. Volk (COLONNA); aber die Idee eines weltl. Kaisertums (S. 184) setzt sich nicht durch. – **Karl IV.** verzichtet auf eine aktive Reichspolitik und zieht nur noch zur

1355 Krönung bzw. 1368/69 zur Rückführung des Papstes nach Rom.

Die ital. Staaten im 14./15. Jh.

Neben Feudalstaaten treten **Signorien** (Stadtherrschaften): Parteikämpfe zwischen kaiserl. **Ghibellinen** und päpstl. **Guelfen,** zwischen Handwerkern, Patriziern und Adelsfamilien fördern in der Regel die Wahl polit. Führer. Der **Podesta** steigt häufig mit List oder Gewalt zum erbl. **Signore** auf, erweitert die Signoria über andere Städte, sorgt für das Volk und fördert als Mäzen Künste und Wissenschaften. Trotz ständiger Unruhen erlebt Italien eine wirtschaftl. und kult. Glanzzeit (S. 213).

Der neue Staatsbegriff: Berechnendes Geschäftsdenken (S. 215) bestimmt Politik und Verwaltung. Der **autonome Staat** wird mit bezahlten Beamten nach der »Ragione di stato« **(Staatsräson)** gelenkt. Kriege liefert der **Condottiere** (Söldner-Unternehmer), der den »Kapitaleinsatz« einer Schlacht durch Manövrieren vermeidet, mit der »Witterung eines Börsenmannes« oft die Partei wechselt oder in das polit. Geschäft einsteigt. – Die **Theorie** des rein **weltl. Machtstaates** entwickelt der Florentiner **Niccolo Machiavelli** (1469–1527); Hauptwerk: ›Il Principe‹ (1513). Seit Mitte des 15. Jhs. (1451 Friede von Lodi) besteht ein gewisses Gleichgewicht zwischen den ital. Mittelstaaten:

Venedig: Die Verfassung der aristokrat. Rep. vollendet sich mit der

1297 Schließung des Großen Rates und dem

1310 Rat der Zehn (zur Verhinderung von Verschwörungen). Nach dem

1381 Sieg über **Genua** (S. 183) Ausbau der **»Terra Ferma«** in Rivalität zu Mailand.

Florenz: Die Republik gibt sich

1282 eine demokrat. Verfassung. Die Zünfte leiten die Signoria; dem Patriziat wird in der

1293 »Ordnung der Gerechtigkeit« jede polit. Tätigkeit untersagt. Parteikämpfe enden mit dem Sieg der »Schwarzen« (Guelfen); Verbannung der »Weißen« (DANTE).

1409 Unterwerfung Pisas. – Im erfolglosen Krieg mit Mailand verliert die Familie ALBIZZI ihre Macht an die **Medici** (S. 215).

Mailand: Adelige Machtkämpfe entscheidet HEINRICH VII. zugunsten der **Visconti.**

1385–1402 GIANGALEAZZO erweitert den Staat mit dem Ziel, König von Italien zu werden. Während der Kämpfe mit Venedig, Florenz und Neapel bemächtigt sich der Condottiere **Francesco Sforza**

um 1450 der Herrschaft.

Kirchenstaat: Während des päpstl. Exils in Avignon entstehen unabh. Signorien. Nach Kämpfen der ORSINI und COLONNA und dem

1347 Umsturzversuch des »Volkstribuns« COLA DI RIENZI (1313–54) gewinnt

1353–67 Kardinal ALBORNOZ Rom der Kurie zurück; sein Gesetzbuch (Ägidianische Konstitutionen) gilt bis 1816. Den staatl. Verfall überwinden die

Renaissancepäpste, die sich als Fürsten, Künstler oder Gelehrte fühlen, dadurch den inneren Verfall der Kirche beschleunigen.

1447–55 NIKOLAUS V. begründet die **Vatikan. Bibliothek. –** Der Diplomat und Humanist

1458–64 PIUS II. (ENEA SILVIO PICCOLOMINI) wirbt ohne Erfolg auf dem

1459 Kongreß von Mantua für einen Kreuzzug gegen die Türken. – Mit SIXTUS IV. [1471–84] entartet der päpstl. Hof (Nepotismus, Simonie). Höhepunkt des sittl. Verfalls unter INNOZENZ VIII. [1484–92] und

1492–1503 ALEXANDER VI. BORGIA, dessen Sohn CESARE (1475–1507) die polit. Sondergebilde des Staates vernichtet.

1503–13 JULIUS II. zeichnet sich als Feldherr und Staatsmann aus.

1513–21 LEO X. MEDICI fördert den Bau der Peterskirche durch ein Ablaßsystem, das die von ihm verkannte Reformation veranlaßt (S. 231). – Mit der Gefangennahme KLEMENS' VII. im

1527 Sacco di Roma (S. 237) endet das Renaissancepapsttum.

Neapel: Verbunden mit der Kurie, gewinnt

1309–43 **Robert der Weise** eine hegemoniale Stellung über Italien. LUDWIG I. VON UNGARN (S. 201) besetzt 1347/48 das Kgr., kann aber den Niedergang des Hauses Anjou nicht aufhalten. ALFONS V. VON ARAGON erobert 1442 Neapel.

Sizilien: Seit FRIEDRICH III. [1296–1337] von einer aragon. Nebenlinie regiert, zerfällt der Staat durch Kriege mit Neapel und Parteifehden der Barone.

1442–58 Vereinigung mit Neapel;

1479 kommt Sizilien an Spanien (S. 187).

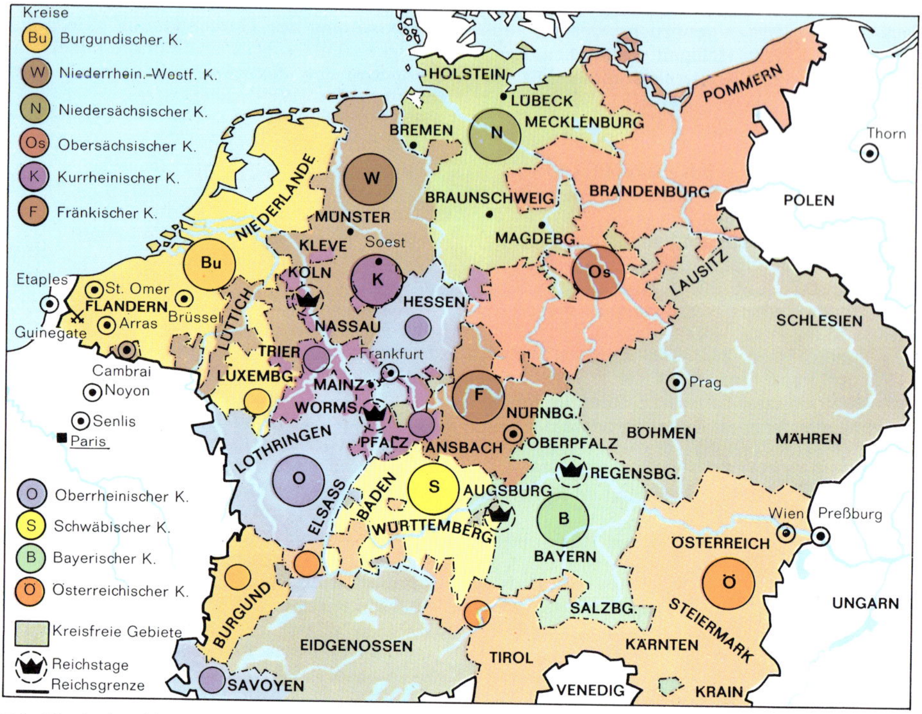

Die Kreiseinteilung des Deutschen Reiches 1512

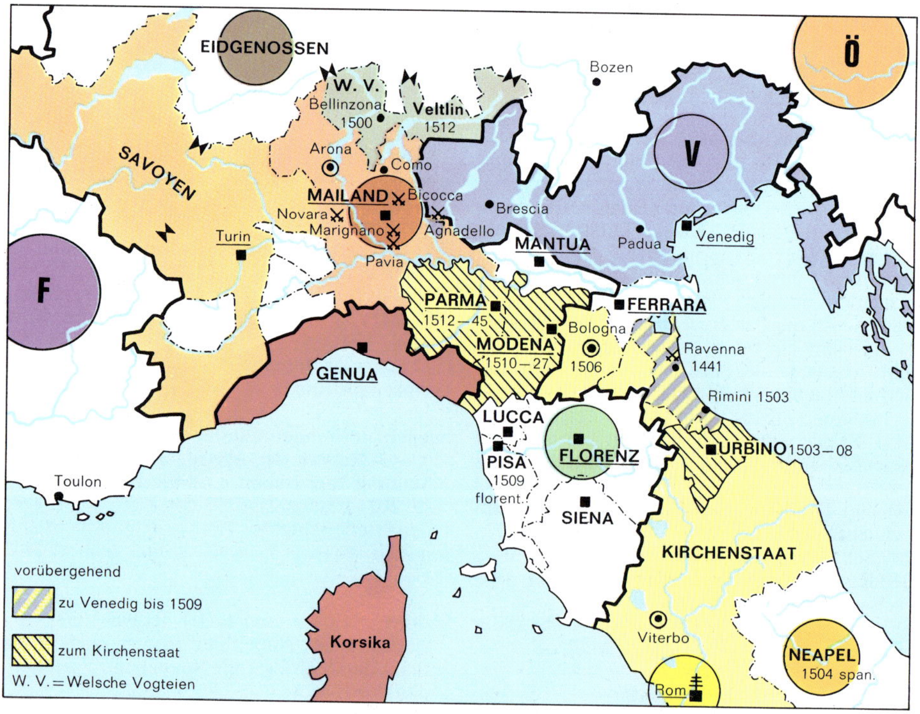

Der Kampf um Italien 1494–1519

Die Reichsreform (um 1500)

1493–1519 Maximilian I. (Kg. seit 1486) besitzt als Herr aller habsbg. Erblande eine europ. Schlüsselstellung, die ihm in **Burgund** (S. 193) und **Oberitalien** die Gegnerschaft Frankreichs einträgt. – Beliebt als Landsknechtsführer und Geschützmeister, auch als »letzter Ritter« und Mäzen der Humanisten, erstrebt der ungeduldig-sprunghafte Politiker z. T. irreale Ziele, ist aber ein erfolgreicher Vertreter der **habsbg. Familienpolitik:** sein Sohn PHILIPP DER SCHÖNE heiratet die Erbtochter von Spanien (S. 187).

1515 Heirats- und Erbverträge mit Böhmen und Ungarn (S. 201) schaffen die **Voraussetzungen für das habsbg. Weltreich.** Die **Reichsreformen** sind das Werk der ständ. Reichsopposition gegen den Kaiser, geführt vom Ebf. von Mainz,

1484–1504 Berthold von Henneberg. – Auf dem Konzil zu Basel (S. 181) vertritt Kardinal **Nikolaus von Kues** (CUSANUS, 1401–64) in

1433 ›De Concordantia Catholica‹ (Von der Einheit der Kirche) die naturrechtl. begründete Ansicht vom polit. Zusammenwirken der Reichsstände mit dem Kaiser in Gesetzgebung und Regierung. – Reformforderungen auf den Reichstagen seit Mitte des 15. Jhs. in den ›**Gravamina** (Beschwerden) **der deutschen Nation**‹, auch in der ›Reformatio Sigismundi‹, einer verbreiteten anonymen Flugschrift. Die Reformen beginnen mit dem

1495 Reichstag zu Worms: Verkündung des **Ewigen Landfriedens.** Zur Beseitigung des Fehderechtes wird das ständig tagende **Reichskammergericht** in Frankfurt (seit 1527 in Speyer) als oberste Rechtsinstanz geschaffen und der »Gemeine Pfennig« (erste Reichssteuer, ohne Bestand) erhoben. – Die Eidgenossen lehnen die Beschlüsse ab und gewinnen im

1499 Schwabenkrieg ihre Unabhängigkeit.

1500 Reichstag zu Augsburg: Einrichtung eines ständ. Reichsregimentes (aufgelöst 1502, erneuert 1521).

1512 Reichstag zu Köln: Die oberste Reichsgewalt steht dem **Reichstag** zu, der die Vorschläge der kaiserl. Regierung in drei **Kollegien** (Kurfürsten, Fürsten, Reichsstädte) berät. Seine Beschlüsse werden als **Reichsabschiede** (ab 1663 Reichsschlüsse) verkündet. – Bildung von 10 **Reichskreisen** unter dem Direktorium von je 2 Fürsten zur Wahrung des Landfriedens, Erhebung der Reichssteuer und des **Reichsheeres.**

1521 Reichstag zu Worms: Reichsmatrikelordnung (Verzeichnis über Einkünfte der Territorien als Grundlage ihrer Truppen- und Steuerleistungen).

Ergebnis: Die **Ansätze zu einer Reichsverfassung** und zur Überwindung der territorialen Zersplitterung auf der Grundlage der alten Stammes-Hzm. entwickeln sich nicht weiter, da die Reichstage nur unregelmäßig zusammentreten.

Der Kampf um Italien (1494–1516)

1483–98 Karl VIII. von Frankreich beansprucht als Erbe der Anjous das Kgr. Neapel mit dem Ziel einer Erneuerung des byzant. Imperiums. Die Eroberung wird vorbereitet durch den Vertrag zu Etaples mit England (1492) und durch die

1493 Verträge zu Senlis mit Habsburg (Bestätigung des burgund. Erbes), zu Barcelona mit Spanien (Roussillon). – Im Bündnis mit Hz. LUDOVICO SFORZA IL MORO VON MAILAND [1480–1508] gelingt die

1494 Eroberung Neapels. Das ital. Staatensystem bricht zusammen.

Florenz: Vertreibung der Medici; der Buß- und Strafprediger **Savonarola** (1452–98) errichtet eine demokrat. Theokratie, wird von ALEXANDER VI. gebannt und als Ketzer verbrannt. Spanien und Habsburg zwingen durch ihre

1495 Liga, der sich England und die ital. Staaten anschließen, KARL zum Rückzug.

1498–1515 Ludwig XII. von Frankreich erneuert als Erbe der Visconti den Angriff.

1500 Besetzung Mailands. Die Schweiz erhält für ihre Hilfe (Sieg bei Novara) im

1503 Vertrag von Arona das Tessin (Bellinzona). – **Neapel** verliert seine Unabhängigkeit an Spanien, von LUDWIG im

1504 Vertrag von Blois anerkannt: Beginn der **span.-habsbg. Herrschaft über Italien.** MAXIMILIAN und LUDWIG schließen die

1508 Liga von Cambrai gegen **Venedig,** das die Terra Ferma durch die Niederlage bei Agnadello verliert. Papst JULIUS II. löst sich nach der Eroberung der Romagna von der Liga und gründet mit Spanien, Venedig und den Eidgenossen die

1511 »Hl. Liga zur Befreiung Italiens«. MAXIMILIAN und HEINRICH VIII. VON ENGLAND schließen sich an und kreisen LUDWIG ein, der Schottland zu einem Angriff auf England bewegen kann (1513 Schlacht bei Flodden, S. 247), aber Mailand nach der franz.

1513 Niederlage bei Guinegate und Novara räumen muß. Doch gewinnt

1515–47 Franz I. das Hzm. durch den

1515 Sieg bei Marignano über die Eidgenossen wieder zurück. – Sie geben ihr Großmachtstreben auf und verfolgen seither eine **strikte Neutralitätspolitik.**

1516 Konkordat von Bologna: Bestätigung der gallikanischen Nationalkirche durch Papst LEO X. – Spanien garantiert im

1516 Vertrag von Noyon Frankreich den Besitz Mailands. Doch erkennt KARL I. (V.) die Abmachung nicht an. Die Rivalität verschärft sich mit der Bewerbung beider um die Kaiserkrone und tritt nach der Wahl KARLS 1519 in ein neues Stadium (S. 237).

Bedeutung: Der **habsbg.-franz. Konflikt** wird bis zum 18. Jh. das zentrale Problem der westeurop. Staatengemeinschaft, die im Kampf um Italien in ihren wechselnden Koalitionen das polit. **Grundprinzip des Gleichgewichtes** ausgebildet hat.

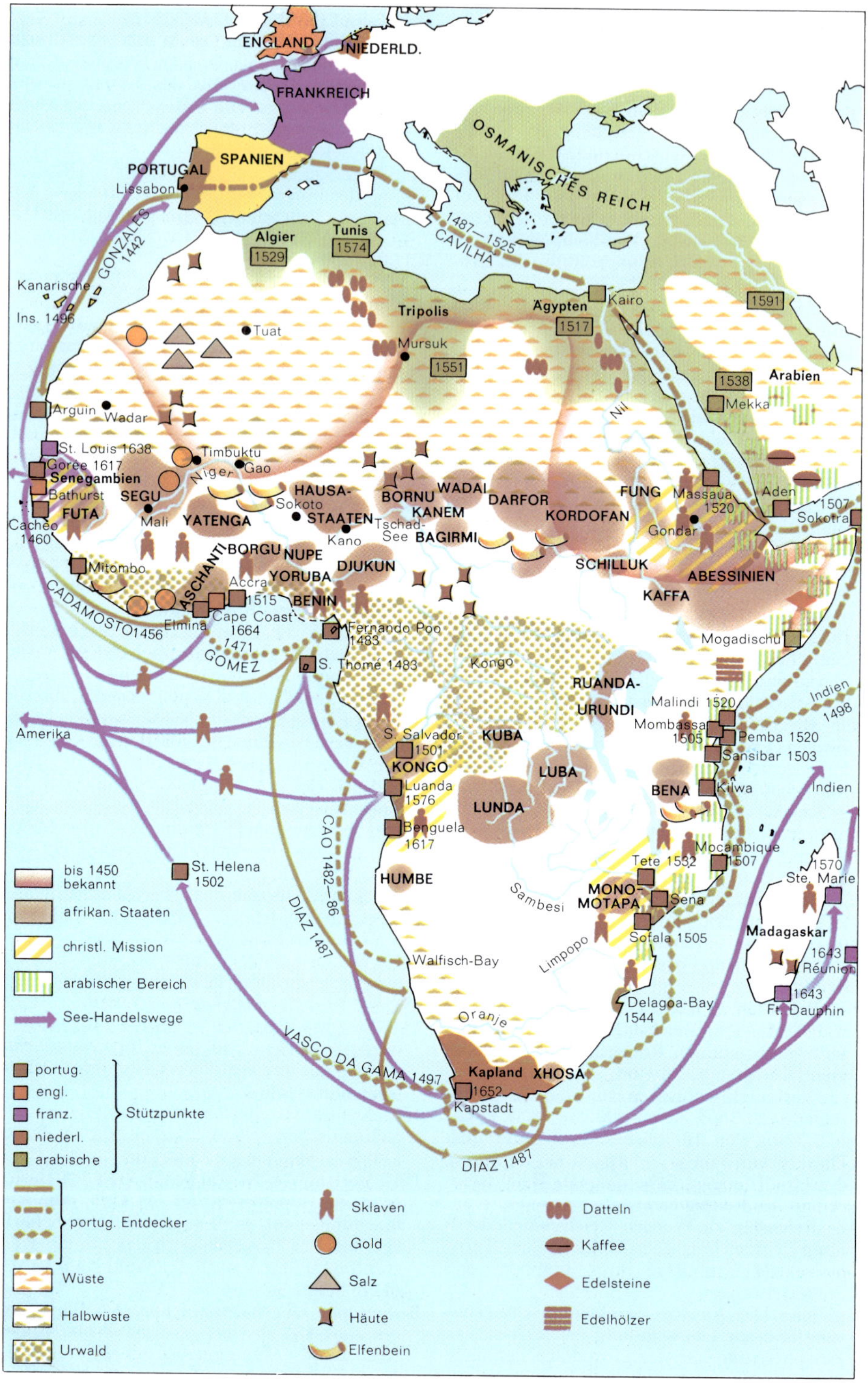

Afrika 15.–17. Jh.

Naturwissenschaftliche Entdeckungen

Humanist. Studien, Naturbeobachtung und neuer Forschergeist überwinden das traditionelle aristotelische Weltbild (S. 58). Aus dem griech. Schrifttum (ARISTARCH VON SAMOS, S. 71) Wiederentdeckung der **Kugelgestalt der Erde.** Der Nürnberger Astronom und Buchdrucker REGIOMONTANUS (JOH. MÜLLER) berechnet in den **›Ephemeriden‹** (Jahrbücher ab 1475) die tägl. Stellung der Gestirne. MARTIN BEHAIM entwirft 1492 den ersten **Globus.** Von CUSANUS (S. 184) und pythagoreischen Lehren beeinflußt, findet der Arzt und Domherr **Nikolaus Kopernikus** (1473–1543) aus Thorn 1507 das mathemat. noch unbewiesene **heliozentrische Sonnensystem** (veröffentlicht 1543 in ›De revolutionibus orbium coelestium‹). – **Giordano Bruno** (1548–1600; als Ketzer verbrannt) erweitert das System durch pantheistische Vorstellungen vom unendlichen Universum ohne Mittelpunkt. – Der Däne TYCHO DE BRAHE (1546–1601) errichtet das erste Observatorium (Kassel) und führt als Lehrer KEPLERS (S. 256) die moderne Astronomie weiter.

Begründer der Mineralogie und Metallurgie wird **Georg Agricola** (1494–1555); während THEOPHRASTUS BOMBASTUS VON HOHENHEIM gen. **Paracelsus** (1493–1541) als Arzt, Botaniker und Chemiker die Medizin reformiert. Er erkennt die chem. und phys. Grundlagen des Lebens, das er aus sich selber zu erklären sucht. – Der span. Arzt MICHAEL SERVET (1511–53; in Genf als Freidenker verbrannt) entdeckt den Blutkreislauf.

Technische Erfindungen

Seit dem 14. Jh. Verwendung des **Pulvers** für Feuerwaffen (S. 191); Verbesserung des **Kompasses** und der Navigationsgeräte (Jakobsstab zur Ortsbestimmung auf See). Die Küstenfahrt wandelt sich zur **Seefahrt.** PETER HENLEIN erfindet 1500 die Taschenuhr (»Nürnberger Ei«); LEONARDO DA VINCI (S. 213) u. a. Pumpe, Drehbank, hydraul. Presse, Flugmaschinen. Die bedeutendste Erfindung gelingt dem Mainzer **Johann Gutenberg,** eigentl. GENSFLEISCH (um 1400–1467): um **1445 Buchdruck** mit bewegl. Metall-Lettern, Druckpresse und doppelseitigem Druck auf **Leinenlumpenpapier** (seit dem 13. Jh. in Europa für den Holztafeldruck in Gebrauch). Erster großer Druck GUTENBERGS: ›42zeilige Bibel‹ (um 1455). – Der Buchdruck verbreitet sich schnell über Europa und eröffnet ungeahnte neue Unterrichtungs-, Bildungs- und Unterrichtsmöglichkeiten (vgl. Humanismus S. 212).

Geographische Entdeckungen

Sie verbinden die bisher getrennten europ. und asiat. Kulturräume und leiten damit die **Epoche der Weltgeschichte** unter Führung der seefahrenden europ. Nationen ein.

Seit dem Vordringen der Osmanen in die Levante (S. 209) verteuern türk. Zölle den arab. Zwischenhandel. Der port. Infant **Heinrich der Seefahrer** (1394–1460) richtet die erste Seefahrtsschule der Welt ein und plant die Umsegelung der afrik. Westküste

1. zur Bekämpfung des Islam (Vollendung der Reconquista S. 187);
2. zur Eroberung des Hl. Landes mit Hilfe des in Abessinien vermuteten christl. Reiches des »Priesterkönigs Johannes«;
3. zur direkten Handelsverbindung mit den Gold- und Sklavenmärkten Ostafrikas. Portug. Entdecker erreichen

1419 die Madeiragruppe; 1431 die Azoren; 1445 Kap Verde; 1482 die Kongo-Mündung.

1487 Bartolomeo Diaz umsegelt die Südspitze Afrikas **(Kap der Guten Hoffnung).** Mit 3 Schiffen und 150 Matrosen findet

1498 Vasco da Gama den Seeweg nach Indien.

Afrika: Von Norden und Osten aus werden seit dem 7. Jh. der Sudan (arab.: Land der Schwarzen) und die Ostküste islamisiert und von arab. Händlern erschlossen.

11.–15. Jh. Reichsbildungen islam.-afrik. Völkerschaften: u. a. **Kanem** (Zentrum des arab. Handels und des Islam), Bornu, Wadai, Aschanti, Darfor. – Einzelheiten sind kaum bekannt, da nur wenige datierbare Überreste und arab. Reiseberichte (IBN KHALDUN: 1332–1406) vorliegen.

Mali (Stadt am mittl. Niger): SUNDJATA KEITA begründet um 1235 ein Großreich. Es gewinnt seine Machthöhe unter Kaiser

1312–37 KANGO MUSSA, zerfällt aber im 15. Jh. nach der Zerstörung Timbuktus durch den Nachfolgestaat der **Songhai.**

1493–1528 ASKIA MOHAMMED bringt das neue Reich (Hauptstadt **Gao)** zur Blüte. Es wird 1590 von Marokko unterworfen.

Kongo-Reich (in voreurop. Zeit entstanden):

1490 Kg. NZINGA NKUWU nimmt das Christentum an. Verfall nach Kg. NZINGA MPANGU (ALFONSO I. bis 1541), dessen Sohn HENRIQUE als erster afrik. Bischof vergebl. eine eigene Kirche aufbaut.

Monomotapa-Reich: Das Goldland von Rhodesien scheint eine lange kult. Tradition (Ruinen von **Simbabwe** westl. von Sofala aus dem 5./6. Jh.) gehabt zu haben. – Ende des 16. Jhs. errichten die Portugiesen ein Protektorat und beuten die Goldbergwerke aus.

Portug. Küstenfestungen sichern im 15./ 16. Jh. den Seeweg nach Indien gegen arab. Überfälle. Sie sind zugleich Stapel- und Handelsplätze, vor allem **Sklavenmärkte.** Afrika »liefert« bis Anfang des 19. Jhs. ca. 11 Mill. Sklaven. Etwa die gleiche Anzahl dürfte auf dem Transport umgekommen sein.

Indien: Die Vizekönige ALMEIDA und ALBUQUERQUE schaffen zwischen 1505–15 das **port. Handelsreich** in Goa, Ceylon, Malakka, Insel-Indien. Es wirft ungeheure Gewinne (ca. 400%) ab, fällt aber zum größten Teil nach etwa hundert Jahren engl. und holländ. Angriffen zum Opfer.

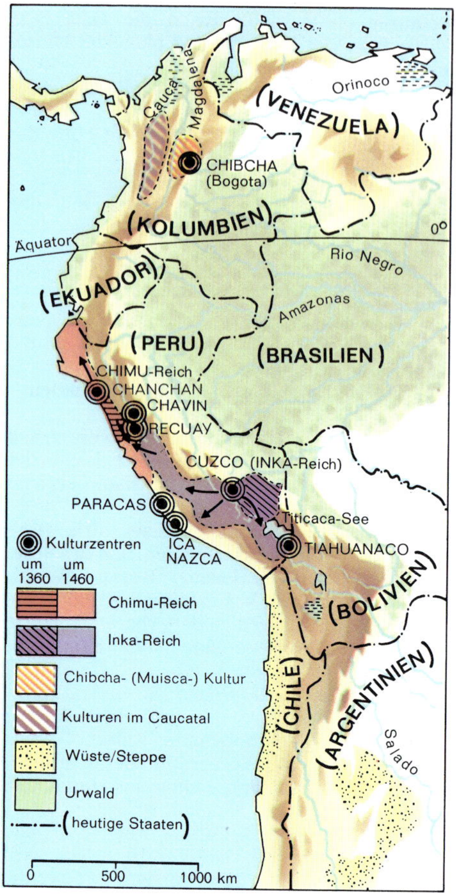

Alte Kulturen in Südamerika

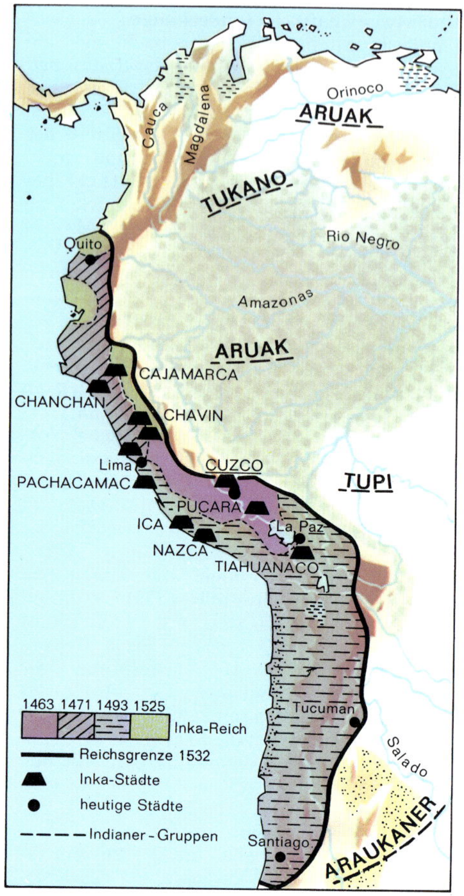

Das Inka-Reich 1460–1532

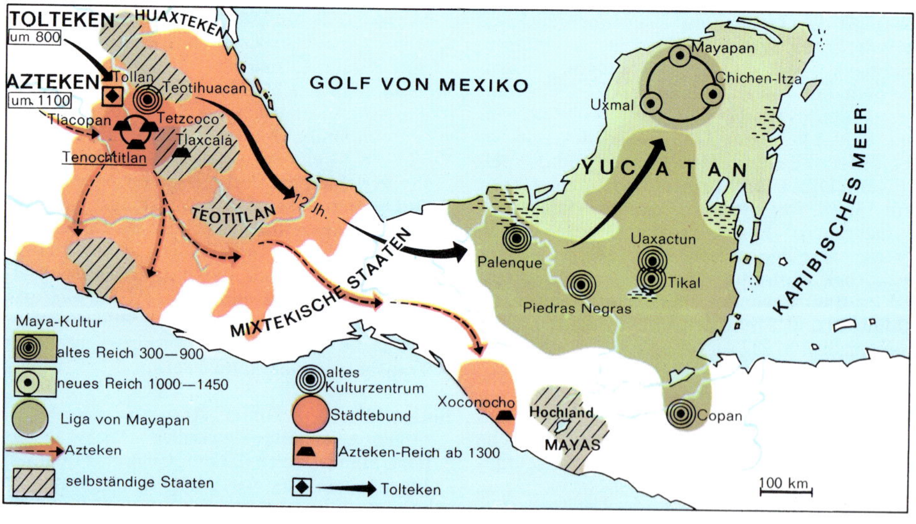

Indianer-Kulturen in Mittelamerika bis 1520

Ab 15000 v. Chr. (?) Besiedlung Amerikas durch Einwanderungswellen aus Asien (Beringstraße): Fischervölker im Norden (Atlantik); Jäger und Wildbeuter im nördl. Wald- und Steppengebiet; Pflanzer im Süden mit höheren Kulturansätzen (Grab- und Tempelhügelkulturen am Ohio und unteren Mississippi).

Um 200–500 n. Chr. Eindringen von Ackerbauvölkern in Mexiko (Olmeken). Aus ihren Grundkulturen (Maisbau, Töpferei, Weberei) entsteht die (frühtoltekische?) **Kultur von Teotihuacan.**

Indianische Hochkulturen in Mittelamerika

Die altamerik. Kulturen stehen techn. auf jungsteinzeitlicher Stufe; Metallbearbeitung erst in Anfängen. Trotz vieler Theorien ist keine kult. Beeinflussung von Europa (Wikinger) aus nachweisbar; von Ostasien aus ist sie möglich. Durch die **Kon-Tiki-Fahrt** HEYERDAHLS 1947 ist der kult. Zusammenhang mit Polynesien erneut zum Problem geworden.

Die Tolteken

Einwanderung in Mexiko (um 800) und Gründung der Hauptstadt **Tollan.** Aufkommen von Handwerk, Kunst, Kalenderberechnung. Verehrung des Hauptgottes (gefiederte Schlange) durch unblutige Opfer.

Die Azteken

Übernahme höherer Kulturformen von Tolteken, Mixteken, Zapoteken u. a.

Um 1200 Entstehung polit. Kleingebilde.

1325(?) Gründung von **Tenochtitlan** im See von Mexiko. Sitz des Hauptstammes, der

um 1430 unter **Itzcoatl** andere Stämme tributpflichtig macht und den Dreistädtebund Tenochtitlan–Tetzcoco–Tlacopan bildet.

1502–20 Montezuma II. erweitert das Reich, das nach Ermordung des Fürsten von

1519–21 Hernán Cortes zerstört wird.

Religion: Aus dem Urchaos erschafft **Quetzalcoatl** Menschen und Erde (eine Scheibe mit 9–13 Himmeln und Unterwelten), verbrennt sich, wird aber als »weiße Wolke« zur Erlösung wiederkommen. – Die Sonnengötter leben von menschl. Herzblut, deshalb grausame Opferriten vor dem umstehenden Volk (Ausreißen des Herzens und Verspeisen der Opfer).

Kultur: Rebusartige Bilderschrift auf Stein, Hirschleder oder Bast; relig. und magische Schriften, auch Stadtpläne und Abrechnungen. – Das Jahr hat 18 Monate (mit je 20 Tagen) und 5 »namenlose« Tage. 52 Jahre ergeben eine »Zeitperiode«.

Architektur: Mit Reliefs und Plastiken verzierte Tempel auf massiven Pyramiden.

Sozialordnung: Stämme zu je 20 Sippen mit 4 gewählten Führern bilden das Reich, das sich ständisch gliedert in Priester, Adel, Freie, Hörige, Sklaven. Einehe mit Gleichberechtigung der Frau; sorgfältige Erziehung.

Wirtschaft: Gemeinsamer Grundbesitz der Sippe; ausgebaute Straßen und Brücken. Die als Diplomaten geachteten Kaufleute treiben Tauschhandel.

Die Maya-Kulturen

Stämme aus dem Süden überlagern autochthone Völker und entwickeln eine reiche **Steinzeitkultur.** (120 bekannte) Tempelstädte (Ornament- und Keramikplastiken, Fresken). Die Mayas besitzen eine Bilderschrift (erst z. T. entziffert) und sind führend in Astronomie und Arithmetik (Zahlenordnung mit Nullwerten).

4.–7. Jh. Altes Reich: Stadtstaaten mit Sippendyn. Nach seinem Zerfall im

9./10. Jh. (durch Tolteken?) wandern die Einwohner nach Yukatan: Blüte des **Neuen Reiches.**

15. Jh. Liga von Mayapan (Tolteken) zur Unterjochung der Maya-Städte.

1436 Aufstand zur Vertreibung der Tolteken; Rückwanderung der Mayas nach Guatemala.

Die altperuanischen Kulturen in Südamerika

Kulturträger der bisher ältesten Fundorte (Steinplastiken, Keramik) **Chavin** (um 100 n. Chr.), **Tiahuanaco** und **Recuay** sind Bergindianer. Küstenvölker bilden um 500 n. Chr. eigene Zentren um **Nazca** und die Chimu-Kultur mit Ausbreitung im 12. Jh.

Das Inkareich der Quechua-Bergindianer

13. Jh. Gründung der Hauptstadt Cuzco durch den 1. Inka MANCO CAPAC. Die

1438–1531 Ausbildung des Eroberer-Staates beginnt mit dem 9. Inka PACHACUTIC. Um

1470 Zerschlagung des Chimu-Reiches.

1471–93 TUPAC YUPANQUI stößt weit nach Süden vor. HUAYNA CAPAC unterwirft

1513 das Quito-Land (Ecuador).

1527–32 Thronkämpfe der Söhne HUASCAR (Cuzco) und **Atahualpa** (Quito), der

1532 in Cajamarca von **Francisco Pizarro** mit List gefangen und ermordet wird.

1533 Eroberung Cuzcos durch die Spanier.

Religion: Dem Sonnengott, personifiziert im Inka, werden alle Tempel geweiht und Opfer dargebracht. Daneben werden auf Huacas (Steinhaufen) Lokalgötter verehrt.

Kunst: Tempel, Festungen, Straßen aus Steinblöcken (ohne Mörtel); Kleinplastiken als Opfergaben, schlichte Keramik. – Keine Schrift, sondern **Quippus** (farbige Knotenschnüre) für Statistiken und Botschaften.

Staatsordnung: Absolute Theokratie. Der Inka (Geschwisterehe) verfügt über zwei Drittel der Staatserträge, seine Sippe stellt alle Befehlshaber. Aufteilung des Bodens in Inka-, Tempel- und Gemeindeland. Bewässerungs- und Straßensysteme werden durch Arbeitspflicht der von Beamten kontrollierten Bevölkerung unterhalten. Kollektive Bodenbearbeitung, kein Privatbesitz. – Über 10000 km **Inka-Straßen** mit Hängebrücken. Läufer- und Trägerketten.

Die Chibcha-Kultur

Die Stämme der Hochebene von Bogota unterstehen einem Priesterkönig. Sie beeinflussen durch ihren Handel mit Salz, Früchten, vor allem Gold das Gebiet des Magdalenenstroms. 1536–41 Vernichtung durch den Spanier QUESADA (S. 225).

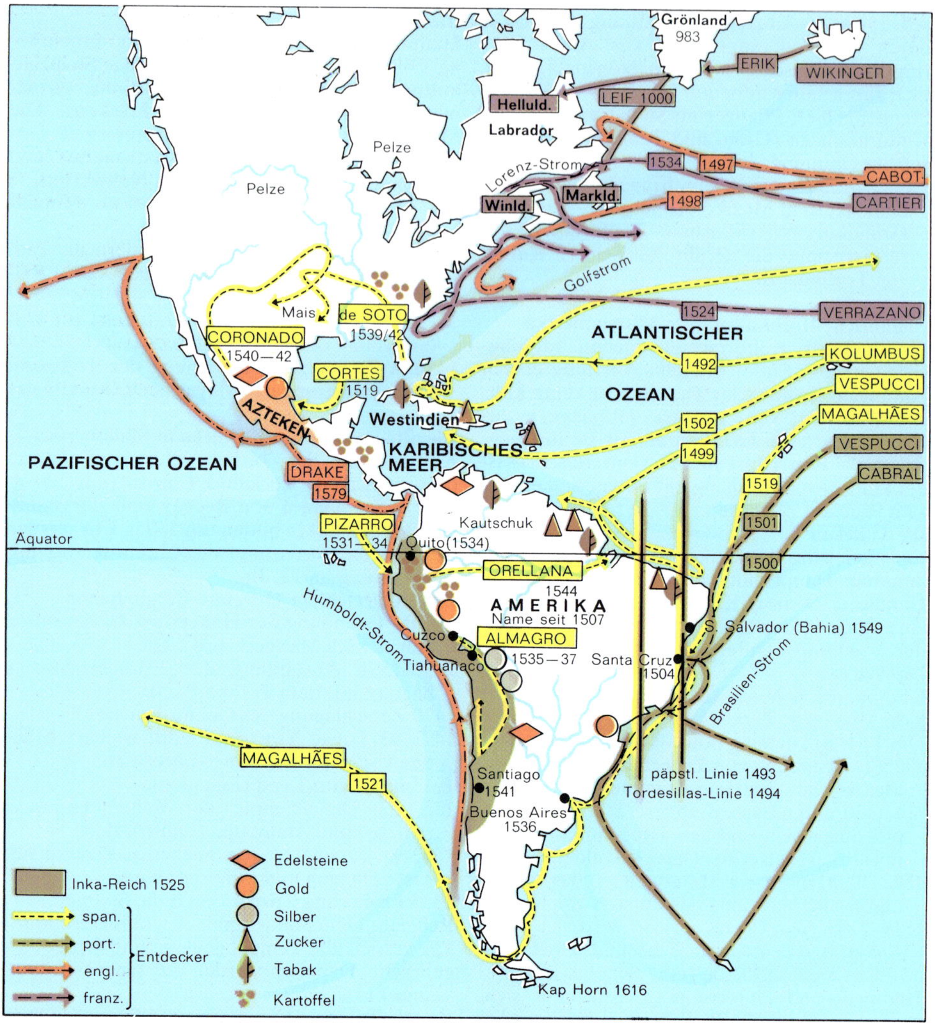

Die Entdeckung Amerikas

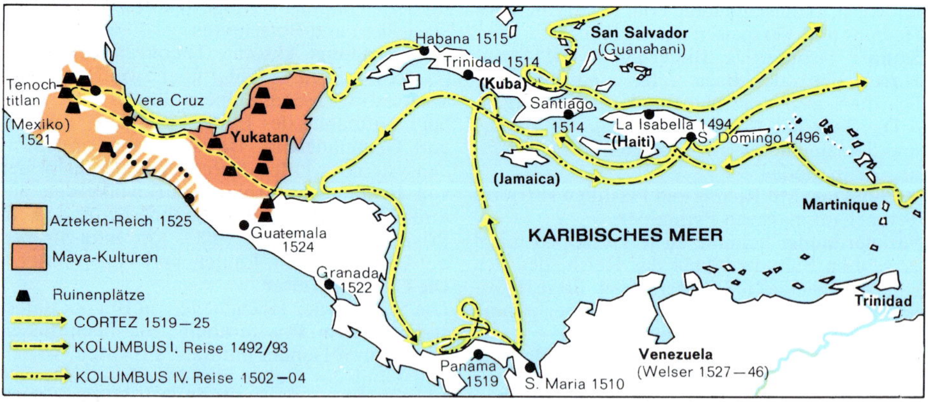

Mittelamerika zur Zeit der Entdeckungen

Die Entdeckung Amerikas durch Wikinger
984 Der Isländer ERIK DER ROTE erreicht **Grönland** und legt Kolonien an. Sein Sohn LEIF ERIKSON landet um
1000 an der Küste von Nordamerika (Winland). Die Entdeckung gerät in Vergessenheit, da die Verbindung zu Grönland nach 1400 abreißt (Klimaänderung).

Entdeckung und erste Erschließung Amerikas
Die Karte des Florentiners TOSCANELLI (1397–1482) veranlaßt den Genuesen **Christoph Kolumbus** (1451–1506) im Dienst ISABELLAS VON KASTILIEN (S. 187) den westl. Seeweg nach Indien zu suchen.
1492 Entdeckung Amerikas nach 61tägiger Fahrt mit der Landung auf Guanahani (San Salvador), Kuba und Haiti. Als Vizekönig unternimmt KOLUMBUS
bis 1504 vier Reisen nach Westindien und entdeckt dabei 1498 das Festland (Orinocomündung; später Panama).
1499–1502 Küstenfahrten des Florentiners **Amerigo Vespucci** (1451–1512). Durch seine Reiseberichte wird der neue Kontinent bekannt und seit 1507 auf Vorschlag von MARTIN WALDSEEMÜLLER **Amerika** genannt. – Auf der Indienfahrt des Portugiesen **Pedro Alvares Cabral** (1460–1526)
1500 Entdeckung Brasiliens. – Der Spanier **Balboa** erreicht als erster Europäer den
1513 Stillen Ozean nach Durchquerung der Landenge von Panama. – Den amerik. **Nordkontinent** entdeckt
1497 der Florentiner **Giovanni Caboto** (vor KOLUMBUS), der in engl. Auftrag den ind. Seeweg sucht. Ihm folgen VERRAZANO und CARTIER. Die Spanier DOMINGO, DE SOTO, ALVARADO, CORONADO erforschen
bis 1542 das nördl. Mexiko. – Den Beweis für die Kugelgestalt der Erde erbringt die
1519–21 erste Erdumsegelung durch Fernao de Magalhaes (um 1480–1521). Der Portugiese in span. Diensten entdeckt die Molukken, wird aber erschlagen. Eines seiner 5 Schiffe erreicht 1522 unter ELCANO den Ausgangshafen Sanlúcar de Barrameda.
1577–80 zweite Erdumsegelung durch den engl. Seehelden **Francis Drake** (um 1545 bis 1596). Süd- und Mittelamerika erschließen und unterwerfen **Konquistadoren,** span. Adelige (Hidalgos) und Abenteurer, von Goldgier, Missionseifer, Ruhmsucht und Ehrgeiz getrieben und sich dabei oft bekämpfend. – **Hernán Cortes** (1485–1547) gründet Vera Cruz und dringt in **Mexiko** ein; blutige
1519–21 Eroberung des Aztekenreiches.
1531–34 Unterwerfung des Inka-Reiches durch **Francisco Pizarro,** der 1535 **Lima** gründet, ALMAGRO, den Eroberer Boliviens, 1538 töten läßt und 1541 ermordet wird.
1535–38 QUESADA erobert Kolumbien.
1544 ORELLANA durchquert den Kontinent (über den Flußweg Maranon–Amazonas).
1540–54 entdeckt VALDIVIA Chile.

Der Aufbau des span. Kolonialreiches
Kurz nach den ersten Entdeckungen
1494 Vertrag von Tordesillas: Teilung der Welt in ein span. und port. Kolonialreich. Papst ALEXANDER VI. legt als Grenze eine Demarkationslinie (ca. 370 Meilen westl. der Azoren) fest. Nach dem Grundsatz »für Gott die Seelen, das Land dem König« setzt der Staat gegen die Eigenmächtigkeiten der Konquistadoren eine von Spanien abhängige Kolonialordnung durch.
1524 **Sevilla** wird Monopolhafen für den Handel und Sitz des **Indienrates,** Zentralbehörde für Verwaltung, Recht und Kirche. Die **Vize-Kgr.** Neu-Spanien 1535, Peru 1542 (später Neu-Granada 1718 und La Plata 1776) gliedern sich in Generalkapitanien mit eigener Gerichtsbarkeit (Audiencias). Die **Städte** erhalten begrenzte Selbstverwaltung (Cabildo). Hochschulen entstehen in Mexiko 1553; Lima 1551; Bogota 1592; Caracas 1642.
1527 Verpfändung Venezuelas an die Welser (S. 215). Von FEDERMANN 1530–39 erforscht, wird diese erste deutsche Kolonie 1546 wieder aufgegeben.
Tributverleihungen der Krone (Encomiendas) an die Eroberer (Konquistadoren), die die Indianer zu Naturalabgaben anhalten dürfen, aber zu deren christl. Betreuung verpflichtet sind. Der Indianerapostel **Las Casas** (1474–1566) kämpft gegen Ausbeutung und Zwangsarbeit. Zur Entlastung der Indianer seit
1510/11 Einfuhr von Negersklaven. Die Arbeitsschutzbestimmungen gipfeln in den
1542–45 Neuen Gesetzen, nach denen die Indianer freie Kronvasallen werden. Errichtung von Schutzgebieten (Reduktionen).

Die Folgen der Entdeckungen
Wirtschaft: Verschiebung des Schwergewichtes von den europ. Binnenmeeren (Nord-, Ostsee; Mittelmeer) zum Ozean (Atlantikhandel). Lissabon, Sevilla, Rotterdam lösen die bisher führenden Seestädte Lübeck, Venedig, Genua (S. 183) ab. Durch Einfuhr neuer Kolonialprodukte (Kartoffel, Mais, Tabak) und Plantagenwirtschaft gewaltige **Steigerung des Welthandels** und des Großgewerbes (Kolonien als Abnehmer). Erhöhter Geldbedarf begünstigt großkapitalistische Unternehmungen, die auch polit. Bedeutung erlangen (S. 215).
Politik: Aufstieg der westl. Randstaaten Europas; Abnahme der polit. Bedeutung Mitteleuropas. **Portugal** und **Spanien** werden **Großmächte.** Niederländer, Franzosen, Engländer wenden sich zunächst als Kauffahrer und Piraten der Ozeanfahrt zu (1555 Gilde der **Merchant Adventurers**).
Kultur: Beginn der **Europäisierung der Erde;** Völkerverschiebungen und Rassenmischungen (Sklaventransporte, Kolonisation); Erweiterung des geistigen Gesichtskreises und der Wissenschaften: vor allem der Erd- und Völkerkunde, der Astronomie und Philologie.

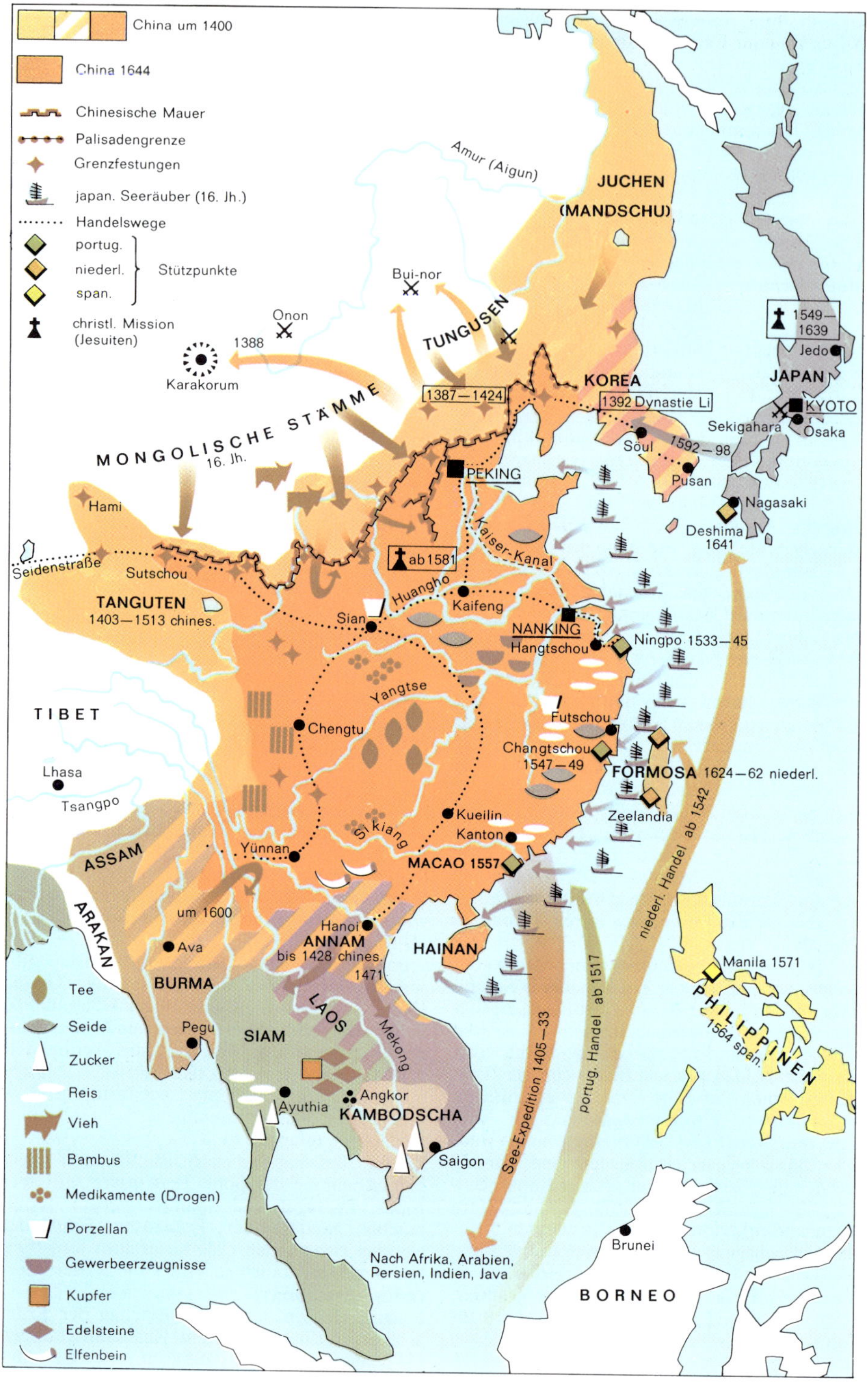

China zur Zeit der Ming-Dynastie 1368–1644

China: Die Ming-Dynastie (1368–1644)
Mißernten und Überschwemmungen verursachen Bauernaufstände. »Propheten« der Geheimsekte »Vom weißen Lotos« verkünden das Erscheinen eines »Erleuchteten«.

1368–98 TSCHU YÜN-TSCHANG, ein buddh. Mönch, vertreibt den letzten Mongolenkaiser aus Peking und begründet in Nanking eine neue nat. Dynastie, die bis 1644 besteht. Das Reich wird in 13 Prov. eingeteilt und zentralisiert (Fachministerien, Zensur- und Gerichtsbehörden, Ausbau des staatl. Schulwesens – Reichsakademie – mit literar. Examen für Beamte). Handel und Industrie werden kontrolliert, da sie nach konfuzianischer Lehre als moralisch anfechtbar gelten. – Die Bürokratisierung stärkt die Macht der Mandarine (oberste Beamtenkaste): auch Palasteunuchen erhalten deshalb polit. Aufgaben. Ihre Rivalität zu den Beamten äußert sich in Korruption und Haremsintrigen.
Hauptaufgabe wird die Reichssicherung. Auf das Eindringen der Europäer, auf ständige Einfälle mongol. Völker und japan. Seeräuber reagiert China mit zunehmender Abschließung.

1403–24 YUNG-LO verlegt zur Verteidigung der Nordgrenze 1421 die Hauptstadt nach **Peking. Ausbau** der **Großen Mauer** auf 2450 km Länge, 16 m Breite und 8 m Höhe.

1405–33 See-Expeditionen bis nach Afrika öffnen neue Handelswege und lenken die chines. Auswanderung nach Südostasien.

Um 1500 schwächen Hungersnöte, Pest und Überschwemmungen das Reich.

1516 erster portug. Stützpunkt in Kanton; der europ. Handel wird gegen Tribute

1557 auf **Macao** beschränkt. – Unter

1522–66 KIA-TSING – mehr Dichter als Herrscher – tungusische Beutezüge bis vor Peking.

1563 Vernichtung der japan. Seeräuber. WAN-LI [1573–1619] begünstigt

seit 1581 die Mission der Jesuiten (Pater RICCI). Durch ihre math. und techn. Fertigkeiten verschaffen sie sich Einfluß am Kaiserhof.

Seit 1622 leiten Aufstände der Sekte »Vom weißen Lotos« das Ende der Dyn. ein. Verfeinerte Lebenskultur und vollendete Umgangsformen sind Charakteristika dieser Epoche.

Literatur: Der Philosoph WANG YANG-MING (1472–1528) kritisiert die Sung-Scholastik; die literar. Sammlung ›Yung-lo ta-tien‹ umfaßt 23000 Bände; kartograph. Reichsaufnahmen und realist. Romane entstehen.

Kunst: Kaisergräber in Nanking und Peking; Ausbau der Residenz (Himmelsaltar 1420, Sommerpalast). Vollendung der farbigen **Ming-Porzellane** und der chines. Gartenbaukunst mit Pagoden, Bogenbrücken, Singvögeln, Teehäusern und Drachen.

Medizin: Entwicklung einer wissenschaftl. Diagnostik und der Aku-Punktur (Behandlung mit feinsten Nadeln).

Japan: Das Ashikaga-Shogunat (1338–1573)
Mikado-Residenzen bestehen in Kyoto und Yoshino

1392 Beseitigung des Schismas durch den Shogun YOSHIMITSU, doch treibt die Einrichtung von zwei neuen Regierungsämtern (Kwanryo) die Adelsfamilien in einen 150jährigen Bürgerkrieg.

1478–1573 Zeitalter der »kämpfenden Länder« (Sengoko-Periode der »Ritter und Helden«). Der Staat löst sich nahezu auf; organisierte Seeräuber (Wako) plündern das Land. Soz. Umschichtung des Volkes durch Abstieg alter und Aufstieg neuer Geschlechter. Die ca. 1500 Daimyo (= großer Name) werden erbliche Fürsten; ihre Vasallen steigen in die Kriegerkaste der **Samurai** (Gefolgsmann) auf. Aus konfuzianischem Geist bildet sich im Bushido (der Weg) das japan. Ritterideal: Neben Kampfschulung (Bogenschießen, Fechten, Ringen) werden besondere Tugenden erstrebt; höchste Ideale sind die Treue zum Tenno (Shu) und zur Familie (Ko). Ehrenhändel werden nicht durch Zweikampf, sondern durch Freitod nach zeremoniellen Regeln **(Harakiri)** beigelegt. – Es entstehen Bewegungen zum Schutz japan. Kulturleistungen (Porzellan, Kochkunst, Fechten) und Geheimriten zur relig. Steigerung des Shintoismus (S. 177). Bedeutung erfährt die Tee-Zeremonie.

1542 erste Einfuhr europ. Feuerwaffen; sie lösen Bogen, Lanze und Schwert ab.

1549 Gründung von Jesuitenmissionen (FRANZ XAVER) mit Erfolgen im Süden.

Die Shogunlose Zeit (1573–1603)
In ihr wirken die drei großen Schöpfer des neuen japan. Reiches:

Oda Nobunaga (1534–82). – Der »japan. Attila« bekämpft die Widersacher des Tenno, zieht in Kyoto ein und beseitigt 1573 den letzten Ashikaga-Shogun. Zur Schwächung der buddh. Mönchssoldaten (Sotei) unterstützt er die christl. Mission.

Hideyoshi Toyotomi (1535–98). Der genialste Feldherr und Staatsmann Japans bricht die Daimyo-Herrschaft. Seit 1582 Kanzler, bildet er eine neue Zentralmacht mit je 5 Tairos (Vertretern des Shoguns) und Bagyos (Reichsverwaltern).

1592–98 Feldzug zur Unterwerfung Koreas.

Ieyasu Tokugawa (1542–1616) besiegt den Nachfolger HIDEYORI TOYOTOMI in der

1600 Schlacht bei Sekigahara, sichert seine Macht durch Ausrottung aller Toyotomi, neue Verteilung der Lehen und Errichtung eines Polizei-Staates.

1603–1867 Tokugawa-Shogunat. – Jedo (Tokio) blüht als Residenz auf. Der

1637/38 Aufstand von Shimabara endet mit der Vernichtung der Christen.

1639 Schließung aller Häfen (bis 1854); einzige Handelsschleuse ist die künstlich angelegte Insel Deshima.

Das Mogulreich in Indien

Das Mogul-Reich in Indien (1526–1658)
Den letzten islam. Vorstoß nach Hindustan (Indien) unternimmt der Timuride
1494–1530 Babur, Nachkomme DSCHINGIS-CHANS und TIMURS, seit 1504 Herr von Kabul. Sultan IBRAHIM LODI VON DELHI wird unter Einsatz von Artillerie in der
1526 Schlacht bei Panipat entscheidend geschlagen, Agra erobert.
1526 Sieg bei Khanua über eine Radschputen-Konföderation; Unterwerfung Nordindiens.
1530–40 HUMAYUN sucht das väterliche Reich zu behaupten; erfolgreicher
1535 Feldzug gegen Gujarat, aber
1539 Niederlagen bei Chaunsa und 1540 bei Kanauj durch den afghan. Usurpator
1539–45 SHER-SHAH, der ein kurzes Zwischenreich errichtet.
Zweite Eroberung Indiens durch
1556–1605 Akbar (13 J.), den größten Mogul-Kaiser. Der Regent BAYRAM HAN besiegt Hindu-Rebellen in der zweiten
1556 Schlacht bei Panipat. – Seit 1559 eigene Feldzüge AKBARS, der mit seinem Berufsheer bis 1576 ganz Nordindien (ohne Sind) beherrscht und
1591–1601 Sind, Kandahar, Berar und Kandesch unterwirft.
Innenpolitik: Zur **nat. Festigung des Reiches** Ehen mit Hindu-Prinzessinnen; Übernahme von Hindus in den Staatsdienst.
1563 Aufhebung der Hindu-Sondersteuern; Neuordnung der Zentralregierung (Divan) mit Vorkehrungen gegen Betrug oder Auflehnung der Beamten (Aufseher); seit
1579 festes Steuersystem (ein Drittel des bäuerl. Ertrages) und geordnete Steuereintreibung. – Keinen Erfolg hat die
1582 Verkündung einer neuen Sonnenreligion pantheistischer Prägung. Persönl. Kontakte des relig. aufgeschlossenen Herrschers zu Jesuiten und Parsen.
1583 Toleranzedikt für alle Religionen. Unter seinem trunksüchtigen Sohn
1605–27 JAHANGIR beeinflußt dessen Lieblingsfrau NUR JAHAN 1611–22 die Politik. Verschwendung der Staatseinnahmen zu luxuriöser Lebensführung.
1612/13 Beginn der engl. Kolonialpolitik.
Nach üblichem Bruderkrieg besteigt
1628–58 SHAH JAHAN den Thron und dehnt das Reich im Dekhan aus, dessen Sultane
1636 Vasallen des Großmoguls werden. Noch zu Lebzeiten des Vaters reißt AURANGZEB (S. 275) die Macht an sich.

Die islam. Kultur in Indien (15.–17. Jh.)
Verschmelzung ind. und arab.-pers. Elemente. Die islam. Aristokratie übernimmt ind. Bräuche; unter islam. Einfluß starke Absperrung auch der Hindu-Frauen, Zunahme der Kinderehen und Witwenverbrennungen. Staatssprache wird das **Urdu** mit Hindu-Grammatik und pers.-arab. Wortschatz. Ausbildung der neuind. Volkssprachen: **Hindi,** Bengali, Panjabi, Mahrati u. a. Die Sultane von Delhi ziehen pers. Dichter, Geschichtsschreiber und Gelehrte an ihren Hof. Der gebildete **Babur** schreibt **›Memoiren‹. Akbar** reorganisiert das Erziehungswesen, stiftet Bibliotheken und Hochschulen. Am Mogulhof wirken die Dichter URFI (1555–91), ABUL FADL, der Historiker BADAUNI. Alle Mogulkaiser sind große Bauherrn. Nach pers. Vorbild entsteht eine ind. **Miniaturmalerei** (Porträts).
Literatur
Durch die pers. Übersetzung der **Upanishaden** (S. 43) von DARA SHOKOH erhält Europa erste Kenntnis von der ind. Literatur. – Die Hindi-Nachdichtung des Ramayana (Kunstepos) **›See der Taten Ramas‹** von **Tulsi Das** (1532–1624) wird zur **Hausbibel der Hindus.**
Architektur
Ähnl. Stilelemente der Kultbauten erleichtern die Verschmelzung pers. und hind. Bautraditionen (Innenhöfe mit Säulengängen). Die neue Residenz AKBARS, Fathpur Sikri bei Agra 1569, zeigt Paläste und Moscheen reiner Mogul-Kunst, ebenso das Mausoleum AKBARS in Sikandra und der im Radschputenstil erbaute Go-Mandal-Tempel in Udaipur (1600). Architekton. Höhepunkt im **Tadch Mahal,** Mausoleum für die Lieblingsfrau SHAH JAHANS (1632–52): der mit Edelsteininkrustationen verzierte Kuppelbau mit vier Minaretts (in weißem Marmor) gilt in seiner Harmonie mit Gartenanlagen und Wasserbecken als eines der schönsten Bauwerke der Welt.

Die Entstehung von Hindu-Sekten
Die Pashupata- und Lingayat-Sekte gehören der Shiva-Gruppe an, die den asket. Heilsweg vertritt. Die Vishnu-Gruppe sucht Erlösung durch liebende Hingabe **(Bhakti)** an die Götter: die **Bhagavatas** stützen sich auf das hl. Andachtsbuch **›Bhagavadgita‹** (›Lied des Erhabenen‹), gedeutet von RAMANUJA (1055–1137) mit Betonung der göttl. Gnade. Die **Mahdvas** des MAHDVA ANANDATIRTHA (1199–1278) vertreten eine Zweiheitslehre von Gott und Welt, VALLABHA (1479–1531) und seine Sekte der **Maharajas** dagegen die sexuelle Liebe zwischen Gott und Seele. CAITANYA (1485–1534) predigt ekstat. Gottesliebe durch Gesang, Musik, Tanz. – Prägung des heutigen Hinduismus durch den **Tantrismus** mit myst.-mag. Vorschriften, Zeremonien der hl. Tantra-Bücher. **Synkretist. Sekten** (Mischung hind. und islam. Vorstellungen): RAMANANDA (um 1400–1470) gründet in Benares eine Bhakti-Sekte; zugelassen sind alle Kasten, auch Moslems. Sein Schüler KABIR (1440–1518) verbindet den islam. Monotheismus mit der Seelenwanderung (Karman). Um NANAK (1469–1538) bildet sich die relig. Gemeinschaft der **Sikhs** (ind. = Jünger) mit bes. Kleidung, Haartracht, Bartwuchs. Übernahme der Idee des Hl. Krieges gegen die ungläubigen Moslems; Ausbildung einer milit. Theokratie. Die Sikhs stellen seither die ind. Elitesoldaten.

Kirche und Staat in Deutschland

Die Schwäche der polit. Zentralgewalt (S. 197) verhindert die Bildung einer Nationalkirche wie in England, Frankreich, Spanien. Zwar werden auf dem

1439 Reichstag zu Mainz die Basler Reformdekrete angenommen, doch gewinnt die Kurie (NIKOLAUS V.) die Fürsten durch

1447 Abschlüsse von Einzelkonkordaten, die das **landesfürstl. Kirchenregiment** stärken (Stellenbesetzung, Aufsicht über kirchl. Vermögen). FRIEDRICH III. verzichtet im

1448 Wiener Konkordat (S. 181) auf kirchl. Reformen im Reich. – Zunahme kurialer Steuerbelastungen durch den Finanzausfall der Nationalkirchen bei steigendem Geldbedürfnis der Kurie.

Mitte 15. Jh. ›**Gravamina** (Beschwerden) **der Deutschen Nation**‹ auf Reichs- und Landtagen. Flugschriften rufen nach dem »Endzeitkaiser«, der das »gute, alte Recht‹ und die deutsche Kirche gegen »welsche Ausnutzung« schützt; Humanisten wehren sich gegen theol. Bevormundung der Laien und kritisieren päpstl. Rechtsprechung und Profitgier. Allg. Unzufriedenheit und Erbitterung

1. über den **Reichtum der Kirche,** der einer Verflachung der geistl. Aufgaben und der sittl. Verwahrlosung des Klerus und vieler Klöster Vorschub leistet. Kirchl. Besitz gilt als Unrecht, zumal er weltl. Gerichtsbarkeit und Besteuerung entzogen ist;
2. über den **hohen Klerus;** die »Junker Gottes« betrachten ihre Pfründe als »Spitäler des Adels« zu einer standesgemäßen Versorgung. Die Kanoniker überlassen ihre geistl. Ämter Vikaren, führen ein aufwendiges Leben oder betreiben gelehrte Studien, während der niedere Klerus in theol. Unbildung verwahrlost;
3. über die **Verrechtlichung der kirchl. Heilsmittel** (Ablaß, Beichte, Buße); über scholast. Formelwesen und unpersönlichen Sakraldienst.

Die deutsche Volksfrömmigkeit

Bei steigendem Wohlstand innere Unruhe und Lebensängste im einfachen Volk durch die ihm unfaßlichen Umbrüche bisheriger Lebens- und Weltvorstellung (Zeitwende S. 221). – Der **Buchdruck** bringt eine Flut von **Erbauungsliteratur:** Beicht-, Meß-, Sterbebüchlein; Evangelienerklärungen, Heiligenleben, Bibeldrucke (18 Übersetzungen bis 1521). – **Volksprediger** (oft Bettelmönche), die ein einfaches Leben in evgl. Armut verkünden, finden starken Zulauf, ebenso **Bruderschaften** zu gemeinsamem Gebet und karitativer Arbeit.

JOHANN GEILER VON KAISERSBERG (1455 bis 1510) eifert gegen unkirchl. Bibelverbreitung; SEBASTIAN BRANT (1457–1521) ruft zu Reformen auf; WESSEL GANSFORT und JOHANN RUCHRAT kämpfen um 1480 gegen den Ablaßhandel; doch fehlen den Reformern Kraft oder theol. Bildung.

Dotationen und Votivgaben (Weihgeschenke): Gestiftet werden Kranken- und Waisenhäuser. Umgeben von Kapellen mit Altarbildern, Heiligenfiguren und Meßgeräten, gleichen Kirchen und Dome reich ausgestatteten Museen. Köln (30000 Einw.) besitzt 19 Kirchen, 100 Kapellen, 22 Klöster, 12 Spitäler; jeder 9. Einw. Deutschlands ist ein Kleriker; glänzende kirchl. Prachtentfaltung an ca. 100 Sonn- und Feiertagen in Prozessionen, Oster- und Totentanzspielen. – **Reliquienkult:** In Katalogen erfaßt, werden zahllose Reliquien verehrt, gesammelt und zu jedem Preis gehandelt. Geschäftssinn paart sich mit frommem Betrug an Leichtgläubigen. 1520 besitzt FRIEDRICH DER WEISE 19013 Reliquien mit Ablaß für rund 2 Millionen Jahre. – **Heiligenverehrung:** Kirchen, Städte, Berufe, Stände haben ihre Schutzheiligen und Nothelfer, unter denen MARIA und ihre Mutter, die HL. ANNA, bes. Verehrung genießen. Bußzüge und **Wallfahrten** häufen sich.

Trotzdem reichen die kirchl. Gnadenmittel nicht aus, um Wunder- und Aberglauben, Teufels- und Höllenvisionen zu bannen. – **Hexenwahn:** Gestützt auf die Hexenbulle von INNOZENZ VIII. (1484) und die Prozeßordnung ›Malleus maleficarum‹ (1489 ›Hexenhammer‹) der Kölner Dominikaner INSTITORIS und SPRENGER, fallen der Hexenverfolgung bis zum 18. Jh. über 1 Mill. Frauen zum Opfer (letzte Hexenprozesse: in Berlin 1728, in Kempten 1775).

Der Werdegang Luthers bis 1517

Die umfassende, zunächst rein relig. Bewegung der Reformation ist nicht zu verstehen ohne die theol. Entwicklung und persönl. Gewissensentscheidung ihres Begründers.

1483–1546 Martin Luther, in Eisleben geb., in Mansfeld aufgewachsen. Auf väterl. Wunsch beginnt er nach seiner Grundausbildung in Magdeburg, Eisenach und Erfurt ein jurist. Studium.

1505 Bekehrungserlebnis (in einem Unwetter): Eintritt in das Kloster der Augustiner-Eremiten in Erfurt und Ausbildung zum Theologen der occamisch-scholast. Richtung (S. 184).

1508 Versetzung an die 1502 gegr. Universität Wittenberg, 1510 Reise nach Rom im Auftrag des Ordensvikars JOHANN VON STAUPITZ;

1512 Doktor der Theologie und Magister (Professor) der Bibelauslegung.

1513–17 Vorlesung über Psalmen und Paulus-Briefe. Im Ringen um die »Frage nach dem gnädigen Gott« und um Erlösung von quälendem Sündenbewußtsein führen Zweifel an den kirchl. Heilsmitteln zum intensiven Bibelstudium, insbes. der Paulus-Briefe.

1512/13 entscheidende relig. Erkenntnis (sog. Turmerlebnis): Rechtfertigung des Menschen nicht durch Willensanstrengung oder gute Werke, sondern allein durch die Gnade Gottes (Röm. 1, 17). – Um LUTHER bildet sich ein an der Bibel und an AUGUSTINUS orientierter Theologenkreis: NIKOLAUS VON AMSDORF, KARLSTADT (S. 233).

Die Anfänge der Reformation (bis 1521)

1514 LEO X. erneuert den Ablaß zum Neubau der Peterskirche (S. 217). Gegen den geschäftstüchtigen Ablaßkommissar des Ebf. von Mainz, TETZEL, richtet sich LUTHERS

31. Okt. 1517 Anschlag von 95 Thesen an die Schloßkirche zu Wittenberg (in lat. Sprache) zur Aufforderung einer Disputation über den Mißbrauch des Ablaßhandels. Rasche Verbreitung der Thesen und lebhaftes Echo in ganz Deutschland. LUTHER, von Dominikanern angezeigt, wird zum Ketzerprozeß nach Rom vorgeladen, doch von Kf. FRIEDRICH DEM WEISEN [1486–1525] geschützt. Polit. Umstände (Kaiserwahl) veranlassen die Kurie zum Einlenken.

1518 Verhör auf dem Reichstag zu Augsburg durch den Legaten CAJETAN: LUTHER widerruft die Thesen nicht und appelliert nach seiner Flucht an ein allg. Konzil.

1519 Leipziger Disputation zwischen KARLSTADT, LUTHER und seinem Hauptgegner JOHANN ECK (1486–1543), Prof. in Ingolstadt: **Bruch mit Rom,** da LUTHER päpstl. Primat, kirchl. Tradition und Unfehlbarkeit eines Konzils leugnet.

1520 Durchbruch der Reformation: LUTHER verfaßt drei **Programmschriften,** im

August die **politische:** ›An den christl. Adel deutscher Nation: von des christl. Standes Besserung‹ – wendet sich im Stil der ›Gravamina‹ (S. 230) an Kaiser und Reichsstände. Aufruf zu Reformen durch ein **Nationalkonzil,** da alle Christen geistl. Standes seien (allg. Priestertum);

Okt. die **dogmatische:** ›Von der babylonischen Gefangenschaft der Kirche‹ (lat. abgefaßt) – läßt von den sieben Sakramenten nur zwei, vom Evangelium (vgl. evangelisch) her begründbare (Taufe und Abendmahl) gelten **(Schriftprinzip);**

Nov. die **ethische:** ›Von der Freiheit eines Christenmenschen‹ – die nur im Glauben (sola fide) als Gnade Gottes (sola gratia) erfahren werden kann.

Dez. Verbrennung der Bulle ›Exurge Domine‹ (Bannandrohung) in Wittenberg.

Folgen: Gewaltiger Eindruck der Schriften und der Tat LUTHERS; sprunghafter Anstieg der Buchproduktion; Flugschriften (Holzschnitte) tragen die Begeisterung für den Reformator in breiteste Kreise. Unter den sich der Bewegung anschließenden Humanisten sind auch MELANCHTHON, HUTTEN, **Zwingli.**

1521 Reichstag zu Worms (S. 237): Unter freiem Geleit erschienen, beruft sich LUTHER auf die Hl. Schrift, wird aber von KARL V. im Wormser Edikt geächtet.

Die Ausbreitung der luth. Lehre (1521–25)

Von FRIEDRICH DEM WEISEN als »Junker Jörg« in Sicherheit gebracht, übersetzt LUTHER auf der Wartburg nach dem griech. Urtext das Neue Testament. Durch die **›Septemberbibel‹** von 1522 wird er **Schöpfer der neuhochdeutschen Schriftsprache.** (In kath. Gebieten setzt sich das »Lutherdeutsch« erst im 18. Jh. durch.) – Gesamte Bibelübersetzung 1534.

Wittenberg: Nach schwärmerischen Unruhen (S. 233), die LUTHER 1522 zum Eingreifen veranlassen, werden Stadt und Universität zum **Zentrum der Reformation** (»deutsches Rom«). Hier wirken neben LUTHER u. a. **Johannes Bugenhagen** (1485–1558), Verfasser evgl. Kirchen- und Schulordnungen, der Jurist **Georg Spalatin** (1484–1545), der Maler **Lukas Cranach,** vor allem **Philipp Melanchthon** (S. 212): erste theol. Formulierung der luth. Lehre in den ›Loci communes‹ (1521).

Frühe Mittelpunkte der Reformation sind: **Straßburg** mit **Martin Bucer** (1491–1551), dessen Abendmahlslehre **Calvin** (S. 238) beeinflußt. Einigung mit der luth. Richtung in der ›Wittenberger Konkordie‹ (1536).

Nürnberg: Andreas Osiander (1498–1551) verkündet die neue Lehre; der Künstlerkreis um **Albrecht Dürer** und **Hans Sachs** schließt sich LUTHER an. – Auflösung von Klöstern und Mönchsorden; Verwerfung des Zölibats (LUTHER heiratet 1525 die ehem. Nonne KATHARINA VON BORA); Einziehung des Kirchenguts (Säkularisation) durch evgl. gewordene Landesherren. Relig. **Streitschriften** im »grobianischen Stil« der Zeit: **Thomas Murner** (1469–1537) ›Von dem großen Lutherischen Narren‹ (1522). Nach seiner schroffen Ablehnung (›De servo arbitrio‹, 1525) der von ERASMUS vertretenen Willensfreiheit Abwendung vieler Humanisten von LUTHER (u. a. PIRCKHEIMER, CROTUS RUBEANUS).

Die Reformation in der Schweiz

Ulrich (Huldreich) Zwingli (1484–1531) ist Humanist, Pfarrer und Feldprediger, seit

1519 Geistlicher in **Zürich.** Human. Studien führen ihn wie seine Vorbilder ERASMUS und LUTHER zu kirchl. Kritik. Seit

1522 offenes Auftreten gegen kirchl. Mißstände. Der städt. Rat nimmt sein

1523 Reformprogramm an, niedergelegt in den **›67 Schlußreden‹:** Verbot aller kath. Kultformen: Prozessionen, Reliquien, Bilder; Kontrolle des Kirchenbesuchs, der Sittenzucht und Armenpflege; Betonung der Prädestination. – Die Bewegung setzt sich u. a. in Basel (ÖKOLAMPADIUS), Bern, St. Gallen durch und greift nach Konstanz und Straßburg (BUCER) über. Rückschlag durch die

1526 Disputation zu Baden mit ECK. – Das

1529 Marburger Religionsgespräch mit LUTHER scheitert am **Abendmahlsstreit.** Im Krieg Zürichs gegen die kath. Kantone der Schweiz fällt ZWINGLI in der

1531 Schlacht bei Kappel. – Sein Nachfolger **Heinrich Bullinger** (1504–75) lehnt die von BUCER erstrebte Vereinigung von Lutheranern und Zwinglianern ab.

1539 Helvetische Konfession; dagegen Einigung mit der Genfer Kirche CALVINS im

1549 ›Consensus Tigurinus‹.

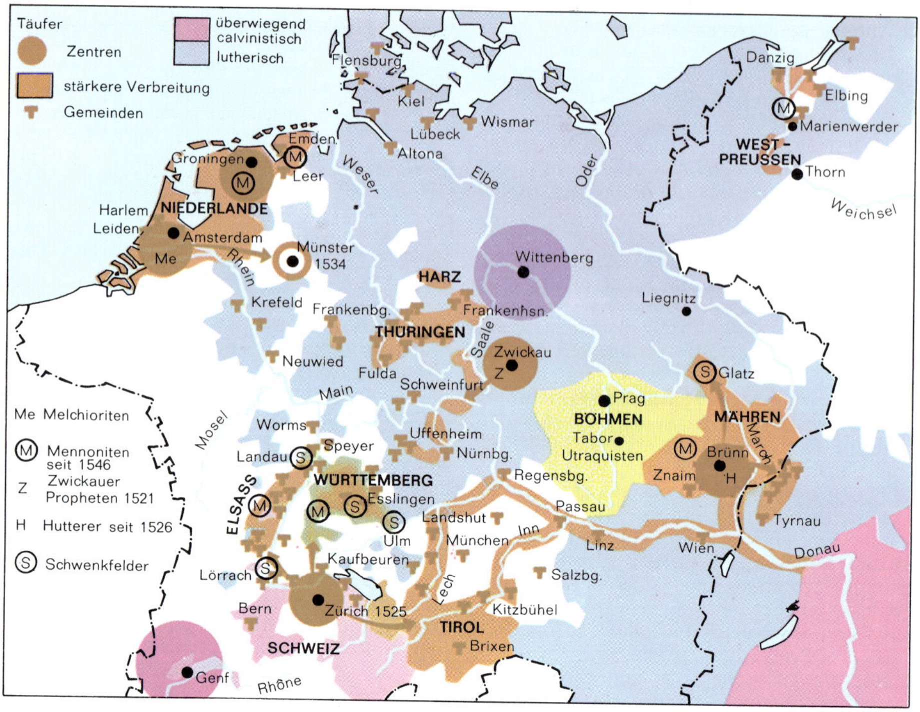

Die Täuferbewegung im 16. Jh.

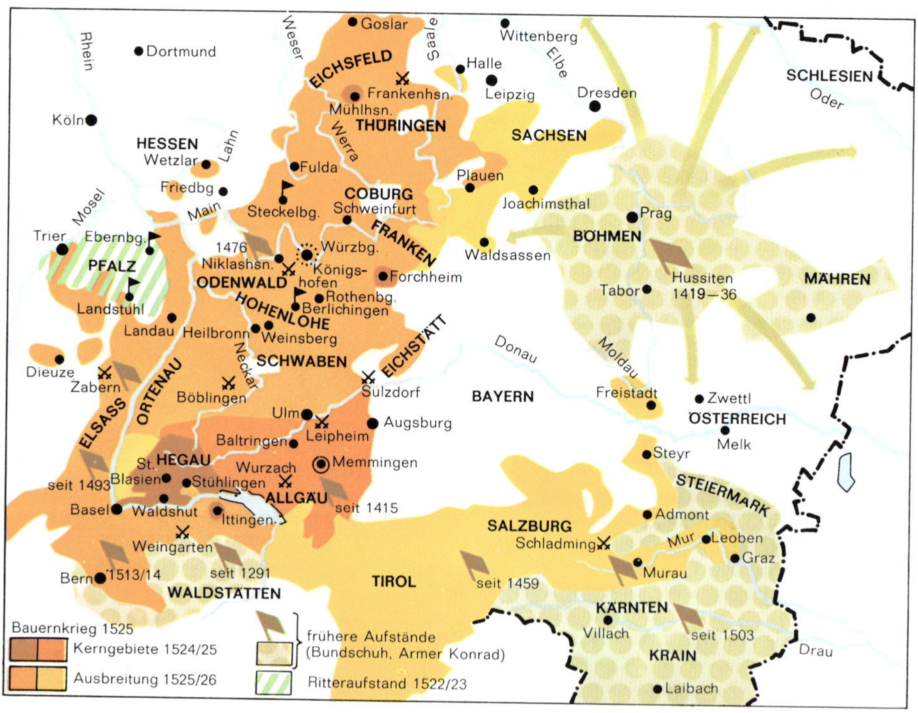

Der Bauernkrieg 1525

Die Nebenströmungen der Reformation

LUTHERS Kampf gegen die Autorität der Kirche und für eine christl. Erneuerung des Lebens weckt im Volk schwärmerische Gefühle und Vorstellungen. Das »Evangelium der kleinen Leute« entfesselt radikale Ausbrüche und gefährdet die Reformation. Unklar in ihren Lehren, lehnen **Täufer** und **Schwärmer** jede staatl. und kirchl. Ordnung ab; sie glauben an persönl. Offenbarung, prophet. Berufung, an das »innere Licht« und an eine Heiligung des Menschen durch Wiedertaufe.

ANDREAS BODENSTEIN, gen. **Karlstadt** (1480 bis 1541), führt während LUTHERS Abwesenheit (Wartburg) in Wittenberg radikale Reformen (Priesterehe, Auflösung der Orden) durch. Seine Bilderstürme werden zum Fanal der Täufer. Böhm. Hussiten und KARLSTADT wirken auf die »Zwickauer Propheten« THOMAS MÜNZER und NIKLAS STORCH. In relig. Visionen predigen sie komm. Aufruhr und wiegeln soz. Unzufriedene im Lande auf. Wanderapostel wie BALTHASAR HUBMAIER aus Waldshut, JOHANNES DENK (Nürnberg), SEBASTIAN FRANCK (Donauwörth) tragen ihre Erleuchtungen und Endzeiterwartungen durch das ganze Reich. In Schwaben und Schlesien begründet KASPAR SCHWENKFELD eine myst. Sekte. – Die Anhänger von JAKOB HUTTER aus Tirol bauen nach grausamer Verfolgung ihre mähr. Gemeinden auf.

Sehen viele Täufer in ihren Leiden ein göttl. Martyrium, so predigt MELCHIOR HOFFMANN aus Schwäb. Hall Vernichtung der Gottlosen durch das Schwert und verkündet den Anbruch des »1000jähr. Reiches Christi« für 1534. In den Niederlanden finden die **Melchioriten** in JAN MATTHYS, Bäcker aus Harlem, und JAN BOKELSON, Schneider aus Leiden, ihre Führer. Sie errichten 1534/35 die Herrschaft der **Wiedertäufer in Münster.** 1532 für die Reformation gewonnen, gerät die Stadt in den Bann der Melchioriten. Während ihrer Belagerung steigert sich der relig. Fanatismus im »Königreich Zion« (Gütergemeinschaft und Vielweiberei). Nach der Eroberung ergeht ein Strafgericht über alle »Taufgesinnten«. Daß sie von nun an als »Stille im Lande« wirken, ist das Werk des fries. Predigers **Menno Simons** (1492–1559). Friedfertig, aber von ihrer Heilsgewißheit durchdrungen, verbreiten sich Mennoniten-Gemeinden bis nach Rußland und Nordamerika.

Die Erhebung der Reichsritter (1522/23)

Als »arbeitslose Kriegerkaste« wehren sich die Reichsritter durch Zusammenschlüsse verbittert gegen den soz. Abstieg. Von der neuen Lehre erhoffen sie sich eine Reichsreform mit Enteignung und Aufteilung der geistl. Gebiete und ihre Erhebung in den Fürstenstand.

Von ULRICH VON HUTTEN (S. 212) für die »Deutsche evangelische Freiheit« gewonnen, beginnt der Söldnerführer FRANZ VON SICKINGEN (1481–1523) den »Pfaffenkrieg« gegen das Ebm. Trier. Der Geächtete wird geschlagen und bei der Beschießung seiner Feste Landstuhl tödlich verwundet. – Die Reichsritter scheiden aus der Politik aus.

Der große Bauernkrieg (1525)

Durch sicheren Absatz ihrer Produkte wohlhabend und infolge der Landsknechts-Taktik wieder wehrhaft und selbstbewußt geworden, wehren sich die Bauern in den zersplitterten Territorien Süd- und Mitteldeutschlands gegen den Geld- und Frondruck verarmter Grundherren. Das röm. Recht (S. 185) beschränkt ferner ihre Allmenderechte, ihre persönl. Freiheit und Selbstverwaltung. Seit dem 15. Jh. entstehen Geheimbünde und Unruhen:

1476 Aufstand des »PFEIFERS VON NIKLASHAUSEN« (Franken);

1493 Bundschuh-Aufstand (Oberrhein);

1514 Aufstand des Armen Konrad (Schwaben). Die Reformation wird schwärmerisch umgedeutet und findet stärksten Widerhall auf dem Land. Unter Berufung auf die Bibel, auf das göttl. Naturrecht und auf die mißverstandene Schrift LUTHERS ›Von der Freiheit eines Christenmenschen‹ fordern die Bauern Aufhebung der Standesunterschiede und der Frondienste.

1524 Beginn des Bauernkrieges in Waldshut und Stühlingen; schlagartige

1525 Ausbreitung bis nach Thüringen und Oberösterreich, doch fehlen den »Bauernhaufen« einheitliche Ziele, Planung und Führung. Einzelne Reichsstädte (Rothenburg) und Reichsritter schließen sich freiwillig (wie der »Idealist der Bewegung«, **Florian Geyer**) oder gezwungen (GÖTZ VON BERLICHINGEN) an. – Der »Bauernkanzler« **Wendelin Hippler** entwirft in den ›12 Artikeln‹ ein maßvolles Programm. LUTHERS ›Ermahnung zum Frieden‹ wendet sich an Fürsten und Bauern. – Nach Anfangserfolgen artet jedoch die Erhebung in Plünderungen, Morden und Sengen aus. THOMAS MÜNZER verkündet ein komm. »Gottesreich«. – Im

Mai 1525 erscheint LUTHERS ›Wider die mörderischen und räuberischen Rotten der Bauern‹ – ein harter Aufruf an die Fürsten zur Vernichtung der Bauern aus Sorge um die von Gott eingesetzte Obrigkeit, der man polit. zu gehorchen hat. Das milit. überlegene Heer des Schwäb. Bundes (TRUCHSESS WALDBURG) schlägt die schwäb. und fränk. Haufen. Furchtbare Strafen besiegeln die Niederlage.

Folgen:

1. Bis zum Anfang des 19. Jhs. »versteinert« die Agrarverfassung; der Bauer wird zur leibeigenen Sache des Grundherrn und ist polit. rechtlos (Ausnahmen: Westfalen, Friesland, Mecklenburg, Tirol);
2. gestärkt durch LUTHERS Lehre »vom leidenden Gehorsam gegen die Obrigkeit«, wird der Fürstenstaat durch seinen Sieg bestimmende Macht der Neuzeit;
3. die relig. Volksbewegung der Reformation wandelt sich zu einer von den Fürsten getragenen polit. Bewegung.

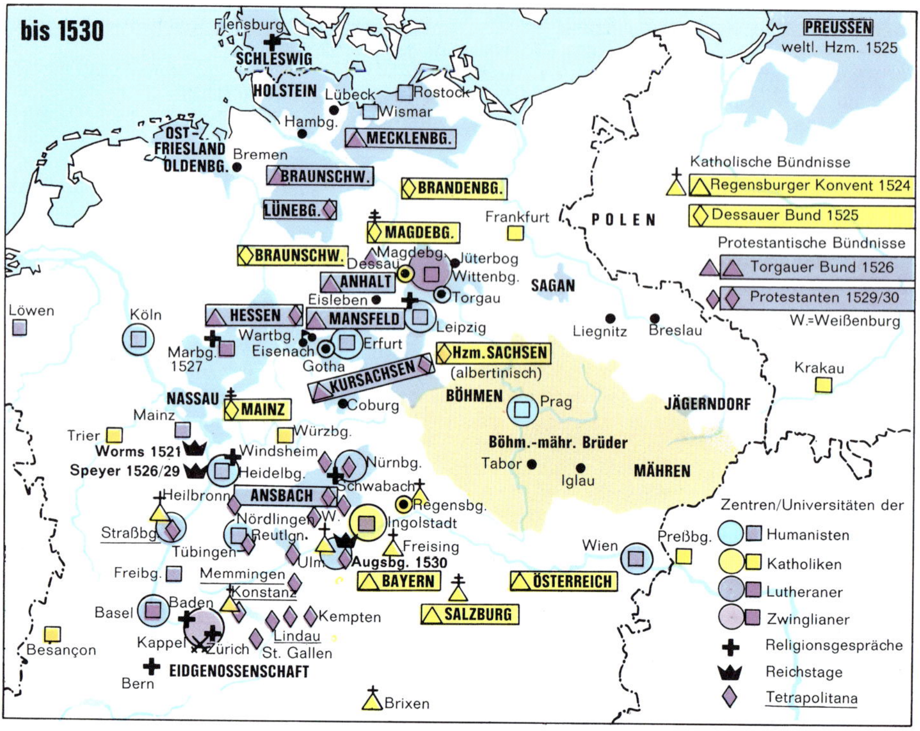

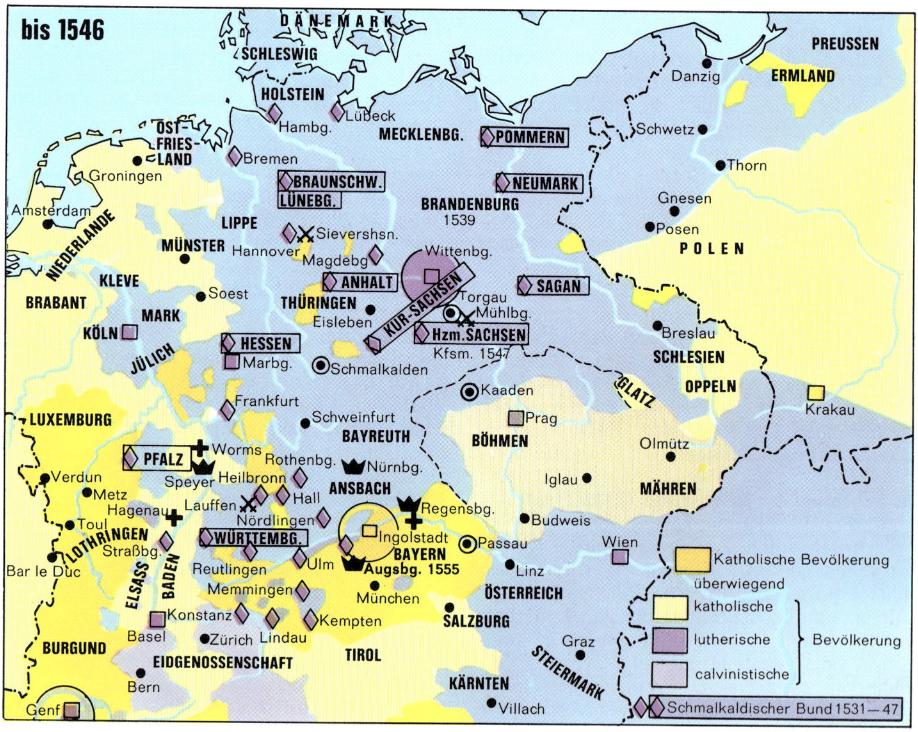

Die Reformation in Deutschland

Die Reformation als polit. Bewegung (1521–55)

Trotz des Wormser Ediktes breitet sich die Reformation aus. »Reichsregiment« und Reichsstände finden keine Lösung.

1524 Reichstag zu Nürnberg. Die Fürsten versprechen dem Legaten CAMPEGIO, das Edikt »so viel als möglich« zu beachten. Konfessionelle Sonderbünde zur Ausrottung der neuen Lehre entstehen im Regensburger Konvent 1524 und im

1525 Dessauer Bund. Die Führer der evgl. Reichsstände PHILIPP VON HESSEN [1518–67], JOHANN DER BESTÄNDIGE [1525–32], JOHANN FRIEDRICH VON KUR-SACHSEN [1525–54] antworten mit dem Torgauer Bund.

1525 Einführung der Reformation in Preußen: der Hochmeister ALBRECHT V. HOHENZOLLERN [1513–68] wandelt den Ordensstaat in ein weltl. Hzm. um. – Der

1526 1. Reichstag zu Speyer beschließt, daß jeder Reichsstand sich so verhalten solle, »wie er das gegen Gott und kaiserl. Majestät hoffe zu verantworten«.

1529 2. Reichstag zu Speyer. Die evgl. Stände berufen sich in Glaubensfragen auf ihr Gewissen und protestieren gegen das Wormser Edikt. – Angesichts der außenpolit. Erfolge des Kaisers drängt PHILIPP VON HESSEN zum Zusammenschluß der **»Protestanten«** und vermittelt zwischen LUTHER und ZWINGLI das

1529 Marburger Religionsgespräch. – Die oberdeutschen Protestanten einigen sich im Schwabacher Konvent.

1530 Reichstag zu Augsburg. Der Kaiser will die Glaubenseinheit retten. Die Protestanten legen ihre Bekenntnisse in der **Confessio Augustana** (CA: verfaßt von MELANCHTHON), der Tetrapolitana (BUCER, CAPITO) und der ›Fidei ratio‹ (ZWINGLI) vor. Kath. Theologen (ECK, FABER) widerlegen sie in der **Confutatio;** KARL V. weist die Apologie der CA zurück und bestätigt das Wormser Edikt. Die evgl. Reichsstände bilden darauf den

1531 Schmalkaldischen Bund mit Bundesheer und gemeinsamer Bundeskasse und suchen Verbindung zum Ausland (Frankreich).

Der Aufbau evangelischer Landeskirchen

Im Bauernkrieg entscheidet sich LUTHER für die Fürsten als weltl. Obrigkeit (S. 233); den »Notbischöfen« wird auch der Aufbau eines eigenen Kirchenwesens überlassen. LUTHER selbst entwirft in der

1526 ›**Deutschen Messe**‹ und in den

1529 Katechismen, Trau- und Taufbüchlein die Grundlagen des evgl. Gottesdienstes und der luth. Lehre. MELANCHTHON und BUGENHAGEN verfassen Handreichungen für Gemeindepfarrer.

1526–29 Kirchen- und Schulvisitationen in Kur-Sachsen, dessen Kirchenordnung Muster einer luth. Landeskirche wird: Beraten vom Konsistorium (oberste kirchl. Behörde) und Superintendenten, ernennt der Landesherr die (jetzt verheirateten) Pfarrer und beaufsichtigt das kirchl. Vermögen, die Lehre, Liturgie und Schulbildung. In Latein- oder Fürstenschulen (Schulpforta, Meißen, Grimma u. a.) wird der theol. Nachwuchs erzogen.

1527 Gründung der ersten evgl. Universität in Marburg (Königsberg 1544, Jena 1558). Das Kirchenregiment stärkt den Fürstenstaat, der neue Aufgaben erhält und die ehem. Güter der Kirche einzieht.

Die Erfolge des Schmalkald. Bundes

Da die Türkengefahr den Kaiser zum

1532 Nürnberger Religionsfrieden (Anstand) nötigt, setzt der Bund im

1534 Frieden von Kaaden die Rückführung des 1519 vertriebenen Hz. ULRICH nach Württemberg durch. Lehrunterschiede innerhalb des Bundes gleicht die

1536 Wittenberger Konkordie (BUCER, MELANCHTHON) aus. – Die Schwärmer werden bekämpft (S. 233), neue Anhänger gewonnen.

1539 Einführung der Reformation im Hzm. Sachsen und in Kur-Brandenburg.

Außenpolitisch gebunden (S. 237), bemüht sich KARL V. um friedl. Ausgleich. Vergebliche Religionsgespräche in

1540/41 Worms und Regensburg. – Dagegen kann der Kaiser PHILIPP VON HESSEN und

1541–53 Hz. MORITZ VON SACHSEN gewinnen und den Bund lähmen. Auf dem

1545 Reichstag zu Worms lehnen die evgl. Stände die Teilnahme am Konzil von Trient (S. 239) ab.

Die Krise des Protestantismus

Verbündet mit dem Papst, Bayern, auch mit prot. Fürsten, siegt der Kaiser im

1546/47 Schmalkald. Krieg (S. 237). Er will jetzt die relig. Frage mit Gewalt lösen.

1548 Augsburger Interim: Den prot. Reichsständen wird bis zur Klärung durch ein Konzil nur der Laienkelch und die Priesterehe gewährt. – Magdeburg (»des Herrgotts Kanzlei«) widersetzt sich und verfällt der Reichsacht. – Retter des Protestantismus wird der »Judas von Meißen« MORITZ VON SACHSEN (S. 237).

1552 Passauer Vertrag: Der Status quo wird anerkannt.

1555 Augsburger Religionsfriede. Seine Unklarheiten legen den Keim zu künftigen Konflikten. – Hauptbestimmungen:

1. Der Friede gilt nur für die luth. und die kath. Konfession;
2. Untertanen müssen dem Bekenntnis des Landesherrn folgen (Ius reformandi: cuius regio, eius religio); nur Reichsstädte erhalten relig. Toleranz;
3. für geistl. Gebiete gilt der »Vorbehalt« (Reservatum ecclesiasticum: ein geistl. Fürst muß nach persönl. Glaubenswechsel seine Ämter niederlegen);
4. die »Declaratio Ferdinandea« garantiert Adel und Städten in geistl. Territorien Glaubensfreiheit.

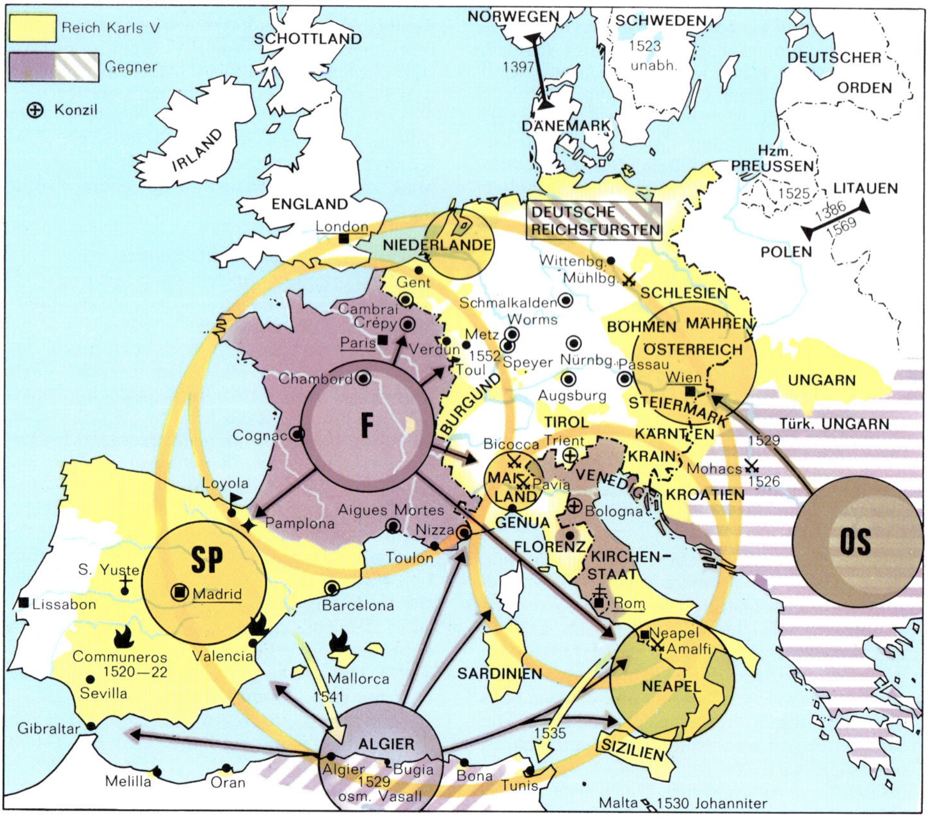

Das Reich Karls V.

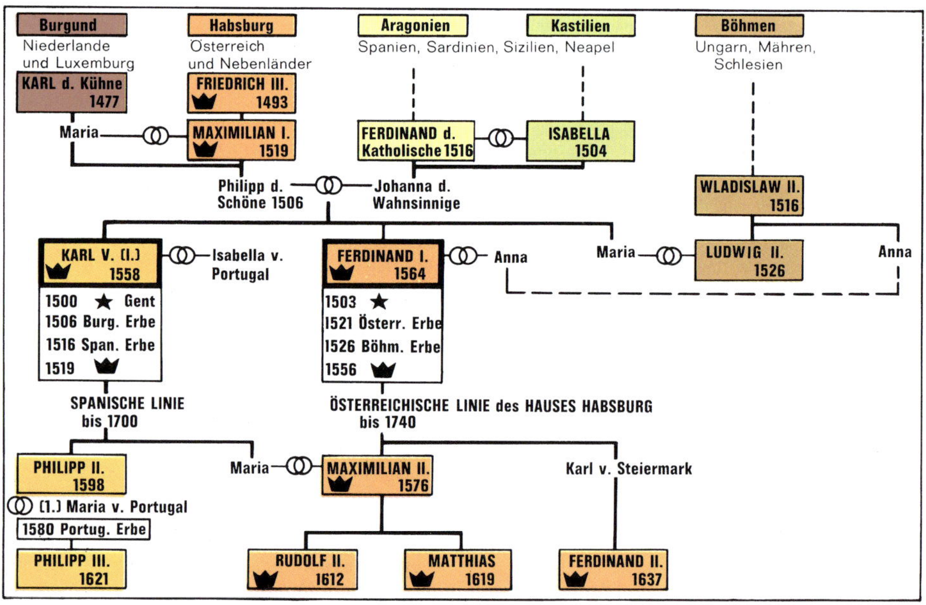

Die spanischen und österreichischen Habsburger

1519–56 Karl V. – 1500 in Gent geboren, höfisch erzogen (sein Lehrer ist der spätere Papst HADRIAN VI.) und seit
1515 Hz. von Burgund, erbt KARL (I.)
1516 mit Spanien ein Weltreich, in dem »die Sonne nicht untergeht«. Eine Reform der span. Regierung löst den erfolglosen
1520–22 Aufstand der Communeros (Stadtgemeinden) aus. Spanien wird Kernland des Reiches. Seine Heerführer (Hz. ALBA) und Söldner dienen dem Kaiser, dessen Kriege mit Steuern aus Spanien und Italien (Neapel) finanziert werden.

Der Kampf um die Vormacht in Europa
Mit Hilfe der Fugger und Welser (S. 215) gewinnt KARL gegen **Franz I. von Frankreich** [1515–47] die
1519 Wahl zum deutschen Kaiser, muß sich aber zur Wahrung der »deutschen Libertät« verpflichten. Die **Wahlkapitulation** bestimmt: Achtung der fürstl. Privilegien, Zustimmung der Kurfürsten zu Gesetzen, Verträgen, Steuern und zur Reichspolitik; Einsatzverbot fremder Söldner u. a. Vom Großkanzler GATTINARA beraten, sieht KARL seine Aufgabe als Kaiser in der **Wiederherstellung des mittelalterl. Universalreiches** mit modernen Mitteln (Söldnern, Beamten). Seine Gegner sind deshalb die europ. Nationalstaaten, vor allem **Frankreich;** die deutschen, insbesondere die prot. **Reichsfürsten;** die **Türken,** aber auch der Papst. – Reichshilfe gegen Frankreich erhält er auf dem
1521 Reichstag zu Worms nach Einsetzung eines ständischen »Reichsregiments« während seiner Abwesenheit unter Vorsitz seines Bruders **Ferdinand** (1503–64). KARL überträgt ihm die habsbg. Erblande im Reich.
1521–26 1. Krieg gegen FRANZ I. – Die Entscheidung fällt in der
1525 Schlacht bei Pavia mit dem Sieg span. und deutscher Söldner (PESCARA, FRUNDSBERG). Der gefangene König verliert im
1526 Frieden von Madrid Mailand, Genua, das Hzm. Burgund und Neapel. Nach seiner Freilassung widerruft er die Bedingungen und schließt mit Papst KLEMENS VII., mit Mailand, Florenz und Genua die
1526 »Heilige Liga« von Cognac, die den
1526–29 2. Krieg mit Frankreich veranlaßt.
1527 Sacco di Roma: Das kaiserl. Heer plündert Rom. Der unter dem Eindruck türk. Vorstöße geschlossene
1529 »Damenfriede« von Cambrai gleicht einem Waffenstillstand.
1529 1. Belagerung Wiens durch die Türken (S. 209). – Nach der (letzten)
1530 Kaiserkrönung in Bologna greift KARL in den deutschen Religionsstreit ein:
1530 Reichstag zu Augsburg (S. 235); ohne Heer und Geld muß er den
1532 Nürnberger Religionsfrieden gewähren, um Türkenhilfe zu bekommen. – Im Einvernehmen mit FRANZ I. überfällt der Korsar (Pirat) und türk. Vasall CHAIREDDIN BARBAROSSA (um 1475–1546) span. u. ital. Küsten.
1535 Feldzug in Nordafrika gegen BARBAROSSA. Eroberung von Tunis.
1536 franz.-türk. Bündnis und 3. Krieg gegen FRANZ I.; Papst PAUL III. vermittelt den
1538 Waffenstillstand von Nizza. Eine
1541 Strafexpedition nach Algier schlägt fehl; mit Ofen geht Ungarn an die Türken verloren. FRANZ I. beginnt (neue Koalition) den
1542–44 4. Krieg gegen den Kaiser. Dieser verspricht auf dem »trügerischen«
1544 Reichstag zu Speyer ein Nationalkonzil und kann mit Unterstützung prot. Reichsfürsten gegen Paris vordringen.

Karl V. auf der Höhe seiner Macht
1544 Friede von Crépy: FRANZ I. sagt Hilfe gegen die prot. Reichsstände zu und verzichtet auf Neapel; KARL V. gibt Burgund zurück. Auf Drängen des Kaisers beruft PAUL III. zur Klärung der relig. Frage ein
1545 Konzil nach Trient (S. 239). Die prot. Reichsstände verweigern ihre Teilnahme.
1546/47 Schmalkaldischer Krieg in Süd- und Mitteldeutschland. Nach der
1547 Schlacht bei Mühlberg Verhaftung der geächteten prot. Führer PHILIPP VON HESSEN und JOH. FRIEDRICH VON SACHSEN (Ernestiner), dessen Kurwürde in der
1547 Wittenberger Kapitulation auf
1541–53 MORITZ VON SACHSEN (Albertiner) übergeht. KARL diktiert auf dem
1547/48 »geharnischten« Reichstag zu Augsburg das sog. **Interim** (S. 235).

Das Scheitern der Reichspolitik Karls V.
Der Widerstand der um ihre »Libertät« besorgten Fürsten entzündet sich an Reichsreformen und am Plan der sog. Span. Sukzession: Übertragung der Kaiserwürde an PHILIPP, obwohl FERDINAND 1531 zum röm. König gewählt worden ist. MORITZ VON SACHSEN, mit dem Vollzug der
1551 Reichsacht an Magdeburg betraut, stellt sich an die Spitze einer geheimen Fürstenrebellion und gewinnt im
1552 Vertrag von Chambord HEINRICH II. VON FRANKREICH, dem das Vikariat über Metz, Toul und Verdun versprochen wird. MORITZ nötigt den getäuschten Kaiser zur Flucht. – Das Tridentinum löst sich auf. Während FERDINAND mit den Fürsten den
1552 Passauer Vertrag und den
1555 Augsburger Religionsfrieden (S. 235) aushandelt, kämpft KARL vergeblich im
1552–56 Krieg mit Frankreich um Metz, Toul und Verdun. – Er dankt verbittert
1556 ab und stirbt 1558 in San Yuste. Kaiser wird sein Bruder FERDINAND; sein Sohn PHILIPP (II.) erhält das span. Erbe.
Ergebnis: Der Nationalstaat hat über die Idee eines Universalreiches gesiegt; der Dualismus im Reich ist zugunsten der Fürsten entschieden worden; konfessionelle Spaltung.

Die Reformation in Genf (Calvinismus)

1509–64 Johann Calvin (JEAN CAUVIN), geb. in Noyon (Nordfrankreich); human. und jurist. Studien in Paris, Orléans, Bourges. Nach Hinwendung zum evgl. Glauben

1534 Flucht des Predigers von Paris nach **Basel.** Dort entsteht das Hauptwerk,

1536 ›Institutio religionis christianae‹ (Unterricht im Christentum), ein systemat. Abriß der protest. Dogmatik.

Lehre: Allmacht und **Ehre Gottes** verlangen unbedingten Gehorsam. Heil oder Verdammnis sind dem Menschen vorherbestimmt **(Prädestination).** Auf Erwählung darf hoffen, wer sein Leben heiligt durch Erfüllung seiner irdischen Pflichten nach dem Gesetz der Hl. Schrift (auch des Alten Testamentes). Das Abendmahl ist weder symbol. Erinnerungsfeier (ZWINGLI) noch leibl. Vergegenwärtigung Christi (LUTHER), sondern stellt eine geistige Verbindung mit Christus her. – Auf der Durchreise von dem Reformator WILHELM FAREL (1489–1565) gewonnen, ab

1536 erste Wirksamkeit in **Genf,** das sich aus polit. Gründen (Herrschaftsanspruch des Hz. von Savoyen) der Eidgenossenschaft und der Reformation angeschlossen hat.

1538 Ausweisung FARELS und CALVINS wegen zu strenger Forderungen. Leitung der franz. Gemeinde in Straßburg, dazu aufgefordert von BUCER (S. 231).

1541 Rückberufung und Einführung der

Genfer Kirchenordnung: Zum Gottesdienst und zur Heiligung ihrer Glieder berufen, leitet sich die Gemeinde selbst **(Gemeindeprinzip)** durch Wahl der Vertreter für

1. vier **geistl. Ämter:** Pastoren (Predigt, Seelsorge), Doktoren (Lehre), Älteste (Kirchenzucht), Diakone (Armenpflege);
2. zwei **Ausschüsse** zur Wahl der Geistlichen und zur Leitung der Gemeinde durch das **Konsistorium (Synode).** Es überwacht den Lebenswandel, straft relig. Vergehen oder beantragt weltl. Strafe beim Staat, der der Gemeinde zu helfen hat (theokrat. Regiment). – Kirchenzwang, strenge Sittenzucht: Verbot von Spiel und Tanz; Beseitigung von Bildern, Altären, Kerzen aus den Kirchen (»Gebetsscheunen«) zur Konzentration der Gemeinde auf **Predigt, Gebet,** Psalmengesang. – Aus dem Leitbild des fleißigen, sparsamen Arbeiters, der Gewinn und Erfolg als Zeichen seiner Erwählung bucht, entwickelt sich eine neue (kapitalist.) **Wirtschaftsethik.**

Widerstände gegen den »Genfer Gottesstaat« werden mit Härte gebrochen (bis 1564 allein 58 Todesurteile). Nach der

1553 Hinrichtung des Freidenkers MICHAEL SERVET (S. 221) wird **Genf führendes Zentrum der protest. Welt.** – Zur Verbreitung des Calvinismus in Europa (S. 241)

1559 Gründung der Genfer Akademie. An ihr wirkt CALVINS Nachfolger THEODOR BEZA (1519–1605). – **Calvinismus** und **Jesuitenorden** werden Träger der polit.-relig. Kämpfe.

Die anglikanische Kirche in England

Die antiklerikale Revolution erklärt sich

1. aus der **Sonderstellung der engl. Kirche,** die ohne Sitz im Unterhaus nur geringen Kontakt zur Nation hat. Im hohen Klerus, der vom König ernannt und oft dessen polit. Berater ist, antipäpstl. Tendenzen;
2. aus dem **Besitzneid bürgerl. Laien,** die, in Oxford und Cambridge human. geschult, die geistige Führerstellung einnehmen. Kritik an der reichen Kirche seit WICLIF (S. 189); Parlamentsvorschläge für eine Säkularisation zum Vorteil der Krone und des Parlaments;
3. aus dem **finanz. und moral. Bankrott der Krone.** – Human. und theol. gebildet, aber skrupellos und tyrannisch, erwirbt sich

1509–47 Heinrich VIII. durch eine Schrift gegen LUTHER 1521 den päpstl. Titel »Defensor fidei«. Sein ehrgeiziger Berater **Kardinal Wolsey** verfügt als päpstl. Sonderlegat uneingeschränkt über die Kirche und verleitet den König zu kostspieligen, erfolglosen Aktionen. Dessen Hauptsorge gilt der Thronfolge, doch verwirft die Kurie den Antrag auf Scheidung (KATHARINA VON ARAGONIEN).

1529 Sturz Wolseys; der Klerus wird zur

1531 **Anerkennung des Königs als kirchl. Oberhaupt** gezwungen; 1533 Trennung von der Königin, Heirat der Hofdame **Anna Boleyn** (hingerichtet 1536). Der König schließt insgesamt sechs Ehen.

1534 Suprematsakte: Bestätigung der anglik. Staatskirche durch das Parlament. – Der König, von THOMAS CROMWELL beraten, unterdrückt grausam jede Opposition. Er zwingt THOMAS MORUS (S. 212) zum Rücktritt und läßt ihn 1535 hinrichten.

1534–39 Auflösung der Klöster. Der riesige Besitz wird an Gentry und Bürgertum weiterverkauft: größte engl. Eigentumsverschiebung der Neuzeit. – Verfassung und Dogma der Kirche bleiben durch die

1539 »6 Artikel« (Blutiges Statut) katholisch. Trotzdem dringen evgl. Einflüsse nach England. Sie verstärken sich unter

1547 EDUARD VI. (9 J.), gefördert durch den ersten anglik. Primas und Ebf. von Canterbury THOMAS CRANMER (1489–1556). Einführung einer anglik. Liturgie im

1549 Common Prayer Book und eines luth.- calvinist. Mischbekenntnisses in den

1552 »42 Artikeln« (bei kath. Kultformen). Scharfe Reaktion unter **Maria der Katholischen** (der »Blutigen«, verh. mit PHILIPP II., S. 243). Verfolgung der evgl. Partei, ca. 300 Hinrichtungen, darunter 1556 CRANMER. – Aus polit. Gegnerschaft zu Spanien wird die Reformation zur nat. Sache.

1558–1603 Elisabeth I. erneuert die kgl. Kirchenherrschaft ohne Verwaltung von Wort und Sakrament durch den

1559 Suprematseid und die **Uniformitätsakte:** Wiederherstellung der Liturgie.

1563 »39 Artikel«: neues calvinist. gereinigtes Bekenntnis, Grundlage der Staatskirche.

Die katholische Erneuerung

Die alte Kirche festigt sich wieder

1. durch **Selbstreform:** – ohne Störung in **Spanien** und **Italien** – in Reaktion auf die Glaubensspaltung im **Tridentinum;**
2. durch **Abwehr** und **Angriff** auf den Protestantismus: **Gegenreformation.** – Verbindung beider Bewegungen seit Mitte des 16. Jhs. durch das **Reformpapsttum.**

Spanien: Relig. Nationalgefühl, Inquisition und Selbstreform (S. 243) verhindern ein Eindringen prot. Lehren. Der christl. Humanismus entfaltet eine eigene span. Kultur (S. 243) und Scholastik durch **Francisco de Vitoria** (bis 1546), **Soto** und **Cano.** Vollendet durch die Jesuiten VASQUEZ, **Molina** und **Suarez** (S. 243), wird der **Neu-Thomismus** von Bedeutung für die Neufassung der Kirchenlehre, des Natur- und Völkerrechts. – Eigene Gestalt gewinnt die span. **Mystik** mit der **hl. Therese von Avila** (1515–82). Ihr Schüler ist der HL. JOHANN VOM KREUZ (1542–91).

Italien: Von Vicenza verbreitet sich 1494 als Ausdruck neuer Laienfrömmigkeit die caritative **Oratorien-Bewegung,** der der Vermittler zwischen alter und neuer Lehre, Kardinal **Contarini** (1483–1542), angehört. **Neue Orden** entstehen: die **Theatiner** (Kleriker) 1524; **Kapuziner** (Seelsorge) 1525; **Paulaner** (Caritas) 1530; **Ursulinen** (Schule) 1535 u. a. Schul- und Ordensgründungen auch durch den Protektor der Schweiz, Kardinal-Ebf. **Borromäus** (1538–84), und Bf. FRANZ VON SALES. Dem Caritas-Ideal widmet sich **Neri** (1515–95); seine Kongregation »Geistl. Genossenschaft vom Oratorium« (1576) wird zur Vorschule für Weltpriester und gibt der Kirchenmusik neue Impulse.

Der Jesuitenorden

1491–1556 Ignatius von Loyola (INIGO LOPEZ DE L.), bask. Adeliger im Dienst des Vize-Kgs. von Navarra. Eine schwere

1521 Verwundung bei der Verteidigung von Pamplona wandelt ihn zum »Ritter im Dienst Jesu«. Myst. Visionen und asket. Selbsterforschung, aufgezeichnet in den ›**Exercitia spiritualia**‹ (Geistl. Übungen), dienen ihm zur Schulung des Willens und der relig. Hingabe.

1523 Pilgerfahrt nach Jerusalem; 1526 Aufnahme theol. Studien (Alcala, Salamanca); nach Konflikten mit der Inquisition seit 1528 in Paris an der Sorbonne.

1534 Gründung der »Societas Jesu« (S.J.): LOYOLA und seine (7) Gefährten wollen missionieren oder sich dem Papst bedingungslos zur Verfügung stellen.

1540 Bestätigung des Ordens durch PAUL III.

Verfassung: Der gewählte General (»Schwarzer Papst«) leitet Prov. und Häuser des Ordens milit.-absolut. Ihm zur Seite ein Admonitor (Mahner), verpflichtet zu ständiger Kritik. – Mönchsgelübde der Ordensglieder (mit weltl. Priestertracht); Eliteauslese durch Exerzitien und gegenseitige Überwachung. Aus bewährten Coadjutoren ergänzen sich die Professi mit bes. 4. Gelübde (»Kadavergehorsam«). Einziges Ziel: Bekehrung der Ketzer und Heiden, deshalb gezielter Einsatz an **Fürstenhöfen** als Prinzenerzieher und **Beichtväter;** an Schulen und Universitäten (Jesuitenkollegs, Jesuitengymnasien) als Lehrer, Prediger, Missionare.

Bedeutung: Wichtigster Orden zur Erneuerung der **Papstkirche** (BELLARMIN); zur **Ketzerbekämpfung** (FABER, CANISIUS S. 251) und **Weltmission,** bes. in Amerika (S. 277), Indien, Japan, China (XAVER, RICCI); oft angefeindet und wegen seiner Methoden verdächtigt.

1541–56 LOYOLA als erster Ordensgeneral prägt die »Compania Jesu«; direkte

1549 Unterstellung unter den Papst; Gründung theol. Ausbildungsseminare:

1551 Collegium Romanum; 1552 Collegium Germanicum. – Bedeutende Nachfolger: **Lainez** [1558–65] und **Aquaviva** [1581 – 1615]. – Schnelle Ausbreitung.

Das Reformpapsttum

PAUL III. [1534–49] beruft eine

1536 Reformdeputation (CARAFA, CONTARINI); sie entwirft ein Schulprogramm und mahnt die Kurie zu geistl. Rückbesinnung.

1542 Wiedereinführung der Inquisition. Mit **Paul IV. Carafa** [1555–59] wird der erste aktive Reformer Papst.

1566–72 PIUS V. geht rigoros gegen Simonie vor. – Neufassung des röm. Katechismus, 1568 des Breviers; 1570 der Messe.

1582 Kalenderreform unter GREGOR XIII. Seit **Sixtus V.** [1585–90] regelm. Visitationsberichte und Kardinalsreform.

1590 Neue ›Vulgata‹-Ausgabe.

Das Konzil von Trient (1545–63)

Von PAUL III. zur Sicherung der Einheit von Glauben und Kirche einberufen und von päpstl. Legaten geleitet:

1545–47 Erste Periode: Differenzen zw. Kaiser (Reform) und Papst (Dogma).

1547–49 Konzilsverlegung nach Bologna.

1551–52 Zweite Periode mit prot. Vertretern auf Befehl KARLS V.; nach dessen Niederlage Auflösung (S. 237).

1562–63 Dritte Periode: Meisterhaft geleitet von MORONE, dem »Retter des Konzils«; die Jesuiten LAINEZ und SALMERON verhelfen dem päpstl. Zentralismus zum Sieg.

Bestimmungen: Sich von evgl. Lehren klar abhebende **Glaubensdekrete** über Sakramente, Tradition, Meßopfer, Priestertum, Erbsünde, Beichte; **Reformdekrete** über Ausbildung, Kleidung, Pflichten, Zölibat des Klerus; Beseitigung von Pfründen- und Ablaßmißbrauch.

1564 Eidl. Verpflichtung des Klerus auf das **Tridentinum;** Einrichtung des **Index librorum prohibitorum** (Verzeichnis der von der Kirche verbotenen Bücher, das von der Kongregation des Hl. Offiziums geführt wird).

Bedeutung: Grundlegende theol. und kirchl. Reorganisation des Katholizismus.

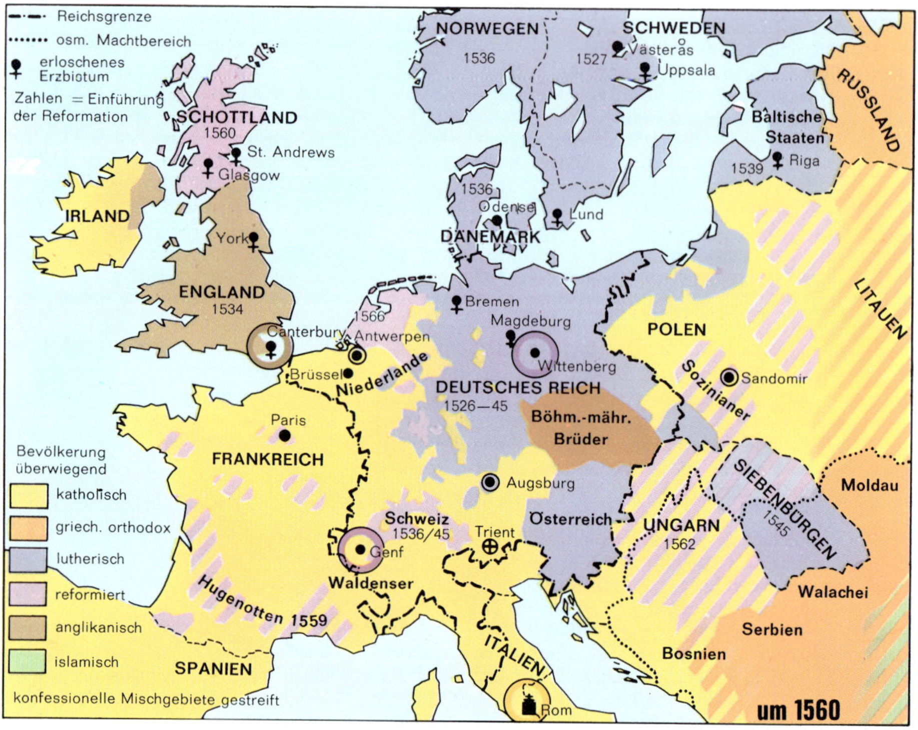

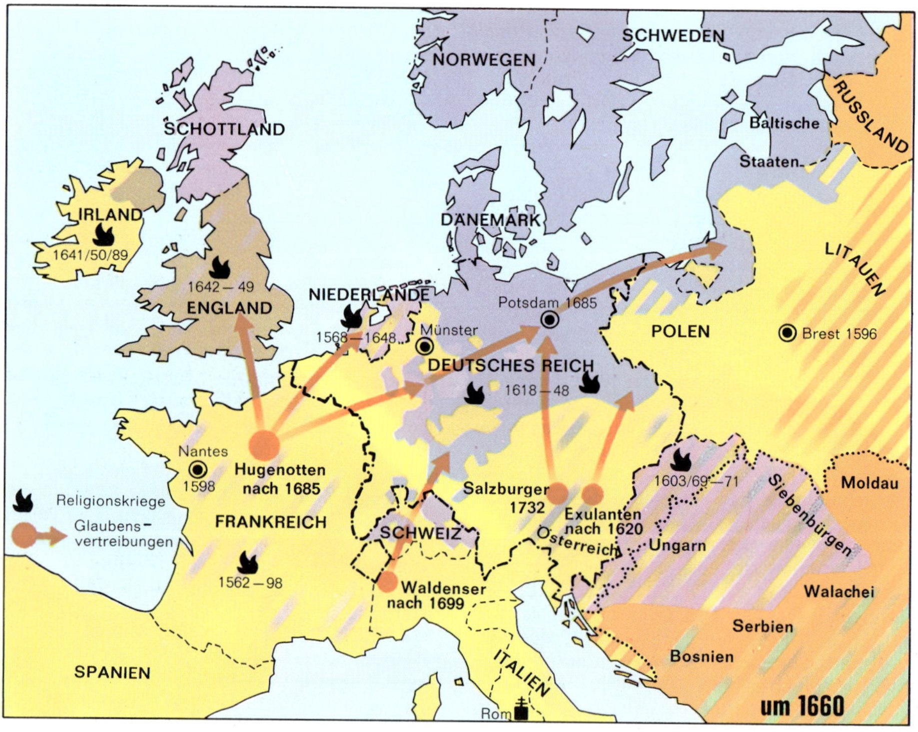

Die Glaubensspaltung in Europa 16./17. Jh.

Von Deutschland und der Schweiz aus erfaßt die Reformation ganz Europa außer Spanien, Italien und den griech.-orthodoxen Gebieten.

Dänemark/Norwegen: FRIEDRICH I. [1523 bis 1533] erlaubt in Schleswig die evgl. Predigt.
1527 Reichstag zu Odense: Duldung der Lutheraner. Unter CHRISTIAN III.
1536 Einführung der Reformation. BUGENHAGEN verfaßt die Kirchenordnung, die auch für Norwegen gilt. Der kirchl. Besitz fällt an die Krone. In Island seit
1539 allmähliche Annahme der luth. Lehre.

Schweden: GUSTAV WASA erhofft sich durch die Reformation eine Stärkung der Krone und setzt sie gegen das Volk auf dem
1527 Reichstag zu Västerås durch. Kath. Zeremonien werden beibehalten, die Staatskirche untersteht dem König. SIGISMUND WASA muß als Katholik der
1594 Kirchenversammlung von Uppsala geloben, das luth. Bekenntnis nicht anzutasten. Die Gegenreformation scheitert mit dem Verlust seines Thrones (S. 249).

Baltische Staaten: Von Riga ausgehend, breitet sich der neue Glaube bis
1539 im Ordensstaat aus; nach seiner Auflösung 1561 bleiben die poln. und schwed. (später russ.) Teile lutherisch.

Polen/Litauen: In den konfessionell gemischten Staat (Katholiken, Orthodoxe, Juden) dringen alle prot. Bekenntnisse ein.
JOHANN LASKI (1499–1560) verbreitet seit
1540 den Calvinismus, vertriebene böhm.-mähr. Brüder bilden neue Gemeinden. Die prot. Richtungen schließen die
1570 Union (Consensus) von Sandomir; alle Religionsparteien werden durch die
1573 Pax Dissidendum geduldet. – Der Unitarier (Leugner der Dreieinigkeit) FAUSTUS SOZZINI (1539–1604) gründet die
1579 Kirche der Sozinianer. – Eingeleitet von Kardinal **Stanislaus Hosius** (1504–79), Bischof von Ermland, beginnt die Gegenreformation unter SIGISMUND WASA mit Verfolgungen, vor allem der Sozinianer. Jesuiten drängen bis Mitte des 17. Jhs. den Protestantismus zurück. Mit einem Teil der orthodoxen Kirche wird auf Betreiben des Kanzelredners PETER SKARGA (1536–1612) ein Ausgleich in der
1596 Union von Brest gefunden.

Siebenbürgen: Reformator und Gründer der luth. Nationalkirche der Sachsen ist JOHANN HONTER (1498–1549); mit Ausnahme der Walachen werden auch die übrigen Nationalitäten protestantisch.

Ungarn: Durch MATTHIAS BIRÓ gewinnen evgl. Lehren im Adel (Magnaten) und in den Städten Anhang. Bestimmend ist ab
1562 die Confessio Helvetica, doch kommt es zu keiner eigenen Kirche. Während das türk. Ungarn prot. bleibt, wird im 17. Jh. das österr. Ungarn gegen den Widerstand der Magnaten wieder katholisch.

Österreichische Erblande: Die luth. Lehre übt auf Adel, Bürger und Bauern (außer in Tirol) eine starke Wirkung aus. In **Krain** besteht
1561–99 eine evgl. Kirche, deren Schriften die slowenische Literatur begründen.
1572 Einführung des Jesuitenordens und der
1579 Reformationskommissionen unter Kardinal MELCHIOR KHLESL (1552–1630). In der Steiermark, in Kärnten und Krain führt FERDINAND II. die Gegenreformation durch. Vertreibung evgl. Untertanen (Exulanten), zuletzt durch Erzbischof FIRMIAN von Salzburg (1732).

Frankreich: Obwohl relig. indifferent, duldet FRANZ I. keine Ketzer, weil er die Einkünfte der kath. Kirche braucht. Trotz verschärfter Verfolgung unter HEINRICH II. verbreitet sich der Calvinismus.
1559 erste Nationalsynode in Paris. Nach der Konversion der Häuser Bourbon und Châtillon wandeln sich die Hugenotten (Eidgenossen) zur polit. Partei.
1562–98 Hugenottenkriege. Duldung der Hugenotten durch das
1598 Edikt von Nantes (S. 247). Erst Kardinal RICHELIEU zerschlägt ihre Sicherheitsplätze (La Rochelle 1628).
1685 Aufhebung des Ediktes durch LUDWIG XIV. (S. 261).

Niederlande: Lutheraner und Täufer (S. 233) werden von KARL V. hart verfolgt.
1523 erste Ketzerverbrennung der Reformation in Brüssel. Später stärkt der Calvinismus den Widerstand gegen Spanien.
1566 Synode von Antwerpen: Begründung der calvinist. Kirche, die in der ndl. Republik zur Staatskirche wird, aber Andersgläubige duldet. – Massenauswanderungen aus den rekatholisierten Span. Niederlanden (S. 245).

Schottland: Der Reformator und Schüler CALVINS **John Knox** (1505–72) schließt die Evangelischen zusammen. Sie werden
1547 in St. Andrews überwältigt, doch konvertiert der Adel, der 1557 zum Schutz des Hl. Wortes den Covenant (Bund) und
1560 die schott. Nationalkirche gründet. Sie wird von JAKOB VI. zur
1567 Staatskirche erhoben. Das Kirchengut fällt an den Adel.

England: (S. 238).

Irland: EDUARD VI. und ELISABETH zwingen dem Volk anglik. Geistliche auf, doch bleibt es trotz Verfolgungen und Strafexpeditionen katholisch (außer Ulster).

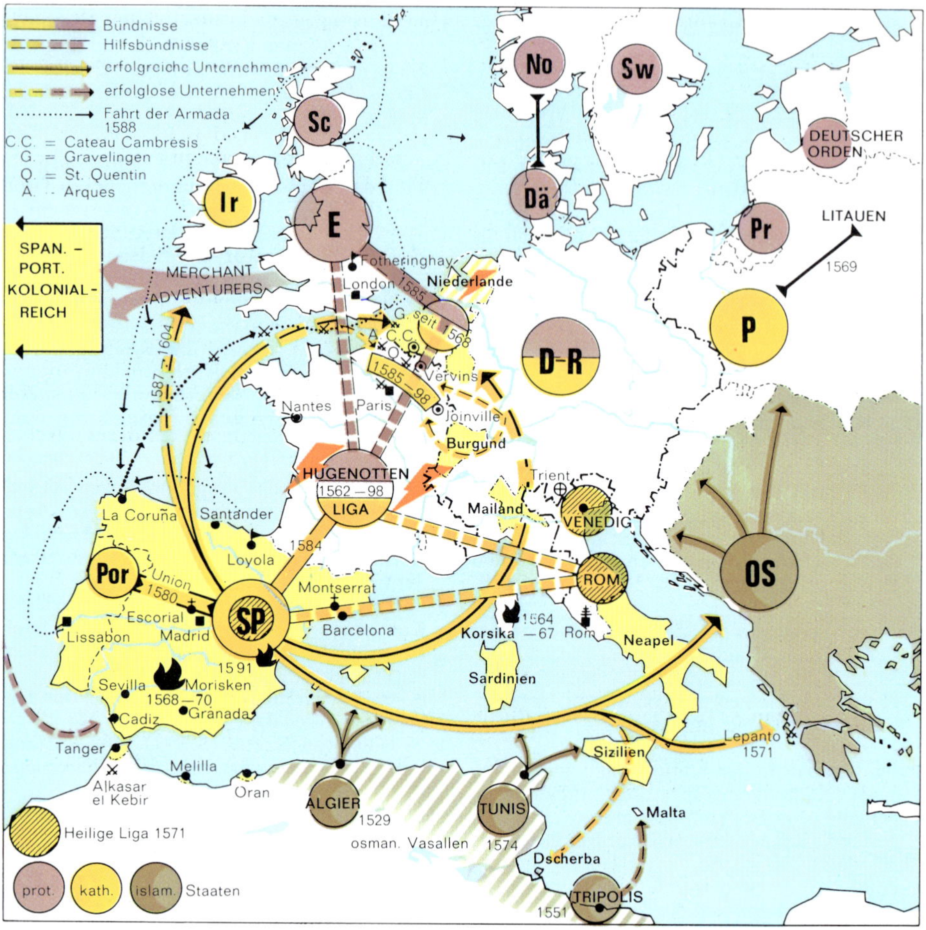

Spanien um 1580 (Philipp II.)

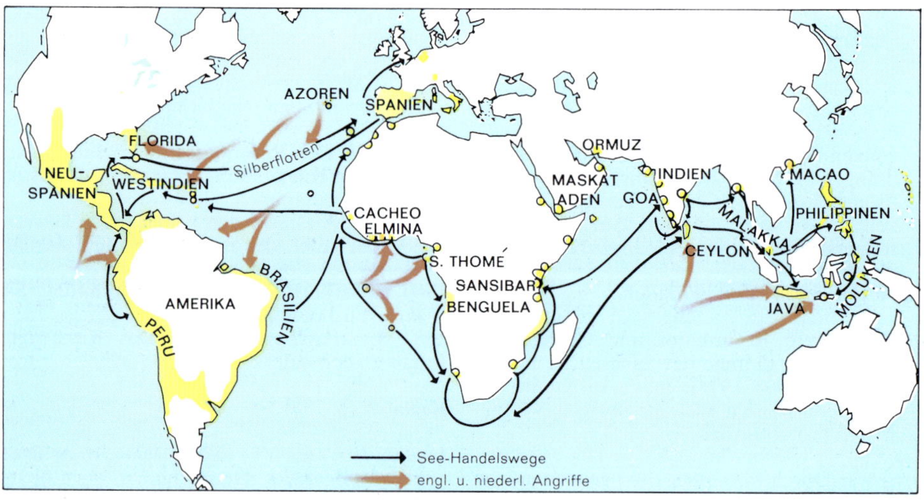

Das spanisch-portugiesische Weltreich um 1580

Das portugiesische Großreich im 16. Jh.

1495–1521 Emanuel I. d. Gr. begründet die port. Handelsmacht mit Niederlassungen in Indien, Ostasien (Gewürzmonopol), Afrika, Brasilien und mit Lissabon als größter europ. Hafenstadt. Die kurze Blüte überspannt die nationalen Kräfte, die der größte port. Dichter Camões (1524–80) in den ›Lusiaden‹ (Indienfahrt Vasco da Gamas; S. 221) preist. Der kolon. Reichtum demoralisiert Volk und Staat.

1557–78 Sebastian unternimmt einen theatralischen Kreuzzug gegen Marokko. Sebastian und ein großer Teil des port. Adels werden in der

1578 Schlacht bei Alkasar getötet. – Das Kolonialreich geht während der

1580–1640 Personalunion mit Spanien fast völlig an Holland und England verloren.

1640 Befreiung von Spanien unter dem neuen Königshaus **Braganza** (Johann IV.).

Das Zeitalter Philipps II. von Spanien

Ernst und selbstbewußt, zugleich mißtrauisch, pedantisch und langsam in seinen Entschlüssen, regiert

1556–98 Philipp II. sein Erbe durch schriftl. Befehle. Nach der

1548 Einführung des burgund. Hofzeremoniells von allen Untertanen geschieden, fühlt er sich als **Spanier, Habsburger** und **Katholik** verpflichtet, die Christenheit im kath. Glauben unter span. Führung zu einen. – Symbol seines Machtwillens ist der **Escorial** (1557 begonnen), die Residenz, das Kloster und die Grabstätte der span. Könige.

Innenpolitik: Die relig. und polit. Einheit aller Erbländer wird erreicht durch

1. rücksichtslose Inquisition mit Autodafés (Ketzerverbrennungen) und Unterdrückung der Moriscos (Mauren) und Maranos (Schweine: Juden), der Träger des Handels und Gewerbes (1568–70 Morisken-Aufstand in Granada);
2. absolute Herrschaft über die Nationalkirche mit kgl. Plazet (Erlaubnis) für alle päpstl. Anordnungen; die Rechte der Stände werden beschnitten;
3. Kontrolle der Wirtschaft und der Kolonien. Das Ziel wird erreicht um den Preis des

1581 Abfalls der Niederlande (S. 245); Entmachtung der Granden und Abwanderung der Hidalgos (Kleinadel) in die Kolonien sowie Zerrüttung der Wirtschaft durch Staatsbankrotte, Silbereinfuhr (S. 277), Handelsverbote, Inflation; landwirtschaftl. und gewerbl. Niedergang. – Das Kapital sammelt sich in den Händen der Fugger (S. 215). Berühmt sind die Armee (Terzios) und ihre Führer: Hz. Alba (1507–82); Alexander Farnese (1545–92); Juan d'Austria (1547–78, Halbbruder des Königs); Spinola (1569 bis 1630).

Außenpolitik: Gegner des Hegemonialstrebens sind Frankreich und England.

1556–59 Krieg gegen **Frankreich** mit Siegen bei St. Quentin und Gravelingen.

1559 Friede von Cateau-Cambrésis: Gewinn der Fgft. Burgund und Neapels. –
In **England** erfolgt nach dem Tod Marias, der 2. Gemahlin (und Tante) Philipps, eine scharfe antikath. Reaktion unter

1558–1603 Elisabeth, die eine Bewerbung Philipps hinauszögert, insgeheim aber den Kaperkrieg der Merchant Adventurers gegen span. Schiffe fördert (S. 247). Die »Heilige Liga« bricht mit dem glänzenden

1571 Seesieg bei Lepanto die türk. Mittelmeerherrschaft. Gekrönt werden die Erfolge Philipps durch die Eroberung und

1580 Vereinigung Portugals mit Spanien.

1584 Bündnis mit der kath. Partei (Liga) Frankreichs (S. 247).
Zur Eroberung Englands, das die ndl. Rebellen offen unterstützt, wird eine Flotte von ca. 130 Schiffen mit 27000 Mann unter Admiral Medina Sidonia aufgestellt.

1588 Vernichtung der Großen Armada teils durch Artilleriegefechte (Drake) im Kanal, teils durch Stürme. Die Kanonen der wendigen engl. Segelschiffe (Galionen) retten die prot. Vormacht Europas; Wende der span. Machtpolitik und des Seekrieges.

Der Niedergang der span. Macht

1590 Spaniens Eingreifen in den Hugenottenkrieg stärkt den Widerstand Frankreichs. Es schließt sich England und Holland an.

1595 Krieg Frankreichs gegen Spanien.

1598 Friede von Vervins: Spanien verzichtet auf jede Einmischung in Frankreich.

1598–1621 Philipp III. überläßt den erschöpften Staat seinem Günstling Graf Lerma, dem »größten Dieb Spaniens«. Die rücksichtslose

1610 Vertreibung der Moriskos zerstört den Wohlstand des Landes vollends.
Unter Philipp IV. [1621–65] regiert

1621–43 Hz. Olivàres. Die Einmischung in den 30jährigen Krieg und die

1621–48 Erneuerung des ndl. Krieges beschleunigen den Machtverfall. 1640 fallen Portugal und Katalonien (bis 1652) ab.

1648 Anerkennung der Niederlande; Verlust der Großmachtstellung an Frankreich im

1659 Pyrenäenfrieden (S. 259).

Kultur im spanischen Zeitalter

Span. Sitte und Mode verbreiten sich ebenso über Europa wie span. Zeremoniell und die Ritterromanzen der **Amadis-Romane.** Dichtung und Malerei entfalten sich zu höchster Blüte. Zur Weltliteratur zählen der satirische Ritterroman ›Don Quichote‹ von **Cervantes** (1547–1616) und die Dramen von Lope de Vega (1562–1635) und Calderón (1600–81). – Relig. Themen gestalten die Maler **El Greco** (1541–1613) und Murillo (1617–82), während Velázquez (1599–1660) das höfische Leben schildert. –Der Jesuit Suarez (1548–1617) entwickelt eine Theorie des Völkerrechts.

Der Freiheitskampf der Niederlande 1568–1648

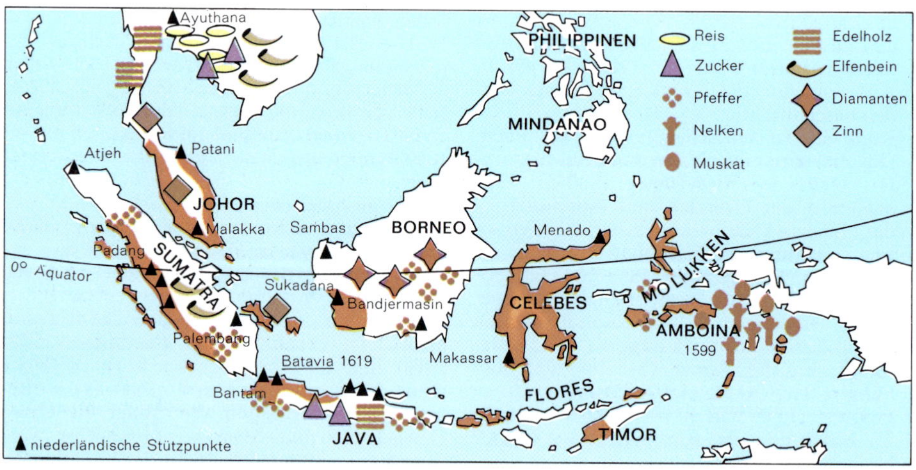

Niederländisch-Indien im 17. Jh.

Die Niederlande unter Habsburg (1477–1568)

1477 Mit der **Burgund. Erbschaft** (S. 193) fallen die südl. Prov. mit Holland an MAXIMILIAN I.; die nördl. Prov. werden von Habsburg bis 1543 ererbt.

1512 Bildung des Burgund. Reichskreises, den KARL V. 1551 der span. Linie überträgt.

Charakter der 17 Provinzen: 1. nat.-völkische Gegensätze zwischen roman. Süden (Wallonen) und germ. Norden (Flamen); 2. wirtschaftl. Gegensätze zwischen verarmtem Landadel und reichem Stadtbürgertum; 3. relig. Gegensätze zwischen kath. Süden und dem Norden, der sich früh der luth. Lehre, auch dem Täufertum (S. 233) und seit 1563 dem Calvinismus öffnet; 4. polit. Gegensätze infolge hist. Eigenrechte. Jede Stadt und jede Prov. verteidigt zäh ihre **ndl. Freiheiten.**

Verfassung: Selbstverwaltung jeder Prov. mit kgl. Statthalter und Ständevertretung; lockere Regierungsaufsicht durch den Generalstatthalter, den Staatsrat und den vereinigten Landtag (Generalstaaten).

Bedeutung: Als blühendstes Gewerbegebiet Europas mit über 200 Städten, bringt das Land der Krone das 7fache an Steuern wie das Silber Amerikas. In Rotterdam und Antwerpen, den »Drehscheiben des Handels«, werden ca. 50% der Welthandelsgüter umgeschlagen. Zentrum des europ. Geldmarktes ist die Börse von Antwerpen. – Auch machtpolit. ist die »Zitadelle Europas« ein Hauptland (Umklammerung Frankreichs). Führende Politiker sind MARGARETE VON PARMA, Generalstatthalterin [1559–67], und ihr Ratgeber Kardinal GRANVELLA. Seine span. Politik verletzt das Volk, geführt von den Statthaltern EGMONT, HOORN und **Wilhelm von Nassau-Oranien (1533–84).**

PHILIPP II. duldet weder relig. noch polit. Freiheiten; zur »Hispanisierung« der Niederlande

1565 Verschärfung der Inquisition und Verkleinerung der Bistümer. – Proteste (Petitionen) werden abgelehnt, die adeligen Wortführer als **Geusen** (Bettler) verspottet. EGMONT und ORANIEN treten

1566 Unruhen und Bilderstürmen entgegen. Trotzdem überträgt der König die »Befriedung« dem »eisernen Herzog« ALBA.

1567 Errichtung einer Militärdiktatur mit Sondergerichten (»Blutrat« von Brüssel).

1568 Hinrichtung EGMONTS und HOORNS.

Der ndl. Freiheitskampf (1568–1648)

WILH. VON ORANIEN sammelt in Nassau Söldner, ist aber ALBA in offener Feldschlacht nicht gewachsen. Dagegen erfolgreiche Überfälle der **Wassergeusen** auf span. Seetransporte und Stützpunkte.

1572 Einnahme von Briel und Vlissingen.

1573 Abberufung ALBAS. – Gegen Plünderungen und Terror der span. Soldateska Zusammenschluß aller Prov. in der

1576 Genter Pazifikation. Der neue, polit. geschickte Generalstatthalter

1578–92 Alexander Farnese bestätigt den kath. Süd-Prov. ihre Freiheiten und gewinnt sie wieder für Spanien in der

1579 Union von Arras. – Die (Gegen-)

1579 Union von Utrecht der Nord-Prov. spaltet die Niederlande. PHILIPP II. ächtet ORANIEN und fordert zu seiner Beseitigung auf. Die Union antwortet mit der

1581 Unabhängigkeitserklärung vom span. »Tyrannen und Rechtsbrecher«.

1584 Ermordung ORANIENS in Delft.

Verfassung der »Generalstaaten«: Abgeordnete der 7 Republiken tagen im Haag unter Vorsitz **Hollands** (auch Gesamtbezeichnung für die Niederlande), das für je 5 Jahre den Ratspensionär (oder Landadvokaten) ernennt. Erster Leiter der Politik: OLDENBARNEVELDT (1547–1619).

Neuer Angriff FARNESES: Rückerob. Flanderns und Brabants. Nach dem

1585 Fall Antwerpens unterstützt England (LEICESTER) offen die Generalstaaten (S. 247). Aus Überfällen auf span.-port. Faktoreien entwickelt sich das **Ndl. Kolonialreich** in Südafrika, Indien, Südost-Asien (Molukken; Ndl.-Indien). Sogar Spanien ist auf den »Handel mit dem Feind« angewiesen; es finanziert dadurch den Krieg gegen sich selbst. Auch zu Land können die Niederlande nicht bezwungen werden. Ablenkung der span. Armee durch England und Frankreich (S. 243); zudem besitzt das Land in

1585–1625 Moritz von Oranien einen genialen Organisator und Taktiker.

1591–98 Gegenangriffe drängen die Spanier im Osten und Süden zurück.

1609 Abschluß eines 12jähr. Waffenstillstandes. Parteikämpfe zwischen ORANIEN und dem Ratspensionär enden mit der

1619 Hinrichtung OLDENBARNEVELDTS.

1621 Endkampf mit Spanien, das im

1648 Haager Frieden die neue Republik anerkennen muß.

Die Blütezeit der Niederlande im 17. Jh.

In den 80 Jahren der Kampfzeit verlagern sich Handel und Gewerbe nach Norden (Amsterdam). Holland wird erste Welthandelsmacht. Die koloniale Ausbeutung übernehmen mit eigenem Heer und polit. Vorrechten die **Ostind. Kompanie** (1602) und die Westind. Kompanie (1621). In England entsteht der Seemacht Mitte des 17. Jhs. ein überlegener Gegner (S. 267).

Kult. Blüte durch die Malerei: Fläm. Schule mit **Peter Paul Rubens** (1577–1640) und VAN DYCK (1599–1641): barocke Allegorien, Porträts. – Realistischere Sittenbilder, Seestücke, Landschaften der holländ. Schule eines FRANS HALS (1580–1666), JAN STEEN, RUYSDAEL, VERMEER u. a.; **Rembrandt** (1606–69): Porträts, Gruppenbildnisse; Radierung als eigene Bildgattung.

Wissenschaft: Bekannter als der Philologe LIPSIUS und der Naturforscher LEEUWENHOEK werden SPINOZA (S. 256) und der »Vater des Völkerrechts« **Hugo Grotius** (1583–1645).

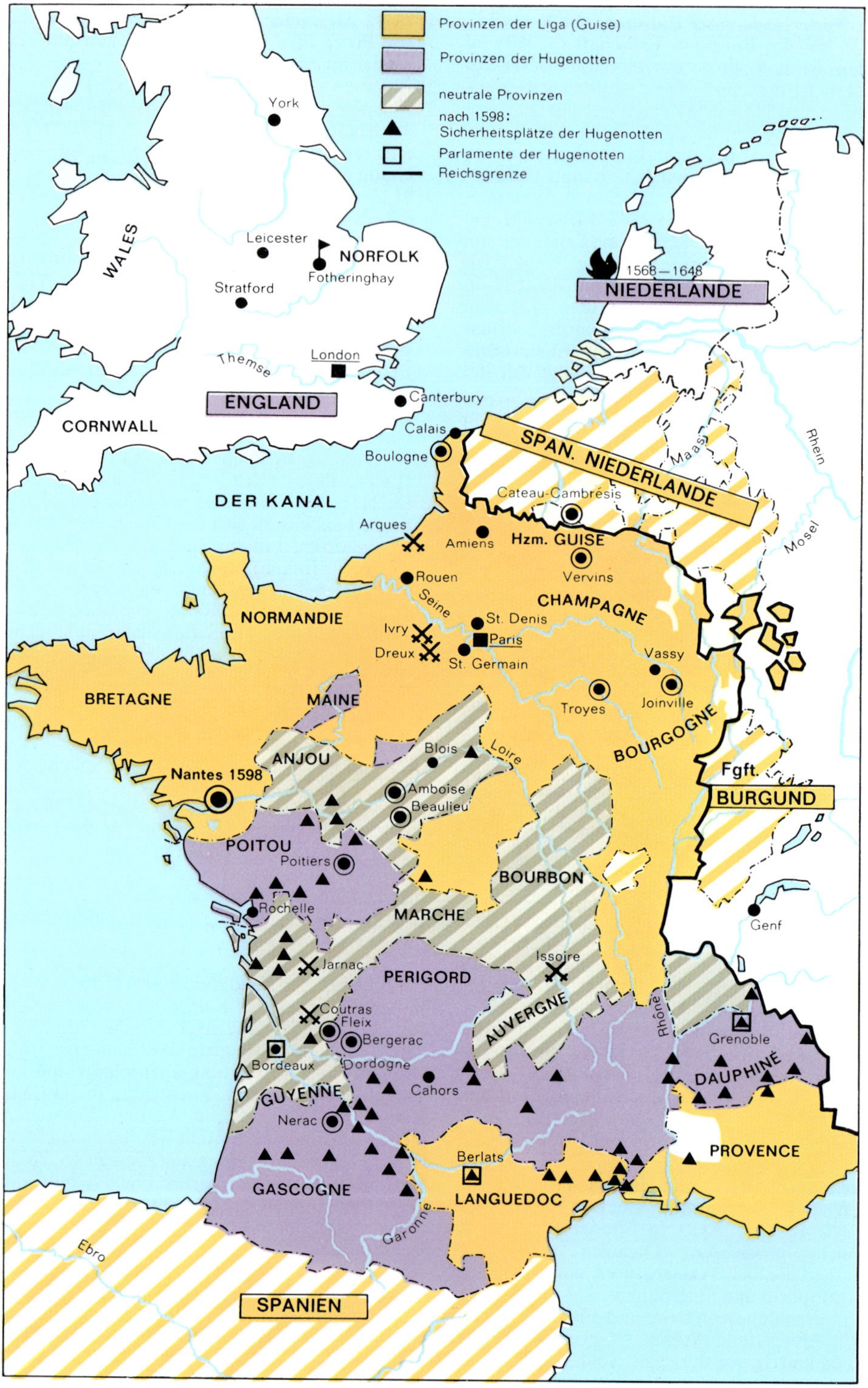

Frankreich zur Zeit der Hugenottenkriege 1562–1598

Die Bürgerkriege in Frankreich

1547–59 Heinrich II. verbindet sich im Kampf gegen Habsburg (S. 243) mit den prot. Reichsfürsten (S. 237), verfolgt aber die franz. Hugenotten (S. 241); sein Tod im Turnier löst eine Krise aus.

1559–60 FRANZ II. (15 J.), verheiratet mit MARIA STUART, ist abhängig von deren Verwandten, den kath. Guise.

1560–74 KARL IX. (10 J.) steht unter der Regentschaft seiner Mutter **Katharina Medici,** die die Bourbonen (ANTON VON NAVARRA) gegen die Guise ausspielt. Im Edikt von St. Germain bedingt anerkannt, werden die Hugenotten von den Guise im

1562 Blutbad von Vassy angegriffen. Es entfesselt insges. acht

1562–98 Hugenottenkriege. Spanien unterstützt die Guise, England die Hugenotten (milit. Hilfe auch von der Kurpfalz und Hessen). Die Führer beider Adelsparteien **Franz Guise** und **Ludwig Condé** werden ermordet, eine Folge der Theorie der **Monarchomachen** vom erlaubten Tyrannenmord (u. a. von BEZA [S. 238] und dem Jesuiten MARIANA). **Heinrich Guise** und Adm. **Coligny** setzen den Kampf fort. Zu einer dritten »Partei der Politiker« gehört **Jean Bodin** (1530–96), Verfasser von ›De la République‹, 1576. Er bereitet mit seiner Lehre von der **Souveränität des Staates** den Absolutismus (S. 259) vor.

1570 Friede von St. Germain: die Hugenotten erhalten vier Sicherheitsplätze. COLIGNY gewinnt den König für eine antispan. Politik. KATHARINA nimmt die Hochzeit ihrer Tochter mit **Heinrich von Navarra** zum Anlaß, COLIGNY und die Hugenotten zu beseitigen.

1572 Bartholomäusnacht (Pariser Bluthochzeit): Ermordung von ca. 20000 Hugenotten (3000 in Paris). Die Hugenotten behaupten sich aber in **La Rochelle** und bauen im Süden eigene milit. Organisationen auf. Ihrem Druck gibt HEINRICH III. [1574–89] im Edikt von Beaulieu 1576 nach. Als der Hugenott HEINRICH VON NAVARRA legitimer Thronerbe wird, verbündet sich die kath. **Liga** (HEINRICH GUISE) 1584 mit Spanien.

1585–89 »Krieg der drei Heinriche« um Paris. Der König läßt HEINRICH GUISE ermorden und wird selber umgebracht.

1589–1610 Heinrich IV. von Bourbon kämpft gegen Liga und span. Armeen, tritt

1593 zum kath. Glauben über (»Paris ist eine Messe wert!«) und beendet die Kriege.

1598 Edikt von Nantes: Den Hugenotten werden Gewissensfreiheit, beschränkte Kultausübung, polit. Gleichberechtigung und Sicherheitsplätze gewährt.

Ergebnis: Frankreich bleibt kath., integriert aber polit. und kult. die prot. Minderheit. Die Krone siegt über den Adel; HEINRICH IV. verwirklicht den nationalen Einheitsstaat. Minister **Sully** ordnet das Agrar- und Finanzwesen; Handel und Gewerbe heben sich; erste franz. Kolonie in Kanada (S. 277).

England unter dem Haus Tudor

1485–1509 Heinrich VII. stellt mit Hilfe der **Sternkammer** (kgl. Sondergericht) Recht und Ordnung wieder her, überträgt die örtl. Verwaltung Friedensrichtern und bahnt durch die Heirat seiner Tochter mit JAKOB IV. VON SCHOTTLAND [1488–1513] die Einigung der Insel an (S. 267).

1509–47 Heinrich VIII. läßt sich durch Kardinal WOLSEY (bis 1530) zu Kriegen mit Frankreich und Schottland verleiten.

1513 Schlacht bei Flodden: Vernichtung des schott. Heeres. – Der König stärkt seine Autorität auf Kosten der Kirche (S. 238) und nennt sich seit

1542 König von Irland. – Für EDUARD VI. (9 J.) regiert als Protektor der Hz. von Somerset (SEYMOUR), nach dessen Sturz der Hz. von Northumberland (DUDLEY), der die Thronfolge ändern will und hingerichtet wird.

1553–58 Maria die Katholische (S. 238) vertraut sich polit. KARL V. an, verwickelt England in den span. Kampf mit Frankreich und verliert 1558 Calais.

1558–1603 Elisabeth I. (nach kath. Auffassung illegitime Tochter ANNA BOLEYNS) setzt sich mit Hilfe Lord **Burghleys** (WILLIAM CECIL, 1520–98) durch (S. 238).

1559/60 Intervention in Schottland zugunsten der calvinist. Adelsopposition (S. 241). Am franz. Hof kath. erzogen, kehrt

1542–67 MARIA STUART zurück, heiratet den Mörder (BOTHWELL) ihres Gatten (DARNLEY), muß deshalb abdanken, flieht 1568 nach England und erhebt Thronansprüche, bestärkt von einer kath. Partei (NORFOLK). MARIA wird gefangengesetzt. Ihre

1587 Hinrichtung löst den offenen Konflikt mit Spanien (bis 1604) aus. Schon vorher engl. Unterstützung der Niederlande (S. 245) und priv. Kaperkrieg der engl. Seehelden **John Hawkins, Francis Drake,** FROBISHER u. a.

1588 Vernichtung der span. Armada (S. 243); neue span. Angriffe 1596/97 und 1599 bedrohen die Insel nicht mehr.

Handel und Wirtschaft: Die Sperrung bisheriger Exporthäfen durch Spanien (Antwerpen, Brügge), Frankreich (Calais) und die Hanse (Hamburg) fördert die Suche nach neuen Märkten. Die **Merchant Adventurers** (Handel und Kaperei der Mitglieder auf eigene Faust) bilden Handelskompanien auf Aktienbasis: 1554 Moskovy Comp., 1581 Levante Comp.;

1600 East-India Company (S. 275). – Die engl. Kapitalwirtschaft beginnt mit der

1571 Eröffnung der Londoner Börse.

1584 Gründung der ersten engl. Kolonie **Virginia** durch **Sir Walter Raleigh** (1552–1618). In London wird 1598 der Stalhof der Hanse geschlossen (S. 183).

Ergebnis: England bricht die span. Hegemonie, wird führende protest. Großmacht, erlebt eine Kulturblüte (S. 212) und legt die Grundlagen zum kolonialen Aufstieg.

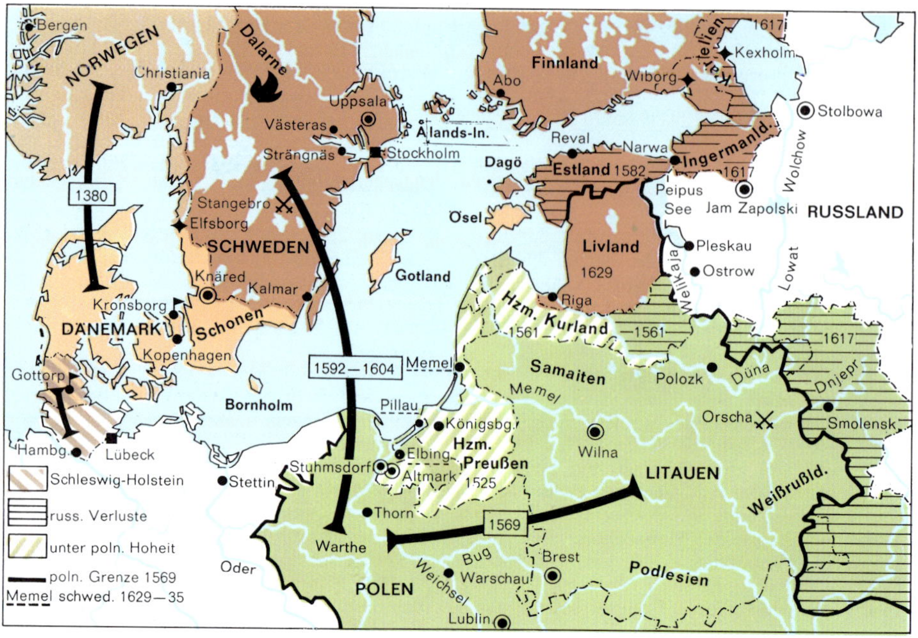

Die Ostseeländer im 16. Jh.

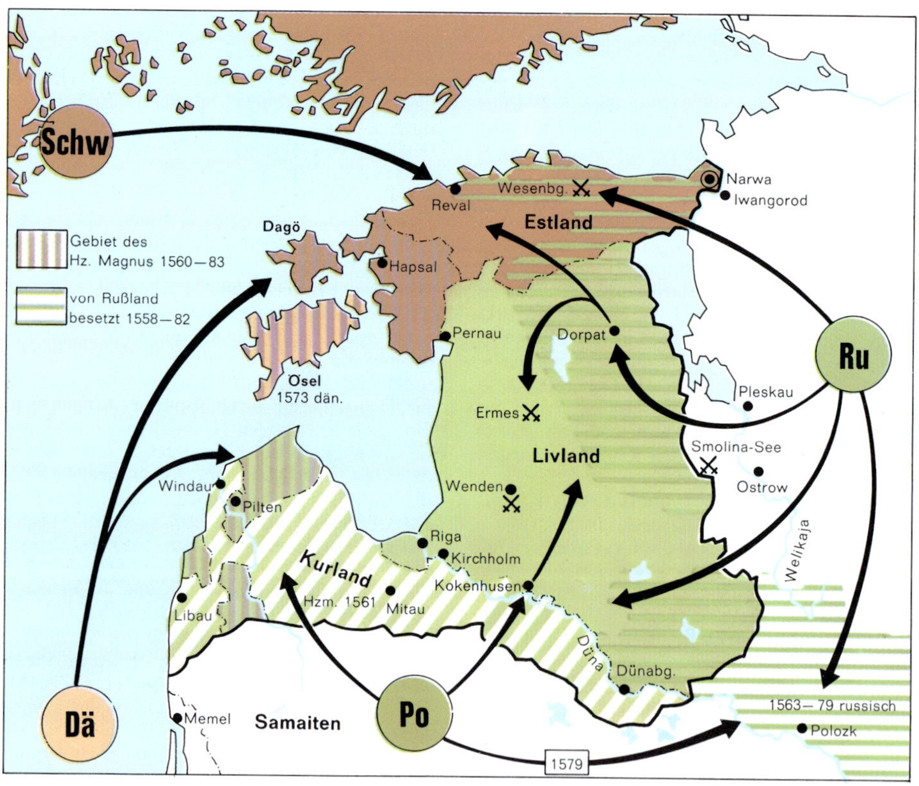

Der Kampf um Livland 1558–1582

Die Ausbildung der poln. Adelsrepublik

1506–48 SIGISMUND I. verzichtet im
1515 Kongreß von Preßburg und Wien auf Böhmen und Ungarn; MAXIMILIAN I. (S. 219) bestätigt dafür die poln. Lehnshoheit über Preußen, das
1525 in ein weltl. Hzm. umgewandelt wird (S. 235).

Von Rußland, den Osmanen und Schweden bedroht, gibt Litauen in der
1569 Lubliner Union seine Selbständigkeit auf; Bildung eines gemeinsamen Reichstages; Ausgleich zwischen lit. und poln. Adel.

Verfassung: Der Kleinadel (Szlachta) erwirbt die Privilegien der Magnaten. Umbildung der Grundherrschaft (Geld- und Naturalabgaben freier Zinsbauern) in **Gutsherrschaft** (S. 215); autonome Städte ohne Vertretung im **Sejm** (Reichstag), der aus König, Magnaten (im Senat) und Szlachta besteht.

Seit 1505 Zustimmung aller (Liberum Veto) zu jedem Gesetz erforderlich. Oft unter ausländ. Einfluß stehend, üben Magnatenparteien (Konföderationen) die polit. Herrschaft aus.

1572 Articuli Henriciani (nach HEINRICH VON VALOIS, poln. Kg. von 1572–74): Widerstandsrecht, Wahl- und Relig.-Freiheit des Adels.

Kultur: Unter den letzten Jagiellonen setzt das »Goldene Zeitalter Polens« ein: relig. Toleranz (S. 241); Blüte der »Weichselgotik«; Eindringen der ital. Renaissance in die »Krakauer Malerschule«; Einfluß deutscher und fläm. Künstler (VEIT STOSS). An der Universität Krakau, dem Zentrum des Humanismus, wirken CONRAD CELTIS und KOPERNIKUS (S. 221), die Juristen PAUL WLODKOWIC, JAN OSTOROK; der Dichter JAN KOCHANOWSKI (1530–84).

Nach dem Ende der Jagiellonen (1572)
1574 Doppelwahl. MAXIMILIAN II. (S. 251), Kandidat der habsbg. Partei, wird durch den Politiker ZAMOYSKI (1542–1605) ausgeschaltet zugunsten von
1575–86 Stefan Bathory. Er verstärkt das Heer durch Aufnahme von Kosaken und führt drei siegr. Feldzüge gegen IWAN IV.
1587–1632 SIGISMUND III. Wasa, 1592–1604 auch schwed. König, fördert die Gegenreformation (S. 241).
1607–09 Adelsaufstände gegen sein »absolutum Dominium«; Türkenkämpfe im Fürstentum Moldau; erste Unruhen der orth. Kosaken unter BOGDAN CHMIELNICKI (1593–1657). – Eingriff in die Moskauer Wirren (S. 203).
1610 Sieg des Hetmans ZOLKIEWSKI bei Kluschino und Besetzung Moskaus, doch entsteht gegen die poln. Ansprüche auf den Zarenthron ein nat. russ. und schwed. Widerstand bis zum
1618 Waffenstillstand von Deulino.
1621 Friede von Chotin mit den Türken, aber Verlust Livlands an Schweden.

Schweden unter den Wasas im 16. Jh.

1513–23 CHRISTIAN II. (1481–1559) siegt über den Reichsverweser STEN STURE II. und nimmt nach seiner Krönung im
1520 Stockholmer Blutbad Rache an seinen Gegnern. Volkserhebung in Dalarne.
1523–60 Gustav I. Wasa verdrängt mit lübischer Finanzhilfe den letzten dän. Unionskönig 1523. Auf dem Reichstag zu Strängnäs zum König gewählt, begründet WASA gegen innere Widerstände den schwed. Nat.-Staat. Neuordnung der Verwaltung; Steuerbewilligung durch den Reichstag (mit 4 Kurien: Adel, Klerus, Bürger, Bauern). – Zur Lösung aus der finanz. Abhängigkeit von Lübeck Einziehung des Kirchengutes nach der
1527 Einführung der Reformation (S. 241). Unterstützung Dänemarks gegen Lübeck. JÜRGEN WULLENWEWER (1492–1537), durch Revolution 1533 Bürgermeister, veranlaßt zur Erneuerung der Hansemacht die
1534–36 Grafenfehde, wird abgesetzt und hingerichtet. – Die Heirat von
1568–92 JOHANN III. begründet den kath. Zweig der poln. Wasa. Sein Sohn
1592–1604 SIGISMUND vereinigt die Kronen von Polen und Schweden, wird aber wegen seiner kath. Politik in der
1598 Schlacht bei Stangebro besiegt und vom Reichstag abgesetzt. – Auf Karl IX. [1604–11] folgt Schwedens größter König:
1611–32 Gustav II. Adolf (17 J.). Die
1621 Kriegsartikel schaffen das modernste Heer Europas mit Wehrpflicht für Bauern.

Der Kampf um die Ostseeherrschaft im 16. Jh.

Der erste russ. Vorstoß zur Ostsee wird durch den Landmeister von Livland
1494–1535 WOLTER VON PLETTENBERG in der
1502 Schlacht auf dem Smolina-See abgewehrt. Er kann aber den zerrissenen Ordensstaat nicht erneuern. – Unter IWAN IV. (S. 203)
1558 Kampf um Livland, das sich unter poln. Schutz stellt. Als FRIEDRICH II. VON DÄNEMARK [1559–88] für seinen Bruder MAGNUS VON HOLSTEIN die Bm. Ösel und Kurland kauft, greift Schweden ein. Ihm huldigen Reval und Estland. Aus dem Zusammenbruch des Ordens rettet der Landmeister GOTTHART KETTELER Kurland als weltl. Hzm. unter poln. Hoheit. Dadurch gerät Polen in Konflikt mit Rußland: im Bündnis mit Dänemark
1563–70 Dreikronenkrieg gegen Schweden.
1582 Waffenstillstand von Jam Zapolski: russ. Verzicht auf Livland und Polozk. Im Ringen um das **»Dominium maris Baltici«** siegt **Gustav II. Adolf.** Er beendet den
1611–13 Kalmarkrieg um die norw. Lappmarken im Frieden von Knäred mit CHRISTIAN IV. VON DÄNEMARK (S. 253), dessen Unionspolitik scheitert. Rußland verliert den Zugang zur Ostsee im
1617 Frieden von Stolbowa.
1621 Eroberung Livlands durch GUSTAV II. ADOLF.

Die Gegenreformation in Deutschland 1555–1648

Die kaiserliche Zentralgewalt (1555–1619)

Die längste Friedenszeit der europ. Mitte gleicht einem erschöpften Atemholen. Deutschland steht abseits vom Welthandel; die Städte verarmen, das Gewerbe verfällt; die Reichsautorität schwindet; große Persönlichkeiten fehlen.

1556–64 Ferdinand I. [gewählter Kaiser seit 1558] ist auf Sicherung des Religionsfriedens bedacht. Letzter Einigungsversuch im

1557 Wormser Religionsgespräch: die prot. Fürsten erkennen den »geistl. Vorbehalt«, die kath. Fürsten die »geheime Deklaration« (S. 235) nicht an. Der luth. Lehre zuneigend, lehnt

1564–76 MAXIMILIAN II. die Verkündigung der Konzilsbeschlüsse von Trient (S. 239) ab und erklärt sich in Religionsfragen neutral. Der Protestantismus gewinnt seine größte Verbreitung (Übertritt der norddeutschen Bistümer).

1576–1612 RUDOLF II., in Spanien von Jesuiten erzogen, leitet in den habsbg. Erblanden die Gegenreformation ein. Auf dem Prager Hradschin umgibt sich der menschenscheue Sonderling mit Alchimisten, Reitknechten und Astronomen (KEPLER, S. 256) und überläßt die Regierung Hofbeamten. Erst sein Bruder

1612–19 MATTHIAS bemüht sich um Wiederherstellung der Reichsautorität unter habsbg. Suprematie (Vormacht).

Der Ausbau der Landesherrschaften

Vom Reich ungehindert, festigen die Fürsten ihre Macht durch Polizeiordnungen und neue Verwaltungsbehörden. Ihre Außenpolitik zielt auf Besitzabrundung (Heirat, Erbverträge, Prozesse und Erwerb geistl. Stifter). Die staatl. Aufgaben erweitern sich mit dem Landeskirchentum (S. 235) um Erziehungs- und Fürsorgepflichten; die patriarchalische Auffassung vom Fürsten als dem Amtmann Gottes setzt sich durch. Konfessionelle Fragen bestimmen die Politik des »Christl. Wohlfahrtsstaates«.

Die Spaltung im Protestantismus

Je mehr die Hoftheologen ihre Glaubenslehren überprüfen und erörtern, desto dogmatischer setzen sich Richtungen durch, die sowohl die luth. Lehre zersetzen als auch die Einheit der prot. Reichsfürsten auflösen. An die Stelle relig. Kraft tritt theol. Rechthaberei, vor allem zwischen Philippisten (Anhänger der von MELANCHTHON 1540 entworfenen ›Variata‹) und den Orthodoxen um FLACIUS ILLYRICUS.

Der ausgleichenden Konkordienformel von 1577 (nach J. ANDREAE, Kanzler der Univ. Tübingen) schließen sich die meisten luth. Fürsten an. Um so härter ist ihre Gegnerschaft zu calvinist. Staaten, die in der **Kurpfalz** ihre Hauptstütze und ihr Bekenntnis im **Heidelberger Katechismus** (1563) finden. Die Pfalz wird Bindeglied zwischen deutschem, franz., ndl. und böhm. Protestantismus.

Hort der luth. Orthodoxie ist **Kursachsen.** Konservativ und polit. kraftlos, neigt es eher zur Einigung mit dem kath. Kaiser als mit der prot. Pfalz. Das Luthertum wandelt sich zur Familienfrömmigkeit des Volkes, das seiner Obrigkeit gehorsam dient (luth. Quietismus).

Die katholische Gegenreformation

Die prot. Spaltung fördert die kath. Restauration, in erster Linie das Werk der **Jesuiten** (S. 239). Sie gewinnen Einfluß auf kath. Fürsten, an Universitäten, auf das Schulwesen und durch Kirchenbauten, Prozessionen, geistl. Spiele auch auf das Volk. Zur Priesterausbildung dient das 1552 gegründete Collegium Germanicum in Rom. – »Zweiter Apostel Deutschlands« wird **Petrus Canisius** (1511–97), Verfasser volkstüml. Katechismen. – Mit der

1573 Congregatio Germanica (Kardinals-Ausschuß für deutsche Angelegenheiten) greift die Kurie direkt ein; sie errichtet ständige Nuntiaturen (Wien, Köln).

1563 Beginn der Gegenreformation in **Bayern,** der kath. Vormacht Deutschlands.

1579 nimmt die kath. Reaktion in **Österreich** schärfere Formen an (Kardinal KHLESL). Im

1583 Kölner Bistumskrieg siegt die kath. Partei. Der prot. gewordene Erzbischof wird vertrieben. Der Erfolg wirkt auf andere Bistümer (Paderborn, Münster, Würzburg), auch auf den

1584–1602 Straßburger Kapitelstreit. Ab

1596 brutale Ausrottung der Ketzer in der Steiermark, in Kärnten und Krain durch Erzhz. FERDINAND (S. 241). Dagegen muß RUDOLF II. den ungar. Ständen 1606, den böhm. Ständen im

1609 Majestätsbrief Religionsfreiheit zusichern (S. 253).

Ein von FRIEDRICH IV. VON DER PFALZ [1583–1610] erstrebtes Bündnis der prot. Reichsstände kommt erst nach

1607 Besetzung Donauwörths durch MAXIMILIAN I. VON BAYERN [1597–1651] zustande. Wegen Störung kath. Prozessionen geächtet, wird die evgl. Reichsstadt von Bayern, dessen Herzog mit der kaiserl. Exekution beauftragt ist, eingezogen und rekatholisiert. Dieser Bruch des Religionsfriedens führt zur

1608 Sprengung des Reichstages von Regensburg und zur Bildung der **prot. Union** (CHRISTIAN VON ANHALT) mit Verbindung zu Frankreich, England und den Niederlanden.

1609 Gründung der **kath. Liga** durch MAXIMILIAN I. VON BAYERN mit Anlehnung an Spanien.

1609–14 Jülich-Klevischer Erbfolgestreit unter Einmischung Frankreichs und Spaniens. Ein Zusammenstoß wird noch einmal vermieden durch den

1614 Teilungsvertrag von Xanten: nach Konfessionswechsel der Anwärter erhalten Brandenburg (jetzt calvinist.):. Kleve, Mark und Ravensberg; Pfalz-Neuburg (jetzt kath.): Jülich und Berg.

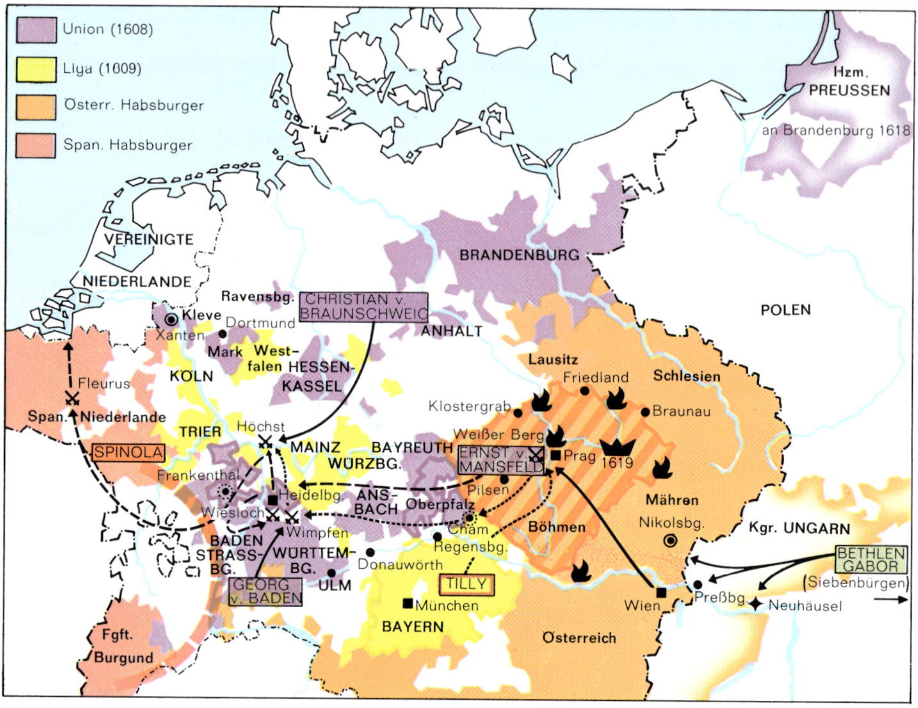

Der Böhmisch-Pfälzische Krieg 1618–23

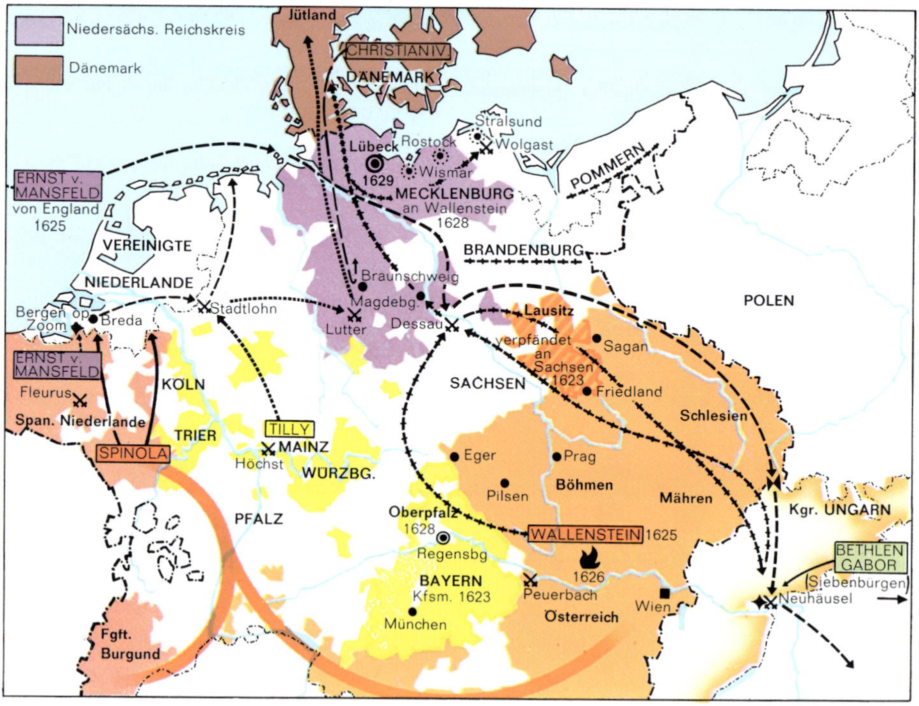

Der Dänisch-Niedersächsische Krieg 1625–29

1618–48 Dreißigjähriger Krieg. Er beginnt als Religionskampf und endet als europ. Machtauseinandersetzung. In ihm entladen sich die Spannungen zwischen kath. und prot. Staaten, Landständen und Fürsten, Reichsstädten und Kaiser, Habsburg und Frankreich.

Der Anlaß des Krieges: die habsbg. Wirren

Im Bruderzwist zwischen RUDOLF (S. 251) und MATTHIAS werden die Stände von beiden Seiten umworben. 1608 wählen die österr., ungar. und mähr. Stände MATTHIAS zum König. Den böhm. Ständen gewährt RUDOLF im

1609 Majestätsbrief Religionsfreiheit, MATTHIAS das Recht freier Königswahl. – Im

1617 Prager Vertrag erhält PHILIPP III. VON SPANIEN Anspruch auf das habsbg. Elsaß gegen Aufgabe seines böhm. Erbrechtes zugunsten des Erzhz. FERDINAND (S. 251), der ohne Zustimmung der Stände König von Böhmen wird. – Unruhen über Zerstörung prot. Kirchen und Verletzung der Privilegien veranlassen den (zweiten)

1618 Prager Fenstersturz kaiserl. Räte. Allg. Erhebung (Graf THURN) und Bildung einer Ständeregierung mit milit. Unterstützung des Grafen VON MANSFELD, Söldnerführer des Herzogs von Savoyen.

Der Böhm.-Pfälz. Krieg (1618–23)

THURN zieht gegen Wien; Anschluß der österr., schles., mähr. und ungar. Stände sowie Siebenbürgens (BETHLEN GABOR).

1619–37 FERDINAND II., zum Kaiser gewählt, wird von Böhmen nicht anerkannt, das FRIEDRICH V. VON DER PFALZ (23 J.) zum König erhebt. – Päpstl. Subsidien, Hilfe von Spanien, der Liga (MAXIMILIAN I. VON BAYERN) und vom luth. Kursachsen ermöglichen den kaiserl. Gegenangriff. Während Sachsen die Lausitz erobert und span. Truppen (SPINOLA) in die Pfalz einbrechen, siegt das Heer der Liga (TILLY) über Böhmen in der

1620 Schlacht am Weißen Berg. Der »Winterkönig« FRIEDRICH VON DER PFALZ flieht nach Holland; die Union löst sich auf; mit BETHLEN GABOR Abschluß des

1622 Sonderfriedens von Nikolsburg.

TILLY stürmt Heidelberg (Verlagerung der Bibliothek [Palatina] nach Rom) und siegt bei Wimpfen (über GEORG FRIEDRICH VON BADEN), bei Höchst und in der

1623 Schlacht bei Stadtlohn (über CHRISTIAN VON BRAUNSCHWEIG); Besetzung Westfalens und Niedersachsens.

1623 Bayern erhält die pfälz. Kurwürde und die Oberpfalz; Verpfändung der Lausitz an Sachsen. – Über **Böhmen** ergeht ein furchtbares Strafgericht mit Hinrichtungen und Enteignung der Hälfte des adeligen Grundbesitzes. Gewaltsame Rekatholisierung (150000 Emigranten) und Regermanisierung legen den Grund für Deutschen-Haß. – Mit der

1627 »Verneuerten Landesordnung« erhält Böhmen, fortan ein Erbland Habsburgs, ein absolutist. Regiment.

Der Dänisch-Niedersächs. Krieg (1625–29)

Gesichert durch engl., ndl. und franz. Subsidien, greift CHRISTIAN IV. VON DÄNEMARK, Hz. von Holstein und »Oberster des niedersächs. Reichskreises«, in den Krieg ein.

Albrecht v. Wallenstein (1583–1634) stellt dem Kaiser ein Heer zur Verfügung. Er entstammt dem böhm. Adel, wird kath., tritt in kaiserl. Dienste, gelangt durch reiche Heirat und Ankauf zu Besitz; seit

1624 Hz. von Friedland. WALLENSTEIN schlägt MANSFELD in der

1626 Schlacht an der Dessauer Brücke und verfolgt ihn bis nach Ungarn (Neuhäusel).

1626 Sieg TILLYS bei Lutter am Barenberge über CHRISTIAN IV. – Gemeinsam mit WALLENSTEIN drängt er den König nach Jütland zurück. WALLENSTEIN unterwirft Norddeutschland bis auf Stralsund, wird »Generalissimus des Balt. und Ozean. Meeres« und erhält Mecklenburg (neben Sagan) zum Herzogtum (1628).

1629 Friede von Lübeck: CHRISTIAN IV. verzichtet auf jede Einmischung und behält dafür seinen Besitz. – Für FERDINAND II. ergeben sich drei polit. Möglichkeiten: 1. Aufbau einer habsbg. Universalmacht (Plan KARLS V.; Gegner: Frankreich, Schweden); 2. absolutistische Reichsreform (Plan WALLENSTEINS; Gegner: alle Reichsfürsten); 3. die Rekatholisierung Deutschlands (Gegner: prot. Fürsten).

1629 Restitutionsedikt: Rückgabe aller geistl. Gebiete, die nach 1552 (S. 235) in prot. Besitz gekommen sind.

1630 Kurfürstentag von Regensburg. Besorgt um ihre »Libertät«, erzwingen die Fürsten die Absetzung WALLENSTEINS.

Der Charakter des Krieges

Da ihre Unterhaltung kostspielig ist, bleiben die Heere meist klein und werden ungern in einer Schlacht aufs Spiel gesetzt (Ermüdungskrieg). Die Feldzugsdauer richtet sich nach der Kriegskasse. Soldrückstände entpflichten die Landsknechte. Sie plündern und drangsalieren die Bevölkerung. Es kämpfen:

1. Soldtruppen mit unterschiedlicher Bewaffnung (Spieß, Arkebuse, Pike) unter Söldnerführern (MANSFELD). Sonderform: das kath. Heer der Liga (TILLY);
2. das span. Heer mit disziplinierter Kampfesweise im »Span. Viereck« (S. 243);
3. das Heer WALLENSTEINS ohne konfessionelle Bindung; strenge Lager- und Kriegszucht, aber Plünderungserlaubnis. Das besetzte Land hat alle Kriegslasten zu tragen. Der Grundsatz »Der Krieg ernährt den Krieg« garantiert große Heere bei pünktlicher Soldzahlung, aber unter furchtbarer Verwüstung der Kriegsgebiete;
4. das nat. schwed. Heer mit beweglicher Kampfaufstellung und starker Feuerkraft. Es schlägt sich anfangs für seinen König und den luth. Glauben, entartet später und wird zum Schrecken des Krieges.

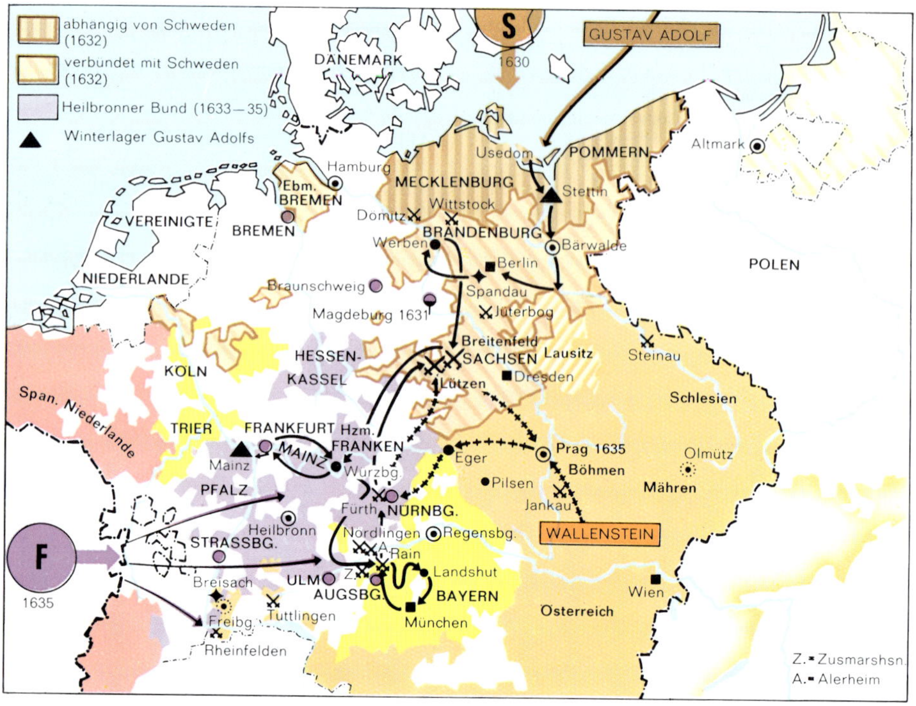

Der Schwedische und der Französisch-Schwedische Krieg 1630–48

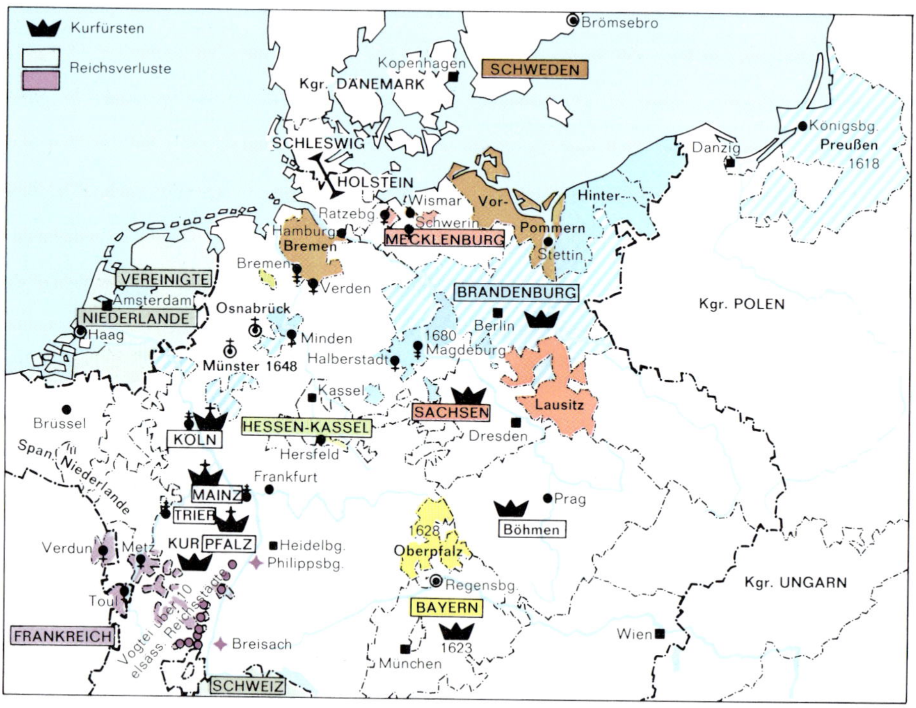

Der Westfälische Friede 1648

Der Schwedische Krieg (1630–35)

Nach dem von RICHELIEU vermittelten Frieden mit Polen (S. 249, 259) landet

1630 Gustav II. Adolf von Schweden auf Usedom zum Schutz der prot. Sache, aber auch zur Sicherung der schwed. Machtstellung und zur Abrundung der Ostseebesitzungen.

1631 Subsidienvertrag von Bärwalde mit Frankreich, der treibenden Kraft im Kampf gegen Habsburg. – Der König wird von der evgl. Bevölkerung begrüßt, die prot. Reichsstände (Brandenburg, Sachsen) schließen sich dem »Löwen aus Mitternacht« erst nach

1631 Zerstörung und Plünderung Magdeburgs durch TILLY und PAPPENHEIM an. – Als »Schneekönig« in Wien verspottet, rettet GUSTAV ADOLF den norddeutschen Protestantismus durch Vernichtung des kaiserl. Heeres unter TILLY in der

1631 Schlacht bei Breitenfeld, durchzieht Thüringen und Franken, befreit die Pfalz und überwintert in Mainz.

1632 Sieg bei Rain am Lech, TILLY fällt; München und Nürnberg öffnen ihre Tore. Erneut zum Oberbefehlshaber »in absolutissima forma« (mit Sondervollmachten) berufen, vertreibt WALLENSTEIN die Sachsen aus Böhmen, zwingt GUSTAV ADOLF zur Aufgabe eines Vorstoßes nach Wien und seines festen Lagers bei Nürnberg.

1632 Schlacht bei Lützen: schwed. Sieg, aber GUSTAV ADOLF fällt. Seine milit. Nachfolger sind BERNHARD VON WEIMAR und die schwed. Generäle HORN, BANÉR, später TORSTENSON und WRANGEL. Die polit. Leitung übernimmt Reichskanzler OXENSTIERNA (S. 271).

1633 Heilbronner Bund »für die deutsche Libertät und zur Satisfikation Schwedens«. – BERNHARD VON WEIMAR erhält das Hzm. Franken, erobert die Oberpfalz und Bayern bis zur Donau.

WALLENSTEIN hat zwar Schlesien genommen, läßt aber MAXIMILIAN I. VON BAYERN im Stich. Er sichert sich im

1633 Pilsener Revers die Treue seiner Offiziere und führt eigenmächtige Friedensverhandlungen mit Schweden und Sachsen. Nach seiner Absetzung und Ächtung

1634 Ermordung in Eger durch den irischen Obersten BUTLER. – In der

1634 Schlacht bei Nördlingen verliert Schweden Süddeutschland. Unter Verzicht auf die Restitution schließt FERDINAND II. mit Sachsen den

1635 Frieden von Prag, dem sich fast alle prot. Reichsstände anschließen. Eine Reichsarmee soll die Fremden vertreiben.

Der Franz.-Schwed. Krieg (1635–48)

Im Bündnis mit BERNHARD VON WEIMAR tritt jetzt Frankreich aktiv in den Krieg ein, der sich auf zwei getrennten Schauplätzen in zügelloser Weise abspielt. – Mit

1637–57 FERDINAND III. wächst die allg. Friedensbereitschaft. Doch das neue

1638 franz.-schwed. Bündnis verlängert Krieg und Kriegsleiden der Bevölkerung.

Sachsen/Böhmen: Entlastung der Schweden und neuer Vormarsch nach dem

1636 Sieg BANÉRS bei Wittstock. Aufgabe eines Vorstoßes nach Wien (TORSTENSON).

1643 Kriegserklärung Dänemarks (S. 271).

1644 Beginn langwieriger Friedensverhandlungen in Münster und Osnabrück; schwed.-brand. Waffenstillstand, dem sich Sachsen anschließt.

Oberdeutschland: BERNHARD VON WEIMAR erobert mit

1638 Breisach das Hzm. Elsaß. Nach seinem Tod wird das franz. Vordringen

1643 bei Tuttlingen durch den bayer. General MERCY aufgehalten. Franz.- schwed.

1645 Siege bei Alerheim (TURENNE) und Jankau (TORSTENSON). Ein Zangenangriff auf Bayern beendet den Krieg.

1648 Westfälischer Friede in Münster mit Frankreich, in Osnabrück mit Schweden, den beiden Schutzmächten des Friedens.

Die Ergebnisse des Westf. Friedens

1. Relig. Bestimmungen: Bestätigung des Augsburger Religionsfriedens (1555) unter Einschluß der Calvinisten. 1624 gilt als »Normaljahr« für den kirchl. Besitz- und Bekenntnisstand. Bekenntniswechsel soll von der Obrigkeit geduldet werden (Ausnahme: Oberpfalz und kaiserl. Erblande, in denen nur der kath. Glaube gültig ist).

2. Verfassungsrechtl. Bestimmungen: Bindung kaiserl. Rechte (Gesetzgebung, Verträge) an die Zustimmung des Reichstages (seit 1663 ein ständiger Gesandtenkongreß, S. 263); volle **Souveränität der Reichsstände** durch das »Ius foederationis« (Bündnisrecht, sofern nicht gegen Kaiser und Reich gerichtet). Bayern bleibt Kfsm., die Pfalz erhält die Kurwürde zurück.

3. Polit. Bestimmungen: Es erhalten

Frankreich: den Sundgau, das Vikariat über die Bm. Metz, Toul, Verdun; die Vogtei über 10 elsässische Reichsstädte; – damit die Rheingrenze, gesichert durch die Brückenköpfe Breisach und Philippsburg;

Schweden: Vorpommern mit Stettin und Rügen, Wismar; Bremen, Verden; – damit Kontrolle über die Mündungen der Weser, Elbe und Oder sowie Sitz und Stimme im Reichstag;

Bayern: die Oberpfalz; **Sachsen:** die Lausitz;

Brandenburg: Hinterpommern und die Bm. Halberstadt, Kammin, Minden sowie die Anwartschaft auf das Ebm. Magdeburg.

Die **Schweiz** und die **Niederlande** scheiden aus dem Reichsverband aus.

Bedeutung: Beginn der Epoche des säkularisierten Staates mit relig. Toleranz.

In Europa ist die Gefahr einer habsbg. Hegemonie beseitigt. Aufstieg neuer Großmächte (Frankreich, Schweden, Niederlande).

In Deutschland siegt die fürstl. »Libertät« über die kaiserl. Zentralgewalt, das Reich löst sich in einen Staatenbund auf.

Der Barock (1600–1750)

Als höf. Stilepoche repräsentiert der Barock (port. barocco = unregelmäßige Perle) das Lebensgefühl der Gegenreformation und des Absolutismus, löst organisch die Renaissance ab, geht wie diese von Italien (MICHELANGELO) aus, verbreitet sich zunächst im kath. Süden, auch in den Niederlanden (Malerei S. 245) und entwikkelt sich zum ersten Weltstil. Die Kunst findet ihren typ. Ausdruck in kirchl. und fürstl. Bauten.

Architektur: Sie erstrebt in Verbindung mit Plastik und Malerei den »großen Stil« (nach H. WÖLFFLIN) durch maler. Formen, schwungvolle Massigkeit und dekorativen Schmuck bis zur Überladenheit. Im **Kirchenbau** (Vorbild Il Gesu in Rom 1585) vereinigen sich Zentral- und Kuppelbau auf ovalbetontem Grundriß mit schwingendem Hauptraum in lichten Farben (weiß, gold): Deckenmalereien, Skulpturen, Schmuckornamente, gedrehte Säulengruppen. – Ähnliche Elemente zeigt das von geometrischen Parks umrahmte **Schloß** (Vorbild Versailles S. 261): geschmückter Mittelbau mit Treppenhaus, Seitenflügel und Galerien, erhöhte Eckpavillons. Die **Residenzstadt** wird auf das Schloß ausgerichtet (z. B. Karlsruhe). In **Italien** führen als Architekten **Borromini** (1599–1667) und **Bernini** (1598 –1680); in **Franken** die Familie **Dientzenhofer** und **Balthasar Neumann** (1687–1753), Baumeister der Fürstbischöfe von **Schönborn.** In Bayern wirken die Gebr. **Asam,** in Westfalen **Schlaun,** in Sachsen **Bähr** (Österreich S. 265; Dresden, Berlin S. 263). JONES (1573–1652) und WREN (1632–1723) vertreten in England den strengeren **Palladianismus.**

Musik: In Italien wandelt sich der musikal. Stil durch Zusammenfassung alter bzw. Erfindung neuer Formen (Fuge, Suite, Kantate, Concerto grosso, Sonate). Die **Monodie** setzt sich gegen die polyphone Komposition (Kontrapunkt) durch, die Kirchentöne reduzieren sich auf Dur- und Moll-Tonarten mit Betonung der Melodie und Harmonie (Generalbaß). FRESCOBALDI (gest. 1643), **Corelli** (1653–1713), **Vivaldi** (1680–1743) bilden die »Ars nuova« aus (Orgel-, Vokal- und Instrumentalmusik), von PURCELL in England eingeführt. – Als lyr.-epische Tonschöpfung entsteht das relig. **Oratorium; Monteverdi** (1567–1643), CAVALLI und SCARLATTI entwickeln aus dramat. Rezitativ und lyr. Arie die **Oper.** Durch ital. Kapellmeister kommt sie an europ. Fürstenhöfe. **Lully** (1632–87) begründet die heroische, **Rameau** (1683–1764) die nat.-franz. Oper. – Vorbereitet durch SCHÜTZ (1585–1672) und BUXTEHUDE (1636–1707), erreicht die **deutsche Musik** ihren ersten Gipfel mit dem Leipziger Thomaskantor **Johann Sebastian Bach** (1685–1750). **Georg Friedrich Händel** (1685–1759) wirkt ab 1712 in England. – Seit 1750 wird **Wien** Mittelpunkt der **klass. Periode** (Sonate, Sinfonie, Lied, Oper) mit GLUCK (1714–87), **Joseph Haydn** (1732–1809) und **Mozart** (1756–91).

Literatur: (Spanien S. 243, Frankreich S. 261). In Deutschland bemühen sich **Sprachgesellschaften** um Sprachreinigung gegen franz. Überfremdung; **Martin Opitz** (1597–1639) gibt poetische Regeln. **Grimmelshausen** (gest. 1676) und **Andreas Gryphius** sind geprägt von den Ereignissen des 30jähr. Krieges.

Philosophie: Auf der Suche nach einer vernünftigen Methode des Erkennens zur »richtigen« Welterklärung, frei von relig. bzw. kirchl. Dogmatik, begründet **Francis Bacon** (1561–1626) den engl. **Empirismus:** Erfahrungen, die von der Beobachtung eines Vorgangs zu allg. Gesetzen führen (induktive Methode), vermitteln ein Wissen, das Macht bedeutet. **John Locke** (1632–1704) leugnet »angeborene Ideen«. Nur innere und äußere Sinne vermitteln Erkenntnisse. **René Descartes** (CARTESIUS, 1596–1650) vertritt dagegen den **Rationalismus:** allein durch Denken und allg.-log. Schlüsse (Prinzipien) wird Wahrheit gefunden (deduktive Methode). Natur und Geist sind absolut verschiedene Dinge (Dualismus). – **Baruch Spinoza** (1632–1677) folgert aus rational abgeleiteter Identität (Übereinstimmung) von Denken und Sein die Einheit von Gott und Natur (Monismus). Sein Pantheismus wirkt ebenso auf die Aufklärung ein wie das vermittelnde System von **Gottfried Wilhelm Leibniz** (1646–1716): Die Welt besteht aus unendlich vielen, von Gott in »prästabilierter Harmonie« aufeinander abgestimmten **Monaden** (dynam. Krafteinheiten) und stuft sich qualitativ von der Materie bis zur Zentralmonade Gott. Der sittlich freie Mensch soll die vernünftige Ordnung dieser »besten aller nur möglichen Welten« zu erkennen suchen.

Staatslehre: In der Utopie ›Nova Atlantis‹ entwirft BACON das Muster eines vollkommen organisierten Staates; **Campanella** (1568–1639) zeichnet dagegen seinen idealen ›Sonnenstaat‹ (1602) totalitär-komm. – Ausgehend vom rational verstandenen **Naturrecht,** beruht nach **Hugo Grotius** (1583–1645) der Staat auf einem freien Vertrag von Menschen zur eigenen Sicherung. In ›De iure belli ac pacis‹ (1625) fordert er ein **Völkerrecht** zur Regelung des allg. Friedens. Moral. Berechtigung hat nur der Verteidigungskrieg; das Meer soll für alle Nationen frei sein. – Mit der **Vertragstheorie** begründen auch HOBBES (S. 259) und PUFENDORF (S. 263) das Recht des Fürstenstaates auf absolute Souveränität. Ist nach ihnen der Herrschaftsvertrag unkündbar, so kann er nach **Lokke** (S. 269) vom Volk gelöst werden, wenn der Regent das Naturrecht mißachtet.

Naturwissenschaft: Mit seiner Forderung, das »Buch der Natur mit Hilfe der Mathematik zu lesen«, leitet **Galileo Galilei** (1564–1642) die klass. **Physik** ein. Er findet die Gesetze des freien Falls, die **Joh. Kepler** (1571–1630) durch die Gesetze der Planetenbewegung ergänzt und **Isaac Newton** (1643–1727) mit den Gravitationsgesetzen mathem. exakt erklärt. Das neue naturwiss. Weltbild bestätigt sich durch zahlreiche Entdeckungen und Erfindungen (S. 279).

Die Aufklärung (18. Jh.)
Die von Westeuropa ausgehende größte geistige Bewegung seit der Reformation basiert auf Humanismus (S. 212), Philosophie und naturwissenschaftl. Weltbild des 17. Jhs., deren Ergebnisse zur allg. Weltanschauung erweitert, auf alle Lebensgebiete angewandt und dem durch Wohlstand und Tüchtigkeit selbstbewußt gewordenen **Bürgertum** vermittelt werden. Nach KANT ist die Aufklärung der »Ausgang des Menschen aus seiner selbstverschuldeten Unmündigkeit«. **Vernunft,** Mut zur **Kritik,** geistige **Freiheit** und relig. **Toleranz** sollen Tradition, relig. Dogmatik, kirchl. und staatl. Autorität (Absolutismus), moral. und ständ. Vorurteile überwinden. Natürliche (= vernünftige) Bildung und **Erziehung** zur **Humanität** garantieren den **Fortschritt,** fördern die »Verbrüderung der Menschheit« **(Weltbürgertum:** Kosmopolitismus), den »Ewigen Frieden« (KANT), aber auch das eigene Glück (Eudämonismus) und die Wohlfahrt aller.
Mittelpunkte der Aufklärung sind Städte und Universitäten. Zur Verbreitung aufkl. Ideale entsteht in England der internat. Geheimbund der **Freimaurer** (1717 Gründung der Londoner Großloge), dessen polit. Einfluß stark überschätzt worden ist.
Philosophie: Charakteristisch für **England** ist der **Deismus:** Gott überläßt seine Schöpfung ihren Entwicklungs-Gesetzen, ohne durch Wunder oder Offenbarung einzugreifen. Vernünft. Gottesdienst besteht im sittl. guten Handeln. Diese »natürliche Religion« (von Christus erneuert) ist Kern aller Religionen. Deistische **Freidenker** sind CHERBURY, COLLINS, **Shaftesbury** (1671–1713), der das Schöne mit dem Guten zu wahrer Sittlichkeit verbinden will.
Grenzen aufkl. Denkens zeigen sich bei **David Hume** (1711–76), der jedes sichere Wissen bezweifelt (Skeptizismus). Der »Assoziationsapparat Seele« verknüpft nur Wahrnehmungen nach psycholog. Gesetzen. Bei Geburt ist der Mensch eine »Tabula rasa« (leeres Blatt), auf die die Erfahrung ihre »Zeichen« schreibt (Milieutheorie).
Wegbereiter der **franz. Aufklärung** ist **Pierre Bayle** (1647–1706), unbedingter Verfechter der Freiheit der Wissenschaft und des Glaubens. – Berühmt als Spötter und blendender Stilist, greift **Voltaire** (F. M. AROUET, 1694–1778) Glauben und Kirche an. Er ist ein Bewunderer Englands (Anglomanie) und Freund FRIEDRICHS II. VON PREUSSEN. An der von D'ALEMBERT und DIDEROT herausgegebenen **Enzyklopädie** (1751–77), die das ges. Wissen der Zeit im aufkl. Geist darstellen und verbreiten soll, arbeiten u. a. die **Materialisten** und **Atheisten** CONDILLAC, der Arzt LAMETTRIE (der »Mensch, eine Maschine«) und HOLBACH (Religion als Angstprodukt und Priesterunfug). – Mitarbeiter ist auch **Jean Jacques Rousseau** (1712–78), als Kulturkritiker bereits ein Überwinder der Aufklärung: Von Natur aus gut, wird der Mensch schlecht, wenn er sich nicht vom **Gefühl** leiten läßt. Reflexion schafft die Entartungen der Zivilisation (Neid, Lüge, Verstellung). Es gilt, »zurück zur Natur« und zur einfachen »Kultur des Herzens« zu finden. Vorschläge zur Erziehung im Sinne dieses Naturevangeliums bringt ›Emile‹ (1762), während ›Nouvelle Heloise‹ (1761) das »Recht der großen Leidenschaft« vertritt.
Die deutsche Aufklärung mit vorwiegend pädagog. Absichten vertritt **Christian Wolff** (1679–1754), der die Ideen von LEIBNIZ verbreitet. **Gotthold Ephraim Lessing** (1729–81) tritt für Toleranz (›Nathan der Weise‹, 1779), nat. Selbstbesinnung und Humanität ein (›Erziehung des Menschengeschlechts‹, 1780). Sein Freund MOSES MENDELSSOHN (1729–86) wirbt für die Gleichberechtigung der Juden.
Größter Denker der Zeit ist der Königsberger **Immanuel Kant** (1724–1804). Sein **Kritizismus** vollendet und überwindet die Aufklärung. **›Kritik der reinen Vernunft‹** (1781): Da empir. Anschauung und rationales Denken von apriorischen (vorgeprägten) Kategorien (Grundformen: Zeit, Raum, log. Gesetze) abhängen, kann die Welt nur erkannt werden, »wie sie uns erscheint«, und nicht, »wie sie ist« (exakte Trennung von Glauben und Wissen). – **›Kritik der praktischen Vernunft‹** (1788): Das Sittengesetz fordert (postuliert) die Existenz von Gott, Freiheit und Unsterblichkeit. Ethische Gebote sind nur dann sittlich, wenn sie frei von pers. Nutzen (Erfolg, Neigung) als **kategorische Imperative** (verpflichtende Gesetze) vom Menschen selbst gesetzt und freiwillig erfüllt werden (sittl. Autonomie der Persönlichkeit). – Mit KANT beginnt die **Philosophie des deutschen Idealismus;** seine Lehre wirkt auf die deutsche Klassik (SCHILLER).
Religion und Kirche: In der kath. Kirche entsteht der aufkl. **Febronianismus** (des Weihbischofs J. N. VON HONTHEIM), der die Hierarchie und die Abhängigkeit des Episkopats von Rom kritisiert. Die Kurie hebt 1773 den Jesuitenorden auf (weiterhin geduldet in Rußland und Preußen).
Im Protestantismus bildet sich neben der luth. Orthodoxie (S. 251) der **Pietismus,** eine irrationale Gegenbewegung zur Aufklärung. Die »Stillen im Lande« verwirklichen ein prakt. tätiges Bibelchristentum. **August Hermann Francke** (1663–1727) gründet das Hallesche Waisenhaus und die luth. Heidenmission. – Graf **Zinzendorf** (1700–60) siedelt vertriebene Böhm.-Mähr. Brüder (S. 197) an (Herrnhuter Brüdergemeine), verfaßt Erbauungsschriften, gründet Missionen und Schulen. In seiner ›Unparteiischen Kirchen- und Ketzerhistorie‹ (1699) vertritt G. ARNOLD den christl. Unionsgedanken. Der Hexenwahn wird überwunden. – Unter pietistischem Einfluß bilden in England um 1770 WHITEFIELD und **John Wesley** (1703–91) die freie **Methodisten-Kirche**. Starke Erfolge in Nordamerika: SHARP und WILBERFORCE prangern die Sklaverei an, die 1807 in England aufgehoben wird.

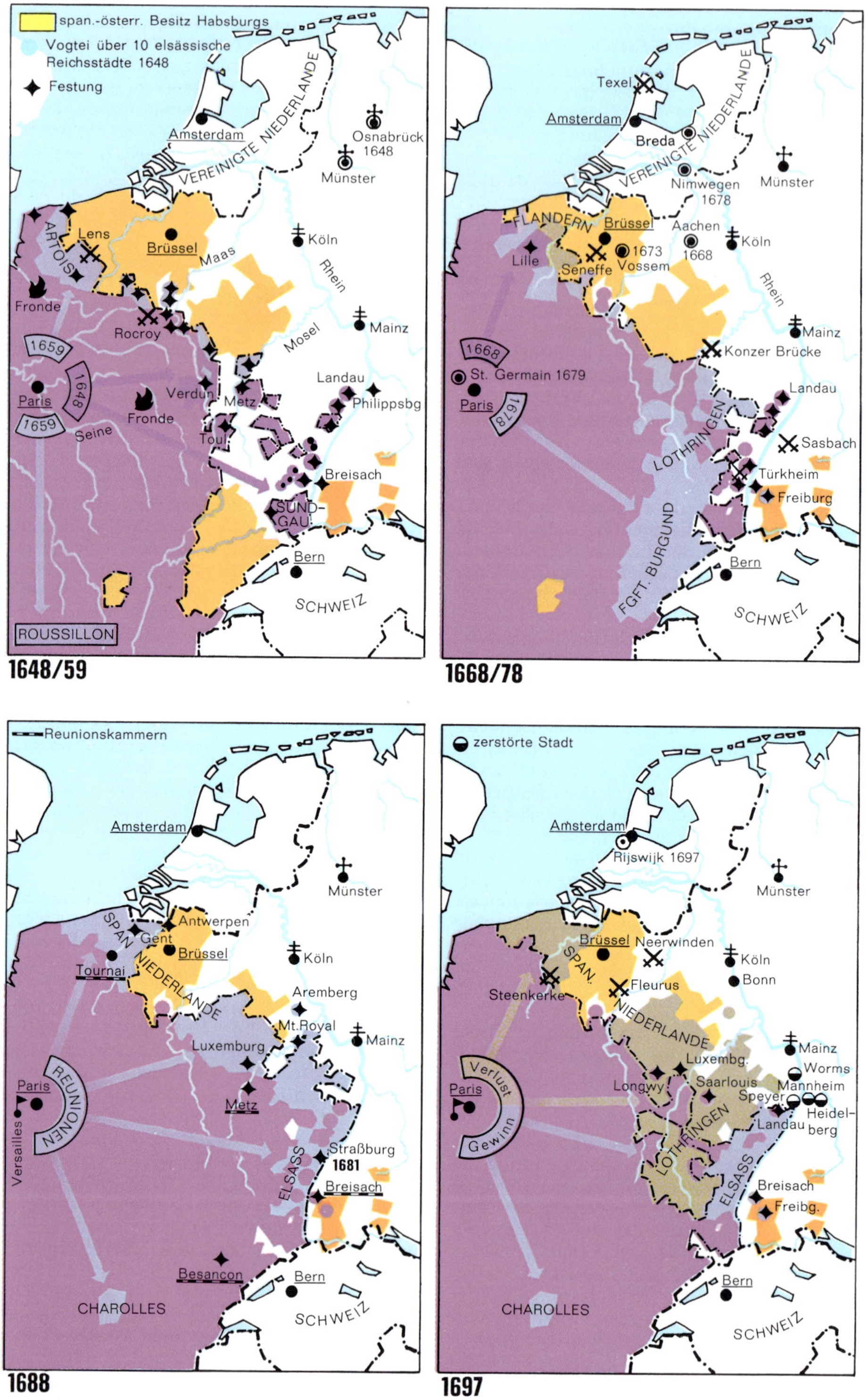

Frankreichs Vordringen nach Osten im 17. Jh.

Aufbau des Absolutismus in Frankreich

Unter LUDWIG XIII. [1610–43] Ausbau des absoluten Staates, theoret. begründet durch **Jean Bodin** (S. 247) und **Thomas Hobbes** (1588–1679): **›Leviathan‹** (1651). – Da im Naturzustand ein egoistischer »Krieg aller gegen alle« herrscht, werden die Menschen aus Selbsterhaltung zu einem **Vertrag** gezwungen, in dem sie ihre Naturrechte unwiderruflich dem Staat übertragen, dessen Herrschaft damit über alle Untertanen absolut (unteilbar, unauflöslich) wird und der sich am vollkommensten in einer Person, dem König, repräsentiert **(absolute Monarchie). – Jacques Bossuet** (1627–1704), Kanzelredner LUDWIGS XIV., bringt den Absolutismus auf die Formel »Un roi, une foi, une loi« (Ein König, ein Glaube, ein Gesetz). Er betont das **Gottesgnadentum** des Fürsten, der als Stellvertreter Gottes weder der Kirche noch dem Volk Rechenschaft schulde.

1614 letzte Einberufung der Generalstände (États généraux). Politisch wird der Absolutismus durchgesetzt von **Kardinal**

1624–42 Richelieu (39 J.). Als leitender Minister bekämpft er die Opposition des Hochadels und die polit. (nicht relig.) Sonderrechte der Hugenotten (S. 247), deren letzter Sicherheitsplatz (La Rochelle) 1628 eingenommen wird. Ausbau des stehenden Heeres und der kgl. Provinz-Verwaltung: die **Gouverneure** des Adels werden durch **Intendanten** (kgl. Beamte) entmachtet. – Ämterkauf und ständische Gerichte (Parlamente) können nicht beseitigt werden.

1635 Gründung der **Académie Française** zur Förderung von Kunst und Wissenschaften.

Außenpolitik: Das Ziel ist die Lösung des Staates aus der Umklammerung Habsburgs und die Wiederherstellung der »natürlichen Grenzen Galliens«, Pyrenäen und Rhein. – Vermittlung im poln.-schwed. Ostseekonflikt (1629 Waffenstillstand von Altmark); Finanzhilfe für Schweden (GUSTAV ADOLF).

1635 Eingriff in den 30jähr. Krieg (S. 255).

1643–61 Kardinal Mazarin (41 J.) leitet den Staat im Sinne RICHELIEUS.

1648 Gewinne im »Westf. Frieden« (S. 255). Gegen Spanien Krieg bis zum

1659 Pyrenäenfrieden – Bedeutung: Abstieg Spaniens, Aufstieg Frankreichs zur europ. Großmacht. Beginn des »franz. Zeitalters«.

1648–53 letzter Adelsaufstand der »Fronde«, dem sich das Pariser Parlament (oberster franz. Gerichtshof mit Kontrollbefugnis über kgl. Erlasse) anschließt. – Der Hochadel wird politisch ausgeschaltet.

Außenpolitik Ludwigs XIV.

1661 LUDWIG XIV. (22 J.) übernimmt die Regierung. Sein Ziel: **Hegemonie über Europa** und Abrundung des Staates nach Westen und Norden (Rheingrenze). – Er kann sich 1. auf die gegen Habsburg gerichtete Rheinische Allianz (S. 263) stützen; 2. sucht er zur Umfassung des Reiches die »Nachbarn des Nachbarn« zu gewinnen: Schweden, Polen, Ungarn, selbst die Türkei, den »Kettenhund Europas«.

Subsidien (polit. Hilfsgelder) als bevorzugtes Mittel der Diplomatie.

1667/68 (Devolutions-)Krieg gegen Spanien auf Grund zweifelhafter Ansprüche auf Brabant. England und Holland vergleichen sich im Frieden von Breda (S. 267), schließen mit Schweden eine Tripelallianz und zwingen LUDWIG XIV. zum Frieden von Aachen (1668). – Die »Rache an Holland« (Wirtschaftskonkurrenz) wird vorbereitet durch Bündnisse mit KARL II. VON ENGLAND (1670), Schweden (1672) und einigen Reichsbischöfen (Köln, Münster).

1670 franz. Besetzung Lothringens.

1672–78 Krieg gegen Holland: JAN DE WITT, Führer der »Regentenpartei«, wird gestürzt, **Wilhelm III. von Oranien** (22 J.) zum Generalstatthalter auf Lebenszeit ernannt. Landesverteidigung durch Öffnung der Dämme.

1672/73 antifranz. Allianz unter Führung Österreichs (LISOLA); LUDWIG XIV. begegnet ihr durch Förderung des franz. Wahlkandidaten in Polen (JOH. SOBIESKI) und der ungar. Adelsaufstände (S. 265); Bindung Brandenburgs durch schwed. Angriff (S. 271).

1678 Friede zu Nimwegen: Holland bleibt ungeschmälert; Spanien zahlt mit der Freigft. Burgund; Brandenburg muß trotz seiner militärischen Erfolge im

1679 Frieden von St. Germain auf schwed. Vorpommern mit Stettin verzichten; verbittert über die kaiserl. Politik, schließt der Große Kurfürst ein Subsidienbündnis mit LUDWIG XIV. und duldet dessen

Reunionspolitik zur »friedl. Eroberung der Rheingrenze«. Vor franz. Reunionskammern (Gerichten) werden franz. Ansprüche auf Reichs-Territorien geltend gemacht (LOUVOIS: auf nicht mehr als 6 Dörfer wöchentlich). Krönung dieser Politik:

1681 Annexion Straßburgs.

1684 Besetzung Luxemburgs. Grenzsicherung (Festungssysteme). Gebunden durch den Türkenvorstoß (S. 265), erkennen Kaiser und Reich im

1684 Regensburger Stillstand die Reunionen an. Jedoch antifranz. Widerstand in der Augsburger Liga (1686); trotzdem erhebt LUDWIG XIV. für seine Schwägerin (ELISABETH CHARLOTTE – »LISELOTTE«) Erbansprüche auf die Pfalz.

1688–97 Pfälzischer Krieg. Nach franz. Einfall in Süddeutschland

1689 Bildung der **Großen Allianz** (WILHELM III. VON ORANIEN) zur Erhaltung des europ. Gleichgewichts. Verwüstung der Pfalz.

1692 Seeschlacht bei La Hogue: entscheidende Niederlage der neuen franz. Flotte. Zerfall der Allianz bis zum

1697 Frieden von Rijswijk: Erster Verlustfriede LUDWIGS XIV., aber Behauptung Straßburgs und der Reunionen im Elsaß.

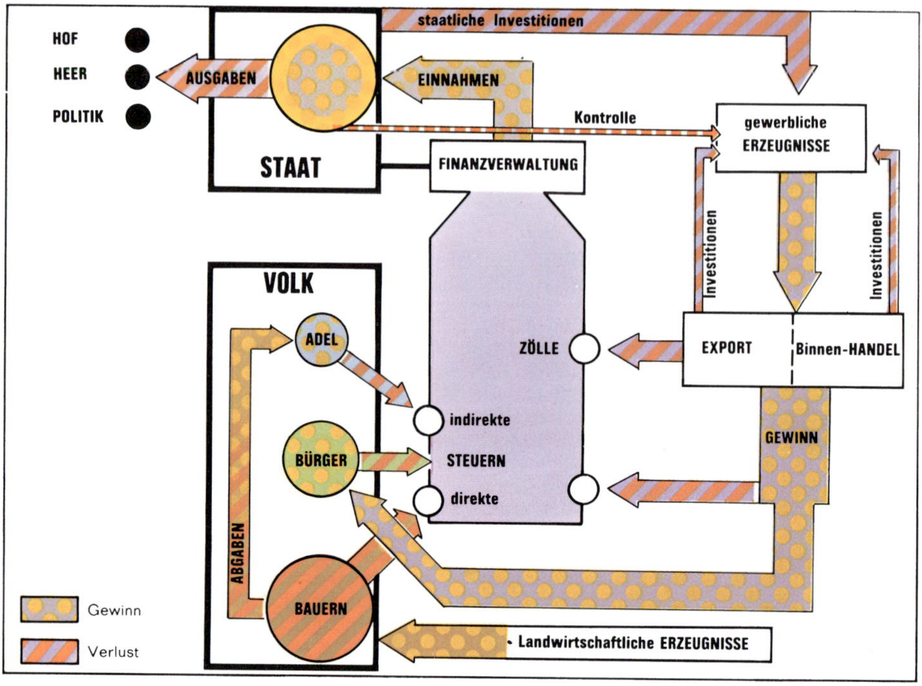

Das System des Merkantilismus

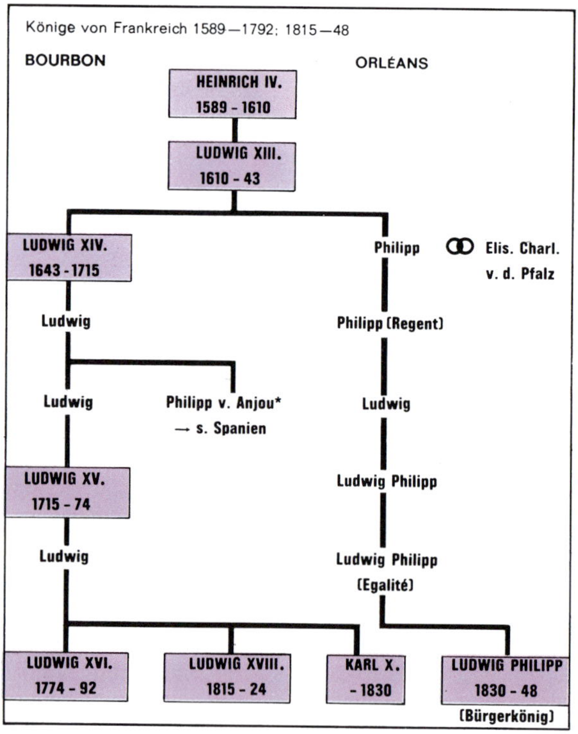

Haus Bourbon-Orléans

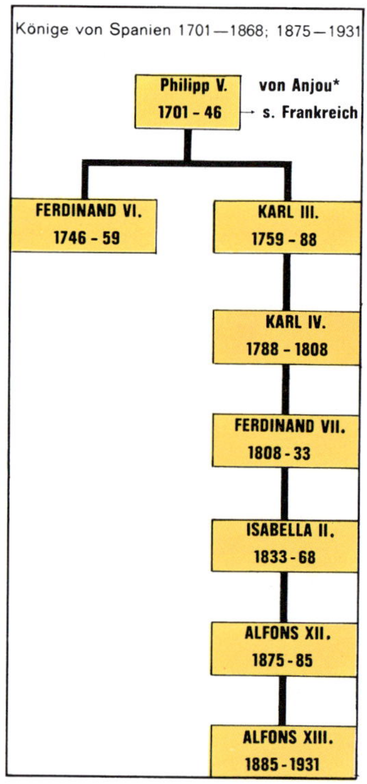

Haus Bourbon

Vollendung des Absolutismus in Frankreich

[1643] 1661–1715 Ludwig XIV., der »Sonnenkönig«. Zierlich von Gestalt, höflich und zurückhaltend, aber majestätisch im Auftreten, durchdrungen von der Würde seines Amtes (»L'état c'est moi!«), fühlt er sich zur Mehrung des Ruhmes und zur Repräsentation des Staates verpflichtet.

Regierung: Sie wird durch Verordnungen allein vom König ausgeübt, der sich von einem »geheimen« Staatsrat und Fachministern, dem Kabinett (kleines, privates Zimmer), beraten läßt. Eingriffe in die Justiz durch kgl. Haftbefehle (Lettres de cachet), Geheimpolizei und polit. Sicherheitsverwahrung (Bastille).

Heerwesen: Louvois (1641–91), Kriegsminister seit 1668, erhöht das stehende Heer auf 170000 Mann (bei 18 Mill. Einw.); führt Uniformen, verbesserte Ausrüstung (Bajonett), gegliederte Truppenteile (Infanterie, Kavallerie, Artillerie) und feste Dienstgrade ein. Der König ernennt und besoldet die (adeligen) Offiziere. – Geführt von den Feldherren TURENNE, CONDÉ, LUXEMBOURG wird die franz. Armee die größte und beste der Welt. – **Vauban** (1633–1707) revolutioniert den Festungsbau durch sternförmige Bastionen ohne toten Schußwinkel; dadurch ändern sich Belagerungstechnik und gesamte Kriegführung.

Verwaltung: Ausbau der kgl. Intendantur in den Provinzen und der kgl. Magistrate in den Städten; auf dem Land verbleiben den adeligen Grundherren (Seigneurs) Verwaltungs- und Polizeirechte.

Wirtschaft und Finanzen: Als Finanzminister entwickelt **Colbert** (1619–83) die erste staatl. gelenkte Nationalwirtschaft der Neuzeit mit statistischer Haushaltsplanung und geregelter Buchführung. Der **Merkantilismus** (auch Colbertismus) schafft die finanziellen Voraussetzungen zur Entfaltung des Absolutismus, da der Staat Gewinne durch Zölle, direkte (Taille) und indirekte (Verbrauchs-) Steuern zur Erhaltung des Heeres, der Verwaltung und des Hofes abschöpfen kann. Da nach Auffassung der Zeit Reichtum im Geldbesitz besteht, zielt der Merkantilismus auf eine aktive Handelsbilanz durch Ausfuhr hochwertiger Güter (Luxus-, Mode-, Glaswaren, Parfums, Porzellan usw.). Deshalb: Beseitigung der Binnenzölle, Ausbau der Land- und Wasserstraßen, Errichtung staatl. Monopole, Subvention gewerbl. **Manufakturen** (handwerkl. Großbetriebe mit Arbeitsteilung); Förderung der Seefahrt und der Handelsgesellschaften (Kolonialpolitik S. 277); Schutzzölle, landwirtschaftl. Festpreise; Ehe-Erleichterungen, Auswanderungsverbote. – Während der Merkantilismus Handel und Gewerbe fördert und dadurch den Wohlstand des Bürgertums hebt, erhalten die Bauern keinen Anreiz zur Steigerung ihrer Produktion.

Sozialordnung: Die ständische Gliederung bleibt erhalten, aber ohne polit. Bevorrechtung. Klerus und Adel sind durch Grundbesitz, Steuerfreiheit, Sondergerichtsbarkeit privilegiert. Das höhere Bürgertum nimmt am wirtschaftl. Aufstieg teil und kann durch Ämterkauf zum (Dienst-)Adel (Noblesse de robe) aufsteigen. Kleinbürger und Bauern tragen die Staatslasten.

Kirchenpolitik: Sicherung einer kath. Staatskirche mit kgl. Weisungsrechten (Stellenbesetzung) und Zensur päpstl. Beschlüsse durch die »Gallikanischen Artikel« (BOSSUET), die vom **Nationalkonzil zu Paris** (1682) bestätigt werden. Zur Wiederherstellung der Glaubenseinheit Drangsalierung der Protestanten durch Dragonaden (milit. Einquartierungen). Die

1685 Aufhebung des Edikts von Nantes veranlaßt ca. eine halbe Million Hugenotten zur Massenflucht; dadurch schwere Schädigung der Merkantilwirtschaft und beginnende Kritik am Absolutismus (FÉNELON). – Aufnahme der Réfugiés vor allem in Holland, dem »Vorort der Aufklärung« (PIERRE BAYLE, S. 257), und Brandenburg (S. 263).

Ab 1710 Verfolgung der **Jansenisten,** einer Bewegung zur inneren antiklerikalen Erneuerung des Katholizismus im Sinne AUGUSTINS (genannt nach C. JANSENIUS, Bischof von Ypern). Ihr Zentrum ist das Kloster Port Royal bei Versailles. – Fortwirken in Italien, den Niederlanden (Utrechter Kirche) und Österreich (Josephinismus, S. 287).

Höfischer Absolutismus: Symbol des absolut. Staates wird das kgl. Prunkschloß **Versailles,** entworfen von MANSART († 1708; vgl. Mansardendach), erbaut 1624–1708; luxuriös in der Ausstattung (Innendekoration von LEBRUN, 1646–1708), verschwenderisch im Material; unwohnlich, aber repräsentativ; umgeben von der »grünen Architektur« geometrischer Parkanlagen (LENÔTRE, 1613–1700) mit Wasserkünsten und Radialachsen zur Schloßmitte (Schlafzimmer des Königs). – Franz. Schloß und Park werden ebenso zur europ. Mode wie franz. Sprache, Sitte und höfische Kultur mit Paraden, Oper und Ballett, mit Allonge-Perücke und Kniehose. Bildungsideal der Zeit ist der »galante Kavalier«. – Das franz. Zeitalter löst das span. ab.

Literatur: Boileau (1636–1711) gibt der **franz. Klassik** mit seiner ›L'art poétique‹ (1674) ihr formales Regelbuch, nach dem sich die heroischen Tragödien (oft nach Stoffen aus der röm. Antike) eines **Racine** (1639–99), aber auch die Typenkomödien von **Molière** (1622–73) oder Fabeln von LA FONTAINE (1621–95) richten.

Kunst: Die Gemälde von POUSSIN (1594 bis 1665), CLAUDE LORRAIN (1600–82), RIGAUD (1659–1743) zeigen dekorativ gestaltete »heroische Landschaften« oder Standespersonen in antik-mythologischer Einkleidung. – Förderer und größter Auftraggeber der höfischen Kunst ist der König.

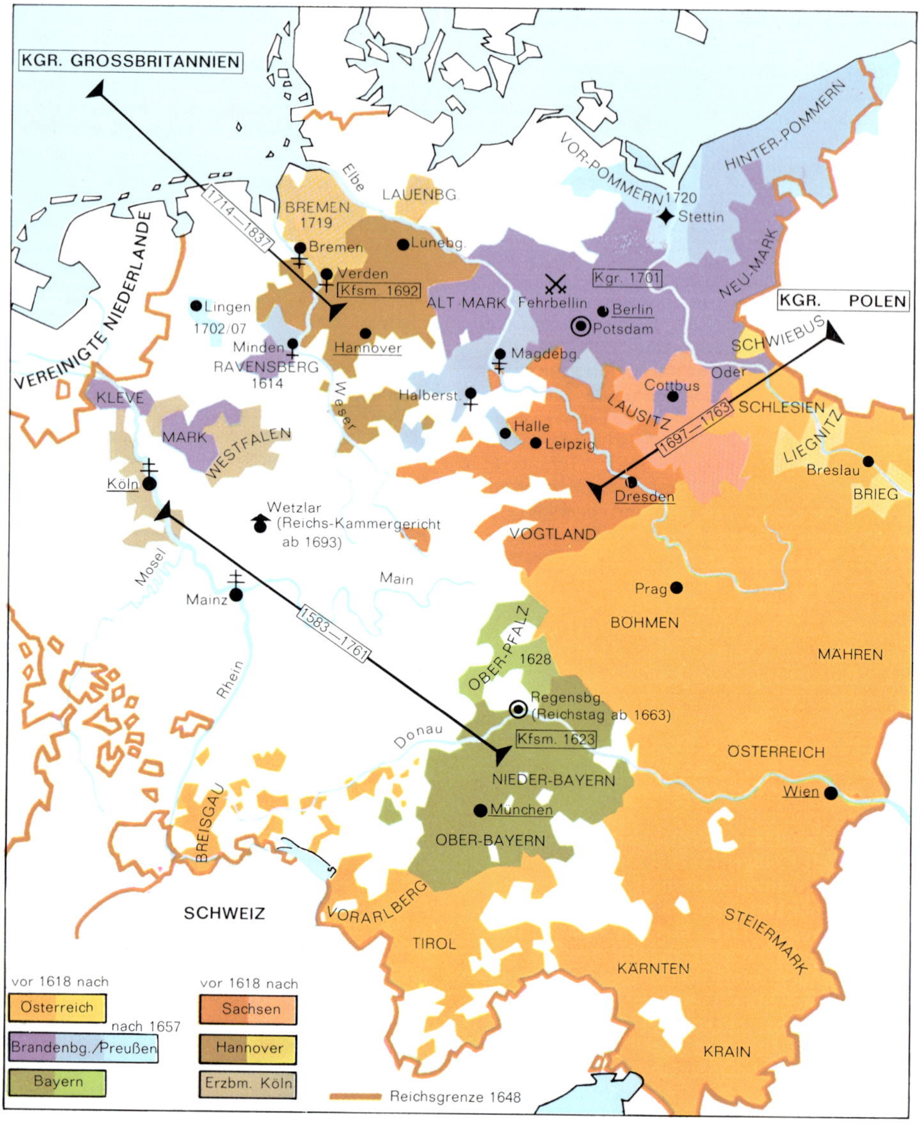

Die Territorien der deutschen Reichsfürsten nach 1648

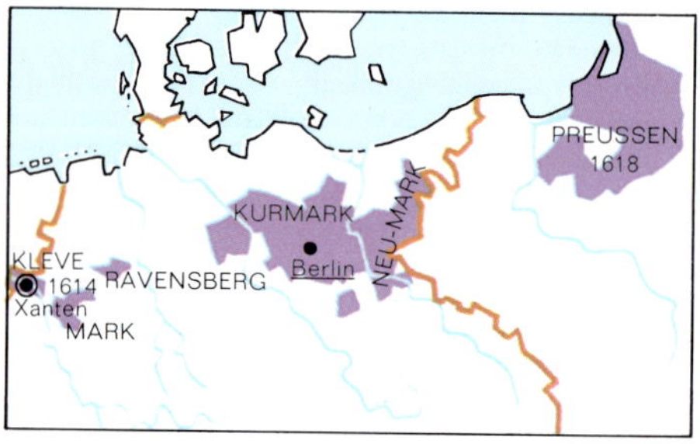

Brandenburg bis 1620

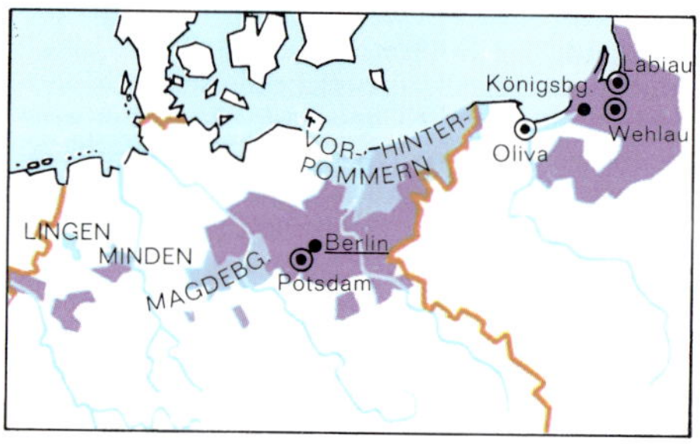

Preußen bis 1740

Das Deutsche Reich nach 1648

Trotz schwerer Kriegsschäden (Verwüstungen; Rückgang der Bevölkerung von 15 auf 10 Mill., teils bis zu 70%) und allg. Verwilderung (Räuberunwesen, Roheit, Genußsucht, Hexenwahn) rascher Wiederaufbau: eine Leistung der Fürstenhöfe. Durch Konzentration der Verwaltung, des Heeres, des Steuerwesens werden sie zu Mittelpunkten des polit. und kult. Lebens (franz. Überfremdung). – Neben den absolutist. Staaten (Brandenburg, Bayern) entstehen auch Staaten mit ständischer Verfassung (Württemberg, Mecklenburg).

Verfassung: Das Reich besteht aus etwa 300 souveränen Teilen ohne gemeinsames Reichsgefühl; nach dem Staatsrechtslehrer SAMUEL PUFENDORF (1632–1694) – ›De statu Imperii Germanici‹ (1667) – ist es ein »gotisches (lehnsrechtl.) Monstrum« mit absolutist. Gliedern. Die

Reichsorgane sind zwischen Kaiser und Reich nach dualistischem Ständeprinzip aufgeteilt in: Hofkanzlei (Wien) und Reichserzkanzlei (Mainz); Reichshofrat (1664/Wien) und Reichskammergericht (ab 1693/Wetzlar); seit

1663 permanent tagender **Reichstag** in Regensburg, ein Gesandtenkongreß, gegliedert in die drei Kurien der Kurfürsten (8), der Fürsten (165), der Reichsstädte (61), die in sich noch in Konfessionsparteien gespalten sind. Nur nach Beschluß eines Reichskrieges Bildung einer **Reichsarmee** (ohne milit. Wert).

1658 Kaiserwahl LEOPOLDS I. [bis 1705]; Gegenkandidat: LUDWIG XIV.

1658 Rheinische Allianz der antihabsbg. Partei (Kfsm. Mainz, Köln u. a.).

Der Aufstieg deutscher Reichsfürsten

Bayern (Haus Wittelsbach)

1597–1651 MAXIMILIAN I. – Führer der kath. Liga (1609), erhält 1623 die pfälz. Kurwürde (die er auch nach 1648 behält). Sein Bruder FERDINAND begründet die Wittelsbacher Anwartschaft auf das Ebm. Köln (1583–1761 unter bayer. Erzbischöfen). – Unter

1651–79 FERDINAND MARIA Ausbau Münchens zur Residenz.

1679–1726 MAXIMILIAN II. EMANUEL, Türkensieger und Alliierter LUDWIGS XIV. im Span. Erbfolgekrieg (S. 269); München wird süddeutsches Barockzentrum.

Sachsen (Haus Wettin)

1697–1763 Personalunion mit dem Kgr. Polen seit AUGUST II., dem Starken [1694–1733]. DANIEL PÖPPELMANN (1662–1736) baut Dresden aus (Zwinger).

Hannover (Haus Braunschweig-Lüneburg)

1692 Hz. ERNST AUGUST [1679–98] erhält die 9. Kurwürde; seit 1701 Anwartschaft auf den engl. Thron (Act of Settlement S. 269).

1714–1837 Personalunion mit dem Kgr. Großbritannien.

Brandenburg-Preußen (Haus Hohenzollern)

1608–19 JOHANN SIGISMUND erwirbt Kleve, Mark und Ravensberg (im Vertrag zu Xanten 1614) sowie Ostpreußen als poln. Lehen durch Erbfall (1618).

1640–88 Friedrich Wilhelm I., der **Große Kurfürst.** Schöpfer der brandbg.-preuß. Staatsnation durch Entmachtung der Stände (Steuerbewilligung), dafür Privilegierung des Adels (Steuerfreiheit, Gutsherrschaft). – Stärksten Widerstand leisten die Stände in Ostpreußen; ihr polit. Rückhalt an Polen geht im schwed.-poln. Krieg (1655–60, S. 271) verloren. Die Hoheit über Ostpreußen wird von Schweden (Vertrag von Labiau 1656), nach Parteiwechsel auch von Polen (Vertrag von Wehlau 1657) anerkannt und im

1660 Frieden von Oliva bestätigt.

1661–63 Dauerlandtag in Königsberg. Die Führer der Stände werden hingerichtet oder zur Festungshaft verurteilt.

Verwaltung: Beamte zur Erfassung der Kontributionen (direkte Grund- oder Kopfsteuer) und der Akzise (indirekte städt. Verbrauchssteuer); Einrichtung von Finanzbehörden für das Land (Kriegskammern) und für den eigenen Besitz (Domänenkammern). Leitung der Verwaltung durch den Geheimen Rat.

Merkantilwirtschaft zur Hebung des Wohlstandes und der Steuerkraft: Straßen-, Deich-, Kanalbauten; landwirtschaftl. Musterbetriebe; Kolonialpolitik nach holländ. Vorbild:

1683 Gründung der Faktorei Groß-Friedrichsburg/Westafrika (bis 1720 preuß.).

1685 Edikt von Potsdam: Die Aufnahme von 20000 Réfugiés (S. 261) belebt die (Textil-)-Manufakturen (Berlin).

Heerwesen: Verstärkung des stehenden Heeres von 8000 auf 23000 Mann. Dadurch Erfolge im Krieg gegen Frankreich und Schweden (1672–78, S. 271):

1675 Schlacht bei **Fehrbellin** und Verfolgung der schwed. Armee bis vor Riga. – Mit dem Sieg über die führende Militärnation Europas beginnt die preuß. Militärtradition.

Außenpolitik: Stetes Lavieren zwischen den Großmächten; Gewinne im Westf. Frieden (S. 255), aber Vorpommern mit Stettin bleibt schwedisch; dennoch ist Brandenburg als stärkster deutscher Staat nach Österreich ein neuer europ. Machtfaktor.

1688–1713 FRIEDRICH (III.) I., Preußens höfischer Barockkönig; in Königsberg

1701 Krönung zum »König in Preußen«.

Berlin: Höfische Residenz mit Bauten von EOSANDER (1670–1729) und ANDREAS SCHLÜTER (1664–1714). Unter der Protektion der Königin SOPHIE CHARLOTTE (vgl. Charlottenbg.) Gründung der Akademie der Kunst (1696) und – auf Anregung von LEIBNIZ – der Akademie der Wissenschaften (1701).

Halle wird Mittelpunkt der norddeutschen Aufklärung und des Pietismus durch CHR. WOLFF und A. H. FRANCKE.

Die Türkenkriege Österreichs 1663–1739

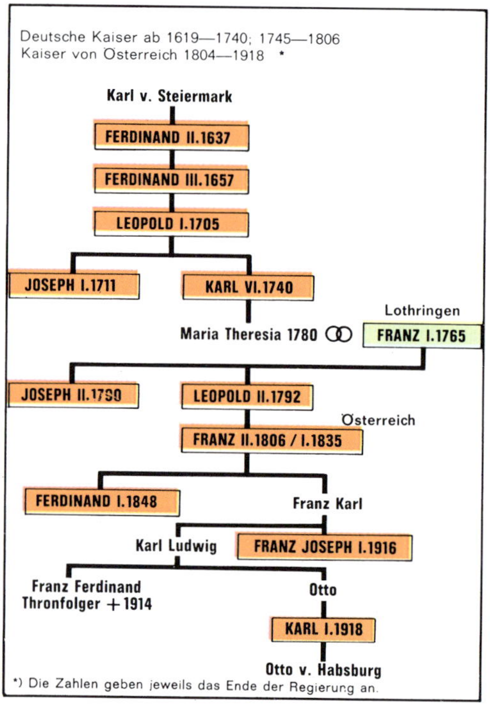

Haus Habsburg (seit 1637)

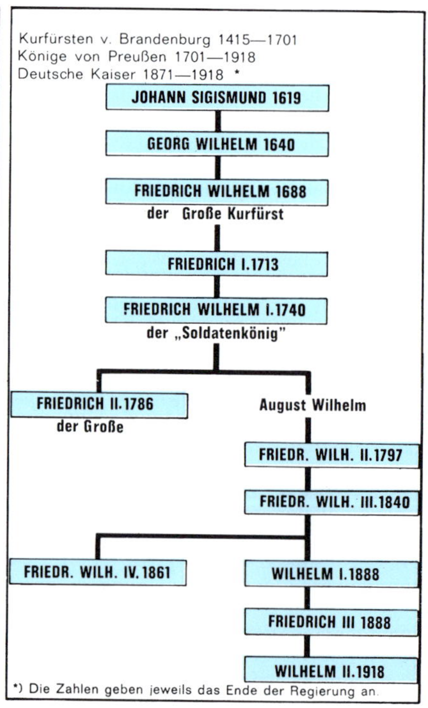

Haus Hohenzollern (seit 1619)

Der Aufstieg Österreichs zur Großmacht

Nach innerer Festigung des Osmanischen Reiches unter Großwesir MOHAMMED KÖPRÜLÜ [1656–61]

1663–99 zweiter **Türkenangriff auf Mitteleuropa** (MOHAMMED IV. [1648–87]).

1663/64 1. Türkenkrieg, der durch österr. und türk. Eingriffe in die polit. Wirren in Siebenbürgen entsteht.

1664 Schlacht bei St. Gotthard/Raab (MONTECUCCOLI, SPORCK) und (Schand-) Friede von Vasvar (Eisenburg) mit Teilung Ungarns und Tributleistungen Österreichs.

1669–71 Magnatenverschwörung des ungar. Hochadels wegen grausamer Verfolgung der protest. Lehre mit Dragonaden, Hinrichtungen und Galeerenstrafen; deshalb auch **Kuruzzenaufstand** unter Graf IMRE TÖKÖLY (1656–1705), der die Türken zu Hilfe ruft.

1683–99 2. (Großer) Türkenkrieg. Vorstoß (Großwesir KARA MUSTAFA) und

1683 Belagerung Wiens. Verteidiger: Graf RÜDIGER VON STARHEMBERG (Türkenprediger: ABRAHAM A SANTA CLARA). – Ein europ. (vor allem deutsch-poln.) Entsatzheer, geführt vom Polenkönig JOH. SOBIESKI, siegt am **Kahlenberg** unter KARL V. VON LOTHRINGEN: Ende des türkischen Drucks auf Europa.

1684 Heilige Allianz (Österr., Polen, Venedig, seit 1686 Rußland) gegen die Türken unter dem Protektor Papst INNOZENZ XI. – Trotz der Angriffe LUDWIGS XIV. im Westen (erstes Zweifrontenproblem der deutschen Geschichte, S. 259) kaiserliche Offensive. Türkensieger sind MAXIMILIAN II. EMANUEL VON BAYERN (S. 263) und LUDWIG VON BADEN (»Türkenlouis«).

1686–97 Befreiung Ungarns mit Eroberung Belgrads (1688).

1687 Reichstag zu Preßburg: Die Stände übertragen die ungar. Krone dem Hause Habsburg (in männl. Linie). Entstehung der österr.-ungar. Doppelmonarchie.

1691 Siege bei Nisch und Slankamen; Befreiung Siebenbürgens; Aufstände der christl. Balkanvölker.

1696 Zar PETER I. erobert Asow.

1697 **Prinz Eugen von Savoyen** (1663–1736) wird Oberbefehlshaber des kaiserl. Heeres. Der Großneffe MAZARINS ist seit 1683 in österr. Dienst, nachdem er von LUDWIG XIV. seiner kleinen Gestalt wegen abgewiesen worden war.

1697 Schlacht bei Zenta; Eroberung Sarajevos.

1699 Friede zu Karlowitz: Österreich steigt zur Großmacht auf. – Venedig erhält Morea, das aber 1715 zurückerobert wird; deshalb

1716–18 3. Türkenkrieg. Siege PRINZ EUGENS (Peterwardein, Temesvar) und

1717 Eroberung Belgrads.

1718 Friede von Passarowitz: Größte Ausdehnung des Habsburger-Reiches.

Österreich(-Ungarn) 1700–40: Feldherr und führender Staatsmann der neuen Großmacht ist **Prinz Eugen** (»Österreich über alles !«). Klammern des **Nationalitäten-Staates** mit seinen 11 Kernvölkern sind 1. die Türkengefahr im Donauraum; 2. die Dynastie der Habsburger (Domus Austria); 3. die kath. Konfession; 4. der habsbg. Hofadel aus allen Erbländern; 5. die absolutist. Zentralbehörden (mit latein., später deutscher Amtssprache).

Wien wird polit., wirtschaftl. und kultureller Mittelpunkt des Reiches. Als Barock-Baumeister wirken JOH. FISCHER VON ERLACH (1656–1723: Karlskirche); LUKAS VON HILDEBRAND (1668–1745: Schloß Belvedere); JAK. PRANDTAUER (1660–1726: Stift Melk).

Verwaltung: Zur Geheimen Konferenz als oberster Behörde (1709) gehören die Hofkanzlei (Inneres), der Geh. Rat und die Staatskanzlei (Äußeres), der Hofkriegsrat (Heer) und die Hofkammer (Finanzen). Dennoch fehlt eine straffe Organisation. Verschwendung, Protektion, mangelhafte Planung des Staatshaushaltes schwächen Staat und Heer (vgl. die Niederlage 1739).

Wirtschaft: Monopole auf Salz, Tabak, Eisen und Manufakturen für Textilien (Schlesien, Linz, Graz), Seide (St. Pölten) und Glas (Böhmen) bessern die Finanzen des verschuldeten Staates nicht.

1718 Gründung der Wiener Porzellanmanufaktur. – Führender Merkantilist ist W. VON HÖRNIGK (1640–1712): »Österreich kann alles, wenn es nur will« (1684).

Siedlungspolitik: Das sog. Einrichtungswerk (1689) schafft die Voraussetzung zur Kolonisation der durch die Türkenherrschaft entvölkerten Donau-Gebiete (Züge der Banater Schwaben und der Siebenbürger Sachsen).

1711–40 Karl VI. – Nach Adelsaufständen

1711 Friede von Sathmar: Ungarn verwaltet sich nach eigenen, vom Reichstag beschlossenen Gesetzen.

Außenpolitik: Hegemonie über Italien durch Teilnahme am Span. Erbfolgekrieg. Ihre Sicherung gelingt nicht (S. 269). Die Politik des Kaisers wird bestimmt durch die

1713 Pragmatische Sanktion: Sicherung der weibl. Thronfolge (MARIA THERESIA, geb. 1717); deshalb Verträge mit Spanien (1725), Preußen (1728), Großbritannien (1731) und Frankreich (1738). – Die Versuche zu eigener Kolonialpolitik durch Gründung einer Orient. Kompanie 1719 (Triest) und der

1722 Ostind. Kompanie (Ostende) scheitern am Widerstand Großbritanniens. Nach Kongressen in Cambrai 1724 und Soisson 1728 werden die Handelskompanien im

1731 Vertrag zu Wien aufgelöst; England erkennt die Pragmatische Sanktion an.

1737–39 4. österr.-russ. Türkenkrieg; der

1739 Friede von Belgrad (Verlust Nord-Serbiens und der Kl. Walachei) leitet die Balkan-Rivalität zwischen Österreich und Rußland ein. – MARIA THERESIA übernimmt 1740 einen Staat ohne innere Kraft und äußeres Ansehen.

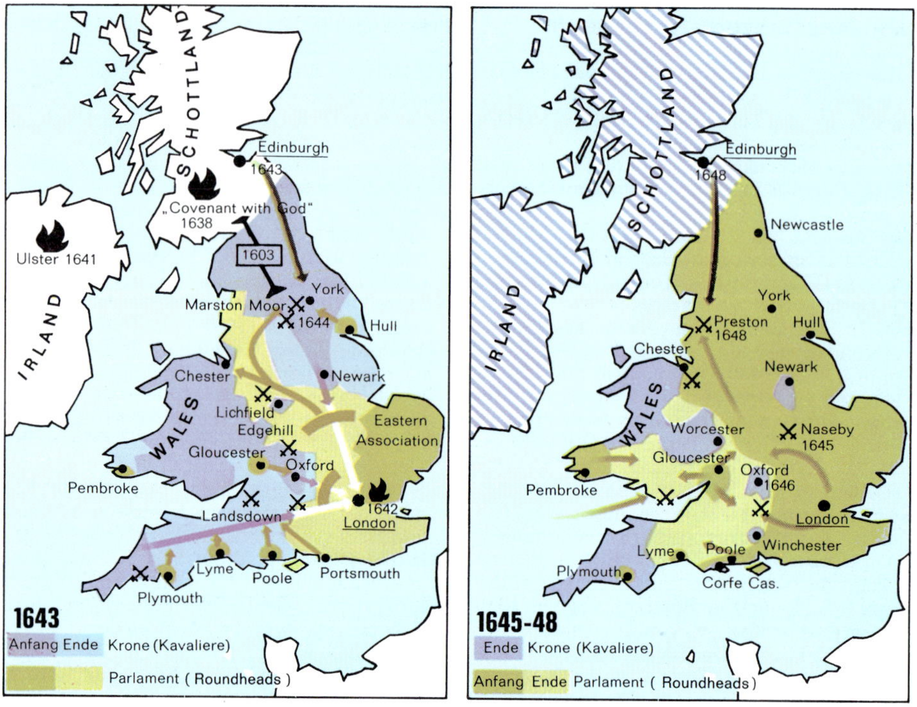

Der Kampf zwischen Krone und Parlament 1642–1648

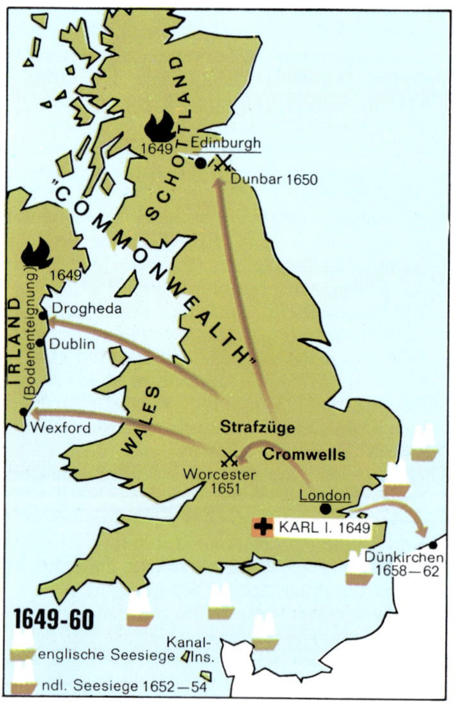

Diktatur Cromwells

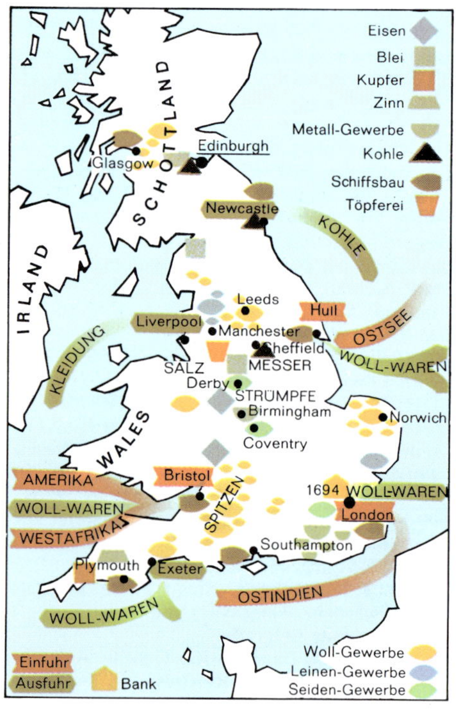

Wirtschaft um 1700

England unter den Stuarts (1603–48)

1603–25 JAKOB I. (37 J.) nennt sich als schottischer König und Erbe der Tudors »König von Großbritannien« (1604); er stützt sich auf die anglik. Staatskirche. Die Bischofskonferenz von Hampton Court verdammt den Puritanismus und Katholizismus (1604); deshalb

1605 Pulververschwörung der Katholiken. – Gegen die absolutist. Neigungen des »brit. Salomo« (Steuerauflagen, Titel- und Ämterkauf) bildet sich eine Parlaments-Opposition des Landadels (Gentry) und des Bürgertums (City) zur Wahrung der alten Rechte.

1625–49 KARL I. (25 J.). Verschärfung des Gegensatzes durch kgl. Gerichtsbarkeit (Sternkammer) und Steuerforderungen (1635 Schiffsgeld zum Flottenbau). Trotz wiederholter Auflösung verlangt das Parlament in der

1628 Petition of Rights Sicherheiten vor willkürlicher Verhaftung und Besteuerung.

1629–40 parlamentslose Regierung mit Verfolgung aller polit. und relig. Gegner (Dissenters, Nonkonformisten), vor allem der **Puritaner** (die »Reinen«), einer calvinist. Bewegung zur Reinigung der Kirche vom kath. Kultus auf der Grundlage eines freien Bibelchristentums mit Gemeindeprinzip (S. 238) und asketischer Lebensführung. Unter ihnen fordern die radikalen **Independenten** unbedingte Gemeindefreiheit.

1638 Aufstand der Schotten, die sich im »Covenant« (»Bund mit Gott« der Presbyterianer, S. 247) gegen die Einführung der anglik. Kirche durch WILLIAM LAUD, Erzbischof von Canterbury, wehren. Zur Kostenbewilligung der »Bischofskriege« gegen die schott. Aufrührer

1640 Einberufung des »Kurzen«, später des »Langen Parlaments«. Beherrscht von Puritanern (JOHN PYM), setzt es eine Kontrolle der Regierung durch (1641 Beschwerdekatalog der »Großen Remonstranz«); Prozesse und Hinrichtung der kgl. Ratgeber STRAFFORD (1641) und LAUD (1645).

1642–48 Bürgerkrieg zwischen Krone (Kavaliere) und Parlament (Roundheads: Kurzgeschorene, vgl. bayer. »gschert«), veranlaßt durch einen irischen Katholikenaufstand (Gemetzel von Ulster 1641) und die Verhaftung von JOHN PYM. – Entscheidend wird das Eingreifen Schottlands (1643) und das neue Parlamentsheer des Independenten **Oliver Cromwell** (1599–1658), der – von seiner Sendung überzeugt – seine »gottseligen Eisenseiten« (Ironsides) zur fanatischen Elitetruppe der Puritaner zu formen weiß.

1648 Sieg CROMWELLS bei Preston über die Schotten, die KARL I. zum Übertritt auf seine Seite bewogen hat. Nach einer »Reinigung« durch das Heer stellt das »Rumpfparlament« den König unter Anklage. Der Prozeß endet mit der

1649 Hinrichtung Karls I. und der Abschaffung der Monarchie.

England als Republik (1649–60)

Das »Commonwealth« wird ohne Oberhaus und Staatsrat regiert vom Rumpfparlament. – Starkes Aufleben relig. Sekten (Levellers: Gleichmacher). – Purit. Säuberung des kath. Irlands (1649) mit totaler Bodenenteignung (Beginn des Iren-Hasses) und Schottlands (1650/51) durch CROMWELL; er wird nach Auflösung des Rumpfparlaments

1653 Lordprotektor (Militärdiktatur der Puritaner). – Glänzende außenpolit. Erfolge gegen Holland und Spanien.

1651 Navigationsakte: Beförderung aller Waren von und nach England nur mit engl. Schiffen erlaubt, gerichtet gegen den holländ. Zwischenhandel; deshalb

1652–54 1. engl.-holländ. Seekrieg (unter Führung des Admirals ROBERT BLAKE).

1654–59 Krieg gegen Spanien: Eroberung Jamaicas (1655) und Dünkirchens (1658). Strenge Puritanerherrschaft in England mit Überwachung des Lebenswandels (Sonntagsheiligung). – Der Sekretär CROMWELLS, **John Milton** (1608–74), gestaltet das engl.-purit. Sendungsbewußtsein, auserwähltes Volk Gottes zu sein (»Gods own people«), im Epos ›Paradise Lost‹ (1667).

1658 Tod CROMWELLS. Sein unfähiger Sohn RICHARD dankt ab. General MONK stellt die Monarchie wieder her.

Die Restauration der Stuarts (1660–88)

1660–85 KARL II. (30 J.), am Hof LUDWIGS XIV. erzogen. Seine Nachahmung des franz. Absolutismus, die Verfolgung der Puritaner und die Restauration der anglik. Staatskirche (Act of Uniformity 1662) führen zu neuen Spannungen zwischen Krone und Parlament.

1665/66 Zerstörung Londons durch Pest und Brand.

1665–67 2. engl.-holländ. Seekrieg (mit Siegen des holländ. Admirals DE RUYTER). Im Frieden von Breda 1667 wird Neu-Amsterdam (New York) gegen Surinam getauscht. – Mit Unterstützung des Cabal-Ministeriums (1667–73) schließt der König den

1670 Geheimvertrag von Dover mit LUDWIG XIV. und beginnt einen unpopulären

1672–74 3. Krieg gegen Holland (S. 259). Die kgl. Indulgenzerklärung (1672) zugunsten der Katholiken und Dissenters beantwortet das Parlament mit der

1673 Testakte – Ausschluß aller Nichtanglikaner von Staatsämtern – und der

1679 Habeas-Corpus-Akte: Schutz vor willkürlicher Verhaftung und Sicherung der persönlichen Freiheit (»My home, my castle!«). Im Parlament bilden sich Parteien:

Whigs (Spottname für schott. Bauern: bürgerlich; Gegner der kath. Stuarts) und **Tories** (irische Banditen: konservativ, anglik. und königstreu).

1685–88 JAKOB II. (52 J.) versucht eine kath. Restauration; Widerstand der anglik. Kirche und der Whigs (W. RUSSELL; SHAFTESBURY).

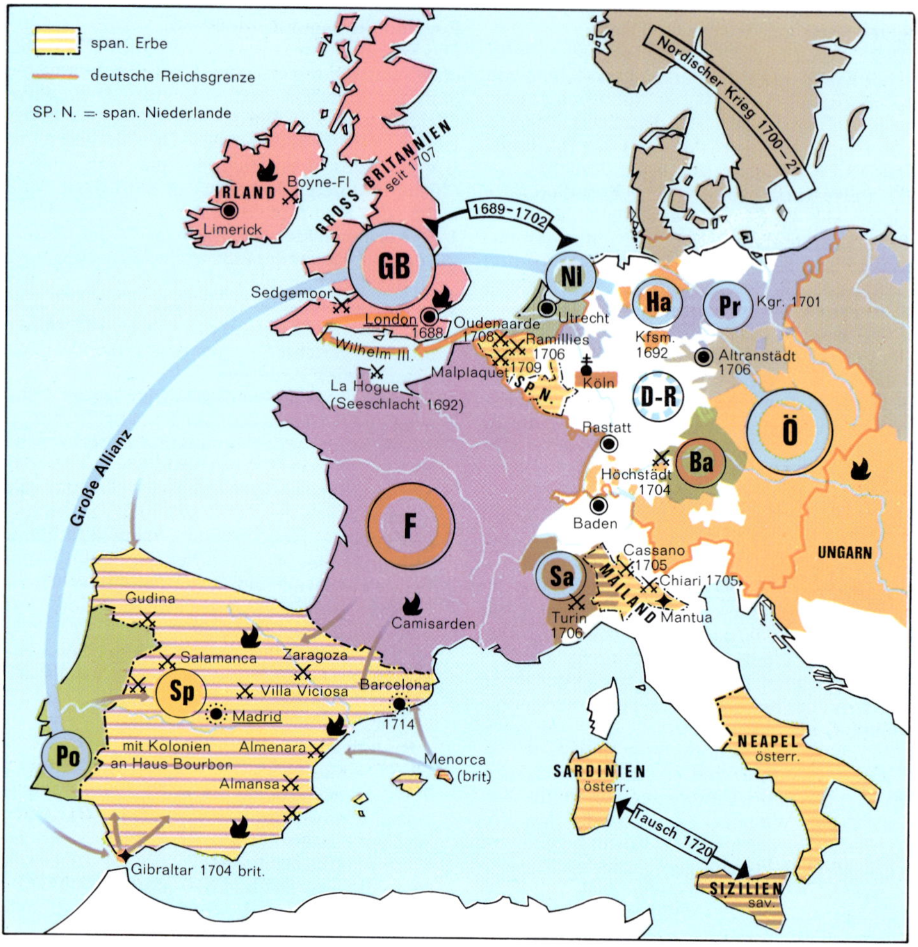

Mächtegruppierungen im Spanischen Erbfolgekrieg

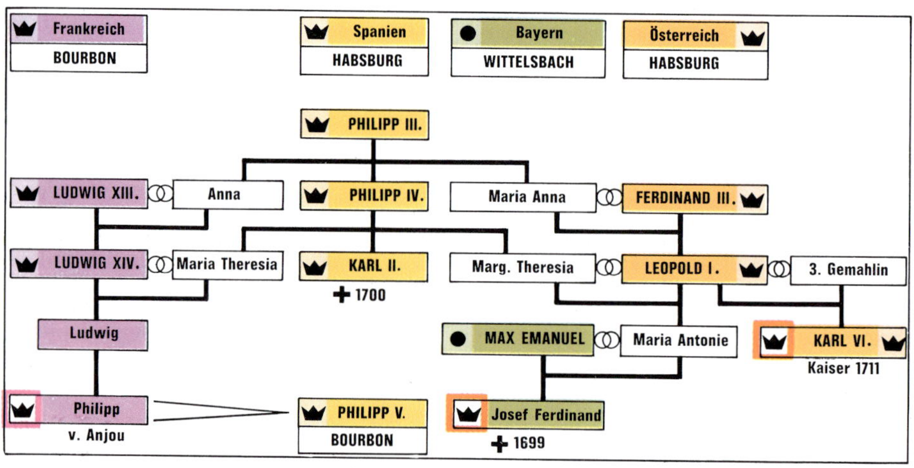

Dynastische Ansprüche auf das spanische Erbe
(Thronprätendenten: Philipp, Josef Ferdinand, Karl VI.)

Die »Glorious Revolution« (1688)

Durch die unerwartete Geburt eines Thronfolgers JAKOB (III.) entsteht für England die Gefahr einer kath. Dynastie von Dauer. Whigs und Tories rufen WILHELM III. VON ORANIEN (»Für die protest. Religion und ein freies Parlament«).

1688 Glorreiche Revolution mit unblutigem Verlauf; Flucht JAKOBS II. nach Frankreich; Feldzug WILHELMS III. gegen die kath. »Jakobiten« in Irland: 1690 Schlacht am Boyne-Fluß und Kapitulation von Limerick (1692).

Bedeutung für England: 1. Parlamentar. Mitbestimmung der Gentry und City durch die

1689 Declaration of Rights (Steuerbewilligung, Redefreiheit, kein stehendes Heer). Theoretische Begründung der Gewaltenteilung des Staates in Legislative und Exekutive zur Sicherung der persönl. Freiheit und des Eigentums der Bürger durch JOHN LOCKE (S. 257): ›Two treatises of government‹ (1689). – 2. Aufstieg Englands zur ersten Handels- und Kapitalmacht der Welt.

1694 Gründung der Bank von England.

Bedeutung für Europa: 1. Auflösung des Absolutismus durch die **konstitutionelle Monarchie.** – 2. Überwindung der franz. Hegemonial-Politik durch das Prinzip des Gleichgewichts (balance of power), deshalb Krieg gegen Frankreich 1689–97 (S. 259).

Bedeutung für die Welt: 1. Entscheidung der Seerivalität zugunsten Englands (in Personal-Union mit Holland bis 1702). – 2. Entstehung des franz.-engl. Kolonialdualismus (S. 277).

Großbritannien bis 1742

1701 Act of Settlement zur Regelung der Thronfolge (Haus Hannover).

1702–14 Königin ANNA (Tochter JAKOBS II.). Teilnahme am Span. Erbfolgekrieg unter dem Feldherrn JOHN CHURCHILL DUKE OF MARLBOROUGH (1650–1722).

1707 Union von Schottland und England unter dem Namen **Großbritannien.**

1714–1901 **Haus Hannover** (Georg I. [1714 bis 1727]; Georg II. [1727–60]). – Ausbildung der Parteienherrschaft: die Parlamentsmehrheit stellt das Ministerium, den Vorsitz führt der **Prime Minister.**

1721–42 Friedensperiode der Whig-Regierung unter ROBERT WALPOLE, dem »Beherrscher der Nation«, mit Ämter-Patronage, Wahl-Korruption und Pressezensur (literar. Kritiker: JONATHAN SWIFT, 1667–1745, ›Gullivers Reisen‹ 1726); wachsender Wohlstand durch merkantile Kolonialpolitik.

Der Span. Erbfolgekrieg (1701–13/14)

Europa wartet seit 1665 auf den Tod des letzten span. Habsburgers KARL II., eines infantilen Krüppels. Durch den span. Erbfall könnte eine Weltmacht (Frankreich oder Österreich) entstehen, zu ihrer Verhinderung erstrebt WILHELM III. eine Teilung. – 1. Plan (1698): der Kurprinz von Bayern als Kronprätendent (Nachfolger); er stirbt 1699; – 2. Plan (1700): Erzhz. KARL als Prätendent einer habsbg. Sekundogenitur (2. dynast. Erblinie) für Spanien und seine Kolonien. – Im Testament KARLS II. wird auf Betreiben LUDWIGS XIV., des span. Staatsrates und der Kurie PHILIPP VON ANJOU als Gesamterbe eingesetzt. Diese Lösung gefährdet das europ. Gleichgewicht, deshalb

1701 Große Allianz zwischen Großbritannien, Holland, Österreich, Preußen, Hannover, Portugal (Methuen-Vertrag), dem Reich (1702) und Savoyen (1703). Verbündeter LUDWIGS XIV. ist das Haus Wittelsbach (Bayern, Kurköln).

1701–13/14 Span. Erbfolgekrieg, der erste Weltkrieg der Neuzeit mit Kriegsschauplätzen in Spanien (Bürgerkrieg), Italien (PRINZ EUGEN), Süddeutschland (LUDWIG VON BADEN), in den Niederlanden (MARLBOROUGH), auf den Ozeanen und in der Nordsee.

1703 Erhebung Erzhz. KARLS (III.) zum König von Spanien.

1704 brit. Eroberung **Gibraltars.** – Glänzende Siege der Alliierten: Höchstädt (1704), Ramillies, Turin (1706), Oudenaarde (1708), Malplaquet (1709). Nach sieben Kriegsjahren ist Frankreich erschöpft durch Überlastung des Merkantilsystems, Steuerdruck, innere Aufstände (Camisarden-Aufstand der Hugenotten in den Cevennen), während Österreich Aufstände in Ungarn beilegen kann (S. 265). Friedensangebote LUDWIGS XIV. unter Verzicht auf Spanien und Räumung des Elsaß scheitern an überspannten Forderungen der Sieger.

1711 polit. Wendung des Krieges durch zwei Zufälle: 1. Sturz der Whig-Regierung und Beginn der Ära BOLINGBROKE (Tory) in Großbritannien mit Rückberufung MARLBOROUGHS; 2. Tod Kaiser JOSEPHS I. Nachfolger wird KARL (VI.; S. 265). Es ergibt sich nun mit der Verbindung Spanien-Österreich die Gefahr einer neuen habsbg. Weltmacht, so daß es zur Einigung zwischen Frankreich und den Seemächten kommt.

1713 Friede von Utrecht (zweiter Friedenskongreß der Neuzeit) mit Teilung Spaniens: Hauptland und Kolonien an PHILIPP V. VON ANJOU; Nebenlande an Österreich; Sizilien an Savoyen. – Im Barrière-Vertrag sichern sich die Niederlande belg. Sperrfestungen. – Großbritannien erwirbt Gibraltar, Menorca, Neufundland, Neuschottland, die Hudson-Bay-Länder und das Monopol für den Sklavenhandel mit Span.-Amerika (Assiento-Vertrag). – Kaiser und Reich erkennen nach einem militär. Nachspiel die Neuordnung im

1714 Frieden von Rastatt und Baden an.

Ergebnis: Sieg der (brit.) Gleichgewichtspolitik. Großbritannien wird »Schiedsrichter Europas« und stärkste Subsidienmacht durch den »most businesslike of all our wars« (SEELEY).

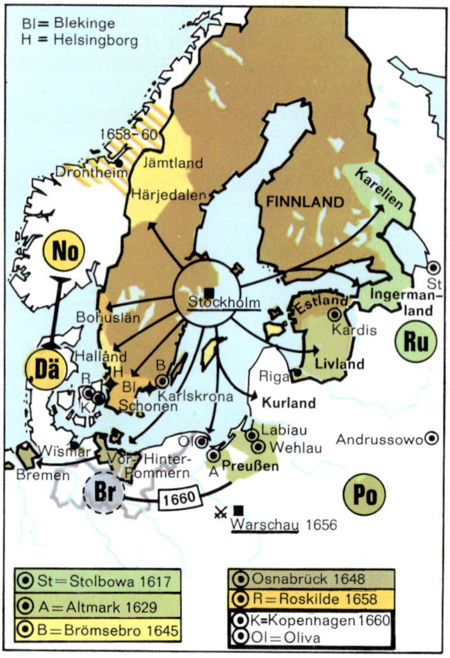

Expansion Schwedens bis 1660

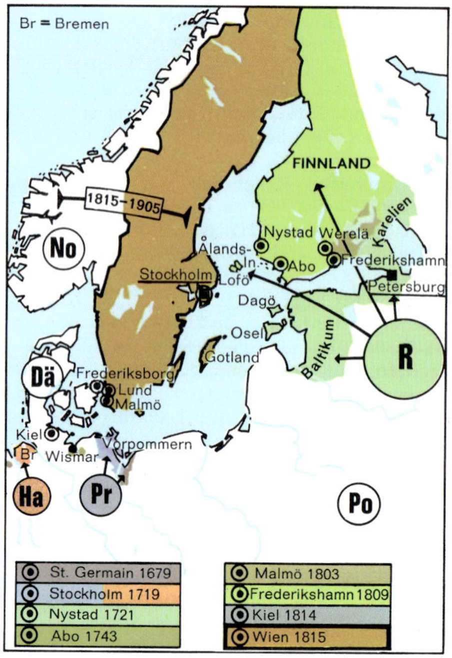

Schwedens Verluste bis 1815

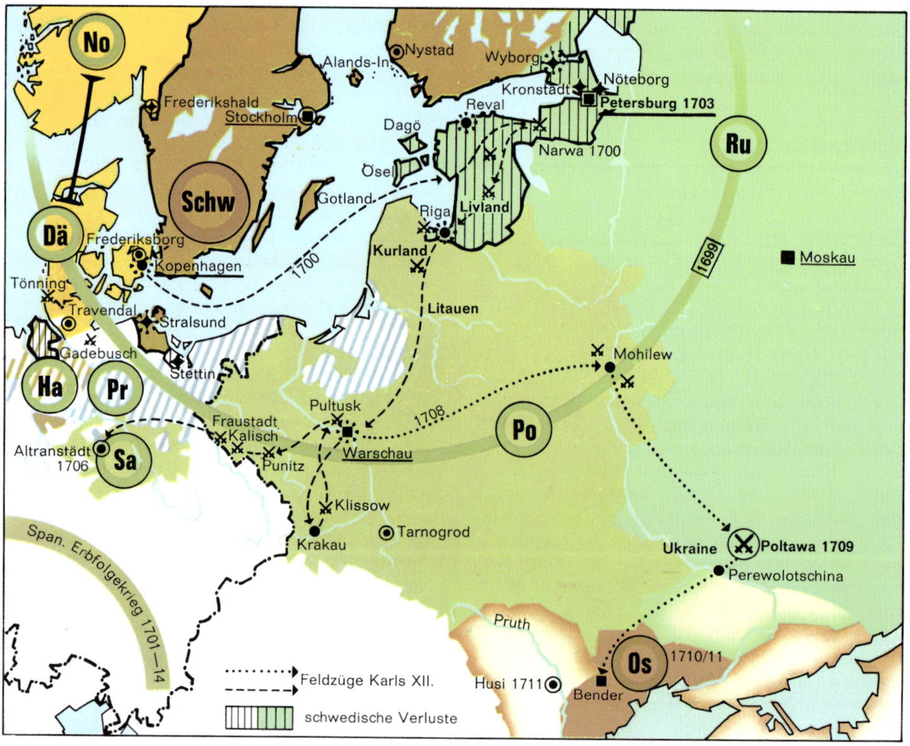

Der Nordische Krieg 1700–1721

Schweden als Großmacht

1632–54 CHRISTINE (6 J.). Sie tritt später zum kath. Glauben über und dankt ab. Geleitet von seinem größten Staatsmann, dem Reichskanzler **Axel Oxenstierna** (1583–1654), wird Schweden im

1643–45 Krieg gegen Dänemark und nach dem gewinnbringenden

1648 Westf. Frieden (S. 255) zwar führende Ostsee Vormacht, doch fehlen die wirtschaftl. und finanz. Mittel zu einer selbst. Großmacht-Politik. Natürliche Gegner sind Dänemark, Polen (dynast. Thronansprüche der Wasas), Brandenburg, später auch Rußland.

1654–1720 Haus Pfalz-Zweibrücken.

1654–60 KARL X. GUSTAV; der »nordische Alexander« überfällt das durch den Saporoger Kosakenaufstand (1654) und durch einen russ. Angriff geschwächte Polen (unter JOHANN II. KASIMIR [1648– 1668]).

1654–60 Schwed.-poln. Krieg. Nach Besetzung Krakaus und Dünaburgs

1656 Sieg bei Warschau mit Hilfe Brandenburgs (Vertrag von Labiau, S. 263). Dänemark verliert Südschweden im

1658 Frieden von Roskilde. Erzwungen von den Seemächten,

1660 Friede von Oliva zur Erhaltung des nord. Gleichgewichts. – Rußland gewinnt Smolensk und die östl. Ukraine im

1661 Frieden von Kardis (anerkannt von Polen im Vertrag von Andrussowo 1667). Schweden finanziert den Krieg durch Steuerprivilegien und Abgabe von Kronland an den Adel, der jetzt 72% des Bodens besitzt. Der Staat wird unter

1660–97 KARL XI. (4 J.) abhängig von Subsidien Frankreichs (S. 259). Deshalb

1675 Einfall in Brandenburg, Niederlage bei Fehrbellin und Rückzug nach Ostpreußen (1678); gleichzeitig

1675–79 Angriff Dänemarks (Sieg in der Kjöge-Bucht 1677). Durch Eingreifen LUDWIGS XIV. trotzdem keine schwed. Verluste in den Friedensschlüssen von Lund (Dänemark) und St. Germain (S. 259). Zur Neuordnung des Staates wie in Dänemark (Lex Regia 1665) auch in Schweden

1682 Einführung des Absolutismus mit Reduktion (Einziehung) des ausgegebenen Kronlandes. Zwischen Krone, Adel und Freibauern entsteht ein ausgeglichener Bodenbesitz; Heer und Flotte werden reorganisiert. – Gegen die Auflösung der ständischen Selbstverwaltung

1694 Adelsopposition in Livland unter REINHOLD VON PATKUL.

Der Nordische Krieg (1700–21)

1697–1718 Karl XII. (15 J.), der »letzte Wikinger«; überzeugter Lutheraner, genialer Feldherr, aber eigensinniger Politiker. – Gegen ihn betreibt Zar PETER I. (S. 273) eine

1699 Allianz mit Sachsen/Polen (AUGUST II., S. 263) und Dänemark (FRIEDRICH IV.). PATKUL stellt Livland unter poln. Schutz; dän. und russ. Aufmarsch gegen Schweden.

1700 Mit brit.-holländ. Flottenhilfe landet KARL XII. auf Seeland und schlägt Dänemark (Friede von Travendal).

1700 Sieg über PETER I. bei **Narwa** (gegen 5fache Übermacht); anstatt das russ. Heer zu vernichten, wendet sich der König (vermutl. aus persönl. Haß) gegen den Konvertiten AUGUST II., der aus Polen vertrieben wird. – 1704 Wahl STANISLAUS LESZCZINSKIS zum poln. König. Unterwerfung Sachsens und

1706 Diktat-Friede von Altranstädt: AUGUST II. muß auf die poln. Krone verzichten und PATKUL ausliefern. – MARLBOROUGH (S. 269) hält persönl. den König (unter Verweis auf die schwed. »Rettung des Protestantismus«) davon ab, zugunsten Frankreichs in den Span. Erbfolgekrieg einzugreifen.

Inzwischen hat PETER I. sein Heer erneuert und Schlüsselburg (= Nöteborg), Iwangorod und Narwa (1704) zurückerobert.

1703 Gründung Petersburgs in den Sümpfen der Newa-Mündung.

1708/09 Rußlandfeldzug KARLS XII. – Vereinigung mit dem Kosaken-Hetman MAZEPPA zur Befreiung der Ukraine und zum Vorstoß auf Moskau. – Wintereinbruch, Seuchen und russ. Überfälle dezimieren das entkräftete Heer, dennoch wagt KARL XII. die

1709 Schlacht bei Poltawa, die mit der Kapitulation bei Perewolotschina als totale schwed. Niederlage endet: erste Rußlandkatastrophe der Neuzeit (vgl. Napoleon 1812, Bd. II; Hitler 1942/43 Bd. II). Der verwundete König entkommt in die Türkei und treibt den Sultan zum Krieg (1711); das russ. Heer wird am Pruth umzingelt, doch erreicht PETER I. durch Bestechung freien Abzug gegen den Verzicht auf Asow im Frieden von Husi.

1713–20 konzentrische Angriffe auf die schwed. Nord- und Ostseebesitzungen;

Dänemark: Vorstoß nach Bremen und Verden; Eroberung von Tönning (1713);

Rußland: Besetzung der Alands-In. und Finnlands (1714); Invasion in Schweden (1719/20);

Preußen und Hannover – nach 1713 (Utrecht) der Koalition beigetreten – erobern die schwed. Besitzungen in Deutschland. KARL XII. taucht nach einem Gewaltritt aus türk. Internierung in Stralsund auf (1718); er fällt vor der Festung Frederikshald. – Brit. und franz. Interesse am nord. Gleichgewicht verhindert die Auflösung des schwed. Besitzes.

1719–21 Friedensschlüsse: zu Stockholm mit Hannover (Bremen, Verden) und Preußen (Vorpommern); zu Frederiksborg mit Dänemark (Sundzoll); zu Nystad mit Rußland (Baltikum: Sonderstellung mit luth. Kirche, deutscher Sprache und Verwaltung).

Sieger: **Peter der Große.** Er nennt sich seit 1721 »Zar aller Reußen«. – Rußland löst Schweden als (Ostsee-)Großmacht ab.

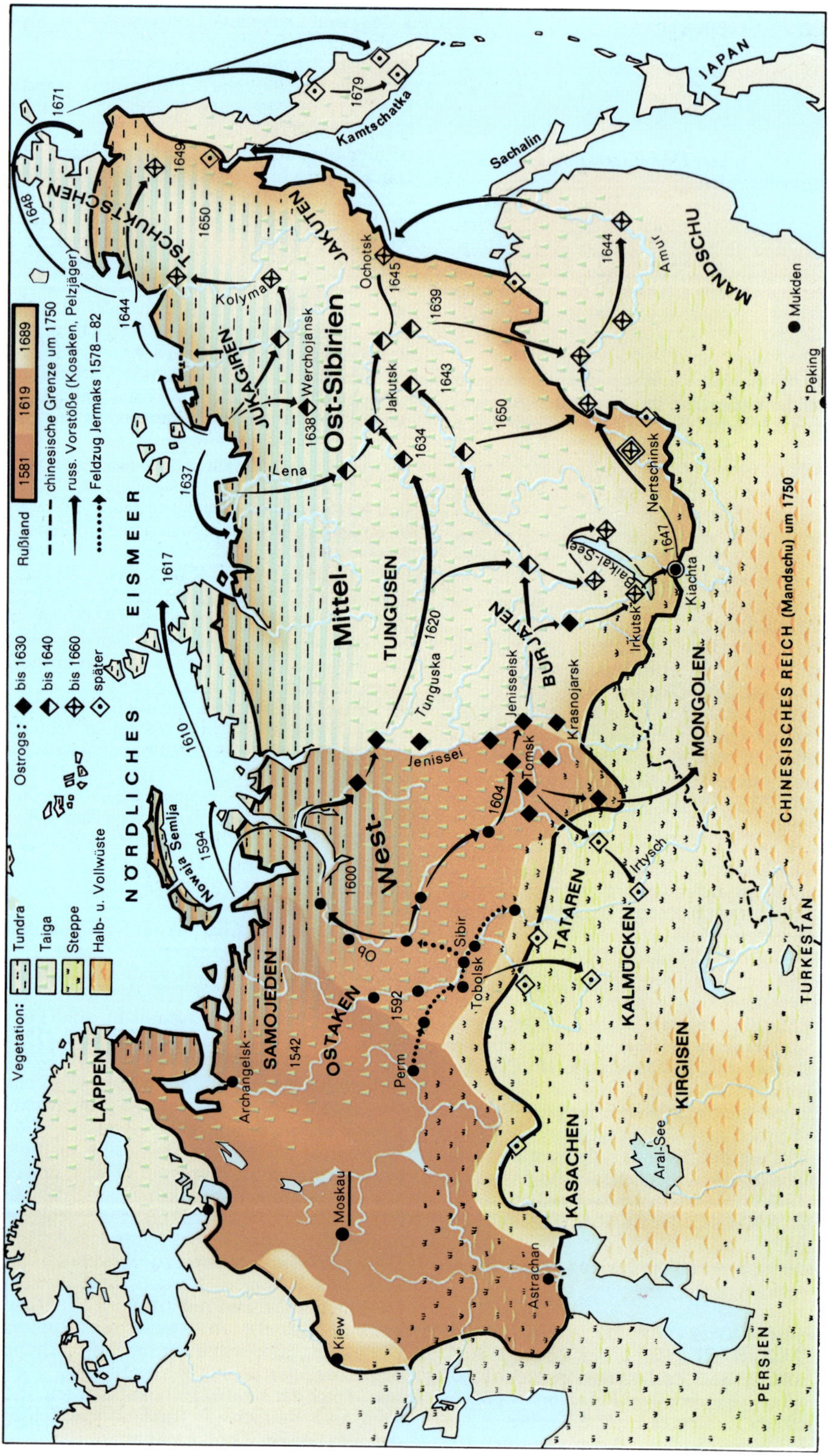

Die Erschließung Sibiriens im 17. Jh.

Die Erschließung Sibiriens im 17. Jh.

1558 IWAN IV., der »Schreckliche«, stellt der Kaufmannsfamilie STROGANOW eine »Besitz-Urkunde« über Sibirien aus mit der Verpflichtung zur kolonialen Erschließung des Kontinents.
Von Europa unbemerkt, beginnt eine der größten Eroberungstaten der Menschheit. Ihre Träger sind

Kosaken, entflohene russ. bzw. ukrain. Leibeigene, die auf »freiem (Steppen-) Feld« selbst. militär. Gemeinwesen (Sotnje) mit gewählten Führern (Hetman, Ataman) gründen. Seit dem 15. Jh. von den Zaren anerkannt, werden sie als Grenzschutz gegen Türken, Tataren, Polen eingesetzt. – Den Kosaken folgen auf der »Jagd nach dem Zobel« Kaufleute und bäuerl. Siedler (Sibirjaken).

1581–84 Hetman **Jermak** durchquert (mit 800 Mann ohne Pferde) im Auftrag der STROGANOWS Westsibirien bis zum Irtysch; das Chanat Sibir wird erobert.
Die sibir. Städte entstehen aus Ostrogs (einfache Festungen zur Sicherung der Verkehrswege).

1610 erreichen Kosaken die Mündung des Jenissei (seit 1619 östl. Grenzfluß Rußlands). – Gründung von Tomsk (1604), Jenisseisk (1619), Krasnojarsk (1628), Irkutsk (1652).

1640 ist Mittel-Sibirien bis zur Lena, Jana und Indigirka durchdrungen. Von Jakutsk (1632) und Werchojansk (1638) aus Vorstöße: nach Nordost-Sibirien unter POJARKOW und **Simon Deschnew,** dem Entdecker der Bering-Straße (1648); zum Ochotskischen Meer (1645); zum Amur-Becken unter **Chabarow** (1653); zur Halbinsel Kamtschatka (1679). Ein russ.-chines. Grenzkonflikt wird im ersten europ.-chin.

1689 Vertrag von Nertschinsk beigelegt (Amur-Grenze); die Errichtung einer russ. Handelsstation in Peking regelt der

1727 Vertrag von Kiachta. – Sibirien wird Deportationskolonie für Verbrecher und polit. Gefangene.
Im Auftrag des Zaren unternimmt der Däne **Vitus Bering** (1680–1741) seit 1728 Expeditionen zur wissenschaftl. Erforschung Sibiriens.

1742 TSCHELJUSKIN entdeckt das Nordkap; Alaska wird erforscht (seit 1791 russ.).

1613–1762 Haus Romanow. Es beendet die »Zeit der Wirren« (S. 203). Unter Zar ALEXEJ [1645–76] spaltet sich die orthodoxe Kirche durch die Reform des Moskauer Patriarchen NIKON (1653) zur Erneuerung des vermeintl. griech. Ritus. Seither Verfolgung der »Altgläubigen« (Verbrennung des Erzpriesters AWWAKUM 1682). – Die Tochter des Zaren, SOPHIA, versucht mit Hilfe der Strelitzen (S. 203) ihre Regentschaft zu sichern, sie wird 1689 von ihrem Halbbruder PETER gestürzt. Mit ihm beginnt die Neuzeit in Rußland.

Der Aufstieg Rußlands

1689–1725 Peter I., der Große (17 J.), der »Handwerksmeister auf dem Thron«, will mit despotischer Energie das Land europäisieren (»Die Russen muß man zwingen!«). Seine Auslandsreisen (1697/98; 1716/17) sind Ausdruck der Bewunderung für die »Deutschen« (Sammelname für alle Ausländer). Der Zar läßt sich persönlich zum Geschützmeister (in Königsberg), Schiffsingenieur (in Amsterdam) und Navigator (in London) ausbilden. – Widerstand gegen die Reformen wird rücksichtslos gebrochen: Ausrottung der Strelitzen 1698; der eigene Sohn stirbt nach Folterungen im Gefängnis (1718).

Das Reformwerk – mit Ausländern (GORDON/Schotte; LEFORT/Schweizer) durchgeführt – zielt auf die Hebung der staatl. Finanzkraft zur Verstärkung der neuen Flotte und des Heeres mit europ. Ausbildung, geregelter Aushebung (1 Soldat auf 20 Zinshöfe) und Dienstpflicht des Adels.

Verwaltung: Dem Senat als oberster Rechtsbehörde (1711) werden die Fachministerien (11 Kollegien, 1718) unterstellt; Einteilung des Reiches in 11 Gouvernements, 50 Provinzen (und Distrikte); Kontrolle der Bürokratie durch Prokuratoren (1722). Einführung einer direkten (Kopf-)Steuer.

Kirchenpolitik: Das Patriarchat wird ersetzt durch den Heiligen Synod (1721) mit Vorsitz des Zaren (Cäsaropapismus).

Sozialordnung: Verbot altruss. Traditionen (bis zur Bart- und Kleidertracht); Geburts- und Amtsadel (durch höheren Staatsdienst) werden im »Rangtabellengesetz« (mit 14 Stufen, 1722) ausgeglichen.

1714/22 Erbfolgeordnungen zur Ausschaltung der Palastrevolutionen.

Wirtschaft: Staatsmonopole für Gobelin- und Tuchmanufakturen, Forst- und Bergbau; Anlage von Kanälen und Häfen; Anwerbung ausländ. Fachkräfte (Handwerker, Kaufleute, Offiziere, Künstler). – Gründung höherer Fachschulen, auch der Akademie der Wissenschaften in Petersburg (1725).

Außenpolitik: Der Zugang zum freien Meer (das Fenster nach Europa) wird durch den Nordischen Krieg (S. 271) gewonnen.

1722–23 pers. Feldzug (Derbent, Baku).

Das Werk PETERS D. GR. bleibt in Rußland umstritten. Die Revolution von oben europäisiert das Volk nur äußerlich, bildet aber einen tiefen Einschnitt innerhalb der Geschichte Rußlands. Unter

1725–40 KATHARINA I. und ANNA die »deutsche Periode« der Favoriten (Günstlinge) MENSCHIKOW, BÜHREN, MÜNNICH, OSTERMANN; der Hof verbraucht bis zu 50% der Staatseinnahmen; die Lage der Bauern verschlechtert sich durch Willkür des Adels.

1735–39 Türkenkrieg mit Siegen auf der Krim, vor Otschakow und Chotin. Im Frieden von Belgrad (1739, S. 265) wird mit Asow auch das Schwarze Meer erreicht.

China unter der Mandschu-Dynastie im 16./17. Jh.

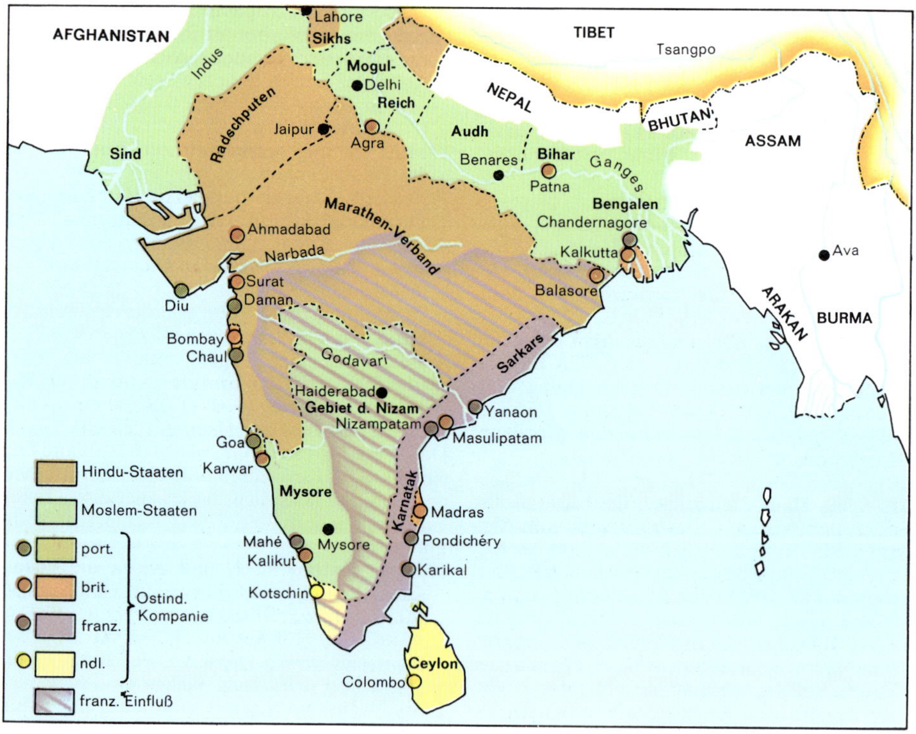

Indien um 1700

China unter der Mandschu-Dynastie

Um 1600 eint NURHACI [1583–1628] im Südosten der Mandschurei Tungusen-Stämme zur Nation der Mandschu und gibt ihr in den »Acht Bannern« (1615) eine straffe milit. Organisation.

1620 Eroberung Mukdens (ab 1625 Hauptstadt); 1637 siegreicher Korea-Feldzug. Unter dem letzten Ming-Kaiser TSCHUNG-TSCHENG [1628–44] zerfällt das Reich durch Rebellen-Aufstände. Von Ming-Truppen zu Hilfe gerufen,

1644 Einzug und Regierungsübernahme der Mandschu in Peking.

1644–1911 Mandschu-Dyn. Begründer des Reiches ist Prinzregent DORGON, der Südchina unterwirft.

1662–1722 Kaiser Kang-tsi, bedeutendster Herrscher Chinas als Feldherr, Staatsmann und Gelehrter, der die Jesuiten ihrer wissenschaftl. und techn. Fähigkeiten wegen (nicht aus relig. Gründen) duldet; sein Lehrer ist der Jesuit FERDINAND VERBIEST.

1673–81 Aufruhr der Ming-Partei im Westen und Süden; Eroberung Formosas (1683).

Um das »Reich des Himmels« durch einen Kranz von Pufferzonen zu schützen, finden Feldzüge gegen Westmongolen und Tanguten im Kukunor-Gebiet statt; Protektorate über die Mongolei (1696) und Tibet (1724).

Die Sicherung der Herrschaft des kleinen Mandschu-Volkes über ein Riesenreich gelingt mit polizeistaatl. Mitteln durch: 1. Aufbau einer Beamtenhierarchie (mit genauen Examensvorschriften) nach dem System der doppelten (chines. und mandsch.) Besetzung aller Ämter; 2. Beibehaltung der alten Heeresverfassung; 3. Abwicklung des europ. Handels über chines. Firmen (Hong-Kaufleute); 4. geistige Unmündigkeit der breiten Volksschichten (deshalb auch Zwangseinführung der mandsch. Zopftracht); 5. Dogmatisierung des Konfuzianismus zur Staatslehre durch die 16 Regeln des **Heiligen Edikts** (1671, nach jesuit. Muster). Erreicht wird eine dauerhafte innere Friedenszeit, die Bevölkerung steigt von 100 Mill. (1680) auf 276 Mill. (1780) und überschwemmt die chines. Randlandschaften.

Kultur: Blütezeit der chines. Philologie (Hauptvertreter: KU YEN-WU). Reichsgeographien, Lokalchroniken, literar. Sammlungen (›Buch der Lieder‹) und die ›Täglichen Erklärungen‹ (Losungen) zu den klass. Schriften des Konfuzianismus entstehen. – Das chines. Standardlexikon,

1716 Wörterbuch der kaiserl. Akademie, beeinflußt u. a. LEIBNIZ und die franz. Enzyklopädisten.

1736–96 Kaiser Kien-lung, orthodoxer Konfuzianer; er verbietet die christl. Mission. – Das Mandschu-System beginnt zu erstarren: literar. Inquisition mit Bücherverbrennungen; Bildung von Geheimgesellschaften; wachsendes Mißtrauen gegen »Fremde« und gegen das Eindringen des europ. (Opium-)Handels. Bei stärkster Beanspruchung des Volkes (Aufstände der Miaos [Urbevölkerung Südchinas] und der Moslems in Kansu) erreicht China die größte Ausdehnung seiner Geschichte durch Kolonialkriege im Ili-Gebiet (Dsungarei) (1729–1734; 1754–61), in Burma (1767–69) und Tibet (1791 /92).

China übt im 18. Jh. eine starke Wirkung auf Europa aus: sie zeigt sich in der idealisierten China-Mode (Chinoiserie) des Rokoko (Lackarbeiten, Porzellan; chines. Ziergärten).

Auflösung der Mogul-Herrschaft in Indien

1658–1707 Aurangzeb, letzter bedeutender Großmogul und fanatischer Moslem. – Nach Eroberung Kandahars, Kabuls und des Dekhans

1691 größte Ausdehnung des Mogul-Reiches, aber beginnende innere Auflösung durch die polit. unkluge Verfolgung der Hindus in Nord-Indien, Erneuerung der Jizya (1679 Hindu-Sondersteuer) und Angriffe gegen Hindu-Vasallen (Jaipur). Die Hindus antworten mit Aufständen, dem Abfall der **Sikhs** (kriegerisch-relig. Sekte im Pandschab) und der **Radschputen**-Staaten (Hindu-Vasallen). Vorkämpfer des Hinduismus werden die

Marathen, vermutlich Ureinwohner des Dekhans, die durch **Shivaji** [1646–80] milit. geeint werden. Ständige Raubzüge dienen der Erhaltung des Heeres.

1664/70 Plünderungen von Surat, der reichsten Handelsstadt des Mogul-Reiches.

Ab 1681 jährliche Feldzüge AURANGZEBS gegen die Marathen, die unter den **Peshwas** zur ind. Großmacht werden.

Europäische Kolonialmächte in Indien

Der Zerfall des Mogul-Reiches und der Gegensatz zwischen Moslems und Hindus erleichtern die Anlage neuer europ. Handelsplätze.

Holland verdrängt die Portugiesen aus **Ceylon** (1609), gerät aber mit den Engländern in erbitterte Konflikte.

1615 Seeschlacht bei Surat.

England: Träger der Kolonialpolitik ist die **Ostindische Kompanie** (1600–1858); die Zentren des künftigen ind.-brit. Weltreiches Madras (1639), Bombay (1661), Kalkutta (1696) sind wiederholt Angriffen der Marathen ausgesetzt.

Frankreich baut sein Kolonialreich zur Entwicklung des Indienhandels merkantilistisch auf.

1664 Colbert gründet die Ostindische Kompanie und fördert staatl. Kolonialexpeditionen. Zur Sicherung des Seeweges nach Indien dienen Ft. Dauphin auf Madagaskar (1643–72) und die Insel Bourbon (Réunion, 1654). – Der Gouverneur **Dupleix** (1697–1763) kann der brit. Ostindischen Kompanie mit Erfolg begegnen.

Seit 1746 brit.-franz. Kolonialkämpfe, von DUPLEIX dank seiner guten Beziehungen zu südind. Fürsten diplomatisch geschickt geführt.

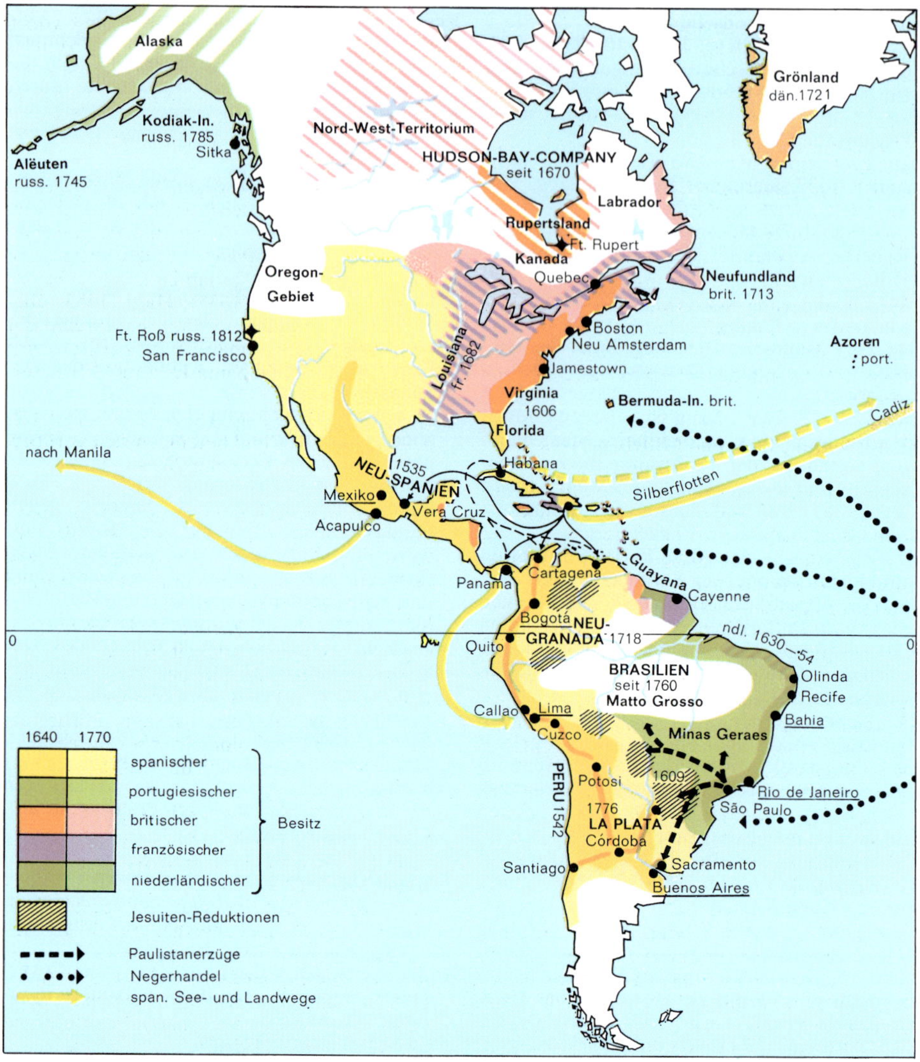

Amerika im 17./18. Jh.

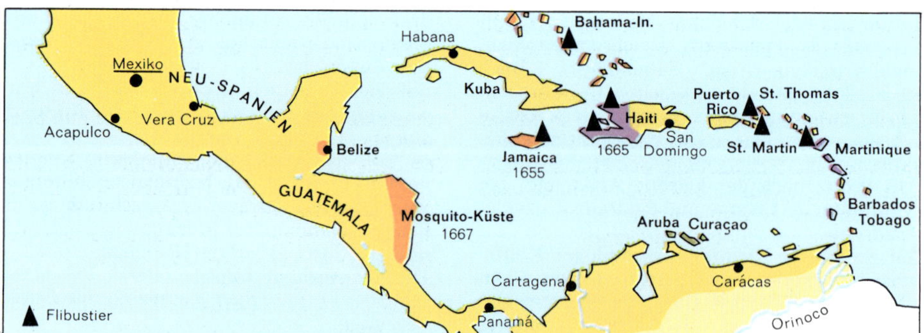

Westindien im 17. Jh.

Die Jesuiten-Mission in Südamerika

Spanien überläßt die »Urwald-Grenze« am Parana, Maranon, oberen Orinoco Missionsorden. Glänzende, auch wirtschaftl. Erfolge der Jesuiten – besonders im **Jesuiten-Staat Paraguay,** der »Vision im Urwald«. Es entstehen

ab 1607 Indianer-Reduktionen (Kollektivsiedlungen ohne Privatbesitz). Sie vergrößern sich trotz ständiger Überfälle (Entradas) brasil. Sklavenjäger.

1767 Ausweisung der Jesuiten (S. 287); die Verschleuderung der Ordensgüter löst eine schwere soz. und wirtschaftl. Krise aus, sie spiegelt sich im

1780–83 Aufstand des »letzten Inka« TUPAC AMARU.

Die Ausbeutung Süd- und Mittelamerikas

Span. Kolonien: Europ. Kulturpflanzen (Getreide) und Haustiere (Rind, Pferd, Schaf) verbreiten sich rasch, doch richtet sich das wirtschaftl. Interesse auf die Ausbeutung von Edelmetallen trotz kostspieligem Transport durch **Silberflotten** (ab 1561 im Geleitzugsystem zur Abwehr engl., ndl. und franz. Überfälle).

1546 Gründung der Silberstadt **Potosi** (in 4000 m Höhe), um 1600 nach London die größte Stadt der Welt.

Folgen der span. Silbereinfuhr in Europa: latente Inflation, Preissteigerungen, Absatzkrisen, Staatsbankrotte (Niedergang der FUGGER S. 215). – Der Asiento-Vertrag von 1713 lockert die staatl. Handelsaufsicht; erst 1797 wird der Amerika-Handel freigegeben. – Die 1782 nach franz. Muster eingeführte Intendanturbürokratie verschlingt 80% der Steuereinnahmen.

Portugal: Das Kolonialinteresse gilt Westindien; zur Seeräuberabwehr werden Olinda (1537) und als Umschlagplatz für den Ostindien-Handel Bahia (1549) angelegt. Die Krone teilt den fruchtbaren Küstenstreifen Brasiliens in 12 erbl. Kapitanien (halbfeudale, polit. nahezu selbst. Territorien). – Im Hinterland von São Paulo bilden Nachkommen von Abenteurern (Paulistaner, auch Mamelucos) bewaffnete Banden. Bei Viehraub und Sklavenjagden dringen die »Bandeirantes« in das Innere des Kontinents ein.

1680 Gründung der Kolonie Sacramento im span. Hoheitsgebiet. – Goldfunde in Minas Gerais (1693) und Matto Grosso (1720) veranlassen die Erschließung des Hinterlandes; die Kolonialgrenze schiebt sich dadurch nach Westen vor. Sie wird von Spanien im

1777 Vertrag von Ildefonso anerkannt.

Die polit. Rivalitäten in Europa setzen sich auch in Übersee fort.

Niederlande: Angriffe gegen das 1580–1640 vereinigte Kgr. Spanien-Portugal durch die ndl. Westind. Kompanie (1609) mit Kaperei span. Silberflotten.

1624 Eroberung Bahias und Besetzung von 6 Kapitanien zur Nutzung ihrer Produkte (Zuckerrohr, Kaffee) und des Sklavenhandels. Recife (1630) übernimmt den Schutz der Nordost-Küste, doch wird sie 1654 zurückerobert. – Ndl. bleiben Curaçao (1634) und Guayana (1636).

Westindien: Im Kampf gegen Spanien entwikkelt sich aus **Flibustier-**(Seeräuber-) Gemeinschaften unter der »Kompanie der amerik. Inseln« (1639) der **franz. Antillenbesitz:** u. a. San Christoph (1625); San Domingo, Guadeloupe, Martinique (1635); Haiti (1655; über 25% des Kolonialimports). – Faktoreien der engl. Westind. Kompanie u. a. auf Barbados (1605) und den Bahama-In. (1646/70); Bermuda-In. (1612).

1655 Jamaica wird engl. (S. 267). – Selbst Dänemark und Kurland beteiligen sich vorübergehend an Gründungen in Westindien.

Franz. und engl. Kolonisation in Nordamerika

Frankreich: SAMUEL DE CHAMPLAIN (1567 bis 1635) nimmt als erster Gouverneur von **Kanada** ab 1603 Neufundland, Neuschottland und Neu-Frankreich in Besitz.

1608 Gründung von Quebec (1643 Montreal); seit 1625 Missionstätigkeit franz. Jesuiten; Pelz- und Schnapshandel der franz. Westind. Kompanie (1664) mit den Indianern.

Ab 1674 staatl.-merkantilistische Förderung des ersten franz. Kolonialreiches durch COLBERT (S. 261); um 1690 über 10000 Siedler in Kanada.

1682 Erforschung des Mississippi-Gebietes **Louisiana** durch LA SALLE, Forts bis New Orleans (1718) sichern die neue Kolonie.

England: WALTER RALEIGH gründet 1584 **Virginia;** hier entsteht die erste engl. Siedlung in Amerika (1607 Jamestown). Im 17. Jh. bilden sich durch Auswanderung relig. Verfolgter die **Neu-England-Staaten** als Kronkolonien (mit kgl. Gouverneur bei eigener Volksvertretung) oder als Eigentümerkolonien (auf Grund freier Privatverträge mit der Krone).

1620 Überfahrt der »Pilgerväter« (Puritaner) mit der ›Mayflower‹ nach **Massachusetts;**

1632 gründen Katholiken Maryland.

Der Staat unterstützt die Kolonien (1640 über 25000 Siedler) durch »Charten« (Schutzbriefe) und Handelsvergünstigungen (Navigationsakte S. 267), die vor allem den ndl. See- und Handelsrivalen treffen.

1664 Angriff auf Neu-Niederland (seit 1616 ndl. Besitz), das im Frieden von Breda (1667) engl. wird (Staaten: New York, New Jersey, Delaware). – Süd-Carolina und das Rupertsland (Hudson-Bay-Company) werden ab 1670 besetzt.

1683 WILLIAM PENN gründet Philadelphia und die Quäkerkolonie Pennsylvanien.

1713 erhält Großbritannien Neufundland und Neuschottland, der brit.-franz. Kolonialdualismus verschärft sich (S. 283).

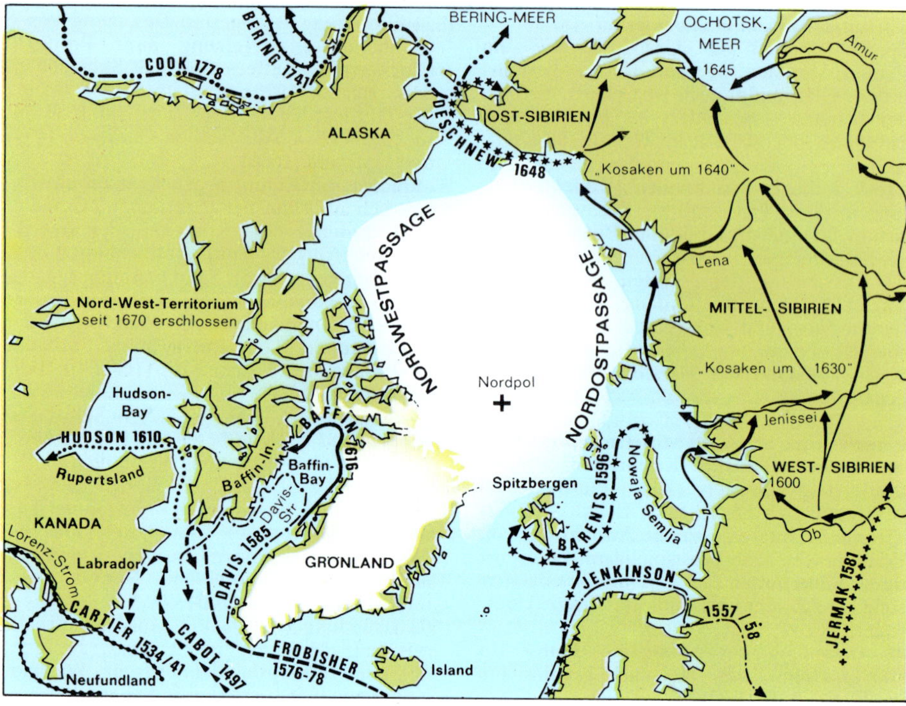

Die Erforschung der Arktis im 16./17. Jh.

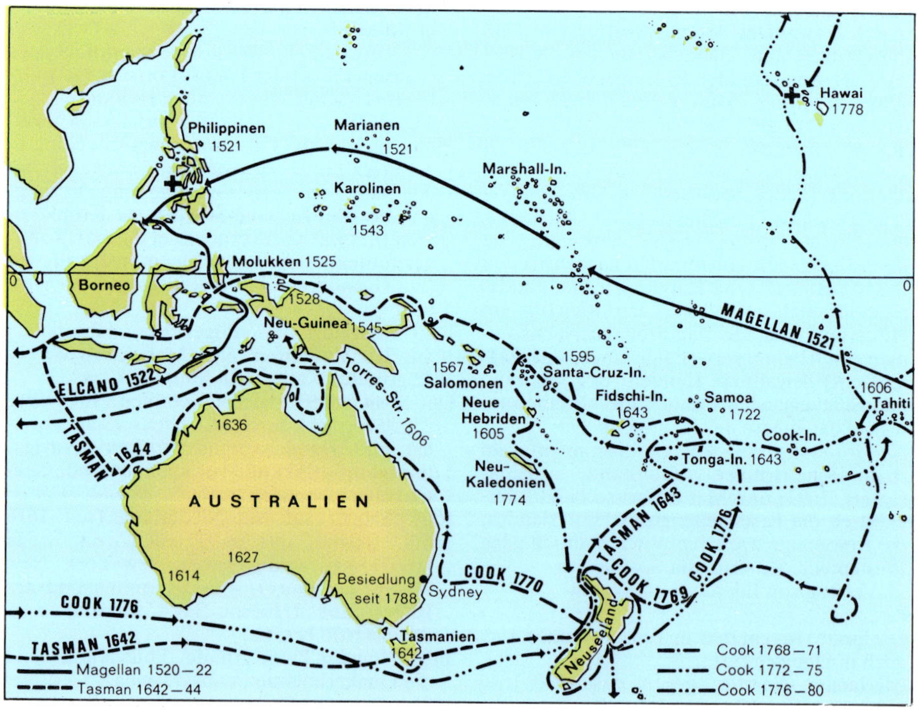

Entdeckungen im Stillen Ozean bis zum 18. Jh.

Geographische Entdeckungen im 17./18. Jh.

Nach den großen Entdeckungen um 1500 richtet sich die Erforschung der Erde (vor allem durch Holländer und Engländer) auf folgende Schwerpunkte:

1. Suche nach der nördl. Durchfahrt vom Atlantik zum Pazifik, die zur Entdeckung der **Arktis** und der **Nordostpassage** (DESCHNEW und BERING S. 273) führt; die Nordwestpassage wird noch nicht gefunden: Davis/Davis-Straße 1585; HUDSON/Hudson-Bay 1610 (Ft. Rupert als erste engl. Handelsniederlassung 1674); BAFFIN/Baffin-Bay 1616.
2. Expeditionen nach der angenommenen »Terra Australis«. Durch Kreuzfahrten im **Stillen Ozean** werden wichtige Inseln und Schiffahrtswege des Pazifik bekannt. Bedeutende Entdecker: DE QUIROS und DE TORRES/ Paumotu-In., Neue Hebriden, Torres-Straße, Tahiti.

1642–59 Seereisen des Holländers ABEL TASMAN, der die Mauritius-In., Vandiemensland (Tasmanien), Neuseeland und Nordwest-Neu-Guinea entdeckt. – ROGGEVEEN/Oster-In., Samoa, Salomonen 1721/22; der Weltumsegler BOUGAINVILLE/Polynesien, Melanesien 1766–68.

1768–79 Der Engländer JAMES COOK erforscht die Ostküste Australiens, Neu-Kaledonien, die Tonga-, Sandwich- u. a. In.;

Die Kenntnisse über die Kontinente, aber auch über die Land- und Wasserverteilung auf der Erde erweitern sich

1. durch die Weltmission der Jesuiten (S. 239);
2. durch zum Teil staatl. geförderte »Freibeuter« (Piraten, Flibustier, Bukanier), im illegalen Kampf gegen Spanien (S. 277, auch FRANCIS DRAKE S. 225);
3. durch staatl. Auftrag zur Kolonial- oder Handelserschließung: DE VRIES/Japan 1643; CHAMPLAIN und LA SALLE in Nordamerika (S. 277); JERMAK in Sibirien (S. 273);
4. durch private Reisen bzw. wissenschaftl. Erforschungen im 18. Jh.: ENGELBERT KÄMPFER/Japan 1690–92; TOURNEFORT/ Armenien und Persien 1700–1702; KOLBE/Südafrika 1710; GMELIN/Sibirien 1733 bis 1734; C. NIEBUHR/Innerarabien 1765; THUNBERG/Südafrika 1772 u. a.

Um 1600 sind etwa 49% der Erde (32% ihrer Landfläche) bekannt.

Um 1800 sind etwa 83% der Erde (60% ihrer Landfläche) bekannt.

Wissenschaftliche Entdeckungen

Empirismus und Rationalismus fördern die Naturwissenschaften (S. 256).

Mathematik:

1614 Logarithmentafel	NAPIER
1637 Analyt. Geometrie	DESCARTES
1665 Infinitesimalrechnung auch LEIBNIZ (1672)	NEWTON
um 1700 Wahrscheinlichkeitsrechnung	BERNOULLI
1788 Darstellende Geometrie	MONGE

Physik:

1609	Fall- und Pendelgesetze	GALILEI
1609–19	Planetengesetze	KEPLER
1618	Brechung des Lichtes	SNELLIUS
1662	Gasgesetz	BOYLE
1665	Beugung des Lichtes	GRIMALDI
1666	Gravitationsgesetze	NEWTON
1675	Lichtgeschwindigkeit	RÖMER
1690	Wellentheorie des Lichtes	HUYGENS
1728	Aberration des Lichtes	BRADLEY
1738	Kinetische Gastheorie	BERNOULLI
1790	Berührungselektrizität	GALVANI

Biologie und Chemie:

1618	Blutkreislauf	HARVEY
1677	Samenfäden	LEUWENHOEK
1727	Silbersalze	SCHULZE
1735	Natürliches System der Lebewesen	LINNÉ
1747	Zuckergehalt der Rübe	MARGGRAF
1766	Wasserstoff	CAVENDISH
1771	Sauerstoff	SCHEELE
1772	Stickstoff	RUTHERFORD
1780	Verbrennungstheorie	LAVOISIER
1783	Leuchtgas (Steinkohle)	MINCKELAERS
1791	künstl. Soda	LEBLANC
1799	Zement	PARKER

Erfindungen im 17./18. Jh.

Die Entdeckungen werden z. T. erst ermöglicht durch neue

Beobachtungs- und Meßinstrumente:

1590	Mikroskop	ZACHARIAS
1610	Astronom. Fernrohr	KEPLER
1643	Quecksilberbarometer	TORRICELLI
1657	Pendeluhr	HUYGENS
1663	Manometer	v. GUERICKE
1669	Spiegelteleskop	NEWTON
1718	Quecksilberthermometer	FAHRENHEIT
1742	Thermometereinteilung	CELSIUS

Techn. Verfahren, Werkzeuge und Geräte:

1623	Rechenuhr	SCHICKHARDT
1642	Addiermaschine	ZACHARIAS
1673	Multipliziermaschine	LEIBNIZ
1681	Dampfkochtopf	PAPIN
1709	Porzellan (in Europa)	BÖTTGER
1711	Dreifarbendruck	LE BLOND
1735	Gußstahl	HUNTSMAN
1738	Spinnmaschine	WYATT
1751	Hinterladergewehr	CHAUMETTE
1752	Blitzableiter	FRANKLIN
1754	Eisenwalzwerk	CORT
1767	Spinnmaschine	HARGREAVES
1769	Dampfmaschine	WATT
1769	Straßendampfwagen	CUGNOT
1778	Taucherglocke	SMEATON
1783	Heißluftballon	MONTGOLFIER
1785	mechan. Webstuhl	CARTWRIGHT
1795	hydraul. Presse	BRAMAH
1796	Steindruck	SENEFELDER
1799	Papiermaschine	ROBERT
1800	Drehbank	MAUDSLEY
1804	Netzstrickmaschine	JACQUARD
1807	Dampfschiff	FULTON

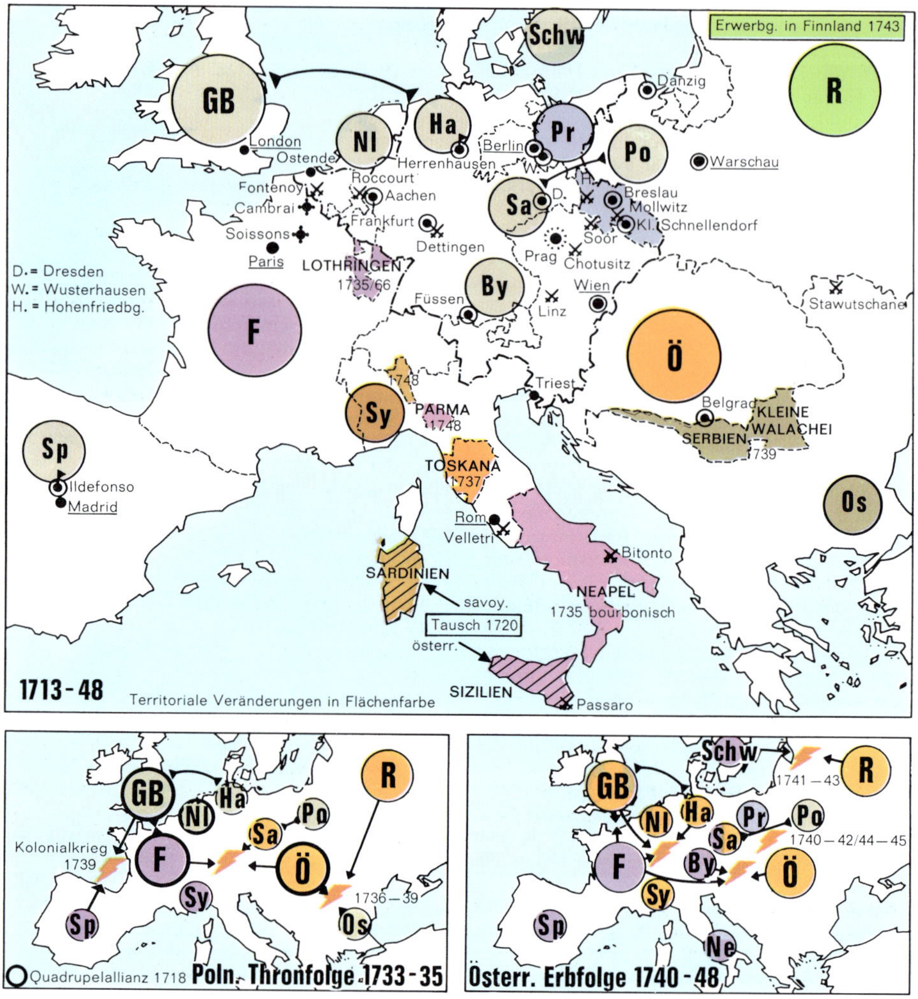

Bündnisse, Kriege und territoriale Veränderungen in Europa 1713–1740

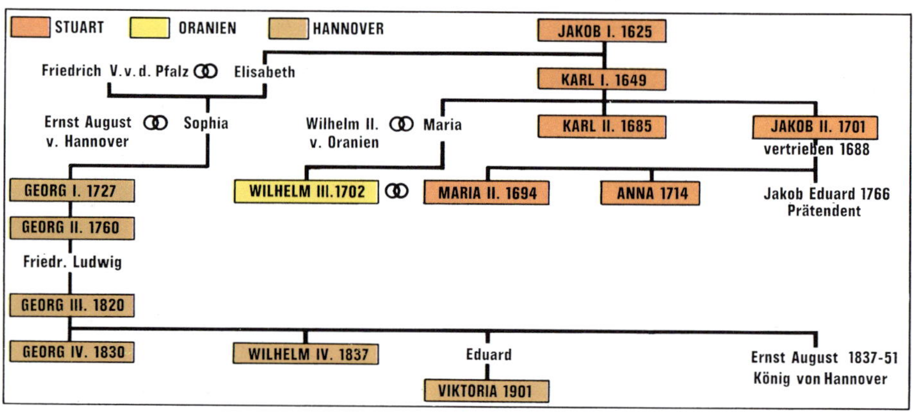

Die Häuser Stuart (Oranien) und Hannover in England

Die europ. Konvenienzpolitik (1713–48)
Nach dem Span. Erbfolgekrieg (S. 269) starkes polit. Ruhebedürfnis. Ausgleich der franz.-brit. bzw. franz.-österr. Gegensätze und Erhaltung des europ. Gleichgewichts durch **Konvenienz** (Übereinkunft der Kabinette). Kongresse, Bündnisse, Teilungen, Ländertausch im Interesse der **Staatsräson,** ohne Rücksicht auf die Bevölkerung. – Konflikte entstehen durch:

Spanien: Der Minister Kardinal ALBERONI will die Hegemonie über Italien zurückgewinnen. Unter Ausnutzung des Nordischen und des Türk. Krieges (S. 265)

1717 Besetzung Sardiniens und Siziliens.

1718 Seesieg der Quadrupelallianz bei Kap Passaro; milit. Druck auf Spanien bis zur Entlassung ALBERONIS. Savoyen tauscht

1720 Sizilien gegen das österr. **Sardinien.**

Polen: Russ. Truppen erzwingen im

1733–35 Poln. Thronfolgekrieg gegen den franz. Kandidaten (STANISLAUS LESZCZINSKI) die Wahl des österr.- russ. Prätendenten

1733–63 AUGUST III. VON SACHSEN. Auf dem westl. Kriegsschauplatz (Italien) franz. Überlegenheit. 1735 Vorfriede,

1738 Friede von Wien: Lothringen fällt an STANISLAUS LESZCZINSKI (S. 271), nach dessen Tod 1766 an Frankreich; die **Toskana** an FRANZ VON LOTHRINGEN, der 1736 MARIA THERESIA heiratet; Neapel und **Sizilien** kommen an eine span.-bourb., Parma und Piacenza an eine österr. Sekundogenitur.

Österreich: Trotz Pragmat. Sanktion (S. 265):

1740–48 Österr. Erbfolgekrieg, der durch den Einmarsch FRIEDRICHS II. VON PREUSSEN (S. 287) in **Schlesien** ausgelöst wird. Sachsen und Bayern erheben Thronansprüche. – Preuß.-franz. Bündnis und

1740–42 Erster Schles. Krieg; preuß. Siege bei Mollwitz und Chotusitz; bayer.-franz. Vormarsch gegen Prag und Linz. Auf dem

1741 Reichstag von Preßburg erhält **Maria Theresia** (S. 287) die Hilfe der Ungarn. – KARL ALBERT VON BAYERN wird als KARL VII. (1742–45) zum Kaiser gewählt.

1742 Sonderfriede von Breslau: Österreich verzichtet auf Schlesien, wendet sich gegen Bayern und verbündet sich mit Savoyen, Sachsen und **Großbritannien.** Die »Pragmatische Armee« erringt den

1743 Sieg bei Dettingen über Frankreich. Zweites preuß.-franz. Bündnis und

1744/45 Zweiter Schles. Krieg. Nach preuß. Siegen bei Soor und Hohenfriedberg

1745 Friede von Dresden: Österreich bestätigt die Abtretung Schlesiens. Im Frieden von Füssen erkennt Bayern

1745–65 Kaiser FRANZ I. (von Lothringen) an. Der brit.-österr. Krieg gegen Spanien und Frankreich dauert an.

1748 Friede von Aachen: Frankreich gibt die österr. Niederlande und die brit. Kolonialgebiete zurück. Parma (Piacenza) fällt an eine span.-bourb. Sekundogenitur, Savoyen erhält Teile von Mailand.

Das »Ancien régime« in Frankreich

1715–74 Ludwig XV. (5 J.). – Trotz Verschuldung des Staates durch die Kriege LUDWIGS XIV. (S. 269) verschwenderische Hofhaltung des Regenten PHILIPP VON ORLÉANS [1715–23]. Der Schotte JOHN LAW will die Finanzkraft durch

1715 Gründung der ersten staatl. Notenbank und Aktiengesellschaften zur Ausbeutung der Kolonien 1718/19 bessern. Das Law-System endet in Spekulationsfieber,

1720 **Papiergeldinflation** und Staatsbankrott.

1726–43 letzte polit. Erfolge durch Kardinal **Fleury.** Nach ihm zunehmender Einfluß der Mätressen (Marquise DE POMPADOUR, Gräfin DU BARRY). Die privileg. Stände (Klerus, Adel) verhindern Finanzreformen des Ministers MACHAULT. Die Schwäche des absolutist. Systems wird ab 1750 immer offener und schärfer kritisiert.

Kultur: Glanzzeit des höfisch-verspielten **Rokoko** mit Schäferpoesie und graziösen Singspielen; Reifrock und Hochfrisur der Damen; Zopfperücke, Schleife, Galanteriedegen und Dreispitz der Kavaliere. – Innendekorationen mit ornamentalem Rahmenwerk, Porzellannippes u. ä. – Blüte der franz. **Rokoko-Malerei:** WATTEAU (1684–1721); BOUCHER (1703–1770); FRAGONARD (1732–1806).

Der preuß. Militär- und Beamtenstaat

1713–40 Friedrich Wilhelm I., der größte »innere König« Preußens, ist entschlossen, seine »Länder wohl zu regieren«. Tief religiös, aber derb und verfeinerter Hofkultur abgeneigt, fordert der »Lehrmeister der preuß. Staatsnation« unbedingten Gehorsam (»Die Seele ist für Gott, alles andere muß mein sein!«). Sparsame, musterhafte Verwaltung: Reform der kgl. Domänen und der General-Rechnungskammer (zur Finanzkontrolle). – Eigenhändige Instruktionen für das

1722 Generaldirektorium, die oberste Zentralbehörde. Förderung der Merkantil- und Landwirtschaft. Neubesiedlung der durch Seuchen entvölkerten Teile Ostpreußens.

1732 Ansiedlung von 15000 Salzburger Emigranten (S. 241). – Hebung des Volksschulwesens (Edikt von 1717). – Das adelige Offizierskorps ist erster Stand im Staate. Als erster europäischer Monarch trägt der **»Soldatenkönig«** ständig Uniform. Steigerung des Berufsheeres auf 83000 Mann (bei 2,5 Mill. Einw.). Zuchtmeister der Infanterie (Drill, eiserner Ladestock, Gleichschritt) ist Fürst LEOPOLD VON ANHALT-DESSAU (1683–1747).

1733 Kantonreglement: Dienstpflicht der bäuerl. Bevölkerung.

Starke Spannungen zwischen König und Kronprinz **Friedrich** (1712–86), der sich 1730 nach mißglückter Flucht und Hinrichtung seines Freundes KATTE unterwirft; Ausbildung im Staatsdienst; seit 1736 eigene Hofhaltung (Schloß Rheinsberg); literar. und philosoph. Studien.

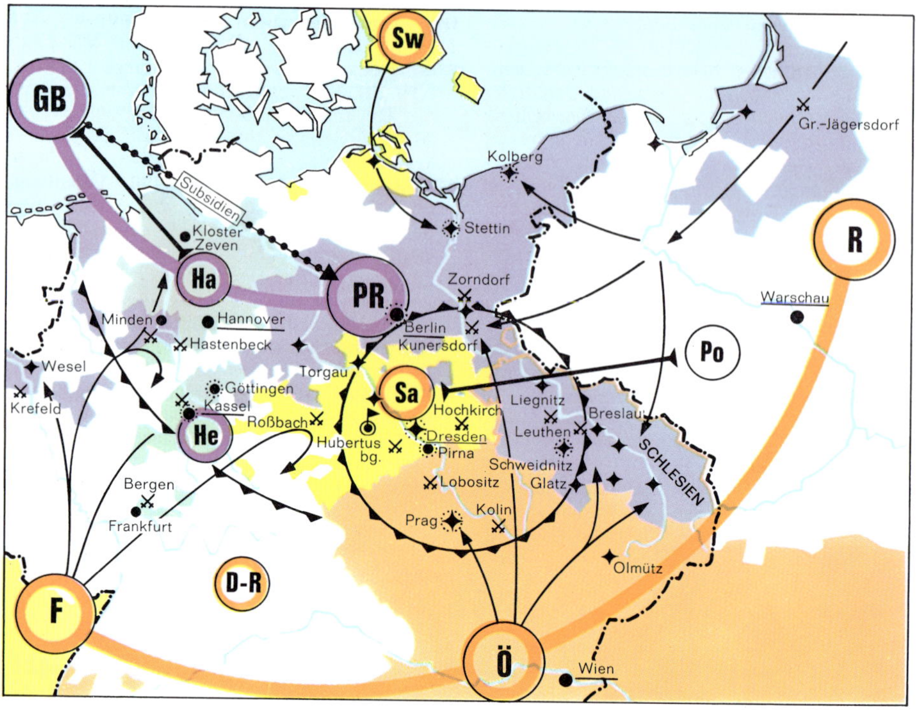

Der Siebenjährige Krieg in Europa

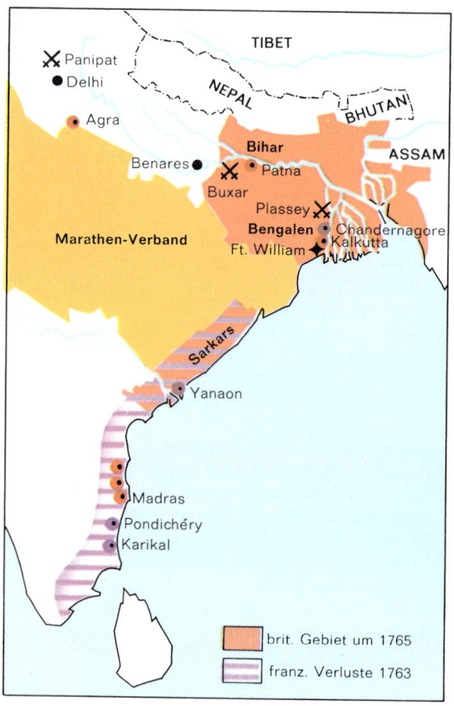

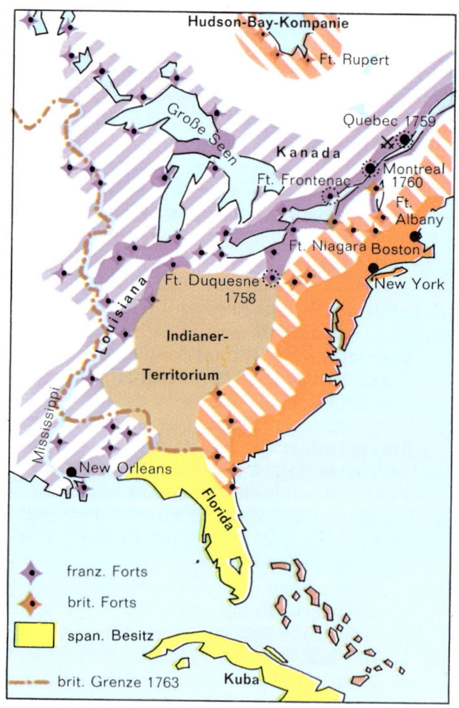

Der brit.-franz. Krieg in Indien

Der brit.-franz. Krieg in Nordamerika

Der Siebenjährige Krieg 1756–63

Der Friede von Aachen 1748 bringt keine Entspannung; der Anstoß zur Entscheidung der weltpolit. Konflikte geht von den Kolonialmächten und Österreich aus. Im brit. Interesse wird der Krieg zugleich in Europa und in Übersee geführt.

Der brit.-franz. Kolonialkrieg (1754/55–63)

Nordamerika: Wachsende Einwanderung verstärkt den Druck der 400000 Siedler auf dünn besiedelte, aber durch Forts gut gesicherte franz. Kolonialgebiete. Ständige Grenzkämpfe verschärfen sich 1754 zu kriegerischen Zusammenstößen im Ohio-Tal. – Franz. Anfangserfolge führen zum Sturz der Whig-Regierung.

1757–61 WILLIAM PITT (der Ältere, Earl of Chatham, »Dritter Baumeister des brit. Weltreiches nach CROMWELL und WILHELM III.«) übernimmt die polit. Leitung; er verstärkt die Flotte und die Truppen in Übersee; Preußen erhält Subsidienhilfe.

1758 Vorstoß zum Ohio-Tal; Eroberung von Ft. Louisbourg und Ft. Duquesne (Pittsburg).

1759 Vorstoß zum Lorenz-Strom; **Quebec,** das »Herz der feindl. Macht«, wird genommen (General WOLFE besiegt MONTCALM, beide fallen); mit der Einnahme von **Montreal** (1760) Durchbruch zu den Großen Seen.

Westindien: Von den franz. Antillen werden u. a. erobert: Guadeloupe 1759, Martinique 1762, nach Kriegseintritt Spaniens 1761 auch Kuba (und die Philippinen).

Westafrika und Atlantikküste: Bis 1760 Besetzung aller franz. Stützpunkte in Senegambien; Seesiege (Lagos, Quiberon) und Überfälle auf franz. Häfen (»breaking windows with guineas«).

Indien: Auch hier franz. Anfangserfolge; mit Kalkutta geht fast ganz Südindien außer Madras verloren.

ROBERT CLIVE (32 J.), Angestellter der Ostind. Kompanie, baut den brit. Widerstand auf, nutzt die Rivalität ind. Fürsten aus und gewinnt Kalkutta (Ft. William) zurück. Sein durch Verrat gegen 20fache Übermacht bei 10(!) eigenen Verlusten

1757 errungener **Sieg von Plassey** begründet die brit. Herrschaft in Indien. Zusammenbruch der franz. Indienpläne.

1763 Friede von Paris: Großbritannien gewinnt Kanada, Louisiana, Kap Breton und Senegambien von Frankreich; Florida von Spanien. Glänzendster brit. Sieg der Neuzeit: Nordamerika wird angelsächs.

Der Krieg um Schlesien (1756–63)

Graf KAUNITZ-RIETBERG, seit 1753 österr. Staatskanzler, gewinnt MARIA THERESIA für einen polit. Ausgleich mit Frankreich (MARQUISE POMPADOUR) zur Bildung einer Koalition gegen Preußen. FRIEDRICH II. fühlt sich isoliert, deshalb brit.-preuß.

Jan. 1756 Konvention von Westminster zum Schutz Hannovers. Der Defensivvertrag leitet den von KAUNITZ betriebenen »Umsturz aller Bündnisse« ein.

Mai 1756 Vertrag von Versailles; dem franz.-österr. Offensivbündnis treten bei: Zarin ELISABETH (aus persönl. Gründen), Sachsen, Schweden und das Reich (ohne Hannover, Hessen-Kassel, Braunschweig). Der gemeinsamen Aktion für 1757 kommt FRIEDRICH II. nach Kenntnis der Angriffspläne zuvor.

Aug. 1756 Einfall in Sachsen (Präventivkrieg), das nach Kapitulation von Pirna preuß. Operationsbasis wird.

Kriegsverlauf: Preußen ringt um seine Existenz gegen 20fache Übermacht (der Einwohnerzahl nach) mit wechselndem Waffenglück in »klassischen Schlachten« der Kriegsgeschichte. – FRIEDRICH II. sucht den Vorteil der »inneren Linie« durch offensiv geführte Vernichtungsschläge zu nutzen, kann aber eine Vereinigung der Koalitionspartner nicht verhindern.

1757–58 FRIEDRICH II. im Angriff mit Siegen bei Prag, **Roßbach** (SEYDLITZ), Zorndorf, **Leuthen** und Niederlagen bei Groß-Jägersdorf (russ. Besetzung Ostpreußens), **Kolin** (Stiftung des Maria-Theresia-Ordens) und Hochkirch (DAUN).

Brit. Unterstützung Preußens durch **Pitt** (»Kanada wird in Schlesien gewonnen«): FERDINAND VON BRAUNSCHWEIG wehrt im brit. Dienst den franz. Angriff im Westen durch Siege bei Krefeld 1758 und Minden 1759 ab. – Mit dem Sturz PITTS 1761 werden die Subsidien an Preußen eingestellt.

1759–61 FRIEDRICH II. in der Verteidigung. Die vereinigten österr. und russ. Armeen vernichten nahezu das preuß. Heer in der

1759 Schlacht bei Kunersdorf. Uneinigkeit der Sieger rettet Preußen (»le miracle de la maison de Brandenbourg«); Plünderungen Berlins; unterwertige Münzprägung (»Ephraimiten«) zur Behebung der Finanznot. Nach den Siegen von Liegnitz und Torgau 1760 Anzeichen allg. Erschöpfung (österr. Staatsschuld von 49 auf 136 Mill. Livres gestiegen). Ein Zufall bringt die Wende.

1762 Rußland verläßt nach dem Tode der Zarin die Koalition; PETER III., Bewunderer FRIEDRICHS, wird ermordet, KATHARINA II. (S. 287) stellt den Krieg ein. – Kräftemangel zwingt Frankreich und Schweden zur Aufgabe; Österreich muß Verhandlungen einleiten.

1763 Friede zu Hubertusburg – ohne territoriale Veränderungen. Seine Bedeutung: das europ. Gleichgewicht kompliziert sich durch die 5. **Großmacht Preußen:** Rußlands Einfluß wächst. Der preuß.-österr. Machtgegensatz (deutscher Dualismus) bestimmt bis zur »kleindeutschen« Lösung BISMARCKS 1866 die deutsche Politik. – An Person und Leistung FRIEDRICHS DES GROSSEN entzündet sich ein erstes polit. Selbstbewußtsein und Nationalgefühl der Deutschen.

Polen im 17. Jh.

Russ., preuß. und österr. Gewinne

Preuß. und russ. Expansion

Die Auflösung Polens

Das Großherzogtum Warschau

Kongreßpolen

Die polit. Erfolge Rußlands nach 1763

1764–80 Graf PANIN leitet als Außenminister KATHARINAS II. die russ. Außenpolitik.

1764 Bündnis mit Preußen, das die Wahl des russ. Kandidaten PONIATOWSKI zum poln. König unterstützt.

Polen: Gegenseitige Einmischung in die Thronwirren veranlaßt den

1768–74 (1.) Russ.-türk. Krieg. Gegen die russ. Besetzung der Moldau und Walachei verbindet sich Österreich mit der Türkei. Als Vermittler im ersten **Balkankonflikt** lenkt Preußen auf Polen ab.

1772 Erste Teilung Polens. – Die Russen geben die Donau-Fsm. preis, der Frieden ist gerettet.

Schwarzes Meer: Mit Hilfe brit. Seeleute

1770 Sieg der russ. Ostseeflotte bei Tschesme, der den Abstieg der Türkei (des »kranken Mannes am Bosporus«) besiegelt. – Im

1774 Frieden von Kütschük-Kainardschi wird Rußland Schutzmacht der orth. Balkanchristen und gewinnt Asow.

1783 Annexion der Krim. – Erschließung **»Neurußlands«** durch den Favoriten der Zarin **Potemkin** (1736–91): Aufbau einer Schwarzmeer-Flotte, Gründung neuer Dörfer und Städte. – Zusammen mit Österreich

1787–92 (2.) Russ.-türk. Krieg, geführt von Feldmarschall Fürst **Suworow** (1730 bis 1800). Sein Buch ›Die Lehre vom Sieg‹ (1795) wird wegweisend für die russ. Taktik.

1792 Friede von Jassy: die Küste zwischen Dnjestr und Bug wird russisch.

Der deutsche Dualismus nach 1763

Der russ. Machtzuwachs wirkt sich auf Preußen und Österreich aus, die sich wechselseitig an Rußland anlehnen.

1765–90 JOSEPH II. will die österr. Stellung im Reich nach Aussterben der Wittelsbacher 1777 verstärken. Durch den Tauschplan mit dem Erben KARL THEODOR VON DER PFALZ (Niederbayern und Oberpfalz gegen Vorderösterreich) entsteht der

1778/79 Bayer. Erbfolgekrieg mit preuß. Einmarsch in Böhmen. MARIA THERESIA zwingt JOSEPH zum Einlenken. – Im

1779 Frieden von Teschen – garantiert von Rußland – begnügt sich Österreich mit dem Innviertel. – JOSEPH II. verfolgt jetzt sein Ziel im

1781 Bündnis mit Rußland. Den Versuch, Bayern gegen Belgien zu tauschen, beantwortet FRIEDRICH II. mit dem

1785 Deutschen Fürstenbund zur Erhaltung des Westf. Friedens (S. 255). Österreich kann sich gegen Preußen im Reich nicht mehr durchsetzen. – In der

1790 Konvention von Reichenbach muß es preuß. Forderungen nachgeben und den

1787–91 Türkenkrieg abbrechen. Der

1791 Friede von Sistowa bringt trotz des Sieges von Fokschani und der Eroberung Belgrads keinen größeren Gewinn.

Die Aufteilung Polens (1772–95)

1764–95 STANISLAUS II. PONIATOWSKI. Der unter russ. Druck gewählte Günstling KATHARINAS II. (S. 287) strebt als König eine Reform der »durch Bürgerkrieg gemilderten Anarchie« an. Rußland stellt Dissidenten (Nichtkatholiken) und Adelsopposition, vertreten in den

1767 Konföderationen von Sluzk und Radom, unter seinen Schutz und verhindert eine Beschränkung des »Liberum Veto« (S. 249). Die sich auf das Osman. Reich stützende

1768 Gegenkonföderation von Bar wird mit russ. Hilfe im Bürgerkrieg zerschlagen.

1769 Österreich besetzt die seit 1412 verpfändete Zips (S. 201). Zur Verhinderung eines russ.-österr. Krieges

1772 Erste Teilung Polens (gegen den Willen MARIA THERESIAS: »Treu und Glauben sind für alle Zeit verloren!«). – Die Teilungsmächte verlangen die Beibehaltung des Wahlkönigtums, der poln. Adelsrechte und des »Liberum Veto«.

Während des russ. Krieges mit der Türkei und Schweden (1788–90) beschließt der

1788–91 »Vierjährige Reichstag« die Umwandlung Polens in eine parlamentar. Erbmonarchie, verkündet in der

1791 Mai-Konstitution. – Darauf bildet die Opposition unter russ. Einwirkung die

1792 Konföderation von Targowize; der König wird zum Beitritt gezwungen. Zur »Wiederherstellung der Ordnung«

1793 Zweite Teilung Polens, anerkannt vom »stummen Reichstag« von Grodno. – Aufstände in Wilna und Warschau entzünden unter dem Nationalhelden THADDÄUS KOSCIUSZKO (1746–1817) eine allgemeine

1794 Volkserhebung, die von preuß. und russ. Truppen (SUWOROW) niedergeschlagen wird.

1795 Dritte Teilung Polens: Auflösung des Reiches. – Geführt von General DABROWSKI (1755–1818), kämpfen poln. Legionen unter NAPOLEON; er errichtet das

1807 Groß-Hzm. Warschau, das im Wiener Frieden durch Personalunion als

1815 »Kongreßpolen« mit Rußland vereinigt und nach vergeblicher poln.

1830/31 Revolution russ. Provinz wird.

In Paris, dem **Zentrum der poln. Emigration,** wirken die Dichter **Adam Mickiewicz** (1798–1855); SLOWACKI (1809–49); KRASINSKI (1812–59) und der Komponist **Frédéric Chopin** (1810–49) für die Befreiung Polens.

Folgen der Teilungen: Die poln. Nationalbewegung kann nicht unterdrückt werden. Polen ist im 19. Jh. ein europ. Unruheherd (Nat.-Hymne: »Noch ist Polen nicht verloren«). – **Preußen** belastet sich mit einer völk. Minderheit und begründet das gespannte deutsch-poln. Verhältnis (Auswüchse im 20. Jh.: deutsche Ausrottungspolitik, poln. Deutschenhaß). – **Rußland** schiebt sich nach Westen vor und grenzt seit 1795 unmittelbar an Preußen und Österreich.

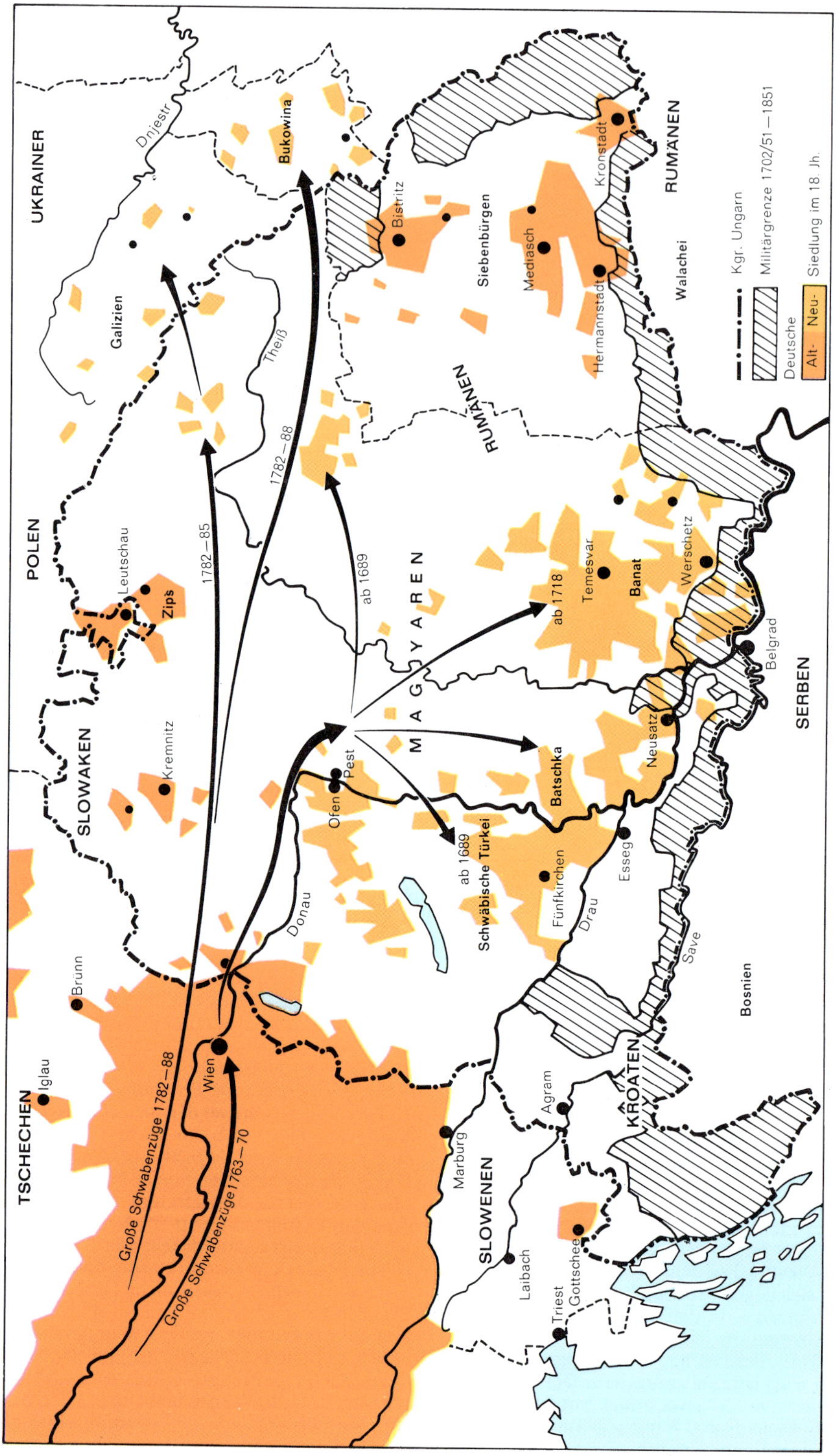

Die Neusiedlungen im Donauraum nach den Türkenkriegen im 18. Jh.

Der aufgeklärte Absolutismus im 18. Jh.
Die humanitären Ideen der Zeit beeinflussen auch die Staats- und Gesellschaftslehren. Der aufgeklärte Herrscher regiert als »erster Diener des Staates« seine Untertanen nach vernünftigen Prinzipien (»Nichts durch das Volk, alles für das Volk!«). Durch »Revolution von oben« entsteht der absolutist. Staat mit mod. Bürokratie und geordnetem Rechtswesen.

Preußen: Friedrich II. d. Gr. [1740–86]
Fortsetzung des väterl. Reformwerkes (S. 281): feste Haushaltspläne; Staatsmonopole auf Kaffee, Tabak, Salz.
Innere Kolonisation: Trockenlegung der Oder-, Warthe-, Netzebrüche; Straßen- und Kanalbauten; Errichtung von 900 Dörfern mit über 300000 Neusiedlern.
Förderung der Landwirtschaft: Fruchtwechsel, Kartoffelanbau; Verbesserung der Viehzucht, Baum- und Forstpflege.
Sozialordnung: Alle Stände haben dem Staat zu dienen: der **König** (persönl. Regierung mit Räten und Sekretären) durch tätige Fürsorge, Inspektionen, Kontrollen; der **Adel** (Großgrundbesitz und Gutsherrschaft) stellt Offiziere und höhere Beamte; die **Bürger** (Handel und Gewerbe) tragen die Steuerlasten, werden aber unterstützt (Ausbau des Seiden-, Glas-, Porzellangewerbes); die **Bauern** (Landarbeit) bleiben in **Erbuntertänigkeit** (Sonderform der Leibeigenschaft). – Meinungs- und **Religionsfreiheit** für alle Untertanen.
Rechtsreform eingeleitet durch **Samuel von Cocceji** (1679–1755): Abschaffung der Folter, der kgl. Eingriffe in Rechtsverfahren, des Ämterkaufs. Einführung der **Rechtsgleichheit** und Unabhängigkeit der Rechtsprechung (Gewaltenteilung). Staatl. Prüfung und Besoldung der Juristen. Einheitliche Rechtsinstanzen, Prozeß-, Straf- und Gefängnisordnungen. Preußen wandelt sich vom Polizei- zum **Rechtsstaat. –** Verfaßt von SVAREZ (1746–98) tritt **1794 das Allgemeine Landrecht** in Kraft.

Österreich: Maria Theresia [1740–80]
Die Kaiserin folgt dem Beispiel ihres preuß. Gegners. Erschwerung der »inneren Aufrüstung« durch soz., polit. und wirtschaftl. Unterschiede zwischen den Staatsvölkern. Dennoch Umwandlung der österr.-böhm. Reichshälfte in einen mod. Beamtenstaat mit Einteilung in Gubernien und Kreisämter; allg. Steuerpflicht auf Grund von Volkszählungen und des Theresianischen Katasters (zur Bodenschätzung).
Rechtswesen: Protestanten und Juden unterliegen Beschränkungen; staatl. Kirchenaufsicht mit »Placet regium« (Erlaubnis) für päpstl. Erlasse. – Einheitl. Strafgesetz (Nemesis Theresiana 1768).
Schulwesen: Volks- und Gewerbeschulen; Militär-, Ingenieur-, Handelsakademien zur Hebung der prakt. Volksbildung. Das Bildungsmonopol der Jesuiten wird mit der Auflösung des Ordens (1773) gebrochen.

Innere Kolonisation: Seit 1748 verstärkte **»Schwabenzüge«** in die südöstl. Reichsgebiete (Karte S. 286, auch S. 265).
Zur Verwirklichung eines **Einheitsstaates** radikale und überstürzte Reformen unter
1765–90 Joseph II. (in Österr. bis 1780 Mitregent seiner Mutter). – Zentrale Verwaltung mit deutscher Amtssprache im ganzen Reich.
1781 Aufhebung der Leibeigenschaft und des Zunftzwanges; Toleranzpatent, aber keine Gleichstellung der Konfessionen.
Kirchenreform: Auflösung »untätiger« Orden (1300 Klöster); staatl. Priesterausbildung und -besoldung; Schulen und Wohlfahrtseinrichtungen; Zivilehe. Der **»Josephinismus«** (christl. liberales Staatskirchentum) scheitert, wirkt aber in das 19. Jh. hinein.
Folgen der Reformen: Die Staatsvölker wehren sich gegen die Mißachtung ihrer nat. Traditionen und Sonderrechte. Ein
1787 Aufstand der österr. Niederlande endet in allg. Unruhen (Ungarn) und im
1790 Abfall der »Republik der vereinigt. belg. Provinzen«. Rücknahme der meisten Reformen noch durch JOSEPH. Sein Bruder
1790–92 LEOPOLD II. lenkt vorsichtig ein, um die Monarchie zu retten.

Rußland: Katharina II. d. Gr. [1762–96]
Die gebildete Zarin aus dem Hause **Anhalt-Zerbst** verbreitet die Aufklärung in Rußland.
1764 Ansiedlung deutscher Bauern an der Wolga, 1783 auch auf der Krim. Eine
1767/68 Reformkommission versagt; seit
1775 autokrat. Regierung: Einteilung des Landes in **Gouvernements** mit gewisser Selbstverwaltung durch Adelsverbände. Nach der auf Anregung des Chemikers LOMONOSSOW (1712–65) bereits
1755 gegr. **Universität Moskau** entstehen Pläne für Volksschulen und Gymnasien. Sie scheitern wie die Versuche zur Änderung der russ. Lebensweise am Mangel an gebildeten Bürgern. »Gnadenbriefe« an den Adel verschärfen die Ausbeutung der Leibeigenen (Seelen); deshalb Bauernunruhen und
1773/74 Kosakenaufstand (PUGATSCHOW).

Reformtätigkeit im übrigen Europa
Portugal: Unter Minister POMBAL Schul-, Finanz- und Heeresreformen.
1755 Erdbeben in Lissabon; Wiederaufbau u. a. durch neue Industrien.
1759 Ausweisung der Jesuiten, in **Spanien** durch den Grafen ARANDA 1767.
Dänemark: Überhastete Reformperiode durch den deutschen Arzt STRUENSEE, der 1772 gestürzt und hingerichtet wird. Graf **Bernstorff** (1735–97) setzt die
1788 Bauernbefreiung durch.
Baden: KARL FRIEDRICH [1746–1811] gilt als Muster eines aufgeklärten **deutschen Reichsfürsten.** Er gewährt schon
1760 den Landgemeinden Selbstverwaltung,
1783 Aufhebung der Leibeigenschaft.

In der (Übergangs-)**Epoche des 19. Jahrhunderts** (Neuere, auch Neueste Geschichte) des letzten europäisch-abendländischen Zeitalters erfahren die Wissenschaften eine ungeahnte Steigerung. Sie werden getragen vom Bewußtsein der »Berechenbarkeit« aller Dinge (Rationalisierung), zielen auf reine (exakte) Feststellung und Erforschung von Tatsachen (Positivismus) und drängen von der Theorie zur praktischen Anwendung (Pragmatismus). Das **»technische Jahrhundert«** fördert materialistische Einstellung, Fortschrittsgläubigkeit und Nützlichkeitsdenken (Utilitarismus), es entfaltet bei zunehmender kultureller Stillosigkeit bürgerliche Lebensformen und schafft mit dem modernen Verwaltungszentralismus **(Bürokratisierung)** Voraussetzungen zur Bildung imperialer Großbereiche und zur Europäisierung der Welt.

Im Gefolge der Aufklärung wird die Welt geprägt von Revolutionen:

1. **Politische Revolutionen** überwinden den Absolutismus und begründen Staatsformen, die sich zur Sicherung persönl. Freiheit und polit. Gleichheit auf ein säkularisiertes Vernunft- bzw. Naturrecht berufen, den feudalen Ständestaat durch einen demokrat. **Klassenstaat** ablösen und im Prinzip der Volkssouveränität gipfeln.
   Die neue Staatsidee verwirklicht sich zuerst in Nordamerika, setzt sich seit der Franz. Rev. in Europa durch und entbindet hier im Kampf gegen die alten Mächte bzw. gegen die Herrschaft NAPOLEONS das polit. **Nationalbewußtsein** (S. 319).
2. **Die industrielle Revolution** geht von England aus, überwindet die bisherigen Produktionsmethoden (Handwerk, Verlagssystem, Manufaktur) und setzt die gewerbl. Massenproduktion durch Maschinen, priv. Unternehmer (Kapitalbesitzer) und Lohnarbeiter für den gesamten Weltmarkt frei.
   Techn.-wissenschaftl. Erfolge, rechtliche und soziale Befreiung des Individuums, kapitalist. Industrialisierung und sprunghafte Bevölkerungszunahme verändern das materielle, soz. und geistige Leben und finden ihren spezif. Ausdruck im **Sozialismus** (S. 344).

Die neuen Staats- und Wirtschaftstheorien

Am antik-röm. und idealisierten engl. Vorbild orientiert sich **Montesquieu** (1689–1755), der in den

1721 ›Lettres persanes‹ (Persische Briefe) den franz. Absolutismus ironisch kritisiert und in seinem Hauptwerk

1748 ›De l'esprit des lois‹ (Vom Geist der Gesetze) LOCKES Theorie von der Gewaltenteilung (S. 269) erweitert. Persönl. Freiheit garantiert nur ein »gemäßigter Staat« wie die **Konstitutionelle Monarchie,** in der eine Gewalt die andere hemmt. Die **Exekutive** (Verw.) liegt beim König; er bestimmt die Legislaturperioden und hat das Vetorecht gegen Beschlüsse der **Legislative** (Gesetzgebung). Diese wird vom Volk indirekt durch gewählte Vertreter ausgeübt **(Repräsentativsystem),** gliedert sich in zwei Kammern (aristokrat. Ober-, bürgerl. Unterhaus), kontrolliert die Exekutive und hat das Recht der Steuerbewilligung. Von geringerem Rang ist die unabhängige **Jurisdiktion** (Rechtsprechung: richterl. Gewalt).

Bedeutung: Starke Wirkung auf die Verfassungsentwicklung des 19. Jhs. (vgl. USA, S. 290–93; Franz. Rev., S. 296–99).

Jean Jacques Rousseau (1712–78; S. 257) entwirft ein demokrat. Idealbild im

1762 ›Contrat social‹ (Gesellschaftsvertrag). Da sich Menschen zur Erhaltung ihrer Freiheit und Gleichheit zum Staat zusammenschließen, ruht die Staatsgewalt beim Volk, die Regierenden sind seine Funktionäre, Gesetze bedürfen der Zustimmung aller; denn die Volkssouveränität ist absolut, unteilbar, unveräußerlich und bekundet sich in der **Volonté général** (allg. Wille der Nation), die auf das Beste aller abzielt, also immer richtig und mit dem Einzelwillen identisch ist. Freiheit existiert nur mit der **Gleichheit,** d.h. im Anerkennen des allg. Willens. Dieser ist nicht identisch mit der Volonté de tous (Summe der egoistischen Einzelwillen), er kann auch von einer Minderheit für die Allgemeinheit vertreten werden.

Bedeutung: Die Utopie beeinflußt die Franz. Rev. sowie die demokrat. und nat. Bewegungen im 19. Jh. Ihre Wirkung auf die totalitäre Demokratie der Gegenwart ist umstritten.

Die Übertragung aufkl. Ideen auf Wirtschaft und Gesellschaft wirkt sich im **Wirtschaftsliberalismus** aus. Unter der Devise »**Laissez faire,** laissez passer« (Laßt machen, laßt gehen) wird eine vom Staat unbeeinflußte »natürliche Ordnung« gefordert, in der freies Eigentum und Gewerbe, freier Wettbewerb und Handel wirtschaftl. Aufschwung und Wohlstand verbürgen.

Als Vertreter des **Physiokratismus** (griech. Herrschaft der Natur) sieht der Leibarzt LUDWIGS XV., **François Quesnay** (1694–1774), in Reaktion auf den Merkantilismus (S. 261) im **Boden** die einzige Quelle des Reichtums. Nur die Landwirtschaft sei wirklich produktiv, Handel und Gewerbe dagegen »steril«.

Adam Smith (1723–90) sieht die Ursache des Wohlstandes in der **Arbeit.** Aus natürlichem Selbstinteresse werden Güter für den Markt erzeugt, die ihren (Tausch-)Wert nach dem »Naturgesetz« von Angebot und Nachfrage im **Marktpreis** erhalten. Durch freie Konkurrenz und freien Handel werden sich auch soziale Harmonie und Gerechtigkeit einspielen. Dem Staat bleiben lediglich Schutzaufgaben nach außen (Verteidigung) und innen (Rechtspflege, Unterhaltung und Verw. öffentl. Einrichtungen).

Bedeutung: Das epochale, 1776 veröffentlichte Werk von A. SMITH, ›Inquiry into the Nature and Causes of the **Wealth of Nations**‹ (die »Bibel des Kapitalismus«), entwickelt erstmals ein geschlossenes Wirtschaftssystem und begründet die sog. **Klassische Nationalökonomie,** die richtungweisend für das 19. Jh. wird.

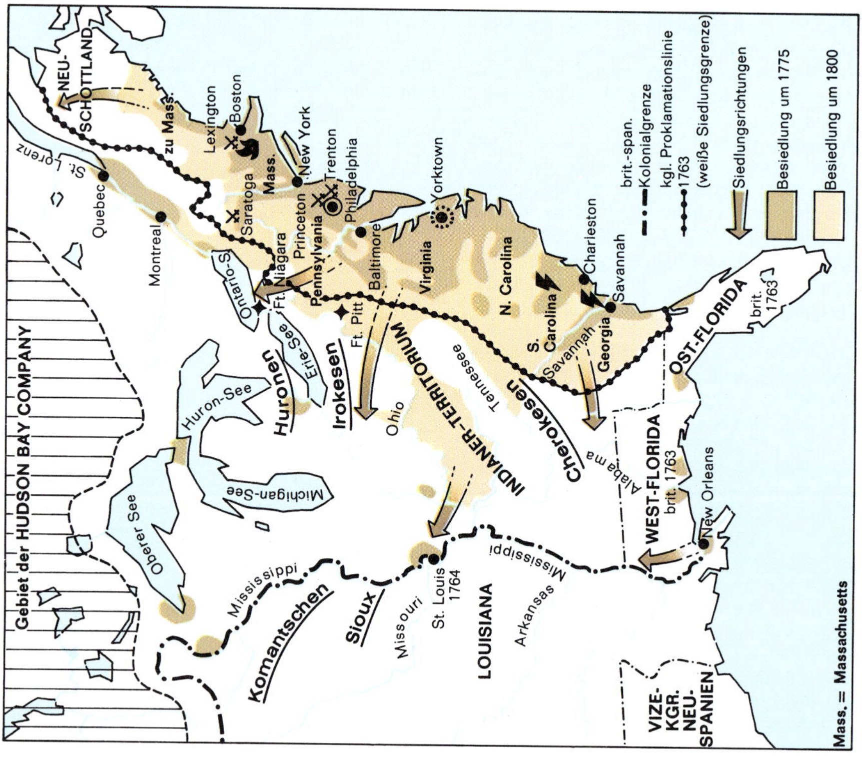

Die europäische Besiedlung Nordamerikas im 18. Jh.

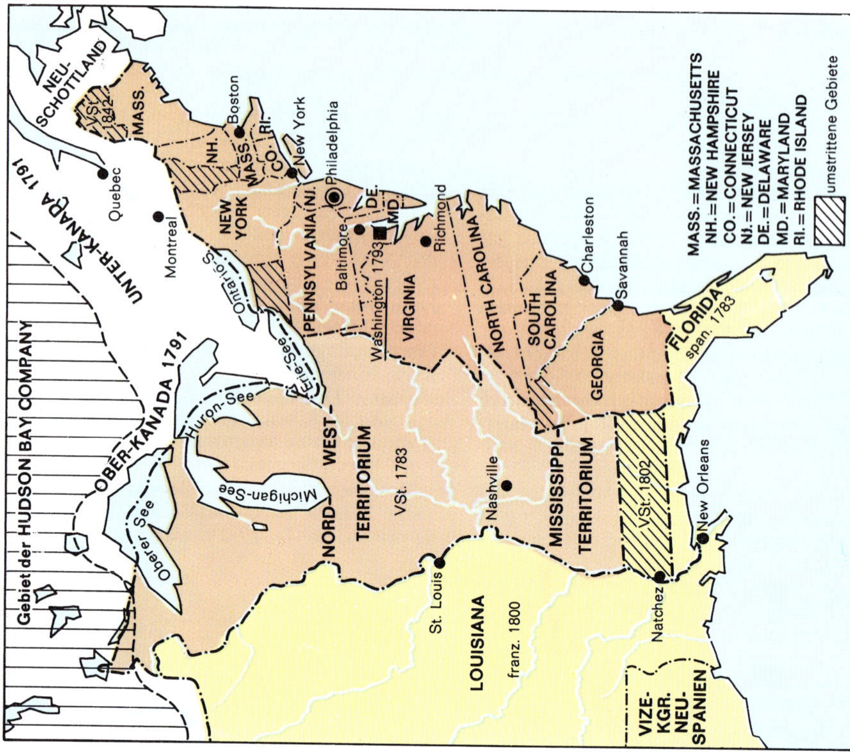

Die Vereinigten Staaten 1783

Die Unabhängigkeitsbewegung

Der Pariser Friede (1763, vgl. S. 283) beseitigt für die engl. Siedler die Gefahr einer franz. Umschnürung und stärkt ihr polit. Selbstbewußtsein. Es wird jedoch verletzt durch die zentralist. Politik der »King's Friends«, einer von GEORG III. [1760–1820] abhängigen Parlamentsgruppe. Die Spannungen zwischen Mutterland und Kolonien wachsen (Siedlungsverbote westl. der Appalachen, Unterbindung des kol. Eigenhandels, Erhebung direkter Steuern zur Tilgung brit. Kriegsschulden u. a.).

1765 Stempel-Steuer-Gesetz für Urkunden, Zeitungen, Bücher. PITT D. Ä. (S. 283) und BURKE (S. 309) setzen sich für die Kolonisten ein, erreichen aber nur Teilerfolge: 1766 Rücknahme der Stempel-Steuer, dafür neue Einfuhr-(Townshend-)Zölle; deshalb seit 1770 Krawalle in Boston/Mass. und Boykott brit. Waren. Radikale wie SAMUEL ADAMS (1722–1803) und THOMAS JEFFERSON gründen in Massachusetts »Korrespondenz-Komitees« zur Organisation einer »Los-von-England-Bewegung«, die später durch die Flugschrift ›Common sense‹ (1776) von THOMAS PAINE (S. 309) starken Auftrieb erhält.
Forderungen nach Mitbestimmung im Parlament (»No taxation without representation«) werden überhört, Sondersteuern dagegen bis auf einen Tee-Zoll, der der Ost-Indien-Kompanie das Tee-Monopol sichert, aufgehoben.

1773 Bostoner Tee-Sturm (Boston Tea Party): Die Tee-Ladung von drei Schiffen wird versenkt. Die Regierung sperrt darauf den Hafen (Ausnahmezustand).

1774 Erster Kontinental-Kongreß in Philadelphia: Delegierte der 13 Neu-England-Staaten (Massachusetts, New Jersey, New York, Rhode Island, Connecticut, New Hampshire, Pennsylvania, Delaware, Virginia, Maryland, North Carolina, South Carolina, Georgia) beschließen bis zur Wiederherstellung der alten Rechtslage (vor 1763) die Einstellung des England-Handels.
Der erste

18. April 1775 Zusammenstoß zwischen amerikan. Miliz und brit. Truppen bei Lexington weitet sich aus zum

1775–83 Unabhängigkeitskrieg Nordamerikas. – Den ca. 3 Mill. Siedlern fehlen ausgebildete Truppen, Geld, Kriegsmaterial und eine einheitliche Führung.
George Washington (1732–99), Gutsbesitzer aus Virginia (Mount Vernon), erhält vom zweiten Kongreß den Oberbefehl. Seine Gegner sind
1. die brit. Kolonialarmee (darunter 17000, zum Teil unzuverlässige, von ihren Landesherren verkaufte Söldner aus Hessen und Braunschweig),
2. die »Loyalists«, englandtreue Amerikaner und
3. mit England verbündete Indianerstämme.

4. Juli 1776 Unabhängigkeitserklärung der 13 Vereinigten Staaten (symbolisiert in den 13 Streifen der amerikan. Flagge): für die USA richtungweisende, erste Formulierung der **Menschenrechte** (»life, liberty and the pursuit of happiness«) und des aus ihnen abgeleiteten polit. **Widerstandsrechtes.** – Die Geburtsurkunde der neuen Nation und heutigen Weltmacht ist das Werk von **Thomas Jefferson** (1743–1826). Der 4. Juli wird zum Nationalfeiertag der USA.

1776 Brit. Niederlagen am Delaware bei Trenton und Princeton wegen Nachschubschwierigkeiten, auch wegen der ungewohnten Guerilla-Taktik der Siedler.

1777 Amerikan. Erfolg bei Saratoga.

Als erster Gesandter der USA wirbt **Benjamin Franklin** (1706–90) in Paris für die amerikan. Sache. Aristokratische Freiwillige kämpfen unter WASHINGTON (u. a. der Marquis DE LA FAYETTE [S. 297], der poln. Nationalheld KOSCIUSZKO [S. 285] und der preuß. General und Organisator der amerikan. Armee VON STEUBEN). Die absolutist. Mächte Frankreich und Spanien greifen 1778 als »Geburtshelfer der amerikan. Republik« gegen England ein: 1779–82 vergebliche Belagerung von Gibraltar, aber Eroberung von Menorca durch Spanien; brit. Seesiege in Westindien (Adm. RODNEY) bei St. Vincent 1781 und St. Domingo 1782.

Gegen den brit. Kaperkrieg beschließen Rußland, Frankreich, Spanien, Holland, Schweden, Dänemark, Österreich und Preußen

1780 die bewaffnete Seeneutralität. Der Grundsatz »Neutrale Flagge schützt feindl. Gut außer Bann-(Kriegs-)ware« geht in das moderne Seerecht ein. – Unter ROCHAMBEAU landen franz. Truppen in Rhode Island. Die Briten strecken nach der

1781 Eroberung von Yorktown durch die Amerikaner die Waffen (unter den 7200 Gefangenen befindet sich auch GNEISENAU [S. 311]).

1783 Friede von Versailles: Großbritannien erkennt die amerikan. Unabhängigkeit an; Tobago/Westindien und Senegambien fallen an Frankreich, Spanien erhält Menorca und Florida.

Bedeutung – für **Großbritannien:** erste Niederlage seit dem Hundertjährigen Krieg (S. 191); Zusammenbruch des brit. Atlantik-Empires;
- für **Frankreich:** neue Kriegsschulden belasten die zerrütteten Staatsfinanzen (S. 294); die franz. Freiwilligen werden als Freiheitskämpfer gefeiert, die Kritik am Ancien régime wächst;
- für **Nordamerika:** nach schweren Opfern (70000 Gefallene) ist die äußere Unabhängigkeit erreicht worden, die »Loyalists« wandern nach Ober-Kanada aus; ungelöst bleibt das Problem der inneren Verfassung, der lokkere Staatenbund (Confederation) droht zu zerfallen.

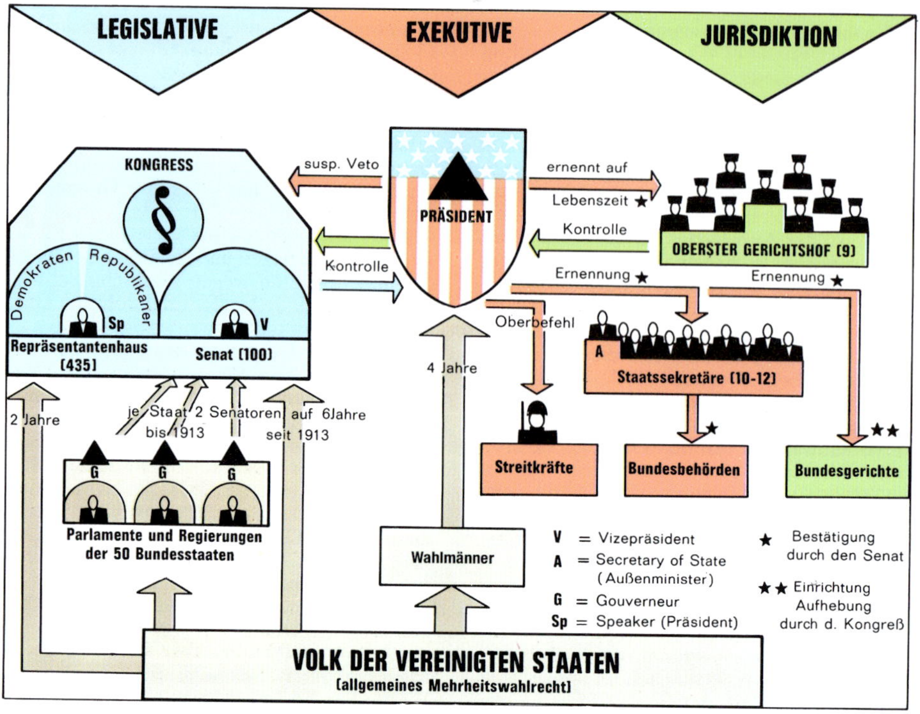

Die Verfassung der Vereinigten Staaten von Amerika

Die Entwicklung der Vereinigten Staaten von Amerika bis 1820

Die Bildung der USA

Die Einzelstaaten ersetzen – nach dem Vorbild von Virginia – ihre Kolonialstatuten durch Verfassungen. Diese garantieren

1. Volkssouveränität durch demokrat. Grundrechte: **1776 Virginia Bill of Rights** (JEFFERSON);
2. Gewaltenteilung und Wahl zu allen Staatsämtern;
3. Trennung von Staat und Kirche (1785 Virginia Statute of Religious Liberty).

Geldentwertung, wirtschaftl. Nöte, Grenzkämpfe mit Indianern zwingen die Einzelstaaten zum Zusammenschluß.

1787 Verfassungskonvent in Philadelphia: im Streit zwischen zentralist. »Federalists« (ALEXANDER HAMILTON, JOHN ADAMS, GEORGE WASHINGTON) und föderalist. »Republicans« (später Democrats – JEFFERSON) vermitteln BENJAMIN FRANKLIN UND JAMES MADISON. Die 55 Delegierten der 13 Gründerstaaten einigen sich auf den Kompromiß einer **präsidialen Bundesrepublik.** Ihre schriftlich festgelegte Verfassung wird nur zögernd von den Einzelstaaten anerkannt, ab 1789 jedoch rechtsgültig. – Dem »Mythos vom angestammten Herrscherhaus« in Europa entspricht die Verehrung der »Founding Fathers« (Väter der Union) in den USA. Der Konvent verabschiedet am

17. Sept. 1787 die Verfassung der Vereinigten Staaten von Amerika, das Grundgesetz der ersten modernen Demokratie. Wesentliche Merkmale: **Gewaltenteilung** (MONTESQUIEU, S. 289) und ein System gegenseitiger Kontrolle (Checks and Balances) 1. zwischen Bund und Staaten (doppelte Staatsbürgerschaft): der Bund ist zuständig für Verteidigung, Währung, Außenpolitik, Außenhandel; der Einzelstaat für Verkehr, Kultus, Justiz, Polizei u.a.; 2. zwischen den Staatsgewalten der Union. – Der

Präsident wird als Oberhaupt und Reg.-Chef von den Parteien nominiert und auf vier Jahre von Wahlmännern der Staaten indirekt gewählt (einmalige Wiederwahl möglich; Ausnahme: ROOSEVELT 1940/44). Er ernennt die Staatssekretäre (Minister), kann nur durch eine Staatsanklage abgesetzt werden, wird aber politisch vom Kongreß, verfassungsrechtlich vom Obersten Gerichtshof kontrolliert. – Der

Kongreß besteht aus zwei unauflösbaren Kammern: Repräsentantenhaus (auf 2 Jahre direkt gewählt) und Senat (je 2 Vertreter der Staaten auf 6 Jahre, wobei alle 2 Jahre ein Drittel der Senatoren neu gewählt wird). Präsident (suspensives Veto) und Oberster Gerichtshof überwachen die Gesetzgebung. Der

Oberste Gerichtshof (Supreme Court mit 9 unabh., vom Präsidenten auf Lebenszeit ernannten Mitgliedern) übt die Rechtsaufsicht über Verfassung und Gesetzgebung aus.

Seit 1789 wurde diese Verfassung nur durch 22 Amendments (Zusatzartikel) ergänzt.

Die Epoche der Virginia-Präsidenten

1789–97 George Washington. ALEXANDER HAMILTON (1757–1804) entwirft ein nat. Programm zur Entwicklung von Industrie, Handel und Finanzen. – Die 1793 gegr. Hauptstadt Washington wird ab 1800 Sitz des Präsidenten (Weißes Haus) und des Kongresses (Kapitol). Schon unter Präsident

1797–1801 JOHN ADAMS (Federalist) beginnen die Konflikte mit den Südstaaten (Kentucky) wegen der Fremden- und Aufruhrgesetze des Bundes (Alien Bill), so daß unter

1801–09 Thomas Jefferson (Republican) nach der Devise »möglichst wenig Staat und Regierung« eine Reaktion auf die zentralist. Bundesrepublik erfolgt. Energien und Interessen der Nation richten sich auf

»The Winning of the West«, die Ausdehnung nach Westen durch Binnensiedlung und Einwanderung aus West-, Mittel- und Nordeuropa. Die Bevölkerung steigt von 3,9 Mill. (1790) auf 7,2 Mill. (1810) und drängt über die Appalachen in das Innere des Kontinents vor. Siedler und Gesellschaften erhalten von der Regierung neues Land gegen gesetzl. Mindestpreise (ca. ein Dollar pro Morgen). Die theoret. gleichberechtigten Indianer werden bekämpft (Gen. WAYNE, ANDREW JACKSON). Sie reagieren mit grausamen Überfällen.

Ab 1787 Besiedlung der Nordwest- und Mississippi-Territorien, aus denen folgende Staaten hervorgehen: Kentucky 1792, Tennessee 1796, Ohio 1803, Louisiana 1812, Indiana 1816, Mississippi 1817, Illinois 1818 und Alabama 1819.

Außenpolitik: Seit der Gründung der USA besteht eine Tendenz zum **Isolationismus.**

1793 Neutralitätserklärung trotz des Bündnisses mit Frankreich (1778) und des Koalitionskrieges (S. 301). In seiner Abschiedsbotschaft (»Farewell Address« von 1796) warnt WASHINGTON vor »dauernden Bündnissen« mit Europa.

1803 Erwerb Louisianas, von NAPOLEON verkauft für 15 Mill. Dollar (S. 309). Das »größte Geschäft der USA« fördert die Erschließung des Kontinents durch die jetzt freie Mississippi-Schiffahrt. – Spannungen mit Großbritannien (Indianerfrage, Gebietsansprüche, Handelskonkurrenz) werden 1807 mit der Embargo-Akte (Handelssperre) beantwortet.

1809–17 Präs. JAMES MADISON (Republican) läßt sich zur Eroberung Kanadas zum

1812–14 (2. Unabhängigkeits-) Krieg mit Großbritannien verleiten, kann aber brit. Küstenüberfälle und die Zerstörung Washingtons nicht verhindern. Gen. JACKSON (»Old Hickory«, S. 373) verteidigt New Orleans.

1814 »Ewiger Friede« von Gent: mit Rücksicht auf die Lage in Europa (S. 315) begnügt sich England mit der Herstellung des Status quo ante; die Großen Seen werden neutralisiert.

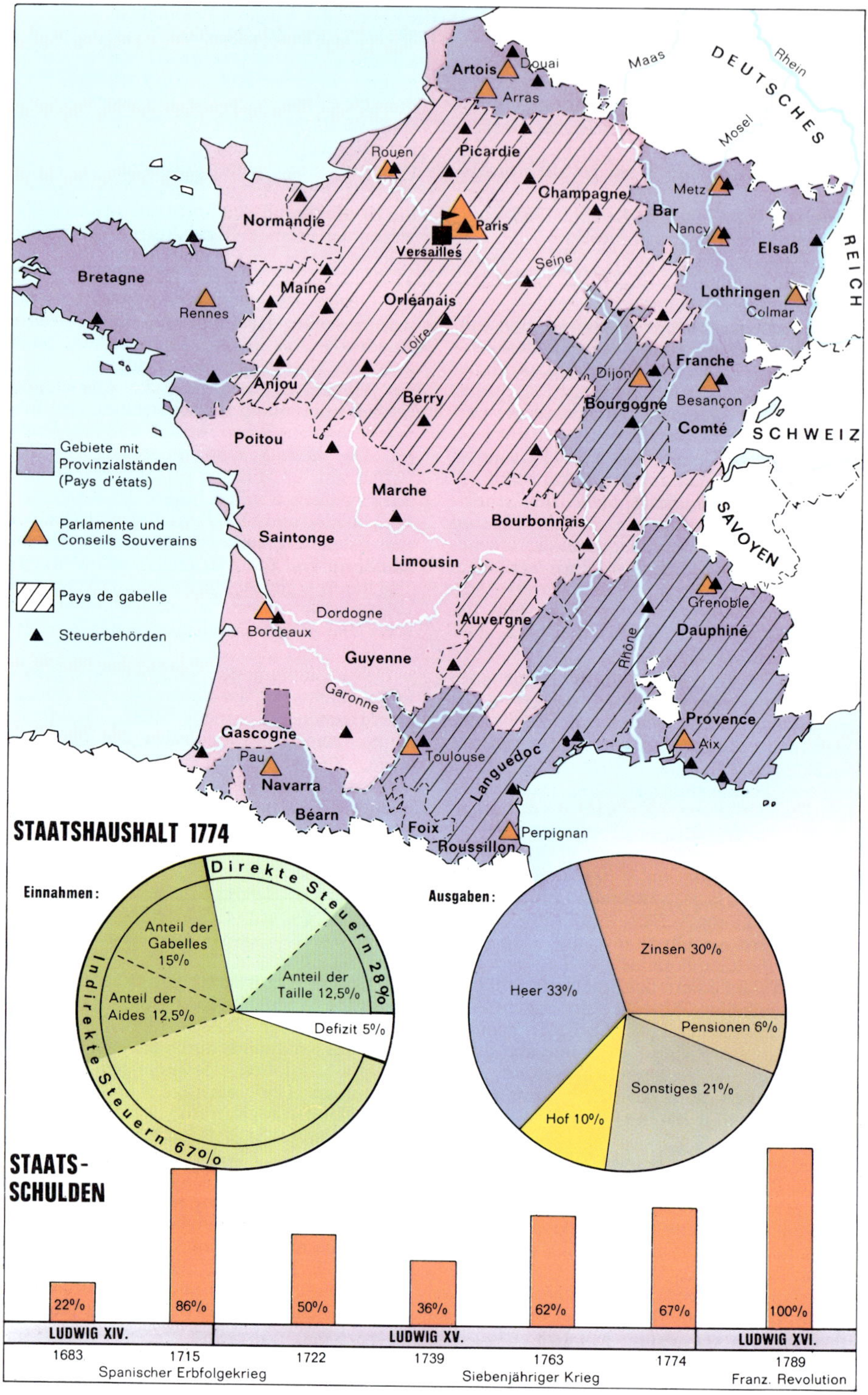

Frankreich vor der Revolution

Frankreich am Vorabend der Revolution

Der Verfall des **Ancien régime** beruht auf der Schwäche des absolutist. Systems.

Krone: Autoritäts- und Prestigeverlust durch Unfähigkeit LUDWIGS XV. (S. 281) sowie durch kostspielige außenpolit. Mißerfolge seit 1714.

Verwaltung: Das Beamtentum (Intendantur) ohne zentrale Führung; lokale Gewalten (Provinzialstände in den Pays d'états; **Parlamente** als ständ. Gerichtshöfe), kirchl. und adelige Vorrechte sowie Käuflichkeit der Ämter bleiben bestehen, Zusammenstöße der Krone mit dem **Pariser Parlament,** das die Kontrolle über kgl. Gesetze beansprucht.

Gesellschaft/Wirtschaft: Die veraltete Feudalordnung weckt in allen Ständen Unzufriedenheit und soz. Spannungen. Dem

Adel stehen die Offiziers- und höheren Beamtenstellen zu; er stuft sich in Hochadel (auf Hofämter, kgl. Pensionen, Pachtrenten angewiesen), Landadel in den Prov. und bürgerl. Amtsadel (Noblesse de robe). Innerhalb der verschuldeten

Geistlichkeit große Unterschiede zwischen hohem und niederem Klerus. – Die

Bourgeoisie (Bankiers, Fabrikanten, Kaufleute, Juristen, Ärzte) wird durch den Merkantilismus (S. 260f.) begünstigt. Der durch Zunftordnungen gebundene

Handwerkerstand löst sich in der Metropole Paris (ca. 650000 Einw.) auf. Hof und Heer benötigen Massengüter, die fabrikmäßig erzeugt werden und ein Industrieproletariat entstehen lassen. – Soz. und rechtl. differenziert ist der nicht durch Leibeigenschaft gebundene

Bauernstand. Freie Grundbesitzer stehen unter dem Druck »feudaler Reaktion« (Ausweitung adeliger Besitztitel mit Hilfe der Parlamente), leben aber auskömmlich. Die Erb- und Leihepächter sind trotz vieler Verpflichtungen (Abgaben, Frondienste u.a.) relativ unabhängig. Krisenanfällig ist die wachsende Schicht besitzloser **Landarbeiter** (über 50% der Bevölkerung).

Finanzpolitik: Ständige Defizite bis zu Staatsbankrotten durch überhöhte Ausgaben. Zu ihrer Deckung hochprozentige Anleihen; starre Handhabung der Einkünfte (Aides = Verbrauchssteuer, besonders auf Salz [Gabelle = Salzsteuer]) durch Steuerpächter, denen der Gewinn zufließt.
Der Adel verteidigt seine Befreiung von der Grundsteuer (Taille), der Klerus leistet nur freiw. Abgaben (Dons gratuits), so daß die Steuerlast die ärmsten Schichten trifft: bis zu 70% des bäuerl. Einkommens.

Opposition gegen das Regime wird vorbereitet von der Aufklärung: Radikale Kritik der Zustände durch die Enzyklopädisten und **Voltaire** (S. 257); Schlagworte über Freiheit und Gleichheit beeinflussen die öffentl. Meinung. – Sie wird getragen:

1. von der privilegierten Oberschicht; sie hält zwar an den Feudalrechten fest, fordert aber zugleich die Beschränkung der absoluten Monarchie und Abschaffung der Kabinettsjustiz;
2. von der Bourgeoisie, die als **Dritter Stand** (Tiers état) soz. Gleichberechtigung und polit. Mitbestimmung beansprucht.

1774–92 Ludwig XVI., redlich, aber unbedeutend, entschließt sich zu Reformen. Er beruft den Physiokraten **Anne Robert Turgot** (1727–81) zum Finanz-Min. Nach Freigabe des Getreidehandels Revolte der Pariser Arbeiter gegen das Hochschnellen der Brotpreise. Das **Reformprogramm** (Beseitigung von Feudal- und Zunftrechten, Aufbau einer Selbstverw., Einführung einer allg. Grundsteuer) wird durch die Hofpartei der Königin MARIE ANTOINETTE (»Madame Defizit«) und durch die Parlamente zu Fall gebracht. Entsendung von Freiwilligen unter **La Fayette** (S. 297) nach Amerika (S. 291).

1778 Bündnis mit den USA gegen England. – Der Calvinist und Bankier aus Genf, **Jacques Necker** (1732–1804), sucht vergeblich, die Kriegskosten durch Anleihen zu decken. Er stürzt über das Wagnis, die staatl. Finanzmisere im

1781 ›Compte rendu‹ zu veröffentlichen.

1783 Friede von Versailles: Gewinn von Senegambien und Tobago, aber keine finanz. Entlastung. Der amerikan. Freiheitserfolg verstärkt die Kritik am Regime. Salons, Cafés, Klubs, Freimaurerlogen werden Zentren einer »patriot. Partei« lib. Adeliger, Geistlicher und Bürger (LA FAYETTE, MIRABEAU, PHILIPP VON ORLÉANS, TALLEYRAND, SIEYÈS u.a.).

1783–87 Finanz-Min. Charles Alexandre de Calonne (1734–1802) greift auf TURGOTS Pläne zurück, doch ist eine Notabelnversammlung kgl. Vertrauenspersonen (erstmals seit 1626) ohne Einblick in die Finanzpolitik nicht bereit, die Vorschläge anzunehmen. CALONNES Nachfolger LOMÉNIE DE BRIENNE (1727–94) scheitert am Pariser Parlament, das zur Steuerreform die

Einberufung der Generalstände (letzter Zusammentritt 1614) durchsetzt. – Seit dem

1786 Handelsvertrag mit England verschlechtern **Industriekrisen** (durch die brit. Konkurrenz), Unruhen, **Hungersnöte** (Mißernten) die innere Lage.

1788 Staatsbankrott und die Rückberufung NECKERS, der eine Verdoppelung der Abgeordneten des Dritten Standes erreicht. – Nach radikalem Wahlkampf Bildung der Generalstände: mit den »Cahiers« (ein Katalog von Wünschen und Beschwerden) für eine beschränkte Monarchie. In der Flugschrift ›Was ist der Dritte Stand?‹ verlangt der Abbé **Emanuel Joseph Sieyès** (1748–1836) die Beteiligung der Repräsentanten der Nation an der Regierung.

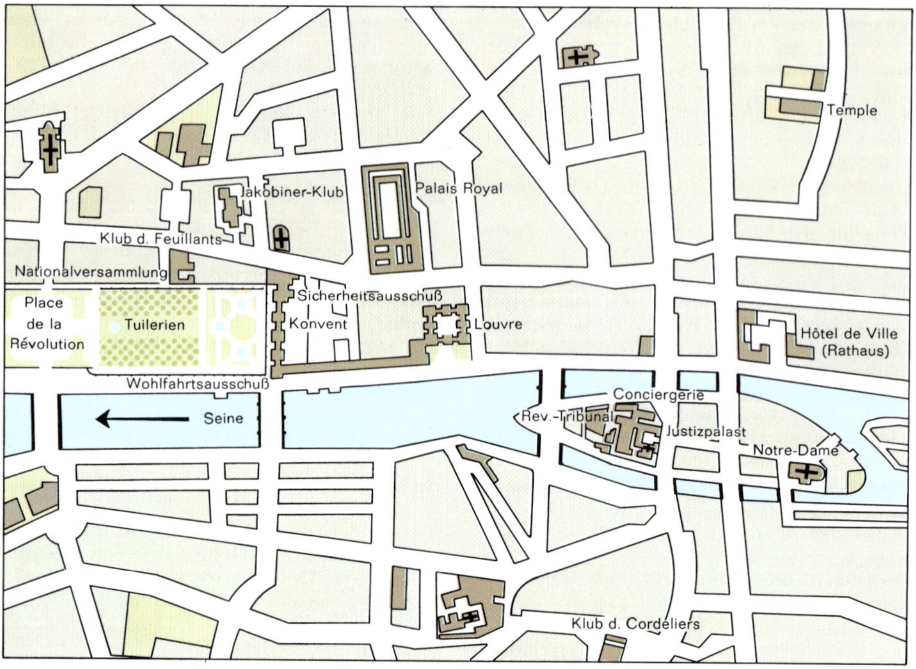

Paris um 1789

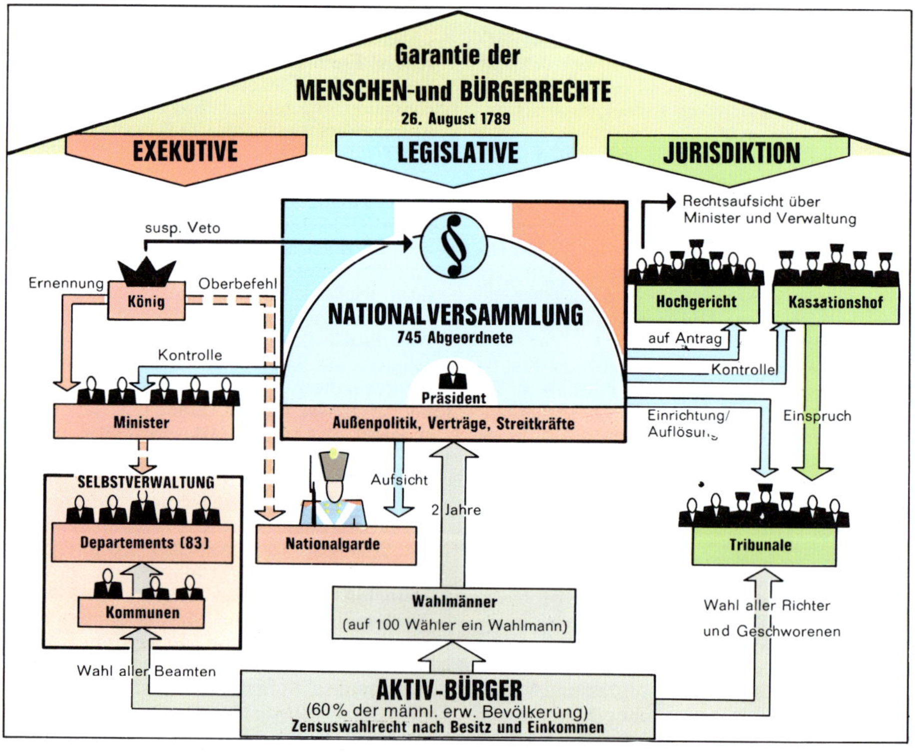

Die französische Verfassung von 1791

Die Französische Revolution (1789–92)

5. Mai 1789 Eröffnung der Generalstände (S. 295) in Versailles. Der 3. Stand fordert Abstimmung nach Köpfen statt nach Ständen. Mit der Erklärung zur **Nationalversammlung** (17. Juni) und dem Schwur im Ballhaus (20. Juni), »sich niemals zu trennen, bis die Verfassung errichtet ist« (BAILLY, Präs. der Nat.-Vers.), und »nur der Gewalt der Bajonette« zu weichen (MIRABEAU), beginnt die Revolution.

Die Konstituante (1789–91)

Der König erkennt die neue Lage an, aber die Entlassung NECKERS (S. 295) und Truppenkonzentrationen um die Stadt veranlassen die Massen von Paris zum

14. Juli 1789 Sturm auf die Bastille (als polit. Gefängnis Symbol des Despotismus). Das Volk siegt über den Absolutismus (franz. Nationalfeiertag); das Heer löst sich auf: **La Fayette** (1757–1834) bildet eine Nationalgarde (Bürgermiliz mit blau-weiß-roter Kokarde).

Folgen: Bauernerhebungen in ganz Frankreich; erste Emigrationswelle des Adels: Zusammenbruch der staatl. Verw.; nach Pariser Vorbild entstehen auton. Gemeinden (Kommunen). Die Nat.-Vers. beschließt am

4./5. August 1789 Abschaffung der Feudalordnung und Bauernbefreiung. Aus dem Ständestaat wird ein **Klassenstaat** mit Ämter- und Gewerbefreiheit.

26. August 1789 Erklärung der Menschenrechte (in Anlehnung an die Virginia Bill, S. 293): Proklamation von Liberté, Égalité, Fraternité (persönl. Freiheit, Rechtsgleichheit, Weltbürgertum). – Hungersnot und Furcht vor Gegenrev. treiben die Massen von Paris zu neuen Gewaltakten.

5. Okt. 1789 Zug der Marktweiber nach Versailles. König und Nat.-Vers. werden nach Paris (Tuilerien: kgl. Stadtschloß) gezwungen, unter dem Druck von »Galerie und Straße«. Die Kleidung des Volkes, »phryg. Mütze« und lange Hose, setzt sich wie die neue Anrede »Citoyen« statt »Monsieur« allg. durch. – Zur Behebung der Finanznot beantragt der (1791 gebannte) Bf. **Talleyrand-Périgord** (1754–1838) die

10. Okt. 1789 Einziehung der Kirchen-, Kron- und Emigranten-Güter. Darauf ausgegebene Assignaten (seit 1790 gesetzl. Zahlungsmittel) führen zur Inflation; doch bildet sich durch Ankauf der Nationalgüter eine neue Klasse von Besitzbürgern.

Nach engl. Vorbild entstehen in Paris polit. Klubs: gemäßigte **Feuillants** (BAILLY, LA FAYETTE) und radikale **Cordeliers** (DANTON, DESMOULINS, MARAT). Die

Jakobiner (nach dem aufgelösten St.-Jakobs-Kloster) fühlen sich als »hl. Liga gegen die Feinde der Freiheit« und als »Auge der Rev.« (ROBESPIERRE, SAINT-JUST). Sie tagen geschlossen und organisieren sich straff in ganz Frankreich.

Juli 1790 Zivilverfassung des Klerus: Verstaatlichung der Kirche; Aufhebung der Klöster und Orden; Wahl der Priester. Die meisten Geistlichen lehnen den verlangten Eid auf die Verfassung ab, ein Konflikt zwischen Staat und Kirche entsteht. Mit dem Tod **Mirabeaus** (1749–91) wird die Verbindung des Königtums mit der Rev. unmöglich.

Juni 1791 Fluchtversuch LUDWIGS XVI.: der König wird in Varennes erkannt, nach Paris zurückgebracht und polit. völlig entmachtet (»Automat der Verfassung«).

3. Sept. 1791 Verkündung der neuen Verfassung (Vorbild aller bürgerl. Verfassungen im 19. Jh.).

Charakter: Konstitut. Monarchie; schwache Exekutive und legislative Volksvertretung (Zensuswahl der »Aktiv-Bürger« mit Vermögen); Wahl aller Beamten, Richter und Geschworenen; öffentl. Gerichte; Einteilung des Staates in 83 Departements mit selbst. Verw. – Menschenrechte, Rechtsgleichheit und Privateigentum werden garantiert.

Die Legislative (1791–92)

Den neugewählten 745 Abg. der **Gesetzgebenden Versammlung** (über 50 Prozent Advokaten) fehlt polit. Erfahrung. Parteien: königstreue **Feuillants** (ca. 20 Mitgl.; März 1792 aufgelöst); **Girondisten** (ca. 250 Mitgl.; als Vertreter der Besitzbürger Republikaner und Föderalisten); **Jakobiner** (ca. 30 Mitgl.; radikale Zentralisten, die durch Agitation und Zeitungen [MARAT: ›Ami du Peuple‹, HÉBERT: ›Père Duchesne‹] die Massen beeinflussen und die Pariser Kommune beherrschen); **Indépendents** ohne klares polit. Programm.

Zur Ablenkung von innerer Not, aber auch aus Furcht vor der Emigrantenhetze im Ausland und vor Habsburg

April 1792 Kriegserklärung an Österreich: Beginn der Koalitionskriege. Hptm. ROUGET DE LISLE dichtet und komponiert die **Marseillaise,** Kampflied der Rev. und franz. Nationalhymne. Einsprüche des Königs (»Monsieur Veto«) gegen Dekrete zur Verfolgung eidverweigernder Priester; milit. Mißerfolge, die das »Vaterland in Gefahr« bringen. Vor allem das von Emigranten verfaßte

25. Juli 1792 Manifest des Herzogs von Braunschweig zur Befreiung des Königs treibt die Revolutionäre zum

10. August 1792 Sturm auf die Tuilerien. Die kgl. Familie wird im »Temple« interniert; die Girondisten fordern Beseitigung des Königtums und Neuwahl eines republ. **Nationalkonvents.** Justiz-Min. **Danton** (1756–94), **Marat** (1743–93) und die Kommune veranlassen die

2.–7. Sept. 1792 Septembermorde zur »Gefängnisreinigung«. Eine 2. Welle adeliger Emigranten verläßt das Land (u. a. LA FAYETTE, der in österr. Gefangenschaft gerät).

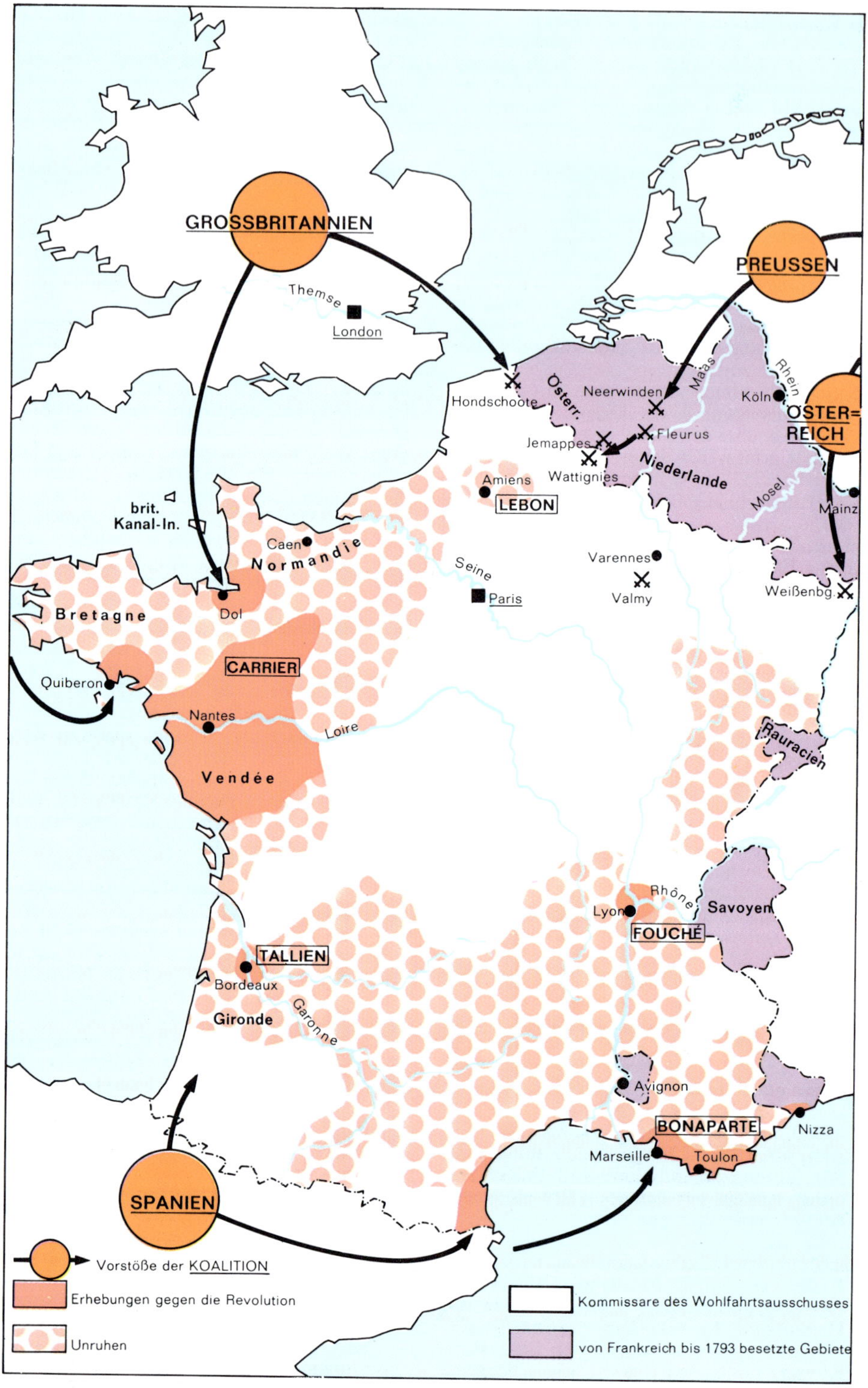

Die Krise der Revolution 1793

Der Konvent (1792/93)

Sept. 1792 Frankreich wird zur Rep. erklärt (BRISSOT: Das Volk will es!). Ein neuer republ. Kalender tritt mit dem Jahr 1 in Kraft. Im Konvent bilden sich neue Parteien:

Die Ebene (auch Marais = Sumpf; untere Ränge im Konvent) oder Girondisten treten für Rechtsgleichheit, Privateigentum und Selbstverwaltung ein (BRISSOT, VERGNIAUD, ROLAND).

Der Berg (obere Ränge im Konvent; ca. 110 von 749 Abgeordneten) oder Jakobiner fordern zentrale Verw. und Verfügung über Privateigentum zur Linderung der Volksnot (DANTON, ROBESPIERRE, MARAT).
Im Schauprozeß gegen den Bürger CAPET (LUDWIG XVI.) wird auf Antrag ROBESPIERRES die

17. Jan. 1793 Todesstrafe mit 361:360 Stimmen angenommen. Der König wird am 21. Jan. 1793 durch die Guillotine (von dem Arzt GUILLOTIN befürwortetes Fallbeil zur Humanisierung der Hinrichtung) enthauptet. Großbritannien und andere europ. Mächte treten nun in den Krieg ein (S. 301). Milit. Niederlagen, Hungersnöte, Inflation, royalist. Bauernaufstände gefährden die Revolution.

Die Schreckensherrschaft (1793/94)

Dem Staatsnotstand wird mit Fanatismus und Härte erfolgreich begegnet.

Juni 1793 Verkündung der (Konvents-)Verfassung: die absolute Volksherrschaft (nach ROUSSEAU) sieht Plebiszite für jedes Gesetz vor und hebt die Gewaltenteilung auf, läßt sich aber praktisch nicht verwirklichen. Unter dem Eindruck milit. Mißerfolge stürzen die Jakobiner im

Juli 1793 die Girondisten. Der Advokat **Robespierre** (1758–94) und seine »Schwertträger« (SAINT-JUST, MARAT – ermordet von CHARLOTTE CORDAY und als Märtyrer verherrlicht) errichten eine Diktatur. DANTON beantragt, den im April gegr. **Wohlfahrtsausschuß** (9 vom Konvent gewählte Mitgl.) als provisor. Reg. mit absoluter Vollmacht einzusetzen.

Terror in Paris: Radikale Gesetze und Justizterror durch das **Revolutionstribunal** (polit. Gerichtshof) setzen praktisch die Menschenrechte außer Kraft. Bis Juli 1794 werden in Paris 1251 »Verdächtige« guillotiniert, u. a. BAILLY, der Chemiker LAVOISIER, PHILIPP VON ORLÉANS (»Bürger Égalité«), Königin MARIE ANTOINETTE.

Terror in den Departements: Kommissare des Wohlfahrtsausschusses ersticken Aufstände (Massenliquidierungen); die Generale LA HOCHE und KLÉBER führen einen Ausrottungskrieg gegen die Royalisten unter CHARETTE DE LA CONTRIE in der **Vendée** und gegen die Chouans (nach dem Anführer COTTEREAU) in der **Bretagne.**

Zugleich steigert sich der Atheismus der sog. Hébertisten (nach dem Jakobiner HÉBERT, 1757–94). Die »als Kirchen bekannten Gebäude« werden geschlossen, Notre-Dame zum »Tempel der Vernunft« geweiht. ROBESPIERRE, der »Unbestechliche«, läßt extreme Hébertisten (März) und auch gemäßigte Indulgenten (DANTON und seine Anhänger) hinrichten (April).

Mai 1794 Abschaffung des Christentums durch den **»Kult der Vernunft«** mit neuer Zeitrechnung (Monat mit 3 Wochen zu je 10 Tagen). – ROBESPIERRE zelebriert das »Fest des höchsten Wesens« (Juni).

Der Terror gipfelt in der »großen Reinigung« der Jakobiner.
Die Reform des Rev.-Tribunals (»moralische Beweise« genügen zur Verurteilung) führt zur Vereinigung aller Gegengruppen im Konvent:

27./28. Juli 1794 Sturz Robespierres: wird mit 21 seiner Anhänger (darunter SAINT-JUST) hingerichtet.

Sept. 1794 Schließung des Rev.-Tribunals und der polit. Klubs; Verbot der Marseillaise. Eine Jugendbewegung (Muscadins) säubert die Pariser Kommune; »weißer Terror« der Royalisten löst den der Jakobiner und Sansculotten vor allem in Südfrankreich ab.

Das Direktorium (1795–99)

Als Reaktion auf Terror und »Volksdiktatur« erhält die

Sept. 1795 neue Verfassung eine schwache Exekutive: 5 Direktoren; die Abg. für die beiden Kammern der Legislative (Rat der Alten [250 Mitgl.] und Rat der 500) werden in indirekter Zensuswahl gewählt. Das Besitzbürgertum (Gironde) hat seine Ziele durchgesetzt.
Während die Luxus- und Vergnügungssucht der Pariser Gesellschaft in ihren Salons den klassizist. Modestil des **Directoire** entwickelt, ist das Direktorium zu schwach, um Unruhen von rechts (Royalisten) und links (Frühkommunisten, im »Klub der Gleichen« des »Volkstribuns« FRANÇOIS NOEL BABEUF, 1760–[hingerichtet] 1797) zu verhindern. Entscheidend von NAPOLEON BONAPARTE (S. 301) unterstützt, schlägt **Barras** (1755–1829) den

5. Okt. 1795 Royalisten-Aufstand der Pariser Sektionen (vom 13. Vendémiaire) im Auftrag des Direktoriums nieder.
Versuche zur Lösung der Wirtschafts- und Finanzkrise halten den Staatsbankrott nicht auf.

4. Sept. 1797 Staatsstreich vom 18. Fructidor zur Reinigung des Staates von royalist. Korruption durch Gen. AUGEREAU.
Der Organisator der Rev.-Armee, CARNOT (S. 301), und der General PICHEGRU fliehen; das Direktorium (sog. Triumvirat unter BARRAS) gerät in Abhängigkeit von NAPOLEON BONAPARTE.

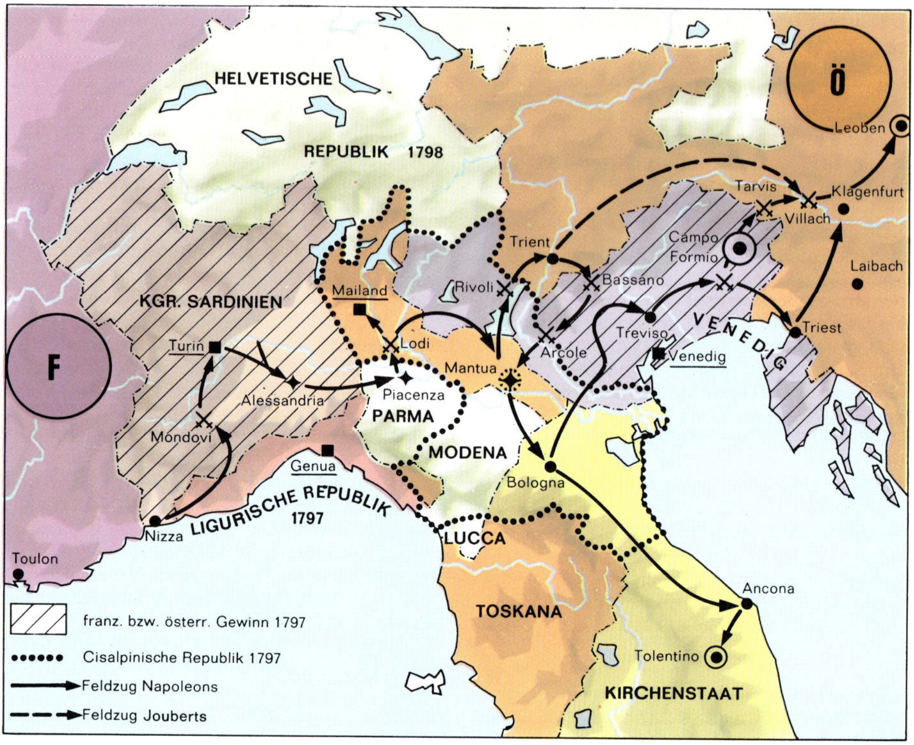

Oberitalien 1796/97

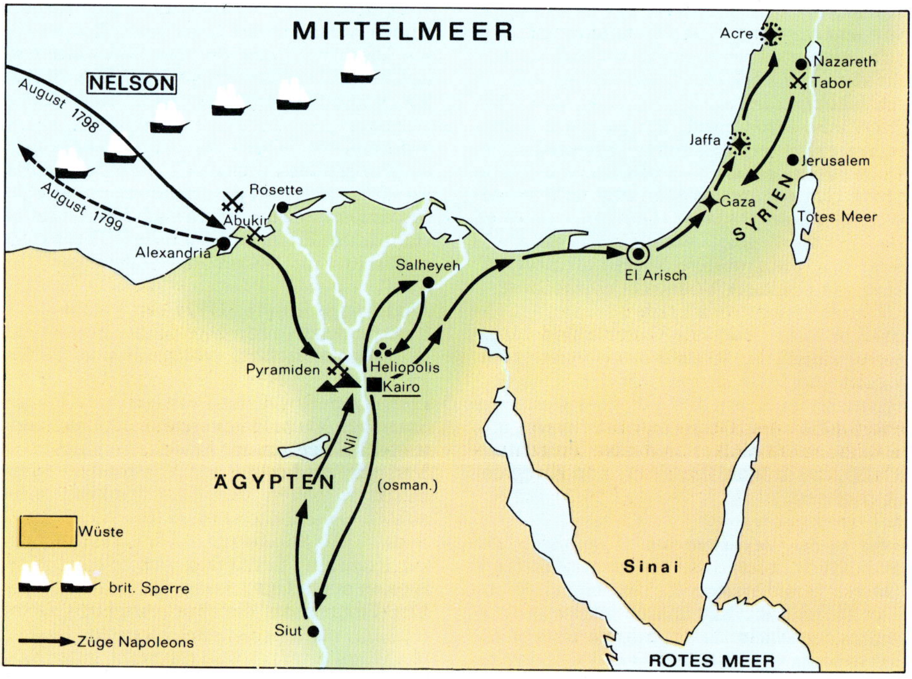

Der Feldzug Napoleons in Ägypten 1798/99

April 1792 Kriegserklärung Frankreichs an Österreich (S. 297), veranlaßt durch Invasionsdrohungen und ein österr.-preuß. Schutzbündnis (Febr.), zur Befreiung von Absolutismus und Feudalismus, für die »natürlichen Grenzen Alpen und Rhein«.

Der Erste Koalitionskrieg (1792–97)

Der Vormarsch der Koalition und das Manifest ihres Oberbefehlshabers (S. 297) entfachen das franz. Nat.-Gefühl.

20. Sept. 1792 Kanonade von Valmy: Wende des Krieges, Rückzug der preuß. Armee. Gen. DUMOURIEZ siegt bei Jemappes, erobert Belgien; Savoyen wird annektiert.

Febr. 1793 Kriegseintritt Großbritanniens u. a. Die Krise der Rev. (S. 299) wirkt sich auch auf die franz. Kriegführung aus.

März 1793 Niederlage bei Neerwinden (DUMOURIEZ); österr. Rückeroberung Belgiens, neue Bedrohung von Paris. Die brit. Flotte greift im Mittelmeer ein. Frankreich antwortet mit totaler Mobilmachung (Levée en masse).

Carnot (1753–1823) reformiert und verstärkt das Heer auf 1 Mill. (4 Prozent der Bevölkerung); politische Kommissare kontrollieren die Führung.

Erfolg der Neuorganisation: 2. Eroberung Belgiens durch JOURDAN (Siege bei Wattignies 1793 und Fleurus 1794); Holland wird zur **Batavischen Rep.** erklärt. Brit. Invasionsversuche bei Toulon und Quiberon scheitern, jedoch brit. Besetzung der ndl. Kolonien (Ceylon, Kapstadt).

1795 Sonderfriede zu Basel: Um Handlungsfreiheit in Polen zu gewinnen (S. 285), verzichtet Preußen auf das linke Rheinufer gegen Entschädigung auf dem rechten; eine Demarkationslinie sichert die Neutralität Norddeutschlands bis 1806. Spanien schließt Frieden und tritt im

1796 Vertrag von Ildefonso in den Krieg gegen Großbritannien ein, das die span. Flotte bei Kap Saint Vincent vernichtet. Österreich führt den Krieg mit brit. Finanzhilfe weiter. Franz. Vorstöße (JOURDAN, MOREAU) nach Süddeutschland wehrt Ehz. KARL (1771–1847) bei Amberg und Würzburg ab. Eine Versorgungskrise lähmt die franz. Armee in Oberitalien.

Die Revolution des Kriegs- und Heerwesens

Die Bindung des Volkes an die Nation (Patriotismus) wandelt Wehrverfassung und Kriegführung grundlegend; sie leitet die **Epoche des Nationalismus** im 19. Jh. ein.

1. Der totale **Volkskrieg** mit allg. Wehr- und Arbeitspflicht löst den Kabinettskrieg mit geworbenen Söldnern ab.
2. Der Masseneinsatz von Soldaten erlaubt offensive **Entscheidungsschlachten.** Die Ermattungsstrategie durch Märsche zur Schonung der Truppe und Ermüdung des Gegners wird wirkungslos.
3. Bewegl. Operationen in lockerer Schützenlinie (**Tirailleurtaktik**) sind dem Angriff in geschlossener Front (Lineartaktik zur Vermeidung von Desertionen) überlegen.
4. Selbstversorgung der kämpfenden Truppe (**Requirierung**) statt Magazinverpflegung.
5. Befördert wird nach Tapferkeit und Leistung, nicht mehr nach dem (adeligen) Geburtsstand des Offiziers.

Das neue franz. Nationalheer wird unschlagbar in der Hand **Napoleon Bonapartes** (1769–1821). In Ajaccio/Korsika (bis 1768 zu Genua) geboren, schließt sich der Artillerieoffizier (seit 1785) und Jünger ROUSSEAUS früh der Rev. an. Er wird nach der Belagerung von Toulon 1793 jüngster Rev.-Gen., als Jakobiner nach dem Sturz ROBESPIERRES verhaftet, doch von BARRAS mit der Niederwerfung des Pariser Aufstandes (S. 299) betraut und zum OB. in Oberitalien ernannt.

Der Feldzug in Oberitalien (1796/97)

Der »kleine Korporal« NAPOLEON erobert in einem »Blitzkrieg« die Lombardei.

1797 Kapitulation Mantuas; Friede von Tolentino mit PIUS VI. (Febr.); Vorstoß nach Kärnten und Vorfrieden von Leoben (April). – Kontributionen der »befreiten Italiener« stützen das bankrotte Direktorium (S. 299) und fördern den **»Napoleon-Mythos«** (ital. Kunstwerke in den Louvre). Der »Retter Frankreichs« diktiert den

Okt. 1797 Frieden von Campo Formio: Österreich muß der Abtretung des linken Rheinufers zustimmen (63000 qkm mit 3,5 Mill. Einw.), es tauscht Belgien und Mailand gegen Venedig (Untergang der über tausendj. Rep.). – Ausbau des franz. Satellitensystems durch **Tochterrepubliken:**

1797 Gründung der **Cisalpinischen** (Mailand) und der **Ligurischen Rep.** (Genua);

1798 Bürgerkrieg und Umbildung der Schweiz zur **Helvetischen Rep.;** der Kirchenstaat wird nach der Besetzung Roms und Gefangennahme des Papstes zur **Römischen,** Neapel 1799 zur **Parthenopäischen Rep.** erklärt.

Der Feldzug in Ägypten (1798/99)

NAPOLEON erhält den Oberbefehl gegen England, das indirekt im Mittelmeer getroffen werden soll. Er besetzt Malta, landet in Alexandria (mit 232 Transportschiffen, 2000 Kanonen, 32300 Soldaten sowie 175 Ingenieuren und Gelehrten zur Erschließung des Landes), schlägt die Mamelucken bei den Pyramiden, erobert Kairo.

1798 Brit. Seesieg bei Abukir (NELSON, S. 309). Die franz. Armee wird von Frankreich abgeschnitten. Ein Vorstoß nach Syrien mißlingt 1799 vor Acre (Akkon), der Landsieg bei Abukir rettet das Unternehmen nicht. Rußland und das Osman. Reich verbünden sich; Malta und das Mittelmeer geraten unter brit. Kontrolle. – Die franz. Herrschaft dauert bis 1802.

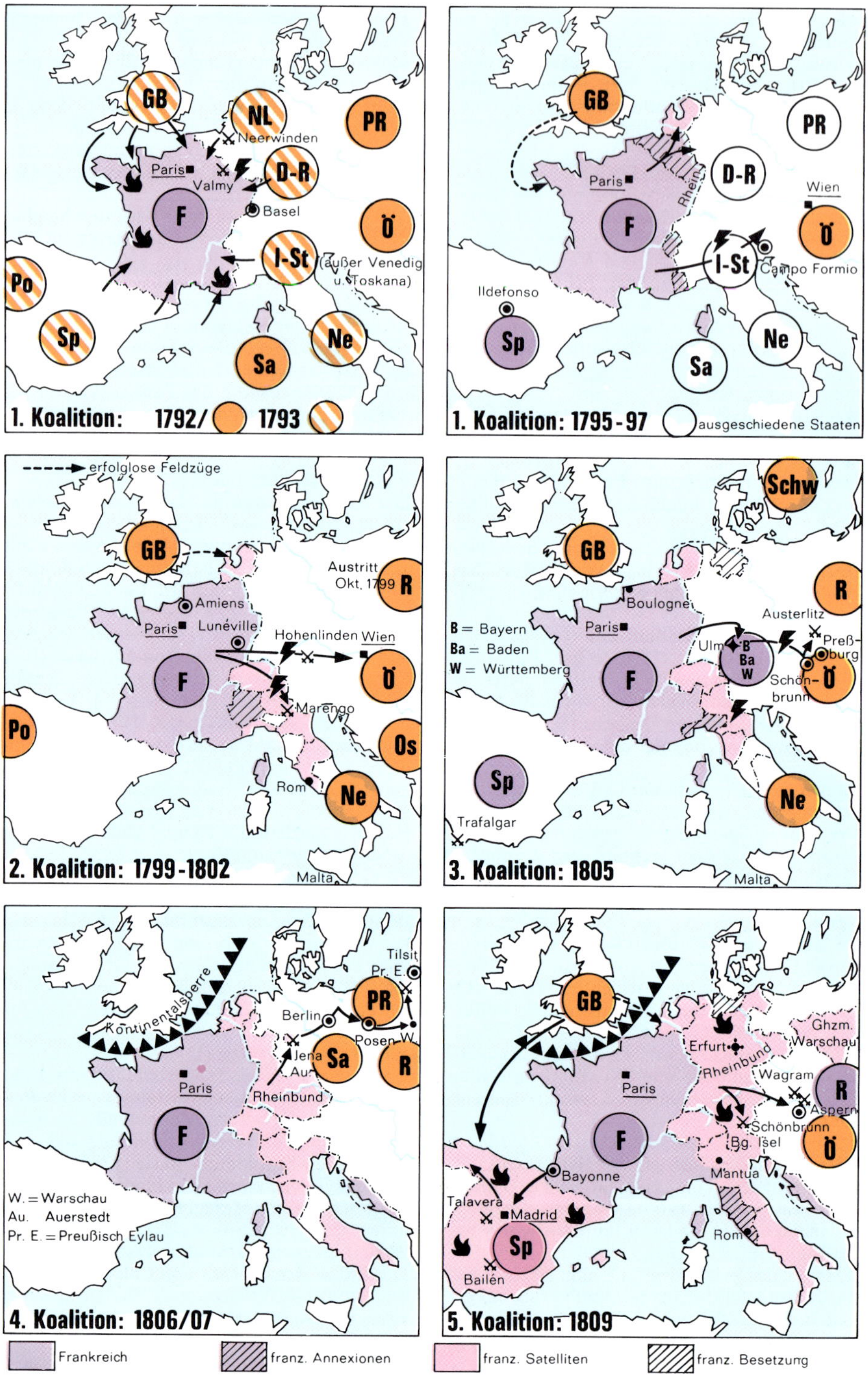

Die Koalitionen gegen Napoleon 1792-1809

Die Koalitionskriege

In wechselnden Verbindungen kämpfen die europ. Mächte gegen die Verbreitung rev. Ideen und die Expansion der franz. Rep., die seit 1799 von Napoleon geführt wird. Die Kriege verändern das polit. Gleichgewicht zugunsten einer napoleon. Vorherrschaft auf dem Kontinent; sie wecken zugleich den nat. Widerstand der europ. Völker und die Bereitschaft zu Reformen, die den Grundstein zu modernen Staatswesen legen (S. 311). Zentren des Widerstandes sind **Österreich,** seit 1805 unter polit. Leitung von Gf. Stadion (1763–1824), und **Großbritannien** (Pitt d. J., S. 309), das seine See- und Kolonialherrschaft ausbaut und trotz eines Wirtschaftskrieges (Kontinentalsperre, S. 305) zur stärksten Handels- und Industrienation der Welt aufsteigt.

Nach dem

1792–97 Ersten Koalitionskrieg (S. 301) gewinnt Pitt d. J. unter dem Eindruck der franz. Besetzung Maltas Österreich und den Großmeister des Malteserordens, Zar Paul I. [1796–1801].

Ein Angriff Neapels auf die Röm. Rep. löst den

1799–1802 Zweiten Koalitionskrieg aus. – Anfangserfolge der Verbündeten: Ehz. Karl besiegt Jourdan bei Osterach und Stockach (März), Massena bei Zürich (Juni); Gen. Suworow schlägt Moreau bei Cassano (April); Joubert unterliegt bei Novi (Aug.). Die ital. Tochter-Rep. brechen zusammen.

Russ. Operationen in der Schweiz und eine brit.-russ. Invasion bei Alkmaar/Holland bleiben erfolglos. Verärgert über die brit. Besetzung Maltas, verläßt Paul I. die Koalition (Okt.).

Napoleon hat sein Heer in Ägypten verlassen (Aug.), landet in Frankreich, stürzt das Direktorium (S. 305) und errichtet eine Militärdiktatur.

1800 Siege bei Marengo (Napoleon) und Hohenlinden (Moreau).

Febr. 1801 Friede von Lunéville: Österreich muß die Bedingungen von Campo Formio (S. 301) bestätigen.

1801 Nordische Koalition zum Schutz des neutralen Handels (Rußland, Schweden, Dänemark, Preußen), gegen die sich Großbritannien durch einen Überfall auf Kopenhagen (Nelson) wehrt. Es ist nach dem Friedensschluß Rußlands isoliert; Pitt wird gestürzt.

März 1802 Friede von Amiens – erster Höhepunkt der Politik Napoleons: brit. Verzicht auf alle kol. Eroberungen (außer Ceylon und Trinidad) gegen franz. Aufgabe von Ägypten.

1802 Neuordnung Italiens durch Napoleon: Wiederherstellung des Kirchenstaates (ohne die Romagna) und des bourb. Kgr. Neapel. Das Ghzm. Toskana wird zum Kgr. Etrurien, die Cisalpin. Rep. zur Rep. Italien (mit Napoleon als erstem Konsul) erklärt; Piemont bleibt unter franz. Militärverw.

Neue brit.-franz. Spannungen ergeben sich aus Versuchen zur Erneuerung des franz. Kolonialreiches (Erwerb Louisianas von Spanien 1800; Landungen auf Haiti und Martinique); aus der franz. Besetzung Hannovers 1803 unter Bruch des Friedens von Basel (S. 301); aus franz. Schutzzollmaßnahmen und aus

1804 Invasionsvorbereitungen im Lager von Boulogne (Napoleon: »Beherrschen wir auf 6 Stunden den Kanal, so sind wir die Herren der Welt!«). England behält Malta; Pitt d. J. schließt mit Zar Alexander I. [1801–25) eine neue Koalition; Österreich, Schweden, Neapel treten bei.

1805 Dritter Koalitionskrieg. – Einschluß und Kapitulation der österr. Armee bei Ulm; Napoleon zieht in Wien ein.

21. Okt. 1805 Seeschlacht bei Trafalgar sichert die brit. Seeherrschaft. Nach Erfolgen in Oberitalien (Caldiero) zieht sich Ehz. Karl zurück; vorher

2. Dez. 1805 Dreikaiserschlacht bei Austerlitz: glänzender Sieg Napoleons. Die preuß. Vermittlung kommt zu spät. Im

12. Dez. 1805 Vertrag zu Schönbrunn erhält Preußen gegen Kleve, Neuenburg, Ansbach-Bayreuth das Kfsm. Hannover. Es gliedert sich durch ein Beistandsbündnis in das napoleon. System ein.

25. Dez. 1805 Friede von Preßburg: Österreich verliert an die **Rep. Italien** Venetien und Dalmatien; an **Bayern** Tirol, Vorarlberg, Lindau; an **Baden** und **Württemberg** den Breisgau mit Konstanz. Es gewinnt Salzburg und erkennt die Rangerhöhungen deutscher Fürsten (S. 307) an.

Nach dem Tod seines Gegners Pitt bietet Napoleon England (unter Bruch seines Vertrages mit Preußen) Hannover an. Preußen reagiert mit dem

1806/07 Vierten Koalitionskrieg (S. 307); auf sich allein gestellt, bricht Preußen völlig zusammen.

1806 Verkündung der Kontinentalsperre in Berlin, »da England die Grundsätze des Völkerrechts nicht anerkenne und das Blockaderecht mißbrauche«.

1807 Friede von Tilsit (zweiter Höhepunkt der Politik Napoleons). Der preuß. Reststaat (östl. der Elbe) wird nur durch russ. Eingreifen gerettet.

Als Bündnispartner Napoleons (Aufteilung Europas in eine franz. und eine russ. Interessensphäre) schließt sich Rußland der Kontinentalsperre an.

Auch die nat. Erhebung Österreichs im

1809 Fünften Koalitionskrieg schlägt fehl. Der Friede von Schönbrunn (S. 307) schneidet die Donaumonarchie vom Meer ab. Als Nachfolger Stadions bemüht sich Fürst **Metternich** (S. 317) mit Erfolg um Anlehnung an **Napoleon.** – Preußen und Österreich werden durch Hilfsverträge in das napoleon. System einbezogen.

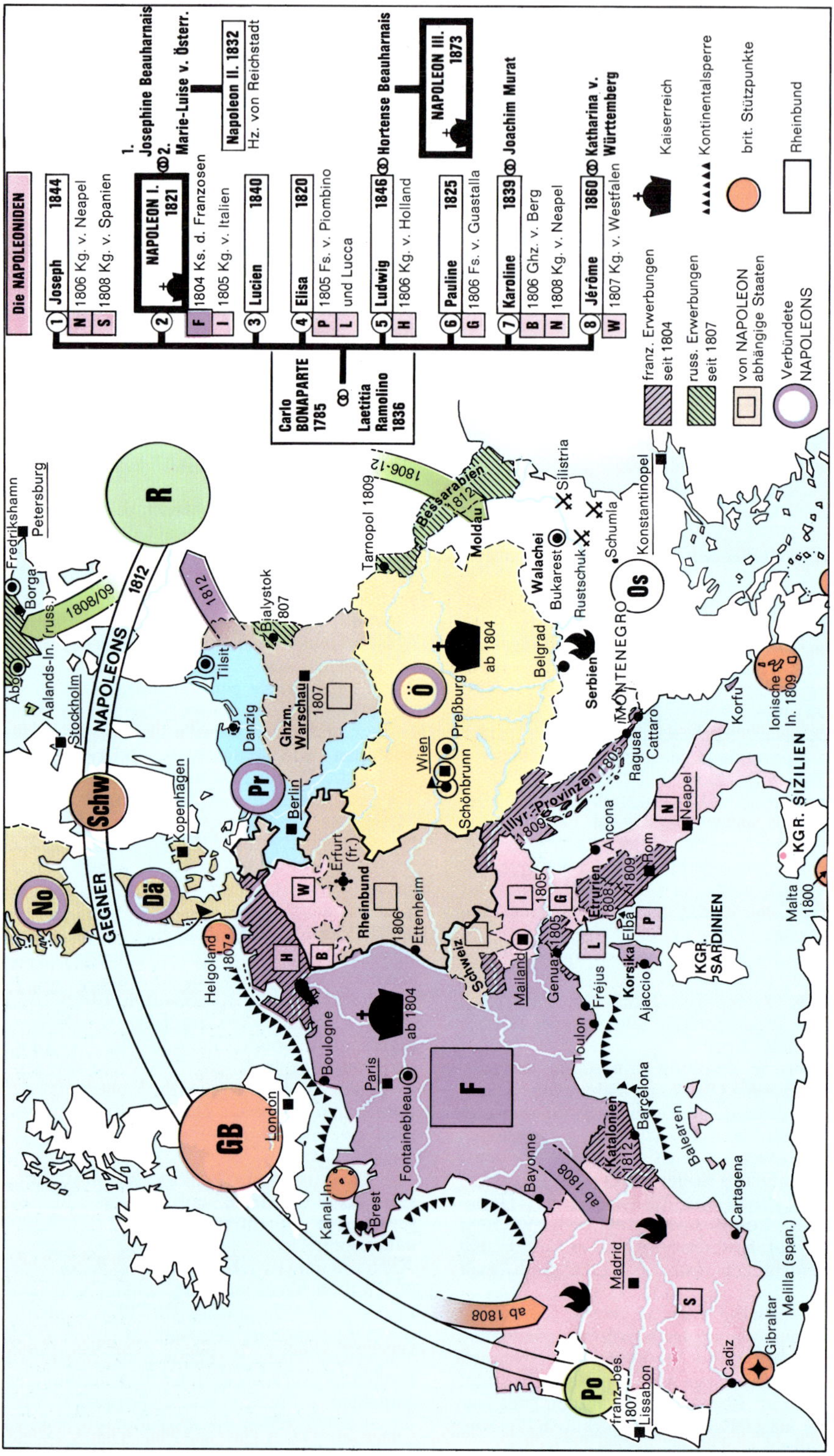

Die Umgestaltung Europas durch Napoleon I. 1812

Das Konsulat (1799–1804)

1799 Staatsstreich vom 18. Brumaire (9. 11.): Mit Hilfe des Militärs und seines Bruders Lucien löst Napoleon das unfähige Direktorium auf, sprengt den »Rat der Fünfhundert« und bildet eine provisor. Reg. u. a. mit Fouché (1759–1820) und Talleyrand als Polizei- bzw. AMin. Sieyès schreibt die neue

Konsularverfassung: Beraten von 2 Konsuln und dem **Staatsrat,** ernennt der **Erste Konsul** (alleinige Gesetzesinitiative) alle Offiziere, Beamten, Richter und die 80 Mitgl. des **Senats.** Diese schlagen die Notabeln vor, durch die indirekt in allg. Wahl die Kandidaten des **Tribunats** (nur Diskussion) und des **Corps Législatif** (nur Abstimmung der Gesetze) vom Volk gewählt werden. – Die demokrat. eingekleidete Militärdiktatur wird durch Plebiszit (gegen nur 1562 Stimmen) angenommen, **Napoleon als Erster Konsul** auf 10 Jahre gewählt.

Verwaltung: Spezialisierung der Bürokratie (Berufsbeamte) und Angleichung der Rechtsinstanzen an die Verw.

Erziehungswesen: Die Ausbildung wird einheitl. in untere, mittlere und höhere Schulen gestuft, staatl. kontrolliert und reglementiert. Betont werden formallogische Bildungsstoffe (Latein, Mathematik) und angewandte Naturwissenschaften. Verw.- und Schulzentralismus charakterisieren Frankreich bis zur Gegenwart.

Kirche: Pius VII. [1800–23) verzichtet »um des Friedens willen« auf Rückgabe der Kirchengüter (S. 297). Das

1801 Konkordat (bis 1905 gültig) bindet Klerus und kath. Bevölkerung an den Staat (Ernennung der Bischöfe; Besoldung und Treueid der Priester).

1811 Nationalkonzil. Es ergeben sich erneut Konflikte (Schließung kirchl. Schulen und Priesterseminare).

Wirtschaft und Recht: Mit der

1800 Gründung der Bank von Frankreich klingt die Inflation ab. Durch Schutzzölle, Straßenbau, Heeresaufträge erholen sich Gewerbe und Industrie.

1804 Code civil (Napoléon): garantiert persönl. Freiheit, Rechtsgleichheit, priv. Eigentum, Zivil-Ehe, Ehescheidung.

Sozialordnung: Führend bleibt das (Groß-)Bürgertum; der emigrierte Adel wird zur Rückkehr aufgefordert; staatl. Laufbahnen stehen allen offen.

1802 Stiftung des Ordens der Ehrenlegion. Das Regime stützt sich auf Pressezensur, Spitzel und einen Polizeiapparat (Fouché). Kritiker (Mme. de Staël, Chateaubriand) werden nicht geduldet.

Heerwesen: Konskriptionen (Rektrutenaushebungen) mit Freistellungsmöglichkeiten erfassen zwischen 1806 und 1812 ca. 1,3 Mill. Soldaten (41 Prozent der Wehrpflichtigen). Versorgung der Truppe leidet unter Spekulationen priv. Kreditgeber.

1802 Auf Grund seiner Erfolge verlängert ein Plebiszit das Konsulat Napoleons auf Lebenszeit.

Fouché deckt eine

1804 royalist. Verschwörung auf: der nicht beteiligte, aus dem bad. Ettenheim entführte bourb. Hz. von Enghien wird das Opfer eines Justizmordes. – Napoleon veranlaßt den Senat, das erbl. Kaisertum durch ein Plebiszit zu beantragen.

Das Kaiserreich (Empire) Napoleons

1804 Krönung Napoleons I. zum Kaiser der Franzosen. Seine Familienmitglieder erhalten Prinzentitel, Minister und Generäle werden zu Großwürdenträgern und Marschällen erhoben.

1807 Einrichtung eines mit Majoraten und alten Titeln ausgestatteten Neuadels (bis 1814 31 Herzöge, 451 Grafen, 1500 Barone). Das Ksr. wächst durch ständige Annexionen (S. 302).

Das System des Empire: Die rational aufgebaute **Hegemonie über Europa** gliedert sich seit 1807 in Familienstaaten (Napoleoniden), abhäng. Vasallenstaaten und Verbündete. – Wahl des franz. Marschalls Bernadotte (Karl XIV.) zum schwed. Thronfolger (1810). – Zur Rechtfertigung seiner Politik verweist Napoleon auf hist. Paralleln (röm. und karoling. Imperium).

Staaten, die das

1807 Mailänder Dekret zur Verschärfung der **Kontinentalsperre** nicht befolgen, werden besetzt: Portugal 1807; Etrurien, Rom 1808/09, Nordddeutschland 1810.

Folgen für das kontinentale Europa:

1. Verbreitung liberaler Ideen, Überwindung des Feudalismus und Einführung moderner Rechtsprechung (Code civil);
2. Entstehung von Staaten mit zentraler Bürokratie und staatl. Schulwesen;
3. franz. Fremdherrschaft und die Zusammenfassung staatl. bisher zersplitterter Gebiete förden den Nationalismus;
4. Bevorzugung der franz. Wirtschaft; Ausweitung der Textilindustrie; Mangel an Kolonialwaren durch die Kontinentalsperre, deshalb Teuerung, Ersatzstoffe (Rübenzucker), Schmuggel, Schwarzhandel und Korruption;
5. **Rußland** gewinnt als Partner Napoleons 1807 Bialystok, 1809 Tarnopol; **Finnland** im

1809 Frieden von Fredrikshamn; **Bessarabien** durch den

1806–12 russ.-türk. Krieg.

1808 Fürstentag zu Erfurt: Begegnung Napoleons mit Alexander I.

Zur Aufwertung der eigenen Dynastie und zur Verpflichtung Österreichs heiratet Napoleon

1810 Marie-Luise, Tochter Franz' I.

1812 Größte Ausdehnung des Empires: 152 Departements mit 50 von 175 Mill. Einw. Europas.

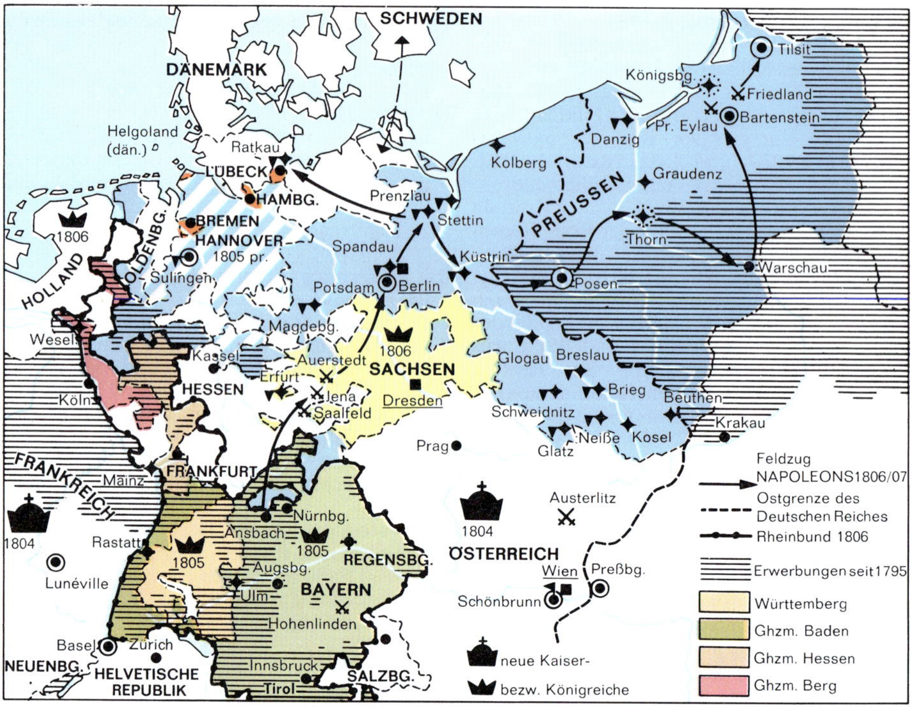

Die Auflösung des Deutschen Reiches 1804/06

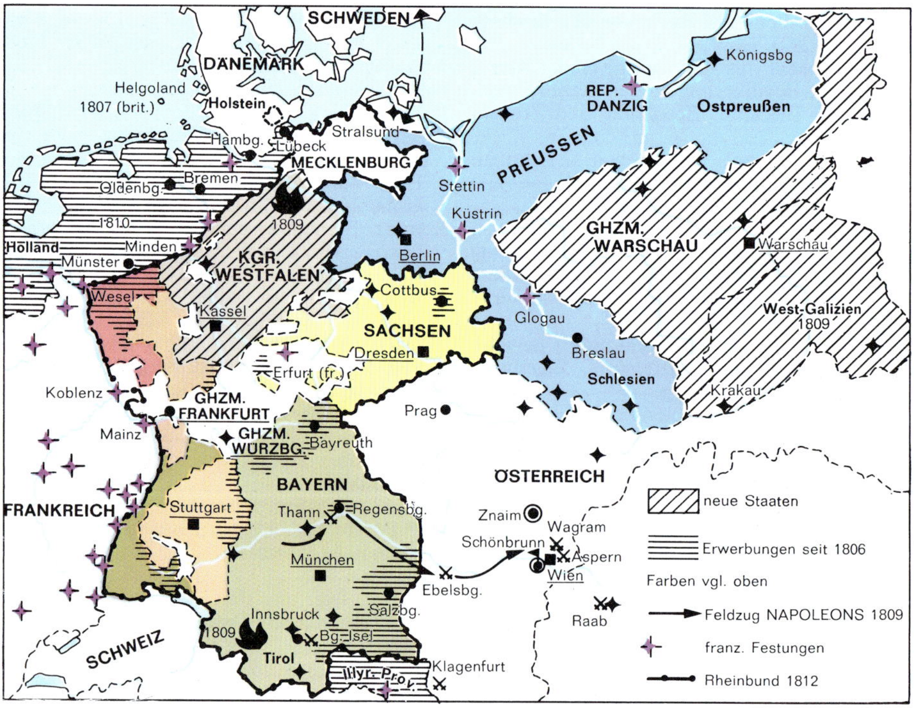

Der Rheinbund 1812

Die Auflösung des Deutschen Reiches

Im Frieden von Lunéville (S. 303) erzwingt NAPOLEON die im

1797–99 Kongreß zu Rastatt gescheiterte Umgestaltung Deutschlands zur Entschädigung linksrhein. Verluste deutscher Fürsten. – NAPOLEONS Ziele: 1. Auflösung des Reiches; 2. Bildung dt. Mittelstaaten als polit. Gegengewichte zu Österreich; 3. Verpflichtung deutscher Fürsten zu Vasallen durch Territorialgewinne.

Polit. Neuordnung in vier Stufen:

1. Säkularisation des Kirchengutes nach frz. Vorbild (S. 297) durch einen vom RT. eingesetzten Ausschuß (Deputation), der an frz.-russ. Entschädigungspläne gebunden ist.

1803 Reichsdeputationshauptschluß: Aufgeteilt werden alle geistl. Gebiete außer Mainz; 45 der 51 Reichsstädte sowie kleinere Fsm. und Gft.; insgesamt 112 Reichsstände mit 3 Mill. Einw. – Hauptgewinner sind **Baden** 738% Fläche (F) / 948% Bevölkerung (B); **Preußen** 489% F / 438% B; **Württemberg** 414% F / 857% B und **Bayern** 144% F / 142% B.

2. Mediatisierung (Verlust der Reichsunmittelbarkeit) von 350 Reichsritterschaften (1804).

3. Rangerhöhungen deutscher Fürsten mit Zustimmung NAPOLEONS unter Verletzung des Reichsrechts:

1804 FRANZ II. [1792–1806] nimmt den Kaisertitel für Österreich an (regiert als Franz I. bis 1835).

1805 Bayern und Württemberg werden Kgr.,

1806 Baden, Hessen-Darmstadt, Berg Ghzm.

4. 16 süd- und westdt. Fürsten begehen offenen Reichsverrat durch die

1806 Gründung des Rheinbundes unter dem Protektorat NAPOLEONS. Verpflichtung zur Heeresfolge; Fürstprimas wird KARL THEODOR FRH. VON DALBERG (1744–1817), Ebf. von Mainz und seit 1810 Ghz. von Frankfurt.

6. Aug. 1806 FRANZ II. verzichtet unter dem Druck NAPOLEONS auf die Kaiserkrone: **Ende des »Hl. Röm. Reiches Deutscher Nation«** als Ergebnis der 1232 (S. 173) begonnenen, 1356 (S. 195), 1555 (S. 235) und 1648 (S. 255) fortgesetzten Reichsauflösung. Diese »Flurbereinigung« wird zu einer der Voraussetzungen für die Entstehung des dt. Nationalstaates (S. 310). – Die Demütigung der Nation wird zwar schmerzlich empfunden, aber vom Volk hingenommen. Einziger Märtyrer ist der Buchhändler PALM aus Nürnberg, der 1806 wegen seiner Schrift ›Dtl. in seiner tiefsten Erniedrigung‹ von den Franzosen erschossen wird.

Der Zusammenbruch Preußens

Durch verfehlte Kabinettspolitik des Grafen HAUGWITZ (1752–1832) gerät Preußen in Abhängigkeit von NAPOLEON. Gegen dessen Willkür schließt Preußen eine Koalition mit Rußland und Sachsen. Ein Ultimatum auf Abzug aller franz. Truppen rechts des Rheines und Auflösung des Rheinbundes entzündet den

1806/07 Vierten Koalitionskrieg. Die veraltete preuß.-sächs. Armee erleidet in der

Okt. 1806 Doppelschlacht bei Jena und Auerstedt eine vernichtende Niederlage. Preußen bricht milit. und moral. zusammen: Verlegung der Residenz nach Königsberg; kampfloser Einzug NAPOLEONS in Berlin; Auflösung preuß. Heeresgruppen bei Prenzlau und Ratekau (BLÜCHER); Widerstand leisten nur die Festungen Kolberg (GNEISENAU, NETTELBECK), Graudenz (COURBIÈRE) und Glatz.

Dez. 1806 Friede zu Posen mit Sachsen, das dem Rheinbund beitritt.

Febr. 1807 Schlacht bei Preuß.-Eylau: SCHARNHORST verhindert die Ausnutzung des franz. Sieges; FRIEDRICH WILHELM III. [1797–1840) flieht nach Memel.

Juni 1807 Russ. Niederlage bei Friedland.

Juli 1807 Friede zu Tilsit: Preußen entgeht nur durch russ. Einspruch der Auflösung (S. 303); es verliert westelb. Besitz und die ehem. poln. Gebiete außer Westpreußen; Danzig wird Republik mit franz. Garnison. Bis zur Ableistung hoher Kontributionen bleibt Preußen unter franz. Besatzung, sein Heer wird auf 42000 Mann beschränkt. – Neu entstehen: **Kgr. Westfalen** unter NAPOLEONS Bruder JÉRÔME, **Ghzm. Warschau** (Pers.-U. mit Sachsen).

Die Erhebung Österreichs (1809)

Die span. Erhebung (S. 313) ist für den Grafen STADION Signal zum nat. Widerstand. Ehz. KARL richtet ein Manifest an die »deutschen Völker«, ohne Erfolg. Preußen wird durch franz. Besatzung und Zar ALEXANDER I. am Eingreifen gehindert. – NAPOLEON drängt die österr. Armee nach Böhmen zurück. Die

Mai 1809 Schlacht bei Aspern endet unter schweren Verlusten mit der ersten Niederlage NAPOLEONS durch Ehz. KARL. Die poln.-russ. Bundesgenossen rücken darauf »mit aller Schonung« bis Krakau vor. – Erfolglose Einzelaktionen in Norddeutschland **(Freikorps Schill).**

Volkskrieg in Tirol: Unter Führung von ANDREAS HOFER und JOSEF SPECKBACHER siegreiche Kämpfe am **Berg Isel** gegen Bayern und Franzosen. HOFER wird verraten und 1810 in Mantua erschossen.

Juli 1809 Österr. Niederlage bei Wagram. Ehz. KARL und STADION treten zurück.

Okt. 1809 Friede von Schönbrunn: Österreich wird ein Binnenstaat; es verliert

– an **Bayern** Salzburg, das Innviertel und Nordtirol;
– an **Italien** Südtirol;
– an **Frankreich** die Illyr. Prov.;
– an **Warschau** West-Galizien mit Krakau;
– an **Rußland** Tarnopol (insgesamt 100000 qkm mit 3,5 Mill. Einw.); das Heer wird auf 150000 Mann begrenzt.

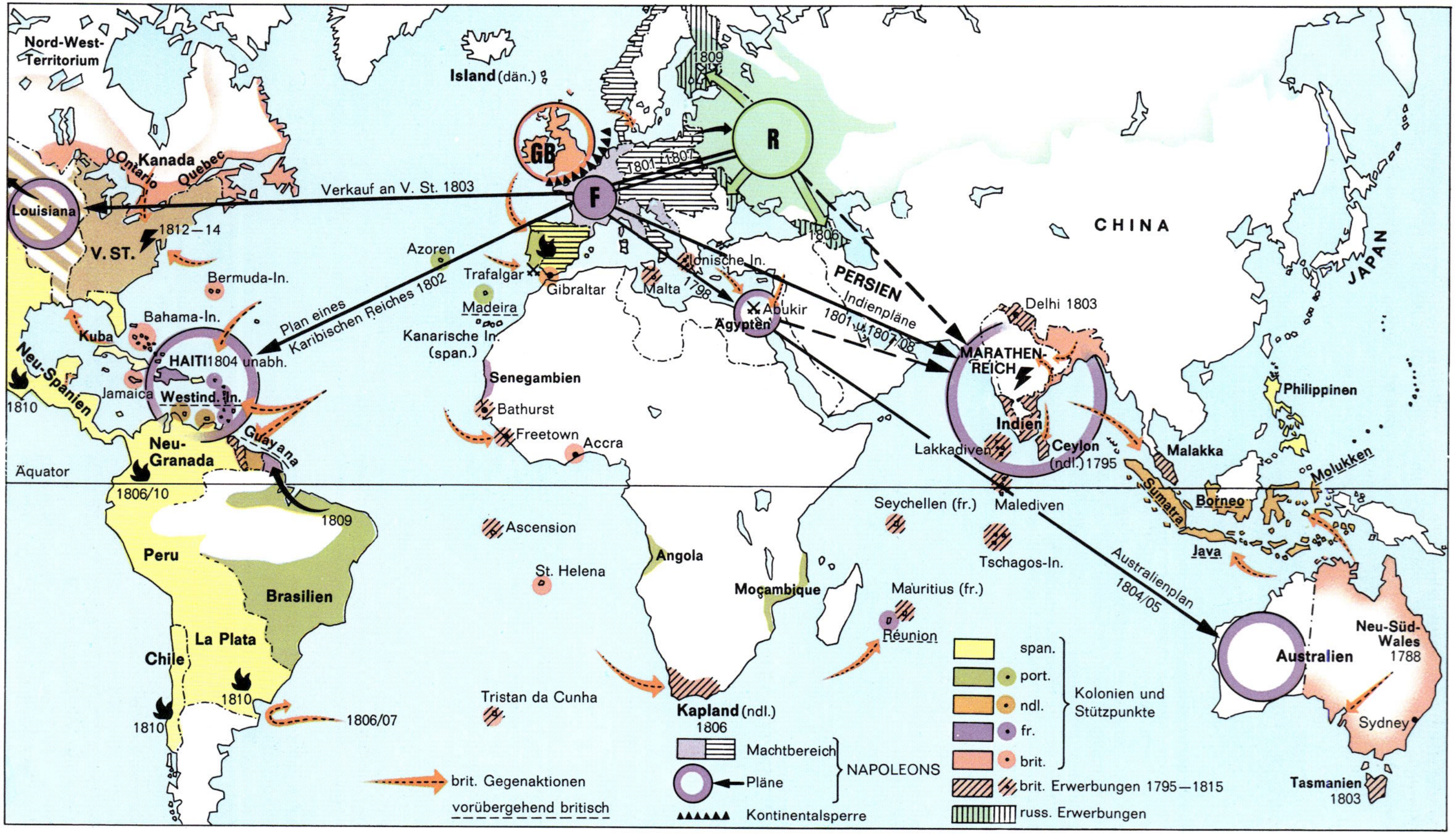

Napoleons weltpolitischer Machtkampf mit Großbritannien

Die inneren Verhältnisse Großbritanniens

Das parlament. System: Der Rückschlag des amerikan. Krieges stürzt das autokrat. Regiment GEORGS III. [1760–1820). Abhängig vom Parlament, führt der Premierminister die Reg. Im Parlament streiten sich kleine polit. Cliquen einer Adelsoligarchie von Grundbesitzern, die durch hohen Wahlzensus gesichert sind. Beteiligung an der Reg. bringt gutbezahlte Ämter, das **Patronatsrecht** (Ämterverleihung) geht vom König auf den Premier über und bleibt eine Quelle der Bestechung in den Wahlbezirken. Die **Tories** stützen sich auf die anglik. Staatskirche, die **Whigs** vertreten stärker die **Dissenters** (prot. Andersgläubige). Wirtschaftl. führend, erstreben diese eine Parlamentsreform durch Abschaffung der **»rotten boroughs«** (entvölkerte alte Orte mit Wahlrecht) zugunsten der neuen Industriestädte ohne Parlamentssitze. Die **Katholiken** erreichen 1779 die Aufhebung des Verbots, öffentl. Gottesdienste abzuhalten, aber nicht ihre Emanzipation.

Radikale demokrat. Ideen (Volkssouveränität, Abschaffung der Monarchie) verkündet **Thomas Paine** (1737–1809). Mit seinen ›Rights of Man‹ (1792) bekämpft er **Edmund Burke** (1729–97), dessen konservative Kritik in den ›Reflections on the Revolution in France‹ (1790) stark auf England und Europa wirkt.

Industrialisierung und Agrarrevolution: Trotz innerer Mißstände (Ämterpatronage, veraltete Strafjustiz, Armenpflege und Erziehung) wandelt sich England auf der Grundlage kapitalist. Wirtschaftsordnung zur »Werkstatt der Welt« (S. 321). Flurbereinigung und neues Fruchtwechsel-System erhöhen die Felderträge. Dennoch entsteht ein Nahrungsmitteldefizit, da die Bevölkerung von 1750 bis 1820 von 7,8 auf 14,3 Mill. wächst (bes. in den Städten). Maschinen, Fabrikstädte und Lohnarbeit drängen Handwerk, Kleinstadt und Landarbeit zurück. Neue Straßenbaumethoden (METCALFE, MACADAM) verbessern Transport und Verkehr. Die Ausfuhr von Industriewaren stärkt den brit. Welthandel. Soz. Probleme bleiben ungelöst.

Mit Unterbrechung 1801–04 leitet der »Boy minister«

1783–1806 William Pitt d. J. (24 J.) als Premier den Staat, der unter der Schuldenlast des amerikan. Krieges leidet.

1785 Abbau aller Zölle zwischen England und Irland, das nach der Rebellion von 1797/98 in dem

1801 Vereinigten Kgr. Großbritannien und Irland aufgeht.

Neue Festigung des brit. Kolonialreiches

Kanada: Die Bindung der frz. Siedler an England gelingt durch die

1791 Teilung in das frz. **Unterkanada** (Quebec) und das engl. **Oberkanada** (Ontario).

Australien: Von Sydney (Botany Bay) aus

1788 Beginn der Besiedlung durch Weiße (zunächst Sträflinge).

Indien: Durch die

1784 East India Bill geht die Kontrolle der Ostind. Komp. vom Parlament (Regulating Act 1773) auf die Reg. über (S. 367).

Der Kampf um die brit. Weltmacht

PITTS größte Leistung besteht in der Führung des brit. Existenzkampfes gegen die Franz. Rev. und NAPOLEON. Zum

1793 Eingriff in den Ersten Koalitionskrieg (S. 301) zwingen 1. der brit.-franz. Kolonialdualismus; 2. das bedrohte europ. Gleichgewicht; 3. die franz. Besetzung des Rheindeltas. – Als Oppositionsführer der Whigs fordert CHARLES JAMES FOX (1749–1806) Abbruch des Kampfes, trägt 1801 zum Sturz PITTS und zum

1802 Frieden von Amiens (S. 303) bei.

Napoleons Pläne gegen den brit. Gegner:

1798/99 Feldzug nach Ägypten (S. 301).

1801 Erster Indienplan im Bündnis mit PAUL I. Er wird mit der Ermordung des Zaren hinfällig. – RICHARD WELLESLEY erobert im Zweiten Marathen-Krieg (1803–05) die ind. Ostküste. Den

1802 Plan zur Errichtung eines Karibischen Reiches fängt die brit. Kriegsflotte ab. – Um die USA zu gewinnen,

1803 Verkauf Louisianas (S. 293). Aufgegeben werden der

1804/05 Plan zur Eroberung Südaustraliens und die Invasion der brit. Insel. Ein

1807/08 Zweiter Indienplan scheitert am Zögern Zar ALEXANDERS I. Ohne Ergebnis endet der

1812–14 brit.-amerikan. Krieg (S. 293).

Brit. Abwehrmaßnahmen: Bildung neuer Koalitionen (S. 303); Lieferung von »wenig Truppen und viel Geld«; **Seekrieg** unter Leitung des Adm. **Nelson** (1758–1805): sichert die brit. Seeherrschaft und den Seeweg nach Indien. Die **Blockade** franz. Häfen mit Kaperei auch neutraler Schiffe verstärkt die brit. Flotte jährl. um ca. 2000 Schiffe. NAPOLEON antwortet mit der

1806 Verkündung der Kontinentalsperre (S. 303), die nach der brit.

1807 Beschießung Kopenhagens und der Wegnahme der dän. Flotte verschärft wird. ARTHUR WELLESLEY errichtet eine

1808 »Zweite Front« in Portugal (S. 313).

Folgen für Großbritannien:

Steuererhöhungen, Getreidesubventionen, Verlust europ. Märkte in Übersee (Südamerika). Die steigende Industrieproduktion verursacht seit 1810 Absatzkrisen (Arbeitslosigkeit, Hungersnöte).

1811/12 Erste »Maschinenstürme« (Ludditen). Die Goldreserven der brit. Banken fangen einen Zusammenbruch der Preise ab. – Der Wirtschaftskrieg bringt keine Entscheidung, beide Seiten sind auf Lizenzen (Ausnahmeregelungen für wichtige Mangelgüter) angewiesen.

Entstehung des deutschen Nationalgefühls

Im Verlauf der Franz. Rev. werden sich die westeurop., staatl. bereits geeinten Völker durch aufkl. Freiheitsideen (England, Frankreich) bzw. durch gemeinsame Tradition (Spanien) als **polit. Nationen** bewußt. Kleinstaaterei, Zerfall des »Reiches«, Obrigkeitsdenken erschweren dem deutschen Volk diesen Weg. Seit Mitte des 18. Jhs. fühlen sich Dichter, Gelehrte und Gebildete zunehmend als Glieder einer **Kultur-Nation;** sie sind Träger der zunächst unpolit. sog. **Deutschen Bewegung: Lessing** (S. 257) bekämpft die franz. »Überfremdung« der Literatur: JUSTUS MÖSER (1720–94) preist altdt. Art und Sitte, **Klopstock** (1724–1803) die Liebe zum Vaterland.

Der **Sturm und Drang** (um 1760–80, nach einem Drama von KLINGER, beeinflußt von Pietismus und von ROUSSEAU, S. 257) setzt in Opposition zur Aufklärung freies Gefühl gegen Vernunft, beruft sich auf SHAKESPEARE, auf die dt. Vergangenheit und auf das schöpfer. Natur- bzw. Original-**Genie.** Er sammelt sich in Straßburg um den jungen **Goethe** (›Götz von Berlichingen‹, 1773). 1770 entscheidende Begegnung mit **Joh. Gottfried Herder** (1744–1803), der Volkssprache und -lieder als Ausdruck des unbewußt schaffenden »Volksgeistes« und in den ›Ideen zur Philosophie der Geschichte der Menschheit‹ (1784–91) die nat. Eigenart der Völker zur »Beförderung der Humanität« entdeckt. Seine Anregungen befruchten Klassik, Romantik und die nat. Selbstbesinnung vor allem der slaw. Völker.

Die **Klassik (Johann Wolfgang Goethe,** 1749–1832; **Friedrich Schiller,** 1759–1805) ist kosmopolit. eingestellt. KANTS Sittengesetz, die **Pflicht** zur Achtung der Menschenwürde, verbindet SCHILLER mit innerer **Neigung.** Am Ideal klass.-griech. Menschlichkeit, in »edler Einfalt und stiller Größe« (WINCKELMANN) soll sich die sittl. freie Persönlichkeit bilden **(Neuhumanismus).** Die Kunst überbrückt in ästhet. Harmonie die Spannung zwischen »Ideal und Leben«, sie besitzt deshalb moral. Wert.

Auch der **Deutsche Idealismus** knüpft an KANT an, indem er versucht, über die Welt, »wie sie ist« (S. 257), spekulative Aussagen zu machen. **Joh. Gottlieb Fichte** (1762–1814) führt in der ›Wissenschaftslehre‹ (1794) alles Sein auf eine ewige geistige Kraft (das »Ich«) zurück, die sich in freier, subjektiver Tat in der Realität entfaltet. Nach **Friedr. Wilh. Schelling** (1775–1854) sind Natur als sichtbarer Geist und Geist als unsichtbare Natur identisch. Der Künstler steht über dem Denker, da sein Werk den Schöpfungen der »Weltseele« näher kommt.

Beide Philosophen wirken stark auf die

Romantik: Die ältere, rein literar. Richtung (Jena, Berlin um die Gebr. SCHLEGEL, TIECK, NOVALIS u.a.) strebt nach Auflösung der Gegensätze Natur – Geist, Gefühl – Vernunft, Endliches – Unendliches durch subjektive Verinnerlichung (Phantasie, Traum, myst. Schau). Sie ist sich bewußt, daß die ersehnte »Entgrenzung der Dinge« (»blaue Blume«) nicht erreicht werden kann (romant. Ironie).

In der **Jüngeren Romantik** (Heidelberg, BRENTANO, VON ARNIM, VON EICHENDORFF u.a.) Hinwendung zu den Kräften des Volkstums (Volkslieder, Märchen, Sagen), die sich organ. entwickeln, ihren geschichtl. Eigenwert besitzen (Historismus) und sich jeder Vernunftgesetzlichkeit entziehen. Übertragung romant. Grundsätze auf Musik, Kunst, Literatur etc., dadurch Begründung der histor. **Geisteswissenschaften:** Geschichte (NIEBUHR, RANKE); Recht (SAVIGNY); Literatur (GEBR. SCHLEGEL); Germanistik (GEBR. GRIMM, UHLAND); Romanistik (DIEZ); Religion (BACHOFEN); Staat (S. 319).

Verbreitung romant. Ideen in Europa (Madame DE STAËL, ›De l'Allemagne‹, 1813) und Entfaltung zur allg. Geistesbewegung u.a. in England (BYRON, SHELLEY, KEATS), Frankreich (VICTOR HUGO, LAMARTINE, GEORGE SAND), Italien (LEOPARDI, MANZONI), Dänemark (ANDERSEN), Polen (MICKIEWICZ), Rußland (LERMONTOW, PUSCHKIN).

Durchbruch des deutschen Nat.-Bewußtseins

Unter dem Eindruck der franz. Herrschaft werden die unpolit. Freiheitsideen der »Deutschen Bewegung« auf die Nation bezogen (SCHILLER: ›Jungfrau von Orleans‹, 1801; ›Wilhelm Tell‹, 1804). **Friedrich Hölderlin** (1770–1843) verherrlicht das »freie Volk der Griechen« und den Tod fürs Vaterland. In den ›Reden an die deutsche Nation‹ (1807/08) fordert FICHTE geistige Freiheit zur polit. Erneuerung und setzt in nat. Übersteigerung das »deutsche Wesen« mit wahrer Sittlichkeit und Kultur gleich. Der Theologe **Schleiermacher** (1768–1834) weckt in patriot. Predigten das nat. Gemeinschaftsgefühl; in der ›Hermannsschlacht‹ (1808) entwirft **Heinrich von Kleist** (1777–1811) ein Vorbild nat. Erhebung. **Joseph Görres** (1776–1848) begründet mit dem ›Rhein. Merkur‹ die schärfste Kampfzeitschrift gegen NAPOLEON. **Ernst Moritz Arndt** (1769–1860) übersetzt das nat. Ziel (»ein Volk zu sein, ist die Religion unserer Zeit«) in die Volkssprache. Nat. Lieder verbreiten u.a. TH. KÖRNER und MAX VON SCHENKENDORF. **Friedr. Ludwig Jahn** (1778–1852) begründet die nat. Turnbewegung. – Unklar bleibt die inhaltl. Bestimmung der nat. Freiheit. Die Nation wird aufgefaßt

1. unter dem Einfluß der Klassik in Verbindung mit aufkl. Ideen als **geistige Kulturgemeinschaft;**
2. unter Einwirkung romant. Volks- und mittelalterlicher Reichsidee als **völkische Schicksalsgemeinschaft;**
3. nach dem Vorbild des frz. Nationalstaates als eine **polit. Gemeinschaft** freier Menschen.

Die unterschiedl. nat. Vorstellungen werden zunächst dem gemeinsamen Ziel, die frz. Fremdherrschaft abzuschütteln, untergeordnet. Insofern wird NAPOLEON der »Einiger des dt. Volkes«. Nach seinem Sturz brechen die polit. Gegensätze auf.

Innere Umgestaltung Deutschlands (1807–14)

Preußen: Schon vor dem Zusammenbruch von 1806 kritisieren leitende Beamte das absolutist. Staatssystem. Die Reformer wünschen eine »Revolution von oben« zur Bildung eines ständ. Volksstaates durch Befreiung und Erziehung der Untertanen zu mitverantwortl. Staatsbürgern. Führend wird Reichsfreiherr **vom und zum Stein** (1757–1831) aus Nassau/Lahn. Der Jurist im preuß. Dienst lernt als Oberbergrat (1796 Oberpräs.) in Westfalen Formen ständ. Selbstverw. kennen, wird als »Jakobiner« 1807 entlassen, nach dem Tilsiter Frieden erneut berufen, 1808 wieder entlassen (beide Male auf Drängen NAPOLEONS). Als polit. Berater des Zaren wirbt er bis 1915 für die nat. Einigung (»Ich habe nur ein Vaterland, das heißt Deutschland!«). – Traditionsbewußtsein verbindet sich bei STEIN mit lib. (frz.) und demokrat. (engl.) Ideen zu einem konserv. Denken eigener Prägung. Seine Reformpläne (›Nassauer Denkschrift‹, 1807) verwirklicht seit

1810 Staatskanzler Freiherr **Karl August von Hardenberg** (1750–1822; 1778 Graf, 1814 Fürst). Der gewandte Diplomat und lib. Rationalist zielt in seiner ›Rigaer Denkschrift‹ (1807) auf »demokrat. Reformen im monarch. Staat« ohne Betonung ständ. Selbstverw.

Sozialreformen zur Auflösung der Standesschranken:

1807 Edikt zur Bauernbefreiung: Abschaffung der Erbuntertänigkeit; Garantie der Freiheit der Person, des Besitzes, des Berufes und der Rechtsgleichheit.

1808 Städteordnung: Selbstverw. der Besitzbürger durch gewählte Stadtverordnete (Magistratsverfassung).

1810/11 Aufhebung des Zunftzwangs mit eingeschränkter Gewerbefreiheit.

1811 Regulierungsedikt: Ablösung der Frondienste durch die Abgabe eines Drittels des Bauernlandes an den Gutsherrn (S. 325).

1812 Judenemanzipation.

Verwaltungsreformen mit Trennung von Justiz und Verwaltung:

1808 Einrichtung von Fachministerien (Krieg, Inneres, Verwaltung [Finanzen], Justiz, Äußeres).
Unter HARDENBERG: zentrale Verw.-Einteilung in Provinzen (Oberpräs.), Reg.-Bezirke (Präs.) und Kreise (gewählter Landrat, seit dem Gendarmerie-Edikt von 1812 ein vom König ernannter Kreisdirektor). – Nur Ansätze einer von STEIN erstrebten ständ. Mit-Verw. durch Kreis- und Landtage sowie Nationalrepräsentation.

Gegen die Reformen stellt sich eine konserv. Adelsopposition um VON DER MARWITZ in Verbindung mit der »Christl.-Dt. Tischgesellschaft« und den ›Berliner Abendblättern‹ (HEINRICH VON KLEIST). Sie sieht in der Auflösung altpreuß. Patrimonialordnung eine Gefährdung des Staates (vgl. S. 318).

Heeresreformen zur Entwicklung eines patriot. Volksheeres durch **Scharnhorst** (1755–1813), **Gneisenau** (1760–1831) und ihre Mitarbeiter BOYEN (1771–1848), GROLMAN (1777–1843) und **Clausewitz** (1780–1831), den Schöpfer der modernen Kriegstheorie (›Vom Kriege‹, entstanden zwischen 1816 und 1830). – Trotz der von NAPOLEON verfügten Beschränkung aktiver Truppen (Linie) Bildung von Reserven nach dem »Krümpersystem« (milit. Kurzausbildung); Beförderung nach Verdienst, Abschaffung entehrender Prügelstrafen und Aufbau einer neuen Führung (Kriegsakademie).

1814 Wehrgesetz mit Einführung der allg. Wehrpflicht.

Bildungsreformen in neuhumanist. Geist durch den Staatsmann und Wissenschaftler **Wilhelm von Humboldt** (1767–1835, 1809/10 Unterrichtsmin., 1814/15, zusammen mit HARDENBERG, Vertreter Preußens beim Wiener Kongreß).

1810 Gründung der **Berliner Universität** als einer Stätte »akadem. Freiheit« und »Einheit des Forschens, Lehrens und Lernens« aller Wissenschaften. Berufen werden u. a. FICHTE, SCHLEIERMACHER, NIEBUHR und SAVIGNY.

1812 Staatl. Gymnasialordnung nach dem Prinzip der allg. Bildung mit bes. Pflege klass. Sprachen; Staatsprüfung der Philologen und Schüler (Abitur). – Reform der Volksschule zur Entwicklung der natürl. Anlagen im Sinne des Schweizers **Joh. Heinrich Pestalozzi** (1746–1827): ›Wie Gertrud ihre Kinder lehrt‹ (1803).

Der neue preuß. Staat wird die Hoffnung der deutschen Patrioten.

Österreich: Stärkere Widerstände gegen die Reformen unter

1805–09 AMin. **Joh. Philipp Gf. Stadion** (1763–1824). Nationalitätenprobleme, ungleicher Bildungs- und Entwicklungsstand der Landesteile zwingen zur Schonung des staatstragenden Adels. Dennoch Vorbereitung der nat. Erhebung gegen NAPOLEON (S. 307).

Heeresreformen der Ehz. **Karl** (S. 301) und JOHANN (1782–1859).

1808 Einführung der allg. Wehrpflicht.

Rheinbundstaaten: Nach franz. Vorbild werden – bes. in **Bayern** von MONTGELAS (1759–1838) und in **Baden** von REITZENSTEIN (1766–1846) – die Grundlagen des modernen Einheitsstaates geschaffen durch 1. einheitl. Behörden (zentrale Bürokratie), Fachministerien und Fachbeamte; 2. Auflösung ständ. Selbstverw. in den Kommunen; 3. Garantie bestimmter Freiheiten (Gewerbe, Arbeit, Religion), Steuer- und Rechtsgleichheit; 4. Staatl. Kirchen- und Schulaufsicht.

Bedeutung: Die konstitutionellen Ansätze fördern – vor allem in Süddeutschland – lib. und demokrat. Staatsdenken.

Der spanische Aufstand gegen Napoleon 1808–1814

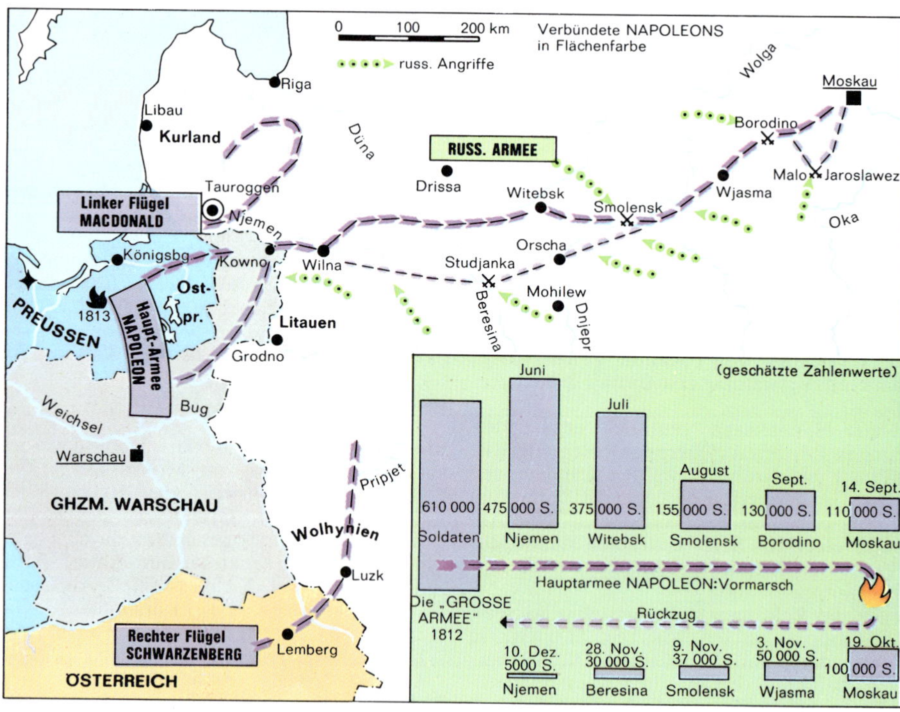

Der Rußlandfeldzug Napoleons 1812/13

Die nationale Erhebung in Spanien

Für den Angriff auf Portugal, dessen Markt dem brit. Handel noch geöffnet ist, sichert sich NAPOLEON im

Okt. 1807 Vertrag von Fontainebleau milit. Stationierungs- und Durchmarschrechte in Spanien. **Junot erobert Portugal** (1807), das Königshaus (JOHANN VI.) flieht nach Brasilien. – Marschall

Febr. 1808 Murat (1767–1815) führt die zum »Küstenschutz gegen England« verstärkten franz. Truppen gegen Madrid. Nach einem Aufstand in Aranjuez, der sich gegen den frankreichfreundl. Günstling der Königin, GODOY, richtet, muß KARL IV. zugunsten seines Sohnes FERDINAND VII. abdanken. Da er seine Interessen gefährdet sieht, greift NAPOLEON ein und zwingt in Bayonne KARL IV. [1788–1808] und FERDINAND VII. [1808–33] zur Abdankung zugunsten seines Bruders JOSEPH (Mai); MURAT wird Kg. von Neapel.

Volksreg. (Cortes) in Oviedo und Cartagena proklamieren den nat. Widerstand. Asturien und Andalusien erheben sich, in Sevilla wird eine Zentral-Junta (provisor. Reg.) für FERDINAND VII. gebildet.

Juli 1808 Kapitulation eines franz. Korps von 23000 Mann in Bailén; JOSEPH flieht, der brit. Gen. ARTHUR WELLESLEY (1769–1852, seit 1809 Lord, seit 1814 **Hz. von Wellington)** landet in Portugal und drängt JUNOT zurück. Der Kaiser greift nun selbst mit 300000 Mann ein.

1808/09 Spanienfeldzug Napoleons: Madrid wird besetzt, Zaragoza erobert, Kg. JOSEPH kehrt zurück. Die österr. Erhebung (S. 307) unterbricht die Aktion. In kaiserl. Auftrag wirft SOULT die brit. Hilfsarmee unter MOORE auf La Coruña zurück.

Der vom Adel und Klerus geführte **Guerilla-Krieg** schwelt aber weiter und bindet starke franz. Kräfte. Die

1809 Annexion des Kirchenstaates und Gefangennahme des Papstes versteifen den Widerstand des kirchentreuen span. Volkes. – WELLINGTON wehrt den

1810 Angriff MASSENAS auf Lissabon an der Festungslinie von Torres Vedras ab. Während des Rußlandfeldzuges NAPOLEONS gelingt ihm die

1812 Befreiung Madrids. Im belagerten Cadiz verkündet die Zentral-Junta die **»Konstitution des Jahres Zwölf«,** die zwar die Monarchie beibehält, die Rechte des Königs jedoch stark beschneidet.

1813/14 WELLINGTONS letzte Offensive befreit Spanien endgültig durch den Sieg von Vitoria; sie führt bis zur Einnahme von Toulouse. Noch von NAPOLEON erhält FERDINAND VII. im

Dez. 1813 Vertrag von Valençay die Krone zurück. Er verwirft die lib. Verfassung und regiert als absoluter Herrscher. Sein reaktionäres Regime reizt die Liberalen zu innerem Widerstand und Aufständen (S. 323).

Der Rußlandfeldzug Napoleons von 1812

Wirtschaftskrisen nötigen Zar ALEXANDER I. zur **Aufgabe der Kontinentalsperre** (Dez. 1810); Vorzugszölle begünstigen den brit. Handel mit dringend benötigten Industrieerzeugnissen.

Die Absetzung des Hz. VON OLDENBURG, eines Verwandten des Zaren, sowie die Mißachtung russ. Interessen in Polen und der Türkei verschärfen die franz.-russ. Spannungen.

NAPOLEON will durch eine direkte milit. Aktion dem »System von Tilsit« (S. 303) Geltung verschaffen. Militärbündnisse mit Preußen (Febr.) und Österreich (März) sichern den Aufmarsch der **»Großen Armee«,** des bisher größten Heeres der Geschichte. Da NAPOLEON sich mit Rücksicht auf Dänemark BERNADOTTES (S. 305) Wünschen versagt hat (Angliederung Norwegens an Schweden als Kompensation für den Verlust Finnlands), kann sich Rußland mit Schweden verbünden (April). Es beendet seinen Krieg mit der Türkei.

Im Juni 1812 überschreiten die napoleon. Truppen ohne Kriegserklärung den Njemen. Der linke Flügel operiert zur Flankensicherung in Kurland (Preußen unter MACDONALD), der rechte in Wolhynien/Litauen (Sachsen und Österreicher unter SCHWARZENBERG). NAPOLEON stößt mit der Hauptarmee über Wilna nach Moskau vor, das nach Siegen bei **Smolensk** (Aug.) und **Borodino** (Sept.) ohne Widerstand besetzt wird.

Der Führer des **»Großen Vaterländischen Krieges«** und russ. Nationalheld **Kutusow** (1745–1813) rechnet mit der Weite des Raumes, entschließt sich zur bewegl. Verteidigung und weicht Entscheidungsschlachten aus. Seine »Parthertaktik« wird zum Symbol der Unbesiegbarkeit des russ. Landes.

Nach dem **Fall Moskaus** drängen der FRH. VOM STEIN, Berater des Zaren, und der russ. Adel auf Fortführung des Kampfes. Friedensangebote NAPOLEONS werden ausgeschlagen. Nachschubschwierigkeiten, der **Brand Moskaus** (mit Zerstörung des Kreml) und der einbrechende Winter zwingen NAPOLEON zum verspäteten Rückzug (Okt.). Die Armee, von russ. Truppen verfolgt, muß Smolensk als Winterquartier aufgeben.

Der **Übergang über die Beresina** bei Studjanka (Nov.) wird zur Katastrophe. Hunger, Kälte und Krankheiten lösen die zusammengeschrumpfte »Große Armee« (30000 Mann) vollends auf.

NAPOLEON verläßt die Truppen und taucht nach einer Eilfahrt unvermutet in Paris auf, um sein wankendes Regime (Putschversuch des Gen. MALET im Okt.) zu festigen und neue Armeen aufzustellen.

Ende 1812 erreichen die Trümmer der Hauptarmee die preuß. Grenze (angeblich 1000 Mann mit 60 Pferden und 9 Geschützen). Die Katastrophe wird weithin als Gottesurteil empfunden (»Mit Mann und Roß und Wagen hat sie der Herr geschlagen!«).

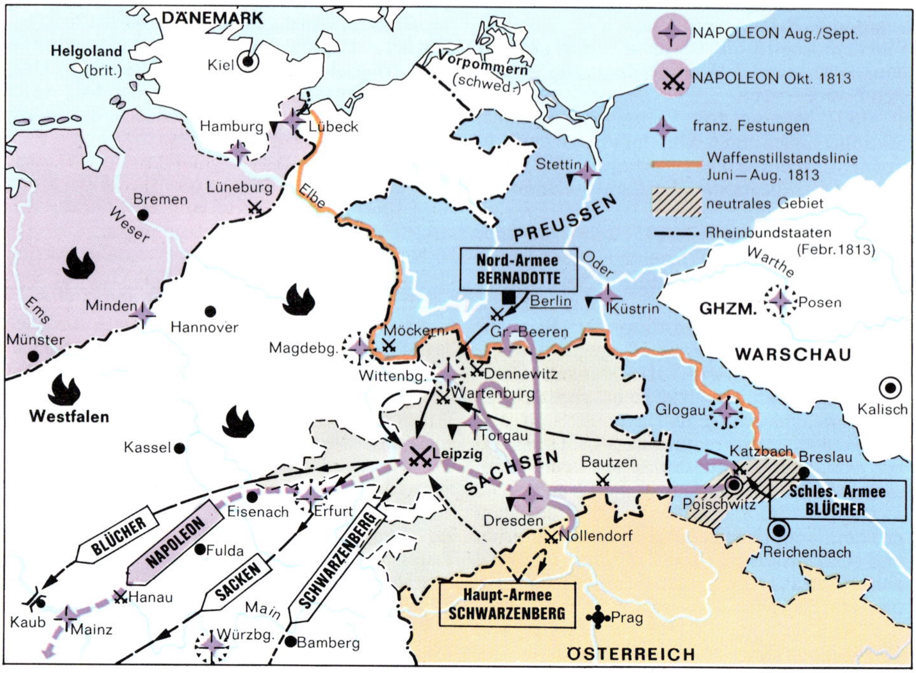

Der Herbstfeldzug 1813

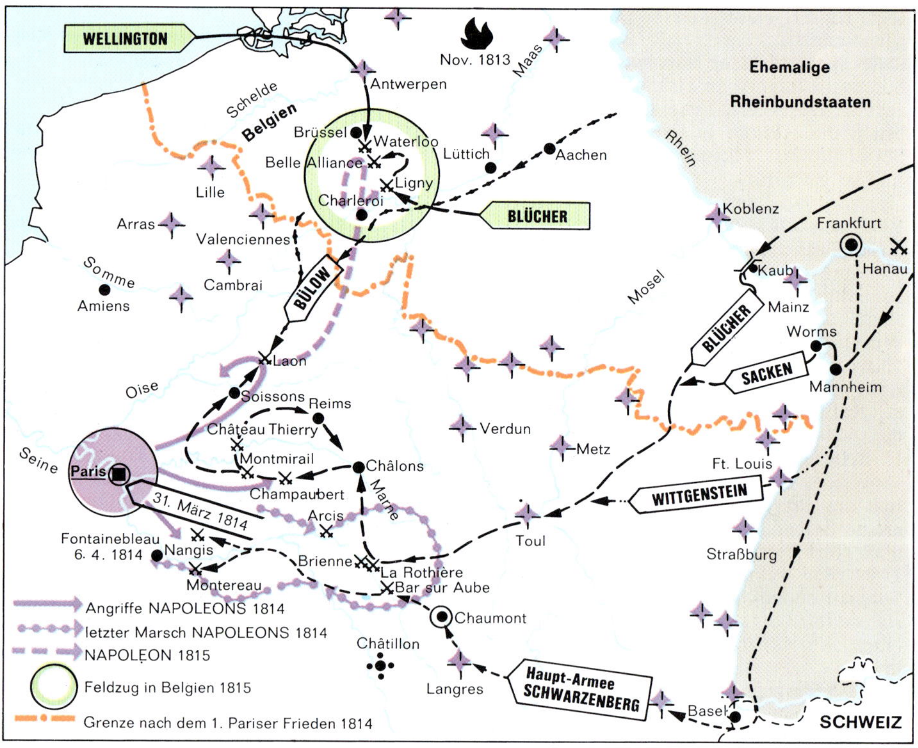

Die Feldzüge gegen Napoleon 1814/15

Die Befreiungskriege (1813–15)

Die Katastrophe der Großen Armee entflammt den nat. Widerstand in Europa.

Die Erhebung Preußens: Gen. **Yorck** (von Wartenburg, 1759–1830) verpflichtet sich aus eigener Verantwortung in der

Dez. 1812 Konvention von Tauroggen dem russ. Gen. Diebitsch (beraten von dem seit 1812 in russ. Dienst stehenden Clausewitz) zur Neutralität der preuß. Hilfstruppen und öffnet damit der russischen Armee Ostpreußen. Im Auftrag des Zaren stellen der Frh. vom Stein, Yorck und die ostpreußischen Landstände Landwehreinheiten (Volksmiliz) zusammen.

Febr. 1813 Vertrag von Kalisch, Rußland sichert sich Polen gegen Wiederherstellung Preußens (mit Eingliederung Sachsens). Durch preuß. Patrioten (Scharnhorst, Hardenberg) gezwungen, erklärt Friedrich Wilhelm III. Frankreich den Krieg (März). Die Stiftung des Eisernen Kreuzes und der Aufruf »An mein Volk« lösen spontane Opferbereitschaft im Volk aus.

Freie Jägerverbände (u. a. das **Freikorps Lützow** mit den Farben Schwarz-Rot-Gold) entstehen; Geld- und Sachspenden zur Aufstellung von Linientruppen. Ausbildung des Volksheeres (Scharnhorst).

Preußen trägt neben Rußland die Hauptlast der Befreiungskriege (6% der Bevölkerung leisten aktiven Wehrdienst). Im

Frühjahrsfeldzug prallen die improvisierten preuß. und frz. »Rekrutenheere« bei Großgörschen (tödl. Verwundung Scharnhorsts) und Bautzen aufeinander.

Napoleon drängt die Verbündeten nach Schlesien ab, doch landen schwed. Truppen in Pommern (Mai. Großbritannien tritt der Koalition bei (Juni).

Der Beitritt Österreichs: Die Rheinbundfürsten halten sich zunächst zurück, trotz der von Stein verfaßten

März 1813 Kalischer Proklamation zum Anschluß an die Befreier und zur Bildung einer deutschen Nationalverfassung. Metternich verhandelt nach beiden Seiten und vermittelt den

Juni 1813 Waffenstillstand von Poischwitz (Napoleon: »Die größte Dummheit meines Lebens!«).

Erst nach erfolglosen Friedensverhandlungen in Prag tritt Österreich in den Krieg ein (Aug.) Im

Herbstfeldzug gehen die drei Koalitionsarmeen konzentrisch, aber elastisch vor. Napoleons Sieg bei Dresden (Aug.) und andere Teilerfolge verhindern nicht die Einkreisung der franz. Armee.

16.–19. Okt. 1813 Völkerschlacht bei Leipzig (über 100000 Tote und Verwundete): Sieg der Koalition, aber geordneter Rückzug Napoleons über den Rhein.

Folgen: Zusammenbruch des napoleon. Systems; Auflösung des Rheinbunds; Befreiung Dtl.s, Hollands, Oberitaliens; Abfall Neapels (Murat); Dänemark muß Norwegen im

1814 Frieden von Kiel an Schweden abtreten, Preußen gewinnt Vorpommern.

Der Feldzug in Frankreich 1814

Blücher (1742–1819) und Schwarzenberg überschreiten im Winter bei Kaub bzw. Basel den Rhein. Napoleon besiegt Blücher bei Brienne, wird von ihm bei La Rothière geschlagen, behält jedoch durch energische Offensiven (u. a. bei Champaubert, Montmirail) Handlungsfreiheit, zumal die Kriegführung der Koalition unter polit. Hemmungen leidet. Der auf Betreiben Metternichs einberufene, schleppend geführte Friedenskongreß von Châtillon (Febr./März) endet ergebnislos. Im Vertrag von Chaumont (März) einigt sich die Koalition erneut.

31. März 1814 Einzug der Verbündeten in Paris; eine provisor. Reg. (Talleyrand) setzt Napoleon ab.

6. April 1814 Die Armee zwingt den Kaiser in Fontainebleau zur Abdankung. Napoleon erhält die Insel Elba als Fsm. und eine Ehrengarde von 800 Mann. – Mit

1814–24 Ludwig XVIII. kehren die Bourbonen zurück: lib. Verfassung, aber Begünstigung von Adel und Klerus.

Mai 1814 Erster Pariser Friede mit maßvollen Bedingungen für Frankreich auf der Grundlage des Besitzes von 1792.

Die Herrschaft der Hundert Tage

Die Spannungen auf dem Wiener Kongreß (S. 317) verführen Napoleon zur

März 1815 Landung bei Cannes. Er sammelt die franz. Kerntruppen, verspricht radikale demokrat. Reformen und zieht in Paris ein. Ludwig XVIII. flieht nach Gent. – **Murat,** der die Krone Italiens erstrebt, ergreift Partei für Napoleon, wird aber in der

Mai 1815 Schlacht bei Tolentino von Österreich (Neipperg) besiegt. Ferdinand I. [1816–25] wird »König beider Sizilien«. Die beiden Hauptarmeen der Sieger unter Wellington und Blücher/Gneisenau stoßen nach Süden bzw. Westen vor.

Napoleon eröffnet den

Feldzug in Belgien mit nur 120000 Soldaten. Blücher wird bei **Ligny** geschlagen, vereinigt aber seine Truppen noch rechtzeitig mit der Armee Wellingtons.

Juni 1815 Schlacht bei Waterloo (auch bei Belle Alliance): Das letzte napoleon. Heer wird vernichtet; zweiter Einzug der Koalition in Paris. Napoleon stellt sich unter brit. Schutz. Er wird auf die Atlantikinsel St. Helena deportiert, wo er 1821 stirbt (1840 im Invalidendom beigesetzt).

Nov. 1815 Zweiter Pariser Friede: Frankreich verliert Saarbrücken an Preußen, Landau an Bayern, Savoyen an Sardinien. Es muß 700 Mill. Fr. Kriegsentschädigung zahlen; 17 Festungen werden auf 5 Jahre besetzt.

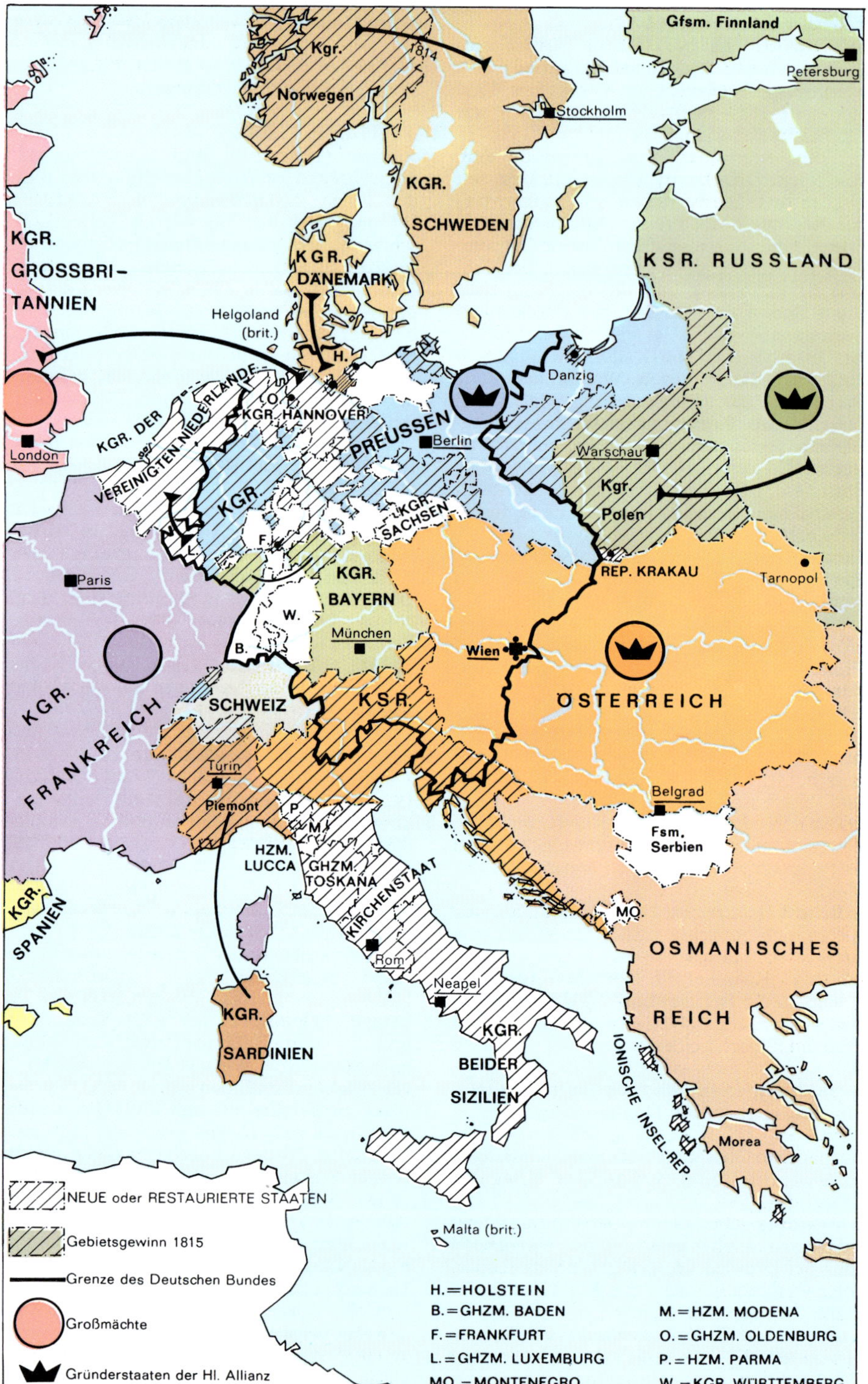

Die Neuordnung Europas durch den Wiener Kongreß 1815

Der Wiener Kongreß (1814/15)

Der 3. große Friedenskongreß (vgl. S. 255, 269) der Neuzeit zur **Neuordnung Europas** ist in erster Linie das Werk Fürst **Metternichs** (1773–1859), der die lib. und nat. Ideen der Zeit als staatsgefährdend ablehnt. – Polit. Prinzipien des Kongresses: **Restauration** (Wiederherstellung des polit. Zustandes von 1792); **Legitimität** (TALLEYRANDS Prinzip zur Rechtfertigung der Ansprüche der Dyn. des Ancien régime); **Solidarität** (gemeinsame Interessenpolitik legitimer Fürsten zur Abwehr rev. Ideen oder Bewegungen).

An dem Kongreß nehmen fast alle Staaten und Fürsten Europas teil, als Vertreter der 5 Großmächte: METTERNICH für Österreich, CASTLEREAGH (1769–1822) für Großbritannien, Zar ALEXANDER I. und NESSELRODE (1780–1862) für Rußland, HARDENBERG und W. v. HUMBOLDT (S. 311) für Preußen, TALLEYRAND für Frankreich.

Verlauf: Die poln.-sächs. Frage führt an den Rand eines Krieges. Besorgt um die Erhaltung des europ. Gleichgewichtes wehren sich METTERNICH und CASTLEREAGH gegen die Annexion Polens durch Rußland, Sachsens durch Preußen (Vertrag von Kalisch, S. 315). **Talleyrand** (S. 297), Außenminister unter BARRAS, NAPOLEON und LUDWIG XVIII., nutzt die Krise zur polit. Aufwertung Frankreichs, das dem brit.-österr. Geheimabkommen gegen Rußland und Preußen (Jan. 1815) beitritt. – Vor allem wegen der Rückkehr NAPOLEONS von Elba einigen sich die Mächte auf einen Kompromiß.

Juni 1815 Wiener Kongreßakte. Sie stellt das Gleichgewicht der 5 Großmächte (»Pentarchie«) wieder her.

Frankreich bleibt in seinem Besitzstand von 1792, zusätzlich kontrolliert durch einen »Kranz mittlerer Staaten«: Schweden in Pers.-U. mit Norwegen; das neue Kgr. der Verein. Niederlande; das um Savoyen vergrößerte Kgr. Sardinien-Piemont.

Großbritannien in Pers.-U. mit dem neuen Kgr. Hannover und im Besitz von Malta, Ceylon, der Kapkolonie und Helgoland ist der **eigentliche Sieger.**

Rußland gewinnt »Kongreßpolen« (mit eigener Verfassung) und steigt zur führenden Kontinentalmacht auf.

Österreich verzichtet auf die habsburgischen Niederlande (Belgien) und Vorderösterreich zugunsten einer Abrundung in Galizien, Oberitalien und Dalmatien. Es übt über das restaurierte Italien einen polit. Primat aus, wächst als Vielvölkerstaat aus Deutschland heraus, beansprucht aber die Führung im Deutschen Bund.

Preußen begnügt sich mit der Teilung Sachsens und wird mit der Rheinprovinz und Westfalen entschädigt, dadurch aber in zwei wirtschaftlich und konfessionell unterschiedliche Teile gespalten. Es übernimmt die »Wacht am Rhein« gegen Frankreich und »wächst in Deutschland hinein«.

Der **Schweiz** wird »immerwährende Neutralität« garantiert. Nach dem neuen Grundgesetz (Aug. 1815) besteht der Staatenbund aus 22 Kantonen mit eigenen (zunächst reaktionären) Verfassungen.

Die Neuordnung Deutschlands

Die Patrioten um den Freiherrn VOM STEIN, E. M. ARNDT und JOSEPH GÖRRES (S. 310) wünschen ein nat. Deutsches Reich. Der preuß.-österr. Dualismus und der fürstl. Souveränitätsanspruch (Partikularismus) lassen keine starke Reichsgewalt zu; infolgedessen wird weder das Kaisertum erneuert noch das Prinzip der Restauration beachtet, sondern die Säkularisation (S. 307) bestätigt.

METTERNICH verwirklicht seine Vorstellungen in der

Juni 1815 Deutschen Bundesakte »zur Erhaltung der inneren und äußeren Sicherheit Dtl.s und der Unabhängigkeit und Unverletzlichkeit der dt. Staaten« (Art. 2). Der

1815–66 Deutsche Bund besteht aus 39 Mitgl. (35 Fürsten, darunter die Könige von Großbritannien [Hannover], von Dänemark [Holstein] und der Niederlande [Luxemburg]). Österreich und Preußen gehören nur mit einem Teil ihres Staatsgebietes dem Bund an. – Der **Bundestag in Frankfurt** (ständiger Gesandtenkongreß unter österr. Vorsitz) kann für wichtige Entscheidungen zur **Bundesversammlung** erweitert werden. Keine Volksvertretung. Bundesbeschlüsse (mit Zwei-Drittel-Mehrheit, oder Einstimmigkeit) binden die Reg., nicht ihre Untertanen. Im Kriegsfall übernimmt ein **Bundesheer** (aus Kontingenten der Einzelstaaten) den Schutz. – Als liberales Zugeständnis sieht Art. 13 »Landständ. Verfassungen« vor.

Das System der Solidarität der Mächte

Unter Einfluß pietist.-romant. Kreise entwirft Zar ALEXANDER I. ein Programm zum Schutz von Religion, Frieden und Gerechtigkeit.

Sept. 1815 Stiftung der Hl. Allianz: die Monarchen des griech.-orth. Rußland, des kath. Österreich und des prot. Preußen verpflichten sich zur christl. patriarchal. Reg. nach innen »gemäß den Worten der Hl. Schrift« (Art. 1) und zur Solidarität nach außen. Aus ihrer Verantwortung vor Gott **(Gottesgnadentum)** leiten sie ihr Recht zur **Intervention** gegen alle nat. und liberalen Bestrebungen ab. – Der Allianz treten alle europ. Monarchen bei (mit Ausnahme des Papstes, des engl. Prinzregenten und des Sultans).

Bedeutung: Der polit. unklar formulierte **»Bund von Thron und Altar«** begründet die erste übernat. Friedensorganisation der Neuzeit. METTERNICH benutzt die Hl. Allianz als wirksames Machtinstrument seiner konservativen Politik. Das brit. Parlament lehnt jedes Interventionsrecht ab; England wird zum Hort lib. Demokraten.

Politische Grundideen nach 1815
Fließende Übergänge zwischen konserv., liberalen, demokrat. und soz. Ideen sind ebenso charakteristisch für das 19. Jh. wie die »Zwischenform« der **Konstitutionellen Monarchie.**

Konservativismus: Aus dem Bewahren überkommener Lebensformen in Ehrfurcht vor dem Gewordenen **(Traditionalismus)** entsteht die polit. Gegenbewegung zur Franz. Rev. (vgl. **Edmund Burke,** S. 309). Staat, Gesellschaft, Recht, Kultur werden in ihrer geschichtl. Mannigfaltigkeit als organisch sich entwickelnde Gebilde geachtet, die sich nicht nach Ideen, Theorien, Verfassungen künstlich ändern lassen. Einrichtungen und Autoritäten, die die überlieferte, gottgewollte Ordnung verbürgen, werden verteidigt: Monarchie, Kirchen, Berufsstände, Familie, Besitz. Der einzelne gilt als Glied einer gestuften Gemeinschaft, die der Obrigkeit ebenso verpflichtet ist, wie Stände und Genossenschaften; zentralist. Staatsallmacht wird zugunsten eines Förderalismus verworfen.
Gefahren: Die Tendenz zur Erstarrung konservativer Prinzipien führt zur **Reaktion** (Entwicklungshemmung), zu Abschließung privilegierter Gruppen (Adel), kritiklosem Obrigkeitsdenken, relig. Orthodoxie, geistiger und kultureller Sterilität.
Adel, Geistlichkeit, Beamte, Bauern sind Träger der konserv. Bewegung, die Mitteleuropa (Österreich, Preußen) bis zur Mitte des 19. Jhs. beherrscht (System METTERNICH).
Konservative Denker: Aus Patriotismus hält **F. L. von der Marwitz** (1777–1837) an einer patriarchalisch-ständischen Ordnung fest und lehnt die preuß. Reformen (S. 311) ab, die egoistisches Gewinnstreben freisetzen und die Staatsgemeinschaft auflösen würden. – Der Preuße **Friedrich Gentz** (1764–1832) übersetzt die Schriften BURKES und wandelt sich zum Verfechter konserv. Ideen, die allein das europ. Gleichgewicht garantierten. Als Vertrauter METTERNICHS unterstützt er dessen restaurative Politik. – Auch der Politiker und Dichter RENÉ CHATEAUBRIAND (1768–1848) entsagt im ›Essai sur les révolutions‹ (1797) den rev. Ideen und findet zu einem subjektivistisch gefärbten Christentum, wie der Romantiker FRIEDR. VON HARDENBERG, gen. **Novalis** (1772–1801), der in ›Christenheit oder Europa‹ (1799) ein verklärtes Bild mittelalterl. Weltordnung entwirft.

Die **Staatstheorie der Romantik** formuliert **Adam Müller** (1779–1829) in den ›Elementen der Staatskunst‹ (1808/09): Der gottgewollte, organisch gewachsene christl. Ständestaat umfaßt alle menschl. Bereiche. Seine Gewalt ist weder naturrechtlich gebunden noch teilbar; seine vielfältigen histor. Formen haben ein Recht zur Selbstbehauptung. – Der Schweizer **Karl Ludwig von Haller** (1768–1854) gibt durch seine **›Restauration** der Staatswisssenschaften‹ (1816–34) der Epoche ihren Namen: In reaktionärer Übersteigerung ist der Staat für ihn privatrechtl. Eigentum (Patrimonium) des nur Gott verantwortlichen Fürsten; dem Untertanen steht kein Recht, nur Unterordnung zu. Aufgabe des **Patrimonialstaates,** in seiner Autorität gestützt durch die Kirche, ist Erhaltung des Bestehenden. Den **Legitimismus** begründen DE BONALD und **de Maistre** (1753–1821), der das göttl. Herrschaftsrecht der Dyn. unabhängig vom Volkswillen **(Gottesgnadentum)** betont, die Ziele der Hl. Allianz (S. 317) rechtfertigt und im ›Du Pape‹ (1819) den kath. Glauben und den päpstl. Primat als Grundlage staatl. Lebens anspricht **(Ultramontanismus).**
Die von **Friedr. Julius Stahl** (1802–61) entwikkelte christl. Staats- und Rechtslehre wirkt zusammen mit HALLERS Ideen auf konserv. Kreise in Preußen (S. 325): Zum Schutz vor Willkür seien zwar ständische Verfassung und Gewaltenteilung nötig, doch bedürfen Recht und sittl. Ordnung der Legitimität und der Monarchie.

Liberalismus: Er wurzelt geistig in der Vertrags- und Naturrechtslehre der westeurop. Aufklärung (LOCKE, MONTESQUIEU) und kommt mit der Franz. Rev. zum Durchbruch. Auf den **Fortschritt** der Vernunft vertrauend, zielt er auf Verwirklichung **individueller Freiheit** und versteht darunter

1. **Freiheit der Person,** geschützt durch **Grund-** oder **Menschenrechte:** Glaubens-, Presse-, Meinungsfreiheit, Rechtsgleichheit, jedoch nicht Besitz- und Bildungsgleichheit;
2. einen **Verfassungsstaat,** der seine Macht durch **Gewaltenteilung** und **Grundgesetze** (Konstitutionen) bindet, als **Rechtsstaat** den Bürger schützt und auf Machtpolitik verzichtet;
3. Mitwirkung des polit. mündigen Bürgers am Staat durch **Wahl** einer Vertretung (Repräsentation) im **Parlament,** das Gesetze beschließt und die Regierung kontrolliert;
4. **freie Wirtschaft** mit Gewerbe-, Handels-, Unternehmer-, Koalitions-, Wettbewerbsfreiheit und Freizügigkeit.

Der Liberalismus wird vom Besitz- und Bildungsbürgertum vertreten, setzt sich vor allem in England durch und erlebt seine Blüte Mitte des 19. Jhs.
Gefahren: Neigung zur **Anarchie,** also zur Auflösung staatl. Autorität zugunsten individ. Freiheit. Deshalb auch keine Entwicklung geschlossener polit. Systeme, dagegen häufige Partei-Umgruppierungen.
Lib. Denker: Darstellung des polit. Liberalismus im ›Staatslexikon‹ (1834–48) der badischen Prof. VON ROTTECK und WELCKER. Von Einfluß ist die engl. Philosophie: **Jeremy Bentham** (1748–1832); ›Introduction to the Principles of Morals and Legislation‹, 1780) und **John Stuart Mill** (1806–73; ›On Liberty‹ 1859), auch **Herbert Spencer** (1820–1903), der den Fortschrittsprozeß durchdenkt, vertreten Prinzipien der Erfahrung und der »Nützlichkeit« **(Utilitarismus),** die in lib. Reformen und in ei-

ner Politik des »Laissez faire« (S. 289) das »größte Glück der größten Zahl« sichern würden.
Ein von LACORDAIRE, MONTALEMBERT und **Lamennais** (1782–1854) erstrebter Ausgleich zwischen Liberalismus und kirchl. Autorität durch **Freiheit der Kirche vom Staat** wird von dem reaktionären GREGOR XVI. [1831–46] als Indifferentismus **(Laizismus)** verworfen.

Demokratische Bewegung: Von den Liberalen heben sich die Demokraten (Radikale, Republikaner) durch die Betonung der **Gleichheit** und der **Volkssouveränität** (ROUSSEAU) ab. Vor dem Recht des einzelnen rangiert das **Recht der Mehrheit,** das der Staat, die Einheit von Regierenden und Regierten, zu schützen hat. Gefordert werden als Vorbedingung einer demokrat. Ordnung das **allg. Wahlrecht,** unter Einwirkung frühsozialistischer franz. Theorien auch gerechtere Verteilung des Eigentums, Beseitigung der Klassengegensätze und Bildungsvorrechte. Die Bewegung gewinnt Anhang unter Kleinbürgern und Arbeitern (Proletariat). Sie setzt im Laufe des 19. Jhs. in den Industriestaaten Wahlrechtserweiterungen, im 20. Jh. die **Massendemokratie** durch.
Gefahren: Ausartung des Mehrheitsrechtes in eine **Mehrheitsdiktatur,** die durch Volksführer zur Diktatur einzelner Personen, Parteien oder Gruppen umgebogen werden kann (vgl. Jakobiner, ROBESPIERRE, S. 299) und totalen Herrschaftsanspruch erhebt (totalitäre Demokratie).

Nationale Bewegung: Entstanden in der Franz. Rev., wird das moderne National- bzw. Vaterlandsgefühl **(Patriotismus)** zu einer der stärksten polit. Kräfte im 19. Jh. Erstrebt wird der souveräne **Nationalstaat** durch das Selbstbestimmungsrecht der **Nation,** ein Begriff, der sich nicht eindeutig definieren läßt. Nat. Merkmale können natürliche Gegebenheiten, kulturelle Faktoren oder subjektiv-irrationale Momente (Schicksalsbewußtsein, Gefühl, Wille) sein. Voraussetzungen der modernen Nationalidee sind die rationalen und irrationalen Lehren der Zeit: u.a. Volkssouveränität, romant. Volkstumsauffassung. Infolgedessen kann sich die nat. Bewegung mit allen polit. Richtungen verbinden und entfaltet sich am stärksten dort, wo noch keine staatl. Einheit der Gesamtnation erreicht ist: in Deutschland, Italien, Polen, Ungarn, bei den Balkanvölkern, in Belgien und Irland. Sie sprengt die übernat. Staatsgebilde (Span. Kolonialreich, Osman. Reich, Donaumonarchie) und erfaßt im 20. Jh. die afro-asiat. Völker (S. 539). Andererseits integriert sie neue Staatsgebilde zu Nationen (USA).
Gefahren: Selbstüberschätzung und nat. Machtwille steigern sich im **Nationalismus** zum Überlegenheitsgefühl über andere »minderwertige« Völker oder Nationalitäten, die unterdrückt oder in Kolonialreiche eingegliedert werden **(Chauvinismus, Imperialismus).**

Geschichtsphil. Grundanschauungen
Grundlegender Denker der Epoche, der aufklärerische, romantische und neuhumanistische Gedanken zu einem System der Weltdeutung verbindet und den Deutschen Idealismus abschließt, ist
G. W. Friedrich Hegel (1770–1831):
Vernunft (Geist, Denken) und Wirklichkeit (Sein) sind identisch mit dem »absoluten Geist«. Sichtbar wird die Selbstentfaltung des »absoluten Weltgeistes« in der Geschichte, die **dialektisch** in stetem »Aufheben« der geistigen Gegensatzspannungen (von Thesis und Antithesis) zu höheren Formen (Synthesis) der Vernunft und Freiheit aufsteigt.
Jedes histor. Ereignis (Person, Name, Epoche) hat seinen bestimmbaren »Stellenwert« innerhalb des Geschichtsprozesses. Große Persönlichkeiten glauben in eigenem Interesse zu handeln, sind aber tatsächlich nur Werkzeuge der »List der Vernunft«. Höchste Vollendung erfährt der »objektive Geist« (die Realität) im überzeitl. Staat, der allein Freiheit, Gerechtigkeit, Kultur ermöglicht. Als sittl. Größe ist er dem Individuum übergeordnet und erzieht es zu seinem eigentl. Wesen.
Vollkommenste Staatsform ist der **monarchische Rechtsstaat,** in dem der objektive Staatswille in der subjektiven Gestalt des Monarchen erscheint, der Freiheit der Person, des Eigentums, der Gesellschaft und durch Gesetze geregelte Verw. garantiert.
Bedeutung: HEGELS idealist. Auffassung vom Staat und vom Sinn der Geschichte wirkt stark auf seine Zeitgenossen, beeinflußt die rev. Denker Rußlands (S. 347) und schlägt bei den »Junghegelianern« BRUNO BAUER, LUDWIG FEUERBACH, **Karl Marx** (S. 342) in radikale Kritik der bestehenden Zustände um.

Historismus, ein von FRIEDRICH MEINECKE (1862–1954) herausgearbeiteter Begriff, bezeichnet das Bewußtsein, daß alles Leben und alle Wirklichkeit geschichtlich bedingt ist. Nach MEINECKE kulminiert der Historismus im Werk **Leopold von Rankes** (1795–1886), der, vom Einzelnen, Besonderen ausgehend, die allgemeinen Ideen zu erkennen sucht: jede Epoche sei unmittelbar »zu Gott«, jedes geschichtliche Ereignis müsse aus sich selbst verstanden und geschildert werden.

Durch den Fehlschlag der Revolution von 1848 gewinnt der Pessimismus von **Arthur Schopenhauer** (1788–1860) an Boden. In der ›Welt als Wille und Vorstellung‹ (1819, Bd. 2 1844) wird der Geschichte kein zielstrebiger Sinn mehr unterlegt, vielmehr sei der irreale Weltgrund nur blinder Wille, ein »Tummelplatz von Leidenschaften«, die sich sinnlos im Kreise drehen. Zu den Kritikern des Historismus gehört ferner FRIEDRICH NIETZSCHE (S. 342), der die Geschichte als gefährlich ansieht, da sie die Fähigkeit zum Handeln schwäche (›Unzeitgemäße Betrachtungen‹, 1873–76).

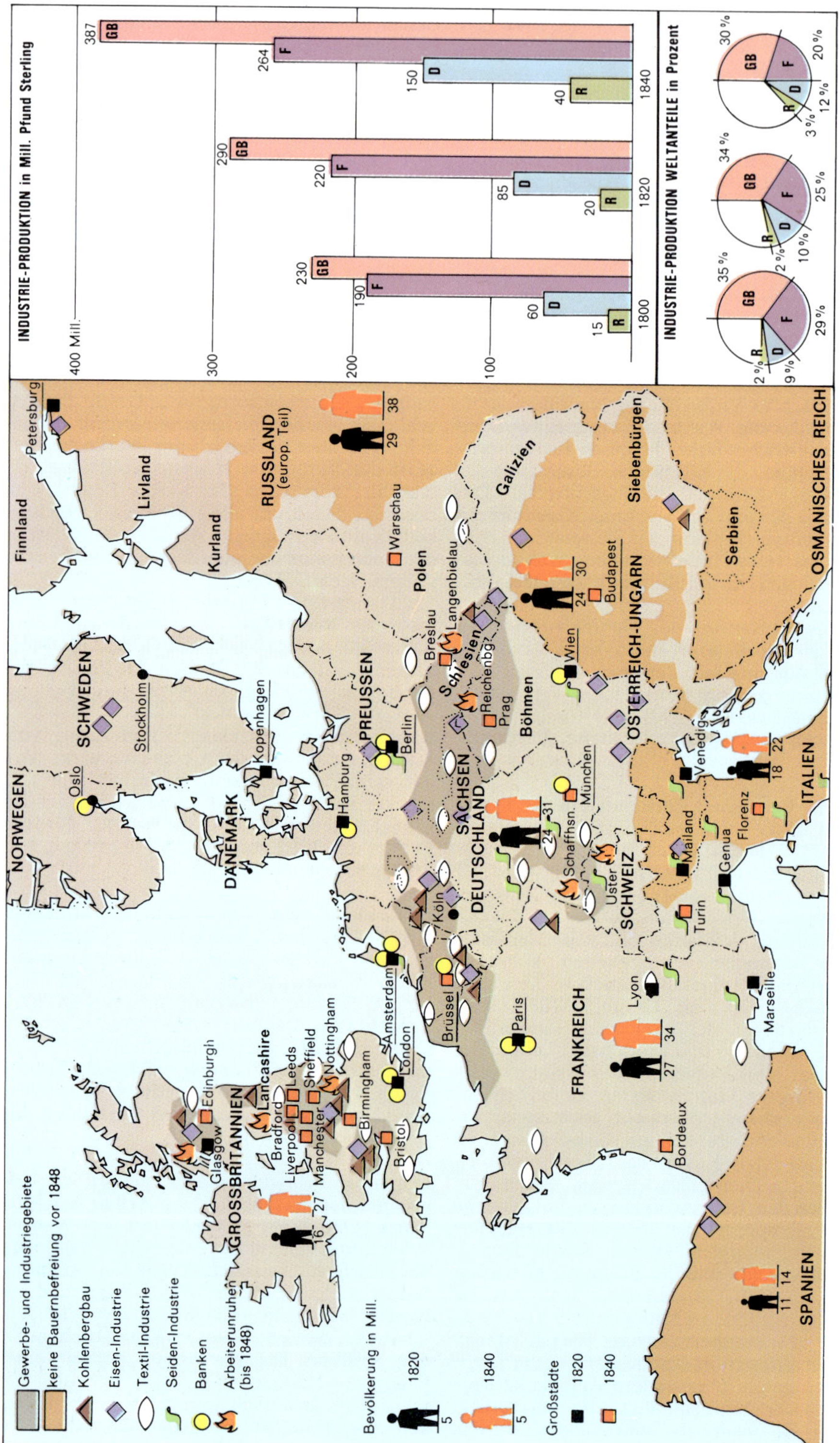

Gewerbe und Industrie in Europa 1820-1840

Die Industrialisierung Englands

Im 18. Jh. verändern sich die wirtschaftl. und soz. Strukturen und schaffen Voraussetzungen für die

Industrielle Revolution (von BLANQUI 1837 bzw. F. ENGELS 1845 eingeführter Begriff). Auslösend wirkt eine Reihe von Faktoren, die sich wechselseitig bedingen:

Seit die Testakte (1673) Puritaner bzw. Nonkonformisten von der Politik ausschließen und auf das Erwerbsleben verweisen, prägt die calvinist. Ethik (S. 238) eine neue

Arbeitsauffassung: Fleiß, Sparsamkeit, nüchternes Gewinnstreben über den Eigenbedarf hinaus schaffen **Privatkapital** für Investitionen zur Produktionsausweitung im Großgewerbe, dessen Beschränkungen im 18. Jh. praktisch fallen (seit 1814 Gewerbefreiheit). Theoretisch begründet wird der

Kapitalismus von ADAM SMITH (S. 289) und der klass. Nationalökonomie (DAVID RICARDO, 1772–1823), die aus den Grundfaktoren Arbeit, persönl. Gewinnstreben und Freiheit den wirtschaftl.

Liberalismus ableiten: am entschiedensten vertreten durch die **Manchesterschule,** einen Kreis von Textilfabrikanten um RICH. COBDEN (1804–65).

Die engl. Aufklärung verbreitet die Ansicht BACONS (S. 256), daß empirisches Wissen durch Beobachtung und Experimente den Reichtum mehre.

Naturwissenschaft verbindet sich mit prakt. Nutzanwendung.

Auch Handwerkern ohne Schulbildung gelingen grundlegende

technische Erfindungen (vgl. S. 279):

Fliegendes Weberschiffchen – KAY (1733), Eisengewinnung mit Koks – DARBY (1735), Dampfmaschine – **Watt** (1769), Mule-Spinnmaschine – CROMPTON (1779), Mech. Webstuhl – CARTWRIGHT (1785).

1789 Antrieb einer Arbeits- mit einer Kraftmaschine:

Beginn der **Mechanisierung der Arbeit** und damit der industriellen Rev.

Wirtschaftl. ist Großbritannien seit 1707 (Vereinigung Schottlands mit England) das größte europ.

Freihandelsgebiet mit ausgebildetem Kreditwesen (Bank von England, 1694), starker Flotte und profitreichem Handel. – Der Kapitalreichtum bewirkt eine

Agrar-Rev. (S. 309): Aufteilung offener Feldfluren, Bauernlegen, Landeinhegungen durch aristokrat. Großunternehmer mit Hilfe des Parlaments. Pächter wirtschaften mit neuen Methoden und setzen Arbeitskräfte frei.

Steigende Bodenerträge und med. Erfolge verursachen eine sprunghafte Bevölkerungszunahme bzw.

Übervölkerung. In der Not und Verelendung der Massen sieht der Nationalökonom **Thomas Robert Malthus** (1766–1834) ein Naturgesetz, da die Bevölkerung in geometr., der Bodenertrag nur in arithmet. Reihe wachse.

Auswanderung, Landflucht und Bildung eines großstädt. Proletariats sind Folgen der Übervölkerung. Sie begünstigen zudem die

Entfaltung der Industrie: Das neue **Fabriksystem** verlangt selbstbewußte Initiative, Kapital für Maschinen und Rohstoffe, Arbeitskräfte und Absatzmärkte für maschinelle Massenproduktion. – Aus allen Schichten entwickeln sich die

neuen Klassen: Unternehmer (priv. Kapitalbesitzer) und ungelernte **Proletarier.** Beide Gruppen sind ohne Grundbesitz und ohne Parlamentsvertretung und daher Gegner der Gentry und der Großkaufleute, dennoch miteinander verfeindet. Überangebot an Arbeitern, überlange Arbeitszeit, Frauen- und Kinderarbeit erzwingen die neue, noch ungewohnte Arbeitsdisziplin in der Fabrik. Die Hungerlöhne rechtfertigen RICARDOS Lohntheorie, nach der Arbeit und Ware dem gleichen Gesetz von Angebot und Nachfrage unterliegen.

Günstige Bedingungen zur Industrialisierung bietet die

Baumwollverarbeitung (Zentrum in Manchester/Lancashire). Spinnereien (ab 1790) und Webereien (nach 1815) erfordern geringes Anfangskapital und sichern hohe Profite durch den Kreislauf: Sklaventransport in amerikan. Baumwollplantagen, Import von Rohbaumwolle, Export von Baumwollwaren nach Afrika und in die Plantagenländer. Zwischen 1785 und 1840 steigt der Import von 11 Mill. auf 366 Mill. Pfund bei einer Preissenkung für Garne um 95 Prozent. Die Kontinentalsperre (S. 303) bringt der

Textilindustrie neue Absatzmärkte in Südamerika und Indien. Konjunkturkrisen drücken die Löhne. Der ungeheure Kapitalgewinn bildet die Grundlage für neue kapitalintensive Industriezweige: **Bergbau** und **Schwerindustrie.** Sie kommen mit der

Verkehrs-Rev. durch Dampfschiff (FULTON, 1807) und Lokomotive (STEPHENSON, 1814) um 1840 zum Durchbruch.

1830 Erste Eisenbahn Stockton–Darlington; die Schienenlänge umfaßt 1848 bereits 5000 Meilen.

Folgen: England bleibt bis Ende des 19. Jhs. industriell führend. Nach engl. Vorbild, aber mit örtl. Abweichungen entstehen europ. Industriestaaten: Belgien, Holland, Schweiz, Frankreich (ab 1825), Deutschland (ab 1850), Schweden (ab 1880). Die Industrialisierung führt zu Ballungszentren in **Industriegebieten** (Verstädterung), entwickelt eine demokrat. Klassengesellschaft, hebt Nationaleinkommen und Lebensstandard und begründet mit Ausbildung eines **Weltmarktes** eine Epoche techn. Zivilsation. – Handwerk und Kleinbauerntum gehen zurück, die Klassenunterschiede verschärfen sich, die **soz. Frage** wird zum drängenden Problem.

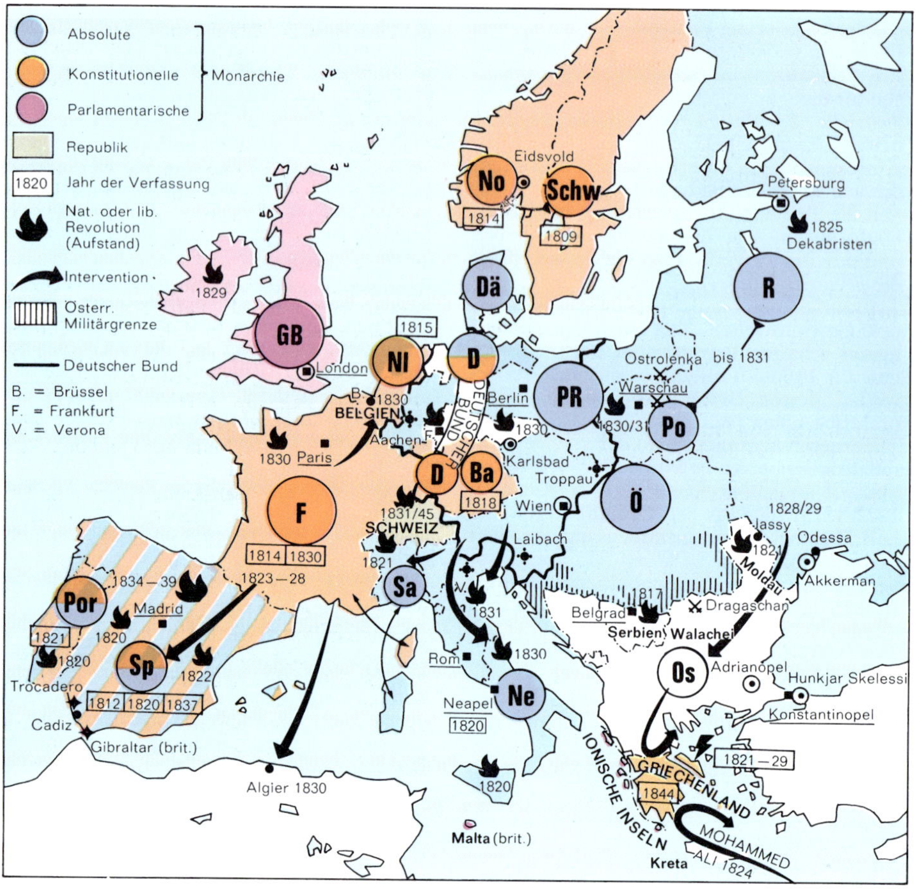

Europa zwischen Reaktion und Fortschritt 1815–1848

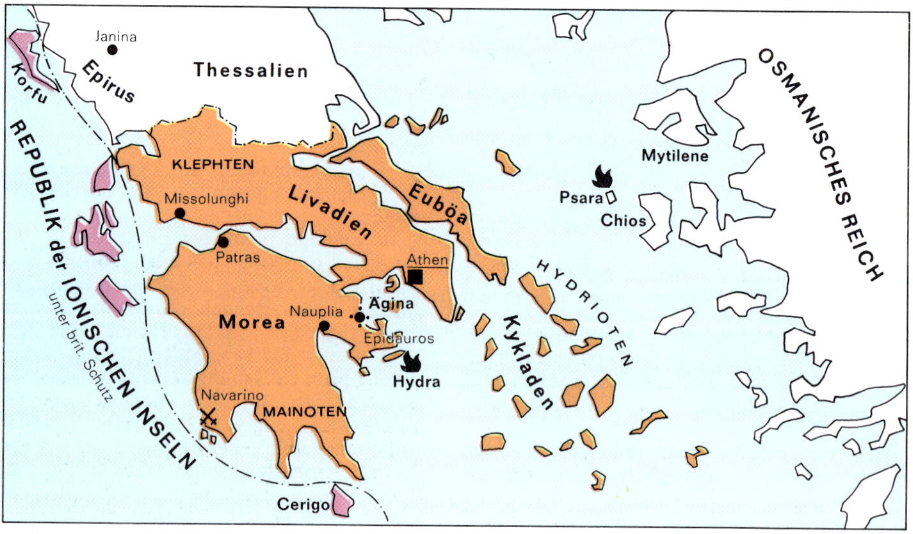

Griechenland 1829

Die Politik der Kongresse (1815–22)

Zur Sicherung des Wiener Friedens (S. 317) versuchen METTERNICH und auch Zar ALEXANDER I. eine Zusammenarbeit der europ. Großmächte durch Konferenzen. CASTLEREAGH unterstützt diese Gleichgewichtspolitik trotz brit. Zurückhaltung. – Das »Konzert der Mächte« wird im

1818 Kongreß von Aachen durch Aufnahme Frankreichs in die Hl. Allianz erweitert. Gegen brit. Protest setzt METTERNICH im

1820 Kongreß von Troppau das Interventionsprinzip (S. 317) durch. Großbritannien löst sich langsam aus den polit. Bindungen an Europa (Splendid isolation) und fördert als Schutzmacht der kleinen Nationen unter AMin. CANNING [1822–27] deren lib. Bewegungen. Die Solidarität der Mächte zerfällt in einen lib. Westblock (England, Frankreich) und einen konserv. Ostblock (Rußland, Österreich, Preußen).

Nat. und lib. Erhebungen in Südeuropa

Spanien: Truppenrevolte in Cadiz und

1820 Rev. der Liberalen. Die Servilen (Anhänger der absolutist. Monarchie) unterliegen. Die Siegergruppe spaltet sich in Exaltados und Moderatos. Gegen brit. Einspruch (WELLINGTON) beauftr. der

1822 Kongreß von Verona Frankreich mit der milit. Intervention: Einnahme Madrids und der Festung Trocadero 1823. Unter franz. Besatzung übt FERDINAND VII. harte Vergeltung. Nach seinem Tod brechen die Gegensätze erneut in den

1834–39 Karlistenkriegen auf.

Portugal: Die von den Cortes proklamierte

1821 Verfassung wird von JOHANN VI. nach seiner Rückkehr aus Brasilien (S. 313) anerkannt. CANNING verhindert Unruhen, indem er gegen DOM MIGUEL, den Kandidaten der Reaktion, die Nachfolge der Enkelin JOHANNS, MARIA II. DA GLORIA, betreibt. Sie kann sich 1834 als Königin durchsetzen, aber Unruhen bis 1847 nicht verhindern. England gilt seither als Vorkämpfer der Liberalen.

Neapel: Der Geheimbund der **Carbonari** (seit ca. 1769) wirkt für eine nat. Rev. Die

1820 Revolte in Nola zwingt FERDINAND I. eine Verfassung ab. Während sich Sizilien (Geheimbund der Mafia) aus dem Kgr. zu lösen versucht, greift die ital. Nationalbewegung nach Sardinien-Piemont und Oberitalien über. Der

1821 Kongreß von Laibach billigt das österr. Eingreifen. Die Erhebung bricht zusammen; ihre Führer werden in polit. Prozessen zu Festungshaft verurteilt oder emigrieren. Haß gegen Habsburg.

Serbien: Das auf Erinnerungen an das Groß-Serb. Reich (S. 204f.) gegründete, durch orth. Kirche und Volksdichtung bewahrte und im Partisanenkampf der Hajduken gefestigte Nationalgefühl verbindet sich mit modernen Freiheitsideen.

1804–12 Erster Volksaufstand gegen das Osman. Reich unter KARA GEORG PETROVIĆ, gen. KARADJORDJE. Eigene polit. Ordnung aus Senat und Skupschtina (Volksvertretung). Im

1815–17 zweiten Aufstand erringt MILOŠ OBRENOVIĆ (1780–1860) die innere Autonomie. Das tributpflichtige Fsm. behält seine Unabhängigkeit durch Lavieren zwischen Rußland und der Türkei trotz ständiger Machtkämpfe der KARADJORDJEVIĆ und OBRENOVIĆ.

Griechenland: Eingedenk ihrer klass. Vergangenheit bilden griech. Patrioten 1814 **Hetairien** (Geheimbünde) in Athen (Gf. KAPODISTRIAS) und Odessa (Fs. YPSILANTI). Von griech. Kaufleuten in Konstantinopel (Fanarioten) und der orth. Kirche unterstützt, organisieren sie Volkserhebungen auf dem Festland (Klephten, Mainoten) und den Ägäis-Inseln (Hydrioten).

1821–29 Griech. Freiheitskampf. Die von dem griech. Gen. in russ. Diensten Fs. ALEXANDER YPSILANTI (1792–1828) geführte

1821 Erhebung der Moldau und Walachei mißlingt (Niederlage von Dragaschan). Dennoch proklamiert der griech.

1822 Nationalkongreß in Epidauros die Selbständigkeit, begeistert gefeiert von konserv. und liberalen »Philhellenen« (LUDWIG I. VON BAYERN, CHATEAUBRIAND u.a.). Freiwillige (BYRON) sammeln sich in Genf. Vergeltungsaktionen (Türkengreuel auf Chios) drohen den Kampf jedoch zu ersticken.

1824 Intervention der ägypt. Flotte MOHAMMED ALIS (S. 375);

1826 Missolunghi fällt nach hartnäckigem Widerstand. – Während METTERNICH die Insurrektion als rev. verurteilt, begünstigt Zar NIKOLAUS I., aus orth. Verwandtschaft, Türkenfeindschaft und polit. Interesse die Erhebung. Im

1827 Londoner Vertrag treten England, Frankreich, Rußland für griech. Autonomie ein.

1827 Vernichtung der türk.-ägypt. Flotte bei **Navarino** durch ein vereinigt. brit.-franz.-russ. Geschwader.

Gf. KAPODISTRIAS wird Regent und baut von Nauplia aus die griech. Verw. auf. Ein franz. Hilfskorps befreit Morea.

1828/29 russ.-türk. Krieg.

1829 Friede von Adrianopel (durch preuß. Vermittlung): Rußland erhält die Donaumündung und Schutzrechte über Griechenland, dessen Souveränität in der

1830 Londoner Konferenz anerkannt wird. Nach Ermordung KAPODISTRIAS' wird

1832 OTTO I. VON WITTELSBACH als König gewählt. Seine absolutist. Herrschaft endet trotz Einführung einer

1844 Verfassung mit seiner Absetzung (1862).

Ergebnis: Auflösung der Hl. Allianz wegen des russ.-österr. Gegensatzes in der »orientalischen Frage«. Die rev. Bewegungen in Europa erhalten neuen Auftrieb durch die franz. Juli-Rev. (S. 329).

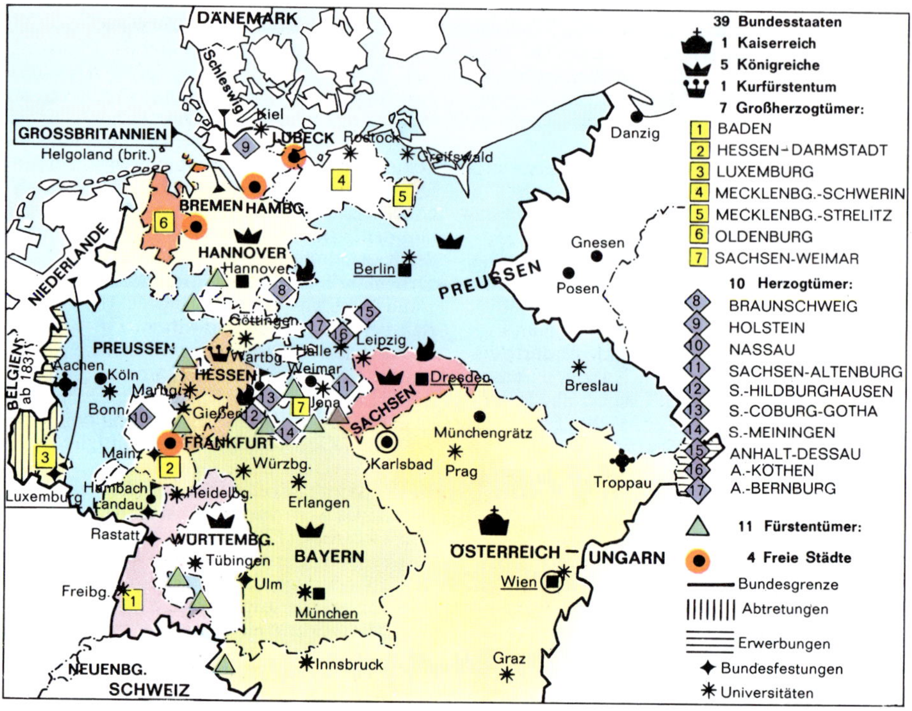

Der Deutsche Bund 1815–1848

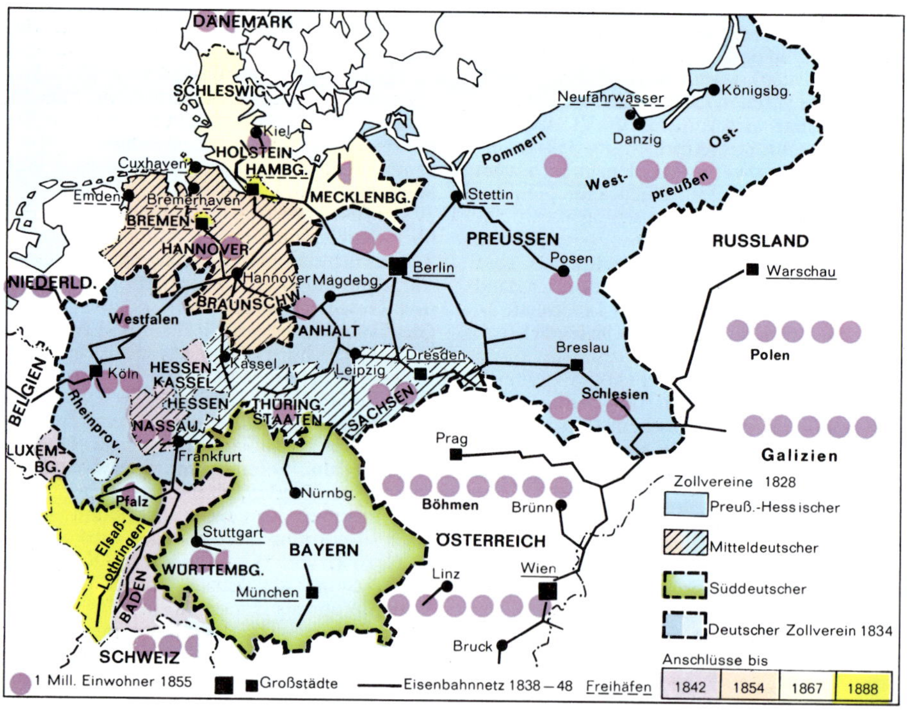

Die wirtschaftliche Einigung Deutschlands 1828–1888

Reaktion und nationale Opposition
Die Restaurationspolitik des Bundestages und der (35) Fürsten garantiert eine Periode äußerer Ruhe (Biedermeierzeit). Adel, konserv. Beamten- und Bürgertum lehnen liberale Ideen ab.

1815 Gründung der Deutschen Burschenschaft in Jena als Reaktion auf das »System Metternich« (unter den »Reichsfarben« Schwarz-Rot-Gold und der Devise »Ehre, Freiheit, Vaterland«). Das zur Erinnerung an die Reformation und die Leipziger Völkerschlacht gefeierte

1817 Wartburgfest endet mit Verbrennung der Bundesakte, reaktionärer Schriften und Symbole. Radikale Gruppen (KARL FOLLEN) drängen zur Tat. Der Student K. L. SAND wird nach

1819 Ermordung des Dichters KOTZEBUE (vermeintlicher Agent des Zaren) hingerichtet. Auf METTERNICHS Veranlassung reagiert eine Ministerkonf. mit den

1819 Karlsbader Beschlüssen: Errichtung einer Zentraluntersuchungskommission in Mainz; Verbot der Burschenschaft; Verfolgung der »Demagogen«; Überwachung der Presse und Universitäten. Diese Beschlüsse werden Bestandteil der

1820 Wiener Schlußakte und damit der Bundesverfassung. Mit polizeistaatl. Mitteln wird die nat. Bewegung unterdrückt.

Die Anfänge politischer Richtungen
Ehem. Rheinbundfürsten gewähren nach franz. Muster **Verfassungen** (Betonung des monarch. Prinzips, Volksvertretungen in zwei Kammern), so in Nassau 1814; Sachsen-Weimar 1816; Bayern, Baden 1818; Württemberg 1819; Hessen-Darmstadt 1820. – Die (beschränkte) polit. Mitwirkung des Volkes fördert vor allem in **Baden** den

süddeutschen Liberalismus: Pazifist. und nat. Ideen (WELCKER) verbinden sich mit Forderungen nach Selbstverw., Schwurgerichten, Volksmiliz und nat. Wirtschaft (FRIEDR. LIST). – Unter stärkerem Druck der Reaktion entfaltet sich nur langsam der mehr an England orientierte

norddeutsche Liberalismus mit besonderer Betonung der nat. Einheit (DAHLMANN). Der Historiker JOH. GUST. DROYSEN wie der Süddt. PAUL PFIZER befürworten die preuß. Führungsrolle. – Erste Zentren des

polit. Katholizismus bilden sich in München (LUDWIG I., GÖRRES), Frankfurt und am Rhein. Unter dem Eindruck von Verhaftungen hoher Geistlicher (Ebf. DROSTE ZU VISCHERING, 1837) in den

1836–40 Kölner Wirren (Mischehenstreit mit dem preuß. Staat) schließen sie sich enger zusammen. – Der frühe

Konservatismus findet seine stärkste Stütze im Kreis um den preuß. Kronprinzen und die Gebr. GERLACH. Sein Publikationsorgan wird ab 1848 die ›Kreuzzeitung‹.

Preußen und der deutsche Zollverein
1797–1840 FRIEDRICH WILHELM III. hält starr an den Grundsätzen der Hl. Allianz fest. »Demagogen« werden verfolgt, Männer wie STEIN, GNEISENAU, SCHLEIERMACHER verdächtigt. Die innere Ref. wird eingestellt, die ländl. Selbstverw. nicht verwirklicht, die Bauernbefreiung gehemmt. Durch das

1816 Regulierungsedikt zur Entschädigung der Gutsherren entsteht ein **Großgrundbesitz** mit rationeller Betriebsweise, aber auch ein **Proletariat** (Tagelöhner), Landflucht und Auswanderung.

1817 Union der luth. und ref. Kirche. – Verfassungspläne W. VON HUMBOLDTS und BOYENS scheitern, eingerichtet werden nur

1822 Provinzialstände (Landtage der 8 Prov.; Übergewicht des konserv. Offiziers-, Beamten- und Grundadels). – Hauptaufgabe bleibt die Verschmelzung alter prot., konserv. Agrargebiete und neuer kath., gewerbl.-lib. Landesteile (Rheinprov., Westfalen). Den Güteraustausch fördert das neue

1818 Steuer- und Zollgesetz (MAASSEN): Grenzzölle und Verbrauchssteuern ersetzen die Akzise. – Zur Überwindung der 38 deutschen Zollsysteme gründet der Schwabe **Friedrich List** (1789–1846) den

1819 Handels- und Gewerbeverein.

1828 Einrichtung begrenzter Zollvereine gegen den Widerstand METTERNICHS. Sie verbinden sich auf Initiative des preuß. Finanzmin. MOTZ (1775–1830) zum

1834 Deutschen Zollverein unter preuß. Führung. Er wird zur Vorstufe der polit. Einigung und der Industrialisierung (S. 338). – Der Aufbau des Eisenbahnwesens nach Plänen von FRIEDR. LIST beginnt mit der

1837–39 Bahnlinie Leipzig-Dresden.

Der Vormärz (1830–48)
Die Auswirkungen der Juli-Rev. (S. 329) verschärfen seit den

1834 Wiener Ministerialkonferenzen wieder die Reaktion mit Demagogenverfolgungen und Pressezensur. Emigranten sammeln sich in Paris und in der Schweiz. – Nach Auflösung der Pers.-U. mit England bricht Kg. ERNST AUGUST VON HANNOVER die Verfassung:

1837 Protest und Amtsenthebung der **»Göttinger Sieben«** (u. a. J. und W. GRIMM).

1840 Die franz. Forderung der Rheingrenze (S. 327) löst Proteststürme in ganz Deutschland aus. Patriot. Lieder entstehen (›Die Wacht am Rhein‹, Deutschlandlied). – Nat. Erwartungen knüpfen sich an

1840–61 FRIEDRICH WILHELM IV., der die »Demagogen« amnestiert, die Kölner Wirren beendet und mit dem Kölner Dombaufest 1842 und der »Tausendjahrfeier des Reiches« 1843 nat. Symbole setzt. Er verweigert jedoch eine Verfassung. Zögernd entschließt er sich zur

1847 Berufung des Vereinigten Landtages (beratende ständische Vertretung).

Die brit. Innenpolitik konzentriert sich um 4 Grundprobleme:
1. Anpassung des parlamentarischen Systems (S. 309) an die neuen sozialen Verhältnisse; 2. Durchsetzung des wirtschaftl. Liberalismus; 3. Forderung der Arbeiter nach sozialer Sicherheit und polit. Anerkennung; 4. Lösung der irischen Frage.

Die konservative Periode (1815–30)
Das Ansehen der Krone sinkt durch Eheskandale des »Dandy«
1820–30 GEORG IV., Regent seit 1811. – Nach den Kriegen gegen NAPOLEON schwere wirtschaftl. Depressionen. Vom
1812–27 Tory-Kabinett LIVERPOOL erreichen die Grundbesitzer gegen das Einströmen des billigen Übersee-Getreides
1815 Getreideschutzzölle (Corn Laws). Die hart betroffenen Arbeiter finden in dem Journalisten **Cobbett** (1762–1835) einen Anwalt und demonstrieren für dessen radikale Forderungen. Auf die
1819 Unruhen in (»Peterloo«) Manchester antworten die »old stupid Tories« oder »Ultras« mit den »Six Acts«: Knebelgesetze gegen Presse- und Versammlungsfreiheit. Doch gewinnen gem. Jung-Tories um **Rob. Peel** (1788–1850) Einfluß. Mit
1822 AMin. CANNING (1770–1827) Abwendung von der Restaurationspolitik (S. 323), Milderung des Strafrechts, Gewährung der Koalitionsfreiheit.
1824 Gesetzl. Anerkennung von Trade Unions (örtl. Gewerkschaften).
Unter dem Druck der nat. »Irish Catholic Association«, 1825 reaktiviert von **O'Connell** (1775–1847), und auf Betreiben des »Verräters« PEEL hebt das Kabinett WELLINGTON die Testakte auf:
1829 Katholikenemanzipation.
O'CONNELL setzt im Parlament die Milderung der irischen Steuerlasten durch und fordert die Aufhebung der Union mit Irland von 1801 (»Repeal«).

Die liberale Reformperiode (1830–48)
1830–37 WILHELM IV.; die Neuwahl zum Regierungsantritt bringt unter dem Eindruck der franz. Juli-Rev. (S. 327) das
1830 Whig-Kabinett GREY an die Macht. Es kämpft die Reformpläne von Lord **Russell** (1792–1878) gegen Tories und Oberhaus durch.
1832 Parlamentsreform: 143 von 200 Mandaten der »rotten boroughs« fallen an neue städt. Wahlkreise; durch die Wahlrechtserweiterung auf Hausbesitzer nimmt die Stimmenanzahl um etwa die Hälfte zu.
Folgen: Regelmäßige Wahlen, Bindung der Reg. an Parlamentsmehrheit, Änderung der Parteinamen in **Konservative** und **Liberale.**
1833 1. Fabrikgesetz: Begrenzung der Kinderarbeit auf täglich 8 Stunden; staatl. Inspektionen.
1833 Aufhebung der Sklaverei; neue Armengesetze mit Arbeitszwang in Armenhäusern; Städteordnung mit verstärkter Selbstverw. (1835). – Sozialkritik übt **Charles Dickens** (1812–70) in seinen Romanen.
1837–1901 Viktoria. Beliebt wie ihr Gemahl PRINZ ALBERT VON SACHSEN-COBURG (1819–61), beachtet die Königin loyal die Verfassung und wird zum Symbol der »viktorianischen Ära« (S. 382). – Enttäuscht über die Parlamentsreform und das Scheitern einer nat. Gewerkschaft (1834) von **Rob. Owen** (S. 344), THOMPSON u.a., gründet der Tischler **Lovett** (1800–77) die
1836 Working Men's Association. Er formuliert in der ›People's Charter‹ (mit Bezug auf die Magna Charta von 1215) die Volkswünsche: allg. Wahlrecht, Diäten für Abgeordnete, jährl. Wahlen, Sozialreformen. Die Petition wird nach
1838 Ablehnung durch das Parlament zum Programm der **Chartisten,** der ersten polit. Arbeiterbewegung. Der radikale O'CONNOR drängt LOVETT aus der Führung und ruft zu Streiks auf, die zu lokalen Aufständen (Birmingham, Newport) führen. Zugleich verbindet sich die Manchesterschule (S. 321) aus gemeinsamem Interesse am **Freihandel** mit der Arbeiterschaft. COBDEN und BRIGHT (1811–89) veranlassen die
1838 Gründung der Anti-Corn-Law League, treten für Volksbildung, Pazifismus, Wahlreform ein, unter Ablehnung aller Sozialgesetze (Prinzip des »Laissez faire«). Ihre Massenagitation hat Erfolg:
1842 Erster Versuch eines Generalstreiks. – Mit friedl. Mitteln führt den Wirtschaftskampf die von OWEN inspirierte
1844 erste Konsumgenossenschaft der »Pioniere von Rochdale«. Die soziale Krise wird verschärft durch die
1845/46 Hungerkatastrophe in Irland infolge einer Kartoffelkrankheit. Sie fordert etwa eine Mill. Tote, die Bevölkerung von 8,3 Mill. sinkt bis 1851 auf 6,6 Mill. (Massenauswanderung über einer Mill. nach Nordamerika). Die Terrorwelle der nat. Bewegung »Junges Irland« wird 1848 niedergeschlagen. – Das konserv. Kabinett **Peel** entschließt sich »in letzter Stunde« gegen den rechten Parteiflügel (DISRAELI) zur
1846 Aufhebung der Getreidezölle und damit zur Freihandelspolitik. Der Sieg der Manchesterschule spaltet die konserv. Partei und beseitigt die letzte Schranke auf dem Weg zum reinen Industrie- und Handelsstaat. Die Landwirtschaft verfällt.
1847 Übergang zum Zehn-Stunden-Tag in den Fabriken; die Chartistenbewegung flaut ab. Die Revolution von 1848 geht an Großbritannien vorüber trotz unruhiger Außenpolitik PALMERSTONS (»Lord Firebrand«, 1784–1865), dessen Politik der »Splendid isolation« vom Volk, weniger von der Königin und dem Kabinett RUSSELL geteilt wird.

Die Restauration der Bourbonen (1814–30)

1814–24 Ludwig XVIII., aus dem Exil (Verona) »mit der weißen Fahne im Gepäck« zurückgekehrt, oktroyiert die

1814 Charte constitutionelle: Zweikammernsystem nach brit. Vorbild (erbl. Pairs- und nach hohem Zensus gewählte Deputiertenkammer); Gesetzesinitiative allein bei der Exekutive, ausgeübt durch dem König verantwortliche Minister. Die Neuverteilung der Nationalgüter, Rechtsgleichheit (Code civil) und bürgerl. Freiheiten werden anerkannt. Das Besitzbürgertum wird zur polit. stärksten Schicht.

Parteien: Ultraroyalisten (KARL X., POLIGNAC, VILLÈLE) für Restaurierung der alten Adelsprivilegien;
Independenten (CONSTANT DE REBEQUE) für die lib. »Prinzipien von 1789«;
Doktrinäre (GUIZOT) für eine konstitutionelle Monarchie. – Nach dem Zwischenspiel der »Hundert Tage« (S. 315)

1815 Zweite Restauration: »Weißer Terror« gegen Jakobiner und Bonapartisten; Wahl der ultraroyalist. »Chambre introuvable« (1816 aufgelöst); »Reinigung« der Behörden (70000 Verhaftungen); Erschießung napoleon. Generale (Marschall NEY). Der König sucht auszugleichen. Die Kab. RICHELIEU (1815) und DECAZES (1818) erreichen im

1818 Kongreß von Aachen Abzug der Besatzung und Wiederaufnahme in das Konzert der Großmächte. – Nach

1820 Ermordung des Hz. VON BERRY (Sohn KARLS X.) verschärft sich die Reaktion; Revision des Wahlrechts (Doppelstimmen für Höchstbesteuerte). Die lib. Opposition organisiert sich nach ital. Vorbild in Geheimbünden der **Charbonnerie** (LA FAYETTE); Lieder und Veteranenkult um NAPOLEON (gest. 1821) verbreiten die **Bonapartisten-Bewegung.** – Zur Ablenkung

1823 Intervention in Spanien (S. 323) auf Betreiben des AMin. CHATEAUBRIAND (1768–1848), des franz. Restaurationspolitikers im Geiste der Hl. Allianz.

1824–30 KARL X. regiert mit der Kirche und den Ultras (Kabinett VILLÈLE, 1821–28). Sakrileg- und Pressegesetze, kirchl. Schulaufsicht, Rückkehr der Jesuiten, Auflösung der Nationalgarde und Bewilligung der »Milliarde der Emigranten« zu deren Entschädigung reizen die Opposition. Seit 1828 lib. Kammermehrheit. Die Ablösung des gemäßigten Kabinetts MARTINAC durch das reaktionäre Kabinett POLIGNAC (ab 1829) bringt den Staat in eine Krise trotz

1830 Eroberung Algiers. Die »Juliordonnanzen« (Auflösung der Kammer, Pressezensur, Wahlrechtsänderung) führen zur

1830 Juli-Revolution, vorbereitet u.a. durch den Historiker und Redakteur des ›National‹ **Adolphe Thiers** (1797–1877). Nach Barrikadenkämpfen in Paris dankt KARL X. ab und flieht nach England.

Das Juli-Königtum (1830–48)

Die den Republikanern polit. überlegene Partei der Bourgeoisie (LA FAYETTE, LAFITTE, THIERS, GUIZOT) läßt

1830–48 LUDWIG PHILIPP I., Hz. von Orléans (57 J.), unter Annahme der Trikolore zum »König der Franzosen« proklamieren. Mit der Revision der Verfassung (Ministerverantwortlichkeit, Senkung des Wahlzensus) beginnt die »goldene Zeit« des Großbürgertums; das Land kapitalisiert und industrialisiert sich (Bergbau und Eisenbahnen).
Der »Bürgerkönig« laviert zwischen den Parteien des »Mouvement« (liberal) und der »Résistance« (konserv.), behauptet sich gegen Aufstände von rechts und links (1831/34 Lyon; 1832/34 Paris) und festigt bis 1840 seine Stellung durch autoritäre Kabinette (Bankier PÉRIER).
Mit Hilfe des Historikers **François Guizot** (1787–1874) setzt er ein konserv.-persönl. Regime durch. Das Finanzbürgertum (pays légal) wird mit der Parole »Enrichissez-vous« (Bereichert euch!) gewonnen. Die Regierung gleicht (nach TOCQUEVILLE) einer korrupten Aktiengesellschaft, die ihre Wähler mit materiellen Vorteilen besticht (1842 Privatisierung der Eisenbahn).

Außenpolitik: Zusammen mit England (TALLEYRAND und PALMERSTON: Entente cordiale 1830) zunächst Unterstützung der lib. Bewegungen in Portugal, Spanien, Belgien. Während der Orientkrise (S. 365), die seinen Sturz veranlaßt, sucht

1840 MP. THIERS Prestigeerfolge in Ägypten und am Rhein, die einen nat. Entrüstungssturm in Deutschland auslösen (S. 325).

1840–47 AMin. GUIZOT bemüht sich wieder um eine Allianz mit England.

1843 Staatsbesuch Königin VIKTORIAS, Erweiterung des Kol.-Besitzes in Afrika und Ozeanien; Marschall BUGEAUD schließt die Eroberung Algeriens ab (S. 385). – Ab 1846 Annäherung an die Ostmächte (METTERNICH). – Die Opposition (Intelligenz, Studenten) verstärkt sich. Gefährlicher als die **Legitimisten** (Landadel) werden **Republikaner** unter LEDRU ROLLIN (1807–74) und **Bonapartisten.**

1840 Feierliche Überführung der Gebeine NAPOLEONS in den Invalidendom; Putschversuche des Prätendenten LOUIS NAPOLEON 1836 von Straßburg, 1840 von Boulogne aus. Er flieht 1846 aus dem Gefängnis nach England.

1846/47 Wirtschaftskrisen (Kartoffelkrankheit, Überproduktion) radikalisieren das neue Proletariat. Die in Gruppen zersplitterten Kleinbürger und Arbeiter (vgl. Frühsozialisten S. 344) sammelt **Louis Blanc** (1811–82) mit der Forderung nach staatl. Arbeitssicherung.

1847 Reformbankette (LAMARTINE) mit Forderungen zur Änderung des Wahlrechts und des Parlaments werden von GUIZOT verboten. Sie veranlassen den Ausbruch der Februarrevolution (S. 333).

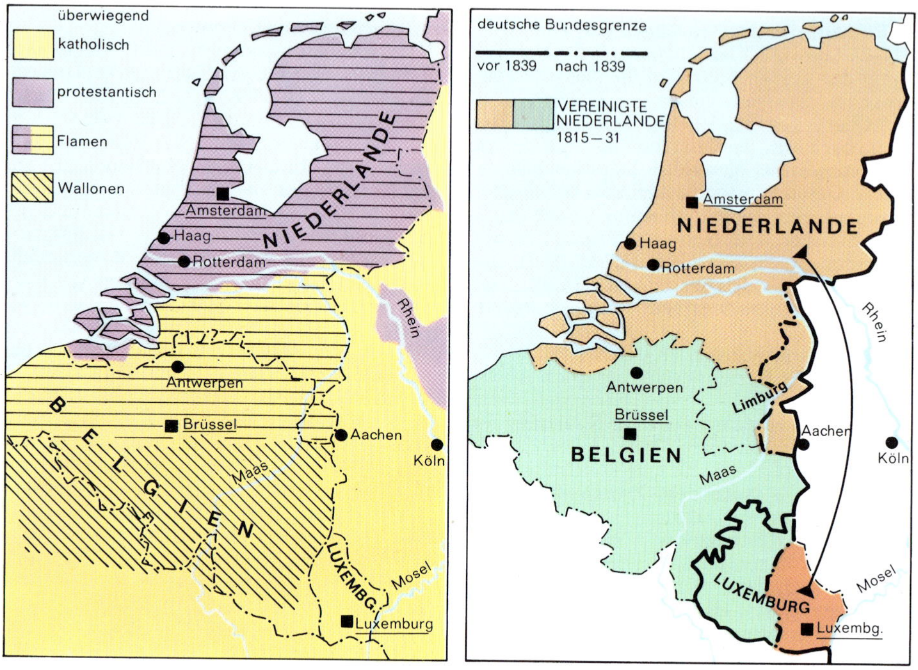

Die Entstehung Belgiens 1831–1839

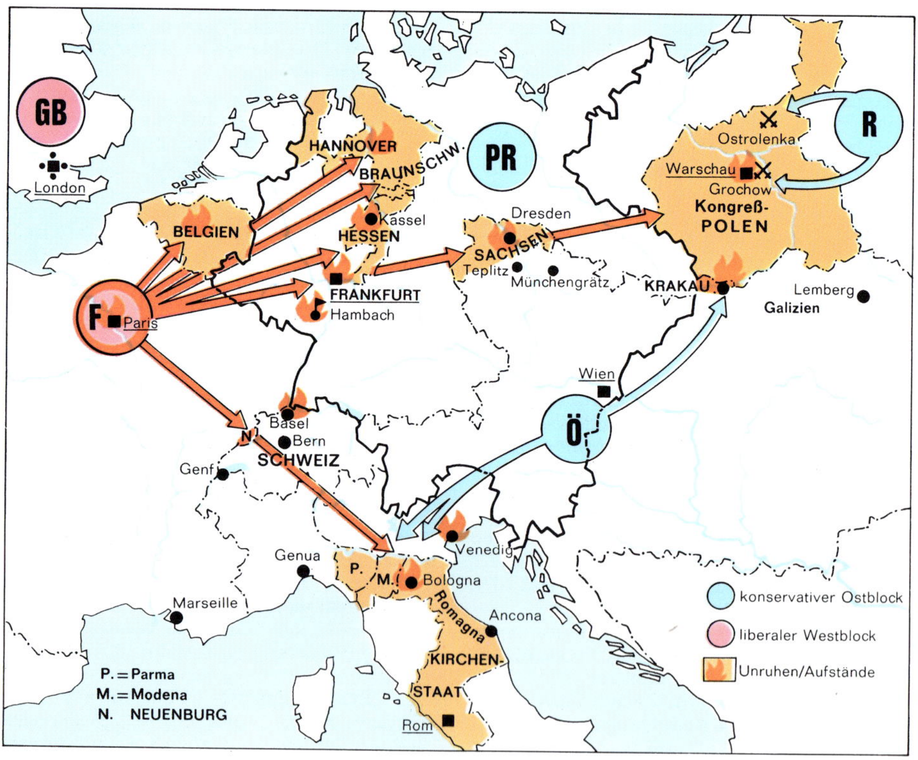

Die Auswirkungen der Juli-Revolution in Europa

Die Auswirkungen der Juli-Revolution

Die Juli-Rev. (S. 327) eröffnet in **Westeuropa** die Epoche der bürgerl. Vorherrschaft in den konst. Monarchien; in **Mittel- und Südeuropa** erhält die nat.-lib. Bewegung neuen Auftrieb. Ein dadurch drohender Konflikt der Großmächte wird vermieden durch Vermittlung Preußens, durch Bindung Rußlands in Polen und die Verständigung Frankreichs mit England in der belg. Frage. Die Scheidung der Mächte in einen reaktionären (konserv.) Ostblock (Erneuerung der Hl. Allianz: Monarchentreffen zu Münchengrätz und Teplitz 1833) und einen lib. Westblock (Quadrupelallianz 1834) vertieft sich.

Belgien: Der kath. und lib. Widerstand gegen die Verein. Niederlande ist Ausdruck der Gegensätze in dem 1815 gegr. Staatsgebilde (S. 317). Zudem wird Belgien vom ndl. Nordteil bevormundet: prot. Schulpolitik, Einführung der ndl. Amtssprache.

1830 Aufstand in Brüssel nach erfolglosen Petitionen; Beschießung Antwerpens. Provisor. Regierung und Nat.-Kongreß erklären die **Unabhängigkeit Belgiens** (Nov.). Die europ. Großmächte garantieren dem neuen Staat im

1831 Londoner Protokoll Selbständigkeit und ewige Neutralität (vgl. Schweiz, S. 317). König wird der brit.-franz. Kompromißkandidat

1831–65 LEOPOLD I. VON SACHSEN-COBURG (41 J.). Er achtet die liberale

1831 belg. **Verfassung** (Volkssouveränität, Grundrechte, parlamentar. System).

1831/32 Angriff der Niederlande. Er wird mit franz. Hilfe (Fall Antwerpens) abgeschlagen. Teilung Luxemburgs im

1839 Londoner Vertrag. Der größte Teil fällt an Belgien. Limburg verbleibt z.T. den Niederlanden, die Belgien anerkennen.

Schweiz: In der Zufluchtstätte polit. Flüchtlinge aus ganz Europa wächst die demokrat. Bewegung (Regeneration). Ab

1830 Ablösung aristokrat. Verfassungen durch demokrat. (indirektes) Wahlrecht in 10 Kantonen. Keinen Erfolg haben

1831 republ. Erhebungen im Fsm. Neuenburg.

Italien: Eine Rev.-Welle erfaßt 1831 Modena, Parma, die Romagna, aber die erhoffte franz. Hilfe bleibt bis auf die

1831–38 Besetzung von Ancona aus. Österr. Truppen ersticken den zweiten Hauptherd der europ. Krise. – In seinem Exil (Marseille) gründet der Genuese **Giuseppe Mazzini** (1805–72) den

1832 Geheimbund **»Giovane Italia«** (Junges Italien) zur nat. Einigung und inneren Erneuerung. Unter der Devise »Italia fara da se« (I. befreit sich selbst) verfolgt er drei Ziele:1. Aufrüttelung der Massen; 2. Erneuerung der Staatsidee; 3. Zusammenarbeit in einem demokrat. Völkerbund; dazu

1834 Gründung des »Jungen Europa« in Bern. – Von Piemont aus Aufbau eines Verschwörernetzes.

Deutschland: Unruhen erzwingen

1830/31 Verfassungen in Sachsen, Hannover, Braunschweig, Hessen-Kassel. Mit dem polit. Interesse des Volkes wächst der Druck der öffentl. Meinung (Presse). Die Dichter des **»Jungen Deutschland«,** BÖRNE, HEINE, GUTZKOW u.a. verkünden im neuen Stil des polit. Journalismus ihre Ideale. Der rev. Geist äußert sich in Kundgebungen auf dem

1832 Hambacher Fest und im

1833 Frankfurter Wachesturm. Der von Studenten angezettelte Putschversuch verstärkt wieder die Reaktion (S. 325).

Polen: Wirtschaftl. Aufstieg unter Finanzmin. Fs. LUBECKI. Seit NIKOLAUS I. (S. 347) mehren sich russ. Eingriffe in die (von CZARTORYSKI entworfene) Verfassung.
Die Absicht des Zaren, die poln. Armee gegen die franz. und belg. Rev. einzusetzen, entfacht den

1830 Aufstand in Warschau; der russ. Gfs. KONSTANTIN flüchtet. Fs. **Czartoryski** (1770–1861) bildet eine nat. Regierung; der Reichstag setzt die russ. Dyn. ab.

1831 Niederlagen bei Grochow (gegen DIEBITSCH) und Ostrolenka. **Paskjewitsch** (1782–1856) erobert Warschau. Als Statthalter führt er nach harter Bestrafung der Insurgenten eine rücksichtslose Russifizierung durch. Das

1832 Organische Statut gibt Polen den Rang einer russ. Prov. – Tausende poln. Freiheitskämpfer fliehen ins Ausland. Zentrum der »Großen Emigration« wird Paris, doch spalten sich die Exil-Polen in aristokrat. »Weiße« (CZARTORYSKI) und demokrat. »Rote« (LELEWEL), die sich an allen rev. Kämpfen beteiligen.

1846 Aufstand in Krakau, der zur österr. Annexion der Freien Stadt führt. – In Polen bemüht sich Gf. ZAMOYSKI um Hebung des Bauernstandes; der Marquis **Wielopolski** (1803–77) errichtet unter ALEXANDER II. (S. 347) wieder die poln. Autonomie. Seinen Verzicht auf nat. Selbständigkeit lehnt die patriot. Bewegung (TRAUGUTT) ab. Wieder von Europa (NAPOLEON III.) im Stich gelassen, endet der durch Rekrutenaushebungen veranlaßte, neue

1863 Poln. Aufstand in einer nat. Katastrophe. Eine Volkserhebung bleibt aus; »Weiße« und »Rote« bekämpfen sich; wirkungslose franz.-brit., österr. Protestnoten angesichts der preuß.-russ. Zusammenarbeit (S. 353) bei der Unterdrückung. Hinrichtung der nat. Führer; Deportationen; Gütereinziehungen. Großzügige

1864 Bodenreform, geleitet von Gf. MILJUTIN, Aufteilung des »Weichselgebietes« in 10 Gouvernements (totale Russifizierung: Entlassung von 14000 poln. Beamten, Verbot der poln. Sprache). Der poln. Nat.-bewegung bleibt als letzte Zuflucht Galizien (Univers. Krakau und Lemberg).

Die Bildung neuer Staaten in Süd- und Mittelamerika

Das Ende des span.-port. Kolonialreiches
»Geistige Mutter der Rev.« ist die aufkl. Freimaurerbewegung. Gegründet von dem Venezolaner FRANCISCO DE MIRANDA (1754–1816), verbreiten sich die Freimaurerlogen (Lautaros) über den Kontinent. Der Kampf richtet sich zunächst nur gegen die koloniale Ausbeutung (S. 277), wird aus Handelsinteressen von England gefördert und von **Kreolen** (Criollos bzw. Naturaes: Kolonialspanier bzw. -portugiesen, 10–40 Prozent der Bevölkerung) getragen. Während der napoleon. Herrschaft im span. Mutterland bilden Stadträte und Kongresse (Junten) selbst. Regierungen. Milit. Aktionen FERDINANDS VII. (S. 323) zur Restaurierung des alten Systems radikalisieren die gemäßigten Wünsche der lib. weißen Oberschicht (Blancos) zu demokrat. Unabhängigkeitsforderungen des farbigen Proletariats (Colorados: Mestizen, Mulatten = Mischlinge). Freiheitsführern wie **Simón Bolívar** (1783–1830) und **José de San Martín** (1778–1850) gelingt die Loslösung durch die Gunst der polit. Lage. US-Präs. JAMES MONROE verwahrt sich in der

1823 Monroe-Doktrin gegen Interventionsabsichten der Hl. Allianz (»Amerika den Amerikanern!«). Belastet durch Rassenprobleme, Unbildung der Massen und wirtschaftl. Unterentwicklung entstehen wenig stabile Republiken unter milit. oder polit. Führern (Caudillos).
Die USA und Großbritannien erkennen die neuen Staaten sofort an. (CANNING: »Ich rief die neue Welt ins Leben, um das Gleichgewicht wiederherzustellen.«)

1826 Kongreß in Panama: BOLÍVARS »südamerikan. Union« verwirklicht sich nicht.

Vize-Kgr. Neu-Spanien (seit 1535): Nach ersten Versuchen (Aufstände der Priester HIDALGO Y COSTILLO 1810 und MORELOS 1815) erkämpft Oberst AUGUSTÍN DE ITURBIDE (1783–1824) die Freiheit.

1821 Unabhängigkeitserklärung **Mexikos:** ITURBIDE ernennt sich zum Kaiser, wird aber von General SANTA ANA (1797–1876) ins Exil geschickt und später erschossen. Unter General VICTORIA (1768–1843)

1823 Errichtung einer Republik; die **Vereinigten Provinzen von Zentral-Amerika** trennen sich von Mexiko. Trotz innerer Kämpfe zwischen Föderalisten und Zentralisten schlägt SANTA ANA 1829 eine span. Invasionsarmee und errichtet 1833 ein diktatorisches Regime (bis 1855).

Vize-Kgr. Neu-Granada (seit 1718): Ein

1811 Kongreß in Caracas ruft die Unabhängigkeit **Venezuelas** aus. FRANCISCO DE MIRANDA erhält den Oberbefehl, wird aber von span. Truppen geschlagen (1812). Auch BOLÍVAR – 1813 zum Diktator ernannt – scheitert, organisiert aber in Haiti eine neue Armee aus Steppenreitern, brit. und dt. Legionären; befreit 1817–20 Venezuela und Kolumbien.

1819 Kongreß von Angostura: Proklamation **Groß-Kolumbiens,** BOLÍVAR wird Präsident. Er schlägt mit seinem Freund SUCRE nach mühsamen Anden-Märschen die Spanier in Ecuador. Zerfall

1830 Groß-Kolumbiens in **Ecuador, Venezuela** und die Verein. Staaten von Neu-Granada (ab 1861 **Kolumbien**).

Vize-Kgr. La Plata (seit 1776): In den um 1810 beginnenden Freiheitskämpfen rufen Junten die Unabhängigkeit von

1811 **Paraguay** unter JOSÉ FRANCIA (Diktator 1814–40) und in Tucumán die

1816 Verein. Staaten am Rio de la Plata (**Argentinien)** aus. SAN MARTÍN wird

1814 OB. der argentin. Freiheitstruppe und bildet eine Armee zur Befreiung Perus aus.

Vize-Kgr. Peru (seit 1542): Die Befehlshaber der patriotischen Streitkräfte in Chile, O'-HIGGINS und sein Rivale CARRERA, werden von den Spaniern 1814 besiegt. O'HIGGINS flieht zu SAN MARTÍN, der nach dem

1817/18 Wintermarsch über die Anden **Chile** freikämpft. O'HIGGINS wird zum Diktator ausgerufen. 1820 setzt der brit. Abenteurer Lord COCHRANE die Befreiungs-Armee mit seiner Privat-Flotte nach Callao über. Als letzter Staat wird

1821 Peru unabhängig unter dem Protektor SAN MARTÍN, der seine Truppen mit denen BOLÍVARS vereinigt. Die

1824 Siege bei Junin und Ayacucho brechen den letzten span. Widerstand in Südamerika. Wegen Differenzen mit BOLÍVAR tritt SAN MARTÍN zurück und stirbt im europ. Exil. Unter dem Präsidenten SUCRE (1795–1830) erklärt sich Süd-Peru zur

1825 Republik **Bolivien.**

Brasilien löst sich als einziger Staat ohne Kämpfe vom port. Mutterland. Der im Lande aufgewachsene port. Thronfolger PEDRO kehrt nach NAPOLEONS Sturz nicht nach Portugal zurück.
Eine von PEDRO einberufene Nationalversammlung ruft

1822 das unabhängige Kaiserreich Brasilien unter PEDRO I. aus. Ein Krieg mit Argentinien um das 1817 annektierte **Uruguay** endet mit dem

1828 Frieden von Montevideo. **Uruguay** wird selbständig.
Der Kaiser dankt

1831 zugunsten seines Sohnes PEDRO II. ab.

Westindien: Das seit 1697 franz. **Haiti** befreit sich 1804 unter dem farbigen »Kaiser« JEAN JACQUES DESSALINES und bildet 1806 eine Republik. Durch einen Aufstand span. Siedler spaltet sich 1808 der Ostteil der Insel ab und kommt wieder unter span. Herrschaft.

1821 Unabhängigkeitserklärung der **Dominikan. Rep.** (1822–44 von Haiti besetzt).

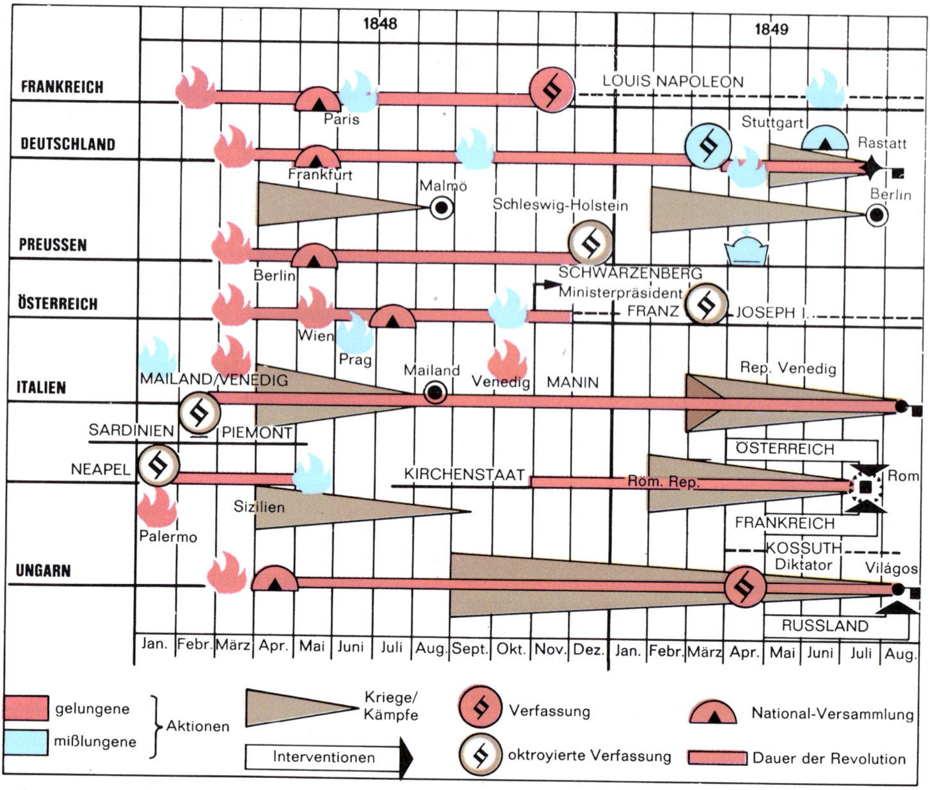

Die Revolutionen in Europa 1848/49

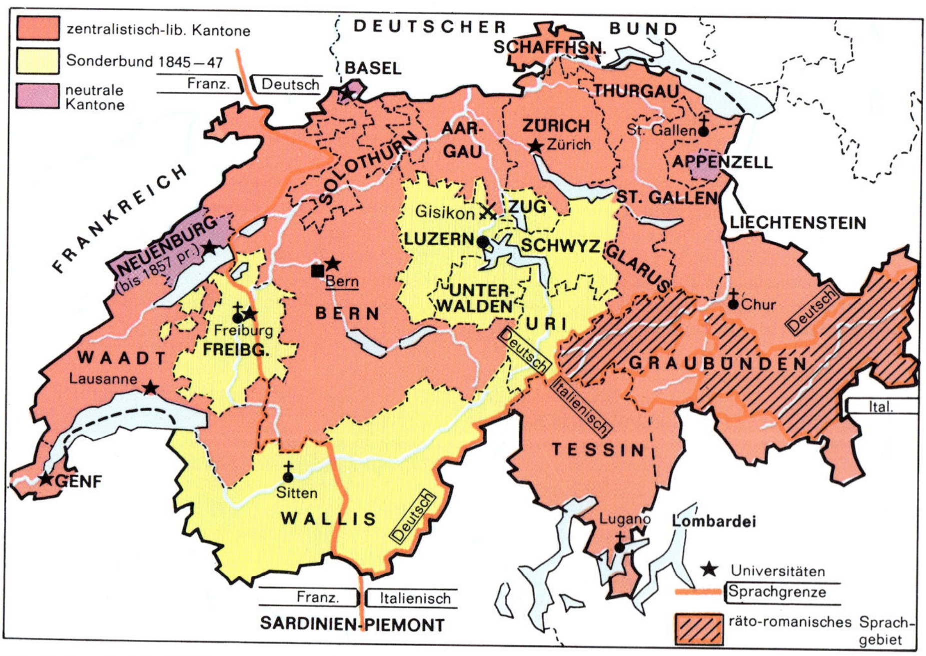

Die Schweiz bis 1848

Die Revolution von 1848 erfaßt mit Ausnahme Englands und Rußlands alle großen europ. Staaten. Die lib., nat. und soz. Kämpfe enden in Niederlagen, die den Glauben an die Macht der Idee über die Wirklichkeit (HEGEL) erschüttern und eine Epoche realist. Machtpolitik einleiten.

Vorspiel der Rev.: Schweiz (1847/48)

Seit 1838 Auftrieb der demokrat. Bewegung (Revision der Kantonsverfassungen); dadurch Gegensatz zwischen lib. Kantonen, die einen unitar. Bundesstaat erstreben, und konserv.-kath. Kantonen, die am Staatenbund festhalten.

1844/45 Freischarenzüge gegen Luzern.

1845 Bildung einer »Schutzvereinigung« (Sonderbund), deren Auflösung die Tagsatzung (allg. Bundesbeschluß) beschließt.

1847 Sonderbunds-Krieg: Rascher Sieg des Tagsatzungs-Heeres (Gen. DUFOUR) bei Gisikon. Eine Intervention der Schweizer Schutzmächte von 1815 verzögert PALMERSTON (S. 326).

1848: Neue Bundesverfassung (amerikan. Vorbild): Nationalrat (Parlament) und Ständerat (Kantonsvertretung) bilden die Bundesvers. (Legislative); diese wählt den Bundesrat (7 Mitgl.) mit dem Bundespräs. (Exekutive), kontrolliert durch das Bundesgericht. Der **Bund** ist zuständig für Außenpolitik, Miliz, Zoll-, Bahn- und Münzwesen; der **Kanton** für Kirche, Schule, Gerichts- und Pressewesen.

Frankreich: Die Zweite Rep. (1848–52)

Das Verbot eines Reformbanketts in Paris (S. 327) löst die

22.–24. 2. 1848 Februar-Rev. aus: Barrikadenkämpfe; Studenten, Arbeiter und Nationalgarde erzwingen die Abdankung des »Bürgerkönigs« und rufen die Rep. aus. Bildung einer provisor. Reg.: Der Dichter LAMARTINE (1790–1869) rettet als AMin. die Trikolore vor der »Roten Fahne« der Sozialisten. Arbeits-Min. **Louis Blanc** (S. 327) errichtet **Nationalwerkstätten** zur Arbeitslosenversorgung.

Unter Innen-Min. **Ledru-Rollin** (1807–74)

April erste allg. Wahl zur Nat.-Vers., die eine bürgerl. Mehrheit bringt.

Mai Massenaufmärsche radikaler Sozialisten (LOUIS AUGUSTE BLANQUI).

Juni Schließung der unrentablen Nationalwerkstätten. Darauf **Pariser Juni-Aufstand** der Arbeiter. Kriegs-Min. **Eugène Cavaignac** (1802–57) erhält diktator. Vollmacht; er läßt die »rote Gefahr« zusammenschießen (ca. 10000 Tote).

Nov. Verfassung der Zweiten Rep. mit einer Kammer und direkter Wahl des Präs. (Haupt der Exekutive, 4jähr. Amtszeit ohne Wiederwahl). – Gegen CAVAIGNAC und LEDRU-ROLLIN gibt das um Sicherheit besorgte Bürgertum 75 Prozent der Stimmen dem Neffen NAPOLEONS I.:

Dez. 1848 Louis Napoleon (40 J.) wird Prinz-Präsident. Er regiert antiparlament., gewinnt das Vertrauen von Volk und Kirche.

1849 Röm. Expedition zur Erhaltung des Kirchenstaates (s. u.) gegen den Protest der Republikaner, die er mit Hilfe der Monarchisten (zwei Drittel der Kammer) ausschaltet. Ein republikan. Aufstand (LEDRU-ROLLIN) schlägt fehl (Juni). Das

1850 Gesetz zur Wahlrechtsbeschränkung nutzt er zur Stimmungsmache gegen die Kammer, die eine Verfassungsänderung zu seiner Wiederwahl ablehnt. Darauf

Dez. 1851 Staatsstreich: Auflösung der Kammer und Verhaftungen (THIERS, CAVAIGNAC). Ein Plebiszit genehmigt die

Jan. 1852 Neue Verfassung (10jähr. Präsidentschaft, Senat, Gesetzgebende Körperschaft [vgl. S. 305]; Kontrolle der Presse und Nationalgarde). Senatsbeschluß und neues Plebiszit (97 Prozent Zustimmung) bringen das erbliche

Dez. 1852 Kaisertum für Napoleon III.

»Kaiser der Franzosen durch die Gnade Gottes und den Willen der Nation«.

Die Revolution in Italien (1848/49)

Die patriot. Bewegung (MAZZINI, GIOBERTI) hofft auf

1846–78 PIUS IX., den vermeintlich lib. Papst. Seine Amnestie polit. Vergehen und seine Ref. wirken auf andere Fürsten. KARL ALBERT VON SARDINIEN [1831–49] entläßt reaktionäre Minister. **Massimo d'Azeglio** verkündet das »Prinzip der offenen Verschwörung«.

1847 Aufstände in Messina und Reggio; österr. Besetzung von Ferrara:

1848 Unruhen in Palermo, Mailand, Venedig. Verfassungen nach belg. Vorbild erhalten Neapel (auf brit. Druck), Sardinien, die Toskana und der Kirchenstaat.

März–Aug. 1848 »Guerra Santa« KARL ALBERTS und ital. Freiwilliger (S. 337); nach Anfangserfolgen Uneinigkeit der Fürsten über eine polit. Neuordnung. Kapitulation päpstl. Truppen bei Vicenza (Juni); ital. Niederlage. **Garibaldi** (S. 351) entkommt in die Schweiz.

März 1849 Wiederbeginn des Krieges.

Neapel: FERDINAND II. [1830–59], »Re Bomba«, unterdrückt lib. Erhebungen und erobert Sizilien zurück (bis Sept.).

Kirchenstaat: PIUS IX. flieht vor der Volksbewegung nach Gaeta;

Febr. 1849 Proklamation der **Röm. Rep.** Vom »idealen Zentrum der Nation« aus entwirft **Mazzini** ein Erneuerungsprogramm, während der Papst Österreich, Frankreich und Neapel zu Hilfe ruft. **Garibaldi** hält die franz. Intervention auf und besiegt Neapel bei Velletri.

Juli 1849 Einzug franz. Truppen in Rom; GARIBALDI schlägt sich abenteuerlich nach San Marino durch. – Die

Aug. 1849 Kapitulation Venedigs nach heroischem Widerstand (MANIN, S. 337) beendet die erfolglose Revolution.

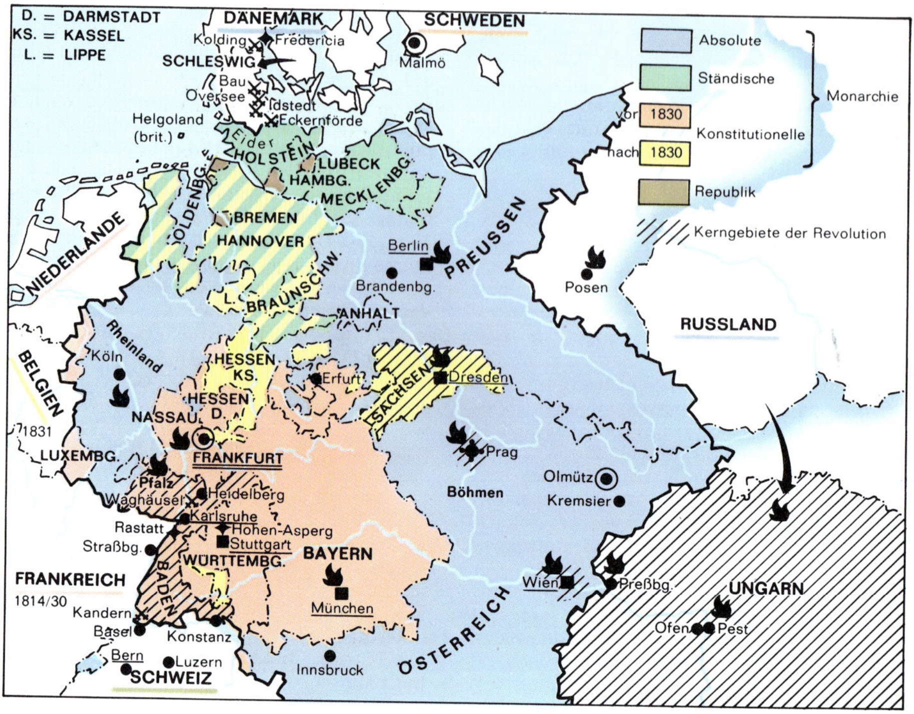

Der Deutsche Bund 1848

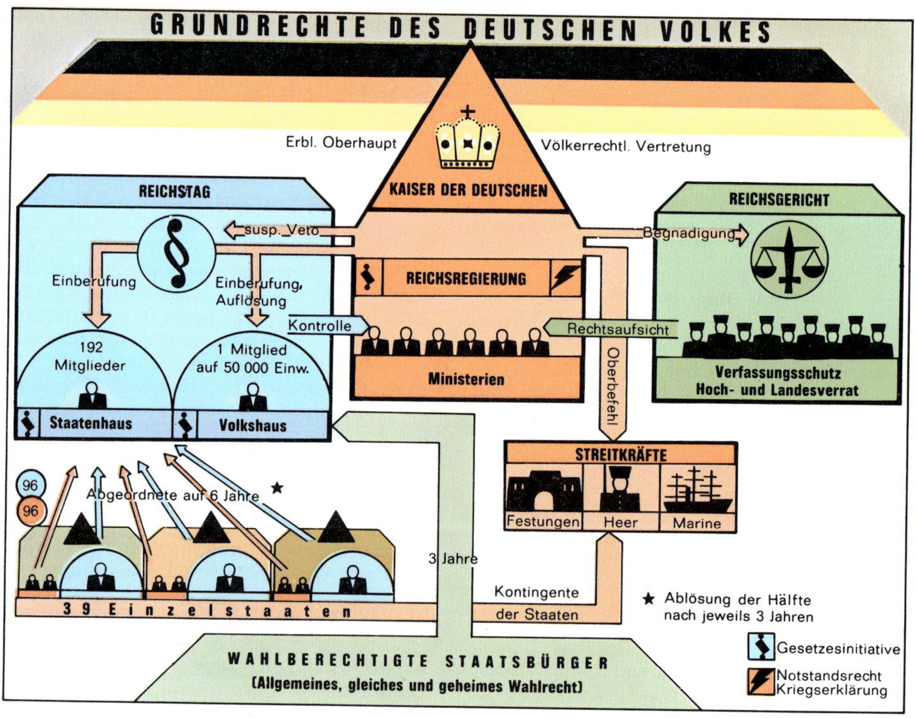

Die Reichsverfassung der Frankfurter Nationalversammlung von 1849

Die Märzrevolution (1848)

Die franz. Februarunruhen (S. 333) greifen auf Deutschland über. In Demonstrationen werden Vereins- und Pressefreiheit, Schwurgerichte und Volksmiliz gefordert. Während die **Radikalen** (Kleinbürger, Bauern am Rhein, in **Baden,** Sachsen, Schlesien) eine demokrat. Rep. anstreben, begnügt sich das lib. Besitz- und Bildungsbürgertum mit gemäßigten Petitionen; gemeinsam ist der Wunsch nach nat. Einheit. Die Fürsten berufen lib. »Märzministerien«; der Bundestag hebt die Zensur auf, aber seine Reformpläne kommen zu spät. – Die Rev. erfaßt die Großstaaten **Österreich** und **Preußen.** Studenten entfachen den

13. März Ersten Aufstand in Wien (S. 337); er veranlaßt den preuß. König zu lib. Zugeständnissen. Bei der Dankeskundgebung fallen zwei Schüsse der Schloßwache, das Volk glaubt an Verrat.

18. März Barrikadenaufstand in Berlin: FRIEDR. WILHELM IV. zieht die Truppen aus der Stadt ab, beruft ein lib. Ministerium (CAMPHAUSEN), huldigt unter Druck des Volkes den 230 »Märzgefallenen«, verspricht eine Nat.-Vers. zur Beratung einer Verfassung (S. 339). Preußen soll fortan in Deutschland aufgehen.

20. März München: LUDWIG I. dankt zugunsten seines Sohnes MAXIMILIAN II. ab (Skandal um die Tänzerin LOLA MONTEZ).

Der deutsche Einigungsversuch

Febr. Anträge im bad. Landtag auf Berufung eines deutschen Parlaments.

5. März Heidelberger Versammlung: 51 Mitgl. süddeutscher Landtage laden Vertreter aus ganz Deutschland zur Vorbereitung einer Nat.-Vers. ein. Das

31. März – 4. April **Frankfurter Vorparlament** (ca. 500 Mitgl.) beschließt Aufnahme Schleswigs, Ost- und Westpreußens in den Bund und allg. freie Wahlen (1 Abg. auf 50000 Einwohner). Der radikale Antrag auf Permanenzerklärung des Vorparlaments (STRUVE) wird abgelehnt (H. v. GAGERN). Darauf ruft **Hecker** (1811–81) in Konstanz die Rep. aus. Bad. Bundestruppen (F. v. GAGERN) erstikken die

April Erhebungen demokrat. Freischaren in Baden und im Elsaß (HERWEGH).
Der Bundestag stimmt Wahl einer Volksvertretung zu, nichtdeutsche Nationalitäten Österreichs lehnen Teilnahme ab (PALACKY).

18. Mai Eröffnung der Verfassunggebenden Nationalversammlung in der Frankfurter Paulskirche; unter den (ins. 586) Abgeordneten (223 Juristen, 106 Prof., 46 Industrielle, 4 Handwerker, kein Bauer) ARNDT, JAHN, J. GRIMM, UHLAND, DÖLLINGER, Bf. KETTELER. – Präs. wird der hess. »Märzmin.« **Heinrich von Gagern** (1799–1880). Ohne Vereinbarung mit den Fürsten setzt er die Wahl des volkstüml. Ehz. JOHANN zum **Reichsverweser** durch, der eine prov. **Reichsregierung** bildet (Juni). – Das »Parlament der Professoren« beginnt mit der

Juli-Okt. Beratung der **Grundrechte** (BESELER), die im Dez. verkündet werden (Vorbild für alle demokrat. dt. Verf.). – Es bilden sich polit. Gruppen, nach ihren Tagungslokalen genannt:

Konserv. Rechte (Café Milani, Steinernes Haus: Gf. SCHWERIN, Fs. LICHNOWSKY, v. RADOWITZ; föderalistisch);

Lib. Mitte, gespalten in **Rechtes Zentrum** (Kasino, Landsberg: DAHLMANN, DROYSEN; konstitutionell-föderalistisch) und **Linkes Zentrum** (Württemberger bzw. Augsburger Hof, Westendhall; v. MOHL; parlamentarisch-unitarisch);

Demokrat. Linke (Dt. Hof, Donnersbg.: ROB. BLUM, RUGE; republik.-zentralist.). Soz.-rev. Gärungen (MARX, ENGELS), Bildung erster Arbeiter-Vereine (STEPHAN BORN), wachsender Widerstand Österreichs und Preußens (S. 337) und der Druck auswärtiger Mächte in der schlesw.-holstein. Frage erschweren die polit. Arbeit.

Schleswig-Holstein: Während die »Eiderdänen« den Anschluß Schleswigs an Dänemark betreiben, beharrt die deutsche Partei auf Realunion mit Holstein (seit 1460, S. 199).

März Angliederung Schleswigs an Dänemark, Erhebung in Schleswig-Holstein;

Mai Feldzug Preußens in Dänemark (Gen. WRANGEL) im Auftrag des Deutschen Bundes; doch erzwingen Rußland, England und Frankreich den

Aug. Waffenstillstand von Malmö. Der nat. Entrüstung schließt sich die Nat.-Vers. (DAHLMANN) an, muß aber später zustimmen. Der »Verrat« veranlaßt die Radikalen zum

Sept. Aufstand in Frankfurt gegen die Nat.-Vers. Ihre Katastrophe stärkt die Reaktion (S. 339). Lib. Zentrum und Bürgertum sind seit der »Junischlacht« in Paris (S. 333) eher geneigt, sich mit alter »Autorität und Regierung« zu verbinden als mit demokrat. Revolutionären.

Okt. 1848 – März 1849 Beratung der Verfassung: Das

konstitutionelle Problem wird zugunsten einer Gewaltenteilung zwischen **Reichstag** und **Erbkaisertum** entschieden (März 1849 mit 267:263 Stimmen).
Die Lösung des

bundesstaatl. Problems betont die Zentralgewalt (Außenpolitik, Heer, Gesetzgebung) unter Schonung der Bundesländer. – Das

nat. Problem spaltet die Nat.-Vers. in **Großdeutsche** – föderalist. Richtung (Bundesstaat mit Gesamt-Österreich unter [kath.] habsbg. Dyn.); – unitarisch-demokrat. Richtung (Rep. nur mit Deutsch-Österreich); und in **Kleindeutsche** (Nat.-Staat unter Führung der [prot.] Dyn. Preußens ohne Österreich).

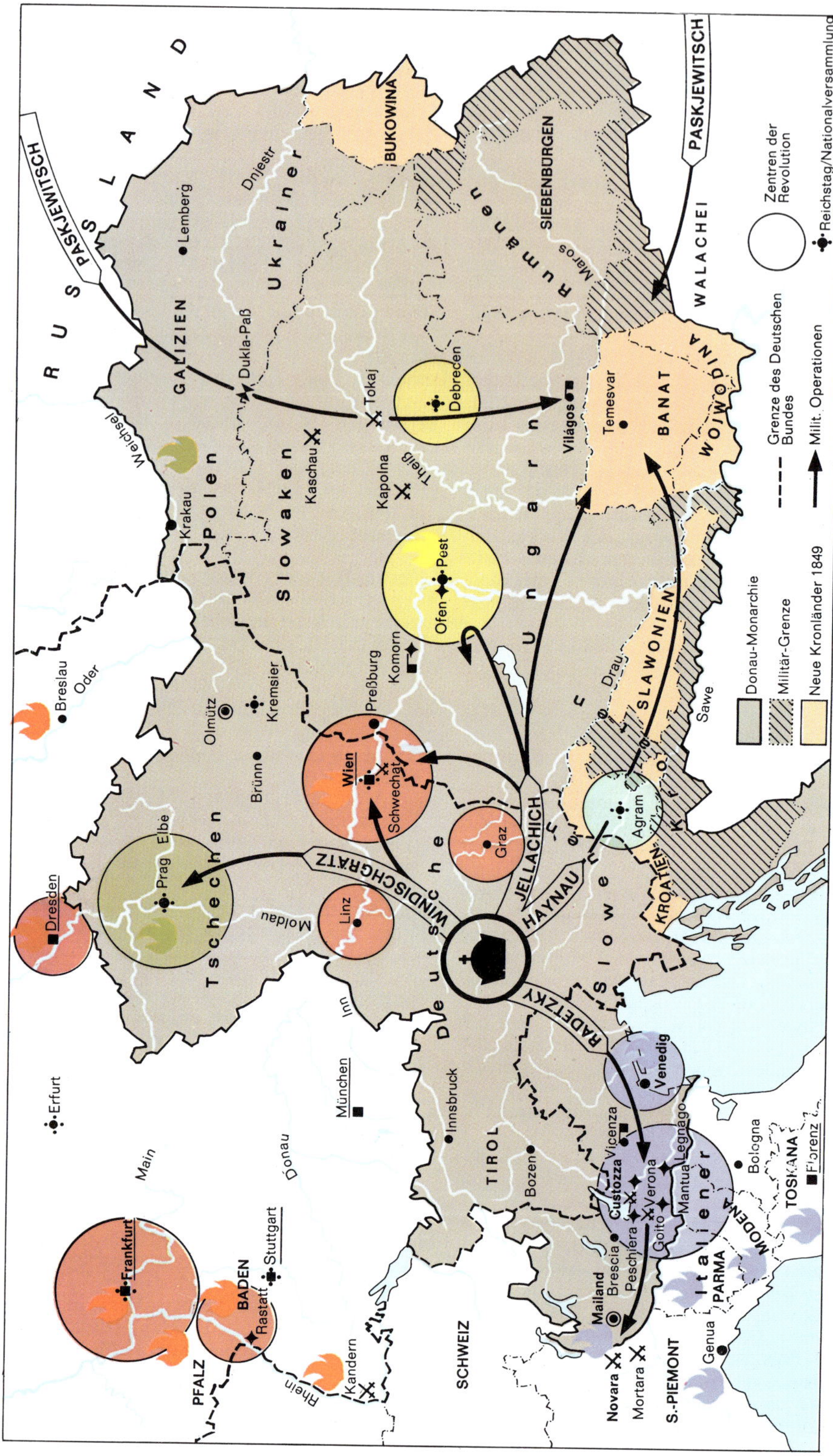

Die Donaumonarchie 1848/49

Die Donaumonarchie (1848/49)

März 1848 Erster Aufstand in Wien (Studenten, Bürgerwehr): METTERNICH flieht nach England. Sein Sturz fordert in allen Reichsteilen nat. Erhebungen; der Hof verspricht eine Verfassung, die jedoch allgemein abgelehnt wird.

Mai Zweiter Aufstand: Einberufung eines verfassunggebenden **Reichstages,** der die endgültige Bauernbefreiung beschließt (HANS KUDLICH, 1823–1917).

Okt. Dritter Aufstand durch meuternde, gegen Ungarn bestimmte Truppen: Ermordung des Kriegs-Min. LATOUR. Der Hof flieht nach Olmütz; die Truppen räumen Wien (AUERSPERG), doch bricht FM. **Alfred Fs. zu Windischgrätz** (1787–1862) den Widerstand der Nat.-Garde. Ihre Führer, auch ROBERT BLUM (S. 335) als Vertreter der Paulskirche, werden erschossen. JOSEPH JELLACHICH (1801–59) schlägt ung. Hilfskontingente bei Schwechat.

Nov. Verlegung des RT. nach Kremsier. Der neue **MP. Felix Fs. zu Schwarzenberg** (1800–52) betreibt die

Dez. Abdankung des schwachsinnigen FERDINAND I. zugunsten seines Neffen

1848–1916 Franz Joseph I.

März 1849 Oktroyierung einer zentralist. Verfassung. – Militär und russ. Hilfe retten die Monarchie.

Böhmen: Geleitet von dem Historiker **František Palacky** (1798–1876), tritt der

Juni 1848 Slawenkongreß in Prag für nationale Gleichberechtigung innerhalb der Donaumonarchie ein (Austro-Slawismus). Die Führer der tschech. Bewegung (PALACKY, RIEGER) sind gegen den Pfingstaufstand, den WINDISCHGRÄTZ niederwirft.

Kroatien: Angesichts des ung. Drucks gibt der RT. in Agram den Plan eines südslaw. Reiches auf. JELLACHICH wird zum Ban von Kroatien ernannt und setzt seine Truppen für die Monarchie ein.

Oberitalien: Märzaufstände in Mailand und Venedig zur nat. Befreiung durch Piemont.

März–Aug. 1848 »Guerra Santa« gegen Österreich (S. 333): FM. **Radetzky** (1766–1858) zieht sich zurück, siegt aber bei Custozza (Juli) über Kg. KARL ALBERT, nimmt Mailand und schließt Waffenstillstand. – Venedig ruft die Rep. aus und wählt **Daniele Manin** (1804–57) zum Diktator. – Nach erneuten

März 1849 Niederlagen bei Mortara und Novara Abdankung des Königs. **Victor Emanuel II.** [1849–78] schließt den

Aug. Frieden von Mailand; Venedig kapituliert. Österreich behält Lombardo-Venetien und die Hegemonie über Italien.

Ungarn: Aufstände zwingen eine Nat.-Reg. (MP. BATTHYÁNY) zur Pers.-U. mit Habsburg unter dem Palatin (Stellvertr.) Ehz. STEPHAN. Die Konservativen unterliegen den Liberalen (EÖTVÖS, 1813–71; **Ludwig Kossuth,** 1802–94; **Franz Deák,** 1803–76): Bauernbefreiung und Abschaffung der Adelsprivilegien; Aufbau der **Honvéd** (Freiwilligentruppe).

Sept. 1848 Ermordung des Kgl. Kommissars LAMBERG in Pest. Die von Wien verfügte Auflösung des RT. wird nicht befolgt, FRANZ JOSEPH I. nicht anerkannt (Dez.). Eine oktroyierte Verf. führt zur

April 1849 Absetzung der HABSBURGER und Erhebung KOSSUTHS zum Reichsverweser. Kämpfe gegen nat. Minderheiten (Serben). Gen. GÖRGEY und BEM verdrängen die österr. Armee.

Mai 1849 Kaisertreffen in Warschau: Zar NIKOLAUS I. sagt Hilfe zu. Zwei russ. Heere unter PASKJEWITSCH schlagen die Ungarn im Osten; Gen. HAYNAU und JELLACHICH greifen von Westen an (Temesvar). Der Freiheitsdichter **Alexander Petöfi** (1823–49) fällt; KOSSUTH flieht in die Türkei (dort bis 1851 interniert).

Aug. Kapitulation von Világos (Gen. GÖRGEY); die Festung Komorn hält sich bis Okt. – Österr. Strafgericht (Gen. HAYNAU): Erschießung ung. Freiheitskämpfer (BATTHYÁNY); BEM und ANDRASSY (S. 361) entkommen. Aufteilung Ungarns in 5 Prov. unter Milit.-Verw.

Das Ende der Nationalversammlung (1849)

SCHWARZENBERG lehnt den Vorschlag eines »engeren im weiteren Bund« ab (GAGERN) und fordert Aufnahme Gesamt-Österreichs; darauf siegt die **kleindeutsche Richtung.** Mit 290:248 Stimmen

März 1849 Wahl des preuß. Königs zum Erbkaiser. FRIEDRICH WILHELM IV. lehnt jedoch die ihm angetragene (»mit dem Ludergeruch der Rev. behaftete«) Würde ab. – Rücktritt GAGERNS, Abberufung der österr. und preuß. Abgeordneten; Auflösung der »Paulskirche«; Bildung des Stuttgarter Rumpfparlaments (Mai), das im Juni durch Militär gesprengt wird. – Radikale **Volkserhebungen** am Rhein, in Berlin, **Dresden** (RICH. WAGNER, BAKUNIN), vor allem in **Baden** und der **Pfalz.** – Der Ghz. von BADEN erbittet preuß. Truppenhilfe. Der »Kartätschenprinz« WILHELM schlägt bad. Truppen und Freischaren. Nach dem Fall der Festung Rastatt (Juli) Standgerichte mit Massenerschießungen.

Dez. 1849 Abdankung Ehz. JOHANNS als Reichsverweser.

Ergebnis: Die Revolution mißlingt wegen der Angst der Bürger vor rev. Radikalismus, aus Mangel an polit. Erfahrung, wegen der Obrigkeitstreue des Heeres und Beamtentums und durch das Eingreifen des Auslands (in Ungarn und Schleswig-Holstein).

Folgen: Der nat. Wunsch nach Einheit bleibt lebendig, doch wendet sich das polit. enttäuschte Bürgertum der Wirtschaft zu (S. 339); **Massenauswanderungen** (u.a. CARL SCHURZ, KINKEL, FREILIGRATH, HECKER; allein 80000 Badener) schwächen die demokrat. Bewegung.

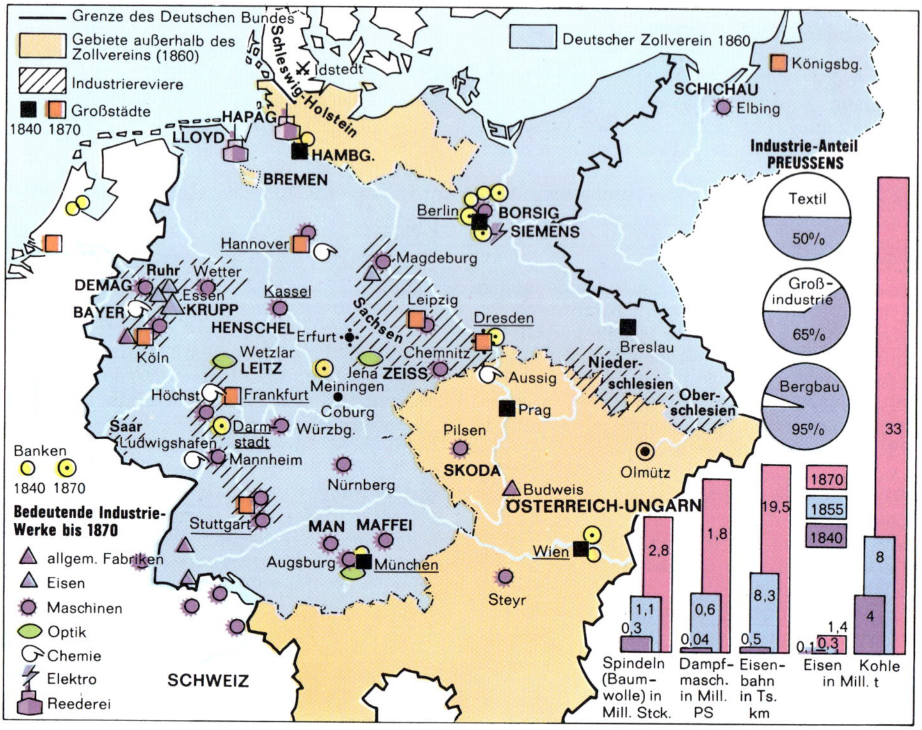

Die Industrialisierung Deutschlands 1840–1870

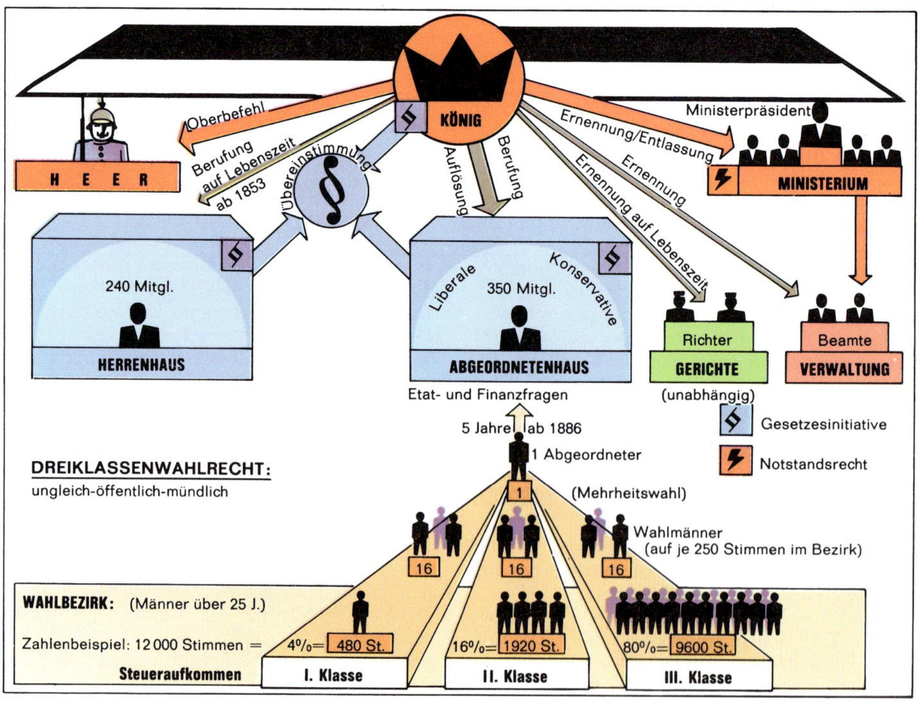

Die revidierte preußische Verfassung vom 31. Januar 1850

Preußen: Rev. und Unionspolitik (1848–50)

Mai 1848 Nat.-Versammlung in Berlin: Im Kampf zwischen Linksmehrheit (Volkssouveränität) und Krone entsteht die **Konservative Partei** (Gebr. GERLACH, BISMARCK) zur Erhaltung der Standesprivilegien und der kgl. Autorität.
Die Erstürmung Wiens (Okt., S. 337) stärkt die Reaktion: Verlegung der Nat.-Vers. nach Brandenburg und Auflösung durch Gen. WRANGEL (1789–1877).

Dez. 1848 Oktroyierte Verfassung: Der lib. Entwurf WALDECKS wird im konserv. Sinne geändert **(Dreiklassen-Wahlrecht).**

April 1849 Ablehnung der Kaiserkrone (S. 337); der König plant zur Lösung der nat. Frage eine Fürstenunion.

1849 Dreikönigsbündnis mit Sachsen und Hannover;

1850 Erfurter Unionsparlament zur Beratung einer Verfassung. Gegen die **Unionspolitik** (v. RADOWITZ) gewinnt SCHWARZENBERG (S. 337) die Mittelstaaten (u. a. Bayern, Sachsen).
Preuß.-österr. Konflikt um das preuß. Durchmarschrecht in Kurhessen. Als Schiedsrichter entscheidet Zar NIKOLAUS I. (S. 347) für Österreich.

1850 Vertrag von Olmütz: Wiederherstellung des Deutschen Bundes in Frankfurt unter österr. Führung.

Schleswig-Holstein: Die Dänen erneuern den Krieg (Febr. 1849); trotz seiner Siege schließt Preußen auf russ.-brit. Druck

1850 Frieden von Berlin;

1852 Londoner Protokoll: Pers.-U. der autonomen Hzm. mit Dänemark.

Die Reaktionszeit (1850–62)

1850/51 Dresdener Konferenzen zur Reform des Bundestages: Einrichtung eines Reaktions-Ausschusses zur Kontrolle lib. Staaten wie **Baden** (lib. »Musterland« unter Ghz. FRIEDRICH [1856–1907]). Eine selbst. »Trias-Politik« neben Österreich und Preußen verfolgen **Sachsen** (MP. BEUST) und **Bayern** unter

1848–64 Maximilian II. (MP. V. D. PFORDTEN, 1811–80).

Wirtschaft: Lib. Großunternehmer, Aktien- und Kommanditgesellschaften entwickeln den Bergbau, die Eisen- und Maschinenindustrie, Ausbau des Banken-, Versicherungs-, Verkehrs- und Nachrichtenwesens, der Elektro- und optischen Industrie.

1847 Gründung der Hapag, 1851 der Diskonto-Gesellschaft (D. HANSEMANN), 1853 der Darmstädter Bank, 1857 des Norddt. Lloyd. Durch die von **Justus Liebig** (1803–73) entwickelten künstl. Düngungsverfahren wird der Ertrag gesteigert; die synthet. Farbenherstellung (1856) begründet die chem. Großindustrie. – Unbeschadet einer ersten

1857 Wirtschaftskrise treibt die Übervölkerung (trotz Auswanderung) die wirtschaftl. Expansion voran; Hauptgewinner ist Preußen (vgl. Graphik, S. 338). – Wirtschaftskreise verlangen stärkere polit. Mitbestimmung und nat. Einheit. Den Patriotismus fördern polit. engagierte Historiker wie GUSTAV DROYSEN (1808–84), HEINRICH VON SYBEL (1817–85), THEODOR MOMMSEN (1817–1903), ebenso Sänger-, Turn- und Schützenvereine, Schiller-Gedenkfeiern (1859), auch einzelne Fürsten (»Schützen-Hz.« ERNST VON COBURG-GOTHA). Der mit Sitz in Coburg 1859 gegr. **Nationalverein** (BENNIGSEN, SCHULZE-DELITZSCH) findet 1862 sein großdt. Gegenstück in Österreich und Süddeutschland im **Reformverein.**

Preußen: Großgrundbesitz, prot. Kirche und Beamte unterstützen das Polizei-Syst. des Min. MANTEUFFEL. Dem neuen

1850 konstituierten Oberkirchenrat (F. J. STAHL, S. 318) wird 1854 die Volksschule unterstellt. Gegen die prot. Kulturpolitik (RAUMER) wendet sich die

1852 Kath. Fraktion (REICHENSPERGER), seit 1859 unter dem Namen **Zentrum.** – RUDOLF VON DELBRÜCK (1817–1903) behauptet in der

1852–54 Krise des Zollvereins (Aufnahme des hannov. Steuervereins; großdeutsche Zollpolitik Österreichs) die preuß. Führung. – Dagegen außenpolit. Unsicherheit: Kamarilla (Hofpartei des Königs) und Kreuzzeitungs-Partei verhindern eine stärkere Anlehnung an die Westmächte. **Bismarck** (S. 353), Gesandter am Bundestag, erstrebt Gleichstellung mit dem österr. Präsidialgesandten.

Österreich: Nach dem Sieg der dynast. Restauration

1851 Aufhebung der Verfassung; **Neoabsolutismus** des Ministeriums BACH: zentralist. Bürokratie, Militärdiktatur in Ungarn und Italien. Das

1855 Konkordat sichert der Kirche Aufsicht über Unterricht, Kultus und Eherecht. – Erfolgreiche Wirtschaftspolitik des Handels-Min. **Bruck** (1798–1860). Seine Zollpolitik scheitert an der wirtschaftl. Rückständigkeit des Donaustaates. – Dauernde Finanzkrise, milit. Schwäche, Opposition der Liberalen und der Nationalitäten, dennoch polit. Führungsanspruch in Deutschland und Italien.

1859 Zusammenbruch der Hegemonie über Italien (S. 351); Aufgabe des Neoabsolutismus. Gegensätze zwischen Zentralgewalt, Reichsländern, Nationalitäten erschweren die Verfassungsbildung. Ungarn und Deutsche lehnen das föderalist.

1860 Oktober-Diplom ab. MP. SCHMERLING (1805–93) entwirft das

1862 Februar-Patent: Teilung der Legislative zwischen Krone und **Reichsrat** (Herren- und Abgeordnetenhaus), den Ungarn, Kroaten, Tschechen und Tiroler boykottieren.

Die Emanzipation der Juden im 19. Jh. (in deutschen Einzelstaaten teilweise schon vor 1871)

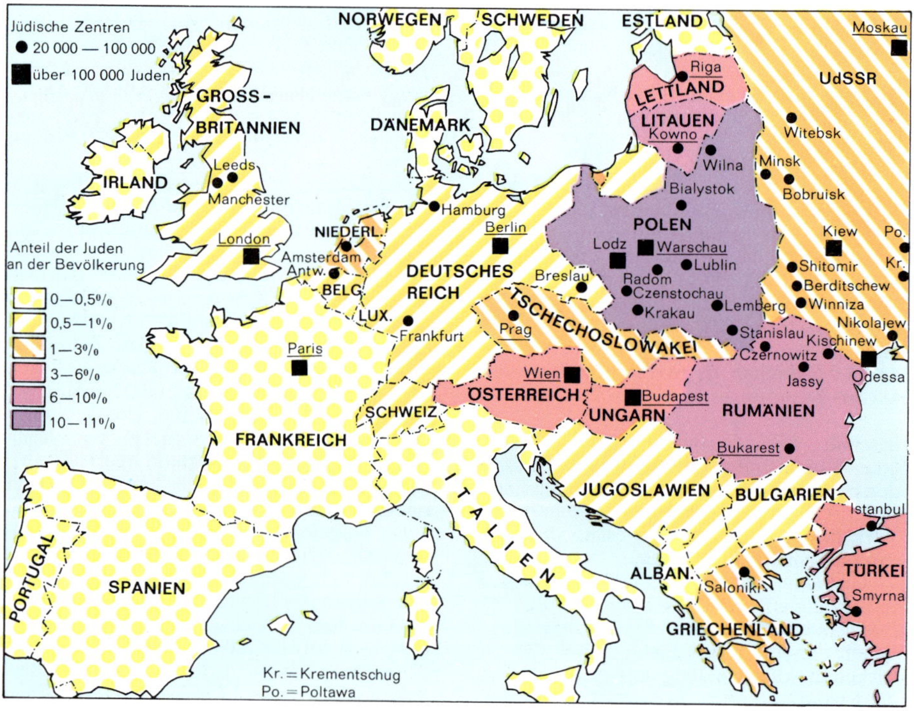

Die jüdische Bevölkerung in Europa 1930

Emanzipation

Die Emanzipation der Juden, die Umwandlung vom geduldeten, rechtl. beschränkten Bevölkerungsteil zum gleichberechtigten Staatsbürger, wird vorbereitet durch die stark alttestamentarisch bestimmte Art der Puritaner in den engl. Kolonien Nordamerikas und die Aufklärung (S. 257).

Geistige Wegbereiter der Emanzipation in Dtl. sind GOTTHOLD EPHRAIM LESSING (›Die Juden‹ [1749], ›Nathan der Weise‹ [1779], vgl. S. 257), ferner der Kriegsrat CHRISTIAN W. DOHM, der in seinem Buch ›Über die bürgerl. Verbesserung der Juden‹ (1781) die These vertritt, daß die den Juden vorgeworfenen Fehler auf ihrer Entrechtung beruhen und die Gewährung gleicher Rechte sie zu guten Staatsbürgern mache, und MOSES MENDELSSOHN (S. 257), der in seiner Abhandlung ›Jerusalem oder über religiöse Macht und Judentum‹ (1783) zwischen dem geistigen Gehalt der jüd. Rel. (dogmenlose Vernunftrel.) und dem Judentum als dem Inbegriff best. Gebote und Gesetze, die auf der Offenbarung beruhen (Gesetzesverkündigung auf dem Sinai: nat. Grundlage), unterscheidet.

Mit der ›Virginia Bill of Rights‹ (S. 293) und den ›Déclarations de droits de l'homme et du citoyen‹ (S. 297) beginnt die Gewährung gleicher Rechte an die Juden.

Einen Höhepunkt bildet die

1791 Verleihung des Bürgerrechts an die Juden, die den Bürgereid leisten, durch die franz. Nat.-Vers.: die jüd. Rel. wird als Konfession anerkannt, die Juden verlieren den Charakter einer »Nation«. Einen Rückschlag bildet die

1807 Errichtung des »großen Synedrion«, einer höchsten jüd. Staatsautorität, durch NAPOLEON I.: keine Autonomie, sondern Schaffung einer zentralist. Ordnung.

Das Dekret von 1808 (›Décret infâme‹) schränkt die Freizügigkeit der Juden im franz. Herrschaftsbereich wieder ein (wird von den Bourbonen aufgehoben).

In **Westeuropa** erhalten die Juden im 19. Jh. mit wenigen Ausnahmen volle Gleichberechtigung (in Portugal erst 1910).

In **Osteuropa** (Polen und Rußland) wird die jüd. Bevölkerung häufig unterdrückt (Pogrome), in Rußland eine Betätigung in der Landwirtschaft verboten und die Freiheit der Ausbildung eingeschränkt.

In **Südosteuropa** herrscht mit Ausnahme Rumäniens und der Türkei Toleranz. 1917 werden die Juden in der Sowjetunion, dann in den neuen osteurop. Staaten gleichberechtigt. Der Aufhebung des äußeren Gettos folgt die des inneren, die in der **Assimilation** (Lösung von der Tradition und Übernahme der kulturellen Werte der Wirtsvölker) und der **Reformbewegung** (rel. Liberalismus) ihren Ausdruck findet.

Nach dem Ersten Weltkrieg bringt die Berührung des westeurop. lib. Judentums mit den Juden der ehem. westl. Teile Rußlands eine Neubesinnung auf die jüd. traditionelle Form (MARTIN BUBER, 1878–1965; FRANZ ROSENZWEIG, 1886–1929).

Antisemitismus

Der Antisemitismus richtet sich gegen die Juden, nicht gegen die Semiten, und hat religiöse, polit. und wirtschaftl. Gründe (S. 155).

Im 19. Jh. tritt der **rass. Antisemitismus** hinzu. Wegbereiter sind der franz. Gf. GOBINEAU (S. 343), der in seinem Werk über die Ungleichheit der Menschenrassen (›Essay sur l'inégalité des races humaines‹, 1853–55) die Überlegenheit der »arischen« Rasse vertritt und die Weltgeschichte rass. deutet, und H. ST. CHAMBERLAIN (S. 343). Unter den Epigonen kommt es dann zu der Gleichsetzung: arisch = germ. = deutsch.

Die Lehre von der Rasse (primär zoologischer Begriff) und die aus der pervertierten Lehre DARWINS hervorgegangenen Vorstellungen des Sozialdarwinismus (S. 342) bilden die Grundlagen für den biolog. Naturalismus im »Dritten Reich« in Deutschland.

Zionismus

Als Folge der **Pogrome in Rußland** (1881/82) fordert der Arzt LEO PINSKER aus Odessa in seiner Schrift ›Autoemanzipation‹ (1882) eine Heimat für die bedrängte Judenheit. Die nach 1882 entstandenen **Vereine der »Chowewe Zion«** (Zionsliebende), denen sich PINSKER anschließt, erstreben eine Kolonisation Palästinas durch die Juden. Unter dem Eindruck der franz. »Dreyfus-Affäre« (seit 1894, S. 383) verfaßt

Theodor Herzl (1860–1904) seine Schrift ›Der Judenstaat‹ (1896) und begründet unabhängig von den Bewegungen des Ostjudentums die **zionistische Bewegung.** Die Judenfrage wird zu einer von den Juden zu lösenden nationalen Frage.

Auf dem ersten zionist. Weltkongreß in Basel (1897) wird eine straffe polit. Organisation geschaffen und als Ziel des Zionismus im **Baseler Programm** »für das jüdische Volk die Schaffung einer öffentlich-rechtlich gesicherten Heimstätte in Palästina« verkündet.

Der **Kultur-Zionismus** will durch polit., kolonisator. und kulturelle Kleinarbeit aus Palästina ein geistiges Zentrum machen. Er kann im Gegensatz zum polit. Zionismus auf die staatl. Verwirklichung warten. CHAIM WEIZMANN (1874–1952) bemüht sich um eine Synthese beider zionist. Richtungen. Praktisch verwirklicht wird sie durch die Errichtung des zionist. Palästinaamtes in Jaffa (1907) und einer hebräischen Universität (1918).

Als Reaktion auf die zionist. Bewegung erscheinen die

1905 ›Protokolle der Weisen von Zion‹. Die in Moskau entstandene Fälschung verstärkt den Antisemitismus.

1917 Zusage Lord Balfours für die Errichtung einer nationalen Heimstätte der Juden in Palästina (S. 536).

Zur geistigen Situation Europas im 19. Jh.
Dem herrschenden Glauben an **Fortschritt** und (Natur-)**Wissenschaft** entspricht ein **Relativismus,** der allg. ethische Werte leugnet und das Erkennen abhängig macht vom Stand der Forschung oder der geschichtl. Situation (Historismus, S. 319), von der individuellen Verfassung, der Gesellschaft oder der Klassenzugehörigkeit. Wissenschaftl. Haltung (vorurteilsloses krit. Denken, method. Disziplin) gilt als Ideal des mündigen Menschen (geistiger Liberalismus); wissenschaftl. Ergebnisse oder Theorien werden zum Inhalt von Weltanschauungen (Ideologien) gemacht, die Anspruch auf Religionsersatz erheben.

Positivismus: Nach **Auguste Comte** (1798–1857) folgt der Fortschritt dem »Dreistadiengesetz«: im theol. Stadium wird die Welt übernatürlich gedeutet, im philos. mit Hilfe abstrakter Ideen und Kräfte. Erst im positiven Stadium gelingt die Zusammenfassung der Erscheinungen in Gesetze. Gelehrte und Industrielle vereinigen wissenschaftl. Theorie und Praxis zur Steuerung der Welt (wissen, um vorauszusehen, voraussehen, um vorzubeugen).
Der ›Cours de philosophie positive‹ (1830–42) bringt ein System der Wissenschaften, in dem jede Disziplin auf der vorhergehenden aufbaut: Mathematik – Astronomie – Physik – Chemie – Biologie – **Soziologie.**

Die »Sozialingenieure« können der Gesellschaft ein glückliches Leben sichern durch eine Menschheitsreligion, die sich selbst zum Gegenstand hat.

Die Lehre beeinflußt u.a. MILL und SPENCER (S. 318); H. THOMAS BUCKLE (1821–62) sucht durch Tatsachenforschung exakte Gesetze der Geschichte, H. TAINE (1828–93) begründet die **Milieutheorie;** E. RENAN (1823–92) stellt das ›Leben Jesu‹ (1863) menschlich-naturalist. dar. In Dtl. wertet **D. F. Strauß** (1808–74) in seinem ›Leben Jesu‹ (1835f.) die Evangelienberichte als Mythen; B. BAUER (1809–82) bestreitet die histor. Existenz Jesu; **Ludwig Feuerbach** (1804–72) erklärt im ›Wesen des Christentums‹ (1841) die Religion zur Illusion des Menschen, dessen Ideen nur Abbilder der Wirklichkeit sind und dessen Unsterblichkeit nur in seinen Werken bzw. Kindern liegt.

Materialismus: LUDWIG BÜCHNER (1824–99) formuliert den vulgären Glauben, daß alle Erscheinungen auf ›Kraft und Stoff‹ (1855) beruhen; MOLESCHOTT (1822–93) führt das Denken auf chem. Prozesse zurück. – Von größter Bedeutung wird der
Histor. Materialismus von **Karl Marx** (1818–83), umrissen in der ›Kritik der polit. Ökonomie‹ (1859): Der Geschichtsablauf vollzieht sich nach exakten Gesetzen (Determinismus). Vom »Unterbau« des Menschen und der Geschichte (dem Sein = ökonom. und soz. Verhältnisse) hängt der »ideolog. Überbau« (das Bewußtsein = Kunst, Wissenschaft, Religion, Recht, Staat) ab. Innerhalb der Basis entwikkeln sich dialektisch (vgl. HEGEL, S. 319) **Produktivkräfte** (Werkzeuge, menschl. Arbeitsfertigkeit) und **Produktionsverhältnisse.** Eigentumsbildung und Arbeitsteilung bedingen den Produktionsfortschritt, entfremden aber zugleich die Menschen von ihrer Arbeit bzw. von sich selbst. **Klassenkämpfe** treiben die Geschichte voran und führen notwendig zu **Revolutionen,** die die Basisspannungen ausgleichen, den Überbau ändern und eine qualitativ höherwertige Periode einleiten. Die Geschichte spannt sich vom Urkommunismus bis zum klassenlosen Endkommunismus, in dem Ausbeutung und Selbstentfremdung des Menschen aufgehoben sein werden (vgl. S. 345).

Evolutionismus: Nach LAMARCK (1744–1829) sind Umweltsanpassung und Vererbung erworbener Eigenschaften Faktoren der biolog. Entwicklung. Die Deszendenz-Theorie erweitert **Charles Darwin** (1809–82) in seinem Werk über die ›Entstehung der Arten durch natürliche Zuchtwahl‹ (1859). Auf Grund seines 1831–36 im pazifischen Raum gesammelten Materials erkennt er als Entwicklungsprinzipien: Variation, Vererbung und Überproduktion an Nachkommen. Dies führt im »Kampf ums Dasein« zur Auslese (Selektion) starker, lebensfähiger Exemplare und Arten, die keiner Teleologie (geplanter Zweckabsicht) unterliegen. – Zur Verbreitung der Theorie trägt ERNST HAECKEL (1834–1919) bei. Seine ›Natürl. Schöpfungsgeschichte‹ (1868) führt alles Leben über das »biogenet. Grundgesetz« auf einen Urgrund zurück. Den biolog. Monismus verallgemeinern die ›Welträtsel‹ (1899) zu einer materialist. Weltanschauung, die als (Sozial-)**Darwinismus** auf Gesellschaft und Politik einwirkt.

Kritiker der Zeit: Unberührt vom Fortschrittsglauben sind die Gedanken des Historikers **Tocqueville** (1805–59) über die Gefahren egalitärer Massendemokratien, die der Kulturhistoriker **Jacob Burckhardt** (1818–97) als Symptome einer neuen Zivilisations-Barbarei wertet. – Der dän. Theologe **Sören Kierkegaard** (1813–55) greift christl. Anpassung an und verlangt rücksichtslose Annahme des Glaubens bis zum Märtyrertum. Dialekt. Theologie und Existenzphilosophie greifen auf seine Gedanken zurück. – Ebenso radikal wie genial deckt **Friedrich Nietzsche** (1844–1900, vgl. S. 319) in den ›Unzeitgemäßen Betrachtungen‹ (1873–76) geistige Krise und Kulturverfall auf. Sein Haß gilt dem Christentum (dem »Schandfleck der Menschheit«), den biolog. Schwachen mit ihrer »christl. Sklavenmoral«, dem »Bildungsphilister« und satten Bürgertum. Gehört wird nicht seine Warnung, sondern seine Lebensphilosophie, die dem »Un-Sinn« des Lebens, dem Pessimismus und Nihilismus den Übermenschen im ›Zarathustra‹ (1883–85) entgegensetzt als Inbegriff des »Willens zur Macht« und einer Moral ›Jenseits von Gut und Böse‹ (1886).

Wissenschaftl. und technischer Fortschritt
Wissenschaftl. Forschung und techn. Auswertung ihrer Ergebnisse bedingen einander.

Physik:

1808 Polarisation des Lichts	MALUS
1815 Wellentheorie des Lichts	FRESNELL
1827 Ohmsches Gesetz	OHM
1831 Elektr. Induktions-Gesetz	FARADAY
1833 Elektrolyse	FARADAY
1859 Spektral-Analyse	KIRCHHOFF/BUNSEN
1888 Elektromagn. Wellen	HERTZ
1895 Röntgen-Strahlen	RÖNTGEN
1895 Elektronen-Theorie	LORENTZ
1896 Uran-Strahlen	BECQUEREL
1900 Quanten-Theorie	PLANCK
1903 Radioaktivität	RUTHERFORD
1905 Relativitäts-Theorie	EINSTEIN
1911 Atom-Modell	RUTHERFORD
1913 Atom-Modell	BOHR

Biologie:

1841 Samenfäden	KÖLLIKER
1842 Period. Eireifung	BISCHOFF
1852 Zellteilung	REMAK
1865f. Vererbungsregeln	MENDEL
1901 Mutations-Lehre	DE VRIES
1904 Chromosomen	BOVERI

Chemie:

1818 Atom-Gewichte	BERZELIUS
1828 Harnstoff-Synthese	WÖHLER
1831 Elementar-Analyse	LIEBIG
1833 Phenol, Anilin aus Kohle	RUNGE
1841 Agrikultur-Chemie	LIEBIG
1856 Teer-Farbstoff	PERLIN
1865 Benzol-Ring	KEKULÉ
1869 Period. System	MEYER/MENDELEJEFF
1878 Indigo-Synthese	BAYER
1898 Radium	CURIE
1909 Synth. Kautschuk	HOFMANN
1913 Ammoniak-Synthese	HABER/BOSCH

Medizin:

1846 Äther-Narkose	MORTON
1848 Blinddarm-Operation	HAUCOCK
1858 Zellularpathologie	VIRCHOW
1861 Kindbettfieber	SEMMELWEIS
1867 Antisept. Wundbehandlung	LISTER
1882 Tuberkelbazillus	KOCH
1883f. Diphteriebazillus	KREBS/LÖFFLER
1885 Asepsis	BERGMANN
1893 Diphtherie-Serum	BEHRING
1894 Pesterreger	KITASATO
1909 Salvarsan	EHRLICH/HATA

Verkehrstechnik:

1834 Elektromotor	JACOBI
1867 Dynamo-Maschine	SIEMENS
1876 Viertaktmotor	OTTO
1879 Elektro-Lokomotive	SIEMENS
1884 Benzin-Motor	DAIMLER/MAYBACH
1885 Kraftwagen	DAIMLER/BENZ
1897 Diesel-Motor	DIESEL
1900 Luftschiff	ZEPPELIN
1903 Motor-Flug	GEBR. WRIGHT

Nachrichtentechnik:

1837 Schreib-Telegraf	MORSE
1861 Fernsprecher	REIS
1876 Telefon	BELL/GRAY
1877 Sprech-Maschine	EDISON
1897 Drahtlose Telegrafie	MARCONI
1902 Bild-Telegrafie	KORN

Drucktechnik:

1812 Schnellpresse	KOENIG/BAUER
1881 Autotypie	MEISENBACH
1884 Setzmaschine	MERGENTHALER

Optik/Fotografie:

1839 Fotografie	DAGUERRE
1871 Bromsilber-Platte	MADDOX/EASTMAN
1895 Kinematograph	LUMIÈRE

Kriegstechnik:

1835 Revolver	COLT
1836 Zündnadel-Gewehr	DREYSE
1850 Tauchboot	BAUER
1866 Torpedo	WHITEHEAD
1867 Dynamit	NOBEL
1883 Maschinen-Gewehr	MAXIM
1911 Tank (Panzer)	BURSTYN

Techn. Verfahren:

1867 Eisenbeton	MONIER
1885 Nahtlose Röhren	MANNESMANN
1907 Betonguß	EDISON

Neue Wissenschaften entfalten sich in Abhängigkeit zu herrschenden Denkrichtungen.
Soziologie: Während SPENCER (S. 318) die Gesellschaft als Organismus betrachtet, sehen Gf. GOBINEAU (1816–82) und H. ST. CHAMBERLAIN (1855–1927) im **Rassenkampf,** KARL MARX und seine Schule im **Klassenkampf** die treibenden Kräfte der Gesellschaft. Die Soziologie als Wissenschaft entwickeln LORENZ VON STEIN (1815–90), FERD. TÖNNIES (1855–1936), ÉMILE DURKHEIM (1858–1917) u.a.; **Max Weber** (1864–1920) sucht soziolog. Grundstrukturen mit Hilfe »ideal-typ. Begriffe« zu erfassen.
Psychologie: JOH. FRIEDRICH HERBART (1776–1841) bahnt mit Einführung wissenschaftl. Methoden die »Psychophysik« an, vertreten von GUSTAV THEODOR FECHNER (1801–87), HERMANN VON HELMHOLTZ (1821–94) u.a., zur »experimentellen« Psychologie ausgebaut von WILH. WUNDT (1832–1920) und THÉODULE RIBOT (1839–1916). **Wilh. Dilthey** (1833–1911) setzt der erklärenden die verstehende Psychologie entgegen. Die Charakterologie erneuert LUDWIG KLAGES (1872–1956); **Gustave Le Bon** (1841–1931) untersucht die Psychologie der Masse. Wegweisend wird die Psychoanalyse von **Sigm. Freud** (1856–1939).
Theologie: FERD. CHRISTIAN BAUR (1792–1860) und die Tübinger Schule betreiben Bibelforschung mit hist.-krit. Methoden. ALBRECHT RITSCHL (1822–89) führt sie weiter, aber mit Betonung der Eigenständigkeit der Religion. ADOLF VON HARNACK (1851–1930) trennt im ›Wesen des Christentums‹ (1900) die Religion Jesu vom altkirchl. Dogma. – Kath. Kirche und prot. Orthodoxie wehren sich gegen die lib. Theologie; PIUS X. verpflichtet 1910 den Klerus zum »Antimodernisten-Eid«. Aufschwung der äußeren Mission, aber kirchl. Entfremdung in Europa. – Mod. Verkündigungsformen sucht die 1878 von WILLIAM BOOTH gegr. **Heilsarmee.**

Der Sozialismus im 19. Jh.
Der Sozialismus (lat. socius; Genosse; 1832 in Frankreich auftretender Begriff, bis ins 20. Jh. gleichbed. mit Kommunismus), die Gegenbewegung zum Liberalismus bzw. Kapitalismus, erstrebt eine gerechte Eigentums- und Gesellschaftsordnung, Gleichberechtigung und Wohlstand auch für soz. schwache Klassen **(Proletarier),** allg. Frieden und Völkerversöhnung. Durch **Sozialreformen, Klassenkampf** oder **Revolutionen** sollen diese Ziele erreicht werden. – Vor dem 19. Jh. finden sich sozialist. Gedanken in den **Utopien** von MORUS (S. 212), CAMPANELLA (S. 256), HARRINGTON (›Oceana‹, 1656), MORELLI u. a.

Utopischer (Früh-)Sozialismus: Er entwirft sozialkrit. Idealvorstellungen und hofft auf ihre Verwirklichung durch Appelle an Einsicht und Gewissen der Besitzenden. ETIENNE CABET (1788–1856) und WILHELM WEITLING (1808–71) werben für eine komm. Ordnung, wie sie schon **Babeuf** (S. 299) in der Franz. Rev. mit Gewalt durchsetzen will. – Gf. **Claude Henri de Saint Simon** (1760–1825) sieht – wie COMTE (S. 342) – im ökonom. Fortschritt die Triebkraft der Geschichte; Industrialisierung, Kapitalismus und Arbeit sollen durch eine neue relig. Gesinnung gefördert und technokrat. organisiert werden. Das soz. Problem liegt in der Eingliederung der »Müßiggänger« (Adelige, Militärs, Priester) in den Kreis der »Producteurs« (Unternehmer, Arbeiter, Bauern, Gelehrte, Künstler).
SAINT SIMONS Schüler ENFANTIN und BAZARD erwarten von der Aufhebung des Erbrechtes eine Verstaatlichung des Kapitals. Die Güter sollen nach Fähigkeit und Leistung für das Gesamtwohl verteilt, die Menschen durch eine Diesseitsreligion geführt und erzogen werden. – **Charles Fourier** (1772–1837) glaubt an eine Befreiung der Arbeit von Zwang und Ausbeutung durch Phalanstères: freiwillige Genossenschaften mit Landwirtschaft und Industrie. – Nach **Louis Blanc** (S. 327) wird der volle Arbeitsertrag durch »Produktiv-Assoziationen« (Nat.-Werkstätten, S. 333) garantiert. In ihnen verfügen die Arbeiter in demokrat. Selbstverw. über Produktion und Profit, der in Dividende, Sozialausgaben und Investitionen geteilt werden soll. – Als erster sieht **Moses Heß** (1812–75) im Proletariat die Macht der Zukunft.

Anarchismus (griech. Herrschaftslosigkeit): MAX STIRNER (1806–56) und **Pierre Joseph Proudhon** (1809–65) erwarten von einer Abschaffung jeder Zwangsordnung (Staat, Gesetze) durch friedl. Mittel ein genossenschaftl., sozial gerechtes Zusammenleben (Mutualismus). Ohne Arbeitsleistung oder durch Ausbeutung gewonnenes »Eigentum ist Diebstahl« für PROUDHON. – **Bakunin** (S. 391) will die Anarchie mit Attentaten, **Georges Sorel** (1847–1922) durch »direkte Aktionen« proletar. Eliten (Generalstreik) erreichen.

Wissenschaftl. Sozialismus: Im **›Komm. Manifest‹ (1847)** verkünden **Karl Marx** (Hauptwerk: ›Das Kapital‹, 1867 f.) und **Friedrich Engels** (1820–95) die Prinzipien des **histor. Materialismus** (S. 342) mit ihrer Auswirkung auf Wirtschaft und Gesellschaft und zeigen Strukturgesetze auf, nach denen sich der Kapitalismus entwickelt: Die Ausbeutung des Lohnarbeiters trägt dem Besitzer von Produktionsmitteln einen **Mehrwert** (Profit) ein, der zur **Akkumulation** (Ansammlung) seines Kapitals führt und den techn.-industriellen Fortschritt ermöglicht. Dieser bewirkt aber 1. die Freisetzung von Arbeitern, die die »industrielle Reservearmee« verstärken, den Lohndruck erhöhen und die allg. **Verelendung** fördern; 2. durch den Konkurrenzkampf eine Abnahme der Kapitalisten, eine Zunahme des klassenbewußt werdenden Proletariats und damit 3. eine **Kapitalkonzentration** (Monopolbildung); 4. **Überproduktionskrisen** zur Steigerung der Profitrate oder durch sinkende Kaufkraft (Verelendung). Innere Widersprüche treiben das kapitalist. System in die sozialist. **Revolution: Diktatur des Proletariats** mit »Expropriation der Expropriateure«. Enteignung **(Sozialisierung)** der Produktionsmittel hebt den Klassengegensatz auf; Planung und Verteilung der Produktion durch die Produzenten garantieren im Endzustand des **Kommunismus** Gerechtigkeit, Freiheit und Humanität.
Bedeutung: Der **Marxismus** wird zur »Ersatz-Religion« der Arbeitermassen, die sich den Kirchen entziehen, und zur polit. Ideologie sozialist. Parteien (S. 379); er wandelt den »Lumpenproleten« zum selbstbewußten »Proletarier«.

Christ. Sozialismus: In Anlehnung an sozialist. Theorien appellieren vor allem in England Theologen wie **Maurice** (1805–72) und Schriftsteller wie **Kingsley** (1819–75), CARLYLE (S. 381) u. a. an Besitzende, das Elend der Massen überwinden zu helfen. Christl.-soz. Gedanken vertreten in Frankreich LAMENNAIS (S. 319) und LEROUX (1791–1871), in Deutschland **Adolf Wagner** (1835–1917), STOECKER (S. 355), FRIEDRICH NAUMANN (S. 388). – Die **kath. Soziallehre,** verbindlich niedergelegt in der Sozialenzyklika **›Rerum novarum‹** (1891) LEOS XIII. [1878–1903], betont das Recht auf Privateigentum, auf **Solidarität** (Verantwortung aller für den einzelnen und des einzelnen für alle) und **Subsidiarität** (Privatinitiative unter Mithilfe größerer Gemeinschaften bzw. des Staates bei soz. Überforderung des einzelnen). – Der Bf. von Mainz, **Wilh. Emanuel Frh. von Ketteler** (1811–77) tritt für staatl. Sozialreformen aus christl. Verantwortung ein. – Staatl. Eingriffe fordern auch die sog. **Kathedersozialisten,** undoktrinäre lib. Nationalökonomen um **Gustav von Schmoller** (1838–1917). Sie knüpfen an staatssozialist. Ideen des Genfers SISMONDI (1773–1841), von **Karl Rodbertus** (1805–75) bzw. an die Lehre vom soz. Königtum des LORENZ VON STEIN (S. 343) an.

Die Anfänge der Arbeiterbewegung

Ohne Besitz von Produktionsmitteln ist die Arbeiterklasse (»Vierter Stand«) in der lib. Industriewirtschaft auf den Verkauf ihrer Arbeitskraft (Lohnarbeit) angewiesen und wird als soz. schwache Schicht ausgebeutet (**soz. Frage**). Existenzunsicherheit und Verelendung wecken das Gefühl der **Solidarität.** Die Arbeiter schließen sich zusammen (MARX: »Proletarier aller Länder vereinigt euch!«) zum Kampf um polit. und wirtschaftl. Macht (»Vereint sind auch die Schwachen mächtig!«). Formen und Stärke der Arbeiterbewegung richten sich nach Struktur und Entwicklungsstand der Industriestaaten. Führend wird England (S. 321).

Gewerkschaften (engl.: Trade Unions, franz.: Syndicats): Nach Berufen gegliederte örtl. Arbeiter- oder Gewerkvereine erstreben mit wirtschaftl. Mitteln (Verhandlungen, Streiks) bessere Arbeits- und Lohnbedingungen durch **Kollektiv-Verträge** über Löhne (Tarife), Arbeitszeit und Arbeitsschutz. – Einrichtung von Hilfskassen für Notfälle und von Vereinen zur **Arbeiterfortbildung.** Mit dem erkämpften **Koalitionsrecht** – 1824 in England, 1864 in Frankreich, 1869 in Deutschland – fällt das Verbot von Gewerkschaften: sie entwickeln sich zu regionalen und nat. Zentralverbänden und werden seit Ende des Jhs. von Staat und Unternehmer als **Sozialpartner** anerkannt. Nach dem Vorbild der Industriearbeiter organisieren sich Angestellte, Beamte, Land- und Heimarbeiter.

Genossenschaften: Förderer von Einrichtungen zur **Selbsthilfe** gegen die Konkurrenz der Großbetriebe ist **Robert Owen** (1771–1858), der in seinem Musterbetrieb New Lanark wegweisende Sozialreformen durchführt (10½-Stunden-Tag, Kranken- und Altersversicherung). Experimente mit komm. **Produktiv-Genossenschaften** (1825–29 in New Harmony/USA) scheitern ebenso wie franz. Versuche zur Verwirklichung von Phalanstères (S. 344) und Nat.-Werkstätten (S. 333), seit 1844 auch von amerikan. Gruppen. – Zu einem Wirtschaftsfaktor dagegen entwickeln sich die nach OWENS Ideen seit 1844 gegr. **Konsumvereine** (S. 326) mit niedrigen Preisen (Ausschaltung des Zwischenhandels), Rabatt- und Dividendenvergütung. In Deutschland nur zögernde Verbreitung, da **Lassalle** (S. 378) die Lösung der soz. Frage von Produktions-Genossenschaften erwartet. Er bekämpft den Liberalen **Hermann Schulze-Delitzsch** (1808–93), den Begr. der gewerbl. Genossenschaften (Einkaufs-, Verkaufs-, Vorschußvereine für Handwerker), und **Friedrich Wilh. Raiffeisen** (1818–88), der die bäuerl. Genossenschaftshilfe anregt: Ab 1854 Spar- und Darlehenskassen zur Finanzierung von Saatgut, Maschinen u. a.

Folgen: Verbände und ihre Funktionäre vertreten mehr und mehr die Interessen des einzelnen, der in der **Verbandsdemokratie** eigene Initiative zugunsten von **»Pressure groups«** (auf Staat und Gesetzgebung) aufgibt.

Die soz. Tätigkeit der Kirchen

England: Christl. Sozialismus (S. 344), auch die Oxford-Bewegung (»Ritualismus«: EDWARD PUSEY, 1800–82) wandeln das »Sonntagschristentum«. Gründung von (weibl.) Pflegeorden.

1844 Christl. Jugendvereine (YMCA) leisten Arbeit in den Slums. Gründung von Arbeiterheimen. In Ostlondon wirkt seit

1865 William Booth (1829–1912, S. 343).

Deutschland: THEODOR FLIEDNER (1800–64) eröffnet in Kaiserswerth die erste Diakonissenanstalt (1836), **Johann Hinrich Wichern** (1808–81) ein Heim für verwahrloste Jugendliche (Rauhes Haus, 1833) sowie ein Brüderhaus für männl. **Diakonie** (1843). Zusammen gründen sie die

1848/9 Innere Mission zur Jugend-, Alters-, Kranken-, Gefährdetenhilfe. **Friedrich von Bodelschwingh** (1831–1910) übernimmt

1872 die Betheler Anstalten (Krankenfürsorge, Diakonie, Arbeiterkolonien).

1877 Zentralverein für Sozialreform (WAGNER, S. 344), von STOECKER (S. 355) 1890 im Evang. Soz.-Kongreß weitergeführt. Seit 1882 Evang. Arbeitervereine. – LEO XIII. (S. 344) empfiehlt die

1884 Einrichtung von kath. Arbeitervereinen nach dem Vorbild der

1846f. Kath. Gesellenvereine des Priesters **Adolf Kolping** (1813–65).

Die staatl. Sozialpolitik

England: Die soz. Mißstände in der Textilindustrie zwingen das klass. Land des Liberalismus (S. 321) zu Schutzgesetzen:

1833 1. Fabrikgesetz (S. 326); 1842 Verbot der Untertagearbeit für Frauen; 1847 10-Stunden-Tag für Frauen und Jugendliche (ab 1850 allg. verbindlich).

Frankreich führt in der Sozialpolitik auf dem Kontinent:

1813 Verbot von Kinderarbeit in Bergwerken.

Preußen: Seit 1828 setzen sich die Milit.-Behörden für Schutzgesetze ein (Sorge um die Gesundheit der Rekruten).

1839 Verbot von Kinderarbeit, zunächst unter 9 J., seit 1854 unter 12 J.

Deutschland wird nach 1871 führend in der Sozialgesetzgebung.

1872 Verein für Sozialpolitik der Kathedersozialisten (S. 344); er beeinflußt mit den Sozialpol. des Zentrums (VON HERTLING, F. HITZE) und der christl.-soz. Bewegung die

1883f. Sozialversicherungsgesetzgebung (S. 355) – seit 1894 von Frankreich, 1908 von England (S. 382) nachgeahmt.

1891 Fortführung der Schutzgesetzgebung (Sonntagsruhe, Lohnschutz) durch den Handels-Min. HANS FRH. VON BERLEPSCH (1843–1926).

Folgen: Sozialpolitik und -fürsorge wandeln den lib. Freiheitsstaat zum soz. **Wohlfahrtsstaat.** Eine anonyme **Bürokratie** verwaltet die ständig wachsenden Steuern, Soziallasten und Sozialbeiträge.

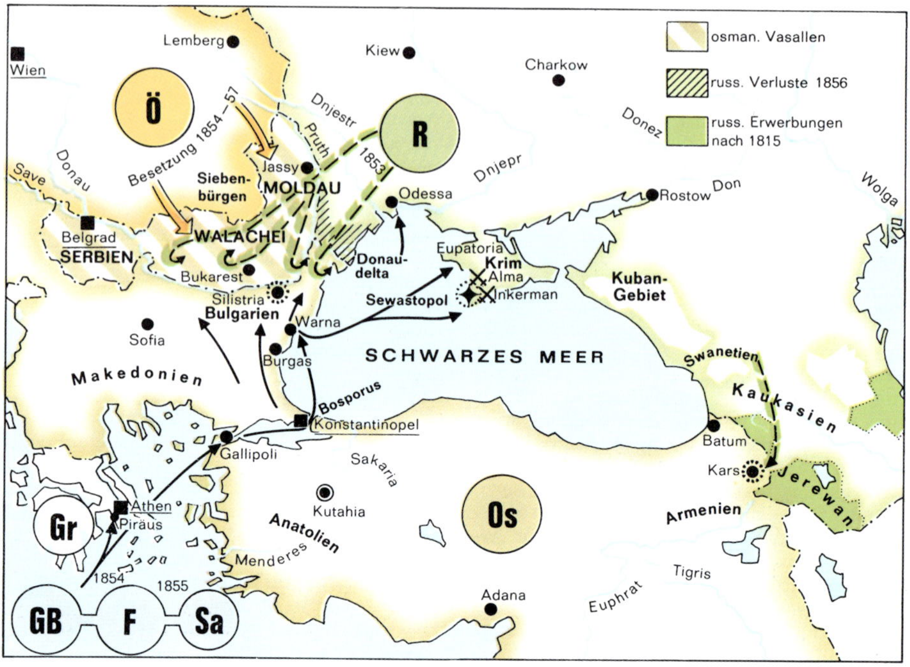

Der Krimkrieg 1853–1856

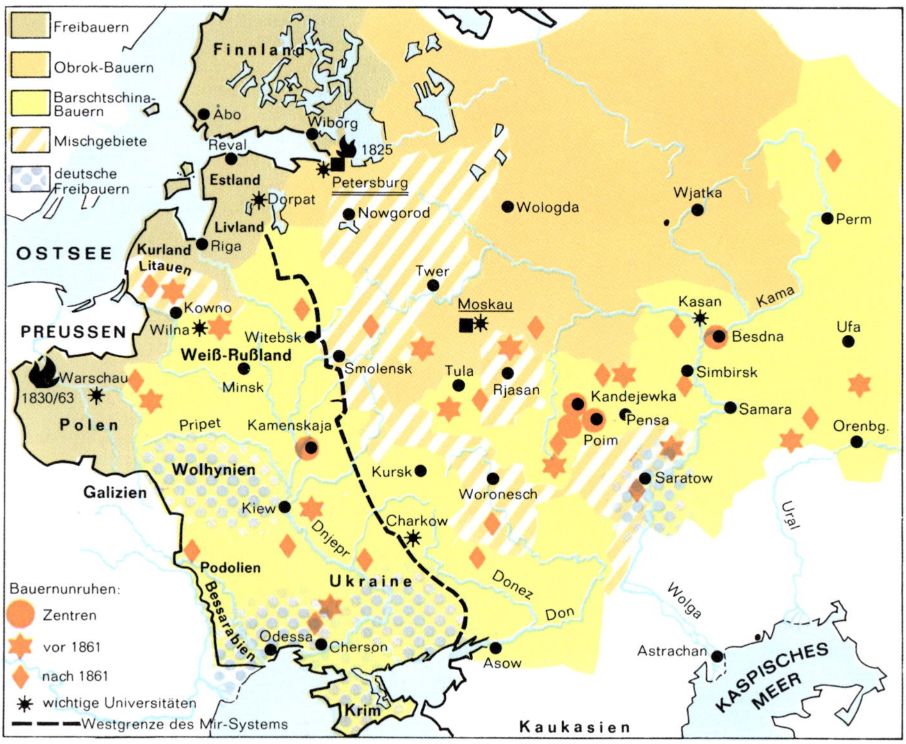

Die Bauernbefreiung in Rußland 1861

Die Reaktionsperiode (1815–55)

1801–25 Alexander I. beginnt mit lib. Verw.- und Rechtsreformen.

1802 Einrichtung von Ressortministerien, seit 1811 dem Staatsrat verantwortlich. Im Auftrag des Zaren entwirft der Staatssekretär SPERANSKI (1772–1839) ein

1808/09 Verfassungsprojekt mit Gewaltenteilung, Reichsrat und gewählter Reichsduma (Parlament). 1812 wird SPERANSKI gestürzt. – Als Sieger über NAPOLEON öffnet sich ALEXANDER I. christl.-myst. und konserv. Ideen (METTERNICH). Er wird unter dem Eindruck rev. Bewegungen (S. 323) zum Vorkämpfer der Reaktion. Im Innern herrscht der Günstling ARAKTSCHEJEW mit bürokrat. Despotismus (Anlage von zuchthausähnl. Militärkolonien).

Kultur: Seit den napoleon. Kriegen nimmt die Europäisierung des Adels (Offizierskorps) zu. Dt. Idealismus (HEGEL, SCHELLING) und franz. utop. Sozialismus wirken auf Intellektuelle, die Romantik auf die Dichtung (PUSCHKIN [1799–1837], GOGOL [1809–52], LERMONTOW [1814–41]); GLINKA (1804–57) komponiert die Nat.-hymne. **Geheimbünde** (seit 1816) erstreben für ein freies russ. Volk Verfassung, Bauernbefreiung und Landaufteilung. Den Tod des Zaren nutzen gemäßigter Nordbund (MURAWJOW) und radikaler Südbund (PESTEL) zum

1825 Dekabristenaufstand, der rigoros erstickt, aber der revolutionären Jugend zum Vorbild wird.

Dem »Befreier Europas« folgt der »Gendarm Europas«,

1825–55 Nikolaus I., dessen Autokratie sich auf orth. Kirche und großruss. Nationalismus stützt, Gf. BENCKENDORFF organisiert die geh. Staatspolizei durch die

1826 Einrichtung der »Dritten Abteilung« zur Kontrolle von Schulen, Univ., Presse.

Außenpolitik: Sie zielt auf **Unterdrückung** rev. Bewegungen in Europa (Polen, S. 329; Ungarn, S. 337; Deutschland, S. 339); **Expansion** im mittleren Osten (S. 391); **Aufteilung** der Türkei. Deshalb zunächst erfolgreiches Lavieren zwischen den konserv. Großmächten und dem lib. Westen; dennoch Bruch der Hl. Allianz (Unterstützung der Griechen).

1829 Friede von Adrianopel (S. 323). Ausgleich mit Preußen und Österreich. Eine Spaltung der Westmächte in der

1839–41 Orientalischen Krise (S. 365) und eine Bindung Österreichs durch die russ. Hilfe (S. 337) revidiert der

1853–56 Krimkrieg. Anlaß: Streit griech. und röm. Mönche um die hl. Stätten in Jerusalem, in den sich NIKOLAUS I. und NAPOLEON III. einschalten. Von England gestärkt, lehnt die Pforte das russ. Ultimatum (Fs. MENSCHIKOW), das Schutzrechte für orth. Christen fordert, ab.

1853 Einmarsch russ. Truppen in die Donau-Fsm.

Okt. 1853 Kriegserklärung der Türkei und 1854 Eingriff der Westmächte (Jan. 1855 Anschluß Sardiniens). Österreich besetzt die Donau-Fsm. Moldau und Walachei.

Sept. 1854 Brit.-franz. Landung auf der Krim; **Belagerung von Sewastopol** (erster mod. Stellungskrieg). Alliierte Siege an der Alma und bei Inkerman, aber 118000 Mann Verluste durch Cholera und Winterkälte. **Florence Nightingale** (1820–1910) begründet die modernen Verwundetenfürsorge. – Der Krieg wird von

1855–81 Alexander II. weitergeführt bis zum Sept. 1855 Fall Sewastopols. Die Russen erobern Kars (Nov.).

1856 Friede von Paris: Rußland verliert das Donaudelta; Neutralisierung des Schwarzen Meeres; »europ. Protektorat« über die türk. Christen mit Garantie des Osman. Reiches und der Donau-Fsm. – Die Pariser Seerechtsdeklaration legt internat. Regeln zur Seekriegführung fest.

Folgen: Umordnung des europ. Staatensystems durch Übergang der russ. Hegemonie auf Frankreich (S. 349); Beginn des österr.-russ. Gegensatzes auf dem Balkan; Öffnung des Weges zur nat. Einigung Italiens (S. 351).

Die Reform-Ära (1856–74)

Die Niederlage offenbart die Rückständigkeit von Verw., Armee und Wirtschaft. Die Leibeigenschaft hemmt jeden Fortschritt, ob in der milderen Form des Leibzinses (Obrok-Bauern) oder der oft willkürlichen des Frondienstes (Barschtschina-Bauern). ALEXANDER II. entschließt sich zu einer autokrat. Rev. von oben, um den »Pulverkeller im Staat« zu beseitigen.

1856 Auflösung der Militärkolonien. Nach Unruhen und langer Vorbereitung

1861 Aufhebung der Leibeigenschaft für über 40 Mill. Bauern unter Beibehaltung des **Mir-Systems** (kollektive Feldflur, Haftung der Dorfgemeinde). Förderung der Gymnasial- und Volksbildung, Universitätsstatut mit akadem. Autonomie (GOLOWNIN, 1863), Erleichterung der Pressezensur (1865).

1864 Selbstverw. **(Semstwo)** für Gouvernements und Kreise; **Gerichtsreform:** unabh. Richter, öffentl. Verfahren, Milderung der Strafjustiz.

1870 Städteordnung: Selbstverw. durch gewählte Stadträte aus dem Bürgertum.

1874 Einführung der allg. Wehrpflicht mit sechsjähr. Dienstzeit (MILJUTIN).

Ergebnisse: Die erhoffte soz. Entspannung bleibt aus. Der stark anwachsende Bauernstand leidet unter unzureichender Landzuteilung und hoher Verschuldung; er besitzt keine Vorbildung zu selbst. Wirtschaftsführung, deshalb geringe Bodenerträge bei steigendem Steuerdruck.

1863 Poln. Aufstand (S. 329). Ein

1866 Attentat auf den Zaren verschärft zugleich die autokrat. Reaktion und die rev. Bewegung der Intelligenz (S. 389).

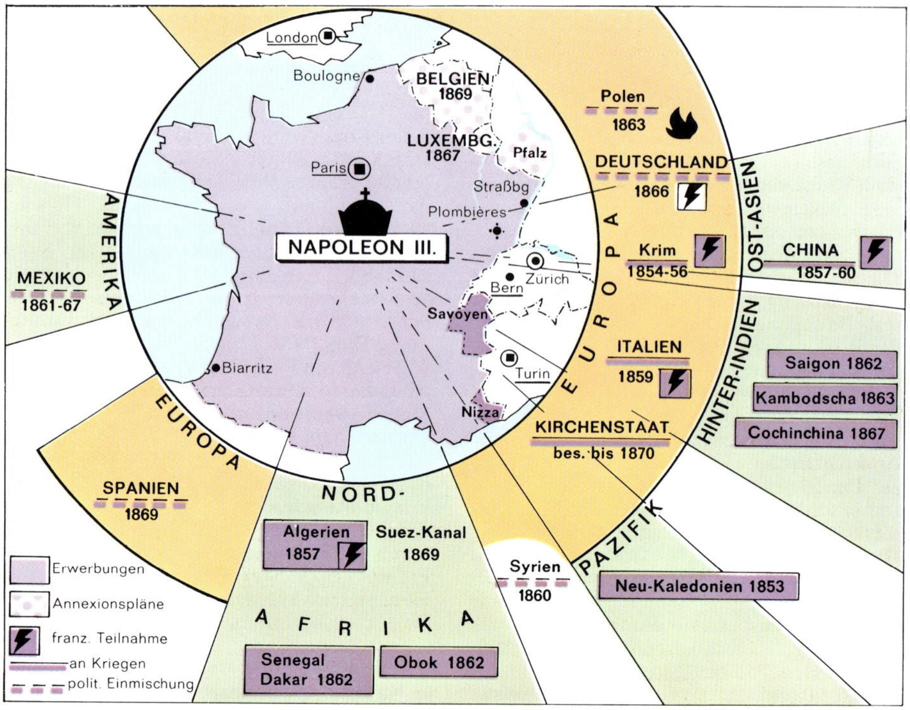

Die Politik Napoleons III. 1852–1870

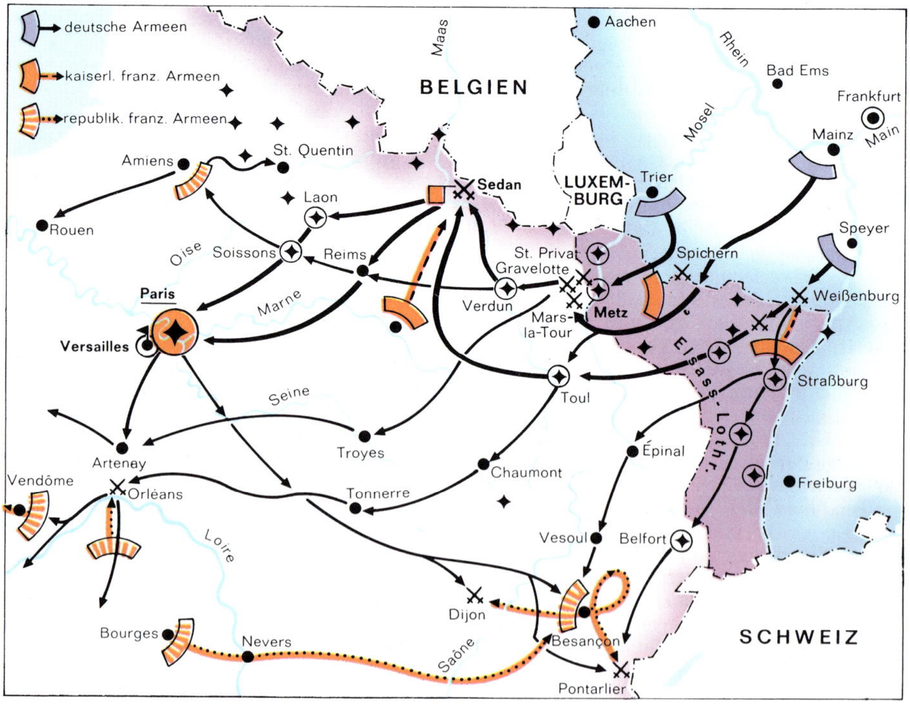

Der Deutsch-Französische Krieg 1870/71

Das Zweite Kaiserreich (1852–70)

Napoleon III. (1808–73, verh. mit der span. Gräfin EUGÉNIE DE MONTIJO) zielt mit seinem demokrat. Caesarismus (plebiszitäre Diktatur) auf Ausgleich der Klassengegensätze. Aus Furcht vor neuen sozialist. Unruhen fügt sich das Volk dem autoritären Regime, das sich nach dem

1858 Orsini-Attentat (S. 351) verschärft.

Sozialpolitik: Arbeitsbeschaffung durch großzügige Bauprogramme. Zwischen

1852 und 1865 Neugestaltung von Paris zur »Kapitale der Welt« nach Plänen des Präfekten HAUSSMANN: ca. 60000 Neubauten, Boulevards, Befestigungsanlagen. – Trotz Arbeiterfürsorge (Hilfskassen, Wohnungsbau, Volksbüchereien) zwölfstündige Arbeitszeit; kein Streikrecht; bis 1864 Verbot der Bildung von Arbeiterkoalitionen.

Wirtschaft: Durch Finanzkapital (Gebr. PÉREIRE) und Ausbau der Großindustrie wächst der Handel in 12 Jahren um 300%. **Kapitalexport** macht Frankreich zum Gläubiger- und Rentnerland. Die

1855, 1867 Pariser Weltausstellungen werden zum Symbol der Prosperität.

Kolonialpolitik: Kornkammer und Kernstück »Frankreichs über dem Meer« ist **Algerien;** Einwanderung franz. Siedler.

1854–65 Gouverneur FAIDHERBE vergrößert Senegal und gründet Dakar. – »Zum Schutze der Religion« Einmischung in China (Lorcha-Krieg S. 369) und Syrien (Landung in Beirut 1860); Aufbau des hinterind. Kolonialreiches (S. 385).

1857 Eroberung der Kabylei (Algerien).

1859–69 Bau des Suez-Kanals durch FERDINAND DE LESSEPS unter franz. Förderung; deshalb Ankauf von Obok (1862).

Außenpolitik: NAPOLEON III sucht durch Unterstützung der nat. Bewegungen (Balkan, Italien, Dtl.) Erfolge zur Revision der Verträge von 1815. Unter Ausnutzung des brit.-russ. Konfliktes gewinnt Frankfreich im

1854–56 Krimkrieg (S. 347) eine neue Machtstellung. Der Kaiser vermittelt auf dem

1856 Pariser Friedenskongreß. – Seit der

1858 Begegnung mit CAVOUR in Plombières wird eine Lösung der **ital. Frage** geplant.

1859 Ital. Einigungskrieg (S. 351): NAPOLEON III. drängt auf schnellen Ausgleich mit Österreich. Friede von Zürich: der Gewinn (Lombardei) wird im

1860 Vertrag von Turin mit Sardinien-Piemont gegen **Nizza** und **Savoyen** getauscht. – Unter BAZAINE (1811–88)

1861 Mexikan. Expedition (S. 371). – Prestigeverlust in der **deutschen Frage.**

1865 Begegnung in Biarritz: BISMARCK überspielt den »Undurchdringlichen«, dessen unklare Kompensationswünsche auf Belgien, Luxemburg und die Pfalz zugunsten einer preuß. Machterweiterung (»Trinkgeldpolitik«) im österr.-preuß. Konflikt (S. 353) durch die österr.

1866 Niederlage von Sadowa fehlschlagen. – Das »Unglücksjahr« 1867 bringt weder Kompensationen noch Luxemburg (das NAPOLEON von Holland kaufen will); das »Mexikan. Abenteuer« scheitert am Einspruch der USA; das Festhalten am milit. Schutz des Kirchenstaates (in Rücksicht auf die kath. Opposition) trübt die Freundschaft mit Italien.

Der Übergang zum »Empire libéral« wird herbeigeführt durch die zunehmende Kritik am diktator. Regime, außenpolit. Mißerfolge und den Zweifel am

1860 Cobden-Vertrag mit England (Freihandelspolitik). Der kranke Kaiser muß im

1864 Programm der »notwendigen Freiheiten« (der Person, Presse, Kammer, Ministerverantwortung) die von THIERS verlangten lib. Zugeständnisse machen.

1869 Wahlsieg der Opposition: polit. Amnestie und Bildung des Kab. OLLIVIER zur Erarbeitung einer freiheitl. Verf.

1870 Plebiszit: 83% für lib. Kaisertum.

Der Deutsch-Franz. Krieg (1870/71)

Ursache: Franz. Prestigepolitik, Furcht vor preuß.-dt. Hegemonialstreben (AMin. GRAMONT).

Anlaß: Span. Thronkandidatur, »Emser Depesche« (S. 353); Kriegserklärung an Preußen (19. Juli).

BISMARCK erreicht die Neutralität Englands, Österreichs (russ. und ungar. Druck) und Italiens (röm. Frage).

Verlauf: Offensive der überlegenen dt. Truppen (Chef des GenSt.: HELMUTH VON MOLTKE); nach heftigen Kämpfen Einschluß und Kapitulation (Oktober) der Armee BAZAINE in **Metz.**

1. Sept. 1870 Schlacht bei Sedan: Kapitulation der Armee MAC MAHON, Gefangennahme NAPOLEONS III. – Auf Initiative der gem. Republikaner **Favre** (1809–80) und **Gambetta** (1838–82)

4. Sept. 1870 Proklamation der Dritten Republik und Bildung einer Regierung der nat. Verteidigung.

Sept. Belagerung von Paris: GAMBETTA entkommt im Freiballon und organisiert den **Volkskrieg** mit **Franctireurs** (bewaffneten Zivilisten). Die neu aufgestellten Entsatzheere werden geschlagen bzw. über die Schweizer Grenze gedrängt. Paris kapituliert (Jan. 1871). – Die

Febr. 1871 Nat.-Versammlung in Bordeaux wählt THIERS (S. 383) zum »Chef der Exekutive«. – Vorfriede von Versailles: Frankreich verliert **Elsaß-Lothringen;** Kriegsentschädigung (5 Milliarden Francs) und Besetzung Ost-Frankreichs.

10. Mai 1871 Friede von Frankfurt a. M.

Ergebnis: Erweiterung des europ. Staatensystems um **Italien** und **Deutschland,** an das die franz. Vormachtstellung übergeht; Vertiefung des deutsch-franz. Gegensatzes.

Italien seit 1860

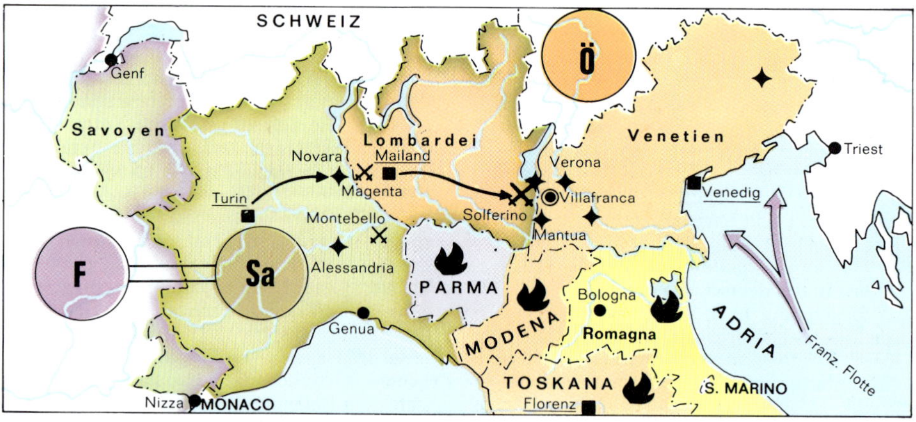

Der italienische Einigungskrieg von 1859

Die nationale Einigung (1850–71)

Die Konsequenzen aus dem Fehlschlag von 1848/49 (S. 333) zieht **Camillo Graf Benso di Cavour** (1810–61), der – »angelsächsisch in den Ideen und gallisch in der Sprache« (GIOBERTI) – als Realist der neuen Zeit aufgeschlossen gegenübersteht. Mitherausgeber der Zeitung **›Il Risorgimento‹** (1847), die der Epoche ihren Namen gibt. CAVOUR, seit 1850 Min. im Kabinett D'AZEGLIO, wird

1852 MP. von Sardinien-Piemont, das er durch Freihandelspolitik, Justizreform und Kirchengesetzgebung (»Freie Kirche im freien Staat«) zum lib. Musterland entwickelt. Sein Programm zur nat. Einigung unter Führung Sardiniens: 1. Verzicht auf rev. Umsturz und Selbstbefreiung (MAZZINI); 2. Abbau des Absolutismus durch lib. Evolution und Befreiung Italiens mit auswärtiger Hilfe; 3. Sammlung aller Patrioten gegen Österreich (1857 Gründung der »Società nazionale Italiana« [Nat.-Verein]).

1855/56 Teilnahme Sardiniens am Krimkrieg zur Einschaltung der ital. Frage in die europ. Politik. CAVOUR gewinnt die Unterstützung der Westmächte. Meisterhafte Ausnutzung eines Attentats des ital. Nationalisten ORSINI auf NAPOLEON III.

1858 Begegnung in Plombières: der Kaiser verspricht zur Errichtung eines ital. Staatenbundes unter päpstl. Vorsitz milit. Hilfe gegen Österreich (»Italien frei bis zur Adria«). Aufrüstung reizt Wien zur Kriegserklärung an Sardinien.

1859 Sard.-franz. Krieg gegen Österreich: Siege der Verbündeten bei Magenta und Solferino (Juni). Erhebungen in Mittelitalien und Furcht vor preuß. Eingreifen am Rhein drängen NAPOLEON III. zum Waffenstillstand von Villafranca (Juli).

Nov. 1859 Friede von Zürich: Entgegen dem franz. Versprechen bleibt Venetien bei Österreich, die **Lombardei** fällt an Frankreich, CAVOUR tritt aus Protest zurück (bis Jan. 1860). Gegen die Bildung einer ital. Konföderation Plebiszite zugunsten des Anschlusses an Sardinien in Bologna, der Toskana, Parma und Modena. NAPOLEON lenkt ein. Er gewinnt im

1860 Vertrag von Turin **Nizza** und **Savoyen** gegen die Lombardei.

Unteritalien: Mazzinisten der demokrat. Aktionspartei wie **Crispi** (1819–1901) organisieren Unruhen. Nach erfolglosem

1860 Aufstand in Palermo landen Freischaren (»Rothemden«) unter **Giuseppe Garibaldi** (1807–82) in Marsala.

Mai–Sept. 1860 »Zug der Tausend« durch Sizilien und Kalabrien. Zur Verhinderung einer Anarchie und eines Angriffs auf das von Frankreich (seit 1849) geschützte Rom greift Sardinien ein und schlägt bei Castelfidardo päpstl. Truppen, die in Ancona kapitulieren (Sept.). Niederlage der bourb. Armee am Volturno und gegen GARIBALDI bei Caserta. Begegnung VIKTOR EMANUELS II. mit GARIBALDI (Okt.), der nach Plebisziten in Umbrien, den Marken und den Beiden Sizilien zugunsten eines Anschlusses an Sardinien seine Diktatur niederlegt.

1861 Kapitulation von Gaeta (Febr.): Sturz der Bourbonen, FRANZ II. VON NEAPEL entkommt nach Rom. – Das gesamt-ital. Parlament in Turin erklärt Rom zur Hauptstadt und bestätigt

März 1861 Victor Emanuel II. (bis 1878) als **König von Italien.**

Schulden, nord-südl. Kultur- und Wirtschaftsgefälle (im Süden 75% Analphabeten, Bandenwesen), Widerstand gegen Zentralismus und polit. Übergewicht Piemonts (»piemontismo«) belasten den neuen Staat. Zur Befreiung Venetiens

1866 Militär-Bündnis mit Preußen und **Krieg gegen Österreich** mit Niederlagen bei Custozza und Lissa (S. 353).

Dank franz. Unterstützung und preuß. Siege in Böhmen fällt im

Okt. 1866 Frieden von Wien **Venetien** an Italien, das auf Südtirol (Trentino) und Istrien, die Hauptziele der **Irredenta** (nat. Bewegung zur Angliederung »unerlöster ital. Volkstumsgebiete«), verzichtet. – In der **röm. Frage** erhofft sich die »Consorteria« (Hofpartei des Königs) im Gegensatz zu Opposition (Republikaner, Mazzinisten) und öffentl. Meinung eine Lösung in Übereinkunft mit Frankreich.

Kirchenstaat: Reaktionärer Flügel der Kurie, kath. Partei in Frankreich und FRANZ II. VON NEAPEL hintertreiben lib. Reformen und Verständigung mit dem neuen Kgr. – GARIBALDI sammelt Freischaren, sein Angriff (»Rom oder der Tod!«) endet aber bereits in Kalabrien mit der

1862 Niederlage von Aspromonte.

1864 September-Ko vention zwischen Piemont und Frankreich: Abzug franz. Truppen gegen Verteidigung des Kirchenstaates. Unruhen wegen Verlegung des Regierungssitzes von Turin nach Florenz (Kabinett LA MARMORA), was als Verzicht auf Rom als Hauptstadt gewertet wird.

PIUS IX. [1846–78] verwirft im

1864 ›Syllabus errorum‹ lib. Irrlehren und verlangt Unterordnung von Staat und Wissenschaft unter kirchl. Autorität.

1867 Dritter Marsch GARIBALDIS auf Rom, der nach erneuter Landung franz. Truppen im Gefecht von Mentana endet.

1869 Erstes Vatikanisches Konzil mit Verkündung des Dogmas von der

1870 Unfehlbarkeit des Papstes in Lehrmeinungen (ex cathedra). – Ital.

Sept. 1870 Besetzung des Kirchenstaates (Gen. CADORNA); die

1871 »Garantie« der päpstl. Unabhängigkeit weist PIUS IX. zurück. Dem Papst verbleibt die Hoheit über den **Vatikanstaat. Rom** wird Hauptstadt Italiens.

Preußens Kriege mit Dänemark und Österreich 1864 und 1866

Die Neue Ära in Preußen (1859–62)

1861–88 Wilhelm I. (61 J.), seit 1858 Regent für den geistig erkrankten FRIEDR. WILH. IV., beruft ein lib. Ministerium.

1859 Heeresreform des Kriegs-Min. **von Roon** (1803–79) zur Verstärkung der **Linie** (aktive Truppen) und **Reserve** entsprechend der seit 1814 gestiegenen Bev. Die lib. Landtagsmehrheit sieht in der Reform (dreijähr. Dienstpflicht) einen Machtzuwachs der Krone und lehnt sie ab.

1861 Gründung der lib. **Fortschrittspartei** (WALDECK); Auflösung des Landtags, aber erneuter Wahlsieg der Liberalen. Im

1862 Verfassungskonflikt beruft der König auf Vorschlag ROONS **Otto von Bismarck (1815–98) zum MP.** Er verhindert die Abdankung des Königs und ist bereit, auch gegen Verf. und Landtag (Lückentheorie) zu regieren. Die Armee wird verstärkt, prägt auch die zivilen Lebensformen (Beginn des preuß-dt. Militarismus).

Das preuß. Hegemonialstreben (1862–66)

Ziele der Realpolitik BISMARCKS (unter Vorrang der Außenpolitik): Festigung der Monarchie zur Stärkung Preußens; preuß. Führung im Dt. Bund mit oder gegen Österreich. – Im poln. Aufstand (S. 329) deckt BISMARCK das russ. Vorgehen durch die

1863 Militär-Konvention Alvensleben: Erneuerung der Freundschaft mit Rußland. Österreich (MP. SCHMERLING) will die anti-preuß. Stimmung zur Bundesreform nutzen. Der Plan scheitert auf dem

1863 Fürstentag in Frankfurt (Vorsitz Ks. FRANZ JOSEPH) da WILHELM I. auf Wunsch BISMARCKS fernbleibt. – Dagegen erzwingt BISMARCK die österr. Mitwirkung im **dän. Konflikt,** entstanden durch die dän. Nov.-Verfassung (1863): Annexion Schleswigs und Trennung von Holstein. Die nat. Bewegung verlangt Unabhängigkeit für die Hzm.; BISMARCK betont nur den Bruch des Londoner Protokolls (S. 339) und sichert sich dadurch die Neutralität der Großmächte.

1864 Deutsch-Dän. Krieg: Erstürmung der Düppeler Schanzen. Nach der Besetzung von Alsen tritt Dänemark im Frieden von Wien (Okt.) Schleswig, Holstein und Lauenburg an Preußen und Österreich ab. – Die gemeinsame Verwaltung des Kondominiums verschärft den preuß.-österr. Gegensatz, der vorübergehend im

1865 Vertrag von Gastein beigelegt wird: Österreich verwaltet Holstein, Preußen Schleswig. Als Schiedsrichter erhofft NAPOLEON III. (S. 349) Kompensationen am Rhein. Er begünstigt das preuß. Bündnis mit Italien. – Der preuß. Antrag auf Bundesreform durch ein gewähltes Parlament trifft Österreich, das den Bundestag zur Entscheidung der schlesw.-holst. Frage anruft. Preußen beantwortet diesen Bruch des Gasteiner Vertrages mit Einmarsch in Holstein und Austritt aus dem Dt. Bund, der gegen Preußen mobilisiert.

1866 Deutscher Krieg: Kapitulation der hannov. Armee bei Langensalza; Entscheidungssieg der Preußen (Chef des GenSt.: **Helmuth von Moltke,** 1800–91) bei **Königgrätz.** BISMARCK beschwört den König zum Verzicht auf milit. Ausnutzung des Sieges und drängt zum Vorfrieden von **Nikolsburg,** um der franz. Einmischung zuvorzukommen. Franz. Gebietsforderungen veranlassen die süddeutschen Staaten zu »Schutz- und Trutzbündnissen« mit Preußen.

1866 Ital.-Österr. Krieg (S. 351). – Friede von Prag (mit Preußen), von Wien (mit Italien): Österreich verliert nur **Venetien.** Auflösung des Deutschen Bundes; Preußen annektiert alle gegnerischen Staaten nördlich der Mainlinie außer Sachsen und Hessen-Darmstadt. Bildung des

1866/67 Norddeutschen Bundes.

Die nationale Einigung (1866–71)

Beilegung des preuß. Verfassungskonfliktes durch den Landtag:

Sept. 1866 Annahme der **Indemnitätsvorlage** (mit 250:75 Stimmen nachträgl. Billigung der verfassungswidrigen Reg. BISMARCKS). Der »demokrat. Sündenfall« spaltet die Liberalen. Während die Fortschrittspartei in Opposition bleibt, beugt sich die neue

1867 Nationalliberale Partei (v. BENNIGSEN, MIQUEL) dem polit. Erfolg und arbeitet mit BISMARCK und der

1867 Freikonserv. Partei (linker Flügel der Alt-Konservativen) zusammen.

1867 Verfassung des Norddt. Bundes: preuß. **Bundes-Präsidium** (WILHELM I.), **Bundeskanzler** (BISMARCK), **Bundesrat,** gewählter **Reichstag.** Erneuerung des Zollvereins durch das Deutsche Zollparlament. – NAPOLEON III. fühlt sich um Kompensationen geprellt (S. 349). Im

1867 Londoner Vertrag wird die Neutralität Luxemburgs garantiert. – Frankreich (AMin. GRAMONT) befürchtet eine preuß. Hegemonie über Europa. Die span. Thronkandidatur führt trotz Verzicht des Prinzen LEOPOLD VON HOHENZ.-SIGMARINGEN zur Krise: NAPOLEON III. fordert aus Prestigegründen eine Garantie des Verzichts (Unterredung BENEDETTIS mit WILHELM I. in Bad Ems). Auf BISMARCKS Veröffentlichung der gekürzten »Emser Depesche« hin franz. Kriegserklärung.

1870/71 Deutsch-Franz. Krieg (S. 349) unter von Frankreich unerwarteter Beteiligung der süddt. Staaten. BISMARCK nützt die nat. Kriegsbegeisterung zur

1871 Gründung des (zweiten) deutschen Kaiserreiches nach Verträgen mit den Einzelstaaten. Durch LUDWIG II. VON BAYERN [1864–86] im Namen der Fürsten

18. Jan. 1871 Proklamation WILHELMS I. zum Dt. Kaiser im Spiegelsaal von Versailles.

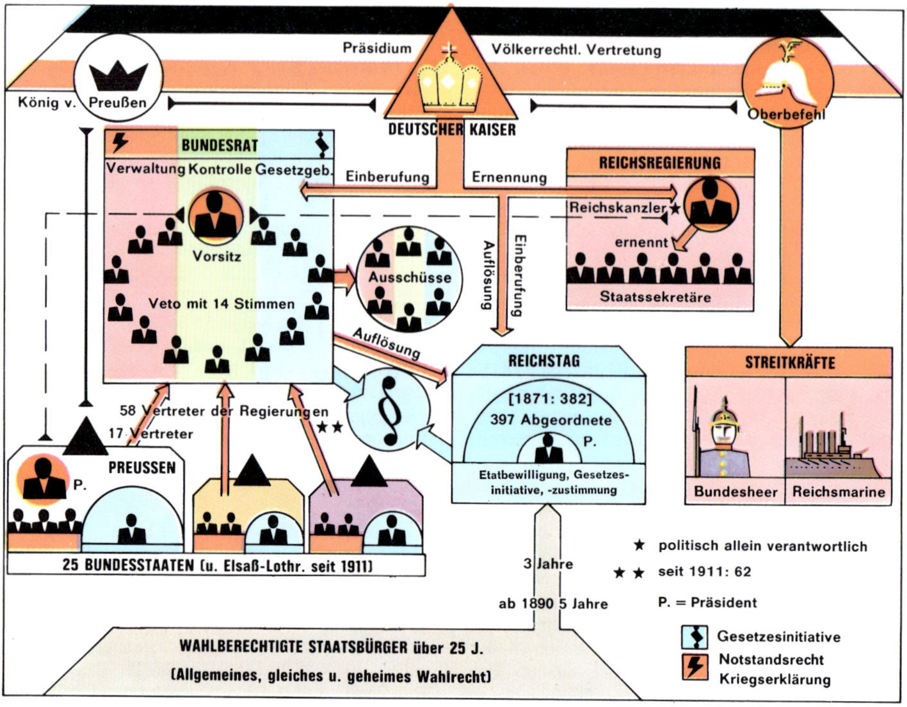

Die Verfassung des Deutschen Reiches vom 16. April 1871

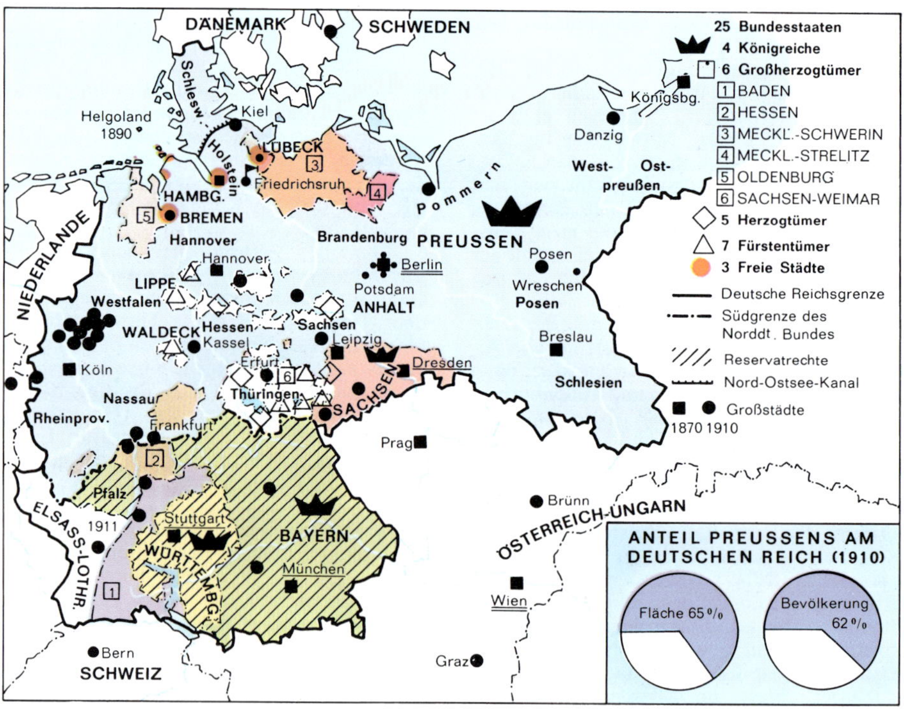

Das Deutsche Reich 1871–1914

Das Deutsche Reich (1871–90)

Verfassung: Bundesstaat unter **Hegemonie Preußens** (nach dem Modell des Norddt. Bundes, S. 353). Das

Reich kontrolliert die Streitkräfte, Zoll, Handel, Verkehr, Post; nach Bedarf Zuschüsse der Einzelstaaten (Matrikularbeiträge). – Den

Bundesstaaten unterstehen Verw., Justiz, Kultur. – Reservatrechte für Bayern und Württemberg im Militär-, Post-, Steuerwesen. – Wichtigstes Reichsorgan ist der

Bundesrat mit Gesetzgebungs-, Verordnungs- und Aufsichtsrechten; Veto-Recht der 17 preuß. Vertreter. – Das erbl.

Präsidium (Krone Preußens) mit dem Titel »Deutscher Kaiser« vertritt den Bund nach außen, führt den milit. Oberbefehl, ernennt und entläßt den

Reichskanzler (RK.), der zugleich preuß. MP., Vorsitzender des Bundesrates und Vorgesetzter der Staatssekretäre (Leiter der Reichsämter) und der Reichsbeamten ist. – Als demokrat. Zugeständnis der

Reichstag (RT.): Abstimmung über Gesetzesvorlagen; Bewilligung des jährl. Reichshaushaltes (Budgetrecht).

Reichstagsparteien: In Opposition zur autoritären Staatsführung BISMARCKS, nutzen sie ihre parlament. Möglichkeiten nicht aus. Das Budgetrecht wird entwertet im

1874 Kampf um den »Eisernen Etat« für das Heer durch den Kompromiß des **Septennats** (Etatbewilligung für jeweils 7 Jahre). Bis 1878 arbeiten mit BISMARCK zusammen – als stärkste Fraktion – die

Nationalliberalen (S. 353) und die

Freikonservativen (Deutsche Reichspartei); nach dem Kurswechsel von 1878 die

Deutsch-Konserv. Partei (gegr. 1876), zum Teil auch das

Zentrum, geführt von **L. Windthorst** (1812–91). – Gegner BISMARCKS bleiben die **Alt-Konservativen;** die lib.-demokrat.

Fortschrittspartei (ab 1884 Freisinnige) unter E. RICHTER (1838–1906); die 1875 durch das Gothaer Programm geeinten

Sozialdemokraten (A. Bebel; W. Liebknecht, S. 378); die nat. Minderheiten, dazu die Welfen.

Innerer Reichsausbau: Vereinheitlichung des Rechts und der Wirtschaft auf lib. Grundlage (R. VON DELBRÜCK, S. 339).

1872 Strafgesetzbuch (StGB).

1873 Maß-, Gewichts-, Münzgesetze; 1875 Reichsbank; Aufschwung des Postwesens unter H. VON STEPHAN (1831–97). Bis

1879 einheitl. Rechtspflege und Gerichtsorganisation.

1900 Bürgerl. Gesetzbuch (BGB).

Kulturkampf: Der Konflikt des preuß. Staates (Kultus-Min. FALK bis 1879) mit der kath. Kirche ist Ausdruck des Gegensatzes von Staatsanspruch, unterstützt von der lib. Bewegung (R. VIRCHOW, 1821–1902), und dem polit. Katholizismus (**Ultramontanismus**) seit dem

1870 Unfehlbarkeitsdogma (S. 351) und der Abspaltung der Altkatholiken. Der Versuch, Geistliche als Beamte dem Staat zu unterstellen, ihre Verbindung zu Kurie und »poln. Reichsfeind« zu stören, scheitert am passiven Widerstand von Klerus, Zentrum und Kirchenvolk.

1871 »Kanzelparagraph« gegen polit. Mißbrauch des geistl. Amtes.

1872 Schulaufsichtsgesetz; Verbot des Jesuitenordens.

1873/74 Maigesetze: staatl. Vorschriften für die Ausbildung von Geistlichen und über die kirchl. Disziplinargewalt.

1874/75 Zivilehe; »Sperrgesetze« (Gehaltssperre) u. a. – Die Reglementierungen bleiben erfolglos. Anbahnung eines Ausgleichs unter

1878–1903 LEO XIII. Abbau der meisten Kampfgesetze bis 1886, doch bleibt ein kath. Mißtrauen gegen das prot. Reich.

Schutzzollpolitik: Stürmische Entfaltung von Industrie, Handel, Großbanken in den »Gründerjahren«; die franz. Kriegsentschädigung (S. 349) heizt das »Gründungsfieber« an (1870–73: 1018 neue AG.), das mit dem Wiener Börsenkrach in eine

1873 Wirtschaftskrise umschlägt. Kritik am Freihandel, brit. Industriekonkurrenz, russ. und amerik. Preisdruck auf Getreide führen zur Forderung nach gesetzl. Schutz. Konservative und Zentrum unterstützen den

1878 Übergang zum Schutzzoll. BISMARCK verspricht sich vom

1879 Steuer- und Zollgesetz Unabhängigkeit vom RT. Spaltung der Nationalliberalen und »Bündnis zwischen Schwerindustrie und Großgrundbesitz«.

Sozialpolitik: Attentate auf den Kaiser legt BISMARCK der SPD zu Last.

1878 Sozialistengesetz: Verbot der Parteipresse und -organisation. Gegen Verhaftung, Ausweisung wehrt sich die SPD durch straffe Disziplin, Parteitage in London und der Schweiz, illegale Zeitungen. Die

1878 Christl.-Soz. Arbeiterpartei (gegen Liberalismus und Judentum) des Hofpredigers A. STOECKER (1835–1909) hat keinen Erfolg. – Positive Bekämpfung der Sozialisten durch

Sozialgesetze zur Kranken- (1883), Unfall- (1884), Alters- und Invalidenversicherung (1889): größte innenpolit. Leistung BISMARCKS, Mitarbeit TH. LOHMANN (1831–1905). Die SPD wächst trotzdem.

1888 FRIEDRICH III. (56 J.), die Hoffnung der Liberalen, stirbt nach kurzer Reg.

1888–1918 Wilhelm II. – Zunehmende Differenzen zwischen Kaiser (29 J.) und Kanzler (75 J.) enden mit der

1890 Entlassung Bismarcks (gest. 1898).

Gründe: Ehrgeiz des Kaisers; Festhalten des Kanzlers am Kampf gegen die Sozialisten und außenpolit. an Rußland.

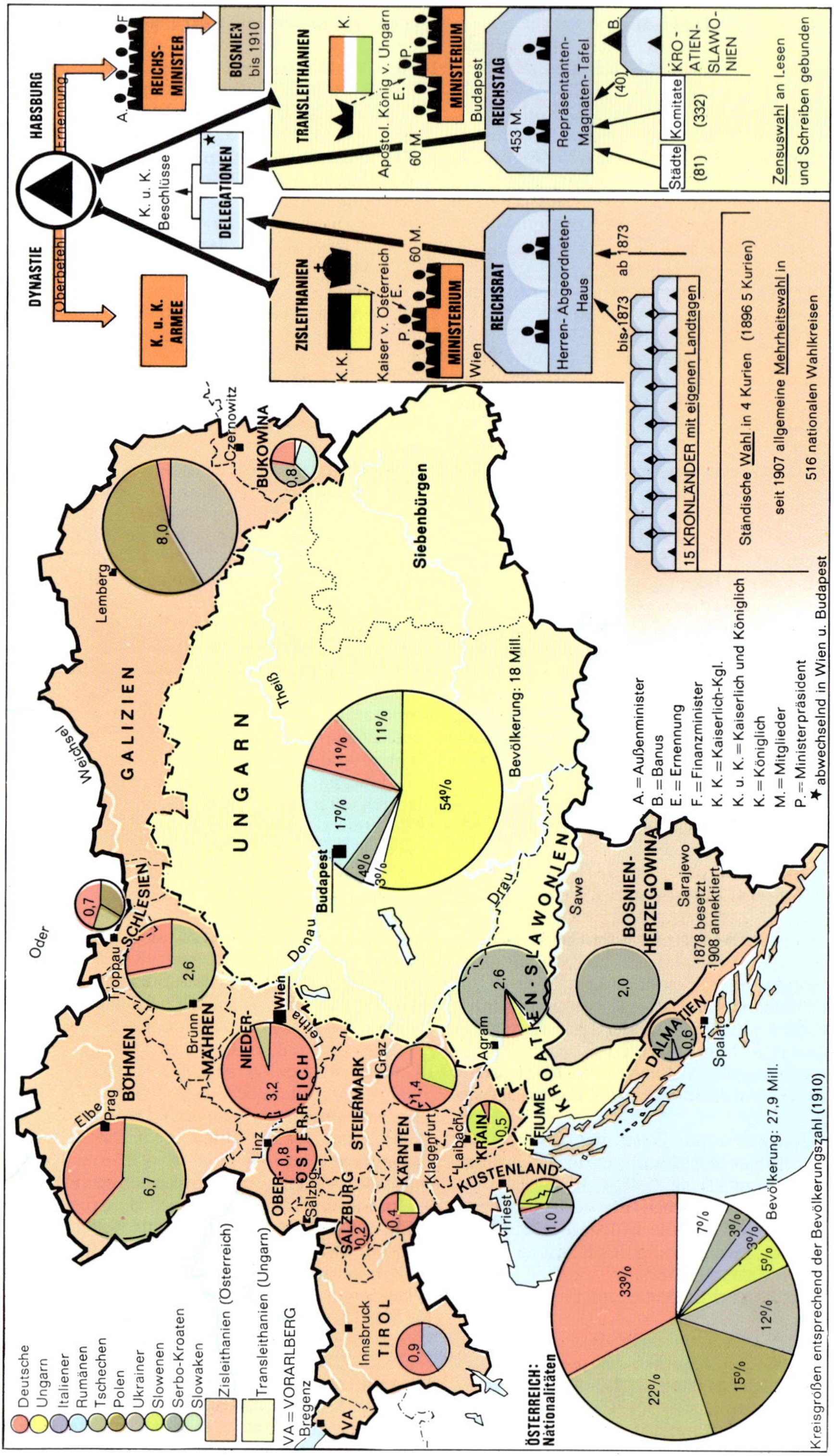

Der Nationalitätenstaat Österreich-Ungarn um 1910

Die Krise der Donaumonarchie (1867–1914)
Die Niederlage von 1866 bewirkt den von Ungarn geforderten (S. 339)

1867 Ausgleich: Begründung des österr.-ung. **Dualismus** mit gemeinsamer (k. u. k.) Außen-, Finanz- und Heerespolitik bei getrennter Verf., Verw., Gesetzgebung; österr. (k. k.) Landwehr und ung. (k.) Honved-(Landwehr). Vereinbarungen (Ausgleiche) auf je 10 Jahre über Handels-, Steuer-, Währungs-, Verkehrsfragen. Zolleinnahmen und Beiträge (österr. ca. 70%) zur Deckung gemeinsamer Ausgaben.

1867 Krönung Franz Josephs I. (S. 337) zum Kg. von Ungarn. Er hält mit Heer und Bürokratie den Vielvölkerstaat zusammen, setzt aber keine Ref. durch. Schicksalsschläge treffen den Kaiser: Erschießung seines Bruders MAXIMILIAN in Mexiko 1867 (S. 371); Selbstmord des Kronprinzen RUDOLF 1889; Ermordung der Kaiserin ELISABETH 1898 und des Thronfolgers FRANZ FERDINAND (S. 400). – **Außenpolitik** (vgl. S. 361, 399).

Österreich (Zisleithanien: 8 Nationen, 15 Kronländer, 17 Parlamente) leidet unter zunehmendem **Nationalitätenstreit.**

1867 Dez. – Verfassung mit Verordnungsrecht der Reg. nach Auflösung des Reichsrates.

1867–78 Liberale Ära (Großkapital, Deutsch-Lib. Verfassungspartei: PLENER).

1868 Die Maigesetze beenden das Konkordat (S. 339); 1869 allg. Wehrpflicht und Reichsvolksschulgesetz. – Die konserv. Alt-Tschechen (PALACKY, RIEGER, S. 337) verbinden sich mit dem russ. Panslawismus. Aus Furcht vor Stärkung der Slawen lehnen die Deutsch-Liberalen die

1871 »Fundamentalartikel« des böhm. Landtages zum Ausbau einer autonomen Verfassung ebenso ab wie die Balkanpolitik der Monarchie (Bosnien, S. 359).

1879–93 »Kaiser-Min.« Gf. EDUARD TAAFFE (1833–95) regiert mit dem »eisernen Ring«, einer kath.-konserv.-slaw. Koalition. Polizeistaatmethoden und die »Politik des Fortwurstelns« unterhöhlen die Verfassung. – In Zusammenarbeit mit der Reg. erhalten die **Polen** eine Art Autonomie für Galizien (poln. Amtssprache).
Im Süden zielt die **Irredenta-**Bewegung auf Vereinigung mit Italien bzw. Autonomie Südtirols und Triests.
Erfolge der **Tschechen** im Volkstumskampf (Anwachsen des tschech. Bürgertums in den Städten). 1880 amtlich Zulassung beider Sprachen; 1882 Gründung der tschech. Universität Prag; seit 1883 tschech. Mehrheit im Landtag. –

1882 Wahlref. (Fünfgulden-Wahlrecht). Sie aktiviert das Kleinbürgertum: Entfaltung der Jungtschech. (GREGR), der Deutsch-Völkischen (SCHÖNERER) und der antisemit. Christl.-Soz. Bewegung (VOGELSANG). Der **Deutschnat. Verein** fordert im

1882 »Linzer Programm« Umbildung Galiziens, der Bukowina und Dalmatiens in autonome Gebiete zur Erhaltung einer deutschen Mehrheit in Österreich. – Die **sozialist. Bewegung** wird durch

1884 Ausnahmegesetze behindert. – Nach Einigung ihrer Gruppen

1889 Gründung der Sozialdemokrat. Partei mit starken nat. Akzenten (S. 379).

1890 Deutsch-tschech. Ausgleich, sabotiert von den panslawist. **Jungtschechen** (KRAMAŘ, MASARYK).
Dauerkrise seit der

1897 Sprachenverordnung des MP. Gf. BADENI für Böhmen und Mähren. Obstruktion dt. Extremisten legt den Reichsrat lahm. Die **Alldeutsche Partei** GEORG VON SCHÖNERERS (1842–1921) entfacht die

1897 »Los-von-Rom-Bewegung« zum engeren Anschluß an Dtl., während die **Christl.-Soz. Partei** des Wiener Bürgermeisters **Karl Lueger** (1844–1910) für die Dyn. eintritt.

1899 Nat. Pfingstprogramm aller Parteien, Rücknahme der Sprachenverordnung; jetzt tschech. Obstruktion. Die

1900–08 Kabinette KOERBER und BECK versuchen vergeblich, auf die Wirtschaft abzulenken. Ein Ausgleich mit Mähren gelingt 1905, aber das

1907 Allg. Wahlrecht besiegelt die slaw. Mehrheit im arbeitsunfähigen Reichsrat (233 deutsche:265 slaw. Stimmen bei 28 Fraktionen). Seit 1909 wird autoritär mit Verordnungsrecht regiert. 1913 Auflösung des böhm. Landtags;

1914 Vertagung des Reichsrates.

Ungarn (Transleithanien) gewinnt die außenpolit. Hegemonie im Gesamtreich durch

1867–71 [AMin. bis 1879] MP. Gf. Gyula Andrassy (1823–90).

1868 Kroatien erhält Autonomie. Die Macht in Ungarn bleibt bei den »histor. Klassen« (Adel, Klerus). Gegen das tolerante

1868 Nationalitätengesetz und die Opposition der Unabhängigkeitspartei (1874) unter

1875–90 MP. Kálmán Tisza (1830–1902) konsequente **Magyarisierung.**

1876 Aufhebung der Selbstverw. Siebenbürgens. Gestützt vom geheimen Rumän. Nat.-Komitee (1869), drängen die Rumänen den ung. und dt. Grundbesitz in Siebenbürgen zurück. – Gegen Obstruktion im Reichsrat, südslaw. Bewegung und ung. Extremisten setzt MP. **István Tisza** [1903–05/13–17] eine »Politik der harten Hand«: Gewalt gegen Opposition, Ablehnung des allg. Wahlrechts.

Südslaw. Frage: Magyarisierung und anti-serb. Handelspolitik (S. 359) wandeln den serb.-kroat. Gegensatz seit 1904 in eine »jugoslaw. Solidarität«. Zur Abwehr ung. und großserb. Ansprüche entstehen Pläne zur Erweiterung des österr.-ung. Dualismus durch einen slaw. Reichsteil (**Trialismus,** vertreten durch Ehz. FRANZ FERDINAND).

Die politische Neuordnung des Balkans durch den Berliner Kongreß 1878

Die Balkankrise (1875–78)

Während des Deutsch-Franz. Krieges (S. 349) kündigt Rußland den Pariser Frieden von 1856 (S. 347). Es erhält auf der

1871 Pontuskonferenz in London das Recht zur freien Fahrt durch die Meerengen.

1875/76 Aufstände der türk. Vasallen verschärfen sich zum serb.-türk. Krieg. Die Pforte lehnt Reformen ab. Rußland beginnt zur Befreiung der Balkan-Christen den

1877–78 russ.-türk. Krieg (erster polit. Erfolg des Panslawismus S. 391). Nach Besetzung des Schipka-Passes russ. Vormarsch auf Konstantinopel und im Kaukasus.

März 1878 Friede von San Stefano: Vergrößerung der Balkanstaaten (Bulgarien) auf Kosten der europ. Türkei. Gegen den zunehmenden russ. Einfluß protestieren Österreich und England. BISMARCK vermittelt als »ehrlicher Makler« im

Juni/Juli 1878 Berliner Kongreß: Rumänien, Serbien, Montenegro werden selbständig; **Bulgarien** bleibt als selbst. Fsm. tributpflichtig, verliert aber **Makedonien** an die Türkei und **Ostrumelien,** das innere Autonomie gewinnt. Rußland erhält **Bessarabien** und Teile Armeniens (Kars); England **Zypern;** Österreich das Recht zur Verw. **Bosniens** und der **Herzegowina.**

Ergebnis: Erhaltung des Friedens, aber deutsch-russ. Entfremdung und Verschärfung des russ.-österr. Balkangegensatzes; infolgedessen deutsch-österr. Annäherung. Ungelöst bleiben die nat. Probleme.

Die Balkanstaaten (bis 1908)

Bulgarien: In Anlehnung an Rußland bekämpfen Hajduken (Freischärler) und Geistliche die türk. Fremdherrschaft und die Bevormundung der griech.-orth. Kirche. Die

1870 Errichtung des bulg. Exarchats erkennt der Patriarch von Konstantinopel nicht an (bis 1945). Sozialrevolutionäre wie ROKOVSKI und **Christo Botev** (1848–76) führen den polit. Kampf. Das

1872 Zentrale Bulg. Rev.-Komitee in Bukarest plant allg.,

1875/76 blutig unterdrückte Volkserhebungen. Die »Türkengreuel« veranlassen den russ. Angriff (s. oben). – Die bulg. Nat.-Vers. gibt sich entgegen russ. Wünschen eine lib. Verfassung nach belg. Muster, wählt aber den Neffen der Zarin

1879–86 ALEXANDER VON BATTENBERG (Hs. Hessen-Darmstadt) zum Fürsten. Er regiert mit russ. Beratern das unterentwickelte Agrarland. Brit. und österr. Importe ruinieren das Handwerk, die Verschuldung wächst. Erst durch den

1885 Anschluß Ostrumeliens gegen russ. und serb. Proteste gewinnt der Fürst die Nation. Abzug der russ. Berater. Ohne Militärhilfe im Krieg gegen Serbien

1885 Sieg bei Sliwnitza. Russ. Intrigen zwingen ALEXANDER zur Abdankung.

1887–1918 FERDINAND I. (Hs. Sachsen-Coburg). MP. **Stambulov** (1854–95), europäisiert gegen russophile Umtriebe. Nach seiner Entlassung söhnt sich FERDINAND mit Rußland aus.

Griechenland: Die Nat.-Vers. wählt

1863–1913 GEORG I. (Hs. Glücksburg) zum »König der Hellenen«. Seit der

1863 brit. Übergabe der Ion. Inseln beansprucht die Enosis-Bewegung (Zusammenschluß aller Griechen) Vorrang vor der wirtschaftl. Erschließung. Ein Aufstand in Kreta mißlingt (1866). **Makedonien** wird nach dem Anschluß Thessaliens (1881) zum griech.-bulg. Streitobjekt. – Eine zweite Erhebung in Kreta endet im

1897 griech.-türk. Krieg mit griech. Niederlagen in Thessalien. Trotzdem gewinnt **Kreta** durch Eingriff der Großmächte polit. Autonomie unter türk. Hoheit. Der Führer der Enosis, **Venizelos** (1864–1936), proklamiert 1905 den Anschluß.

1908 Vereinigung Kretas mit Griechenland.

Rumänien: Die Fsm. Moldau und Walachei vereinigen sich 1858 unter dem mold. Bojaren CUZA (1820–73).

1861 Proklamation des Staates Rumänien. Verstaatlichung des kirchl. Besitzes, Bauernbefreiung, Gesetzesreformen. Ein Putsch stürzt CUZA; gewählt wird auf Empfehlug NAPOLEONS III.

1866–1914 Carol I. (Hs. Hohenzollern-Sigmaringen). Seit

1881 Aufbau einer Armee nach preuß. Vorbild; Eisenbahnbau; Erschließung des Erdöls.

1883 Anschluß an den Zweibund (S. 361).

Serbien: Bevölkerungszunahme ohne Auswanderungsmöglichkeiten nötigt zur Bodenparzellierung. Folge: Verarmung der Bauern, Auflösung der Großfamilie.

1860–68 MICHAEL OBRENOVIĆ stützt sich auf die groß-serb. Omladina-Bewegung zur Vereinigung aller Südslawen, in Kroatien vertreten durch den Bf. von Djakovo, STROSSMAYER (1815–1905).

1862 Abzug der letzten Türkenbesatzungen.

1868–89 MILAN OBRENOVIĆ (14 J.) herrscht autokratisch trotz

1869 Einführung einer lib. Verfassung. Gegen die Opposition der Radikalen Partei, geführt von **Nikola Pašić** (1846–1926), enge Anlehnung an Österreich.

1882 Proklamation eines serb. Kgr.; erfolgloser Krieg gegen Bulgarien (1885). Seit

1903 Ermordung ALEXANDERS I. durch nationalist. Offiziere wächst die südslaw. Bewegung (Jugoslawismus). Unter

1903–18 (bzw. 21) PETER I. KARADJORDJEVIĆ führt die Radikale Partei mit PAŠIĆ als MP. Seine anti-österr. Politik beantwortet Wien 1906 mit einer Viehimport-Sperre (83% der serb. Ausfuhr).

Der »Schweinekrieg« wird mit franz. Kapitalhilfe überstanden.

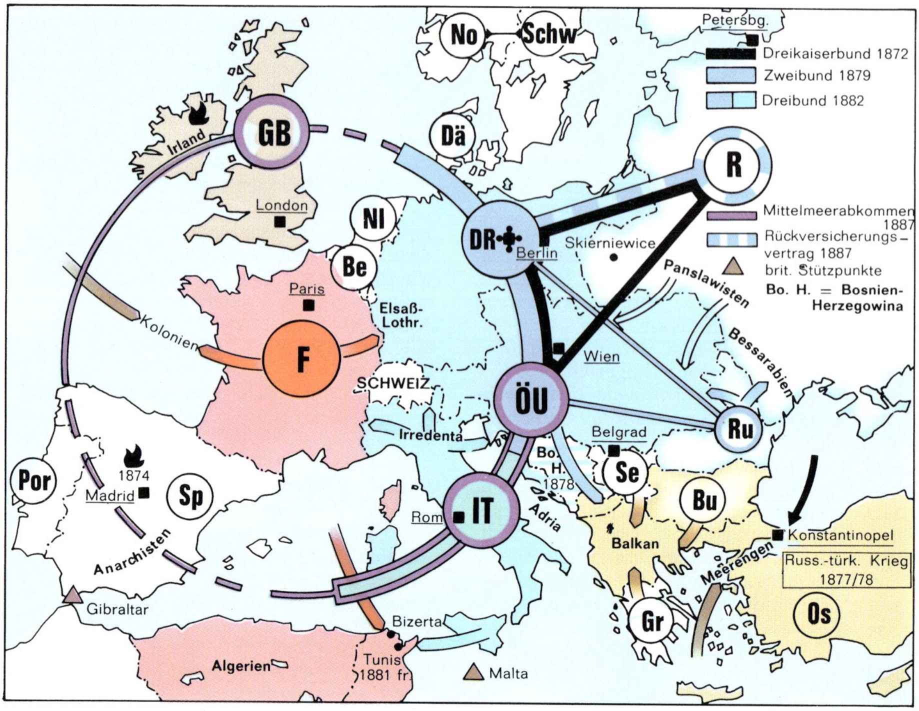

Das Bündnissystem Bismarcks

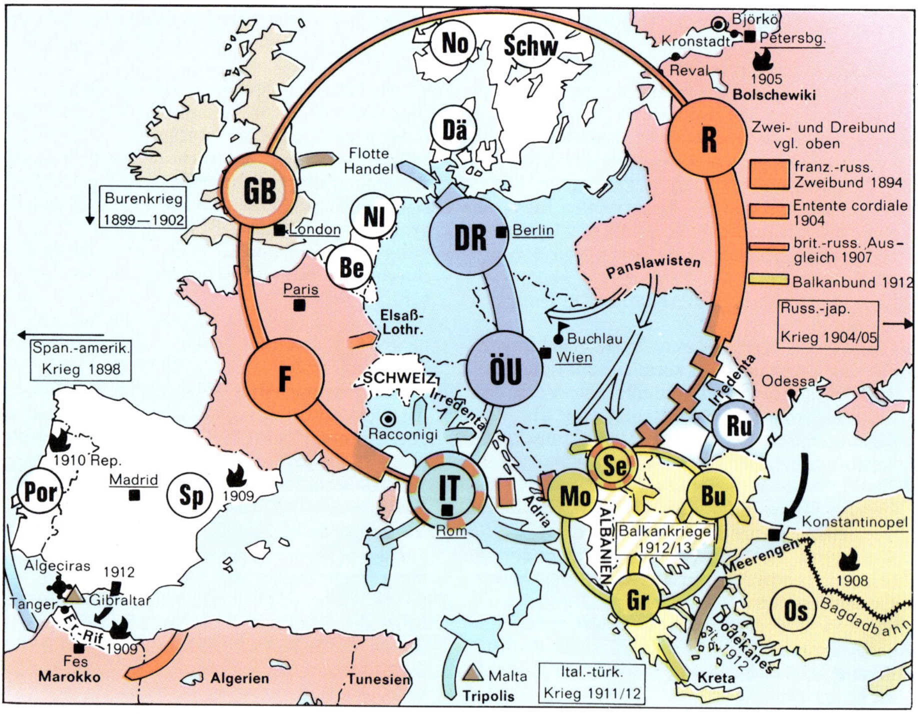

Die europäische Bündnispolitik vor dem Ersten Weltkrieg

Das Bündnissystem Bismarcks (1871–90)
Bismarck begegnet der erwarteten franz. Revanche-Politik durch 1. Auskreisung (Isolierung) Frankreichs; 2. Förderung der franz. Republik und Kolonialpolitik.
1872 Dreikaiser-Bund zur Abwehr rev. Gefahren. In der
1875 »Krieg-in-Sicht«-Krise (franz. Aufrüstung) brit. und russ. Schritte (AMin. Gortschakow bis 1882) in Berlin gegen angebl. Präventivkriegsabsichten; dagegen österr. Annäherung (AMin. Andrassy bis 1879). Nach dem
1878 Berliner Kongreß (S. 359) schließen Berlin und Wien den
1879 Zweibund. – Nach russ. Einlenken
1881 Erneuerung des Dreikaiserbundes; Neutralität bei Angriff einer 4. Macht. – Italien (Crispi) treibt zum
1882 Dreibund-Vertrag, der die ital. Spannungen mit Österreich-Ungarn (S. 397) jedoch nicht beseitigt.
1883 Beitritt Rumäniens.
1884 Dreikaiser-Treffen in Skierniewice. Es gleicht den russ./öster.-ungar. Balkangegensatz (S. 399) nicht aus. Die
1885–87 Krise des Vertragswerks (Bulgarien-Konflikt, S. 359; franz. Boulanger-Bewegung, S. 383) sucht Bismarck durch den
1887 »Rückversicherungs-Vertrag« mit Rußland zu überwinden (im geh. Zusatzprotokoll dt. Unterstützung der russ. Meerengen-Politik). Bismarck fördert das
1887 Mittelmeerabkommen (Orient-Dreibund) zum Schutz der Türkei bzw. des Status quo im Mittelmeer. Ein direktes Bündnis mit Berlin lehnt England (Salisbury) 1887/89 ab.

Der neue Kurs Deutschlands (1890–1904)
Nach Bismarcks Sturz (S. 355) Verschärfung der internat. Lage durch
1. imperiale Machtpolitik;
2. impulsive Handlungen Wilhelms II.;
3. »Politik der freien Hand« in Überschätzung der deutschen Machtposition (von Holstein, »Graue Eminenz« des AA. bis 1906). Infolge der
1890 Nichterneuerung des Rückversicherungsvertrages franz. Annäherung an Rußland (Flottenbesuch in Kronstadt).
1894 franz.-russ. Zweibund; Ausbau der russ. Industrie und Eisenbahn mit franz. Kapital; Beginn der russ. Ostasienpolitik. Gleichzeitig dt.-brit. Abkühlung durch verfehlte dt. »Festlandsblock-Politik«, Handelskonkurrenz, Krüger-Depesche des Kaisers (1896); Ostasienpolitik (Tsingtao);
1898 Flottenbauprogramm (Tirpitz); Bagdadbahn-Konzession (1899). – Angesichts der franz. Expansion in Afrika und des
1898 Faschoda-Konfliktes (S. 385) brit. **Aufgabe der »Splendid isolation«.**
1898–1901 Ablehnung brit. Bündnisangebote, da eine brit. Verständigung mit Frankreich oder Rußland unmöglich erscheint. – Burenkrieg, Boxeraufstand (1900), brit. Ausgleich mit den USA (Panama, S. 395) bestärken den Eindruck brit. Isolierung. Die Aufweichung des Dreibundes durch die
1902 franz-ital. Einigung (Marokko gegen Tripolis) wird verharmlost.
1902 Brit.-jap. Bündnis und
1904/05 russ.-jap. Krieg leiten die russ. Rückschwenkung nach Europa (Balkan) ein. Zugleich baut Frankreich (AMin. Delcassé) den brit.-franz. Gegensatz (Marokko, Ägypten) ab.

Die Politik der Entente (1094–14)
Weder Krisen noch Entspannungsversuche halten die Spaltung in zwei Machtblöcke auf; das Deutsche Reich steht zu Österreich-Ungarn, England zu Frankreich bzw. Rußland. Die franz.-brit.
1904 Entente cordiale bewährt sich in der
1905/06 1. Marokkokrise; dt. Protest (Besuch Wilhelms II. in Tanger) gegen »friedl. Durchdringung« des Landes durch Frankreich. – Wirkungsloses dt.-russ. Kaisertreffen in Björkö.
Über Marokko entscheidet die
1906 Konferenz in Algeciras: Bestätigung der »Politik der offenen Tür« (seit 1880); Prestigeerfolg, aber Isolierung Berlins und Festigung der Entente.
1907 Brit.-russ. Interessenausgleich auf Kosten Persiens (S. 365), gefördert durch die
1907 2. Haager Konferenz: Klärung der allg. Landkriegsordnung; Deutschlands Ablehnung der Abrüstung verstärkt das internat. Mißtrauen. – Ergebnislose
1908 Versuche zur deutsch-brit. Regelung der Flottenfrage (Bülow); neue Vorlagen zur deutschen Flottenverstärkung. – Staatsbesuch Eduards VII. in Reval, Bildung der Triple-Entente. – Rußland (AMin. Iswolski) fühlt sich in der
1908 Bosnischen Krise (S. 399) überspielt.
1909 Russ.-ital. Geheimvertr. von Racconigi: Erhaltung des Status quo auf dem Balkan.
1911 2. Marokkokrise (nach frz. Besetzung von Fes dt. »Panthersprung« nach Agadir, S. 385), beigelegt durch Abkommen über franz. Protektorat in Marokko gegen dt. Entschädigung in Kamerun. Italien besetzt Tripolis und den Dodekanes.
1912 Flottenverhandlungen zwischen Berlin (Kiderlen-Wächter) und London (Lord Haldane) scheitern erneut. Brit.-franz. Absprache über gemeinsamen Flotteneinsatz im Kanal und Mittelmeer. – Franz. Staatsbesuch (MP. Poincaré) und Marinevereinbarung in Petersburg.
1912/13 Balkankrise durch Aufteilung der europ. Türkei (S. 399).
1913 Heeresverstärkungen in Deutschland und Rußland; 3jähr. Dienstpflicht in Frankreich. – Durch den
1914 Mord von Sarajewo (S. 400) Auslösung des Ersten Weltkriegs.

Skandinavien im 19. Jh.
Die kult., später unter eiderdän. Führung auch polit. Einigungsbewegung des **Skandinavismus** scheitert prakt. 1864 an der schlesw.-holst. Frage (S. 353).

Dänemark (1800; 0,9, 1900: 2,5 Mill. Einw. = Anstieg um 177%):
1814 Friede von Kiel. Verlust **Norwegens,** Helgoland wird brit. – Staatsbankrott und Agrarkrise, aber erst nach 1830 lib. Opposition. Die »Eider-Dänen« wünschen eine Verf. unter Trennung Schleswigs von Holstein (schlesw.-holst. Frage).
1844 Volkshochschul-Bewegung des Theologen GRUNDTVIG (1783–1872). – Das von
1848–63 FRIEDRICH VII. berufene »Eider-dän. Kabinett« entfacht eine schlesw.-holst. Volkserhebung und den
1848–50 1. deutsch-dän. Krieg (S. 339).
1852 Londoner Protokoll: Wiederherstellung des Gesamtstaates.
1849 Juni-Verfassung (allg. Wahlrecht, Gewerbefreiheit).
Die führenden Nat.-Liberalen erneuern die Eider-Politik.
1863 Nov.-Verfassung und deutsch-dän. Thronstreit um
1863–1906 CHRISTIAN IX. – Lösung der schlesw.-holst. Frage im
1864 2. deutsch-dän. Krieg (S. 353). – Konservative Reaktion unter der
1875–94 Reg. ESTRUP bei einer lib. und bäuerl. Mehrheit im Folkething (Unterhaus), geführt von **Bajer** (1837–1922).
1879 BISMARCK verweigert das zugesagte Selbstbestimmungsrecht, doch hält sich das Dänentum durch nat. Vereine.
1901 Systemwechsel: Reg. CHRISTENSEN [1905–09] mit bäuerl. Reformprogramm.
1903 Autonome Verfassung für **Island.** – Unter CHRISTIAN X. [1912–47] erreichen Radikale und Sozialisten eine
1915 parlament. Verfassungsreform.

Schweden (1800: 2,3, 1900: 5,1 Mill. Einw. = Anstieg um 122%):
1818–44 KARL XIV. (BERNADOTTE, S. 305).
1844–59 OSKAR I. fördert unter Anlehnung an England den Skandinavismus.
1848 Schwed.-dän. Militärkonvention im deutsch-dän. Konflikt.
1855 Brit.-franz. Garantie der Grenzen.
1859–72 KARL XV. überläßt die Reg. MP. DE GEER (1818–96), der die polit. Vorrechte von Adel und Kirche durch eine
1866 Reichstags-Reform beseitigt. Die neue »Landmann-Partei« gewinnt die Mehrheit, stellt aber nicht die Reg. – Deutschfreundliche Neutralitätspolitik unter
1872–1907 OSKAR II. – Der Holz- und Eisenreichtum wird mit Wasserkraft industriell erschlossen, doch zwingen Agrarkrisen zur **Massenauswanderung** in die USA und zur Umstellung auf Viehzucht.
1888 Schutzzölle für Getreide, 1892 für Industrieprodukte.
1901 Allg. Wehrpflicht.
1905 Auflösung der Union mit Norwegen. – Unter
1907–50 GUSTAV V. setzt sich der Parlamentarismus durch. Gegen die konserv. »Fortschrittspartei« (1906) erreichen Sozialisten (1889) und lib. »Sammlungs-Partei« das
1909 allg. Wahlrecht.
1914 Heeres- und Flottenverstärkung.

Norwegen (1800: 0,9, 1900: 2,2 Mill. Einw. = Anstieg um 144%):
1814 Konvention von Moß: **Pers.-Union mit Schweden,** aber Opposition des Storting (Volksvertretung) gegen das Vetorecht des schwed. Königs. –
1884–89 Ministerium SVENDRUP der bäuerl. Linken führt prakt. das parlament. System ein; allg. Wahlrecht seit 1898. Der Storting verlangt zur Vertretung norw. Schiffahrtsinteressen eine unabh. Außenpolitik. Ein Gesetz zur Errichtung eigener Konsulate erkennt OSKAR II. nicht an. Darauf
1905 Auflösung der Union. Proklamation des Prinzen KARL VON DÄNEMARK als
1905–57 HAAKON VII. – Die europ. Großmächte anerkennen 1907 das neue Kgr. Die dän. Sprache wird z. T. durch das von IVAR AASEN (1813–96) entwickelte Landsmal (Neu-Norwegisch) ersetzt.

Finnland (1800: 0,8, 1900: 2,6 Mill. Einw. = Anstieg um 225%):
1809 Landtag zu Borga: dem auton. Gfsm. unter russ. Hoheit werden die finn. Grundgesetze von 1772/89 bestätigt. Wahl des Senats (Reg.) unter Mitwirkung des Landtages; Vertretung des Zaren durch einen Gen. Gouverneur; Komitee zum Vortrag finn. Angelegenheiten beim Zaren. – Unter NIKOLAUS I. (S. 347) keine Einberufung des Landtags, doch entwickelt sich das finn. Nationalgefühl. ELIAS LÖNNROT (1802–84) schafft das Nat.-Epos ›Kalevala‹. Eine Bewegung zur Vorbereitung eines Staates gründet JOHAN VILHELM SNELLMAN (1806–81) trotz der Gegensätze zwischen »Schwedenfinnen« (Oberschicht) und »Volksfinnen«. – Wehrpflicht und
1878 Bildung einer finn. Armee. – Rückschlag der finn. Bewegung durch das
1899 Februar-Manifest NIKOLAUS' II. Der Landtag verliert die Legislative. Unter
1899–1904 Gen.-Gouverneur BOBRIKOW Auflösung des Heeres. Einführung des Russ. als Amtssprache. Die »Altfinnen« wollen durch Nachgeben ihre Sonderrechte behalten; die »Jungfinnen« leisten passiven Widerstand. – Während der russ. Rev.
1905 Widerruf der Zaren-Verordnung. Die Reg. MECHELIN demokratisiert den Landtag. STOLYPIN (S. 389) verschärft erneut den Gegensatz: die Bereitschaft zur Lösung von Rußland wächst.

Die iberischen Staaten (1840–1914)
In Spanien und Portugal bekämpfen Liberale, Republikaner und Sozialisten Monarchisten (Moderatos) und Katholiken. Wirtschaftl. Rückständigkeit, polit. und finanz. Schwäche gefährden den Kolonialbesitz.

Spanien (1800: 11,5, 1900: 18,6 Mill. Einw. = Anstieg um 62%):
1843 ISABELLA (1830–1904) wird für mündig erklärt. Putsche,
1847–49 2. Karlistenkrieg und republikan. Aufstände schwächen das lib. System. MP. O'DONNELL [1858–63] sucht durch
1859/60 Krieg gegen Marokko und Teilnahme an der mexikan. Expedition (S. 371) außenpolit. Ablenkung.
1868 Sturz ISABELLAS; die Gen. SERRANO und PRIM betreiben die Kandidatur LEOPOLDS VON HOHENZOLLERN (S. 353).
1872–76 3. Karlistenkrieg gegen den zum König proklamierten AMADEUS VON SAVOYEN; zugleich sozialist. Unruhen.
1873 Ausrufung der ersten **Republik,** aber Restauration der Bourbonenherrschaft durch MARTINEZ DE CAMPOS (1831–1900).
1874–85 ALFONS XII.
1876 Neue Verf.: Vereins- und Pressefreiheit, aber Stärkung der kath. Kirche. Attentate, Meutereien, Autonomiebewegung in Katalonien, Spannungen mit Gewerkschaften (Syndikaten, S. 378).
1886–1931 ALFONS XIII., bis 1902 unter Regentschaft der Königinwitwe MARIA CHRISTINA VON ÖSTERREICH. Der von den USA unterstützte Aufstand in Kuba (1895) weitet sich aus zum
1898 span.-amerikan. Krieg (S. 395), der mit Auflösung bzw. Verkauf des Kolonialreiches (außer in Afrika) endet. – Krit. Selbstbesinnung in der Lit. (UNAMUNO, MARTINEZ RUIZ, ORTEGA Y GASSET u. a.)
1904 Marokko-Vertrag mit Frankreich.
1909 Feldzug gegen die Rif-Kabylen; anarchist. Arbeiteraufstand in Barcelona.
1910–12 CANALEJAS; lib. Kulturpolitik, aber keine soz. bzw. wirtschaftl. Reformen. Starke Auswanderung nach Amerika.

Portugal (1800: 2,9, 1900: 5,4 Mill. Einw. = Anstieg um 86%):
1834–53 MARIA II. DA GLORIA. Ständige Parteikämpfe konserv. und lib. Gruppen, nach 1848 Republikaner. – Unter PEDRO V. [1853–61] regiert der Diktator SALDANHA, 1857 gestürzt von DE LOULÉ (1804–75).
1890 Prestigeverlust: Brit. Ultimatum verlangt Aufgabe der Kolonialexpansion zur Verbindung Angolas mit Moçambique. Dafür brit. Garantie der Kolonien im
1899 Windsor-Vertrag.
1906–08 Diktatur von JOÃO FRANCO.
1910 Proklamation der Republik. Der erste antiklerikale MP. BRAGA (1843–1924) kann die Anarchie jedoch nicht beseitigen.

Die mitteleurop. Kleinstaaten (1848–1914)
Schweiz (1800: 1,7, 1900: 3,3 Mill. Einw. = Anstieg um 94%):
1856/57 Brit.-franz. Vermittlung im Konflikt um Neuenburg mit Preußen.
1859 Verbot des Söldnerdienstes. – Die Schlacht von Solferino (S. 351) veranlaßt den Genfer **Henri Dunant** (1828–1910) zur
1864 Gründung des Roten Kreuzes: Schutz des Sanitätswesens und Pflege aller Verwundeten im Krieg.
1874 Gründung des Weltpostvereins in Bern.
1874 Verfassungs-Revision zugunsten des Bundes: Referendum (Volksentscheid) für Gesetze, einheitl. Militär- und staatl. Schulwesen, deshalb Kulturkampf bis 1884. – Abhängig vom Weltmarkt und deshalb krisenanfällig ist die hochentwickelte Industrie. Sozialdemokraten (1887) und Bauernbund (1897) nehmen auf Kosten der Lib.-Radikalen und der konserv. kath. Volkspartei (1894) zu.

Niederlande (1800: 2,1, 1900: 5,2 Mill. Einw. = Anstieg um 148%):
1848 Parlament. Verfassung mit Minister-Verantwortung, Finanzkontrolle und Kolonial-Verw. durch die Volksvertretung (Generalstaaten), entworfen von dem Führer der Liberalen, **Thorbecke** (1798–1872), dem der Staat eine lib. Entwicklung unter
1849–90 WILHELM III. verdankt. – Im
1866–68 Konflikt mit der Krone um den Verkauf Luxemburgs an NAPOLEON III. (S. 353) siegt das Parlament.
1890 Verselbständigung **Luxemburgs.**
1890–1948 WILHELMINA hält sich loyal an die 1887 ref. Verfassung. Unter wechselnden lib. und konserv.-kath. Ministerien Fortsetzung der soz. Gesetzgebung. – Kämpfen mit den Atjeh (Sumatra) folgt die »ethische Kolonialperiode«, die Eingeborenen polit. Einfluß gewährt.

Belgien (1800: 3,0, 1900: 6,7 Mill. Einw. = Anstieg um 123%): Zu den lib.-klerikalen Spannungen tritt der fläm.-wallon. Gegensatz. Industrie und Handel blühen auf.
1865–1909 LEOPOLD II. – Annexionspläne NAPOLEONS III. bedrohen das Land. Schulpolit. Kämpfe führen zum Abbruch der Beziehungen zu Rom 1880. – Der König erwirbt als Privatbesitz den
1885 Kongo-Staat und vererbt ihn dem Staat.
1885 Brüsseler Kongreß: Gründung der marxist. Arbeiterpartei. Sie gewinnt als »dritte Kraft« an Stimmen durch das
1894 allg. Wahlrecht.
1898 Gleichstellung von fläm. und franz. Sprache. – Brit. Klagen über »Kongogreuel« beschleunigen
1908 Übernahme des Kongo durch den Staat.
1909–34 ALBERT I., Anlehnung an England seit Bekanntwerden des Schlieffen-Plans (S. 403).

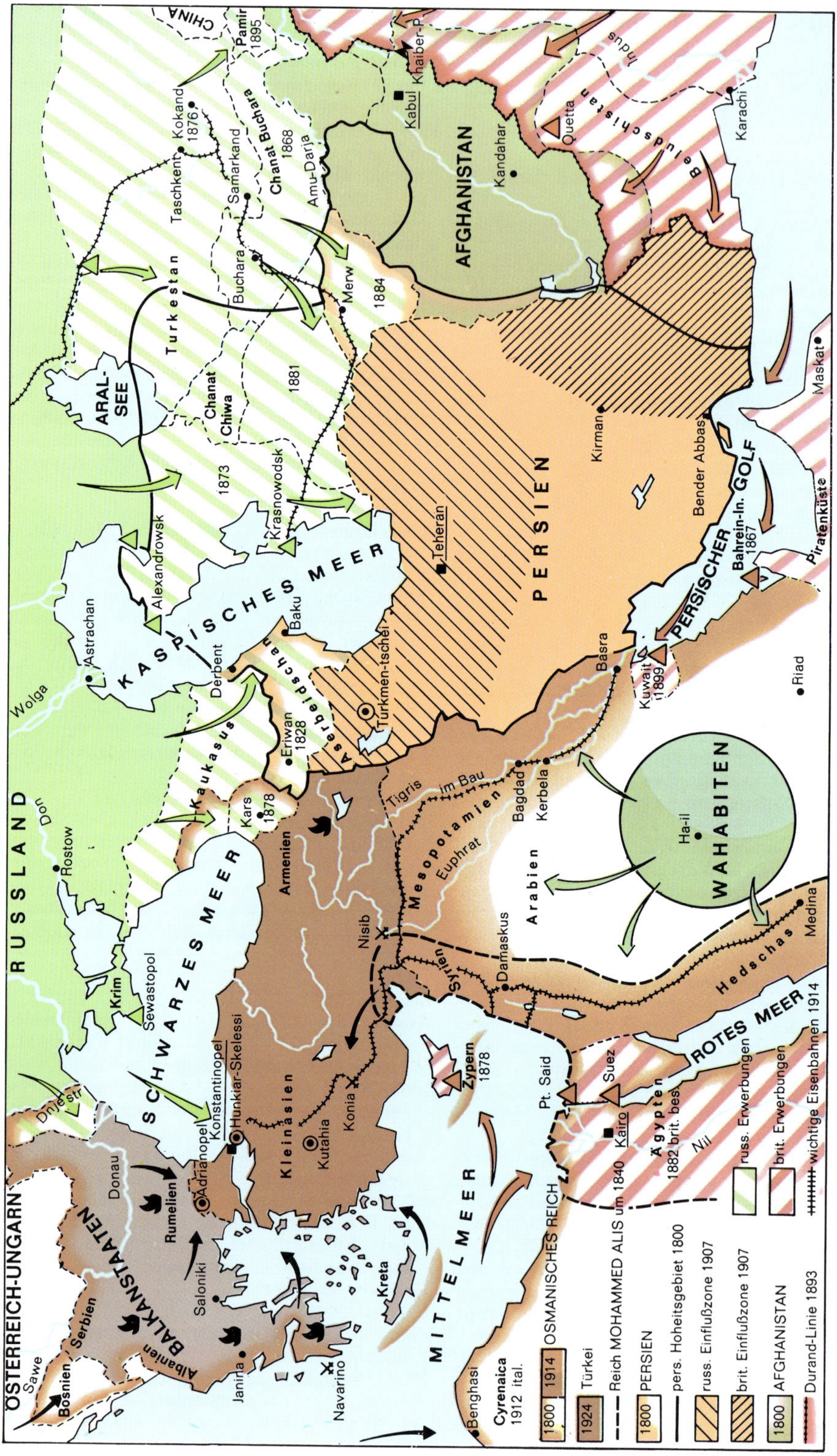

Westasien im 19. Jh.

Der Zerfall des osman. Reiches (1788–1914)
Veralteter **Staatsaufbau** (Sandschaks als zentrale Verw.-Bez. neben auton. Vasallen und halbstaatl. Stammesverbänden); korrupte **Verw.-Methoden;** schwaches Janitscharen-**Heer** und relig. gestufte **Sozialordnung** kennzeichnen das islam. Großreich. Seit den russ. Türkenkriegen (S. 285) **Dauerkrise,** Abfall von Reichsteilen, Teilungsabsichten europ. Mächte (Oriental. Frage); nat. Bewegungen auf dem Balkan und **Wahabiten**-Aufstände in Arabien (Sekte zur Erhaltung des »reinen Islam«).

1789–1807 SELIM III. – Reformansätze unterbindet der

1798–1801 ägypt. Krieg gegen NAPOLEON (S. 301). Nach dem

1803 Abzug der Franzosen (Gen. KLÉBER) usurpiert der Albaner **Mohammed Ali** (1769–1849) die Macht in Ägypten (S. 375).

1808–39 MAHMUD II. (24 J.) unterwirft die Dere-Beis (wörtl. »Tal«-Fürsten in Kleinasien und Rumelien); erleidet dann schwere Verluste gegen Rußland 1812 (S. 305) und im griech. Aufstand (S. 323). – Im Auftrag der Pforte führt IBRAHIM PASCHA, Stiefsohn und Feldherr MOHAMMED ALIS, in Mekka und Medina

1813–15 Krieg gegen die Wahabiten. – Ihr neues Reich von Riad (1820) erliegt den Stammesfürsten von Ha-il.

1826 Heeresreform und Vernichtung unbotmäßiger Janitscharen.

1831 Angriff MOHAMMED ALIS: er siegt bei Konia und gewinnt im

1833 Vertrag von Kutahia **Syrien.** Sein

1839 Verstoß nach Nisib führt zur

1839–41 Orientalischen Krise: Eine brit.-russ.-preuß. Konvention nötigt Frankreich (THIERS), die Unterstützung Ägyptens aufzugeben. Syrien fällt an die Türkei zurück; MOHAMMED ALI wird erbl. Statthalter von Ägypten. – Russ. Verstimmung über den

1841 Dardanellen-Vertrag von London zur **Schließung der Meerengen** für nicht-türk. Kriegsschiffe.

1839–61 ABD UL MEDSCHID I. erläßt auf Drängen der Westmächte »nützliche Verordnungen« (Tanzimat) zur Rechts- und Verw.-Reform, kann aber die Vorrechte europ. Konsulate nicht beseitigen.

1853–56 Krimkrieg (S. 347) und

1856 Friede von Paris liefern die Türkei der »Eroberung durch westl. Kapital« aus. Handelsverträge mit niedrigem Einfuhrzoll, Verpfändung der Staatseinnahmen usw.,

1875 Staatsbankrott, seit 1881 internat. Verw. der Staatsschulden. Neue Reformen (Abschaffung der Folter) gipfeln im

1876 »Staatsgrundgesetz«, der ersten oktroyierten Verfassung mit Gleichstellung der Religionen und Nationen.
Doch setzt

1876–1909 ABD UL HAMID II. die Verfassung außer Kraft und regiert despotisch.

1878 Berliner Kongreß (S. 359).

1890–97 Aufstände und »Christengreuel« in Armenien. Dtl. lehnt den brit.

1895 Aufteilungsplan (SALISBURY) ab und handelt dafür Eisenbahnkonzessionen ein (Anatol. und **Bagdad-Bahn**). Im

1896/97 griech.-türk. Krieg um Kreta siegt die Türkei.

Jungtürk. Bewegung: Seit 1860 sammelt sich die Opposition gegen Autokratie und ausländ. Bevormundung. Offiziersgruppen wie das Komitee »Freiheit und Fortschritt« (1891) und der in Damaskus 1905 gegr. Geheimbund MUSTAFA KEMALS (ATATÜRK, S. 445) verbinden sich zur **Jungtürk. Partei.** Aus Sorge vor Aufteilung und für die Verfassung von 1876

1908 Milit.-Aufstand in Saloniki (Enver Pascha, 1881–1922). Krisen (S. 399), Erhebungen (Albanien, Arabien), Gegenaufstand, Absetzung des Sultans. Unter

1909–18 MOHAMMED V. erobern die Jungtürken

1911–13 die Macht im Tripoliskrieg (S. 397) und in den Balkankriegen (S. 399).

1913 Heeresreform unter deutscher Leitung, Flottenaufbau mit brit. Hilfe.

1914 Deutsch-türk. Defensivbündnis (Aug.), Nov.: Alliierte Kriegserklärung.

Persien, Afghanistan (1736–1909)

1736 Eroberung Persiens durch den Turkmenen NADIR; in den Nachfolgekämpfen Aufstieg der **Kadscharen-Dyn.** und

1747 Begründung Afghanistans durch ACHMED SCHAH DURRANI. – In Persien regiert 1797–1834 FATH ALI SCHAH: Verluste gegen Rußland bis zum

1828 Frieden von Turkmen-tschei.

1838 Revolte und Flucht des Führers der Ismailiten-Sekte, AGA CHAN, nach Indien. Die Schiiten beeinflussen das Volk. Ansätze zu europ. Reformen durch

1848–96 NASSIR ED-DIN. Westl. Presse und Schulen verbreiten lib. Ideen. Ein Volksaufstand erreicht die

1906 Verkündung einer Verfassung, die Schah MOHAMMED ALI [1907–09] aufhebt. Aufstände und Unruhen veranlassen England und Rußland zum

1907 Vertrag von Petersburg: Aufteilung Persiens in Interessenzonen unter Verzicht auf Expansion in Afghanistan und Tibet.
Nach Ablehnung russ.-brit. Forderungen

1909 russ.-brit. Besetzung und Wiederherstellung der Verfassung.

Afghanistan: Vergebl. brit. Versuche, die »Drehscheibe des asiat. Schicksals« zu gewinnen (Afghanenkriege, S. 367).

1818/34 Verlust der östl. Indusgebiete; die Herrscher nutzen die russ.-brit. Rivalität zur Erhaltung ihrer Autonomie.

1880–1901 ABD UR RAHMAN überläßt England Schutz- und Kontrollrechte. Zur Sicherung gegen Indien wird die

1893 Durand-Linie festgelegt.

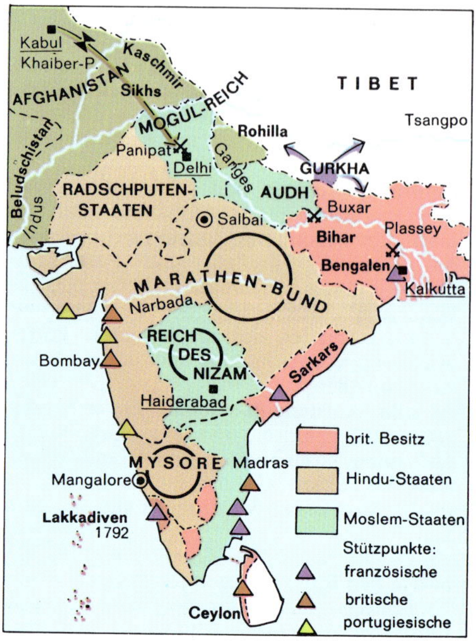

Indien um 1795

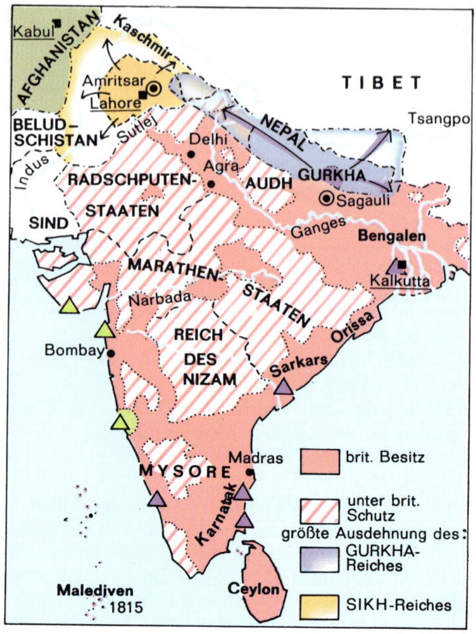

Indien um 1818

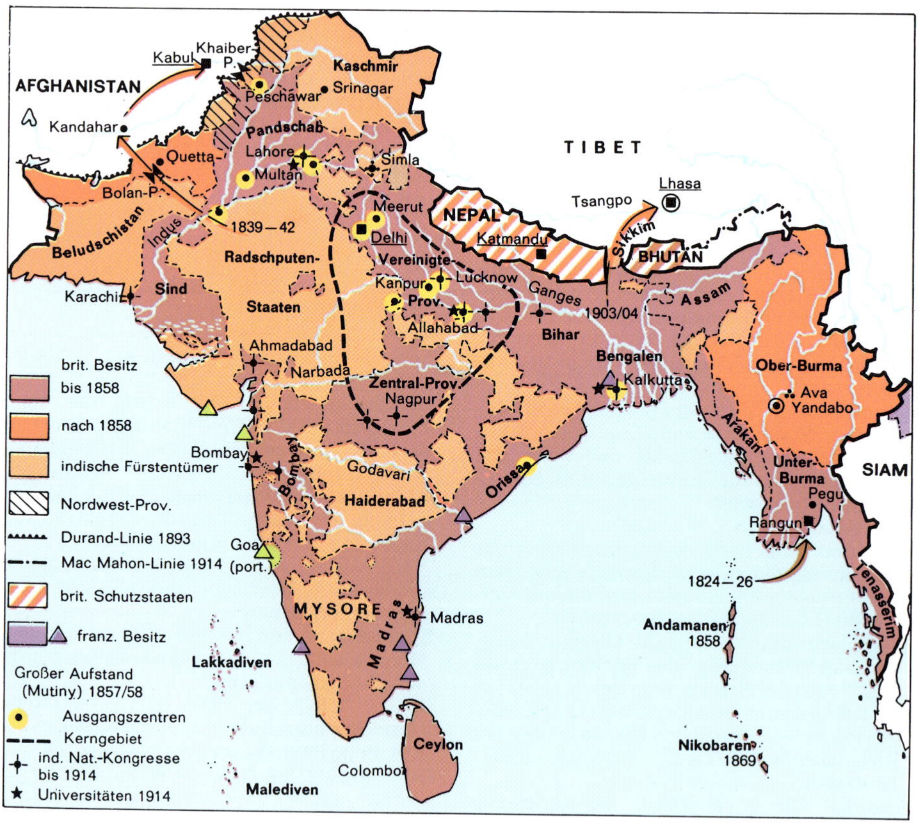

Die britische Kronkolonie Indien um 1914

Die brit. Herrschaft (1750–1858)

Zur Sicherung des Handels mischt sich die **Ostind. Kompanie** (S. 275) in die Machtkämpfe ind. Fürsten. Bestechungen, Pensionen, milit. Hilfe erbringen Steuer- und Verw.-Rechte (Diwani) bzw. polit. Kontrolle durch »Residenten« oder »Agenten«. – Begründung der brit. Herrschaft durch **Robert Clive** (S. 283).

1757 Sieg bei Plassey und 1764 bei Buxar: Entmachung der Nawabs von Bengalen und von Audh. – Der Großmongul tritt die

1765 »Diwani« über Bengalen und Bihar ab.

1773 Regulating Act (S. 309): Umwandlung der Ostind. Kompanie in eine brit. Verw.-Behörde. – Der erste brit. Gen.-Gouv.

1773–85 Warren Hastings ordnet Recht und Verw. und besiegt die Koalition der drei Hauptgegner: den **Marathen-Bund,** den **Nizam von Haiderabad** und **Haidar Ali** [1761–82], Usurpator von **Mysore.**

1795–1815 Eroberung von Ndl.-Ceylon.

1798–1805 Gen.-Gouv. Lord Wellesley: Entwaffnung des Nizam (1798); Mysore wird Vasall (1799); Annexion des Karnatak (1801). Der Marathen-Bund geht zugrunde.

1803 Eroberung von Delhi und Agra.

Nepal: Seit 1768 breitet sich das Bergvolk der **Gurkha** aus. Der

1814–16 Gurkha-Krieg endet mit dem Vertrag von Sagauli: Nepal wird Schutzstaat Englands, das Gurkha-Krieger (ind. Elite-Truppen) anwerben darf.

Zentralindien: Bürgerkriege, Freibeuter, afghan. Raubhorden zwingen zum Eingreifen.

1817/18 3. Marathen-Krieg; Unterwerfung der Marathen- und Radschputen-Staaten.

Burma: Die Rivalität zwischen Ober- (Ava) und Unter-Burma (Pegu) überwindet Kg. ALAUNGPAYA [1753–60]. Übergriffe nach Bengalen (1813) und Assam (1822) veranlassen den

1824–26 1. Burma-Krieg: brit. Landung in Rangun. Im Vertrag von Yandabo fallen Tenasserim, Arakan und Assam an Brit.-Indien. – Im 2. Burma-Krieg

1852 Annexion Unter-Burmas.

1885/86 3. Burma-Krieg: Eingliederung des Reststaates (1891).

Afghanistan: Die Sorge um russ. Expansion in Zentralasien (S. 391) verführt zum Eingriff in Thronwirren im

1839–42 1. Afghanen-Krieg. Nach dem Überfall auf die brit. Garnison in Kabul räumen die Briten das Land.

Sikh-Reich (vgl. S. 229): Ausbreitung des Militär-Staates unter

1799–1839 RANJIT SINGH.

1809 Vertrag von Amritsar: Der Sutlej-Fluß bildet die Grenze mit Brit.-Indien.

1849 Brit. Annexion des Pandschab.

Ausbau des Kolonial-Reiches: Die ind. Fsm. ohne Erben werden eingezogen.

1835 Einführung des höheren brit. Schulwesens. – Das Mißbehagen gegen die Überfremdung explodiert im

1857/58 Großen Aufstand: Meutereien, Massaker und Anfangserfolge der **Sepoys** (ind. Truppen): Ausrufung des letzten Moguls BAHADUR SHAH II. zum »Kaiser von Indien« in Delhi. Brit. Verstärkungen, Sikhs, Gurkhas vernichten die Rebellen.

1858 Auflösung der Ostind. Kompanie; Indien wird brit. Vize-Kgr.

Die Brit. Kronkolonie (1858–1914)

1877 Königin VIKTORIA (S. 381) nimmt den Titel »Kaiserin von Indien« an. Zur Sicherung des ind. Besitzes Bildung abhängiger »Pufferstaaten«: **Nepal** 1816; **Bhutan** 1865; **Sikkim** 1890.

1876–87 Eingliederung **Beludschistans.** Afghan. Grenzstämme befriedet

1898–1905 Vize-Kg. Lord Curzon: Bildung der Nordwest-Prov. (1901).

1903/04 Expedition nach **Tibet.**

1904 Handelsvertrag von Lhasa; die Konferenz von Simla erstrebt die Autonomie Tibets von China.

Wirtschaft: Erschließung des Landes. Brit. Industriewaren vernichten die autarke Dorfwirtschaft und das ind. Baumwollgewerbe. Arbeitslose und Übervölkerung. Anlage großer Jute-, Tee- und Indigoplantagen mit brit. Kapital.

Ind. Nationalbewegung: An Colleges und Universitäten bildet sich eine europäisierte ind. Oberschicht. Ihre bewußte Pflege nat. Traditionen gegen soz. Zurücksetzung und kult. Unbehagen bleibt zunächst ohne Breitenwirkung infolge polit. Apathie bzw. relig. Standesvorurteile (Kastenwesen). Relig. Ref. sind Voraussetzungen zur inneren Erneuerung: RAM MOHAN ROY (1772–1833) lehrt den

1828 Brahma Samaj (Verschmelzung ind. und christl. Religion). DAYANAND SARASVATI (1824–83) ruft in ›Arya Samaj‹ 1875 zur Rückbesinnung auf die Urlehre (Veda) auf. Der Dorfheilige **Ramakrishna** (1836–86) verbindet westl. Bildung mit hinduistischer Frömmigkeit.

1885 Gründung des ind. Nat.-Kongresses zur Beteiligung an der Reg. – Die Briten schüren die ind. Gegensätze, gewähren aber seit

1892 bedingtes Wahlrecht für das Zentral-Parlament und lassen höhere ind. Beamte in Stadt-Verw. und im Rat des Vize-Kgs. bzw. der Prov. zu. Hungersnöte und Pestepidemien (1896/97), bes. der jap. Sieg über Rußland (S. 393) stärken die »Neue Partei« der Extremisten unter TILAK (1856–1920). – Nat. Unzufriedenheit über die

1905 Teilung Bengalens (Neubildung einer Prov. mit Moslem-Mehrheit). – In der **Moslem-Liga** (gegr. 1906) meldet die islam. Minderheit ihre Interessen an. – Trotzdem Rücknahme der Teilung, dafür

1911 Zentralreg. nach Mogul-Stadt Delhi.

1916 Pakt von Lucknow: Hindus und Moslems fordern gemeinsam die Autonomie.

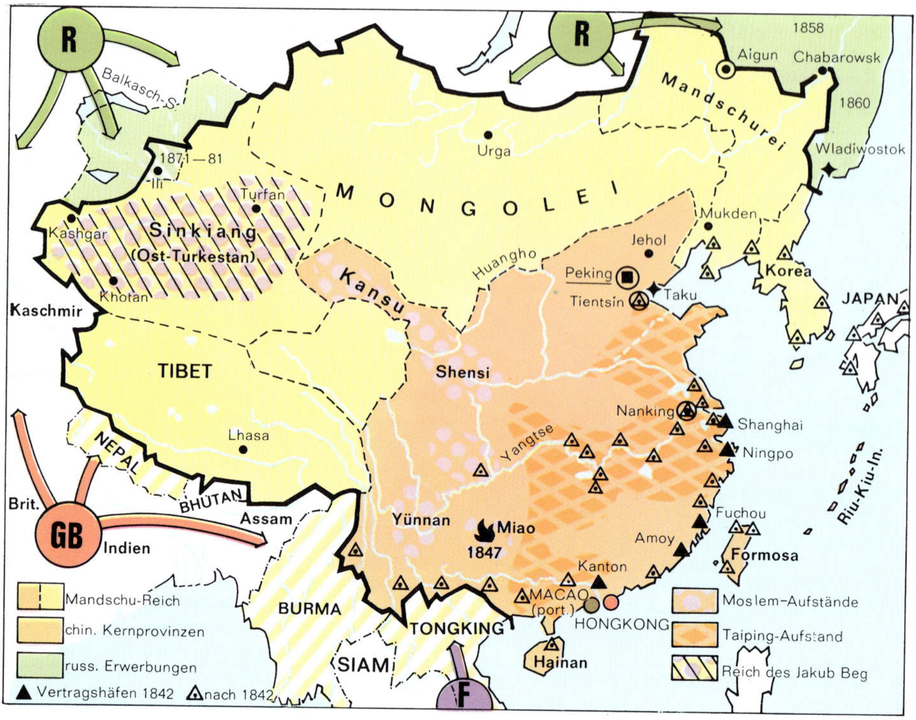

China um 1860

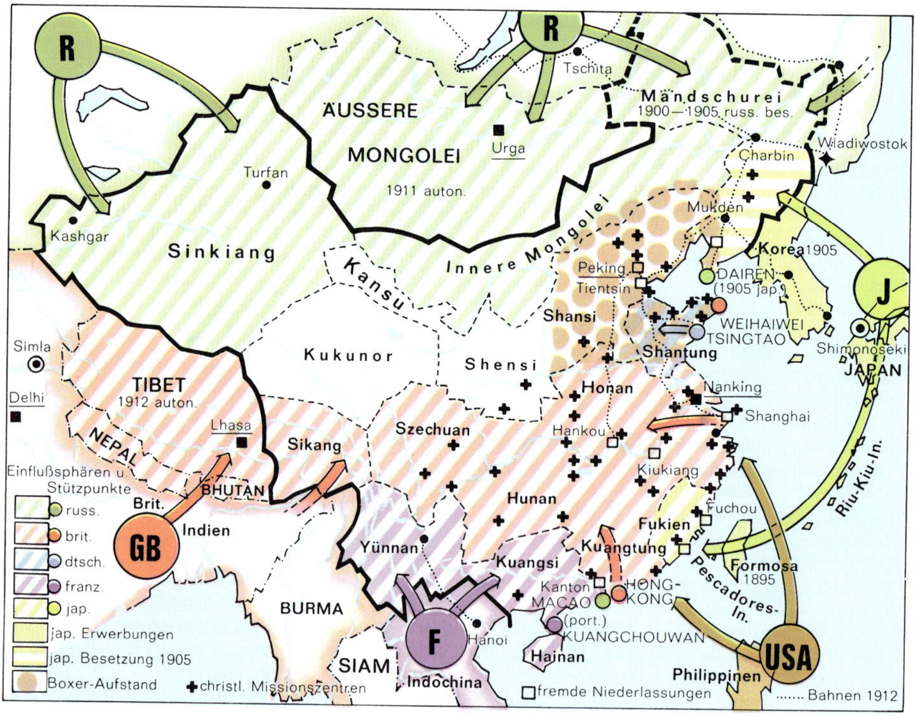

Das Eindringen fremder Mächte in China bis 1912

Japan: Das Tokugawa-Shogunat

In strenger Absperrung von der Außenwelt sichert der Shogun seine Macht mit polizeistaatl. Methoden und polit. Entmachtung des nur als relig. Oberhaupt zu verehrenden Tenno. Feudalordnung: Hofadel (Kuge), Lehnsherren mit Residenzpflicht (Daimyo), Beamte und Vasallen (Samurai), Volk (Heimin) und Parias (Eta; Hinin). – Unter dem »Hunde-Shogun«

1680–1709 TSUNAYOSHI Blütezeit der Lyrik, des Theaters, später auch der Malerei (farbiger Holzschnitt).

1716–45 YOSHIMUNE hebt den Bauernstand und steuert dem Luxus der Samurai-Kaste. Seit 1720 Zulassung europ. Bücher.

1761–86 IEHARU: Verschuldung und sinkende Moral der Daimyos und Samurais, Not der Bauern, Naturkatastrophen. – Vorbereitet durch den »Romantiker« KAMO MABUCHI (1697–1769) erneuern die »vier großen Männer« (AZUMA-MARO, 1768–1830, und seine Schüler) die nat. **Shinto-Bewegung:** Aufwertung des Tenno-Kultes bzw. Abwertung des Shogunats.

1853/54 Öffnung Japans (S. 393).

Der Einbruch europ. Mächte in China

Bis zur ersten Hälfte des 19. Jhs. staatl. kontrollierter Außenhandel über Hong-Kaufleute (S. 275). Der gegen den unerlaubten brit. Opiumhandel geführte

1840–42 Opiumkrieg beweist die Überlegenheit europ. Waffen.

1842 Friede von Nanking: Abtretung von **Hongkong;** Handelskonzessionen für 5 Vertragshäfen. Seit 1844 ähnliche »ungleiche Verträge« über exterrit. Niederlassungen mit eigener Verw., Gerichts-, Polizei- und Zollhoheit. Wegen Mißbrauchs der brit. Flagge durch eine Dschunke (Lorcha) brit./franz.-chin.

1856–58 Lorcha-Krieg: Einnahme der Taku-Forts. Nach Bruch des Vertrags von Tientsin (1858) wird Peking besetzt.

1860 Vertrag von Peking: Einrichtung europ. Gesandtschaften; Freigabe des Handels und der christl. Mission. – Festlegung der russ.-chin. Grenze im

1858 Vertrag von Aigun; Abtretung der Küstenprov. 1860.

1870 Aufruhr in Tientsin: Ermordung des franz. Konsuls und europ. »Sühnemission«; 1885 Anerkennung des franz. Protektorats über Tonking; 1886 Abtretung Burmas an England. Im

1894/95 chin.-jap. Krieg (S. 393) Verlust Formosas. Als Repressalie auf die Ermordung zweier Missionare deutsche Besetzung von Tsingtao (1897); Konzession für die Shantung-Bahn und

1898 Pachtvertrag (Erwerb von Kiautschou für 99 Jahre). Ähnl. Verträge mit Rußland (Dairen), England (Weihaiwei) und Frankreich (Kuangchouwan). – Haß gegen die »fremden Teufel« entlädt sich im

1900 Boxeraufstand: Christenmassaker, Ermordung des dt. Gesandten; darauf Strafexpedition unter dt. Kommando (Gf. WALDERSEE). Im

1901 Boxer-Protokoll chines. Sühneleistungen. – Mißtrauen verhindert die Aufteilung Chinas; die Kolonialmächte einigen sich auf eine **»Politik der offenen Tür«** (gemeinsamer Markt).

Der Verfall des Mandschu-Reiches

Der Opiumkrieg öffnet China der westl. Welt. Kaum Erfolge der christl. Mission. Dagegen bed. Wirkungen der christl. Karitas (Waisen-, Krankenhäuser), Missionsschulen verbreiten europ. Zivilisation. Sie stellen die traditionelle Struktur in Frage und verändern sie in rev. Erschütterungen.

1850–64 Taiping-Aufstand: komm. Sekte zur Errichtung eines christl.-taoist. »Himmelsreiches«; Bodenreform. 1853 Eroberung Nankings. – Von Yünnan aus greifen

1864–78 Moslem-Aufstände um sich.

1865–77 JAKUB BEG, Chan von Kashgar, gründet ein Türkenreich zur Vereinigung aller Moslems. Kanzler **Li Hung-chang** (1823–1901) restauriert die kaiserl. Ordnung, teils mit europ. Hilfe (Abenteurer-Truppe Major GORDONS). Den Regentschaftsrat für die unmündigen Kaiser TUNG-CHICH [1861–74] und KUANG-HSU [1875–1908] entmachtet die Kaiserin-Witwe

1881–89 Tzu-hsi, praktisch Alleinherrscherin.

Einbruch des westl. Kapitalismus: billige Industriewaren zerstören Handwerk und Gewerbe bei soz. Verfall und sinkendem Lebensstandard in den dicht besiedelten ländl. Gebieten.

In den wachsenden Hafenstädten entsteht ein Proletariat und eine rev. Intelligenz. Übersetzer (YU-FU, 1853–1921) vermitteln ihr mod. westl. Denken. Reformer wie KANG YÜ-WI (1858–1927) beeinflussen den Kaiser.

1898 Staatsstreich der Reaktion (TZU-HSI): Internierung des Kaisers, Hinrichtung der Reformer, Förderung der »Boxer«. Ausländ. Druck und innenpolit. Ohnmacht zwingen

1905 zur Abschaffung des alten Prüfungssystems (S. 177) und zur Erneuerung des Heeres (Gen. **Yuan Shih-kai,** 1859–1916).

1905 Gründung der T'ung meng-hui, später Kuomintang (Nat. Volkspartei) durch den Arzt **Sun Yat-sen** (1866–1925). Sein Programm der »Drei Prinzipien« (nat. Eigenleben, Demokratie, Existenzsicherung für alle) wird von Studenten und Missionsschülern verbreitet.

1911 Rev. der Jungchinesen zur radikalen Erneuerung Chinas; Abdankung der Mandschu-Dyn. 1912; SUN YAT-SEN ruft in Nanking die Republik aus, überläßt aber YUAN SHIH-KAI die Präsidentschaft, um das Militär zur Erhaltung der Reichseinheit zu gewinnen. Die Mongolei und Tibet erklären ihre Unabhängigkeit.

Südamerika im 19. Jh.

Mit der Einführung mod. Verfassungen festigen sich die neuen Staaten nicht. Klassen-, Partei- und Rassenkämpfe, Gegensätze zwischen Unitariern und Föderalisten äußern sich in ständigem Wechsel von Rev. und Gegenrev., Anarchie und Militärdiktatur. Caudillos, die durch Pronunciamentos (Putsche) zur Macht kommen, bilden den Typ der autoritären Demokratie aus. Die alte kreol. Aristokratie wandert z.T. nach Europa zurück. Farbige und Mischlinge entwickeln eigene Führungsschichten. In klimatisch gemäßigten Staaten hält sich ein weißes Großbürgertum. Es lassen sich unterscheiden

- weiße Staaten: Argentinien, Uruguay;
- Mischlings-Staaten: Brasilien, Chile, westind. und mittelamerikan. Staaten;
- indianische Staaten: Bolivien, Venezuela, Kolumbien, Peru, Ecuador, Paraguay.

Durch brit. und nordamerik. Kapitalzufluß wird gegen Ende des 19. Jhs. eine neue Phase eingeleitet: Anstieg europ. Einwanderung; Eisenbahnbau, Entwicklung der Getreide-, Vieh- und Plantagenwirtschaft, Rohstoffgewinnung (Salpeter, Zinn, Kupfer). In Argentinien, Süd-Brasilien, Chile (ABC-Staaten) entstehen ein weißes Kleinbürgertum und eine Arbeiterklasse. Polit. Spannungen und Kriege ergeben sich aus Grenzforderungen.

Brasilien: Unter der lib. Regierung von
1831–89 PEDRO II. festigt sich die Wirtschaft durch Binnenkolonisation, europ. Einwanderung, Kaffee- und Kautschuk-Export. Die
1888 Abschaffung der Sklaverei vereinigt Pflanzer und Liberale zum Sturz der Monarchie (1889). Das Territorium der **Rep. der Verein. Staaten von Brasilien** wird durch kluge Verträge bis 1910 erweitert.

Paraguay verliert durch die überspannte Großmachtpolitik des Diktators F. SOLANO LÓPEZ [1862–70] im
1865–70 Dreiländerkrieg über 70% der Bev.

Argentinien: Präs. Juan Manuel de Rosas [1829–52] beendet die inneren Wirren. Großbritannien erzwingt die
1833 Abtretung der Falkland-Inseln.
1868–74 Präs. SARMIENTO fördert Schulen und Universitäten, Einwanderung, Bahn- und Nachrichtenwesen.
Den Kampf gegen die Pampas-Indianer beendet
1880–86/98–1904 Präs. ROCA, der
1902 Patagonien durch Schiedsspruch gewinnt. Der Staat entwickelt sich zur ersten Wirtschaftsmacht Lateinamerikas.

Peru: Marschall CASTILLA (1797–1867) setzt sich als Diktator im
1842–45 Bürgerkrieg durch. Niederlage im
1879–83 Salpeterkrieg; dann folgen wechselnde Mil.-Reg.

Bolivien verliert durch den Salpeterkrieg die Prov. Atacama und damit den Zugang zum Meer, wird aber wegen der reichen Zinnvorkommen kaum geschädigt.

Chile gewinnt im Salpeterkrieg die Seeherrschaft und behauptet die Eroberungen im Frieden von Ancon.
1891 Rev. des Kongresses; parlament. Reg.

Kolumbien (Neu-Granada): Ständige Bürgerkriege zwischen Unitariern und Föderalisten, Liberalen und Klerikalen. Nach der Konföderation von 8 Staaten (1858)
1861 Proklamation der Verein. Staaten von Kolumbien. Auf Betreiben der USA
1903 Lösung Panamas (S. 395).

Venezuela: Die föderalist. Verf. wird im
1861–68 Föderationskrieg verteidigt, doch setzen sich Diktatoren durch.
1902 Seeblockade gegen Eingriffe Präs. CASTROS [1899–1908] in Rechte von Ausländern.

Ecuador: Betont kirchenfreundlich regiert 1860–65/69–75 Präs. MORENO. Nach seiner Ermordung Kämpfe zwischen lib. und klerikalen Gruppen.

Mittelamerika: Einigungsversuche schlagen fehl; finanz. Abhängigkeit von den USA wirkt sich in polit. Bevormundung aus.

Mexiko gerät durch den Abfall von Texas (1836) und den
1846–48 Texaskrieg gegen die USA in eine schwere Krise. Durch den
1853 Verkauf Süd-Arizonas kommt Nord-Mexiko an die USA. In Reaktion auf das 1855 gestürzte klerikale Regime des Diktators SANTA ANA (S. 331) verstaatlicht
1858–72 Benito Juárez den Kirchenbesitz und schafft alle Privilegien ab:
1858–61 Bürgerkrieg zwischen Klerikalen und Liberalen mit Intervention brit., span. und franz. Truppen.
1863 Franz. Eroberung von Puebla und Einzug in Mexiko. Auf Betreiben NAPOLEONS III. proklamiert eine Notabelnvers. das Ksr. und trägt dem österr. Ehz. MAXIMILIAN die Krone an. Auf Protest der USA (Bruch der Monroe-Doktrin) muß Frankreich seine Truppen zurückziehen.
1867 Einnahme von Queretaro durch die Republikaner; MAXIMILIAN wird auf Befehl JUAREZ' erschossen.
1877–80 und 1884–1911 Präs. PORFIRIO DIÁZ lehnt sich an Japan und England an. Erneute Unruhen nach seiner Abdankung.

Westindien: Die Hauptumschlagplätze des Sklavenhandels verlieren mit dem Verbot der Sklaverei (1838 in den brit., erst 1883 in den span. Kolonien) an Bedeutung. Die Neger werden Plantagenarbeiter oder verstärken das städt. Proletariat.
1844 Neugründung der Dominikan. Rep., seit 1861 unter span. Schutz, seit 1865 Einfluß der USA (1905/07 Finanzaufsicht).

Kuba: Der Aufstand gegen Spanien (1895), von den USA unterstützt, führt zum
1898 span.-amerik. Krieg (S. 395). Als Protektor der neuen Rep. Kuba pachten die USA Flottenstationen (Guantánamo).

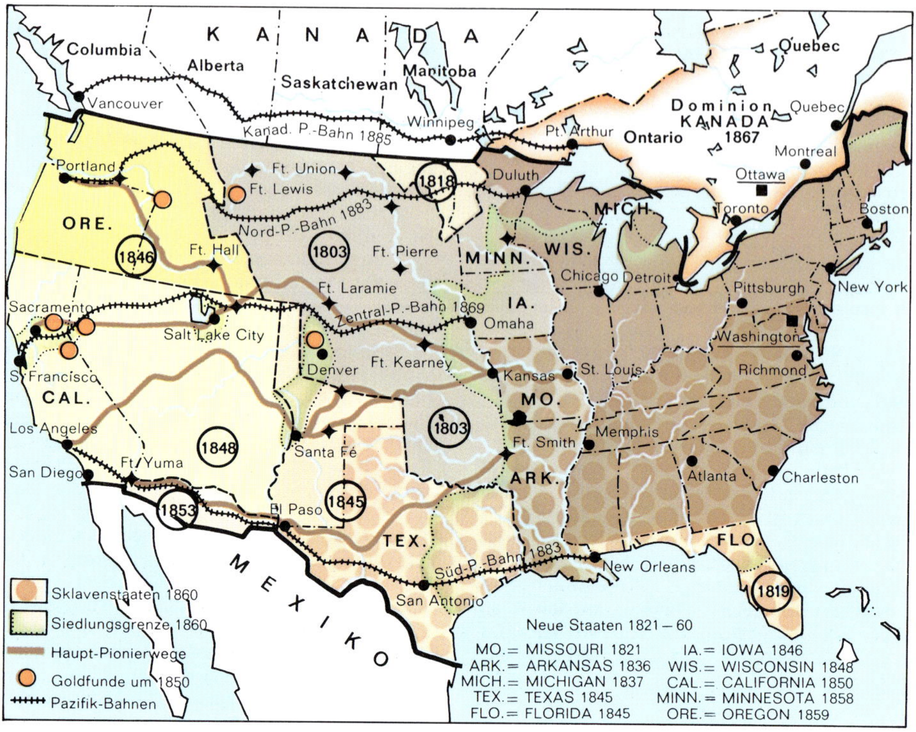

Die Vereinigten Staaten um 1850

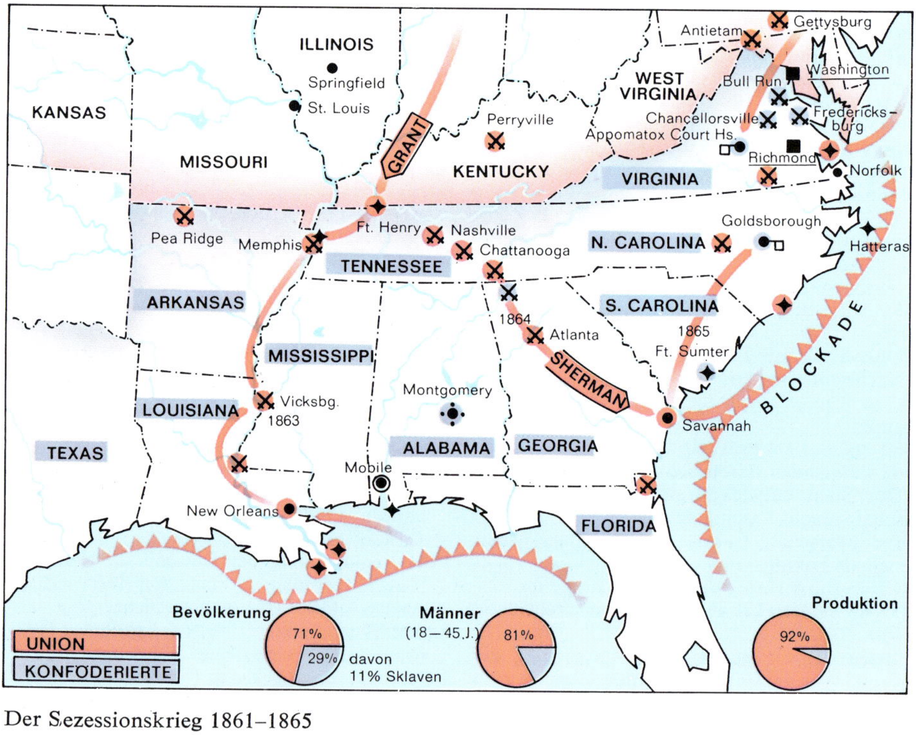

Der Sezessionskrieg 1861–1865

Die Erschließung des Westens

Die Bev. wächst 1820–60 von 9,6 Mill. in 23 Staaten auf 31,3 Mill. in 33 Staaten (um 226%).

Das Vordringen nach Westen bringt den USA territoriale Gewinne.

1819 Ankauf Floridas von Spanien.

1823 Monroe-Doktrin (S. 331): Verbot jeder Einmischung europ. Staaten in amerikan. Angelegenheiten.

1845 Aufnahme von Texas in die Union.

1848 Friede von Guadalupe-Hidalgo: Mexiko verliert alle Gebiete nördl. des Rio Grande. Die USA werden zur pazifischen Macht. – Seit dem

1846 Oregon-Vertrag bildet der 49. Breitengrad die Grenze mit Kanada.

Zwischen 1830 und 1860 wächst die Einwanderung auf 4,6 Mill. Führend bleiben die »Angloamerikaner« (16%); der Zahl nach stärker sind Iren (39%) und Deutsche (30%), unter ihnen enttäuschte Demokraten wie CARL SCHURZ (1829–1906).

Die Siedlungsgrenzen (Frontiers) verlagern sich nach Westen. Geregelt nach dem Heimstättengesetz (1862), erfolgt die freie Landnahme in drei Wellen: dem Squatter (wildem Siedler), Pionier und Trapper (Jäger und Viehzüchter) folgt der Grenzer (Farmer), diesem der Händler, Spekulant und Handwerker. Indianer werden bekämpft und in Reservationen verwiesen. Mineral- und Goldfunde beschleunigen die Westwanderung (vor allem der »Gold Rush« nach Kalifornien [1848/49]). Der Boden wird rücksichtslos ausgebeutet; Arbeitskräftemangel fördert Landmaschinenbau und schafft neue industr. Absatzmärkte. Straßen (Trails) und Eisenbahnen überbrücken gewaltige Entfernungen (1862–69 Bau der ersten Pazifik-Bahn).

Der **Westen,** »Land der unbegrenzten Möglichkeiten« und »Melting Pot« für alle Einwanderer, prägt das typische Amerikanertum der »Kleinen Leute«. Mit dem »Selfmademan« Gen. **Andrew Jackson** [1829–37] beginnt die polit. Führung der **Demokratischen Partei.** Der »Held von New Orleans« (S. 293) einigt Farmer und Arbeiter im Kampf gegen das Kapital und führt das »Spoils System« ein (»Dem Sieger die Beute«: Besetzung der Beamtenstellen mit Parteianhängern). Auch seine Gegner (Whigs) bedienen sich der Methoden der »Jacksonian Democracy«.

Der nordamerikan. Bürgerkrieg (1861–65)

Den Ost-West-Gegensatz überlagert die Spannung zwischen Nord und Süd, zwischen Industrie- und Plantagenstaaten, demokrat. **Yankees** und aristokrat. Pflanzern, Schutzzoll und Freihandel. Unter Berufung auf die Menschenrechte (S. 291) fordert der Norden die Abschaffung der Sklaverei (Abolition), der Süden fürchtet um sein Baumwollweltmonopol (»Cotton is King«). Der

1820 Missouri-Kompromiß trennt zwischen sklavenhaltenden und sklavenfreien Staaten, bringt aber keinen Ausgleich. W. GARRISON führt seit 1831 mit dem ›Liberator‹ den Pressefeldzug gegen die Sklaverei an; die »American Anti Slavery Society« verhilft Schwarzen zur Flucht aus dem Süden.

1847 Gründung des afrik. Freistaates **Liberia** für rückgeführte Schwarze. Zur Verhinderung einer Sezession (Abspaltung) überläßt der

1850 Clay-Kompromiß die Sklavenfrage auch Einzelstaaten (Utah, New Mexico). Doch stärkt u.a. der Welterfolg des Romans von HARRIET BEECHER STOWE ›Onkel Toms Hütte‹ (1852) die Abolitionisten. Im

1854 Kansas-Nebraska-Konflikt um Einführung der Sklaverei im Westen gründen sie die **Republikanische Partei.** Ihr Wahlsieg spaltet die Union. South Carolina und weitere 10 Südstaaten bilden die

1861 Konföderierten Staaten von Amerika (Hauptstadt Richmond) unter dem Präs. J. DAVIS (1808–89). Sein Gegner ist

1861–65 Abraham Lincoln (1809 in Kentucky geb., Advokat, Abg. von Illinois, 16. Präs.). Gemäßigt in der Sklavenfrage, setzt er sich im

1861–65 Sezessionskrieg entschlossen für die Erhaltung der Union ein. Gekämpft wird zunächst mit Freiwilligen unter Einsatz moderner Waffen (Eisenbahngeschütze, Repetiergewehre, Panzerschiffe). Eine Seeblockade unterbindet Kriegslieferungen an den Süden, der von England und Frankreich anerkannt wird, während Rußland dem Norden zuneigt. Die Konföderierten leisten trotz finanz. und industr. Unterlegenheit erbitterten Widerstand. Sie siegen unter dem besten Strategen des Krieges, Gen. ROBERT LEE (1807–70), bei Bull Run 1861/62, Fredericksburg 1862 und Chancellorsville 1863, ohne das nördl. Übergewicht an Menschen und Material brechen zu können. Entscheidend wird das

1863 Ringen um Gettysburg: Gen. LEE wird zum Rückzug gezwungen.

1863 Proklamation LINCOLNS zur Befreiung aller Sklaven.

Verwüstungszüge Gen. SHERMANS durch Georgia und Carolina. LEE kapituliert vor dem OB, Gen. GRANT,

April 1865 bedingungslos bei Appomatox Court House. Wenig später wird LINCOLN im Washingtoner Ford-Theater von einem fanatischen Südstaatler ermordet.

Der Bürgerkrieg hat beiden Seiten schwere Opfer abverlangt (über 600000 Tote, zumeist durch Epidemien in Hospitälern und Gefangenenlagern):

die Kriegskosten übersteigen 8 Mrd. Dollar; der Süden ist ruiniert.

Bedeutung: Die Einheit der Union bleibt erhalten; unter Führung des Nordens wandeln sich die USA zur industr. Wirtschaftsmacht. Einfluß und wirtschaftl. Bedeutung des Südens sinken (Verlagerung der Baumwollproduktion nach Ägypten und Indien), die Sklavenfrage wird zum Rassenproblem.

Afrika vor der kolonialen Aufteilung um 1870

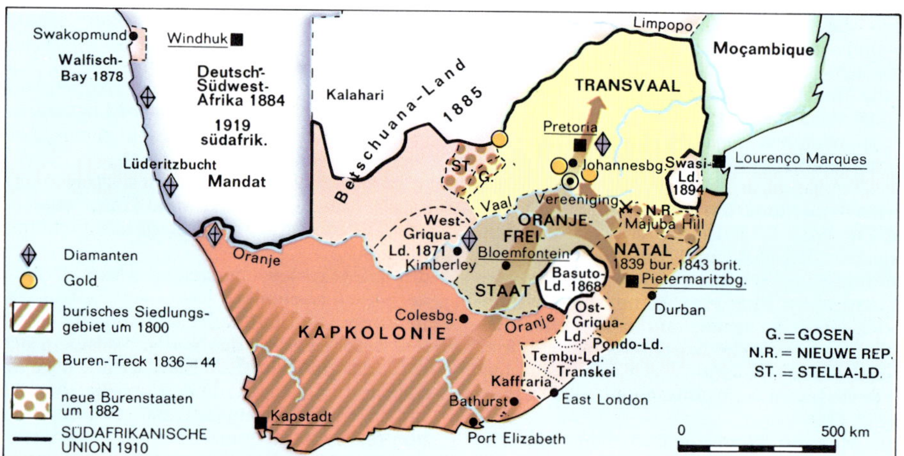

Südafrika im 19. Jh.

Auflösung der osman. Herrschaft

Ägypten: MOHAMMED ALI (S. 365) festigt nach 1811 Ausrottung der Mamelucken seine Macht: Landesausbau mit franz. Hilfe.

1820–22 Unterwerfung Nubiens, 1823 Gründung Khartums. Eine europ. Intervention verhindert die Lösung von osman. Hoheit.

1859–69 Bau des Suez-Kanals (S. 349).

1863–79 ISMAIL PASCHA erobert Darfor (1874), bekämpft Abessinien, verschwendet aber Gelder für Reformen. Deshalb

1875 Verkauf ägypt. Suezkanal-Aktien an England. Der Sturz ISMAILS rettet das Land nicht vor internat. Finanzkontrolle.

1881 Nat. Aufstand (Kriegs-Min. ARABI PASCHA) in Alexandria und brit. Eingriff.

1882 Protektorat über Ägypten (S. 381).

Ostsudan (S. 396): MOHAMMED ACHMED (1843–85) predigt als **Mahdi** (arab. der »Geführte«) den hl. Krieg gegen Ägypten.

1881–83 Mahdi-Aufstand.

1885 Erstürmung Khartums. EMIN PASCHA (EDUARD SCHNITZER), Gen.-Gouv. von Äquatoria, behauptet sich und wird 1888 von STANLEY befreit. – Brit. Gegenangriff unter Lord **Kitchener** (1850–1916).

1898 Sieg über die Mahdisten bei Omdurman. – Der Sudan wird

1899 Anglo-ägypt. Kondominium.

Berberstaaten: Osman. Statthalter, Janitscharen, Korsaren und europ. Konsuln ringen um die Macht. – Seit 1830 franz. Eroberung **Algeriens** (S. 385).

1880 Konferenz von Madrid zur Regelung der Rechte europ. Staaten im Sultanat **Marokko** (Dyn. der ALIDEN).

Afrika vor der imperialen Aufteilung

Islam. Staaten: Feudalgebilde im Sudan beherrschen die lokalen Stammesverbände. – Im Westsudan begründet

El Hadj Omar (gest. 1864) eine Theokratie. 1854 Zusammenstoß mit franz. Expansion am oberen Niger; 1861 Eroberung von Segu, das OMARS Sohn AHMANDU behauptet.

Samori Turé (gest. 1900) übt harte Justiz, verfügt über ein wirksames Steuersystem und gut organisierte Truppen.

1887 Protektionsvertrag mit Frankreich.

Ful-Reiche: Die Fulbe-Nomaden, deren Herkunft umstritten ist, erobern unter **Usman dan Fodio** (1754 bis um 1815) die Stadt-Staaten der Hausa bis auf Bornu und Kanem. MOHAMMED BELLO (gest. 1837), Herr von Sokoto, gewinnt die Oberhoheit über die Ful-Reiche. Unter brit. Protektorat wird die Macht der Emire nicht angetastet.

Rabeh (gest. 1900), der »Napoleon Afrikas«, dehnt seine Herrschaft (S. 396) über Bornu und Bagirmi aus, bis er von franz. Truppen um 1900 besiegt wird.

Ostafrika: Zentrum des Sklavenhandels ist das Sultanat Sansibar; afrik. Häuptlinge schließen Schutzverträge mit Briten (JACKSON) und Deutschen (PETERS).

Afrik. Staaten: Feudale Despotien (Aschanti) nutzen afrik. Stämme für den Sklavenhandel. Kg. **Geso von Dahomey** (1818–58) stellt Frauenregimenter auf und greift **Yoruba,** das »Land der großen Städte«, an. Hochentwikkelt sind Kunst (Bronzeguß) und Verw. auch in **Benin.**

Liberia: Aus der 1822 gegr. Siedlung befreiter und rückgeführter Sklaven aus Amerika bildet sich 1847 eine unabh. Rep.

Abessinien: Der Usurpator RAS KASA eint unter dem Namen

1853 THEODORUS II. das kopt.-christl. Ksr.

1867/68 Brit. Strafexpedition (Lord NAPIER).

1872–89 JOHANNES IV., brit. Prätendent, wehrt ägypt. Angriffe ab (1875–79).

1889–1910 MENELIK II. erklärt sich mit ital. Hilfe zum **Negus Negesti** (S. 397).

Südafrika: Der »südafrik. Attila« **Tschaka** (gest. 1828) erfindet eine neue Nahkampftechnik und bildet aus Bantus (Kaffern) den Kriegerstaat der **Zulus.** Sein Vorstoß nach Natal bringt alle südafrik. Bantu-Völker (Herero, Matabele) in Bewegung.

Europ. Kolonialmächte: Brit. Verbote des Sklavenhandels (1807), der Sklaverei (1833), der Sklavenausfuhr (1841) lähmen den Handel. Aufgabe der dän. und ndl. Faktoreien. Nur Frankreich baut seit Mitte des 19. Jhs. von Algerien, Senegambien, Gabun ein Kolonialreich auf (S. 385). **Christl. Missionen** gründen Stationen, Hospitäler, Schulen.

Mit der Erforschung Innerafrikas nimmt das Kolonialinteresse zu. LEOPOLD II. VON BELGIEN (S. 363) erkennt als erster die neuen Ausbeutungsmöglichkeiten. Im Auftrag der von ihm gegr. Kongo-Gesellschaft erforscht **Stanley** (1841–1904) das Kongo-Gebiet, das LEOPOLD II. auf der

1884/85 Kongo-Konferenz in Berlin gegen brit.-port. Ansprüche gewinnt.

Die südafrik. Burenstaaten (1842–1902)

Innere Gegensätze und Sklavenbefreiung in der brit. Kapkolonie (seit 1806/14) veranlassen ca. 10000 konserv. Buren zum

1836–44 »Großen Treck« in das Landesinnere. Nach Kämpfen mit Zulus und brit. Annexion von **Natal** gründen sie den

1842 Oranje-Freistaat (bis 1854 brit.) und

1853 Transvaal (Südafrik. Rep.). Goldfunde ziehen Einwanderer (Uitlanders) an.

1877 Brit. Annexion Transvaals. Deshalb

1880/81 Burenaufstand und brit. Niederlage.

1883–1902 Präs. »Ohm« Krüger leitet die unabh. Rep. Goldlager bei Johannesburg (gegr. 1886) wecken brit. Interessen. Deshalb Einkreisung durch Kol. (Betschuana-, Swasi-Land, Rhodesien).

1899–1902 Burenkrieg: Anfangserfolge der Gen. **Smuts,** BOTHA und HERTZOG, aber milit. Überlegenheit (KITCHENER) und harte brit. Kriegführung (Konzentrationslager) brechen den Widerstand.

1902 Frieden von Vereeniging (S. 381).

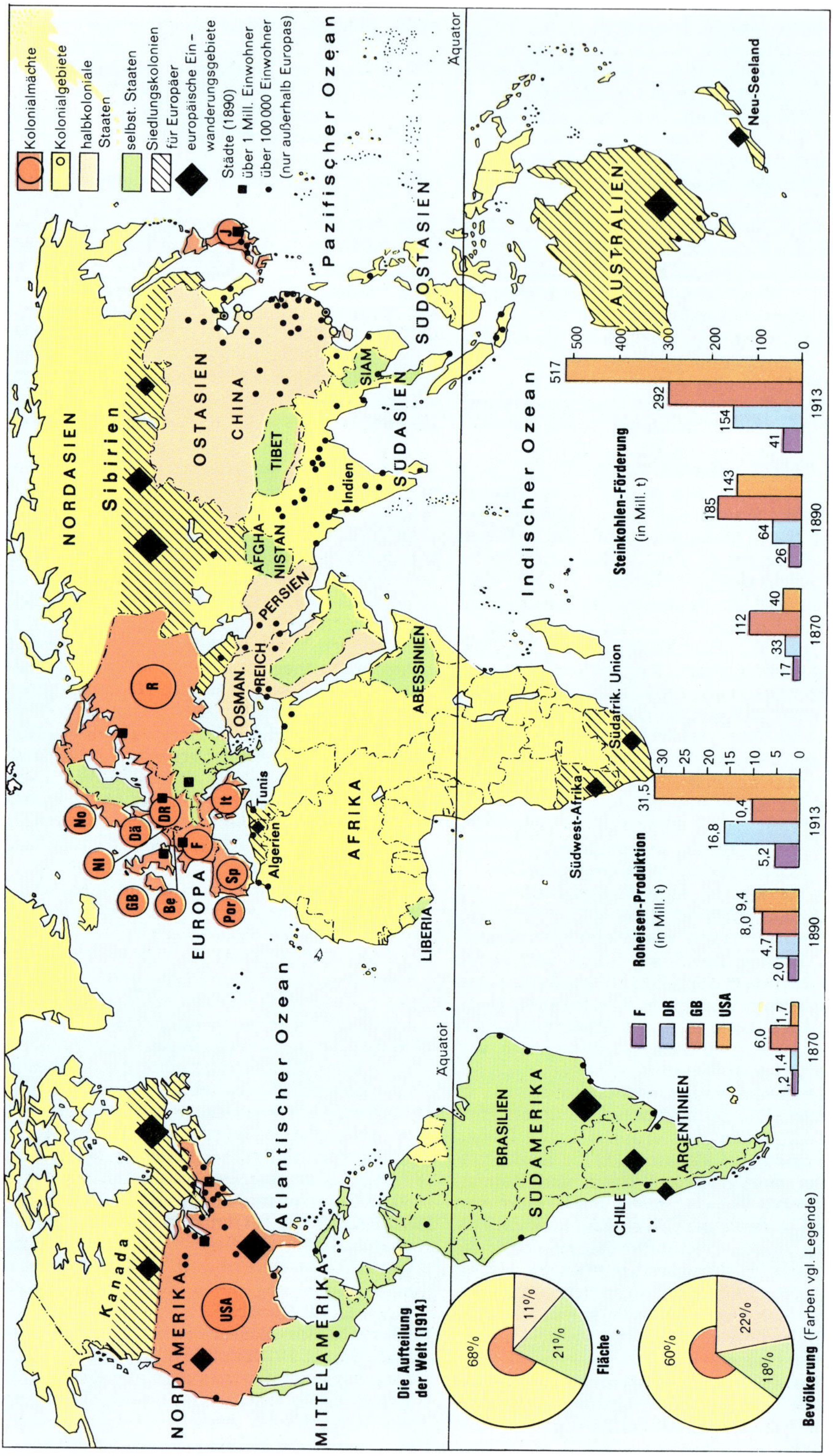

Die koloniale Aufteilung der Welt 1914

Der moderne Imperialismus

(Lat. imperium: Befehlsgewalt). Indem sie die Kolonialpolitik des 16.–18. Jhs. (S. 225, 275f.) fortführen, kämpfen seit 1880 die Großmächte um **Aufteilung der Welt.** Sie glauben, damit für alle Zeit über »Gleichgewicht«, Reichtum und Macht der Nationen zu entscheiden.

Bis ins 19. Jh. entstehen zwei Formen von Kolonien:

1. **Siedlungskolonien,** gegr. von Auswanderern, die aus relig. oder polit. Gründen oder aus Existenzbedrohung (Übervölkerung) ihre Heimat verlassen;
2. **Handelskolonien** (z.T. Stützpunkte mit Konzessionen) als Rohstoffquellen (Indien und Afrika).

Nutznießer sind private Handelskomp., die zum Schutz ihrer Interessen den Staat anrufen. Die Bildung imperialer **Kolonialreiche** oder wirtschaftl. Interessenräume (Dollarimperialismus, S. 395) hat versch. Ursachen (s.u.).

Die Blüte des Hochkapitalismus

Steiler wirtschaftl. Aufstieg der Industriestaaten: USA, England, Deutschland; mit Abstand Frankreich, Japan; im Aufbau Italien, Rußland. **Techn. und wissenschaftl. Fortschritte** (S. 343) erschließen neue Energiequellen (Elektrizität, Erdöl) und Industriezweige (Elektro-, Chemotechnik); **Verkehrs- und Nachrichtenwesen** (Telegrafie, Telefon) schaffen die Voraussetzungen für Welthandel und -wirtschaft. – **Steigende Kapitalinvestitionen** für neue Produktionsverfahren, Verkehrs- und Versorgungsanlagen verändern die Wirtschaftsstrukturen.

Monopolkapitalismus (Verbindung bzw. Konzentration von Betrieben zu **Großunternehmen**): **Aktiengesellschaften (AG), Konzerne** zur Rationalisierung des Einkaufs und Absatzes, horizontal (gleicher Wirtschaftszweig) oder vertikal (verschiedene Produktionsstufen, z.B. Bergwerk, Hüttenbetrieb, Maschinenbau) gegliedert; **Kartelle** mit Produktions- und Preisbindung; **Syndikate;** gemeinsame Verkaufsorganisation; **Trusts:** Monopol-Diktat zur Marktbeherrschung.

Finanzkapitalismus: Ausbildung von **Großbanken** zur Kreditbeschaffung. Kapitalexport und internat. Kapitalintegration verstärken die Macht der **Hochfinanz,** die polit. Einfluß gewinnt.

Folgen: Produktion und Sozialprodukt steigen, der allg. Lebensstandard auch der Arbeiter hebt sich. Landflucht, Großstädte, neue Berufe (Angestellte) verändern Sozialstrukturen und Lebensformen. Verbände und Parteien fördern die **Demokratisierung** der Massen. – **Zunehmende Verflechtung von Staat und (Finanz-) Wirtschaft** durch Verstaatlichung von Verkehrs- und Versorgungsbetrieben (Eisenbahn, Post, Wasser- und Gaswerke) und staatl. Kontrolle des Finanzwesens (**Notenbank** zur Regelung des Geldumlaufs und der Währung). Wirtschaftl. Probleme (internat. Ringen um Rohstoffe, Absatzmärkte, Kapitalanlagen) werden zu politischen.

Kolonialpolitik: Von den Kolonien, deren Bedeutung überschätzt wird, verspricht man sich **Autarkie** (Unabhängigkeit von Weltkonkurrenz und Wirtschaftskrisen durch Rohstoffquellen) und die Erhaltung des Lebensstandards, der durch **Übervölkerung** (vgl. medizin. Fortschritte, S. 343) und steigende Ansprüche bedroht erscheint. »Volk-ohne-Raum«-Vorstellungen beherrschen mit der Theorie von MALTHUS (S. 321) das Denken der Zeit. Auswanderung wird durch Gesetze (USA) erschwert, die Möglichkeit der Intensivierung des Binnenmarktes durch Kaufkraftstärkung noch nicht erkannt. Zur Erhaltung der Nation wird deshalb wirtschaftl. und koloniale Expansion gefordert.

Schutzzollpolitik (Neumerkantilismus) zur Absicherung der Autarkie und des Handels mit bilateralen Handelsverträgen, Kampfzöllen und Zollkriegen. Sie begünstigt die eigenen Großunternehmen.

Den ökonom. Charakter betont HOBSON (›Imperialism‹, 1902), **Lenin** versteht den ›Imperialismus als höchstes Stadium des Kapitalismus‹ (1915, S. 418).

Geistige Wurzeln des Imperialismus

Nationalismus: Die Erfolge realer **Machtpolitik** bei der Bildung neuer Nat.-Staaten (Deutschland, Italien) bestärken die Auffassung, daß nur große Nationen mit dem Willen zur Macht (NIETZSCHE, S. 342) und zum Kampf ums Dasein (Sozialdarwinismus, S. 342) zur Herrschaft über minderwertige (farbige) Völker (Rassismus, S. 342) bestimmt seien. Nat. Prestige und Selbsterhaltung erforderten eine Weltpolitik, die auf Machteinsatz und Krieg basiere (**militarist. Denken**) und deshalb **Aufrüstung** verlange, vor allem zur See, denn Kontrolle der Meere bedeute Weltherrschaft (**Navalismus:** MAHAN: ›Influence of sea-power upon history‹, 1890). – Eine ideolog. Variante des Nationalismus ist das **Sendungsbewußtsein** (S. 381), nach dem die weiße Rasse, die Nation oder Großnation (Panslawismus, S. 391; Pangermanismus) zur Führung und **Europäisierung der Welt** berufen sei.

Getragen von Militär und Wirtschaft, Groß- und Kleinbürgertum, verbreitet der Imperialismus westl. Zivilisation über die Welt; er entwickelt die **Infrastrukturen** (Eisenbahnen, Verw., Häfen, Schulen, Krankenhäuser) und erschließt die Wirtschaft der Kolonien (Plantagen, Industrien, Märkte), indem er die Kolonialvölker ausbeutet bzw. ausrottet und ihre Traditionen zerstört.

In den Kolonialvölkern werden neue Bedürfnisse geweckt, aber auch Ressentiments und Haßgefühle, die zum **»Erwachen der farbigen Nationen«,** zu inneren, oft religiös betonten Erneuerungsbewegungen, zum Entdecken eigener Geschichte (Nationalbewußtsein) und vor allem seit dem Zweiten Weltkrieg zu Emanzipationskämpfen führen (S. 539).

Die Arbeiterbewegung (1860–1914)

Gewerkschaften: Durch die Industrialisierung organisieren sich die Gewerkschaften in ihrer großen **Aufbauperiode:** Zentralverbände mit eigenen Kassen, Verw., Heimen, Presseorganen, Funktionären. Je nach weltanschaulich-polit. Einstellung entstehen Richtungen: freie (sozialist.), rev.-syndikalistische, friedliche (gelbe, Ablehnung des Streiks), lib. und christl. Gewerkschaften. Seit

1901 internat. Konferenzen mit ständigem Sekretariat (1903) in Berlin unter **Carl Legien** (1861–1920).

1908 Allg. Christl. Internationale (Sekretär: STEGERWALD).

1913 Internat. Gewerkschaftsbund (Amsterdam). – Trotz gewerkschaftl. Erfolge verbreitet sich die Auffassung, daß der Kapitalismus nur durch polit. Kampf zu überwinden sei (MARX).

Arbeiterparteien: Die Frage nach der polit. Taktik führt zu Gruppen- und Parteibildungen: **Revolutionäre** (orthodoxe Marxisten), Anarchisten (S. 344), Mutualisten (Proudhonisten, die eine genossenschaftl. Ordnung anstreben) und Reformisten (aktive sozialpolit. Mitarbeit). – Die von **Karl Marx** (S. 344) angeregte, in London gegr.

1864–76 I. Internationale aller Sozialisten scheitert an inneren Kämpfen (Marxisten – Anarchisten), persönl. Kontroversen zwischen MARX und BAKUNIN (S. 391) und durch Abrücken der engl., ital. und schweizerischen Linksdemokraten seit dem

1871 Aufstand der Pariser Kommune (S. 383). – Zur Hundertjahr-Feier der Franz. Rev. wird in Paris die

1889 II. Internationale gegründet (ständiges Büro in Brüssel). Seit

1890 Maifeiern. Ausschluß der Anarchisten 1896, Ablehnung des Reformismus 1904, Gen.-Streik als Waffe gegen den Krieg und Demonstration für den Frieden (Basel 1912). Die Internationale zerfällt jedoch bei Ausbruch des Weltkriegs.

England: Vorherrschend bleiben die Ortskartelle der unpolit. Trade Unions (S. 345). Als ihre Dachorganisation wird der

1868 Trades Union Congress (TUC) bis 1895 ausgebaut. Um Vertrauensleute der Lib. Partei ins Parlament zu bringen, bilden Trade-Unionisten die

1869 Labour Representation League. Keinen Anklang findet die

1881 Soz.-demokrat. Föderation des Marx-Übersetzers HYNDMAN. Sozialist. Intellektuelle um SIDNEY WEBB (1859–1947) und G. B. SHAW (1856–1950) vereinigen sich in der

1883 Fabian Society (S. 382). Ihre Ideen über Staatssozialismus übernimmt die

1893 Independent Labour Party, gegr. von **Keir Hardie** (1856–1915). Aus dem Arbeitervertretungs-Komitee aller Gruppen (Sekretär: **MacDonald,** S. 382) geht die

1900 Labour Party (ab 1906 heutiger Name) hervor, die zunächst die Lib. Partei unterstützt. Nach ihrem Vorbild werden u. a. in **Neuseeland** seit 1910 Arbeiterparteien gegründet; in **Australien** bereits 1891 gegr.

USA: Der Kampf gegen das Kapital wird gewerkschaftl. geführt, zunächst von den

1869 »Knights of Labor«, und in der Landwirtschaft von der

1873 National Farmers' Alliance. Dagegen löst sich die

1877 Socialist Labor Party nach Spaltungen auf, das Programm der People's Party (1891) übernehmen die Demokraten. – **S. Gompers** (1850–1924) führt die

1886 American Federation of Labor (AFL), die starken Auftrieb erhält.

Deutschland: Ferdinand Lassalle (1825–64) gründet den

1863 Allg. Deutschen Arbeiterverein (Leipzig) als erste sozialist. Partei. Sein nat. Programm erwartet die Lösung der soz. Frage vom allg., gleichen Wahlrecht und von staatl. geförderten Produktiv-Genossenschaften (S. 344). Während BISMARCK mit LASSALLE sympathisiert, lehnt MARX den »Staatssozialismus« scharf ab. Seine Anhänger **Wilh. Liebknecht** (1826–1900) und **August Bebel** (1840–1913) gründen in Eisenach die

1869 Sozialdemokrat. Arbeiterpartei. Beide Parteien vereinigen sich durch das **Gothaer** (Kompromiß-)**Programm** zur

1875 Sozialist. Arbeiterpartei. Ihre Unterdrükkung durch das

1878 Sozialistengesetz (S. 355) mit Aufhebung der Gewerkvereine (S. 345), Ausweisung der Funktionäre und Presseverbot gelingt nicht. Untergrundarbeit zwingt zu straffer Organisation und Disziplin, die zum Kennzeichen der

1890 Sozialdemokrat. Partei Deutschlands (SPD) wird. Ihr rein marxist. **Erfurter Programm** entwirft **Karl Kautsky** (1854–1938), der es gegen Linksradikale wie LEDEBOUR (1850–1947) und **Rosa Luxemburg** (S. 427) sowie Revisionisten verteidigt. Seit

1890 Neuaufbau der Gewerkschaften: in Industrieverbänden organisieren sich die **Freien sozialist. Gewerkschaften.**

1892 Kongreß in Halberstadt: Wahl einer Gen.-Kommission. Sie bewährt sich unter CARL LEGIEN im

1896/97 Streik der Hamburger Hafenarbeiter und bei der Ablehnung der

1899 »Zuchthaus«-Vorlage (S. 388).

1905 Kölner Kongreß: Betonung parteipolit. Neutralität. – **Christl. Gewerkschaften** bilden sich aus den kirchl. Arbeitervereinen (S. 345).

1900 Zusammenschluß zum Gesamtverband (seit 1902 Gen.-Sekretär **Adam Stegerwald,** 1874–1945). – Nach franz. Vorbild

1905 Gelbe Gewerkschaften. – Die aus England importierten älteren lib. Hirsch-Dunckerschen Gewerkvereine (gegr. 1869) werben vor allem Facharbeiter.

Revisionismus: Gewerkschaftl. Erfolge, die Hebung des allg. Lebensstandards und Ideen der engl. Fabier veranlassen **Eduard Bernstein** (1850–1932) zur kritischen Überprüfung der marxist. Verelendungs- und Rev.-Theorie (S. 344). Obwohl offiziell abgelehnt, gewinnt die reformerische Richtung in der SPD praktisch an Bedeutung.

1914 Annahme der Kriegskredite.

Frankreich: Anarchist. Führung des Arbeitskampfes. Der **Syndikalismus** ist unpolit., staatsfeindlich und antimilitaristisch. Er lehnt Arbeitsverträge, Sozialref. und Parlamente ab in der Hoffnung, durch spontane »direkte Aktionen« (S. 344) die klassenlose Gesellschaft zu erreichen: Aus »Arbeitsbörsen« (Ortskartellen), seit 1882, und berufl. Landesverbänden bildet sich die

1895 Confédération Générale du Travail (CGT); an ihre Spitze tritt 1909 **Léon Jouhaux** (1879–1954). Daneben entstehen christl.-demokrat. und gelbe Syndikate (um 1899 in den Schneider-Creusot-Werken). – Der Marxist GUESDE führt die

1879 Franz. Arbeiterpartei. 1882 Absplitterung der gemäßigten Possibilisten, 1890 der Allemanisten. – Seit

1890 Parti Socialiste Révolutionnaire der Anhänger von **Blanqui** (1805–81), Inspirator des Kommune-Aufstandes von 1871. Einigungsversuche von **Jaurès** (S. 383) scheitern u. a. an der

1899 Reg.-Beteiligung des »Ministeriellen« MILLERAND (S. 425), bekämpft von den Extremen unter **Guesde** (1845–1922).

1904 Kongreß von Amsterdam: Auf Druck der II. Internationale (Antrag BEBEL) bildet sich die vereinigte

1905 Section française de l'internationale ouvrière (S.F.I.O.). Sie regelt ihre Beziehungen zu den Syndikalisten (Charta von Amiens, 1906), erreicht keine radikale Änderung, aber Einfluß auf Sozialpolitik.

Italien: Genossenschaften und Syndikate schließen sich in der

1889 Mailänder Arbeitskammer zusammen. Ihr Vorbild wird nachgeahmt, doch bleibt die Gewerkschaftsbewegung zersplittert.

1891 Sozialenzyklika ›Rerum novarum‹ LEOS XIII. (S. 344): kath. Verbände in der »Confederazione Italiana dei Lavoratori«; auch anarcho-syndikalist. Gruppen. – Nach Anfängen (»Fasci operai« in Bologna u. a.) und Spaltungen in der marx. Arbeiterpartei bildet sich der

1892 Partito Socialista Italiano (PSI). Gegen die Marxisten unter **Labriola** (1843–1904) setzen sich Integrale und Reformisten (BISSOLA) durch, vereinigt seit dem

1906 Parteitag in Rom. Sie gewinnen über 20% der Wähler. – In der

1906 Confederazione Generale del Lavoro wird eine lockere Organisation von gewerkschaftl. Industrie- und Berufsverbänden erreicht.

Österreich: Der »Hofrat der Rev.« **Victor Adler** (1852–1918) einigt die sozialist. Gruppen. – Die

1889 Sozialdemokrat. Partei Österreichs (SPÖ) mit marxist. Programm (KAUTSKY) erringt schon 1897 14 Reichsrat-Sitze, gliedert sich aber in nat. Sondergruppen. V. ADLER hält sie zusammen durch das

1899 Brünner Programm: Forderung eines demokrat. Bundesstaats autonomer Völker. – Mit MAX ADLER (1873–1937) entwickelt **Otto Bauer** (1882–1932) den **Austromarxismus** (Anerkennung der nat. Selbstbestimmung). Seit 1913 wirbt er für den Anschluß an Deutschland unter Aufgabe des Habsburger Reiches. – Nach 1907 (allg. Wahlrecht) wird die SPÖ zweitstärkste Partei. – Sonst nur kleinere deutsch-nat. Berufsvereine, sozialist. und christl. Gewerkschaften.

Polen: Unter den sozialist. Gruppen **Galiziens** übernimmt die

1892 Poln. Sozialist. Partei (PPS) durch ihren nat.-poln. Kampf unter **Pilsudski** (S. 433) die Führung. – Seit

1908 Aufbau einer poln. Armee (als Schützenvereine getarnt). Die »Sozialdemokrat. Partei des Kgr. Polen« führt bis 1897 ROSA LUXEMBURG (S. 427).

Rußland: In die um 1860 entstandene rev. Bewegung (Nihilisten, Narodniki, S. 389) führt **Plechanow** den Marxismus ein. Die

1898 Sozialdemokrat. Arbeiterpartei (SDAPR) spaltet sich auf dem

1903 Parteitag in London in **Menschewiki** und **Bolschewiki,** die, von **Lenin** geführt (S. 389), eine eigene Partei auf dem

1912 Parteitag in Prag gründen, sich in der

1917 Oktober-Rev. durchsetzen und die Führung im Weltkommunismus übernehmen (III. Internationale, S. 419).

Der Pazifismus

Die radikal-idealist. Bewegung lehnt aus ethisch-relig. Gründen jede Gewaltanwendung, auch die milit. Friedenssicherung bzw. den Verteidigungskrieg ab. Sie entwickelt sich in **Friedensgesellschaften** (1816 Peace Society in England, 1830 in Genf), die seit 1848 internat. Kongresse veranstalten.

1869 Gesellschaft der Friedensfreunde.

1891 Friedensbüro in Bern. Führende Vertreter: **Elihu Burrit** (1810–1879), **Cobden** (S. 326), **Bertha von Suttner** (1843–1914; ›Die Waffen nieder‹), A. H. FRIED, der Pädagoge F. W. FOERSTER, der Sozialist **Jaurès** (S. 383), der Arzt **H. Dunant** (S. 363). Einfluß auf die Politik in der Zeit der

1899/1907 Haager Friedenskonferenzen über Abrüstung, Regelung internat. Streitigkeiten und der Landkriegführung (S. 361). Maßgebliche Beteiligung von Prof. **Lammasch** (1853–1920) am

1901 Haager Schiedsgerichtshof. – Weder pazifist. Bewegung noch II. Internationale wirken mäßigend auf die Kriegspolitik (S. 377).

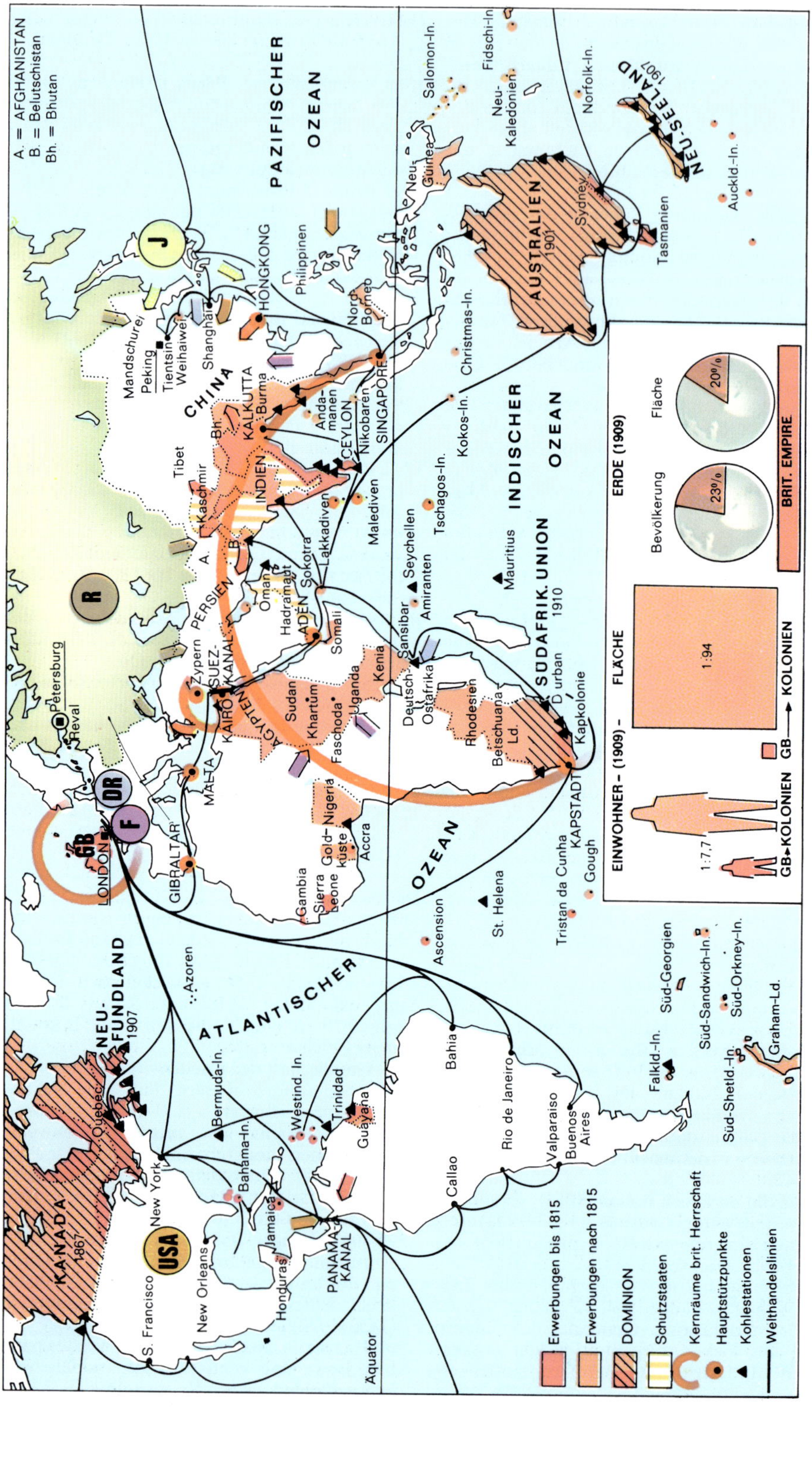

Das britische Empire bis 1914

Das Britische Kolonialreich (1814–75)

Seit dem Sklavenhandelsverbot schwindet das Interesse an afrik. Kolonien (Gambia, Sierra Leone, Goldküste), um 1865 wird sogar deren Aufgabe erwogen. Handel und Industrie suchen Absatzmärkte in Südamerika, Indien und China.

Die mehr zufälligen Neuerwerbungen dienen zur Sicherung der Seehandelswege (Singapore 1819, Falkland-In. 1833, Aden 1839), zur Öffnung von Märkten (Hongkong 1841) oder, nach dem Verlust Neuenglands, zur Aufnahme brit. Auswanderer:
1806/14 Kapkolonie, ab 1824 Straits Settlements (Karte S. 384), ab 1829 Westaustralien; 1814/40 Neu-Seeland.

Gedanken einer Selbstverw. der »weißen« Siedlungskolonien vertreten »Klein-Engländer« wie WAKEFIELD (1796–1862) in Neu-Seeland und Lord DURHAM (1792–1840), dessen

1839 ›Bericht über Kanada‹ die Vereinigung und Selbstverw. kanad. Prov. einleitet. Die Idee der Treuhandschaft des Mutterlandes für die Kolonien bis zu ihrer polit. Selbständigkeit wird Leitsatz der brit. Kolonialpolitik. Das erste

1867 Dominion Kanada erhält im North America Act volle polit. Autonomie.

Das »British Empire« (1875–1914)

Wirtschaft: England hält trotz zunehmender Konkurrenz (USA, Dtl., Japan) am Freihandel fest, stellt 1880 46 Prozent der Welthandelstonnage und verdoppelt bis 1913 den Außenhandel bei passiver Handels-, aber aktiver Zahlungsbilanz dank internat. Versicherungs- und Bankgeschäfte. Das Anlagekapital steigt, die brit. Führung auf dem Weltmarkt wird durch imperialen Reichsausbau gesichert.

Brit. Sendungsbewußtsein: Wirtschaftl. und machtpolit. Interessen verbinden sich mit einer vom Puritanismus (S. 267) beeinflußten Überzeugung, Fortschritt und Zivilisation in der Welt fördern zu müssen. **Thomas Carlyle** (1795–1881) begründet die brit. Weltmission (Auserwähltheit der Nation), Sir **Charles Dilke** (1843–1911) entwirft das Bild vom

1868 ›Greater Britain‹ in einer »tägl. englischer werdenden Welt«; **Robert Seeley** (1834–95) fordert eine planmäßige

1883 ›Expansion of England‹; **Rudyard Kipling** (1865–1936) kündet von der brit. Sendung.

Imperialist. Reichspolitik: Disraeli (S. 382) greift in seiner

1872 Kristallpalastrede die kolon. Indifferenz der Liberalen (GLADSTONE) an. – Zur Sicherung des Seeweges nach **Indien**

1875 Ankauf der ägypt. Suezkanal-Aktien. Königin VIKTORIA, seit

1877 Kaiserin von Indien, unterstützt DISRAELIS Politik.

1878 Erwerb Zyperns (S. 359).

1882 Besetzung Ägyptens. Unter brit. Schutz (1914 Protektorat) erholt sich das Land.

Afrika: Im Wettlauf um die Aufteilung (S. 375) gewinnt der brit. Imperialismus Richtung und Ziel im **Kap-Kairo-Plan.** Während CROMER (1841–1917) von Norden zum **Sudan** vordringt und auf den Widerstand der Mahdisten (S. 375) stößt, setzt im Süden **Cecil Rhodes** (1853–1902) Macht und Reichtum, gewonnen durch das Monopol über südafrik. Diamanten- und Goldfelder, nach dem

1879 Zulu-Krieg zur brit. Expansion ein. Die von ihm geführte Südafrik. Kompanie gewinnt Betschuana-Land (1885) und

1888–91 Rhodesien.

Brit. werden Somali-Land (1884), Uganda (1895), Kenia (1886), nach der Faschoda-Krise (S. 385) auch das

1899 anglo-ägypt. Kondominium Sudan.

1890–96 RHODES wird MP. der Kapkolonie. Er bereitet die Eroberung der Burenstaaten vor, die nach dem Jameson-Einfall in Transvaal (1895/96) im

1899–1902 Burenkrieg (S. 375) vollzogen wird. Nach dem brit. Sieg erhalten die Buren Selbstverw., Niederländ. wird Amtssprache (Afrikaans seit 1923).

Asien: Die ind. Randgebiete (S. 367) werden ausgebaut, noch freie Inselteile und Inseln im Pazifik besetzt.

1885–92, 1895–1902 MP. Salisbury (1830–1903) betreibt unter Anlehnung an den Dreibund (Mittelmeerabkommen, S. 361) konsequent die Politik der **»Splendid isolation«** (koloniale Spannungen mit Frankreich [Afrika] und Rußland [Asien]).

1895–1903 Kol.-Min. Joseph Chamberlain (1836–1914). Die Konkurrenzgefahren für das brit. Weltreich sucht er zu bannen durch **Expansion** in noch »freie« Räume; **Aufrüstung** bis zur Flottenüberlegenheit über die beiden nach England stärksten Seemächte (Two Power Standard), **Festigung des Empires** durch Aufgabe des Freihandels zugunsten einer Reichsföderation »weißer« Kolonien, verbunden durch Krone, Sprache und wirtschaftl. Vorteile (Vorzugszölle, Sterling-Goldwährung); **Ausgleich mit den USA** in der Panamafrage (S. 395) und durch den Versuch, die »Splendid isolation« aufzugeben.

1898–1901 Bündnisverhandlungen mit dem Deutschen Reich (S. 387). CHAMBERLAINS Plan einer brit. Wehr- und Wirtschaftsunion führt zu seinem Sturz, doch verhilft er der Entente-Politik und dem Commonwealth-Gedanken zum Durchbruch.

1886 Kolonialausstellung in London.

1887 Handelsmarken-Gesetz: die Herkunftsländer müssen auf den Waren verzeichnet sein (Made in Germany). Das gegen dt. Erzeugnisse gerichtete Gesetz erweist sich als Fehlschlag. – Seit

1887 Kolonial-Konferenzen (ab 1907: Reichskonf.). Dominion-Status erhalten

1901 Commonwealth of Australia; 1907 Neu-Seeland und Neufundland sowie die

1910 Südafrik. Union.

Die Viktorianische Ära (1848–86)

Der Manchester-Liberalismus beschränkt die Aufgaben des Staates auf Rechtsschutz und innere Sicherheit. Modernisiert werden Verwaltung, Beamten-, Polizei- und Postwesen.

1840 Einführung der Briefmarke, später auch der Postkarte und der Paketpost.

Außenpolitik: Unter **Henry John Temple Palmerston** [MP. 1855–65] Bereitschaft zur Unterstützung lib. Kräfte in Italien, Dänemark und Polen. Abgesehen vom Krimkrieg (S. 347) und dem Indischen Aufstand (S. 367) lange Friedenszeit.

1851 Erste Weltausstellung der brit. Industrie im Londoner Kristallpalast. – Das wachsende Sozialprodukt hebt den Lebensstandard. Den **Reformismus** der Gewerkschaften fördern Bewegungen aus relig.-moral. Gründen (KINGSLEY): Reform der Armen- und Gefängnisverw.; staatl. Gesundheitswesen, Fabrikgesetze. – Umformung der Adels- in demokrat. Massenparteien durch die polit. Repräsentanten der Epoche: **Benjamin Disraeli** (1804–81) und **William Ewart Gladstone** (1809–98), der sich vom Anhänger PEELS (S. 326) zum lib. Pazifisten wandelt und die Innenpolitik betont: Finanz- und Verw.-Reform.

1860 Cobden-Vertrag mit Frankreich: Ausbau des Freihandels. DISRAELI, als Gegner PEELS zum Führer der Konservativen aufgestiegen, lehnt die Freihandelspolitik ab und wirbt mit dem Programm der »Tory-Demokratie« um die Arbeiter.

1867 Wahlreform mit Stimmrecht für Kleinbürger und Facharbeiter. Nutznießer ist GLADSTONE (vier Kabinette bis 1894).

1884 Dritte Wahlreform: auch ländl. Wohnungsbesitzer erhalten das Stimmrecht (über 4 Mill. aktive Wähler).

1874–80 2. Kabinett DISRAELI: Beginn der imperialist. Politik (S. 381); dagegen versucht GLADSTONE eine Lösung der

Irischen Frage: Auswanderer gründen in den USA den radikalen

1858 Geheimbund der **Fenier** zur Errichtung einer eigenen Republik. Terrorakten und Bauernrevolten begegnet GLADSTONE wenig erfolgreich mit der

1869 Entstaatlichung der Hochkirche (Disestablishment) und Landgesetzen zur Hilfe irischer Pächter. Die Parlamentsgruppe unter STEWART PARNELL (1846–91) erstrebt mit legalen Mitteln **Home Rule** (Autonomie), gründet dazu die

1879 Irische Landliga. Passiver Widerstand gegen **Boykott,** einen engl. Gutsverwalter, dessen Name zum Begriff wird.

1882 Ermordnung brit. Staatssekretäre (CAVENDISH, BURKE) in Dublin. Obstruktion der Iren im Parlament. – GLADSTONES

1886/92 Home Rule Bills spalten die lib. Partei und führen zum Sturz der Reg. – Den Freiheitskampf setzt die

1900 United Irish League fort.

Innenpolitische Krisen (1886–1914)

Zersetzung der lib. Partei und fast 20jähr. Herrschaft der Konservativen sind Ausdruck soz. Strukturwandlungen:

1. In Reaktion auf die Home-Rule-Politik verbinden sich lib. »Unionisten« (CHAMBERLAIN, S. 381) mit den Konservativen.
2. Die Liberale Partei verliert den Mittelstand: symptomatisch ist die »unheilige Allianz von Bibel und Bier«, von Hochkirche und Bierbrauern, die ein Alkoholverbot befürchten.
3. Die verarmte Landaristokratie geht Eheverbindungen mit Industriefamilien ein; die zur »Society« zugelassenen lib. Kreise wechseln zur Hochkirche bzw. Konservativen Partei, die Parteiunterschiede werden verwischt. Die Arbeiter verlieren ihr Vertrauen zu den Konservativen.
4. »Great Depression« der Wirtschaft (bedingt durch Konkurrenz der Schutzzollstaaten wie USA, Deutschland, auch Japan) und kapitalist. Großunternehmen (S. 377) zwingen die Arbeiterbewegung zu polit. Selbstbesinnung: Aufbau gewerkschaftl. Industrieverbände. Wenig Einfluß gewinnt die

1881 Marxist Social-Democratic Federation im Vergleich zur

1883 Fabian Society (S. 378). Beide gründen zusammen mit der

1893 Independent Labour Party das Labour Representation Committee, aus dem die

1906 Labour Party hervorgeht (Vorsitzender: **Ramsay MacDonald,** S. 424).

1901–10 EDUARD VII. (60J.) zeigt außenpolit. Interessen.

1905 Lib. Wahlsieg mit Hilfe des Labour Representation Committee, Sozialmaßnahmen (Altersrente 1908, Kranken- und Arbeitslosen-Versicherung 1911), Flottenaufrüstung (S. 381) und Heeresreform des

1905–11 Kriegs-Min. **Richard Burdon Viscount Haldane** (1856–1928) belasten den Etat. Das Oberhaus lehnt das »Budget von 1909« des Schatzkanzlers **David Lloyd George** (1863–1945) im Kabinett ASQUITH [1908–16] ab. Im **Verfassungskampf** bemüht sich

1910–36 GEORG V. um Vermittlung.

1911 Parliament Act: Das Oberhaus verliert sein Veto-Recht in Finanzfragen. – Die innere Krise hält an:

Suffragetten unter **Emmeline Pankhurst** (1858–1928) demonstrieren für Frauenemanzipation und Frauenwahlrecht.

Bahn-, Hafen- und Bergarbeiterstreiks erschüttern die innere Ordnung.

Irland: Zwar erlaubt das Landgesetz von 1903 auch irischen Pächtern Grundeigentümer zu werden, doch organisiert die 1905 gegr. Sinn-Féin (»Wir selbst«)-Partei den nat. Aufstand. Dem

1912 Home-Rule-Gesetz widersetzen sich Konservative, das prot. Ulster, Oberhaus und Armee.

Der Ausbruch des Weltkriegs überdeckt die Bürgerkriegsgefahr.

Die Dritte Republik (1870–1914)
Noch vor dem Friedensvertrag mit Deutschland (S. 349)

März–Mai 1871 Aufstand der Pariser Kommune. Die radikale Machtergreifung der Kommunisten und Sozialisten (Communards) wird von MacMahon in der »Blutigen Woche« niedergeschlagen (30000 Tote).

1871–73 Präs. Thiers (S. 327) errreicht nach Abzahlung der Kriegsentschädigung vorzeitigen Abzug der deutschen Besatzung, doch wählt die konserv. Mehrheit (gespalten in Legitimisten, Orléanisten, Bonapartisten)

1873–79 Marschall MacMahon (1808–93) als »Platzhalter der Monarchie« zum Präs. der Rep. Eine monarchist. Restauration scheitert an der Weigerung des Gf. von Chambord, des letzten Prätendenten der Bourbounen, die Trikolore anzuerkennen. – Mit nur 353 : 352 Stimmen

1875 Proklamation der Dritten Republik.

Verfassung: Allg. Wahlrecht für die **Deputiertenkammer.** Sie bildet mit dem **Senat** die **Nationalversammlung** (Legislative), die den **Präsidenten** (Exekutive) auf 7 Jahre wählt, das Ministerium kontrolliert und die Verfassung ändern kann. Durch Zersplitterung der Kammer in persönlich gefärbte Parteien ohne feste Programme schwankende Mehrheiten und »instabile« Regierungen (50 Kabinette bis 1914). Dank einer unpolit. Verw. dennoch langsame Festigung der »Republik der Kameraden« (de Jouvenel).
Außenpolitische gewinnt der »Staat der Advokaten, Schriftsteller und Professoren« rasch an Ansehen.

1876 Republik. Wahlerfolg der großbürgerl. **Opportunisten** (Gambetta, Ferry, S. 385), bekämpft von den kleinbürgerl. **Radikalen** unter **Georges Clemenceau** (1841–1929).
Im Streit um freie Ministerernennung Auflösung der Kammer, aber der

1877 »Staatsstreich« MacMahons stärkt nur die Republikaner; seither parlamentarische Kabinettsbildungen nach der jeweiligen Kammermehrheit.

1879–87 Präs. Jules Grévy (1807–91) verfolgt eine Politik der »inneren Sammlung« mit laizistisch-antiklerikalen Reformen:

1880 Amnestie der »Communards«, Beschränkung kirchl. Orden (Jesuiten), 1881 Versammlungs- und Pressefreiheit; 1882 Verstaatl. der Volksschulen, 1884 Zivil-Ehe, lib. Munizipalordnung. Der Ärger über korrupte Politiker, Verlangen nach einer »starken Reg.« und Revancheforderungen der von Déroulède (1846–1914)

1882 gegr. Patrioten-Liga führen zum

1885 Wahlerfolg der Monarchisten. Kriegs-Min. **Georges Boulanger** (1837–91) sammelt Konservative, Radikale, Bonapartisten in der autoritär-nationalistischen Bewegung des

1886–89 Boulangismus. Ein republikan. Wahlsieg verhindert die Diktatur; Flucht Boulangers und Selbstmord in Brüssel.

1889 Pariser Weltausstellung (mit dem 300 m hohen Eiffel-Turm).

1892 Schutzzollpolitik; Leo XIII. empfiehlt Katholiken Zusammenarbeit mit der Rep.

1892/93 Panama-Skandal: Bankrott der von Lesseps gegr. Aktien-Ges. (S. 395), Einstellung des 1881 begonnenen Kanalbaues.

1894 Anarchisten-Attentat auf Präs. Carnot [seit 1887]: die **Sozialisten** organisieren sich in Syndikaten (S. 378), im

1895 Allg. Arbeiterverband (CGT), in der Rev. Arbeiterpartei (1890) bzw. in der Partei der Radikalsozialisten (1893). Der Kampf zwischen links und rechts in der

1894–1906 Dreyfus-Affäre spaltet die Nation. Gegen die militärgerichtl. Verurteilung des jüd. Offiziers Alfred Dreyfus (1859–1935) auf Grund gefälschter Dokumente (lebenslängl. Verbannung wegen Spionage) bildet sich der

1898 Bloc républicain: **Emile Zola** (›J'accuse‹, 1898), Clemenceau, der Sozialist Jean Jaurès (1859–1914 [ermordet]) fordern Wiederaufnahme des Verfahrens. – Charles Maurras (1868–1952) predigt »integralen Nationalismus« gegen Deutsche, Protestanten, Juden, gegen Romantik (Rousseau), Menschenrechte und Republik. Er gründet mit Léon Daudet (1867–1942) die nationalist.

1898 Action française und schürt dadurch den antiklerikalen Kurs der linksradikalen Gegner. Unter dem

1902–05 Kabinett Combes Aufhebung von Orden, Klöstern, Einziehung des Kirchengutes, Bruch mit dem Vatikan.

1905 Trennung von Kirche und Staat, durchgeführt von dem unabh. Sozialisten **Aristide Briand** (1862–1932) im

1906–09 Kabinett Clemenceau. Mit der Rehabilitierung von Dreyfus siegt die zivile Gewalt über die Armee. Ausbau der Sozialgesetze, aber autoritäres Vorgehen gegen Streiks. Das

1909 Kabinett Briand verspricht »Entspannung und Befriedung«, doch setzen sich die Radikalsozialisten durch. Unter

1911/12 MP. Caillaux deutsch-franz. Marokko-Abkommen (S. 361), aber antideutscher Nationalismus (Barrès) und Zerfall der Sozialisten in Ministerielle (Briand) und Einheitspartei (S.F.I.O., 1905 von Jaurès gegr.) begünstigen das konserv.

1912 Große Ministerium von **Raymond Poincaré** (1860–1934), [Staatspräsident 1913–20]. Der Revanche-Politik des »Vorbereitetseins auf den Krieg« stimmt Clemenceau zu, während der Pazifist Jaurès für Verständigung eintritt.

1913 Heeresverstärkung durch 3jähr. Dienstpflicht (Kabinett Barthou), bekämpft von den Sozialisten.
Wahlsieg der

1914 S.F.I.O.; nach Kriegsausbruch bemühen sich MP. Viviani und Poincaré um eine »Union Sacrée« aller Parteien.

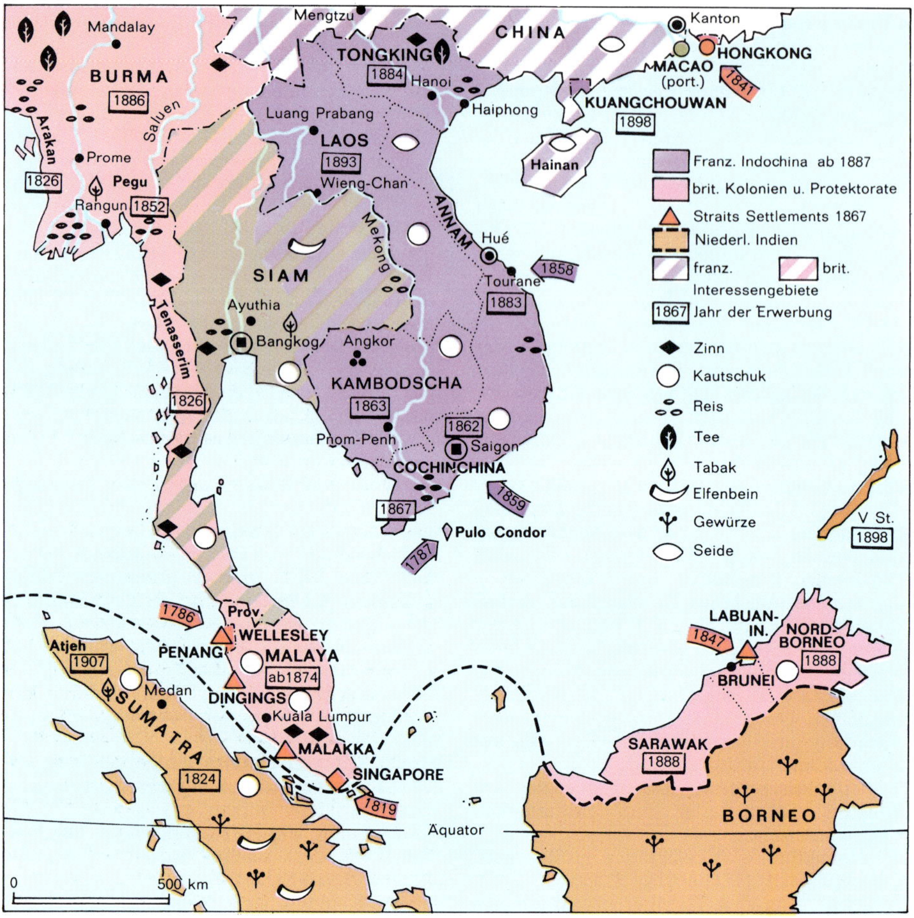

Hinterindien vor 1914

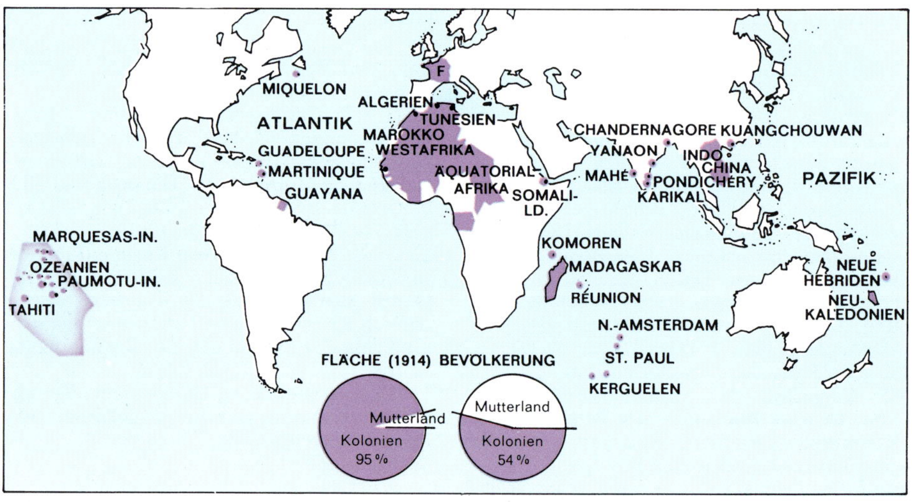

Das französische Kolonialreich vor 1914

Gründung des 2. Kol.-Reiches (1830–70)
Obwohl Kolonialpolitik wenig populär ist, fühlt sich die Nation seit Aufklärung und Franz. Rev. als Vorkämpfer europ. Kultur und Zivilisation. Assimilierung der farbigen Elite in den kolon. Restbesitzungen: Senegambien, Réunion, Miquelon, Guadeloupe, Guayana (1818), ind. Stützpunkte. – Zur Ablenkung innenpolit. Schwierigkeiten

1830 Besetzung von Algier, gesichert durch die 1831 gegr. **Fremdenlegion.** Das franz. Vordringen bekämpfen Berberstämme unter Emir ABD EL KADER. – Die ägypt. Prestigepolitik (THIERS) scheitert in der

1839–41 Orientkrise (S. 365). – Planlose Erwerbungen in Afrika (Gabun 1843/44) und Ozeanien (Marquesas-In., Tahiti 1842). Despot. regiert in **Algerien**

1840–47 Gen.-Gouv. BUGEAUD (1784–1849).

1844 Sieg im Isly-Fluß über den Sultan von Marokko; ABD EL KADER kapituliert 1847. »Frankreich jenseits des Meeres« wird zur franz. Kornkammer, der Anteil europ. Siedler steigt bis 1906 auf 13 Prozent der Bevölkerung. Gen. **Faidherbe** (1818–89) reorganisiert

1854–65 Senegal, gründet 1857 Dakar und bildet afrik. Truppen (Senegalesen) für Expeditionen in das Landesinnere aus. Pflege der Beziehungen zu **Ägypten,** das seit dem Bau des Suezkanals (S. 375) als franz. Protektorat betrachtet wird.

Annam: Der Kaiser steht nominell unter chin. Hoheit und wird religiös verehrt. Die polit. Macht üben die Verwalter von Tongking (TRINH-Dyn.) und Cochinchina (NGUYEN-Dyn.) aus. Im

1787 Vertrag von Tourange gewinnt NGUYEN ANH gegen die Insel Pulo Condor franz. Hilfe, die ihm die Herrschaft als Kaiser

1802–20 GIA LONG VON VIETNAM (Residenz Hué) einbringt. – Wegen Christenverfolgungen Flottendemonstration und

1858/59 Einnahme von Tourane und Saigon. 1862 Annexion der östl., 1867 der westl. Prov. von Cochinchina.

Kambodscha: Um das Restreich der Khmer kämpfen Siam und Annam. NORODON [1859–1904] erbittet franz. Schutz (1863).

Das »Empire français« (1871–1914)
Durch die Niederlage von 1871 empfindlich getroffen, verfolgen Reg., Generalität und Hochfinanz eine imperiale Politik zur Sicherung der franz. Geltung in Europa. Eine zentrale Kol.-Bürokratie erstrebt kulturelle Angleichung und milit. Rekrutierung der »farbigen Franzosen«. In Opposition stehen Kleinbürger und Radikale (CLEMENCEAU).

Wirtschaft: Schutzzölle (1892) begünstigen bäuerl. Landwirtschaft und Schwerindustrie (Briey, Nancy, Longwy). Infolge des Bevölkerungsstillstandes und geringer Kohlenförderung sinkt jedoch der Anteil an der Weltproduktion von Stahl und Eisen. Dagegen wird Frankreich durch seine Sparer (Rentner-Kapitalismus) zum »Bankier der Welt«. Kapitalanlagen im Ausland (Kolonien, Rußland) kontrollieren Großbanken. – Die neue Kolonialpolitik leitet

ab 1880 MP. Ferry ein. Die polit. Isolierung in Europa löst sich nach BISMARCKS Entlassung auf. Weitere Kolonialexpansion unter Präs. FAURE [1895–99].

Afrika: Bildung eines kol. Großreiches. Das

1881 Protektorat über Tunesien verstimmt Italien (S. 397); Ägypten geht an England verloren (S. 381). Von Algerien und Senegal aus Durchdringung der Sahara und »Pazifizierung« des westl. Sudans.

1904 Einrichtung des Gen.-Gouv. **Westafrika** (A.O.F.). – Die unblutige Erwerbung von **Äquatorial-Afrika** (Gen. Gouv. A.E.F., 1910) ist das Verdienst von **Brazza** (1852–1905), der Franz.-Kongo erforscht, Verträge mit afrik. Häuptlingen schließt und sich der Ausbeutung des Gebiets durch priv. Gesellschaften widersetzt.

1895/96 Unterwerfung und Annexion von **Madagaskar:** Gen. GALLIÉNI paßt das Kolonialregime dem Land an. – Der Plan einer Umfassung Ägyptens bzw. eines Sudanreiches führt zur

1898 Faschoda-Krise mit England (S. 361). Gen. KITCHENER verlangt den Abzug der franz. Expedition MARCHAND. Der verletzte franz. Nationalstolz fordert Genugtuung; doch ruft

1898–1905 AMin. Delcassé MARCHAND zurück und sucht einen Ausgleich.

1902 Geheimvertrag mit Italien über Tripolis (S. 83); Sudanvertrag 1899, Verständigung über Marokko bzw. Ägypten und

1904 Entente cordiale mit England (S. 361). Während der 1. Marokkokrise läßt MP. ROUVIER DELCASSÉ fallen.

1906 Konferenz von Algeciras: Deutsche Anerkennung der franz. »Ausnahmestellung« in **Marokko.** Besetzung von Fes und

1911 2. Marokkokrise, beigelegt im deutsch-französ. **Kongoabkommen.** Gen. **Lyautey** (1854–1934) reg. das Sultanat absolut, ohne polit. und soz. Strukturen anzutasten.

Indochina: Das 2. Zentrum des Empire wächst unter

1873–86 Kämpfen mit den »Schwarzflaggen« (Reste der chin. Taiping-Rebellen) und mit China um **Tongking.**

1883 Protektorat über Annam (Vertrag von Hué), das China im

1885 Frieden von Tientsin bestätigen muß.

1887 Indochines. Union. – Weitere Abrundungen auf Kosten von

Siam, das sich seit 1880 durch europ. Reformen zum modernen Staat umgestaltet.

1868–1910 Kg. CHULALONGKORN. Er erkennt das frz. Protektorat über **Laos** im

1893 Vertrag von Bangkok an. England und Frankreich garantieren die

1896 Neutralität Siams. Grenzfestlegung gegen Franz.-Indochina 1907.

Die koloniale Aufteilung Afrikas vor 1914

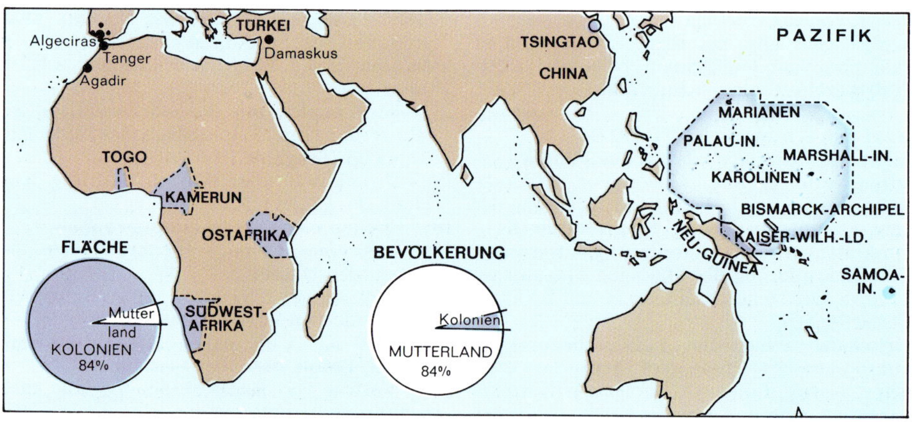

Die deutschen Kolonien vor 1914

Die Kolonialpolitik Bismarcks (1871–90)

1882 Gründung des Kolonialvereins (BENNIGSEN, ROHLFS) und der

1884 Gesellschaft für deutsche Kolonisation durch **Carl Peters** (1856–1918). Abschluß privater Verträge mit Eingeborenen in Süd- (LÜDERITZ, 1883), West- (WOERMANN) und Ostafrika (PETERS, Gf. PFEIL), in der Südsee (Haus GODEFFROY). BISMARCK scheut Wagnisse, die die europ. Politik gefährden könnten. Auf der

1884/85 Kongo-Konferenz in Berlin vermittelt er die Bildung eines neutralen Kongostaates unter Hoheit LEOPOLDS II. VON BELGIEN (S. 363) mit Handelsfreiheit für alle Nationen. – In Ausnutzung der günstigen Lage (brit.-franz. Bindung in Ägypten, Freundschaft mit Österreich, Italien, Rußland; Absprache mit Frankreich) läßt BISMARCK zögernd die »Flagge dem Handel« folgen. **Deutsche Schutzgebiete** werden:

1884 Deutsch-Südwestafrika: Vertragl. Abgrenzung gegen Angola 1886, zum Kapland 1890, Schutztruppen (1889) bekämpfen

1889–1906 Herero- und Hottentotten-Aufstände. 1907 Selbstverw.

1884 Kamerun, Togo: Reichskommissar **Nachtigal** gewinnt die brit. Anerkennung durch Aufgabe von Ansprüchen (Nigeria).

1884/85 Südsee-Kolonien: Kaiser-Wilhelm-Ld., 1880 von der Neu-Guinea-Ges. erworben; Marshall-In., Bismarck-Archipel.

1885 Deutsch-Ostafrika: Aufbau einer Schutztruppe (WISSMANN) mit Afrikanern (Askari) gegen aufständ. Araber 1889/90.

Das Streben nach Weltgeltung (1890–1914)

Wilhelm II. (S. 388) beansprucht für Deutschland einen »Platz an der Sonne« im kolonialen Wettlauf. Die Maxime »Weltpolitik als Aufgabe, Weltmacht als Ziel. Flotte als Instrument« wird geräuschvoll vertreten vom

1891 Alldeutschen Verband (HUGENBERG, S. 429) und beeinflußt vom Leiter der polit. Abt. des AA. **Friedrich von Holstein** (1837–1909). In Überschätzung der eigenen Kraft beginnt eine ziellos-schwankende Außenpolitik (Zick-Zack-Kurs).

Wirtschaft: Aufstieg zur stärksten europ. Industrienation; Außenhandel und Handelsflotte (Hamburg-Amerika-Linie: ALBERT BALLIN, 1857–1918) konkurrieren mit England, Schwer-, Elektro- und chem. Industrie konzentrieren sich in **Konzernen: Stinnes, Krupp, Stumm, Siemens, AEG, IG-Farben.** Die Überzeugung wächst, daß Industrie, Handel und Versorgung der Bevölkerung imperiale Politik verlangen.

1890–94 RK. Leo von Caprivi (1831–99) und ADOLF MARSCHALL VON BIEBERSTEIN, 1890–97 Leiter des AA., zeigen Skepsis.

1890 Sansibar-Vertrag: Der Tausch Sansibars gegen Helgoland unter Preisgabe Ugandas wird heftig kritisiert. Die

1890 Kündigung des Rückversicherungsvertrages entgegen den russ. Wünschen bahnt die franz.-russ. Verständigung an.

1895 Deutsch-russ. Vorgehen gegen Japan (S. 393) und vor allem die Krüger-Depesche (S. 381) verstimmen England. Dennoch glaubt **Bernhard v. Bülow** (1849–1929; seit 1897 Staatssekr., 1900–09 RK.) als Leiter der Außenpolitik »freie Hand« zu haben, Admiral **Alfred von Tirpitz** (1849–1930) begeistert Kaiser und öffentl. Meinung für seine **Flottenpolitik.** Das

1898 Flottenbauprogramm begründet er mit dem Risiko für mögliche Angreifer. Popularisierung durch den

1898 Flottenverein. – Risiko-Theorie und »Luxusflotte« (CHURCHILL) belasten zunehmend das deutsch-brit. Verhältnis.

Nahost-Politik: Besuche des Kaisers und seine

1898 Damaskus-Rede wecken brit. und russ. Mißtrauen. Die Deutsche Bank erwirbt Eisenbahnkonzessionen in der Türkei; ab

1903 Bau der Bagdad-Bahn.

Kolonialpolitik: Gemessen am Krafteinsatz nur geringe Erfolge.

1897/98 Besetzung von Tsingtao, Pachtvertrag mit China (S. 369).

1899 Ankauf der Karolinen, Marianen und der Palau-In. von Spanien. Teilung der Samoa-In. mit den USA; nach dem Boxeraufstand (S. 369) zur Sicherung der »offenen Tür« in China Yangtse-Abkommen mit England, doch scheitern die

1898–1901 Bündnisverhandlungen am brit. Zögern (SALISBURY) und an der Fehleinschätzung der polit. Lage (HOLSTEIN). BÜLOW besteht auf brit. Anschluß an den Dreibund im Glauben an Wahlfreiheit zwischen »russ. Bär und brit. Walfisch«. Die franz.-brit. Entente sucht er während der **1. Marokkokrise** zu sprengen.

1905 Tanger-Landung des Kaisers, der den Sultan zum freien Souverän erklärt. Die

1906 Algeciras-Konferenz offenbart die deutsche Isolierung. Die Verschärfung der dt.-brit. Flottenrivalität durch den Bau von Großkampfschiffen begünstigt den brit. Ausgleich mit Rußland (S. 391). – Prestigeerfolg in der

1908 Bosnischen Krise. Die »Nibelungentreue« zu Österreich beschränkt die Handlungsfreiheit. **Theobald von Bethmann Hollweg** (seit 1909 RK.) und AA. (KIDERLEN-WÄCHTER) suchen die Verständigung mit England (GREY), das sich aber nach

1911 Entsendung des Kanonenbootes »Panther« (Panthersprung) nach Agadir in der **2. Marokkokrise** auf die Seite Frankreichs stellt. Preisgabe Marokkos gegen frz. Abtretung von Neu-Kamerun. Zusammenarbeit mit England in den Balkankrisen, aber TIRPITZ torpediert die

1912 Ausgleichsverhandlungen mit Lord HALDANE in Berlin, da er Konzessionen in der Flottenfrage von einer brit. Neutralitätserklärung abhängig macht.

Die »Wilhelminische Ära« (1890–1914)
Wilhelm II. (1859–1941), geltungsbedürftig und unausgeglichen, ist überzeugt von einem myst. Gottesgnadentum. Nach BISMARCKS Entlassung (S. 355) bestimmt er, beeinflußt von Vertrauten wie PHILIPP ZU EULENBURG (1847–1921) den **»Neuen Kurs«**. – Reichsbürokratie (HOLSTEIN), staatstreue Politiker und Historiker (O. HINTZE, H. DELBRÜCK, FR. MEINECKE u.a.) kritisieren zwar das persönl. Regiment des Kaisers, tasten aber die »starke Monarchie« als »gesundes Erbe BISMARCKS« nicht an.
Der Wirtschaftsaufschwung überdeckt die Probleme:
1. **Finanz. Abhängigkeit des Reiches** von den Einzelstaaten;
2. **Lähmung der Reichspolitik** durch Verfassungsgegensätze. Während das Dreiklassen-Wahlrecht (S. 339) Preußen einen reaktionär-konserv. Kurs sichert, muß das Reich (allg. Wahlrecht) zunehmend auf nicht-konserv. Kräfte Rücksicht nehmen.
3. **Keine parlament. Verfassungsref.**: Von der polit. Verantwortung ausgeschlossen, neigen die Parteien zu Zersplitterung (Liberale), zu doktrinärem Denken (SPD) oder zum Opportunismus (Konservative).
4. **Militarist. Tendenzen,** gefördert durch die obrigkeitliche Beamtenstruktur des Reiches, bestimmen auch das zivile Leben.
5. **Verhinderung einer Demokratisierung:** Am Bündnis agrarischer, industr. und bürgerl. Besitzinteressen scheitern der Revisionismus innerhalb der SPD (S. 379) ebenso wie der 1896 von **Friedrich Naumann** (1860–1919) gegr. Nationalsoziale Verein und andere Versuche (MAX WEBER) zur Eingliederung der Arbeiter in den Staat.
6. **Ungeschickte preuß. Polen-(Ostmark-)Politik:** Unterdrückung poln. Proteste und Schulstreiks (1906), prodeutsche Ansiedlungs- und Enteignungsgesetze.

1890–94 RK. Leo von Caprivi (S. 387), preuß. MP. bis 1892, sucht einen korrekten Weg »über den Parteien«, gerät aber in Schwierigkeiten.
1890 Aufhebung der Sozialisten-Gesetze.
1890/91 Arbeiterschutz-Gesetze. Enttäuscht über die negative Reaktion der SPD (BEBEL), wendet sich der Kaiser von den »vaterlandslosen Gesellen« ab.
1891–94 Zollsenkungs-Politik durch Handelsverträge (besonders mit Rußland) gegen den Widerstand der »Agrarier«. Der
1893 Bund der Landwirte wandelt die Konservativen zur Interessenpartei ostelb. Großgrundbesitzer (OLDENBURG-JANUSCHAU). – Freisinnige, Zentrum und SPD verwerfen die Heeresvorlage. Trotzdem nach Auflösung des RT.
1893 Heeresverstärkung um 83000 Mann. Kritik BISMARCKS; seine
1894 (Schein-)Aussöhnung mit WILHELM II. brüskiert den RK.: er stürzt über die vom Kaiser gewünschte Repressions-Politik gegen die SPD (Anarchistengesetze). Innenpolit. Lähmung auch unter
1894–1900 Chlodwig Fürst zu Hohenlohe-Schillingsfürst (75 J.), bayer. MP. 1866–70, seit 1885 Statthalter von Elsaß-Lothringen. Umsturz- (1894) und »Zuchthaus«-Vorlage (1899) lehnt der RT. ab, Kämpfe um die Flottengesetze (S. 387).
1895 Eröffnung des Nord-Ostsee-Kanals. – POSADOWSKY, Staatssekr. des Inneren, leitet mit der Versicherungsreform (1899) eine neue Phase der Sozialpolitik ein.
1900 Einführung des Bürgerl. Gesetzbuches (BGB). – Protegiert von EULENBURG und HOLSTEIN, gewinnt
1900–09 RK. Bernhard von Bülow (1849–1929) die Sympathie des Kaisers und der Konservativen durch die
1902 Revision der Handelspolitik mit Einführung neuer Zolltarife; der »Brotwucher« bringt der SPD jedoch neue Stimmen. – Nach Ablehnung der Kolonialpolitik durch Zentrum und SPD seit
1906 konserv.-lib. »Block-Politik«, aber Spannungen, da die Liberalen eine Änderung des preuß. Wahlrechtes fordern. Die
1908 »Daily Telegraph«-Affäre (unqualifiziertes Interview des Kaisers über das deutsch-brit. Verhältnis) entfesselt Proteststürme in allen Parteien. Der mitschuldige Kanzler gibt den Kaiser der Kritik preis, dessen polit. Selbstbewußtsein zusätzlich durch Skandal-Enthüllungen des Journalisten MAXIMILIAN HARDEN aus dem kaiserl. Freundeskreis getroffen wird. BÜLOW stürzt über eine
1909 Niederlage in der Reichsfinanzref.
1909–17 RK. Theobald von Bethmann Hollweg (1856–1921), preuß. Innen-Min. seit 1905, erkennt die Problematik der Reichspolitik, doch fehlen ihm Entschlußkraft und Aktivität zu Änderungen.
1910 scheitert der Versuch, das preuß. Wahlrecht zu reformieren, an der starren Haltung der Konservativen. Die neue
1911 Verfassung für Elsaß-Lothringen, das innere Autonomie erhält, kommt zu spät.
1911 Reichs-Versicherungsordnung (RVO), die den Sozialschutz auf den Mittelstand ausdehnt.
1912 Aufstieg der polit. einflußlosen SPD zur stärksten Fraktion im RT. und Linksruck des Zentrums unter **Matthias Erzberger** (1875–1921 [ermordet]). – Die Grenzen ziviler Macht zeigt der
1913 Zabern-Zwischenfall: Die Volkserregung über Verspottung der Elsässer durch einen Offizier wird milit. unterdrückt, eine Interpellation des RT. ist wirkungslos.
1913 Heeresverstärkung auf 780000 Mann angesichts des allg. »Rüstungsfiebers« (S. 361). Die innere Zersetzung des Reiches wird nach Kriegsausbruch durch den
1914 »Burgfrieden« der Parteien zunächst aufgehalten.

Der Niedergang des Zarismus (1874–1914)
Die Erschütterungen der Reformära (S. 347), Industrialisierung und Verarmung der Bauern erzeugen permanente **rev. Gärung.** Wie HERZEN (S. 391) und Gf. **Leo Tolstoi** (1828–1910) vom myst. Glauben an den »einfachen Bauern« erfüllt, gehen die

Narodniki (Volkstümler) als Lehrer, Pfleger, Schreiber ins Volk, das ihnen aber mißtraut und an der kirchl. Lehre von gottgewollter Zarenautokratie festhält. – Einen wirksamen Kampf gegen Zarismus und soz. Ungerechtigkeit versprechen sich die

Nihilisten (nach TURGENJEWS Roman ›Väter und Söhne‹, 1862) von BAKUNINS Anarchismus (S. 391). TSCHERNYSCHEWSKI in

1863 ›Was tun?‹, TKATSCHOW (1844–85) u.a. durchdenken Theorie und Taktik des Umsturzes durch Terror (übernommen von LENIN), Geheimbünde wie »Land und Freiheit« (1877) und »Volkswille« (1879) verteilen Flugblätter, organisieren Kampfgruppen, Sabotageakte und Attentate.

1877–81 Nihilistenprozesse: Verbannungen und Todesurteile verstärken den Radikalismus und die Unsicherheit der Justiz.

1878 Attentat und Freispruch der VERA SASSULITSCH (1851–1910);

1881 Ermordung ALEXANDERS II.

Sozialisten: Gegen Terrormethoden wendet sich **Plechanow** (1856–1918), der den Marxismus einführt und die erste

1883 sozialdemokrat. Gruppe »Befreiung der Arbeit« gründet.

1881–94 Alexander III. steht unter dem Einfluß seines Lehrers POBEDONOSZEW (1827–1907), der eine absolute Autokratie errichtet. Die

1881 gegr. **Ochrana** (polit. Polizei) kontrolliert mit Hilfe eines Agenten- und Spitzelsystems Schulen, Universitäten, Presse und Justiz. Bauern und Arbeiter bleiben dem Großgrundbesitzer und Industriekapital ausgeliefert. Scharfe Russifizierung in den Grenzgebieten; in

1881/82 Judenpogromen (S. 341) macht sich die allg. Unzufriedenheit Luft.

1894–1917 Nikolaus II. hält am Bund von Autokratie und Orthodoxie fest. Das Moskauer Krönungsfest endet mit über tausend Toten in der

1896 Katastrophe auf dem Chodynkafeld. Unruhen in Finnland, Polen, der Ukraine und im Baltikum gegen die Russifizierung; Streiks, Sozial- und Agarrevolten. Die Polizei zerschlägt die in Minsk gegr.

1898 Soz.-Demokrat. Arbeiter Partei (SDAPR), die sich im Ausland neu sammelt. In Schriften und der Zeitung **›Iskra‹** (Funke, 1900) verbreitet **Wladimir Iljitsch Uljanow, gen. Lenin** (1870–1924) seine rev. Ideen (S. 407). Der in Simbirsk geb. Rechtsanwalt agitiert für die Befreiung der Arbeiterklasse, studiert in sibir. Verbannung den Marxismus und lebt von 1900–1905 in der Emigration (London, München, Genf).

1902 Innen-Min. PLEHWE (1846–1904) beseitigt die Reste einer Selbstverw., durchsetzt die von TSCHERNOW (1876–1952) und SAWINKOW (1879–1922) geführten

1902 Sozialrevolutionäre (SR) mit Spitzeln (ASEF) und will ihren Terror mit Arbeitervereinen »von oben«, u.a. des Priesters GAPON (1873–1906 [ermordet]) auffangen (Polizei-Sozialismus).

1903 Judenpogrome (Kischinew). – Im

1903 »Bund der Befreiung« (Konstitutionelle Demokraten = KD = **»Kadetten«**) organisiert sich das Bürgertum. – In Brüssel und London

1903 Zweiter Kongreß der SDAPR: Spaltung in **Menschewiki** (Minderheitler), die als »legale Marxisten« die Entwicklung des Kapitalismus und des Proletariats abwarten wollen (MARTOW, PLECHANOW, **Leo Bronstein, gen. Trotzki,** 1879–1940 [ermordet]), und in **Bolschewiki** (Mehrheitler) unter **Lenin,** der die Diktatur des Proletariats durch eine Elite-Partei auch für das agrar. Rußland fordert. Der

1904/05 »Kleine Krieg gegen den jap. Zwerg« (S. 391) löst die

1905 erste russ. Revolution aus: In Petersburg schießt am

9. [22.] Jan. »Blutigen Sonntag« Militär einen Petitionszug GAPONS zum Zaren zusammen; darauf Streiks und Revolten in ganz Rußland, Meuterei in Odessa (Panzerkreuzer »Potemkin«) und der Garnison in Kronstadt. Die Bolschewiki beschließen in London den bewaffneten Umsturz, Bildung von Arbeiterräten (Sowjets) u.a. durch LENIN und TROTZKI; nat. Aufstände in Finnland und Polen. Der Zar verspricht im Aug. eine **Duma** (Parlament) und erläßt im

Oktobermanifest eine von WITTE (S. 391) ausgearbeitete Verfassung. Generalstreik und Dezemberaufstand in Moskau werden milit. gebrochen. Reaktion und Polizei gewinnen in der

1906–17 Ära des Scheinkonstitutionalismus unter

1906 MP. Stolypin (1862–1911 [ermordet]) wieder die Oberhand (Standgerichte). Ein Reichsrat tritt neben die 1. lib. »Duma der Volkshoffnung«. – Zur Bildung eines bäuerl. Mittelstandes (Kulaken) bzw. zur Hebung der Kaufkraft

1906/10 Agrarreformen. Durch Auflösung des Mir-Systems (S. 347), Flurbereinigung und Siedlungsprojekte (Sibirien) wächst das ländl. Proletariat; die Einflüsse der sozialist. Parteien in der

1907 2. »Duma des Volkszorns« werden stärker. Nach einer Wahlrechtsänderung

1907–12 3. »Duma der Herren, Popen und Lakaien«, permanente Unruhen und Streikwellen, starke Auswanderung nach Übersee (Polen) und Deutschland (Balten).

Den Zarenhof beherrscht als Wundertäter und »Gottesmann« der sibir. Bauer **Rasputin** (1872–1916 [ermordet]).

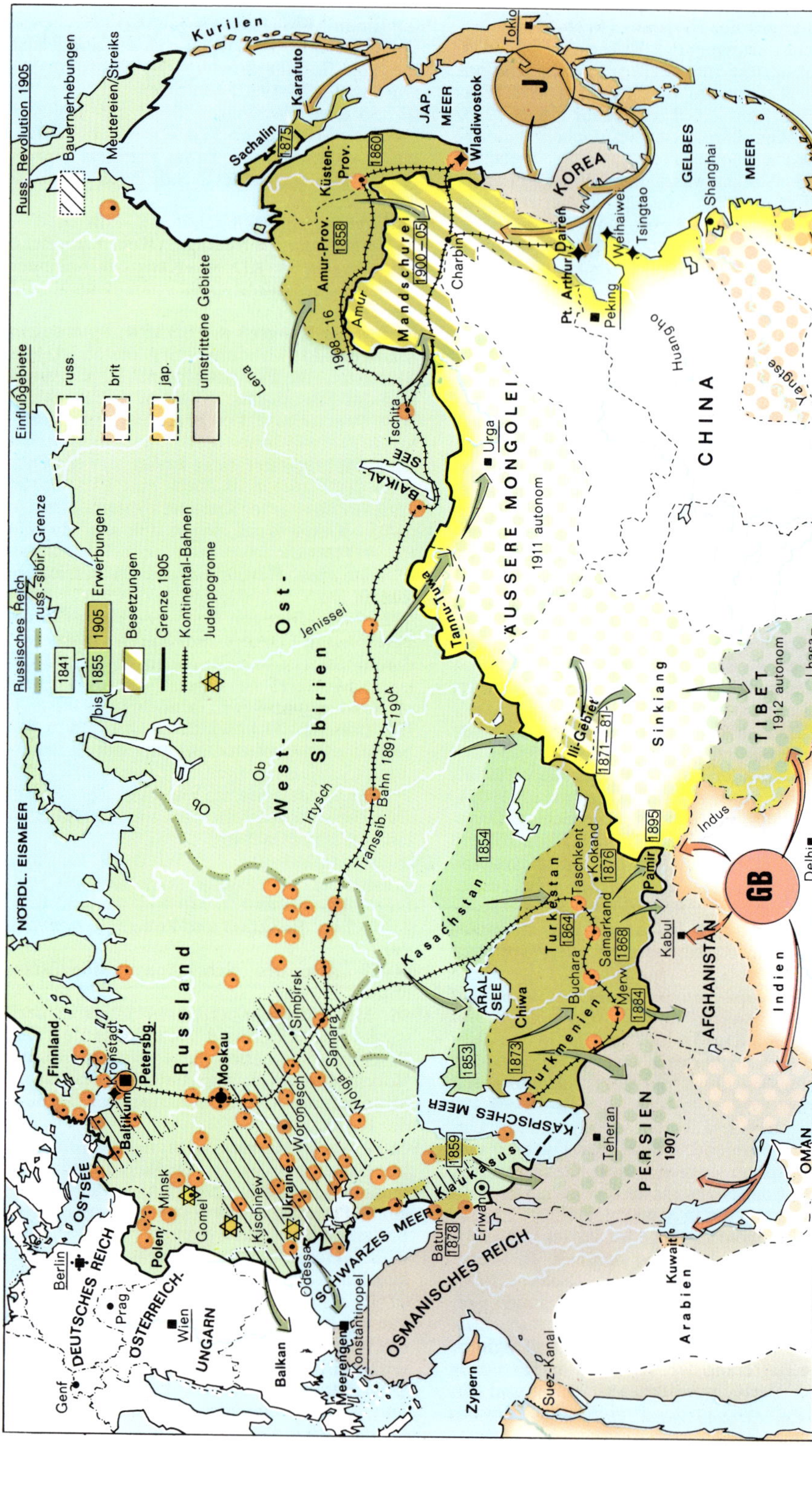

Rußland vor 1914

Die russ. Expansion in Asien (19. Jh.)
Antriebe liegen im Machtwillen des Zaren, in der »Jagd nach einer Grenze« im geograph. ungegliederten Zentralasien und seit PETER D. GR. im Wunsch, durch eisfreie Häfen Zugang zu den Weltmeeren zu finden.

Naher Osten: Das Streben nach **Beherrschung der Meerengen** verbindet sich mit dem relig. Sendungsbewußtsein, Konstantinopel und die griech.-orth. »Brudervölker« auf dem Balkan von türk.-islam. Herrschaft zu befreien. Versuchc (1828/29, S. 323; Krimkrieg, S. 347; 1877/78, S. 359) scheitern am brit. oder österr. Einspruch.

1878 Berliner Kongreß (S. 359): Abkühlung der russ.-dt. Freundschaft.

Mittlerer Osten: Seit NIKOLAUS I. (S. 347) schiebt sich die Grenze gegen Persien, Indien und China vor.

1830–59 Kleinkriege gegen kaukas. Bergvölker. Das gute Verhältnis zu Preußen verschafft der russ. Außenpolitik unter Fs. **Gortschakow** (1789–1883) Rückendeckung in Europa; mit der

1864 Annexion von Turkestan nimmt die brit.-russ. Rivalität zu.

Ferner Osten: Mit China Verträge zur

1858 Abtretung des Amurgebietes und 1860 der Küsten-Prov.;

1860 Gründung des Hafens **Wladiwostok.** – Gegen England richtet sich der

1867 Verkauf Alaskas an die USA (S. 395).

1875 Erwerb Sachalins gegen Abtretung der Kurilen an Japan.

Imperialismus und Balkanpolitik (1878–1914)
Wirtschaft: Industrialisierung seit 1881; aus milit. Gründen Ausbau des Bahnnetzes:

1883–86 Transkaspische-; 1891–1904 **Transsibirische Bahn.**

1892–1903 Finanz-Min. Gf. **Witte** (1849–1915) verwandelt Rußland in ein »Treibhaus des Kapitalismus«. Die in Großbetrieben konzentrierte Schwerindustrie entwickelt sich bes. durch frz. Kapital (Revancheanleihen) in amerikan. Tempo. Zu geringe Kaufkraft und Staatsschulden zwingen zum Export (z.B. 1891 von Getreide trotz Hungersnot); die Gewinne fließen ins Ausland ab; Rüstungsaufträge fangen Krisen (1899–1903) auf. Das riesige kirchl. Vermögen liegt brach; die befreiten Bauern sind hoffnungslos verschuldet. Zu geringe Landzuteilung, Steuern, Bevölkerungsanstieg (98 Mill. 1880; 175 Mill. 1914) bewirken die Bildung eines **Proletariats.**

Russ. Messianismus: In literar. Zirkeln der Universität Moskau wird über Aufgaben und Sinn Rußlands (S. 347) diskutiert; es bildet sich ein russ. Sendungsbewußtsein:

Westler: BELINSKI, TSCHAADAJEW, SOLOWJEW fordern Übernahme westl. Technik, polit. Einrichtungen, lib. und sozialist. Ideen. Der Anarchist **Michail Bakunin** (1814–76) glaubt an eine bessere Zukunft nach Zerstörung staatl. und kirchl. Autorität. Er flieht aus sibir. Verbannung und trifft in London MARX und den russ. Emigranten **Alexander Herzen** (1812–70), dessen 1857 gegr. Blatt ›Kolokol‹ auf die öffentl. Meinung in Rußland wirkt. Enttäuscht von europ. »Krämer-Religion« und Profitsucht, sieht HERZEN im Mir-System (S. 347) Keime zu moral. Gesundung.

Slawophile: Heil und Erlösung von abendl. Egoismus erwarten CHOMJAKOW, **Konstantin Aksakow** (1817–60) u.a. von Rechtgläubigkeit, Intuition und Leidensfähigkeit der russ. Seele.

Panslawisten: MICHAIL POGODIN (1800–75) verbindet slawophiles mit westlichem Denken zur Idee einer polit. Einigung aller Slawen. Auch **F. M. Dostojewski** (1821–81) vertritt auf dem

1867 2. Panslawist. Kongreß in Moskau diese Überzeugung. Als neues Evangelium verkündet **Nikolai Danilewski** (1822–85) in

1871 ›Rußland und Europa‹ den Niedergang des dekadenten Europa, dessen Führung dem moral. überlegenen Rußland zufallen wird. – **Michail Katkow** (1818–87) propagiert in den ›Moskauer Nachrichten‹ einen autokrat. **Panrussismus,** dem die öffentl. Meinung zuneigt. – AMin. NIKOLAI GIERS [1882–95] hält jedoch am

1881 Dreikaiserbündnis fest. Erst nach

1890 Kündigung des Rückversicherungsvertrages kommt es zur Verständigung mit Frankreich (Zweibund, S. 361).

Ostasien: WITTE treibt zu imperialist. Wirtschaftsexpansion, warnt aber wie der Kriegs-Min. KUROPATKIN [1898–1904] vor polit. Abenteuern gegen Japan.

1896 Intervention zugunsten Chinas, das dafür Bahnkonzessionen vergibt.

1898 Pachtvertrag über **Port Arthur;**

1900 Besetzung der Mandschurei (Boxeraufstand). In Überschätzung der eigenen Kräfte Provokation jap. Interessen in Korea. Der

1904/05 Russ.-Jap. Krieg (S. 393) erschüttert des innere Gefüge des Zarismus (S. 389).

1905 Friede von Portsmouth/USA. WITTE erreicht maßvolle Bedingungen (Verzicht auf Korea, Port Arthur, Süd-Sachalin). Der

1905 Defensiv-Vertrag von Björkö zwischen WILHELM II. und NIKOLAUS II. bleibt ohne Wirkung.
AMin. ISWOLSKI [1906–10] beendet die russ.-brit. Rivalität durch das

1907 Abkommen über Persien (S. 365), schwenkt auf eine **Balkan- und Meerengenpolitik** zurück, unterstützt den serb. Panslawismus (S. 359), trifft auf eine verstärkte österr.-ung. Balkan-Aktivität (AMin. AEHRENTHAL) und erleidet in der

1908 Bosnischen Krise (S. 399) eine Niederlage. AMin. SASONOW [1910–16] entgleitet die polit. Führung in den

1912/13 Balkankriegen.

1912 Flottenkonvention mit Frankreich.

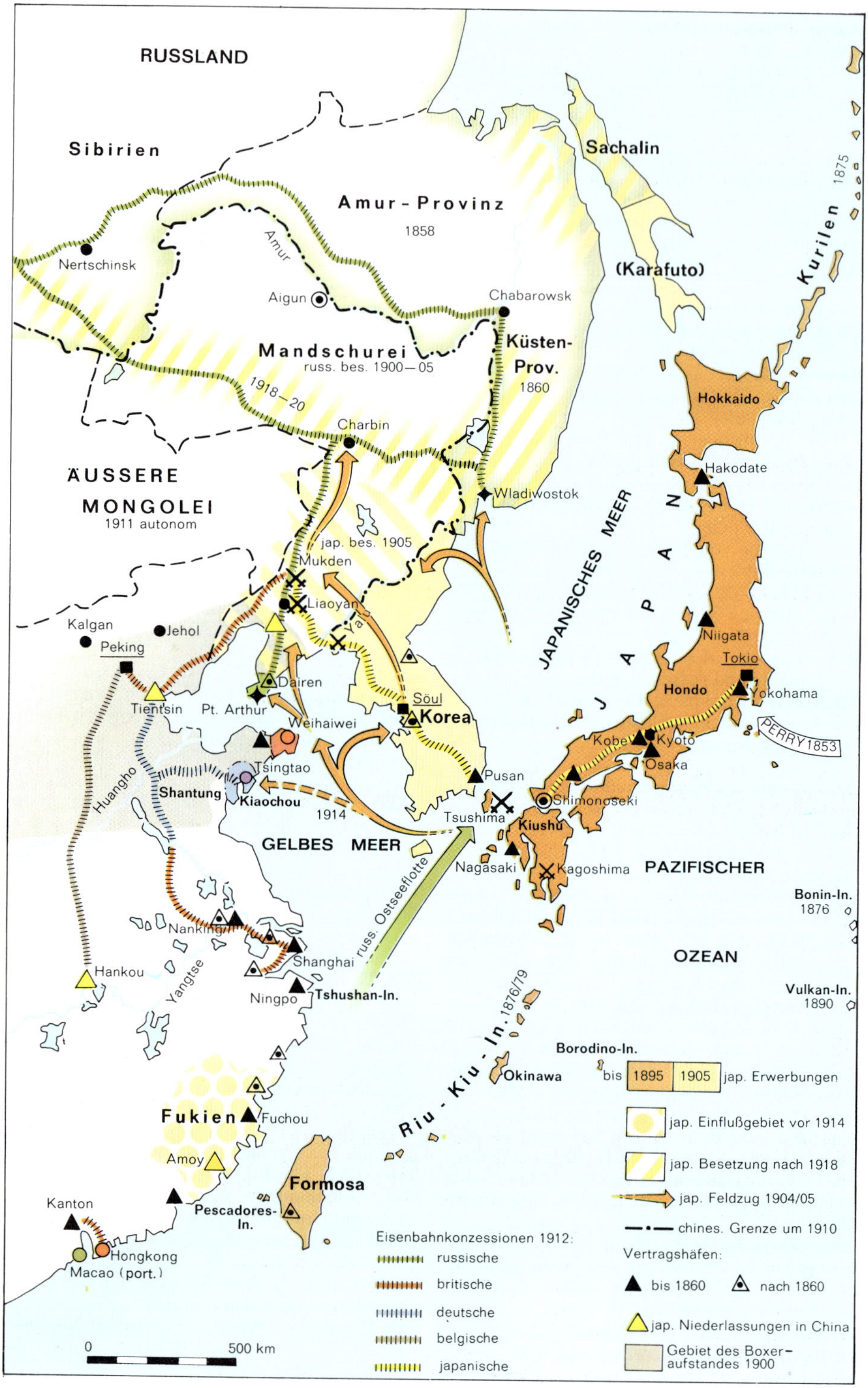

Die japanische Expansionspolitik seit 1875

Das europ. Interesse für Japan erwacht mit ENGELBERT KAEMPFERS Bericht über seine Japanreise (1690–92). Walfänger wünschen Kohle- und Wasserstationen in jap. Häfen; seit 1804 vergebl. russ. und amerik. Versuche bis zur endgültigen

1854 Öffnung Japans: Commodore PERRY kreuzt vor Tokio auf und erzwingt für die USA den

1854 Vertrag von Kanagawa (bei Yokohama) mit Konzessionen (Zölle, eigenes Gericht, Beamte) für zwei Häfen. Handelsverträge mit europ. Mächten folgen; fremdenfeindl. Reaktionen führen zu Demütigungen (Beschießung jap. Häfen). Das Shogunat verliert sein Ansehen.

1867 Abdankung des letzten Shoguns KEITI.

Die Meiji-Ära (1868–1912)

1867–1912 MUTSUHITO. Während der »erleuchteten Regierung des Kaisers« **(Meiji Tenno)** entsteht das moderne Japan. Es erkennt, daß sein Bestand gefährdet ist, solange es sich nicht Europa anpaßt. Der Wandel vollzieht sich in Abschnitten:

1. Die Überwindung der alten Feudalstruktur: Die südl. Daimyos übertragen ihre Macht freiwillig dem Kaiser, der das »Programm der Neuen Ära« (1869) verwirklicht.

1871 Abschaffung der Feudalordnung; Ersetzung der Lehen durch neue Verw.-Bezirke; Staatspensionen zur Abfindung des Adels. Aufhebung des Ausreiseverbots; staatl. Förderung des Auslandsstudiums; Berufung europ. Berater.

1872 allg. Wehrpflicht und Neuorganisation des Heeres nach franz. und preuß. Vorbild; allg. Schulpflicht; Polizei-, Presse-, Rechts-, Post-, Eisenbahn-, Gesundheits- und Finanzwesen (Yen-Währung nach dem amerik. Münzsystem; Gründung der Bank von Japan). – Die Aufhebung der Samurai-Pensionen und des alten Schwertrechtes treibt die Opposition zum letzten

1877 Aufstand unter SAIGO TAKAMORI. Auflösung der Samurai-Kaste nach der Niederlage bei Kagoshima.

2. Die innere Verarbeitung der Reformen: In der neuen Bürokratie bilden sich Gruppen (Clans): die konserv. Militärpartei (Teiseito) lehnt westl. Einflüsse ab; sie hält ein Übergreifen auf das Festland für dringender als soz. und wirtschaftl. Reformen. – Die Fortschrittspartei (Kaishinto) verfolgt zwar auch die Ausweitung des Wirtschaftsraumes, aber erst nach westl. Reformen. – Die radikale Partei (Siyuto) fordert eine parlament. Ordnung, die sich aber weder gegen den »Rat der alten Staatsmänner« (Genro: die »unsichtbare Macht hinter dem Thron«) noch gegen das Gottkaisertum des Tenno richtet.

1878 Einrichtung von Prov.-Parlamenten.

1884 Bildung eines Oberhauses aus Mitgl. des Hofadels (Kuge) und der Daimyo-Familien, die neue Adelstitel in 5 Rangstufen erhalten.

1885 Einberufung des ersten vom Kaiser ernannten Ministeriums, 1888 des Geh. Staatsrates (Sumitsuin). Fs. **Ito Hirobumi** (1841–1909) entwirft die neue

1889 Verfassung (konst. erbl. Monarchie) mit unabsetzbarem Kaiser als Spitze der Staatsgewalt, Ober- und Abgeordnetenhaus (je 300 Mitgl.), Selbstverw. der Städte und Gemeinden nach preuß. Muster. Die polit. Macht liegt weiterhin bei den großen Familien-Clans. Sie prägen die um 1900 gegr. Seiyukai-Partei (ITO) und die Kenseihonto-Partei.

3. Aufstieg zur imperialen Großmacht: Ein starker Bevölkerungsanstieg (1867/26 Mill.; 1913/52 Mill.) fördert die Industrialisierung.

Der Anschluß an die Weltwirtschaft gelingt schneller als erwartet. Familientrusts (u. a. die MITSUI, YASUDA, SUMITOMO) kontrollieren Industrie, Handel, Banken. Ihr Interesse richtet sich auf auswärtige Rohstoffe (Kohle) und Absatzmärkte.

Imperiale Ziele verfolgt der CHOSHU-Clan (Armee) und der SATSUMA-Clan (Marine); ihrem Wettstreit ist die Reg. ausgeliefert.

1875 Abkommen mit Rußland über Sachalin (russ.) und die Kurilen; 1876 Besetzung der Bonin- und Riu-Kiu-In. Das Eingreifen jap. und chin. Truppen im koreanischen Tonghak-Aufstand veranlaßt den

1894/95 chin.-jap. Krieg. Die überlegenen jap. Streitkräfte erobern u. a. Dairen, Weihaiwei, Shantung, Söul.

1895 Friede von Shimonoseki: China tritt Formosa und die Pescadores-In. ab, leistet Kriegsentschädigung und erkennt die Unabhängigkeit Koreas an (1897 Ksr. unter russ. Schutz). Ab

1895 Aufbau einer Kriegsflotte (4 Panzerkreuzer, 8 Schlachtschiffe); Teilnahme am Boxeraufstand (S. 369). Dem russ. Vordringen in Ostasien begegnet das

1902 Schutzbündnis mit Großbritannien. Versuche zur Interessenabgrenzung in Korea und der Mandschurei enden im Überfall auf Pt. Arthur: Vernichtung der russ. Ostasien-Flotte.

1904/05 Russ.-Jap. Krieg. Führungsmängel und innenpolit. Schwächen (S. 391) erschweren die russ. Kriegführung. Die jap. Armeen zwingen Pt. Arthur zur Kapitulation, besetzen Korea, stoßen in die Mandschurei vor.

1905 Sieg bei **Mukden** zu Lande, bei **Tsushima** zur See: Adm. TOGO vernichtet die veraltete russ. Ostsee-Flotte nach ihrer Fahrt um die halbe Welt.

1905 Friede von Portsmouth/USA: Japan gewinnt Süd-Sachalin (Karafuto), Pt. Arthur, dazu das Protektorat über Korea und die Süd-Mandschurei. Es wird als **neue Großmacht** internat. anerkannt:

1907 Freundschaftsverträge mit Frankreich und Rußland; die USA beschränken die jap. Einwanderung.

1901 Annexion Koreas (Chosen).

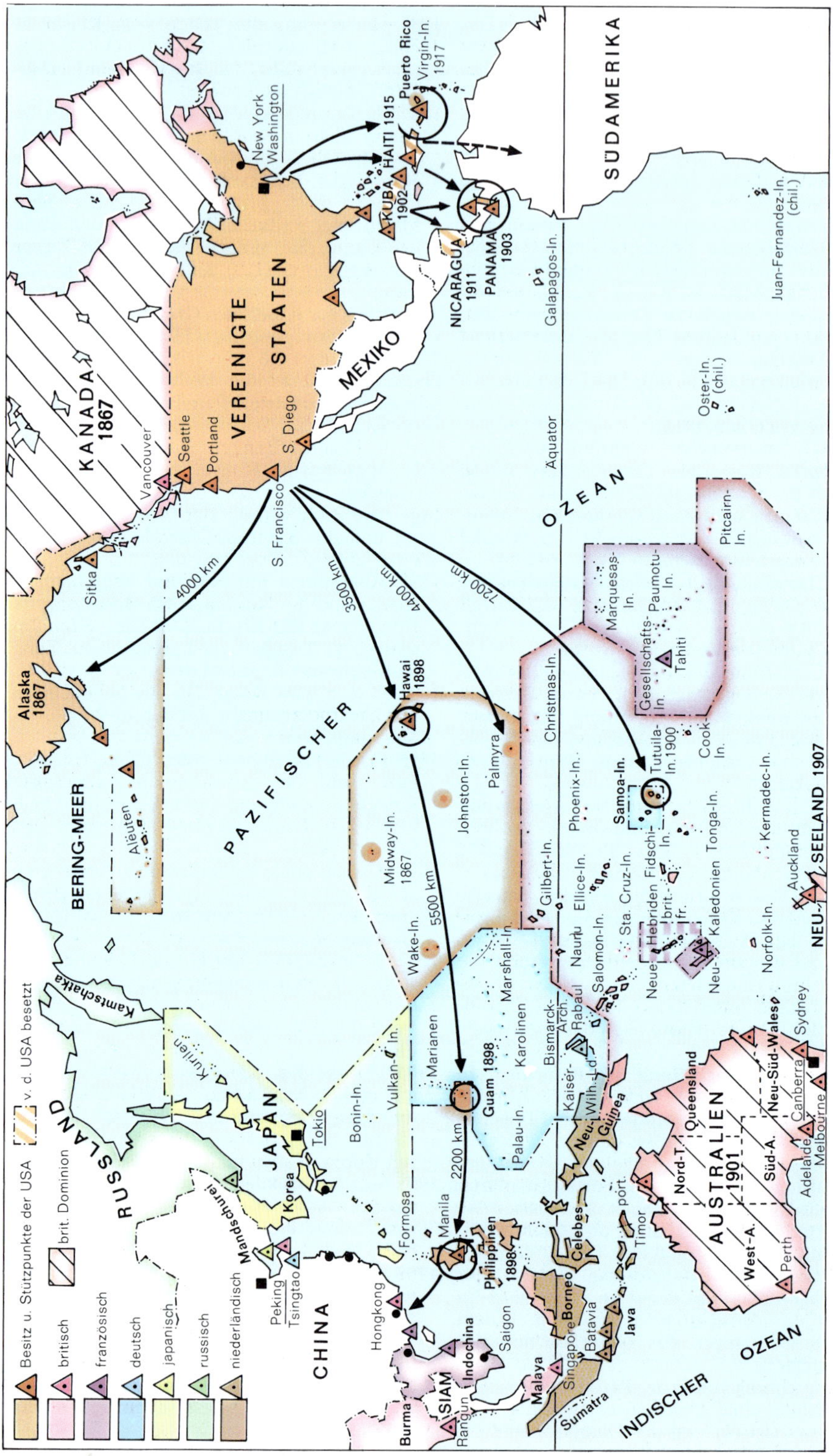

Die Expansionspolitik der USA seit 1867

»Reconstruction-(Wiederaufbau-)Periode«

1865–69 Andrew Johnson setzt die gemäßigte Politik LINCOLNS fort, wird aber von radikalen Republikanern zu einem Machtkampf gedrängt, der bis zu seiner Anklage wegen Hochverrats führt. Die Neger erhalten 1868 das Bürger-, 1870 das Wahlrecht. Unter

1869–77 Präs. Grant erleben die USA ihre dunkelste Korruptionsperiode. – Eine Militärdiktatur über die »Rebellen« des Südens (bis 1877) schützt Agenten aus dem Norden (»Carpetbaggers«), die fragwürdige Reg. bilden, Farbige aufwiegeln und öffentl. Gelder vergeuden. Die Pflanzer leiden unter Steuer- und Schuldenlasten. Gegen die Anarchie greifen sie zur Selbsthilfe (Geheimbünde: Ku-Klux-Klan, Lynchjustiz). Wahlrechtsklauseln (Intelligenztests) und Rassentrennung degradieren die Neger wieder. – Die abgespaltenen Liberal-Republikaner (CARL SCHURZ) wenden sich zwar gegen die Verfilzung von Geschäft und Politik, doch können die Präs. HAYES, GARFIELD, ARTHUR, CLEVELAND

1877–89 das »Beutesystem« nur langsam abbauen. Seit dem Civil Service Act (1883) Eignungsprüfungen für Beamte.

Aufstieg zur wirtschaftl. Großmacht

Staatl. Ohnmacht fördert zwar Profitgier und Gangsterunwesen, aber auch Mut zum Risiko, Energie und Privatinitiative. Trotz Krisen (1873, 1907) Expansion der Industrie, Technik, Wirtschaft und des Kapitals. Von 1860 bis 1914 wächst die Bevölkerung von 31,3 auf 91,9 Mill. bei 21 Mill. Einwanderern. Die Arbeiterzahl steigt um 700, die Produktion um 2000, das Investitionskapital um 4000 Prozent. In der Produktion von Eisen, Kohle, Erdöl, Kupfer, Silber stehen die USA an der Spitze; Dampfkraft weicht der Elektrizität; Schutzzölle begünstigen Monopolbildungen. Aus oft kleinsten Anfängen entstehen Trusts und Riesenkonzerne der »Big-Business-Könige« ASTOR (Pelzhandel), **John Rockefeller** (Standard Oil), CARNEGIE (Steel Corp.), **Morgan,** VANDERBILT (Eisenbahn-Ges.) u.a. – 1913 verdienen 2% Amerikaner 60% des Volkseinkommens; MORGAN und ROCKEFELLER allein kontrollieren 20% des Volksvermögens (341 Großunternehmungen mit 22 Milliarden Dollar Kapital).

Trotz Gefährdung von Gleichheit (Rassendiskriminierung) und Freiheit (Kapitalkonzentration) macht die allg. Demokratisierung Fortschritte. Massengüter heben den Wohlstand; Industriemagnaten stiften Universitäten, Museen, Fürsorgeeinrichtungen. Arbeiterorganisationen (American Federation of Labor [A.F.L.], 1886; Industrial Workers of the World [I.W.W.], 1905) führen harte Lohnkämpfe (über 1000 Streiks jährl.). Die Reg. nimmt den Kampf gegen Monopole und Ausbeutung auf.

1901–09 Theodore Roosevelt reformiert Verwaltung und Eisenbahntarife.

1909–13 Taft setzt Antitrust-Gesetze durch.

1913–21 Woodrow Wilson verkündet ein Programm der »Neuen Freiheit«, baut Schutzzölle ab, führt progressive Steuern ein und drängt Trusts weiter zurück.

Der Eintritt in die Weltpolitik

1891 Aufhebung des Heimstätten-Gesetzes (S. 373), damit Ende des Binnenimperialismus. Finanz- und Wirtschaftskreise beeinflussen die Außenpolitik. Die neue imperiale Machtpolitik wird wegen der öffentl. Meinung moral. kaschiert und vor allem mit wirtschaftl. Mitteln **(Dollarimperialismus)** betrieben. Der

1867 Ankauf Alaskas von Rußland für 7,2 Mill. Dollar stößt noch auf Kritik (Pelzhandel und Goldfunde bringen 1913 81 Mill. Dollar Gewinn). Im

1895 Kubanischen Aufstand gegen Spanien, unterstützt von amerik. Freiwilligen, bearbeitet die Pulitzer- und Hearst-Presse die öffentl. Meinung so, daß der »Maine-Zwischenfall« von Habana (Explosion eines amerik. Kriegsschiffes) den

1898 Krieg mit Spanien auslöst (Besetzung Kubas). Im Frieden von Paris gewinnen die USA Guam und Puerto Rico. Den Streit zwischen Imperialisten und ihren Gegnern (CARL SCHURZ) um Hawai und die Philippinen entscheidet MCKINLEY [1897–1901] nur zögernd zugunsten einer Annexion unter Verweis auf gleiche jap., russ. und deutsche Absichten. **Th. Roosevelt, Taft** und **Wilson** bekennen sich dagegen voll zur imperialen Politik.

Unter Interventionsdrohungen werden Kapitalinvestitionen zu Finanzprotektoraten über Mittel- und Südamerika ausgebaut (Big-Stick-Politik).

1910 Gründung der Panamerik. Union.

Die guten Beziehungen zu Deutschland (1889 Streit um Samoa, seit 1899 geteilt; Handelskonkurrenz) und Rußland (Betonung der Politik der »offenen Tür« in Ostasien, S. 369; Vermittlung im Russ.-Jap. Krieg, S. 393) kühlen sich ab. Anders entwickelt sich das Verhältnis zum traditionellen brit. Gegner. Im Ringen um die **Panamakanal-Frage** sieht der

1850 Clayton-Bulwer-Vertrag noch einen internat. Kanalbau vor. Die von LESSEPS (S. 383) 1879 gegründete Panama-Gesellschaft endet durch Skandale. Im

1895–97 Venezuela-Grenzstreit mit Brit.-Guayana beugt sich England der amerik. Forderung nach einem Schiedsgericht. Beginn der brit.-amerikan. Annäherung. Der Kanalbau wird den USA überlassen (1901), die Grenze zwischen Alaska und Kanada festgelegt (1903). – Eine von den USA provozierte

1903 Rev. in Panama löst das Land von Kolumbien. Nach 10jähr. Bauzeit

1914 Eröffnung des Panamakanals.

Das italienische Kolonialreich 1914

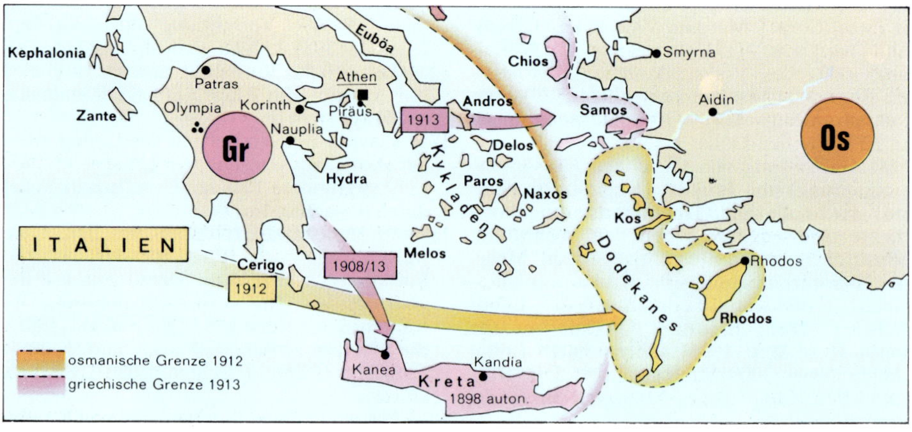

Die Ägäis vor 1914

Nach der Einigung Italiens folgt eine Periode der Erschöpfung. Traditionen und Personen der bürgerl. Parteien (Radikale, Links- und Rechtslib.) sind wichtiger als Programme, verwischt durch das System des »Trasformismo« (»Überformung« der Opposition durch Mitbeteiligung, Bestechung, Terror). – Seit

1876 linkslib. Regierungen (Kabinett DEPRETIS). Unter Opfern Förderung von Landwirtschaft, Industrie, Armee und Flotte, deshalb ständige Haushaltsdefizite und Neigung zur Flucht vor inneren Nöten in die Irredenta-Politik (S. 351):

1878 Gründung des Bundes »Italia Irredenta«.

1879 Volksschulpflicht (Kinder von 6–9 J.).

1882 Wahlrechtserweiterung (auf ca. 20% der männl. Bevölkerung, da an Schulzeugnisse gebunden).

Die Ära der »Großen Politik« (1882–1900)

1878–1900 HUMBERT I. – Aus Besorgnis über die franz. Besetzung von Tunis (S. 385)

1882 Beitritt zum Dreibund (S. 361), der jedoch belastet ist durch Irredenta-Ansprüche an Österreich (Südtirol, Istrien, Adria). Das franz. Vorgehen in Nordafrika verleitet seit

1887 MP. Crispi (S. 351) zu kol. Expansion unter Anlehnung an den Dreibund und Unterdrückung nat. Irredenta-Wünsche. – Gegen abess. Widerstand

1887–90 Erweiterung Massauas (1885) zur Kolonie **Eritrea.**

1889 Vertrag von Uccialli: **Abessinien** wird Protektorat, MENELIK II. als Negus anerkannt (S. 375).

1889 Annexion von **Ital. Somaliland.** – In Überschätzung der Kraft Italiens beginnt CRISPI nach Aufkündigung des Protektorats-Vertrages durch MENELIK II. den

1894 Krieg gegen Abessinien.

1896 Niederlage von Adua: Auslösung einer schweren Krise: Sturz CRISPIS. Der Plan eines abess. Kol.-Reiches wird im Vertrag von Addis Abeba aufgegeben. Angestrebt wird eine Balance zwischen den europ. Bündnisblökken durch Abschwächung des ital.-franz. Gegensatzes.

1902 Geheimabkommen zur Klärung der beiderseitigen Interessen in Nordafrika (Frankreich: Marokko; Italien: Libyen).

Innere Verhältnisse: Bevölkerungszunahme bei steigender **Auswanderung** (1914 lebt jeder 4. Italiener im Ausland).

1887 Schutzzollpolitik fördert die Industrialisierung im Norden (ausl. Kapital). Im Süden Wirtschaftskrisen, Skandale.

1888–98 Handelskrieg mit Frankreich. – Sparmaßnahmen und Steuererhöhungen der »starken Reg.« CRISPIS gleichen die überhöhten Verw.- und Rüstungsausgaben nicht aus; geringe Löhne, lange Arbeitszeiten, Kinderarbeit, Teuerung.

1882/83 Gründung der Sozialist. Partei (BISSOLATI, TURATI u.a.). Formen genossenschaftl. Selbsthilfe und örtl. Gewerkschaften entstehen.

1894 Auflösung der Sozialisten-Vereine. Anarchist. Attentate, Geheimbünde im Süden (Mafia, Camorra) untergraben die Staatsautorität. In Sizilien

1893/94 Hungerrevolten der »Fasci«-Arbeiterbünde.

Die Ära Giolitti (1900–15)

1900–46 VICTOR EMANUEL III.

1903–05/06–09/11–14 MP. Giolitti (der »starke Mann« der Liberalen) spielt Parteien und Interessengruppen gegeneinander aus, gewinnt die kath. »Populari«-Partei und gem. Sozialisten für Reformen:

1905/06 Verstaatlichung der Eisenbahnen; Arbeiterschutz und Sozialversicherung, Anerkennung der Gewerkschaften:

1906 Gründung des »Generalverbandes der Arbeit«. – Wirtschaft und Finanzen erholen sich. Dennoch verliert der »Giolittismus« an Kraft zugunsten eines neuen »integralen **Nationalismus**«. Der Dichter und Nietzsche-Verehrer **Gabriele d'Annunzio** (1863–1938) inspiriert die

1910 Nationalisten-Partei, die statt Klassenkampf den »Kampf der Nationen« will, und eine Irredenta-Politik fordert. Die

1912 Einführung des allg. Wahlrechts zersetzt das bürgerl.-lib. System vollends.

1912 Spaltung der Sozialisten: die »Reformisten« (BISSOLATI) unterliegen den »Revolutionären« unter **Benito Mussolini** (S. 460), seit 1907 Arbeitersekretär, 1912 Schriftleiter des ›Avanti‹. Er wiegelt die unzufriedenen Massen, vor allem in der

Juni 1914 »Roten Woche«, zu Streiks auf.

Außenpolitik: Ausgleich mit Frankreich im

1902 Neutralitätsabkommen und Lockerung des Dreibundes in den Krisen um Marokko (S. 387) und Bosnien (S. 399). Nationalist. Druck und franz. Marokko-Erfolg treiben zur Wiederaufnahme der Irredenta-Tradition (Befestigung der Alpengrenze) und der kol. Eroberungspolitik.

1911 Annexion von **Tripolis,** deshalb

1911/12 Krieg gegen die Türkei, milit. erschwert durch den Widerstand der Senussi, polit. durch den Vorstoß in die Ägäis (Dodekanes).

1912 Friede von Lausanne: **Libyen** wird autonom und fällt de facto an Italien; die **Dodekanes** bleibt umstritten.

1912 Neutralitätsversprechen an Frankreich. Bei Ausbruch des Weltkrieges

1914 Neutralitätserklärung (3. Aug.). Im Ringen zwischen Neutralisten (GIOLITTI) und Interventionisten (D'ANNUNZIO, MUSSOLINI) vertritt MP. Salandra den »Sacro egoismo per Italia«. AMin. SONNINO stellt territ. Ansprüche an Österreich. Im

1915 Londoner Vertrag (April) erreicht er größere Zugeständnisse von der Entente. Kündigung des Dreibunds (3. Mai).

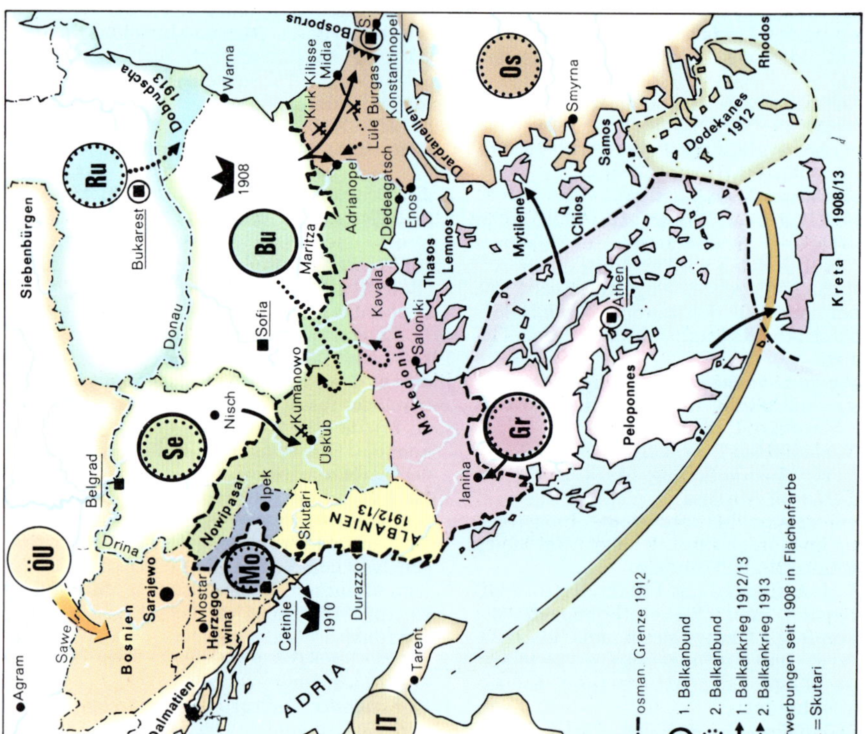

Die Aufteilung der europäischen Türkei 1908-1913

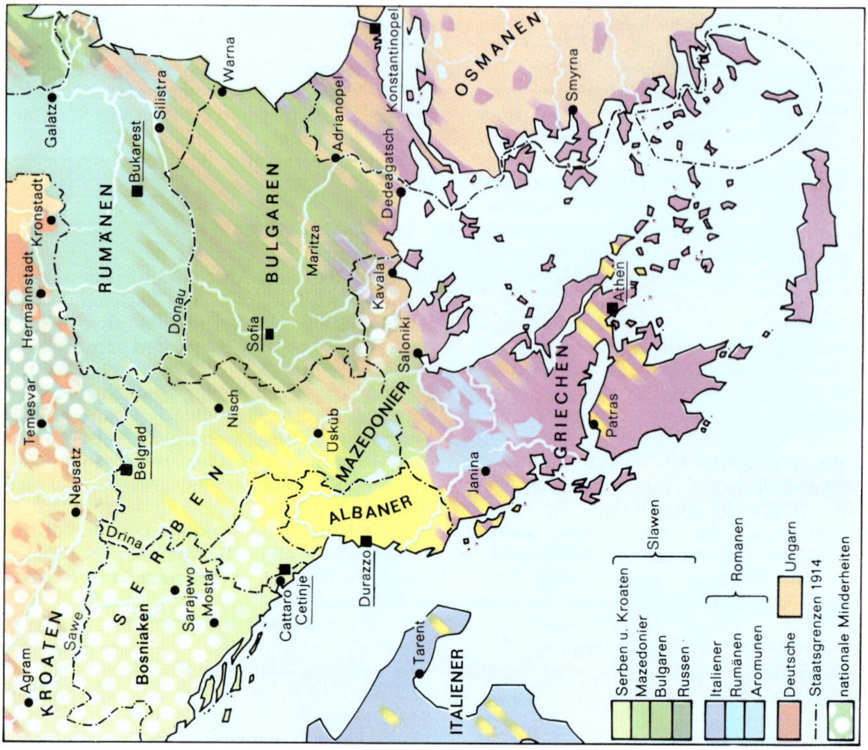

Die Balkanvölker vor 1914

Die Krisen auf dem Balkan (1908–13)

Der Verfall des Osman. Reiches und die jungen Nationalstaaten mit hochgesteckten nat. Zielen bei differenzierten Volkstums-, Kultur- und Religionsgrenzen (Minderheiten- und Irredenta-Probleme) halten den Balkan in ständiger Unruhe:

Hochspannungsraum der Weltpolitik, in den die Großmächte direkt (Österreich-Ungarn, Italien, Rußland) oder indirekt (Deutschland, Frankreich, Großbritannien) verwickelt sind. Die

1908/09 Bosnische Krise wird durch die

1908 Jungtürk. Rev. (S. 365) zur Umwandlung des Osman. Reiches in einen Verfassungsstaat mit Gleichberechtigung und Wahlrecht für alle Untertanen ausgelöst.

Sept. Anschluß Kretas an Griechenland. VENIZELOS (S. 359) aktiviert als Führer der lib. Partei die groß-griech. Bewegung.

Okt. FERDINAND I. (S. 359) erklärt sich zum Zaren des unabh. Kgr. **Bulgarien. – Österreich Ungarn** befürchtet eine Rückforderung der seit dem Berliner Kongreß von ihm verw. türk. Reichsteile. Nach österr.-russ. Balkan-Vereinbarungen im

Sept. Außenminister-Treffen von Buchlau (zwischen dem österr. AMin. AEHRENTHAL und dem russ. AMin. ISWOLSKI) österr.

Okt. 1908 Annexion Bosniens und der Herzegowina unter türk. Protest. Entrüstung in **Serbien,** das seine groß-serb. Reichspläne durchkreuzt sieht und mobilisiert. – **Rußland** stößt in der **Meerengenfrage** (Öffnung des Bosporus und der Dardanellen) auf brit. Widerstand, glaubt sich von Österreich überspielt und stellt sich hinter Serbien. **England** (AMin. GREY) bestärkt Rußland und fordert eine internat. Konferenz zur Klärung der bosn. Frage, die von Österreich abgelehnt wird. **Italien** gegen österr. Machterweiterung; zur Erhaltung des Status quo auf dem Balkan

1909 Geheimvertrag von Racconigi mit Rußland (S. 361). – **Frankreich** hält sich zurück, da es einer milit. Kraftprobe noch nicht gewachsen zu sein glaubt. – **Deutschland** (RK. VON BÜLOW) steht in »Nibelungentreue« fest zu Österreich. Es lehnt zwar die Präventivkriegsabsichten des österr. Generalstabschefs **Franz Frh. Conrad von Hötzendorf** (1852–1925) zur »Abrechnung« mit Serbien ab, läßt aber ein Ultimatum zu und warnt Rußland vor Unterstützung Serbiens in der als Demütigung empfundenen

März Petersburger Note. ISWOLSKI tritt zurück und wird als Botschafter in Paris entschiedener Gegner der Mittelmächte.

Ergebnis: Erfolg der dt. Politik (BÜLOW), die den österr. Ausgleich mit der Pforte vermittelt: Räumung des Sandschak-Nowipasar (türk. Verw.-Bezirk) und finanz. Entschädigung. Deutschland gerät in stärkere Abhängigkeit von Österr.-Ungarn. Die Entente lokkert sich nicht; die Spannungen auf dem Balkan bleiben:

1910 NIKITA I. VON MONTENEGRO nimmt den Königstitel an;

1911 Gründung der groß.-serb. Geheimorganisation »Vereinigung oder Tod« (Schwarze Hand) durch Oberst DIMITRI-JEVIĆ-APIS.

1912/13 Balkankrise. Unruhen in Albanien (ESSAD PASCHA), innere Wirren und Schwächung der Türkei durch den

1911/12 Tripolis-Krieg mit Italien (S. 397) verbinden Serbien und Bulgarien. Ermutigt durch russ. Diplomaten Zusammenschluß der beiden Staaten zum

März 1912 1. Balkanbund (gegen österr. Ausdehnung bei einer fälligen Aufteilung der europ. Türkei). Griechenland und Montenegro treten dem Bündnis bei.

Okt. 1912 1. Balkankrieg: Die vier Bündnispartner erklären der Türkei den Krieg. Schwere Niederlagen der Türken bei Kirk Kilisse, Lüle Burgas und vor Adrianopel (durch Bulgarien), bei Kumanowo (durch Serbien). Als Folge entwickelt sich eine **kritische internat. Lage: Serbien,** gestärkt von Rußland, beansprucht Zugang zur Adria, dem sich **Italien** widersetzt. Italien wünscht die Annexion Albaniens und sucht um Verlängerung des Dreibundes nach. – **Griechenland** protestiert gegen die ital. Besetzung der Dodekanes (1912). **Österreich-Ungarn** lehnt jedoch serb. und ital. Machtzuwachs ab und deckt **Bulgarien.** Dessen Druck auf Serbien und die Türkei befürchtet **Rußland** (AMin. SASONOW) aus Sorge um den letzten befreundeten Balkanstaat und die eigene Meerengenpolitik. – **Deutschland** (RK. BETHMANN HOLLWEG) und **England** (GREY) bemühen sich in der

Dez. Londoner Botschafterkonferenz gemeinsam um den

Mai 1913 Frieden von London: Abtretung aller türk. Gebiete westl. der Enos-Midia-Linie und aller ägäischen Inseln. – Im Streit um den Gewinn greift **Bulgarien,** das seine Kräfte überschätzt, Serbien an.

Juni 1913 2. Balkankrieg: Die Intervention **Rumäniens, Griechenlands, Montenegros** und der **Türkei** zugunsten Serbiens verwirrt die Lage vollends. Abkühlung der österr.-rumän. Beziehungen, da Österreich-Ungarn zur Rettung Bulgariens einzugreifen droht, aber von Deutschland und Italien daran gehindert wird.

Aug. 1913 Friede von Bukarest: Bulgarien verliert Mazedonien und die Dobrudscha; Kreta fällt endgültig an Griechenland; **Albanien** wird selbst. Fsm. (unter Prinz WILHELM ZU WIED, der von ESSAD PASCHA ausgespielt wird). –

Ergebnis: Enttäuschung, vor allem in **Serbien,** das – durch Österreich-Ungarn gehindert – die Adria nicht erreicht hat.

Die bisherigen Freundschafts- und Bündnispositionen versteifen sich; die Lage auf dem Balkan, dem »Pulverfaß Europas«, bleibt labil und entzündet in der

Julikrise 1914 den Ersten Weltkrieg (S. 400).

Kriegsursachen
Machtpolit. Gegensätze im europ. Staatensystem (Dtl.-England, Dtl.-Frankreich); **Rüstungswettlauf der großen Mächte** (dt. und frz. Heeresvorlagen 1913, S. 383, 388); **Deutsch-engl. Rivalität** im Flottenbau (frz.-brit. Flottenabkommen 1912); **Schwierigkeiten des österr.-ungar. Vielvölkerstaates** (Autonomiebestrebungen der Tschechen, slaw. Problem); **Verlust des defensiven Charakters der europ. Bündnisse; Rußlands Balkanpolitk** (S. 399); **überstürzte Mobilmachungen und Ultimaten** (bedingt auch durch die milit. Operationspläne).
Geringere Bedeutung haben der Nationalismus innerhalb Frankreichs (»Revanche«-Politik) und Deutschlands (Alldeutscher Verband) sowie die dt.-engl. Wirtschaftsrivalität (Trade rivalry).

Kriegsschuldfrage
Gegenseitiges Mißtrauen, der bes. auf dt. Seite verhängnisvolle Glaube, ein begrenzter europ. Krieg sei nicht zu vermeiden, die geringe Entscheidungsfreiheit der führenden Staatsmänner und die Bereitschaft zur Aufrüstung als Gewähr für die Sicherheit lösen den Krieg aus. Kein Staat will auf seine Ziele zur Erhaltung des Friedens verzichten:

1. **Österr.-Ungarn** hält an der übernat. Kaiseridee fest;
2. **Serbien** sucht die nat. Staatsidee zu verwirklichen;
3. **Rußland** fürchtet einen neuen Mißerfolg seiner Balkanpolitik und steht vor der Alternative: Krieg oder Rev. im Innern;
4. **Großbritannien** schwankt zwischen Neutralität und Parteinahme (Unentschlossenheit des Kabinetts, Furcht vor einer offensiven russ. Politik);
5. **Frankreich,** durch sein Bündnis mit Rußland aus der polit. Isolierung befreit, betrachtet diese Allianz als Druckmittel gegen Deutschland;
6. **Deutschland** steht zum Bündnis mit Österr.-Ungarn, um dadurch einer zunehmenden polit. Isolierung zu entgehen und der gefährdeten Donaumonarchie zu einem Prestigegewinn zu verhelfen. Der dt. Generalstab drängt auf den Kriegsausbruch 1914, da sonst die Voraussetzungen für eine rasche Niederwerfung Frankreichs (vgl. Schlieffen-Plan, S. 403) nicht mehr gegeben seien;
7. **Frankreich und Deutschland** wirken nicht mäßigend auf die Politik ihrer Bündnispartner Rußland und Österr.-Ungarn ein.

Die Julikrise 1914
28. 6. Ermordung des österr. Thronfolgers, Ehz. FRANZ FERDINAND, und seiner Gemahlin durch den bosn. Studenten PRINCIP im Auftrag der Geheimorganisation »Schwarze Hand« (keine unmittelbare Beteiligung der serb. Reg.) in Sarajewo.
6. 7. Versicherung der unbedingten Bündnistreue Deutschlands (»Blankovollmacht«).
20.–23. 7. Besuch des franz. Präs. POINCARÉ und des MP. VIVIANI in Petersburg. Zusicherung der Bündnistreue. Nach ihrer Abreise stellt Österr.-Ungarn ein auf 48 Stunden befristetes
23. 7. Ultimatum an Serbien: Forderung nach Bekämpfung der gegen Österr.-Ungarn gerichteten Umtriebe unter österr. Beteiligung; Bestrafung der Schuldigen.
25. 7. Serbien macht Vorbehalte hinsichtlich seiner Souveränitätsrechte; serb. Teilmobilmachung.
25. 7. Österr.-Ungarn erklärt die Antwort Serbiens für unbefriedigend; Abbruch der diplomat. Beziehungen, österr. Teilmobilmachung.
25. 7. Kronrat zu Krasnoje Selo: Rußland beschließt, Serbien zu unterstützen. Trotz engl. und deutscher Vermittlungsversuche (Vorschlag einer Botschafterkonferenz und direkter Verhandlungen zwischen Rußland und Österr.-Ungarn) erfolgt die
28. 7. Kriegserklärung Österr.-Ungarns an Serbien.
29. 7. Teilmobilmachung Rußlands.
30. 7. Generalmobilmachung in Rußland. – Der dt. Gen.St.-Chef HELMUTH VON MOLTKE (S. 403) drängt seinen österr. Kollegen FRANZ CONRAD VON HÖTZENDORF zur Generalmobilmachung und rät von Vermittlungsversuchen ab, die der RK. BETHMANN HOLLWEG (S. 388) noch unternimmt: **Keine Zusammenarbeit zwischen polit. und milit. Führung in Deutschland.**
31. 7. Generalmobilmachung Österr.-Ungarns. – Dtl. verkündet den »Zustand drohender Kriegsgefahr« und fordert in einem auf 12 Stunden befristeten Ultimatum an Rußland die Einstellung der Mobilmachung und in einem weiteren an Frankreich (Frist: 18 Stunden) die Neutralitätserklärung im Fall eines deutsch-russ. Konfliktes. Rußland antwortet nicht.
Darauf
1. 8. deutsche Mobilmachung und Kriegserklärung an Rußland. Frankreich erklärt, daß es »gemäß seinem Interesse« handeln werde. Deshalb
3. 8. Kriegserklärung Deutschlands an Frankreich. – Das von Deutschland am 2. 8. geforderte Durchmarschrecht wird von Belgien abgelehnt. Trotzdem
3./4. 8. Einmarsch deutscher Truppen in Belgien. Darauf stellt Großbritannien (1. 8. Mobilmachung der Flotte; 2. 8. Zusicherung des Schutzes der Nordseeküste an Frankreich) ein
4. 8. Ultimatum an Deutschland, in dem die Respektierung der belg. Neutralität gefordert wird, was einer Kriegserklärung gleichkommt. – Es folgen die Kriegserklärungen Serbiens an Deutschland (6. 8.), Österr.-Ungarns an Rußland (6. 8.), Frankreichs an Österr.-Ungarn (11. 8.), Großbritanniens an Österr.-Ungarn (12. 8.).

Das Werben um Bundesgenossen

Japan will einen offenen Gegensatz zur Entente und den USA vermeiden und sich in Kiaochou festsetzen: **Ausdehnung seines Einflußgebietes in Nordchina bis zum Yangtse.**

23. 8. 1914 Kriegserklärung an Deutschland. Nach Einnahme dt. Besitzungen (S. 387) antwortet Japan auf Chinas Verlangen nach Rückgabe der Gebiete mit

1915 21 Forderungen, die China akzeptieren muß: Nordchina wird jap. Einflußgebiet.

1916 Jap.-russ. Geheimvertrag: Beide Mächte verpflichten sich zum Schutz Chinas.

Die **Türkei** erklärt nach dem Abschluß eines gegen Rußland gerichteten Vertrags mit Deutschland ihre bewaffnete Neutralität (3. 8. 1914).

Okt. 1914 Beschießung russ. Küstenstädte durch die formell in türk. Besitz übergegangenen deutschen Schiffe »Göben« und »Breslau«; deshalb

2.–5. 11. 1914 russ., brit. und franz. Kriegserklärung an die Türkei.

Italien führt seine Interessenpolitik und der Gegensatz zu Österr.-Ungarn (Irredenta, Adriafrage) auf die Seite der Alliierten (S. 397).

26. 4. 1915 Londoner Geheimvertrag. Italien erreicht territ. Zugeständnisse: Alpengrenze bis zum Brenner, Istrien, den größten Teil Dalmatiens, Libyen, Eritrea, Teile Kleinasiens.

23. 5. 1915 Kriegserklärung Italiens an Österr.-Ungarn und

26. 8. 1916 an Deutschland.

Bulgarien schließt einen

6. 9. 1915 Freundschafts- und Bündnisvertrag mit Deutschland: Es erhält für seinen Kriegseintritt (14. 10. 1915) Serb.-Mazedonien. Bei einem Kriegseintritt Griechenlands und Rumäniens auf seiten der Alliierten erhebt Bulgarien Anspruch auf Griech.-Mazedonien und die Dobrudscha.

Rumänien erklärt seine Neutralität (3. 8. 1914), schließt jedoch

1916 einen Vertrag mit den Alliierten, der Rumänien das Banat, Siebenbürgen und die Bukowina zuspricht.

27. 8. 1916 Kriegserklärung Rumäniens an Österr.-Ungarn; darauf Kriegserklärungen der Mittelmächte an Rumänien.

Griechenland bleibt zunächst neutral.

1916 Blockade der griech. Küste durch die Alliierten. Griechenland muß Zugeständnisse machen. Nach Ultimatum des franz. Oberkommissars Jonnart

Juni 1917 Abdankung des griech. Königs Konstantin und Bildung einer neuen Reg. unter MP. Venizelos.

27. 6. 1917 Kriegseintritt Griechenlands auf seiten der Alliierten.

Kriegsziele und Geheimverträge

1. Alliierte: Großbritannien, Frankreich und Rußland verpflichten sich im

Sept. 1914 Vertrag von London, keinen Separatfrieden zu schließen (1915 Beitritt Italiens, 1917 Japans). Auf mehreren Konferenzen wird eine milit. Kooperation beschlossen.

1915 Großbritannien und Frankreich sichern Rußland den künftigen Besitz Konstantinopels und der Meerengen zu.

1915 Konferenz von Chantilly: Korrespondierende Offensiven und Räumung der Dardanellen. – Großbritannien erstrebt den Besitz des größten Teils der deutschen Kol. (Afrika), Frankreich die Rückgewinnung Elsaß-Lothringens.

1916 Sykes-Picot-Abkommen: Vereinbarungen über die Aufteilung der asiat. Türkei zwischen Frankreich und England, im Gegensatz zu Versprechungen, die England Juden und Arabern macht.

1917 Franz.-russ. Geheimabkommen: Frankreich wird eine Erweiterung »bis zu den Grenzen des ehem. Hzm. Lothringen« mit dem Saarbecken zugebilligt. Bildung eines neutralen Staates (Rheinrep.) aus den linksrhein. deutschen Gebieten. Rußland soll »in voller Freiheit nach seinem Belieben seine Westgrenze festsetzen« (Zugeständnisse aus Furcht vor einem Sonderfrieden Rußlands mit Deutschland).

2. Mittelmächte: Überschätzung der milit. Anfangserfolge, nat. Selbstüberheblichkeit und das Streben nach einem »dauerhaften Frieden« mit Bürgschaften und Garantien für die Zukunft sind die Gründe für eine unrealist. Kriegszielpolitik Dtl.s, die nicht nur von den Alldeutschen und **Ludendorff** (S. 403), sondern auch von den Konservativen bis zum rechten Flügel der SPD vertreten wird.

Im einzelnen:

1. die militärische, politische und wirtschaftl. Kontrolle Belgiens (5. 4. 1916 Reichstagsrede Bethmann Hollwegs) durch Annexion von Lüttich-Antwerpen, der flandr. Küste und des Erzbeckens von Briey;
2. eine wirtschaftl. Einheit »Mitteleuropas« unter Einschluß von Pufferstaaten (z. B. Polen) und wirtschaftspolit. Einflußsphären (z. B. Rumänien);
3. die Vergrößerung des Kolonialbesitzes;
4. die Beseitigung der engl. Herrschaft durch Aufstände von Marokko bis Indien;
5. einen Sonderfrieden mit Rußland, zu dem es nicht kommt. Deshalb

1916 Proklamation eines selbst. Kgr. Polen (ohne Posen und Galizien). – Dtl. fördert die Revolutionierung Rußlands und erhofft dadurch die Errichtung von Pufferstaaten vom Kaukasus bis Finnland.

Österr.-Ungarn verzichtet auf Polen, wünscht aber Gebietserweiterungen im Südosten: Serbien, Montenegro, Rumänien.

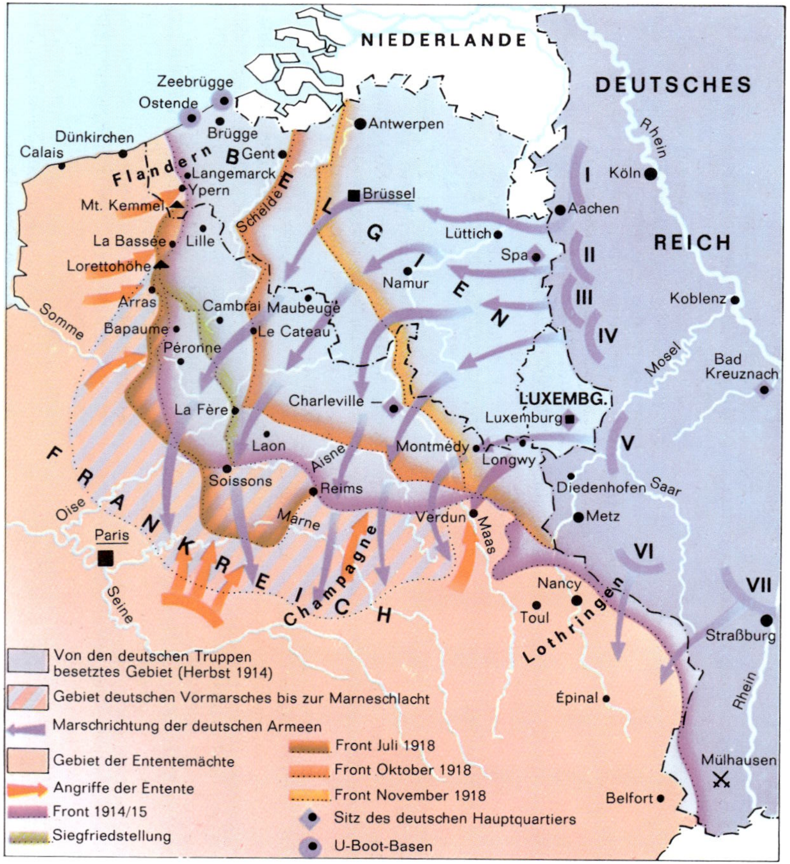

Der Kriegsverlauf im Westen 1914–1918

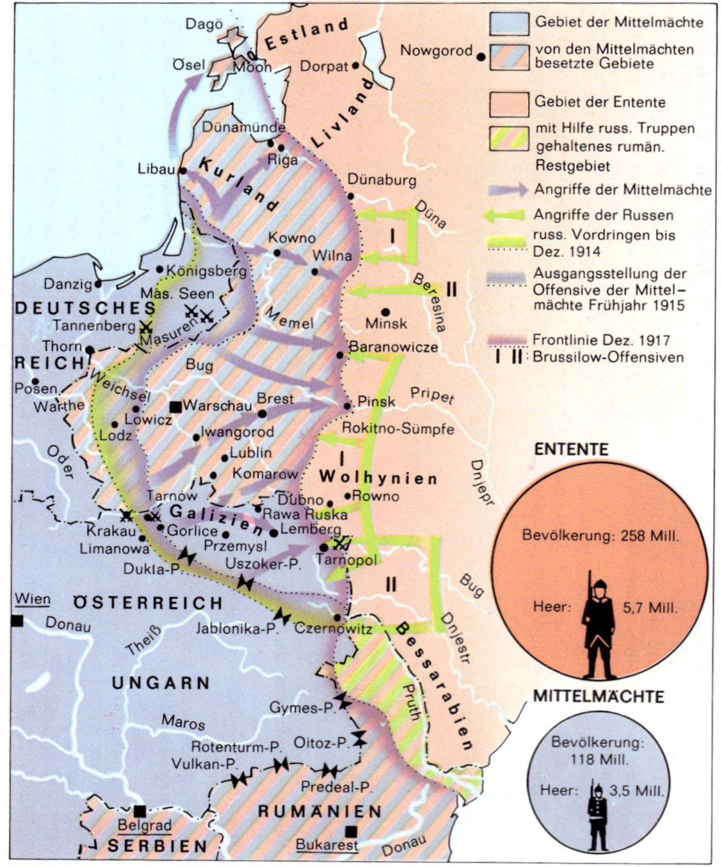

Der östliche Kriegsschauplatz 1914–1917

Der Krieg im Westen (1914–17)

Der dt. Kriegsplan geht zurück auf die Denkschrift des ehem. Gen.St.-Chefs Gf. ALFRED VON SCHLIEFFEN (1833–1913) über die Führung eines Zweifrontenkrieges (»Schlieffen-Plan«, 1905/06): defensive Kriegführung im Osten und rasche Entscheidung im Westen durch Umfassung des frz. Heeres mit einem **starken »rechten Flügel«.**

In Erwartung frz. Vorstöße nach Elsaß-Lothringen wird der Plan durch den jüngeren HELMUTH VON MOLTKE (1848–1916) abgeändert: Schwächung des rechten Flügels.

Durch den Kriegseintritt Belgiens und Englands entsteht ein **milit. Risiko:** 80 dt. Div. stehen 104 alliierte gegenüber.

Der Bewegungskrieg 1914: Aufmarsch der 5 franz. Armeen unter Gen. JOFFRE und des brit. Expeditionskorps unter FM. FRENCH bei Le Cateau.

Aug. 1914 Schlacht von Mülhausen. Der franz. Angriff scheitert.

Aug. 1914 Schlacht in Lothringen: frz. Südgruppe wird über die Grenze zurückgeworfen. – Nach Aufmarsch von 7 dt. Armeen unter MOLTKE beginnt der

18. 8. 1914 Angriff des Schwenkungsflügels.

Sept. 1914 Fünf deutsche Armeen stehen zwischen Paris und Verdun.

6.–9. 9. 1914 Marneschlacht: Ein frz. Gegenangriff bringt den dt. Vormarsch zum Stehen. Zwischen der 1. und 2. dt. Armee entsteht eine 40 km breite Lücke. Darauf Rückzug bis zur Aisne.

14. 9. 1914 Gen. ERICH VON FALKENHAYN (1861–1922) wird Gen.St.-Chef.

Okt./Nov. 1914 »Wettlauf zum Meer«: Engl.-franz. Umfassungsversuche mißlingen. Am Yserkanal und vor Ypern bleibt der Angriff stecken: **Der Bewegungskrieg wird zum Stellungskrieg.**

Febr./März 1915 Winterschlacht in der Champagne: ein franz. Durchbruchsversuch scheitert.

April/Mai 1915 Schlacht bei Ypern (Einsatz von Giftgas). Geringe dt. Geländegewinne. Erfolglose Angriffe der Entente in der

Mai-Juli 1915 Lorettoschlacht.

Sept.-Nov. 1915 Herbstschlacht in der Champagne: keine Schlachtentscheidung.

21. 2.–21. 7. 1916 Kampf um Verdun (»Hölle von Verdun«). Nach deutschen Anfangserfolgen (Toter Mann, Höhe 304, Forts Douaumont und Vaux) zwingen große Verluste zum Abbruch der Schlacht.

24. 6.–26. 11. 1916 Schlacht an der Somme: brit.-frz. Durchbruchsversuch mißlingt.

24. 10.–16. 12. 1916 Rückeroberung der Festungswerke bei Verdun durch die Franzosen. Die Mißerfolge auf beiden Seiten tragen zu einem Führungswechsel bei:

Aug. 1916 HINDENBURG und LUDENDORFF treten an die Spitze der OHL;

Nov. 1916 Gen. NIVELLE löst JOFFRE als Generalissimus ab.

Febr./März 1917 Rückzug der Deutschen zwischen Arras und Soissons in die vorbereitete »Siegfriedstellung«. Ein brit. Angriff scheitert bei Arras, ein franz. an der Aisne und in der Champagne (April/Mai 1917).

Mai 1917 Gen. NIVELLE wird nach der Meuterei (S. 407) von Gen. PÉTAIN abgelöst. In Flandern scheitern brit. Durchbruchsversuche (Mai-Dez. 1917).

Der Krieg im Osten (1914–17)

Nach der Schlacht von Gumbinnen (Aug. 1914) und der Räumung Ostpreußens werden die Russen von Gen.-Oberst PAUL VON BENEKKENDORF UND VON HINDENBURG (1847–1934; Chef des Gen.St.: Gen.-Maj. ERICH LUDENDORFF, 1865–1937) geschlagen.

26.–30. 8. 1914 Schlacht von Tannenberg. Einschließung der russ. Narew-Armee.

6.–15. 9. 1914 Schlacht an den Masurischen Seen. Die Russen räumen Ostpreußen.

In **Galizien** dringen die 1. und 4. österr.-ungar. Armee auf Lublin und über Lemberg vor, doch müssen sie nach den **beiden Schlachten von Lemberg** (Aug./Sept. 1914) den Kampf bei Rawa Ruska wegen der russ. Übermacht (5 Armeen) abbrechen. **Verlust Ostgaliziens und Kämpfe in den Karpatenpässen.** Die 9. deutsche Armee dringt von Krakau aus vor, wird aber wegen drohender Umfassung zurückgenommen.

1. 11. 1914 Ernennung Hindenburgs zum OB Ost. Der Offensive der Russen (»russ. Dampfwalze«) folgt im

Nov. 1914 die deutsche Gegenoffensive der 9. Armee. – Kämpfe bei Lodz und Lowicz und Sieg der Österreicher bei Limanova.

Febr. 1915 Winterschlacht in Masuren. Endgültige Befreiung Ostpreußens.

Dez. 1914 – April 1915 Winterschlacht in den Karpaten. Abwehr der Russen.

Mai 1915 Schlacht von Tarnów und Gorlice. Gewinn Galiziens und der Bukowina.

April 1915 Deutscher Vorstoß nach Litauen.

Ab 1. 7. 1915 Deutsch-österr. Offensive von der Ostsee bis zum San. Eroberung von Warschau (5. 8.), Kowno (18. 8.), Brest-Litowsk (25. 8.) und Wilna (18. 9.). Die Offensive bleibt in Ostgalizien in der

Sept. 1915 Schlacht von Tarnopol, später auch an anderen Frontabschnitten stecken.

Sept. 1915 An die Stelle des russ. Oberstkommandierenden, Gfs. NIKOLAI NIKOLAJEWITSCH, tritt Zar NIKOLAUS II.

Juni-Aug. 1916 1. Brussilow-Offensive. Geländegewinne in Wolhynien und Galizien, doch große Verluste und Beginn der Demoralisierung des russ. Heeres. Keinen Erfolg haben 2. (Sept./Okt.) und 3. (Okt.–Dez.) Brussilow-Offensive, 4. Brussilow- und Kerenski-Offensive.

Ab Juli 1917 deutsch.-österr. Gegenoffensive. Rückgewinnung fast ganz Galiziens und der Bukowina.

Sept. 1917 Die Deutschen erobern Riga und

Okt. 1917 die Inseln Ösel, Dagö und Moon.

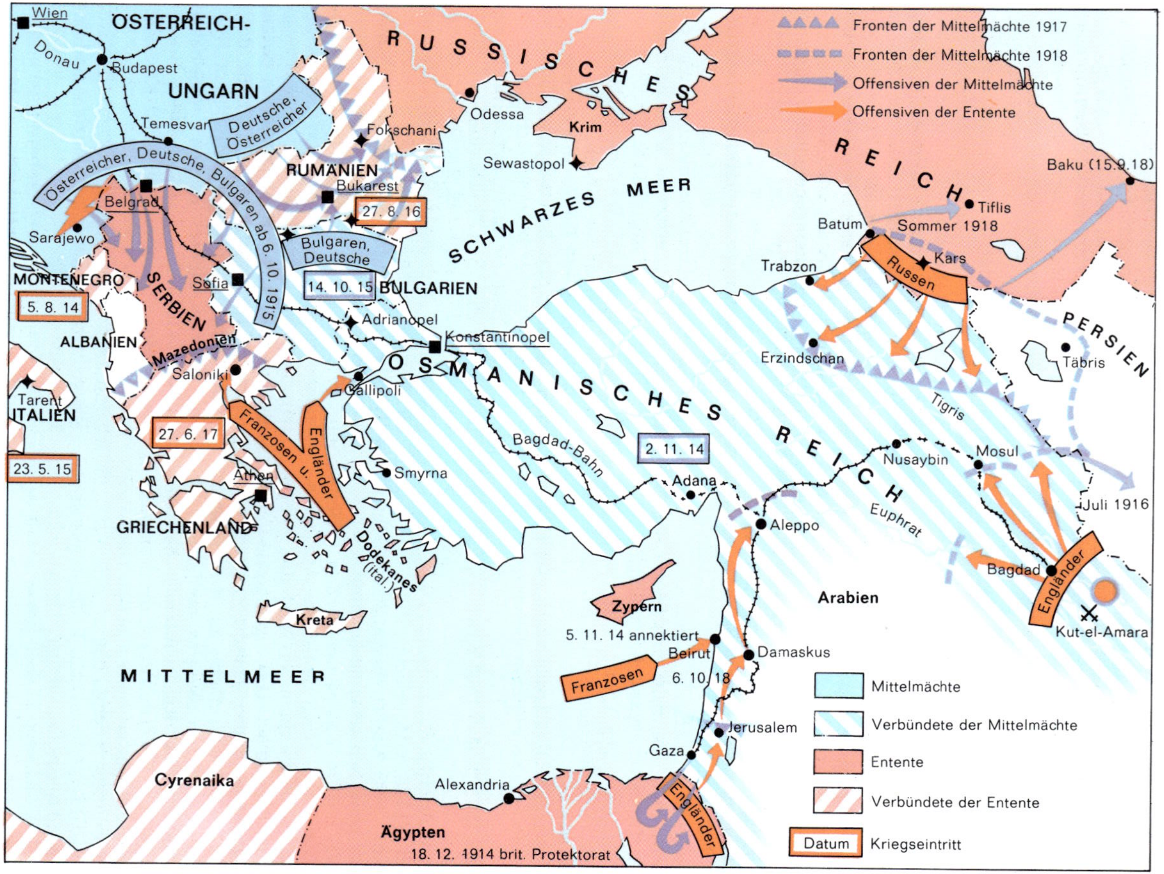

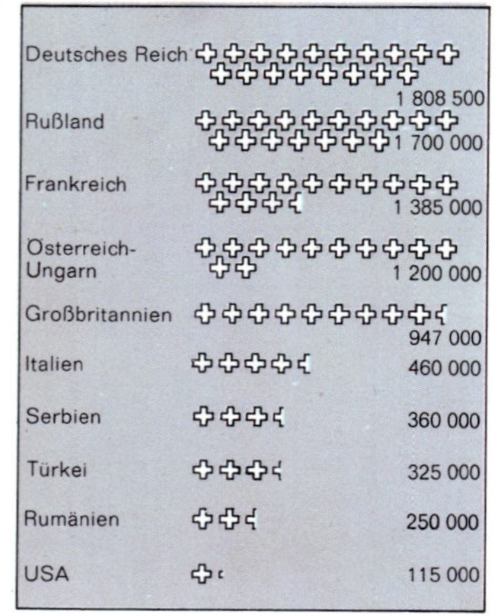

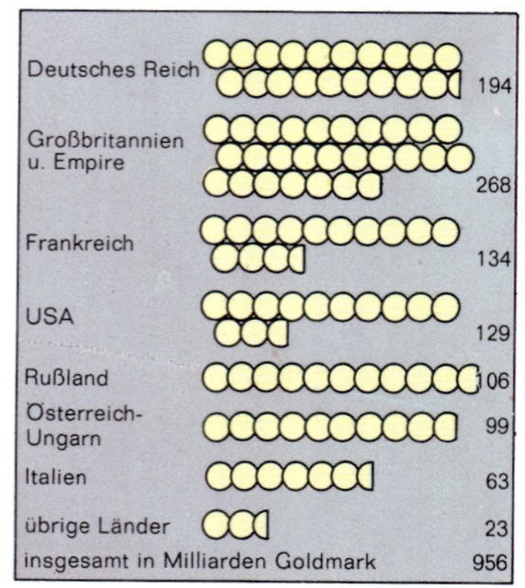

Nebenkriegsschauplätze, Menschenverluste und Kriegskosten

Seekrieg

Nordsee: 1914 und 1915 Seegefechte bei **Helgoland** und auf der **Doggerbank.**

31. 5.–1. 6. 1916 Seeschlacht vor dem Skagerrak, die wegen des Rückzugs der brit. Flotte unentschieden endet. In der Folgezeit Minen- und U-Boot-Krieg.

Ostsee: Wegen der Verluste nur einzelne Unternehmungen deutscher Einheiten.

Übersee: Nach anfängl. Erfolgen (Seegefecht vor Coronel, 1914) dt. Niederlage in der

8. 12. 1914 Schlacht bei den Falkland-Inseln und Verlust der Kreuzer »Karlsruhe«, »Emden« und »Königsberg«. Einsatz von Hilfskreuzern.

U-Boot-Krieg: Nach der

Sept. 1914 Versenkung von 3 brit. Kreuzern erklärt Großbritannien die

Nov. 1914 Nordsee und Deutschland die

Febr. 1915 Gewässer um England zum Kriegsgebiet und den warnungslosen U-Boot-Krieg. Der deutsche Befehl zum

2. 2. 1915 U-Boot-Handelskrieg löst nach Versenkung der »Lusitania« (7. 5. 1915) und »Arabic« (19. 8. 1915) amerikan. Proteste aus.

Seit Febr. 1916 verschärfter deutscher U-Boot-Krieg gegen bewaffn. Handelsschiffe.

4. 5. 1916 Deutsche Note an die USA: Das Reich will die völkerrechtl. Regeln des Kreuzerkriegs beachten, wenn Großbritannien sich auch dazu verpflichtet.

1. 2. 1917 Erklärung des uneingeschränkten U-Boot-Kriegs durch Deutschland.

Luftkrieg

Seit Juli 1916 (Sommeschlacht) **franz.-brit. Luftüberlegenheit** (ohne entscheidende Bedeutung).

Kolonialkrieg

Die geringen Schutztruppen in den dt. Kol. kapitulieren. Nur in Dt.-Ostafrika halten sie sich unter Gen. PAUL VON LETTOW-VORBECK (1870–1964) bis zum Waffenstillstand.

Nebenkriegsschauplätze

Türkei:

Nov. 1914 Brit. Annexion Zyperns.

Dez. 1914 Ägypten wird brit. Protektorat. Die **Dardanellen** bleiben nach vergebl. Kampf der Alliierten (25. 4. 1915 Landung auf Gallipoli, 9. 1. 1916 Räumung) in türk. Hand. – Nach dem Scheitern eines türk. Angriffs auf den **Suezkanal** wird dessen Ostufer 1916 von den Engländern besetzt.

Nach einem russ. Vorstoß (Jan.–Apr. 1916) in **Armenien** und **Persien** wird Türk.-Armenien zurückgewonnen (Aug. 1916).

In **Mesopotamien** endet der 1. Vorstoß der Engländer mit ihrer Kapitulation in Kut-el-Amara (April 1916), der 2. mit der Eroberung von Bagdad (März 1917).

Nach Ausbruch der russ. Revolution besetzt Großbritannien Persien.

Balkan:

Okt. 1915 Offensive der Mittelmächte gegen Serbien und Eroberung Belgrads.

Nov. 1915 Schlacht auf dem Amselfeld. Eroberung Montenegros (Dez.), Einmarsch in Albanien (Jan. 1916). Die Front in Mazedonien wird bis 1918 gehalten. – Der Feldzug gegen Rumänien (seit 28. 8. 1916) endet mit der

Dez. 1916 Einnahme von Bukarest.

Italien:

Juni 1915 – März 1916 Vergebl. Durchbruchsversuche der Italiener in 5 Isonzoschlachten.

Ab Mai 1916 österr. Gegenoffensive. Abbruch nach Anfangserfolgen wegen der 1. russ. Brussilow-Offensive (S. 403).

Aug. 1916 6. Isonzoschlacht: Die Italiener gewinnen Görz. Die 7. bis 9. (Sept.–Nov. 1916) sowie die 10. und 11. Isonzoschlacht (Mai–Aug. 1917) bleiben unentschieden.

Okt. 1917 Durchbruch der Mittelmächte am Isonzo und Rückzug der Italiener bis hinter die Piave.

Friedensbemühungen

Im Auftrag des US-Präs. **Woodrow Wilson** (1856–1924) Besuche des Obersten HOUSE in Paris, London und Berlin (1914–16). Nach dem Sieg über Rumänien richtet Deutschland an die Alliierten über die USA ein

12. 12. 1916 Friedensangebot, das die Entente ablehnt (30. 12. 1916).

21. 12. 1916 Note WILSONS an die kriegführenden Mächte zur Bekanntgabe ihrer Friedensbedingungen.

26. 12. 1916 Die deutsche Reg. nennt keine genauen Bedingungen, zeigt aber Bereitschaft zur Mitwirkung an einer Friedenskonferenz.

10. 1. 1917 Die Entente fordert die Rückgabe Elsaß-Lothringens; die Wiederherstellung Belgiens, Serbiens, Montenegros; Durchführung des Nationalitätenprinzips; Lösung der Italiener, Tschechen, Slowaken, Rumänen, Südslawen aus Österr.-Ungarn; Vertreibung der Türken aus Europa und Befreiung der unter türk. Herrschaft stehenden Völker; Autonomie Polens innerhalb Rußlands.

22. 1. 1917 WILSON proklamiert den **»Frieden ohne Sieg«.**

29. 1. 1917 Übermittlung der deutschen Friedensvorstellungen durch den Botschafter in Washington, Gf. BERNSTORFF: Sicherheitsgarantien und Grenzberichtigungen in Belgien und Frankreich, Einbeziehung Polens in den deutschen Machtbereich, keine Verteilung der Kol., Reparationen für angerichtete Schäden. – Bei den **Ententemächten** herrscht Einigkeit über die Forderungen, während bei den **Mittelmächten** nur Deutschland die Vermittlungsaktionen WILSONS beantwortet. Die österr.-ungar. Friedensbemühungen (Prinz SIXTUS VON BOURBON-PARMA, Gf. CZERNIN, 1917) und Angebote BENEDIKTS XV. (Juni/Aug. 1917) bleiben erfolglos.

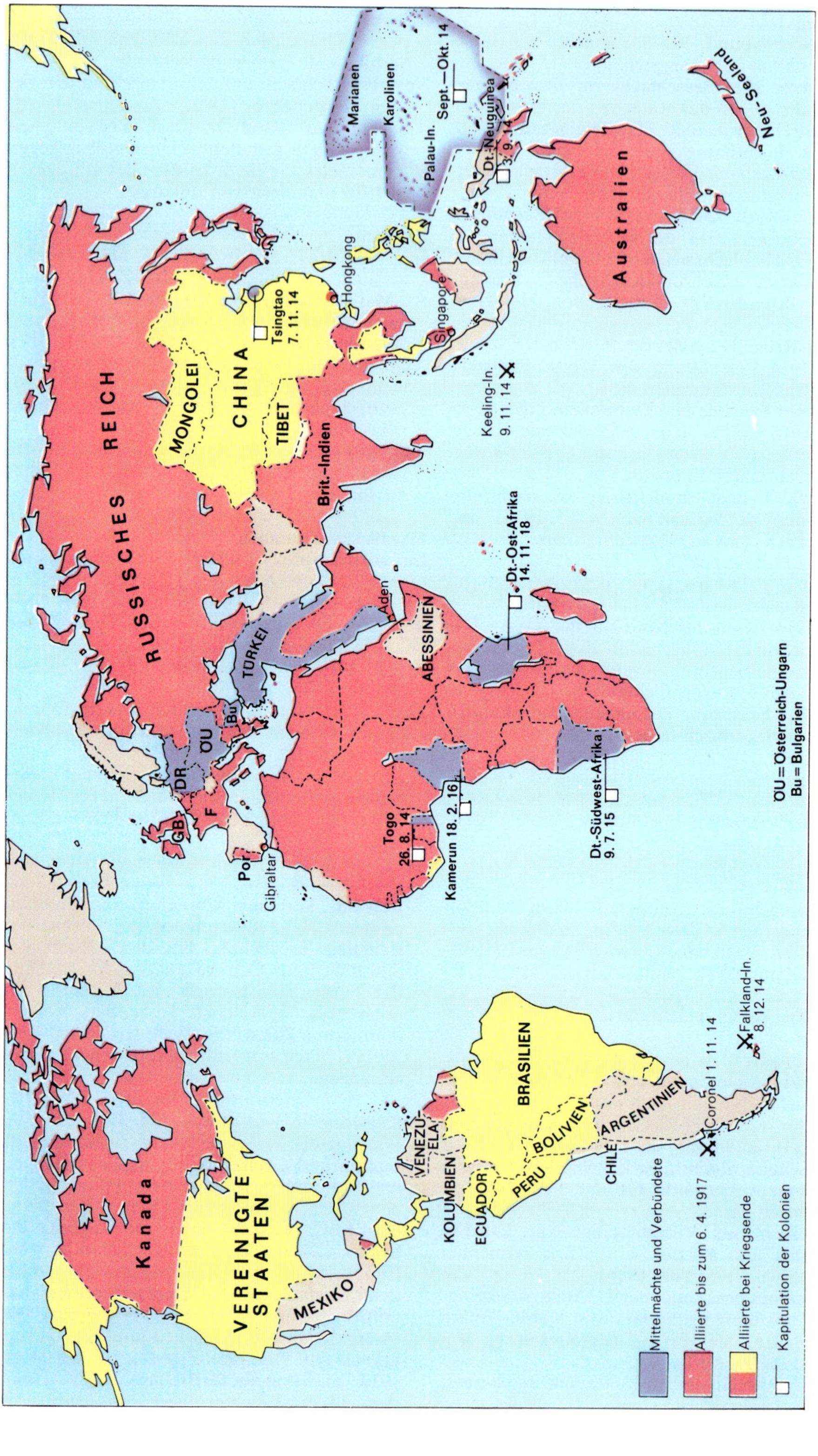

Die Mächtegruppierungen im Ersten Weltkrieg

Kriegseintritt der USA

Seit Kriegsbeginn stehen die USA auf seiten der Alliierten. Zwischenfälle zur See und Ankündigung des uneingeschränkten U-Boot-Kriegs durch Dtl. führen zum

Febr. 1917 Abbruch der diplomat. Beziehungen. Nach Veröffentlichung des »Zimmermann-Telegramms« (19. 1. 1917: dt. Versuch, Mexiko zum Kriegseintritt zu bewegen) durch die brit. Reg. richtet WILSON eine Botschaft an den Senat (2. 4. 1917). Darauf

6. 4. 1917 Kriegserklärung der USA an Deutschland und

7. 12. 1917 an Österr.-Ungarn.

Innenpolit. Krisen der kriegführenden Staaten

Das Ende 1916 hergestellte milit. Gleichgewicht läßt die Hoffnung der kriegsmüden Völker auf ein schnelles Kriegsende schwinden. Die Parlamente kritisieren die Führung.

Großbritannien: Die lib. Reg. ASQUITH wird durch den Konservativen BONAR LAW und durch **David Lloyd George** (1863–1945), den Exponenten der Linksliberalen, gestürzt.

6. 12. 1916 Bildung eines Kriegskabinetts unter LLOYD GEORGE.

Frankreich: Das Scheitern der Frühjahrsoffensive NIVELLES und die unter dem Einfluß der Streikbewegung der Metallarbeiter in Paris und anderen Industriezentren ausbrechende, auf 16 franz. Korps übergreifende **Meuterei,** die durch Marschall PHILIPPE PÉTAIN (1856–1951) gemeistert wird, führt zur

16. 11. 1917 Bildung eines Kabinetts unter Georges Clemenceau (1841–1929), der den Defaitismus bekämpft und die Voraussetzung für den franz. Sieg schafft.

Österr.-Ungarn wird mit Hilfe des Notstandsparagraphen und des Ausnahmezustands regiert. Nach dem

21. 11. 1916 Tod Kaiser Franz Josephs wird sein Großneffe KARL (I.) Nachfolger. Neuer AMin. wird Gf. CZERNIN.

Mai 1917 Wiederzusammentritt des österr.-ungar. Parlaments (nach dreijähr. Pause). Die Versöhnungspolitik KARLS scheitert an den Autonomieforderungen der Tschechen und Südslawen.

Deutschland: Der Streit um eine demokrat. Umgestaltung der Reichsverfassung hat erbitterte innenpolit. Kämpfe zur Folge.

7. 4. 1917 Osterbotschaft Wilhelms II.: Reform des preuß. Dreiklassenwahlrechts.

April 1917 Gründung der Unabhängigen Sozialdemokrat. Partei (USPD): Kampf gegen Fortführung des Krieges, Munitionsarbeiterstreiks. – Der Zentrumsabgeordnete ERZBERGER fordert einen

Juli 1917 Verständigungsfrieden ohne Sieger und Besiegte.

14. 7. 1917 Entlassung BETHMANN HOLLWEGS.

Juli 1917 Friedensresolution der Mehrheitsparteien (SPD, Zentrum, Fortschrittl. Volkspartei) des Reichstags. Unter dem neuen RK. MICHAELIS wird der Gegensatz zwischen Reg., Heeresleitung und RT. immer größer. Die Krise endet mit dem Zurückweichen der Mehrheitsparteien und der Schwächung der Regierungsautorität; beherrschend wird der polit. Einfluß der OHL.

Die russ. Revolution: Rev. Unruhen entstehen nach dem Scheitern der 1. Brussilow-Offensive (S. 403) und wegen der Unzufriedenheit der Massen (Dauer des Krieges, Ernährungsschwierigkeiten).

23. 2. [8. 3.] 1917 Ausbruch der Februarrev. in Petersburg (Petrograd): Übergang von Truppenteilen zu den Aufständischen, Gründung des **Provisor. Exekutivkomitees des Arbeiterdeputiertenrats.**

Febr. [März] 1917 Bildung der provisor. Reg. unter dem Fürsten LWOW.

März 1917 Abdankung NIKOLAUS' II. Doppelherrschaft der provisor. Reg., die für die Fortsetzung des Krieges eintritt, und des Petrograder Sowjets der Arbeiter- und Soldatendeputierten, der durch den Befehl Nr. 1 (1. [14.] 3. 1917) die Kontrolle über die Armee ausübt.

3. [16.] 4. 1917 Rückkehr Lenins und seiner Begleitung aus der Schweiz, vom dt. AA. mit Zustimmung der OHL veranlaßt.

4. [17.] 4. 1917 Thesen vom 4. April: Forderung nach der sozialist. Rev. (»Alle Macht den Sowjets«), der Errichtung einer Sowjetrep., der Nationalisierung der Banken und des Grundbesitzes. Der

3. [16.]–4.[17.] 7. 1917 Petrograder Putsch der Bolschewisten scheitert durch das Eingreifen des Militärs. LENIN flieht nach Finnland, ALEXANDER F. KERENSKI (1881–1970) wird MP. (21. 7. [3. 8.] 1917). Nach dem Putsch des Gen. KORNILOW (Sept. 1917) wird ein polit. Büro gegründet, dem LENIN, TROTZKI, STALIN, SINOWJEW (S. 467), KAMENEW u.a. angehören.

24. 10. [6. 11.]–25. 10. [7. 11.] 1917 »Oktoberrevolution« in Petrograd. Verhaftung der Mitglieder der provisor. Reg. Flucht KERENSKIS. **Die provisor. Reg. ist gescheitert** (Gründe: Fortsetzung des Kriegs, Verweigerung der Landverteilung).

26. 10. [8. 11] 1917 II. Allruss. Sowjetkongreß: Der **Rat der Volkskommissare** wird als Regierungsorgan geschaffen, das **Dekret über die Beendigung des Krieges** und das **Dekret über Grund und Boden** verkündet: Entschädigungslose Enteignung der Großgrundbesitzer (150 Mill. ha).

2. [15.] 11. 1917 Deklaration über das freie Selbstbestimmungsrecht aller Völker Rußlands. Wahlen für die Verfassunggebende Vers. (25. 11. [8. 12.] 1917): LENINS Partei erhält nur 9 von 36 Mill. Wählerstimmen.

5. [18.] 1. 1918 Eröffnung des Verfassungskonvents: Proklamation Rußlands zur demokrat.-föderativen Rep.

6. [19.] 1. 1918 Auflösung der Verfassunggebenden Versammlung durch den Rat der Volkskommissare mit Hilfe roter Truppen.

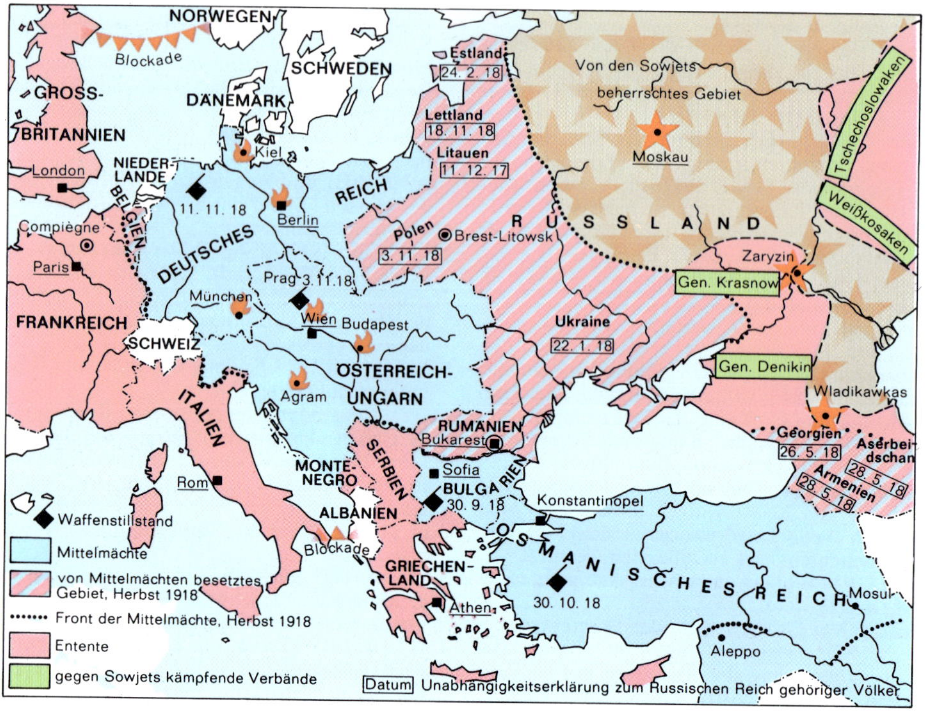

Das Kriegsjahr 1918

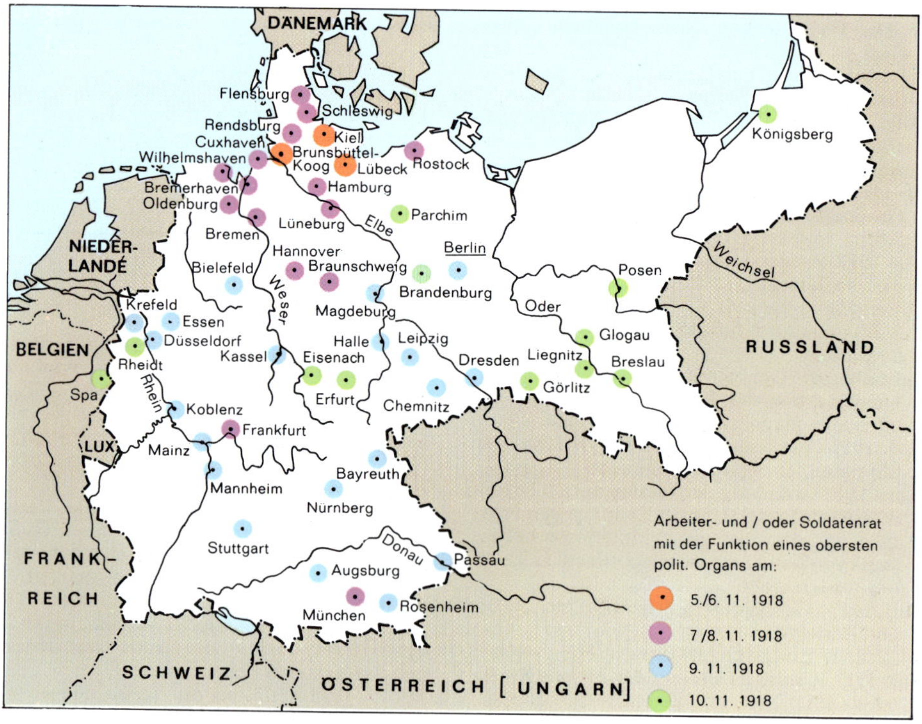

Die Revolution in Deutschland

Wilsons Friedenspolitik

8. 1. 1918 Verkündung der »Vierzehn Punkte« durch den amerikan. Präs. WILSON: Abschaffung der Geheimdiplomatie; Freiheit der Meere; Freiheit der Weltwirtschaft; Rüstungsbeschränkung; Regelung der kol. Ansprüche; Räumung Rußlands durch die Mittelmächte; Wiederherstellung Belgiens; Rückgabe Elsaß-Lothringens; Festsetzung der italien. Grenzen nach nat. Prinzip; freie autonome Entwicklung für die Völker der Donaumonarchie; Räumung Rumäniens, Serbiens, Montenegros; Unabhängigkeit der Türkei, Öffnung der Meerengen, Autonomie der nichttürk. Völker des Osman. Reiches; Errichtung eines unabh. poln. Staates mit freiem und sicherem Zugang zum Meer; Gründung eines Völkerbunds.

9. 2. 1918 »Brotfriede« Dtl.s, Österr.-Ungarns und der Türkei mit der Ukraine: Anerkennung des ukrain. Staates, ukrain. Autonomie in Ostgalizien (für Getreidelieferungen). TROTZKI (S. 389), der die Friedensverhandlungen in Brest-Litowsk (seit 22. 12. 1917) als russ. Vertreter führt, erklärt den Kriegszustand ohne Annahme der deutschen Bedingungen für beendet und bricht die Verhandlungen ab (10. 2. 1918). Durch Wiederbeginn des Krieges (»Eisenbahnvormarsch«) erzwingen die Mittelmächte den

3. 3. 1918 Frieden von Brest-Litowsk: Verzicht Rußlands auf Livland, Kurland, Litauen, Estland und Polen: Anerkennung Finnlands und der Ukraine als selbst. Staaten; Reparationen.

7. 5. 1918 Friede von Bukarest zwischen den Mittelmächten und Rumänien: Abtretung der Dobrudscha an Bulgarien, Ausnutzung der Ölquellen durch Deutschland.

Der Zusammenbruch der Mittelmächte

Deutschland: Die dt. Frühjahrsoffensiven an der Westfront (März–Juli 1918) bringen zwar geringen Geländegewinn, aber keinen entscheidenden Durchbruch.

Die Alliierten erzwingen unter Generalissimus **Ferdinand Foch** (1851–1929) durch ihre Gegenoffensive

Juli/Aug. 1918 zwischen Marne und Aisne und durch den

8. 8. 1918 Tankangriff von Amiens (»der schwarze Tag des deutschen Heeres«) die

Aug./Sept. 1918 Rückverlegung der deutschen Truppen in die »Siegfriedstellung«.

14. 8. 1918 Konferenz im Hauptquartier von Spa: Die OHL erklärt die Fortführung des Kriegs für aussichtslos. Keine Einigung zwischen Ks. KARL I. und seinem AMin. BURIAN und der deutschen Führung über die Bedingungen eines Waffenstillstands.

Sept. 1918 HINDENBURG und LUDENDORFF verlangen ein Waffenstillstandsangebot nach dem Zusammenbruch Bulgariens (s. u.)

Okt. 1918 Prinz MAX VON BADEN (1867–1929) wird RK.

3./4. 10. 1918 Waffenstillstandsangebot der dt. Reg. an Wilson (Grundlage: 14 Punkte). Die amerikan. Antwortnoten (8., 14., 23. 10. 1918) fordern das Ende des U-Boot-Krieges, Räumung der besetzten Gebiete, demokrat. Vertreter als Bevollmächtigte.

29. 10. 1918 Meuterei der dt. Hochseeflotte in Wilhelmshaven. Ausbreitung der Rev. Bildung von Arbeiter- und Soldatenräten.

7. 11. 1918 Rev. in München.

9. 11. 1918 Rev. in Berlin: **Bekanntgabe des Thronverzichts Wilhelms II.** und des Kronprinzen, **Ausrufung der Republik** durch den Sozialdemokraten PHILIPP SCHEIDEMANN (1865–1939), Übertragung der Regierungsgeschäfte an den SPD-Vorsitzenden **Friedrich Ebert** (S. 427).

10. 11. 1918 WILHELM II. geht in holl. Exil. Neue Reg.: »Rat der Volksbeauftragten« (3 SPD- und 3 USPD-Mitglieder); daneben bildet sich ein **»Vollzugsrat der Arbeiter- und Soldatenräte«.**

8.–11. 11. 1918 Waffenstillstandsverhandlungen (Vertreter der Alliierten: Generalissimus FOCH; Deutschlands: MATTHIAS ERZBERGER [S. 388]).

11. 11. 1918 Waffenstillstand auf der Basis der 14 Punkte: Räumung der besetzten Westgebiete und des linken Rheinufers, Aufhebung der Friedensschlüsse von Brest-Litowsk und Bukarest. Auslieferung des schweren Kriegsmaterials, der U-Boote.

Österreich-Ungarn: Nach dem Scheitern der letzten österr.-ungar. Offensive an der Piavemündung (Juni 1918) und der Ablehnung einer Friedenskonferenz durch WILSON (14. 9. 1918) stimmt Österr.-Ungarn dem deutschen Waffenstillstandsangebot zu (4. 10. 1918).

17. 10. 1918 Ks. KARL I. verspricht den Völkern der Donaumonarchie einen föderativen Staatsaufbau.

20. 10. 1918 WILSON fordert Anerkennung der Selbständigkeitswünsche der Völker Österreich-Ungarns. Die Donaumonarchie löst sich nach der Rev. in Wien und der Eröffnung einer deutsch-österr. Nat.-Vers. (21. 10. 1918) auf.

28. 10. 1918 Proklamation der Tschechoslowakei.

29. 10. 1918 Lösung der jugoslaw. Völker aus dem österr.-ungar. Staatsverband.

1. 11. 1918 Bildung einer selbst. ungar. Regierung unter Gf. KAROLYI.

3. 11. 1918 Waffenstillstand.

11. 11. 1918 KARL I. verzichtet auf jeden Anteil an der Reg.

Bulgarien: Nach erfolgreichem Durchbruch der Alliierten in Mazedonien (Sept. 1918) löst sich die bulgar. Armee auf.

30. 9. 1918 Waffenstillstand.

Türkei: Nach Durchbruch der türk. Front bei Jaffa während der Palästinaschlacht (Sept. 1918): Waffenstillstandsgesuch an WILSON (14./15. 10. 1918).

30. 10. 1918 Waffenstillstand.

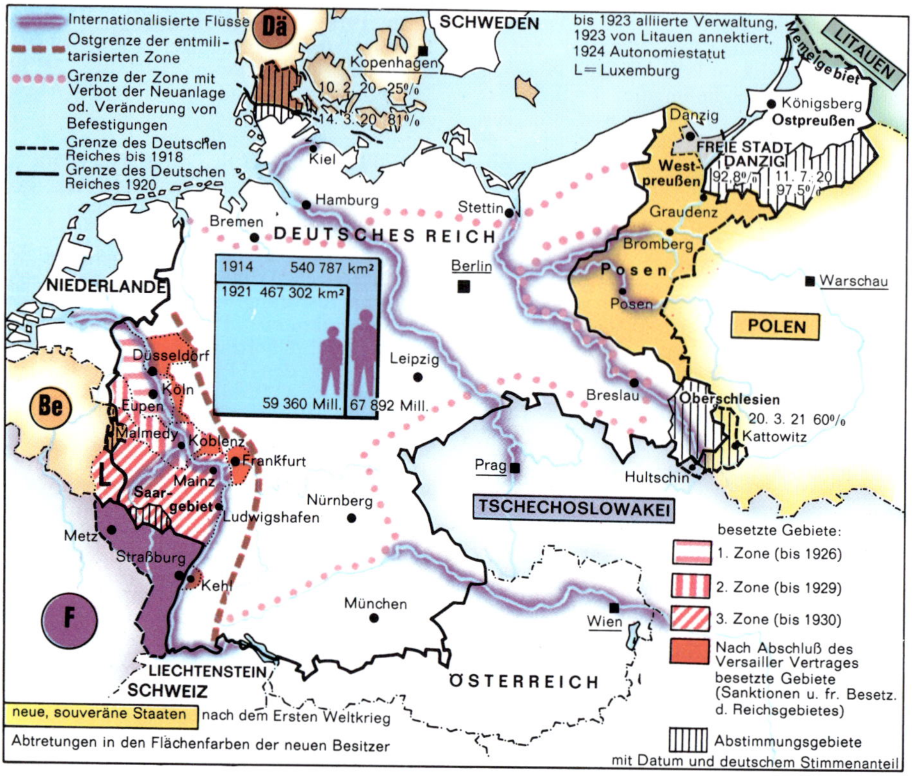

Das Deutsche Reich nach dem Frieden von Versailles

Südosteuropa und Kleinasien nach 1918

Die Friedensschlüsse (1919–20)

18. 1. 1919 Eröffnung der Friedenskonferenz im Außenministerium zu Paris mit 70 Delegierten der 27 Siegerstaaten unter Vorsitz des franz. MP. **Clemenceau** ohne Vertreter der besiegten Mächte. Während der Verhandlungen – vor allem der Sitzungen des Obersten Rates der »**Großen Zehn**« (USA: **Wilson,** LANSING; Großbritannien: **Lloyd George,** BALFOUR; Frankreich: **Clemenceau,** PICHON; Italien: **Orlando,** SONNINO; Japan: SAIONJI, MAKINO), später der »**Großen Vier« (Wilson, Lloyd George, Clemenceau, Orlando)** – treten die von WILSON als Verhandlungsgrundlage proklamierten »14 Punkte« immer mehr zugunsten der in Geheimverträgen festgelegten Kriegsziele der Entente zurück.

7. 5. 1919 Übergabe der Friedensbedingungen an die deutsche Delegation (AMin. Gf. BROCKDORFF-RANTZAU), der mündl. Verhandlungen verweigert werden. Sie erreicht in schriftl. Noten nur wenige Änderungen (u. a. Abstimmung in Oberschlesien).

16. 6. 1919 Alliierte fordern ultimativ die Unterzeichnung des Vertrags. Wegen der drohenden Gefahr eines Einmarschs in das Reichsgebiet gibt die dt. Nat.-Vers. unter Protest ihre Zustimmung zur Unterzeichnung (237 gegen 138 Stimmen der Demokraten, der Dt. Volkspartei und der Dt.-Nat. Partei). Rücktritt BROCKDORFF-RANTZAUS.

28. 6. 1919 Unterzeichnung des Vertrages im Spiegelsaal des Schlosses zu Versailles durch HERMANN MÜLLER (AMin.) und JOHANNES BELL (Kol.- und Verkehrsmin.).

Inhalt des Vertrages (440 Artikel):

Teil I: **Völkerbundssatzung** (S. 413) und Verwaltung der dt. Kol. im Auftrag des Völkerbunds durch die »fortgeschrittenen Nationen«. Teil II und III: Festsetzung der **neuen Grenzen.** Dtl. tritt ab: Elsaß-Lothringen, Posen, Westpreußen, das Hultschiner Ländchen und das Memelgebiet. Danzig wird Freie Stadt. In Eupen-Malmedy, Nordschleswig, Teilen Ostpreußens und Oberschlesiens finden Abstimmungen statt. Das Saargebiet wird 15 Jahre unter Völkerbundsverwaltung gestellt, die Kohlengruben fallen an Frankreich. Teil IV und V: Dtl. verzichtet auf seine **Rechte im Ausland** und auf die **Kolonien.** Überwachung der Abrüstung durch interalliierte Kommissionen: Auslieferung des ges. Kriegsmaterials. Berufsheer von 100000 Mann, Auflösung des Großen Generalstabs, Schleifung aller Festungen bis 50 km östl. des Rheins. Entwaffnung und Überwachung durch interall. Kommissionen. Teil VI: Bestimmungen über Kriegsgefangene und Soldatengräber. Teil VII: Auslieferung der Kriegsverbrecher (WILHELM II. soll vor Gericht gestellt werden). Teil VIII: Begründung der **Wiedergutmachungen (Reparationen) durch die Feststellung der Kriegsschuld** (Art. 231: »Die verbündeten und assoziierten Reg. erklären, und Dtl. erkennt an, daß Dtl. und seine Verbündeten als Urheber für alle Verluste und Schäden verantwortlich sind, die die alliierten und assoziierten Regierungen ... infolge des Krieges, der ihnen durch den Angriff Dtl.s und seiner Verbündeten aufgezwungen wurde, erlitten haben.«). Festsetzung der Reparationen durch eine bes. Kommission. Sachlieferungen (Handelsschiffe der 1600 BRT, ein Viertel der Fischfangflotte, Vieh, Kohle, Benzol, Lokomotiven, Eisenbahnwagen, Maschinen, Unterseekabel u. a.). Die Höhe der Schulden wird auf der Konferenz von Boulogne (21. Juni 1920) festgesetzt (später aber revidiert): 269 Milliarden Goldmark, die in 42 Jahresraten gezahlt werden sollen. Teil IX bis XIV: Bestimmungen über Finanzen, Wirtschaft, Luftfahrt, Flußschiffahrt, Eisenbahnen und über die internat. Arbeitsorganisation; als Bürgschaft wird das linksrhein. Gebiet in 3 Zonen eingeteilt, die bei pünktl. Erfüllung des Vertrages nach 5, 10 und 15 Jahren geräumt werden sollen.

10. 1. 1920 Inkrafttreten des Versailler Vertrags.

10. 9. 1919 Unterzeichnung des Friedensvertrags mit Österreich in St. Germain-en-Laye: Abtretung von Südtirol bis zum Brenner, außerdem von Triest, Istrien und Dalmatien sowie Gebieten in Kärnten und Krain; Anerkennung der Selbständigkeit Ungarns, der Tschechoslowakei, Polens und Jugoslawiens; Verbot des Namens »Dt.-Österreich« und des Anschlusses an das Dt. Reich; Berufsheer von 30000 Mann.

27. 11. 1919 Unterzeichung des Friedensvertrags mit Bulgarien in Neuilly: Abtretung südwestthrazischer Gebiete an der Mittelmeerküste an Griechenland, doch behält Bulgarien Zugang zum Meer (Dedeagatsch). Heeresstärke: 20000 Mann.

4. 6. 1920 Unterzeichnung des Friedensvertrags mit Ungarn in Trianon: Als Nachfolger der Donaumonarchie wird Ungarn als Kriegsanstifter angesehen: Abtretung von Slowakei und Karpato-Ukraine an die ČSR, Kroatien-Slawonien an Jugoslawien, des Banats an Jugoslawien und Rumänien, Siebenbürgens an Rumänien, des Burgenlands an Österreich; Heeresstärke: 35000 Mann.

10. 8. 1920 Unterzeichnung des Friedensvertrags von Sèvres durch die türk. Regierung (vom Parlament nicht ratifiziert, S. 445): Internationalisierung der Meerengen, Abtretung Ostthraziens (mit Gallipoli), der ägäischen Inseln (außer Rhodos) und Smyrnas (mit Hinterland) an Griechenland; Syriens und Kilikiens an Frankreich; des Iraks und Palästinas an England, das auch die Schutzherrschaft über Arabien (Kgr. Hedschas) erhält. Die Dodekanes und Rhodos fallen an Italien. Armenien wird selbst. Die Küste von Adramyti bis Adalya fällt als Interessengebiet an Italien, Zypern und Ägypten an England. Kurdistan erhält Autonomie. Heeresstärke: 50000 Mann.

Hauptprobleme der Nachkriegszeit in Europa

1. Verstärkung des Nationalgefühls durch das Ideal der polit. Selbstbestimmung. Folgen: Das Problem der nat. Minderheiten und die Grenzfragen bleiben vielfach ungelöst; die Volksmassen erliegen primitiven Empfindungen und demagogischen Kräften.

2. Auseinandersetzungen über die Friedensverträge: Frankreich ist bestrebt, durch Konferenzen die neue Ordnung zu bewahren (s. u.) und durch Bündnisse zu festigen (S. 443); Revisionswünsche der besiegten Mächte.

3. Verzögerung der wirtschaftl. Wiedergesundung Europas durch die Verknüpfung von Reparationen und Kriegsschulden der Sieger.

4. Frage der Staatsform: Durch das Fehlen polit. Bildung und Urteilsfähigkeit bei den Völkern der neuen Demokratien bleibt der Sieg der Demokratie kritisch. Gefahren: Vereinfachung der polit. Probleme und Beeinflussung der Massen durch Propaganda, die zum Mittel der Politik wird (ab 1920 Rundfunk).

5. Zwiespältige Haltung der europ. Mächte gegenüber der russ. Revolution und der UdSSR.

6. Versagen des Völkerbunds (S. 415).

7. Soziale Umschichtung: Die Arbeiterschaft gewinnt an Einfluß (Regierungsfunktionen, Verbesserung der wirtschaftl. Lage).

8. Ende der Vormachtstellung Europas in der Welt: Die USA und Sowjetrußland werden zu beherrschenden Staaten. Egoist. Politik und Rivalität unter den Völkern beschleunigen den Zerfall Europas:

Deutschland (S. 427ff.) erstrebt die Revision des Friedensvertrags, der als ungerecht und unrealistisch angesehen wird.

Frankreichs (S. 425) Sicherheitsbedürfnis und der Wunsch nach hegemonialer Stellung in Europa ist ein wichtiger Grund für seine starre Haltung in der Frage der Reparationen und Abrüstung.

Großbritannien (S. 424) versucht ein europ. Gleichgewicht durch eine Politik »begrenzter Gegengewichte« zu schaffen, ist aber außenpolit. gebunden durch die mit der Umwandlung vom Empire zum Commonwealth verknüpften Probleme.

Italien (S. 437) rivalisiert mit Großbritannien und Frankreich im Mittelmeerraum.

Polen (S. 433) und die **Tschechoslowakei** (S. 435), die nach franz. Wunsch zu Eckpfeilern eines »Cordon Sanitaire« gegen Sowjetrußland werden sollten, werden wegen des Streites um Teschen (S. 433) zu Gegnern; die Unterdrückung der nat. Minderheiten führt zu innenpolit. Krisen.

Sowjetrußland (S. 421) wird zu einem nat.-komm. Staat, die Idee von der Weltrevolution manifestiert sich in der Komintern.

Die Balkanstaaten zerfallen in 2 Gruppen: Jugoslawien, Rumänien und Griechenland beharren auf dem Status quo, Ungarn und Bulgarien fordern die Revision der Pariser Vorortverträge. Eine gemeinsame Balkanpolitik ist unmöglich.

9. Die allgem. Abrüstung scheitert an den Souveränitätsvorstellungen der Völker.

10. Die expansive Außenpolitik des faschist. Italien (S. 437) und des nat.-soz. Dtl. (S. 475) erhöht die Kriegsgefahr.

Außereuropäische Probleme

1. Die USA vertreten gegenüber Europa eine Politik der Isolation, schwanken in Mittel- und Südamerika zwischen »Dollarimperialismus« (S. 455) und der Verwirklichung einer panamerikan. Solidarität, die zum Ausdruck kommt im

1923 Gondra-Vertrag (Zusammenarbeit zwischen den Staaten trotz vorhandener Spannungen) und später in der »Politik der guten Nachbarschaft« ROOSEVELTS (S. 465). Engagement im pazif. Raum führt auf der

1921/22 Konferenz in Washington zu 4 Abkommen: 1. **Flottenabkommen:** Festsetzung der Flottenstärke der fünf Mächte: USA und Großbritannien je 525000 t, Japan 315000 t, Frankreich und Italien je 175000 t. – 2. Das **Vier-Mächte-Abkommen** (USA, Großbritannien, Frankreich, Japan) garantiert den Besitzstand im Pazifik. Das Bündnis mit Japan (1902) wird von Großbritannien auf Druck Kanadas, Australiens und Neuseelands gekündigt. – 3. Das **Neun-Mächte-Abkommen** garantiert die chin. Unabhängigkeit und verpflichtet zur Politik der »offenen Tür« in China. – **4. Shantung-Vertrag:** Rückgabe Shantungs und Kiaochous durch Japan an China. Rückzug der jap. Truppen aus Sibirien.

1932 Verkündung der US-Doktrin durch AMin. STIMSON: Die USA verweigern jeder durch Gewalt erzwungenen Veränderung die völkerrechtliche Anerkennung.

2. Japan: Der Versuch, Gleichberechtigung der Rassen und Freiheit der Auswanderung zu erwirken, scheitert am Widerstand der USA und der brit. Dominions Neuseeland, Australien und Südafrika.

Nach dem für Japan enttäuschenden Ergebnis der

1930 Londoner Flottenkonferenz, die das Stärkeverhältnis 5:5:3 zwischen den USA, Großbritannien und Japan beibehält, beginnt die Expansion Japans, das sich in wenigen Jahren die UdSSR (Mandschurei), Großbritannien (Vorder- und Hinterindien), Australien und Neuseeland (Südseebesitz), die USA (Aleuten, Guam, Wake, Philippinen) Frankreich (Indochina) und die Niederlande (Niederländ.-Indien) zu Gegnern macht. Mit der

1934 Kündigung des Washingtoner Flottenabkommens durch Japan beginnt das Wettrüsten.

3. Revolutionierung Chinas (S. 451).

4. Beschleunigung des Emanzipationsprozesses der beherrschten Völker in Asien (Auswirkung der russ. und chin. Rev.) durch eine intellektuelle Oberschicht, deren Nationalismus durch die Komintern (S. 419) unterstützt wird (Gründung komm. Parteien).

5. Nach der Übernahme der Macht im Vorderen Orient durch Großbritannien und Frankreich (Völkerbundsmandate, S. 446) wird die Rivalität zwischen den beiden Mächten (Ölgebiet von Mosul) durch einen Kompromiß auf der

1920 Konferenz in San Remo (Beteiligung Frankreichs) beendet, endgültig im

1926 Vertrag von Mosul: Die Anteile der Iraq Petroleum Company werden auf eine engl. (52,5%), eine amerikan. (21,25%) und eine franz. Gruppe von Ölfirmen (21,25%) verteilt. S.C. GULBENKIAN erhält 5% für seine Vermittlertätigkeit.

Reparationsfrage und Konferenzen (1920–33)

Im Mittelpunkt sämtl. internat. Konferenzen steht bis zur Wirtschaftskrise (S. 463) die **Reparationsfrage.** Da die USA den brit. und franz. Vorschlag ablehnen, alle Kriegsschulden zu streichen, besteht praktisch ein Junktim zwischen den Reparationsverpflichtungen der Mittelmächte und den Kriegsschulden der Alliierten. Nach mehreren Konferenzen 1920 wird auf der

1921 Konferenz in Paris die Reparationsschuld Dtl.s auf 269 Mrd. Goldmark, zahlbar in 42 Jahresraten, festgesetzt. Die

1921 Konferenz in London lehnt die deutschen Gegenvorschläge ab. Abbruch der Verhandlungen (Sanktionen, S. 427). – Das

1921 Londoner Ultimatum fordert die zügige Erfüllung des Friedensvertrags (Aburteilung der Kriegsverbrecher, Entwaffnung) und legt die Zahlungsbedingungen über eine erneut gesenkte Reparationsschuld von 132 Mrd. Goldmark fest. Sollten 1 Mrd. nicht innerhalb von 25 Tagen gezahlt werden, droht die Besetzung des Ruhrgebiets. Dtl. nimmt das Ultimatum an (11. 5.).

1922 Zweite Londoner Konferenz: Neue Vorschläge Deutschlands werden abgelehnt.

1923 Die Reparationskommission stellt fest, daß Deutschland seinen Holz- und Kohlenlieferungen nicht nachgekommen ist:

Jan. 1923 Einmarsch der Franzosen ins Ruhrgebiet (S. 427). – Nach dem Scheitern der Ruhrpolitik POINCARÉS (S. 425) beginnen positive Beziehungen durch die konziliantere Haltung Englands und die Vermittlerrolle (wirtschaftl. und finanz. Interessen) der USA. – Nach der Botschaft des US-Präs. COOLIDGE an den Kongreß arbeitet eine internat. Kommission den

1924 Dawes-Plan aus: Regelung der Reparationszahlungen, doch keine Abmachungen über deren Laufzeit. Dtl. soll 5,4 Mrd. Mark bis 1928, ab 1929 jährl. 2,5 Mrd. Mark zahlen, wobei Reichseinnahmen (Zölle, indirekte Steuern und Gewinne der unter ausländ. Aufsicht gestellten Reichsbahn) verpfändet werden. Gewährung eines Darlehens von 800 Mill. Goldmark für die Rückkehr zur Goldwährung und zur Zahlung der ersten Rate. Der Plan wird durch ein Abkommen auf der Londoner Konf. bestätigt. – Die

1925 Konferenz von Locarno – auf Initiative STRESEMANNS zustande gekommen – trägt zur Entspannung bei. Unterzeichnung folgender Abkommen:

1. Sicherheits-, Rhein- oder Westpakt (Frankreich, Großbritannien, Italien, Belgien, Deutschland): Dtl. garantiert die Unverletzlichkeit der Westgrenze.

2. Schiedsabkommen zwischen Deutschland und Belgien und

3. Schiedsabkommen zwischen Deutschland und Frankreich.

4. Schiedsvertrag zwischen Deutschland und Polen und

5. Schiedsvertrag zwischen Deutschland und der Tschechoslowakei: keine gewaltsamen Grenzveränderungen durch Dtl. im Osten, Anerkennung der Defensivverträge Frankreichs mit Polen und der Tschechoslowakei, jedoch keine vertragliche Fixierung der Ostgrenze.

1929 BRIAND (S. 425) legt in der Völkerbundesversammlung einen Plan zur Schaffung der **»Vereinigten Staaten von Europa«** (Zoll- und Wirtschaftsunion) vor. – Die Verhandlungen zur Revision des Dawes-Plans führen zur Unterzeichnung des

1930 Young-Plans in Den Haag: Dtl. soll in 59 Jahren (bis 1988) 34,5 Mrd. Goldmark zahlen, erhält das Recht auf Transfer der Summen und auf zweijährige Transfer-Moratorien, muß aber ein Drittel der jeweiligen Jahresrate jedes Jahr zahlen. Die Gläubiger verabreden die Herabsetzung der Reparationslasten für den Fall einer Erleichterung in der Begleichung ihrer gegenseitigen Schulden (erste offizielle Feststellung des Zusammenhangs von Reparationen und Kriegsschulden). Diese endgültige Regelung der Reparationsfrage hat wegen der ausbrechenden Wirtschaftskrise keine Bedeutung mehr. Mit der

1932 Konferenz in Lausanne ist das Reparationsproblem gelöst: Dtl. soll eine Schlußzahlung von 3 Mrd. Reichsmark leisten. Nach dt. Berechnung sind ca. 53 Mrd., nach alliierter ca. 20 Mrd. Goldmark bezahlt worden. Fest steht, daß Dtl. mehr Geld an ausländ., vornehml. amerikan. Anleihen erhalten hat als an Reparationen bezahlt worden sind (Kreislauf des US-Geldes).

Das Abrüstungsproblem

1932 1. Internat. Abrüstungskonferenz. Sie scheitert an den Forderungen Frankreichs (Sicherheitsgarantien, Völkerbundsarmee) und Deutschlands (Gleichberechtigung).

1933 2. Internat. Abrüstungskonferenz. Der brit. Vorschlag (Verminderung der Heeresstärken, Erweiterung der Reichswehr auf 200000 Mann) wird nicht angenommen. Der brit. AMin. SIMON verhindert eine rasche Lösung der Frage des Rüstungsausgleichs. Dtl. verläßt die Konferenz (Okt.) wegen Verweigerung der prakt. Gleichberechtigung.

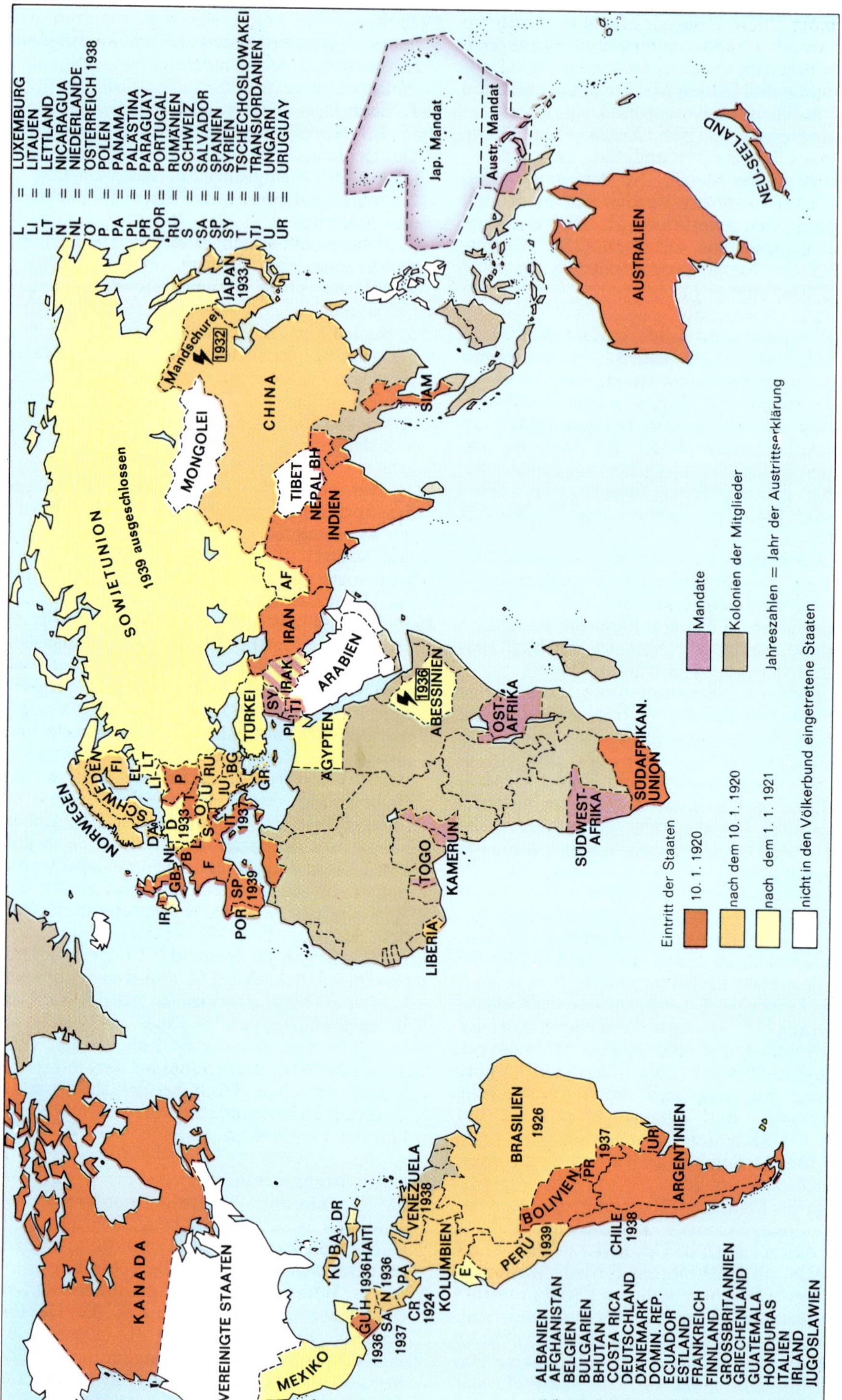

Der Völkerbund

Vorgeschichte und Gründung
Als Antwort auf die »soz. Revolution« der Bolschewiken (S. 407) verkündet WILSON am

8. 1. 1918 die 14 Punkte (»Demokrat. Weltrev.«), über die er in seinen Reden vor dem Kongreß (11. 2.), in Mount Vernon (4. 7.) und New York (27. 9.) weitere Ausführungen macht. WILSON fordert u.a. einen Völkerbund zur Erhaltung des Weltfriedens und zur Sicherung der territorialen Unverletzlichkeit und polit. Unabhängigkeit aller Staaten. Die Hegemonie eines Staates soll nicht mehr durch das Gleichgewicht der Mächte, dem Ordnungsprinzip der europ. Staaten vom Westf. Frieden bis zum Ersten Weltkrieg, verhindert werden, sondern durch die Gründung des Völkerbunds (Staatenvereinigung), durch den künftige Kriege zum völkerrechtl. Unrecht erklärt werden. Während der Friedenskonferenz stützt man sich auf Pläne und Vorschläge von MILLER-HUT, WILSON, SMUTS und LORD PHILLIMORE.

28. 4. 1919 Annahme der Satzung des Völkerbundes durch die Vollversammlung der Versailler Friedenskonferenz.

28. 6. 1919 Unterzeichnung der aus 26 Artikeln bestehenden Satzung durch die Gründerstaaten, die auch Unterzeichner des Friedensvertrages sind. Die Satzung wird **Bestandteil des Versailler Vertrages.**

Jan. 1920 Der Völkerbund nimmt seine Tätigkeit auf (Genf).

Nov. 1920 Erster Zusammentritt der Völkerbundsversammlung.

1928 Briand-Kellogg-Pakt (Ächtung des Kriegs als Mittel zur Lösung zwischenstaatl. Streitigkeiten), der in Paris durch Vertreter von 15 Nationen (STRESEMANN, S. 429, für Dtl.) unterzeichnet wird und dem 54 Staaten bis Ende 1929 beitreten.
Die Anregung, den Kriegsächtungspakt abzuschließen, geht von dem amerikan. AMin. KELLOGG aus; sie wird von dem franz. AMin. BRIAND unterstützt.

Organisation
Die **Völkerbundsversammlung,** die einmal jährl. tagt und in der jedes Mitglied eine Stimme hat, besteht aus den Vertretern aller Bundesmitglieder, der **Völkerbundsrat** aus 4–6 ständigen und später 9 nichtständigen Mitgl., die von der Völkerbundsversammlung gewählt werden. Unter den ständigen Mitgliedern befinden sich die Vertreter Großbritanniens, Frankreichs, Italiens und Japans, später auch Dtl.s, dessen Sitz nach seinem Austritt (1933) an die UdSSR fällt (1934). Beide Organe haben die gleiche Zuständigkeit (Streitschlichtung, Vermittlung), doch übt der Völkerbundsrat eine stärkere polit. Tätigkeit aus und tagt mehrmals jährlich. Der Völkerbundsrat muß seine Beschlüsse einstimmig fassen, die Völkerbundsversammlung mit wenigen Ausnahmen gleichfalls. Streitende Parteien müssen sich der Stimme enthalten.
Unterstützt werden diese Organe durch das **Ständige Generalsekretariat** unter einem Generalsekretär mit Sitz in Genf.
Dem Völkerbund assoziiert ist der **Haager Ständige Internationale Gerichtshof** (Schiedsspruch bei Streitigkeiten) und das Internat. Arbeitsamt (Arbeitsgesetzgebung).

Aufgaben und Zweck
Der Völkerbund als Weltorganisation der Freien Völker dient der Sicherung des Friedens und Förderung der internat. Zusammenarbeit durch Beschränkung der traditionellen einzelstaatl. Gewaltpolitik und Geheimdiplomatie, an deren Stelle die kollektive Gewaltanwendung aller Staaten (wirtschaftl. und militär. Sanktionen) gegen eine Angreifernation (⅔ aller Mitgl. können Sanktionen beschließen) und die freie Diskussion der Staatsmänner vor der Weltöffentlichkeit tritt. Der Bund ist aber nicht zuletzt durch die Koppelung mit den Pariser Verträgen für die Erhaltung des 1919/20 geschaffenen neuen polit. Systems verantwortlich, das wegen des Prinzips der Einstimmigkeit kaum auf friedl. Weise verändert werden kann. Die Mitgl. verpflichten sich zu friedl. Lösung aller Streitigkeiten und rufen bei Nichteinigung den Völkerbund an, dessen Entscheidung sie bei Einstimmigkeit aller Mitglieder (ohne Stimme der Parteien) anerkennen müssen. – Beteiligt ist der Völkerbund bei der Durchführung der Friedensverträge (Grenzsicherung, Abrüstung, Aufsicht über Danzig, Kontrolle der Mandatsgebiete, Verwaltung des Saargebiets), beim Schutz der nat. Minderheiten, bei der wirtschaftl. Hilfe für einige Länder (Österreich u.a.) und bei der Flüchtlingshilfe. Mit Erfolg schlichtet und vermittelt er im Streit um Wilna (1920), in den Konflikten um Korfu (1923) und Mosul (1924), doch bleibt er bei seiner Bemühung um Friedenssicherung (Genfer Protokoll 1924) und Abrüstung [1932–38]) erfolglos.
Positiv wirkt der Völkerbund bei der wirtschaftlichen und technischen Zusammenarbeit, auch leisten seine Nebenorganisationen erfolgreiche Arbeit.

Das Versagen des Völkerbunds
Der Völkerbund ist durch das Fehlen der USA und weiterer Großmächte geschwächt. Von 63 Mitgliedstaaten treten 14 bis 1939 aus, zwei werden annektiert, einer ausgeschlossen (UdSSR wegen des Angriffs auf Finnland). Der Völkerbund versagt bei dem

1931 Einfall Japans in die Mandschurei und

1935 Überfall Italiens auf Abessinien. Der Völkerbund erklärt Italien zum Aggressor;

Nov. 1935 Beginn der Wirtschaftssanktionen, doch liefern die USA Öl, Dtl. Kohle.

1937 Austritt Italiens.

Nichts unternimmt der Völkerbund gegen die Expansionspolitik der nationalsozialistischen Regierung in Deutschland.

18. 4. 1946 Auflösung des Völkerbundes durch Beschluß der Völkerbundsversammlung.

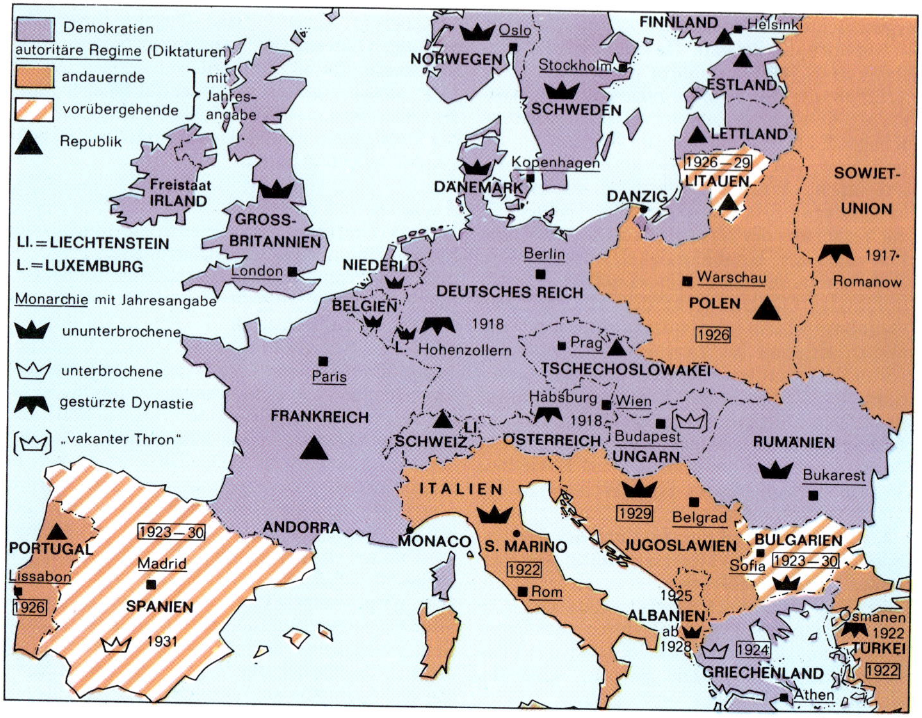

Die Demokratie in der Defensive 1919–1933

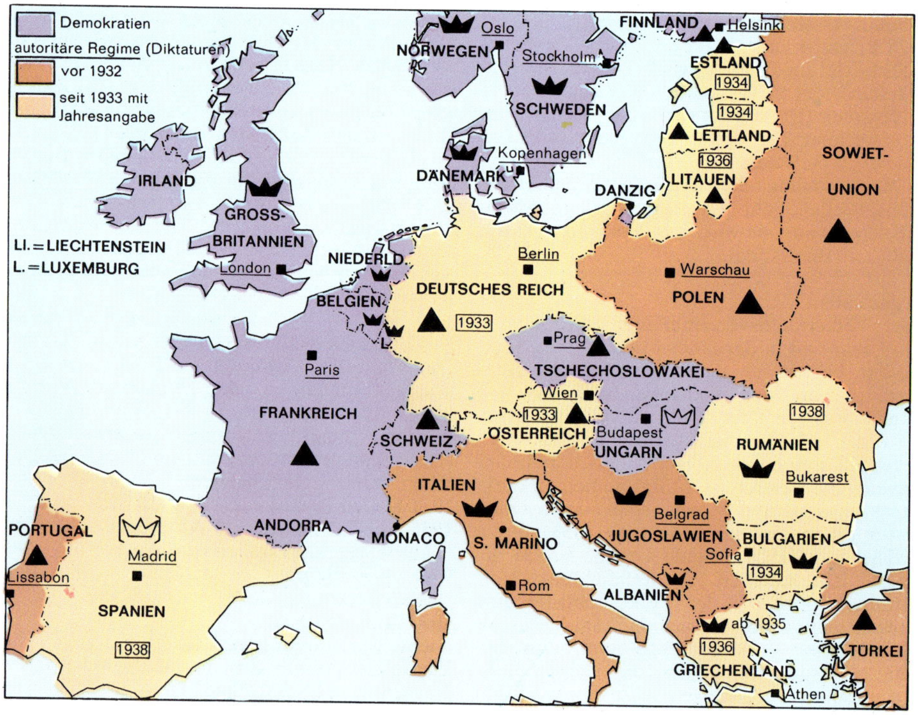

Totalitäre und autoritäre Regime und Diktaturen 1933–1939

Der Sieg der Demokratie
Während des Ersten Weltkriegs gewöhnen sich viele Völker – selbst in den westl. Demokratien – nicht nur an eine starke Exekutivgewalt zur Lösung der Aufgaben, sondern werden auch durch den Krieg in ihrem Glauben an die Gewalt zur schnellen Erreichung polit. Ziele bestärkt. Viele Völker erwarten nun auch bei der Bewältigung der Nachkriegsaufgaben (Demobilisierung, Arbeitsbeschaffung, Kriegsschulden, Reparationen, Wiederaufbau u. a.) Lösung und Rettung durch eine kraftvolle Regierung, die schnelle Entscheidungen trifft – vor allem in den Ländern ohne eine lib. und parlament. Tradition.
Zunächst folgt dem Sieg der Waffen der Sieg der Demokratie. In Europa scheint das Kriegsziel der USA 1919 verwirklicht: die »demokrat. Weltrevolution«. Die Dynastien der HABSBURGER und ROMANOWS, der HOHENZOLLERN und der OSMANEN verschwinden. Europa, das 1914 aus 17 Monarchien und 3 Republiken (Schweiz, Frankreich, Portugal) besteht, hat 1919 13 Republiken und 13 Monarchien. In manchen Ländern wird die Monarchie zeitweise durch die republikanische Staatsform abgelöst (Spanien, Griechenland).

Der Beginn der Krisen
Wesentlich für die Krisen nach dem Ersten Weltkrieg wird der **Gegensatz von Demokratien und Diktatur.** Die russ. Revolution und die Errichtung der bolschewist. Diktatur (S. 409) läßt in den zwanziger Jahren die Gefahren, die von den Faschismen drohen, gering erscheinen, zumal sich die Diktatoren zum Teil auf eine straffe Führung der Regierungsgeschäfte zur Meisterung vorübergehender Krisen beschränken und oft einen Großteil der Bevölkerung hinter sich wissen. Erst die »Machtübernahme« der Nationalsozialisten in Dtl. läßt die Gefahr, die von den Rechtsdiktaturen droht, erkennen. 1939 gibt es noch 12 demokrat. regierte Staaten in Europa (6 bzw. 7 [Ungarn: »vakanter Thron«] Monarchien und 5 Republiken).

Ursachen für die Krise der Demokratie
1. **Soziale Veränderungen:** Anerkennung der polit. Gleichberechtigung der Massen (allgem. Stimmrecht, Frauenwahlrecht).
2. **Psycholog. und soziolog. Auswirkungen des Krieges:** Glaube an die Macht, Umschichtung des Bürgertums; Organisation und zentralisierte Führung der Massen; Entwurzelung weiter Bevölkerungsschichten.
3. **Enttäuschung über die Friedensschlüsse.**
4. **Neue Konflikte:** Zerrüttung der Weltwirtschaft und der Währung. Weltwirtschaftskrise (S. 463).
5. **Innerstaatl. Machtkämpfe:** Staatsvolk in den neugegründeten Vielvölkerstaaten (Tschechoslowakei, Jugoslawien) gegen die nat. Minderheiten.
6. **Einführung des Verhältniswahlrechts** bei vielen kontinentaleurop. Staaten. Folge: Bildung von Splittergruppen und Verhinderung klarer parlament. Mehrheitsbildung. Viele Nationen sind deshalb bereit, sich einem »Führer« anzuvertrauen.

Voraussetzung für die Errichtung der Diktatur ist die moderne Massendemokratie. Die Massen werden gewonnen durch Berufung auf die große nat. Vergangenheit, opportunist. Programme, die die widersprechenden Elemente in sich verschmelzen, und durch geschickte Propaganda, die den Glauben an den eigenen Sieg einhämmert. Kennzeichen des Diktaturstaats sind gelenkte Publizistik, Scheinwahlen (Kandidaten nur der herrschenden Partei), Ausschaltung der Opposition, brutale Unterdrückung jeglichen Widerstands, Aufgabe des Rechtsstaates zum »Wohl des Volkes«, Mißachtung des Individuums.
Der ital. Faschismus (S. 460) und der dt. Nationalsozialismus (S. 461) werden vor allem durch ihre antimarxist. Parolen und ihren hypertrophen Nationalismus zu Vorbildern in vielen Ländern Europas.

Die europ. Diktaturen (1922–36)
Okt. 1922 »Marsch auf Rom« BENITO MUSSOLINIS in **Italien.**
Juni 1923 Bildung der Reg. ZANKOFF nach einem Offiziersputsch in **Bulgarien.**
Sept. 1923 Gen. PRIMO DE RIVERA errichtet nach einem Militärputsch in **Spanien** die Militärdiktatur.
Okt. 1923 GAZI MUSTAFA KEMAL PASCHA (seit 1934 KEMAL ATATÜRK) wird zum 1. Präsidenten der **Türkei** gewählt.
Jan. 1925 ACHMED ZOGU wird in **Albanien** Präsident mit weitgehenden Vollmachten.
Mai 1926 Militärputsch PILSUDSKIS in **Polen.**
Mai 1926 Militärputsch des Gen. GOMES DA COSTA in **Portugal,** der durch den Gen. CARMONA verdrängt wird.
Dez. 1926 Diktaturregime SMETONA/VOLDEMARAS in **Litauen.**
Jan. 1929 Staatsstreich Kg. ALEXANDERS in **Jugoslawien.**
Febr. 1930 Persönl. Regiment Kg. CAROLS II. in **Rumänien,** das durch Staatsstreich 1938 Königsdiktatur wird.
Juli 1932 Bildung der Reg. SALAZAR in **Portugal.**
Dez. 1932 **Litauen** wird autoritärer Einparteienstaat.
Jan. 1933 »Machtergreifung« HITLERS in **Deutschland.**
März 1933 Staatsstreich in **Österreich** durch DOLLFUSS: Austrofaschist. Diktatur.
März 1934 KONSTANTIN PÄTS errichtet die Diktatur in **Estland.**
Mai 1934 Errichtung der Präsidialdiktatur in **Lettland:** Staatsstreich von K. ULMANIS.
Aug. 1936 Staatsstreich des Gen. METAXAS in **Griechenland.**
Sept. 1936 Gen. FRANCO wird »Caudillo« **National-Spaniens.**

Der Marxismus-Leninismus

Die sozialist. Theorien von MARX und ENGELS (S. 344) sucht **Lenin** (S. 389) auf die polit. Wirklichkeit Rußlands zu übertragen. Dabei legt er bes. Wert auf den Ausbau einer starken Parteiorganisation.

In seinen ideologischen Überlegungen sind bedeutsam:

1. **Die »Imperialismustheorie«** in seiner Schrift **›Der Imperialismus als höchstes Stadium des Kapitalismus‹** (1915), in der er sich auf I. A. HOBSONS ›The Evolution of Modern Capitalism‹ (1902) und auf R. HILFERDINGS ›Das Finanzkapital‹ stützt. **Hauptmerkmale des Imperialismus:** Das Wirtschafts- und Finanzmonopol ist auf wenige Besitzer konzentriert, ein normaler Warenaustausch wird durch den Kapitalexport ersetzt. Die imperialist. Politik kontrolliert die internat. Verhältnisse, die Welt wird weiterhin in Interessen- und Kolonialgebiete aufgeteilt.
   Polit. Folgerungen Lenins:
   a. Imperialistische Kriege, die nur durch von Bündnissen bewirkte »Atempausen« unterbrochen werden.
   b. Erfolgreiche Durchführung einer proletarischen Revolution auch in einem industriell rückständigen Land, einem schwachen Glied in der »Kette des Weltkapitalismus«, wie z. B. Rußland, und späteres **Übergreifen der Weltrev. auf die Industrieländer.**
   c. Gefahr der Entstehung einer »Arbeiteraristokratie« in den imperialist. Ländern durch »Bestechung« von seiten der herrschenden Klasse, wodurch ein nat. und opportunist. Denken der Arbeiterklasse und ein **Kleinbürgertum** entsteht.
   d. Verschiebung des Klassenkampfes auf die internat. Ebene durch Bündnis der rev. Arbeiterschaft mit dem ausgebeuteten Proletariat der kolonialen und halbkolonialen Länder.
2. **Die Lehre von der »Partei neuen Typs«** (in: ›Was tun?‹ [1902] und ›Ein Schritt vorwärts – zwei Schritte zurück‹ [1904]): Schaffung einer gutgeschulten **Kaderpartei aus Berufsrevolutionären** (»Avantgarde des Proletariats«), eines **»Offizierskorps der Bürgerkriegsarmee«** zur Bildung eines politischen Klassenbewußtseins und Führung des Proletariats, aufgebaut nach dem Prinzip des **»demokrat. Zentralismus«:** Wahl der leitenden Organe der Partei von unten nach oben; zentralistische Führung. **Aufgaben der Partei:** »Kampf für die Reinheit der marxist.-leninist. Weltanschauung«, Kampf gegen »Abweichungen«, Abschluß von Klassenbündnissen (»Einheitsfronten«, »Volksfronten« u. a.) zur Herbeiführung der Rev. nach der »Lehre von Strategie und Taktik«, praktische Verwirklichung der in »wissenschaftl. Analyse« gewonnenen »Generallinie« der Partei für einen best. Zeitraum. Herrschaft der Partei durch Macht über Staatsverwaltung und gesellschaftl. Massenorganisationen.
3. **Lehre von der »Diktatur des Proletariats«** (in: ›Staat und Revolution‹ [1917]), einer »Macht, die an keinerlei Gesetze gebunden ist«, unterdrückt die Bourgeoisie in der Übergangsperiode vom Kapitalismus zum Sozialismus und zur klassenlosen Gesellschaft (Kommunismus).
4. **Ausbau des histor. Marxismus** (S. 345) **zum dialektischen Materialismus (Diamat),** der »Weltanschauung der marxist.-leninist. Partei« (in: ›Materialismus und Empiriokritizismus‹ [1908]). Hauptbestandteile:
   a) Der philosph. Materialismus (erkenntnistheoret. Realismus), nach dem sich die versch. Bewegungsformen der Materie unabhängig vom menschl. Willen vollziehen, sich aber im menschl. Bewußtsein »widerspiegeln« (Widerspiegelungstheorie). Die Materie bildet die einzige Wirklichkeit dieser Welt.
   b) Dialektische Methode: Verbindung und wechselseitige Bedingtheit der Dinge, Entstehung der Bewegungen aus dem »Kampf der Gegensätze« (These – Antithese), die in jeder Wirklichkeit als »innere Widersprüche« vorhanden sind und zu Veränderungen (Synthese) führen.

Der Stalinismus

Stalin (S. 467) ergänzt den Marxismus-Leninismus. Seine wichtigsten ideolog. Thesen:

1. **Theorie vom »Aufbau des Sozialismus in einem Land«** (im Gegensatz zu TROTZKIS Lehre von der »permanenten Revolution«): Errichtung der sozialist. Wirtschaft ohne Hilfe der hochentwickelten westl. Länder aus eigener Kraft.
2. **Theorie von der „Revolution von oben«** auf »Initiative der Staatsmacht« (Partei) mit direkter »Unterstützung von unten« (Proletariat) auf dem Wege allmählicher Änderungen. Keine Konterrevolution und »Sturz der bestehenden Macht« (1938).
3. **Dogmatische Vereinfachungen** des Marxismus-Leninismus im 4. Kapitel der ›Geschichte der KPdSU‹ (1938).
4. **Pflege des russischen Patriotismus** durch »Liebe zur Union der Sowjetrepubliken«, der »Heimat der Werktätigen«, dadurch Sicherung und Erhaltung des »sozialist. Vaterlandes«. Die UdSSR wird zur »Völkerfamilie« unter der Führung des »großen russ. Brudervolkes«. Sie ist gleichzeitig die »Trägerin des Fortschritts«.
5. **Ideolog. Rechtfertigung des Nationalismus** in den ›Sprachbriefen‹ (1950). Die Sprache wird zum Symbol der historischen Kontinuität des russ. Volkes und der »schöpferischen Rolle« des sozialist. Sowjetstaates (Begründung des Führungsanspruches der UdSSR über andere Völker).

Der internat. Anspruch des Bolschewismus wird trotz der Betonung des Nationalen auch während des »Großen Vaterländ. Krieges« (S. 485) aufrechterhalten.

Die Kommunistische Internationale

Der **Weltkommunismus will durch die Kommunistische Internationale (Komintern)** die komm. Ideologie nach einem best. Organisationsprinzip und einer best. Verhaltensweise zur polit. Herrschaft bringen. Universales Ziel ist die **Weltrevolution** unter der Führung komm. Parteien in allen Ländern. **Übernahme des Handlungsprogramms der KPdSU (Bolschewiki)** durch alle komm. Parteien. Auf Initiative LENINS wird die Gründung einer III. Internationale geplant.

Gründe:

1. Versagen der sozialdemokrat. orientierten II. Internationale (gegr. 1889) im Ersten Weltkrieg;
2. Machtergreifung der Bolschewiken in Rußland (S. 407). – In den ›Aprilthesen‹ (S. 407) fordert LENIN 1917 bereits die Errichtung einer neuen Internationale, die im betonten Gegensatz zur II. Internationale stehen soll. Nach den ›Offenen Briefen‹ an die Arbeiter Europas und Amerikas:

Jan. 1919 Einladung zu einem Kongreß in Moskau.

März 1919 Gründung der III. Internationale in Moskau durch Delegierte komm. und sozialist. Parteien zur Stützung der durch Bürger- und Interventionskriege gefährdeten Sowjetreg. und als »Vorstufe der internat. Rep. der Sowjets, des Weltsiegs des Kommunismus« (LENIN).
Wahl SINOWJEWS (S. 467) zum Präs.

Juli–Aug. 1920 II. Kongreß der Komintern in Petrograd und Moskau (Delegationen aus 37 Ländern): Beratung über die Methode zur Verbreitung komm. Propaganda, Plan für die Errichtung geheimer komm. Zentralen zur Vorbereitung von proletar. Rev. bei gleichzeitiger legaler Tätigkeit der offiziellen komm. Parteien und Annahme der **»21 Punkte«** LENINS: Verpflichtung aller komm. Parteien auf das verbindl. Vorbild der russ. KP, Verteidigung Sowjetrußlands, strengste Disziplin, Unterordnung unter die Befehle der Zentrale, Kampf gegen die Sozialdemokratie, die sich in einen revolutionären und einen reformist. Flügel spaltet. An die Spitze des ständigen Exekutivkomitees (Sitz Moskau), zwischen den Kongressen mit der takt. Führung beauftragt, tritt SINOWJEW als Vors., KARL RADEK (1885–1939 [?]) als Sekretär, beide Mitgl. des ZK der KPdSU (Pers.-U. von Komintern und Sowjetreg.). Nach dem »Wunder an der Weichsel« (S. 433), dem Aufstand in Kronstadt (S. 421) und dem Zusammenbruch des Generalstreiks in Dtl. (März 1921) setzt auf dem

Juni-Juli 1921 III. Kongreß der Komintern die Diskussion über die »Einheit von oben« (Zusammenarbeit mit den sozialdemokrat. Führern) ein, die durch das Exekutivkomitee als »Generallinie« beschlossen wird.

Nov.-Dez. 1922 IV. Kongreß der Komintern: Wegen der »Defensive der rev. Kräfte« Versuch einer polit. Zusammenarbeit mit Sozialisten, Unterstützung der dt. Forderungen gegenüber den Westmächten und der nat. Kräfte in Dtl. Folge: Angebot wohlwollender Neutralität durch Sowjetrußland im Falle eines dt.-franz. Krieges (übermittelt von RADEK) und Anweisung an die dt. Kommunisten zur Beteiligung am nat. Widerstand (SINOWJEW) während der Ruhrkrise. Die rev. Situation in Dtl. wird durch STRESEMANN (S. 427) beseitigt. Ein letzter Versuch zur Revolutionierung des Reiches mißlingt mit der Niederwerfung des Aufstandes in Sachsen und Thüringen (S. 427). Dieser Mißerfolg und die Revolutionsversuche in Bulgarien (1922) und Estland (1924) zwingen zum Rückzug und zum Übergang zu vorsichtigeren Methoden.

Febr.-März 1924 V. Kongreß der Komintern: Schaffung einer »Einheitsfront von unten« (Zusammengehen mit den sozialist. Arbeitern) und einer »Internat. Gewerkschaftseinheit«. Folge: Generalstreik in England (S. 424).

Im Gegensatz zu LENIN und TROTZKI, die die Weltrevolution als Resultat der rev. Bewegungen in versch. Ländern auffassen (Abhängigkeit des Schicksals Sowjetrußlands von der Weltrevolution), findet nach STALIN die Geschichte und Entfaltung der Weltrevolution im Kampf zwischen einem Zentrum des Imperialismus mit kapitalistischen Ländern und einem Zentrum des Sozialismus (UdSSR) mit Sowjetländern statt (Abhängigkeit des Schicksals der Weltrevolution von der UdSSR), deshalb Machtkonsolidierung in einem Land (»Sozialismus in einem Lande«, S. 418).

Juli-Sept. 1928 VI. Kongreß der Komintern: Herausgabe bindender Richtlinien: ›Programm der Komm. Internationale‹ (Herrschaft der proletar. Diktatur der UdSSR, Pflicht zur Verteidigung Sowjetrußlands); ›Die Resolutionen über die komm. Tätigkeit in den abhängigen Kolonialgebieten und den Kampf gegen den imperialist. Krieg‹ (Unterstützung der nat. Befreiungsbewegungen, Umwandlung von imperialist. Kriegen in Bürgerkriege).

Juni-Aug. 1935 VII. Kongreß der Komintern: Bekämpfung des **Faschismus** durch die Kommunisten im Bunde mit den Sozialdemokraten (**»Volksfront«**) und Zusammenarbeit mit den bürgerl. Parteien. Die »Volksfront-Politik« scheitert, da die NS-Außenpolitik erfolgreich ist, STALIN seine Gegner liquidieren läßt (»Moskauer Schauprozesse«, S. 467) und im Span. Bürgerkrieg (S. 439) die komm.-antifaschist. Reg. unterliegt.

Mai 1943 Auflösung der Komintern: Der Plan, eine Weltrevolution herbeizuführen, wird scheinbar aufgegeben; die UdSSR bemüht sich fortan um eine verharmlosende Darstellung ihrer Macht (Voraussetzung für die sowjet. Nachkriegspläne).

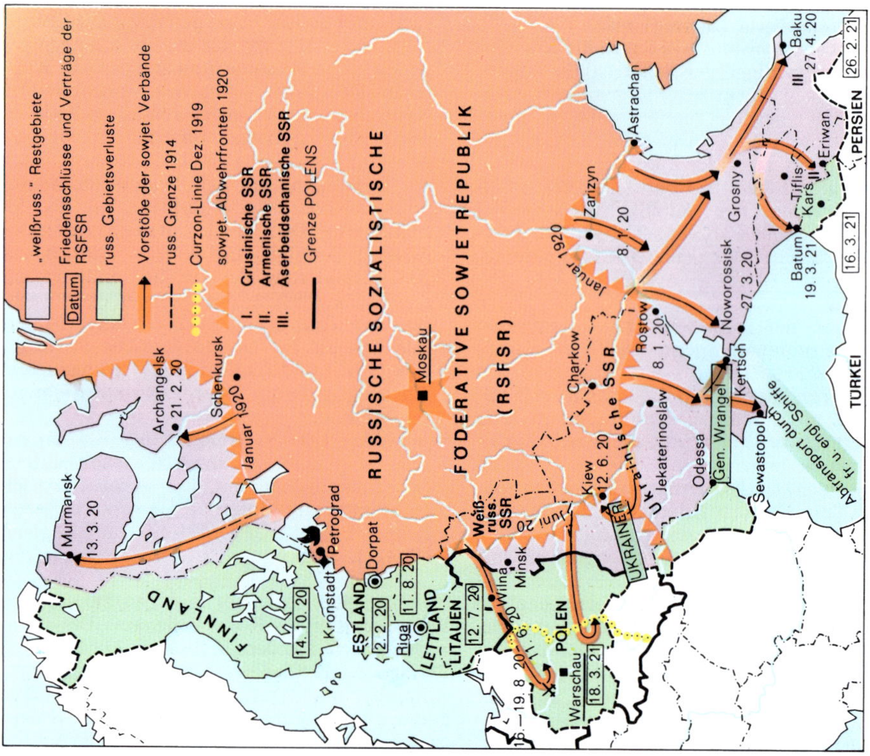

Das Ende des Bürgerkriegs 1920/21

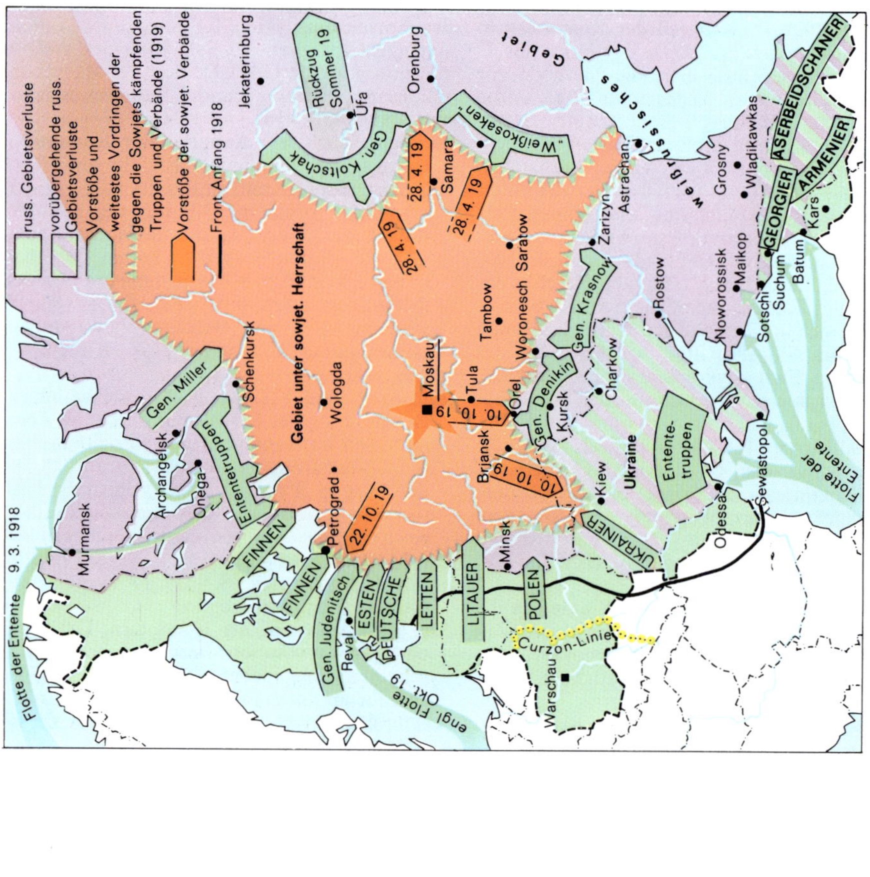

Bürgerkrieg und Interventionen

Die Bildung der Sowjetunion (1918–24)
Folgen des Friedens von Brest-Litowsk:
1. **Unabhängigkeitserklärungen** Weißrußlands, Georgiens, Armeniens und Aserbeidschans (1918);
2. **Soz.-Rev. Umsturzversuche** in einigen Städten.
Die Sowjets reagieren mit der Unterdrükkung nichtruss. Nationalitäten.

März 1918 VII. Parteikongreß: Das Zentralkomitee erhält Vollmacht für die Entscheidung über Krieg und Frieden mit den »bürgerl. und imperialist. Staaten«.

Juli 1918 Konstituierung der **Russ. Sozialist. Föderativen Sowjetrep. (RSFSR).** Annahme einer provisor. Verfassung, die auf dem Sowjetprinzip und dem Grundsatz der Diktatur des Proletariats beruht.

Juli 1918 Ermordung der Zarenfamilie in Jekaterinburg.

1919 VIII. Parteikongreß: Polit. Büro (Politbüro), Organisationsbüro (Orgbüro) und Parteisekretariat werden höchste Exekutivorgane.

1918–20 Russischer Bürgerkrieg:

1918 Bildung von polit. und soz. versch. antibolschewist. Gruppen (»Weiße«). Sie kämpfen gegen die von Trotzki (S. 389) [seit April 1918 Volkskommissar für Landesverteidigung] organisierte Rote Armee in Sibirien und dem Ural-Wolga-Gebiet (Adm. Koltschak, Tschech. Legion), in Südrußland (Gen. Denikin, Krasnow, Wrangel), in Estland (Gen. Judenitsch) und Nordrußland (Gen. Miller). – Zur Wahrnehmung ihrer Interessen landen die Alliierten in Wladiwostok, Murmansk, Archangelsk und den Schwarzmeerhäfen.

1919 Die »Weißen« lehnen den Vermittlungsvorschlag des US-Präs. Wilson zu einer Konferenz aller russ. Parteien ab (Febr.). Der Kreuzzugsplan des franz. Marschalls Foch wird vom Großen Rat der Alliierten abgelehnt. Deshalb Abzug der Alliierten. – Die Bedrohung Petrograds (Judenitsch), Moskaus (Denikin) und der Wolga (Koltschak) wird durch den Gegenangriff der Roten Armee beseitigt.

1919–20 Poln.-russ. Krieg (S. 433).

1920 Einschiffung der letzten »weißen« Truppen auf der Krim (Nov.).

Gründe für den Zusammenbruch der »Weißen«:
1. Mangelnde Zusammenarbeit und reaktionär-restaurative Tendenzen;
2. gegensätzliche Auffassungen der Alliierten über die Interventionspolitik.

Kriegsfolgen: Bedrohung des leninist. Zentralismus durch den

1921 Arbeiterstreik in Petrograd und den **Matrosenaufstand in Kronstadt,** der durch den Sturmangriff der Roten Armee unter Gen. Michail Tuchatschewski (1893–1937 [hingerichtet]) niedergeworfen wird.

1917–21 Zusammenbruch des Wirtschaftssystems des »Kriegskommunismus«: Die Sozialisierung (Nationalisierung) aller Produktionsmittel und die zentrale Planung der Wirtschaft führt zu einer Wirtschaftskrise. Sie zwingt Lenin nach

1921 Errichtung der »Staatl. Plankommission« (GOS-Plan: Koordinierung der Wirtschaft) auf dem

1921 X. Parteikongreß zur **»Neuen Ökonomischen Politik« (NEP).** Rückkehr zu kapitalist. Wirtschaftsformen (»Staatskapitalismus«): Naturalsteuer der Bauern, freier Binnenhandel, Zulassung privater Unternehmer und ausländ. Kapitals. Außenhandel, Großindustrie und Großbauten bleiben weiterhin im staatl. Besitz.

1921 Freundschaftsvertrag mit Persien (S. 446), Handelsverträge mit Großbritannien und Deutschland;

1922 Rapallo-Vertrag (S. 443). Es folgen De-jure-Anerkennungen durch Großbritannien, Italien und Frankreich (1924).

Die Diktatur der komm. Partei wird gefestigt durch das

1921 Verbot aller Oppositionsgruppen innerhalb der Partei. Die Gewerkschaften werden »gleichgeschaltet« und verlieren ihre Kontrollfunktion über die Wirtschaft.

1922 Umwandlung der Tscheka in »Staatl. polit. Verwaltung« (GPU) (Febr.). – **Stalin** (S. 467) **wird Generalsekretär** mit der Aufgabe, die Partei von oppositionellen Elementen zu säubern und zuverlässige, d.h. dem Politbüro genehme Sekretäre einzusetzen: Ablösung der Revolutionäre durch Funktionäre. – Schauprozeß gegen Soz.-Revolutionäre.

Dez. 1922 X. Allruss. Sowjetkongreß (1. Allunionskongreß der Sowjets): Gründung der Union der Sozialist. Sowjetrepubliken (UdSSR), die aus der R(uss.) S(ozialist.) F(öderativen) S(owjet-)R(epublik), der T(ranskaukas.) SFSR, der U(krain.) SSR und der W(eißruss.) SSR besteht. Später treten auch die Usbek., Turkmen. (1924) und Tadschik. SSR (1929) der Union bei.

1923 Neue Verfassung der UdSSR, ratifiziert durch den 2. Allunionskongreß. Sie unterscheidet zwischen den Instanzen der Union (Außenpolitik, Außenhandel, Wirtschaftsplanung, Landesverteidigung, Volksversicherung u.a.) und denen der Unionsrep., die das offizielle Recht des freien Austritts besitzen. Oberstes Staatsorgan ist der Allunionskongreß aus den Delegierten der versch. Sowjets, der aus seiner Mitte als permanente Reg.-Instanz das Exekutivkomitee unter einem Vors., dem personellen Repräsentanten der Union [1923–46: M.J. Kalinin], wählt. Erledigung der Reg.-Geschäfte durch den Rat der Volkskommissare. Keine Erwähnung der Partei in der Verfassung, deren zentralist. Organisation der dezentralisierten Staatsverwaltung gegenübersteht.

21. 1. 1924 Tod Lenins, der noch gegen die Machtfülle Stalins Stellung nimmt.

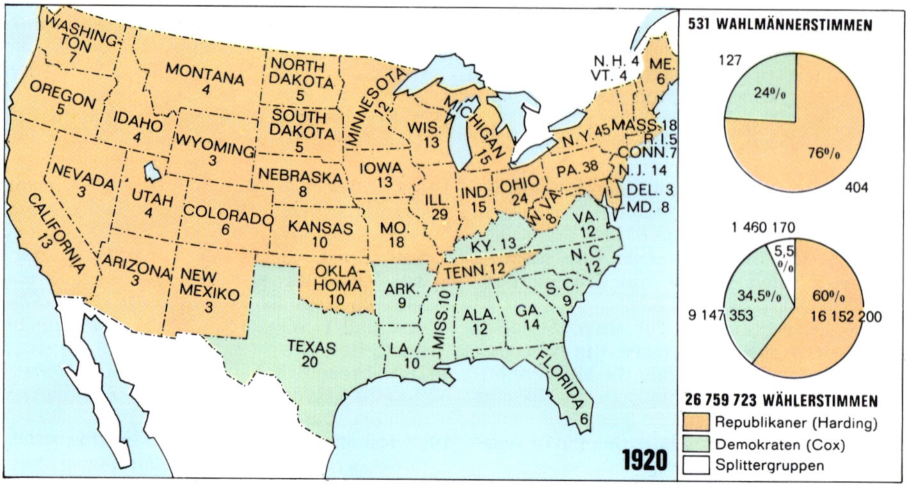

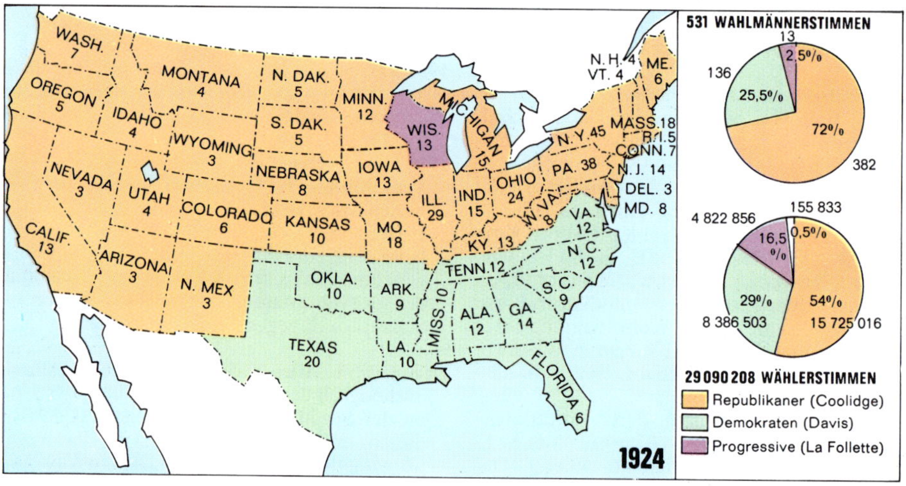

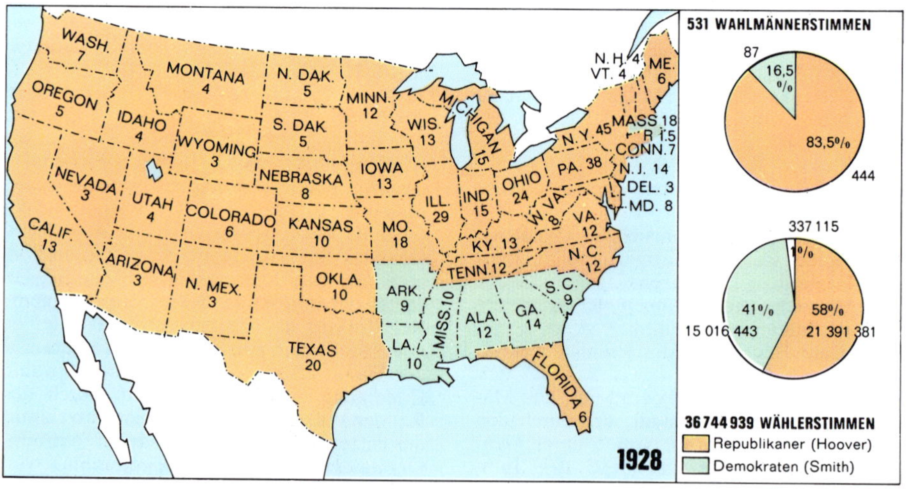

Die Wahlsiege der Republikaner (die Ziffern unter den Namen der Bundesstaaten geben die Zahl der Wahlmänner an)

Die »Big Business«-Periode (1919–29)
Kennzeichen der Zeit der beiden ersten republ. Präsidenten:
1921–23 Warren Harding (1865–1923), Wahlparole: »Back to Normalcy«, und
1923–29 Calvin Coolidge (1872–1933) sind
1. Reaktion gegen die Regierung des Demokraten WILSON, dessen moralisch gefärbtes Reformertum (»Progressive Movement«) abgelehnt wird,
2. Isolationismus in der Außenpolitik, da man sich durch den Frieden von Versailles im Erfolg betrogen sieht,
3. Auseinandersetzung der ländl., überwiegend angelsächs.-prot. Bevölkerung und der modernen städt.-industriellen Gesellschaft unter Führung von Intellektuellen, Technikern und Wirtschaftlern.
1919–20 Umsturzpsychose (»Red Scare«): Streiks, Bombenattentate, Gewalttaten; Haussuchungen, Verhaftungen, Deportationen verdächtiger Elemente.
Die Methode der republ. Präsidenten, möglichst wenig zu regieren, zieht Korruptionsskandale nach sich. Das »Big Business« steht im Vordergrund. Hauptvertreter dieser »Bewegung« ist der Multimillionär ANDREW W. MELLON [1921–32 Finanz.-Min.], der die Großverdiener bevorzugt.
Die Einwanderung wird durch die von »nordischen« Rassentheorien beeinflußten Gesetze (1921, 1924) gedrosselt.
1920 Alkoholverbot [bis 5. 12. 1933] (XVIII. Verfassungszusatz). Die Prohibition spaltet die Bevölkerung und Parteien in zwei Lager (»Wet« und »Dry«) und fördert Schmuggel, Gangsterunwesen, Gesetzlosigkeit.
1924–26 Der 1915 neubegründete Ku-Klux-Klan wütet im Süden und Mittelwesten (1924 5 Mill. Mitglieder: Kampf im Namen der Moral gegen Schwarze, Katholiken, Juden, Intellektuelle und »Nasse«, die Gegner der Prohibition).
Seit 1920 Frauenwahlrecht. Es ist Ausdruck für die veränderte Stellung der Frau in der amerikan. Gesellschaft (Gleichberechtigung von Mann und Frau); die Zahl der berufstätigen Frauen wächst von 2 (1914) auf 10 Mill. (1930).
Scharfe Zollgesetze (1921, 1922, 1930) sind Ausdruck des traditionell-republ. Protektionismus. **Vernachlässigung der Farmer,** die sich verschulden und durch das Überangebot von Agrarerzeugnissen und durch Erosionsschäden (Dust bowl) verarmen. Daneben wirtschaftl. Prosperität der Industrie durch Produktionssteigerung, Massengüterproduktion, Verbesserung des Arbeitsprozesses (Fließband); Verdoppelung der Industrieproduktion 1921–29 durch techn. Neuerungen (vor allem Konsumgüter, Bau- und Autoindustrie: 1913 15 Mill., 1929 26 Mill. Autos). Starke Konzentration im Autogeschäft, in der Versorgungsindustrie, bei den Banken und im Einzelhandel (»Chain stores«).

Die Wirtschaftskrise (1929–32)
1929–33 Herbert C. Hoover (1874–1964).
Die Wirtschaftsdepression ist die Folge der Aufblähung des Kreditmarktes.
25. 10. 1929 »Schwarzer Freitag«: Der Zusammenbruch der New Yorker Börse (23.–29. 10. 1929) leitet die Wirtschaftskrise ein. Industriepapiere fallen von 452 (1929) auf 58 (1932), die Industrieprodukion sinkt 1929–32 um 54%. HOOVER scheitert am fehlenden guten Willen der Geschäftswelt. Getreide- und Baumwollvorräte wachsen, die landwirtschaftl. Anbaufläche verringert sich. Die Reg. erhöht die Schutzzölle und gründet die **Wiederaufbau-Finanzierungs-Gesellschaft** (RFC = Reconstruction Finance Corporation), die der deflationist. Politik der Banken entgegenwirken soll, aber zur Konsolidierung der Großbanken mißbraucht wird. Die Wirtschaftskrise bleibt nicht auf Amerika beschränkt: Der internat. Zahlungsverkehr in Europa bricht zusammen. Die Zahl der Arbeitslosen in den USA steigt bei kaum ausreichender Arbeitslosenfürsorge auf 15 Mill.
20. 6. 1931 Hoover-Moratorium: Stundung aller Kriegsschulden der europ. Regierungen durch die USA.

Die amerikan. Außenpolitik (1920–33)
19. 3. 1920 Der Senat verweigert die Ratifizierung des Versailler Vertrags (S. 411).
25. 8. 1921 Abschluß eines Separatfriedens mit dem Deutschen Reich ohne Aufnahme der Völkerbundssatzung und des Kriegsschuldartikels.
Nov. 1921 – Febr. 1922 Washingtoner Abrüstungskonferenz: 1. Festsetzung der Flottenstärke der 5 Großmächte USA, Großbritannien, Japan, Frankreich und Italien im Verhältnis 5:5:3:1,75:1,75.
2. Das Vier-Mächte-Abkommen (USA, Großbritannien, Japan und Frankreich) garantiert den Besitzstand im Pazifik.
3. Das Neun-Mächte-Abkommen erklärt die Souveränität Chinas und die Politik der »offenen Tür«. 4. Rückgabe Shantungs und Kiaochous an China (S. 401).
1924 Dawes-Plan (S. 413).
Juni/Juli 1927 Erfolglose Drei-Mächte-Konferenz (USA, Großbritannien, Japan) über die Seeabrüstung.
Aug. 1928 Unterzeichnung des Briand-Kellogg-Paktes (S. 415).
1929 Young-Plan (S. 413): die USA setzen sich für eine Regelung des Reparationsproblems ein.
Jan.-Febr. 1930 Flottenkonferenz in London zwischen USA, Großbritannien, Japan, Frankreich und Italien, da alle Mächte – außer Großbritannien – eine Ausdehnung der Seerüstung wünschen: Verzicht auf Bau neuer Schlachtschiffe bis 1936, Beschränkung im U-Boot-Bau. Die USA, Großbritannien und Japan einigen sich über den Bau von Kriegsschiffen.

Die britische Nachkriegspolitik

Fünf Merkmale kennzeichnen die Politik:

1. **die wirtschaftl. Lage** (Kriegsanleihen, Sicherung und Steigerung der Produktion, Welthandelskonkurrenz):
2. **die soz. Umschichtung** (Nivellierung der Gesellschaft durch Streben nach höherem Einkommen und Lebensstandard);
3. **die volle Demokratisierung des Parlamentswahlrechts** (1918 Wahlrecht für Männer vom 21., für Frauen vom 30. Lebensjahr an; seit 1928 Wahlrecht für Frauen vom 21. Lebensjahr an);
4. **der Niedergang der Liberalen Partei und der Aufstieg der Labour Party;**
5. **die außenpolit. Schwierigkeiten** (engl.-franz. Spannungen am Rhein und im Vorderen Orient, Gegensatz zur faschist. und NS-Außenpolitik. **Grundtendenz der brit. Außenpolitik:** kein Engagement auf dem Kontinent, aber engere Beziehungen zu den Dominions und Kolonien.

Dez. 1918 Khaki-Wahlen (»Coupon-Wahl«), aus denen die Koalition der Liberalen unter LLOYD GEORGE (S. 382) und der Konservativen unter ANDREW BONAR LAW (S. 407) als Sieger hervorgeht.

1919–22 Streikwelle der Bergleute: Eisenbahner, Hafen- und Transportarbeiter verlangen Lohnerhöhungen; sie wird beeinflußt von der russ. Rev., doch beendet durch die maßvolle Haltung der Gewerkschaftsführer SMILLIE, HODGES, THOMAS und **Ernest Bevin** (1881–1951), dem 1922 die Verschmelzung von 32 Gewerkschaften zur »Transportarbeiter-Gewerkschaft«, der größten Gewerkschaft der Welt, gelingt, sowie durch die soz.-polit. Maßnahmen der Reg. (1919 Addison Act, 1920 Arbeitslosenversicherungs-Gesetz)

Abbau der kriegsbedingten Regierungsaufsicht und Sparaktion in den Ministerien (»Geddees axe«).

Die liberale Wirtschaftspolitik scheitert (hohe Arbeitslosigkeit); die Konservativen plädieren für eine Schutzzollpolitik, die Labour Party für ein gemäßigtes Sozialisierungsprogramm.

Außenpolit. Mißerfolge in Irland, mit dem, gegen den Willen des rechten Flügels der Konservativen, ein

1921 ausgleichender Vertrag geschlossen wird (S. 448). Die

1922 Konferenz von Cannes beseitigt die brit.-franz. Differenzen im Vorderen Orient (S. 413) nicht. Auf der

1922 Konferenz in Genua wird die Wiedereinbeziehung der UdSSR in das Weltwirtschaftssystem nicht erreicht.

1921/22 Konferenz in Washington (S. 412). Großbritannien verliert als Weltmacht an Rang und muß auf seine Vorherrschaft zur See verzichten. – Nach der

1922 Aufgabe des Protektorats über Ägypten (S. 457) und Mißerfolgen in Indien (S. 447) kommt es zur

Okt. 1922 Tagung der Konservativen im Carlton Club. Mit 187 Stimmen der Gruppe um BONAR LAW, STANLEY BALDWIN (1867–1947), LORD CURZON (1859–1925) gegen 87 Stimmen der Gruppe der Regierungsanhänger um AUSTEN CHAMBERLAIN (1863–1937) und LORD BIRKENHEAD (1872–1930) Austritt aus der Koalition.

Die Politik der Konservativen (1922–29)

1922 Bildung eines konserv. Kabinetts unter BONAR LAW, das in den Wahlen im Nov. bestätigt wird (Verluste der Liberalen und Gewinne der Labour Party, die stärkste Oppositionspartei wird [His Majesty's Opposition]). Nach Rücktritt BONAR LAWS (aus Krankheitsgründen) wird

1923 STANLEY BALDWIN Premierminister. Einigung der konserv. Partei. Das Parlament wird jedoch aufgelöst, da BALDWIN Vollmacht zur Einführung eines Schutzzolltarifs als Mittel gegen die Arbeitslosigkeit fordert. – Neuwahlen (Dez.) gewinnen die Konservativen. Sie senden 258, die Labour Party 191 und die Liberalen 158 Abgeordnete ins Unterhaus. Trotzdem

1924 1. Labour-Kabinett unter James Ramsay MacDonald (1866–1937), das von den Liberalen unterstützt wird; deshalb kaum Neuerungen in der Innenpolitik. MACDONALD trägt auf der Konferenz in London (Dawes-Plan, S. 413) zur Regelung der Reparationsfrage und zur Beendigung des Ruhrkonflikts (S. 427) bei. Auf die

Febr. 1924 De-jure-Anerkennung der UdSSR folgen Verhandlungen über Handelsabkommen, die nach der **»Campbell-Affäre«** (Freilassung des verhafteten komm. Schriftleiters von ›The Worker's Weekly‹) und

Okt. 1924 Veröffentlichung des ›Sinowjew-Briefes‹ (angebl. Verbindung zwischen Komintern und Umsturzbewegungen in Großbritannien) abgebrochen werden. Auflösung des Parlaments nach Mißtrauensvotum.

Okt. 1924 Wahlsieg der Konservativen.

1924–29 2. konservatives Kabinett Baldwin.

1925 Stabilisierung des Pfundes.

1926 Ein Bergarbeiterstreik, unterstützt durch einen Generalstreik der Gewerkschaften, bricht nach 7 Monaten zusammen. Die Freiheit der Gewerkschaften wird durch das Gewerkschaftsgesetz (1927) eingeschränkt.

1926 Vertrag mit dem Irak: die Unabhängigkeit des Staates wird anerkannt. Der Konflikt mit Frankreich um das Erdölgebiet wird im Vertrag von Mosul (S. 413) beendet.

1927 Abbruch der diplomat. Beziehungen zur UdSSR (Gründe: Unterstützung des Bergarbeiterstreiks durch die russ. Gewerkschaftsbewegung und Entdeckung einer Propaganda- und Spionagezentrale [Haussuchung in den Räumen der brit.-sowjet. Handelsgesellschaft »Arcos«]).

1928 Vertrag mit China: Anerkennung der Nanking-Reg.

Hauptprobleme der Nachkriegszeit
Durch die in den Pariser Vorortverträgen zugesprochenen Gebiete (Elsaß-Lothringen, Mandate in Afrika und im Vorderen Orient) gewinnt Frankreich eine Hegemonialstellung in Europa, an deren Aufrechterhaltung Belgien, Dänemark, Polen, Rumänien, Jugoslawien und die Tschechoslowakei interessiert sind, da auch sie ehemals deutsche Gebiete erhalten haben.

Die franz. Innenpolitik ist – außer den durch das proportionale Wahlsystem verursachten inneren Machtkämpfen – weiteren starken Belastungen ausgesetzt:
1. Die vom Krieg verwüsteten Gebiete müssen wiederaufgebaut werden (Kosten: über 100 Mrd. Francs).
2. Wegen der hohen Kriegsschulden bei den USA und Großbritannien (5 Mrd. Dollar) tritt eine Abwertung des Franc ein, die durch die Verschuldung der Bevölkerung (Ende 1925: 300 Mrd. Francs) verstärkt wird. Nach dem Satz: »L'Allemagne paiera tout« verläßt man sich auf die deutschen Reparationszahlungen, die jedoch in der erwarteten Höhe ausbleiben.
3. Verarmung des bürgerl. Mittelstands durch Verlust der bewegl. Vermögen, durch Krieg, Währungszerfall, Steuerlasten.
4. Starker Bevölkerungsschwund und Förderung der Einwanderung (1931: 3 Mill.) sowie verstärkte Landflucht beschleunigen die soz. Umschichtung.

Außenpolit. Probleme:
1. Der Abschluß von Garantieverträgen mit Großbritannien und den USA scheitert.
2. Spannungen mit Großbritannien wegen der Rheinpolitik und der Reparationen.

Die franz. Politik (1919–31)

1919 Wahlsieg des »Nationalen Blocks« (Clemenceau, Poincaré, S. 383) über das Linkskartell unter **Edouard Herriot** (1872–1957). Niederlage Clemenceaus in der Präsidentenwahl; Präs. wird Paul Deschanel [Febr.–Sept. 1920].

1920 Kabinett Millerand [Jan.–Sept.]: Unterstützung Polens durch Munitionslieferungen und Entsendung des Gen. Weygand im russ.-poln. Krieg (S. 433). Militärkonvention mit Belgien.

1920–24 Alexander Millerand (1859–1943) wird Präs. Er übt starken Einfluß auf das Kab. Briand [1921–22] aus, ebenso auf die

1922–24 Reg. Poincaré, die wegen der »Konzessionspolitik« und der Reparationsfrage das gemäßigtere Kabinett Briand ersetzt. Gegnerschaft gegen Poincaré wegen der

1923 Ruhrbesetzung (S. 427), die trotz des Widerstands Englands durchgeführt wird. Seine Zustimmung zum Dawes-Plan und seine **Finanzpolitik** (Sparmaßnahmen) fördern Poincarés Unbeliebtheit. Furcht vor allzu starker Präsidialgewalt sowie Änderung in der Kulturpolitik (Abschaffung der weltl. Schulen):

1924 Wahlsieg des Linkskartells. Millerand muß zurücktreten, Präs. wird Gaston Doumergue [1924–31].

1924–25 Kabinett Herriot. Es erkennt die UdSSR an. Annahme des Dawes-Plans.

1925 Pakt von Locarno (S. 413). – Der Versuch der antiklerikalen Reg. Herriot, die Beziehungen zum Vatikan abzubrechen, mißlingt, ebenso die Durchführung der Laisierungsgesetze in den Départements Elsaß und Lothringen, die noch dem Konkordat unterstanden. Die Reg. scheitert an der **Finanzpolitik** [April 1925], und auch die folgenden Kabinette Painlevé, Briand, Briand-Caillaux und Herriot sind nur kurzlebig. Von den

1925/26 Aufständen in Marokko (Abd el Krim, S. 457) und im Libanon (Drusen, S. 446) gefördert, droht eine innenpolit. Krise (Machtkämpfe vor allem der Linken, Katholiken und »Action française« [S. 383]).

1926–29 MP. Poincaré bildet zunächst eine Reg. der »Union nationale« (AMin. Briand), später versch. Koalitionskabinette. **Überwindung der Finanzkrise** (Ausgleich des Haushalts, Stabilisierung des Franc).

1927 Autonomiebestrebungen im Elsaß und in Lothringen innerhalb der franz. Rep. Der Elsaß-Lothring. Heimatbund fordert einen eigenen Landtag mit eigenem Budget. Strenges Vorgehen gegen die Autonomisten. – Nach den

1928 Kammerwahlen Krönung der Sanierung durch das Währungsgesetz (Abwertung des Franc), aber Austritt der radikalen Minister aus dem Kabinett. Nach dem

Juli 1929 Rücktritt Poincarés aus Krankheitsgründen folgen kurzlebige Kabinette. **Aristide Briand bleibt AMin.** bzw. MP. Seine **Politik der deutsch-franz. Annäherung,** in Locarno begonnen, interpretiert in den Gesprächen von Thoiry (Sept. 1926) und Lugano (Aug. 1928) mit Stresemann (S. 429) scheitert an der innenpolit. Situation beider Länder.
Die Animosität der beiden Völker gegeneinander wird auch nach der Zustimmung Frankreichs zur Räumung des Rheinlands (1929) nicht beseitigt. Die Franzosen beginnen den Bau der Maginotlinie. Briand muß schließlich als AMin. zurücktreten (1932). Der Plan einer deutsch-österr. Zollunion (S. 471) verschärft das franz. Mißtrauen gegen Dtl. ebenso wie das Anwachsen des Rechtsextremismus. Briands Vorschlag zur Gründung der **»Vereinigten Staaten von Europa«** wird kaum zur Kenntnis genommen.

1930 Die franz. Besatzungstruppen verlassen das Rheinland (S. 429).

1931–32 Präs. Paul Doumer (von russ. Emigranten im Mai 1932 ermordet).

1931 Beginn der Wirtschaftskrise. – (Bündnisse S. 443).

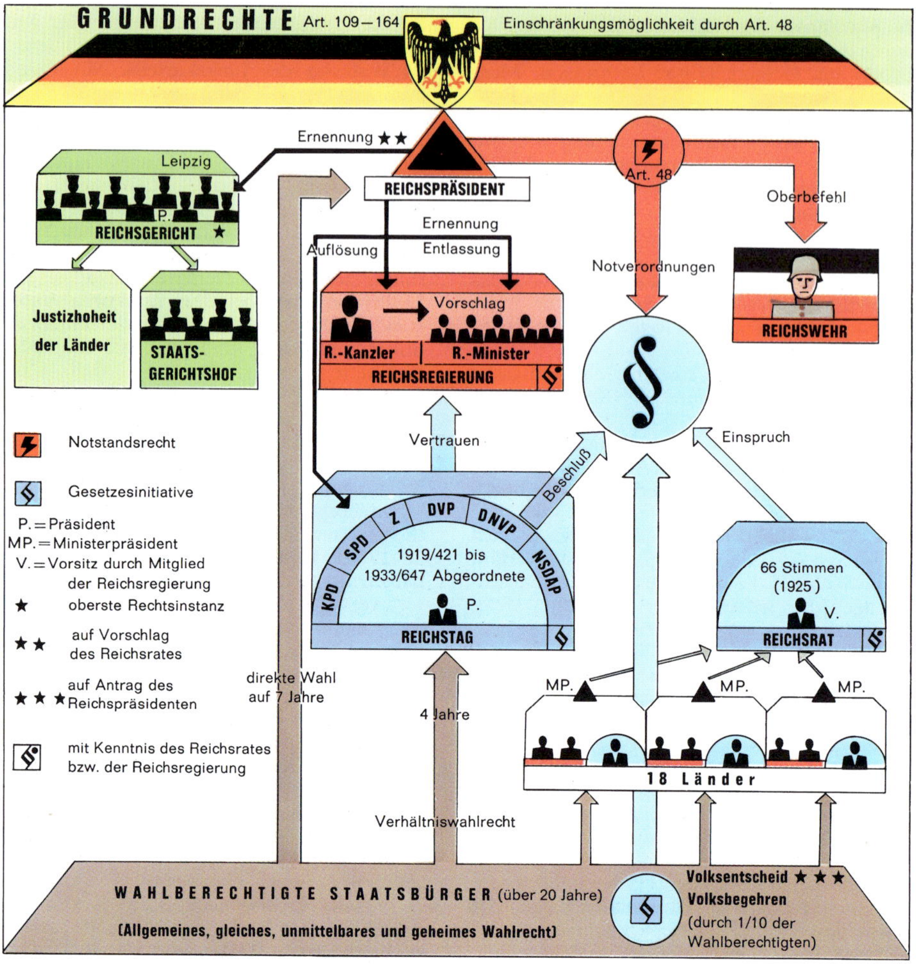

Die »Weimarer Verfassung« 1919

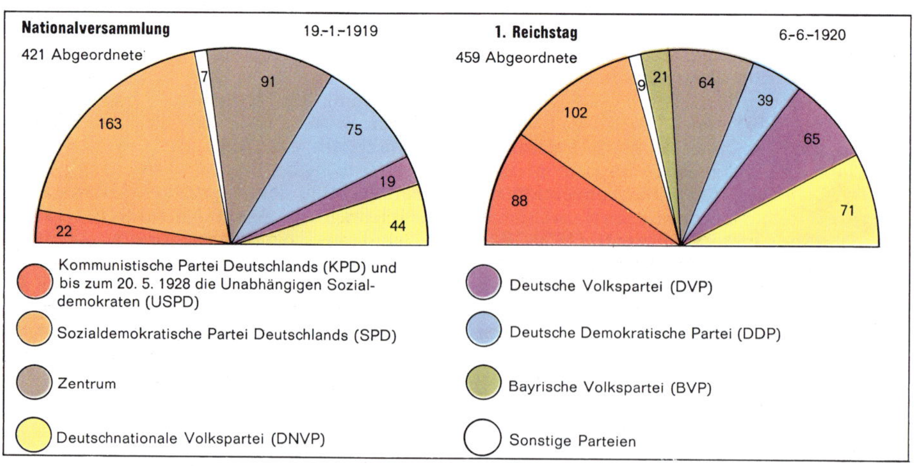

Sitzverteilung in der Nationalversammlung und im ersten Reichstag

Die Konstituierung der Republik (1918–19)
Die Übernahme des russ. Rätesystems und die Errichtung einer Diktatur des Proletariats wird verhindert durch den
Nov. 1918 Pakt zwischen dem SPD-Vorsitzenden **Friedrich Ebert** (1871–1925) und dem Nachfolger LUDENDORFFS, Gen. WILHELM GROENER (1867–1939), sowie durch das Stinnes-Legien-Abkommen (Zusammenarbeit zwischen Gewerkschaften und Unternehmern). – Beschluß zur Durchführung von Wahlen zu einer Nat.-Vers. auf dem Berliner Kongreß der Arbeiter- und Soldatenräte (Dez.). Die USPD tritt daraufhin aus dem Rat der Volksbeauftragten aus. Die extreme Linke sammelt sich in der KPD (Nov. 1918–Jan. 1919 Spartakusbund). Sie inszeniert den **Spartakusaufstand** (»Rote Wache«) in Berlin. Die Führer der KPD, **Rosa Luxemburg** (geb. 1870) und **Karl Liebknecht** (geb. 1871), werden von Freikorpsangehörigen ermordet (Jan. 1919).
1919 Eröffnung der Nat.-Vers. in Weimar (Febr.).
1919–25 Friedrich Ebert wird von der Nat.-Vers. zum Reichspräs. gewählt. MP wird PHILIPP SCHEIDEMANN (S. 409), der die »Weimarer Koalition« aus SPD, Zentrum und DDP bildet. – Unterzeichnung des Friedensvertrages (S. 411). – Annahme der von HUGO PREUSS (1860–1925) konzipierten Reichsverfassung durch die Nat.-Vers. (262 gegen 75 Stimmen, Juli) und Unterzeichnung durch den Reichspräs. (11. Aug.).
Die Weimarer Verfassung: Das **Deutsche Reich,** an dessen Spitze der vom Volk gewählte **Reichspräsident** steht, ist eine **parlament.-demokrat. Republik.** Das Parlament besteht aus dem **RT.** (vom Volk gewählte Abg.) und dem **Reichsrat** (Ländervertretung). Neben dem RT., dessen polit. Einfluß gegenüber dem des Kaiserreichs beträchtlich erweitert wird, besitzt der Reichspräs., der auch den RK. ernennt, eine durch den Art. 48 (»Notstandsartikel«) gesicherte große Machtfülle.
Verhältniswahlrecht (Zersplitterung der Parteien), Plebiszit, Notstandsartikel und Eindämmung des Föderalismus erweisen sich als starke Belastungen.

Die Krisenjahre (1919–23)
Das nat. gesinnte Bürgertum und die »unpolit.« Reichswehr (Chef der Heeresleitung 1920–26: HANS VON SEECKT, 1866–1936) stehen der Rep. ebenso ablehnend gegenüber wie extreme Rechte und Linke (komm. Unruhen im Ruhrgebiet, Mitteldtl., Hamburg; Räterep. in München). Der Radikalismus enttäuschter Rechtsextremisten, die sich auf die »Dolchstoßlegende« berufen, äußert sich in polit. Morden an KURT EISNER (1867–1919), MATTHIAS ERZBERGER (S. 388) und AMin. WALTER RATHENAU (1867–1922), nach dessen Tod die Verordnung des Reichspräs. zum Schutz der Republik erlassen wird (1922), sowie in Putschversuchen: Kapp-Putsch (1920) und Putsch der »Schwarzen Reichswehr« in Küstrin (1923).
Vor allem SPD und Zentrum, aber auch die gemäßigten bürgerl. Parteien stehen zur Republik. Dauernde Angriffe der oppositionellen Kräfte schwächen die »Weimarer Koalition«: »Erfüllungspolitik« (Reparationsleistungen [Annahme des Londoner Ultimatums, 1921], Gebietsverluste, [Nordschleswig fällt nach Abstimmung an Dänemark, Eupen und Malmedy werden Belgien zugeschlagen, 1920; Festlegung der deutsch-poln. Grenze 1921]).
1920 Reichstagswahlen. Die »Weimarer Koalition« verliert Stimmen. RK. FEHRENBACH bildet eine Reg. aus Zentrum, DDP und DVP [1920–21].
1921–22 RK. JOSEF WIRTH (1879–1956) regiert mit Zentrum, SPD und DDP.
1922 Beginn des Währungszerfalls. – RK. WIRTH scheitert an der Reparationsfrage.
1922–23 RK. WILHELM CUNO (1876–1933). Die Inflation erreicht ihren Höhepunkt. Die Alliierten drängen auf Erfüllung der deutschen Verpflichtungen (S. 413).
1923 Einmarsch franz. und belg. Truppen ins Ruhrgebiet (Politik der »produktiven Pfänder«) und Besetzung des Memellandes durch Litauen. CUNO fordert zum passiven Widerstand an der Ruhr auf. Das
Aug.-Nov. 1923 »Kabinett der großen Koalition« unter RK. Gustav Stresemann (1878–1929) bricht den passiven Widerstand ab.
1923 Kommun. Unruhen in Hamburg (Okt.); Beseitigung der Koalitisonsreg. aus KPD und SPD in Sachsen und Thüringen durch »Reichsexekution«. Liquidierung des Hitler-Putsches (S. 461). Der Putsch ist der Höhepunkt der Spannungen zwischen Bayern und dem Reich: Der bayer. Generalstaatskommissar GUSTAV RITTER VON KAHR (1862–1934 [ermordet]) unterstützt die nat. Kräfte in München und stellt sich in Gegensatz zu RK. STRESEMANN. **Verhängung des Ausnahmezustands über das Reich** (Sept. 1923). Der ›Völk. Beobachter‹, Organ der NSDAP, bringt einen gegen RK. und Chef der Heeresleitung gerichteten Artikel. KAHR weigert sich, das Blatt zu verbieten. Erst nach dem Putsch HITLERS, der von Polizei und Reichswehr niedergeschlagen wird, wird der Konflikt zwischen Bayern und dem Reich beendet (Rücktritt Kahrs, 1924). – Die Konstituierung der separatist. »Rhein. Rep.« und des »Autonomen Pfalzstaats« scheitert.
Nov. 1923 Stabilisierung der Währung. Der US-Dollar hat inzwischen den Wert von 4,2 Billionen Papiermark erreicht. Nach einem Ermächtigungsgesetz gelingt es HELFFERICH, HILFERDING und dem Finanz-Min. LUTHER sowie dem Reichswährungskommissar **Hjalmar Schacht** (1877–1970), die Finanzen neu zu ordnen.
Außenpolitische Erfolge:
1921 Friedensvertrag mit den USA (S. 423).
1922 Vertrag von Rapallo (S. 443).

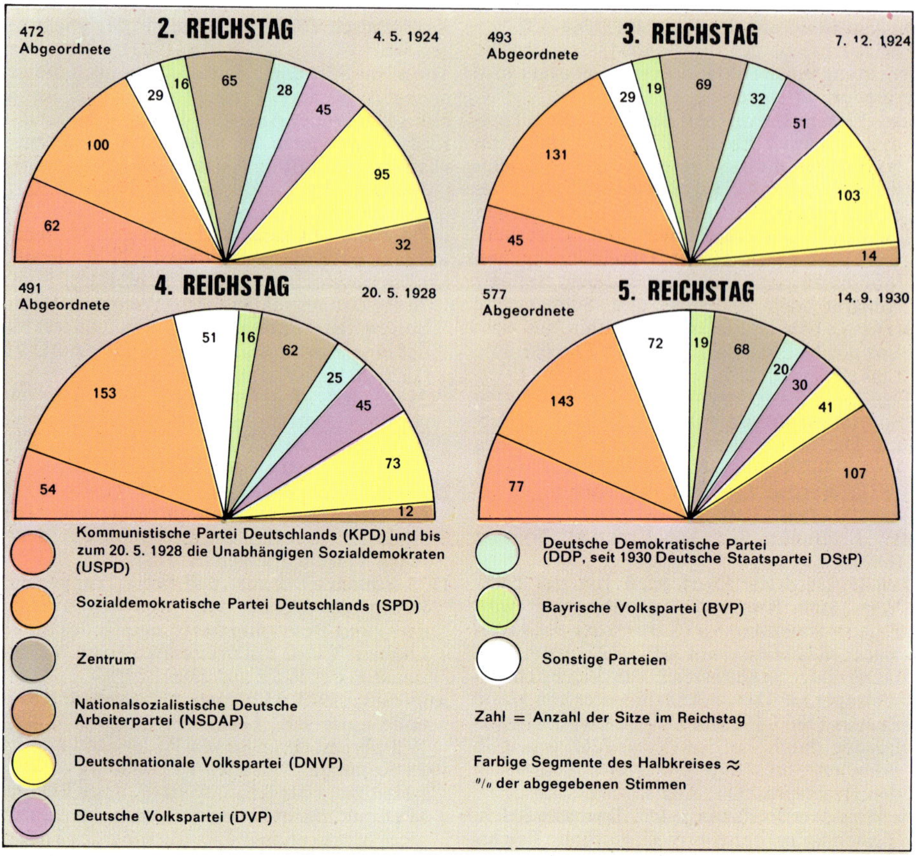

Ergebnisse der Reichstagswahlen 1924–1930

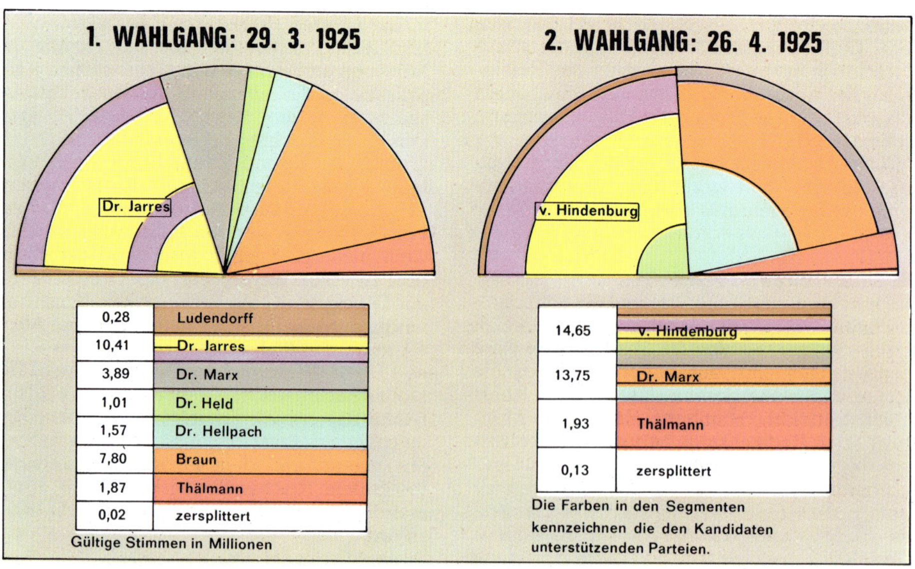

Die Reichspräsidentenwahl 1925

Die innenpolit. Entwicklung (1923–30)

Nov. 1923 Das Kabinett STRESEMANN scheitert am Mißtrauensvotum der SPD (ungleiches Vorgehen gegen das linksradikale Sachsen und das rechtsradikale Bayern).

1923–24 Der Zentrumspolitiker WILHELM MARX (1863–1946) bildet das neue Kabinett (AMin. STRESEMANN).

Mai 1924 Reichstagswahlen. Bildung des 2. Kabinetts MARX. Auflösung des RT. (Okt. 1924) nach Abstimmung über die Dawes-Plan-Gesetze, die angenommen werden. Zur Schaffung klarer Fronten

Dez. 1924 Reichstagsneuwahlen. RK. MARX tritt zurück, sein Nachfolger wird der parteilose

1925–26 HANS LUTHER (1879–1962). Die Koalition besteht aus Zentrum, BVP, DVP, DNVP (AMin. STRESEMANN).

28. 2. 1925 Tod Friedrich Eberts.

1925–34 Reichspräs. von Hindenburg (S. 403, im 2. Wahlgang gewählt).

Jan.–Mai 1926 2. Kabinett LUTHER (AMin. STRESEMANN), da die DNVP-Min. wegen der Unterzeichnung der Locarno-Verträge zurückgetreten sind (Wiedereintritt der DDP-Min.). LUTHER stürzt über die

Mai 1926 Flaggenverordnung des Reichspräs. (Hissen der Handelsflagge [Schwarz-Weiß-Rot] neben der Reichsflagge [Schwarz-Rot-Gold] durch die konsular. Vertretungen im Ausland).

Mai–Dez. 1926 3. Kabinett MARX (AMin. STRESEMANN). Unter seiner Reg. wird der

Juni 1926 Volksentscheid über die entschädigungslose Enteignung der Fürsten durchgeführt, der keine Mehrheit bringt.

Okt. 1926 Rücktritt des Gen. VON SEECKT (Nachfolger: Gen. HEYE). – Der SPD-Abgeordnete SCHEIDEMANN kritisiert die Zusammenarbeit zwischen Reichswehr und Roter Armee. Der Regierung wird das Vertrauen entzogen.

1927–28 4. Kabinett MARX (AMin. STRESEMANN). Die »stille Koalition« mit der SPD wird aufgegeben, die Rechte dominiert.

Jan. 1928 Rücktritt des Reichswehrmin. GESSLER (1875–1955) wegen der Finanzgeschäfte der Reichswehr (Nachfolger Gen. GROENER, S. 427). – Länderkonferenz in Berlin zur Vereinheitlichung der Verwaltung. Die »Reichsreform« scheitert an den föderalist. Interessen. – Der RT. verabschiedet Notprogramme, zerstreitet sich aber wegen des Baus des »Panzerkreuzers A«; die Reg. stürzt wegen des Schulgesetzes.

Mai 1928 Reichstagswahlen. SPD und KPD erringen 42 Prozent aller Mandate.

1928–30 RK. HERMANN MÜLLER SPD (1876–1931) bildet ein Kabinett der »Großen Koalition«. STRESEMANN bleibt AMin.

Juli 1929 Reichsausschuß für das deutsche Volksbegehren »gegen den Young-Plan«: Bündnis des DNVP-Vorsitzenden ALFRED HUGENBERG (1865–1951) mit HITLER. Der Volksentscheid (Dez. 1929) bleibt erfolglos. – **Ausbruch der Wirtschaftskrise** und Rücktritt des Finanz-Min. HILFERDING (1929) sowie des Reichsbankpräsidenten H. SCHACHT (1930). – Der

März 1930 Sturz der Reg. Müller über die Frage der Beiträge zur Arbeitslosenversicherung markiert das **Ende der parlamentarischen Republik.**

Gründe für das Scheitern der Republik:

1. **Bedenkliche Urteile der Justiz** gegenüber Gegnern der Weimarer Verfassung (Schonung der Rechtsradikalen).
2. **Rechtswendung des Bürgertums:** Reichspräs. wird 1925 mit HINDENBURG ein Vertreter der Monarchisten. Die Wahl HUGENBERGS zum Vors. der DNVP und des Prälaten KAAS zum Vors. des Zentrums sowie die Erfolge der NSDAP sind Indizien der Rechtstendenz, die durch radikale Agitation gegen das »System«, die dt. »Schwindelrepublik«, verstärkt wird. Die Linke verfolgt mit umgekehrten Vorzeichen das gleiche Ziel einer obstruktiven Politik.
3. Die Wirtschaft wird durch ausländ. Kapitalzufuhr nicht stabilisiert; Wirtschaftskrise.
4. Regierungskrisen und geringe Kompromißbereitschaft der Parteien führen zur permanenten Krise des Parlamentarismus.
5. Zunehmende Politisierung der Reichswehr.

Die Außenpolitik (1923–29)

Gustav Stresemann (S. 427) sieht als AMin. sein polit. Ziel in der Rückgewinnung der nat. Machtstellung Deutschlands durch Revision des Versailler Vertrags auf dem Wege der Verhandlung und Verständigung. **Entspannung der deutsch-franz. Beziehungen** (Dawes-Plan, Londoner Konferenz, S. 413). HERRIOT (S. 425) stimmt der **Räumung des Ruhrgebiets** zu (1925). Befriedigung des franz. Sicherheitsbedürfnisses durch die

1925 Unterzeichnung der Locarno-Verträge (S. 413). Sinn der Verträge nach STRESEMANN: »Erhaltung der Rheinlande«.

1926 Räumung der Kölner Zone. – STRESEMANN erstrebt die Revision der deutsch-poln. Grenze und schließt deshalb den

1926 deutsch-russ. Freundschaftspakt (Neutralitätspakt, S. 443) ab. – **Eintritt Deutschlands in den Völkerbund** (Sept.).

1927 Auflösung der interalliierten Militärkommission MICUM und damit **Ende der Abrüstungskontrolle.**

1928 Briand-Kellogg-Pakt (S. 415). Vorläufige Lösung des Reparationsproblems auf den

1929–30 Haager Konferenzen: Der Young-Plan wird angenommen. – Räumung der 2. Zone des Rheinlands (Nov. 1929), aus dem die alliierten Truppen bis zum 30. 6. 1930 abziehen. – In seiner letzten Völkerbundsrede (9. 9. 1929) unterstützt STRESEMANN den Plan BRIANDS eines polit. Zusammenschlusses Europas (Hinweis auf die wirtschaftl. Gesichtspunkte).

Die Kurie

1914–22 Papst Benedikt XV. versucht eine Friedensvermittlung (S. 405). Unter

1922–39 Pius XI. werden trotz seiner Stellungnahme gegen die antikirchlichen Bewegungen seiner Zeit die

1929 Lateranverträge mit Italien (Anerkennung der »Città del Vaticano« unter der Souveränität des Papstes gegen Abfindung von 4 Mrd. Lire) und das

1933 Konkordat mit dem Deutschen Reich abgeschlossen (S. 475).

1931 Stellungnahme zur soz. Frage in der Enzyklika ›Quadragesimo anno‹.

1939–58 Pius XII. bewahrt im Zweiten Weltkrieg strikte Neutralität.

Schweiz

1920 Eintritt in den Völkerbund nach der **Londoner Erklärung** (Febr.), die den Neutralitätsstatus der Schweiz festlegt. Keine Beteiligung an milit. Sanktionen.

1937 Räto-Romanisch wird 4. Volkssprache.

Mai 1938 Anerkennung der absoluten Neutralität durch den Völkerbund.

Luxemburg

Dez. 1918 Abstimmung der Kammer: 29 gegen 11 Stimmen für den Fortbestand des Ghzms.: Scheitern der von Lib. und Sozialisten unternommenen Versuche zum Anschluß an Belgien. Ghz. CHARLOTTE wird regierende Fürstin.

1922 Zollanschluß an Belgien.

1925 Abzug der franz. Besatzung.

Belgien

1919 Erwerbung von Ruanda und Urundi (Deutsch-Ostafrika). – Infolge des Vertrags von Versailles Aufgabe der Neutralität.

1920 Militärkonvention mit Frankreich (deshalb Teilnahme an der Ruhrbesetzung 1923). – Durch Entscheidung des Völkerbundes fällt Eupen, Malmedy und Moresnet an Belgien. Charakteristisch für die

Innenpolitik sind die Koalitionsreg. der 3 großen Parteien (Katholiken, Sozialisten, Liberale). Die fläm. Frage wird gemildert durch das Prinzip der Gleichsprachigkeit Flanderns und Walloniens im öffentl. Sprachgebrauch (1931/32).

1934–51 Leopold III.

1934–37 Kabinett der nat. Konzentration van Zeeland, unter dem die Rexisten LÉON DEGRELLES Wahlerfolge (1936) erringen.

1936 Kündigung des Militärbündnisses mit Frankreich und **Rückkehr zur Neutralität.** Das Deutsche Reich, Frankreich und Großbritannien garantieren Besitz und Unverletzlichkeit Belgiens (1937).

Niederlande

1933–39 Krisenkabinett H. Colijn (Wirtschaftskrise, Arbeitslosigkeit). Stabilisierung erfolgt durch Arbeitsbeschaffung, erfolgreiche Bekämpfung der Finanzkrise, Niederhaltung radikal-polit. Bewegungen, Schutzzollpolitik. Keine Guldenabwertung.

Dänemark

Verlust von 21,7% (0,3 Mill. BRT) der Handelsflotte im Ersten Weltkrieg. Nach Abstimmung in der 1. Zone (1920, 75% für Dänemark) fällt **Nordschleswig** an Dänemark. Die Innenpolitik wird bestimmt durch die

1920–42 Sozialdemokraten (TH. STAUNING). Das Angebot Deutschlands zu einem

1939 Nichtangriffspakt wird angenommen (von Norwegen, Schweden und Finnland abgelehnt).

Norwegen

Trotz seiner Englandfreundlichkeit bleibt Norwegen im Ersten Weltkrieg neutral, verliert aber 49,3% (1,24 Mill. BRT) seines Handelsschiffsraums. Der Einfluß der radikalen Elemente in der Arbeiterpartei, der von Rußland ausgeht (Bildung von Arbeiter- und Soldatenräten), läßt nach. Auf die gemäßigte sozialist. Partei folgt die

1935–45 Arbeiterpartei (J. NYGAARDSVOLD).

1920 Spitzbergen wird vom Völkerbund Norwegen zugesprochen.

1931 Besetzung der ostgrönländ. Küste, doch entscheidet der Haager Gerichtshof (1933) für Dänemark.

Schweden

Trotz Aufforderung zum Kriegseintritt durch die USA und Hilfsgesuch der finn. Reg. gegen die Bolschewiken bewahrt Schweden seine Neutralität. Auf die Sozialdemokraten unter H. BRANTING [1920, 1921–23, 1924–26] folgen konserv. und lib. Reg. Die

1932 Sozialdemokraten (P. A. HANSSON) bekämpfen die Weltwirtschaftskrise und führen Sozialreformen durch (seit 1936, »Wohlfahrtsstaat«).

Island

1918 Anerkennung Islands als selbst. Staat in Pers.-U. mit Dänemark. Nach der Staatsverfassung (1920) wird die Außenpolitik von Dänemark geführt, doch bleibt das Land auf ewige Zeiten neutral (keine Wehrmacht); Reg. durch das Parlament (Althing mit Ober- und Unterhaus).

Die Zusammenarbeit der nord. Staaten auf polit. Gebiet ist gering (bündnisfreie Neutralität), doch vollzieht sich eine Annäherung nach dem Versagen des Völkerbunds.

1930 Oslo-Pakt: Vorbereitung zu einer Wirtschaftsunion zwischen Norwegen, Schweden, Dänemark, Niederlande, Belgien und Luxemburg (1933 Finnland).

Jan. 1932 Treffen der Außenminister Dänemarks, Norwegens und Schwedens in Kopenhagen (Wiederbelebung der nord. Außenministerkonferenzen).

Finnland

1917 Anerkennung der finn. Autonomie innerhalb einer russ. Föderation.

Dez. 1917 Proklamation der staatl. Unabhängigkeit Finnlands.

Jan.–Mai 1918 Freiheits- und Bürgerkrieg: Kampf der »weißen« Truppen unter Gen. **Carl Gustav Frh. von Mannerheim** (1867–1951) gegen die »roten« Truppen des aufständ. Volksausschusses.

Dez. 1918 General Mannerheim wird Staatsoberhaupt.

1920 Friedensvertrag von Dorpat mit der UdSSR: Grenzen von 1914, Angliederung des Petsamo-Gebiets, Ostkarelien an die UdSSR.

1921 Anerkennung der Souveränität Finnlands über die Aalands-Inseln durch den Völkerbund, Neutralisierung der Inseln.

Der **innenpolit. Kampf** zwischen Rechts- und Linksgesinnten fördert eine antikomm. Volksbewegung (Lappo-Bewegung). Verbot der KP (1930). Koalitionsreg. führen Soz.-Ref. durch, darunter die Agrarreform (1922), die die Grundbesitzer (alte schwed. Oberschicht) enteignet. Der frühere Reichsverweser

1931 Svinhufvud wird Staatspräsident, ihm folgt KALLIO (Bauernpartei) im Febr. 1937.

1932 Nichtangriffspakt mit der UdSSR.

Estland

Febr. 1918 Proklamation der Unabhängigkeit.

Nov. 1918 Amtsantritt der Reg. PÄTS. Abwehr der bolschewist. Vorstöße (1918/19) und Befreiung des Landes durch die neugebildete Armee unter LAIDONER.

1920 Friede von Dorpat mit der UdSSR. – Neue parlament. Verfassung (Aug. 1920), Anerkennung durch die Alliierten, **radikale Agrarreform,** die die beherrschende Stellung des deutsch-balt. Adels beseitigt, und Abwehr bolschewist. Putschversuche. Die rechtsstehende **Freiheitskämpferbewegung** setzt eine

1933 Präsidialverfassung durch, die das Parlament entmachtet, doch schaltet ein

1934 Staatsstreich des Staatsältesten Päts die Freiheitskämpferbewegung aus; Beginn der autoritären Staatsform.

1937 Annahme einer 3. Verfassung mit parlament. und korporativ-autoritären Elementen von einer manipuliert gewählten Nat.-Vers. – Nichtangriffspakte mit der UdSSR (1932) und Deutschland (1939).

Lettland

Nov. 1918 Proklamation der Unabhängigkeit durch die Reg. ULMANIS; Zusammenstoß der nat.-lett. mit den dt. Interessen (Gründung eines dt.-bestimmten Livland). Rückeroberung des von den Bolschewisten eingenommenen Riga mit Hilfe dt. Freikorps und der dt.-balt. Landwehr.

ULMANIS kann mit estn. und poln. Hilfe Lettgallen erobern.

1922 Annahme der endgültigen Verfassung. Ausschaltung der dt.-balt. Oberschicht. Nach der Regierungsbildung durch den Bauernverband:

1930 KVIESIS wird Staatspräsident.

Mai 1934 Staatsstreich des MP. Ulmanis, der mit einem »Kabinett der nat. Einheit« autoritär regiert: Neubildung der Kammer, aber keine Verfassungsreform.

1936 ULMANIS wird Staatspräsident. Nichtangriffspakte mit der UdSSR (1932) und Deutschland (1939).

Litauen

Dez. 1917 Proklamation eines mit dem Deutschen Reich verbundenen lit. Staats. Bildung der Reg. VOLDEMARAS (1918).

Nov. 1918 Litauen wird Freistaat. In Dünaburg bildet sich nach Abzug der deutschen Truppen eine komm. Gegenreg. Die komm. Bedrohung wird jedoch durch die Offensive der deutschen Truppen im März 1919 und durch den poln. Vorstoß auf Wilna ausgeschaltet (April 1919), das an Litauen fällt (Dez. 1919).

1920 Friede von Moskau mit der UdSSR, die Wilna an Litauen zurückgibt.

1920 Abkommen von Suwalki mit Polen, doch Handstreich des Gen. ZELIGOWSKI und Verlust Wilnas (1922).

1922 Ausschaltung der alten poln. Herrenschicht durch die Bodenreform.

1922 Verfassung (demokrat. Republik).

1926 Russ.-lit. Neutralitätsvertrag.

Dez. 1926 Militärputsch. SMETONA wird Staatspräsident. Seine Partei, die Nationalisten (Tautininkai), übt bis 1939 unter Ausschaltung des Parlaments die Alleinherrschaft aus.

März 1939 Abtretung des Memelgebietes an das Deutsche Reich.

Der Untergang der balt. Staaten ist eine Folge des deutsch-sowjet. Nichtangriffspakts (S. 475). In Beistandsverträgen werden Estland, Lettland und Litauen (1939) zur Einräumung von Stützpunkten für die Rote Armee gezwungen. Von sowjet. Beauftragten geführte Kabinettsbildungen und gelenkte Wahlen führen zur »erbetenen« Aufnahme der balt. Staaten in die UdSSR.

Aug. 1940 als 14., 15. und 16. SSR.

Memelgebiet

1920 Bildung eines Staatsrats mit franz. Präfekten.

1923 Einfall lit. Freischaren. Die Botschafterkonferenz erkennt die Annexion an (1924).

1924 Memelstatut: Autonomie unter lit. Staatshoheit.

Freie Stadt Danzig

Ohne Volksabstimmung wird Danzig Freie Stadt unter Kontrolle und Aufsicht des Völkerbunds.

1933 Absolute Mehrheit für die NSDAP.

Die Nationalitäten 1914

Polen 1916

Die Republik Polen 1918–1939

Die vierte polnische Teilung 1939

Polen unter deutscher Besetzung 1941–1944

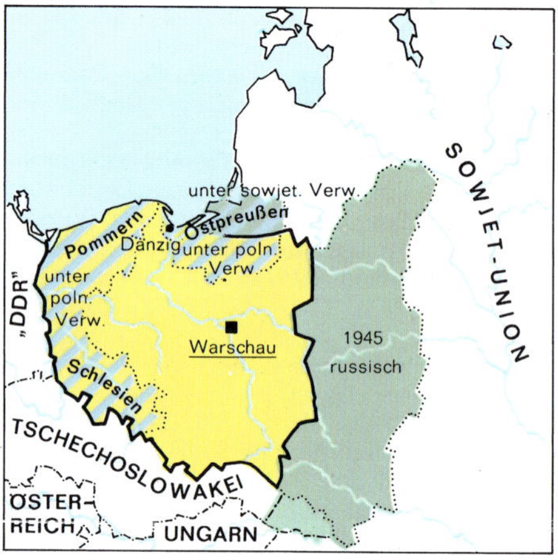

Die Volksrepublik Polen seit 1945

Die Neugründung Polens

Aug. 1914 Der Zar verspricht den Polen Autonomie.

1916 Proklamation eines Kgr. Polen durch die Mittelmächte (S. 401). **Josef Pilsudski** (1867–1935) erhält im neugebildeten Staatsrat einen Sitz, wird aber nach seinem Austritt (2. 7. 1917) in Magdeburg inhaftiert (bis Nov. 1918).

Aug. 1917 Gründung des »Poln. Nationalkomitees« in Paris unter Vorsitz des Nationaldemokraten ROMAN DMOWSKI (1864–1939).

1917 Einsetzung eines »Regentschaftsrats« als poln. Reg. unter deutscher Kontrolle.

3. 11. 1918 Proklamation der poln. Rep. und Rücktritt des Regentschaftsrats und seines Vorsitzenden PILSUDSKI.

Die innenpolit. Entwicklung (1919–37)

1. **Nationalitätenfrage.** Auseinandersetzung mit den nat. Minderheiten: 100000 Litauer, 1 Mill. Deutsche, 1,5 Mill. Weißruthenen, über 3 Mill. Juden, 4 Mill. Ukrainer.
2. **Agrarfrage.** Die Agrarref. (28. 12. 1925) vernichtet vor allem den deutschen Großgrundbesitz, behandelt den poln. schonend. Die Agrarfrage bleibt ungelöst.
3. **Die Krise der Rep.** Überwindung der Gegensätze zwischen »Legionären« (Anhänger PILSUDSKIS) und Nationaldemokraten.

1919 Bildung der Koalitionsreg. PADEREWSKI unter Staatschef PILSUDSKI. Nach

1921 Annahme der parlament. Verfassung und dem

1922 Wahlsieg der Nationaldemokraten tritt PILSUDSKI zurück.
Auf den bald ermordeten Präs. G. NARUTOWICZ folgt

1922–26 STANISLAS WOJCIECHOWSKI (Sozialist) als Präs.
Beginn einer Wirtschafts- und Finanzkrise, Kämpfe gegen die nat. Minderheiten und der Parteien untereinander.

Mai 1926 Staatsstreich Pilsudskis.

1926–39 Staatspräs. Ignaz Mošcicki (1867–1946). Ohne das Parlament (Sejm) völlig zu entmachten, führt als MP. [1926–28 und Aug.–Nov. 1930], KriegsMin. und Gen. St.-Chef PILSUDSKI, gestützt auf »Legionäre«, Heer und Beamtenschaft, den Staat.

1930 Sieg des Regierungsblocks bei den Sejmwahlen durch Terror.

1935 Neue autoritäre Verfassung (»gelenkte Demokratie«), die das parlament. demokrat. System aufhebt. Neben den Präs. tritt nach dem Tod PILSUDSKIS Gen. (später Marschall) **Edward Rydz-Śmigli** (1886–1941), der 1936 zur leitenden Persönlichkeit des Staates erklärt wird. – Der Tod PILSUDSKIS schwächt das »Obristenregime«, dem seit 1932 auch Oberst **Josef Beck** (1894–1944) als AMin. angehört.

1937 Gründung des »Lagers der nat. Einigung« durch Oberst Koc, der die Staatsideologie (antisemit., konserv.) stärken will.

Die Außenpolitik Polens (1918–39)

Polen, dessen Staatsgebiet sich im Nov. 1918 auf Kongreßpolen und Westgalizien erstreckt, gewinnt

1918 Ostgalizien (Einnahme Lembergs),

1919 den »Korridor« (den größten Teil der preuß. Prov. Westpreußen) und die Prov. Posen (seit 1918 poln. besetzt) durch den Vertrag von Versailles (S. 411), sowie

1920 einen Teil des Teschener Industriegebiets. – Während PILSUDSKI für eine lit.-weißruth.-ukrain. Föderation unter poln. Führung eintritt und die Nationaldemokraten die »Grenzen von 1772« (S. 284) fordern, setzen die Alliierten die

1919 »Curzon-Linie« fest, eine den Minderheitsverhältnissen entsprechende Demarkationslinie.

April-Okt. 1920 Russ.-poln. Krieg. Nach einem Bündnis mit der antikomm. ukrain. Reg. unter PETLJURA stößt PILSUDKSI auf Kiew vor. Der Gegenstoß der Roten Armee wird durch den poln. Vormarsch von Süden mit Hilfe des franz. Gen. MAXIME WEYGAND (1867–1965) vor Warschau aufgehalten (»Wunder an der Weichsel«).
Nach Militärbündnissen mit Frankreich und Rumänien (1921) erfolgt der

18. 3. 1921 Frieden von Riga: Die poln. Grenze liegt ca. 250 km östl. der Volkstumsgrenze.

Okt. 1920 Besetzung Wilnas durch Freischaren unter Gen. ZALIGOWSKI. Die Bevölkerung votiert 1922 für Polen.

1921 Polen erhält den wertvollen Teil des oberschles. Industriegebiets trotz des Abstimmungsergebnisses (60% für Dtl.). Nach poln. Versuchen zu Präventivaktionen gegen Dtl. (1932/33) wird der

1934 Nichtangriffspakt Deutschland-Polen geschlossen, dem Wirtschafts- und Kulturabkommen folgen. Der

1934 sowjet.-poln. Nichtangriffspakt von 1932 wird verlängert. Unter Ausnutzung der durch HITLER herbeigeführten Krisen erreicht Polen

März 1938 die Anerkennung der Wilnagrenze in einem Ultimatum an Litauen.

Okt. 1938 Annexion des Olsagebiets nach dem Münchner Abkommen (S. 475).

März 1939 Die Polen lehnen die deutschen Forderungen vom Okt. 1938, Jan. und Febr. 1939 ab, die den Anschluß Danzigs an das Reich, eine exterritoriale Auto- und Bahnverbindung durch den Korridor und eine engere deutsch-poln. Zusammenarbeit vorsehen. Dagegen Annahme der brit.-franz. Garantieerklärung für Polen, Abschluß eines Militärabkommens mit Frankreich und eines brit. Anleihevertrags.

April 1939 Kündigung des deutsch-poln. Freundschaftspakts durch HITLER. – Der Versuch Polens, eine unabhängige Großmachtpolitik zu treiben und zwischen Rußland, Frankreich und Deutschland zu lavieren, ist damit gescheitert.

Aug. 1939 Poln.-brit. Beistandspakt.

Die Republik Österreich

Die Provisorische Nat.-Vers. erklärt

1918 »Deutsch-Österreich« zur Republik und zum **»Bestandteil der Deutschen Republik«.** Nach dem sozialdemokrat. Wahlsieg in den Wahlen zur Konstituierenden Versammlung (Febr. 1919) wird K. SEITZ [1919–20] zum Bundespräs. gewählt (1920–28: MICHAEL HAINISCH). Sozialdemokrat./christl.-soz. Koalition unter **Karl Renner** (1870–1950).

1919 Ausweisung der HABSBURGER und **Friede von St. Germain-en-Laye** (S. 411).

1920 tritt die neue Verfassung in Kraft: Neben den direkt gewählten Nationalrat tritt eine Ländervertretung (Bundesrat). Beide bilden die Bundesvers., die den Bundespräs. wählt. – Ernährungsschwierigkeiten, zentrifugale Bestrebungen der Bundesländer, Friedensbedingungen der Entente und Ansprüche der »Nachfolgestaaten« gefährden die Rep.

Die bürgerl. Koalitionsregierung (1920–32)

1920 Christl.-soz. Wahlsieg. Bildung des Kabinetts M. MAYR [bis 1921]. Österreich tritt in den Völkerbund ein (1920). Nach ersten Anschlußabstimmungen in Tirol (98,8% für Dtl.) und Salzburg (99,3%) werden weitere Abstimmungen verhindert. Frankreich droht mit Einstellung der Hilfsmaßnahmen (Lebensmittelnot).

1921 Ödenburg fällt nach der Abstimmung zurück an Ungarn.

1922–24 Univ.-Prof. Prälat Dr. Ignaz Seipel (1876–1932) saniert und stabilisiert als BK. Finanzen und Wirtschaft.

1922 Internat. Kredite unter Garantie des Völkerbundes: Österreich muß die Einsetzung einer Friedenskontrollkommission dulden und für 20 Jahre auf den Anschluß an das Reich verzichten. – **Die Spannungen** zwischen Bürgerlichen (Christl.-Soziale, Großdt., Landbündler) und SPÖ arten durch Eingreifen der Wehrverbände, des sozialist. Republ. Schutzbundes sowie der Frontkämpfer, Heimwehr- und Selbstschutzverbände, in einen latenten Bürgerkrieg aus.

1927 Sozialisten-Aufruhr (Brand des Justizpalastes).

1928–38 Bundespräs. Prof. Wilhelm Miklas (1872–1956). Das Amt des Bundespräs. wird durch die Verfassungsref. (1929) gestärkt (Wahl durch das Volk).

1931 Projekt einer Zollunion mit Deutschland (SCHOBER, CURTIUS, S. 475). Durch den vor allem von der franz. Reg. ausgeübten Druck bricht die Österr. Credit-Anstalt zusammen. Die Auswirkungen der Wirtschaftskrise (S. 463) versucht die Reg. BURESCH [1931–32] durch ein Sanierungsprogramm zu beseitigen.
Fortschreitende Zerrüttung durch Kämpfe der vom Ausland (Frankreich, Dtl. u. a.) unterstützten Wehrverbände.

Sept. 1931 Scheitern des Heimwehrputsches in der Steiermark.

Die »Austrofaschist. Diktatur« (1932–38)

1932–34 BK. Engelbert Dollfuß (1892–1934 [ermordet]) regiert demokrat. – gestützt auf Christl.-Soz. Landbund und Heimatblock – ein Jahr gegen die Opposition (SPÖ, Großdeutsche) und setzt das

1932 Lausanner Abkommen durch: Verlängerung der Völkerbundsanleihe unter Verzichterklärung des Anschlusses an das Deutsche Reich bis 1952.

März 1933 Errichtung eines autoritären Regimes.
Aufhebung der parlament. Verfassung, Reg. mit Hilfe des »Kriegswirtschaftl. Ermächtigungsgesetzes« von 1917.
Den innenpolit. Zweifrontenkrieg gegen die Nationalsozialisten und die Sozialdemokraten beendet DOLLFUSS mit dem **Verbot der Nationalsozialist. Partei** und – nach Straßenkämpfen in Wien und anderen Städten – mit dem

1934 Verbot der Sozialdemokraten und aller anderen Parteien.
Zugelassen ist nur noch die **»Vaterländische Front«**, eine 1933 gebildete Einheitsbewegung. – Annahme einer berufsständischen Verfassung.
Nationalsozialist. Putsch (25. 7.). DOLLFUSS wird ermordet. Das Reich distanziert sich von der Aktion, als ital. Truppen am Brenner aufmarschieren.

1934–38 BK. Kurt Schuschnigg (1897–1977). Die Befestigung des Regimes gelingt nicht.

1936 Abkommen mit dem Dt. Reich (Ausgleich mit HITLER). Die habsburg. Restaurationsbestrebungen stoßen auf den Widerstand HITLERS und der Kleinen Entente.

1938 Besuch SCHUSCHNIGGS bei HITLER in Berchtesgaden (12. 2.): Amnestie für Nationalsozialisten und Aufnahme ARTHUR SEYSS-INQUARTS (1892–1946 [hingerichtet]) als Innen-Min. ins Kabinett. Die von SCHUSCHNIGG am 9. für den 13. 3. anberaumte Volksabstimmung scheitert an dem **Ultimatum des Dt. Reiches** (11. 3.). Rücktritt SCHUSCHNIGGS. Bildung einer Reg. des Nat.-Soz. SEYSS-INQUART und Einmarsch dt. Truppen in Österreich. **Anschluß Österreichs an das Deutsche Reich** (13. 3.).

Außenpolitik

Der Einfluß des faschist. Italien auf die Innenpolitik setzt ein mit dem Freundschaftsvertrag (1930), verstärkt durch den

1934 Abschluß der »Röm. Protokolle« (S. 443). Nach dem Scheitern der Zollunion mit Dtl. versucht Frankreich (TARDIEU) eine Einbeziehung Österreichs in einen wirtschaftl. und polit. neu geordneten Donauraum unter franz. Führung, doch Österreich lehnt ab. SCHUSCHNIGGS Versuch, Österreich an Italien zu binden, muß wegen der Annäherung Rom-Berlin scheitern. Er ist deshalb gezwungen, den »dt. Weg« zu beschreiten, der zur Annexion Österreichs führt.

Ungarn

1918 Ausrufung der Republik (16. 11.). MP. [seit 30. 10.] Gf. MICHAEL KAROLYI (1875–1955) wird Staatspräs. (1919). Er tritt aus Protest gegen die Waffenstillstandsbedingungen (Abtretung Kroatiens, Siebenbürgens, des Banats und der Slowakei) zurück.

1919 Rätereg. aus Sozialisten und Kommunisten unter **Bela Kun** (1885–um 1938 [wahrscheinl. in der UdSSR ermordet]). Eine ung. »Rote Armee« besetzt Teile der Slowakei. Sie löst sich nach dem Gegenangriff der Rumänen auf.
Eine Gegenregierung unter MP. PÁL TELEKI VON SZÉK [1920–21, 1939–41] ernennt Admiral **Nikolaus von Horthy** (1868–1957) zum OB des ung. Heeres. BELA KUN flieht (1. 8.), Budapest wird von Rumänien besetzt (Aug.–Nov.).

1920–44 Nikolaus von Horthy Reichsverweser.

1920 Proklamation Ungarns zur Monarchie mit »vakantem Thron«. Im

1920 Frieden von Trianon (4. 6.) verliert Ungarn 67,8% des Staatsgebiets und 59% der Bevölkerung. Es wird durch die Zurückdrängung der Staatsgrenzen hinter die Volksgrenzen ein magyar. Kleinstaat. Zwei Rückkehrversuche Kaiser KARLS I. als König von Ungarn (1921) scheitern unter dem Druck der Kleinen Entente.

Innenpolitik: Durch Aufrechterhaltung der feudalen Herrschaftsordnung, die Unzulänglichkeit einer Agrarref., die Unterdrückung des Judentums (1938 Restriktionsgesetze: Behinderung im Wirtschaftsleben) und das starke Anwachsen nat.-radikaler Gruppen, darunter der »Pfeilkreuzler« unter Major FERENC SZÁLASI (1897–1946 [hingerichtet]), die sich zur Ungar. Nat.-soz. Partei zusammenschließen (Okt. 1937), ist der Staat Belastungen ausgesetzt. Reparationsschulden und die Weltwirtschaftskrise (S. 463) bringen Ungarn in eine Finanzkrise (1931).

Außenpolitik (Bündnisse, S. 443): Die Revisionsforderungen werden von Italien unterstützt (seit 1927). Die Pläne Frankreichs (Zusammenfassung des Donauraums) werden von Ungarn abgelehnt. Nach einer Annäherung an das Deutsche Reich unter

1932–36 MP. Gyula Gömbös (1886–1936), der Rechtsradikaler und Antisemit ist, verschlechtern sich die ung.-franz. Beziehungen (Zusammenarbeit mit Österreich). Im

1938 Abkommen von Bled verzichtet Ungarn auf Gewaltanwendung gegenüber der Kleinen Entente. Der Besuch HORTHYS und des MP. BELA VON IMRÉDY [1938–39] in Berlin (Aug. 1938) besiegelt die deutsch-ungar. Freundschaft.

1938 Erster Wiener Schiedsspruch (2. 11.): Ungarn erhält nach dem Abkommen von München (s. u.) slowak. Gebiete (u. a. die Städte Neuhäusl, Lewenz, Kaschau).

1939 Besetzung der Karpato-Ukraine.

Tschechoslowakei

Nach dem Vertrag von Pittsburgh (1918) zwischen Amerikatschechen und Amerikaslowaken (Zusicherung der Autonomie für die Slowakei)

1918 Bildung einer Reg. in Paris: Tomas Garrigue Masaryk (1850–1937) wird Staatspräs., **Eduard Beneš** (1884–1948) AMin. [MP. 1921–22, Staatspräs. 1935–38, 1945–48]. – Ausrufung der Republik in Prag (Okt.) durch den Nationalausschuß, der die Reg. KAREL KRAMÁŘ [MP. 1918–19] und MASARYK als Präsident [1918–35] bestätigt. Der neue Staat (Längenausdehnung 930 km) ist ein polit. und konfessionell heterogenes Gebilde mit einer Bevölkerung, die bes. aus dem tschech. Staatsvolk (46%), Slowaken (13%), Deutschen (28%), Magyaren (8%) und Ukrainern (3%) besteht. Der Anschluß der Deutschen an »Deutsch-Österreich« gelingt nicht (Ablehnung einer Volksabstimmung durch die Alliierten und Einmarsch tschech. Truppen [Nov./Dez. 1918]).

1920 Annahme der Verfassung durch den erweiterten Nationalausschuß, nicht durch das gewählte Parlament.

Innenpolitik: Der neue Staat, gestützt auf die tschech. Beamtenschicht, ist eine parlament. Demokratie (bis 1939). **Die nat. Minderheiten** werden integriert, nicht zuletzt durch das Gesetz zur Bodenreform (1919), das den Großgrundbesitz enteignet. – Wegen der **Gründung einer romfreien tschechoslowak. Kirche** (1920) und der Erhebung des Hus-Tages zum Staatsfeiertag (1925) kommt es zum Konflikt mit dem Vatikan (bis 1927). – Bekämpfung der die versprochene Autonomie fordernden **Slowaken** (Verurteilung des slowak. Führers Prof. VOJTĚCH TUKA, 1880–1946, zu 15 Jahren Zuchthaus, 1929) und der **Sudetendeutschen** (vor allem nach 1933). Mit HITLER im Hintergrund stellt KONRAD HENLEIN (1898–1945 [Selbstmord]), der Führer der »Sudetendeutschen Heimatfront« (seit 1935 »Sudetendeutsche Partei«), das **»Karlsbader Programm«** auf (1938): Gleichberechtigung, Autonomie und Wiedergutmachung der seit 1918 erlittenen Benachteiligung.

1938 Abkommen von München (29. 9.): Anschluß des Sudetenlandes an das Dt. Reich. Die Slowakei und die Karpato-Ukraine werden autonom. Das Versagen des franz. Bündnispartners und die Schwäche der Kleinen Entente (S. 443) führen zum Rücktritt des Präs. BENEŠ. Unter seinem Nachfolger

1938–45 EMIL HACHA (1872–1945) Errichtung des **Protektorats Böhmen und Mähren** (1939).

Die Außenpolitik unter EDUARD BENEŠ (AMin. bis 1935) ist profranz. Sie richtet sich in erster Linie gegen Ungarn (Restauration der HABSBURGER, Revisionsforderungen) und Deutschland (Anschlußpläne), auch gegen Polen (S. 433).
(Bündnisse siehe S. 443).

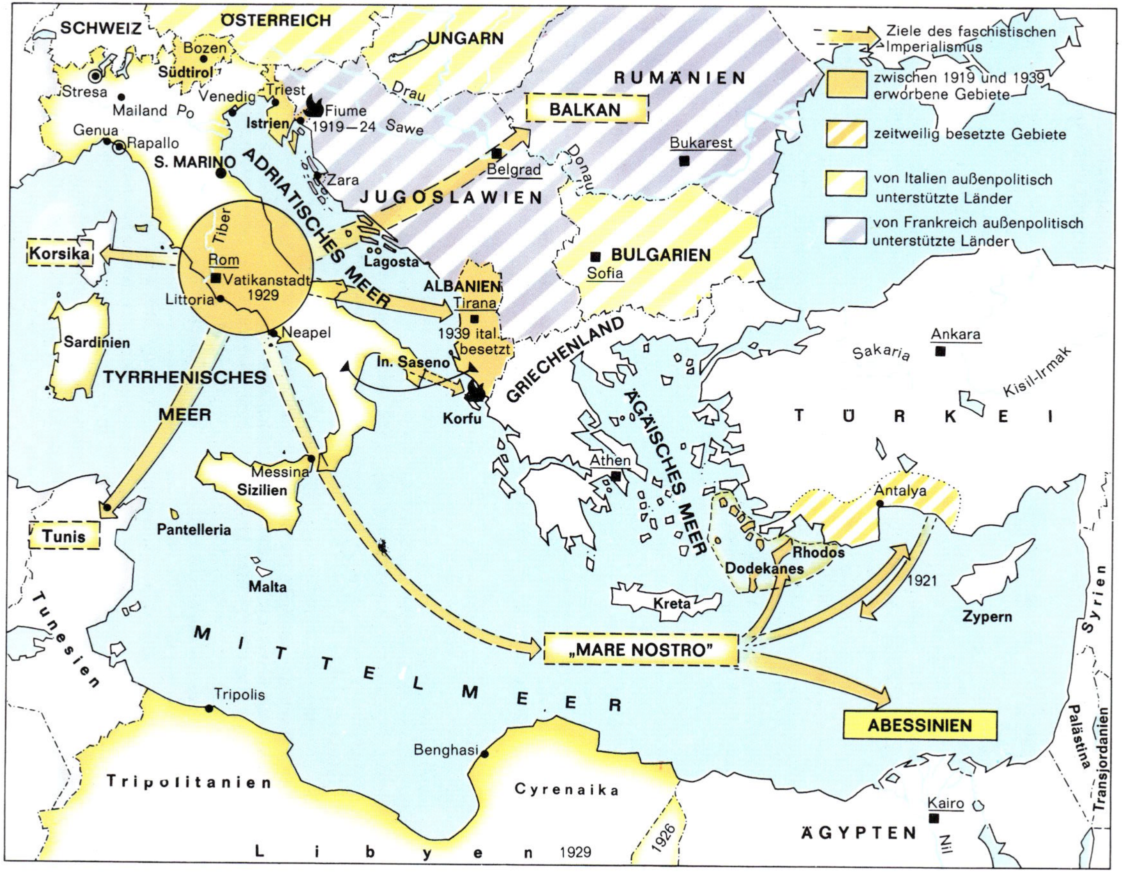

Der faschistische Imperialismus 1922–1939

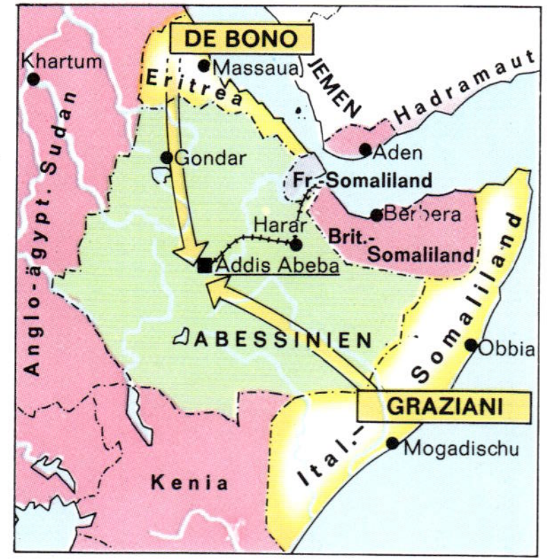

Der Feldzug in Abessinien 1935/36

Die italienischen Besitzungen in Ostafrika

Die Krise der demokrat. Reg. (1919–22)
Enttäuschung über den Ausgang der Friedenskonf. (S. 411) spaltet die Nation in einen gemäßigten und einen nationalist. Flügel. **Polit. Aktivität entfalten die Verbände der Frontkämpfer und Kriegsversehrten,** in denen sich Verherrlichung der Gewalt, Heimatlosigkeit und nat. Ressentiments verbinden, und die

1919 Sammlung der ersten **»Fasci di combattimento«** (Squadri) unter der Führung **Benito Mussolinis** (S. 460).

1919 Handstreich **Gabriele D'Annunzios** (S. 397) gegen Fiume. – Gegenüber Wirtschaftskrise und Inflation versagen die Regierungen NITTI [Juni 1919–Juni 1920] und GIOLITTI [Juni 1920–Juni 1921].

1920 Streiks der Sozialisten in Mailand und Turin. Mit Terror bekämpfen die **Faschisten,** die die Funktionen der ohnmächtigen Staatsorgane usurpieren, die Sozialisten.

1920 Vertrag von Rapallo mit Jugoslawien: Fiume wird Freie Stadt.

1921 Gründung des Partito Nazionale Fascista (PNF): die rev. Bewegung wird zur Partei. Während der ohnmächtigen Reg. BONOMI [1921–22] und FACTA [Febr.–Okt. 1922] gehen die Faschisten zur »direkten Aktion« über:
Drohungen, Gewaltanwendungen, Ausschaltung der Provinzialbürokratie in Oberitalien. Industrie und Heer sympathisieren mit dem Faschismus.
Proklamierung der Rev. und Bildung eines Viermännerkomitees (Quadruumvirat): ITALO BALBO (1896–1940), EMILIO DE BONO, CESARE DE VECCHI und MICHELE BIANCHI.

28. 10. 1922 »Marsch auf Rom«. – Der König beauftragt MUSSOLINI mit der Bildung eines Kabinetts, das aus Faschisten und gesinnungsverwandten Angehörigen anderer Parteien besteht.

Die Konsolidierung des Faschismus (1922–26)
Nov. 1922 Gewährung unbeschränkter Vollmachten durch das Parlament (bis 1924).

1923 Bildung der Milizia Volontaria per la Sicurezza Nazionale (Parteimiliz) aus Squadri und Fasci ohne Treueid auf den König: Institutionalisierung der Gewalt. – Durch das neue Wahlgesetz, das die Nationalisten begünstigt (⅔ aller Mandate),

1924 Wahlsieg der Faschisten (65 Prozent). – Nach der Ermordung des sozialist. Abgeordneten GIACOMO MATTEOTTI (geb. 1885) wegen seiner Rede über die »Herrschaft der Gewalt« im Parlament (30. 5.) erfolgt der symbol. Auszug der oppositionellen Abg. »auf den Aventin« (15. 6.).

1925/26 Maßnahmen zur Vollendung der Diktatur: Kampf gegen die »antifaschist. Verschwörung«, gegen Freimaurer und Emigranten; Verhaftungen, Verbannungen, »Säuberung« des Beamtentums, Auflösung der oppositionellen und Gründungsverbot für neue Parteien (Nov. 1926).

Der faschistische Staat (1926–38)
1. Neben den König (Capo dello stato) tritt der »Duce del Fascismo« als Reg.-Chef (Capo del governo), mehr zu- als untergeordnet durch das Gesetz »über die Befugnisse und Vorrechte des Reg.-Chefs« (1925) und das Gesetz »über die Befugnisse der vollziehenden Gewalt zum Erlaß von Rechtsnormen«: **unbeschränkte Führungsgewalt** des Reg.-Chefs (S. 460).
2. Ausbau des syndikal-korporativen Systems (Hierarchie [Gerarchia] der Arbeit und Berufe) durch das Gesetz über kollektive Arbeitsbeziehungen (Streiks und Aussperrung), das die Grundlage für die faschist. geführten Syndikate bildet (1926).

1927 »Carta del Lavoro«: Zusammenfassung der Syndikate in Korporationen (S. 460), die im Staatsinteresse Produktionsplanung betreiben.

1928 Neues Wahlgesetz: Aufstellung einer Liste von 400 von den verschiedenen Körperschaften vorgeschlagenen Deputierten und Auswahl durch den **»Großen Faschistischen Rat«** (Gran Consiglio).

1930 Gesetz über die Neugestaltung des Nationalrats der Korporation (seit 1929).

1934 Gesetz über die Bildung und Aufgaben der Korporationen und Einberufung der 1. Nat.-Vers.

1938 Bildung der Kammer der »Fasci und Korporationen«: aus dem Duce und den Mitgl. des Großen Faschist. Rats, den 150 Mitgl. des Nationalrats der Faschist. Partei, den 500 Mitgl. des Nationalrats und den Räten der 22 Korporationen.

Der faschist. Imperialismus (1923–39)
MUSSOLINI erstrebt die Adriaherrschaft, die Hegemonie im Mittelmeerraum und die Erweiterung der ital. Kolonien in Afrika. Im

1923 Frieden von Lausanne (S. 445) erhält Italien die Dodekanes. Nach der Besetzung von Korfu (1923) mißlingt trotz der Abtretung Fiumes (1924) die Verständigung mit Jugoslawien. – (Verträge s. S. 443).

1929 Lateran-Verträge (S. 430).

1934 »Röm. Protokolle« (S. 443). – Der großd. Revisionismus im Donauraum führt MUSSOLINI nach dem ersten Treffen mit HITLER in Venedig (1934), dem Wiener Juli-Putsch und dem Zugeständnis der Reg. LAVAL in die

1935 »Stresa-Front« gegen Deutschland.

Okt. 1935 Ital. Einfall in Abessinien: Unter dem Oberbefehl Marschall DE BONOS, später BADOGLIOS (S. 489) dringen 2 ital. Armeen von Somaliland und Eritrea aus ein.

1936 Annexion Abessiniens. VICTOR EMANUEL wird »Kaiser von Äthiopien«. – Die wirtschaftl. und propagandist. Hilfe Deutschlands, die gemeinsame Politik im

1936–39 Span. Bürgerkrieg (S. 439) bereiten die **»Achse Berlin-Rom«** (S. 475) vor.

1939 Besetzung Albaniens (S. 441).

1939 Bündnispakt mit Deutschland (S. 475).

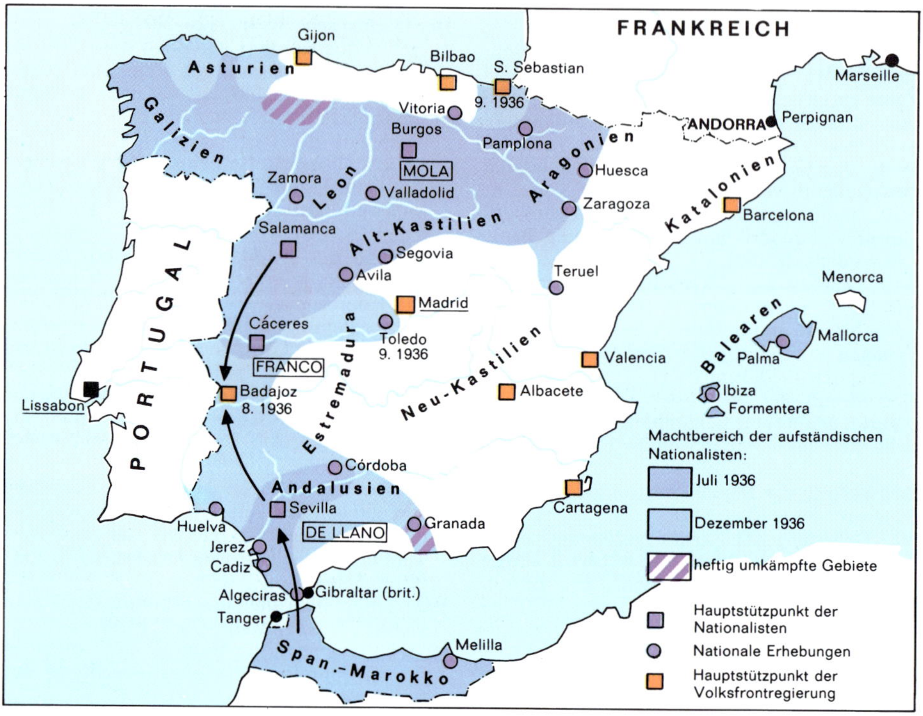

Das »Alzamiento nacional« 1936

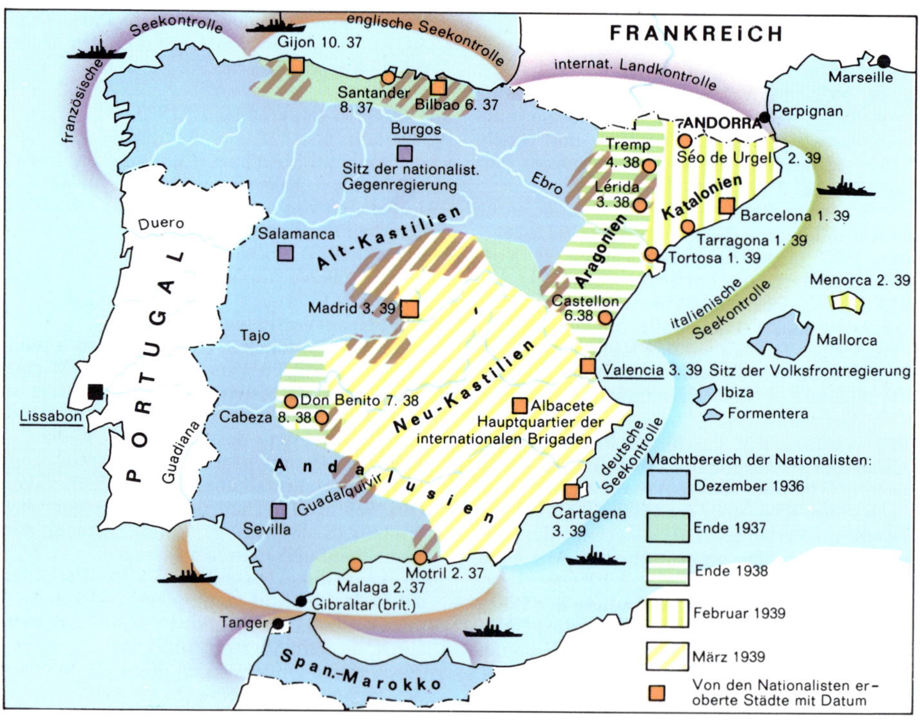

Der spanische Bürgerkrieg 1936–1939

Spanien

Im Ersten Weltkrieg erfährt Spanien wegen seiner Neutralität einen wirtschaftlichen Aufschwung.

Dennoch dauernde Staatskrise: Schwäche der konstitutionellen Monarchie, häufiger Wechsel der Reg. (1917–23: 13 Kabinette), Autonomiebestrebungen Kataloniens (Barcelona), Spannungen zwischen einer konservativen feudal bestimmten Oberschicht (Großgrundbesitz, unterstützt von Kirche und Armee) und einer radikalisierten Arbeiterschaft, Aufstand der Rifkabylen unter ABD EL KRIM (1880–1962) in Marokko.

1923 Militärputsch des Generalkapitäns von Barcelona, **Miguel Primo de Rivera** (1870–1930), der mit Einverständnis des Königs ALFONS XIII. (S. 363) ein Militärdirektorium (8 Gen., 1 Adm.) bildet, die Verfassung von 1876 suspendiert und unpolit. Fachminister einsetzt.

1925 Umwandlung der Militärreg. in ein ziviles Kabinett unter MP. PRIMO DE RIVERA: Ordnung der Verwaltung (Beamtenabbau), Versuch einer Agrarref. (1929), soz. Ref.-Politik, wirtschaftl. Gesundung durch öffentl. Bauvorhaben (Straßen, Eisenbahnen, Bewässerungsanlagen) und nach Abkommen mit Frankreich (1925) Liquidierung des Marokko-Krieges (1926). Die Annexion Tangers, das neutralisiert wird (Tanger-Abkommen, 1924), mißlingt. Von der Diktatur distanzieren sich wegen der reaktionären Kulturpolitik die Intellektuellen, wegen der Einschränkung ihrer Privilegien die Adeligen, wegen der soz. Ref. die Geschäftswelt und wegen der Heeresref. die Offiziere.

1930 Rücktritt Primo de Riveras, der in der Verbannung in Paris stirbt (16. 3. 1930).

1931 Gemeindewahlen: Sieg der Republikaner: ALFONS XIII. verläßt ohne Verzicht auf die Thronrechte das Land.

Die **Zweite Republik,** unterstützt von lib. Bürgertum und den sozialist. Arbeitern (Katalonien, Baskenland, Asturien), gibt sich nach den Wahlen zur verfassunggebenden Nat.-Vers. eine liberal-fortschrittl. Verf. (Dez. 1931): repräsentative Demokratie; Trennung von Staat und Kirche; Einheitsstaat, doch regionale Autonomie für Katalonien (1931) und das Baskenland (1936).

Die Koalition der republikan. Parteien wird bedroht durch

die radikalen Sozialisten unter FRANCISCO LARGO CABALLERO (1869–1946), dem »spanischen Lenin«, die Anarcho-Syndikalisten und – infolge des radikalen Vorgehens gegen die Kirche (1933 antikirchl. Gesetzgebung: Zivilehe, Nationalisierung des Kirchenbesitzes) – durch

die Sammlung aller konservativen Kräfte gegen die Republik (Confederación Española de Derechas Autónomas = CEDA, gegr. 1932 von GIL ROBLES).

1933 Sieg der Rechten. Bis 1936 häufige Kabinettskrisen schwere Unruhen, die zur Auflösung des Parlaments führen.

1936 Sieg der Volksfront (Republikaner, Sozialisten, Kommunisten, Syndikalisten). MANUEL AZAÑA (1880–1940) wird Staatspräs. Bürgerkriegsähnl. Zustände. – Nach der Ermordung des monarchist. Abg. CALVO SOTELO (13. 7.) beginnt der

1936–39 Spanische Bürgerkrieg.

Juli 1936 Militäraufstand der Gen. JONJURJO, GODED, **Francisco Franco** (1892–1975), MOLA, QUEIPO DE LLANO, die sich auf Monarchisten, Katholiken und die von JOSÉ ANTONIO PRIMO DE RIVERA (1903–36), dem Sohn des Diktators, 1933 gegr. faschist. **Falange** stützen. Die Aufständischen werden von Dtl. (»Legion Condor«), Italien und Portugal milit. unterstützt. Die republ. Reg. (Sept. 1936 Volksfrontreg. LARGO CABALLEROS. Mai 1937 Kabinett JUAN NEGRÍN) erhält Hilfe von Frankreich, der UdSSR und durch internat. Freiwilligen-Brigaden (60 000 Mann).

Juli 1936 Einsetzung der obersten militär. Kommandostelle (Junta de Defensa Nacional), die

Sept. 1936 Gen. Franco zum Regierungschef des span. Staates und zum OB der Truppen ernennt.

1937 Vereinigung der Falange Española und der Traditionalisten zur Falange Española Tradicionalista unter dem **»Caudillo« Franco.** – Die Reg. FRANCO wird von Dtl., Italien (1936), von Frankreich, England und den USA (1939) anerkannt.

Trotz Beitritt zum Antikominternpakt (April 1939) bleibt Spanien im Zweiten Weltkrieg neutral.

Portugal

Nach Abschaffung der Monarchie (1910) kann sich wegen der radikalen Durchführung des demokrat.-parlament. Systems keine feste Regierungsgewalt bilden. Zwischen 1911 und 1926 amtieren 8 Präsidenten und 44 Regierungen, finden 20 Revolutionen und Staatsstreiche statt.

1926 Militäraufstand des Gen. Gomes da Costa (Mai): »Nat. Revolution« ohne weltanschaul. Programm. Auflösung des Parlaments und Aufhebung der Verfassung.

1928 Wahl des Gen. Carmona zum Staatspräs. Finanz-Min. der neuen Reg. wird **Prof. Antonio de Oliveira Salazar** (1889–1970). SALAZAR bringt ohne Hilfe des Auslandes die zerrütteten Finanzen mit drakonischen Maßnahmen in Ordnung.

1932 Salazar wird MP.

1933 Bestätigung der neuen Verfassung durch Volksabstimmung. Der **»Neue Staat«** (Estado Novo) ist ein Ständestaat nach faschist. Vorbild.

Im Zweiten Weltkrieg bleibt Portugal, das freundschaftl. Beziehungen zu England und enge Verbindung Spanien (»Iberischer Block«) hat, neutral.

Die osteuropäische Schütterzone

Rumänien
Durch den Gewinn der Bukowina, Siebenbürgens und Bessarabiens (1918) sowie von zwei Dritteln des Banats (1919), von Sathmar, Großwardein und Arad im Kampf gegen Ungarns »Rote Armee« verdoppelt Rumänien sein Staatsgebiet und seine Bevölkerung, wandelt sich aber von einem National- zu einem Nationalitätenstaat und gerät in Gegnerschaft zur UdSSR, zu Ungarn und Bulgarien.
Die **Innenpolitik** bestimmt IONEL BRATIANU (1864–1927), Führer der Liberalen und Schöpfer Großrumäniens.
1928 Iuliu Maniu (1873–1951), Führer der Nationalen Bauernpartei (Nat.-Zaranisten), wird nach innenpolit. Kämpfen MP. Freie Wahlen, doch keine Befriedigung der Bauern. – Nach Rückkehr beginnt
1930–40 Carol II. als König von Rumänien, gestützt auf die Liberalen, sein persönl. Regiment: Ausschaltung MANIUS, Kampf gegen antisemit., rechtsstehende Gruppen (»Eiserne Garde« unter CORNELIU CODREANU, 1899–1938 [ermordet]; »Christl.-Nat. Partei«).
Trotz Anwachsen der »Eisernen Garde« bei den Wahlen 1937 erfolgt die
1938 Kabinettsbildung des Patriarchen Miron Christea (1868–1939) (»Nationale Konzentration«): Die Aufhebung der Verfassung, das Verbot aller Parteien, das Gesetz zur »Aufrechterhaltung der Ordnung im Staate« und die Verurteilung CODREANUS vollenden die **Königsdiktatur.**
Die **Außenpolitik** bleibt westl. orientiert durch die Stellung gegen die UdSSR und Bulgarien (Bündnisse, S. 443), doch muß unter dem anwachsenden nationalist. Druck AMin. TITULESCU 1936 zurücktreten.
1939 Handelsvertrag mit dem Deutschen Reich (S. 475).

Jugoslawien
Die Politik zur Vorbereitung des südslaw. Staates ist durch 2 gegensätzl. Zielsetzungen belastet: **Bildung eines Groß-Serbien** (PAŠIĆ) und **Schaffung einer südslaw. Föderation** (TRUMBIĆ). Überbrückung der Gegensätze in der
1917 Deklaration von Korfu: Errichtung eines Kgr. nach den Grundsätzen des Selbstbestimmungsrechts.
1918 Gründung des Königreichs der Serben, Kroaten und Slowenen.
1921 Verabschiedung der »Vidovdan« (Veithstags-)Verfassung: im Einheitsstaat erhalten die Minderheiten keine Autonomie. Wegen der innenpolit. Krisen (Gegensatz zwischen Serben und Kroaten; Ermordung von STEFAN RADIĆ [geb. 1871], und Eröffnung eines separatist. kroat. Landtags in Agram [Aug. 1928]) verkündet Kg. ALEXANDER [1921–34, ermordet] die
1929 Königsdiktatur: Suspension der Verfassung, Verbot der Parteien, Auflösung des Parlaments (Skupština). Das neue **»Jugoslawien«** wird in 9 Banate ohne Rücksicht auf histor. und ethnograph. Einheiten geteilt.
1931 Aufhebung der Diktatur. Neue Verfassung mit Zweikammersystem und öffentl. Parlamentswahlen (Einheitslisten der Reg.). Unruhen der kroat. Bauern (Ustascha). Unter dem Prinzregenten PAUL [1934–41] und nach Rücktritt des MP. STOJADINOVIĆ [1935–39] nimmt
1939 der neue MP. CVETKOVIĆ 5 kroat. Minister in die Reg. auf.

Albanien
1921 Festsetzung der Grenzen von 1913 durch die Botschafterkonferenz. Es folgen innenpolit. Machtkämpfe.
1925 Präs. Achmed Zogu (1895–1961) wird
1928 König. – Durch das Bündnis von Tirana (1927) und ein zinsloses Darlehen (1932) Abhängigkeit von Italien.
1939 Besetzung Albaniens, Pers.-U. mit Italien.

Bulgarien
Innenpolitik: Der Friedensvertrag von Neuilly (S. 411), die Aufnahme von Vertriebenen, der Anspruch auf Mazedonien, eine latente Bauernrev. und der Versuch, ein Groß-Südslawien unter dem Bauernführer STAMBULIJSKI zu schaffen, belastet das Land. Ein
1923 Offiziersputsch bringt die Auflösung der Bauernpartei (MP. STAMBULIJSKI wird erschossen) und der KP. Nach dem
1934 Staatsstreich zweier nationalist. Organisationen (»Zveno«, Verband der Reserveoffiziere) wird ein autoritäres Regime eingeführt: **Oberst Georgieff.** Nach seinem Rücktritt (Jan. 1935) regiert **Zar Boris III.** [1918–43] weithin autoritär.

Griechenland
Höhepunkt der Politik des MP. **Eleutherios Venizelos** (S. 359) während des Weltkriegs bildet der Gewinn West- und Ostthraziens (1919) und Smyrnas (1920). Durch den
1920–22 griech.-türk. Krieg (S. 445) verliert Griechenland im
1923 Vertrag von Lausanne Ostthrazien bis zur Maritza.
Agrarreform: Verteilung des Großgrundbesitzes an die Bauern, griech. Umsiedler aus der Türkei und Flüchtlinge aus den Balkanstaaten und der UdSSR.
1924–35 Griechenland ist Republik. Innenpolit. Kämpfe zwischen Venizelisten und Royalisten, doch Stabilität unter der erneuten
1928–32 Reg. VENIZELOS: Aussöhnung mit der Türkei durch die griech.-türk. Übereinkunft und den Vertrag von Ankara (1930). Nach dem Versuch eines Staatsstreichs durch VENIZELOS
1935 Ausrufung der Monarchie. Rückkehr Kg. GEORGS II. [1922–24, 35–47].
1936 Gen. Metaxas wird MP.: Ausschaltung des Parlaments, Abschluß der Agrarref.
(Bündnisse siehe S. 443).

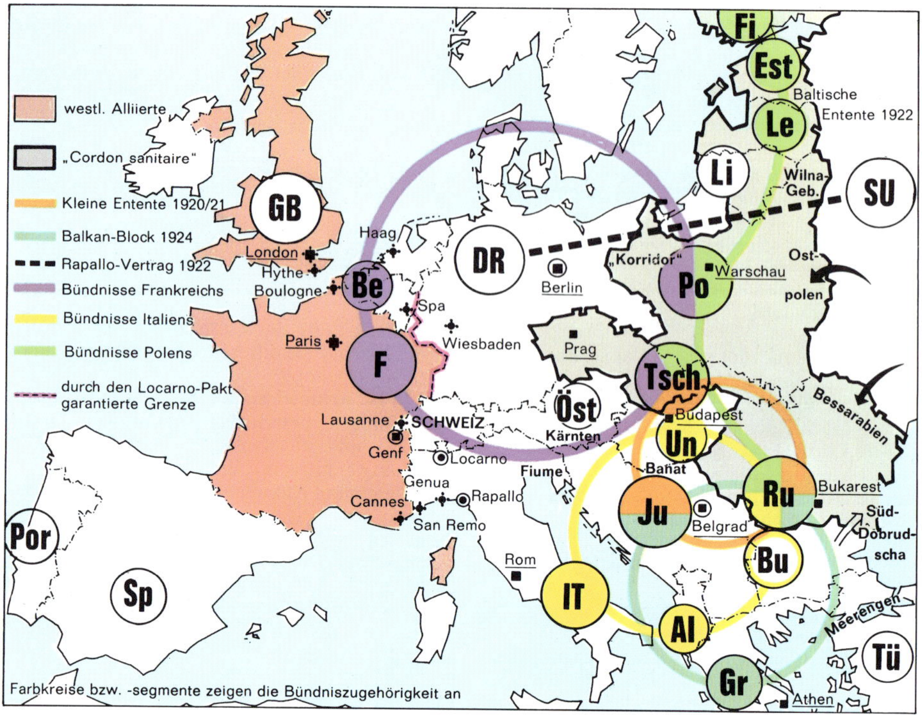

Das europäische Bündnissystem nach 1920

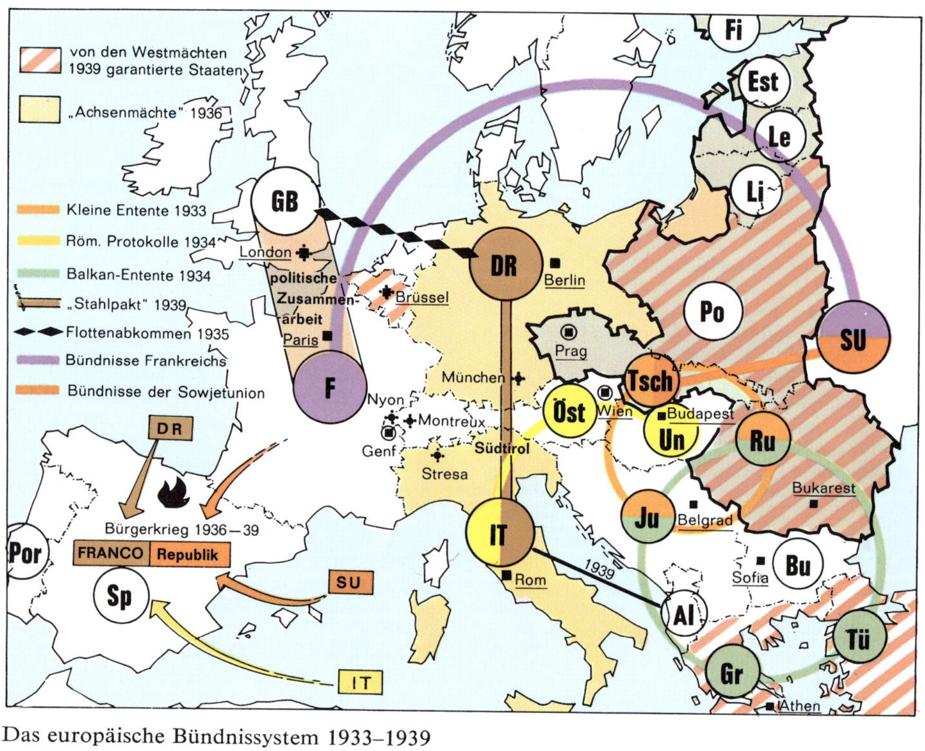

Das europäische Bündnissystem 1933–1939

Europ. Bündnisse (1918–30)

Frankreich: Wegen der Bestimmungen über das linke Rheinufer im Vertrag von Versailles, die dem franz. Sicherheitsbedürfnis nicht genügen, und dem Rückzug Englands von seinen Beistandsversprechen (franz.-brit. Garantievertrag, 1919) wird eine

1920 belg.-franz. Militärkonvention abgeschlossen. Frankreich verliert außerdem Rußland als Bündnispartner, weshalb es seine Stellung in Osteuropa durch Bündnisse mit Polen (1921), mit der Tschechoslowakei (1924) und mit Rumänien (1926) festigt. Der rum.-franz. Pakt wird Grundpfeiler der großrumänischen Außenpolitik.

Kleine Entente: Aus Furcht vor einer Revisionspolitik Ungarns und einer Restauration der HABSBURGER wird mit franz. Unterstützung das

1920 Defensivbündnis zwischen der Tschechoslowakei und Jugoslawien geschlossen. Nach dem ersten Rückkehrversuch Ks. KARLS schließt die Tschechoslowakei ein

1921 Defensivbündnis mit Rumänien, dem Hauptgegner des ungar. Revisionismus.

1921 Bündnis Rumäniens mit Jugoslawien, das gegen Bulgarien gerichtet ist.

Im

1921 Vertrag zwischen Polen und Rumänien sagen sich die Mächte Hilfe gegen einen Angriff Sowjetrußlands zu, das auf Bessarabien nicht verzichtet.

Deutsch-russ. Annäherung: Hintergrund ist der Wunsch Dtl.s und Sowjetrußlands, Beziehungen auf polit., milit. und wirtschaftl. Gebiet aufzunehmen. Dtl. wünscht die Ausbildung dt. Panzeroffiziere und Flieger auf sowjet. Gebiet, Sowjetrußland die Hilfe dt. Sachverständiger beim Aufbau seiner Rüstungsproduktion.

Nachdem die Briten auf der

1922 Wirtschaftskonferenz zu Genua mit der sowjet. Reg. nicht zu Vereinbarungen gelangen und die Gefahr droht, Sowjetrußland zur Bezahlung seiner Schulden der Vorkriegszeit mit Beitritt zum Artikel 116 des Versailler Vertrags (Reparationen) zu entschädigen, kommt es zwischen Dtl. und Rußland zum

1922 Vertrag von Rapallo, der die dt.-russ. Beziehungen regelt: keine Kriegsentschädigung, Aufnahme diplomat. Beziehungen, Meistbegünstigung im Handel. Der

1926 Berliner Vertrag setzt die in Rapallo eingeschlagene Linie fort: Verständigung über polit. und wirtschaftl. Fragen, Neutralität eines Partners, wenn einer der beiden von einem Dritten angegriffen wird.

Baltische Entente: Zum Schutz vor Sowjetrußland schließen Polen, Estland, Lettland und Finnland einen

1922 Nichtangriffs- und Konsultativpakt, der von dem finn. Parlament wegen des Risikos einer poln-sowjet. Auseinandersetzung nicht ratifiziert wird. Kein Beitritt Litauens wegen des Handstreichs Polens auf Wilna (S. 433). Nur das estn.-lett. Bündnis (1923) ist von Dauer.

Italien schließt nach dem

1924 Adria-Pakt, in dem MUSSOLINI die Aufrechterhaltung des Status quo zusichert,

1926 Freundschaftsverträge mit Rumänien (Anerkennung der Zugehörigkeit Bessarabiens zu Rumänien) und

1927 mit Albanien, das in Abhängigkeit gerät, sowie mit Ungarn (gegen Jugoslawien und zur Unterstützung des ung. Revisionismus).

1930 Freundschaftsvertrag mit Österreich. – Durch die Heirat Zar BORIS' III. mit der Prinzessin GIOVANNA werden die bulg.-ital. Beziehungen verbessert.

Europ. Bündnisse (1930–39)

Frankreich: Die Vertragspolitik der UdSSR in Osteuropa zur Rückendeckung in Ostasien und die polit. Verhältnisse in Deutschland bilden die Voraussetzungen für das

1932 Schlichtungsabkommen und für den Nichtangriffspakt zwischen der UdSSR und Frankreich: Verpflichtung der Partner zu Waffenhilfe im Falle eines Angriffs durch eine dritte Macht. Abkühlung des deutsch-sowjet. Verhältnisses. Nach Scheitern des »Ost-Locarno« wird der

1935 franz.-sowjet. Beistandspakt geschlossen, der sich gegen Dtl. richtet und ergänzt wird durch einen Beistandspakt zwischen der UdSSR und der Tschechoslowakei.

Kleine Entente: Vor allem gegen Ungarn richtet sich der

1933 Organisationspakt der Kleinen Entente (Tschechoslowakei, Rumänien, Jugoslawien).

Italien verstärkt in dem

1934 Dreierpakt der »Röm. Protokolle« (Italien, Ungarn, Österreich) seinen Einfluß in Südosteuropa und tritt für einen totalen Revisionismus ein, der es in Gegensatz zu England bringt und an das NS-Dtl. heranführt.

Balkanentente: Die Angst vor den Balkaninteressen der Sowjetunion, die NS-Politik, Revisionswünsche Bulgariens und Frankreichs System der kollektiven Sicherheit führen zum

1934 Balkanpakt zwischen Jugoslawien, Griechenland, Rumänien und der Türkei. – (Bündnisse Deutschlands, S. 475).

1939 Engl.-franz. Garantieerklärungen für Polen, Rumänien, Griechenland, die Türkei und Belgien nach der Rede CHAMBERLAINS über das Ende der Appeasement-Politik (17. 3.).

Großbritannien bemüht sich nach der »Erledigung der Rest-Tschechei«, der Kündigung des dt.-brit. Flottenabkommens und des dt.-poln. Nichtangriffspakts (S. 475) um eine gemeinsame Abwehrfront gegen HITLER.

Die Verhandlungen Großbritanniens und Frankreichs mit der UdSSR scheitern u.a. am Widerstand Rumäniens und Polens, die das von den Russen gewünschte Durchmarschrecht verweigern.

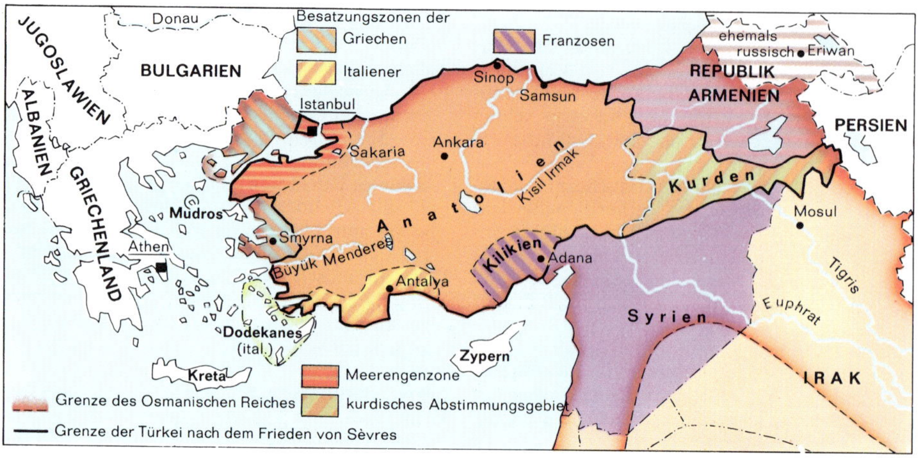

Die Türkei nach dem Friedensvertrag von Sèvres 1920

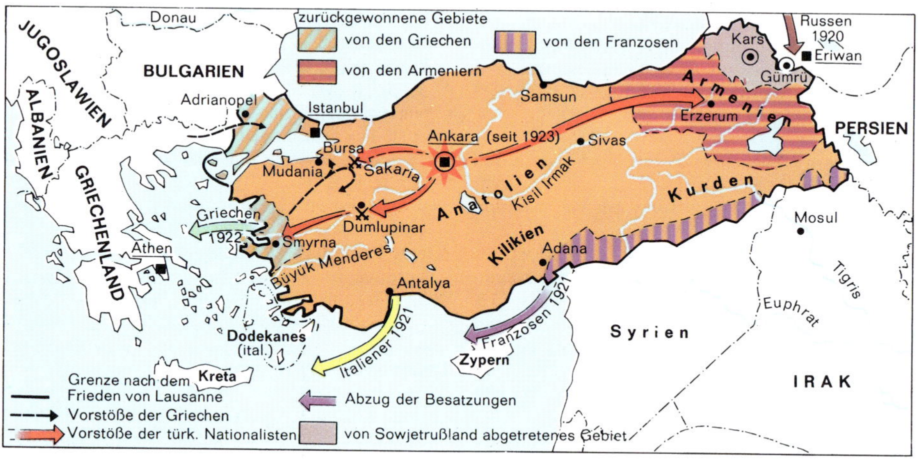

Der türkisch-griechische Krieg 1920–1922

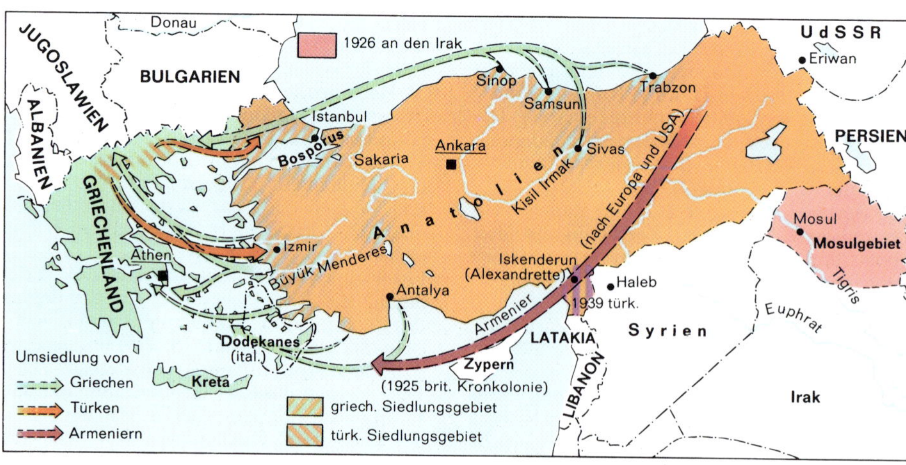

Die Verteilung und Umsiedlung der griechischen und türkischen Minderheiten 1919

Die nationale Erhebung (1918–20)

1918 Nach dem Waffenstillstand von Mudros (S. 409) läuft die »Große Flotte« der Alliierten im Bosporus ein.

1918–23 als Reaktion auf die alliierte Besetzung von Istanbul, der Gebiete von Antalya und Konia durch die Italiener (1919), des Gebiets um Smyrna durch die Griechen (1919), Kilikiens durch die Franzosen (1919), die Gefahren durch die kurdische Separatistenbewegung und den neugegründeten Staat Armenien (1919) entsteht die **türk. Nationalbewegung unter Gen. Mustafa Kemal Pascha** (1881 [?]–1938), der auf den

1919 Nationalkongressen von Erzerum und Sivas einen türk. Staat in nat. Grenzen fordert. Wahl eines Repräsentativkomitees als »federführende Stelle der Nation«. Ankara wird Sitz der Nationalbewegung. – Unterzeichnung des »Nationalpakts« durch das letzte osman. Parlament (1920), Widerstand gegen Franzosen und Griechen.

April 1920 Zusammentritt der »Großen Nat.-Vers.« in Ankara: Die osman. Reg. reagiert mit Todesurteilen gegen Mustafa Kemal und seine Mitarbeiter.

Aug. 1920 Friedensvertrag von Sèvres (S. 411). Mohammed VI. [1918–22] und Nat.-Vers. verweigern die »provisor.« Ratifikation.

Die Befreiung der Türkei (1920–22)

Osten: Der Sieg Kâzim Karabekirs zwingt Armenien zu dem

1920 Frieden von Gümrü. Nach der russ. Besetzung der armen. Hauptstadt Eriwan fällt der russ. Teil Armeniens an Sowjetrußland, das einen Freundschaftsvertrag mit der Türkei schließt. Im

1921 Vertrag von Kars zwischen der Türkei und der Russ., Aserbeidschan., Armen. und Georg. SSR, wird die Kaukasusgrenze anerkannt.

1920/21 Mit Terror und Grausamkeit werden die Armenier von den National-Türken unterdrückt; Tausende kommen um.

Westen: Der Oberste Kriegsrat erteilt dem griech. MP. Venizelos (S. 359) ein »Mandat« zur Wiederherstellung der »Ordnung in Anatolien«: Besetzung Bursas (1920) und Adrianopels (1920), Vordringen des griech. Heeres bis zum Sakaria.

1921 Schlachten bei Inönü und am Sakaria (Zusammenbruch der griech. Offensive).

1922 Durchbruch Mustafa Kemals bei Dumlupinar und Einzug in Smyrna.

Okt. 1922 Waffenstillstand von Mudanya: Räumung Ostthraziens (Adrianopel).

Süden: 1921 Vertrag von Ankara: Abzug der Franzosen.

Die Republik (1923–45)

Nach Abschaffung des Sultanats (1922):

1923 Frieden von Lausanne. Die Türkei erhält Ostthrazien bis zur Maritza, die Inseln Imbros und Tenedos, das Gebiet um Smyrna und Westarmenien zurück. Entmilitarisierung der Meerengen (internat. Meerengenkommission). Aufhebung der Kapitulationen und Verzicht auf Reparationen. Abzug der Besatzungen. Etwa 1,35 Mill. Griechen und ca. 430000 Türken werden umgesiedelt.

1923–38 Mustafa Kemal (seit 1934 Kemal Atatürk) wird Präs. der türk. Republik. Regierungssitz: Ankara. Einzige Partei bis 1946 ist die Republ. Volkspartei (gegr. 1923), deren Mitgl. sich zur republ. Staatsform, zum Nationalismus, zum soz. Frieden, zur staatl. Wirtschaftsleitung, zur Führung einer von relig. Überzeugungen freien Politik bekennen müssen. – Voraussetzung für die **Reformen** (Tanzimat) ist die Ausschaltung des relig. islam. Rechts aus Verwaltung, Verfassung, Justiz und Erziehung **(Laïzismus).**

1924 Abschaffung des Kalifats und Schließung der geistl. Gerichte und

1925 Auflösung der Derwischorden.

Recht: Grundlage wird das Schweizer Zivil- (1926), das ital. Straf- (1926) und das Schweizer Obligationsrecht (1926).

1928 Beseitigung aller relig. Formeln aus der Verfassung.

Erziehung: Einführung des lat. Alphabets und Verbot der arab. Schrift (1928). Der Pflichtunterricht für arab. und pers. Sprache an den höheren Schulen wird abgeschafft (1929). – Gründung neuer Schulen (1936: Universität Ankara).

1934 Einführung von Familiennamen.

1938–50 Ismet Inönü (1884–1973) wird zweiter Präs. der Türkei. Unter ihm setzt eine stärkere Demokratisierung ein: Gründung neuer Parteien, Zulassung des Religionsunterrichts in den Schulen.

Wirtschaft: Aufbau des Handels und der Industrie mit staatl. Hilfe, Ausbau von Eisenbahnen und Straßen.

Außenpolitik:

1925 Nichtangriffspakt mit der UdSSR.

1926 Mosul-Vertrag (S. 413).

1930 Freundschaftspakt mit Griechenland.

1934 Balkanpakt (S. 443).

1936 Meerengenkonferenz von Montreux: Die Türkei erhält das Recht auf Wiederbefestigung der Meerengen; das Verhältnis zur UdSSR wird gespannter. Der

1937 Pakt von Saadabad (Türkei, Iran, Afghanistan, Irak) festigt das Verhältnis zu den Staaten im Osten und Südosten. Die Annäherung an die Westmächte (seit 1930) führt zur

1939 Rückgewinnung des Sandschaks von Alexandrette und zum **brit.-franz.-türk. Beistandspakt.** Im Zweiten Weltkrieg bleibt die Türkei neutral, schließt aber

1941 Freundschaftsvertrag mit Deutschland unter Vorbehalt der den Alliierten gegenüber bestehenden Verpflichtungen.

1945 Kriegserklärung an Deutschland.

Der Nahe Osten
Die Übernahme der europ. Ideen von Nation, Freiheit und Selbstbestimmungsrecht stärken den **arab. Nationalismus** und das **Streben nach nat. Selbständigkeit.** Die **heterogenen Verpflichtungen Großbritanniens** während des Ersten Weltkriegs erschweren eine konstruktive Lösung der Nachkriegsprobleme.

1916 Abkommen zwischen dem brit. Oberkommissar McMahon und dem Scherif Husein von Mekka (1853–1931), der sich nach der brit. Zusage für die Unabhängigkeit Arabiens den Engländern anschließt.

1916 Sykes-Picot-Abkommen: Aufteilung der ehemals türk. Gebiete zwischen Großbritannien (Mesopotamien, Palästina, Jordanien) und Frankreich (Syrien). Endgültige Regelung auf der Konf. von San Remo (S. 413).

1917 Balfour-Declaration (S. 341).

Syrien

1918–20 Emir Feisal (1883–1933), durch den Nationalkongreß zum König von Syrien proklamiert, wird nach Zuteilung des Mandats Syrien an Frankreich (1919) und blutigen Aufständen vertrieben. Aufteilung Syriens in die weitgehend autonomen Bezirke Damaskus, Aleppo, Alaouiten- und Drusengebiet (1925 Aufstand).

1926 Bildung des Libanon. – Durch die

1939 Abtretung des Sandschaks von Alexandrette (S. 445) an die Türkei wird das franz.-arab. Verhältnis belastet.

1941 Kämpfe zwischen Vichy-Truppen (S. 477) und Verbänden des »Freien Frankreich«, deren OB, Gen. Catroux, den franz. Mandatsgebieten die Unabhängigkeit verspricht. **Syrien und der Libanon werden autonom** (April bzw. Dez. 1941).

Irak

1919 Errichtung des brit. Mandats Mesopotamien. Die folgenden schweren Aufstände werden nach

1921 Ausrufung des Emirs Feisal zum König des Irak beendet. Feisal, Kampfgefährte des brit. Obersten Thomas E. Lawrence (1888–1935), errichtet 1925 eine konst. Monarchie. Im

1926 Mosulvertrag (S. 413) erhält der Irak das umstrittene Ölgebiet.

1930 Brit.-irak. Vertrag: Anerkennung der Unabhängigkeit, Errichtung von Luftbasen.

1932 Aufnahme Iraks in den Völkerbund.

1933–39 König Ghasi I. (1912–39).

1937 Vertrag von Saadabad (s. u.).

Transjordanien

1921 Abdallah ibn Husein (1882–1951 [ermordet]) wird **Emir von Transjordanien.**

1923 Trennung von Palästina. Als Pufferstaat gegenüber Zentral-Arabien Bündnispartner Großbritanniens im Nahen Osten. Aufstellung der Arab. Legion unter dem brit. Gen. Glubb Pascha (1897–1986).

Palästina (vgl. S. 537)

1920 Errichtung eines brit. Mandats über Palästina trotz der »Balfour-Declaration«. Dauernde Kämpfe zwischen Arabern und Juden.

Zentral-Arabien

1896–1924 Scherif Husein von Mekka, der König des Hedschas (Vater König Feisals und des Emirs Abdallah) gerät in Rivalität zu dem Herrscher von Nedschd,

1902–53 Abd el Asis Ibn Saud (1880–1969).

1924 Proklamation Huseins zum Kalifen. Ibn Saud, Repräsentant der Sekte der Wahabiten, erklärt Husein den Krieg, der mit der Einnahme Mekkas und Medinas endet. Husein muß abdanken, sein Sohn

1925 Ali verzichtet auf Land und Krone.

1926 Proklamation Ibn Sauds zum König von Hedschas und Nedschd. Die Länder werden

1932 zum Kgr. Saudi-Arabien vereinigt.

1934 Krieg gegen den Jemen, der durch den

1936/37 Vertrag von Taif beendet wird.

Persien, ab 1935 Iran
Der Kosakenführer Risa Chan wird als

1925–41 Risa Schah Pehlewi (1878–1944) **erblicher Schah von Persien.** Er führt **Reformen** durch, aber der Plan, die Nomaden seßhaft zu machen und einen Ausgleich zwischen Volk und Oberschicht herbeizuführen, mißlingt.

Außenpolitik:

1921 Vertrag mit der RSFSR, die gegen das Versprechen der iran. Neutralität auf alle russ. Rechte und Konzessionen verzichtet.

1927 Aufhebung der Kapitulationen (Sonderrechte für Europäer).

1933 Vertrag mit der Anglo-Persian (seit 1935 Anglo-Iranian) Oil Company: Beschränkung des Konzessionsgebiets und Erhöhung der Abgaben an die Reg.

1937 Vertrag von Saadabad: Aussöhnung zwischen schiitischem Iran und den sunnitischen Staaten Türkei, Irak, Afghanistan.

1941 Einmarsch russ. und brit. Truppen. Risa Schah dankt zugunsten seines Sohnes Mohammed (1919–80) ab.

Afghanistan
Nach Ermordung des Emirs Habib Ullah [1901–19] erhebt sich sein Sohn

1919–29 Aman Ullah zum Emir. »Afghan. Unabhängigkeitskrieg« (3. Afghanenkrieg) gegen Brit.-Indien,

1919 Frieden von Rawalpindi.

1921 Vertrag von Kabul: Anerkennung der polit. Unabhängigkeit durch Großbritannien. Proklamation Aman Ullahs zum König (1926).
Soz. Ref. verursachen Unruhen, die zur Vertreibung des Königs führen. Beruhigung des Landes und maßvolle Reformen unter seinen Nachfolgern Mohammed Nadir [1929–33] und Mohammed Sahir [1933–73].

Indien

Die innenpolit. Lage Indiens (S. 367) wird auch im Weltkrieg nicht stabilisiert.

April 1919 Blutbad von Amritsar; brit. Truppen schießen in eine Volksmenge (über 1000 Tote und Verwundete).

Die

Dez. 1919 Montagu-Chelmsford-Reformen sehen deshalb eine Regierungsteilung in den Prov. (»Dyarchie«, bis 1935) vor: best. Ressorts (»Reserved subjects«: Polizei, Grundsteuer u. a.) sind den brit. Behörden vorbehalten; andere (»Transferred subjects«: Landwirtschaft, Industrie, Unterricht u. a.) werden von ind. Min. verwaltet.

An die Spitze der Nationalbewegung tritt

Mohandas Karamchand Gandhi (1869–1948), der **»Mahatma«** (»Hochherzige«), der großen Einfluß auf den Nat.-Kongreß (S. 367) hat und den polit. Kampf um Selbstbestimmung (Swaraj) mit den Mitteln der altind. »Idealen Wahrheit« (Satya), Gewaltlosigkeit (Ahimsa) und Läuterung durch Nächstenliebe (Brahmacharya) aufnimmt.

Symbole des Unabhängigkeitsstrebens werden der »Khaddaz« (handgesponnenes, weißes Baumwollzeug) und die Salzgewinnung am Meer, um die Monopole Englands zu brechen.

1920–22 1. »Satyagraha«-Feldzug (gegen Zusammenarbeit mit England), endet mit der Verurteilung GANDHIS zu 6 Jahren Gefängnis; er wird jedoch schon 1924 begnadigt und beginnt seinen Kampf um wirtschaftl. und soz. Reformen (bis 1936). Sein Wirken kommt den 60 Mill. Parias (»Unberührbaren«) zugute.

1921–26 Vizekg. Lord READING regiert absolut ohne Volksvertretung.

1928 Annahme des Verfassungsentwurfs MOTILAL NEHRUS (1861–1931) durch den Kongreß und Ultimatum an England: Dominion-Status für Indien innerhalb Jahresfrist. Der

1930 2. »Satyagraha«-Feldzug, in dem GANDHI und ca. 60000 Nationalisten verhaftet werden, wird unterbrochen durch den

1931 »Delhi-Pakt« zwischen GANDHI und Lord IRWIN (Vizekg. seit 1926): Aussetzung des »zivilen Ungehorsams« gegen Freilassung der polit. Gefangenen.

Nach drei »Round Table«-Konferenzen (1930/32) in London wird der Feldzug fortgesetzt (1932–34).

1935 Government of India Act: Einführung der Dyarchie für die Zentralreg., Autonomie für die Provinzreg., doch Sonderrechte des Vizekönigs und der Gouverneure.

1937 Wahlen, aus denen die Kongreßpartei in 6 von 11 Prov. als Siegerin hervorgeht, neue Verf. Burma wird von Indien getrennt und erhält den Status einer Kronkolonie.

Im **Zweiten Weltkrieg** scheitert die radikale, gegen England gerichtete Politik SUBHAS CHANDRA BOSES (1897–1945). Während sich BOSE mit den Nat.-Soz. verbündet, führt GANDHI den 3. »Satyagraha«-Feldzug (Antikriegspropaganda), unterstützt von **Jawaharlal Nehru** (1889–1964).

1940 Kampf um den Pakistan-Plan der Moslem-Liga (S. 367) unter MOHAMMED ALI JINNAH (1876–1947): Errichtung unabhängiger Moslem-Staaten.

1942 Großbritannien bietet durch Sir STAFFORD CRIPPS (1889–1952) Indien die **Dominion-Verf. nach Kriegsende** an. GANDHI reagiert mit: »Engländer, verlaßt Indien!«

Äußere Mongolei

Nach Vertreibung der Weißrussen durch Sowjettruppen (1921) erklärt die »Mongol. Rev. Volkspartei« die

1921 Unabhängigkeit der Mongolei. Die Monarchie besteht weiter.

1924 Proklamation der Mongol. VR., des 1. Satelliten der UdSSR. Der Nordwesten der Mongolei wird als **Republik Urjanchai, später Tannu Tuwa,** unabhängig (1944 autonomes Gebiet der UdSSR).

Siam, seit 1939 Thailand

1917 Eintritt auf der Seite der Entente in den Weltkrieg.

1920 Mitglied des Völkerbundes. – Ein **gemäßigter Nationalismus** führt zur Aufhebung der Exterritorialitätsrechte für Ausländer, zum Abschluß neuer Handelsverträge mit Zollautonomie und zum Kampf gegen die starke Position der Chinesen in der Wirtschaft.

1925–35 König Rama VII. Projadhibok.

1932 Gewaltloser Staatsstreich: Einführung der konst. Monarchie. Die innenpolit. Lage wird durch eine Militärrevolte und eine mißlungene Gegenrev. des Adels (1933) erschüttert. RAMA VII. dankt ab.

1935–46 Rama VIII. Ananda Mahidon.

Tibet

Nach der Unabhängigkeitserklärung (S. 369) wird während des Ersten Weltkrieges ein chin. Überfall abgewiesen (1918).

1920 Waffenstillstand mit China.

1933 Tod des 13. Dalai Lama.

1940 Einführung des 14. Dalai Lama.

Indonesien (Ndl.-Indien)

1918 Zusammentritt des Volksrats als ndl.-ind. Parlament (60 Abgeordnete: 30 Indonesier, 25 Niederländer, 5 andere asiat. Mitgl.). Der Volksrat wird beratendes Organ bei der Gesetzgebung (1925).

1927 Gründung der »Perserikatan National Indonesia« (PNI) in Bandung (Vorsitz: ACHMED SUKARNO, S. 541).

1937 Entwurf eines Zehnjahresplans zur Selbstverwaltung Indonesiens.

1940/41 Ndl.-jap. Verhandlungen über die Einbeziehung in die »Ostasiat. Wohlstandssphäre« (S. 452) scheitern.

1942 Jap. Besetzung Ndl.-Indiens.

Das »British Commonwealth of Nations«

Die **Neugestaltung des British Empire,** die Vereinigung von Großbritannien und den Dominions als autonome, gleichberechtigte Staaten, hat folgende Ursachen:

1. **Anwachsendes Nat.-Bewußtsein** in den brit. Siedlerkolonien.
2. **Beitrag zur Kriegführung.** Folge: Anerkennung Kanadas, Australiens, Neu-Seelands und Südafrikas als gleichberechtigte Staaten und Bildung des Imperial War Cabinet, das sich aus dem British War Cabinet und den MP. der Dominions sowie Vertretern Indiens zusammensetzt.
3. **Vorbereitung und Propagierung der Idee einer Staatengemeinschaft** durch die Zeitschrift ›Round Table‹ (gegr. 1910 durch Mitglieder von Lord Milners »Kindergarten«, vor allem von Lionel Curtis, 1872–1955, dem Schöpfer des Namens »British Commonwealth of Nations«).

Die Gleichberechtigung der Dominions zeigt sich auf der Friedenskonferenz (eigene Delegationen, eigene Unterschriftsleistung), selbst. Mitgliedschaft im Völkerbund, Übertragung von Völkerbundsmandaten an die Südafrikan. Union, den Austral. Bund, Neu-Seeland. – Nach den Reichskonferenzen von 1921 und 1923 wird auf der

1926 Reichskonferenz die Definition des Dominionstatus (»Balfour-Formel«) angenommen: Großbritannien und die Dominions (Kanada, Austral. Bund, Neu-Seeland, Die Südafrikan. Union, der Irische Freistaat und Neufundland) sind autonome Gemeinschaften innerhalb des brit. Empires, gleichberechtigt, keiner dem andern untergeordnet, aber geeint durch eine gemeinsame Treue (Allegiance) gegen die Krone und freiwillig verbunden als Mitglieder des British Commonwealth of Nations. Das

1931 Statut von Westminster bestätigt die »Balfour-Formel« und hebt einschränkende Vorbehalte Großbritanniens gegenüber der Gesetzgebung in den Dominions auf. Die wirtschaftl. Zusammenarbeit, über die sich die Reichskonferenz 1930 nicht einigen kann, wird unter dem Druck der Weltwirtschaftskrise (S. 463) auf der Reichskonferenz in Ottawa (S. 468) erreicht.

Das Commonwealth besitzt keine »Reichsverfassung«, aber den Willen zum gemeinsamen Handeln auf der Basis gefühlsmäßiger (Krone), polit. (Beratungen auf den Reichskonferenzen) und wirtschaftl. Bindungen (Handel und Verkehr). Die 7 souveränen Staaten mit Parlament, selbstgewählter Reg. und außenpolit. Entscheidungsfreiheit sind: **Großbritannien,** der **Irische Freistaat, Kanada, Neufundland,** der **Austral. Bund,** die **Südafrikan. Union** und **Neu-Seeland.** Unverändert bleibt das brit. Kolonialreich, das aus Kronkolonien und Protektoraten in Afrika, Asien, Westindien und dem Pazifik besteht und das der Krone und dem Parlament Großbritanniens unterworfen ist.

Irland

1916 Osteraufstand der freiheitl. Sinn Féin-Bewegung, der nach blutigen Kämpfen in Dublin, der Ausrufung der Republik und Erschießung der Führer, darunter Roger Casement (1864–1916), zusammenbricht.

1918 Parlamentswahlen. Der Sinn Féin erobert 73 der 106 irischen Sitze.

1919 Gesetzwidriger Zusammentritt der Sinn Féin-Angehörigen als irisches Parlament (Dail Eireann) in Dublin. Bildung einer Geheimreg. unter **Eamon de Valera** (1882–1975). Höhepunkt des

1919–20/21 Kleinkriegs zwischen den irischen Nationalisten (Sinn Féin und Irische Republikanische Armee, IRA) unter Michael Collins (1890–1922) und den brit. Truppen (»Black and Tans«) ist der »Blutige Sonntag« (21. 11. 1920) in Dublin.

1920 Government of Ireland Act: Teilung Irlands in Nordirland (Ulster) und Südirland mit eigenen Parlamenten. Das Gesetz wird von Südirland abgelehnt.

1921 Waffenstillstand. Arthur Griffith (1872–1922) und Collins unterschreiben gegen den Willen de Valeras einen

1921 Vertrag mit Großbritannien: Irland (außer Ulster) erhält als **Irischer Freistaat** dominionähnl. Status mit unabhängiger Reg. und eigenem Parlament (Dail); die Dail-Abgeordneten leisten den Eid auf den König; Verzicht auf Ulster. Der radikale Flügel des Sinn Féin unter de Valera erstrebt die Unabhängigkeit für ganz Irland.

1922 Ratifizierung des Vertrags durch die Majorität des Dail und Annahme der Verf.: **Proklamation des Irischen Freistaats** (6. 12. 1922). Vors. des Vollzugsrats (Executive Council) wird Griffith, nach dessen Tod W. T. Cosgrave (1880–1965). Der im April 1922 ausbrechende Bürgerkrieg zwischen Radikalen und Gemäßigten wird im April 1923 beendet. Wiederaufbau des Landes unter Cosgrave, der für Frieden mit England plädiert.

1932–45 MP. de Valera. Aushöhlung des Vertrags von 1921 mit Hilfe des Westminsterstatuts. Der Treueid auf die Krone wird abgeschafft (1933), Jahreszahlungen an Großbritannien eingestellt. – Bildung radikaler Organisationen (faschist. »Blauhemden«, Nationalgarde) gegen de Valera.

1932–35 Zollkrieg, der durch den

1936 brit.-irischen Handelspakt beendet wird.

1937 Ausrufung des »souveränen, unabhängigen, demokrat. Staats« Eire unter Präsident Douglas Hyde [1938–45].

1938 Vertrag mit England: Regelung finanz. und wirtschaftl. Fragen, Preisgabe des Rechts auf »Vertragshäfen«. Trotzdem bleibt das Land nach dem Wahlsieg de Valeras (Juni) unversöhnt (Fortbestehen Nordirlands und Verweigerung der vollen Unabhängigkeit als Republik). Deshalb Neutralität während des Zweiten Weltkriegs.

Kanada

Nach dem Ausbruch des Weltkriegs erklärt sich Kanada mit dem Mutterland solidarisch (1914) und führt die allgemeine Wehrpflicht gegen den Widerstand der Franco-Kanadier ein (1917). Ca. 450 000 Kanadier kämpfen in Europa. Kanada unterzeichnet den Vertrag von Versailles und tritt dem Völkerbund bei.

Innenpolitik: In den

1921 Wahlen siegt die Liberale Partei (Vors. W. L. MACKENZIE KING, 1874–1950), die neben der Konservativen Partei (unter ARTHUR MEIGHEN) und der Fortschrittspartei (unter T. A. CREAR) kandidierte.

1921–30 Kabinett King: Mit Unterstützung der Fortschrittspartei werden Reformen durchgeführt (Arbeitslosenfürsorge).

1926–29 Wirtschaftl. Prosperität: Erhöhung der Weizenpreise, Ausbau der Bergwerke, Bau von Eisenbahnen, Steigerung der Stromerzeugung. Tendenz des **Partikularismus in den Provinzregierungen.**

1929 Weltwirtschaftskrise: Arbeitslosigkeit, Rückgang des Exports und des Nationaleinkommens (um 50 Prozent).

1930–35 Konservatives Kabinett Richard Bedford Bennett, das fast diktatorisch regiert. Zollerhöhungen zur Ankurbelung der Produktion sowie die auf der **Reichskonferenz in Ottawa** 1932 für kanad. Waren gewährten Zollerleichterungen schaffen keine Abhilfe. **Bildung radikaler Parteien** auf regionaler Ebene. Die meisten Gesetze des

Jan. 1935 Reformplans des Kabinetts BENNETT (Mindestarbeitszeiten und -löhne, Arbeitslosen- und Sozialversicherungen, Kredite für Farmer) werden nach dem

Okt. 1935 Wahlsieg der Liberalen (»KING oder Chaos«) und der Bildung des

1935–48 Kabinetts King durch das Judicial Committee of the Privy Council in London für rechtsungültig erklärt. Damit ist das föderalist. System in Frage gestellt; ein für das ganze Land gültiger Plan zur Bekämpfung der Wirtschaftskrise durch die Zentralreg. wird untersagt.

1937 Einsetzung der Rowell-Sirois-Kommission zur Untersuchung der Beziehungen zwischen Staat und Provinzen, die 1940 einen umfassenden Bericht vorlegt. – **Langsame Erholung des Landes** durch Handelsabkommen mit den USA (1935), den Handelsaustausch zwischen den USA, Kanada und Großbritannien (»North Atlantic Triangle«, 1938) und Rüstungsmaßnahmen (1937/38).

Außenpolitik: Hauptziel Kanadas ist die Verhinderung eines Bruchs zwischen den beiden Haupthandelspartnern Großbritannien und den USA, die Länder, auf die sich Kanada trotz nat. Selbständigkeit im Falle polit. Krisen stützen kann, da es selbst keine ausreichende Rüstungs- und Militärpolitik betreibt. – Der Führer der Konservativen, **Sir Robert Laird Borden** (1854–1937), definiert – ebenso wie der Südafrikaner SMUTS (S. 457) – auf der

1917 Reichskonferenz den Status der Dominions als »selbständige Nationen des Imperial Commonwealth mit Recht auf angemessene Stimme in der Außenpolitik«. Kanada nimmt deshalb auf der

1921 Reichskonferenz – im Hinblick auf die USA – Stellung gegen die Erneuerung des engl.-japan. Bündnisses und wendet sich auf der

1923 Reichskonferenz gegen eine Zentralisation des Commonwealth. Das

1923 Abkommen zwischen Kanada und den USA (Heilbutt-Fischerei im Nordpazifik) ist der erste Schritt zu einer **eigenen kanad. Außenpolitik,** die stark isolationist. bestimmt ist und zur Lahmlegung des Völkerbunds beiträgt, aber nach dem Einfall MUSSOLINIS in Abessinien (S. 437) und der Expansionspolitik Dtls (S. 475) beendet wird.

1939 Kriegserklärung an Deutschland.

Neufundland

1933 Aufgabe des Dominionstatus wegen finanz. Schwierigkeiten. Neufundland wird Kronkolonie.

Australien

Australien erhält 1919 als Völkerbundsmandate Neu-Guinea und die Südseeinseln südl. des Äquators. Unter der konservativen Reg. wird eine planmäßige Politik zur Stärkung der nat. Wirtschaft durchgeführt. Exportanstieg (Weizen, Butter, Fleisch, Wolle) und Erschließung von Blei- und Zinnerzbergwerken, Bauxitvorkommen, Braunkohlelagern. Die starke Einwanderung, die Gründung neuer Industrien und der Ausbau der Landwirtschaft wird beendet durch die Wirtschaftskrise. Folge: Rückgang des Exports (vor allem landwirtschaftl. Erzeugnisse), Errichtung von Schutzzöllen. – In den dreißiger Jahren betreibt Australien eine Außenpolitik in starker Anlehnung an Großbritannien. Nach dem Widerruf des Wehrpflichtgesetzes (1929)

1934 Dreijahresplan zur Aufrüstung. Spannungen mit Japan (Furcht vor Einwanderung, Exportoffensive), gegen das sich auch die

1938 Exportsperre für Eisen- und Manganerze richtet.

1939 Kriegserklärung an Deutschland.

Neu-Seeland

Seit 1907 weitgehend autonom, erlebt Neu-Seeland nach 1919 eine Periode stetigen Wachstums. Intensivierung der Landwirtschaft durch Organisation der Molkereiwirtschaft.

1931 erhält Neu-Seeland den Status eines Dominions (endgültig bestätigt 1947). – Vor allem unter der

1935–45 Reg. der Labour Party werden soz. Reformen durchgeführt.

Starke Anlehnung an die Außenpolitik Großbritanniens.

1939 Kriegseintritt auf der Seite Großbritanniens.

China 1918–1941

China nach der Rev. (1912–21)
Nach Abdankung der kaiserl. Reg. (12. 2.) und Niederlegung des Präsidentenamts durch SUN YAT-SEN (15. 2.) (S. 369) wird
1912–16 Gen. Yuan Shih-kai (1859–1916) Präsident der Rep. China.
1912 Bildung der Kuomintang (Nat. Volkspartei), die aus der »Schwurbrüderschaft« (S. 369) SUN YAT-SENS hervorgeht. Die Ermordung SUNG TSCHAU-JENS führt zur **2. Revolution in Nanking** (1913), die YUAN niederschlägt. Die
1915 »21 Forderungen« Japans (S. 401) muß China weitgehend akzeptieren.
1916–26 Kriege der Unterführer (»Warlords«) in Nordchina um Peking: »Anfu-Partei«, unterstützt von Japan, »Zhili-Clique« und »Fengtien-Gruppe« von den Westmächten. Bildung einer Reg. in Kanton, die
1917 SUN YAT-SEN zum Generalissimus der Südstreitkräfte wählt, doch Rücktritt SUN YAT-SENS (1918), der die Reorganisation der Kuomintang beginnt.
1917 Chinas Kriegseintritt erfolgt in der Hoffnung auf Annullierung der »ungleichen Verträge« und der jap. Forderungen sowie auf Rückgabe des dt. Pachtgebiets. Chinas Wünsche werden auf der Friedenskonferenz nicht erfüllt.
1919 Demonstration Pekinger Studenten gegen die Unterzeichnung des Friedensvertrags. Beginn der **»Bewegung des 4. Mai«:** Abwendung vom Konfuzianismus und Übernahme der westl. Kultur.

Kuomintang und Komm. Partei (1921–36)
1921–25 SUN YAT-SEN, Präs. der Stadtreg. in Kanton, ist unter dem Eindruck der russ. Rev. und der NEP (S. 421) und wegen des Verzichts Sowjetrußlands auf alle Rechte und Konzessionen in China (1920) zur
1923 Zusammenarbeit zwischen KMT und KPCh (gegr. 1921) bereit.
1924 1. Parteitag der KMT. Annahme der »3 Volkslehren« (S. 369) SUN YAT-SENS als polit. Programm der Partei: Einheit des Volkes (Nationalismus), Rechte des Volkes (Demokratie), Wohlfahrt des Volkes (Sozialismus). Aufnahme der Kommunisten in die KMT. Organisation der Partei durch sowjet. Berater (BORODIN) und der Armee nach russ. Vorbild (Gen. BLÜCHER) und Gründung der Whampao-Militärakademie (milit. Leitung: TSCHIANG KAI-SCHEK, polit. Leitung: TSCHOU EN-LAI).
1925 Tod SUN YAT-SENS, Gründung der Nat.-Reg. in Kanton.
1925 Erschießung demonstrierender Studenten in Shanghai durch brit. Polizei. Die **»Bewegung des 30. Mai«** löst die
1925–27 Nationale Revolution aus.
1926 Feldzug der Revolutionsarmee unter **Tschiang Kai-schek** (1887–1975) gegen die Militärmachthaber in Mittel- und Nordchina. Eroberung von Hankou (Aug.), das Sitz der Nat.-Reg. wird (Nov. 1926), Shanghais und Nankings (März 1927).
1927 Bruch TSCHIANG KAI-SCHEKS mit der KPCh und Liquidation von Kommunisten in Shanghai (Verbindung mit Banken, Großkaufleuten und antikomm. KMT-Mitgl.).
1927–36 Herrschaft der KMT.
1927 Bildung einer Nat.-Reg. in Nanking: Hinrichtung von Kommunisten, Rückkehr BORODINS in die Sowjetunion.
1928 Tschiang Kai-scheks Marsch nach dem Norden endet nach dem Einmarsch in Peking mit der **Einigung Chinas,** das ein Einparteienstaat auf der Grundlage der »fünf Gewalten« (Exekutive, Legislative, Jurisdiktion, prüfende und kontrollierende Gewalt) wird. Seit
1931 Erfolge in der »Periode der erziehenden Regierung«: Zurückgewinnung von Fremdenniederlassungen, Aufhebung von Exterritorialitätsrechten. Beseitigung der Binnenzölle; die Niederlassungen in Shanghai und der chin. Seezoll bleiben unter fremder Verw. Unterstützung durch die USA und England. Keine Bodenreform. Wiederbelebung der traditionellen konfuzian. Ideologie (1934) und Übergang zur Militärdiktatur (»Whampao-Offiziersclique«).
Gestützt auf die **Bauernverbände** (Bauern: 85% der chines. Bevölkerung) gelingt die **Bildung komm. Stützpunkte** in Kiangsi und Fukien unter **Mao Tse-tung** (1893–1976) und TSCHU TE (Enteignung der Grundbesitzer).
Mai 1928 Gründung einer Roten Armee in Hunan, die nach
1930–34 fünf vergeblichen Vernichtungsfeldzügen TSCHIANG KAI-SCHEKS durch den
1934–35 »Langen Marsch« nach Jenan ausweicht.
1936 Errichtung eines Hauptquartiers der KPCh in Jenan unter Führung MAO TSE-TUNGS.

Der chin.-jap. Krieg (1937–45)
Nach dem Zwischenfall von Mukden (S. 453), Abtrennung der Mandschurei durch Japan, Kämpfen um Shanghai (1932), Besetzung des Jehol-Gebiets (1933) erfolgt nach
1936 Gefangennahme TSCHIANG KAI-SCHEKS in Sian der Waffenstillstand zwischen KMT und KPCh und die Anerkennung TSCHIANG KAI-SCHEKS, der durch Vermittlung TSCHOU EN-LAIS freigelassen wird, als Führer im Kampf gegen Japan. Der
1937 Zwischenfall an der Marco-Polo-Brücke bei Peking bildet den Beginn des Kriegs zwischen Japan und China. Manifest über die Zusammenarbeit zwischen KMT und KPCh (eigene Truppen und Hoheitsgebiete). Verlegung der Nat.-Reg. nach Chungking.
1940 Bildung einer japanfreundl. Reg. unter WANG TSCHING-WEI in Nanking (S. 453).
1943 Verzicht der Alliierten auf sämtliche Vorrechte aus den »ungleichen Verträgen« zur Verhinderung eines Separatfriedens der KMT-Reg. mit Japan.

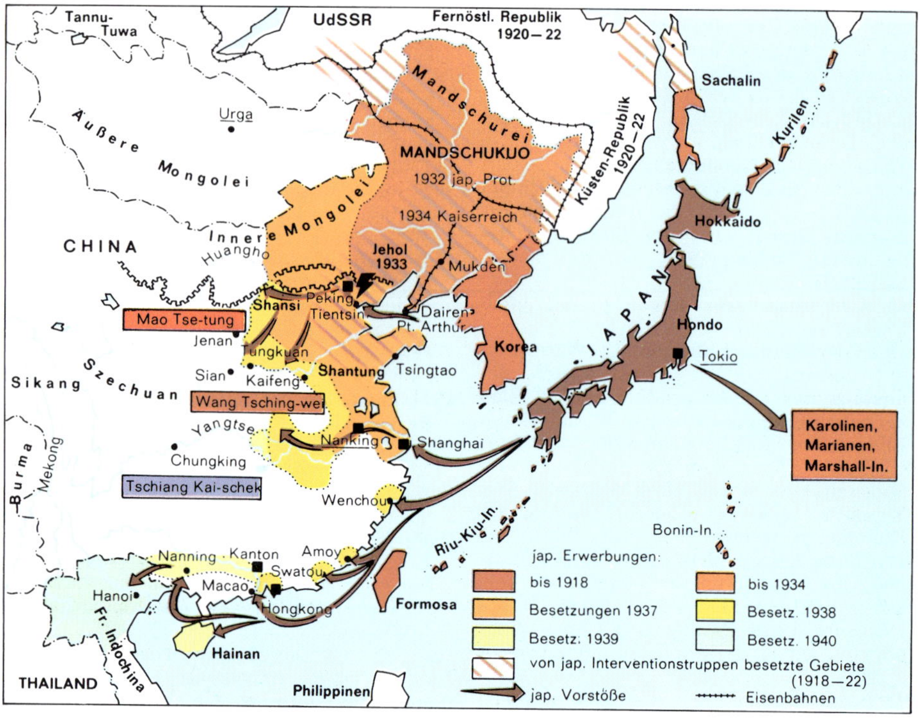

Die Expansion Japans bis 1941

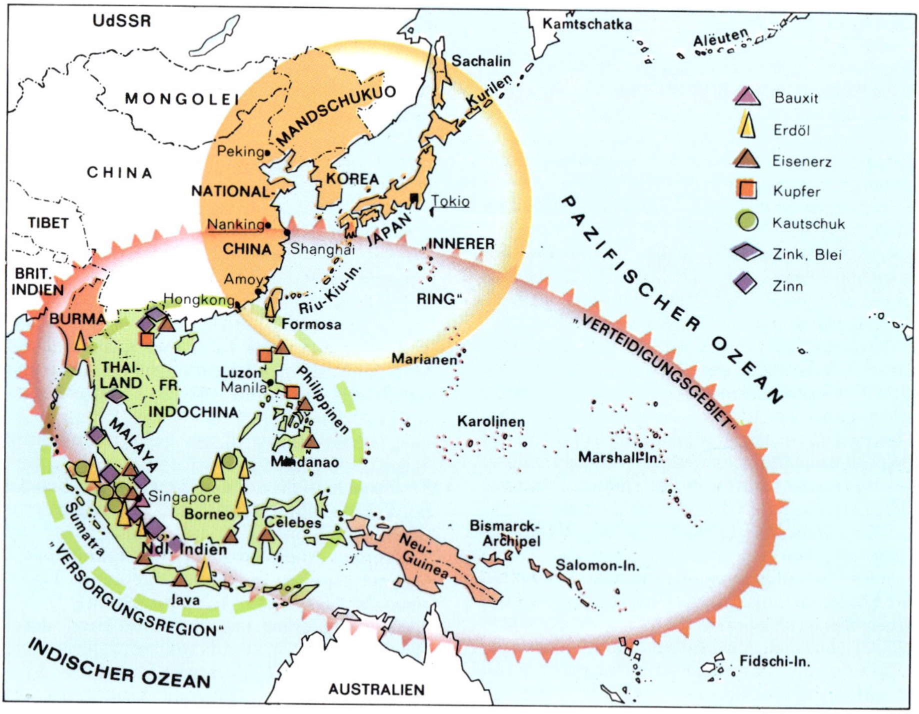

Die »ostasiatische Wohlstandssphäre«

Die Taisho-Zeit (1912–26)

1912–26 Yoshihito (Kaisername TAISHO, 1879 bis 1926). Während des Weltkriegs vergrößert Japan Kriegs- und Handelsmarine: Anstieg des Exports und Einbruch in die internat. Wirtschaft. Durch den

1919 Gewinn Tsingtaos und dt. Konzessionen in China sowie die Übernahme der dt. Südseeinseln nördl. des Äquators als Völkerbundsmandate wird **Japan pazifische Weltmacht und drittgrößte Seemacht.**

1920–22 Wirtschaftskrise: Die mindere Qualität jap. Erzeugnisse führt zum Verlust von Absatzmärkten.

Außenpolitik: Auf der

1921–22 Konferenz in Washington (S. 412) muß Japan eine diplomat. Niederlage hinnehmen. Durch die

1924 Einwanderungsgesetze der USA (Ausschluß jap. Immigranten) Abkühlung der jap.-amerikan. Beziehungen.

1925 Sowjet.-jap. Vertrag: Die Japaner räumen Nordsachalin; Anerkennung des Friedens von Portsmouth (S. 391) durch die UdSSR. – Die Politik KIURO SHIDEHARAS (1872–1951) – Verzicht auf die »21 Forderungen« (S. 401) gegenüber China und Gewaltlosigkeit – hebt das Ansehen Japans im Ausland, weckt aber den Widerstand des Militärs.

Innenpolitik: Ablösung der oligarch. Herrschaft der Genro (S. 393) durch Militär, Großkonzerne und Bürokratie sowie durch die junge Generation, die – zwar ohne Autorität – für eine weitere Liberalisierung und soz. Ref. eintritt. Die innenpolit. Lage stabilisiert sich nicht:

1921 Ermordung des MP. HARA KEI.

1923 Erdbeben von Tokio und Yokohama. Die Reg. erläßt die »Verordnung zur Wahrung des Friedens«. Nach dem Attentat auf HIROHITO (s. u.) und der

1925 Einführung des allgemeinen Wahlrechts für Männer verschärfen sich die innenpolit. Spannungen, deshalb Erlaß des »Gesetzes zur Sicherung des Friedens«.

Die Showa-Zeit (seit 1926)

1926 Thronbesteigung HIROHITOS (Kaisername SHOWA, 1901–89, seit 1921 Regent für den geisteskranken YOSHIHITO).

Innenpolitik: Die Lage bleibt gespannt durch:

1. Angst vor organisierter Arbeiterschaft und Intelligenz; deshalb Bekämpfung »gefährlicher Ideen« durch streng nat. Erziehung, Zensur und polizeistaatl. Methoden;
2. Abwendung von den Parteien, die durch Finanzskandale, Bestechungen und wegen ihrer kapitalist. Interessen kompromittiert sind (1940 Auflösung der Parteien und Gründung einer Einheitspartei);
3. wirtschaftl. Auswirkungen im Verlauf der Weltwirtschaftskrise (S. 463): Scheitern der wirtschaftl. Expansion Japans (Yen-Abwertung, Dumping) an den Einfuhrbeschränkungen und der Tarifpolitik der vom jap. Überangebot betroffenen Länder; deshalb **Plan zur Schaffung eines Großwirtschaftsraums;**
4. Bevölkerungszuwachs;
5. Antidemokrat. Aktivität von Heer und Marine (Attentate auf lib. Politiker und besonnene Offiziere); nach dem Wahlsieg der Liberalen Militärrevolte in Tokio (1936), die niedergeschlagen wird;
6. Anwachsen des Nationalismus mit der Shinto-Religion als ideolog. Fundament (Loyalität der Untertanen gegenüber dem göttlichen und unantastbaren Kaiser, Sendungsbewußtsein).

Außenpolitik: Gegründet auf den Nationalismus fordert das

1927 sog. Tanaka-Memorandum des Gen. TANAKA [MP. 1927–29] eine »positive« Expansionspolitik: **Beherrschung Asiens durch Japan.**
Vor allem das Militär unterstützt diese Expansionspolitik durch provozierte »Zwischenfälle«: Der

1931 Zwischenfall von Mukden führt zur Besetzung der Mandschurei und zur

1932 Gründung des Staats Mandschukuo (1934 Ksr.).

1933 Annahme des Lytton-Berichts durch den Völkerbund: Unrechtmäßiges Vorgehen Japans in der Mandschurei. Japan erklärt seinen Austritt.

China: Nach der Besetzung der Prov. Jehol und Chahar versucht Japan, autonome Reg. in den chin. Nordprov. einzusetzen.

1936 Antikominternpakt (S. 475).

1937–39, 1940–41 Kabinett des MP. Fs. Konoye Fumimaro (1891–1945 [Selbstmord]), dessen Versuch einer Kontrolle der Armee scheitert.
Der Zwischenfall auf der Marco-Polo-Brücke (Schießerei zwischen jap. und chin. Soldaten) bei Peking verursacht den

1937–45 chin.-jap. Krieg. Trotz großer milit. Erfolge und Generalmobilisation Japans (1938) keine Kapitulation Chinas.

1938 Proklamation einer Neuordnung Ostasiens durch MP. KONOYE. Die

1939 Kündigung des Handelsvertrags von 1911 durch die USA (Unterbindung der Einfuhr kriegswichtiger Rohstoffe: Benzin, Schrott u. a.) verschlechtert die Beziehungen zwischen den beiden Staaten.

1940 Errichtung einer japanfreundl. chin. Gegenreg. unter WANG TSCHING-WEI (S. 451) in Nanking.

1940 Dreimächtepakt (S. 475).

1941 Nichtangriffspakt mit der UdSSR. Rükkendeckung für die Expansion in Ostasien (Juli 1941: Besetzung Frz.-Indochinas).

1941–44 MP. HIDEKI TOJO (1884–1948 [hingerichtet]), Stabschef der Kuantung-Armee, Hauptvertreter des Imperialismus; bildet nach dem Rücktritt KONOYES, dessen Versöhnungspolitik mit den USA scheitert, ein autoritär regierendes Kabinett.

Südamerika 1918–1945

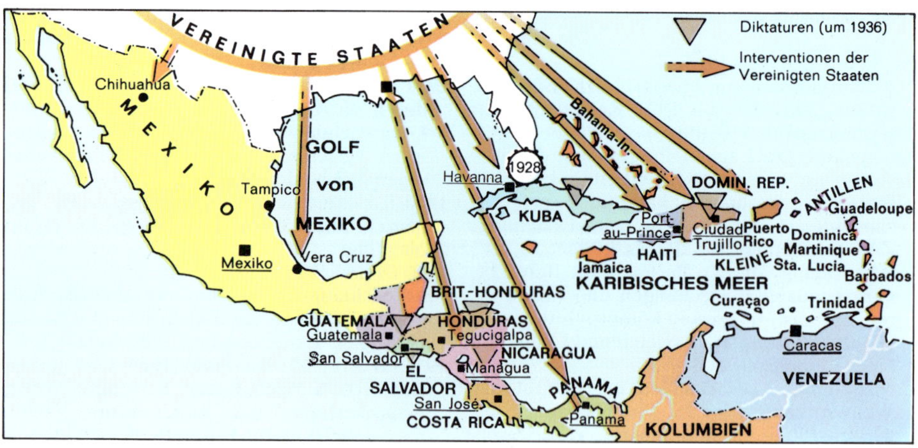

Mittelamerika 1918–1945

Die ruhige Entwicklung der lateinamerikan. Staaten wird gestört und unterbrochen durch tiefgreifende Wandlungen.

1. **Die soz. Struktur** wird verändert durch Bevölkerungszunahme (»demograph. Rev.«), Binnenwanderungen (Landflucht, Erschließung von Neuland), rass. Zusammensetzung der Bevölkerung (polit.-soz. Spannungen) und die Wandlungen der Gesellschaftsstruktur durch Verstädterung und Industrialisierung.
2. **Die wirtschaftl. Struktur** wird bestimmt durch den Merkantilismus der Kolonialzeit und seine traditionellen Monokulturen (Abhängigkeit vom Außenhandel), fehlendes Kapital zur Industrialisierung, Facharbeitermangel (Analphabetentum), Rückständigkeit der Landwirtschaft (veraltete Anbaumethoden, Raubbau) und Verhinderung durchgreifender Agrarreformen.
3. **Die polit. Struktur:** Gründe für die Krise der Demokratie (Aufstände, Staatsstreiche, Rev.) sind das starke wirtschaftl. und gesellschaftl. Gefälle, die Bildung demokrat.-rev. Massenparteien (RAUL HAYA DE LA TORRE: »Autonom-lateinamerikan. Bewegungen, ohne ausländ. Einwirkung und Beeinflussung«), das Eingreifen der Militärs in die Politik der Staaten und die Präsidial-Demokratie (Vorbild: USA), die oft zur Vorbereitung der Diktatur dient.

Seit 1889 Panamerik. Kongresse und Konferenzen: Förderung der polit. Einigkeit.

1923 V. Konferenz von Santiago: Unterzeichnung des 1. Schlichtungsvertrages.

1928 VI. Kongreß von Habana: Annahme einer für alle amerikan. Staaten verbindlichen Schiedsgerichtsbarkeit.

1933 VII. Kongreß von Montevideo: Teilnahme der USA.

1936 Interamerikan. Friedenskonferenz von Buenos Aires: Friedenspakt zwischen 21 amerikan. Staaten (Vorbild: Briand-Kellogg-Pakt, S. 415). Die Grundsätze hemisphärer Verteidigung werden auf dem

1938 VIII. Kongreß von Lima erweitert.

1939 Konferenz von Panama: Verbot von Kriegshandlungen in einer 300 Seemeilen breiten neutralen Zone um den Kontinent mit Ausnahme Kanadas. – Die

1942 Außenministerkonferenz von Rio de Janeiro beschließt den Kriegseintritt gegen die Achsenmächte (außer Argentinien [1943] und Chile [1944]).

Die direkte Interventionspolitik der USA in und nach dem Ersten Weltkrieg – vor allem in Mittelamerika (Nicaragua, Haiti, Dominikan. Rep., Kuba, Panama) – wird unter ROOSEVELT aufgegeben: »Politik der guten Nachbarschaft« (S. 465), doch Anlage von US-eigenem Kapital (»Dollarimperialismus«).

Kriege:

1932–35 Chaco-Krieg zwischen Bolivien und Paraguay, das 1938 den größten Teil des strittigen Gebiets erhält.

1941 Grenzstreitigkeiten zwischen Ecuador und Peru, doch spricht das

1942 Protokoll von Rio de Janeiro den größten Teil Peru zu.

Mexiko

Das Land beschreitet nach der Rev. (1911) einen soz.-rev. Weg: Nationalisierung und Sozialisierung, Garantie der Wohlfahrt, Agrarreform, Säkularisierung des Unterrichts, Verstaatlichung von Eisenbahn und Petroleumindustrie; Industrialisierung.

Mittelamerika

Nach der Weltwirtschaftskrise (S. 463) mit Preissturz der Rohstoffe entsteht Unruhe in der Bevölkerung, so daß es zur Bildung von Diktaturen kommt: Kuba (1933–59 FULGENCIO BATISTÁ), Dominikan. Rep. (1930–61 RAFAEL TRUJILLO MOLINA), Guatemala (1930–44 JORGE UBICO), El Salvador (1932–44 Gen. MAXIMILIANO HERNÁNDEZ MARTÍNEZ), Honduras (1932–49 Gen. TIBURCIO CARÍAS ANDINO) und Nicaragua (1936–56 ANASTASIO SOMOZA).

Panama:

1936 Vertrag mit den USA: Keine Einmischung in die inneren Angelegenheiten des Landes zur Aufrechterhaltung der Ordnung, keine Landenteignungen. Erhöhung der Pachtsumme von jährl. 250 000 auf 430 000 Dollar.

Südamerika

Venezuela: Auf den Diktator JUAN VICENTE GÓMEZ [1908–35] folgt ELAZAR LÓPEZ CONTRERAS [1935–41]: Verfassung mit sozialist. Zügen (1936).

Kolumbien: Nach der Herrschaft der Konservativen (bis 1930) folgen lib. Präsidenten.

Ecuador: Polit. Wirren (1931–48), verursacht durch die Weltwirtschaftskrise (S. 463).

Peru: Nach der Diktatur AUGUSTO B. LEGUÍAS [1919–30] setzt ein Kampf zwischen Diktatur und verfassungsmäßiger Ordnung ein.

Bolivien: Wechsel von Zivilregierung und Militärdiktatur (seit 1930).

Chile: Ab 1920 führt Präs. ARTURO ALESSANDRI [1920–25, 1932–38] mit Unterstützung des Klerus soz. Reformen durch (soz. Wohlfahrtsstaat).

Argentinien: Verdrängung der alten Oligarchie durch die Radikale Partei (Mittelstand) seit 1916. 1930 Sturz der Radikalen durch Konservative und Militär, das die Herrschaft der Oligarchie beseitigt (1943 »Obristenliga«, aus der JUAN PERÓN hervorgeht, S. 549).

Uruguay: Durch eine große Koalition der beiden stärksten Parteien wird die Diktatur vermieden.

Paraguay: Wegen der wirtschaftl. Stagnation keine stabilen Regierungen.

Brasilien: Der Diktator GETULIO VARGAS [1930–45] verbietet Kommunisten und faschist. Integralisten; versucht, durch soz. Gesetzgebung die Arbeiter zu gewinnen.

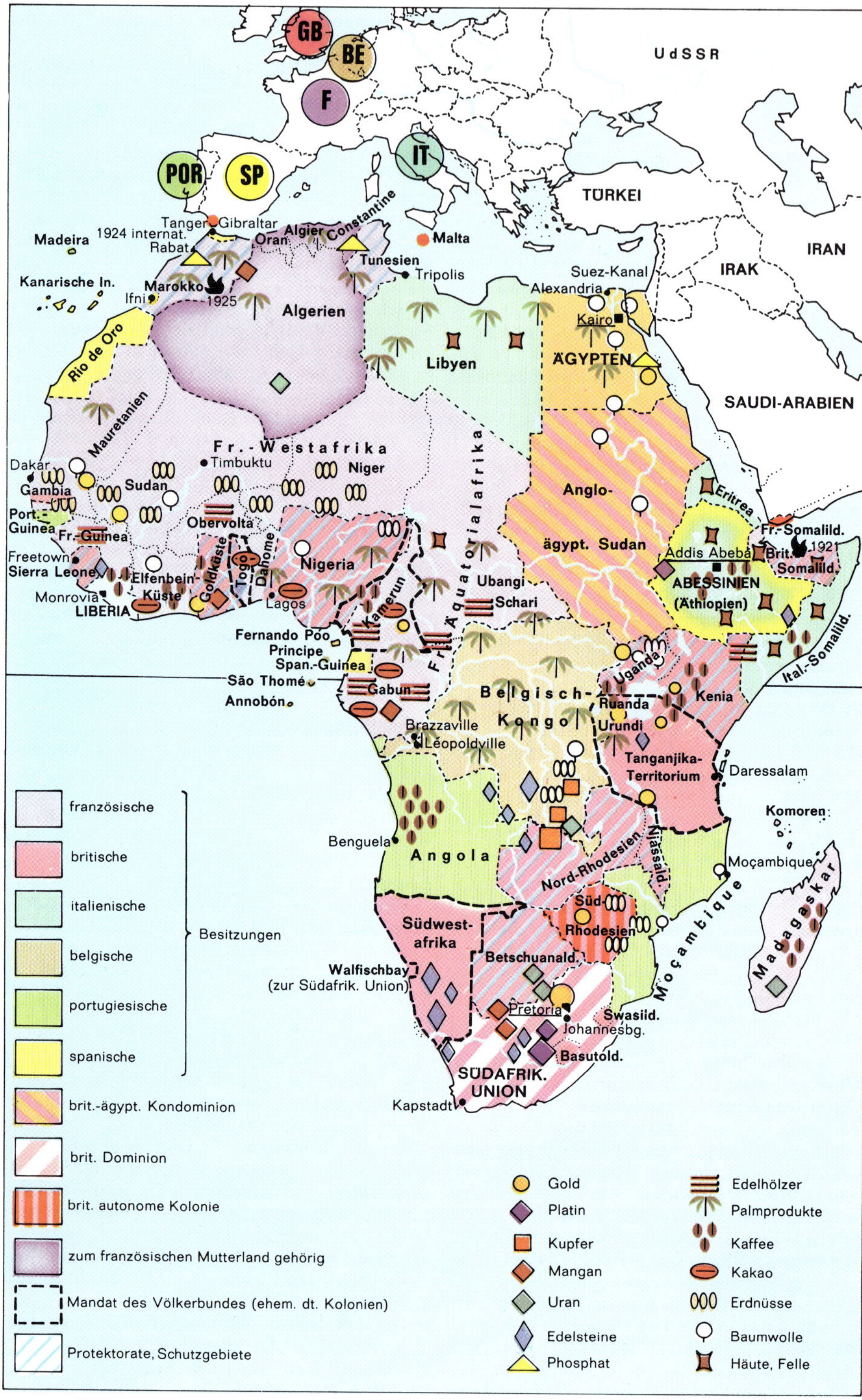
GB
BE
F
IT
POR
SP
UdSSR
TÜRKEI
IRAN
IRAK
SAUDI-ARABIEN
Madeira
Kanarische In.
Tanger 1924 internat.
Gibraltar
Rabat
Marokko
1925
Ifni
Oran
Algier
Constantine
Tunesien
Malta
Tripolis
Algerien
Libyen
Suez-Kanal
Alexandria
Kairo
ÄGYPTEN
Rio de Oro
Mauretanien
Fr.-Westafrika
Timbuktu
Niger
Sudan
Dakar
Gambia
Port.-Guinea
Fr.-Guinea
Obervolta
Freetown
Sierra Leone
Monrovia
LIBERIA
Elfenbein-Küste
Goldküste
Togo
Dahome
Nigeria
Lagos
Kamerun
Fr.-Äquatorialafrika
Ubangi-Schari
Anglo-ägypt. Sudan
Eritrea
Fr.-Somalild.
Brit.-Somalild.
1921
Addis Abeba
ABESSINIEN (Äthiopien)
Ital.-Somalild.
Fernando Poo
Principe
Span.-Guinea
São Thomé
Annobón
Gabun
Brazzaville
Léopoldville
Belgisch-Kongo
Uganda
Kenia
Ruanda
Urundi
Tanganjika-Territorium
Daressalam
Komoren
Benguela
Angola
Nord-Rhodesien
Njassald.
Moçambique
Madagaskar
Süd-Rhodesien
Südwest-afrika
Betschuanald.
Walfischbay (zur Südafrik. Union)
Pretoria
Johannesbg.
Swasild.
Basutold.
SÜDAFRIK. UNION
Kapstadt
französische
britische
italienische
belgische
portugiesische
spanische
Besitzungen
brit.-ägypt. Kondominion
brit. Dominion
brit. autonome Kolonie
zum französischen Mutterland gehörig
Mandat des Völkerbundes (ehem. dt. Kolonien)
Protektorate, Schutzgebiete
Gold
Platin
Kupfer
Mangan
Uran
Edelsteine
Phosphat
Edelhölzer
Palmprodukte
Kaffee
Kakao
Erdnüsse
Baumwolle
Häute, Felle

Afrika 1939

Die selbständigen Staaten

Ägypten: Nach 1918 tritt die **Wafd-Partei,** hervorgegangen aus der von SAGHLUL PASCHA (1860–1927) in London und auf der Friedenskonferenz geführten Delegation, für die Unabhängigkeit Ägyptens ein.

1922 Großbritannien erklärt Ägypten zum unabh. Kgr., behält jedoch Vorrechte: Verteidigung Ägyptens, Sicherung der Suezkanalzone, Regelung der Sudanfrage, Truppenstationierung, Außenpolitik.

1917–36 FUAD I. (Sultan, seit 1922 König) bekämpft die Wafd-Partei, löst das Parlament auf (1928) und regiert diktatorisch.

1936 Restauration der Verfassung von 1923.

1936–52 FARUK I.

1936 Brit.-ägypt. Vertrag: Ägypten wird unabhängig, aber Stationierung brit. Truppen in der Kanalzone auf 20 Jahre und Wiedereinführung des engl.-ägypt. Kondominiums über den Sudan (nach dem Vertrag von 1899).

Abessinien:

1916–30 Kaiserin ZAUDITU. Regent wird TAFARI MAKONNEN (1892–1975), der nach Spannungen mit der Kaiserin den Titel »Negus« annimmt (1928) und zum

1930 Kaiser Haile Selassie I. gekrönt wird. Nach mehreren Grenzzwischenfällen zwischen ital. und abess. Truppen beginnt der

1935–36 italien.-abessin. Krieg, der mit dem Einmarsch der Italiener in Addis Abeba endet (S. 437).

Liberia:

1925 Kontrakt mit der Kautschukgesellschaft FIRESTONE; für die Anleihe werden 1931 über die Hälfte des Staatseinkommens an Zinsen aufgewendet. Eine

1930 Kommission des Völkerbundes stellt Zwangsarbeit und Sklavenhandel fest.

1931 Einstellung des Schuldendienstes durch das Parlament und wirtschaftl. Aufstieg.

Südafrika:

Die Politik wird beeinflußt durch die Rassenfrage und den Gegensatz zwischen der Südafrikan. Partei unter Gen. LOUIS BOTHA (1862–1919) und

1919–24 Gen. Jan Christiaan Smuts (1870–1950), der für ein größeres Südafrika im Rahmen des brit. Commonwealth eintritt, und der Nationalen Partei unter

1924–33 Gen. James Barry Munnick Hertzog (1866–1942), der die polit. Ausschaltung Englands erstrebt.

Nach dem Statut von Westminster (S. 448) wird unter der

1934–39 Koalitionsreg. HERTZOG-SMUTS, deren Parteien sich zur »Vereinigten Nat. Südafrikan. Partei« zusammenschließen, durch den

1934 »Status of the Union Act« das Ziel der Unabhängigkeit erreicht.

1936 Gesetz über die Vertretung der Eingeborenen: der »Eingeborenenrat« erhält beratende Funktion.

1939 Abbruch der Beziehungen zum Deutschen Reich.

Die Mandate des Völkerbunds

Als **B-Mandate,** verwaltet wie koloniale Besitzungen, fallen Tanganjika, Teile Kameruns und West-Togo an Großbritannien, Ost-Togo und Kamerun an Frankreich, Ruanda-Urundi an Belgien.

Als **C-Mandat** verwaltet die Südafrikanische Union Südwestafrika als Bestandteil ihres Staatsgebiets.

Die Kolonien

Verwaltung der engl., franz., port. und belg. Kolonien durch einen allein dem König bzw. dem MP. verantwortl. Gouverneur. Keine Beteiligung der Afrikaner an der Reg. »Indirect rule« (Mitarbeit von Afrikanern in der niederen [Justiz-]-Verwaltung) in den engl., »direkte« Verw. (Weiße) in den belg., port. und franz. Kolonien. Zentralismus und Versuch einer Assimilation der Afrikaner durch Vernichtung der Stammestraditionen in den franz. Kolonien. Assimilationsversuche in den zu »Bestandteilen Portugals« (1935) erklärten port. Kolonien.

Wirtschaft, Handel, Verkehr: Umwandlung bzw. Ende der Monopolkompanien. Bau neuer Verkehrswege. Investitionen verbessern die wirtschaftl. Lage der weißen Kolonisten, doch nicht der afrikan. Völker (Ausnahme: Bewohner des Sudan-Guinea-Gürtels).

Die Afrikaner

Nach dem Weltkrieg bleibt der Ausbruch des Nationalismus aus, doch wird für den gebildeten Afrikaner eine Rückkehr zur Stammesordnung, nicht zuletzt unter dem Einfluß des Christentums, unmöglich. Die Bildungsbestrebungen, von christl. geleiteten afrikan. Seminaren, Ende der zwanziger Jahre von Schulen, später durch Kollegs der Kolonialherren gefördert, tragen zum Fortschritt bei.

Die polit. Betätigung afrikan. Intellektueller wird abgelehnt.

Der Bildungsprozeß, verbunden mit dem Wunsch nach Würde und soz. Sicherheit, begünstigt jedoch die polit. Emanzipation.

Nordafrika

Gemeinsam ist den Bewohnern der nordafrikan. Länder (der ital. Kolonie Libyen, den franz. Protektoraten Tunis und Kgr. Marokko sowie dem franz. Departement Algier) das islam.-arab. Nationalbewußtsein und die Ablehnung der europ. Zivilisation. Selbstbestimmungsrecht und Gleichberechtigung fördert in Tunis die **Destur-Bewegung.** Nachdem in Marokko der

1925 Aufstand der Rifkabylen unter ABD EL KRIM zur

1926 bedingungslosen Kapitulation und zum span.-franz. Marokkoabkommen über die Abgrenzung der Interessengebiete führt, setzt sich das nat.-marokkan. Aktionskomitee, vor allem die **Istiqlal-Partei,** für eine konstitutionelle Reg. und verwaltungsrechtl. Autonomie ein.

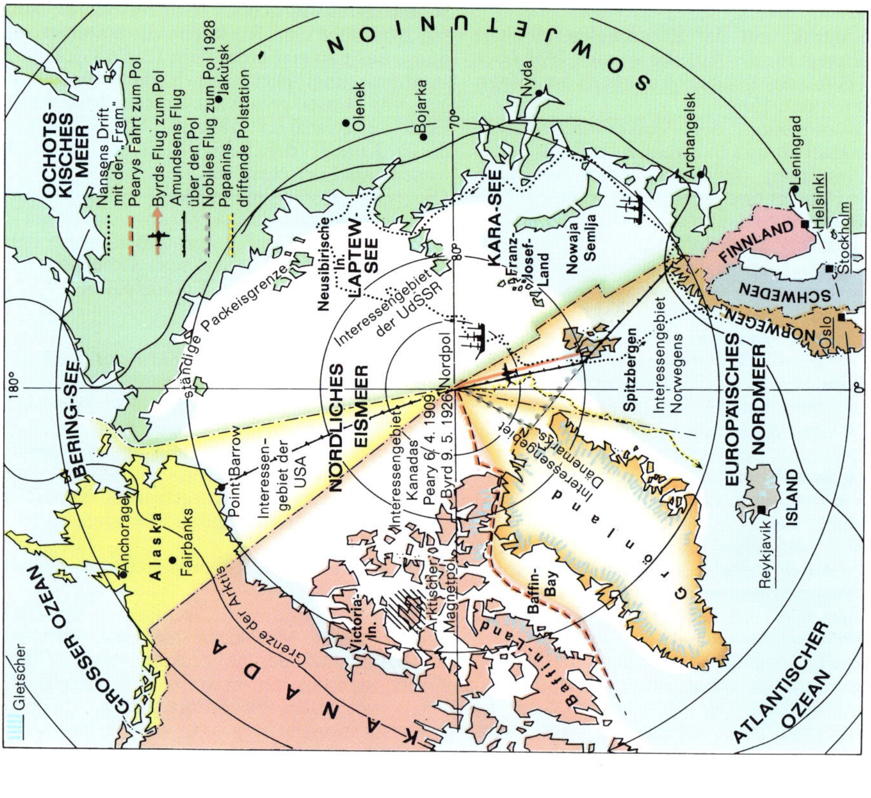

Die Erforschung der Arktis

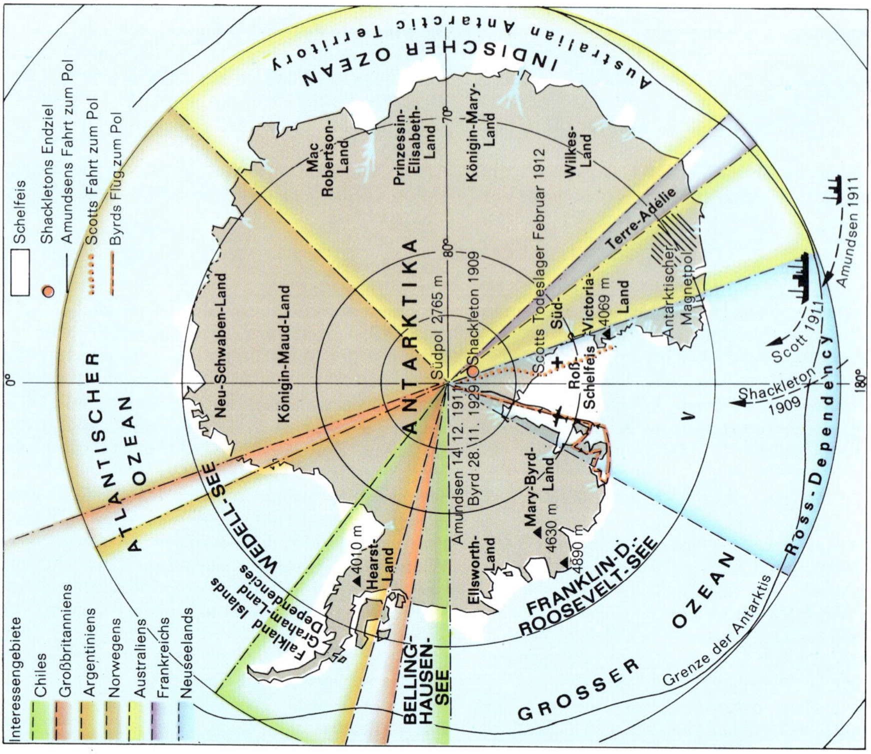

Die Erforschung der Antarktis

Erfindungen

Physik:

1925 Quantenmechanik — HEISENBERG/BORN/JORDAN
1926 Wellenmechanik — SCHRÖDINGER
1928 Zählrohr — GEIGER/MÜLLER
1932 Positronen — ANDERSON
Neutronen — CHADWICK
Zyklotron — LAWRENCE
1934 Künstl. Radioaktivität — JOLIOT/CURIE
1938 Kernspaltung — HAHN/STRASSMANN

Biologie:

1909 Tierpsychologie — MORGAN
Umweltforschung — v. UEXKÜLL
1910 Drosophila-Genetik — MORGAN
1911 Wirkstoff gegen Beri-Beri (»Vitamin«) — FUNK/TERUUCHI
1912 Begründung der Humangenetik — LENZ
1914 Begründung der Verhaltensforschung — WATSON
1919 Chromosomenkarte — MORGAN
1921 Menschl. Erblehre, Rassenhygiene — BAUR/FISCHER/LENZ
Intelligenzversuche mit Menschenaffen — KÖHLER
1927 Begründung der Strahlengenetik — MÜLLER
1928 Theorie des Gens — MORGAN

Chemie:

1921 Kohlensäureassimilation — WARBURG
1922 Methylalkohol aus Wassergas — MITTASCH
1925 Makromolekulare Chemie — STAUDINGER
Kohleverflüssigung — FISCHER/TROPSCH
1930 Kunststoffe auf Acetylenbasis — REPPE
1932 Schwerer Wasserstoff — LIBEY/BRICKWEDDE/MURPHY
1934 Synthese Vitamin C — REICHSTEIN
1936 Buna-Kautschuk — KONRAD
1938 Perlon — SCHLACK
Nylon — CAROTHERS
1939 Kontakt-Insektengift DDT — MÜLLER

Medizin:

1909 Übertragung des Fleckfiebers durch Kleiderläuse — NICOLLE
1910 Blutgruppen — MOSS
1917 Sexualpathologie — HIRSCHFELD
1921 Insulin — MACKAD/BENTING/BEST
1928 Penicillin — FLEMING
1929 Herzkatheter — FORSSMANN
1930 Schutzimpfung gegen Gelbfieber — THEILER
1932 Sulfonamide — DOMAGK
1935 Corticosteron — KENDALL/REICHSTEIN
1939 Künstl. Herz — GIBBONS
1940 Rhesusfaktor — LANDSTEINER/WIEGNER

Verkehrstechnik:

1910 Propellerturbine — KAPLAN
1915 Ganzmetallflugzeug — JUNKERS
1918 Leichtflugzeug — KLEMEN
1922 Drehflügelflugzeug — LA CIERVA
1930 Strahltriebwerk — SCHMIDT

Nachrichtentechnik:

1913 Röhrensender — MEISSNER
1916 Gerichtete Kurzwelle — MARCONI
1925 Fernsehversuche (USA, Großbritannien, Deutschland)
1927 Drahtlose überseeische Telefonverbindung
1935 Ultrakurzwellensender — WITZLEBEN

Bild und Ton:

1919 Tonfilm — VOGT/ENGL/MASOLLE
1928 Magnetophon — PFLEUMER
1929 Fernsehen und Fernfilm — KARVLUS/TELEFUNKEN
1932 Fernsehen — WITZLEBEN

Entdeckungen

Arktis:

1893–96 Driftfahrt NANSENS mit der »Fram«.
1903–06 Nordwestpassage AMUNDSENS.
1909 PEARY landet am 6. 4. in Polnähe.
1921–24 Thule-Expedition RASMUSSENS von Grönland zur Beringstraße.
1926 BYRD fliegt von Spitzbergen zum Pol und zurück in 16 Stunden.
1926 Flug NOBILES mit AMUNDSEN und ELLSWORTH von Spitzbergen über den Nordpol nach Alaska.
1928 2 Flüge NOBILES mit dem Luftschiff »Italia« zum Pol.
1937/38 PAPANINS Forschungsexpedition auf einer Eisscholle östl. von Grönland.
1937–40 Driftfahrt des Eisbrechers »Sedow«.

Grönland wird erforscht durch MYLIUS-ERICHSEN (1906–08), MIKKELSEN (1910), DE QUERVAIN (1912), KOCH/WEGENER (1913), WEGENER (1929–31), GRONAU / HOVGAARD / WEHREN (1931).

Antarktis:

1901–03 Südpolexpedition unter DRYGALSKI.
1902–04 SCOTT erforscht das Victoria-Land.
1902–03 NORDENSKJÖLD östl. vom Louis-Philippe-Land.
1902–03 BRUCE erforscht das Wedell-Meer.
1909 SHACKLETON nähert sich bis auf 200 km dem Pol.
1911 AMUNDSEN erreicht den Südpol.
1911–12 SCOTT erreicht 1912 den Pol; auf der Rückreise kommt er ums Leben.
1911–12 2. Südpolexpedition unter FILCHNER.
1911–14 MAWSON erforscht Wilkes-Land.
1915 SHACKLETON versucht vergeblich, die Antarktis zu durchqueren.
1928–30 Erkundungsflüge BYRDS, der 1929 den Südpol überfliegt.
1933–36 WILKINS und ELLSWORTH versuchen vergeblich eine Durchquerung.
1938–39 »Schwabenland«-Expedition.

Expeditionen, die mit Hilfe neuer Transportmittel durchgeführt werden (Eisbrecher, Kraftfahrzeuge, Flugzeuge) vertiefen die Kenntnisse über Asien (Tibet, Gobi), Afrika (Arabien, Sahara) und Südamerika (Brasilien, Venezuela, Guayana).

Der Duce

Benito Mussolini (1883–1945 [von Partisanen erschossen]), Sohn eines Schmieds, wird Volksschullehrer; als radikaler Sozialist journalistisch und propagandistisch in der Schweiz, Frankreich und dem österreichischen Trentino (1902–10) tätig.

Nach Rückkehr nach Italien wird er Herausgeber der Zeitung ›La Lotta dei Classe‹ in Forli, später Chefredakteur des Parteiorgans ›Avanti‹ in Mailand und Mitglied des Exekutivkomitees der Sozialdemokraten. Wegen seines integralen Nationalismus (S. 397) Ausschluß aus der Partei, Gründung einer eigenen Zeitung ›Popolo d'Italia‹ mit fremden (französischen?) Geldern und Bildung eines »Fascio d'azione rivoluzionaria«, der Urzelle des Faschismus, aus Sozialisten, Syndikalisten und eigenen Anhängern (Ziel: Eintritt in den Krieg auf seiten der Entente).

Aus dem Krieg, an dem er 1915–17 teilnimmt, kehrt er schwer verwundet zurück.

Mussolini wird weniger von der marxist. Doktrin beeinflußt als von Nietzsche (»Wille zur Macht«, »Übermensch«, S. 342), Hegel (S. 319), dem Vitalismus Henri Bergsons (1859–1941), Georges Sorel (S. 344), von dem er den Gedanken des »sozialen Krieges« durch die »Action directe« übernimmt, sowie von Vilfredo Pareto (1848–1923) und dessen Theorie vom Kreislauf der Eliten.

Die Ideologie

Der **Faschismus** (von lat. fasces: Rutenbündel mit Pfeil als Zeichen der Macht der röm. Konsuln und Prätoren) ist eine antiparlamentar., antidemokrat. und nat. Umsturzbewegung und zielt auf die Errichtung eines autoritären oder totalitären **Einparteienstaates.**

Der Begriff »Faschismus« ist nach der ital. Erscheinungsform zum politischen Gattungsbegriff geworden.

Ähnlich wie der Nationalsozialismus von Hitler (S. 461) wird der ital. Faschismus von der Persönlichkeit und dem Denken Mussolinis geprägt. Der »Retter Italiens« (Salvatore d'Italia) interpretiert seine Vorstellungen in der ›Dottrina del fascismo‹:

Nationalistische und imperialistische Tendenzen (Wiederbelebung der altröm. Tradition) sowie sozialist. Theorien vereinigen sich zur faschist. Ideologie, die von dem Angehörigen der Bewegung Disziplin, Wille und Glaube fordert und Gewalt, Kampf und Gefahr verherrlicht.

Überwindung der Klassengegensätze und des Internationalismus durch nat. Gemeinschaft und nat. Staat, dem der Bürger als höchstem Wert dienen muß und der von einer Elite geleitet wird.

Pazifismus und Liberalismus werden als staatszersetzend abgelehnt (Ausweisung und Flucht liberaler Politiker).

Nach 1945 wird die faschist. Ideologie noch von dem neofaschist. »Movimento Sociale Italiano (MSI)«, einer parlamentarischen Minderheit, vertreten.

Die Partei

1919 Gründung der ersten »Fasci di combattimento« (polit. Kampfverbände) durch Mussolini in Mailand. Ziele: Agrarreform, Konfiskation der Kirchengüter, Unterstützung der Kriegsteilnehmer. Das Bürgertum unterstützt die Faschisten aus Furcht vor einer bolschewist. Revolution, da die parlament. Demokratie versagt.

1921 Faschist. Nationalkongreß in Rom: Gegen den Widerspruch Gf. Dino Grandis (1895–1988) auf Wunsch Mussolinis Umwandlung des »Movimento« bzw. des revolutionären Kampfbunds in eine Partei: Gründung des **Partito Nazionale Fascista (PNF).** Nach dem »Marsch auf Rom« (S. 437) übernimmt Mussolini die Reg.

Das Herrschaftsprinzip

Der faschist. Staat ist ein autoritärer, totalitärer, hierarchischer und korporativer Einparteienstaat (Grundlage: »Leggi fascistissime«); er manifestiert sich in der

1. **Diktatur Mussolinis** durch seine Stellung als **»Capo del governo«** (Vorgesetzter der Minister) und als **»Duce del Fascismo«.** Er ist damit Präs. des **»Großen Faschistischen Rats«** (S. 437) und bestimmt den Parteisekretär, den höchsten Beamten der streng hierarchisch aufgebauten Partei. Von der PNF abhängig sind die Frauen- und Jugendorganisationen, Gewerkschaften, Berufsverbände und die »Milizia Volontaria per la Sicurezza Nazionale« (Parteimiliz);
2. Errichtung des Einparteienstaats (1926) mit gelenkten Plebisziten (seit 1928);
3. politisch-staatlichen Neuordnung durch das kooperative System: Verbindung syndikalistischer Vorstellungen mit dem totalitären Prinzip (Vereinigung von Arbeitnehmern, Arbeitgebern, Vertretern des Staates und der Partei in Kooperationen, S. 437);
4. **Erneuerung des »Impero Romano«** durch Rückgriff auf altröm. Herrschaftstradition, Vernichtung bzw. Integration nat. Minderheiten (Südtiroler, Slowenen), Eroberung Abessiniens (S. 437) und Albaniens (S. 441), Proklamation der Adriat. Meeres zum »Mare Nostro«.

Die faschist. Herrschaft, eine »aufgeklärte« Diktatur, wird durch Monarchie, Hof und Offizierskorps gemäßigt. Die für den Nat.-Soz. typischen Merkmale, Terror und Massenverhaftungen zur Durchsetzung des polit. Willens, fehlen, die Geheimpolizei hat geringe Bedeutung. Kein Konflikt mit der Kirche, da der Katholizismus die »herrschende Religion« Italiens ist (Lateran-Verträge, S. 430).

Unter dem Einfluß des Nat.-Soz. Rassenpolitik (S. 430; seit Sommer 1938) mit scharfen Gesetzen aus Furcht vor einem »Mestizentum« im »Impero«.

Der Führer

Adolf Hitler (1889–1945 [Selbstmord]) wird als Sohn eines Zollbeamten im österr. Braunau am Inn geboren. Er verläßt vorzeitig die Linzer Realschule (1905), lebt in Wien (1909–13), wo er sich vergeblich um Aufnahme in die Kunstakademie bemüht; verrichtet Gelegenheitsarbeiten, kampiert in Männerwohnheimen und Obdachlosenasylen und lebt vom Verkauf gemalter Postkarten. Sein polit. Denken ist kleinbürgerlich unausgegoren: alldt. Nationalismus, radikaler Antisemitismus (SCHÖNERER, LUEGER, S. 357) prägen HITLERS Vorstellungen. 1913 siedelt er nach München über, nimmt als Kriegsfreiwilliger am Weltkrieg teil, dessen Ende er im Lazarett Pasewalk/Pommern erlebt. Nach München zurückgekehrt, wird er in der Presse- und Propaganda-Abt. des Reichswehrgruppenkommandos IV verwendet.

Als Vorsitzender der NSDAP gewinnt er Kontakt mit LUDENDORFF (S. 403), GOTTFRIED FEDER (1883–1941), ERNST RÖHM (1887–1934 [ermordet]) und DIETRICH ECKART (1868–1923), deren Einfluß sich bemerkbar macht (FEDER: ›Brechung der Zinsknechtschaft‹, RÖHM: Gedanke vom »Wehrstaat«, ECKART: Antisemitismus).

Die Ideologie

Der Nationalsozialismus entsteht nach 1913 als Gegenbewegung gegen die Revolution und das parlament.-demokrat. System. Seine geistigen Wurzeln sind uneinheitlich und zum Teil verfälscht: NIETZSCHES (S. 342) »Wille zur Macht«, die Rassenlehre GOBINEAUS und H. ST. CHAMBERLAINS (S. 343), der »Schicksalsglaube« R. WAGNERS, MENDELS (S. 343) Vererbungslehre, HAUSHOFERS »Geopolitik« oder die sozialdarwinist. Darstellungen eines ALFRED PLOETZ (1860–1940) werden ebenso zu Bestandteilen der NS-Ideologie wie Ideen MACHIAVELLIS, FICHTES, TREITSCHKES oder SPENGLERS. Dominierend wird der **Antisemitismus:** da dem Deutschtum eine langsame Vernichtung durch die jüd. »Rasse« drohe, fordert HITLER die Verteidigung von **»Blut und Boden«** und die Vernichtung der Juden (S. 483) sowie die »Stärkung der nord. Rasse«, die als **»Herrenvolk«** über die »Minderwertigen« regieren soll. Der Nat.-Soz. betont das **»Völkische«,** fordert unbedingtes Aufgehen des einzelnen in der »Gemeinschaft«, (»Du bist nichts, dein Volk ist alles«) und predigt einen charismat. **»Führerglauben«** (»Führer befiehl, wir folgen«). Er übernimmt Anregungen aus der Jugendbewegung (»Gemeinschaftsromantik«), preist das »Fronterlebnis« der Kameradschaft und adaptiert komm. und faschist. Züge. Die »Bewegung« wird zum Sammelbecken Unzufriedener, die von der parlamentar. Demokratie enttäuscht sind und die Forderungen der NSDAP nach wirtschaftl. Autarkie, expansiver Außenpolitik (»Volk ohne Raum«), Befreiung aus den »Fesseln des Versailler Diktats« und Abwendung der Bolschewisierung unterstützen.

Die Partei

Jan. 1919 Gründung der »Deutschen Arbeiterpartei« (DAP) durch den Eisenbahnschlosser ANTON DREXLER (1884–1942).

Sept. 1919 1. Besuch einer DAP-Versammlung durch ADOLF HITLER, der im selben Monat in die Partei aufgenommen wird.

1920 Verkündung des Parteiprogramms (»25 Punkte«): Förderung des Volkswohls (»Gemeinnutz geht vor Eigennutz«). Herstellung des Selbstbestimmungsrechts aller Deutschen und ihrer staatl. Gleichberechtigung, Aufhebung der Pariser Vorortverträge, Ausschaltung des Judentums, Brechung der »Zinsknechtschaft« u. a. Die DAP wird in **Nationalsozialistische Deutsche Arbeiter-Partei (NSDAP)** umbenannt.

Juli 1921 HITLER wird Erster Vorsitzender.

1923 Hitler-Putsch in München (»Marsch auf die Feldherrnhalle«, S. 429). HITLER wird nach dem Mißlingen des Aufstands zu 5 Jahren Festungshaft in Landsberg verurteilt. Hier schreibt er den 1. Teil seines Buches ›Mein Kampf‹ (der 2. Teil entsteht 1925–27).

1924 Nach 8 Monaten vorzeitig entlassen. Neugründung der NSDAP in München

Die Partei ist nach dem **»Führerprinzip«** aufgebaut: an der Spitze steht der **»Führer«,** sein Stellvertreter und die Reichsleitung mit den Reichsleitern, Politische Organisation in **Gaue, Kreise, Ortsgruppen, Zellen, Blocks.** Neben der Partei stehen die ebenso organisierten, z. T. paramilit. Parteiorganisationen (SA, SS, HJ, BdM u. a.) und die **angeschlossenen Verbände** (DAF, NSV, Fachverbände der Ärzte, Lehrer, Juristen, Beamten usw.).

Zu HITLERS engsten Mitarbeitern in der Kampfzeit gehören: ERNST RÖHM, HEINRICH HIMMLER (1900–45 [Selbstmord]), JOSEPH GOEBBELS (1897–45 [Selbstmord]), HERMANN GÖRING (1893–1946 [Selbstmord]), ALFRED ROSENBERG (1893–1946 [hingerichtet]), RUDOLF HESS (1894–1987), HANS FRANK (1900–46 [hingerichtet]), JULIUS STREICHER (1885–1946 [hingerichtet]), BALDUR VON SCHIRACH (1907–74), ROBERT LEY (1890–1945 [Selbstmord]), GREGOR STRASSER (1892–1934 [ermordet]), OTTO STRASSER (1897–1974).

Durch das Rednertalent HITLERS und GOEBBELS' sowie durch die Publikationen ROSENBERGS (›Der Mythus des 20. Jhs.‹) und mit Hilfe der Parteizeitung (›Völk. Beobachter‹) wird die nat.-soz. »Weltanschauung« verbreitet und durch massenpsycholog. wirksame Großkundgebungen, Aufmärsche, Fackelzüge und Parteitage dem Volk »eingetrommelt«. HITLER betont, daß er legal »zur Macht« kommen wolle. Unterstützt von weiten Kreisen der Bevölkerung gelingt es der NSDAP, seit 1930 ihre Mandate im RT. ständig zu erhöhen (Ausnahme: Wahl am 6. Nov. 1932, vgl. Graphik S. 470) und das Ziel, die Konstituierung des **»Dritten Reiches«,** herbeizuführen (»Machtergreifung« S. 471).

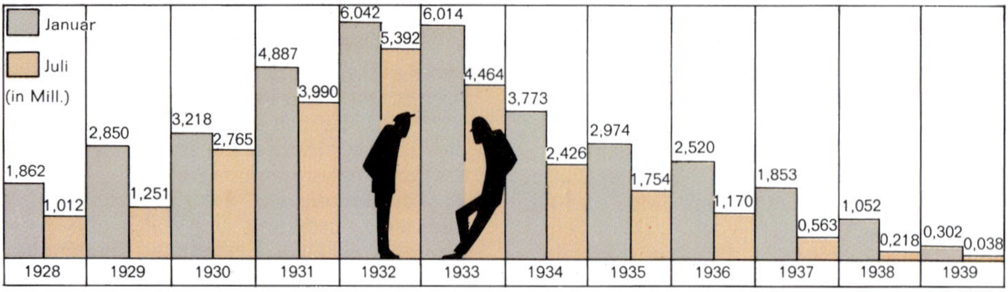

Die Entwicklung der Arbeitslosigkeit in Deutschland 1918–1939

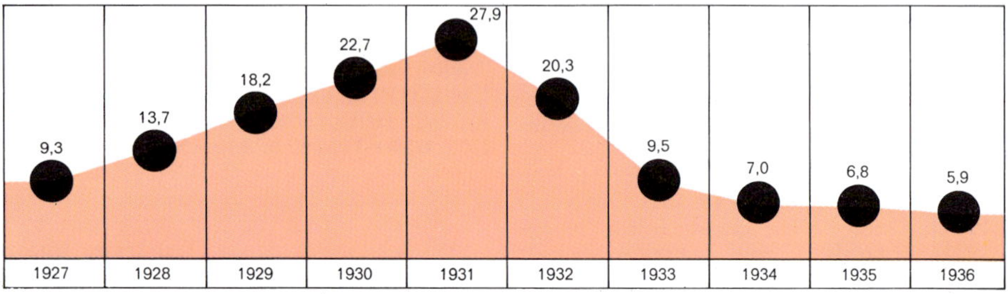

Konkurse und Vergleichsverfahren in Deutschland (in Tsd.)

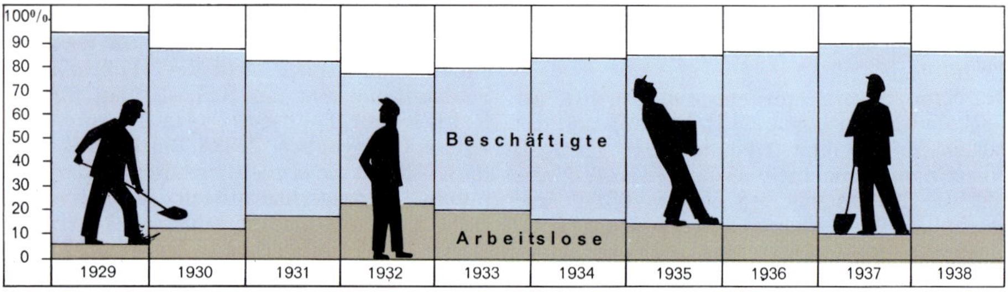

Die Entwicklung der Arbeitslosigkeit in der Welt 1929–1938

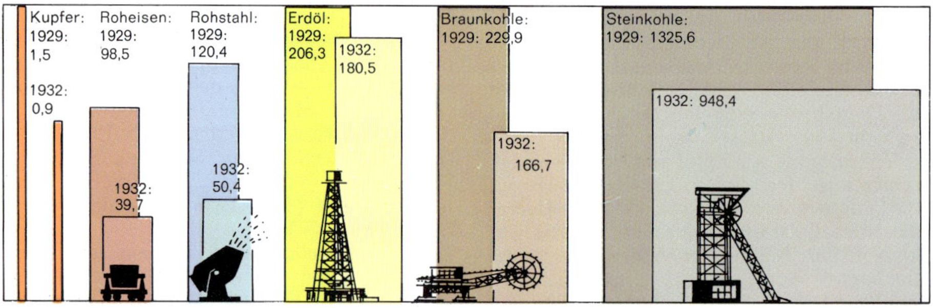

Produktionsrückgang der Weltwirtschaft (in Mill. Tonnen)

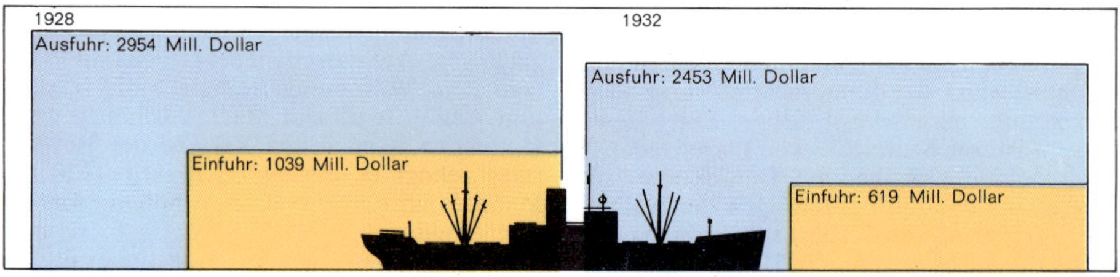

Export und Import Lateinamerikas 1928 und 1932

Wirtschaftl. Folgen des Weltkriegs

Gründe für die Krise der Weltwirtschaft:

1. Unterbindung des internat. Warenaustausches, deshalb Zusammenbruch.
2. Einschränkung der Konsumgüter-Produktion und Rationierung.
3. Ausbau der Rüstungsindustrie.
4. Errichtung von Produktionsstätten durch neutrale, überseeische Länder zur Verarbeitung der eigenen Rohstoffe (Lateinamerika).
5. Erhöhung der Produktionskapazität in den USA.
6. Verringerung der Auslandsguthaben und Schwinden der Goldreserven bei den kriegführenden Mächten (mit Ausnahme der USA).
7. Beschränkung der Freizügigkeit der Arbeitnehmer, verstärkte Frauenarbeit.

Der Wiederaufbau des Welthandels und Weltverkehrs nach dem Krieg wird behindert durch die Planwirtschaft der Sowjetunion (staatl. Außenhandelsmonopole), – Schutzzölle der nat. Wirtschaften, – Wandlung der USA vom Schuldnerstaat zum Gläubigerland (Goldmonopol), – Entstehung neuer Zollgrenzen in Europa durch Bildung neuer Staaten (1914: 6000 Km; 1920: 12000 km), – Autarkiebestrebungen der einzelnen Staaten zum Schutz vor Versorgungsschwierigkeiten, – Erschütterung der Rechtsgrundlagen (Beschlagnahme »feindl. Eigentums«), – Aufgeben der Goldwährung, Inflationen und Währungszusammenbrüche, hervorgerufen durch die Kriegsfinanzierung (Notendruckpresse).

Auf der

1922 Weltwirtschaftskonferenz von Genua (ohne USA und Türkei) wird die Schaffung einer Golddevisenwährung zur Lösung der wirtschaftl. und finanz. Probleme vorgeschlagen. In den USA wird die Inflation durch eine Deflationspolitik, in England durch erhöhte Steuern gebannt. Inflationist. Politik treiben Frankreich, Belgien und die neuen Staaten Mittel- und Osteuropas. Trotz der Reichsfinanzreform (1919) kann Dtl. seinen Reparationsverpflichtungen unter dem Druck des

1921 Londoner Ultimatums (S. 413) nicht nachkommen. Die immer rascher ansteigende Inflation wird in Dtl. beendet durch die

1923 Errichtung der Dt. Rentenbank: Stabilisierung der Währung durch Fundierung der Rentenmark auf Grund und Boden. Nach der Umstellung auf Friedenswirtschaft (1922) beginnt die

»Prosperität« der »glücklichen zwanziger Jahre« (1922–29), die auf der rapiden Entwicklung der Technik (Rationalisierung, Standardisierung), dem Ausbau der mechan., elektr. und chem. Großindustrie, der zunehmenden wirtschaftl. Konzentration (oft mit staatl. Hilfe) beruht und durch Bildung von Kartellen, Trusts, Großbanken und Konzernen gefördert wird. Wegen des weltweiten wirtschaftl. Aufschwungs und der Steigerung der Volkseinkommen werden Krisenanzeichen übersehen: die große Arbeitslosigkeit in den europ. Industrieländern, die gleichbleibende, z.T. rückläufige Preisentwicklung durch Mengen-, statt Preiskonjunktur, verbunden mit niedrigen Verdiensten (»Profitless prosperity«), das rapide Ansteigen der Börsenkurse, vor allem in den USA, der Rückgang der Steinkohlenförderung und der Textilindustrie und die niedrigen Gewinne bei den Agrarerzeugnissen.

Durch das Vorbild der staatl. gelenkten Kriegswirtschaft, die sozialist. Wirtschaftsvorstellungen, die wirtschaftl. Erfolge Australiens und Neu-Seelands, die Wirtschaftspläne der Sowjetunion und der aufkommenden Diktaturen greift der Gedanke der **Planwirtschaft** um sich. Wegen der zunehmenden Verflechtung von Staats- und Wirtschaftsmacht tritt an die Stelle der internat. Weltwirtschaft mit freiem Güteraustausch die nationale mit ihrem Streben nach Autarkie.

Das Zurückbleiben der Kaufkraft hinter der Produktion führt zum

24. 10. 1929 Sturz der Kurse an der New Yorker Börse. Die Folge ist eine

1930 Wirtschaftskrise in Europa. Da die amerikan. Kredite ausbleiben, der europ. Export in die USA zurückgeht, flüssiges Kapital fehlt und die Preise bei allen nicht von Kartellen kontrollierten Rohstoffen und bei Agrarprodukten fallen, kommt es zu Konkursen, Preiszerfall, Arbeitslosigkeit und Bankzusammenbrüchen.

Mai 1931 Zusammenbruch der Österr. Credit-Anstalt.

Juli 1931 Die Darmstädter und Nationalbank stellt als erstes deutsches Institut ihre Zahlungen ein.

Sept. 1931 Aufgabe des Goldstandards durch England und

April 1933 durch die USA sowie (bis 1936) durch alle anderen Staaten.

Nach dem Versagen der klass. deflationist. Mittel greifen die Reg. zur Überwindung der Krise ein: Öffentl. Arbeitsbeschaffungsmethoden (USA, Deutschland), Staatsbeteiligungen an Unternehmen oder deren Sozialisierung (England, Frankreich), Stützungskäufe von nicht absetzbaren Rohstoffen, Kredite für Unternehmen und Kontrolle von Preisen und Löhnen.

Die Gesundung der nat. Wirtschaften wird zwar durch Zoll- und Währungsmanipulationen, Devisenkontrollen und -bewirtschaftung sowie durch bilaterale Handelsabkommen erreicht, die internat. Wirtschaftsbeziehungen werden jedoch erschwert.

Trotz des Ansteigens der Industrieproduktion, die 1936 den Stand von 1913 erreicht, verhindern Autarkiebestrebungen, vor allem der Diktaturen, und internat. Spannungen eine Sanierung vor dem Ausbruch des Zweiten Weltkriegs. Die

1937 Rezession in den USA (S. 465), bes. in der Textil- und Kohlenindustrie, wirkt sich in Europa wegen der Aufrüstung nicht aus.

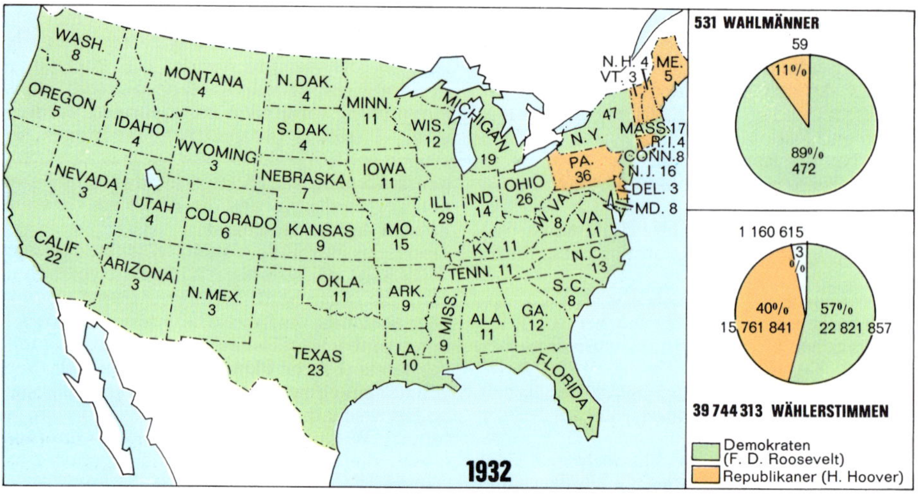

Wahlsieg Roosevelts und Tennessee-Tal

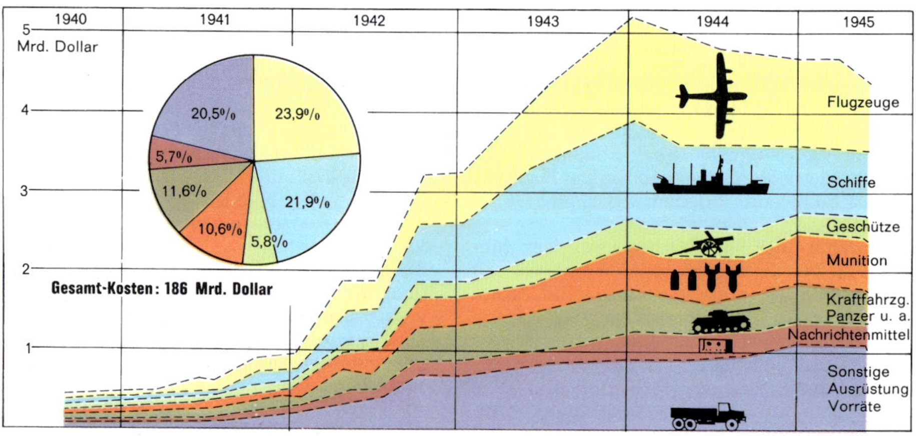

Die Rüstungsproduktion der Vereinigten Staaten 1940–1945

Die Roosevelt-Ära (1933–45)

1933–45 Franklin D. Roosevelt (1882–1945) erklärt den nat. Notstand und leitet umfangreiche Reformen zu Überwindung der Wirtschaftskrise ein: **New Deal** (wörtl.: Neuverteilung der Spielkarten), von einem brain trust geplant, der jedoch am privatwirtschaftl. System festhält.

1933 Die »Hundert Tage« (9. 3.–16. 6.). Diese erste Phase des Reformwerks soll unmittelbare Not lindern und die Wirtschaft durch schnelle Sanierung wieder in Gang bringen: Schließung der Banken, von denen nur die »gesunden«, dem Federal Reserve System angeschlossenen (75%), wieder eröffnen dürfen; Ausfuhr- und Hortungsverbot für Gold und Valuta; Abwertung des Dollars (bis 50%); Gesetze zur Entlastung der verschuldeten Farmer und Hausbesitzer. Kernstücke des New Deal:

Landwirtschaftsreform (AAA: Agricultural Adjustment Act): Produktionsdrosselung von Hauptprodukten (Baumwolle, Tabak) durch Prämienzahlungen.

Tennessee Valley Authority (TVA) unter Leitung von DAVID E. LILIENTHAL: Größte Regionalplanung (Bau von Wasserkraftwerken, Industrieanlagen, Flußregulierungen, Bewässerungsanlagen; Erosionsbekämpfung durch Aufforstung).

Wiederaufbau der Industrie (NIRA: National Industrial Recovery Act): Wahrnehmung der Interessen der Arbeitgeber (Produktionsbeschränkungen, Preisabsprachen u.a.) und Arbeitnehmer (Maximalarbeitszeiten, Mindestlöhne). Nach Erklärung der Verfassungswidrigkeit (1935) nicht erneuert. – Freiwilliger Arbeitsdienst (CCC: Civilian Conservation Corps).

1935 Beginn der 2. Phase des New Deal, deren Reformen die Position der Arbeiter und Farmer stärken und die Gegner des New Deal ausschalten sollen, die z.T. noch radikalere Neuerungen verlangen:

Beseitigung des Arbeitslosenproblems durch Bauten aus öffentl. Mitteln (WPA: Works Progress Administration, Leiter: H.L. HOPKINS, 1890–1946);

Regelung der Beziehungen zwischen Arbeitgeber und Arbeitnehmer (National Labor Relations Act) durch eine Schlichtungs- und Aufsichtsbehörde: den Arbeitern wird Organisations- und Verhandlungsfreiheit sowie das Streikrecht zugesichert;

Einrichtung einer Arbeitslosen-, Invaliden-, Alters- und Hinterbliebenenversicherung (Social Security Act). Weitere Gesetze fördern den Wohnungsbau und sichern faire Arbeitsbedingungen zu. – Nach ROOSEVELTS 1. Wiederwahl zum Präs. (Nov. 1936) erstrebt er die Reform des Obersten Bundesgerichts (Judiciary Reorganization Bill) und die Ausschaltung opponierender Kräfte in der eigenen Partei. Deshalb und wegen der ab Aug. 1937 einsetzenden wirtschaftl. Rezession gewinnen die Republikaner bei den Zwischenwahlen (Nov. 1938) 80 Sitze im Repräsentantenhaus und 7 im Senat.

Außenpolitik:

Trotz Widerstands der Isolationisten, die zwar dem Beitritt der USA zu internat. Arbeitsorganisationen zustimmen (1934), sich aber dem Beitritt zum Internat. Gerichtshof widersetzen (1935), ist das Bestreben ROOSEVELTS auf internat. Zusammenarbeit gerichtet.

1934 Wiederaufnahme der diplomat. Beziehungen zur UdSSR wegen der jap. Expansion in Ostasien. Die **»Politik der guten Nachbarschaft«** löst die Politik der Interventionen in Lateinamerika ab: Verzicht auf die amerikan. Rechte in Kuba, Aufgabe der Schutzherrschaft über Haiti. Erfolg dieser Politik: **VIII. Panamerikan. Konferenz in Lima:** Erklärung der Solidarität Amerikas (1938). – Die Philippinen sollen nach 10 Jahren unabhängig werden.

1935 Neutralitätsgesetzgebung (Neutrality Act): Verbot des Verkaufs und der Lieferung von Waffen an kriegführende Staaten.

1937 Ein neues Neutralitätsgesetz ermöglicht auf der Basis des »Cash and Carry« die Lieferung von Waffen an Kriegführende. ROOSEVELT sieht einen Existenzkampf zwischen Demokratie und Diktatur, deren »Regime des Schreckens und der Gesetzlosigkeit« die Welt bedrohe.

1937 »Quarantäne«-Rede in Chicago (5. 10.): Gegen die »Epidemie der Rechtlosigkeit« ist Neutralität nicht möglich.

Seit 1938 (Abkommen von München, S. 435) amerikan. Aufrüstung.

Seit 1939 Abbau der Neutralitätsgesetzgebung zugunsten Großbritanniens und seines Verbündeten.

1940 Nach seiner 2. Wiederwahl zum Präs. bildet ROOSEVELT den nat. Verteidigungsrat und verkündet die

Jan. 1941 »Vier Freiheiten«: Freiheit der Rede und Meinung, des Glaubens und Freiheit von Not und von Furcht. Das

März 1941 Leih- und Pachtgesetz (Lend Lease Act) ermächtigt den Präs. zu Kriegslieferungen an die Alliierten auch ohne Bezahlung. – Nach dem

7. 12. 1941 jap. Überfall auf Pearl Harbor überwiegt im amerikan. Volk die Bereitschaft zum Krieg: **Kriegserklärung an Japan** (8. 12.), der die **Kriegserklärungen Deutschlands und Italiens folgen** (11. 12.). Erhöhung der Streitkräfte von 2 auf 12 Mill. (1946). Zwischen 1940 und 1946 werden ca. 370 Mrd. Dollar für die Kriegführung bereit gestellt. **Voraussetzung für den Sieg der USA:** Straffe Planung, Lenkung und Kontrolle; Koordinierung von Produktion, Verbrauch und Forschung; Ausweitung der Landwirtschaft.

1945 Tod Franklin D. Roosevelts (12. 4.), der im Nov. 1944 zum 4. Male zum Präs. gewählt worden war.

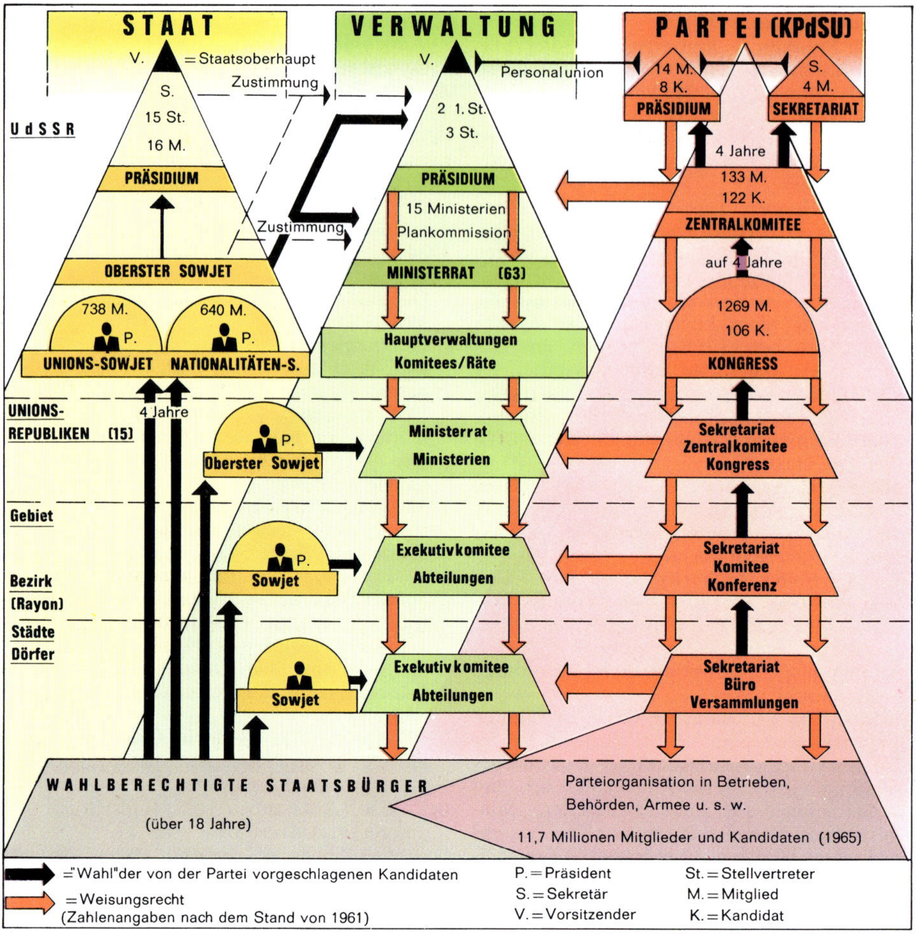

Die Staatsstruktur der UdSSR 1936

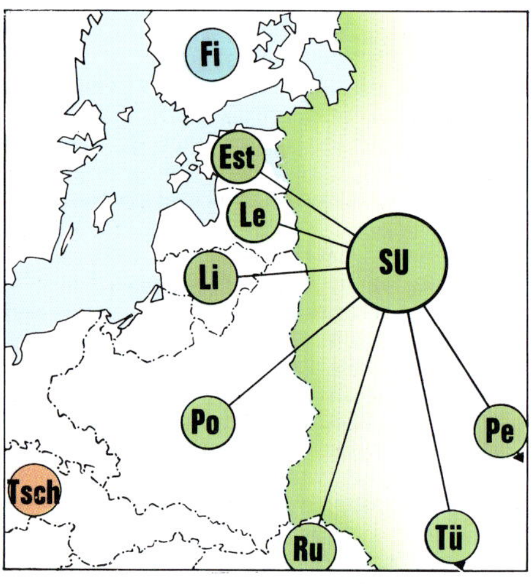

Der Moskauer Ostpakt 1929

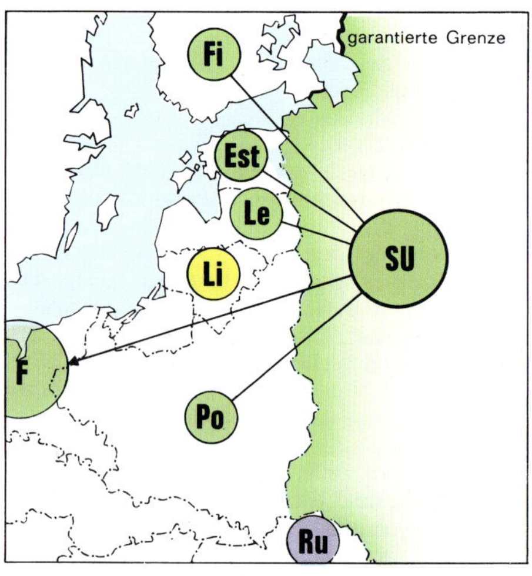

Die Nichtangriffspakte der UdSSR 1932

Die Diktatur Stalins

1924–29 Aufstieg von J. W. Dschugaschwili Stalin (1879–1953) zum Alleinherrscher und Führer der UdSSR durch Ausschaltung der Opposition. Der Troika STALIN, L. B. KAMENEW (1883–1936 [hingerichtet]), G. SINOWJEW (1883–1936 [hingerichtet]) gelingt die

1925 Absetzung Trotzkis (S. 389) **als Kriegskommissar,** dessen These von der **»permanenten Revolution«** zu der von STALIN vertretenen und auf der XIV. Parteikonferenz angenommenen These vom **»Sozialismus in einem Land«** im Gegensatz steht. Bildung eines rechten Flügels, der für STALIN optiert, mit A. J. RYKOW (1881–1938 [hingerichtet]), N. J. BUCHARIN (1888–1938 [hingerichtet]) und M. P. TOMSKI (1880–1936 [Freitod]), dem Führer der Gewerkschaften, und eines linken Flügels (KAMENEW), dessen Politik ideologisch bestimmt ist.

1927 Ausstoßung Trotzkis und Sinowjews aus der Partei und Verbannung TROTZKIS,

1929 Ausweisung TROTZKIS (1940 in Mexiko ermordet). – Nach rigoroser Durchführung der Kollektivierung (Beginn 1928) rechnet STALIN mit der Rechtsopposition ab. BUCHARIN, TOMSKI und RYKOW verlieren ihre Ämter (1929).

Nov. 1929 Ausschluß Bucharins aus dem Politbüro.

Dez. 1929 STALINS 50. Geburtstag: Beginn der autokrat. Diktatur.

Die Fünfjahrespläne verwandeln die UdSSR ab 1928 in einen modernen Industriestaat. Die Kollektivierung der Bauern wird zur größten Agrarrevolution, der 6 Zehntel aller Höfe und ca. 11 Mill. Menschen zum Opfer fallen (»Liquidierung der Kulaken«, 1932), Errichtung von **Kolchosen** (dörfl. Kooperationswirtschaften) und **Sowchosen** (Staatsgüter). Aufbau der Schwerindustrie durch Erschließung neuer Kohle- und Erzgruben im Ural, in Sibirien und Mittelasien. Errichtung von Industriekombinaten zur Rationalisierung der Wirtschaft. Elektrifizierung. Autarkie in Kohle und Öl. Ausbeutung der menschl. Arbeitskraft durch die »Stachanow«-Bewegung (seit 1935). Die neuentstandene »techn. Intelligenz« wird als privilegierte Klasse die Hauptstütze des Regimes.

Die Stalin-Verfassung (1936)

Bei der UdSSR, einem Bundesstaat aus 11 Sowjetrepubliken (Russ., Ukrain., Weißruss., Georg. [Grusin.], Armen., Aserbeidschan., Kasach., Kirgis., Usbek., Turkmen. und Tadschik. SSR), denen das Ausscheiden aus der Union zugebilligt wird, liegt die Entscheidung über Krieg und Frieden, die Landesverteidigung, das Bank-, Post- und Verkehrswesen, Außenpolitik und Wirtschaftsplanung. Schutz der Nationalitäten. – Höchstes Organ der Staatsgewalt ist der **Oberste Sowjet der UdSSR** (Sowjet der Union und Sowjet der Nationalitäten), der das **Präsidium,** dessen Vors. die Funktion eines Staatsoberhaupts ausübt, den **Rat der Volkskommissare** (Ministerkabinett) und den **Obersten Gerichtshof** (für 5 Jahre) wählt und den Generalstaatsanwalt (für 7 Jahre) ernennt. Keine Teilung der Gewalten in der Praxis. Die **Räte** (Sowjets) vom Dorf bis zur Union, von der KP und ihren Organisationen nominiert, werden in allgem., gleicher und direkter Wahl von allen Bürgern mit vollendetem 17. Lebensjahr alle 4 Jahre gewählt. Den Bürgern werden alle demokrat. Grundrechte gewährt, allerdings »in Übereinstimmung mit den Interessen der Werktätigen«. Die Führungsrolle der KPdSU wird in der Verf. verankert.

Die große Säuberung (1936–38)

Die **Tschistka** ist die Endabrechnung STALINS mit seinen Gegnern aus den 20er Jahren. Die Liquidierung der alten Revolutionäre in Partei und Armee, für die STALIN und seine engeren Mitarbeiter – »Apparatschiks« wie L. M. KAGANOWITSCH (geb. 1893), A. A. ANDREJEW, W. M. MOLOTOW (1890–1986), A. A. SHDANOW (1896–1948) – verantwortlich sind, ist Voraussetzung für die Errichtung der Diktatur. 8 Mill. Menschen werden inhaftiert, in den Straflagern Nordrußlands und Sibiriens befinden sich 5–6 Mill., deren Zahl sich 1940/42 verdoppelt. Verhaftungen, Vernehmungen und Hinrichtungen werden mit Hilfe der NKWD (Volkskommissariat für Innere Angelegenheiten) unter JAGODA, ab 1936 JESHOW, ab 1938 BERIJA (S. 505) durchgeführt. Höhepunkte sind die großen Schauprozesse:

1936 »Prozeß der 16«: SINOWJEW, KAMENEW u. a.;

1937 »Prozeß der 17«: RADEK, MURALOW, PJATAKOW u. a.;

1938 »Prozeß der 21«: BUCHARIN, RYKOW, KRESTINSKI u. a. – Mit dem Prozeß gegen Marschall TUCHATSCHEWSKI (1937) beginnt die Säuberung der Roten Armee, der 3 Marschälle, 13 Armeegenerale, 62 Korpskommandeure zum Opfer fallen.

Außenpolitik:

1926 Berliner Vertrag (S. 443).

1929 Moskauer Ostpakt: Vertragssystem, um einer möglichen antisowjet. Frontenbildung durch die Kellogg-Pakt-Staaten vorzubeugen (S. 415). Wegen der labilen Lage im Fernen Osten schließt die UdSSR zum Schutze der Westgrenze

1932 Nichtangriffspakte mit west- und osteurop. Staaten. Unter

1930–39 M. M. LITWINOW, dem Volkskommissar für Auswärtiges, wendet sich die Sowjetunion, vor allem nach Abschluß des deutsch-poln. Nichtangriffspakts (S. 475), den Westmächten zu.

1933 Anerkennung der UdSSR durch die USA (Grund: Japans Aufstieg in Ostasien).

1934 Aufnahme in den Völkerbund.

1935 Sowjet.-franz. Beistands- und Nichtangriffspakt. – (»Volksfront«-Politik, S. 419).

Wirtschaftskrise und Aufrüstung (1929–35)

Rückgang der Konjunktur und wachsende Arbeitslosigkeit bringen in den

1929 Wahlen der Labour Party den Sieg (287 Abg.) gegenüber 216 Konservativen und 59 Liberalen, mit deren Unterstützung das

1929–31 2. Kabinett MacDonald (S. 424) gebildet wird. – Wiederaufnahme der Beziehungen zur UdSSR aus wirtschaftl. Überlegungen: der brit.-sowjet. Handel geht zugunsten des dt.-sowjet. zurück, amerikan. Ölfirmen konkurrieren auf dem europ. Markt. Nach Verständigung mit den USA über die Flottenfrage (»Kreuzerstreit«)

1930 Flottenkonferenz von London (S. 412). Folgen der Weltwirtschaftskrise (S. 463), das Gerücht über die Zerrüttung der Staatsfinanzen (May-Report), Belastung des Budgets durch die Arbeitslosenunterstützung (»Dole«), vor allem aber die Arbeitslosigkeit (Dez. 1930: 2,5 Mill.) führen zu einer Kabinettskrise:

1931 Rücktritt der Reg. und Bildung eines »Nat. Kabinetts« MacDonald, das von Konservativen und Liberalen unterstützt wird. Die Mehrheit der Labour Party geht unter ARTHUR HENDERSON (1863–1935) und GEORGE LANSBURY (1859–1940) in Opposition. Verabschiedung eines Notbudgets durch das Parlament. – Aufgabe der Goldwährung. Durch Abwertung des Pfundes gesteigerte Wettbewerbsfähigkeit der engl. Waren auf den Weltmärkten. Die

Okt. 1931 Wahlen bestätigen die Politik der »Nat. Reg.«: 472 konservative und 65 liberale gegen 46 Labour-Abgeordnete.

1931–35 2. Koalitionskabinett MacDonald. Es stützt sich auf konservative, lib. und 13 »nat.« Labour-Abg. Die Macht liegt bei den Konservativen unter STANLEY BALDWIN und **Neville Chamberlain** (1869–1940). Die Reg. verzichtet auf planmäßige Krisenbekämpfung und auf die traditionelle Freihandelspolitik. Statut von Westminster (S. 448).

1932 Reichskonferenz in Ottawa (Gewährung von Vorzugszöllen [Präferenzsystem] im Handelsverkehr mit den Ländern des Commonwealth). – Spaltung der Liberalen, der lib. AMin. SIR JOHN SIMON (1873–1954) verbleibt im Kabinett. – Überwindung der Wirtschaftskrise durch billige Einfuhr von Grunderzeugnissen und Finanzmaßnahmen der Reg. Gewährung von Darlehen und Zinsgarantien, Reduktion des Zinsfußes, Konvertierung der Kriegsanleihen von 5 auf 3½% und Stabilisierung der Währung durch den Handelsausgleichsfonds (Exchange Equalisation Fund). Allerdings gibt es 1936 noch immer 1,6 Mill. Arbeitslose. – Der Versuch eines internat. Währungsabkommens scheitert auf der

1933 Internat. Wirtschaftskonferenz in London. Die Außenpolitik gegenüber Japan und Deutschland bleibt unklar.

1934 Beginn der Wiederaufrüstung (Royal Air Force) und, im Hinblick auf die dt. Aufrüstung, Forderung eines

1935 umfangreichen Wehrprogramms. Großbritannien gewinnt auf der Stresa-Konferenz (S. 437) für kurze Zeit MUSSOLINI als Bundesgenossen gegen Dtl.

Die Politik des »Appeasement« (1935–39)

1935–37 Die »Nat. Reg.« Baldwin verfolgt eine Politik des »Appeasement« (Beschwichtigung). Durch Verhandlungen sucht sie den Krieg zu vermeiden, da sie Rüstungskosten scheut und maßvolle Revisionsforderungen der besiegten Mächte einsieht. Daraus folgt das

1935 Dt.-brit. Flottenabkommen. – Auf Druck der öffentl. Meinung ändert die Reg. ihre Haltung gegenüber Italien: Unterstützung der vom Völkerbund beschlossenen wirtschaftlichen Sanktionen (S. 415). Sie gewinnt daraufhin die Wahlen (Okt. 1935).
Ablösung des AMin. HOARE, der dem Plan LAVALS zustimmt, Abessinien zu teilen (S. 469).
Unter AMin. **Anthony Eden** (1897–1977) wird die Politik der »kollektiven Sicherheit« aufgegeben. Rückkehr zur »Appeasement«-Politik, deshalb Zurückhaltung Großbritanniens bei der

1936 Rheinlandbesetzung (S. 475). Auch das brit.-ital. Abkommen über die Erhaltung des Status quo im Mittelmeer (»Gentlemen's Agreement«, 1937) ist eine Folge der zwiespältigen Appeasement-Politik.

1936 Tod GEORGS V. [König seit 1910]. EDUARD VIII. (1894–1972) muß wegen des Widerstands der Reg. Großbritanniens und der Dominions gegen seine Ehe mit der Amerikanerin W. W. SIMPSON abdanken.

1936–52 GEORG VI. – Nach der Krönung Ablösung BALDWINS.

1937–40 Kabinett Neville Chamberlain. – Die Appeasement-Politik wird fortgesetzt. AMin. EDEN tritt wegen der Verständigung mit Italien zurück. Nachfolger wird Lord HALIFAX (1881–1959).

April 1938 Brit.-ital. Abkommen: Anerkennung der ital. Herrschaft in Abessinien, Rückzug der ital. Freiwilligen aus Spanien nach Beendigung des Krieges.

Sept. 1938 Abkommen von München (S. 475). Nach der deutsch-brit. Erklärung und der Besetzung der »Rest-Tschechei« (S. 475) durch HITLER wird die Appeasement-Politik aufgegeben.

1939 Einführung der allg. Wehrpflicht. – Eindämmung der aggressiven NS-Außenpolitik durch Garantieerklärungen, doch scheitert ein brit.-franz.-sowjet. Beistandspakt (Aug. 1939) wegen der dt.-russ. Annäherung (Kriegsausbruch S. 475).

1940 Winston Churchill (1874–1965) bildet ein Koalitionskabinett. CHAMBERLAIN bleibt als Lordpräs. in der Regierung.

Die Krisenjahre (1931–40)

1932–40 Präs. Albert Lebrun (1871–1950). – Wahlsieg der Linksparteien, Bildung des

Juni-Dez. 1932 radikalen Mehrheitskabinetts Herriot (S. 425), das wegen der Fortsetzung der Schuldenzahlungen an die USA gestürzt wird. Häufiger Regierungswechsel (PAUL-BONCOURT, DALADIER, SARRAUT, CHAUTEMPS) und fortgesetzte Finanzkrise, da das Parlament den Regierungen die Ermächtigung zu radikalen Sparmaßnahmen verweigert. Anwachsen antiparlament. Bewegungen (sog. Ligen [»Feuerkreuzler«]; Kommunisten). Wegen des Stavisky-Finanz-Skandals

1934 Sturm der Ligen auf das Palais Bourbon: Rücktritt der Reg. **Edouard Daladier** (1884–1970) trotz Vertrauensvotums. Obwohl

Febr.-Nov. 1934 MP. Gaston Doumergue (1863–1937) ein Kabinett der »Nat. Einigung« bildet, scheitert er an dem Plan einer Verfassungsreform (Stärkung der vollziehenden Gewalt, Kammerauflösung ohne Zustimmung des Senats durch den MP.).

Nov. 1934–Mai 1935 Pierre-Etienne Flandins (1889–1958) »Reg. des Burgfriedens« verzichtet auf die Verfassungsreform, erhält aber auch keine Vollmacht zur Überwindung der Finanzkrise.

Juni 1935–Jan. 1936 Kabinett Pierre Laval (1883–1945 [hingerichtet]). Gegen den Vorschlag REYNAUDS, den Franc abzuwerten, treibt LAVAL eine Deflationspolitik (durch Notverordnungen Kürzung der Beamtengehälter, Herabsetzung der Löhne und Mieten). Trotzdem keine Belebung der Wirtschaft. Austritt der radikalen Minister aus dem Kabinett und Bildung des

Jan.-Juni 1936 Kabinett des MP. Albert Sarraut (1872–1962). Der Kommunistenführer **Maurice Thorez** (1900–64) schlägt zur Überwindung der faschist. Gefahr die Bildung einer **»Volksfront«** aus der Sozialist. Republikan. Union (gegr. 1935), den Kommunisten und den Sozialisten vor:

1936 Wahlsieg der »Volksfront« bei den Kammerwahlen.

1936–37 Volksfront-Kabinett unter MP. Léon Blum (1872–1950). Obwohl die KP ihre Mitarbeit verweigert, Streiks und Fabrikbesetzungen inszeniert, setzt BLUM die **Matignon-Verträge** durch: Vierzigstundenwoche, bezahlter Urlaub, Kollektivverträge, Lohnerhöhungen (mindestens 15%), obligator. Schiedsgericht, Anerkennung des Gewerkschaftsrechts, betriebl. Mitbestimmung, Nationalisierung der Bank von Frankreich und der Rüstungsbetriebe. – Auflösung der Ligen, die in Tarnorganisationen ihre faschist. Tätigkeit fortsetzen. – Die Abwertung des Franc bringt keine Wirtschaftsbelebung und keine Beseitigung der Arbeitslosigkeit.

1937 Ablehnung einer von BLUM zur Behebung der Finanzkrise geforderten Vollmacht durch den Senat. Das Kabinett tritt zurück. Unter den nachfolgenden Volksfront-Reg. (CHAUTEMPS [1937–38] und BLUM [März-April 1938]) allmähliche Auflösung der Volksfront.

1938–40 Kabinett Daladier. Überwindung der inneren Krise durch Notverordnungen, Abschwächung der soz.-polit. Gesetze, Ermächtigungsgesetz zur Wiederherstellung der Wirtschaft. Infolge des Bruchs mit der Volksfront

Nov. 1938 Generalstreik; erfolglos. – In den letzten Friedensmonaten Erlaß eines Familien- und eines Wohnungsbaugesetzes. Verlagerung der Industrien in die Provinz.

1939 Generalmobilmachung und Kriegserklärung an Deutschland (2. bzw. 3. 9.).

1940 Sturz DALADIERS (21. 3.). MP. wird **Paul Reynaud** (1878–1966). Marschall PÉTAIN (S. 407) wird nach dem Einmarsch der Deutschen ins Kabinett aufgenommen. Hilfsersuchen an die USA bleiben ohne Ergebnis. Die Reg. tritt zurück (16. 6.).

Außenpolitik (1931–40): Frankreich setzt den Versuch, NS-Dtl. durch ein System der »kollektiven Sicherheit« zu isolieren, fort. Abschluß von Einzelverträgen. Nach der Genfer Fünf-Mächte-Vereinbarung (S. 471) und der Versteifung der franz. Haltung unterstützt die franz. Diplomatie unter AMin. LOUIS BARTHOU (1862–1934 [ermordet]) den Abschluß des Balkanpakts (S. 443) als Hilfe für die Kleine Entente und lehnt in einer Verbalnote die Aufrüstung Dtl.s ab (April 1934).

1934 HITLER lehnt den franz. Vorschlag eines »Ostpaktes« (Ost-Locarno) ab. Frankreich unterstützt daraufhin die Aufnahme der UdSSR in den Völkerbund.

1935 Kolonialabkommen mit Italien und Beistandspakt mit der UdSSR.

Im **Abessinienkonflikt** (S. 437) nimmt MP. LAVAL eine zwiespältige Haltung ein: Teilnahme an den Sanktionen des Völkerbundes, aber Vermittlungsvorschlag (Abkommen HOARE [S. 468] – LAVAL). Die franz.-ital. Beziehungen werden durch den Abschluß des dt.-ital. Paktes (S. 475) praktisch beendet. Annäherung an Großbritannien, trotz Enttäuschung über dessen Zurückhaltung bei der Rheinlandbesetzung (S. 475) und dem Anschluß Österreichs (S. 475). Die Annäherung Polens an Dtl. (S. 475) und Jugoslawiens an Italien (1937) entwertet das franz. Paktsystem im Osten.

1938 Besuch des engl. Königspaares in Paris. Nach dem Besuch MP. DALADIERS und AMin. BONNETS in London (friedl. Beilegung der tschech. Krise) nimmt Frankreich an der Konferenz in München (S. 475) teil. Im Dez. folgt eine deutsch-franz. Nichtangriffserklärung.

Gespanntes Verhältnis zu Italien wegen der ital. Annexionsabsichten auf Tunis und Korsika und Kündigung des franz.-ital. Kolonialabkommens (Dez.).

Enge politische Zusammenarbeit mit Großbritannien (Garantieerklärungen, siehe Seite 468).

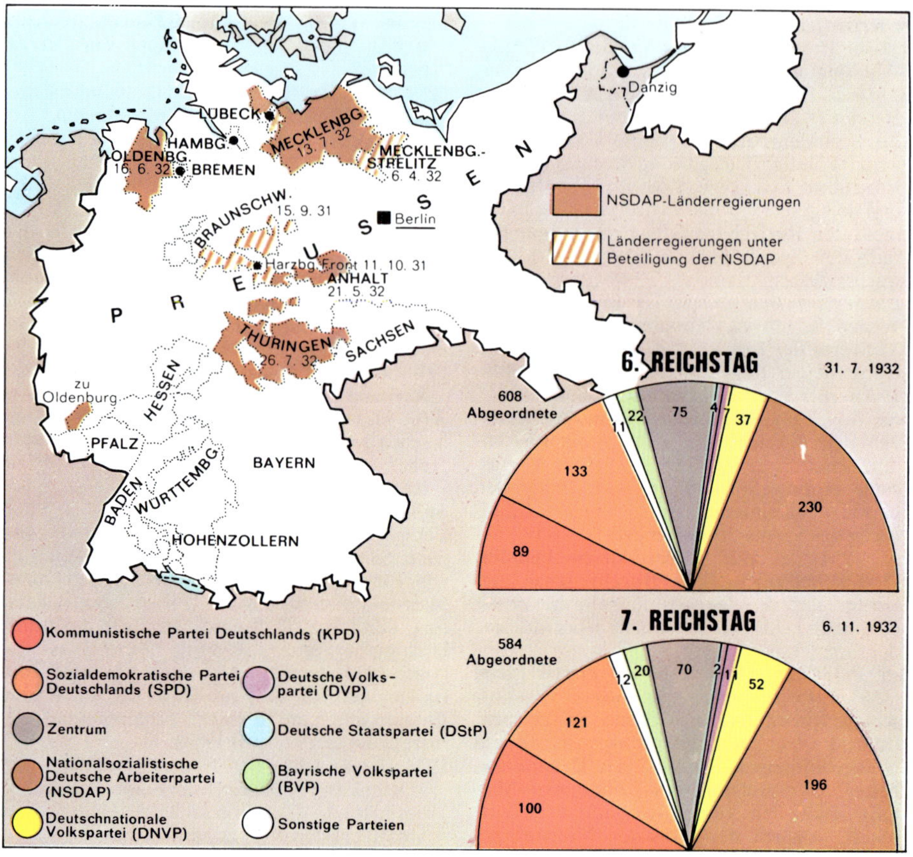

Die Auflösung der Weimarer Republik

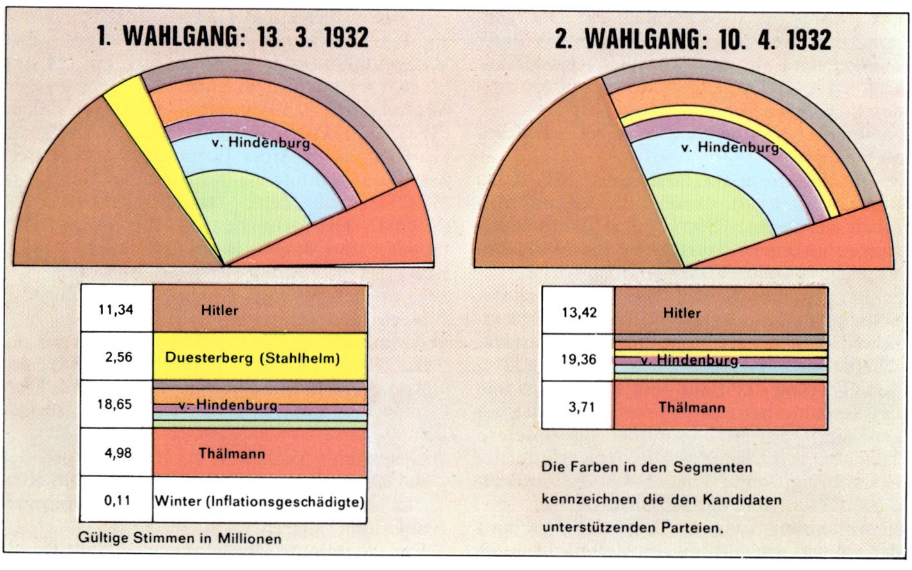

Die Reichspräsidentenwahl 1932

Die Regierung Brüning (1930–32)

Nach dem Sturz des letzten SPD-RK. MÜLLER (S. 429) und der zunehmenden Arbeitsunfähigkeit des RT. bildet der Zentrumspolitiker **Heinrich Brüning** (1885–1970) eine neue

1930–32 Regierung, die, von HINDENBURG unterstützt, mit Hilfe des Art. 48 gegen die Opposition der Linken (KPD) und extremen Rechten (DNVP, NSDAP) regiert. Die SPD toleriert zunächst die Politik BRÜNINGS. Bekämpfung der sich verschärfenden Wirtschaftskrise (wachsende Arbeitslosigkeit). BRÜNING treibt eine deflationist. Wirtschaftspolitik (»Notverordnungen zur Sicherung von Wirtschaft und Finanzen«: Senkung der Löhne und Gehälter, der Preise und Arbeitslosenentschädigung, Steuererhöhung u. a.).

Sept. 1930 Reichstagswahlen: Stimmengewinne der KPD und NSDAP. Zunehmende Radikalisierung der Innenpolitik.

1931 Bildung der »Harzburger Front« (»Nationale Opposition«: NSDAP, DNVP, Stahlhelm) sowie der »Eisernen Front« (SPD, Gewerkschaften und »Reichsbanner Schwarz-Rot-Gold«, einer Schutzformation gegen die Gewalttaten der SA).

1932 Wiederwahl Hindenburgs (gegen den Kandidaten der KPD, ERNST THÄLMANN, 1886–1944 [ermordet], und den der NSDAP, HITLER). – Das radikale Vorgehen der NSDAP wird mit dem Verbot von SA und SS beantwortet. Reichswehrmin. GROENER tritt zurück, Nachfolger wird (im Kabinett VON PAPEN) Gen. KURT VON SCHLEICHER (1882 bis 1934 [ermordet]), der in seinem Vorhaben, die Rechtsradikalen zu schützen, bestärkt wird durch den Sieg der NSDAP bei den Landtagswahlen in Preußen, Bayern, Württemberg, Hamburg und Anhalt (April). Trotzdem werden auf der Reichstagssitzung (9.–12. Mai 1932) die Mißtrauensanträge der Rechts- und Linksopposition abgelehnt.

Die Reg. Papen und Schleicher (1932–33)

30. 5. 1932 Sturz Brünings (»Hundert Meter vor dem Ziel«) als Folge von Intrigen der »Kamarilla« um HINDENBURG (SCHLEICHER, der Sohn des Reichspräs., OSKAR VON HINDENBURG, die ostelb. Junker um OLDENBURG-JANUSCHAU), die den Kanzler wegen seiner Sanierungs- und Siedlungspolitik »agrarbolschewist.« Neigungen verdächtigt. Mit dem

Juni–Dez. 1932 »Kabinett der nat. Konzentration« Übergang zur reinen Präsidialreg. RK. wird FRANZ VON PAPEN (1879–1969). Nach Auflösung des RT. (4. 6. 1932) Aufhebung des Verbots von SA und SS. HITLER toleriert die Reg. Bürgerkriegsähnl. Zustände liefern den Vorwand für den

Juli 1932 Staatsstreich gegen Preußen: Absetzung der amtierenden Reg. BRAUN.

Juli 1932 Reichstagswahlen. Die NSDAP wird stärkste Partei. HINDENBURG lehnt HITLER als Kanzlerkandidaten ab. Die Reg. PAPEN wird im RT. wegen der Notverordnungen zur Durchführung des »Papen-Plans« zur »Ankurbelung der Wirtschaft« niedergestimmt.

Nov. 1932 RT.-Wahlen: Verluste der NSDAP, Gewinne der KPD. Der Plan, einen autoritären »Neuen Staat« unter Ausschaltung des RT. und gestützt auf die Reichswehr zu schaffen, mißlingt. PAPEN tritt zurück.

1932–33 (28. 1.) Kabinett SCHLEICHER. Der Versuch, eine Spaltung der NSDAP mit Hilfe des sozialist. Flügels um GREGOR STRASSER (S. 461) herbeizuführen, schlägt fehl. Ergebnislose Verhandlungen mit Gewerkschaften, Mittelparteien und SPD zur Unterstützung der Reg.

Jan. 1933 Wahlsieg der NSDAP bei den Landtagswahlen im Kleinstaat Lippe. – Die Reg. SCHLEICHER tritt zurück, da der Reichspräs. die Erklärung des Staatsnotstandes und die Auflösung des RT. sowie den vorläufigen Verzicht auf Neuwahlen ablehnt.

Außenpolitik (1930–33)

1930 Antwort der Reichsreg. auf den »Europa-Plan« BRIANDS (S. 425), der durch die Forderung auf volle deutsche Gleichberechtigung faktisch abgelehnt wird.

1931 Der Plan einer deutsch-österr. Zollunion scheitert am Widerstand Frankreichs. Der Internat. Gerichtshof in Haag, der sich mit dem Plan beschäftigt, verwirft die Rechtmäßigkeit. Dtl. und Österreich verzichten auf die Paraphierung.

1932 Konferenz von Lausanne: Endgültige Regelung der Reparationsfrage (Juni/Juli, S. 413).

Genfer Fünf-Mächte-Vereinbarung: Anerkennung der militärischen Gleichberechtigung Dtl.s (Dez.).

Die »Machtübernahme« Hitlers (1933)

4. Jan. Vereinbarung zwischen HITLER und PAPEN im Hause des Bankiers SCHRÖDER über eine gemeinsame Regierungsbildung.

22. Jan. Besprechung PAPEN – HITLER – OSKAR VON HINDENBURG – Staatssekretär MEISSNER. HITLER gewinnt OSKAR VON HINDENBURG. Der Reichspräs. erteilt seine Zustimmung zur Berufung HITLERS als RK. und zu Reichstagsneuwahlen

Damit ist das Schicksal der Republik von Weimar besiegelt. Sie war nach der Niederlage von 1918 ein Notbehelf, nicht das Werk einer großen Revolution. Den Bürgern fehlt das republikan. Bewußtsein und polit. Erfahrung. Die Reichswehr bildet einen »Staat im Staate«. Nutznießerin ist die immer stärker werdende Rechte, die dem Volk die Illusion eines von ihr zu schaffenden starken Staatswesens gibt. Sie versetzt dem Parlament den Todesstoß: die NSDAP stört – oft im Bündnis mit der KPD – bis zu ihrem Wahlsieg 1932 jede kontinuierl. Arbeit, um dann schließlich »legal« die Reg.-Gewalt zu erlangen:

Der »Machtergreifung« folgt die »legale Revolution« (S. 473).

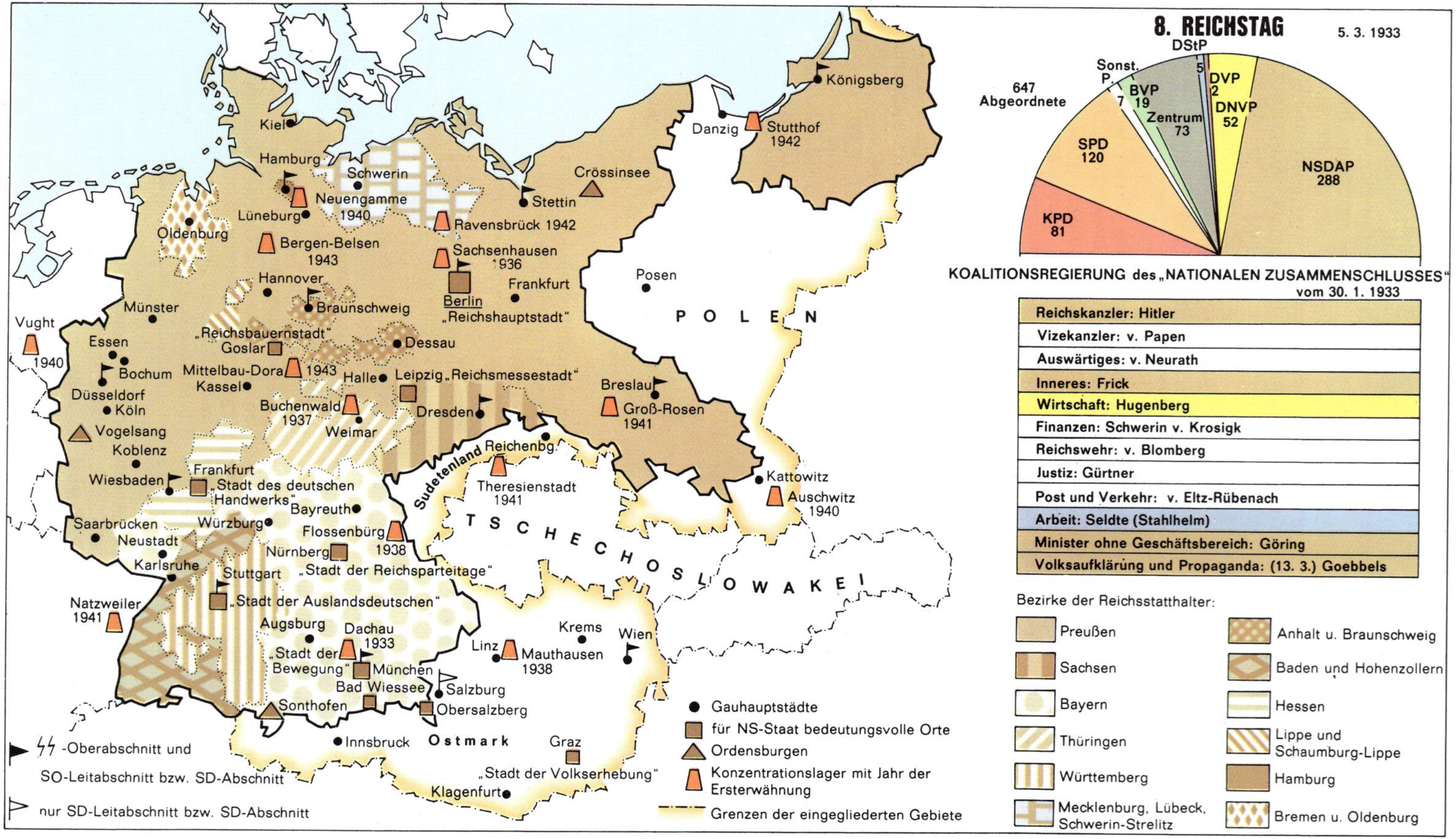

Die »Machtergreifung« und der Ausbau der Hitlerdiktatur 1930–1945

»Nat. Revolution« und »Gleichschaltung«

30. 1. 1933 Vereidigung der Präsidialreg. Hitler, der Koalitions-Reg. des »Nat. Zusammenschlusses«. – Der »Nat. Revolution« folgt nun die »legale Revolution«, Ausbau der Macht mit Hilfe des »Notstandsart.« 48. **Ziel:** Befestigung der totalen Macht der NSDAP und des »Führerprinzips« durch **»Gleichschaltung«.** Aufhebung verfassungsmäßiger Grundrechte durch Verordnungen des Reichspräs. »zum Schutz des dt. Volkes« (4. 2. 1933) und (nach dem Reichstagsbrand, 27. 2. 1933) »zum Schutz von Volk und Staat« (Proklamation des Ausnahmezustandes, 28. 2. 1933). Nach Wahlen zum RT. und »Staatsakt« in der Potsdamer Garnisonskirche (21. 3. 1933: »Tag von Potsdam«)

Ausschaltung des Parlaments:

23. 3. 1933 »Gesetz zur Behebung der Not von Volk und Reich« (»Ermächtigungsgesetz«). Übergang der gesetzgebenden Gewalt auf die Exekutive, die als ausführendes Organ gleichgeschaltet wird durch das Gesetz »zur Wiederherstellung des Berufsbeamtentums« (7. 4. 1933): Entlassung von polit. mißliebigen und »nichtarischen« Beamten. – Der föderalist. Aufbau wird zerschlagen:

31. 3. 1933 »Vorläufiges Gesetz zur Gleichschaltung der Länder mit dem Reich« (Umbildung der Länderparlamente entsprechend der Reichstagswahl). Nach dem

7. 4. 1933 »Gesetz zur Gleichschaltung der Länder mit dem Reich« werden in den Ländern Reichsstatthalter eingesetzt, die die Länderreg. ernennen. Abschluß der Gleichschaltungsaktion durch das **»Gesetz über den Neuaufbau des Reiches«:** Beseitigung der Länderparlamente (30. 1. 1934) und Auflösung des Reichsrats (14. 2. 1934).

Die Übernahme der Polizeigewalt befestigt die NS-Macht. Bis 1936 wird die gesamte Polizei (Schutz-, Kriminal- und polit. Polizei [seit 1934 »Gestapo«]) dem **»Reichsführer SS und Chef der dt. Polizei«, Heinrich Himmler** (S. 461), unterstellt. Nach der Röhm-Affäre (s. u.) tritt die SS an die Stelle der SA: **Bildung des »SS-Staats«.** Die SS wird Vollstreckungsorgan des Führers. Im **»Völkischen Rechtsstaat«** Rechtsprechung nach »Volksempfinden«: Sondergerichte (Volksgerichtshof). Grundlagen der NS-Rechtsauffassung sind der Wille des Führers und die NS-Weltanschauung; die Rechtssicherheit des Individuums wird bestritten. **Willkür der polit. Polizei:** Erforschung und Bekämpfung staatsgefährdender Bestrebungen. Polit. Gegner werden durch Entzug der persönl. Freiheit zur »Erhaltung und Sicherheit der Volksgemeinschaft« bestraft und in Konzentrationslager eingewiesen.

Seit Mai 1933 Liquidation und Auflösung bzw. Verbot von Parteien und Gewerkschaften: Bildung der DAF nach Beschlagnahmung der Gewerkschaftsvermögen. Auflösung von DVP, BVP, DStP, DNVP und Zentrum. Verbot von SPD und KPD. Mit dem

1. 12. 1933 »Gesetz zur Sicherung der Einheit von Partei und Staat« wird die NSDAP Staatspartei.

Die Gefahr einer sozialist. »zweiten Revolution« und der Verschmelzung von Reichswehr und SA zu einer Miliz (Plan Röhms) wird durch die

Juni-Juli 1934 Ermordung des Stabschefs der SA, Ernst Röhm (S. 461), und der SA-Führung beseitigt. Gleichzeitig Liquidierung von polit. Gegnern (u. a. Schleicher [S. 471], Kahr [S. 427], Edgar Jung). Die Morde werden als **Staatsnotwehr durch Gesetz für rechtens erklärt.**

2. 8. 1934 Tod des Reichspräs. von Hindenburg. Hitler übernimmt das Amt des Reichspräs. Vereidigung der Reichswehr auf den **»Führer und Reichskanzler Adolf Hitler«.** – »Erfassung« aller Deutschen durch die »Gliederungen der NSDAP« und die »angeschlossenen Verbände« (S. 461).

Die NS-Wirtschaftspolitik

Zur Erlangung der wirtschaftl. Autarkie Stärkung der Landwirtschaft: **»Reichsnährstand«, »Reichserbhofgesetz«. – Beseitigung der Arbeitslosigkeit** durch Instandsetzungsprogramme, **»Unternehmen Reichsautobahn«** (27. 5. 1933), Aufrüstung und obligator. **Reichsarbeitsdienst** (26. 6. 1935); Finanzierung der Arbeitsbeschaffung und Aufrüstung durch Schuldenpolitik (»Mefo-Wechsel«). **Innere Verschuldung des Reiches Ende 1938: 42 Mrd. RM.**

27. 2. 1934 »Gesetz zur Vorbereitung des organ. Aufbaus der Wirtschaft« (»Ermächtigungsgesetz« zur Erfassung und staatl. Kontrolle aller Verbände und Personen).

20. 1. 1934 »Gesetz zur Ordnung der nat. Arbeit« (Schaffung der »Betriebsgemeinschaft« und der »Treuhänder der Arbeit«).

24. 10. 1934 Zusammenfassung aller »Schaffenden« in der »Dt. Arbeitsfront« (DAF).

Kultur- und Kirchenpolitik

13. 3. 1933 Errichtung des »Reichsministeriums für Volksaufklärung und Propaganda« unter Joseph Goebbels (S. 461). Alle Gleichschaltungsmaßnahmen werden von der skrupellosen Propagandatechnik Goebbels' unterstützt und begründet. – Das Ministerium übt einen starken Druck auf wissenschaftl. Institutionen (Abschaffung der autonomen Universitätsverfassungen) und auf das kulturelle Leben aus:

22. 9. 1933 Gründung der »Reichskulturkammer«.

Die NS-Kirchenpolitik scheitert. Trotz Reichskonkordat (S. 475) wächst der Widerstand der kath. Kirche (Enzyklika Papst Pius' XI. ›Mit brennender Sorge‹, 1937). – Gegen eine evang. »Reichskirche« wendet sich die

Mai 1934 Bekenntnissynode der Dt. Evang. Kirche: Konstituierung der aus dem von Martin Niemöller (1892–1984) 1933 gegr. »Pfarrernotbund« hervorgegangenen **»Bekennenden Kirche«.**

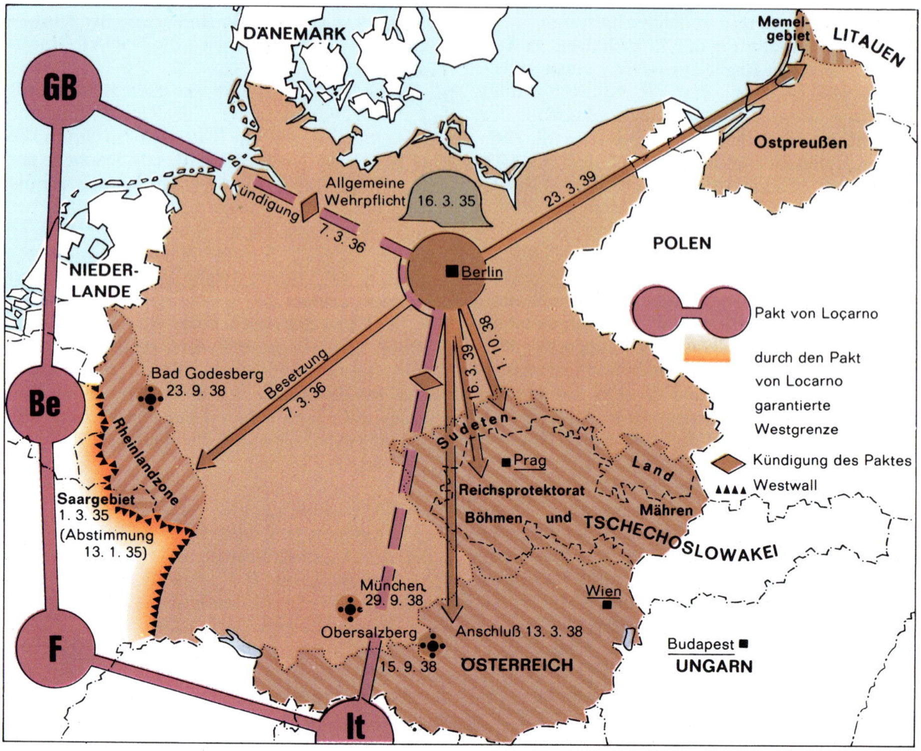

Die »Erweiterung des deutschen Lebensraums« bis Frühjahr 1939

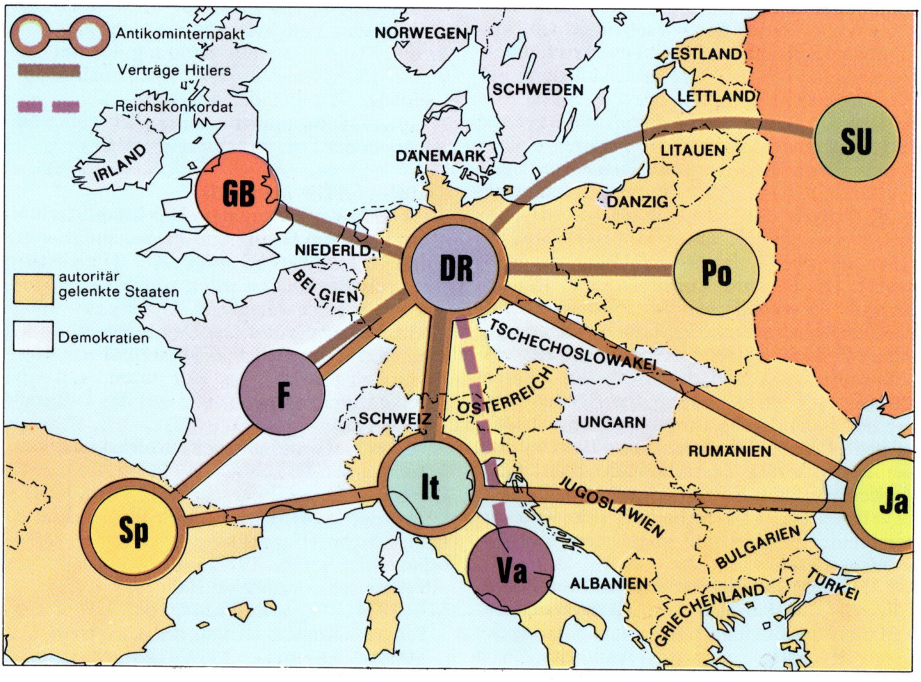

Die Bündnisse Hitlers

Die NS-Außenpolitik
Ziel: Revision des Versailler Vertrags als Vorstufe zur »Eroberung neuen Lebensraums«. HITLER beteuert den dt. Friedenswillen, lehnt aber die Politik der »kollektiven Sicherheit« ab und befürwortet zweiseitige Abkommen.

1933 Konkordat mit dem Vatikan (Juli). – Zunehmende Isolierung Dtl.s nach dem Verlassen der Abrüstungskonferenz und dem Austritt aus dem Völkerbund (Okt.).

1934 Nichtangriffspakt mit Polen: Erschütterung des franz. Bündnissystems. – Nach dem mißlungenen nat.-soz. Putsch in Wien und der Ablehnung eines »Ost-Locarno« werden die Abstimmung im Saarland und dessen Wiedereingliederung erste außenpolit. Erfolge (Jan. 1935).

März 1935 Wiedereinführung der allg. Wehrpflicht.

Juni 1935 Deutsch-brit. Flottenabkommen (Flottenstärke 35:100).

März 1936 Kündigung des Locarno-Vertrags (S. 413) und **Einmarsch in das entmilitarisierte Rheinland:** Ende der Ordnung von Versailles.

Juni 1936 Abkommen mit Österreich: Wiederherstellung freundschaftl. Beziehungen.

Aug. 1936 Olymp. Spiele in Berlin.

Aug. 1936 Einführung der zweijähr. Militärdienstzeit.

Nov. 1936 Antikominternpakt: Beginn der Zusammenarbeit mit **Japan** gegen gemeinsame polit. Gegner (UdSSR). Dem Pakt tritt zunächst **Italien** (Jan. 1937) bei, nachdem eine deutsch-ital. Übereinkunft zur Verkündung der **»Achse Berlin-Rom«** (Okt./Nov. 1936) geführt hat; später (März 1939) **Spanien.**

Die »Eroberung neuen Lebensraums« wird zum vordringlichen Ziel der NS-Außenpolitik. Auf dem Reichsparteitag in Nürnberg (Sept. 1936) wird der Vierjahresplan zur Erlangung der wirtschaftl. Autarkie verkündet. Auf der

Nov. 1937 Führerkonferenz enthüllt Hitler seine Kriegspläne (»Hoßbach-Protokoll«): »Eroberung neuen Lebensraums« durch Gewalt.

1938 Entlassung des Reichskriegsmin. VON BLOMBERG (1878–1946) wegen nicht standesgemäßer Heirat und des OB des Heeres, Gen.-Oberst VON FRITSCH (1880–1939), auf Grund einer Intrige HIMMLERS und GÖRINGS. **Bildung des OKW:** Gleichschaltung des Heeres. – AMin. wird **Joachim von Ribbentrop** (1893–1946) [hingerichtet]). – Entlassung des Reichsbankpräs. SCHACHT (S. 427) und »Gesetz über die Deutsche Reichsbank« (Juni 1939): HITLER erhält das uneingeschränkte Weisungs- und Aufsichtsrecht über die Finanzen.

1938 »Anschluß« Österreichs (S. 434). Die »Wiedervereinigung Österreichs mit dem Reich« (13. März) wird durch Volksabstimmung (April) bestätigt.

Nach HITLERS Geheimbefehl an die Wehrmacht zur **Zerschlagung der Tschechoslowakei** (30. 5. 1938), dem im Aug. folgenden Rücktritt des Chefs des Gen.St. des Heeres, LUDWIG BECK (1880–1944 [Selbstmord]), den Besprechungen HITLERS mit CHAMBERLAIN (S. 468) in Berchtesgaden und Bad Godesberg (Sept.) findet auf brit.-ital. Vermittlung die

29. 9. 1938 Konferenz in München zwischen HITLER, MUSSOLINI, CHAMBERLAIN und DALADIER statt: **Abtretung der sudetendt. Gebiete an Dtl.** (1. bis 10. 10. 1938). Durch die dt.-engl. Nichtangriffserklärung (30. Sept.) und die dt.-franz. Erklärung (6. Dez., endgültige Anerkennung der dt.-franz. Grenzen) soll die dt. Expansion gestoppt werden. Trotz der Beteuerung HITLERS, daß die Abtretung des Sudetenlandes seine letzte Forderung gewesen sei (26. 9. 1938),

21. 10. 1938 Geheimbefehl Hitlers zur »Erledigung der Rest-Tschechei«. Nach dem Besuch des tschechoslowak. Staatspräs. HACHA (S. 435) in Berlin (15. 3. 1939) und dem Einmarsch dt. Truppen in die Tschechoslowakei (15.–16. 3. 1939)

16. 3. 1939 Errichtung des »Reichsprotektorats Böhmen und Mähren«.

23. 3. 1939 Vereinigung des Memellandes mit dem Dt. Reich. – Mit dem Abschluß eines dt.-rumän. Handelsabkommens (S. 441) beginnt die wirtschaftl. Abhängigkeit der Balkan- und Donauländer (»Versorgungsraum« des »Großdt. Reiches«).

Kriegsausbruch und Bündnisse (1939–42)

21. 3. 1939 Dt. Forderungen an Polen: Angliederung Danzigs an Dtl., exterritoriale Verbindung zwischen Ostpreußen und dem Reichsgebiet. Die Forderungen werden abgelehnt. Abbruch der Verhandlungen (26. 3.) und, nach der engl.-franz. Garantieerklärung für Polen (31. 3.), Kündigung des dt.-poln. Nichtangriffspakts sowie des dt.-brit. Flottenabkommens (28. 4.). Der

22. 5. 1939 Freundschafts- und Bündnispakt mit Italien (»Stahlpakt«), die

31. 5.–7. 6. 1939 Nichtangriffspakte mit Estland, Lettland und Dänemark sowie der

23. 8. 1939 deutsch-sowjet. Nichtangriffspakt mit geheimem Zusatzprotokoll (Festlegung der beiderseitigen Interessensphären in Osteuropa) sind Voraussetzungen für den

1. 9. 1939 deutschen Angriff auf Polen, das mit England einen Bündnisvertrag abgeschlossen hat (25. 8.).
Brit. Vermittlungsversuche scheitern an der ultimativen dt. Forderung, sofort einen Bevollmächtigten nach Berlin zu entsenden, was von Polen abgelehnt wird.

1940 Dreimächtepakt zwischen Dtl., Italien und Japan. Ziel:
Neuordnung Europas und Ostasiens, Verpflichtung zur Hilfeleistung. Dem Pakt treten bis 1942 Ungarn, Rumänien, die Slowakei, Dänemark, Finnland, Nanking-China, Bulgarien und Kroatien bei.

1942 Militärbündnis Deutschland–Italien–Japan.

Die Feldzüge in Polen, Dänemark, Norwegen, Holland, Belgien, Frankreich 1939/40

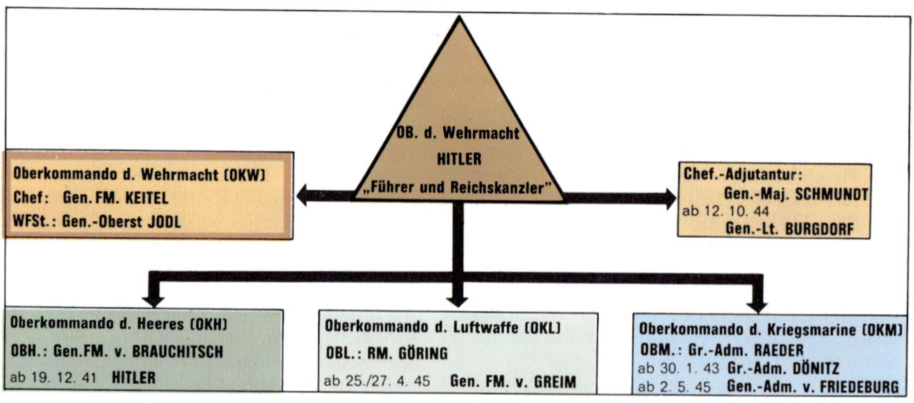

Spitzengliederung der deutschen Wehrmacht

Der Polenfeldzug (»Fall Weiß«, 1939)
Schnelle Zerschlagung der poln. Armee (1. bis 18. 9.) durch die überlegene dt. Panzer- und Luftwaffe. Widerstand leisten noch Warschau (bis 27. 9.) und Modlin (bis 28. 9.). **Folgen des Angriffs:** Nach vergebl. Vermittlungsversuchen MUSSOLINIS erklärt sich Italien als »nichtkriegführend« (2. 9.). **Großbritannien** und **Frankreich** fordern ultimativ die Zurückziehung der dt. Truppen hinter die Reichsgrenze und **erklären nach Ablauf der Frist den Krieg (3. 9.).**
Voraussetzungen für den Krieg im Westen:
1. »Neuordnung« Polens (Okt. 1939): Eingliederung Danzigs (1. 9.) und der 1918 an Polen abgetretenen Gebiete (Reichsgaue »Danzig-Westpreußen« und »Wartheland«); der Bezirk Kattowitz und das Olsagebiet fallen an die Prov. Schlesien, die Bezirke Sudauen und Zichenau an die Prov. Ostpreußen. Restpolen wird als »Generalgouvernement« dem Gen.-Gouv. HANS FRANK (S. 461) unterstellt. – **Ziel der NS-Politik: Versklavung der Polen:** Schließung der höheren Schulen und Universitäten; Vernichtung der Intelligenz, Zwangsarbeit.
2. Verhältnis zur UdSSR: Einmarsch der Roten Armee in Ostpolen (17. 9.) und
28. 9. 1939 deutsch-sowjet. Grenz- und Freundschaftsvertrag: Verfügungsgewalt der UdSSR über Litauen gegen Gebietskonzessionen (Buglinie, Suwalkizipfel).
6. 10. 1939 Reichstagsrede HITLERS: Sein Friedensangebot (Anerkennung des Status quo) wird durch Frankreich und Großbritannien zurückgewiesen.
11. 2. 1940 Wirtschaftsabkommen mit der UdSSR, das die brit. Blockade unwirksam macht.
3. Rücksiedlung der Volksdt. durch Verträge mit den balt. Staaten, Italien und der UdSSR (Okt./Nov. 1939); die Aussiedler werden zum Objekt der Ostpolitik und unterliegen der Planung der SS (Ernennung HIMMLERS [S. 461] zum »Reichskommissar zur Festigung des dt. Volkstums« [RKF]): Umsiedlungsmaßnahmen.

Der finn.-sowjet. »Winterkrieg« (1939–40)
Nach Ablehnung sowjet. Forderungen (Überlassung von Stützpunkten) beginnt der
30. 11. 1939 sowjet. Angriff auf Finnland. Ausschluß der UdSSR aus dem Völkerbund (14. 12.). Nach hartnäckigem finn. Widerstand wird die »Mannerheim-Linie« durchbrochen. Zur Vermeidung eines Zusammenstoßes mit den Westmächten, die durch eine Landung in Norwegen Finnland unterstützen und die Erztransporte aus Schweden nach Dtl. unterbinden wollen, wird der
12. 3. 1940 Friede von Moskau unterzeichnet: Finnland tritt die karel. Landenge und Teile Ostkareliens ab und verpachtet Hangö an die UdSSR; Transitrechte im Petsamogebiet.

Dänemark, Norwegen (»Weserübung«, 1940)
Um die schwed. Erzzufuhr zu sichern und eine breitere Angriffsbasis für den Handelskrieg gegen Großbritannien zu gewinnen, erfolgt durch ein kombiniertes See-, Land- und Luftunternehmen die **Besetzung Dänemarks (9. 4.)**, das sich kampflos ergibt, und die **Besetzung Norwegens (9. 4.–10. 6.)**, dessen Streitkräfte nach der Einschiffung der Alliierten (3.–7. 6.) kapitulieren.
Dänemark: Weitere Amtsführung der dän. Reg., Einsetzung eines »Reichsbevollmächtigten«. Rücktritt der dän. Reg. (29. 8. 1943).
Norwegen: Flucht Kg. HAAKONS VII. [1905 bis 1957] und seiner Reg. nach London. Bildung einer Exilreg. (5. 5. 1940). Einsetzung des »Reichskommissars« TERBOVEN. Er wird von VIDKUN QUISLING (1887–1945 [hingerichtet]), dem Führer des faschist. »Nasjonal Samling«, unterstützt.

Der Westfeldzug (»Fall Gelb«, 1940)
10. 5.–4. 6. 1940 1. Phase (»Sichelschnitt«). Nach der Kapitulation der Niederlande (15. 5.) und Belgiens (28. 5.) stoßen deutsche Verbände zur Kanalküste vor, jedoch können sich ca. 335 000 brit. und franz. Soldaten von Dünkirchen aus einschiffen.
5. 6.–24. 6. 1940 2. Phase (»Schlacht um Frankreich«). Nach Durchbruch der »Weygand-Linie« wird **Paris kampflos besetzt** (14. 6.).
10. 6. 1940 Kriegseintritt Italiens (S. 481). –
22. 6. 1940 Waffenstillstand in Compiègne. Teilung Frankreichs in ein besetztes und ein unbesetztes Gebiet (»Vichy«-Frankreich). Die franz. Armee geht in Kriegsgefangenschaft, keine Auslieferung der Flotte.

Polit. Folgen: Großbritannien: Bildung eines Koalitionskabinetts (10. 5.) unter **Winston Churchill** (1874–1965). – **Niederlande:** Flucht der kgl. Familie und Reg. nach London. ARTHUR SEYSS-INQUART (S. 434) wird »Reichskommissar«, unterstützt durch ANTON ADRIAN MUSSERT (1894–1946 [hingerichtet]), den Führer der ndl. Nat.-Soz. – **Belgien:** Internierung Kg. LEOPOLDS III. [1934–51]. Die faschist. »Rexisten« unter LÉON DEGRELLE (geb. 1906) unterstützen die Deutschen. Rückgabe von Eupen-Malmedy und Moresnet (18. 5.). – **Luxemburg:** Gauleiter SIMON wird Chef der Zivilverw. (2. 8.). **Frankreich:** Nach dem Sturz DALADIERS (S. 469) und dem Rücktritt REYNAUDS bildet PÉTAIN (S. 407) die (»Vichy«-) Reg. (16. 6.).
3. 7. 1940 Vernichtung der vor Oran liegenden frz. Flotte durch die Engländer.
10. 7. 1940 Pétain wird »Chef des Staates«.
24. 10. 1940 Treffen Hitlers mit Pétain in Montoire: HITLER fordert den Kriegseintritt Frankreichs, den PÉTAIN ablehnt.

Geplante dt. Unternehmungen: Landung in England (»Seelöwe«) wird wegen der verlorenen »Luftschlacht um England« (S. 479) verschoben. – Die **Eroberung Gibraltars (»Felix«)** wird nach dem ergebnislosen Treffen HITLERS mit FRANCO in Hendaye (23. 10.) aufgegeben.

	1939	1940	1941	1942	1943	1944	1945
Verlust an U-Booten (Deutsches Reich)	9	22	35	85	287	241	153
Versenkt an Tonnage (USA, Gr.-Brit.)	810 000	4 407 000	4 398 000	8 245 000	3 611 000	1 422 000	458 000
Neubauten USA in BRT	101 000	439 000	1 169 000	5 339 000	12 384 000	11 639 000	3 551 000
Neubauten (Gr.-Brit.) in BRT	231 000	780 000	815 000	1 843 000	2 201 000	1 710 000	283 000
Zusammen in BRT	332 000	1 219 000	1 984 000	7 182 000	14 585 000	13 349 000	3 834 000

Der Seekrieg 1939–1945

zusammen	1939	1940	1941	1942	1943	1944	1945
Bomben-flugzeuge 18 235	737	2852	3373	4337	4649	2287	
Jagd-flugzeuge 53 729	605	2746	3744	5515	10 898	25 285	4936
Schlacht-flugzeuge 12 359	134	603	507	1249	3266	5496	1104
Aufklärungs-flugzeuge 6299	163	971	1079	1067	1117	1686	216
Strahl-flugzeuge 1988						1041	947

Die deutsche Flugzeugproduktion 1939–1945

	1940	1941	1942	1943	1944	1945
Bomben (in Tonnen) auf Deutschland	10 000	30 000	40 000	120 000	650 000	500 000
auf England	36 844	21 858	3260	2298	9151	761

Der Bombenkrieg 1940–1945

Der Seekrieg (1939–45)

Im Kampf gegen die feindl. Versorgungswege operiert die dt. Kriegsmarine vor allem im Atlantik (»Schlacht im Atlantik«). Trotz großer Tonnageverluste der Engländer gelingt es nicht, die brit. Inseln zu blockieren. Die Kriegsmarine trägt entscheidend zur Besetzung Norwegens und Dänemarks bei, erleidet aber so heftige Verluste, daß sie die Operationen in Frankreich 1940 nur bedingt unterstützen kann (Dünkirchen, S. 477).

Die Überwasserstreitkräfte: Nach der Selbstversenkung des Panzerschiffs »Graf Spee« vor der La Plata-Mündung (Dez. 1939) und des Schlachtschiffes »Bismarck« (Mai 1941), dem zusammen mit dem schweren Kreuzer »Prinz Eugen« die Vernichtung des brit. Schlachtkreuzers »Hood« gelingt,

1942 Kanaldurchbruch der Schlachtschiffe »Scharnhorst« und »Gneisenau« (beide operieren 1940–41 im Atlantik) und der »Prinz Eugen« (Febr.) nach Norwegen.

1943 Versenkung der »Scharnhorst« bei Murmansk (Dez.).

1944 Vernichtung des Schlachtschiffes »Tirpitz« bei Tromsö (Nov.).

1945 Verlust der »Adm. Scheer«, »Adm. Hipper«, »Lützow«, »Emden«, »Köln«, »Leipzig«, »Schlesien« und »Schleswig-Holstein«.

Der U-Boot-Krieg: Der Handelskrieg wird zunächst nach Prisenordnung geführt.

1940 Erklärung des dt. »Operationsgebiets« um England (17. 8.) und Verschärfung des Kampfes. – Zunächst Erfolge der U-Boote in Einzelunternehmungen.

1942 große Erfolge vor der amerikan. Küste (keine U-Boot-Abwehr). – Höhepunkt der »Rudeltaktik« bilden die

1942–43 Operationen gegen Nordatlantik-Konvois. Im März 1943 werden 851000 BRT versenkt. – Wegen des Streits um die Außerdienststellung der großen Schiffe tritt der OBM Raeder zurück (1943, Nachfolger: Dönitz, S. 493).
Abbruch der Geleitzugsbekämpfung im Atlantik (1943).

Die Wende des U-Boot-Krieges zugunsten der Alliierten: Einsatz von Zerstörern als Konvoibegleitung, Radar-Ortung, lückenlose Luftüberwachung und Einsatz von »Support Groups« zur Konvoisicherung. Keine dt. Erfolge durch die Erfindung des Schnorchel-Gerätes (1944) und des akustischen Torpedos.

Der Luftkrieg (1939–45)

Die dt. Luftwaffe (OBL: Reichsmarschall Göring, S. 461) ist den feindl. Luftstreitkräften zunächst überlegen (»Stukas«) und trägt zum Erfolg der »Blitzkriege« bei. Sie kann jedoch den Abzug des brit. Expeditionskorps aus Dünkirchen (S. 477) nicht verhindern und verliert auch die

1940–41 »Luftschlacht um England«. Brit. Jagdwaffe, Kriegsindustrie werden nicht entscheidend getroffen, die Luftherrschaft über den südengl. Raum nicht errungen (S. 477). – Die wachsende Überlegenheit der alliierten Luftwaffe (Bau von Langstreckenbombern und Langstreckenjägern) und die Entwicklung der Radartechnik bringen die Wende im Luftkrieg.

1942 Beginn brit. und amerikan. Luftangriffe mit Brand- und Sprengbomben auf kriegswichtige Ziele und auf Wohnviertel deutscher Städte (30./31. 5. »1000-Bomber-Angriff« auf Köln).

1943 Beginn der Tagesangriffe in Großverbänden.

1944 Angriffe auf das rumän. Erdölgebiet von Ploesti (seit April), die deutschen Hydrierwerke (seit Mai) und auf das Verkehrsnetz. – Die Bevölkerung wird nicht demoralisiert, die Rüstungsproduktion bis Mitte 1944 nicht entscheidend getroffen.

1945 Terrorangriff auf das mit Flüchtlingen überfüllte Dresden (13./14. 2.). – In den letzten Kriegsmonaten Tieffliegerangriffe gegen die Zivilbevölkerung und zur Lahmlegung des Straßenverkehrs.

Die Alliierten beherrschen ab Mitte 1944 den Luftraum über Dtl. Sie können wegen der falschen Planung der Luftrüstung (u. a. Bau des Strahl-Jagdbombers Me 262 statt eines Düsenjägers), wegen Treibstoffmangels und fehlender Besatzungen nicht geschlagen werden. Die **Produktion der V-(Vergeltungs-)Waffen** wird durch den Angriff der RAF auf die Versuchsstation Peenemünde (Aug. 1943) verzögert (Beginn des Beschusses brit. Ziele [London] durch V 1 am 13. 6., durch V 2 am 6. 9. 1944). Minimale Schäden durch V-Waffen-Beschuß. (Luftkrieg im Pazifik, S. 493.)

Die deutsche Kriegswirtschaft

Zu Beginn des Krieges besteht keine einheitlich geplante und geleitete Wirtschaft. Nach Stalingrad (S. 485) und der Proklamation des »totalen Krieges« (18. 2. 1943) durch Goebbels (S. 461, 473) erfolgt eine Konzentration der Wirtschaft (2. 9. 1943) unter Reichsmin. Albert Speer (1905–81). Die Produktionsziffern erreichen ihren Höhepunkt Aug.–Dez. 1944. Überwindung der Rohstoffknappheit durch Vorkriegsplanungen (Buna, synthet. Treibstoff, Verhüttung minderwertiger Erze u. a.) und durch Ausbeutung von Rohstoffquellen in den besetzten Ländern. Das kaukas. Erdölgebiet wird nicht erobert (Ende 1942), die rumän. und ukrain. Erdölgebiete gehen verloren: Treibstoffmangel während des ganzen Krieges. Ausnutzung des Industriepotentials in den besetzten Ländern.

Arbeitskräfte für die Wehrwirtschaft als Ersatz für die eingezogenen dt. Arbeiter werden durch Rekrutierung von ca. 9 Mill. am Anfang freiwilliger, dann zwangsverschleppter Fremdarbeiter gewonnen. Seit dem

30. 4. 1942 Mobilisierung aller KZ-Häftlinge (1944 bestehen neben den Hauptlagern über 400 Nebenlager).

Die Feldzüge in Nordafrika und auf dem Balkan 1941/42

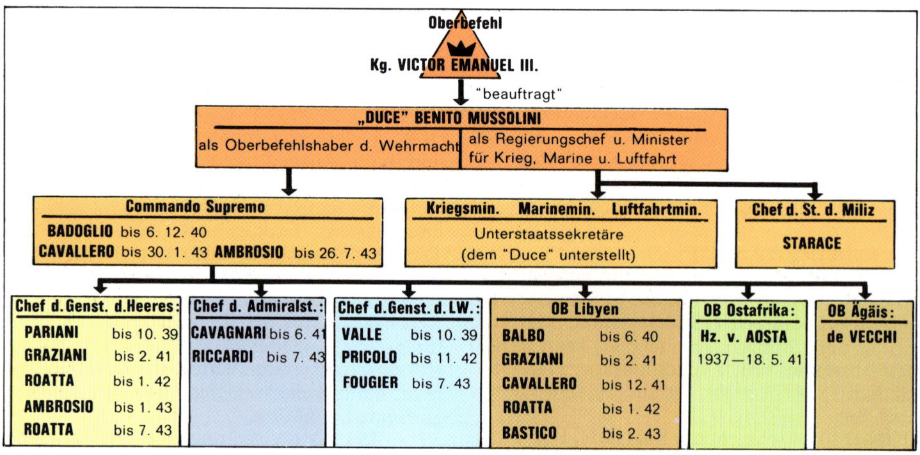

Spitzengliederung der italienischen Wehrmacht

Der Krieg in Nordafrika (1940–42)

1940 Italien erklärt Frankreich und Großbritannien den Krieg (10. 6.). Der ital. Angriff bleibt in der franz. Alpenfront stecken. Der **Waffenstillstand** (24. 6) bringt keine Erfüllung der ital. Wünsche.

Sept. 1940 Ital. Offensive von Libyen aus gegen Ägypten.

Die Briten treten zum

Dez. 1940 erfolgreichen Gegenangriff an: Verlust der Cyrenaika (Jan./Febr. 1941). – Auf Bitte Italiens wird das X. dt. Fliegerkorps nach Sizilien verlegt (Bekämpfung Maltas). Nach der Besprechung HITLERS mit MUSSOLINI (Jan. 1941) Aufstellung des **»Deutschen Afrikakorps«** (OB Gen. ERWIN ROMMEL, 1891–1944 [Selbstmord]).

1941 Rückeroberung der Cyrenaika (März–April) außer Tobruk.

1942 Neuer deutsch-ital. Angriff: Die Achsenmächte erobern Benghasi (29. 1.) und El Gazala (7. 2.), Tobruk kapituliert. Nach Überschreitung der ägypt. Grenze (Marsa Matruk, 28. 6.) bleibt der Vormarsch wegen Nachschubmangel in der El-Alamein-Stellung stecken (30. 6.).

Malta: Das »Unternehmen Herkules« (April 1942) wird nach deutschen Luftangriffen auf die Insel aufgegeben.

Okt. 1942 Gegenoffensive der Briten (OB Gen. MONTGOMERY): Die Achsenmächte verlieren die Cyrenaika.

Abessinien: Nach der Eroberung von Brit.- und Franz.-Somaliland durch ital. Truppen brit. Gegenoffensive: Ital.- und Brit.-Somaliland sowie Eritrea gehen verloren (1941). Einnahme von Addis Abeba (6. 4.) und ital. Kapitulation (16. 5. 1941). Rückkehr Ks. HAILE SELASSIES I. (S. 457).

Der Krieg auf dem Balkan (1940–41)

Persönl. (Prestige MUSSOLINIS), histor. (mißlungene Okkupation von Korfu, S. 437) und machtpolit. Gründe (Verhinderung der NS-Herrschaft) führen von Albanien aus zum

1940 ital. Feldzug gegen Griechenland (28. 10.). Die Griechen besetzen ein Drittel Albaniens, die ital. Flotte wird in Tarent durch brit. Trägerflugzeuge (11./12. 11.) geschwächt. Auf Grund der gegebenen Garantie (S. 443) Errichtung von brit. Stützpunkten auf Kreta, später Landung brit. Streitkräfte (rd. 70000 Mann) in Piräus und Volos (ab März 1941).

Die dt. Balkanpolitik: Trotz der Forderungen der UdSSR auf dem Balkan (S. 485) erweitert Dtl. seine Einflußsphäre. Beitritt von Balkanstaaten zum Dreimächtepakt (1940, S. 475): Ungarn (20. 11.); Rumänien (23. 11.; verliert die Nordbukowina und Bessarabien an die UdSSR [28. 6.], Nordsiebenbürgen an Ungarn, die südl. Dobrudscha an Bulgarien [2. Wiener Schiedsspruch, 30. 8.]; ION ANTONESCU, 1882–1946 [hingerichtet], wird Staatschef [4. 9.]); Slowakei (24. 11.); Bulgarien (1. 3. 1941); Jugoslawien (25. 3. 1941). Staatsstreich in Belgrad (27. 3. 1941) und Freundschaftsvertrag der neuen jugoslaw. Reg. mit der UdSSR (5. 4. 1941). Die Türkei bleibt neutral.

Der Balkanfeldzug (»Marita«): Wegen der Gefahr einer sich bildenden alliierten Balkanfront und der Bedrohung des rumän. Ölgebiets durch brit. Luftangriffe beschließt HITLER einen Vorstoß von Bulgarien bis ans Ägäische Meer. Nach Ablehnung dt. Vermittlungsversuche durch Griechenland (Febr.) und Verlegung der dt. 12. Armee nach Bulgarien (März)

1941 Beginn der Kampfhandlungen (6. 4.).

Jugoslawien: Der Krieg, eingeleitet durch den Luftangriff auf Belgrad (6. 4.), endet mit der Einkreisung und Kapitulation der jugoslaw. Armee (17. 4.). Einmarsch ital., ungar. (11. 4.) und bulgar. Truppen.

Griechenland: Der Angriff wird nach Einbruch in die Metaxaslinie, Einnahme von Saloniki (9. 4.) und Vorstoß über das Pindos-Gebirge durch die griech. Kapitulation in Saloniki beendet (21. 4., auf Drängen MUSSOLINIS unter Einbeziehung der Italiener wiederholt, 23. 4.). Nach Durchbruch der brit. Auffangstellung am Thermopylenpaß (24. 4.) Einschiffung der brit. Verbände (bis 30. 4.). Besetzung Athens (27. 4.), der Peloponnes und der griech. Inseln (bis 11. 5.) durch dt. Truppen.

20. 5.–1. 6. 1941 Erfolgreiche deutsche Luftlandung auf Kreta (»Merkur«).

Ergebnisse des Balkanfeldzuges: Ausschaltung Englands vom Kontinent, Sicherung der Südostflanke für den Angriff auf die UdSSR, Schutz der rumän. Erdölgebiete.

»Neuordnung« des Balkanraums

Jugoslawien: Flucht Kg. PETERS II. [1934–41]. Bildung einer Exilreg. in London. Errichtung einer dt. Milit.-Reg. in **Serbien** und Zulassung einer von ihr abhängigen Reg. Untersteiermark und Teile Krains fallen an das Dt. Reich, Laibach, das dalmat. Küstengebiet und Montenegro (offiziell »unabhängig«) an Italien, der Drauwinkel und die Hälfte der Batschka an Ungarn, das westl. Mazedonien an Bulgarien.

Kroatien [König wird der ital. Hz. AIMONE VON SPOLETO]: Selbst., autoritär regierter Staat (10. 4. 1941) unter dem »Poglavnik« ANTE PAVELIĆ (1889–1959), der sich auf die faschist. »Ustascha«-Bewegung stützt.

Griechenland: Errichtung einer dt., Mitte 1941 einer ital. Milit.-Verw. (dt. Reservate). Flucht Kg. GEORGS II. [1922–24, 1935–47] nach London und Bildung einer griech. Exilreg.

Folgen: Verzettelung der dt. Kräfte im Mehrfrontenkrieg, starkes Engagement im Mittelmeerraum, Terminverschiebung für den Angriff gegen die UdSSR.

Der Nahe Osten: Niederschlagung des Aufstandes des achsenfreundl. RASCHID ALI EL GAILANI im Irak (Mai 1941), brit. Besetzung von Syrien, des Libanons und Irans (S. 446): keine Bedrohung des Suezkanals.

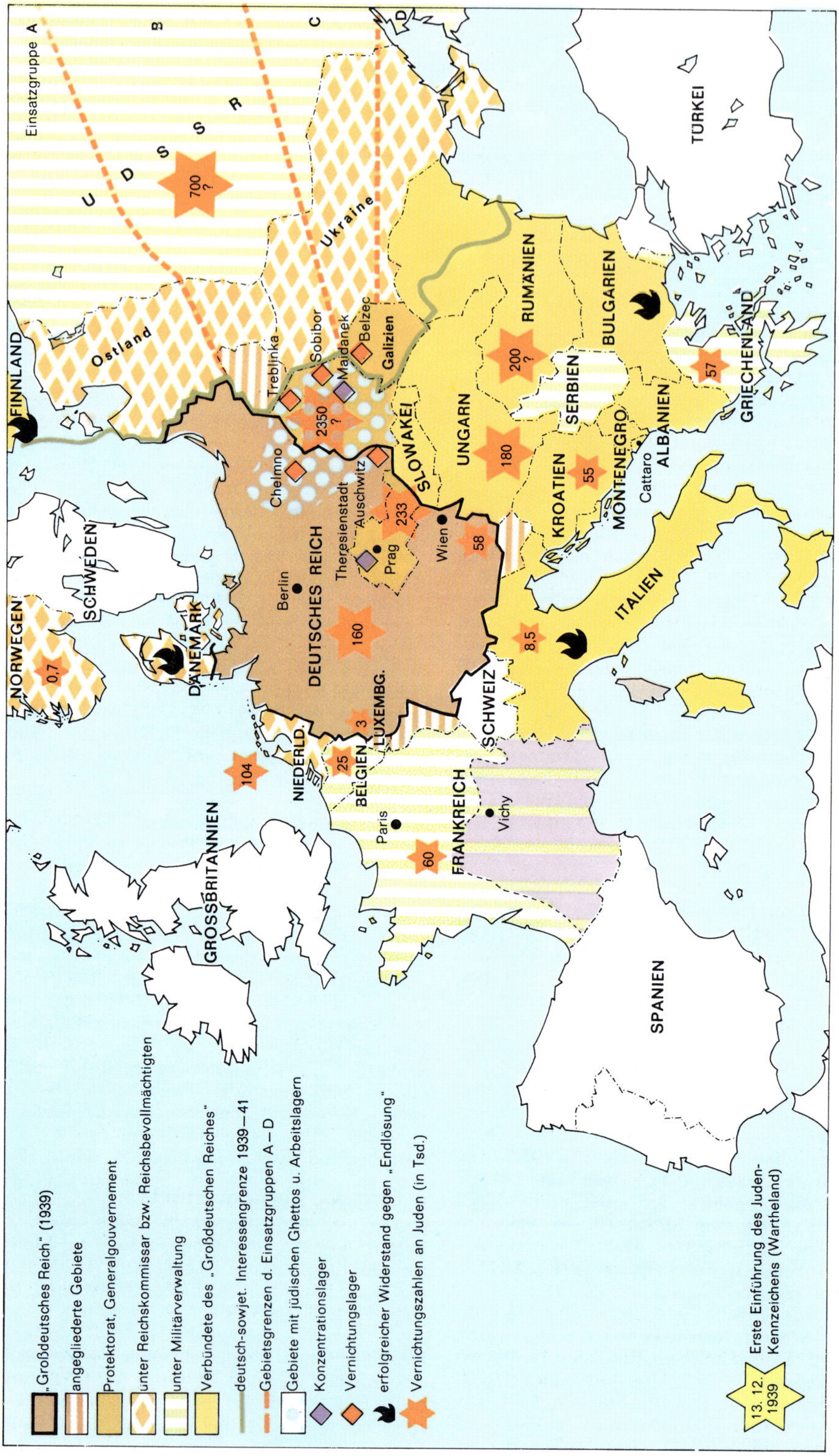

Die Vernichtung der Juden (»Endlösung«) 1939–1944

»Judenfrage« und »Endlösung«

Voraussetzung für die NS-Rassenpolitik ist die **Rassenideologie** (Verherrlichung des »Ariers«, Diffamierung des »Jüdischen Untermenschen«), das **Bedürfnis nach Verschiebung der Schuld** an der Niederlage 1918 (»jüd.-marxist. Novemberverbrecher«) und die **Herausstellung eines Gegners,** auf den die totalitäre Staatspraxis nicht verzichten kann (Jude = Verkörperung des Bösen schlechthin). Auf die »wilden Aktionen« nach der Machtübernahme folgt der

1. 4. 1933 Boykott-Tag. Die Aktion richtet sich hauptsächlich gegen jüd. Geschäftsinhaber, jüd. Professoren, Lehrer, Studenten, Schüler, jüd. Rechtsanwälte und Ärzte. Die in ›Mein Kampf‹ präzisierten Forderungen HITLERS werden in den

15. 9. 1935 »Nürnberger Gesetzen« systematisch verwirklicht: 1. »Reichsbürgergesetz«: Verlust der bürgerl. Gleichberechtigung für Juden durch Einteilung der Bev. in »Staatsangehörige« und »Staats- oder Reichsbürger«. 2. »Gesetz zum Schutz des dt. Volks und der dt. Ehre«: Verbot »rass.« Mischehen und des »außerehel. Verkehrs zwischen Juden und Staatsangehörigen dt. oder artverwandten Blutes«. Verboten wird den Juden das Hissen der Reichsflagge und die Beschäftigung nichtjüd. weibl. Angestellter unter 45 Jahren. Während der nächsten Jahre werden **13 Ergänzungsverordnungen zum »Reichsbürgergesetz«** erlassen: Ausschluß der Juden aus der staatl. Gemeinschaft.

Die 1933 gebildete Reichsorganisation für alle jüd. Menschen und Vereinigungen, die **»Reichsvertretung der deutschen Juden«,** unter Vorsitz des Rabbiners **Dr. Leo Baeck** (1873–1956), leistet Hilfe bei der Auswanderung und beim Berufswechsel, bei der Gründung jüd. Schulen sowie auf sozialen und kulturellen Gebieten.

1938 Höhepunkt der NS-Judenpolitik vor dem Zweiten Weltkrieg. Die jüd. Kultusvereinigungen werden »eingetragene Vereine« (28. 3.). Vermögen über 5000 RM müssen gemeldet werden (26. 4.), Kennzeichnung jüd. Gewerbebetriebe (14. 6.), Streichung der Approbation aller jüd. Ärzte (25. 7.), Änderung der Familien- und Vornamen (17. 8.: Hinzufügung der Vornamen »Sara« und »Israel« bei Juden mit nichtjüd. Vornamen), Streichung der Zulassung der jüd. Rechtsanwälte (27. 9.), Einziehung der Reisepässe (5. 10. neue Pässe, die durch ein »J« ergänzt sind), Ausweisung von ca. 17000 in Dtl. wohnenden poln. Juden (28. 10.). Das

7. 11. 1938 Attentat auf den Gesandtschaftsrat vom Rath in Paris durch HERSCHEL GRYNSPAN, den 17jähr. Sohn eines der Zwangsdeportierten, gibt Anlaß zu

9./10. 11. 1938 organisierten Pogromen in ganz Deutschland (»Kristallnacht«): Synagogen werden in Brand gesteckt, Friedhöfe geschändet, jüd. Gebäude zerstört, ca. 26000 männl. Juden verhaftet. Das Reich fordert

12. 11. 1938 1 Milliarde RM als Sühneleistung, Wiederherstellung der durch den Mob verursachten Sachschäden, Rückzahlung der von Versicherungen geleisteten Entschädigungen. »Ausschaltung« der Juden aus dem dt. Wirtschaftsleben (»Zwangsarisierung«), Verbot des Besuchs von Kulturstätten und der Benutzung öffentl. Verkehrsmittel. Sperrung der höheren Schulen.

Die »Endlösung der Judenfrage«

1939 Durch die Verschärfung der Lage der dt. Juden starke jüd. Auswanderung, die oft an mangelnder Hilfsbereitschaft der Aufnahmeländer, den Vermögensbeschlagnahmungen und der Unmöglichkeit des Devisentransfers scheitert. Nach Kriegsbeginn liegt die Polizeigewalt in den besetzten Gebieten in den Händen HIMMLERS (S. 473) und seiner Organe (SS, SD).

Ausrottung in Polen in 3 Etappen:

1. **Gettoisierung** (Gettos und Unterbringung in Arbeitslagern), danach Liquidation am Ort (bis 1941) bzw. Transport in die Vernichtungslager (ab 1942).
2. **Massenverhaftungen, Erschießungen.**
3. **Razzien, Pogrome** mit Hilfe einheim. Miliz.

In **Rußland** Ausrottung durch **Einsatzgruppen.**

31. 7. 1941 Beauftragung des SS-Obergruppenführers REINHARD HEYDRICH (1904–1942 [ermordet]) durch GÖRING mit der **»Endlösung der Judenfrage«,** der biolog. Vernichtung des Judentums.

20. 1. 1942 »Wannsee-Konferenz«. Festlegung des Programms: Arbeitseinsatz in Arbeitskolonnen (Trennung der Geschlechter; Dezimierung durch Zwangsarbeit bei unzureichender Ernährung; »entsprechende Behandlung« des »Restbestandes«). Abtransport aller europ. Juden nach Osten. Unterbringung von Schwerkriegsbeschädigten und Juden mit Kriegsauszeichnungen in Theresienstadt.

5,29 Mill. (mindestens) europ. Juden werden getötet oder kommen durch Vergasung in den Vernichtungslagern Auschwitz, Chelmno, Belzec, Sobibor und Treblinka um. Die meisten mit Deutschland verbündeten und befreundeten Mächte unterstützen durch antisemit. Gesetzgebung die Ausrottung der Juden. Erfolgreichen Widerstand leisten Finnland, Italien, Bulgarien, Dänemark.

»Ausmerzung lebensunwerten Lebens«

14. 7. 1933 Gesetz zur »Verhütung erbkranken Nachwuchses« (Sterilisierung bei best. Erbkrankheiten). Als letzte Konsequenz des Gesetzes wird im Krieg das **»Euthanasieprogramm«** durchgeführt, nach dem »unheilbar Kranken der Gnadentod gewährt werden kann« (Okt. 1939). Für die Durchführung der verbrecher. Willkürakte (Tötung von 70000 Menschen bis Aug. 1941) sind auch »Arbeitsfähigkeit« und »Rasse« ausschlaggebend.

Das »Unternehmen Barbarossa« 1941/42

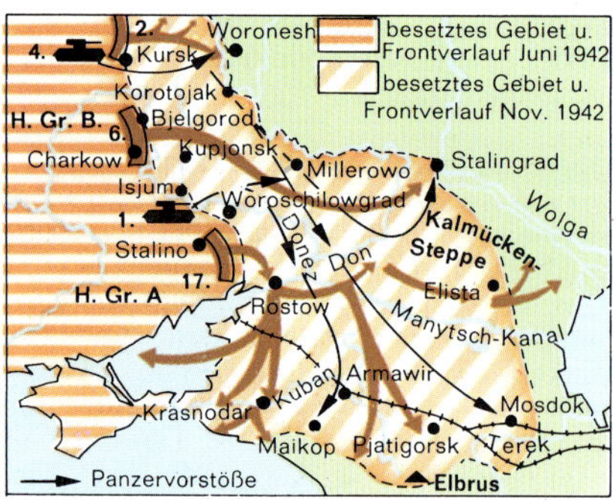

Die deutsche Sommeroffensive 1942

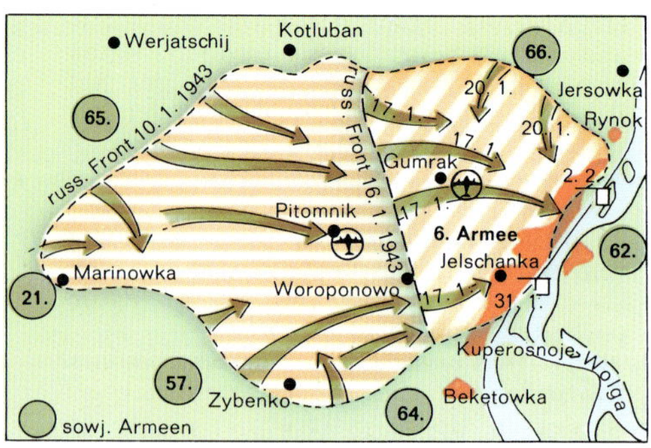

Die Schlacht um Stalingrad 1942/43

Der Krieg in Rußland (1941–42)

AMin. von Ribbentrop schlägt bei dem Besuch Molotows in Berlin (Nov. 1940) die Aufteilung des brit. Weltreiches vor (Persien und Indien als sowjet. Einflußsphäre), um die Sowjetunion für den Beitritt zum Dreimächtepakt zu gewinnen.

Eine sowjet. Antwortnote, in der für den Beitritt die Einbeziehung Finnlands sowie Bulgariens und der Türkei in die sowjet. Interessensphäre gefordert wird, läßt Hitler unbeantwortet. Sein Ziel, »Lebensraum« im Osten zu gewinnen, verknüpft er mit dem Plan, nach Niederwerfung der UdSSR Großbritannien von Rußland aus im Iran bzw. im Nahen Osten zu schlagen. Er erteilt die **»Weisung 21«** (»Fall Barbarossa«, 18. 12. 1940) zur Vorbereitung eines Angriffs auf die UdSSR, doch erfolgt noch der Abschluß eines deutsch-sowjet. Wirtschaftsvertrages (10. 1. 1941) und die Anerkennung der neugeschaffenen Verhältnisse auf dem Balkan (S. 481) durch die UdSSR (Mai 1941).

22. 6. 1941 Deutscher Überfall auf die UdSSR ohne Kriegserklärung. Rumänien, Italien, die Slowakei und Ungarn treten in den Krieg ein, Finnland beginnt einen »Fortsetzungskrieg« nur gegen die UdSSR.

Abwehrmaßnahmen der UdSSR – Innenpolitisch: Stalin (Vors. des Rats der Volkskommissare) proklamiert den **»Großen Vaterländ. Krieg«.** Bildung des staatl. Verteidigungskomitees als Kriegskabinett mit Stalin als Vors. und Volkskommissar für Vert., Molotow, Woroschilow, Berija und Malenkow. Mobilisierung aller Kräfte und Verteidigung mit Hilfe des Prinzips der »verbrannten Erde«; Organisation der Partisanenbewegung (S. 486), Wiedereinführung der Mai 1940 abgeschafften polit. Kommissare, doch Wiederherstellung der Einheit des Kommandos während der Schlacht von Stalingrad (s. u.).

Außenpolitisch: Der Neutralitätspakt mit Japan (13. 4. 1941) schützt die UdSSR vor einem Zweifrontenkrieg. Nach dem dt. Überfall

1941 brit.-sowjet. Bündnis gegen Dtl. (12. 7.) und Angebot der USA zur Lieferung von Kriegsmaterial (30. 7.). – Militärabkommen zwischen der UdSSR und der poln. Exilreg. in London (14. 8.): Aufstellung poln. Verbände aus Kriegsgefangenen in der UdSSR, Widerruf der dt.-sowjet. Abmachungen über die Teilung Polens (S. 432, 477). – Beistandspakt zwischen der UdSSR und der poln. Exilreg. (4. 12.).

Der Kriegsverlauf

1. Phase (bis Aug. 1941): Im **Norden** werden die sowjet. Stellungen zwischen Peipus- und Ilmen-See durchbrochen, in der **Mitte** und im **Süden** nach Vernichtung starker sowjet. Verbände in den Kesselschlachten von Minsk (bis 9. 7.), Orscha-Witebsk (bis 5. 8.) und Uman (1.–7. 8.) Desna und Dnjepr erreicht. Finn. Verbände dringen bis zum Swir und Onega-See vor; Murmansk, Kandalakscha und die Krim werden nicht erreicht.

2. Phase (bis Dez. 1941): Hitler stellt den Angriff auf Moskau zurück (Aug.) – entgegen der Auffassung des Gen. Stabs – und befiehlt die Eroberung des Donezbeckens und die Verbindung mit den Finnen.

Nach der Schlacht von Kiew (21. 8. bis 27. 9.) werden das Donezbecken und die Krim (außer Sewastopol) besetzt. Der Angriff auf Leningrad wird abgebrochen.

1941 Schlacht um Moskau (Okt.-Dez., »Taifun«). Nach der Doppelschlacht von Wjasma-Brjansk (Okt.) dringen die Dt. bis in die Nähe Moskaus vor (16. 10.: Verlegung der sowjet. Reg. nach Kujbyschew, doch bleibt Stalin in Moskau, wo der Belagerungszustand verhängt wird [19. 10.]). Einstellung der Angriffsoperationen wegen Einbruch des Winters und völliger Erschöpfung der dt. Truppen (8. 12.).

Die sowjet. Winteroffensive (seit 5. 12. 1941) führt im **Norden** zum Rückzug des dt. Heeres hinter den Wolchow (Dez.), in der **Mitte** auf die Linie Orel-Rschew (Jan. 1942), zum Einbruch der Russen in den Raum Wjasma-Smolensk-Witebsk (Jan.) und zur Einkesselung dt. Kräfte bei Demjansk (Jan. bis April), im **Süden** zum Verlust der Halbinsel Kertsch (Dez. 1941) und Einbruch bei Isjum (Jan. 1942). Stabilisierung der Ostfront (Jan. bis April).

Nach dem **»Haltbefehl« Hitlers zum »fanatischen Widerstand«** (16. 12.) und der **Entlassung des OBH von Brauchitsch** erfolgt die Entmachtung der milit. Führung durch die **Übernahme der OHL durch Hitler.**

Die dt. Sommeroffensive 1942: Rückeroberung der Halb-In. Kertsch (8.–15. 5.); Schlacht bei Charkow (17.–28. 5.); Eroberung der Krim mit Sewastopol (7. 6.–4. 7.). Ziel der am 28. 6. beginnenden Sommeroffensive sind die Erdölfelder des Kaukasus und Stalingrad. Vorstoß der HGr. A bis zum Elbrus (21. 8.), doch wird die Südgrenze Rußlands nicht erreicht (keine Unterbrechung der US-Hilfeleistungen). Die 6. Armee und 4. Pz.-Armee dringen in die Vororte Stalingrads ein (1.–15. 9.) und erobern ca. 90% der Stadt (16. 9.–18. 11.).

Entlassung des Chefs des Gen.Stabs, Gen.-Oberst Halder.

Die russ. Gegenoffensive (seit 19. 11. 1942): Nach Vereinigung der beiden russ. Stoßkeile westl. Stalingrad (22. 11.) werden die dt. Truppen in der Stadt eingeschlossen; vergebl. Entsatzversuch (12. 12.). Hitler verbietet den Ausbruch (22./23. 12.); die Sowjets fordern zur Übergabe der Stadt auf (8. 1. 1943). Da die Deutschen ablehnen, »gewaltsame Liquidation«: Spaltung des Kessels (25. 1. 1943),

31. 1. 1943 Kapitulation des Südkessels unter Gen.-FM. Paulus und

2. 2. 1943 des Nordkessels (90000 Gefangene).

Die deutsche Widerstandsbewegung

Ursachen: Totalitätsanspruch des NS-Staates und Auswirkungen des NS-Regimes (S. 473): Beseitigung des Rechtsstaats, Verfolgung und Ausrottung der Juden (S. 483), Terror der Partei, »Liquidierung« polit. Gegner, Vernichtung »lebensunwerten Lebens« (S. 483), Kampf gegen die Kirchen sowie HITLERS unumschränkte Diktatur, die in der Übernahme der Funktion eines »obersten Gerichtsherrn« gipfelt (24. 2. 1942, Justizmin. OTTO THIERACK, Vors. des »Volksgerichtshofs« ROLAND FREISLER) führt zur **Bildung von aktiven Widerstandskreisen** (»Aufstand des Gewissens«) – **Militärs:** Gen. LUDWIG BECK, Gen. KARL-HEINRICH VON STÜLPNAGEL, Adm. WILHELM CANARIS, Gen.-Maj. OSTER u.a.; **Politiker und Diplomaten:** CARL-FRIEDRICH GOERDELER, ULRICH VON HASSELL, FRIEDR. WERNER GF. VON DER SCHULENBURG; **Sozialdemokraten und Gewerkschaftler:** WILHELM LEUSCHNER, JULIUS LEBER; **»Kreisauer Kreis«;** HELMUTH JAMES GF. VON MOLTKE, PETER GF. YORCK VON WARTENBURG, Pater ALFRED DELP, ADAM VON TROTT ZU SOLZ, TH. HAUBACH, ADOLF REICHWEIN; **»Solf-Kreis«; »Weiße Rose«:** Geschwister HANS und SOPHIE SCHOLL, Prof. HUBER; **»Rote Kapelle«:** H. SCHULZE-BOYSEN, A. HARNACK.

Ziele des Widerstands: Beseitigung des Hitler-Regimes, Wiederherstellung des Rechtsstaats und der Freiheit von Geist, Glauben, Gewissen und Meinung, Sicherheit der Person und des Eigentums, »Wiederherstellung der Ehre«, »Bestrafung von Rechtsschändern«.

Nach mehreren **gescheiterten Attentats- und Umsturzversuchen** sowie Kontaktaufnahmen zwischen dt. Widerstandsgruppen mit alliierten Staaten über die Bedingungen für die Behandlung Deutschlands nach der Kapitulation, die nach den alliierten Forderungen »bedingungsloser Kapitulation« (S. 487) abgelehnt werden, mißglückt das

20. 7. 1944 Bombenattentat des Obersten Claus Gf. Schenk von Stauffenberg auf Hitler im Führerhauptquartier »Wolfsschanze«. Der Aufstand in Berlin und Paris bricht zusammen, die Verschwörer werden verfolgt: ca. 5000 Menschen werden hingerichtet, davon etwa 180–200 am 20. Juli Beteiligte (Prozesse vor dem Volksgerichtshof, Vorsitzender: ROLAND FREISLER). Nach dem Attentat wird HIMMLER (S. 473) zum Befehlshaber des Ersatzheeres ernannt (20. 7.); HITLER verfügt die Sippenhaftung (1. 8.): Festnahme von Familienangehörigen der Hauptbeteiligten.

Der Widerstand in den besetzten Ländern

Aktive Widerstandsbewegungen bilden sich in **Dänemark** (»Denmarks Frihedsraad«), **Norwegen** (»Milorg«) und in den **Niederlanden** (»Het verletzt«). – Nationalist. und kommun. Widerstandsgruppen entstehen in **Belgien, Griechenland** (die »Griech. Volksbefreiungsarmee« [ELAS] der komm. »Griech. Befreiungsfront« [EAM] vernichtet die antikomm. »Griech.-demokrat. Nat.-Armee« [EDES]) und in Polen (nat. »Armee im Lande« [Armia Krajowa] und komm. »Volksgarde« [GL], später auch die »Volksarmee« [AL]).

Bildung zentral gelenkter Partisanenverbände, die einen Guerillakrieg führen und dt. Truppen binden.

Jugoslawien: Organisation einer nat. Widerstandsbewegung (»Četniks«) in Westserbien unter Oberst DRAŽA MIHAJLOVIĆ und der südslaw. Kommunisten unter TITO (S. 509). Verhandlungen über eine Zusammenarbeit scheitern (Okt. 1941). Beide Organisationen kämpfen sowohl gegen Deutsche, Italiener, Ustascha (S. 481) als auch gegeneinander. Seit Herbst 1943 beherrscht TITO die Berggebiete Bosniens, Kroatiens und Montenegros. Nach der Bildung eines »Nationalkomitees zur Befreiung Jugoslawiens« (Nov. 1943) unterstützen die Alliierten nurmehr TITO, dem Kg. PETER (S. 481) die alleinige Führung des Widerstands überträgt (Sept. 1944).

Frankreich:

1940 Bildung eines »provisor. Nat.-Komitees der freien Franzosen« (18. 6.) durch Gen. **Charles de Gaulle** (S. 524) in London, später (30. 7. 1943) eines Kabinetts. Daneben Untergrundbewegungen (Résistance, Maquis) im besetzten Norden (»Libération-Nord«, »Organisation civile et militaire«) und im besetzten Süden (»Combat«, »Libération-Sud«), in beiden Zonen der komm. beeinflußte »Front national«. Aufbau von Stützpunkten für Flucht- und Nachrichtendienste und einer Untergrund-Presse.

1941 Gründung eines zentralen Auskunfts- und Aktionsbüros in London als Verbindung zwischen Gaullisten und Widerstandsbewegungen, deren Truppen im Untergrund als »Forces françaises de l'Intérieur« unter Gen. PIERRE KOENIG zusammengefaßt werden (1944). Nach dem

1944 Aufstand der Widerstandsgruppen ergibt sich die dt. Besatzung von Paris (19. 8.). Einzug de Gaulles in die Hauptstadt.

UdSSR: Folge der brutalen deutschen Besatzungspolitik ist die Bildung anarchist.-freiheitl. Partisanenverbände, die nach Errichtung der Zentrale zur Partisanenbewegung unter Marschall KLIMENT WOROSCHILOW unter Kontrolle gebracht werden.

Italien: Zusammenschluß der Widerstandsgruppen (vor allem in Norditalien) zum »Komitee der nat. Befreiung«.

Verschärfung des Partisanenkrieges durch Erlasse und Befehle HITLERS (Okt. 1941: Geiselerschießungen; Dez. 1941: »Nacht- und Nebel-Erlaß«: Anordnung, den Verhafteten so abzuführen, daß die Angehörigen über sein Schicksal im Ungewissen bleiben) und durch das brutale Vorgehen der SS und des SD: Vernichtung des tschech. Dorfes Lidice (10. 6. 1942) nach dem Attentat auf HEYDRICH (S. 483) und des franz. Dorfes Oradour-sur-Glane (10. 6. 1944).

Die Zusammenarbeit der Alliierten (1941–45)
Kriegsziele: Die USA unterstützen seit Kriegsbeginn Großbritannien (S. 465) in Europa. Trotz der Spannungen zwischen der UdSSR und Großbritannien (Naher und Mittlerer Osten) vereinigen sich die drei Großmächte (1941) mit dem Ziel, Hitler-Dtl. niederzuringen. Vor allem die USA haben keine konkreten Vorstellungen über die Gestaltung Europas nach dem Krieg, wohl aber die UdSSR: Expansion in Mitteleuropa. Starke Aufwertung Rußlands in den USA, die sich über die Ziele STALINS täuschen. Zurückhaltung und Mißtrauen Großbritanniens gegenüber der UdSSR.
Das »ungeschriebene Bündnis« zwischen Großbritannien und den USA führt zur Bildung des »Nat. Verteidigungsrats« (S. 465): Beschleunigung der Aufrüstung. Nach der Rede ROOSEVELTS über die USA als »Arsenal der Demokratie« als Antwort auf CHURCHILLS Lagebericht über das Jahr 1940 (Dez.)

1941 Verkündung der »4 Freiheiten« (S. 465). – **Das Leih- und Pachtgesetz** (S. 465) tritt in Kraft: Materiallieferungen an die UdSSR (ab Aug. 1941). **Aufgabe der Neutralität der USA:** Beginn brit.-amerikan. Gen.Stabs-Besprechungen, Beschlagnahme deutscher und ital. Schiffe in US-Häfen, Errichtung eines Stützpunktes auf Grönland, Landung von US-Streitkräften auf Island.

14. 8. 1941 »Atlantik-Charta«, von CHURCHILL und ROOSEVELT (S. 465) formuliert, (Erweiterung der 4 Freiheiten): Verzicht auf Gebietsgewinn, territoriale Veränderungen nur im Einverständnis mit den Betroffenen, Selbstbestimmungsrecht für alle Völker, Freiheit von Furcht und Not, Freiheit der Meere, Verzicht auf Waffengewalt. Diese Vergünstigungen dürfen Deutschland nicht zugute kommen. – Nach Kriegseintritt der USA (S. 465)

1941–42 1. Washington-Konferenz (»Arcadia«, 22. 12.–14. 1.) zwischen ROOSEVELT und CHURCHILL. Zusammentritt des »Vereinigten Kriegsrats«: Defensive gegenüber Japan, Landungsplan für Nordafrika.

1942 Washington-Pakt (1. 1.): Erklärung von 26 mit den Achsenmächten kriegführenden Nationen, keinen separaten Waffenstillstand zu schließen. Der Pakt wird zur Keimzelle der »Vereinten Nationen« (S. 501). Nach dem sowjet.-brit. Bündnisvertrag (26. 5.) dringt der russ. AMin. MOLOTOW (S. 467) in Washington (Mai) auf die milit. Unterstützung der UdSSR und fordert Wirtschaftshilfe: Die **2. Washington-Konferenz** (18.–26. 6.) beschließt über die Errichtung einer 2. Front und den Ausbau der Atomforschung.
Besprechungen zwischen Stalin, Churchill und Harriman, Vertreter ROOSEVELTS in Moskau, über gemeinsame Maßnahmen gegenüber Deutschland (Aug.). Unterrichtung STALINS über eine Landung in Nordafrika (»Torch«).

1943 Konferenz von Casablanca (14.–24. 1.): ROOSEVELT und CHURCHILL beschließen die Landung in Sizilien. ROOSEVELT fordert die »bedingungslose Kapitulation« (»Unconditional surrender«) Dtl.s. Ausarbeitung von Grundsätzen für systemat. Bombardierung des Reichs. – **5. Washington-Konferenz** (»Trident«, 12.–25. 5.): Beratungen über die Invasion in Frankreich, Rückeroberung Burmas, Atomwaffeneinsatz und Schiffsbau. Anerkennung der sowjet. Annexionen. – **Konferenz von Quebec** (»Quadrant«, 14.–24. 8.) über globale Strategie. – **Besprechung der alliierten Außenminister in Moskau** (19.–30. 10.) über die Zusammenarbeit bis zum Endsieg, den Eintritt der UdSSR in den Krieg gegen Japan, über die Gründung einer übernat. Organisation und allg. Entwaffnung nach dem Krieg. Dt. Kriegsverbrecher sollen vor Gericht gestellt, die Demokratie in Italien und Österreich wieder errichtet werden. – **1. Kairo-Konferenz** (ROOSEVELT, CHURCHILL, TSCHIANG KAI-SCHEK, 22.–26. 11.) über Operationen gegen Japan, über die Unabhängigkeit Koreas und der seit 1894 bzw. 1914 okkupierten Gebiete. – **Teheran-Konferenz** (ROOSEVELT, CHURCHILL, STALIN, 28. 11.–1. 12.): Entscheidung für Invasion in Nordfrankreich, nicht in der Poebene. Die Curzon-Linie soll künftige poln. Ostgrenze werden. Ausdehnung Polens bis zur Oder.

1944 Konferenz von Dumbarton Oaks (UdSSR, USA, Großbritannien, China, 21. 8.–7. 10., S. 501). – ROOSEVELT zieht die bereits geleistete Unterschrift unter den **Morgenthauplan** (Zerstückelung Dtl.s, das ein Agrarstaat werden soll) zurück. – **Besprechung in Moskau** (CHURCHILL, EDEN, STALIN, 9.–18. 10.): Festlegung der Einflußsphären auf dem Balkan: Rumänien, Bulgarien, Ungarn unter sowjet., Griechenland unter brit., Jugoslawien unter sowjet. und brit. Einfluß.

1945 Konferenz von Jalta (CHURCHILL, ROOSEVELT, STALIN, 4.–11. 2.): **Erklärung über das »befreite Europa«. Polen:** Aufnahme von Vertretern der Exil-Reg. in das Lubliner Komitee (komm. Reg.); die poln. Westgrenze soll in einem Friedensvertrag festgelegt werden, die Curzon-Linie wird poln. Ostgrenze. **Nachkriegspolitik gegenüber Deutschland:** Beseitigung des Nationalsozialismus, Aufteilung in Besatzungszonen gemäß dem 1. und 2. Zonenprotokoll der »Europ. Beratenden Kommission«, Bildung des Alliierten Kontrollrats (S. 527), Demontage von Fabriken, Reparationen, Gebietsabtretungen. **Jugoslawien:** Bildung einer Koalitionsreg. (S. 509). – **Außereurop. Angelegenheiten:** Kriegserklärung der UdSSR an Japan (3 Monate nach Ende des Krieges in Europa) gegen Zugeständnisse (Status quo in der Äußeren Mongolei, Anrechte auf Innere Mongolei und Pazifikhäfen, Besitz der Kurilen und Südsachalins). Einigung über das Stimmenverhältnis im Sicherheitsrat der UN (S. 501).

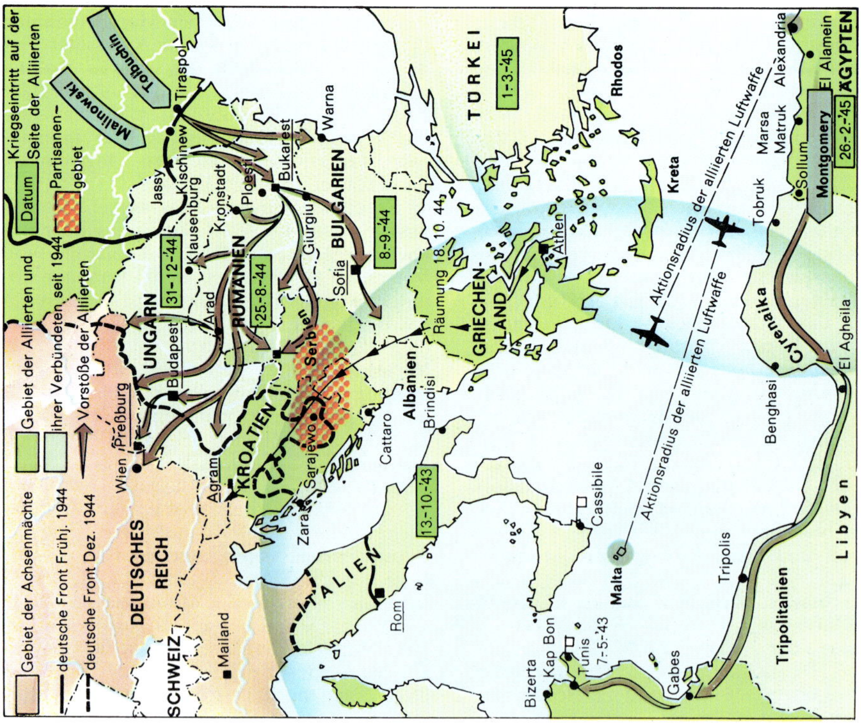

Die Kriegsschauplätze in Nordafrika und auf dem Balkan 1943/44

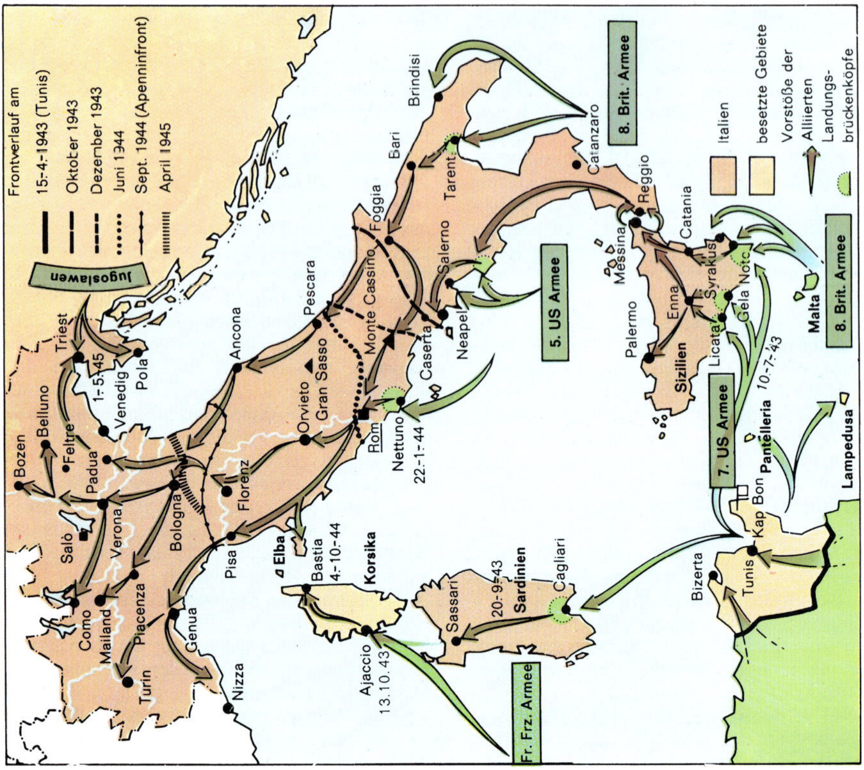

Der alliierte Vormarsch in Italien 1943–1945

Nordafrika

1942 Brit. Gegenoffensive (Okt., »Lightfoot«) unter Gen.-Lt. Bernard L. Montgomery (1887–1976), die zum Verlust der Cyrenaika führt (Nov.). Errichtung einer zweiten alliierten Front in Nordafrika durch **Landung amerikan.-brit. Streitkräfte (Nov., »Torch«,** S. 487) unter Gen. Eisenhower (S. 519) in Marokko und Algerien.

Milit. und polit. Folgen: Nach anfängl. Widerstand gehen die franz. Truppen der Vichy-Reg. zu den Alliierten über. Waffenstillstand Adm. Darlans mit den Alliierten (12. 11. 1942). Er bildet eine Reg., wird aber ermordet. Gen. Giraud wird Hoher Kommissar in Franz.-Afrika. – Da ein dt.-franz. Militärbündnis von MP. Laval abgelehnt wird, landen dt. und ital. Verbände in Tunesien; Rest-Frankreich wird besetzt (Unternehmen »Attila«). Die Reg. Pétain protestiert zwar, ist aber machtlos. Am 27. 11. besetzen dt. Truppen den Kriegshafen Toulon (Unternehmen »Anton«): Selbstversenkung der franz. Flotte.

Die Niederlage in Afrika: Nach Verlust Tripolitaniens, Verteidigung der Mareth-Stellung südl. von Gabes und Westtunesiens wird der Zweifrontenkrieg beendet durch

13. 5. 1943 Kapitulation der »Heeresgruppe Afrika«: 252000 dt. und ital. Soldaten gehen in Gefangenschaft, Nordafrika und das Mittelmeer sind verloren, die Südflanke ist für den Angriff auf die »Festung Europa« geöffnet.

Italien

1943 Eroberung Siziliens durch die Alliierten (10. 7.–17. 8.). Nach der Landung brit. Truppen bei Tarent und amerikan. Streitkräfte bei Salerno ziehen sich die Deutschen auf eine Linie nördl. Neapel quer durch die Halbinsel zurück.

Der Sturz Mussolinis: Nach der Besprechung Mussolinis mit Hitler bei Feltre (19. 7. 1943) übernimmt auf Bitte des Großen Faschist. Rats König Victor Emanuel den Oberbefehl. Mussolini wird entlassen und verhaftet (25. 7.). Bildung einer Reg. unter Marschall Pietro Badoglio (1871–1956) ohne faschist. Mitglieder (26. 7.): Auflösung der faschist. Partei (28. 7.). Trotz Versicherung der Loyalität gegenüber Dtl. Geheimverhandlungen mit den Alliierten (seit 3. 8.) in Lissabon. Nach Bekanntgabe des **Waffenstillstands** (unterzeichnet am 3. 9.) durch Eisenhower (8. 9.) beginnen die **deutschen Gegenmaßnahmen** (»Fall Achse«): Besetzung Roms; Entwaffnung, Entlassung oder Gefangennahme der ital. Truppen. Flucht der Reg. Badoglio und der kgl. Familie zu den Alliierten. – **Kriegserklärung Italiens an Deutschland** (13. 10.). – Befreiung Mussolinis (12. 9.) durch dt. Handstreich. Er tritt an die Spitze der am 9. 9. gebildeten Gegenreg.:

Gründung der Repubblica Sociale Italiana (Republik von Salò).

1944 Landung amerikan. Truppen im Rücken der deutschen Front bei Nettuno. Die Deutschen leisten zähen Widerstand bei Monte Cassino (15. 2. Zerstörung des Klosters) bis Ende Mai, können aber die Besetzung von Rom (4. 6.), Pisa (26. 7.) und Florenz (4. 8. nicht verhindern. Die Apenninfront (»Gotenlinie«) wird bis zur

1945 alliierten Offensive (9.–14. 4.) gehalten: Durchbruch der Amerikaner bei Bologna (19. 4.).

28. 4. 1945 Kapitulation der deutschen Streitkräfte in Italien (am 2. 5. bekanntgegeben). **Mussolini wird auf der Flucht in die Schweiz von Partisanen erschossen.**

Balkan

Rumänien: Nach dem sowjet. Vorstoß auf den Balkan (Aug.) wird Marschall Antonescu (S. 481) verhaftet (23. 8.). Das Kabinett Gen. Sanatescus stellt den Kampf gegen die UdSSR ein und gewährt den Deutschen freien Abzug. Nach deutscher Bombardierung Bukarests **Kriegserklärung an Deutschland.** Die Russen besetzen das Erdölgebiet von Ploesti (30. 8.) und Bukarest (31. 8.).

12. 9. 1944 Waffenstillstand von Moskau.

Bulgarien:

1944 Kriegserklärung der UdSSR an Bulgarien (5. 9.), das sich bis dahin im Kriegszustand mit Großbritannien und den USA befindet. – **Kriegserklärung Bulgariens an Deutschland** (8. 9.). Nach dem Staatsstreich der prosowjet. bulgar. Gruppe unter Georgieff (9. 9.) erfolgt die widerstandslose Besetzung des Landes durch die Rote Armee.

28. 10. 1944 Waffenstillstand von Moskau. Griechenland: Auf Befehl Hitlers (25. 8.) wird Griechenland geräumt (bis 2. 11. 1944): die dt. Truppen (HGr. E) ziehen sich auf die neue Stellung (s. Karte) zurück. **Bürgerkrieg zwischen Kommunisten und Monarchisten** in Griechenland. Nach vergeblichem Vermittlungsversuch Churchills und Edens in Athen (25.–27. 12.) überträgt Kg. Georg die Regentschaft dem Erzbischof Damaskinos v. Athen (31. 12. 1945).

Albanien: Nach Räumung durch die deutschen Truppen bildet der Oberst Enver Hodscha (S. 510) eine sowjetfreundl. Reg.

Jugoslawien:

1944 Besetzung Belgrads (18. 10.) durch Partisanen Titos (S. 509), die (seit 6. 9.) Verbindung mit der Roten Armee haben.

Ungarn: Nach Besetzung Ungarns durch dt. Verbände (19. 3. Fall »Margarete«) geheimer

1944 Waffenstillstand mit der UdSSR (11. 10.). Nach Verkündung (15. 10.) muß ihn Adm. Horthy (S. 435) unter dt. Druck widerrufen. Horthy wird nach Dtl. gebracht und durch Ferenc Szálasi (S. 435) ersetzt. Eine Gegenreg. unter Gen.-Oberst Béla Miklós-Dálnoki (23. 12.) **erklärt Dtl. den Krieg.**

20. 1. 1945 Waffenstillstand von Moskau.

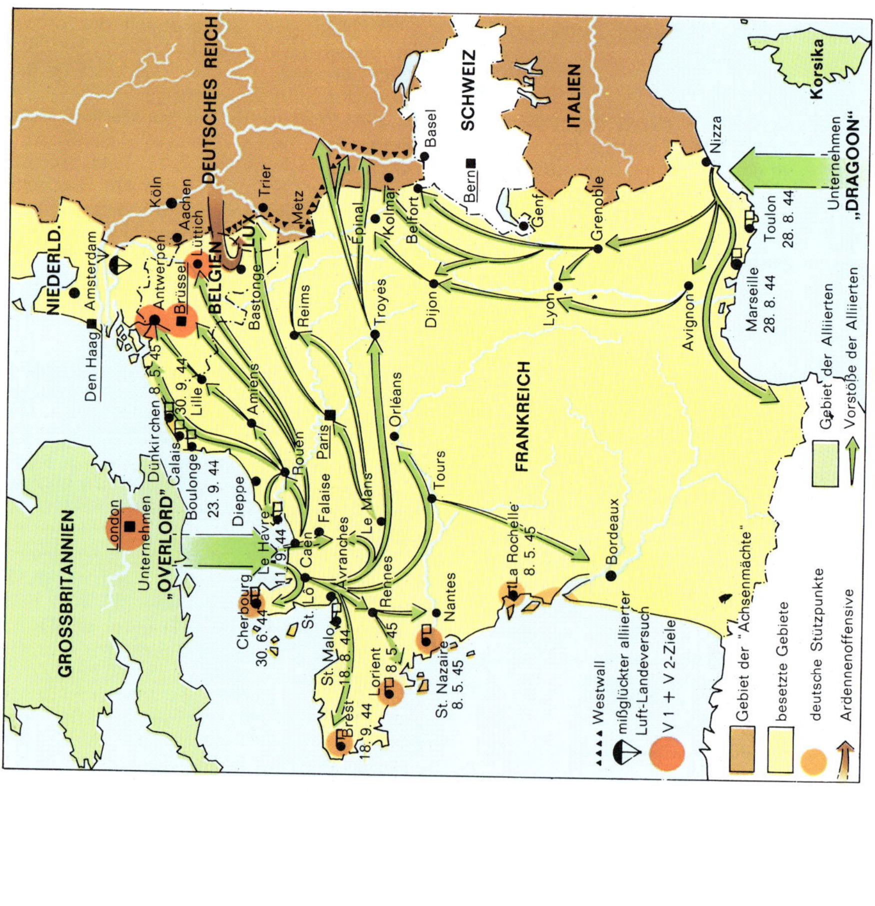

Die alliierte Invasion in Frankreich 1944

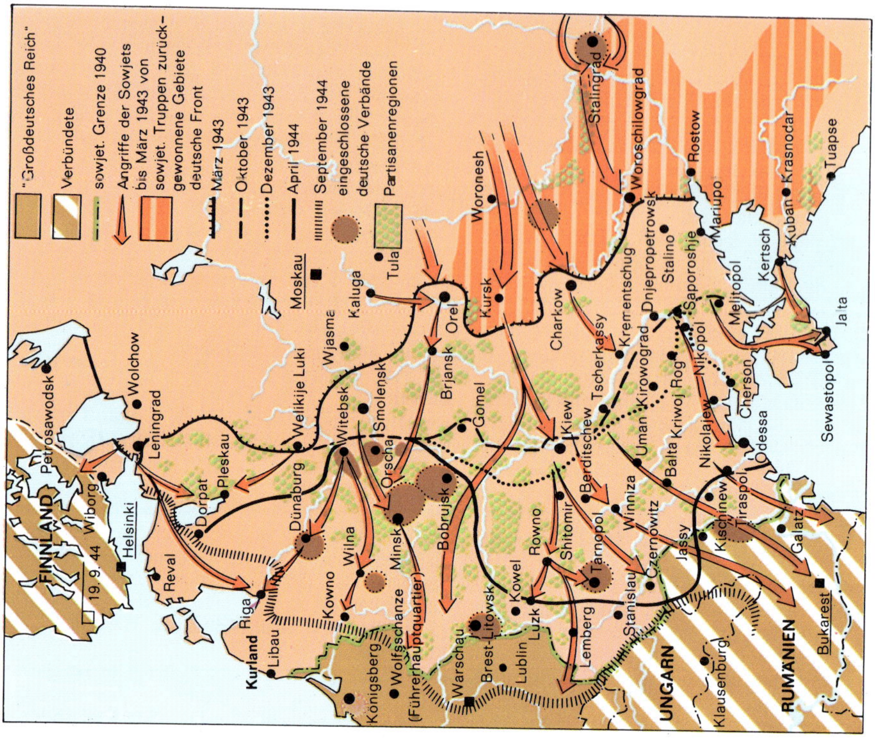

Der Krieg im Osten 1943/44

Die deutsche Herrschaft im Osten (1941–44)

1941 Führererlaß über die Verwaltung der besetzten Ostgebiete: Ostministerium unter ROSENBERG, »Reichskommissariate« Ostland und Ukraine. Rigorose Ausbeutungspolitik. Der von HIMMLER

1942 gebilligte »Generalplan Ost« sieht die Aussiedlung von 80–85% der Polen, 65% der Ukrainer, 75% der Weißruthenen und 50% der Tschechen nach Sibirien vor. – Durch den **Erlaß über die »Behandlung feindlicher Landeseinwohner«** (6. 5. 1941) und den **»Kommissarerlaß«** (13. 5. 1941) zur Liquidierung gefangener Kommissare ohne Gerichtsverfahren soll eine das Völkerrecht mißachtende Kriegführung »legitimiert« werden.

Die russ. Freiwilligenverbände: Fast 1 Mill. russ. Hilfswilliger (»Hiwis«) stehen auf dt. Seite. Der »General der Osttruppen«, ANDREJ A. WLASSOW (1900–46 [hingerichtet]), stellt (1943) Freiwilligenformationen auf. Das

1944 Himmler-Wlassow-Abkommen (Aufstellung einer russ. Befreiungsarmee) und die Gründungskonferenz des Komitees zur Befreiung der Völker Rußlands erfolgen zu spät.

Reaktion der UdSSR: Hebung der nat. Widerstandskraft durch Rückkehr zur Tradition: Wiedereinführung der Gardeeinheiten, Ernennung STALINS zum Marschall, milit. Gliederung in Mannschafts-, Unteroffiziers- und Offizierskorps sowie Generalität. Der **Friedensschluß zwischen Partei und Kirche** durch Wahl des Metropoliten SERGIUS zum Patriarchen und die **Auflösung der Komintern** sind von starker außenpolit. Wirkung.

1943 Entdeckung von Massengräbern bei Katyn durch die Deutschen: ca. 4000 von der NKWD STALINS (erst 1990 von der UdSSR zugegeben) erschossene poln. Offiziere. Die poln. Exilreg. fordert Untersuchung durch das Rote Kreuz. Daraufhin **Kündigung des poln.-sowjet. Abkommens von 1941 durch die UdSSR** und Aufnahme diplomat. Beziehungen zu dem **»Poln. Komitee für die nat. Befreiung«** (»Lubliner Komitee«).

Gründung des Nationalkomitees »Freies Deutschland« und des »Bundes Deutscher Offiziere« durch dt. Kommunisten und gefangene dt. Soldaten und Offiziere. Durch BENEŠ wird ein **Freundschafts- und Beistandspakt mit der UdSSR** über die Zusammenarbeit nach dem Kriege geschlossen, der ergänzt wird durch ein

1944 Abkommen über die Besetzung der Tschechoslowakei durch die Rote Armee.

Verteidigung der »Festung Europa« (1943–44)

Der Osten: Die durch den sowjet. Durchbruch erschütterte Südfront (S. 485) wird nach den Abwehrschlachten am Don und Mius (Jan.–März 1943) wiederhergestellt. Die dt. Kaukasusarmee zieht sich über Rostow in die Ukraine und auf den Kuban-Brückenkopf zurück, der auf Befehl geräumt wird (bis 7. 10.).

1943 Die letzte deutsche Offensive im Kursk-Bogen (»Zitadelle«, 5.–13. 7.) wird abgebrochen. Die Initiative liegt jetzt bei den Sowjets, deren Überlegenheit immer fühlbarer wird. Sinnlose Opferung dt. Verbände durch starres Festhalten HITLERS an einmal gebildeten Fronten und »festen Plätzen«.

Die Sowjetoffensiven führen im Norden zur Verteidigung des Raumes um Narwa (ab 6. 10.), im Mittelabschnitt zur Einnahme von Brjansk (17. 9.), Smolensk (24. 9.) und Gomel (25. 11.), im **Süden** zum Verlust des Donezbeckens (Sept.) und Durchbruch zum Dnjepr (Okt.), wodurch die Krim abgeschnitten wird (1. 11.).

1944 Zunächst Vordringen der Sowjets im Süden: Eroberung der Süd-Ukraine, Vorstoß nach Galizien (März); die dt. Truppen räumen die Krim (bis Mai). In den balt. Ländern Abwehrschlachten (Jan.–April). – Ab 6. Juni **sowjet. Sommeroffensiven:** Vernichtung von 25 Div. der HGr. Mitte (Minsk, 2. 7.); Einbruch in die Balkanfront; Vorstoß ins Weichselgebiet. Der **Warschauer Aufstand** der poln. Untergrundarmee (Aug.–Okt.) scheitert: Kapitulation der poln. Untergrundarmee; die HGr. Nord wird eingeschlossen und Ostpreußen erreicht (Okt.). – **Finnland:** Der Durchbruch der Front an der karelischen Landenge (10. 6.) führt zum **Waffenstillstand von Moskau** (19. 9.). Rückzug der dt. Lapplandarmee nach Nord-Norwegen.

Der Westen – Nordfrankreich: Zur Errichtung der von der UdSSR geforderten 2. Front (S. 487) erfolgt die

6. 6. 1944 Invasion der westl. Alliierten (»Overlord«) in Nordfrankreich zwischen Cherbourg und Caen unter Gen. EISENHOWER. Sie gewinnen die Halb-In. Cotentin (14. 6.), nehmen Cherbourg (30. 6.), Caen (9. 7.) und St. Lô (18. 7.) und durchbrechen die deutsche Stellung bei Avranches (25. 7.): Übergang zum Bewegungskrieg. Die Vernichtung der dt. Panzerverbände in der »Hölle von Falaise« (16. 8.) macht den Weg nach Paris frei, wo der Aufstand der Widerstandsbewegung ausbricht (19. 8.). Die dt. Truppen kapitulieren, Gen. DE GAULLE zieht in Paris ein (25. 8.). – Die Alliierten erreichen die dt. Grenze zwischen Trier und Aachen und die Südgrenze der Niederlande (Sept./Okt.).

Südfrankreich:

15. 8. 1944 Landung alliierter Truppen in Südfrankreich (»Dragoon«). Die Amerikaner erreichen über Grenoble (23. 8.) die Schweizer Grenze. Franz. Truppen erobern Toulon und Marseille. Vorstoß nach Norden und Einnahme von Metz, Belfort, Mülhausen und Straßburg (Nov.): Einbruch der Amerikaner in den Westwall (3. 12.).

Die deutsche Ardennenoffensive (ab 16. 12.), mit dem Angriffsziel Antwerpen, bleibt wegen der alliierten Gegenangriffe erfolglos.

Der Zusammenbruch der deutschen Ostfront Januar bis März 1945

Das Ende des »Großdeutschen Reichs« April/Mai 1945

Letzte deutsche Abwehrmaßnahmen

1944 Einberufung aller waffenfähigen Männer zwischen 16 und 60 Jahren zum »Deutschen Volkssturm« (25. 9.) und

1945 Kürzung der Lebensmittelrationen und Einberufung des Jahrgangs 1929 (5. 3.).

19. 3. Hitler befiehlt Zerstörung aller milit., Verkehrs-, Nachrichten-, Industrie- und Versorgungsanlagen (»Nero-Befehl«) und

12. 4. Verteidigung dt. Städte (Androhung der Todesstrafe bei Zuwiderhandlung).

Durch die Errichtung von Standgerichten sollen die Truppen zum äußersten, sinnlosen Widerstand getrieben werden. Die Bekanntgabe über das Bestehen einer Organisation »Werwolf«, die hinter den feindl. Linien den Widerstand fortsetze, ruft Abwehrmaßnahmen der Alliierten hervor.

Die Eroberung Ostdeutschlands

12. 1. Beginn der sowjet. Großoffensive aus dem Baranow-Brückenkopf, die die dt. Mittelfront zerreißt; Verlust der noch besetzten poln. Gebiete, Oberschlesiens mit dem unversehrten Industriegebiet und Niederschlesiens östl. der Oder. Ostpreußen wird abgeschnitten.

26. 2. Durchbruch der Sowjets von Bromberg aus bis zur Ostsee bei Kolberg (18. 3.), zum Stettiner Haff und zur Danziger Bucht (30. 3.). Unter unvorstellbaren Schwierigkeiten (eisige Kälte) versucht die dt. Bevölkerung, sich durch Flucht nach Westen vor den Gewalttaten der aufgeputschten sowjet. Soldaten zu retten. Kriegsmarine und Abwehrkämpfe der Truppen ermöglichen die Rettung vieler Zivilpersonen und Verwundeter. Die zu »Festungen« erklärten Städte Thorn, Posen, Graudenz, Königsberg, Breslau u.a. müssen verteidigt werden.

16. 4. Beginn der sowjet. Großoffensive von Oder und Neiße aus. Die sowjet. Angriffsspitzen treffen sich bei Nauen, Berlin wird umzingelt (24. 4.),

25. 4. Zusammentreffen amerikan. und sowjet. Truppen bei Torgau a.d. Elbe.

2. 5. Kapitulation Berlins.

Die **sowjet. Angriffe in Kurland** werden bis zur Kapitulation abgewiesen.

Südosten: Die Sowjets dringen nach Einnahme von Budapest (13. 2.) auf Wien vor, das nach Straßenkämpfen fällt (13. 4.), und treffen mit amerikan.-brit. Verbänden an der Enns und in der Steiermark zusammen. Der Vorstoß der Roten Armee von Preßburg nach Prag führt zum

5. 5. Aufstand der Tschechen gegen die deutsche Besatzung in Prag.

20. 3. Angriff der Partisanen Titos (S. 489).

Die Eroberung des Westens

Der alliierten Gegenoffensive in den Ardennen (3. 1.) und der Vereinigung amerikan. und brit. Truppen bei Houffalize (16. 1.) folgen der Verlust des linksrhein. Gebiets (Febr.) und die Errichtung eines amerikan. Brückenkopfs bei Remagen (7. 3.). Darauf **Zusammenbruch der deutschen Westfront.**

Norden: Die Briten überschreiten den Rhein bei Wesel (24. 3.) und stoßen zum Emsland (wobei die deutschen Truppen in der »Festung Holland« abgeschnitten werden) sowie durch Westfalen zur Elbe (19. 4.), nach Holstein und Mecklenburg (2. 5.) vor.

Mitte: Nach Einschließung von 21 deutschen Divisionen im Ruhrkessel, der nach seiner Spaltung kapituliert (18. 4.), erreichen die Amerikaner die Elbe (April s.o.)

Süden: Die Amerikaner stoßen zur vereinbarten Demarkationslinie Karlsbad-Budweis-Linz vor. Die 7. amerikan. Armee dringt mit dem linken Flügel in das Salzkammergut, mit dem rechten Flügel bis zum Brenner vor, wo sie auf die amerikan. Truppen aus Italien trifft (4. 5.). Die Franzosen überschreiten den Rhein nördl. von Karlsruhe (1. 4.) und bei Straßburg (15. 4.).

Die totale Niederlage

Hitler, der in den Bunker der Reichskanzlei nach Berlin zurückkehrt (16. 1.), beschließt, in Berlin zu bleiben (21. 4.). **Verbindung mit den Alliierten** zur Beendigung des Krieges suchen Himmler, der ohne Wissen Hitlers durch Vermittlung des schwed. Gf. Bernadotte den Westmächten eine Teilkapitulation anbietet (23. 4.), die abgelehnt, aber durch Rundfunk bekanntgegeben wird (28. 4.), und Göring, der bei Hitler anfragt, ob er die Führung des Reiches übernehmen soll (23. 4.). Hitler setzt sein polit. Testament auf: Göring und Himmler werden aus Partei und Ämtern ausgestoßen; **Ernennung des Groß-Adm. Karl Dönitz** (1891–1980) **zum Reichspräs. und OB der Wehrmacht, von Goebbels zum RK.**

30. 4. Selbstmord Hitlers.

2. 5. Dönitz beauftragt den Finanzmin. Gf. Schwerin von Krosigk mit der **Bildung einer »geschäftsführenden Reichsreg.«** (in Plön, ab 3. 5. in Mürwik bei Flensburg). Auflösung der NSDAP, Entlassung Himmlers aus allen Ämtern (5. 5.). Nach der Kapitulation Berlins, der Italienarmee (S. 489) und der HGr. Südwest (4. 5.) erfolgt die

4. 5. Unterzeichnung der Kapitulation der deutschen Streitkräfte in Holland, Nordwestdeutschland, Dänemark und Norwegen durch Gen.-Adm. von Friedeburg im HQ Montgomerys in Lüneburg.

7. 5. Unterzeichnung der »bedingungslosen Kapitulation« der dt. Wehrmacht in Eisenhowers HQ in Reims durch Gen.-Oberst Jodl.

8. 5. Wiederholung des Kapitulationsakts im sowjet. HQ in Berlin-Karlshorst vor Marschall Shukow durch Gen.-FM. Keitel, Gen.-Adm. von Friedeburg und Gen.-Oberst Stumpff. – Die Gesamtkapitulation tritt am 9. 5. in Kraft.

23. 5. Absetzung und Verhaftung der Regierung Dönitz.

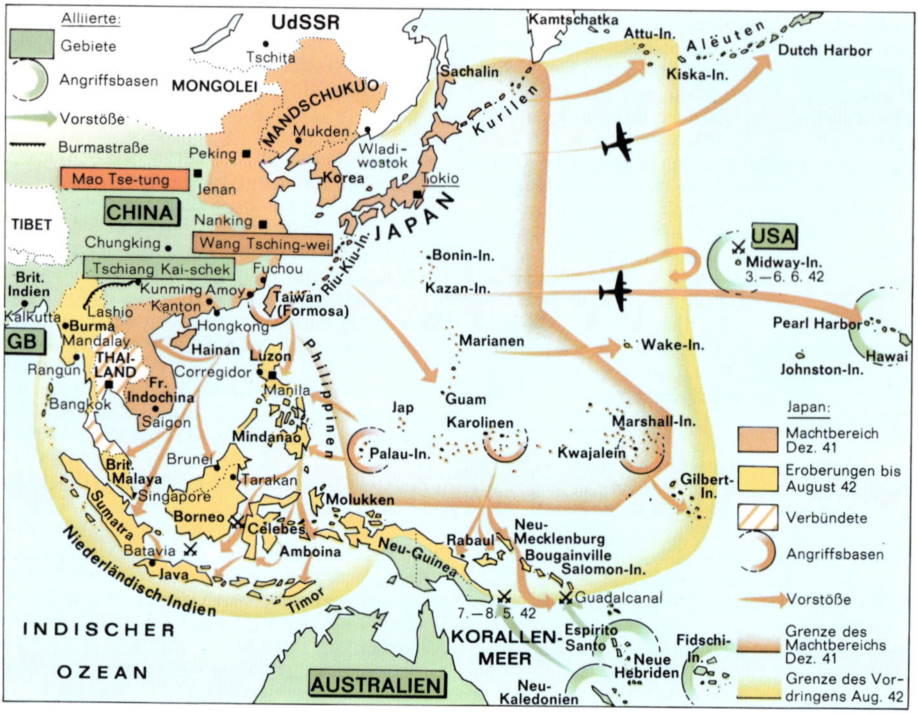

Die Offensiven der Japaner 1941/42

Die alliierten Gegenoffensiven seit 1942

Die jap. Expansion (1941–42)
Polit. Rückendeckung für eine Neuordnung im Pazifik (S. 453) bieten der Antikominternpakt, der Dreimächtepakt (S. 475), der sich gegen ein Eingreifen der USA in den Krieg richtet, und der Pakt mit der UdSSR. – Nach Einsetzung der Nanking-Reg. greift Japan nach Süden aus. Die Alliierten können die Sperrung der Burmastraße nicht verhindern (1940). Besetzung des nördl. Teils von Indochina (Sept. 1940).

Folge: Das China TSCHIANG KAI-SCHEKS ist isoliert, die Rohstoffgebiete Malayas und Indonesiens bedroht.

Die USA reagieren auf die jap. Expansion mit »Verhängung der Quarantäne« (S. 465) und Kündigung des Handelsvertrags (S. 453). Ein Öl- und Schrottembargo schwächt die jap. Rüstungsindustrie, jap. Guthaben werden von den USA, Großbritannien und Ndl.-Indien gesperrt. Verhandlungen (Forderung der USA auf Rückzug Japans aus China und Indochina) scheitern.

1941 Überfall auf Pearl Harbor (S. 465): Lahmlegung der amerikan. Pazifik-Flotte, doch keine Zerstörung der Werften und Docks. 3 amerikan. Flugzeugträger entgehen auf hoher See der Vernichtung. Kriegserklärung der USA und Großbritanniens (8. 12., S. 465), Kriegserklärung Deutschlands und Italiens an die USA (11. 12.).

1941/42 Japan. Offensiven (in 3 Richtungen). **Hauptvorstoß** (»Südoperation«) in der Mitte gegen Philippinen und Ndl.-Indien (Ziel: wirtschaftl. Autarkie).

1942 Eroberung der Philippinen (OB der Amerikaner: MACARTHUR, S. 515): nach jap. Landungen auf Luzon und Mindanao Einnahme Manilas (2. 1.), die Inselfestung Corregidor kapituliert (6. 5.). – **Kampf um Ndl.-Indien** (11. 1.–8. 3.): Besetzung von Celebes, Borneo und Amboina (Jan.). Landung an den Küsten Sumatras. – Nach den jap. Seesiegen in der Makassarstraße (24.–27. 1.) werden Timor (Bedrohung Australiens), Java und die Sunda-Inseln besetzt (27. 2. bis 1. 3.), die Holländer kapitulieren (8. 3.).

Die rechte Flanke des Hauptvorstoßes liegt auf dem asiat. Kontinent. Nach der

1941 Versenkung der engl. Schlachtschiffe »Prince of Wales« und »Repulse« (12. 12.) jap. Bündnis mit Thailand. Einnahme der brit. Stützpunkte Hongkong (25. 12.) und Singapore (15. 2. 1942); Eroberung Burmas (Nationalchina wird vom alliierten Nachschub abgeschnitten, April 1942). **Bedrohung Indiens.** Aufstellung einer ind. Nat.-Armee in Burma durch den ehem. Präs. des Nat.-Kongresses SUBHAS CHANDRA BOSE (S. 447).

Deckung der linken Flanke des Hauptvorstoßes durch »strahlenförmige Vorstöße nach Ozeanien«. Eroberung von Guam und Wake (10. bzw. 20. 12. 1941), Angriff auf den Bismarck-Archipel, Neu-Guinea und die Salomonen (Jan.-März 1942), Landung auf den Alëuten (Juni 1942). – Die **Eroberung des riesigen Raumes** im Laufe eines halben Jahres gelingt auch durch Anwendung taktischer Überraschungseffekte.

Wirtschaftl. und polit. Auswirkungen: Japan beherrscht 1942 Territorien mit ca. 450 Mill. Einw. und reichen Bodenschätzen (95% der Weltproduktion an Rohgummi, 90% an Chinin, je 70% an Zinn und Reis). Es verfügt über genügend Erdöl und wichtige Erze (Bauxit, Chromerz u. a.). – Förderung der gegen die europ. Kolonialmächte gerichteten nat. Bewegungen (Bildung einer japanfreundlichen Reg. auf den Philippinen, Anerkennung der Unabhängigkeit Burmas [1943], Vietnams und Indonesiens [1945]).

Die Offensive der Alliierten (1942–45)

1942 Schlacht im Korallenmeer: Ende des jap. Vordringens nach Süden (7./8. 5.). – Die **Seeschlacht bei den Midway-Inseln** (3.–7. 6., Schwächung der jap. Marine durch Verlust von 4 Flugzeugträgern) und die **Landung der Amerikaner auf Guadalcanal** (7. 8.) bedeuten den Beginn der amerikan.-austral. Gegenoffensive. Die Insel wird nach langem Kampf eingenommen (8. 2. 1943).

1943 Alliierte Großoffensive im Südwestpazifik (»Froschhüpfen«: OB Gen. MACARTHUR). Landung auf Neu-Georgia (1. 7.), Vella-Lavella (15. 8.), Neu-Guinea (4. 9.), Bougainville (1. 11.) und Neu-Britannien (15. 12.). Ausschaltung von Rabaul (Abzug der jap. Flottenstreitkräfte, März 1944).

1944 Vorstoß amerikan. Streitkräfte im mittl. Pazifik (OB Adm. NIMITZ) nach Rückeroberung der Alëuten (Mai–Aug. 1943): Besetzung der Gilbert- und Marshall-Inseln (Nov. 1943–März 1944), der Marianen-Inseln Saipan und Guam (Juni/Juli).
Nach Vereinigung mit den Streitkräften MACARTHURS und der Seeschlacht um den Leyte-Golf (Okt.)

1944–45 Eroberung der Philippinen (Okt. bis Febr.): Besetzung Manilas (4. 2.) und ganz Luzons (24. 2.).

1944–45 Rückeroberung Burmas durch brit., amerikan. und chin. Truppen. Vernichtung von 3 jap. Armeen, Öffnung der Burmastraße.

1945 Landung der Amerikaner in Japan (Iwojima, 19. 2.).

Luftkrieg: Die amerikan. Offensive wird durch Angriffe auf jap. Städte unterstützt. Die US-Air Force bombardiert jap. Industriezentren und gewinnt seit 1943 die Luftüberlegenheit.

1945 Abwurf der 1. Atombombe auf Hiroshima (6. 8.; 9. 8.: 2. Atombombe auf Nagasaki, S. 550).
Kriegserklärung der UdSSR (8. 8.): Einmarsch der Roten Armee in die Mandschurei und in Korea, Besetzung der Kurilen und Sachalins.

2. 9. 1945 Kapitulation Japans.

Die Folgen des Krieges

Menschenverluste: Der größte Land-, Luft- und Seekrieg der Geschichte fordert auch die größten Opfer: nach Schätzungen ca. **55 Mill. Tote, 35 Mill. Verwundete, 3 Mill. Vermißte.** Nie zuvor waren zivile Verluste ähnlich hoch: durch Luftangriffe (1,5 Mill.), Partisanenkämpfe, Massenvernichtung (über 5 Mill. Juden, S. 483), Arbeits- und Konzentrationslager, Racheakte, Flucht, Deportation und Vertreibung (S. 499) dürften **20–30 Mill. Zivilisten umgekommen sein,** darunter 7 Mill. Russen, 5,4 Mill. Chinesen, 4,2 Mill. Polen, 3,8 Mill. Deutsche. **Soldaten** verloren die UdSSR 13,6, China 6,4, Dtl. 4, Japan 1,2 Mill. – Geringere Verluste hatten die USA mit etwa 259000 und Großbritannien mit 326000 Gefallenen.

Kriegskosten: Auf etwa 1500 Mrd. US-Dollar errechnet, davon entfallen auf die USA 21, auf Großbritannien 20, auf Deutschland 18, auf die UdSSR 13%.

Wirtschaft: Der allg. techn.-industrielle Fortschritt gleicht die Kriegsschäden relativ rasch aus. Schon 1948 erreichen Weltproduktion und -handel ihren Vorkriegsstand und steigern sich nach der Koreakrise. – **Europa** verliert seine Führungsrolle, zerstörte Wohn- und Industriegebiete (vor allem in Mittel- und Osteuropa) lähmen den Wiederaufbau. **Westeuropa** deckt seinen Nachholbedarf mit amerikan. Kapitalhilfe (Marshall-Plan, S. 523). Durch wirtschaftl. Liberalisierung und **Integration** (S. 523) erholt es sich bis 1950. – In den **Ostblockländern** wird durch straffe Planung der Industrieaufbau forciert: Bevorzugung der Schwerindustrie auf Kosten der Agrarproduktion und des allg. Lebensstandards. Erst nach STALINS Tod lockert der »Neue Kurs« (S. 506) den wirtschaftl. Zentralismus unter Anhebung der Verbrauchsgüterproduktion.

Politik: Zur Sicherung des Weltfriedens wird die **UNO** (S. 501) gebildet, doch hat die bedingungslose Kapitulation der Besiegten die polit. Weltlage radikal verändert. Bis zur brit.-amerikan. Besatzungsgrenze entsteht ein **sowjet. Satelliten-System** (S. 509); die Grenzen **Polens** werden nach Westen verschoben (S. 510), die **deutsche Frage** bleibt ungelöst. Trotz ungeheurer Verluste steigt die **UdSSR,** im Westen vom deutschen, im Osten vom jap. Gegendruck befreit, zur Weltmacht auf (S. 505). Komm. Erfolge (China, S. 513) scheinen LENINS Lehre von der eigenen Überlegenheit und dem notwendigen Konflikt zwischen Kommunismus und Kapitalismus zu bestätigen. Das sowjet. Selbst- und Machtbewußtsein beansprucht die absolute Führung im Ostblock und in der Welt. – Die **USA** (S. 519), weniger durch eigenes Streben als mangels einer anderen Macht und ohne ein klares Programm zur Führung des Westens gelangt, erkennen nur langsam und unter Schwinden des eigenen Sicherheitsgefühls (u.a. Verlust des Atommonopols, S. 550) die weltpolit. Gefahr. Der **Ost-West-Konflikt,** machtpolit. und ideolog. als **»Kalter Krieg«** zwischen östl. Bolschewismus und freiheitl.-westl. Zielsetzung geführt, äußert sich in Propaganda, Prestigepolitik, Aufrüstung, übernat. Bündnissen (S. 517), techn. und wirtschaftl. Rivalität (Raumfahrt, S. 550; Entwicklungshilfe, S. 539), (Teilungs-)Krisen (S. 515).

Die Spaltung begünstigt polit. Selbstbewußtsein und Unabhängigkeitsstreben der **farbigen Völker** (S. 539). Neue Staatsbildungen (Israel, S. 537; Kongo, S. 547) erhöhen die allg. Krisengefahr. Die Solidarität der wirtschaftl. unentwickelten **blockfreien Nationen** stellt der Weltpolitik neue Probleme.

Der Zwang zur Koexistenz unter dem **»Gleichgewicht des Schreckens«** (S. 550) scheint eine **Entspannung** zwischen den Weltmächten anzubahnen mit Auflösungstendenzen (Polyzentrismus) im westl. (NATO-Krise, S. 517), östl. (Konflikt Moskau-Peking, S. 513; Titoismus, S. 509f.) und neutralen Lager (Abbau der Solidaritätspolitik).

Friedensschlüsse: Zur Vorbereitung beschließt die Potsdamer Konferenz (S. 527) den Zusammentritt eines **Außenminister-Rates** in London mit franz. und chin. Beteiligung. Die

1945 (2.) Moskauer AMin.-Konferenz vereinbart u.a. den Abzug sowjet. und amerikan. Truppen aus China sowie die polit. Neuordnung von Japan und Korea.

1946 Pariser Friedenskonferenz (Juli-Okt.). Nach der (3.) New Yorker AMin.-Konferenz (Nov./Dez.) Abschluß der

1947 Pariser Friedensverträge (Febr.) mit **Finnland** (Verlust Kareliens, S. 509), **Italien** (Reparationen, Verlust der Kolonien und Triests), **Ungarn** (Grenzen von 1937), **Rumänien** (Abtretung Bessarabiens und der Bukowina) und **Bulgarien. Triest** wird Freistaat unter UN-Kontrolle (S. 509).

Unter amerikan. Milit.-Reg. (S. 513) wird **Japan** entmilitarisiert und demokrat. reformiert (S. 513). Die komm. Machtergreifung in China beschleunigt den von 49 Staaten (nicht UdSSR und Indien) unterzeichneten

1951 Frieden von San Francisco mit Japan: Die jap. Grenzen werden auf den Besitzstand von 1854 festgelegt.

Österreich: Die Frage des Staatsvertrages wird ohne Ergebnisse auf internat. Konferenzen behandelt, bis BK. RAAB (S. 521) der

1955 Abschluß des österr. Staatsvertrags gelingt.

Den sowjet.-jap. Kriegszustand beendet die

1956 Moskauer Erklärung (MP. HATOYAMA und BULGANIN).

Die deutsche Frage nach 1945

Als ein Grundproblem internat. Politik wird die **Deutschlandfrage** (Teilung, Wiedervereinigung, polit. Status, Grenzen) zum Spiegelbild des Ost-West-Konflikts. Im

1945 Potsdamer Abkommen (S. 527) verpflichten sich drei Besatzungsmächte zu einem

Friedensvertrag mit Gesamtdtl., doch fehlen Weisungen über ein dt. Selbstbestimmungsrecht. – Nach den Pariser Friedensverträgen keine Einigung über Dtl. auf der

1947 (4.) Moskauer AMin.-Konferenz; Truman-Doktrin (S. 519) und Marshall-Plan (S. 523) vertiefen die Spannungen. Die (5.) Londoner AMin.-Konferenz (Nov./Dez.) vertagt die dt. Frage, deshalb beschließt die

1948 Londoner Sechs-Mächte-Konferenz (S. 527) wirtschaftl. Anschluß der Westzonen an Westeuropa. Der inzwischen formierte Ostblock (S. 509) protestiert auf der Warschauer AMin.-Konferenz (Juni). – Während der Berliner Blockade (S. 531) unterzeichnen auf der

1949 Washingtoner AMin.-Konferenz (April) die Westmächte das Besatzungsstatut für Westdeutschland. – Die (6.) Pariser AMin.-Konferenz bringt die westl. Ablehnung einer ohne freie Wahlen gebildeten Zentralreg. (Vorschlag AMin. WYSCHINSKIS). Neue westl. Überlegungen auf der

1950 Londoner Drei-Mächte-Konferenz überholt die **Koreakrise** (S. 515). – Die New Yorker AMin.-Konferenz (Sept.) beschließt die Verteidigung der freien Welt; Garantie der BR Dtl. und Westberlins, Wiederaufrüstung und polit. Alleinvertretungsrecht der BR für ganz Dtl.

1951 Washingtoner AMin.-Konferenz (Sept.): Bildung einer Europa-Armee mit der BR Dtl.

Sowjet-Noten über einen Friedensvertrag verhindern nicht den Abschluß des

1952 Deutschland- und EVG-Vertrages (Mai, S. 529).

Nach STALINS Tod scheitert die

1954 (7.) Berliner AMin.-Konferenz (Jan./Febr.) wieder an der Frage der allg. Wahlen (**Eden-Plan:** Wahl zur gesamtdt. Nat.-Vers., Verf., Reg.-Bildung, Friedensvertrag; **Molotow-Plan:** Friedensvertrag mit Delegierten der BR Dtl. und der DDR, danach allg. Wahlen).

Nach franz. Ablehnung der EVG tritt die BR Dtl. durch die

Okt. 1954 Pariser Verträge (S. 529) **der WEU und NATO bei.** – Die Moskauer Ostblock-Konferenz (Nov./Dez.) erklärt eine Wiedervereinigung nunmehr für aussichtslos. Trotz des

1955 Warschauer Paktes (S. 517) gibt der österr. Staatsvertrag neue Hoffnung auf Entspannung.

In versöhnl. Geist betont die

Juli 1955 Genfer Gipfelkonferenz (EISENHOWER, EDEN, FAURE, BULGANIN) die Vier-Mächte-Verantwortung und gibt **Direktiven** an die AMin. zur Weiterbehandlung der europ. Sicherheits- und Deutschlandfrage. Die

Okt./Nov. 1955 (8.) Genfer AMin.-Konferenz bringt kein Ergebnis, da AMin. **Molotow** die dt. Frage der europ. Sicherheit unterordnet, während AMin. **Dulles** unter Verweis auf die Genfer Direktiven auf dem Junktim beider Fragen besteht. – In der Folge versteift sich die UdSSR auf die von **Chruschtschow** in Ostberlin (Juli) erstmals vertretene

Zwei-Staaten-Theorie (Wiedervereinigung allein durch Verständigung der beiden dt. Teilstaaten ohne Änderung der sozialist. Errungenschaften der DDR). – Die Ungarnkrise (S. 511) entlarvt die sowjet. Entspannungsoffensive als takt. Manöver, auch der Westen erfährt in der Suezkrise (S. 535) eine Niederlage.

1958 Berlin-Ultimatum (Nov., S. 531): CHRUSCHTSCHOW kündigt das Vier-Mächte-Statut und fordert eine entmilitarisierte **»Freistadt Westberlin«.** – Westmächte, NATO und BR Dtl. lehnen die

Drei-Staaten-Theorie ab, verlangen Einhaltung internat. Abmachungen, erklären sich aber zu Verhandlungen bereit. – Ein

1959 sowjet. Friedensvertragsentwurf (Jan.) verlangt u.a. Neutralisierung, Anerkennung der Oder-Neiße-Grenze und der »freien Stadt Westberlin«. – CHRUSCHTSCHOW verlängert die Frist zur Berlin-Regelung (März), kündigt aber einen separaten Frieden mit der DDR an, falls die Westmächte den Entwurf ablehnen.

Unter Teilnahme von Beratern aus der BR Dtl. und der DDR

Mai-Aug. 1959 (9.) Genfer AMin.-Konferenz: Gestufter westl. **Friedensplan** (AMin. **Herter**): 1. Einheit Berlins durch freie Wahlen; 2. gesamtdt. Wahlausschuß (25 BR-, 10 DDR-Vertreter), Volksabstimmung über ein Wahlgesetz; 3. Wahlen zur Nat.-Vers. (Verfassung), Reg.-Bildung; 4. Friedensregelung. – AMin. **Gromyko** verweist auf den sowjet. Friedensentwurf. – Staatsbesuch CHRUSCHTSCHOWS in den USA (Sept.): Vereinbarung neuer Verhandlungen in Camp David. – Ein westl. Treffen der Reg.-Chefs EISENHOWER, DE GAULLE, MACMILLAN, ADENAUER (Dez.) in Paris lädt CHRUSCHTSCHOW zu einer Konferenz ein. Er torpediert die

1960 Pariser Gipfelkonferenz (Mai, U-2-Affäre, S. 506), gibt aber gemäßigte Erklärungen zur Berlinfrage ab. In seiner

1961 Aussprache mit US-Präs. KENNEDY in Wien (Juni) wiederholt er die sowjet. Forderungen. Die von ULBRICHT zugespitzte neue Berlinkrise (Aug., S. 531) verschärft wieder die internat. Spannungen. Vize-Präs. JOHNSON wiederholt in Westberlin die von KENNEDY verkündeten **drei Grundfreiheiten** (Essentials): milit. Schutz, freier Zugang, Freiheit und Lebensfähigkeit der Westberliner. – Seit 1962 sowjet. und amerikan. Zurückhaltung in der deutschen Frage.

Keine Erwähnung eines »Separatfriedens« mehr im sowjet.

1964 Freundschaftsvertrag mit der DDR, den die drei Westmächte mit einer Dtl.-Erklärung (Vier-Mächte-Verantwortung und Selbstbestimmung) beantworten.

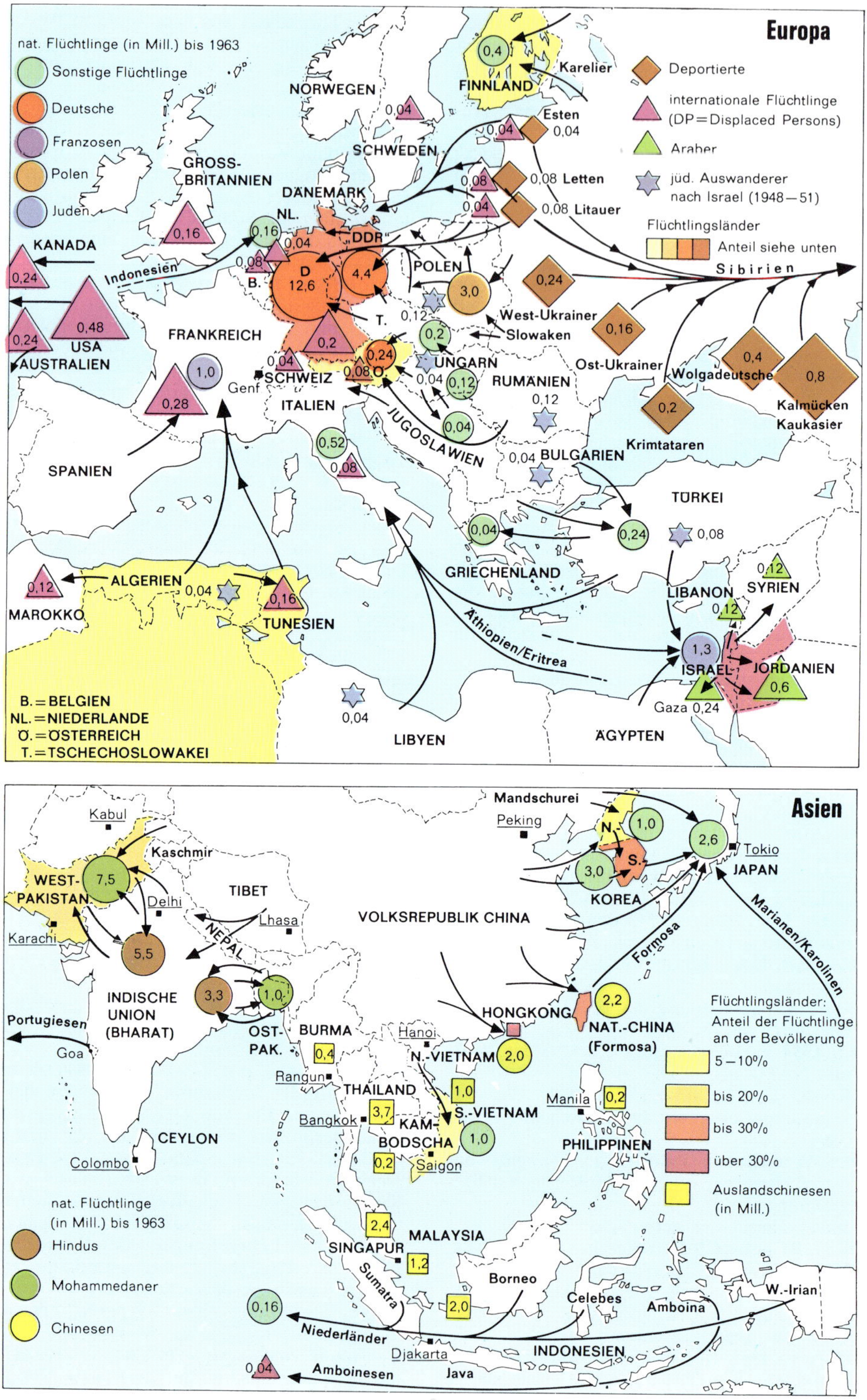

Flüchtlinge und Vertriebene nach 1945

Das »Jahrhundert der Flüchtlinge«
Flucht- und Vertreibungsaktionen nehmen durch ideolog. Verhärtung (Rassismus, Nationalismus, Kommunismus) seit dem **Zweiten Weltkrieg** erschreckend zu.
Deutschland: Zur Verwirklichung des »NS-Lebensraumes« (S. 475)
1939–44 Umsiedlung Volksdeutscher,
1940/41 Zwangseinweisung von Polen in das »Gen.-Gouvernement«. – »Einfuhr« von ca. 9 Mill. Fremdarbeitern. Juden werden weiterhin vernichtet (S. 483).
Südosteuropa: Grenzänderungen mit Umsiedlungen in Siebenbürgen (Ungarn, Rumänien) und der Dobrudscha (Rumänen, Bulgaren). Serben flüchten 1941 aus Kroatien und Slowenien.
Finnland: Nach dem »Winterkrieg« (S. 477)
1940 Räumung Kareliens. Rückwanderer müssen nach dem Waffenstillstand mit der UdSSR (1944) endgültig umsiedeln.
UdSSR:
1940/41 Deportation von 2 Mill. Ostpolen nach Sibirien.
1941 Deportation von Deutschen und »unzuverlässigen« Völkern (Esten, Litauer, Kalmücken, Kaukasier) nach Sibirien. Sie wird nach dem Krieg zur Stärkung des »Sowjetvolks« fortgesetzt.
Fluchtbewegungen bei Kriegsende: Aus dem Donauraum fliehen
1944/45 Volksdeutsche vor sowjet. Truppen und Partisanen nach Österreich. Internat. Flüchtlinge suchen nach dem
1944 Zusammenbruch der Ostfront Zuflucht im Westen bzw. in Übersee.
1945 Flucht Ostdeutscher vor der Roten Armee.
Vertreibungen als Kriegsfolge: Die
1945 Postdamer Konferenz (S. 527) sanktioniert die
1945/46 Vertreibung fast aller Deutschen aus den deutschen Ostgebieten, der Tschechoslowakei (Sudetenland) und Ungarn. Über 3 Mill. kommen dabei um.
1945–47 Neubesiedlung entvölkerter Gebiete. Trotz Repatriierung und Austausch nat. Minderheiten sinkt die Bevölkerungsdichte (z. B. im Sudetenland).
1946/47 Vertreibung nat. Minderheiten aus Jugoslawien (Italiener), 1950–52 aus Bulgarien und Griechenland (Türken).
1948–52 Emigration von Juden aus Osteuropa.
Folgen: Etwa 30 Mill. Europäer (davon 60% Deutsche) verlieren ihre Heimat. Seither decken sich auch in Ostmitteleuropa nahezu Völker- und Staatsgrenzen. – Zur Betreuung der **Displaced Persons** (DP: Fremdarbeiter, internat. Flüchtlinge, Verschleppte) übernimmt die UN die 1943 in den USA gegr.
1945 UNRRA-Hilfsorganisation; umgewandelt zur
1947 Flüchtlings-Organisation **IRO.** – Seit
1951 Hochkommissar für Flüchtlinge bei der UN (**UNHCR,** S. 500).

Flüchtlingsprobleme (nach 1945)
1. Durch kommunist. Machtausweitung.
China: Nach dem Zusammenbruch der KMT-Reg. nat.-chines.
1949 Flucht nach Formosa, doch kann hier relativ schnell Arbeit beschafft werden. Die brit. Exklave
Hongkong wächst dagegen von 1 Mill. auf 3,7 Mill. Einw. (1964). Alle Anstrengungen mildern das Flüchtlingselend nicht.
1962 Massenflucht aus China (S. 513) und Rückwanderung von unerwünschten Auslandschinesen aus Südostasien.
Korea: Flucht von Mill. Menschen im
1950–53 Koreakrieg (S. 515). UN und USA helfen dem agrarischen, polit. labilen Süden beim Aufbau neuer Industrien.
Vietnam: Die Eingliederung der
1954 nach Süden abgewanderten bäuerl.-kath. Bevölkerung gelingt durch Erweiterung der Reisanbauflächen.
Tibet: Mit dem Dalai Lama fliehen 20000 Tibeter nach dem
1959 Aufstand gegen China nach Indien.
Ungarn: 200000 Flüchtlinge gehen nach dem
1956 Aufstand (S. 511) in alle Teile der Welt, doch kehren ca. 30 Prozent nach Zusicherung voller Straffreiheit wieder zurück.
Deutschland: Ständige Abwanderung aus der DDR (S. 528). Die »Abstimmung mit den Füßen« (»Republikflucht«) wird durch Grenzsperren und den
1961 Bau der Berliner Mauer unterbunden.
2. Durch Auflösung der Kolonialherrschaft.
1945 Niederlage Japans: Rückwanderer aus Korea, Sachalin, der Mandschurei und der Südsee. Sie finden erst wieder Arbeit mit dem wirtschaftl. Aufstieg seit der Koreakrise (S. 513). – Niederländer verlassen
1952/53 Indonesien und 1962 Neu-Guinea.
1954–62 Algerienkrise (S. 547): Flüchtlinge warten in marokkan. und tunes. Notlagern auf ihre Rückkehr.
1962 Rückstrom von Algerienfranzosen. – Ausschreitungen veranlassen seit der
1960 Unabhängigkeit des Kongo (S. 547) die Europäer (Belgier) zur Rückkehr unter Aufgabe ihres Besitzes.
3. Durch relig. Fanatismus in Indien: Die
1947 Unabhängigkeit (S. 543) entbindet den Haß zwischen Hindus und Moslems. Das
1950 Minderheitenabkommen zwischen Indien und Pakistan schützt nicht vor neuen relig. Unruhen.
Israel (S. 537) nimmt eine Sonderstellung ein. Mit Idealismus und Tatkraft gelingt es mit ausländ. Hilfe (vgl. dt. Wiedergutmachung, S. 529), die heterogene Einwanderung aufzufangen. Ungelöst ist seit dem
1948 Kampf um Palästina das **arab. Flüchtlingsproblem.** Die Flüchtlinge, in Notlagern untergebracht und von der UN betreut, sind wie die Auffangstaaten an einer Eingliederung uninteressiert, da der jüd. Staat als Provisorium betrachtet wird.

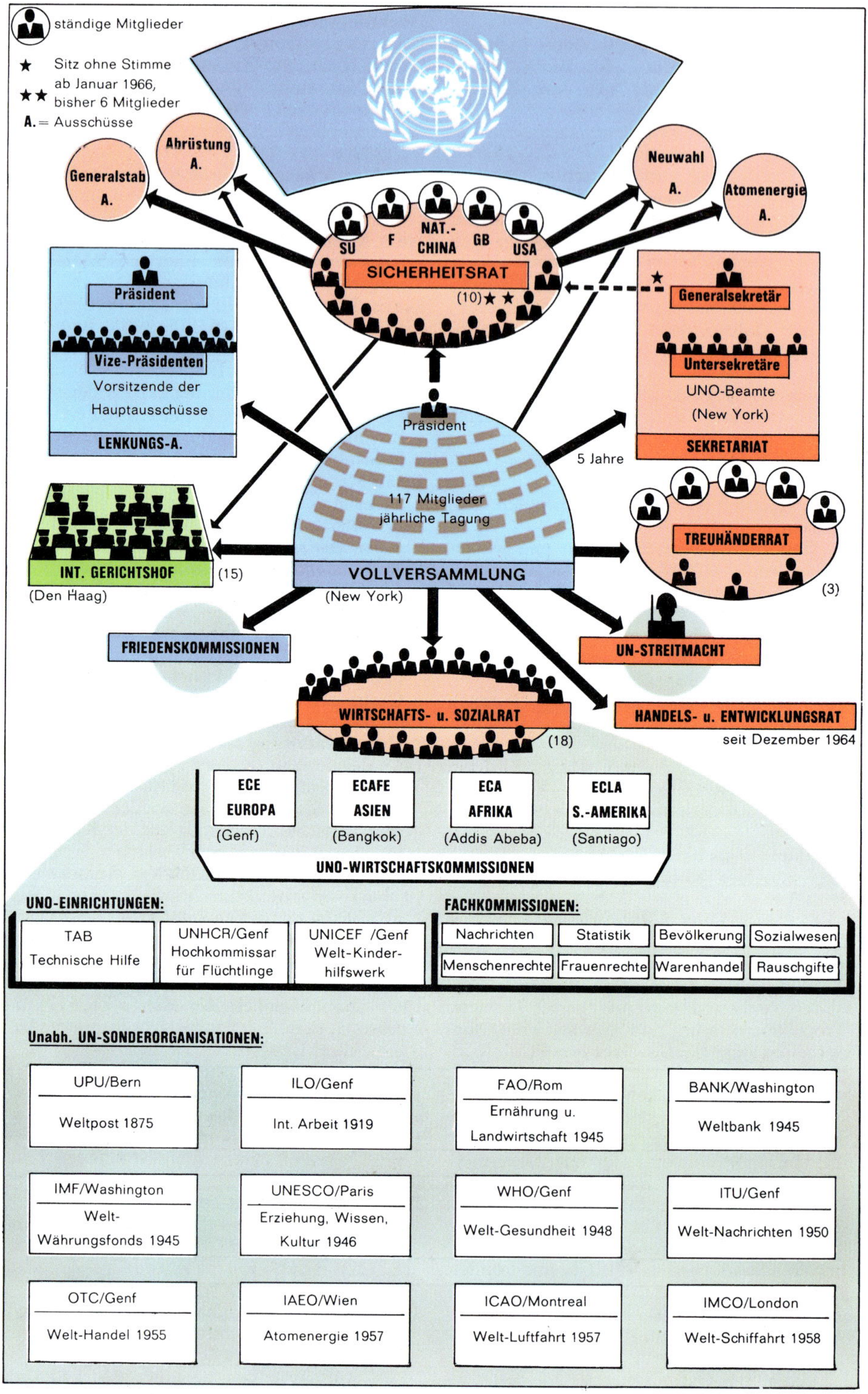

Die Organisation der Vereinten Nationen (Stand: Ende 1965)

Die Vereinten Nationen (UN)

Entstehung: Verkündung der **Vier Freiheiten** (S. 465) in der

1941 Kongreßbotschaft des US-Präs. ROOSEVELT (S. 465). Sie werden in die **Atlantik-Charta** (S. 487) aufgenommen. In der

1942 »26-Nationen-Erklärung« von Washington (S. 487) nennen sich die Alliierten erstmals **United Nations.** Die

1943 Moskauer AMin.-Konferenz beschließt, »zur Gewährleistung des Friedens und der Sicherheit« eine internat. Organisation zu schaffen. Die Satzung dazu wird auf der

Aug.-Okt. 1944 Konferenz von Dumbarton Oaks von den USA, der UdSSR, Großbritannien und China erarbeitet und auf der Konferenz von Jalta (S. 487) ergänzt: die ständigen Mitglieder des Sicherheitsrates erhalten ein Vetorecht. Nach Beratungen auf der Konferenz von San Francisco (April–Juni 1945) am

26. Juni 1945 Gründung der UN (auch UNO): Vertreter von 50 Staaten unterzeichnen die **Charta der Vereinten Nationen** (111 Artikel). Nach ihrer Ratifizierung – von Polen als 51. Gründernation am 15. Okt. – tritt sie am

24. Okt. 1945 (»Tag der Vereinten Nationen«) in Kraft.

1946 Abschlußtagung des Völkerbundes zur Selbstauflösung (S. 415).

Ziele: Sicherung des Weltfriedens, Schutz der Menschenrechte, Gleichberechtigung aller Völker, Besserung des allg. Lebensstandards in der Welt (Art. 1).

Grundsätze: Die Mitgl. verpflichten sich

1. zu tätiger Friedenssicherung mit friedl. Mitteln (Empfehlungen, Untersuchungen, Vermittlungen, Schiedssprüche – Art. 35), durch polit. oder wirtschaftl. Sanktionen (Art. 41) oder durch Einsatz von Streitkräften (Art. 42), die von den Mitgl. gestellt werden (Art. 43; Militär-Abkommen über UN-Streitkräfte, Weltgeneralstab und Weltabrüstung);
2. zur Anerkennung staatl. Selbstverteidigung (Art. 51), auch mit Hilfe regionaler Sicherheitspakte (Art. 53);
3. Zur Nichteinmischung in innerstaatl. Angelegenheiten (somit Verzicht auf Schutz der Menschenrechte in autoritären oder totalitären Staaten; die Verkündung der Allg. Erklärung der Menschenrechte im Dez. 1948 bleibt unverbindlich);
4. zu loyaler Erfüllung der UN-Verpflichtungen nach »Treu und Glauben« (Art. 2), bes. Verzicht auf Androhung oder Anwendung von Gewalt (praktisch unwirksam).

Mitglieder können grundsätzlich alle Staaten werden, die die Charta der UN anerkennen und deren Verpflichtungen nachzukommen bereit sind.

Organe: Als wichtigstes, ständig tagendes Organ sorgt der

Sicherheitsrat für die Sicherung des Friedens. Seine Beschlüsse (mit 7 von 11 Stimmen) sind verbindlich; polit. Aktionen, Satzungsänderungen, Wahl neuer Mitgl. bedürfen seiner Zustimmung; durch das Vetorecht der 5 ständigen Mitgl. gehemmt (1946–64 von der UdSSR 103mal, von Großbritannien 4mal, von Frankreich 3mal, von Nat.-China 1mal ausgesprochen). Die

Voll- (oder General-)Versammlung tagt – abgesehen von Sondersitzungen – einmal jährlich (in der Regel von Sept. bis Dez.), seit 1952 in New York, Beschlüsse (z.T. mit Zweidrittel-Mehrheit) sind nur für zustimmende Mitgl. verbindlich. Jedes Mitgl. entsendet bis zu 5 Delegierte, hat aber nur eine Stimme (die UdSSR mit der Ukraine und Weißrußland drei). Die Vollversammlung wählt die nichtständigen Mitgl. des Sicherheitsrates auf 2 Jahre, den Gen.-Sekretär und die Mitgl. aller Räte bzw. des Internat. Gerichtshofes. Ausschüsse und Kommissionen werden vom Lenkungsausschuß koordiniert.

Das **Budget** der UN und die Beiträge der Mitgl. (auch der Nicht-Mitgl. wie der BR Deutschland) werden jährlich festgesetzt (größte Anteile leisten die USA mit ca. 32 Prozent, die UdSSR mit 15, Großbritannien mit 7, Frankreich und Nat.-China mit je 5 Prozent).

Seit dem Koreakrieg (S. 515) hat die Vollversammlung durch die

1950 Uniting for Peace Resolution das Beschlußrecht über Bereitstellung von Truppen und Material zur Abwehr eines Angreifers, falls der Sicherheitsrat durch Veto-Blockierung versagt.

Auf Empfehlung des Sicherheitsrats auf 5 Jahre gewählt, vertritt der

General-Sekretär als Chef des Sekretariats (ca. 4500 Beamte) die Spitze der Verwaltung; er nimmt an den Sitzungen des Sicherheitsrats ohne Stimme teil. – Der

Wirtschafts- und Sozialrat (mit regionalen Unter-Kommissionen) befaßt sich mit der Hebung des allg. Lebensstandards, er bedient sich dabei sog. UN-Einrichtungen und Fachkommissionen. Die ehem. Völkerbundsmandate (soweit sie noch nicht selbständig sind wie Togo, Kamerun, Somalia, Tanganjika) verwaltet der

Treuhänderrat, während der unabhängige

Internat. Gerichtshof (15 auf 9 Jahre gewählte Richter) auf Antrag Gutachten über Streitfälle abgibt. – Selbständige

Sonderorganisationen, durch internat. Abkommen eingerichtet, arbeiten mit UN-Organen und UN-Ausschüssen eng zusammen. – Von großer Bedeutung

1945 Internat. Bank für Wiederaufbau und Entwicklung (BANK) und Internat. Währungsfonds (IWF) in Washington.

Weltorganisationen außerhalb der UN:

1945 Weltgewerkschaftsbund (WGB), der unter komm. Einfluß gerät. – Zusammenschluß der christl. Kirchen auf der

1948 Weltkirchen-Konferenz in Amsterdam im **Ökumenischen Rat** (ohne kath. Kirche).

1949 Internat. Bund Freier Gewerkschaften.

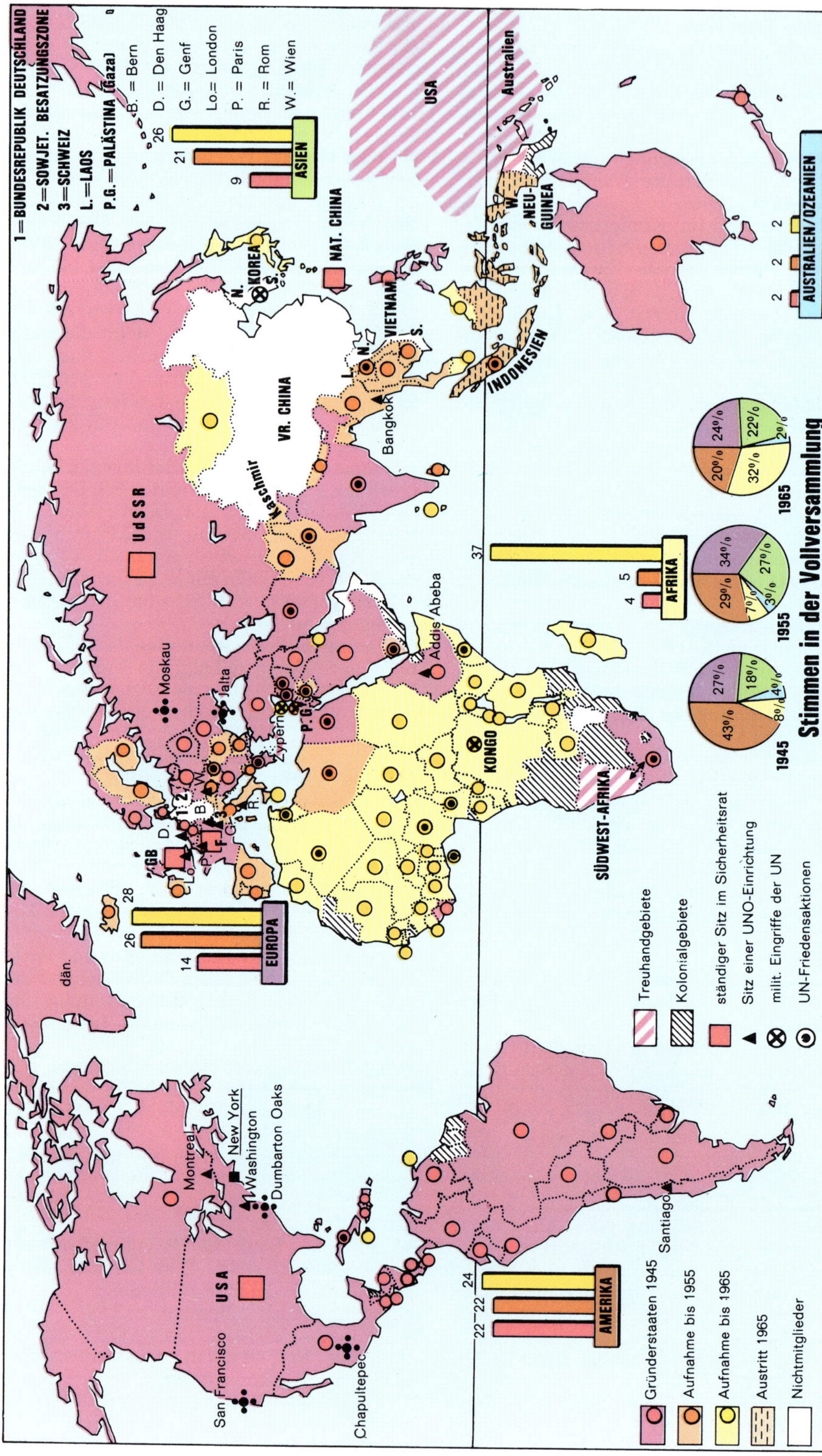

Die Vereinten Nationen (Stand: Ende 1965)

Der Versuch einer Weltregierung

Zunächst Erfolge im UN-Sicherheitsrat bei der Erhaltung eines Status quo, der 1945 noch nicht eindeutig festgelegt ist:

1946 Räumung des **Iran** von sowjet. Truppen (S. 507); 1947 Regelung der **Triest-Frage** (S. 509); 1947/48 Eindämmung der Konflikte in **Palästina** (S. 537), **Indonesien** (S. 541) und **Kaschmir** (S. 543); Wirtschaftskommissionen für Europa, Lateinamerika, Asien, Nahost (Afrika 1958).

Die Hoffnung der USA auf loyales Zusammenwirken mit der UdSSR trügt, ständige **sowjet. Vetos** (S. 505) legen die Friedenspolitik lahm.

Die **UN-Generalversammlung** unter

1946–53 Gen.-Sekretär Trygve Lie/Norwegen (1896–1968) wirkt nur als moral. Größe, ihre Resolutionen spiegeln die Weltmeinung:

1946 1. Gen.Vers. (London/New York): Kontrolle der Atomenergie, Flüchtlingsfragen (IRO), Verurteilung des Faschismus, Boykott Spaniens (bis 1950).

1947 2. Gen.-Vers. (New York): UN-Kommissionen für **Korea** (allg. Wahlen), den **Balkan** (Grenzkonflikte) und **Palästina** (UNSCOP).

1948/49 3. Gen.-Vers. (Paris/New York): Verurteilung des Massenmordes (Genocidium); Deklaration der Menschenrechte.

1949 4. Gen.-Vers. (New York): Beschleunigung der kolon. Selbstverw., bes. bei UN-Treuhandgebieten.

Die Stagnation der UN

1950 Koreakrise (S. 515): In Abwesenheit des sowjet. Vertreters Malik (aus Protest gegen die Ablehnung der VR China) erklärt der Sicherheitsrat Nordkorea zum Angreifer; Aufbau und Eingriff einer **UN-Streitmacht** (OB Gen. MacArthur).

Die UdSSR protestiert und legt ihr Veto gegen die Verurteilung chin. Freiwilligenverbände in Korea ein.

UN-Sicherheitsrat: Internat. Konflikte und Probleme (Abrüstung, S. 550) bleiben ungelöst: 1951 brit.-iran. Ölstreit (S. 507), 1957 Kaschmir, 1958 **Libanon** (UN-Beobachter), 1959 **Laos** (UN-Untersuchungsausschuß gegen sowjet. Protest), 1959 **Südtirol** u. a.

UN-Generalversammlungen rücken durch die **Uniting Peace Resolution** (Dez. 1950, S. 501) ins Zentrum der UN-Politik, können aber nur Empfehlungen aussprechen. Die USA suchen sie zum Instrument antisowjet. Politik zu machen (wiederholte Ablehnung der Aufnahme **Rot-Chinas** in die UN seit 1953), der Ostblock (DDR, Ungarn) verweigert UN-Kommissionen die Einreise; Frankreich erklärt 1955 den **Algerienkonflikt** (S. 547) zur innenpolit. Frage; die Südafrikan. Union zieht wegen Verurteilung der Rassenpolitik (Apartheid, S. 545) ihre Delegierten seit 1955 wiederholt zurück.

1950/51 5. Gen.-Vers.: Förderung unentwickelter Gebiete; Entlassung jap. und dt. Kriegsgefangener.

1951/52 6. Gen.-Vers.: UN-Abrüstungskommission (S. 550).

1953 Gen.-Sekretär Dag Hammarskjöld/Schweden (1905–61) schaltet die UN als treibende Kraft in die Entkolonialisierung ein und wertet das **Gen.-Sekretariat** durch persönl. Erfolge auf:

1956 Konvention von Genf zur Bekämpfung der Sklaverei; Sondersitzung der Gen.-Vers. zur Suez- und Ungarnkrise (Nov.); Einstellung der Kampfhandlungen in Ägypten (S. 535), Hilfsaktion für Ungarn-Flüchtlinge (S. 531); Aufstellung einer **UN-Polizeitruppe** (Gen. Burns/Kanada) zur Sicherung von Ruhe und Ordnung in der **Suezkanalzone,** 1957 im **Gaza-Streifen** (S. 536); Schlichtung syr.-israel. Grenzkonflikte.

1958 Internat. Seerechtskonferenz in Genf.

Die UN als Forum junger Staaten

Neue Mitglieder verändern die Zusammensetzung der UN; sie gewinnen neben Ost- und Westblock eine dritte Machtposition, treten für eine Stärkung der UN-Politik ein, zwingen die Großmächte zur Beachtung der UN-Resolutionen und ihrer Entwicklungsprobleme (S. 539). Erreicht wird eine Neueinschätzung des **Neutralen Blocks** durch USA (Kennedy) und UdSSR (Chruschtschow). – Auf Bitten des **Kongo** (Lumumba) ermächtigt der Sicherheitsrat Hammarskjöld zu einer

1960 Befriedung des Kongo mit Hilfe einer UN-Ordnungstruppe (Juli), aber ohne Gewalteinsatz.

Gegen sowjet. Vorwürfe spricht die UN-Gen.-Vers. auf einer Sondersitzung dem Gen.-Sekretär ihr Vertrauen aus (Sept.).

1960/61 15. Gen.-Vers.: Aufnahme von 17 neuen Staaten (»Magna Charta der Entkolonialisierung«); Chruschtschow verlangt vergeblich eine Revision der UN-Statuten (**Troika-System:** Ersetzung des Gen.-Sekretärs durch je einen westl., östl. und neutralen Vertreter zur Entmachtung des Amtes).

1961 Gen.-Sekretär U Thant/Burma (1909–1974) führt die Politik seines Vorgängers fort und verschafft dem Sekretariat neues Ansehen. – Die USA unterstützen die milit.

1962/63 UN-Aktion gegen Katanga (Tschombé); Sondersitzung über die UN-Finanzkrise (durch Beitragsrückstände von Mitgliedern entstanden, die die Kongopolitik nicht billigen); Sanktionen gegen die Südafrikan. Union (Waffen-, Erdölembargo).

1964 Einsatz einer UN-Truppe in Zypern (S. 524); Aufhebung der UN-Aktion im Kongo (Juni) aus Geldmangel.

1964/65 19. Gen.-Vers.: Verschiebung aller Abstimmungen bis zur Regelung der Finanzkrise. – **Indonesien** tritt wegen der Wahl Malaysias in den Sicherheitsrat aus der UN aus (Jan.).

1965 20. Gen.-Vers.: Papst **Paul VI.** [1963–78] besucht UN in New York und richtet einen Friedensappell an die Welt.

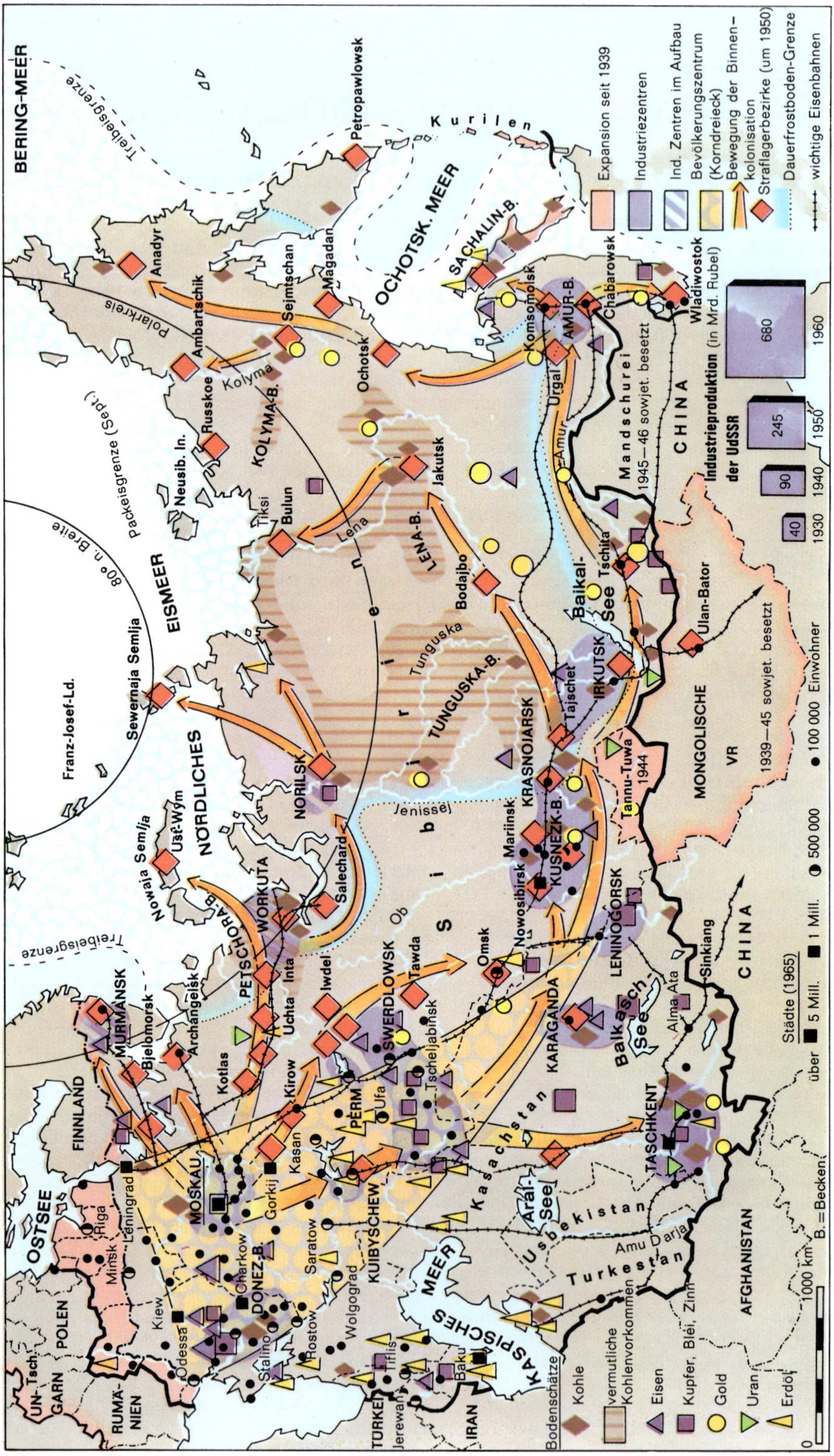

Die UdSSR als industrielle Großmacht nach 1945

Der Spätstalinismus (1945–53)
Gefeiert und gefürchtet als »Führer und Genius der Menschheit«, regiert Generalissimus **Stalin** (S. 467) nach schwer erkämpftem Sieg (über 20 Mill. Tote; 25 Mill. Obdachlose) absolut autoritär. Privatkanzlei und Geheimpolizei (NKWD, [seit 1946 MWD] unter **Berija,** 1899–1953 [liquidiert]) überwachen Verw.- und Parteibürokratie.

Terror gegen den Verdacht jeder Abweichung von der Generallinie der KPdSU (zur Massenpartei der Funktionäre geworden; 1952 fast 7 Mill. Mitgl., davon 60 Prozent Apparatschiks), Entmachtung der obersten Parteiorgane durch Vermehrung ihrer Mitgl.; SHDANOW (S. 467) richtet die Kulturpolitik auf Verherrlichung STALINS (Personenkult), »Sowjetpatriotismus« (S. 485) und »sozialist. Realismus« aus; »Objektivismus«, »Formalismus« und »Kosmopolitismus« werden ausgemerzt.

1946 Verf.-Änderung und Reg.-Umbildung: STALIN vereinigt als MP., Vert.-Min. (1947 BULGANIN) und 1. Sekretär des ZK die Macht von Partei, Verw. und Armee auf sich. – Nach SHDANOWS Tod gelingt der »Troika« (MALENKOW, BERIJA, CHRUSCHTSCHOW) die

1949 Entmachung der »reaktionären« Shdanow-Gruppe (KUSNEZOW, KOSSYGIN [S. 506], ANDREJEW), der Sturz WOSNESSENSKIS (1903–50 [liquidiert]) und die Ablösung AMin. MOLOTOWS durch **Andrej J. Wyschinski** (1883–1954).

Wirtschaft: Bürokrat. Plan- und Leistungskontrolle (Normen), Einsatz von Kriegsgefangenen und (ca. 20 Mill.) Zwangsarbeitern, Ausbeutung der Satelliten; Drosselung der Verbrauchsgüter zugunsten der Schwerindustrie.

1946–50 4. Fünfjahresplan (MALENKOW) zur Beseitigung der Kriegsschäden (Wohnbauprogramm), Aufrüstung und Produktionssteigerung: Wiederaufbau der Industrie im Westen; Erschließung der Polarzone; Erweiterung der landwirtschaftl. Anbauflächen.

1950 Einführung des Goldrubels. – Großkolchosen und Planung von Agrostädten (CHRUSCHTSCHOW) beheben die Versorgungskrisen nicht. Trotzdem

1951 Proklamation des Überganges zum Kommunismus.

1951–55 5. Fünfjahresplan: Großbauten (Wolga-, Dnjepr-Propjekt) zur Bewässerung und Energiegewinnung (Kraftwerke) für moderne Waffenproduktion (Atombomben, Raketen).

Außenpolitik: Umformung der im Krieg besetzten Staaten zu volksdemokrat. **Satelliten** (S. 509) mit Hilfe sowjet. Berater, moskauhöriger Parteien, bilateraler Bündnisse, Kominform und COMECON.

Absicherung des **Ostblocks** durch den »Eisernen Vorhang«. Unterstützung komm. Parteien (Syrien, Libanon, S. 535) und Aufstände (Griechenland, S. 507). Schwerer Rückschlag durch den

1948 Abfall Jugoslawiens (S. 509). Der **Titoismus** widerspricht der

Zwei-Lager-Theorie (SHDANOW, WOSNESSENSKI), welche die polit. Offensive gegen das kapitalist. Lager rechtfertigt. Sie wird auf drei Ebenen geführt:

1. **Lähmung der UN-Politik** (S. 503): Ausnutzung des Vetorechts.
2. **»Friedensoffensive«** (unter Einsatz auch der griech.-orth. Kirche):

1948 Moskauer Kirchenversammlung;

1949 I. Weltfriedenskongreß (Paris, Prag);

1950 Gründung des Weltfriedensrates: Tagungen mit Resolutionen zur Abrüstung, Atombedrohung, Deutschlandfrage u. a. – immer im Sinne der sowjet. Politik;

1952 »Völkerkongreß zum Schutze des Friedens« in Wien.

3. **»Kalter Krieg«** gegen den Westen: ab 1946 Spannungen über Polen und Ungarn, in der Reparations- und Deutschlandpolitik (S. 527). Versuch einer Einmischung in Iran (Aserbeidschan, S. 534); Druck auf die Türkei (S. 445). Aufgabe der Kooperation mit dem Westen seit der

1947 Pariser Marshallplan-Konferenz (S. 523) und der

1948/49 1. Berlinkrise (S. 531), doch wird ein milit. Risiko gescheut, die polit. Aktivität dafür nach Osten verlagert:

1949 Handels- und Kulturabkommen mit Nordkorea; erster Besuch MAO TSE-TUNGS in Moskau, Wirtschaftshilfe und

1950 Beistandspakt mit China (S. 513). Indirekte Unterstützung Nordkoreas in der

1950/51 Koreakrise (S. 515).

Ergebnis: 1. Sowjet. Machtausweitung in Europa (Satelliten), aber Auflösung der komm. Einheit (Jugoslawien); außenpolit. Isolierung (polit.-milit. Zusammenschluß des Westens, S. 523).

2. Wirtschaftl. Strukturkrise: Zwar extensive Steigerung der Produktion und des Kriegspotentials, aber abnehmende Arbeits- und Kapitalreserven, Facharbeitermangel und Fehlinvestitionen durch Verplanungen.

3. Keine der Theorie entsprechende Lebensverbesserung, deshalb niedrige Arbeitsproduktivität, Arbeitsunlust.

1952 XIX. Parteitag der KPdSU. Der präsumtive Nachfolger STALINS, **Malenkow,** verkündet Überprüfung des polit. Kurses (Defensivstrategie, Primat der Wirtschaft über die Politik). – Eine neue Säuberungswelle (antisemit. Hetze) wird durch den

März 1953 Tod Stalins verhindert. – Das Erbe übernimmt das Partei-Präsidium (ZK): Staatspräs. **Woroschilow** (1881–1969); MP. **Malenkow** (1902–88); 1. stellv. MP. **Kaganowitsch** (S. 467); AMin. **Molotow** (S. 467); Innenmin. **Berija;** Handelsmin. **Mikojan** (1895–1978); Vert.-Min. **Bulganin** (1895–1975); 1. Sekretär des ZK (seit Sept.) **Nikita S. Chruschtschow** (1894–1971).

Die Sowjetunion (1953–65)

Machtkampf um STALINS Erbe zwischen MALENKOW (Staat) und CHRUSCHTSCHOW (Partei) unter geistiger Liberalisierung (**»Tauwetter«,** nach dem gleichnamigen Roman von ILJA EHRENBURG).

1953 Sturz Berijas (Juli): die Geheimpolizei wird der Partei unterstellt. – **MP. Malenkow verkündet den Neuen Kurs:** Bessere Konsumgüterversorgung, Erleichterungen für Kolchosbauern; Amnestie und Milderung der Strafjustiz: Aufhebung von Strafarbeitslagern, Verbannung und Sippenhaft. – CHRUSCHTSCHOW betont den Vorrang der Schwerindustrie. Seine

1954 Neulandaktionen (Westsibirien, Kasachstan) booten MALENKOW aus. Zurücknahme der Konsumparolen unter

1955 MP. Bulganin (Vert.-Min. SHUKOW, seit 1957 MALINOWSKI, gest. 1967).

1. Entstalinisierung: Geheimrede von CHRUSCHTSCHOW auf dem

1956 XX. Parteitag der KPdSU über Personenkult und Dogmatismus STALINS, dessen Bücher, Denkmäler etc. gebannt werden. Unruhen in Georgien (Tiflis); »Befreiungs«-Aufstände im Ostblock (S. 511). CHRUSCHTSCHOW erreicht den

1957 Ausschluß der parteifeindlichen Gruppe **Malenkow, Molotow,** KAGANOWITSCH, SCHEPILOW aus dem ZK, in das u. a. der Ideologe **Frol Koslow** (1908–65), BRESCHNEW [1960–64, 1977–82 Staatspräs.] und KOSSYGIN [1960–80] eintreten. Nach

1958 Rücktritt Bulganins (März) steht MP. und 1. Partei-Sekretär **Nikita Chruschtschow** an der Spitze von Staat und Partei.

1957/58 Reformen zur Verbesserung der allg. Lebensführung: **1. Wirtschaftsverwaltung:** Abbau bürokrat. Fachministerien zugunsten dezentralisierter Wirtschaftsräte (104); **2. Landwirtschaft:** Auflösung der Traktorenstationen (MTS), Einrichtung von Großkolchosen und Sowchosen (Staatsgüter); Intensivierung (Maisanbau); **3. Erziehung:** Ausbau von Fach- und Polytechn. Schulen (Verbindung von geistiger mit körperl. Arbeit).

1959 XXI. Parteikongreß: Siebenjahresplan zur Überholung der USA in der Pro-Kopf-Erzeugung. Führungsrolle der KPCh wird abgelehnt. – Auf der

1960 Moskauer Konferenz von 81 komm. Parteien (»Rotes Konzil«) verwirft der KPCh-Ideologe TENG HSIAO-PING CHRUSCHTSCHOWS **Koexistenz-Thesen** und verteidigt STALINS »Zwei-Lager-Theorie«. Zuspitzung des Gegensatzes durch die

2. Entstalinisierung: Öffentl. Verurteilung STALINS auf dem

1961 XXII. Parteikongreß: Neues Programm zum »Aufbau des Kommunismus« (bis 1980). – Agrarkrisen veranlassen

1962/63 Preiserhöhungen, zentrale Verw.-Reformen, Getreideeinkäufe (Kanada, Australien).

Die Politik der »Friedlichen Koexistenz«

1953–56 Phase der Entspannung zur Überwindung der außenpolit. Isolierung (S. 505): Abschluß der Koreakrise; Mitwirkung an internat. Konferenzen über Deutschland (S. 497) und Indochina (S. 515); Aufgabe unwichtiger Außenpositionen:

1955 Porkkala/Finnland; Port Arthur/China; **Österreich** (S. 496). Ausgleich mit **Jugoslawien,** dessen sozialist. Sonderweg akzeptiert wird. – Good-Will-Demonstrationen: Abrüstungsvorschläge und Entlassung von 1,2 Mill. Soldaten.

1955 Südasienreise CHRUSCHTSCHOWS und BULGANINS mit Zusage wirtschaftl. Hilfe.

1956 XX. Parteitag der KPdSU: Koexistenz-Strategie zur Anpassung der Weltrevolution an das atomare Zeitalter –

1. Vermeidung internat. Kriege, aber Unterstützung begrenzter »Befreiungs«-Kriege;
2. Verstärkung des Wirtschaftskampfes;
3. Aktionseinheit mit farbigen Nationen, die als eigenständige »Dritte Kraft« (auf Zeit) anerkannt werden;
4. Kontaktaufnahme mit dem Westen unter Ablehnung jeder ideolog. Koexistenz.

In Überschätzung der eigenen Machtposition (sowjet. Raumfahrterfolge, S. 551) und der rev. Kräfte junger Völker glaubt CHRUSCHTSCHOW an eine »komm. Flutwelle« (atomares Patt, amerikan. Raketenunterlegenheit, wirtschaftl. Strukturkrise des Westens durch koloniale Emanzipation). Die **dritte Krise des Weltimperialismus** (nach den beiden Weltkriegen) soll weltrev. entscheidend getroffen werden durch eine

1957–62 Phase dynam. Offensiven: Einschaltung in den Nahen Osten (Suezkrise, S. 535) und

1958 Berlin-Ultimatum: Kündigung des Vier-Mächte-Status, Drei-Staaten-Theorie (S. 531). – Zugleich Gipfel- und **Besuchsdiplomatie:**

1959 Staatsbesuch in den USA; 1960 Österreich, Frankreich, Indien, Indonesien u. a. Drohungen und **Provokationen:**

1960 Scheitern der Pariser Gipfel-Konferenz (S. 497) unter dem Vorwand des U-2-Luftzwischenfalls (Abschuß eines US-Aufklärers über Swerdlowsk); »Schuh-Szene« CHRUSCHTSCHOWS vor der UNO, die Verf.-Änderung (Troika-System, S. 503) ablehnt;

1961 Superbomben-Tests (S. 551),

1962 Störungen der Berliner Zufahrtswege; doch lenkt CHRUSCHTSCHOW nach dem

Okt. 1962 Kuba-Abenteuer (S. 549) unter dem Druck landwirtschaftl. Miseren und des Konflikts mit Peking ein. Das

1963 Atomteststopp-Abkommen führt

1964 zum Bruch mit China, das CHRUSCHTSCHOW ideolog. Verrat vorwirft.

Okt. 1964 Sturz Chruschtschows und Wechsel in der Führung: Staatspräs. wird **Mikojan,** 1965–77 **Podgorny,** MP. **Kossygin,** 1. Sekretär des ZK **Breschnew.**

Griechenland, Türkei, Iran (1945–65)
Vom Druck der UdSSR (S. 505) durch die
1947 Truman-Doktrin (S. 519) entlastet, treten die südwestl. Nachbarn der UdSSR dem westl. Bündnissystem (S. 517) bei.
Griechenland: Nach Abzug dt. Truppen
1944 Rückkehr der Exilreg. (Ebf. **Damaskinos**); Einsatz brit. Truppen gegen komm. EAM-Verbände (S. 486) bis zum
1945 Waffenstillstand (Febr.).
1947–64 Paul I.
Die komm. EAM-Republik im Norden wird von der mit US-Hilfe neugebildeten Reg.-Armee bekämpft.
1949 Beendigung des Bürgerkrieges durch FM. **Papagos** (1883–1955). Wiederaufbau und **Bodenreform** erst nach dem
1952 Wahlsieg von MP. Papagos.
1955–64 MP. Karamanlis. – Die Zypernfrage (S. 524) steigert die Spannungen zur Türkei bis zum drohenden Konflikt.
1964 Konstantin II. (geb. 1940). – Die Zentrums-Union (MP. **Papandreou**) gewinnt die Mehrheit.
Antimonarchist.
1965 Reg.-Krise: Demonstrationen; linke Offiziersverschwörung (Aspida); Rücktritt Papandreous.
Türkei: Die UdSSR verlangt 1946 Grenzgebiete (Kars, Ardahan) und Revision der Meerengenverträge (S. 445).
1947 US-Hilfeabkommen (Waffen, Kredite); aktive Europapolitik (S. 523). Anschluß an die USA und Teilnahme am Koreakrieg (S. 515). – Nach dem Sieg der 1946 gegr. Demokrat. Partei
1950 Staatspräs. **Bayar** (1883–1986). – MP. **Menderes** (1894–1961 [hingerichtet]) gibt reaktionären relig. Tendenzen nach. Im Streit um Zypern (S. 524)
1955 antigriech. Ausschreitungen (Istanbul, Izmir). Teuerung, Bekämpfung der Opposition (Zensur); Studentenunruhen und
1960 Milit.-Revolte: Das »Komitee der Nat. Front« unter
1961 Präs. Gen. Gürsel (1895–1966) verkündet »Rückkehr zum Kemalismus« und Todesstrafen gegen Mitglieder der Reg. Menderes. – Volksreferendum für die **Neue Verf. der 2. Republik** (besonderer Schutz der Gesetze Atatürks [S. 445] zur Europäisierung der Türkei).
1961–65 Koalition unter MP. Inönü (S. 445); die polit. Lage bleibt labil. Erfolglose
1962/63 Putschversuche; 1963 Fünfjahresplan zur Sanierung der Finanzen.
1964 Milit. Intervention im Zypernkonflikt (S. 524). Enttäuschung über die westl. Haltung führt zur Annäherung an die UdSSR ohne Aufgabe der Bündnisverpflichtungen.
Iran: Geschützt von der sowjet. Besatzung, bildet die komm. **Tudeh-Partei** auton. Reg. in Aserbeidschan und Kurdistan (Mahabad).
1946 Abzug der brit. Truppen, der sowjet. Verbände erst nach Anruf der UN gegen Ölkonzessionen (vom Parlament verweigert). Rückgliederung der auton. Gebiete.
1949 Komm. Attentat auf Mohammed Risa Schah Pehlewi [1941–79]. – Korruption, islam. Sekten, soz. Kluft zwischen ungebildetem Volk, unruhiger Intelligenz und reaktionärer Besitzerschicht der »200 Familien« erschweren Reformen.
1951 Verstaatlichung des Erdöls, erzwungen von MP. **Mossadegh** (um 1880–1967).
1952 Brit. Ölblockade (Anglo-Iranian Oil-Comp.); radikaler Kurs der Nationalen Front, Staatsbankrott und
1953 Verfassungskonflikt: Mossadegh läßt eigenmächtig über die Entmachtung des Schahs abstimmen, löst das Parlament auf, wird aber von der Armee gestürzt.
1954 Ölabkommen mit internat. Konsortium gegen Entschädigung der Anglo-Iranian (700 Mill. US-Dollar).
Die USA leisten Aufbauhilfe. Agitation der Tudeh-Partei,
1960/61 Studentenunruhen. Grundbesitzer hintertreiben Reformen.
1963 Volksabstimmung über **Bodenreformen.**

Skandinavien (1945–65)
1951 Nordischer Rat zur kult. und sozialpolit. Zusammenarbeit (1955 Beitritt Finnlands).
Dänemark: Innere Autonomie erhalten die Färöer 1948 und **Grönland** 1953. Sozialdemokrat. Reg. [1955–60 MP. Hansen; MP. Krag]; ab 1953 Einkammersystem (Folketing).
1955 Minderheitenabkommen mit der BR Dtl.
Island: Nach Auflösung der Pers.-U. mit Dänemark seit
1951 Milit.-Abkommen mit den USA. Die Erweiterung der Hoheitsgewässer (12-Meilen-Zone) führt zum
1958–61 Fischerei-Konflikt mit Großbritannien.
Norwegen: Aufgabe der Neutralitätspolitik unter MP. Gerhardsen [1945–51, 1955–63, 1963–65].
1957 Olaf V. (1903–91).
1965 Erste bürgerl. Reg. seit 1935.
Schweden: Im Krieg bevorzugtes Land für polit. Emigranten, doch erzwingt die UdSSR die Auslieferung deutscher und balt. Flüchtlinge. Die sozialdemokrat. Politik (1946–69 MP. Erlander) zielt auf Ausbau des Wohlfahrtsstaates.
Finnland: Trotz sowjet. Druck und komm. Infiltration gelingt unter
1946 Präs. Paasikivi (1870–1955) und 1956–81 **Präs. Kekkonen** (1900–86) eine Sowjetisierung nicht.
1948 Beistandspakt, 1950 Handelsabkommen mit der UdSSR.
1952 Erfüllung aller Reparationsverpflichtungen. Seit
1958 KP stärkste Partei; sowjet. Verzicht auf eine 1961 von Chruschtschow vorgeschlagene gemeinsame Verteidigung.

Das sowjetische Satellitensystem in Europa nach 1945

Das sowjet. Satelliten-System
Durch Waffenstillstandsverträge, Reparationen und milit. Besetzung gewinnt die UdSSR Einfluß auf Osteuropa. STALIN nutzt ihn zur Machtausweitung **(Sowjetimperialismus):**

1945 Nord-Ostpreußen, die Karpato-Ukraine und poln. Ostgebiete werden in die UdSSR eingegliedert.

1947 Pariser Friedensverträge (S. 496): die UdSSR erhält Karelien von Finnland, Bessarabien von Rumänien.

Die Sowjetisierung der Satellitenstaaten vollzieht sich in sechs Phasen:

1. Komm. Minderheiten fassen nat. Widerstandsgruppen in »patriot. Fronten« zusammen, die nach der Besetzung durch die Rote Armee gestützt werden.
2. Einsetzung »provisor. Reg.«; in Moskau geschulte Exilkommunisten erhalten Schlüsselstellungen in Staat und KP.
3. Bildung von Koalitions-Reg. mit bürgerl. Spitze nach relativ freien Wahlen: die KP sichert sich das Innenministerium und verfügt damit über die Polizeigewalt. Beginn des Wiederaufbaus: populäre Bodenreformen, Verstaatlichung der Industrie.
4. Ausschaltung bürgerl. Parlamentsmehrheiten durch Terror, Verleumdung, Nötigung, Anklage bürgerl. Politiker; Bildung sozialist. **Einheitsparteien** unter komm. Führung, »Blockpolitik« und neue Koalitions-Reg. mit »Mitläufer-Parteien«, Ausschaltung von Oppositionsführern (von denen einige ins westl. Ausland fliehen).
5. Bildung komm. Reg., die mit Hilfe von **Einheitslisten** durch gelenkte Volkswahlen bestätigt werden. Kirchenverfolgung und innere **Säuberung** der KP: Schauprozesse gegen »Abweichler« (Titoisten u. a.).
6. Volksdemokrat. Angleichung an das sowjet. Muster: Kollektivierung der Landwirtschaft, überregionale Wirtschaftspläne und Militärkommandos.

1947 Gründung eines Informationsbüros **(Kominform);** bis

1948 Freundschafts- und Beistandspakte mit der UdSSR; Verträge der Satelliten untereinander; außerdem Kooperation im

1949 Rat für gegenseitige Wirtschaftshilfe (COMECON, S. 522) und im

1955 Warschauer Pakt: OKdo. unter Sowjet-Marschall KONJEW (1960–67 GRETSCHKO).

»Tauwetter-Phase«, die die Entstalinisierung einleitet; vor allem seit dem

1956 XX. Parteitag der KPdSU (S. 506) werden den Satelliten »eigene Wege zum Sozialismus« zugestanden, verurteilte Politiker rehabilitiert. Das Kominform wird aufgelöst, der Personenkult verworfen, die Wirtschaft dezentralisiert. – Nach den

1956 Aufständen in Polen und Ungarn (S. 510) schränkt die UdSSR die neuen Freiheiten ein, doch verfolgen seitdem vor allem Polen und Rumänien eine relativ unabh. Innen- und Wirtschaftspolitik.

Jugoslawien
Marschall Josip Broz gen. Tito (1892–1980), 1945 MP., 1953 Staatspräs., erreicht früh den Abzug der sowjet. Truppen (März 1945). Er bildet eine Koalitions-Reg. mit Exilpolitikern und schließt einen Beistandspakt mit der UdSSR (gekündigt 1949). – **Wahl zur Nat.-Vers.:** Einheitsliste der »Volksbefreiungsfront« erhält 90% der Stimmen.

1945 Proklamation der Föderativen VR. Jugoslawien (FVRJ: Nationalitätenstaat aus 6 Ländern und 2 auton. Regionen).

1946/47 Innere Sowjetisierung mit Hilfe der polit. Polizei (unter RANKOVIĆ) und der Geheimdienste: Hinrichtung polit. Gegner. – Verstaatlichung von Handel, Industrie und Banken, Soz.-Versicherung und Kollektivierungen.
Bevormundung und wirtschaftl. Erpressung führen zum

1948 Bruch mit Moskau, das den jugoslaw. Plan einer Balkanföderation mit Bulgarien und Albanien verhindert. Eine Wirtschaftsblokkade zwingt TITO zu

1949 Handelsabkommen mit westl. Ländern. Auf den »eigenen Weg zum Sozialismus« reagiert Moskau mit Verfolgung des »revisionist. **Titoismus**«.

1950 Einführung der Selbstverw. in den Betrieben durch Arbeiterräte.

1952 US-Finanz- und Militär-Hilfe.

1953 Zehnjahresplan zur Entwicklung der Landwirtschaft: Aufhebung der Zwangskollektivierung. Offizielle Duldung priv. Kleingewerbebetriebe.

1954 Amtsenthebung und 1957 Verurteilung des TITO-Mitkämpfers **Milovan Djilas** (geb. 1911).

1955 Besuch CHRUSCHTSCHOWS und BULGANINS zur Verbesserung der polit. Beziehungen, doch Spannungen seit dem

1958 Parteikongreß des »Bunds der Kommunisten Jugoslawiens« (BKJ) in Ljubljana: Ablehnung jeder Einmischung von außen. Wirtschaftl. Zusammenarbeit mit dem Westen seit 1964 auch mit COMECON.

Außenpolitik: Ziel ist die Angliederung von Istrien und **Triest.**

1947 Pariser Friedensvertrag: Istrien fällt an Jugoslawien, Triest wird Freistaat unter einem UN-Hochkommissar.

1954 Teilungsabkommen zwischen Italien (Zone A: Hafen und Stadt Triest) und Jugoslawien (Zone B: ganz Istrien).

1954 Balkanpakt (S. 522) mit Griechenland und der Türkei. – Spannungen mit Bulgarien um Mazedonien und mit Albanien um die auton. Grenzprovinz Kosovo-Metohija. – Seit der

1956 Zusammenkunft auf Brioni mit NASSER (S. 535) und NEHRU (S. 543) vertritt TITO eine **Politik der friedl. Koexistenz und des Neutralismus als »Dritter Kraft«.**

1962 Amerikan. Kredithilfe. Unterstützung Moskaus im Konflikt mit Peking (S. 506).

Albanien

1945 Volksfront-Reg. unter KP-Chef Enver Hodscha (1908–85). – Nach dem Bruch mit TITO (S. 509) orientiert sich der ehem. jugoslaw. Satellit an STALIN. Keine Entstalinisierung. Sowjet. Wirtschaftshilfe.

1959 Staatsbesuch CHRUSCHTSCHOWS. Polit. Zusammenarbeit mit China.

1961 Abbruch der Beziehungen zur UdSSR.

Bulgarien

Die »Vaterländ. Front«, geführt von dem ehem. Gen.-Sekretär der Komintern, **Georgi Dimitroff** (1882–1949), betreibt die

1946 Abschaffung der Monarchie durch Volksabstimmung. Die neue Reg. mit DIMITROFF als MP. zerschlägt die

1947 Opposition der Bauernpartei (Hinrichtung ihres Führers PETKOFF).
17 der 40 Mitgl. des ZK fallen bis

1951 Säuberungen in der KP zum Opfer, darunter der stellv. MP. KOSTOFF (1897–1949 [1956 rehabilitiert]). Der Stalinist TSCHERWENKOFF [MP. 1950–56]) kann sich bis 1961 im Politbüro halten.

1965 »Titoistischer« Putschversuch gegen den Reg.-Chef SCHIWKOFF.

Polen

Gegen den Protest der Londoner Exilreg. erklärt sich das von der UdSSR unterstützte

1945 Lubliner Komitee zur »Provisor. Reg.« und übernimmt die Verw. der deutschen Ostgebiete. Die von den Westmächten anerkannte »Reg. der nat. Einheit« billigt die Abtretung der poln. Ostgebiete an die UdSSR. Die **Verschiebung der Grenzen nach Westen** verursacht einschneidende Umsiedlungen und Vertreibungsprobleme (S. 499). – Bis

1947 Bekämpfung nat. Widerstandsgruppen (WIN- und NSZ-Verbände). Blockpolitik zur Entmachtung der Opposition, gelenkt von den KP-Chefs **Wladyslaw Gomulka** (1905–82) und **Jozef Cyrankiewicz** (1911–89), 1947–52 und 1954–70 MP.

1947 Gefälschter Wahlsieg des Demokrat. Blocks (80 Prozent): der »poln. Stalin« **Boleslaw Bierut** (1892–1956) wird Staatspräs. – Verhaftung bürgerl. Politiker: MIKOLAJCZYK, Führer der starken bäuerl. Volkspartei, flieht nach London (Okt.). Gleichschaltung der nat. KP-Gruppe um GOMULKA (1949 verhaftet).

1948 KP und Sozialisten bilden die Vereinigte Arbeiterpartei (PZPR). Daneben existieren als Schattenparteien die Bauern- (ZSL) und die Demokrat. Partei (SD).

1949 Gleichschaltung der Armee: Der geb. Pole und Sowjet-Marschall KONSTANTIN ROKOSSOWSKI wird Vert.-Min. Das anti-russ. Nationalgefühl stärkt die kath. Kirche. Kirchenkampf seit dem

1953 Krakauer Schauprozeß. Auf die Verhaftung von Geistlichen (u. a. **Stephan Kardinal Wyszynski,** 1901–81) reagiert das Volk mit passivem Widerstand: Rückgang der Produktion und des Lebensstandards. Deshalb beschließt der

1954 II. PZPR-Kongreß in Anwesenheit CHRUSCHTSCHOWS einen »Kurs der halben Maßnahmen« (März). – Auflösung des Sicherheitsministeriums (Dez.). – Streiks und Proteste gegen zu hohe Arbeitsnormen und Lebenshaltungskosten gipfeln im

1956 Juni-Aufstand in Posen, der unter Einsatz sowjet. Truppen erstickt wird, aber die Innenpolitik verändert.

»Poln. Frühling im Oktober« (1956): Wiederwahl GOMULKAS in das ZK der PZPR (trotz eines spontanen sowjet. Staatsbesuchs von CHRUSCHTSCHOW, MOLOTOW u. a.); Säuberungen in Partei und Verw.; Auflösung kollektivierter Agrarbetriebe, Bildung von Arbeiterräten. Kardinal WYSZYNSKI wird rehabilitiert. Rücktritt ROKOSSOWSKIS.

1957 Wahlsieg Gomulkas und Ausschaltung der Stalinisten.
Wirtschaftshilfe der USA.
Es gelingt GOMULKA, einen relativ selbst. Kurs zu steuern.

1962 Neue Spannungen mit der Kirche; der Notenwechsel des poln. mit dem deutschen Episkopat zur poln.-deutschen Aussöhnung wird scharf kritisiert (1965/66).

Rumänien

Die Sowjetisierung beginnt unter sowjet. Druck nahezu ohne Kommunisten. Das

1944 Volksfront-Abkommen der KP unter **Gheorge Gheorghiu-Dej** (1901–65) mit Bauernpartei (MANIU) und Lib. Partei (BRATIANU) zerfällt; Bildung einer Nat.-Demokrat. Front (FND) aus Sozialisten, KP und Landarbeiterfront unter **Petru Groza** (1884–1958), dessen FND-Kabinett Agrarreformen einleitet.

1946 erhält die FND 89 Prozent der Stimmen. Da die Opposition das Wahlergebnis anzweifelt, wird sie zerschlagen; BRATIANU kann fliehen.

1947 Verbot der Bauernpartei: MANIU wird verurteilt, der lib. AMin. TARTARESCU durch »Stalins Statthalter« **Anna Pauker** (1893–1960) ersetzt [bis 1952]; Kg. MICHAEL dankt ab (Dez.).

1948 Gründung der Einheitspartei PMR (Gen.-Sekretär GHEORGHIU-DEJ). – Seit

1951 1. Fünfjahresplan zur sozialist. Industrialisierung (Stahl, Kohle, Erdöl). – Das Regime festigt sich unter

1952–58 Staatspräs. GROZA und MP. GHEORGHIU-DEJ [bis 1965 Staatschef]. MP. **Ion Gheorge Maurer** (geb. 1902) erstrebt größere polit. Unabhängigkeit, er vermittelt im Streit Moskaus mit Peking (S. 506).

1962 Abschluß der Kollektivierung. Starker Ausbau des Handels mit westl. Staaten.

1964 franz.-rum. Annäherung: Staatsbesuch MAURERS in Paris; rum.-franz. Kulturabkommen.

Tschechoslowakei

Seit 1943 im Bündnis mit der UdSSR, verhandelt die Londoner Exilreg. durch BENEŠ (S. 435) in Moskau über die Wiederherstellung des Staates. Abtretung der Karpato-Ukraine (S. 509); die Slowakei erhält begrenzte Autonomie.

1945 Zusammentritt der Exilreg. in Prag (MP. FIERLINGER, Sozialist). **Beneš wird Staatspräs., Jan Masaryk** (1888–1948 [Selbstmord?]) AMin., der Exil-Kommunist **Klement Gottwald** (1896–1953) stellv. MP. – Vertreibung der **Sudetendeutschen** (bis Ende 1946). Grundbesitz und »feindl. Vermögen« fällt an den Staat. Sozialisierung von Bergbau und Industrie. – Abzug sowjet. und amerikan. Truppen (Dez.).

1946 Wahlsieg der KP (38%). BENEŠ und MASARYK hoffen auf eine demokrat. Reg. der Nat.Front unter MP. GOTTWALD.

1947 Beistandspakt mit Polen nach Beilegung von Grenzkonflikten. Der Beschluß aller Parteien zur Beteiligung an der Pariser Marshallplan-Konferenz (S. 523) wird auf ultimativen Druck Moskaus revidiert (Juli). – Die Sozialisten lehnen eine Fusion mit der KP ab (Nov.).

Erfolgreiche Entmachtung der Slowak. Demokrat. Partei durch Prozesse und Verhaftungen.

Febr. 1948 Komm. Staatsstreich, ausgelöst durch den Rücktritt von 12 Ministern aus Protest gegen die komm. Infiltration der Polizei (Innenmin. NOSEK, KP). Der Gewerkschaftsführer **Antonin Zapotocky** (1884–1957) setzt BENEŠ durch Streiks und Demonstrationen gegen die »Verschwörung« unter Druck. Im Auftrag des Staatspräs. bildet MP. GOTTWALD eine neue Reg. Gleichschaltung von Presse, Rundfunk und Verw.; Scheinwahlen nach Einheitsliste; BENEŠ unterzeichnet die neue volksdemokrat. Verfassung nicht und tritt zurück. Sein Nachfolger wird **Gottwald.** Neuer Reg.-Chef wird **Zapotocky.** Die ČSSR ist neben der UdSSR und der DDR stärkste Industrienation im Ostblock. – Den Widerstand der kath. Kirche gegen staatl. Eingriffe bricht der

1949 Kirchenkampf: Verhaftungen von Geistlichen.

1951/52 Säuberungen in der KP.

1953 Trennung von Staat und Partei; Verurteilung des Personenkults. – Seit

1957 Antonin Novotny (1904–75) Staatspräs.

1962/63 Ausschaltung von Stalinisten; Amnestie für polit. Häftlinge.

1965 Ein neues ökonom. System schafft wirtschaftl. Erleichterungen (Preisbewertung, Absatzorientierung). Abschluß von Handelsverträgen.

Ungarn

Der Waffenstillstand mit der UdSSR verpflichtet zur Säuberung des Staates von Faschisten und Kriegsverbrechern. Exilkommunisten nutzen sie auch zur Beseitigung unliebsamer demokrat. Kräfte.

1945 Bodenreform: Kirchenbesitz sowie das Vermögen von Faschisten und Volksdeutschen wird enteignet. Unrentable Kleinbetriebe schaffen die Voraussetzung zur Agrar-Kollektivierung. – Wahlsieg der **Kleinlandwirte-Partei** im Nov.: 245 von 409 Sitzen im RT. Bei nur 70 Mandaten stellt die kleine KP 4 Minister: Innenmin. **Imre Nagy** (1896–1958 [vermutl. hingerichtet]), Verkehrsmin. **Ernö Gerö** (1898–1980), Sondermin. **Mátyás Rákosi** (1892–1971). Terrorwelle gegen »Überreste des Faschismus«.

1947 Zerschlagung der Kleinlandwirte-Partei durch Aufdeckung von »Verschwörungen«: Schauprozesse; MP. FERENC NAGY (1903–79) flieht in die Schweiz. – Neuwahl ergibt die gewünschte KP-Mehrheit:

1948 Soz. Arbeiterpartei (USAP). – Kirchl. Widerstand gegen Verstaatl. der Schulen. Unter Innenmin. **János Kádár** (1912–89) Verfolgung von Geistlichen.

Joseph Kardinal Mindszenty (1892–1975) wird zum Tode verurteilt, aber zu lebenslängl. Haft begnadigt.

Rigorose Industrialisierung und Kollektivierung. – Prozesse gegen »Titoisten«: u. a. Einkerkerung KADARS (1950–53);

1953 Proklamation des Neuen Kurses durch Imre Nagy; er kann sich gegen die Stalinisten um RÁKOSI nicht durchsetzen und wird gestürzt. In der Parteiintelligenz und unter Studenten wächst die Unruhe (»Petöfi-Klub«).

1956 RÁKOSI muß die Parteiführung an GERÖ abtreten – Demonstrationen und

Okt. 1956 nat. Volksaufstand: Studenten fordern ultimativ Abzug der sowjet. Truppen, Auflösung der Geheimpolizei, freie Wahlen, Pressefreiheit u. a. – Die Reg. erbittet sowjet. Hilfe. Nach blutigen Zusammenstößen mit Arbeitern, Studenten und ungar. Truppen unter Oberst MALETER zieht sich die Rote Armee zurück. MP. **Nagy** bildet ein Mehrparteien-Kabinett und verkündet den Austritt aus dem Warschauer Pakt (S. 509). Neue sowjet. Panzerverbände greifen ein, sie schützen die von den Sowjets eingesetzte Gegenreg. **Kádár.** Erhoffte westl. Hilfe bleibt aus; ca. 200000 Menschen fliehen. NAGY und MALETER fallen in sowjet. Hand. Kardinal MINDSZENTY findet Asyl in der US-Botschaft.

1957 Sondergerichte gegen neue Streiks und Unruhen: Todesstrafen, Terror, Deportationen in die UdSSR. Die UN verurteilt die UdSSR und bestätigt Rechtmäßigkeit der Reg. NAGY (Juni). Einer UN-Kommission wird die Einreise versagt (S. 503). Auflösung und Neuaufbau der Armee; Reorganisation der USAP. Langsamer Übergang zu einem gemäßigten Kurs.

1961 Abschluß der Kollektivierung, Förderung der Schwerindustrie durch den 2. Fünfjahresplan.

1962 Parteiverfahren gegen RÁKOSI und GERÖ.

Der chinesische Bürgerkrieg 1945–1950

Die Volksrepublik China 1965

China (1945–65)

Die Machtübernahme der KP: Nach der jap. Besetzung (S. 451) ist China verarmt und demoralisiert. Mit amerikan. Hilfe besetzen KMT-Truppen die Großstädte, können aber keine Ordnung schaffen (Korruption). Milit.-Diktatur TSCHIANG KAI-SCHEKS.

1945 Vertrag mit der UdSSR, die u. a. Port Arthur erhält (bis 1955). – Erste bürgerkriegsähnl. Zusammenstöße mit der KPCh. – Nach erfolgloser amerikan. Vermittlung (Gen. MARSHALL, S. 523) Einschränkung der US-Hilfe für die KMT.

1947 Verschärfung des Bürgerkriegs. – Das China-Hilfe-Gesetz der USA hemmt das rotchin. Vordringen im Norden nicht.

1949 Großoffensive auf Südchina; Eroberung Nankings.

Proklamation der VR China (Sept.). Regierung und Armee der KMT fliehen nach Formosa.

1950 Eroberung von Hainan. Prestigezuwachs durch Eingreifen in Korea und Indochina (S. 515). Die USA verhindern die Aufnahme der VR China in die UN (S. 503), setzen eine **Handelssperre** durch und garantieren **Nat.-China** (Taiwan) und Präs. TSCHIANG KAI-SCHEK Schutz vor rot-chin. Angriffen.

1950 Beistandspakt mit der UdSSR.

Innere Neuordnung: Druck auf priv. Industrien und ausländ. Unternehmen bis zur »freiwilligen« Verstaatlichung.

1950–56 Bodenreform in vier Stufen: Verteilung des Grundbesitzes, Verpflichtung zu gegenseitiger Hilfe, Genossenschaften, Kolchosen. – Währungsreform (1955). – **Umerziehung des Volkes.** – Einführung des lat. Alphabets (1956). – Der

1953 1. Fünfjahresplan zur Industrialisierung mißlingt, da Fachkräfte fehlen.

1954 Neue Verfassung: Staatsaufbau nach dem Prinzip des »demokrat. Zentralismus«: 5 auton. Regionen, 21 Prov., ca. 175 Stadtverw. und 2000 Kreise. **Zentralrat** (56 Mitgl.) mit absoluter Vollmacht unter Vorsitz des KP-Chefs **Mao Tse-tung** (S. 451); Verw.-Rat mit MP. und AMin. **Tschou En-lai** (1898–1976). – Die lib.

1957 »Hundert-Blumen-Rede« MAOS löst Kritik am System aus. Sie wird mit Kampagnen gegen »Rechtsabweichler« und radikalem **»Übergang zum Kommunismus«** erstickt:

1958 Einrichtung von Volkskommunen: Arbeitskompanien; Steigerung der Stahlproduktion durch Kleinsthochöfen. Der **»Große Sprung nach vorn«** endet in einer wirtschaftl. Katastrophe; trotzdem seit

1959 Atomprogramm.

Liu Schao-tschi (1898–1969) übernimmt den Staatsvorsitz, MAO bleibt KP-Chef; TSCHEN JI wird AMin.

1960 Abzug sowjet. Techniker als Folge des **ideolog. Konflikts mit Moskau** (S. 506).

1961–63 Hungersnöte mit Plünderungen, Seuchen, konterrev. Unruhen (Nat.-China liefert Waffen und schickt Agenten), Fluchtbewegung nach Hongkong (S. 499); Besteuerung priv. Hilfsaktionen von Auslandschinesen erbringen Devisen für Getreideeinkäufe.

Offener Bruch mit der KPdSU seit der Kubakrise (S. 549): CHRUSCHTSCHOW wird Verrat an der Welt-Rev. vorgeworfen.

1963 »25-Punkte-Programm« der KPCh; Versuche zur Spaltung komm. Parteien.

1964 Zündung der ersten Atombombe.

Außenpolitik: Anspruch auf Gebiete, die vor dem Abschluß der »ungleichen Verträge« zu China gehörten (S. 369).

1950 Besetzung Tibets (1951: innere Autonomie). – Asiat. orientierte Politik: Annäherung an Indien (S. 543). Initiative zur Bandung-Konferenz (S. 539), Ausgleich mit Japan. – Drohender Weltkonflikt durch die

1957 Offensive gegen Formosa: Beschießung von Quemoy (1958). Die USA erwägen eine Intervention. Die Krise wird auf sowjet. Druck beigelegt. Seither amerikan.-chin. Botschaftergespräche in Warschau.

1959 Aufstand in Tibet: Flucht des Dalai Lama. – Grenzkonflikte mit Indien (S. 543).

1962 Angriff auf Assam (McMahon-Linie) und Kaschmir (Ladakh); Annäherung an Pakistan; erhöhte außenpolit. Aktivität und Erfolge durch

1963/64 Afrika- und Asienreisen MP. TSCHOU EN-LAIS und AMin. TSCHEN JIS. – Lockerungen des Handelsembargos (durch Großbritannien 1957 eingeleitet).

1964 Anerkennung der VR China durch Frankreich. – Seit

1965 außenpolit. Rückschläge (anti-chin. Revolten u. a. in Indonesien, Ghana, Algerien).

Japan (1945–65)

1945–50 Amerikan. Milit.-Reg. unter Gen. **MacArthur** (S. 515): Kriegsverbrecherprozesse; Rückwanderungsprobleme (S. 499); Reparationen; Aufteilung des Grundbesitzes; Demokratisierung.

1946 Verfassung nach amerikan. Vorbild.

1949–54 2. Kabinett Yoshida: Die Ost-West-Spannung (Korea, S. 515) zwingt die USA, Japan als Bundesgenossen zu gewinnen.

1951 Frieden von San Francisco: Japan verliert alle Erwerbungen seit 1854, schließt einen Milit.-Vertrag mit den USA und erhält Souveränität (1952). – Seit

1954 Wiederaufrüstung. – Exportsteigerung trotz Übervölkerung und Rohstoffarmut.

1955 MP. Itshivo Hatoyama (1883–1959) proklamiert eine friedl. Politik. Verw.- und Steurref.

1956 Beendigung des Kriegszustandes mit der UdSSR. – Der

1960 Sicherheitspakt mit den USA ruft heftige anti-amerikan. Reaktionen hervor. Rücktritt des Kabinetts KISHI [seit 1957].

1960–64 MP. Hayato Ikeda (1899–1965): polit. Beruhigung; günstige Entwicklung von Industrie und Handel.

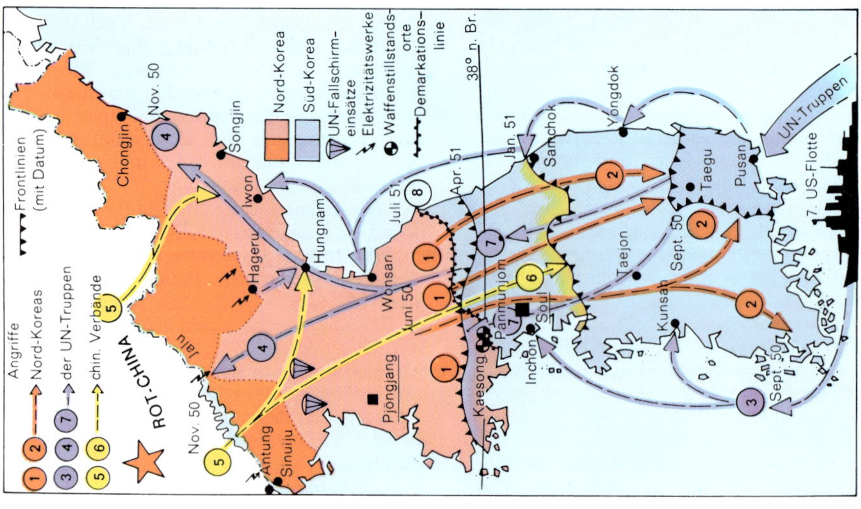

Der Krieg in Korea 1950–1953

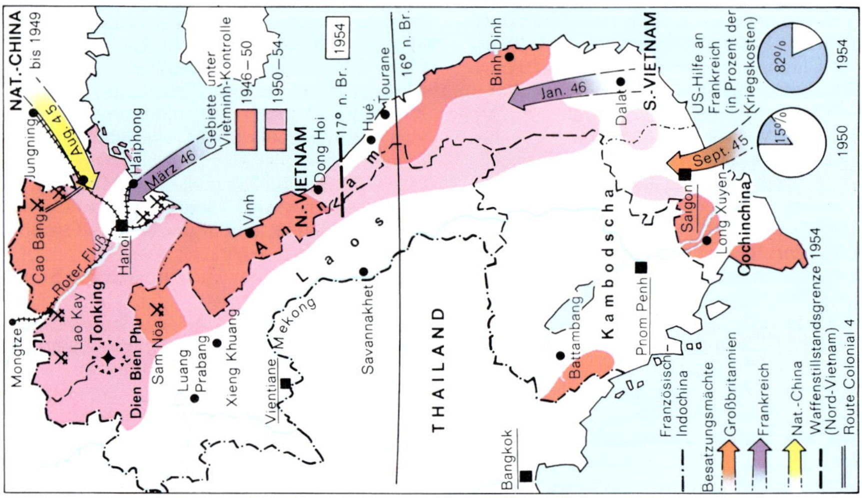

Erster Indochinakrieg 1945–1954

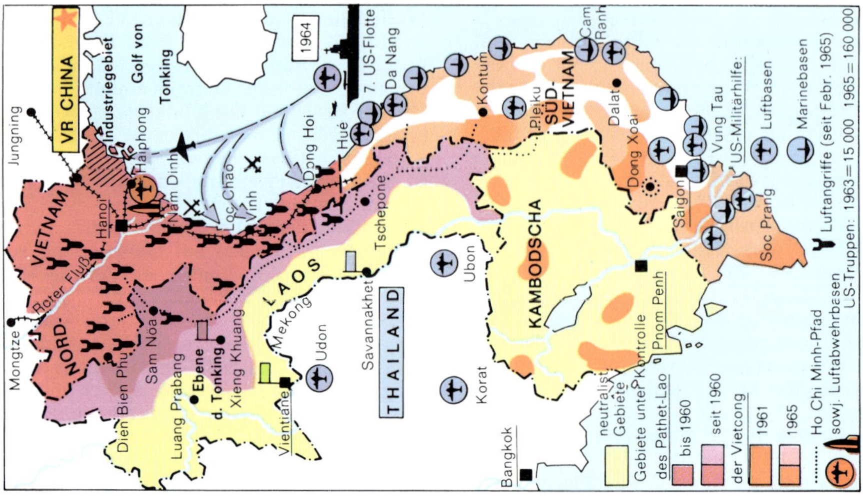

Zweiter Indochinakrieg seit 1957 (Stand 1965)

Krisenzonen des Ost-West-Konflikts in Asien

Korea: Auf Grund alliierter Absprachen

1945 sowjet.-amerikan. Besetzung. Im Norden (Bergbau, Industrie) entstehen Volksfrontkomitees, geleitet von komm. Exilkoreanern; im Süden (Landwirtschaft) Errichtung einer US-Milit.-Reg. – Auf der AMin.-Konferenz in Moskau (Dez.) Vereinbarungen über eine gesamtkorean. Reg.: nach Differenzen mit der UdSSR beantragen die USA eine

1947 UN-Kommission zur Kontrolle freier Wahlen, der aber die Einreise nach Nordkorea verweigert wird. – Im Süden

1948 Wahlen zur Nat.-Vers.; **Syngman Rhee** (1875–1965) wird Präs. der **Rep. Südkorea** (Aug.); Proklamation der VR Nordkorea (Sept.) unter MP. **Kim Il Sung** (geb. 1912). Beide Reg. erheben Anspruch auf ganz Korea, eine UN-Resolution entscheidet für Südkorea. Abzug der sowjet. und amerikan. Truppen.

1950–53 Koreakrieg, ausgelöst durch einen nordkorean. Überfall. Südkorea erbittet Hilfe: Präs. TRUMAN (S. 519) gibt den Befehl zum Eingreifen amerikan. Truppen. Der UN-Sicherheitsrat (S. 503) erklärt Nordkorea zum Angreifer und fordert die UN-Mitglieder zur Unterstützung Südkoreas auf. Die UN-Armee (aus 15 Nationen) unter US-Gen. **Douglas MacArthur** (1880–1964) wird auf den Brückenkopf Pusan zurückgedrängt. – Im Sept. stoßen die UN-Truppen bis zur chin. Grenze vor. Darauf Eingreifen chin. »Freiwilligen«-Verbände (Nov.). – Stellungskrieg am 38. Breitengrad. Die Weltmarktpreise steigen **(Korea-Boom).**

1951 MACARTHUR verlangt Vollmacht zur Zerstörung chin. Luft- und Nachschubbasen. Er wird durch Gen. RIDGWAY ersetzt, da Präs. TRUMAN einen neuen Weltkrieg befürchtet.

1953 Waffenstillstand von Panmunjom: Teilung Koreas.
Die Genfer AMin.-Konferenz (s. u.) findet keine Lösung für ein Gesamtkorea.

Nordkorea: Wiederaufbau mit sowjet. Kredithilfe unter Anlehnung an die VR China.

1961 Freundschaftsabkommen mit der UdSSR und China, seit 1962 Einlenken auf chin. Parteikurs.

Südkorea: Amerikan. Wiederaufbauhilfe.

1953 Sicherheitspakt mit den USA, die das autokrat. Regime des Präs. stützen. Innere Unruhen dauern auch nach dem

1960 Rücktritt SYNGMAN RHEES an.

1962 Gen. PARK CHUNG HEE wird Präs.; er bemüht sich um innere Ordnung und Ausgleich mit Japan.

Indochina: Nach Aufstandsvorbereitungen

1945 Entwaffnung franz. Vichy-Truppen durch die Japaner (März); Vietnam und Kambodscha werden unabhängig. – Auf der Potsdamer Konferenz (S. 527) werden die brit.-chin. Operationszonen festgelegt. Jap. Kapitulation und chin. Besetzung der nördl. Zone. – Der KP-Chef **Ho Chi Minh** (1894–1969), Führer der 1941 gegr. **Vietminh** (Befreiungsbewegung), ruft in Hanoi die **Demokrat. Rep. Vietnam** aus. – Brit. Besetzung der südl. Zone mit Saigon. Ein franz. Expeditionskorps bekämpft buddh. Sekten und Vietminh.

1946 Brit. Übergabe der Verw. an franz. Kol.-Behörden. Der chin. Abzug wird durch franz. Verzicht auf alle Forderungen an China (südchin. Bahn) erkauft. – Ho CHI MINH billigt die Rückkehr franz. Truppen (März). Verhandlungen Ho CHI MINHS in Paris sabotiert der Hohe Kommissar für Vietnam, Adm. D'ARGENLIEU, durch eigenmächtige Gründung der Rep. Cochinchina (Juni). – Franz. »Ultras« drängen auf milit. Lösung des Vietnam-Problems.

1946–54 1. Indochina-Krieg: Franz. Elitetruppen (Fremdenlegion, »Paras«) besetzen das Delta des Roten Flusses, bekämpfen aber erfolglos die Vietminh-Partisanen des Gen. **Giap.**

1948 Die Gegenreg. des Ex-Ks. BAO DAI (geb. 1913) ist machtlos. – Der

1953 Vietminh dringt in Laos ein und spaltet Indochina. Präs. EISENHOWER lehnt eine Intervention der USA ab.

1954 Kapitulation der Festung Dien Bien Phu.

1954 Genfer AMin.-Konferenz (Vertreter der VR China: TSCHOU EN-LAI, S. 513): **Auflösung Indochinas** mit Garantie der souveränen Staaten **Laos, Kambodscha und Vietnam,** das geteilt wird.

Laos: Kämpfe zwischen komm. **Pathet Lao-** und Reg.-Truppen (Gen. NOVASAN).

1962 Die Genfer 14-Mächte-Konferenz beschließt die **Neutralisierung,** trotzdem neue Kämpfe rivalisierender Gruppen.

1964 Eroberung der strateg. wichtigen »Ebene der Tonkrüge« durch die Pathet Lao.

1965 Mißglückter Putsch der Rechten.

Nordvietnam: Aufbau der Industrie mit Hilfe des Ostblocks; polit. Orientierung nach Rot-China; Unterstützung der Vietcong zur »Befreiung Vietnams von den US-Imperialisten«.

Südvietnam: MP. **Ngo Dinh Diem** (1901–63) festigt mit amerikan. Hilfe nach

1955 Absetzung BAO DAIS den Staat mit diktator. Mitteln. Er bekämpft buddh. Sekten, komm. Agenten und lehnt die in Genf beschlossene Volksabstimmung ab. Darauf beginnen **Vietcong-Partisanen** den

1957 2. Indochina-Krieg mit Stör-und Terroraktionen. Dagegen bildet die Reg.

1961 Wehrdörfer. Buddh. Demonstrationen (Selbstverbrennungen) führen zum

1963 Militär-Putsch. Diem wird getötet. Direktes amerikan. Eingreifen seit dem

1964 Seegefecht im Golf von Tongking: Bombardierung von Nachschubbasen in Nordvietnam; Truppenverstärkungen (auch durch SEATO-Staaten).

1965 Milit.-Reg. unter Gen. KY; labile Lage hält an. Eine **»Eskalation des Krieges«** erhöht die Gefahr eines allg. Weltkonflikts.

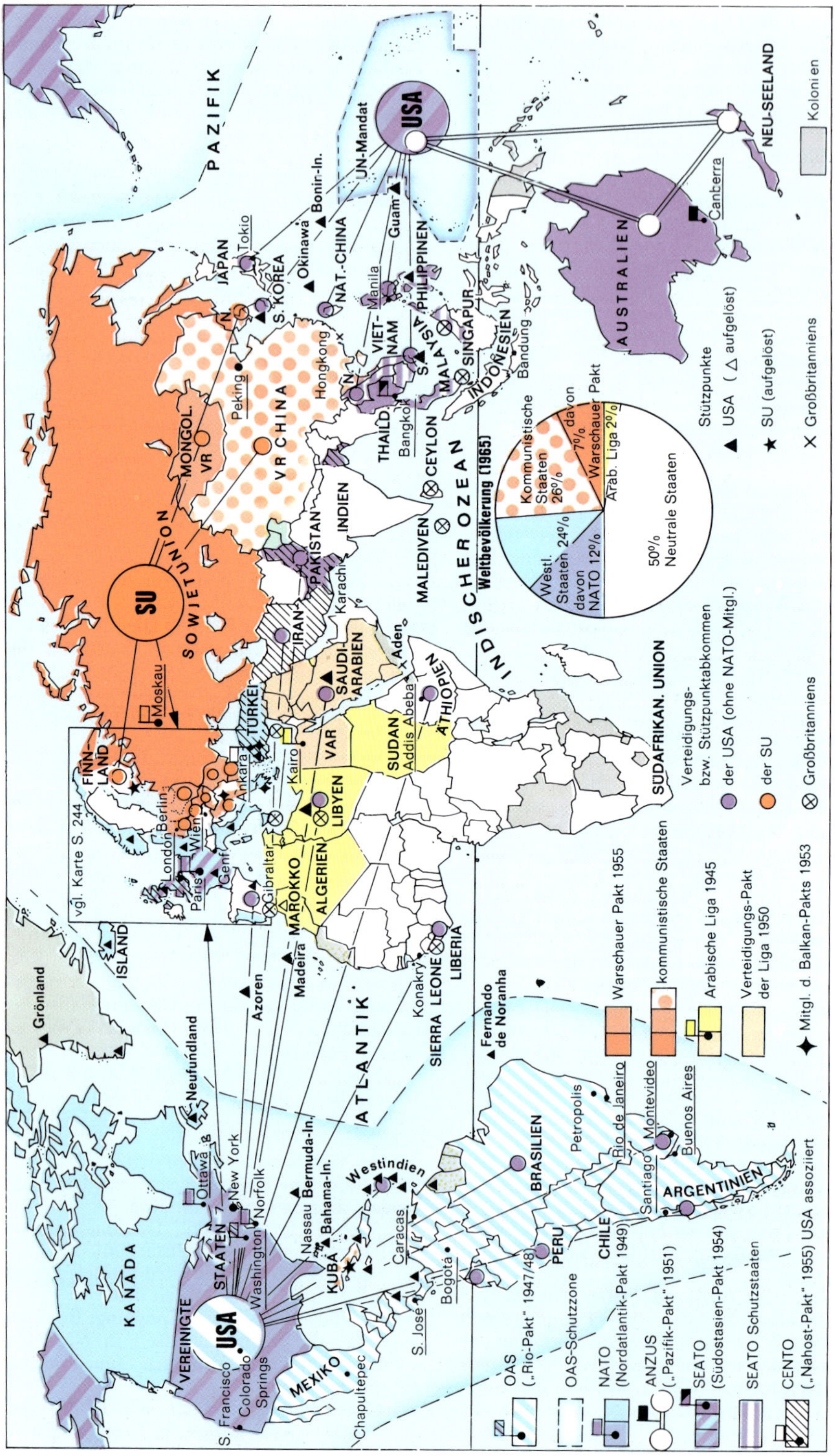

Bündnissysteme der Gegenwart (Stand 1965)

Bündnisse
Washington und Moskau betreiben eine unterschiedliche Bündnispolitik.
Zweiteilung der Welt; Vielfalt der Bündnisse (Prinzip demokrat. Freiheit) auf westl., Blockbildung und absoluter Führungsanspruch der UdSSR (Prinzip des Zentralismus) auf östl. Seite.

Bündnissysteme des Westens
Organisation Amerikan. Staaten (OAS): Grundsätze niedergelegt in der
1945 Akte von Chapultepec, beschlossen auf der panamerikan.
1947 Konferenz von Petropolis (Rio-Pakt), unterzeichnet auf der
1948 Konferenz von Bogotá: Beistandspflicht bei Aggressionen; friedl. Schlichtung von Konflikten zwischen OAS-Mitgl. oder Sanktionen. – **Organe:** Interamerikan. Konferenz; AMin.-Konferenz zur Konsultation; Verteidigungs-Rat.
1954 Konferenz von Caracas: Resolution gegen Kommunismus.
1959 Deklaration von Santiago: demokrat. Staatsordnung als Friedensgarantie.
1962 Konferenz von Punta del Este: Verurteilung des Marxismus-Leninismus; Ausschluß Kubas.
Aktionen: u.a. gegen Nicaragua, Honduras, Kuba, Dominikan. Rep.
Nordatlantik-Pakt-Organisation (NATO, s. auch S. 522f.), 1949 in Washington im Hinblick auf die Ost-West-Spannung auf 20 Jahre gegr. – **Ziel:** Erhaltung demokrat. Freiheiten durch kollektive Verteidigung, polit. und wirtschaftl. Zusammenarbeit.
Zivile Organe: Sekretariat und ständiger Vertreter-Rat (Paris) zur Ausführung der Beschlüsse des **NATO-Rates** (Finanz-, Vert.- und AMin.). – **Milit. Organe:** Ausschuß der Stabs-Chefs und Standing Group (Washington).
Abkommen der USA und Großbritanniens über Stützpunkte, Luft- und Raketenbasen.
1950 Aufstellung einer europ. Armee (S. 523);
1952 Beitritt Griechenlands und der Türkei, 1955 der BR Deutschland;
1957 Ausrüstung mit Atom- und Raketenwaffen nach freier Entscheidung des jeweiligen NATO-Staates;
1958 europ. »Schildstreitkräfte« (30 Div.) und nukleare Abwehr eines Angriffs; Frankreich lehnt NATO-Unterstellung seiner Mittelmeerflotte ab.
1961 Atom-U-Boote mit Polaris-Raketen.
1962 Ausbau konventioneller Streitkräfte zur »abgestuften Abschreckung«.
1963 Kontroversen um den Aufbau einer multilateralen Atomstreitmacht mit Polaris-Raketen (MLF).
1965 Frankreich fordert Strukturänderung der NATO und droht mit Austritt.
1966 Ultimatum Frankreichs: Abzug der NATO-Truppen bzw. Unterstellung unter franz. Kommando; Verlegung des europ. HQ (SHAPE) bis 1967.
Pazifik-Pakt (ANZUS), 1951 in San Francisco gegen jap. Angriffe bzw. Aggressionen im Pazifik gegr.
Südostasien-Pakt (SEATO), 1954 in Manila gegr. zur Verteidigung auch von Staaten, die der SEATO nicht angehören (z.B. Südvietnam). Konsultation bei komm. Infiltration, gemeinsame Manöver. – **Organe:** Ständiger Min.-Rat mit Exekutiv-Sekretariat (Bangkok); milit. Planungsstab; Forschungsdienst zur Beobachtung komm. Subversion. Seit
1958 Kontaktaufnahme zur NATO und CENTO. 1965 werden die franz. Offiziere aus allen Stäben abberufen.
Zentrale Pakt-Organisation (CENTO), 1955 aus dem »Bagdad-Pakt« zwischen Türkei und dem Irak (1959 ausgetreten, S. 534) hervorgegangen. Keine Beistandspflicht, Zusammenarbeit in milit. und polit. Fragen.
1959 indirekter Beitritt der USA durch bilaterale Sicherheitsabkommen; 1961 Ernennung eines amerikan. Gen.St.-Chefs.
Bilaterale Pakte der USA im Pazifik: 1953 mit Südkorea (Beistandspflicht), 1954 mit Nat.-China (das sich zu keinem Angriff auf das Festland ohne Konsultation mit den USA verpflichtet), 1961 mit Japan.

Bündnissysteme des Ostens
In Ergänzung zu bilateralen Milit.-Verträgen
Warschauer Pakt (S. 522), 1955 als Reaktion auf die Pariser Verträge (S. 529) gegr. und auf 20 Jahre befristet. – **Ziel:** automat. Beistand bei bewaffneten Überfällen in Europa; polit. Zusammenarbeit. – **Organe:** Polit. Berater-Ausschuß (2 Tagungen im Jahr), Sekretariat, supranat. OKdo. in Moskau.
1956 Beitritt der DDR.
Sowjetische Truppenstationierungsverträge mit Polen 1956, Ungarn, Rumänien, mit der DDR 1957.
Sowjet. Bündnisverträge mit der Mongolischen VR. 1946 (dem Warschauer Pakt als Beobachter assoziiert), Rot-China 1950, Afghanistan und Finnland 1955.

Neutrale Bündnissysteme
Balkan-Pakt (S. 522), entstanden aus dem
1953 Freundschaftsvertrag von Ankara, ergänzt durch den
1954 Beistandspakt von Bled (auf 20 Jahre), seit 1955 inaktiv.
Arabische Liga (S. 535), 1945 in Kairo gegr. Beschlüsse sind nur für zustimmende Mitgl. bindend; häufige Interessenkonflikte. **Organe:** Rat der Staats-Chefs (seit 1964); Gen.-Sekretariat in Kairo; AMin.-Rat zur Koordinierung der arab. Politik. – Beitritt Libyens 1953, des Sudans 1956, Tunesiens, Marokkos 1958, Kuwaits 1961.
Kollektiver Verteidigungspakt im Rahmen der Liga seit 1950, der sich vor allem gegen Israel richtet.

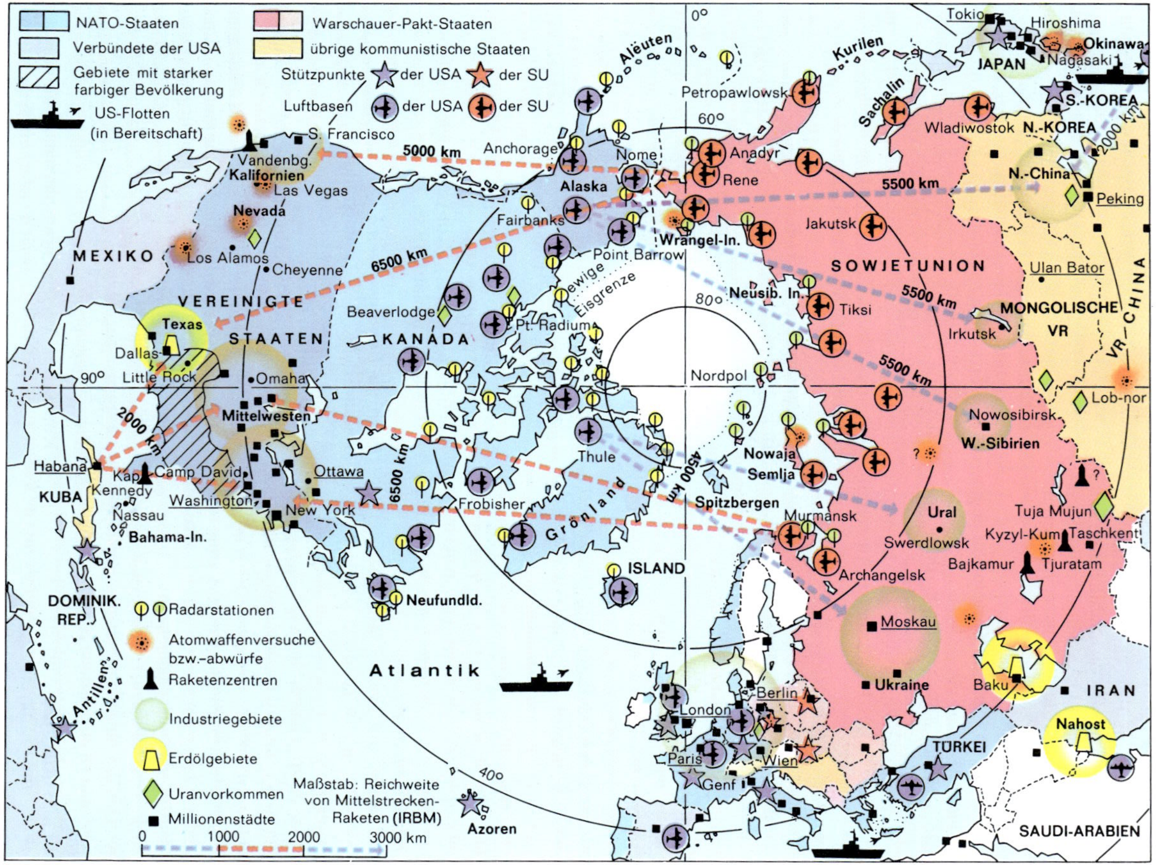

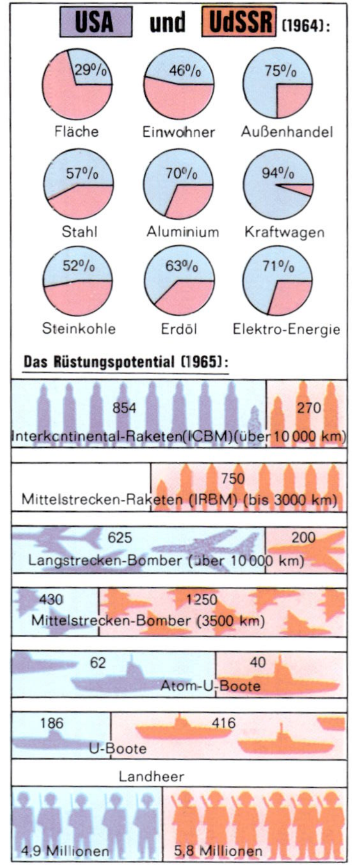

Die Weltmächte USA und UdSSR um 1960

Die Vereinigten Staaten nach 1945

1945–53 Präs. Harry S. Truman (1884–1972), Nachfolger des verstorbenen F. D. ROOSEVELT (S. 465) als dessen Vizepräs. – Im Besitz des Atommonopols wachsen die USA nach dem Sieg in eine Führungsrolle und wollen die Weltpolitik nach den Prinzipien der Atlantik-Charta mit Hilfe der UN (S. 501) gestalten.

Außenpolitik: Die Zusammenarbeit mit der UdSSR wird mit Beginn des Ost-West-Konflikts (S. 497) durch eine Politik der komm. »Eindämmung« (Containment) abgelöst. – Die

1947 Truman-Doktrin sagt allen Ländern zur Bewahrung ihrer Unabhängigkeit Milit.- und Wirtschaftshilfe zu – Abkehr von Isolationismus und Monroe-Doktrin (S. 373).

Folgen: Unterstützung Griechenlands und der Türkei (S. 507), Marshall-Plan (S. 523), Berliner Luftbrücke (S. 531), Nat. Sicherheitsrat, Gründung der NATO. Zur Abwehr des Kommunismus in Asien

1946 Unabhängigkeit der Philippinen (S. 541) und Wirtschafts-Stabilisierungsprogramm für Japan (ab 1949). – Nach seiner Wahl bekennt sich TRUMAN im

1949 Punkt-Vier-Programm (S. 539) zur weltweiten Verantwortung der USA, die in der

1950–53 Koreakrise (S. 515) die UN-Maßnahmen gegen die nordkorean. Angreifer leiten, doch werden im

1950 »Acht-Punkte-Programm« (Sept.) maßvolle Ziele der US-Politik in Korea verkündet, unterstützt durch die Rundfunkrede Gen. EISENHOWERS, die den »Kreuzzug der Freiheit« eröffnet. – Nat. Notstand (Dez.): Wiederaufbau und Vergrößerung der seit 1945 abgerüsteten Streitkräfte. ANZUS-Pakt (S. 517) und

1951 Friedensvertrag mit Japan festigen die amerikan. Stellung in Asien.
Neues Hilfsprogramm für den Nahen Osten (März 1950), das techn., Kapital- und Flüchtlingshilfe sowie Handels- und Kulturbeziehungen vorsieht.

Innenpolitik:

1947 Taft-Hartley-Gesetz (gegen das Veto des Präs.): Verbot des Gewerkschaftszwangs (Closed shop) und der Unterstützung polit. Parteien durch Gewerkschaften; der Präs. erhält das Recht, Streiks befristet auszusetzen (»Abkühlungszeit«). – Gegen Widerstand verkündet der Präs. zum Aufbau einer wirtschaftl.-soz. Demokratie den

1949 »Fair Deal«, der die Fortschritte des New Deal (S. 465) sichern soll.

1951 XXII. Verf.-Zusatz: die Amtszeit des Präs. wird bei Wiederwahl auf zwei Wahlperioden befristet. – Zusammenbruch Nat.-Chinas (S. 513) und sowjet. Besitz von Atomwaffen lösen eine Angstpsychose aus: Prozesse gegen KP-Führung der USA und Linksintellektuelle (Fall ALGER HISS), Spionageaffären (KLAUS FUCHS, JULIUS und ETHEL ROSENBERG). – Senator **Joseph McCarthy** (Wisconsin) beginnt seinen Kampf gegen antiamerikan. Umtriebe. – Der Kongreß verabschiedet gegen den Präs. das McCarran-Nixon-Gesetz (1950: Registrierung aller komm. Tarnorganisationen) und das McCarran-Gesetz (1952: Revision der Einwanderungsbedingungen). – Ein Untersuchungsausschuß (ESTES KEFAUVER/Tennessee) stellt die Beherrschung von Gewerkschaften durch Gangster fest: Ausschluß der Hafenarbeiter (1954), Teamsters (Spediteure, Kraftfahrer) aus der AFL (1955 Fusion der AFL mit der CIO).

1953–61 Präs. Dwight D. Eisenhower/Republikaner (1890–1969).

»Neue positive Außenpolitik« unter **AMin. John Foster Dulles** (1888–1959), 1959–61 **Chr. Herter** (1895–1966): »Politik auf lange Sicht«. Zurückdrängen des Kommunismus (»Roll back«) durch Milit.-Pakte (S. 517) und Auslandshilfen. Nach dem

1953 Waffenstillstand in Korea (S. 515) verhindern die USA die Krisen um Formosa (S. 513), Ungarn (S. 511) und den Suezkanal (S. 535). – Nahost-Staaten wird auf Wunsch in der

1957 Eisenhower-Doktrin (S. 535) Milit.-Hilfe gegen komm. Angriffe zugesichert. – AMin. DULLES geht zu einer UdSSR-freundlichen Politik über,um der sowjet. Koexistenz-Parole zu begegnen.

1959 Reise Vize-Präs. NIXONS in die UdSSR und nach Polen. – **Besuch Chruschtschows** (Sept.): Gespräche der Reg.-Chefs in **Camp David** über Lösungsmöglichkeiten internat. Probleme.

1960 Südamerika- und Fernost-Reise EISENHOWERS offenbaren antiamerik. Ressentiments. Das Verhältnis zu Kuba (S. 549) verschlechtert sich.

Innenpolitik: MCCARTHY, Vorsitzender des Ständ. Untersuchungsausschusses, terrorisiert Beamte des Außenministeriums und Intellektuelle (Fall R. OPPENHEIMER). Ein offizieller Tadel des Senats beendet sein Wirken.

Negerfrage: Gute Erfahrungen mit gemischten (integrated) Einheiten im Koreakrieg und der negative Eindruck der ungelösten Rassenfrage auf farbige Nationen erfordern eine Rassenintegration, vor allem in Schulen. – Die einstimmige

1954 Entscheidung des Obersten Bundesgerichts gegen Mißachtung des Gleichheitsprinzips (u. a. Urteile gegen getrennte Benutzung von Verkehrsmitteln) werden im Süden boykottiert. Wegen der Rassenkrawalle (u. a. **Little Rock**/Arkansas, 1957) Einsatz von Bundestruppen. Der Senat verabschiedet mit 72:18 Stimmen das

1957 Gesetz zum Schutz des Wahlrechts der Neger (Civil Bill of Rights).

Die Vereinigten Staaten (1961–65)

1961–63 Präs. John F. Kennedy/Demokrat (1917–63 [ermordet]), gewählt mit 50,1 Prozent der Stimmen gegen RICHARD NIXON/Republikaner (geb. 1913).

Neuer polit. Stil der Kennedy-Ära: Das Präsidialamt wird zu einem Planungsstab von Beratern (u. a. R. BUNDY) unter persönl. Vorsitz des Präs. umgestaltet; Einsatz von Wissenschaftlern; erfahrene Fachleute als Mitarbeiter, u. a. AMin. **Dean Rusk** (geb. 1909), Vert.-Min. **Robert S. McNamara** (geb. 1916), UN-Botschafter ADLAI E. STEVENSON (1900–65).

Erhöhte Haushaltmittel zur Finanzierung von Entwicklungshilfe, Raketen-, Raumfahrt- und Rüstungsprogrammen.

Außenpolitik: Begegnung der sowjet. Offensiven (S. 506) durch

1. Verstärkung der milit. Schlagkraft: Kombination nuklearer und beweglicher konventioneller Waffen (Strike Command);
2. Beseitigung von Rivalitäten unter den US-Bündnispartnern durch Berücksichtigung ihrer Mitbestimmungsrechte:

1962 Angebot einer Atlant. Partnerschaft mit einem Vereinigten Europa;

3. Umfassende Entwicklungshilfe mit Vorrang vor der Milit.-Hilfe, koordiniert im Amt für Internat. Entwicklung:

1961 Bildung eines **»Friedens-Korps«** aus geschulten freiwilligen Helfern. – Zur »friedl. Revolution« Südamerikas **Allianz für den Fortschritt** (S. 549). – Während der

1962 Kongokrise (S. 547) erklären die USA, einseitige Interventionsversuche nicht zuzulassen. – Auf Grund der Truman-Doktrin (S. 519) und der SEATO-Hilfe Waffenstillstand in Laos (Mai). – Umfassende **Berlin-Erklärung** (Juni: »Three essentials«, S. 497). – Entsendung von Milit.-Beratern nach **Südvietnam.** – Nach Abbruch diplomat. Beziehungen zu **Kuba** durch die Reg. EISENHOWER (Jan. 1961), Invasionsversuch und **Kubakrise** (Okt., S. 549) wird eine Entspannung erreicht (S. 506): »direkter Draht Washington-Moskau« und **Atomteststopp-Abkommen** (S. 551).

Wirtschaft: Botschaften des Präs. mit Vorschlägen zur Steigerung der Wettbewerbsfähigkeit. Zollsenkungen für Güter aus EWG-Staaten (Kennedy-Runde, S. 523); Maßnahmen zur Sanierung der Landwirtschaft. Streiks und Stahlpreiserhöhungen werden verhindert.

Innenpolitik: Zunehmende Rassendiskriminierung und seit

1962 Unruhen wegen des Widerstandes von Gouverneuren der Südstaaten, die das Autonomierecht der Bundesstaaten durch Urteile des Obersten Bundesgerichts verletzt glauben. Das

1963 Bürgerrechtsprogramm des Präs. wird durch eine Massendemonstration in Washington (200000 Schwarze und Weiße) und die »National Association for the Advancement of Colored People« (NAACP) unter Pastor **Martin Luther King** unterstützt. – Auf einer Besuchsreise in Dallas tödliches

22. 11. 1963 Attentat auf Präs. Kennedy. – Weiterführung des Kennedy-Kurses in der **Außenpolitik** durch

1963–69 Präs. Lyndon B. Johnson/Demokrat (1908–73).

1964 Grundsatzrede zur Erhaltung eines dauerhaften Friedens (April). Widerstand gegen komm. Aggressionen, Unterstützung der Bundesgenossen. Seitdem wachsende Milit.-Hilfe für Vietnam (S. 515). Eingriff in den

1965 Bürgerkrieg der Dominikan. Rep. (S. 549): Erklärung der USA (Johnson-Doktrin), Interventionen nur bei Gefahr komm. Machtergreifung durchzuführen.

Innenpolitik: zur Beseitigung der Rassendiskriminierung

1964 Bürgerrechtsgesetz, als wichtigste Maßnahme zur Gleichberechtigung der Farbigen seit LINCOLNS Sklavenbefreiung (S. 373) bezeichnet und ergänzt durch das

1965 Gesetz zur Aufhebung von Verweigerungen des Wahlrechts an Farbige. – Im **»Kampf gegen die Armut«**

1964 Gesetz zur Sicherung des wirtschaftl. Fortkommens aller Bürger (noch auf Initiative des Präs. KENNEDY). – Seit

1965 Bemühungen um die »Great Society«: Gerechtigkeit, Freiheit und Zusammenschluß aller Menschen.

Kanada (1945–65)

Das Agrarland entwickelt während des Zweiten Weltkrieges eine Industrie. Wirtschaftl. Aufschwung in der Nachkriegzeit durch starke Nachfrage nach Rohstoffen und Nahrungsmitteln, durch Einwanderungswellen, Entdeckung von Öl-, Erz- und Uran-Vorkommen. – Aufbau eines Wohlfahrtsstaates. Die Liberalen unter **Mackenzie King** (1874–1950) und LOUIS STEPHEN ST. LAURENT treten für eine Dezentralisierung des Commonwealth ein.

1949 Neufundland (S. 449) wird 10. Provinz. – Wegen enger Zusammenarbeit der Liberalen mit den USA

1957 Konserv. Wahlsieg. Das Kabinett **John G. Diefenbaker** (1895–1979) will Unabhängigkeit und Neutralität.

1963 Konflikt mit den USA wegen der Ausrüstung kanad. Streitkräfte mit Atomwaffen, für die sich die liberale Opposition ausspricht; führt zu Neuwahlen (April): absolute Mehrheit der Liberalen. MP. **Lester Bowles Pearson** (1897–1972) setzt sich für Gleichberechtigung der Franco-Kanadier, Minderung direkter US-Investitionen und Beteiligung an nuklearer Verteidigung ein.

1964 Besuch der brit. Königin ELISABETH II. anläßlich des 100jährigen Bestehens des Dominions: Demonstrationen der Franco-Kanadier für Autonomie oder Lostrennung der von ihnen bewohnten Gebiete.

Südeuropa (1945–65)

Spanien: Isolierung des **Franco-Regimes** (S. 439);

1947 Volksentscheid für die Monarchie. – Der Ost-West-Konflikt veranlaßt die USA zur Revision ihrer antispan. Politik:

1953 Stützpunkt-Vertrag gegen Wirtschafts- und Milit.-Hilfe. – Verlust der nordafrikan. Besitzungen an Marokko (1956). – Studentenunruhen gegen Zensur und polit. Unfreiheit, seit 1962 auch soz. Unruhen.

Portugal: In Freundschaft mit Spanien regiert MP. **Salazar** (S. 439) nahezu absolut; 1951 Stützpunkt-Vertrag mit den USA.

1961 Verlust des ind. Besitzes (Goa, S. 543), Unruhen in Angola und Moçambique. – Latente demokrat. Opposition.

Italien: Bei Kriegsende ringen Befreiungskomitees (Widerstandsgruppen) und in sich gespaltene Parteien um die Macht. Gewaltakte und »Reinigungsgesetze« gegen Faschisten disqualifizieren ganze Bevölkerungsteile. Repatrianten (S. 499) und Internierte verstärken allg. Not und Bürgerkriegsgefahr.

1945–53 MP. Alcide de Gasperi/DCI (1881–1954). Nach Wahlen zur Nat.-Vers. und Volksabstimmung

18. Juni 1946 Proklamation der Rep.

1947 Friedensvertrag (S. 496): Reparationen, Verlust Istriens, der Kolonien und der Flotte. – Eine Währungsreform (Finanzmin. Einaudi) dämmt die Inflation ein.

1948 Staatspräs. Einaudi (1874–1961); absolute Parlamentsmehrheit für die **Christl. Demokraten (DCI)**. MP. de Gasperi setzt seine Europapolitik (S. 523) durch gegen Streiks und Volksblock-Opposition: **Kommunisten (PCI)**, geführt von **Togliatti** (1893–1964) und **Linkssozialisten (PSI)** unter **Nenni** (1891–1980).

1949 Südital. Agrarkrise (Aufstände in Kalabrien): Teilenteignung des Großgrundbesitzes.

1951/52 Einigung der gem. **Sozialisten/PSDI** durch **Saragat**. – Wahlerfolge der Linken (PCI, PSI), der **Neofaschisten/MSI** und **Monarchisten/PNM** schwächen die DCI-Koalitionen, deshalb seit

1953 häufiger Reg.-Wechsel (MP. Pella, Scelba, Segni u.a.).

1955 Staatspräs. Gronchi/DCI (1887–1978),

1962–64 Staatspräs. Segni/DCI. Die

1960 Staatskrise (Unruhen, Streiks) um den geplanten MSI-Kongreß in Genua überwindet MP. **Fanfani**/DCI (geb. 1908) durch

1962 »Öffnung nach Links« (DCI-Koalition mit PSDI [Saragat]).

1963 Komm. Wahlsieg (25 Prozent.) – MP. **Aldo Moro**/DCI bildet eine Links-Reg. (mit PSI, PSDI, PRI = Republikaner); sie stabilisiert Währung, Zahlungsbilanz und Fremdenverkehr. Binnenwanderung nach Norden bzw. Abwanderung von Arbeitskräften.

1964–71 Staatspräsident Saragat/PSDI (1898–1988).

Südtirol: Der Friedensvertrag bestätigt das

1946 ital.-österr. Autonomieabkommen, doch gilt das ital.

1948 Autonomiestatut nicht für Bozen, sondern für die Region Bozen-Trient. Die **Volkspartei/SVP** protestiert gegen die Italienisierung; Österreich bringt die

1960 Südtirolfrage vor die UN.

1961 Verhandlungen scheitern; darauf **Terrorakte;** harte Urteile im

1964 Mailänder Sprengstoff-Prozeß. – Die AMin. Kreisky und Saragat beschließen Bildung eines gemischten Experten-Ausschusses zur Beilegung des Konflikts.

Die Alpenstaaten (1945–65)

Österreich (Karte S. 526):

1945 Prov. Reg. (April) unter Karl Renner (S. 434), kontrolliert durch die Besatzungsmächte: Vierteilung Wiens (Juli), Sitz des **Alliierten Rates.** Nach Nationalrats-Wahlen bilden ÖVP, SPÖ und KPÖ eine Koalition unter BK. **Leopold Figl**/ÖVP (1902–65). – Bundespräs. wird **Karl Renner** (1951 **Theodor Körner**/SPÖ, 1873 bis 1957; 1957 **Adolf Schärf**/SPÖ, 1890 bis 1965; 1965 **Franz Jonas**/SPÖ [S. 561]). – Das

1946 alliierte Gesetz über Einstimmigkeit zur Ablehnung österr. Gesetze gibt der Politik einen gewissen Spielraum. Schwerindustrie, Bergbau, Banken u.a. werden verstaatlicht. Das

1947 Währungsschutzgesetz veranlaßt die KP zum Austritt aus der Reg. – Innenpolit. Stabilität durch **Große Koalitionen ÖVP/SPÖ** (Proporz-System bis 1965) und sowjet. Zugeständnisse nach Stalins Tod erleichtern

1953–61 BK. Julius Raab/ÖVP (1871–1964) den

15. Mai 1955 Abschluß des Staatsvertrags: Aufhebung der Besatzung gegen materielle Verpflichtungen (bis 1964) und freiwillige Neutralität (Okt.). – Wirtschaftsaufschwung, gewerkschaftl. Lohnforderungen (Franz Olah).

1961–64 BK. Alfons Gorbach/ÖVP, Vizekanzler Bruno Pittermann/SPÖ. – Spannungen innerhalb der Koalition wegen der Rückkehr des Thronfolgers Otto Habsburg (Einreiseerlaubnis 1966). – Der

1966 Wahlsieg der ÖVP beendet die Ära der Großen Koalition (1966: ÖVP-Reg. unter Josef Klaus, BK. 1964–70).

Schweiz: Unter strikter Beachtung der Neutralität beteiligt sich das Land an karitativen Aufgaben (Schweizerspende für Flüchtlinge und Internierte, Pestalozzi-Kinderdörfer), an kult. und wirtschaftl. Einrichtungen (UNESCO, OEEC, EZU), seit 1963 am Europarat.

1955 Atomforschungszentrum CERN in Genf. – Agrarsubventionen bei gesunder industrieller Entwicklung (Gastarbeiter).

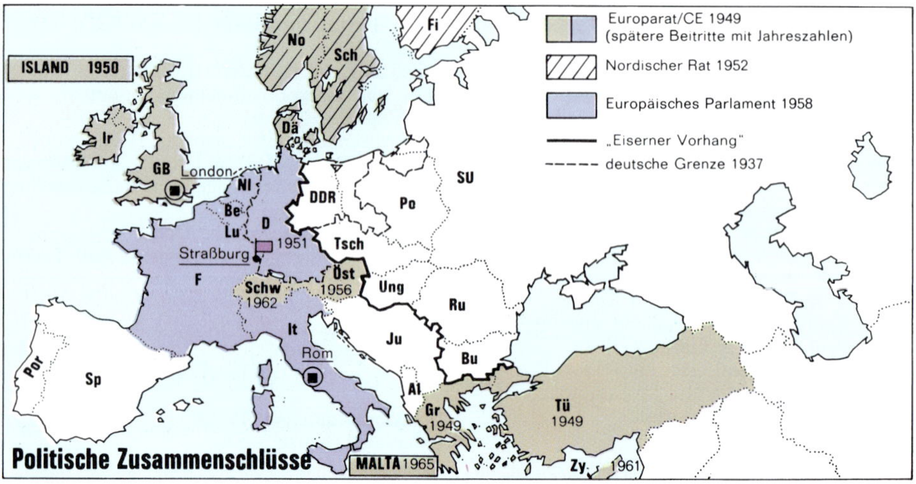

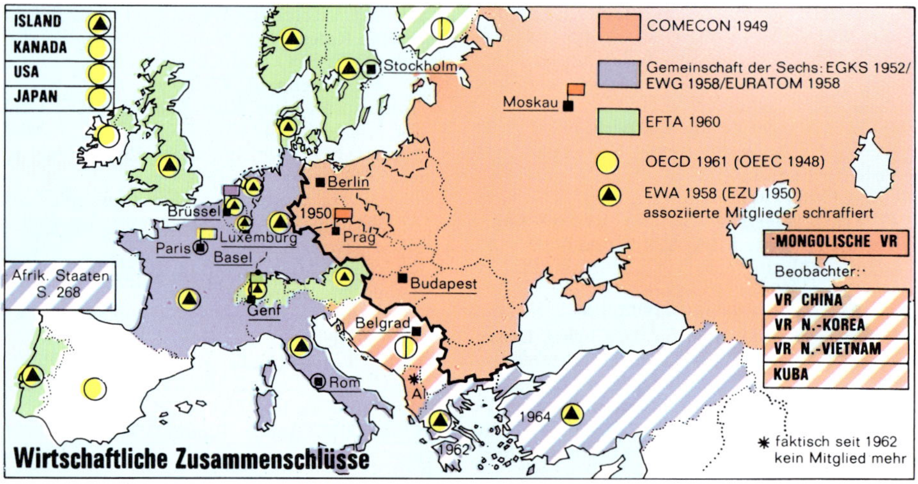

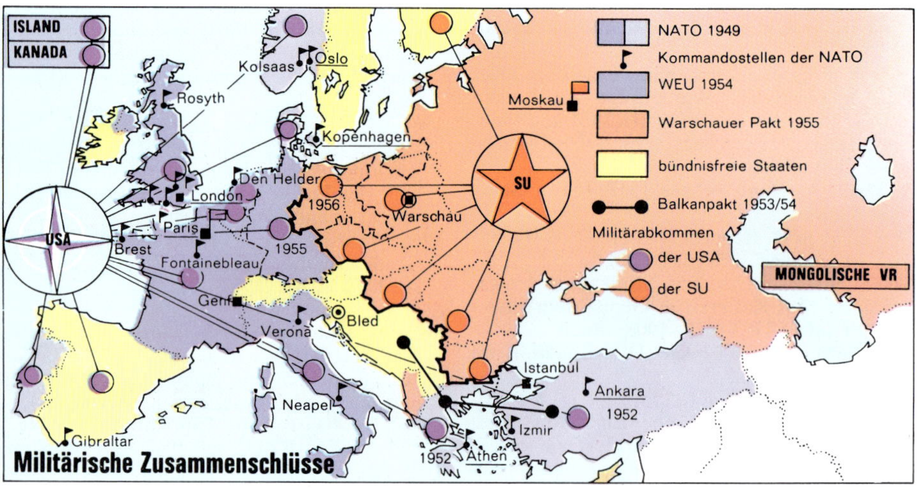

Die europäische Integrationspolitik nach 1945

Die polit. Integration Europas

Nach 1945 gewinnen die von **Churchill** (Züricher Rede 1946), Prof. H. Brugmans, ehem. Widerstandsgruppen u.a. vertretenen Gedanken einer europ. Einigung (mit Einschluß Deutschlands) an Anhang (bes. unter der Jugend). Brüssel wird Zentrum der

1948 Europa-Bewegung (P.-H. Spaak). – Haager Kongreß (Vorsitz Churchill) und franz. Reg. geben Anstöße zum

1949 Europarat (gegr. in London) zur Wahrung des europ. Erbes und soz. Fortschritts. – **Organe:** Sekretariat (Straßburg), Beratende Versammlung (Delegierte der Länderparlamente), **AMin.-Rat.** Nat. Vorbehalte (Großbritannien) bringen die von den »Föderalisten« geplante

1950/51 Europa-Union zu Fall. Die »Funktionalisten« erstreben eine schrittweise Integration durch Sonderbehörden.

1953 Menschenrechts-Konvention. – Übereinkommen über Universitäten (europ. Rektoren-Konferenz), ärztl. Hilfeleistung, Paßwesen, Sozialcharta (1962).

Die militärische Integration

1948 Brüsseler Beistandspakt (Benelux-Staaten, Großbritannien, Frankreich). Sein Ständiger Verteidigungsstab geht in der

1949 NATO (S. 517) auf. Angeregt von Churchill und dem franz. MP. **Pleven,** beschließt der NATO-Rat in der **Koreakrise** (S. 515) die Bildung einer **Europ. Verteidigungsgemeinschaft (EVG)** mit dt. Beteiligung, von BK. **Adenauer** zur Aufwertung der BR Dtl. genutzt (S. 529).

1952 Pariser EVG-Vertrag zur Aufstellung einer übernat. westeurop. Armee mit Bindung an die NATO (Pleven-Plan). Nach franz. Ablehnung wird in den

1954 Pariser Verträgen (S. 529) der Brüsseler Pakt zur **Westeurop. Union** (WEU nat. Truppenkontingente unter NATO-Oberbefehl) umgebildet.

1955 Warschauer Pakt (S. 509).

Die wirtschaftliche Integration

Marshall-Plan: Im Rahmen der Truman-Doktrin (S. 519) schlägt US-AMin. **George C. Marshall** (1880–1959) ein

1947 Europ. Wiederaufbauprogramm (ERP) vor: US-Lieferung von Rohstoffen, Waren, Kapital. – Die UdSSR lehnt das »Instrument des Dollarimperialismus« ab (S. 505), Polen und die CSR widerrufen ihre Zusagen zur **Pariser Marshallplan-Konferenz** (Juli–Sept.).

1948 Europ. Wirtschaftsrat (OEEC) in Paris zur Verteilung der ERP-Mittel (bis 1952 ca. 14 Mrd. US-Dollar).

Folgen im Osten: Sowjet. Reaktion im

1949 Rat für gegenseitige Wirtschaftshilfe (COMECON, S. 509): Abstimmung nat. Wirtschaftspläne nach sowjet. Interessen.

Folgen im Westen: Die Chance einer polit. Einigung wird verpaßt, aber OEEC und ERP-Erfolge geben Initialzündungen für weitere Institutionen:

1947 Zoll- und Handelsvereinbarung von Genf **(GATT).**

1950 Europ. Zahlungsunion (EZU): Konvertierbarkeit von EZU-Währungen durch die **Bank für Internat. Zahlungsausgleich** (BIZ) in Basel. – Organisationen für Verkehr (CEMT/1953), Kernforschung (CERN/1954), Kernenergie (ENNEA/1957), Fernsehen (EUROVISION/1962), Raumfahrt (ELDO/1962) u.a.

1958/59 OEEC-Beratungen über eine europ. Freihandelszone scheitern an brit.-franz. Differenzen. Auf brit. Initiative

1959/60 Kleine Freihandelszone (EFTA) zur Absicherung gegen die EWG. – Erweiterung der EZU zum

1959 Europ. Währungsabkommen (EWA): freie Konvertierbarkeit auch im internat. Zahlungs- und Kapitalverkehr.

1961 Organisation für wirtschaftliche Zusammenarbeit (OECD). Ablösung der OEEC, Ausweitung des Welthandels und Koordinierung westl. Entwicklungshilfe.

Gemeinschaft der Sechs: Zur Erhaltung der Eintracht (Ruhrgebiet-Kontrolle, S. 529) schlägt AMin. **Schuman** (S. 525) einen

1950 Gemeinsamen Markt für Kohle, Eisen und Stahl auf 50 Jahre vor (Schuman-Plan). – Bildung der

1951 Montan-Union (EGKS) in Luxemburg. – **Organe:** Hohe Behörde (9 Mitgl.) mit Hoheitsrechten, auf 6 Jahre berufen vom **Min.-Rat** (Vetorecht). – Der

1952/53 Plan einer polit. Union mißlingt.

1955 AMin.-Konferenz in Messina.

1957 Verträge von Rom über **Nutzung der Atomenergie (EURATOM)** und **Europ. Wirtschaftsgemeinschaft (EWG)** mit Zollunion als Kern (bis 1970 zu schaffen). **Organe:** Der **Ministerrat** (Richtlinien- und Etat-Kompetenz, ab 1967 durch Mehrheitsbeschluß) ernennt auf 4 Jahre die **EWG-Kommission** in Brüssel (9 Mitgl.: Präs. W. **Hallstein**/BR Dtl.). Kontrolle durch das

1958 Europ. Parlament (Straßburg); Wirtschafts- und Sozialrat (101 Arbeitgeber und -nehmer); Europ. Gerichtshof.

Assoziierte Staaten: zollfreier Export bei einheitl. Zöllen auf EWG-Waren.

1961–63 Verhandlungen über den Beitritt Großbritanniens scheitern am franz. Veto (de Gaulle). Günstige Wirtschaftsentwicklung, aber schwieriger Strukturausgleich für Agrarprodukte durch die

1962 EWG-Marktordnung. – Seit

1963 Zollsenkungen, gemeinsame Außenzölle und Verhandlungen im Rahmen des GATT mit den USA (Kennedy-Runde) über Zollsenkungen. – Gegen die

1964 Liberalisierung des Getreidemarktes Widerstand der BR Deutschland.

1965 EWG-Krise: Frankreich lehnt einen Kompromiß (Preisangleich erst Juli 1967) ab.

Großbritannien (1945–65)

Obwohl es zu den Siegern gehört, verliert Großbritannien seine Stellung als Großmacht: Verschuldung (14 Mrd. US-Dollar), Kapitalverluste, Geldentwertung.

1945–51 Labour-Regierung unter Clement Attlee (1883–1967).
In der **Außenpolitik** (AMin. **Bevin** [S. 424], seit 1950 **Morrison,** 1888–1965) enger Anschluß an die USA in der Dtl.- und Bündnispolitik (S. 517); Stützpunkt-Vertrag 1948, Teilnahme am Korea-, Vermittlung im Indochinakrieg (S. 515); Zurückhaltung in der Europapolitik (S. 523).

Austerity-Politik (Fin.-Min. Sir STAFFORD CRIPPS, 1889–1952) mit Sparmaßnahmen zur wirtschaftl. Erholung: Rationierungen bis 1950, Einfuhrdrosselung, Kapitalbeschaffung (US-Anleihe).

1947 Einschränkungsprogramm und

1949 Pfundabwertung (von 4 auf 2,80 US-Dollar).

Wohlfahrts-Politik: Die Bank von England (1945), Luftfahrt, Kohlenbergbau (1947), Transport- und Energiebetriebe, Eisen- und Stahlindustrie (1951, reprivatisiert 1953) werden verstaatlicht; Sozialversicherungen (1946) erweitert zur **Pflichtversicherung** (1948, nach dem Beveridge-Plan 1942) u.a. für staatl. Gesundheitsdienst, Familien- und Kinderbeihilfen; Anhebung niedriger Einkommen.

Commonwealth: Umbau zu einem Verband souveräner Partner seit

1947 in Indien (S. 543), Südostasien (S. 541), Afrika (S. 545).

1948 Aufgabe des Palästina-Mandats (S. 537).

Irland scheidet offiziell aus dem brit. Verband aus; die Ireland Bill garantiert den polit. Status von Nordirland.

1949 Rep. Eire, 1959–73 unter Präs. **de Valera** (S. 448).

1951–64 Konservative Ära:

1951–55 3. Kabinett Churchill (AMin. **Eden**). Die wirtschaftl. Stagnation läßt nach.

1952 Elisabeth II. (geb. 1926).

1954 Aufgabe der Suezkanalzone und des Sudans (S. 535).

Zypern (S. 534): Geführt von Ebf. **Makarios** (1956 verbannt), wünscht die griech.-orth. Mehrheit (80 Prozent) Anschluß an Griechenland (ENOSIS), die türk. Minderheit Teilung der Insel. Seit

1954 Guerillakämpfe der griech. EOKA-Bewegung (Oberst GRIVAS); griech. Ablehnung türk. und brit. Selbstverw.-Pläne.

1959 Londoner Abkommen über brit. Milit.-Basen und Drei-Mächte-Garantie.

1960 Republik Zypern (Präs. MAKARIOS). Nach Verf.-Revision

1963/64 Bürgerkrieg: Eingriffe griech. und türk. Nationalisten, türk. Bombenangriffe; Einsatz einer UN-Friedenstruppe. Zypern-Konflikt und Suezkrise (S. 535) erschüttern das

1955–57 Kabinett Eden (AMin. **Selwyn Lloyd** [bis 1960]). Es wird abgelöst durch das

1957–63 Kabinett Harold Macmillan (1894–1986).

1957 Abschaffung der allg. Wehrpflicht; Verminderung und atomare Umrüstung der Streitkräfte (Konferenz von Nassau).

1959 Konserv. Wahlsieg. – Auf der Labour-Konferenz von Blackpool verlangt Oppositionsführer **Hugh Gaitskell** (1906–63) gegen HAROLD WILSON (geb. 1916) eine Parteiref. (der Staat sei weder Kapitalist noch Regulator, sondern der größte »Rentner«).

1960 Konferenz von Scarborough: Spaltung der Labour Party über Fragen nuklearer Bewaffnung und brit. Stützpunkte für US-Atom-U-Boote.

Wirtschaft: Hohe Einfuhren und Kapitalausfuhr, stockende Investition, sinkende Produktionsraten; Flauten im Schiffsbau und in der Kfz.-Industrie.

1963 Der Beitritt zur EWG scheitert am franz. Einspruch. Ein Skandal um Heeresmin. PROFUMO führt zur Umbildung der Reg. unter Premier **Douglas Home** (geb. 1903). Nach knappem Wahlsieg

1964 Labour-Kabinett Harold Wilson: Energische Maßnahmen zur Verbesserung der Zahlungsbilanz (Importsteuern, Nat.-Rat für Preise und Einkommen u.a.).

Frankreich (1944–46)

Nach der Befreiung von Paris (S. 491) bilden Résistance und Gen. **Charles de Gaulle** (1890–1970) eine »Reg. der Einmütigkeit« (Aug. 1944). Bündnis mit der UdSSR (Dez.). Frankreich erhält einen Sitz im UN-Sicherheitsrat und eine dt. bzw. österr. Besatzungszone (S. 526).

1944/45 Verfolgung und (z.T. willkürliche) Aburteilung von **Kollaborateuren** und »Vichy-Anhängern«: Todesurteile u.a. für **Pétain** (S. 407), der zu lebenslängl. Haft begnadigt wird, und **Laval** (S. 469).

Wirtschaft: Staatsschuld seit 1939 um 300 Prozent gestiegen, Industrieindex auf 20% gesunken. Zur Behebung der Inflation Banknotenumtausch und Kapitalsteuern.

1945/46 Nationalisierung der Bank von Frankreich, der Versicherungen, Kohlengruben, Energiequellen. Staatl. Wiederaufbauprogramm.

1945 Wahl zur Nat.-Vers. (Okt.): Kommunisten (KP) 25, Sozialisten (SF) und Demokrat. Volksbewegung (MRP) je 23% der Stimmen. Aus Verärgerung über die Verfassungspläne der Parteien

1946 Rücktritt de Gaulles (Jan.). – Volksentscheid gegen den 1. Verf.-Entwurf. Geringe MRP-Mehrheit nach den Neuwahlen (Juni); »Burgfrieden« der Parteien unter MP. **Georges Bidault** (1899–1983) und Annahme des 2. Verf.-Entwurfs.

Frankreich (1946–58)

Verfassung der Vierten Rep.: Zweikammer-System (**Nat.-Vers.** und Rat der Rep.); Exekutive (MP. und Reg.) vom Vertrauen (Investitur) der Nat.-Vers. abhängig; Präs. (auf 7 Jahre von beiden Kammern gewählt) polit. nicht verantwortlich; **Verf.-Komitee** zur Normenkontrolle der Gesetze; **Franz. Union** zwischen Mutterland, überseeischen Departements, assoziierten Gebieten (Togo, Kamerun) und Staaten (Tunis, Marokko, Vietnam).

1947–54 Staatspräs. VINCENT AURIOL/SF (1884–1966).
Unter MP. **Ramadier**/SF

1947 Ausscheiden der KP aus der Reg. (gegen Lohnstopp und Milit.-Kredite für Indochina). KP (**Thorez,** S. 469) und nat. **RPF** (Sammlungsbewegung für ein Präsidialregime DE GAULLES) verhindern stabile Reg.-Mehrheiten der demokrat. **Dritten Kraft:** Koalition aus SF (**Ramadier,** 1888–1961; **Guy Mollet,** 1905–75), **MRP** (**Bidault, Robert Schuman,** 1886–1963) und Radikalen (**RS: René Pleven,** 1901–93; **Pierre Mendès-France,** 1907–82). – Die

1947/48 Wirtschaftskrise wird durch US-Kredite, ERP-Mittel, Investitionslenkung für Energie- und Montanbetriebe (**Monnet**), europ. Integration (Schuman-Plan) und Franc-Abwertung 1948 überwunden.

1950 Verlängerung der Wehrpflicht auf 18 Monate. Trotz einer

1951 Wahlreform (Listenverbindung und Mehrheitswahl auf Departementsebene) zersplittert sich die Dritte Kraft in Schulfragen (kirchl. Einfluß), in der Sozialisierungs- und Integrationspolitik (EVG-Vertrag, S. 523).

1953 Amnestie für ehemalige Vichy-Beamte und -Politiker.

1954 Staatspräs. **René Coty** (1882–1962) wird erst nach 13 Durchgängen gewählt. – Die Vierte Republik zerbricht an der **Kolonialpolitik:** 1954/55 Verlust Indochinas und Tunesiens unter MP. MENDÈS-FRANCE; Marokkos unter MP. **Edgar Faure** (1908–88). MP. GUY MOLLET strebt eine föderalist. Lösung der **Algerienkrise** (S. 547) an, ruft Gen.-Gouv. JACQUES SOUSTELLE/Gaullist (1912–90) ab und nimmt Kontakt mit den alger. Rebellen auf. Nach dem

1956 Suezkonflikt (S. 535) ständige Reg.-Krisen; in Algerien übernehmen Gaullisten und Armee (Gen. MASSU, SALAN) die Macht.

1958 Putsch in Algier (Mai); nat. Notstand, Rücktritt der Reg. PIERRE PFLIMLIN (Mai); **Präs. Coty beruft Gen. de Gaulle zum MP. mit bes. Vollmachten,** Nat.-Vers. vertagt sich.

Sept. 1958 Volksentscheid für die neue Präsidial-Verf.: (79,25% Ja-Stimmen): Ernennung des MP. durch den Präs. Franz. Gemeinschaft (Communauté, autonome Mitglieder mit Austrittsrecht, S. 543) und Sondervollmacht für DE GAULLE.

Fünfte Republik (1958–65)

1958 Wahl zur Nat.-Vers. (Nov.): Sieg der »Union für die neue Rep.« (UNR); als neuer Präs. ernennt **de Gaulle** die

1959 Reg. Michel Debré (1912–96) mit AMin. **Couve de Murville** (geb. 1907). Seit

1960 Aufbau einer Atomstreitmacht (S. 551). – **Krise um Algerien** (Putschversuch, OAS-Terror) bis zur alger. Unabhängigkeit (Abkommen von Evian, 1962). Eigenwillige Politik DE GAULLES, des »Führers der Nation«, auf Stärkung Frankreichs und Lösung von »amerikan. Bevormundung«.

1962 Verf.-Reform: direkte Wahl des Präs.; MP. DEBRÉ tritt wegen der europ. Konföderationspläne (»Europa der Vaterländer«) zurück; Präs. DE GAULLE beruft MP. **Pompidou** (1911–74).

1963 Vertrag über deutsch-franz. Zusammenarbeit; Ablehnung brit.-amerikan. NATO-Pläne (MLF, S. 517), des Atomteststopps (S. 551) und des brit. Beitritts zur EWG; Forderung einer NATO-Reform.

1964 diplomat. Bez. zu Rot-China;

1965 NATO- und SEATO-Manöver ohne franz. Beteiligung; Kritik an der EWG-Struktur (S. 523).

Die Benelux-Staaten nach 1945

Von den drei Exilreg. 1944 geplant, seit

1948 Benelux-Zollunion, 1958 Wirtschafts- und 1960 Paßunion, 1964 gemeinsamer Gerichtshof.
Rasche wirtschaftliche Erholung in der Nachkriegszeit unter aktiver europ. Integrationspolitik.

Belgien: Krise (Generalstreik) durch Rückberufung LEOPOLDS III.; Thronverzicht zugunsten seines Sohnes

1951 Baudouin I. (1930–93). AMin. **Paul-Henri Spaak** (1899–1972) betreibt die

1956 Grenzberichtigung mit der BR Dtl. (Rückgabe 1949 besetzter Gebiete).

1958 Weltausstellung in Brüssel. – Vergeblicher Generalstreik gegen das

1960 Sparprogramm zum Abfangen wirtschaftl. Rückschläge durch die Kongokrise (S. 545). Auf Lösungen warten die fläm. Frage (Französierung) und eine Strukturkrise des wallon. Industriereviers.

Niederlande: Trotz schwerer Kriegsschäden und Ausplünderungen und trotz der Belastung durch Rückwanderer aus Indonesien (S. 541) rascher wirtschaftl. Aufstieg (seit 1951 ausgeglichene Zahlungsbilanz); starke Verstädterung (Aufbau neuer Randstädte) und Industrialisierung; betont soz. Politik (Hilfe für Minderbemittelte).

1948–80 Königin Juliana (geb. 1909).

1953 Schwere Sturmflutkatastrophe. – 1960 Rückgabe dt. Grenzgebiete.

Luxemburg: Das Montanzentrum (ARBED-Konzern) gibt 1948 die »Ewige Neutralität« auf.

Seit 1964 Ghz. Jean (geb. 1921).

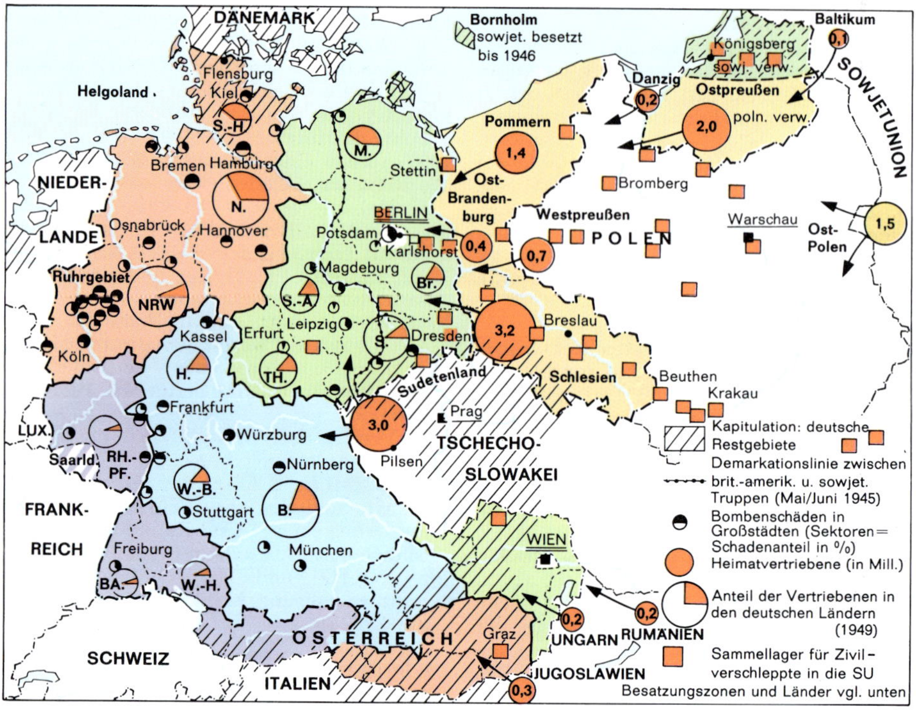

Deutschland nach dem Zusammenbruch 1945

Die Teilung Deutschlands 1945

Deutschland nach der Kapitulation
Trotz der Konferenzen von Teheran und Jalta keine einheitl. Konzeption der **Besatzungsmächte.**

1945 Berliner Vier-Mächte-Erklärung: Übernahme der Reg.-Gewalt durch die OB der BZ: Gen. EISENHOWER/USA (ab 1947 Gen. CLAY); Marschall SHUKOW/UdSSR (ab 1946 Gen. SOKOLOWSKI); FM. MONTGOMERY/Großbritannien (ab 1947 Gen. ROBERTSON); Gen. KOENIG/Frankreich. – Bildung des **Alliierten Kontrollrats;** Rückzug brit. und amerikan. Truppen aus Mecklenburg, Sachsen, Thüringen; gemeinsame Besetzung und Verw. Berlins (S. 531). Die **Konferenz von Potsdam (Stalin, Truman, Churchill/Attlee** und AMin.) verabschiedet das **Potsdamer Abkommen** (Juli/Aug.):

1. Beseitigung von Nationalismus und Militarismus;
2. **Aufteilung Deutschlands** (bis zur Friedensregelung) in 4 BZ, 2 Gebiete unter sowjet. bzw. poln. Verw. und Sonderstatus für Berlin; Umsiedlung der Deutschen aus Polen, Ungarn, der Tschechoslowakei;
3. Einsetzung örtl. Verw. und deutscher Zentralbehörden unter Aufsicht des Kontrollrats (einstimmige Beschlüsse);
4. Kontrolle der Industrie bei Erhaltung der wirtschaftl. Einheit; Auflösung von Kartellen, Syndikaten, Trusts; **Reparationen** und **Demontage** von Industrieanlagen.

Abtrennung des Saargebiets (Juli): eigene Verw. unter franz. Protektorat; wirtschaftl. Anschluß an Frankreich.

Entnazifizierung: Verbot der NSDAP; NS-Führer werden interniert und aus Staatsämtern entfernt. – Fragebogen- und Spruchkammerverfahren gegen ca. 6 Mill. ehem. Mitgl. von NS-Organisationen. Im

1945/46 Nürnberger Prozeß urteilen alliierte Juristen über 24 Hauptkriegsverbrecher. **NS-Führerkorps, Gestapo, SD und SS werden zu verbrecherischen Organisationen erklärt,** Prozesse gegen Juristen, SS-Ärzte, KZ-Aufseher, Diplomaten, Generäle, Industrielle, leitende Beamte folgen.

Zulassung von Parteien: 1945 entstehen KPD, SPD, CDU (CSU in Bayern), FDP (LDPD in der SBZ). – Zusammenschluß der SPD und KPD zur **Sozialist. Einheits-Partei (SED)** in der SBZ.

Neubildung von Ländern: bis 1946 in allen Zonen; außerdem

1945 11 Zentralverw. in der SBZ; **Länderrat** in Stuttgart für die USBZ; **Zonenbeirat** (1946) für die BBZ.

Alliierte Wirtschaftspolitik: Zur Steigerung der Produktion (Kohle, Landwirtschaft)

1945 Arbeitspflicht für Männer und Frauen. – Beschlagnahme der Handelsflotte, der Patente, des Auslandsvermögens, von Zechen und Konzernen (Krupp, IG-Farben); Zwangsverpflichtung von Facharbeitern und Wissenschaftlern. – **Bodenreform** in der SBZ (Okt.): entschädigungslose Enteignung und Neuverteilung des Grundbesitzes über 100 ha.

1946 Industrieplan des Kontrollrats: Demontage der Industrie auf 50% des Vorkriegsstandes. In der SBZ gehen 213 Betriebe (25% der Kapazität) als Aktien-Ges. (SAG) in sowjet. Besitz über. – Versagen des Kontrollrats beim Aufbau einer Zentralverw. (franz. Veto) und Sorge vor wirtschaftl. Chaos bewirken eine **Änderung der brit.-amerikan. Politik:** AMin. JAMES F. BYRNES (1879–1972) fordert in seiner **Stuttgarter Rede** (Sept.) Wirtschaftseinheit und Wahl einer dt. Reg. – Unter franz.-sowjet. Protest

1947 Errichtung der Bizone (Jan.). – Eine Konferenz der dt. Länderchefs in München (Juni) scheitert an der Forderung der MP. der SBZ, die polit. Einheit vor der wirtschaftl. herzustellen. – Ausbau der Bizonen-Verw. durch den Frankfurter **Wirtschaftsrat.** – In der SBZ Verstaatlichung des Bergbaues und Einrichtung einer dt. Wirtschaftskommission (Mai). – Die SED beruft den dt. **Volkskongreß** für »Einheit und gerechten Frieden« (Ost-CDU und Parteien der Westzonen, außer KPD, lehnen ihn ab).

Zusammenschluß der Westzonen: franz. Annäherung an die brit.-amerikan. Politik.

1948 Londoner Sechs-Mächte-Konferenz mit Empfehlungen für Westdeutschland: wirtschaftl. Integration in Westeuropa, Erarbeitung einer Verfassung, internat. Ruhrkontrolle. – Darauf Auflösung des Kontrollrats: die UdSSR nimmt an den Sitzungen nicht mehr teil. – Der 2. Volkskongreß der SED beschließt die Bildung eines **»gesamtdeutschen Volksrates«.**

Juni 1948 Währungsreform in den Westzonen (10 RM : 1 DM-West). Die sowjet. Milit.-Reg. antwortet mit einem Geldumtausch im gleichen Verhältnis (DM-Ost) und der **Berliner Blockade** (S. 531).

Juli 1948 Frankfurter Dokumente der Besatzungsmächte zur Einberufung einer verfassunggebenden Versammlung und Ankündigung eines Besatzungsstatuts.

Sept. 1948 Zusammentritt des Parlament. Rates (65 von den Ländern gewählte Mitgl.) in Bonn. Präs. wird **Konrad Adenauer** (1876–1967, Vors. der CDU).

1949 Washingtoner Abkommen (April): Ablösung der Milit.-Reg. durch Hohe Kommissare.

Mai 1949 Verabschiedung des »Bonner Grundgesetzes«. Es wird – mit Ausnahme von Bayern – von allen Ländern ratifiziert.

SBZ: Umgestaltung der SED zur (Kader-) »Partei neuen Typus« (Gleichschaltung der Parteien und Verbände). Die Gewerkschaft (FDGB) wird zum Kontrollorgan von Produktionsplänen und Arbeitsnormen. – Nach Einheitslisten gesteuerte

1949 Wahlen zum 3. Volkskongreß (Mai), der den Verfassungsentwurf des Volksrates (März) bestätigt.

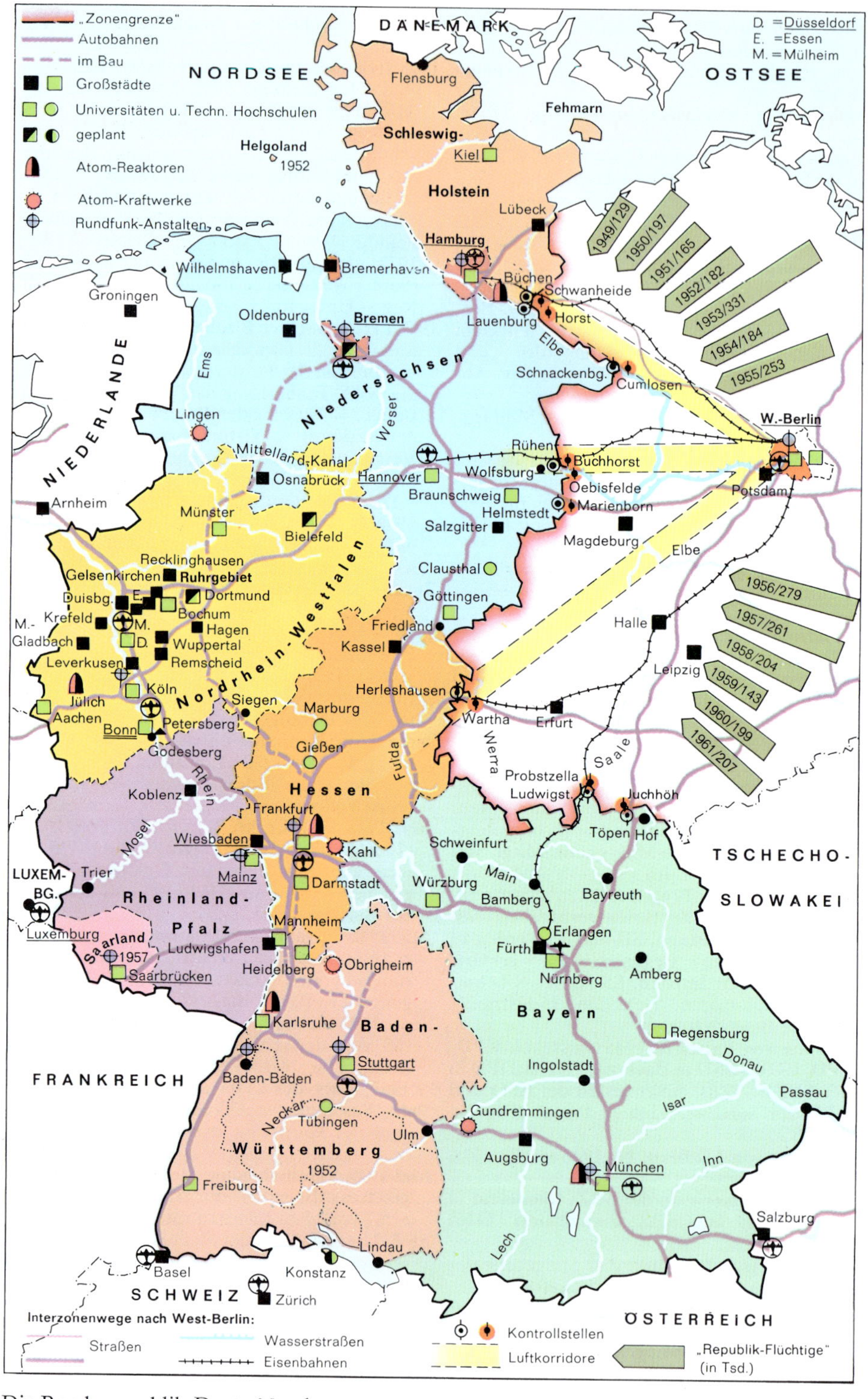

Die Bundesrepublik Deutschland

Bundesrepublik Deutschland
23. Mai 1949 Verkündung des »Grundgesetzes« (S. 531). Kontrolle durch **Ruhrbehörde** und **Besatzungsstatut.**
Aug. 1949 Wahl zum 1. Bundestag (CDU 139, SPD 131 Sitze).
Bundespräs. wird Prof. **Theodor Heuss**/FDP (1884–1963).
1949–63 BK. Adenauer/CDU (S. 527) bildet eine Koalitions-Reg. (CDU/CSU, FDP, DP).
Abbau des Besatzungsstatuts durch Integration in ein westl. Bündnissystem. Die SPD-Opposition unter **Kurt Schumacher** (1895–1952) und **Erich Ollenhauer** (1901–63) befürchtet Verzögerung der Wiedervereinigung.
Nov. 1949 Petersberger Abkommen: Beteiligung an westl. Organisationen.
1950 Gesetz gegen Wiederaufrüstung. Infolge der Koreakrise wird ein **Verteidigungsbeitrag** im Rahmen einer europ. Armee erwogen.
Okt. 1950 »Amt Blank«: Innenmin. GUSTAV HEINEMANN (1899–1976) tritt aus Protest gegen die Remilitarisierungspolitik zurück. – Aufbau des Bundesgrenzschutzes.
1951 Revision des Besatzungsstatuts (März): Beendigung bzw. Aufhebung des Kriegszustandes (durch den Ostblock 1955), der Demontagen und Industrieverbote; die BR Dtl. übernimmt die dt. Auslandsschulden. – AMin. bis 1955: ADENAUER.
1952 Deutschlandvertrag (Mai): Aufhebung des Besatzungsstatuts. – Beitritt zur EVG (S. 523).
Scharfe innere Kämpfe (SPD) um den Wehrbeitrag.
1954 Pariser Verträge (Okt.): Truppenvertrag zur gemeinsamen Verteidigung; Beitritt zur WEU und NATO (S. 523) unter Verzicht auf ABC-Waffen; deutsch-franz. **Saarabkommen:** Autonomie der Saar unter Kontrolle der WEU,
1957–59 Eingliederung des Saarlandes.

Parteien/Verbände:
1949 Zusammenschluß der 16 Gewerkschaften im Deutschen Gewerkschafts-Bund (DGB). – Zunächst Erfolge der Vertriebenenpartei BHE (1950). Trend zum Zwei-Parteien-System CDU-SPD.
1956 Verbot der KPD (1952 der rechtsradikalen SRP). – Im
1959 Godesberger Programm verzichtet die SPD auf marxist. Ideologie.

Wirtschafts- und Sozialpolitik: Aufschwung der »freien Marktwirtschaft« unter Wirtschafts-Min. Prof. **Ludwig Erhard** (1897–1977), auch durch den Korea-Boom.
1950 Ende der Lebensmittelrationierung; staatl. Förderung des (soz.) Wohnungsbaus; Versorgungsgesetz für Kriegsopfer.
1950 Charta der Heimatvertriebenen (Verzicht auf Vergeltung, gerechte Verteilung der Kriegslasten). – Der DGB tritt für Beteiligung der Arbeitnehmer am **»Wirtschaftswunder«** ein (expansive Lohnpolitik: Tarifverträge nach der Wachstumsrate des Sozialprodukts): Vollbeschäftigung, Arbeitszeitverkürzungen. – Seit
1955 Subventionierung der Landwirtschaft.
1957 Rentenref. – **Absatzkrise im Kohlenbergbau** (seit 1962 subventioniert). – Maßnahmen gegen **Konjunkturüberhitzung:**
1959 Ausgabe von Volksaktien; 1961 Gesetze zur Vermögensbildung, Maßhalteappelle der Reg., Aufwertung der DM.
1963 Abflauen der Zuwachsrate des Sozialprodukts; steigende Importe, Löhne, Preise, Ausgaben der öffentl. Hände. – Ausländ. Gastarbeiter (1964: über 1 Mill.) beheben den Arbeitskräftemangel nicht. – Abbau der Mietpreisbindung.
Innenpolitik: Zustrom von SBZ-Flüchtlingen.
1952 Neubildung des Südweststaates **Baden-Württemberg.** – Grundgesetzerweiterungen und Soldatengesetze zum
1956 Aufbau der Bundeswehr im Rahmen der NATO unter Vert.-Min. **Franz Josef Strauß**/CSU (1915–88). – Allg. Wehrpflicht (12, seit 1962 18 Monate).
1958 Aufruf dt. Prof. zum Verzicht auf atomare Bewaffnung. Der Bundestag beschließt die Ausrüstung der Bundeswehr mit modernsten Waffen, fordert aber gleichzeitig allg. Abrüstung. – Seit
1958 Prozesse gegen antisemit. Ausschreitungen und KZ-Verbrechen. Rücktritt der Min. OBERLÄNDER (1960) und KRÜGER (1964) wegen ihrer ehem. NS-Tätigkeit.
1959 Bundespräs. Heinrich Lübke/CDU.
1962 Reg.-Krise wegen der Spiegel-Affäre (Verhaftung von Journalisten unter dem Verdacht des Landesverrats): Rücktritt der FDP-Min. und des Vert.-Min. STRAUSS.
1963 1. Kabinett Erhard (CDU/CSU, FDP).
1964 Die Bundeswehr erreicht die NATO-Sollstärke von 12 Div. Der Wehrbeauftragte des Bundestags, HEYE (CDU), kritisiert die innere Verfassung der Truppe.
1965 Notstandsdebatten; Verlängerung der Verjährungsfrist für NS-Verbrechen. – 2. Kabinett ERHARD (CDU/CSU, FDP).
Außenpolitik: Zur Wiedergutmachung von NS-Verbrechen
1953 Vertrag mit Israel, ab 1959 auch mit europ. Staaten.
1955 Staatsbesuch ADENAUERS in Moskau: Freilassung dt. Kriegsgefangener, Aufnahme diplomat. Beziehungen. – **Hallstein-Doktrin** (Abbruch der Beziehungen zu Staaten, die die DDR anerkennen: 1957 Jugoslawien). – (Deutschlandfrage S. 497).
1958 Handelsvertrag mit der UdSSR.
1963 Deutsch-franz. Freundschaftsvertrag. – Handelsabkommen mit Ostblockländern.
1965 Nahostkrise (geheime Waffenlieferungen an Israel). Aufnahme diplomat. Beziehungen zu Israel (S. 535). – Abkühlung der deutsch-franz. Beziehungen durch EWG- und NATO-Krise (S. 523).

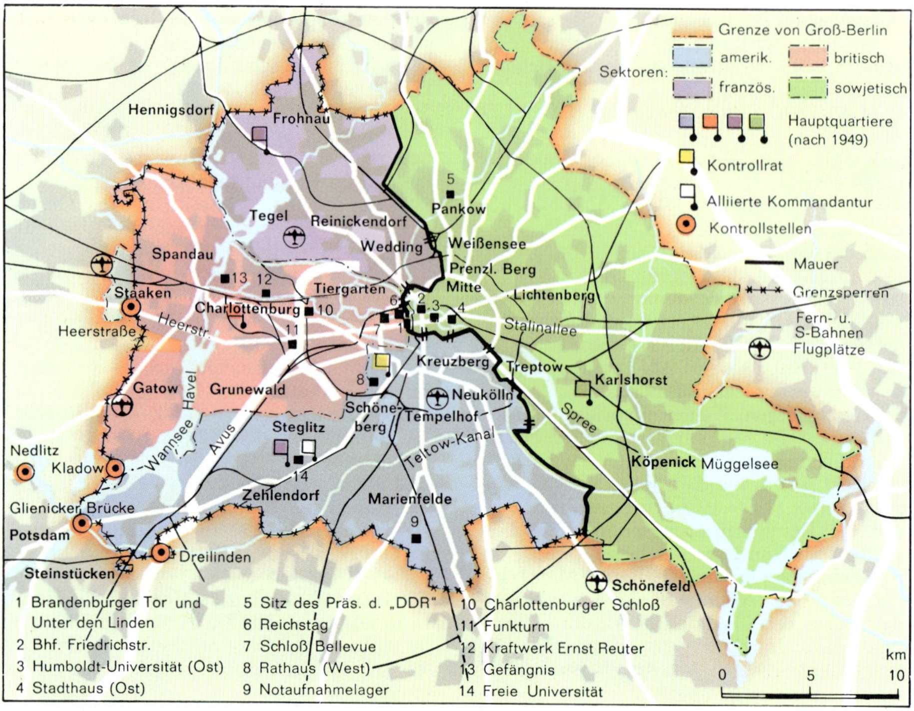

Berlin nach 1945

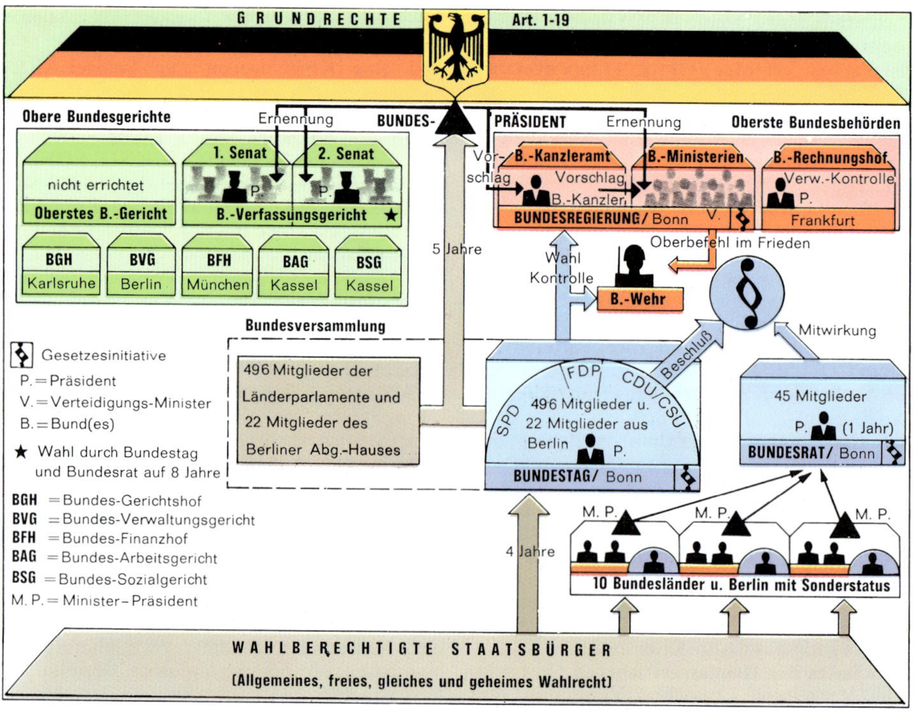

Die Verfassung der Bundesrepublik Deutschland

Berlin (1945–65)
Nach der Kapitulation (S. 493) ist Berlin ein Trümmerfeld: 2,8 Mill. Einw. gegenüber 4,3 Mill. 1939; 600 000 zerstörte Wohnungen; Ausfall der Wasser-, Gas- und Stromversorgung, der Industrie zu 75%. Der sowjet. Stadtkommandant Gen.-Oberst BERSARIN ernennt den ersten Magistrat (Oberbürgermeister WERNER); Einsatz in Moskau geschulter Kader (Gruppe ULBRICHT); Bildung antifaschist. Parteien (Juni): KPD, SPD, CDU, LDP; die Gewerkschaft (FDGB) gerät unter komm. Einfluß (1948 Abspaltung der Unabh. Gewerkschaft UGO).

Auf Grund des »Vier-Mächte-Status«

1945 Einzug amerikan., brit. und franz. Truppen (Juli); Verw. der **vier Sektoren** durch die **Alliierte Kommandantur.**

1946 Zulassung der SED in ganz Berlin. Die einzige freie Bezirks- und Magistratswahl findet im Okt. statt: SPD 48, CDU 22, SED 20%. Oberbürgermeister OSTROWSKI/SPD wird im Mai 1947 von LOUISE SCHROEDER/SPD (1887–1957) abgelöst. – Sowjet. Nervenkrieg: Kontrollen, Beschränkungen des Post- und Warenverkehrs; Lähmung des Kontrollrats (S. 527) und der Kommandantur.

1. **Berlinkrise** (sowjet. Reaktion auf die Währungsreform) durch die

1948/49 Blockade Berlins: Verkehrssperre und Einstellung aller Lieferungen aus der SBZ (Lebensmittel, Kohle) nach West-Berlin. US-Milit.-Gouv. Gen. **Lucius D. Clay** (1897–1978) veranlaßt den Ausbau der **»Luftbrükke«** (bis zu 927 Flüge mit 6393 t Güter tägl.). In Solidarität zu ihren Besatzungstruppen halten die West-Berliner unter Opfern durch. Komm. Druck erzwingt die Verlegung des Stadtparlaments nach West-Berlin (Sept.). Die Bildung eines Ost-Magistrats unter Oberbürgermeister **Friedrich Ebert**/SED (1894–1979) führt zur

1948 Spaltung Berlins (Nov.) – Gründung der Freien Universität (FU). Neuwahl des West-Berliner Magistrats; **Ernst Reuter**/SPD (1889–1953) wird Oberbürgermeister. Er gewinnt die Hilfe der freien Welt für die »Frontstadt des Kalten Krieges«.

1949 Aufhebung der Blockade (Mai). Versorgungs- und Verkehrsnetz bleiben zerrissen (bis auf S- und U-Bahn). – **Ost-Berlin wird Hauptstadt der DDR** (Okt.).

Aufbau West-Berlins: In das ERP-Programm (S. 523) einbezogen, erhält es ab

1950 Finanzhilfe von der BR Deutschland (Notopfer-Berlin). – **Verfassung von Berlin** (faktisch nur für West-Berlin, Okt.): Bundesland mit eigenem Status (unter Vier-Mächte-Reg.), Senat (Regierender Bürgermeister REUTER) und Abgeordnetenhaus.

17. Juni 1953 Ost-Berliner Aufstand gegen das SED-Regime (S. 533).

1954 Berliner AMin.-Konferenz (S. 497). – Der Londoner Garantieerklärung der Westmächte für West-Berlin schließt sich die NATO an.

1955 Große Koalition (SPD/CDU) unter dem Regierenden Bürgermeister OTTO SUHR/SPD (1894–1957), seit 1957 **Willy Brandt**/SPD (geb. 1913).

2. **Berlinkrise,** ausgelöst durch das

1958 Chruschtschow-Ultimatum (Nov., S. 497): Abzug aller Truppen, binnen 6 Monaten Bildung einer **»Freien Stadt West-Berlin«,** andernfalls Übergabe der Zufahrtskontrollen an die DDR. Angesichts der festen westl. und West-Berliner Haltung lenkt Moskau ein.

DDR-Chef ULBRICHT provoziert die

3. **Berlinkrise** zur Unterbindung der »Republikflucht«.

13. Aug. 1961 Errichtung der Berliner Mauer »zur Verhinderung eines milit. Überfalls«. Verbot des Ostsektors für West-Berliner, Zwangsräumung der Grenzzone, Schießbefehl. Seither ständige Zwischenfälle an der Mauer. – Die Freiheit West-Berlins wird durch die USA (Vizepräs. JOHNSON, Sonderbotschafter CLAY) garantiert.

1962 Auflösung der sowjet. Kommandantur in Ost-Berlin.

1963 Staatsbesuch des US-Präs. Kennedy (Juni). – Behinderung brit. und amerikan. Milit.-Konvois auf der Autobahn durch sowjet. Truppen. – Nach langwierigen Verhandlungen **1. Passierscheinabkommen:** West-Berliner (über 1 Mill.) können zum Jahresende ihre Verwandten in Ost-Berlin besuchen. Neue Vereinbarungen Sept. 1964 und Nov. 1965.

1965 Störmanöver der UdSSR und DDR während der Sitzungen des Bundestages in West-Berlin.

Die Verfassung der BR Deutschland
Das **Bonner Grundgesetz** (GG, S. 527) gilt als **Provisorium** bis zur Verkündung einer gesamtdt. Verfassung (Art. 146); demokrat. Rechts- und Parteienstaat mit Grundrechten, Gewaltenteilung und repräsentativer Volksvertretung **(Bundestag),** erst seit 1968 mit **Notstandsrecht.** Unterschiede zur Weimarer Verf. (S. 427):

1. gemischtes (Persönlichkeits- und Verhältnis-) Wahlrecht, kein Plebiszit, indirekte Wahl des **Bundespräs.** (repräsentative Aufgaben);
2. Vertretungen im Bundestag erhalten nur Parteien, die über 5% der Stimmen gewinnen (5%-Klausel).
3. **Bundeskanzler** (BK.) mit starker Stellung durch eingeschränkte parlament. Kontrolle der Reg. (**»konstruktives Mißtrauen«** nur wirksam, wenn der Bundestag mit Mehrheit einen neuen BK. präsentiert);
4. **Bundesverfassungsgericht** mit Entscheidung oder Gutachten (auf Antrag) über Verf.-Beschwerden (Normenkontrolle), Verf.-Widrigkeit von Parteien bzw. Verbänden.

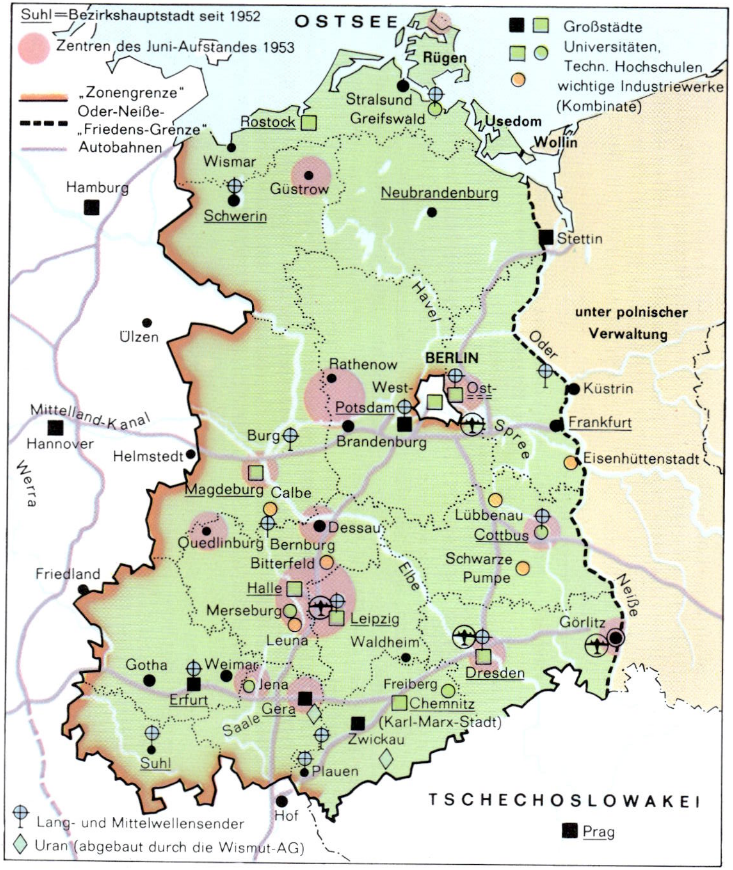

Die sowjetische Besatzungszone (DDR) seit 1952

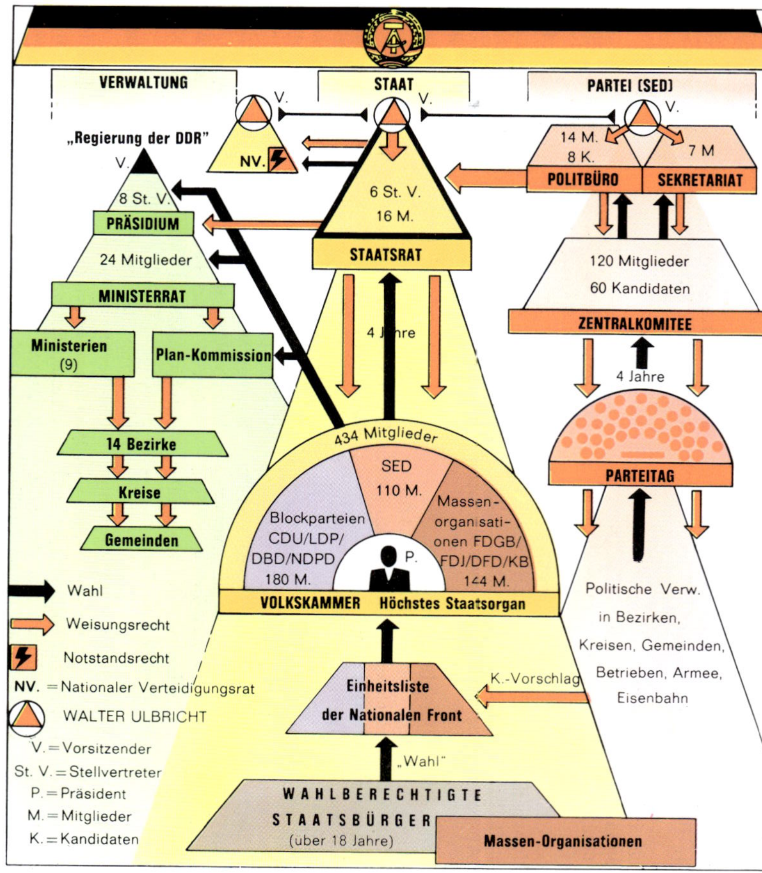

Die Staatsstruktur der Deutschen Demokratischen Republik

Deutsche Demokrat. Republik (DDR)

Okt. 1949 Proklamation der DDR durch den Volksrat (S. 527). **Wilhelm Pieck** (1876–1960) wird **Staatspräs., Otto Grotewohl** (1894–1964) MP. Die sowjet. Milit.-Reg. überträgt der neuen Reg. Verw.-Aufgaben.

Verfassung dem Wortlaut nach demokrat., mit Grundrechten auch auf Arbeit, Erholung, Fürsorge; Verpflichtung zum Dienst an den sozialist. Errungenschaften (Volkseigentum, Wirtschaftslenkung), Verbot der **Boykotthetze** (Art. 6). – Verf.-Gericht, unabh. Richterstand, Kontrolle durch Opposition fehlen in der

Volksrepublik nach sowjet. Muster: Aufbau von Partei (SED), Verw. und Staat nach dem Prinzip des demokrat. Zentralismus. Den Staatspräs. ersetzt seit 1960 der

Staatsrat, der Gesetze erlassen kann auch ohne Zustimmung der **Volkskammer** (gewählt nach Einheitsliste).

SED-Organe (ZK, Politbüro und Sekretariat) mit absolutem Kontroll- und Weisungsrecht. – Stärkste Machtkonzentration in der Person **Walter Ulbrichts** (1893–1973), Mitbegründer der KPD, 1938–45 in der UdSSR, Vertreter eines kompromißlosen »Moskauer Kurses«.

Innenpolitik: Umbildung des Volkskongresses zur **Nat.-Front** (NF), gelenkt von SED-Funktionären, organisiert in Haus-, Wohn-, Betriebsgemeinschaften. – Aufgaben: Aufstellung von Kandidaten für Richter-, Schöffen- und Volkskammerwahlen (seit 1950); polit. Aufklärung, »Kampf für Frieden und deutsche Einheit«, Infiltration von KP-Agenten und Propagandamaterial in die BR Dtl. – NF-Beschlüsse sind als »genereller Volkswille« bindend für alle »Blockparteien« und **Massenorganisationen:** Gewerkschaft (FDGB), Jugend- (FDJ), Frauen- (DFB), Kultur-Bund (DK) u. a.

1950 Ministerium für Staatssicherheit (polit. Geheimpolizei SSD) unter ZAISSER (bis 1953 WOLLENWEBER, seit 1957 Gen. MIELKE). – Aufstellung der **Volkspolizei** (DVP), 1952 der Kasernierten Volkspolizei (KVP) und halbmilit. Verbände: Kampfgruppen der SED, Gesellschaft für Sport und Technik (GST). Die

1952 II. SED-Parteikonferenz beschließt den »Aufbau des Sozialismus«; Umbildung der 5 Länder in 14 Verw.-Bez.; Errichtung von Sperren an der Zonengrenze, ständig verstärkt durch Minenfelder, Wachtürme, Drahthindernisse. – Nach

1953 STALINS Tod Verkündung des »Neuen Kurses« zur Verbesserung der Lebensbedingungen. Protestaktionen in Ost-Berlin (S. 531) weiten sich aus zum

17. Juni 1953 Volksaufstand: Demonstrationen, Befreiung polit. Häftlinge. Sowjet. Truppen schlagen die Erhebung nieder. Massenverhaftungen, Standgerichte, Erschießungen, Fluchtbewegung in die BR Dtl.

1954 Anerkennung der Souveränität durch die UdSSR. Aufstellung der Bereitschaftspolizei (»innere Truppe«) und der

1956 Nat. Volksarmee (NVA) im Rahmen des Warschauer Paktes (S. 523).

1957 Paßgesetz mit Strafen für Mithilfe zur »Republikflucht« (Ausreise ohne Genehmigung). Angriffe gegen die Evang. Kirche (Junge Gemeinde), Propagierung der atheist. »Jugendweihe«.

Zur Unterbindung der Flucht in die BR Deutschland (seit 1949: 2,7 Mill. = 15% der Bevölkerung, darunter viele Fachkräfte)

Aug. 1961 Errichtung der Mauer in Berlin (S. 531), verstärkte Sicherung der Zonengrenze (Schießbefehl).

1962 Einführung der allg. Wehrpflicht.

1964 Erlaubnis von Rentner-Besuchen in die BR Deutschland; Amnestie für »Republikflüchtige«. – **Willi Stoph** (geb. 1914) wird MP.

Wirtschaft: Ausbau der Schwerindustrie,

1951 1. Fünfjahresplan (Kombinate); seit

1952 Kollektivierung nach sowjet. Vorbild durch Landwirtschaftl. Produktions-Genossenschaften (LPG). – Im Zeichen des »Neuen Kurses«

1953 Umwandlung der SAG (S. 527) in Volkseigene Betriebe (VEB); sowjet. Verzicht auf Reparationen; Senkung der Arbeitsnormen, Aufhebung der Bewirtschaftung von Textilien und Schuhen. Trotzdem Mangel an Devisen und Konsumgütern.

1957 (Papier-)Geld-Umtausch (2. Währungsreform). – Der

1958 V. SED-Parteitag verkündet den Übergang zur »Vollendung des Sozialismus« und beschließt, den Lebensstandard der BR Deutschland bis 1961 zu überholen. Aufhebung der Lebensmittelrationierung; Auflösung der Produktions-Ministerien.

1959 Siebenjahresplan mit

1960 Zwangskollektivierung.

1963 VI. SED-Parteitag: Verkündung des »Neuen ökonom. Systems« (NöS). Gewinnanreize bewirken einen Anstieg der Produktion und des Sozialprodukts.

Außenpolitik (Abhängigkeit von der UdSSR, vor allem in der Deutschlandfrage, S. 497): Integration in den Ostblock (S. 523).

1950 Görlitzer Vertrag mit Polen: Anerkennung der Oder-Neiße-»Friedensgrenze«.

1955 Moskauer Vertrag: Auflösung der sowjet. Hohen Kommission.

1957 Aufnahme diplomat. Beziehungen mit Jugoslawien. Ständige Bemühungen um internat. Anerkennung außerhalb des Ostblocks; Erfolge bei der Errichtung von Handelsvertretungen.

1959 Staatsbesuch CHRUSCHTSCHOWS.

1963 Ablehnung des polit. Kurses der KPCh.

1964 Freundschaftsvertrag mit der UdSSR: Westberlin wird als selbst. polit. Einheit betrachtet (Drei-Staaten-Theorie).

1965 Staatsbesuch ULBRICHTS in Ägypten.

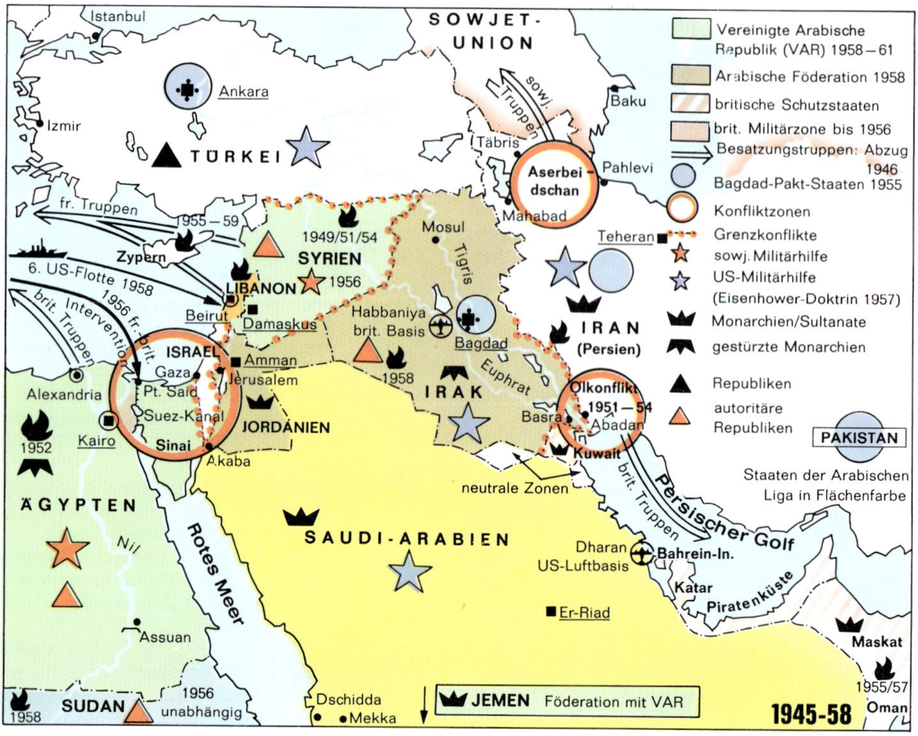

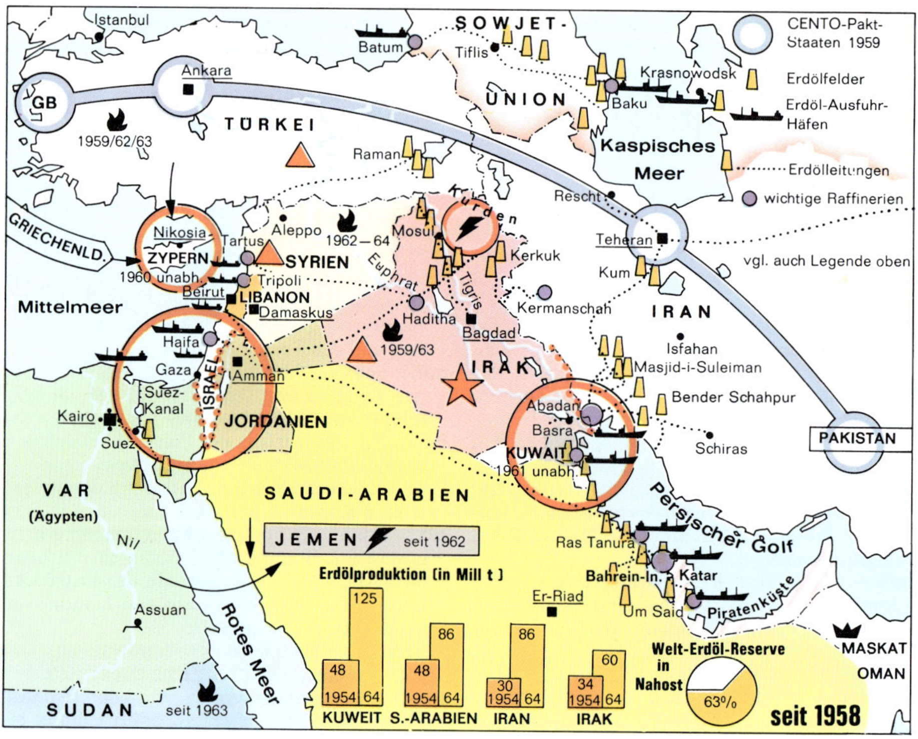

Der Nahe Osten nach dem Zweiten Weltkrieg

Der Krisenraum Nahost (1945–65)
Noch vor Abzug brit. und franz. Besatzungstruppen bzw. brit. Aufgabe Palästinas (S. 537) verbinden sich die Nahost-Staaten zur **Arabischen Liga** (S. 517), geeint durch gleiche Religion, Sprache, Traditionen (islam.-arab. Weltreich, S. 134f.) und antijüd. Emotionen.
Panarab. Bewegung und Unionspläne verdekken weder Führungsrivalitäten noch Spannungen zwischen alter Oberschicht (monarchist. Feudaladel) und neuen Führungsgruppen (republ. Intelligenz [Offiziere]), reichen Ölstaaten (Kuwait, Saudi-Arabien) und armen Wüstenländern (Ägypten, Syrien, Jordanien), konserv. Richtungen (Moslem-Bruderschaft) und soz.-rev. Bewegungen (Baath-Partei). Die **Labilität** wird verstärkt durch
1. **westl. Ölinteressen;**
2. polit.-ideolog. Ringen von West (USA) und Ost (UdSSR) um Einfluß und Machtausweitung;
3. **latenten Kriegszustand mit Israel** seit dem arab. Mißerfolg von 1948/49 (S. 537).

Ägypten: Getragen von den städt. Massen, schürt die Wafd-Partei (S. 457) Unruhen zur brit. Räumung der Kanalzone (1954 vertragl. vereinbart).
1952 Milit.-Revolte gegen korrupte Monarchie und Wafd-Reg.: Kg. FARUK I. (1920–65) dankt ab. – Proklamation der
1953 Republik unter Gen. NAGIB, den der Rev.-Rat absetzt. Gleichschaltung der Parteien (Moslem-Bruderschaft) in der Nat. Union. Die Macht übernimmt
1954 MP. Oberst Gamal Abd el Nasser (1919–70 [seit 1956 Präs.]): Reformen zur Überwindung des Massenelends (arab. Sozialismus). Panarab. Politik gegen Israel u.a. mit Syrien und Saudi-Arabien;
1955 Waffenkäufe in der CSSR. – Westl. Mißtrauen führt zur
1956 Suezkrise: Die USA (AMin. DULLES) lehnen eine Finanzhilfe für den Bau des **Assuan-Staudammes** ab; deshalb zur Eigenfinanzierung des Groß-Projektes
Juli 1956 Nationalisierung des Suezkanals gegen Entschädigung der (meist brit. und franz.) Aktionäre und Garantie freier Schiffahrt. – Auf drei ergebnislosen Konferenzen der Suezkanal-Benutzer in London billigen Indien und die UdSSR den ägypt. Schritt.
Israel. Angriff (Okt., S. 537); brit.-franz. Militäraktion zum Schutz des Kanals, verurteilt von den USA und der UN (Nov.). Abzug der Truppen unter massiver sowjet. Drohung: UN-Truppen besetzen die Kanalzone.
Folgen: westl. Niederlage; **die UdSSR schaltet sich in die Nahostpolitik ein:** Milit.- und Wirtschaftshilfe für Ägypten (Assuan-Staudamm) und Syrien.
1957 Eisenhower-Doktrin: Hilfeangebot der USA gegen komm. Aggressionen. – NASSERS arab. Führungsrolle festigt sich:
1958 Vereinigte Arab. Republik (VAR) mit Syrien (Präs. KUWATLI) und föderativer Anschluß des **Jemen.** – Ägypt. Ansprüche an den **Sudan,** dessen Nord-Süd-Spannungen (Araber/Neger) eine
1958 Milit.-Regierung abfängt.
1958 Libanon-Krise: Panarab. Aufstände gefährden die »arab. Schweiz«. Vom christl. Präs. CHAMUN [1952–58] erbeten, landen unter sowjet. Protest amerikan. Truppen. Sie räumen Beirut nach legaler Wahl des christlichen Präs. Gen. FUAD CHEBAB [bis 1964], der die Parität zwischen Christen und Moslems wiederherstellt.

Irak: Sturz der prowestl. Monarchie durch
1958 Milit.-Putsch: Ermordung FEISALS II. – Zerfall der Arab. Union mit Jordanien; Kündigung des Bagdad-Paktes (S. 517). MP. Gen. **Kassem** schlägt Gegenrevolten (Oberst AREF) nieder, nimmt Sowjethilfe an und beansprucht den Ölstaat
1961 Kuwait (brit. Schutz und Garantie der Arab. Liga).
1962–64 Kurden-Aufstand: MUSTAFA BARZANI fordert Autonomie.
1963 Milit.-Revolte (Armee und Baath-Partei): KASSEM wird liquidiert; die Unruhen halten an. Anschlußtendenz der
1964 Demokrat.-sozialist. Rep. an die VAR.

Jordanien: Auf Druck arab. Kreise entläßt Kg. **Hussein I.** [seit 1952] den brit. OB der Arab. Legion, Gen. GLUBB PASCHA (S. 446), kündigt den brit. Hilfsvertrag von 1946, erbittet aber im panarab.
1958 Umsturzversuch brit. Truppenhilfe.

Syrien: Seit 1944 in ständigen Wirren und Grenzkonflikten mit allen Nachbarn.
1961 Milit.-Revolte zur Lösung aus der VAR (ägypt. Bevormundung); Baath-Partei und Nasser-Anhänger gewinnen vorübergehend durch einen
1963 Staatsstreich wieder die Oberhand.

VAR-Ägypten: Präs. NASSER hält neutralen Kurs zwischen Ost und West (vgl. S. 509); er unterstützt die Rev.-Reg. ABDULLAH AS SALLALS (geb. um 1920) im
1962–65 Bürgerkrieg im Jemen mit Waffen und Truppen, doch behaupten sich die Imam-Anhänger. Sie erhalten Hilfe von
Saudi-Arabien, das die Könige SAUD [1953–64] und FEISAL [1964–75] autokratisch regieren. Seit 1957 Abkühlung der Beziehungen zu NASSER und Zusammenarbeit mit den USA (Stützpunkte), bedingt durch die vorwiegend amerikan. Ölförderung.

Trotz ihrer Rückschläge bleibt die **panarab. Politik** NASSERS zugkräftig, solange sie sich gegen **Israel** richtet, wie z. B. die
1963 VAR-Föderationspläne mit Syrien und dem Irak; Drohungen gegen die israel. Jordan-Wasser-Umleitung (S. 537).
1965 Einladung an DDR-Chef ULBRICHT aus Protest gegen die Israel-Hilfe der BR Dtl.

Nach Aufnahme diplomat. Beziehungen der BR Dtl. mit Israel reagieren auf ägypt. Betreiben 10 arab. Staaten mit Abbruch der Beziehungen.

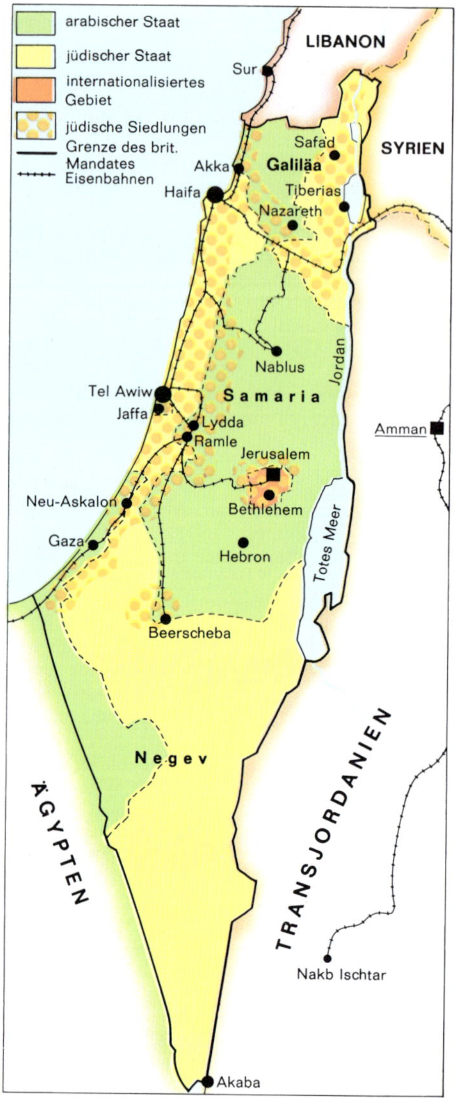

Teilungsplan der Vereinten Nationen 1947

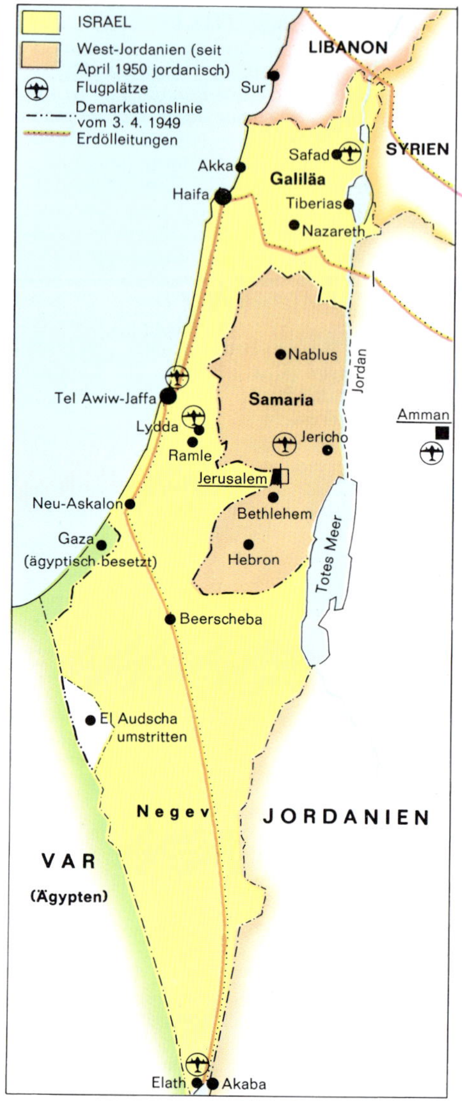

Israel seit 1949

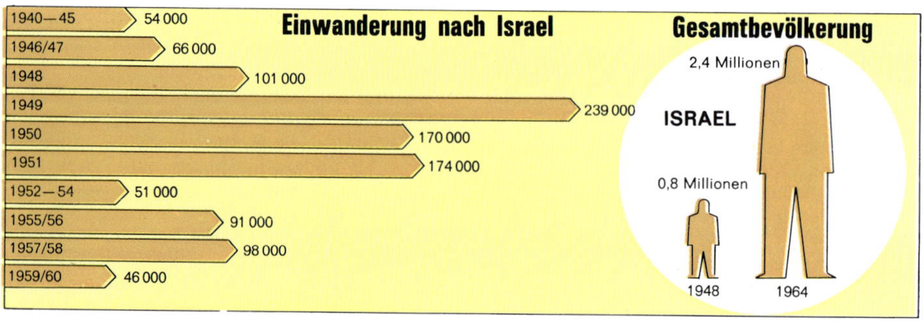

Das Anwachsen der Bevölkerung Israels bis 1964

Das Palästina-Problem (1933–48)

Organisiert von der **Jewish Agency** (inoffizielle Reg.), der **Histadrut** (Einheitsgewerkschaft mit eigenen Betrieben, Siedlungen, Schulen) und dem **Nationalfonds** (zur Landerwerbung), verstärkt sich die jüd. Einwanderung seit 1933. 1939 sind ein Drittel der Bev. und 12% des Bodens in Palästina jüdisch. – Der Widerstand der wirtschaftl. rückständigen, polit. in Anhänger des Großmufti HUSEINI von Jerusalem (1895–1974) und des Königs ABD-ALLAH VON JORDANIEN (S. 446) gespaltenen Araber verschärft sich.

1936–39 Bürgerkrieg: Die brit. Mandatsverwaltung unterstützt abwechselnd arab. Partisanen und jüd. **Haganah** (militärischer Selbstschutz).

Beide Parteien lehnen Kompromißvorschläge wie den

1937 Peel-Teilungsplan ab. Die brit. Reg. gibt in der

1939 White Paper-Politik arab. Druck nach (»Neues München«): Beschränkung jüd. Einwanderung und Landkäufe zur Erhaltung einer arab. Mehrheit, bekämpft von jüdischen Terroristen (Irgun Zwai Leumi). – Zwischen indirektem brit. und direktem deutschen Antisemitismus stehend, stellt sich die Jewish Agency im Zweiten Weltkrieg auf die Seite der Alliierten und baut Palästina zum alliierten Versorgungszentrum aus, während die Araber (Großmufti von Jerusalem) den Achsenmächten zuneigen.

1942 jüd. Freiwilligenbrigade als Teil der brit. Armee. – Nach Kriegsende trotzdem Fortsetzung der brit. White Paper-Politik: Blockade illegaler jüd. Einwandererschiffe (»Exodus«-Tragödie); Terror und Gegenterror wechseln ab.

Eine brit.-amerikan.

1946 Kommission drängt auf Öffnung der Grenzen für 100000 jüd. Einwanderer. AMin. BEVIN findet keine Lösung auf der Palästina-Konferenz von London (unter Beteiligung der zum Krieg entschlossenen Arab. Liga, S. 517). Der

1947 UNSCOP-Sonderausschuß empfiehlt Teilung Palästinas, gebilligt von der UN-Vollversammlung und der Jewish Agency, abgelehnt von den Arabern. Ihre »Befreiungs-Armee« besetzt Galiläa und greift die jüd. Altstadt von Jerusalem an.

1948 Aufgabe des brit. Mandats (Mai). Abzug der brit. Armee und Verwaltung stürzen das Land in Anarchie.

Das neue Israel (1948–65)

14. Mai 1948 Proklamation des Staates Israel durch den jüd. Nationalrat (Vorsitz: BEN GURION); der Angriff der Arab. Liga – unterbrochen durch UN-Vermittlungen (Juni, Juli) – wird abgewehrt (israel. Luftüberlegenheit); Flucht arab. Bevölkerungsteile (S. 499); jüd. Terroristen ermorden den UN-Beauftragten Gf. BERNADOTTE.

Nach Kämpfen im Negev (Eroberung von Elath) zweiseitige

1949 Waffenstillstandsabkommen (Febr. bis Juni): Teilung Jerusalems, das westl. Jordanland fällt an Jordanien, der **Gaza**-Streifen an Ägypten; die Frontlinien festigen sich zur Staatsgrenze.

Aufbau des Staates: Die Wahlen zum Parlament (Knesset) erbringen eine (sozialist.) **Mapei**-Mehrheit und bestätigen

1948–63 MP. David Ben Gurion (1886–1973) [1953–55 MP. M. SCHARETT].

1949–52 Staatspräs. Chaim Weizmann (S. 341). – Zustrom und Eingliederung von Juden aus aller Welt; Ausbildung der neuhebräischen Staatssprache (Iwrith); Landesausbau durch genossenschaftl. Dörfer (Moschaw) und freiwillige Kollektive (**Kibbuzim** ohne Privatbesitz):

»Eroberung der Wüste«, Aufforstung; Be- und Entwässerung mit ausländ. Kapital- und Wirtschaftshilfe.

1952 Wiedergutmachungs-Abkommen mit der BR Dtl. (3,5 Mrd. DM). – Allg. Wehr- und Arbeitspflicht auch für Frauen.

1952 Staatspräs. Isaak Ben Zwi (1884–1963), 1963–73 SALMAN SCHASAR (1889–1974).

1954 Gründung der Hebr. Universität in Jerusalem;

1956 Tagung der Zionist. Weltkongresses (Präs. **Nahum Goldmann,** 1894–1982): Appell an den Ostblock zur Aufhebung der jüd. Auswanderungssperre.

Gegen arab. Boykott (Sperrung des Suezkanals und des Hafens von Elath), Einfälle ägypt. Sabotagetrupps (Feddayin) und sowjet. Milit.-Hilfe

1956 Angriff auf Ägypten (Okt.: Entwaffnung ägypt. Truppen, Öffnung des Hafens von Elath. (Verbindung zum Suezkanal-Konflikt, S. 535, nicht geklärt.) – Auf UN-Beschluß (S. 503)

1957 Übergabe der besetzten Gebiete (Sinai, Gaza-Streifen) an UN-Streitkräfte. – Wirtschafts- und Milit.-Hilfe der BR Dtl., versprochen von ADENAUER auf dem

1960 Treffen mit BEN GURION in New York. – Der ehem. Leiter des SS-Judenreferats im RSHA, **Adolf Eichmann,** wird aus Argentinien entführt und nach dem

1961 Eichmann-Prozeß in Jerusalem hingerichtet (1962). Seit

1962 neue ökonom. Politik zum Ausgleich der passiven Handelsbilanz: Abbau der Schutzzölle, Abkommen mit der EWG (1964).

Arab. Kriegsdrohungen u.a. wegen der **Nutzung des Jordanwassers.**

1963 MP. Levi Eschkol (1895–1969); AMin. Frau GOLDA MEIR [1956–65].

1964 Pilgerfahrt des Papstes ins Hl. Land: **Paul VI.** begegnet Patriarch ATHENAGORAS, dem Oberhaupt der griech.-orth. Kirche. – Die

1965 Aufnahme diplomat. Beziehungen zur BR Deutschland (S. 529) wird von Teilen der Bevölkerung abgelehnt.

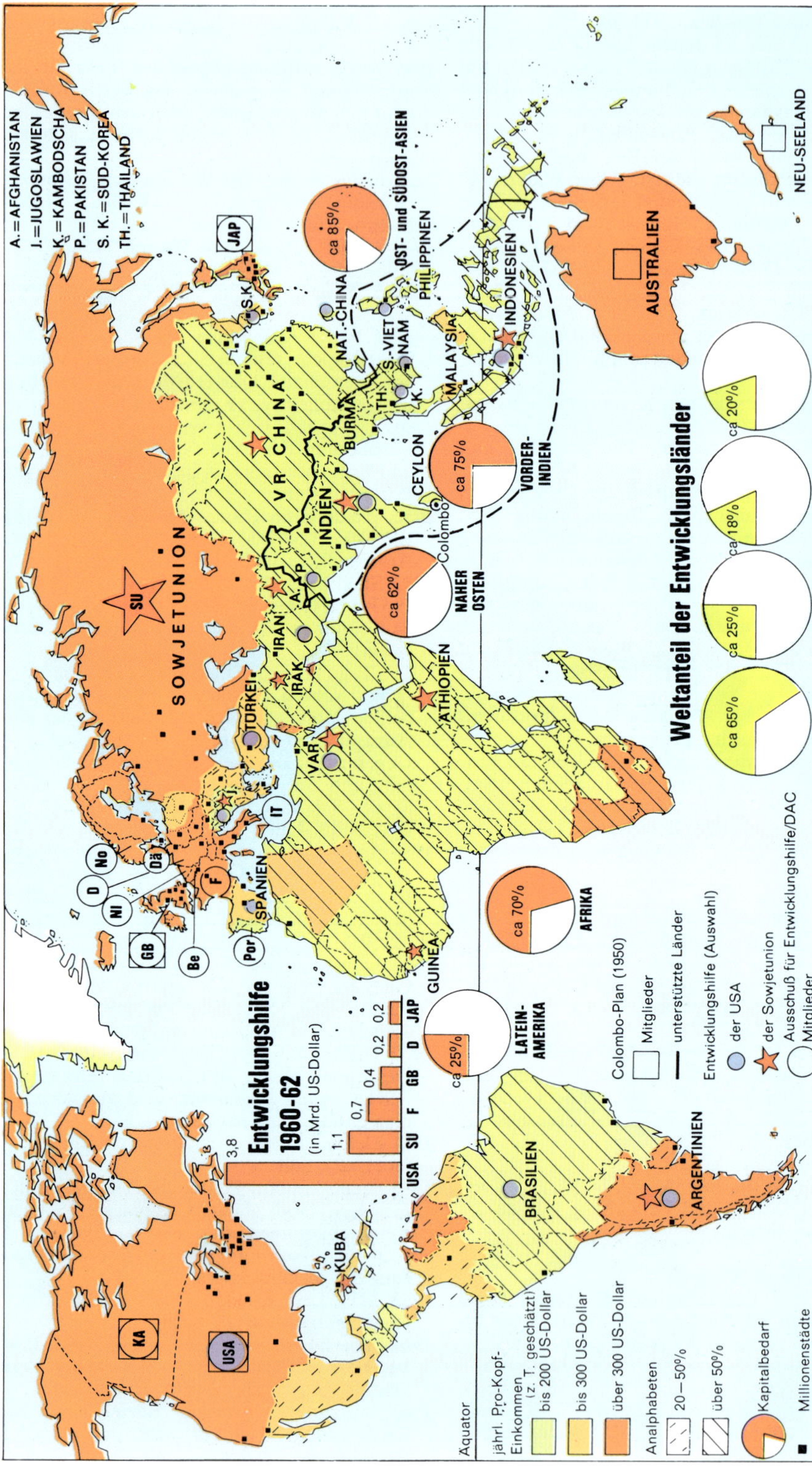

Die Entwicklungsländer um 1960

Die Emanzipation der farbigen Völker

Äußere Emanzipation (von kol. Bevormundung) nach 1945 mit der polit. Unabhängigkeit nahezu aller Kolonialvölker durch

- Ausbreitung europ. Freiheits- und Gleichheitslehren (Menschen- und Selbstbestimmungsrechte, marxist. Klassenkampfidee).
- Wandlung der Kolonialpolitik zum »ethischen Imperialismus«: Beteiligung farbiger Eliten an Führungsaufgaben;
- Schwächung der europ. Großmächte (Weltkriege);
- die angelsächs. Idee einer demokrat. Zusammenarbeit aller Völker (Atlantik-Charta, S. 487), verwirklicht in der UN, die zum polit. Forum der jungen Staaten wird (S. 503). – Trotz ihrer polit. Unterschiede fühlen sich die farbigen Nationen im Kampf gegen den »weißen Kolonialismus« als Einheit und suchen einen eigenen, sozialist. beeinflußten »dritten Weg«.

1955 Konferenz von Bandung: 29 afro-asiat. Staaten verurteilen Kolonialismus, Rassendiskriminierung und Atomwaffen. –

1957 1. Solidaritätskonferenz von Kairo (43 Staaten, darunter die UdSSR) proklamiert friedl. Koexistenz. Beschlüsse gegen Interventions- und Rassenpolitik (Konferenz von Conakry, 1960), gegen den **Neokolonialismus** (indirekte wirtschaftl. Beherrschung) und soz. Abwertung (Konferenz von Bandung, 1961).

1961 **Konferenz von Belgrad:** Differenzen zwischen gem. und antiwestl. Staaten.

Innere Emanzipation: Die Überwindung rückständiger Lebensformen wird zur Hauptaufgabe der jungen Staaten.

Polit.-soz. Probleme: Äußere Angleichung staatl. Institutionen an europ. Vorbilder (Verfassung, Parlamente, Verw., Armee). Hinter der Fassade wirken alte Eigenformen weiter: Geheimbünde, Sekten, Stammesverbände. **Spannungen** ergeben sich aus dem Gefälle zwischen moderner Großstadt und Dorf, aus ethnischen, relig., sprachl. Differenzen, aus dem Gegensatz zwischen gebildeter Oberschicht und der Masse von **Analphabeten.** Sie äußern sich in **polit. Labilität:** Revolutionen, Rechtsunsicherheit, Rassendiskriminierung (vgl. S. 501), Religionshaß (Hindu – Mohammedaner), Interventionen (China in Tibet), Kriegen (Indien, Pakistan). – **Klammern** sind nationalist. Stolz, Parteien, Gewerkschaften und Armee als Träger des in den (oft zufälligen) kol. Grenzen entstandenen **Nationalstaates** (vgl. S. 544). Er tendiert zu **autoritären Staatsformen** (Milit.-Diktatur, »gelenkte Demokratie«) unter traditioneller Führung (Äthiopien, Arabien), **westl. gebildeten Politikern,** Offizieren, nationalist. **Volksführern,** geschulten **Kommunisten.** – Daneben zeigen sich übernat. Föderationsansätze.

Wirtschaftl-soz. Probleme: Typ. Merkmale der überwiegend agrar. **»Entwicklungsländer«:**

- **feudalähnl. Sozialordnungen** mit reicher Oberschicht und verarmten Landarbeitern, deren soz. Schutz die Großfamilie ist. Ihre Auflösung führt zu polit. Radikalisierung in städt. Elendsvierteln;
- **techn.-industrielle Rückständigkeit** (hoher Arbeitsaufwand, geringer Erfolg). Gewinne fließen ausländ. Konzernen und einer Oberschicht zu, die ihren Reichtum (Land, Edelmetalle) hortet, sich gegen Soz.- und **Bodenreformen** wehrt und oft revolutionär entmachtet wird;
- **Bevölkerungsexplosion, Armut, Hunger, Krankheiten** (jährl. 40 Mill. Hungertote). Wirtschaftl. Erfolge stoppen die Verelendung nicht, Eigenkapital kann nicht gebildet werden;
- **Wirtschafts- und Arbeitsgesinnung:** ökonom. Erfolgs- und Prestigedenken ist fremd; materielle Bedürfnisse, Sparsamkeit und Arbeitsdisziplin fehlen.

Entwicklungshilfe: Die soz. Frage (S. 345), bisher auf die Industrieländer beschränkt, ist zu einem weltpolit. Problem zwischen reichen und armen Nationen geworden. Überlagert vom Ost-West-Konflikt, bedroht es allg. Sicherheit und Weltfrieden. – Die »Hilfe zur Selbsthilfe« umfaßt:

1. **Kapitalhilfe** durch Schenkungen, verlorene Zuschüsse (etwa bei Katastrophen), steuerbegünstigte Privatinvestitionen, langfristige Kredite, gewöhnlich über Weltbank 1945 u.a. UN-Organisationen (S. 500); **Colombo-Plan** im Rahmen des Commonwealth 1950 (erweitert 1955); Internat. Finanzkorporation (IFC) 1956; EWG und OECD (S. 523).
2. **Personelle Hilfe:** Beratung durch Experten; Ausbildung von Studenten, Praktikanten, Lehrern; Stipendien u. a. m.
3. **Techn. Hilfe** zur Entwicklung von Industrie, Verkehr, Schulen usw.
4. **Preisgarantien** durch langfristige Handelsverträge.

Zunächst auf Militärhilfe (Stützpunkte) bedacht, geben die USA den Anstoß zur Wirtschaftshilfe durch das

1949 Punkt-Vier-Programm (Präs. TRUMAN). – Erst unter CHRUSCHTSCHOW forciert die UdSSR ihre Hilfe. Seit

1955 sowjet. »Besuchsdiplomatie« im Zeichen friedl. Koexistenz mit polit. gezielten Aktionen, bilateralen Abkommen, personeller und techn. Hilfe. Dagegen wirkt sich die ungleich größere westl. Kapitalhilfe aus Mangel an Koordinierung (Gießkannenprinzip), Fehlinvestitionen durch Unkenntnis der Probleme und farbige Ressentiments weniger positiv aus, zumal der komm. Weg einer totalen Wirtschaftsplanung und -lenkung schnellere Erfolge verspricht. Seit

1960/61 Einschaltung der VR. China mit zinslosen Krediten trotz eigener Schwierigkeiten (S. 513).

Erst unter Präs. KENNEDY (S. 520) neue westl. Ansätze.

1961 USA-Friedenskorps zum Einsatz ausgebildeter Entwicklungshelfer.

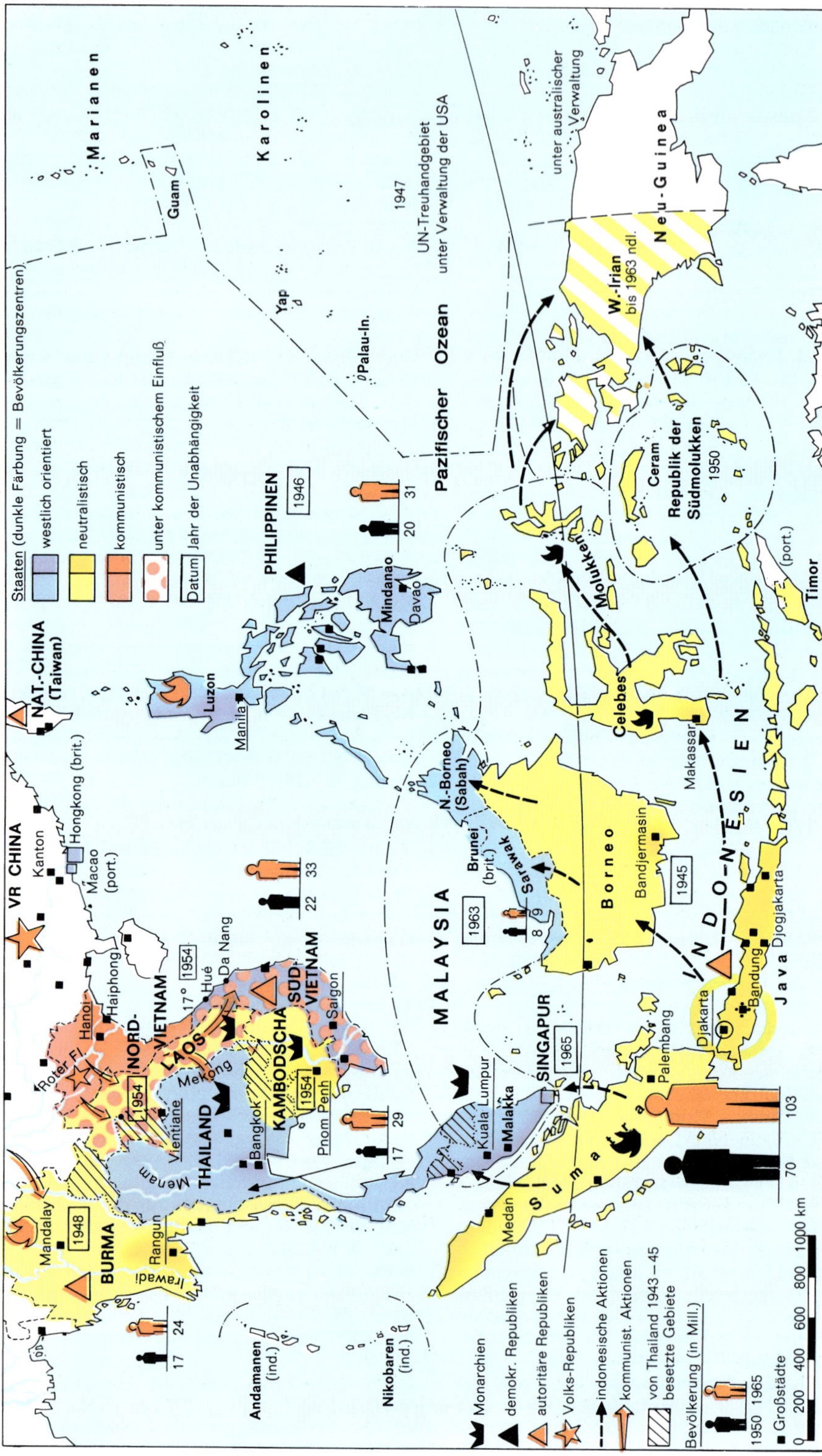

Südostasien 1945–1965

Das Ende des Kolonialismus

Die Japaner werden oft als Befreier begrüßt, fördern während ihrer Besetzung nationalist. Bewegungen und gewähren lokale Autonomie. Ihr Abzug leitet rev. Veränderungen ein. Westl. erzogene Eliten entwerfen Befreiungsprogramme (Mischung von demokrat. und sozialist. Ideen). Sie führen den Kampf der Massen gegen kol. Feudalismus und stehen nach erreichter Selbständigkeit vor schweren polit. und wirtschaftl. Problemen, oft in Abwehr gegen komm. Subversion. Aufstieg und Leistungen Chinas wirken als Vorbild.

Indonesien

Guerilla-Krieg gegen ndl. Truppen unter Gen.-Gouv. VAN MOOK [1942–48]. **Achmed Sukarno** (1901–70) verkündet die **»Fünf Grundsätze«** des nat. Kampfes: Gottglaube, Humanitarismus, Nationalismus, Demokratie, soz. Gerechtigkeit.

1945 Proklamation der Indon. Republik durch SUKARNO und **Mohammed Hatta** (1902–1980). – Unter ndl. Protektorat im

1946 Vertrag von Linggadjati Bildung einer Union mit der Rep. Ost-Indonesien. – Auf Druck der UN (S. 503) werden

1947/48 ndl. Polizeiaktionen in Java eingestellt und Verhandlungen aufgenommen.

1949 Round-Table-Konferenz in Haag: Gründung der Vereinigten Staaten von Indonesien im Rahmen der Ndl. Union unter Präs. SUKARNO (1963 auf Lebenszeit gewählt) und MP. HATTA. Abspaltung der

1950–52 Rep. der Südmolukken.

1954 Auflösung der Ndl. Union (endgültig 1956). Autonomiebestrebungen in den Außen-Prov. des kult. und relig. differenzierten islam. Reiches der 13600 Inseln.

1957/58 Rebellionen (u.a. in Sumatra) gegen die zentralist. Reg. und »gelenkte Demokratie« SUKARNOS, seit

1959 Diktatur mit Hilfe der Armee und unter Ausnutzung ihrer Spannungen zur chin. orientierten KP (geführt von AIDIT).

1961/62 Konflikt mit den Niederlanden um West-Irian, das durch UN-Vermittlung 1963 unter indon. Verw. kommt, durch Volksentscheid 1969 an Indonesien.

1964 Kriegsdrohung zur Vernichtung Malaysias; Partisanenaktionen in Malakka und Nord-Borneo.

1965 Austritt aus der UN; Militärputsch zur Entmachtung SUKARNOS und Zerschlagung der KP: antikomm. Demonstrationen fordern über 87000 Tote. – MP. wird

1966 Gen. SUHARTO.

Philippinen

Auf Grund amerikan. Zusagen von 1934

1946 Unabhängigkeitserklärung. – Weiterhin starker Einfluß der USA (Finanzhilfe, Milit.-Verträge 1946/51), aber korrupte Mißwirtschaft autoritärer Reg. unter den

1946–53 Präs. ROXAS und QUIRINO.

1949–52 Erhebung komm. Huks (1942 gegen die Japaner gegr. Volksarmee): Plünderungen von Städten auf Luzon. USA-Hilfe für Reformen, die

1953–57 Präs. MAGSAYSAY einleitet und

1961–65 Präs. MACAPAGAL weiterführt.

1965 Präs. MARCOS (1917–89).

Malakka

Bevölkerungsgegensätze (Malaien 50, Chinesen 40, Inder 10%) erschweren eine Staatsbildung. 9 Sultanate und brit. Kronkolonien schließen als brit. Protektorat den

1948 Malaiischen Bund. Unter Einsatz brit. Truppen bis

1954 Kleinkrieg gegen komm. Partisanen (Chinesen). – Unter Einschluß von Nord-Borneo, Brunei und Sarawak Bildung der

1957 Föderation Malaya (MP. TUNKU ABDUL RAHMAN). Sie tritt dem Commonwealth bei, **Singapur** erhält innere Autonomie und bleibt brit. Stützpunkt.

1963 Proklamation des Bundesstaates Malaysia, belastet durch Aktionen chin. Kommunisten und indon. »Freischärler« (Nord-Borneo). Nach chin.-malaiischen Zusammenstößen

1965 Austritt Singapurs aus dem Bund.

Thailand

Rückgabe der 1943–45 besetzten Gebiete. Milit.-Reg. unterdrücken demokrat. Opposition und komm. Partisanen-Verbände. Anlehnung an die USA (Stützpunkt-Verträge).

1947 Diktatur unter Marschall PHIBUL SONGGRAM (1897–1964), der von

1950 König BHUMIBOL ADULYADEJ (geb. 1927) anerkannt wird.

1957 Staatsstreich des Marschalls SARIT THANARAT (1908–63): Aufhebung der Verf., Verbot polit. Parteien, Kampf gegen komm. Verbände; Spannungen mit Kambodscha.

1959 Übergangs-Verf. mit großen Vollmachten für den Reg.-Chef THANARAT.

Burma

Die brit. Reg. ATTLEE sagt der Freiheitsliga AFPFL (1944 im Kampf gegen die Japaner gegr.) Selbst-Reg. zu. Nationalisten ermorden AUNG SAN und andere AFPFL-Führer.

1947 Unabhängigkeits-Abkommen von London. Die sozialist.

1948 Unions-Republik Burma unter MP. U NU steht im

1948–54 Bürgerkrieg gegen christl. Karen, Kommunisten und nat.-chin., aus China geflohene Soldaten. – Antikomm.

1958 Milit.-Diktatur des Gen. NE WIN (geb. 1911?); nach Wahlsieg der AFPFL

1960 neues Kabinett U NU (geb. 1907), Grenzvertrag mit China.

1962 Staatsstreich der Armee unter Gen. NE WIN, regiert als Vors. des Rev.-Rats autoritär ohne Parlament. Verstaatlichung der Banken.

1964 Verbot aller Parteien.

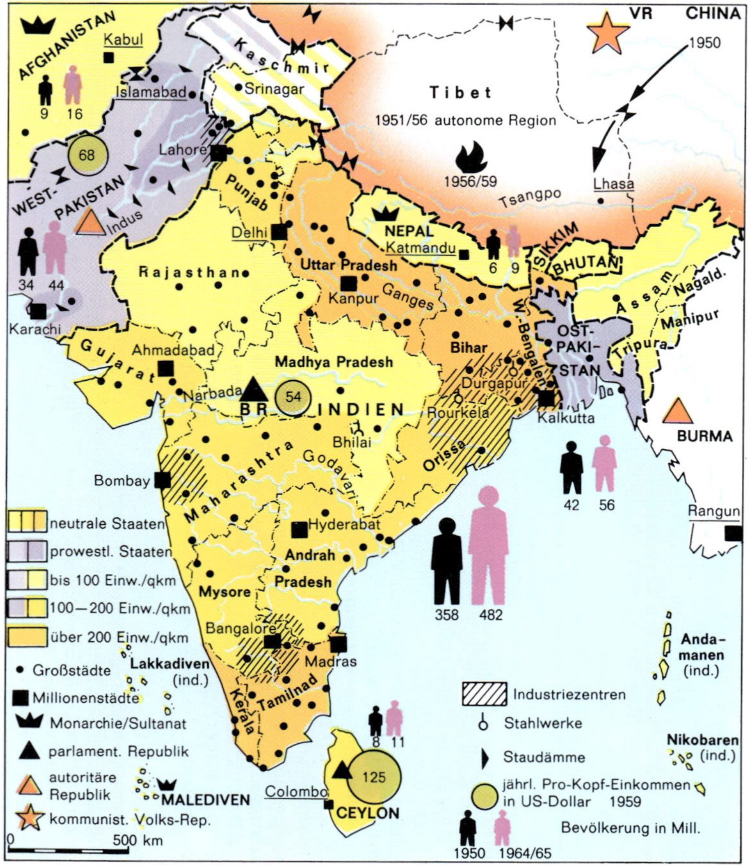

Südasien 1965

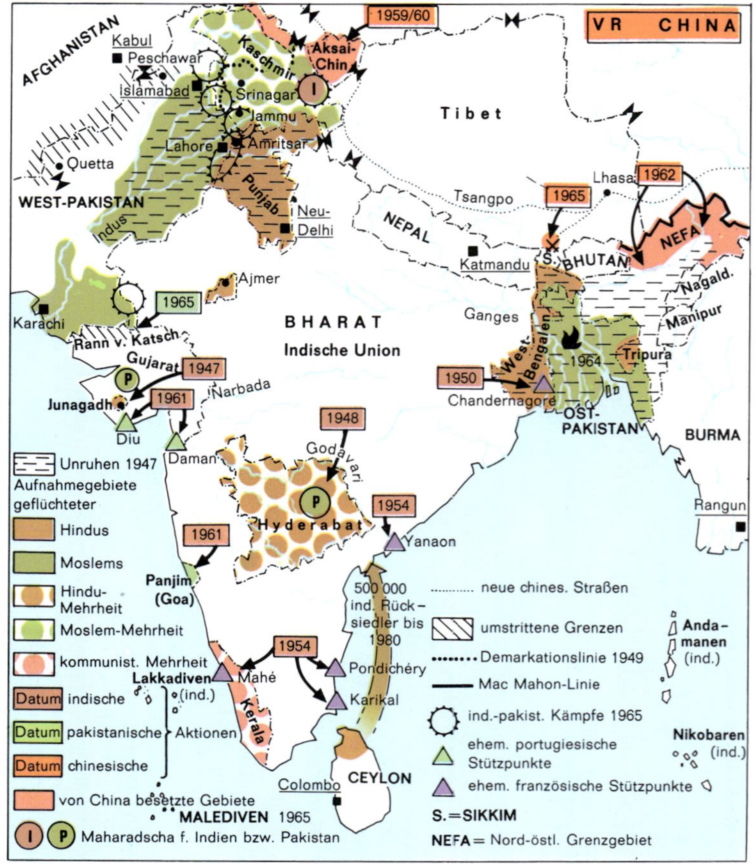

Indisch-pakistanische Teilungs- und Grenzkonflikte

Vorderindien nach der Kolonialzeit (1945–65)
Die im Krieg gemachten brit. Zusagen (S. 447) löst die Labourreg. ATTLEE (S. 525) ein. Verfassunggebende Vers. und ind.
1946 Übergangs-Reg. bereiten die Unabhängigkeit vor, die im
1947 Indian Independence Act verkündet wird. – Schwere Krisen: Hindu- und Moslem-Massaker, Flucht und Umsiedlung relig. Minderheiten (S. 499).
1948 Ermordung Gandhis.

Indische Union (Bharat)
1947–64 MP. und AMin. Jawaharlal Nehru (S. 447) reorganisiert die Verw. Die Fürsten müssen abdanken.
1948 Eingliederung der Moslem-Fsm. Junagadh und **Hyderabat.**
1950 Verfassung der Ind. Unions-Republik: 27 (seit 1956 14) Bundesstaaten mit eigenen Reg. und Parlamenten, 6 Territorien, Sikkim als Protektorat. – Staatspräs. wird Prof. **Prasad** (1884–1963), 1962–67 **Radhakrishnan** (1888–1975).
1951/52 Wahlsieg der Kongreß-Partei (75 Prozent). – Größtes Problem ist die **Übervölkerung:** staatl. Programme zur Kontrolle.
1951 1. Fünfjahresplan zur Förderung der Landwirtschaft. Der Wanderprediger VINOBE BHAVE erreicht bis
1955 Bodenreformen durch freiwillige Landabgabe. Verstaatlichung von Banken, Versicherungen und des Flugverkehrs.
1956 2. Fünfjahresplan zur Erschließung von Rohstoffen, Ausbau von Industrien mit Auslandshilfe (Stahlwerke Rourkela, Bhilai u. a.), des Schul- und Bildungswesens. Trotz aller Anstrengungen sinkt das Volkseinkommen (jährl. Bevölkerungszunahme um ca. 15 Mill.). Aufklärungsaktionen gegen relig. Tabus (hl. Rinder), Vorurteile (Kasten), Unwissenheit (Geburtenkontrolle). – Relig. Unruhen (1964), Sprachkämpfe (1965), Naturkatastrophen verschärfen die Lage. Assam, Nagaland, die Sikhs fordern Autonomie. Die erste
1958 komm. Reg. in Kerala wird aufgelöst.
Außenpolitik: Dank NEHRUS »dynamischer Neutralität« vermittelt die Führungsnation der »blockfreien Staaten« in den großen Weltkrisen.
1954 Chin. Staatsbesuch (MP. TSCHOU EN-LAI); Verkündung der **»Fünf Prinzipien der Koexistenz«:** Souveränität, Gleichberechtigung, friedl. Streben, Ablehnung von Aggression und Intervention.
1955 Staatsbesuch NEHRUS in Moskau; auch östl. **Wirtschaftshilfe.**
1959 Grenzkonflikte mit China, das die McMahon-Linie nicht anerkennt und nördl. Grenzgebiete besetzt (S. 513).
1961 Annexion port. Restkolonien (Goa).
1962 Chin. Offensive in der Nordost-Prov. (NEFA). – Das Verhältnis zu Pakistan belastet der Streit um
Kaschmir: Hindu-Freiwillige und afghan. Stämme greifen in die
1947 Revolte gegen das feudale Fsm. ein, nach Massakern auch Indien und Pakistan. Ein
1948 Waffenstillstand besiegelt die **Teilung.** Auf ind. Betreiben
1953 Verhaftung des MP. Scheich ABDULLAH, der Autonomie für Kaschmir erstrebt.
1957 Anschluß des ind. besetzten Teils an Indien. Die chin. Besetzung des Aksai-Chin-Plateaus verschärft den Konflikt.

Pakistan
Staatskrisen im zweigeteilten »Land der Reinen« durch Großgrundbesitzer-Cliquen, relig. Fanatismus.
Ost-Pakistan wehrt sich gegen westpakist. Bevormundung (Urdu als Staatssprache). Nach der
1954 Wahlniederlage der Moslem-Liga leitet eine Notstands-Reg. Verf.-Reformen ein, doch stürzt die Armee den Gen.-Gouv. GHULAM MOHAMMED [seit 1951]. – **Außenpolitik:** Anschluß an das westl. Paktsystem (S. 517).
1956 Proklamation der Islam-Republik (Vollmitglied des Commonwealth).
1958 Machtübernahme FM. Ayub Khans (1907–74), der Verw., Politik, Wirtschaft und die demokrat. »Basis-Institutionen« (Gemeinden) stabilisiert.
1960 Regelung der Nutzung des Induswassers mit Indien und Baubeginn des Projekts zur **Bewässerung des Indusbeckens.**
1963 Grenzvertrag mit China. – Spannungen mit Indien durch den Streit um das Rann von Katsch werden durch ein Abkommen entschärft, doch führen islam. Freischärler-Aktionen in Kaschmir zum
1965 ind.-pakistan. Krieg; wird nach UN-Vermittlung und auf sowjet. Initiative auf der
1966 Konferenz von Taschkent beigelegt.

Ceylon: Die brit. Kronkolonie erhält den
1948 Dominion-Status unter MP. D. S. SENANAYAKE (1884–1952).
1954 Colombo-Konferenz asiat. Staaten. Die
1956 Volksfrontreg. des MP. S. **Bandaranaike** (1899–1959 [ermordet]) fordert Abzug der brit. Truppen. Seine Witwe
1960–65 **Sirimawo Bandaranaike** führt als MP. die Politik der Freiheits-Partei weiter. Unruhen der Tamilen-Minderheit und
1962 nat. Offiziersrevolte. Die USA sperren ihre Kredite bis zur
1965 Bildung einer Koalitions-Reg.

Afghanistan: Unter Kg. MOHAMMED SAHIR (S. 447) langsame Modernisierung. Grenzregelungen mit der UdSSR (1946–48), nach Spannungen auch mit Pakistan.
1955 Beistandsvertrag mit der UdSSR und sowjet. Milit.-Hilfe. Neutralität und Blockfreiheit tragen westl. und östl. Wirtschaftshilfe ein. Starker polit. Einfluß der Geistlichen (Mullahs) und Stammesführer.

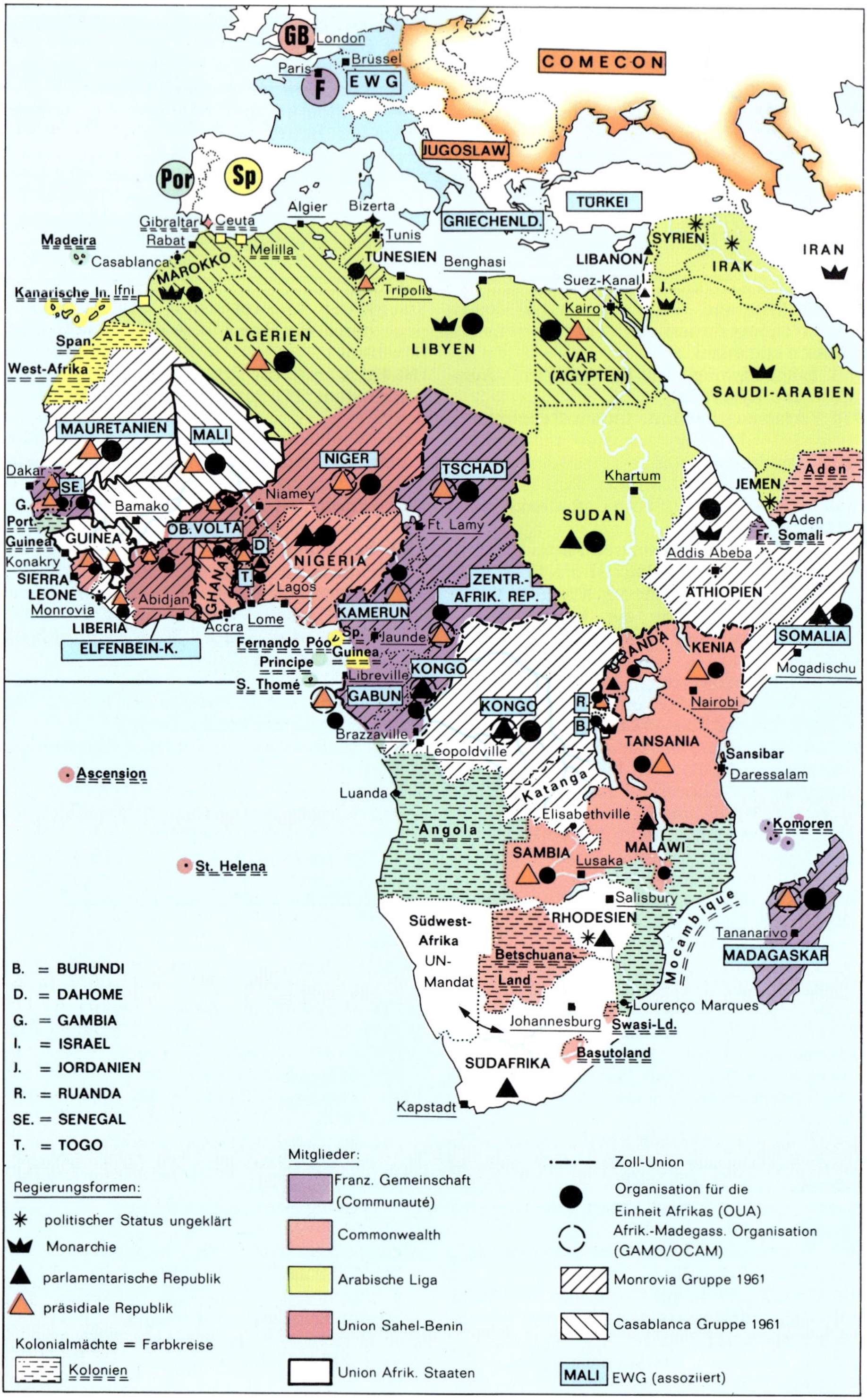
GB
London
Brüssel
Paris
F
EWG
COMECON
JUGOSLAW.
Por
Sp
Algier
Bizerta
TÜRKEI
GRIECHENLD.
Gibraltar
Ceuta
Rabat
Tunis
Madeira
Casablanca
Melilla
TUNESIEN
Benghasi
LIBANON
SYRIEN
IRAN
IRAK
MAROKKO
Suez-Kanal
Kanarische In.
Ifni
Tripolis
I.
J.
Kairo
ALGERIEN
LIBYEN
VAR (ÄGYPTEN)
Span. West-Afrika
SAUDI-ARABIEN
MAURETANIEN
MALI
NIGER
TSCHAD
Aden
Dakar
SE.
JEMEN
Khartum
G.
Bamako
Niamey
Port.-Guinea
GUINEA
OB.VOLTA
D
Ft. Lamy
SUDAN
Aden
Fr. Somali
Konakry
NIGERIA
Addis Abeba
SIERRA LEONE
T.
ZENTR.-AFRIK. REP.
Monrovia
Abidjan
GHANA
Lagos
ÄTHIOPIEN
LIBERIA
Accra
Lome
KAMERUN
ELFENBEIN-K.
Fernando Póo
Sp. Guinea
Jaunde
UGANDA
KENIA
SOMALIA
Principe
Libreville
KONGO
Mogadischu
S. Thomé
GABUN
R.
Nairobi
KONGO
B.
Brazzaville
Léopoldville
TANSANIA
Sansibar
Ascension
Daressalam
Luanda
Katanga
Elisabethville
Komoren
Angola
MALAWI
SAMBIA
Lusaka
St. Helena
Salisbury
Mocambique
RHODESIEN
Südwest-Afrika UN-Mandat
Tananarivo
MADAGASKAR
Betschuana-Land
B. = BURUNDI
D. = DAHOME
G. = GAMBIA
I. = ISRAEL
J. = JORDANIEN
R. = RUANDA
SE. = SENEGAL
T. = TOGO
Lourenço Marques
Johannesburg
Swasi-Ld.
Basutoland
SÜDAFRIKA
Kapstadt
Mitglieder:
Zoll-Union
Franz. Gemeinschaft (Communauté)
Organisation für die Einheit Afrikas (OUA)
Afrik.-Madegass. Organisation (GAMO/OCAM)
Commonwealth
Arabische Liga
Monrovia Gruppe 1961
Union Sahel-Benin
Casablanca Gruppe 1961
Union Afrik. Staaten
MALI EWG (assoziiert)
Regierungsformen:
politischer Status ungeklärt
Monarchie
parlamentarische Republik
präsidiale Republik
Kolonialmächte = Farbkreise
Kolonien

Afrika 1965

Das neue Afrika

Der Krieg hebt das afrikan. Selbstbewußtsein (vgl. S. 539). Polit. Zusagen werden nach 1945 nur teilweise erfüllt. Die **Franz. Union (1946)** garantiert »Gleichheit der Rechte und Pflichten« in Mutterland und ehem. Kolonien (Art. 107). Auch die brit. Reg. ATTLEE (S. 525) leitet Verf.-Ref. ein, so daß afrikan. **Nat.-Bewegungen** entstehen.

Parteien: Félix Houphouet-Boigny (1905–93) gründet die

1946 Afrikan. Demokrat. Sammlung (RDA), in Guinea unter **Sekou Touré** (1922–84), in Mali unter **Modibo Keita** (1915–77); **Léopold Sédar Senghor** (geb. 1906) führt den Demokrat. Block Senegals;

1949 Convention People's Party (CPP): Kwame Nkrumah (1909–72);

1954 Tanganyika African National Union (TANU): **Julius K. Nyerere** (1922–99).

Gewerkschaften: Die afrikan. Zweige europ. oder internat. Verbände stützen sich auf Beamte und Angestellte.

1956 Union Afrikan. Arbeiter (UGTAN), in Conakry von SEKOU TOURÉ gegr. und komm. beeinflußt, erweitert durch die

1961 Panafrikan. Gewerkschafts-Union (USPA) von Casablanca.

Geheimbünde: Unter Anknüpfung an altafrikan. Traditionen (Riten) suchen sie ihre Freiheitsziele durch Terror durchzusetzen. In **Kenia**

1952–54 Mau-Mau-Aktionen der Kikuyu.

Föderationen: Halbautonome Übergangsformen führen in die polit. Aufgaben ein.

1953 Föderationen von Brit.-Westafrika und **Nigerien** (1954). Die

1953 Zentralafrikan. Föderation scheitert an der von **Banda** (geb. 1906) bekämpften Bevorrechtung der Weißen.

1964 scheiden **Malawi** (Njassaland) unter MP. BANDA und **Sambia** (MP. KAUNDA, geb. 1924) aus. – Ohne Zustimmung der Reg. WILSON (S. 525) erklärt MP. **Ian Smith** (geb. 1919) die

1965 Unabhängigkeit Rhodesiens. Die neue Verf. sichert nur Weißen die polit. Macht. Seither Verurteilung und Boykott Rhodesiens durch die UN, OUA, das Commonwealth u. a. – Mit der franz.

1958 Communauté begnügen sich Guinea u. a. afrikan. Staaten nicht. – Die

1959 Mali-Föderation zerbricht 1960.

Neue Staaten:

1957 Ghana wird als erster schwarz-afrikan. Staat selbst. MP. **Nkrumah** bekennt sich zum »aktiven Neutralismus« und zur panafrikan. Politik. Diktatur und »Linksorientierung« führen 1966 zu seinem Sturz. Komm. Kontaktpflege auch in

1958 Guinea unter MP. SEKOU TOURÉ. – Unabhängig werden im

1960 »Afrikanischen Jahr«: Kamerun, Kongo-Brazzaville, Gabun, Tschad, die Zentralafrikan. Rep., welche in der **Union Zentralafrikan. Rep.** zoll- und wirtschaftspolit. koordiniert sind; Togo, Elfenbein-Küste, Dahome, Ober-Volta, Niger gründen die

Union Sahel-Benin. – Außerdem Nigeria, Senegal, Mali, Madagaskar, Somalia, Mauretanien, Kongo-Léopoldville (S. 547).

1961 Sierra Leone und Tanganjika, das mit Sansibar **Tansania** (1964) bildet; 1962 Uganda, Ruanda, Burundi; 1963 Kenia. 1965/66 Gambia.

Innere Emanzipationsprobleme (S. 539) bilden in den meisten Staaten Formen einer **»Erziehungsdiktatur«** aus: staatl. Lenkung. Statt einer legalen Opposition entstehen Führer- und Stammesrivalitäten mit Verschwörungen, Attentaten, Unruhen, Meuterein.

Panafrikan. Bewegung: während der 20er Jahre in den USA entstanden. Nach 1945 übernehmen afrikan. Intellektuelle (AZIKIWE, KENYATTA, NKRUMAH) die Führung zur polit. Emanzipation Afrikas.

1958 1. Konferenz unabh. afrikan. Staaten in Accra.

1958 Konferenz der Völker Afrikas in Accra (1960 in Tunis, 1961 in Kairo). Rev. Parteien und extreme Minderheiten dominieren. Seit 1961 zwei Gruppen: rev.-neutralist. **Casablanca-Staaten** (7) und gemäßigte **Monrovia-Staaten** (21). Auf Initiative von Ks. HAILE SELASSIE I. (S. 457)

1963 Gipfel-Konferenz von Addis Abeba: Gründung der **Organisation für die Einheit Afrikas (OUA)** mit Schiedskommission für Konflikte und **Freiheits-Komitee** für noch abhängige Gebiete (Daressalam 1964); Boykott der Rep. Südafrika.

1964 Konferenz der OUA in Kairo: Resolution für die Kongo-Rebellen (S. 547). Der extreme Kurs der OUA veranlaßt gemäßigte Staaten zur Bildung der

1965 Afrikan. Madegass. Organisation (GAMO/OCAM).

Südafrika: Nach dem Wahlsieg der »Nat.-Front« leitet

1948 MP. Daniel F. Malan (1874–1954) zum Schutz der 3 Mill. Weißen (gegen 11 Mill. Bantus) die Rassentrennung ein. MP. STRIJDOM [1951–58] und

1958 MP. Hendrik F. Verwoerd (1901–66 [ermordet]) führen die **»Apartheid«**-Politik konsequent geg. die »Progressive Party« und die Bantu-Opposition weiter, die im **»African. Nat. Congress«** (ANC) zusammengefaßt ist. Vors. bis zum Verbot 1960:

Albert J. Luthuli (1899–1967). Seit

1959 »Pan-African Congress« (PAC), radikal geführt von **Robert M. Sobukwe.** Blutige Unruhen (Sharpeville) nach

1960 Einführung der Identitätskarte für Farbige und Aufhebung ihrer parlament. Vertretung. Proteste der UN, der Weltpresse.

1961 Austritt aus dem Commonwealth. Einrichtung des

1963 Bantu-Staates **Transkei.**

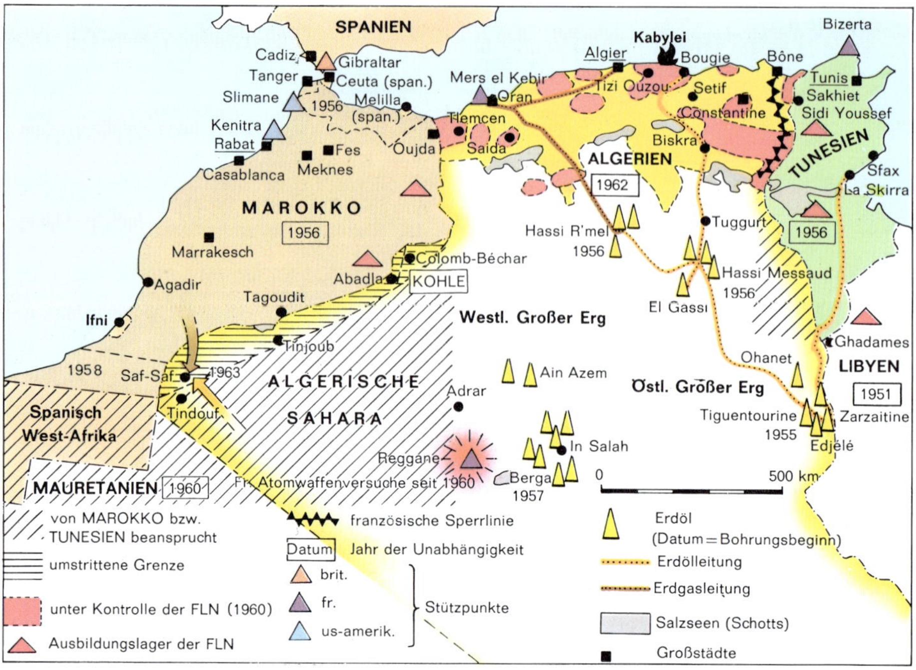

Nordwestafrika 1960

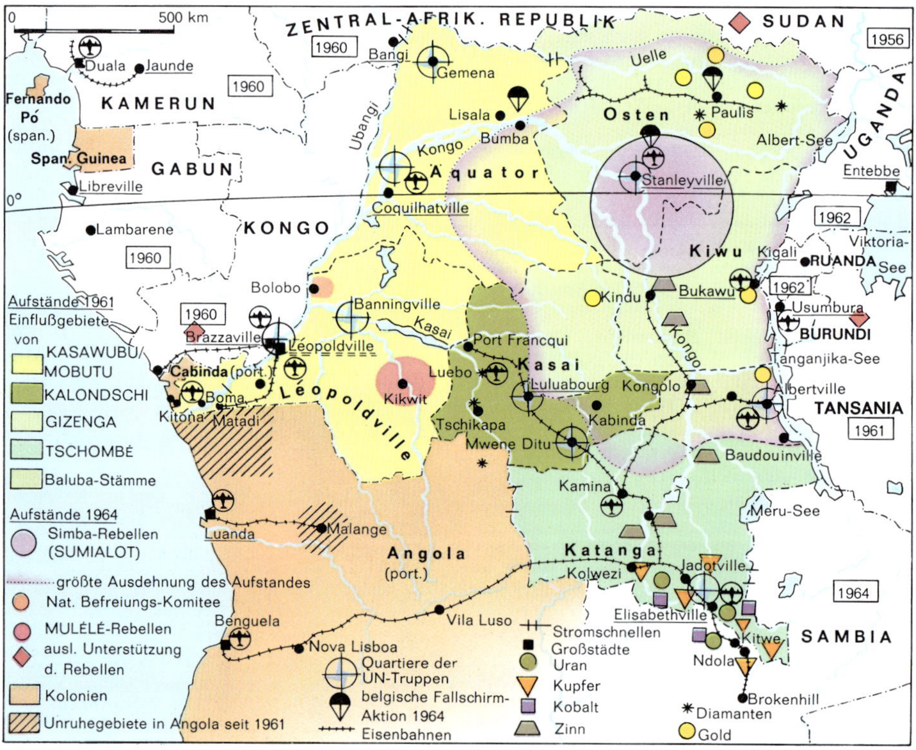

Die Kongokrise 1960–1965

Der arab. Westen (Maghreb)

Marokko: Bei der Ausbeutung der Phosphate, Mangan- und Bleierz-Vorkommen leisten die USA Finanzhilfe und versprechen

1927–61 Sultan BEN JUSSUF die Unabhängigkeit, die von der 1944 gegr. **Istiqlal-Partei** gefordert wird. – Frankreich gewährt den USA

1951 Stützpunkte (bis 1963), spielt Berber gegen Araber aus und verbannt den Sultan nach Madagaskar (1953). Sein Nachfolger BEN ARAFA wird nicht anerkannt.

1955 Rückkehr BEN JUSSUFS. Als

1956 Mohammed V. proklamiert er die Unabhängigkeit mit franz. Zustimmung. Eingliederung von Tanger und Span.-Marokko. Spaltung der Istiqlal-Partei: die »Union Nationale« (UNFP) unter **Ben Barka** lehnt die Monarchie ab und drängt auf demokrat. Ref. (Verfassung).

1960 MOHAMMED V. übernimmt die Reg. und erhebt Ansprüche auf Ifni, Span.-Westafrika und Mauretanien. Für eine Maghrebinische Föderation setzt sich

1961 HASSAN II. (1930–99) ein.

1963 Grenzkonflikt mit Algerien. – Wirtschaftskrise und persönl. Reg. des Königs nach

1965 Auflösung des Parlaments.

Tunesien: Dem Druck der **Neo-Destur-Partei,**

1934 gegr. von **Habib Burgiba** (geb. 1903), gibt die franz. Reg. nach.

1954 Autonomievertrag. Die Opposition (SALAH BEN JUSSUF, 1961 ermordet) wirft BURGIBA prowestl. Politik vor und wird mit Gewerkschaftshilfe ausgeschaltet.

1956 Unabhängigkeit. Die Nat.-Vers. proklamiert die (autoritäre)

1957 Rep. unter Präs. BURGIBA.

1961 Konflikt um franz. Stützpunkt Bizerta, Frankreich sagt Räumung zu.

1964 Enteignung ausländ. Grundbesitzes. – Außenpolit. vertritt BURGIBA einen gemäßigten Kurs.

Algerien: Autonomie fordert die

1946 Befreiungsbewegung MTLD (MESSALI HADJ; **Ferhat Abbas**, 1899–1985), doch sabotieren »Algerienfranzosen« das

1947 Algerienstatut (parlament. Selbstverw.) durch Wahlfälschungen. **Achmed Ben Bella** (geb. 1916), KRIM BELKASSEM (1912–70), BEN KHIDER u. a. organisieren die **»Front de Libération Nationale« (FLN);** sie bekämpft die alger. Nat.-Bewegung MNA und beginnt den

1954–62 Freiheitskampf. Fremdenlegion und Fallschirmjäger (Paras) beantworten Terror mit Gegenterror. – Franz. Nationalisten und Offiziere **(Ultras)** propagieren ein »Algérie française«. Ihr

1958 Putsch in Algier (Gen. SALAN, MASSU) stürzt die IV. Rep. und bringt **Charles de Gaulle** an die Macht (S. 524).

1958 alger. Exilreg. (GPRA) unter MP. **Ferhat Abbas** in Kairo. DE GAULLE gesteht den Algeriern

1959 Selbstbestimmung zu, vom franz. Volk 1961 mit 75 Prozent gebilligt. – In der GPRA setzt sich mit

1961 MP. Ben Khedda ein »harter« Kurs durch. Terror der FLN und der **Geheimarmee OAS** unter Gen. SALAN. Erste franz. Verhandlungen mit der GPRA scheitern an der **Sahara-Frage** (Nutzung des nach 1945 entdeckten Erdöls).

1962 Waffenstillstand von Evian: Garantien für »Algerienfranzosen« gegen Zusicherung der vollen Unabhängigkeit. – Nach FLN-Einheitswahlen **Proklamation der »Volksdemokrat. Algerischen Rep.«.** Präs. **Ben Bella** setzt gegen polit. Gegner und Aufstände in der Kabylei (AIT ACHMED) den sozialist. Einheitsstaat durch.

1965 Staatsstreich des Rev.-Rates unter Oberst Boumedienne (1927–78): Sturz BEN BELLAS.

Libyen: Unter UN-Treuhandschaft gestellt, erhält der Wüstenstaat unter Kg. **Mohammed Idris I. es Senussi** (1890–1983) die

1951 Unabhängigkeit.

Die Kongo-Krise (1960–65).

Getragen von der MNC-Partei unter Führung von **Patrice Lumumba** (1925–61 [ermordet]), greift die afrikan. Freiheitsbewegung auf das belg. Kongogebiet über.

1959 Unruhen in Léopoldville. Überstürzte Aufgabe der Kolonie.

1960 Übergabe der Zentralreg. an Staatspräs. **Kasawubu** (1917–69) und MP. **Lumumba** (Juni). Meutereien kongoles. Truppen (Juli). Die Flucht belg. Offiziere, Beamter, Techniker stürzt das Land in ein Chaos. Die intakte Bergbau-Prov. **Katanga** erklärt ihre Unabhängigkeit unter MP. **Moise Tschombé** (1919–69). Gegen die Intervention eingeflogener belg. Truppen protestiert MP. LUMUMBA und erbittet UN-Hilfe (S. 503). Er wird von Oberst **Mobutu** (1930–97) entmachtet (Sept.).

1961 Ermordung LUMUMBAS auf seiner Flucht nach Stanleyville zur Gegenreg. seines Anhängers **Gizenga.** Vorwiegend afrikan. UN-Truppen und die neue Zentralreg. unter MP. **Adoula** setzen sich nicht durch (Aug.). – Auf westl. Druck stimmt MP. TSCHOMBÉ dem

1962 UN-Befriedungs-Plan zu, bleibt aber einer Verf.-Konferenz fern (Okt.).

1963 UN-Aktion gegen Katanga. TSCHOMBÉ verläßt das Land. Aus finanz. Gründen

1964 Abzug der UN-Truppen. Präs. KASAWUBU ernennt **Tschombé** zum MP. der Zentralreg. Er bekämpft Aufstände der **Simba-** und **Mulélé-Rebellen** (teils komm.) mit amerikan. Hilfe und weißen Söldnern (S. 545). – Belg. Fallschirmjäger befreien weiße Geiseln (Nov.). – (Weiße) Reg.-Truppen ersticken die Aufstände in einem

1965 brutal geführten Buschkrieg. – **Mobutu** setzt durch einen **Staatsstreich** (Nov.) KASAWUBU ab, erklärt sich zum Staatspräs., überträgt Oberst **Mulamba** die Reg.

Lateinamerika 1965

Der Kontinent ist vom Weltmarkt (USA) abhängig (Rohstoffexport, Güterimport), mit abflauender Konjunktur nehmen soz.- und wirtschaftspolit. Krisen wieder zu: **Bevölkerungsexplosion,** Massenzuwanderung in städt. Elendsviertel (Favelas), Inflation, geringer Lebens- und Bildungsstandard bei krassen soz. Unterschieden. Eine staatl. Sozialpolitk mit zu geringen Mitteln und aufgeblähter Bürokratie »standardisiert« das Elend. Neben alte Ordnungsmächte (Militär, oligarch. Parteien, Präsidial-Diktaturen) treten Volksführer (PERÓN, CASTRO), aktive KP-Kader und nationale linksrev. Bewegungen.

Versuche zur Lösung durch

1. **milit.-polit. Integration** (OAS, S. 517);
2. **Agrarreformen:** Auflösung unrentabler Latifundien und Kleinstbetriebe;
3. **Industrialisierung,** doch fehlen Facharbeiter (Bildungsproblem) und Kapital. Priv. Kapital wird in Sachwerten (Landbesitz) oder im Ausland angelegt; ausländ. Kapital verlangt Sicherheiten, aber Kontrolle und Profitabfluß werden als Ausbeutung empfunden (Anti-Yankee-Stimmung);
4. **supranat. Märkte** zur Förderung des Außenhandels.

1951 ODECA-Charta für Mittelamerika (El Salvador). – »Operation Panamerika«: Integration der OAS-Staaten im

1958 »Komitee der 21«. – Seit der **Revolution in Kuba** schalten sich die USA zur Abwehr komm. Infiltration ein.

1959 Interamerikan. Entwicklungsbank;

1960 Südamerikan. Markt/LAFTA (Vertrag von Montevideo). – US-Präs. **Kennedy** verkündet die

1961 Allianz für den Fortschritt (Charta von Punta del Este): US-Kapitalhilfe für staatl. Entwicklungspläne.

Bildung eines iberoamerikan. Parlaments (Lima) und einer Kommission für wirtschaftl. Großplanungen (Buenos Aires).

Krisen in Mittelamerika

Linkskurs in **Guatemala;** Präs. ARBENZ GUZMÁN [1949–54] enteignet die US-Fruit Comp.; er wird mit US-Hilfe (AMin. DULLES) gestürzt von Oberst C. ARMAS (1957 ermordet). – Bewegung zur Aufgabe der US-Kanalzone in **Panama:** Unruhen, Flaggenstreit seit 1956. – Sturz des Trujillo-Regimes (S. 455) in der **Dominikan. Republik.** US-Intervention im **Bürgerkrieg 1965;** Einschaltung der OAS und UN.

Brit. Kolonien: Aus der autonomen Westind. Föderation (1958) scheiden 1962 **Jamaika** und **Trinidad/Tobago** aus.

Kuba: Geführt von **Fidel Castro** (geb. 1927), 1956–59 Kleinkrieg gegen die Batista-Diktatur (S. 455);

1959 Nat.-soziale Rev.: Enteignungen u. a. der ausländ. (US) Raffinerien, Agrarreformen. Das Castro-Regime gerät unter komm. Einfluß: Ausbau des sozialist. Einheitsstaates. Die USA reagieren mit einem Zuckerembargo.

1961 Bombenangriffe und Landungsversuche von Exilkubanern. – Nach dem

1962 Ausschluß aus der OAS (S. 517) verstärkte sowjet. Hilfe (Berater, Techniker, Waffen); Aufbau von **Raketenbasen.**

Okt. 1962 Kubakrise: US-Blockade; CHRUSCHTSCHOW erklärt sich zur Demontage der Raketen bereit; CASTRO wird in Moskau als »Held der UdSSR« gefeiert.

1964 OAS-Sanktionen (Abbruch des Handels). – Mit den USA

1965 Abkommen über die Auswanderung von Kubanern.

Revolutionär-unruhige Staaten

Nach dem Sturz des Diktators PÉREZ JIMÉNEZ [1952–58] Finanzkrisen, Attentate, Revolten in **Venezuela.** – Bürgerkrieg in **Kolumbien** bis zur Diktatur von Gen. ROJAS PINILLA [1953–57], dann Koalition der Nat. Front. – **Bolivien:** 1952 Rev. der Arbeiterpartei MNR: Entmachtung von Armee und Grundbesitz, Enteignung ausländ. Zinngruben; 1960 Milit.-Revolte.

Argentinien: Nach faschist. Vorbild 1946 zur Macht gelangt, proklamiert Oberst **Juan Domingo Perón** (1895–1974) den Wohlfahrtsstaat, treibt aber das Land in Inflation und Konflikte mit der Kirche.

1955 Milit.-Revolte (Gen. ARAMBURU).

1958–62 Präs. FRONDIZI: Sparprogramm zur Sanierung der Finanzen; Wahlsieg der Peronisten, Unruhen, Streiks, Putsche. Unter Präs. ILLIA (1966 entmachtet) dauert die polit. Labilität an.

Brasilien: Die Armee lehnt

1951–54 Präs. Vargas (S. 455) ab, sie stützt

1956–61 Präs. Kubitschek: Inflation durch überhöhte Staatsausgaben. – Bekämpfung von Korruption und Bürokratie durch

1961 Präs. QUADROS; radikale Ref. unter

1961–64 Präs. Goulart bis zum **Staatsstreich der Armee** (Gen. **Branco**).

Relativ stabile Staaten

Ausgeglichene Wirtschaft, Währung und Finanzen in **Mexiko,** seit 1964 Präs. DÍAZ ORDAZ. – **Ecuador:** Präs. IBARRA [1944–61], ab 1963 Milit.-Reg. – **Peru:** Nach Präs. PRADO [1956–63] gem. Links-Regierung. – **Uruguay:** Nationalrat nach Schweizer Vorbild seit 1952. – Diktatur in **Paraguay** unter Gen. ALFREDO STROESSNER [1954–89].

Chile: Als Kandidat der Landarbeiterpartei

1952 Präs. IBÁÑEZ DEL CAMPO: Inflation und

1956 Generalstreik gegen das Lohnstopp-Gesetz führen zur Staatskrise (Unruhen, Belagerungszustand), doch stabilisiert

1958–64 Präs. ALESSANDRI RODRIGUEZ Preise und Löhne;

1960 Währungsreform. Hebung des Lebensstandards durch Industrialisierung.

1965 Präs. FREI MONTALVA (Christl. Demokraten) plant Neuverteilung des Bodens.

1946 Baruch-Plan (USA): Vernichtung aller A.-Waffen und internat. Kernenergie-Kontrolle (wird von der UdSSR abgelehnt).

1950 Appell des (komm.) Weltfriedensrates in Stockholm zum Verbot aller A.-Waffen.

1952 Bildung einer UN-Abrüstungskommission.

1954 UdSSR verwirft den brit.-franz. Plan einer stufenweisen Abrüstung.

1955 Dem Plan »Offener Himmel« (USA) mit gemeinsamer Kontrolle durch Luftinspektion stimmt die UdSSR nicht zu.

1956 Londoner 5-Mächte-Konferenz im Auftrag der UN: Beratung über Reduktion von Rüstung, Streitkräften und A-Versuchen. Die UdSSR willigt in eine Luftinspektion ein. – Die **Bewegung der Atom-Gegner** nimmt zu; Protest-(»Oster«)märsche in westl. Ländern (im Ostblock verboten).

1957 Londoner 5-Mächte-Konferenz: USA drängen auf Einstellung aller A-Versuche für 2 Jahre, um ein Kontrollsystem zu schaffen; die UdSSR beharrt auf Luftinspektion. Der poln.

Okt. 1957 Rapacki-Plan schlägt ein atomwaffenfreies Mitteleuropa vor.

Okt. 1958 Genfer Konferenz zur Einstellung von A-Versuchen. Die 3 Atommächte unterbrechen ihre A-Versuche.

1959 14. UN-Vollversammlung: brit. Dreistufenplan; CHRUSCHTSCHOW verlangt totale Abrüstung innerhalb von 4 Jahren.

1960 Genfer 10-Mächte-Konferenz: Da die westl. Staaten eine internat. Kontrollkommission verlangen und einer sofortigen Auflösung ausländ. Stützpunkte nicht zustimmen, stellen die Ostblockstaaten ihre Mitarbeit ein.

1961 Wiederaufnahme der Genfer Konferenz (März). – Tägl. Rüstungsausgaben in der Welt etwa 330 Mill. US-Dollar.

1962 18-Mächte-Konferenz in Genf (8 neutrale, je 5 westl. und östl. Staaten; Frankreich nimmt nicht teil): Kontrolle bleibt ungelöst.

1963 direkte Fernschreibverbindung zwischen Moskau und Washington (»heißer Draht«).

Aug. 1963 Atomteststopp-Abkommen: Verbot von A-Versuchen im Weltraum, in der Atmosphäre und unter Wasser. Frankreich und China treten nicht bei.

1964 Poln. Gomulka-Plan zum »Einfrieren« nuklearer Waffen in Mitteleuropa unter paritätischer Kontrolle.

1967 Unterzeichnung eines Vertrages über das Verbot von Kernwaffen in Lateinamerika durch 14 Länder. – Vertrag über die

1967 friedliche Nutzung des Weltraumes tritt in Kraft (ohne Frankreich, VR China). Der Vertrag über die

1. 7. 1968 Nichtweiterverbreitung von Kernwaffen (Kernwaffensperrvertrag) wird von der UdSSR, den USA und Großbritannien u.a. unterzeichnet. Zögernde Haltung u.a. der BR Dtl., da die Behinderung der friedl. Nutzung befürchtet wird. Verhandlungen zur Begrenzung der strateg. Rüstung zwischen UdSSR und USA (Strategic Arms Limitation Talks/SALT):

1969 1. SALT-Runde in Helsinki.

1970 Inkrafttreten des Kernwaffensperrvertrags, von 98 Staaten unterzeichnet (nicht von Frankreich, VR China, Israel, Indien, Pakistan u.a.).

1971 Unterzeichnung des **Meeresbodenvertrags** durch USA, UdSSR und Großbritannien.

1972 UN-Konvention über das Verbot bakteriolog. Waffen; 73 Länder unterzeichnen (nicht Frankreich und die VR China). – NIXON-Besuch in Moskau:

Mai 1972 Interimsabkommen über die Begrenzung strateg. Offensivwaffen.

Nov. 1972/März 1973 Beginn der SALT II-Gespräche in Genf.

Juni 1973 BRESCHNEW-Besuch in USA: amerik.-sowjet. **Abkommen zur Verhinderung eines Atomkriegs.**

März/Juni 1973 Beginn der Konsultationsgespräche (NATO – Warschauer Pakt) über Verminderung von Rüstung und Truppen in Mitteleuropa **(MBFR).**

1974 Genfer Abrüstungskonferenz: Beitritt der BR Dtl. und der DDR.

Abschluß SALT II auf dem Treffen.

Dez. 1974 FORD/BRESCHNEW in Wladiwostok: Vereinbarung über Zahlen.

1976 Genfer Abrüstungskonferenz: keine konkreten Resultate. SALT: Problem der Cruise-Missiles.

1977 Verlängerung von SALT I.

1978 UN-Konvention verbietet die militär. Verwendung umweltverändernder Techniken.

1979 Unterzeichnung des SALT II-Abkommens; wegen der Afghanistan-Krise nicht ratifiziert. – Beginn der

1982 START-Verhandlungen über Verminderung der Interkontinentalraketen. – In Stockholm beginnt die

1984 Konferenz für Vertrauensbildung und Abrüstung in Europa (KVAE). – Neue Verhandlungsrunde in Genf über

1985 Nuklear- und Weltraumwaffen. – In Washington unterzeichnen GORBATSCHOW und REAGAN den

1987 INF-Vertrag über den vollständigen Abbau der nuklearen Mittelstreckenwaffen; Ratifizierung in Moskau (1988).

1988 Amerikan.-sowjet. Abrüstungsverhandlungen (NST, START, SDI). Vor der UN-Gen.-Vers. kündigt

Dez. 1988 GORBATSCHOW einseitige Truppenreduzierung um 500000 Mann an.

Febr. 1990 UN-Abrüstungskonferenz in Genf. – Auf dem KSZE-Gipfel in Paris

Nov. 1990 Abschluß des KSE-Vertrags über Abrüstung in Europa.

Juli 1991 START-Vertrag über Begrenzung der strateg. Nuklearwaffen: USA und Sowjetunion verpflichten sich, ihre strateg. Kernwaffen (mit Interkontinentalraketen bestückte Abschußsysteme) um rd. ein Drittel zu reduzieren.

Warschauer Pakt (S. 517)

1966 Konferenz in Moskau (»Rotes Konzil«) findet keine gemeinsamen Beschlüsse mehr über Vietnam und den Konflikt mit Peking.

März 1968 Auf der Tagung des Polit. Beratenden Ausschusses in Sofia plädieren alle Teilnehmer außer Rumänien für die Annahme des Kernwaffensperrvertrages.
Seit Juni durch zahlreiche Manöver Vorbereitung der

20./21. 8. 1968 militär. Intervention in der CSSR von 5 Mitgliedstaaten des Warschauer Paktes (Bulgarien, DDR, Polen, Ungarn, UdSSR) unter sowjet. Führung.

Sept. 1968 **Albanien** tritt formell aus dem Pakt aus.

1971 Außenministerkonferenz in Bukarest fordert Einberufung einer Gesamteurop. Konferenz ohne Vorbedingungen und gleichberechtigte Beziehungen mit der DDR.

1974 Verteidigungsmin. GRETSCHKO tritt für eine weitere Verstärkung der Kampfkraft zur Abwehr der imperialist. Bedrohung ein.

1975 Weltweite Manöver der sowjet. Flotten.

1976 Inoffizielle NATO-Studie stellt Überlegenheit der Streitkräfte des Warschauer Pakts fest, die in 48 Stunden den Rhein erreichen könnten.

1979 BRESCHNEW bietet einseitigen Truppenabzug in der DDR gegen Nichtstationierung neuer Raketenwaffen in Europa an (Okt.).
GROMYKO warnt vor Stationierung von US-Mittelstreckenraketen in der BR Dtl. (Nov./Dez.).

1983 Vorschlag eines Gewaltverzichtsvertrags (Jan.).

1984 100 sowjet. SS-20-Raketen in der DDR und CSSR als Reaktion auf die Pershing-Stationierung aufgestellt (Okt.).

1990 Gipfel in Moskau: GORBATSCHOW ruft zum radikalen Wandel der WVO und zur Annäherung an die NATO auf (Juni).

1991 Auflösung der Militärstruktur des Warschauer Pakts (31. 3.).
Auf der letzten Tagung des Beratenden Ausschusses in Prag wird der

1. 7. 1991 Warschauer Pakt
offiziell aufgelöst.

NATO (S. 517)

Franz. Lösung aus milit. Intergration:

1967 Verlegung des NATO-HQ (SHAPE) nach Casteau/Belgien, des ständigen NATO-Rates nach Brüssel.

1968 Die Krise in der CSSR führt zur Überprüfung der Verteidigungsbereitschaft des Bündnisses.

1969 Errichtung eines Nachrichtensatellitensystems (SATCOM).

1970 NATO-Ratstagung in Rom bietet auf Anregung der BR Deutschland **beiderseitige Truppenreduzierung zur Förderung der Entspannung an.**

1971 NATO-Konferenz beauftragt den ehem. Gen.-Sekretär BROSIO mit Sondierungsgesprächen beim Warschauer Pakt über beiderseitige, ausgewogene Truppenverminderung.

1972 NATO-Ministerratstagung vereinbart Gespräche zur Vorbereitung der Gesamteurop. Sicherheitskonferenz.

Juni 1974 NATO-Gipfelkonferenz in Brüssel: »Erklärung über die Atlant. Beziehungen«.

April-Aug. 1974 Erstmalige militär. Konfrontation zweier NATO-Partner (Griechenland, Türkei): Zypernkonflikt.

Aug. 1974 Austritt Griechenlands aus dem milit. Bündnis (bis 1980).

1975 Ministerrat stellt eine Zunahme der militär. Rüstung des Warschauer Pakts gegenüber der NATO fest.

1976 Inoffizielle NATO-Studie befürchtet, daß Streitkräfte des Warschauer Pakts innerhalb 48 Stunden den Rhein überschreiten können.

Juni 1976 Indirekte Eingliederung Spaniens durch Vertrag mit den USA.

1977/78 Diskussion um die Neutronenbombe.

1979 NATO-Doppelbeschluß.

1980 Rückkehr Griechenlands in das milit. Bündnis.

1981 In Rom bestätigt Ministerrat den NATO-Doppelbeschluß von 1979.

1982 Spanien 16. NATO-Mitglied (Mai).

1988 Gipfeltreffen der NATO-Staaten in Brüssel: Modernisierung der atomaren Kurzstreckenwaffen (März).

1990 Ministerratstagung (Juni) im schott. Turnberry: 9-Punkte-Angebot an die UdSSR; KSZE in Zukunft Forum zur Lösung der gemeinsamen Probleme der europ. Staaten.

Konferenz für Sicherheit und Zusammenarbeit Europas (KSZE)

Nach einleitenden Botschaftergesprächen wird die

Juli 1973 KSZE in Helsinki eröffnet, in Genf fortgesetzt (1973-1975) und endet als Gipfelkonferenz mit der

1975 Schlußakte von Helsinki: Unverletzlichkeit der Grenzen, Nichteinmischung in innere Angelegenheiten, vor allem aber die Achtung der Menschenrechte und Grundfreiheiten.

1977 Bericht des US-Präs. CARTER über Verletzung der Menschenrechte in Osteuropa (Verstoß gegen die KSZE-Schlußakte).

1980–83 KSZE-Folgekonferenz in Madrid.

1986–89 3. KSZE-Folgekonferenz in Wien. Schlußdokument: Verhandlungen über Abrüstung und vertrauensbildende Maßnahmen.

Okt./Nov. 1989 KSZE-Umweltkonferenz in Sofia.

März/April 1990 KSZE-Wirtschaftskonferenz in Bonn.

Juni 1990 KSZE-Menschenrechtskonferenz in Kopenhagen.

Nach erfolgreichem Abschluß der KSE-Verhandlungen (S. 550) in Wien

Nov. 1990 KSZE-Gipfeltreffen und »Charta von Paris«: **Beendigung der Spaltung Europas.**

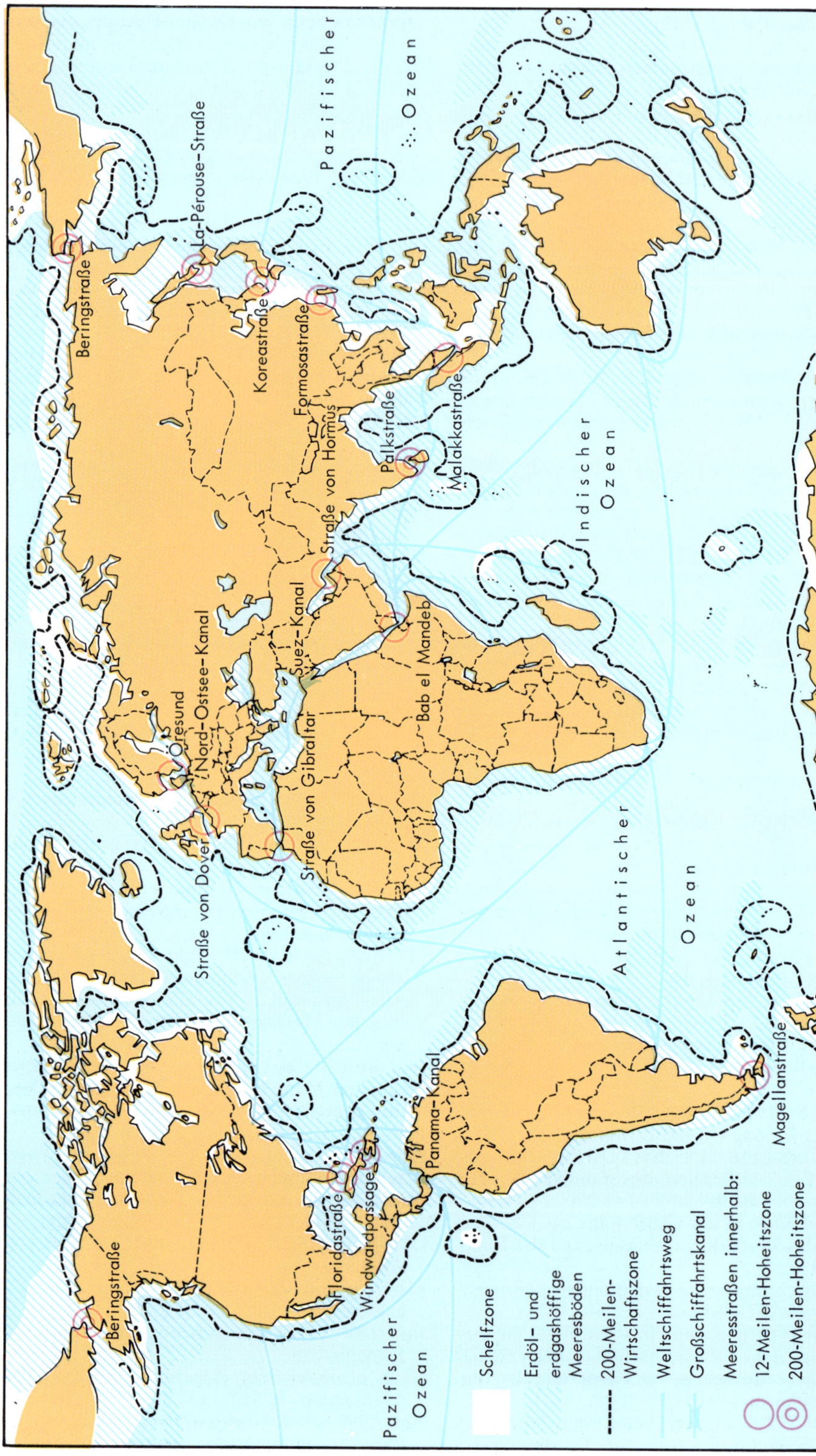

Weltseerecht 1973

Vereinte Nationen (S. 503)

1966 Sicherheitsrat: verlängert die Stationierung von UN-Truppen auf **Zypern** bis Ende des Jahres (weitere Verlängerungen). Wirtschaftl. Sanktionen gegen **Rhodesien.**

Sept.–Dez. 1966 21. Gen.-Vers. beschließt die Aufhebung des südafrik. Mandats über **Südwestafrika** und wählt erneut

Dez. 1966 **U Thant**/Burma zum UN-Gen.-Sekretär. – Auf den

Mai 1967 Abzug der UN-Truppen aus dem Gaza-Streifen folgt der israel.-arab. Krieg:

Juni–Juli 1967 5. außerordentliche Sondersitzung der UN-Vollvers. (von der UdSSR beantragt). Resolutionsanträge zur Beilegung des Konflikts bleiben erfolglos.

Sept.–Dez. 1967 (vertagt) **22. Gen.-Vers.:** Ablehnung der südafrik. Apartheidspolitik. Bemühungen um Beilegung des Konflikts im Nahen Osten und in Vietnam bleiben erfolglos.

April–Juni 1968 Wiederaufnahme der 22. Gen.-Vers.: Abschließend behandelt werden der Vertrag über die **Nichtweiterverbreitung von Kernwaffen** und die **Südwestafrika-Resolution** (Südafrika wird aufgefordert, die Kontrolle über das als Namibia bezeichnete Südwestafrika aufzugeben). – Sicherheitsrat: Resolution über Sicherheitsgarantie für Unterzeichner-Staaten des Kernwaffensperrvertrags.

Sept.–Dez. 1968 23. Gen.-Vers.: Konvention über die Nichtverjährung von Kriegsverbrechen.

Jan. 1969 Konvention über die Beseitigung aller Formen rassischer Diskriminierung tritt in Kraft.

Sept.–Dez. 1969 24. Gen.-Vers.: GROMYKO unterbreitet Entwurf eines »Appells an alle Staaten der Welt« sowie einen Entwurf über Verbot der Entwicklung, Produktion und Lagerung von C- und B-Waffen.

Sept.–Dez. 1970 25. Gen.-Vers.: die UdSSR und 7 sozialist. Staaten unterbreiten den Entwurf einer »Deklaration über die Festigung der Internat. Sicherheit«; Nahostresolution; Resolution zum Meeresbodenvertrag. – Sicherheitsrat verurteilt port. Invasion in Guinea (Dez.).

Sept.–Dez. 1971 26. Gen.-Vers. erkennt am 26. 10. die VR China als Vertretung Chinas an (nach fortwährender Ablehnung seit 1950) mit $^{2}/_{3}$-Mehrheit gegen die Stimme der USA und schließt gleichzeitig Taiwan aus der UN aus. – Sicherheitsrat: Resolution zum ind.-pakistan. Krieg scheitert am Veto der UdSSR (Dez.).

Ernennung des österr. Chefdelegierten

Dez. 1971 Waldheim zum Gen.-Sekretär.

Jan.–Febr. 1972 Sondertagung des Sicherheitsrates in Addis Abeba: Resolution über Namibia, die Apartheidspolitik Südafrikas und die afrik. Territorien unter port. Verwaltung.

Juni 1972 UN-Konferenz für die menschliche Umwelt in Stockholm (wegen Nichtzulassung der DDR von den Ostblockländern boykottiert): Verabschiedung einer »Deklaration über die menschliche Umwelt«.

Sept.–Dez. 1972 27. Gen.-Vers.: Abrüstungs- und Entkolonisierungsfragen.

Sept.–Dez. 1973 28. Gen.-Vers.: Aufnahme der BR Deutschland und der DDR.

Dez. 1973 3. UN-Seerechtskonferenz (1. Session); weitere Sessionen in Caracas (1974), Genf (1975), New York (1976) und New York (1976).

April/Mai 1974 UN-Rohstoffkonferenz.

Sept.–Dez. 1974 29. Gen.-Vers.: Zulassung der Palästinenser zur Nahost-Debatte (Nov.): PLO-Chef YASSIR ARAFAT fordert einen demokrat. Staat Palästina ohne Diskriminierung irgendeiner Bevölkerungsgruppe.

Nov. 1974 UNESCO-Konferenz in Paris: Vorwürfe gegen Israel; Resolutionen zur Unterstützung von Revolutionsbewegungen und der Araber in den von Israel besetzten Gebieten.

Nov. 1974 UN-Welternährungskonferenz in Rom, angeregt durch die rückläufige Welt-Getreide-Produktion im Jahre 1972 (erstmals seit dem Zweiten Weltkrieg) und die Naturkatastrophen (Dürren, Überschwemmungen u. a.): Schaffung eines

Dez. 1976 Internationalen Fonds für Agrarentwicklung.

Sept.–Dez. 1976 31. Gen.-Vers.: Resolutionen zur Abrüstung und Friedenssicherung; erneutes Veto der USA gegen Aufnahme Vietnams.

Juli 1979 Verurteilung der israel. Siedlungspolitik in den besetzten arab. Gebieten.

1980 Verurteilung der Apartheid-Politik Südafrikas (Juni).

1981 Perez de Cuellar neuer Gen.-Sekretär (Dez.).

1982 Sondersitzung zum »Internat. Jahr der Mobilisierung von Sanktionen gegen Südafrika« (Nov.).

Mit der Unterzeichnung (durch 119 Staaten) einer

Dez. 1982 Konvention endet die 3. UN-Seerechtskonferenz: Höchstbreite der Territorialgewässer von 12 Seemeilen, Wirtschaftszone von 200 Seemeilen, Nutzungsrechte der Küstenstaaten am Festlandsockel, Verwaltung des Meeresgrunds durch internat. Meeresboden-Behörde als »gemeinsames Erbe der Menschheit«.

1987 »Internationales Jahr der Obdachlosen«.

1990 Resolution des Sicherheitsrates (Nr. 660ff.) **gegen die Annexion Kuwaits durch den Irak** (ab Aug.).

»Weltkindergipfel« über die Verbesserung der Lebensbedingungen der Kinder (Sept.).

Im Auftrag der UN führen alliierte Truppen (unter US-Gen. SCHWARZKOPF)

Jan./Febr. 1991 Golfkrieg gegen den Irak zur Befreiung Kuwaits.

Alliierte Truppen bewachen eine Sicherheitszone zum Schutz der Kurden in N-Irak.

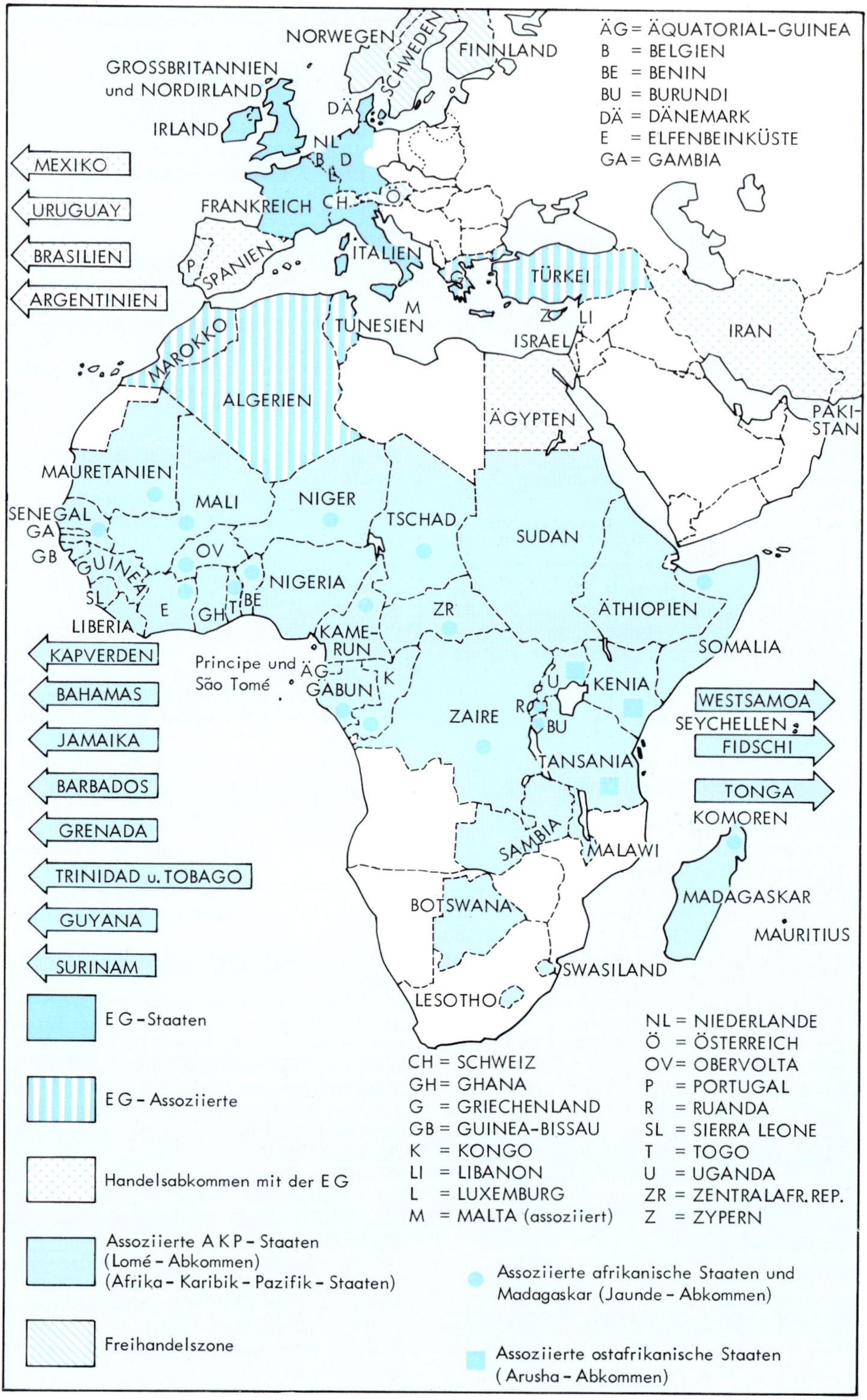

Wirtschaftsmacht EG 1975

Europäische Gemeinschaften (EG; S. 523)
1966 Nach Rückkehr des franz. Vertreters Überwindung der EWG-Krise.
Die BR Dtl. (BK. ERHARD) setzt sich für einen brit. Beitritt ein, die brit. Reg. kündigt Verhandlungen an.
1967 EWG-Währungs-Konf. (Jan./April) zur Reform des Internat. Währungsfonds (IMF) und zur Steuerharmonisierung.
Präs. der neugebildeten
1. 7. 1967 Europa-Kommission der **Europ. Gemeinschaften** der Sechs (EWG, Montanunion, Euratom) wird der Belgier JEAN REY (1902-83). Wiederholte Bemühungen Großbritanniens um Aufnahme scheitern am Widerstand Frankreichs.
1968 Marktordnungen für Milch, Milcherzeugnisse und Rindfleisch..
Assoziierungsabkommen mit den Ländern der Ostafrikan. Gemeinschaft (Kenia, Tansania, Uganda).
Vize-Präs. SICCO L. MANSHOLT legt
Dez. 1968 Agrarreformplan **(Mansholt-Plan)** vor.
1969 Assoziierungsabkommen mit Tunesien, Marokko, 18 afrikan. Staaten und Madagaskar.
1970 Beginn der Beitrittsverhandlungen mit Großbritannien (Juli) und mit Irland, Dänemark und Norwegen (Sept.).
Beginn von Kooperationsverhandlungen mit den neutralen EFTA-Staaten Österreich, Schweiz und Schweden.
Assoziierungsabkommen mit Malta.
1971 EWG-Rat beschließt die stufenweise Verwirklichung der Wirtschafts- und Währungsunion.
Währungskrise in Westeuropa durch Dollar-Zuflüsse, die BR Dtl. und die Niederlande geben vorübergehend ihre Wechselkurse frei (Mai).
Einigung über alle noch offenen Grundsatzfragen, die den Beitritt Großbritanniens betreffen (Juni).
1972 Großbritannien, Dänemark, Irland und Norwegen unterzeichnen Beitrittsvertrag zur Gemeinschaft der Zehn (Jan.).
März 1972 SICCO L. MANSHOLT wird neuer Präs. nach dem vorzeitigen Rücktritt des Italieners FRANCO-MARIA MALFATTI [1970–72].
Sep. 1972 Norwegen: Volksentscheid gegen EG-Beitritt.
1. 1. 1973 EG der Neun tritt in Kraft. Neuer Präs. der EG-Kommission wird F.-X. ORTOLI (Frankreich).
Nach Freihandelsabkommen mit Finnland hat die EG mit allen 7 Staaten der EFTA Abkommen geschlossen (Okt.).
Nov. 1973 Nahost-Erklärung der Außenminister der EG, die die arab. Haltung im 4. Nahostkrieg (S. 575) unterstützt. Als Anerkennung verzichtet die OAPEC auf Produktionsverminderung.
1975 Abkommen von Lomé mit den AKP-Staaten (vgl. S. 554).
1977 Inkrafttreten des Freihandelsgebiets mit EFTA (Juli).
1978 Gründung des **Europ. Währungssystems** (EWS) mit **Europ. Währungseinheit** (ECU). Großbritannien verschiebt Beitritt (Dez.).
1979 **Inkrafttreten des EWS (März).**
Erste Direktwahl zum Europa-Parlament (Juni).
2. Konvention von Lomé: Regelung der Beziehungen zwischen EG und AKP-Staaten (Okt.).
1981 Griechenland 10. EG-Mitglied (Jan.). 12,8 Mill. Arbeitslose (ohne Griechenland).
1984 Direktwahl zum Europa-Parlament (Juni).
1986 Beitritt Spaniens und Portugals; dadurch **»Europa der Zwölf«** (Jan.).
1987 Delors-Paket: Reform der gemeinsamen Agrarpolitik, der Strukturfonds und Haushaltsregelung.
1987 Einheitl. Europ. Akte (EEA) erweitert Befugnisse des Europa-Parlaments, enthält auch Grundlagen für den »Binnenmarkt 1992«.
1989 Wahlen zum Europa-Parlament (Juni). Unterzeichnung des Abkommens Lomé IV (Dez.).
1990 Zypern und Malta beantragen Aufnahme in die EG (Juli).
Beitritt Großbritanniens zum EWS (Okt.).

RGW (COMECON; S. 523)
Die Bemühungen, die Zusammenarbeit der Mitgliedstaaten zu verstärken, kommen nur langsam voran. Besonders wird die Schaffung einer international konvertiblen Währung angestrebt.
1970 Gründung einer Internationalen Investitionsbank ohne Rumänien, das aber im Jan. 1971 auch beitritt.
1971 CEAUSESCU fordert Öffnung auch für nichtsozialist. Staaten. Chile gibt Beitrittsabsicht bekannt.
Auf der 25. Tagung des RGW wird ein **20-Jahre-Komplexprogramm** verabschiedet.
Aufwertung der Währungen im Zusammenhang mit den Paritätenveränderungen der Weltwährungen.
Febr. 1972 Gründung der Atomenergieorganisation »Interatominstrument« (ohne Rumänien).
April 1972 Die Investitionsbank nimmt eine 60 Mill. Euro-Dollar-Anleihe auf, die erste Anleihe dieser Bank auf dem internationalen Kapitalmarkt.
Juli 1972 Kuba wird Mitglied.
1978 Vietnam 10. Mitglied. – Trotz positiver »Zielvorstellungen« zunehmende Westverschuldungen und Wirtschaftsabschwächung.
1990 Beschluß über den Übergang zur Verrechnung des Handels in freikonvertierbarer Währung.
Die Abkehr der meisten Mitgliedsländer von der komm. Planwirtschaft führt zur
1991 Auflösung des RGW auf der letzten Plenarsitzung in Budapest (28. 6.).

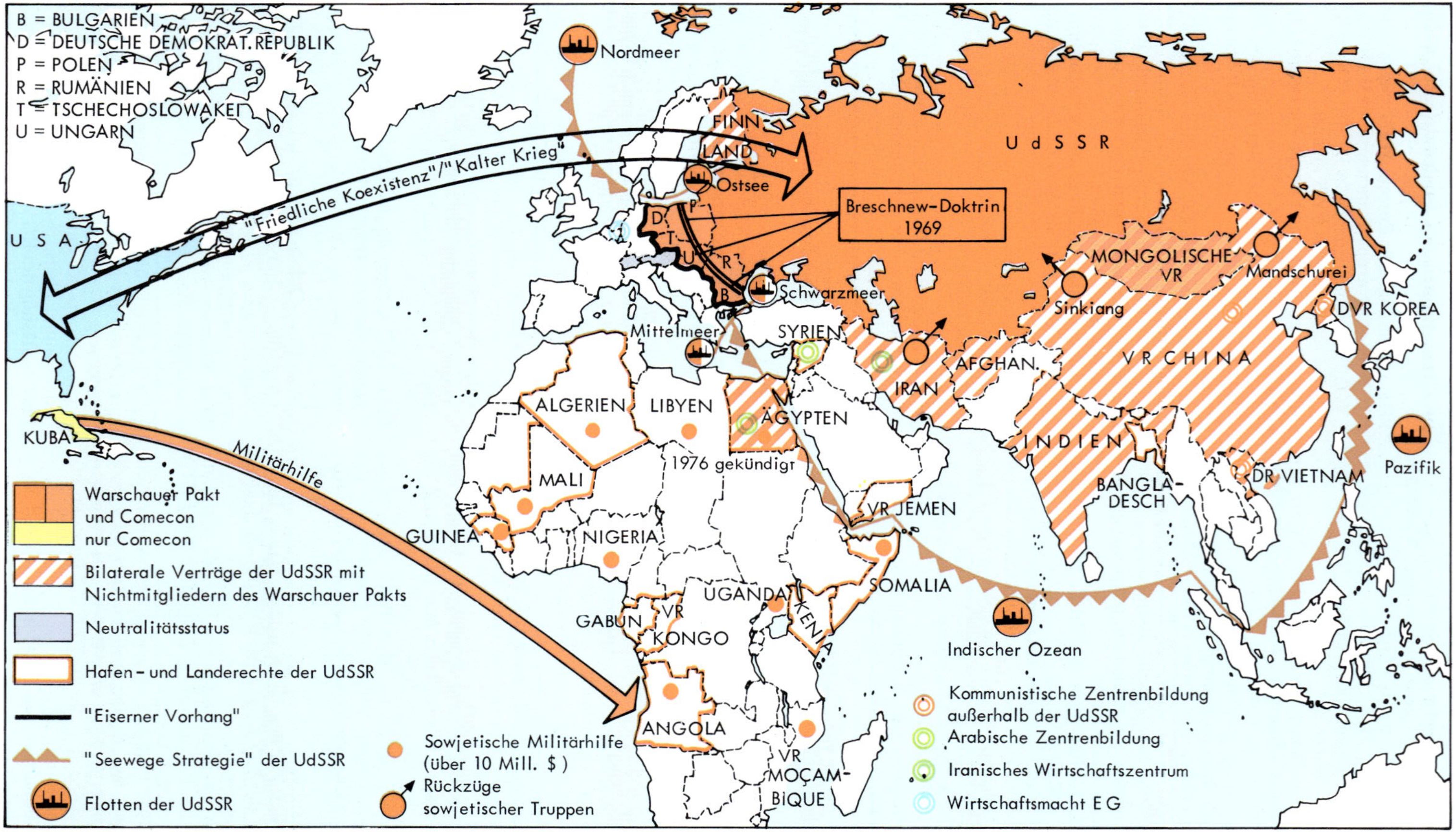

Außenpolitik der Sowjetunion 1965–75

Sowjetunion (S. 506)

1966 XXIII. Parteitag der KPdSU ohne Vertreter der VR China: Partei-Chef BRESCHNEW (1906-82) kritisiert USA (Vietnamkonflikt) und BR Dtl. (Störung der europ. Sicherheit); Reg.-Chef KOSSYGIN (1904-80) erläutert den neuen Fünfjahresplan mit »verstärkten Anreizen zu materieller Interessiertheit«.

1967 Im Israelkonflikt ergreift die UdSSR Partei für die arab. Seite.
Die Haltung gegenüber dem Reformkurs in der CSSR verschärft sich nach der

Juli 1968 Verkündung der **»Breschnew-Doktrin«** (Hauptthese: die Souveränität eines einzelnen kommunist. Staates findet ihre Grenzen an den Interessen der sozialist. Gemeinschaft) bis zum

20./21. 8. 1968 Einmarsch der Warschauer-Pakt-Truppen.

März 1969 schwerer Grenzzwischenfall mit der VR China am Ussuri.

1970 Botschaftergespräche in Berlin (ab März). Unterzeichnung des Gewaltverzichtsvertrags mit der BR Dtl. (Aug.).

März-April 1971 XXIV. Parteitag der KPdSU: Erörterung des 9. Fünfjahresplans (1971-75).

Sept. 1971 **Krim-Treffen:** BK. BRANDT/BR Dtl. bei BRESCHNEW.

1972 NIXON besucht als erster Präsident der USA die Sowjetunion: Abkommen über Zusammenarbeit (Mai).

31. 5. 1972 Ratifizierung des dt.-sowjet. Vertrages.

1973 Besuch BRESCHNEWS in der BR Dtl.; Abkommen über Zusammenarbeit (Mai).

1974 Ausweisung SOLSCHENIZYNS (Febr.).
2. Besuch NIXONS (Juni/Juli).

Nov. 1974 Treffen BRESCHNEWS mit Präsident FORD in Wladiwostok.

1976 Freundschaftsvertrag durch Ägypten gekündigt: Ausweisung sowjet. Berater und Beendigung der Hafenrechte in Ägypten.

1977 Besuch von Präs. PODGORNY in Afrika, Militärhilfe an 10 afrikan. Staaten. – Einweisung von Dissidenten in psychiatr. Anstalten. – Ausschluß Präs. PODGORNYS aus Politbüro (Juni). – Verabschiedung einer neuen Verfassung (Okt.).

1978 Staatsbesuch BRESCHNEWS in der BR Dtl. (Mai): keine Bedrohung durch die UdSSR, Zusammenarbeit in Wirtschaft und Industrie.

1976-88 Menschenrechtsbewegungen werden mit Verhaftungen und Verurteilungen bekämpft (Verbannung SACHAROWS).

Dez. 1979 Einmarsch sowjet. Truppen in Afghanistan.

1981 Arbeitsbesuch BRESCHNEWS in Bonn (Nov.).

1982 Tod Breschnews (10. 11.); ANDROPOW wird neuer Gen.-Sekretär, ab 17. 6. 1983 auch Staatsoberhaupt.

Nov. 1983 Auseinandersetzung USA-UdSSR wegen des Abschusses eines südkorean. Verkehrsflugzeugs.

1984 Tod Andropows (9. 2.), TSCHERNENKO wird neuer Gen.-Sekretär, ab 13. 4. auch Staatsoberhaupt.

1985 Tod Tschernenkos (10. 3.); **Michail Gorbatschow** wird neuer Gen.-Sekretär, seit 1980 Vollmitgl. des Politbüros, bekämpft die Korruption, kritisiert Mißstände und verkündet auf dem

Febr. 1986 XXVII. Parteitag der KPdSU die »Umgestaltung« **(Perestrojka)** der sowjet. Verhältnisse und »Offenheit« **(Glasnost).**

26. 4. 1986 Reaktorunfall (GAU) **in Tschernobyl:** heftige internat. Reaktionen.

11./12. 10. 1986 Treffen GORBATSCHOWS mit Präs. REAGAN in Reykjavik.
Nach Unterzeichnung des Afghanistan-Abkommens in Genf (14. 4. 1988) beginnt der

15. 5. 1988 sowjet. Truppenabzug aus Afghanistan (abgeschlossen Febr. 1989).

29. 5.–2. 6. 1988 Gipfeltreffen REAGAN-GORBATSCHOW in Moskau: Ratifikation des INF-Abkommens.
Unruhen in Armenien, Aserbeidschan (Berg-Karabach) und den balt. Staaten.
Als Nachfolger A. GROMYKOS [1985-88] wird

Okt. 1988 GORBATSCHOW auch Staatsoberhaupt.

7. 12. 1988 GORBATSCHOW kündigt vor der UN-Vollversammlung einseitige Abrüstungsschritte an.

2./3. 12. 1989 Treffen GORBATSCHOWS mit Präs. BUSH vor Malta.

1990 Unabhängigkeitserklärungen der balt. Staaten Litauen (11. 3. nach Wahlsieg der Sajudis), Estland (30. 3.) und Lettland (4. 5.), von der UdSSR nicht anerkannt.
Weitere Nationalitätenkonflikte mit Usbeken und Kirgisen, in Armenien, der Ukraine, Georgien, Moldau.

15. 3. 1990 Gorbatschow wird Präsident der UdSSR, sein innenpolit. Widersacher

29. 5. 1990 Boris Jelzin zum Parlamentspräs. der Russ. SFSR gewählt.

Juli 1990 XXVIII. Parteitag der KPdSU: Trotz heftiger Kritik Wiederwahl von Gen.-Sekretär GORBATSCHOW und Festhalten am Perestrojka-Kurs.
Oberster Sowjet beschließt Einführung der Marktwirtschaft (Okt.).

15. 10. 1990 Friedensnobelpreis für GORBATSCHOW.

1991 Blutige Militäraktionen gegen die Unabhängigkeitsbestrebungen der balt. Staaten (Jan.).

April 1991 Georgien erklärt seine Unabhängigkeit, ändert die Verf. (Georg. Demokrat. Rep.) und wählt einen Präs.

Juni 1991 JELZIN in direkter Wahl zum Präs. der Russ. SFSR gewählt.

Aug. 1991 Putsch der konserv. KP scheitert am Widerstand der Bev.

Dez. 1991 Gemeinschaft Unabh. Staaten (**GUS**), gebildet von 11 ehem. Sowjetrep. (ohne Estland, Lettland, Litauen, Georgien).

31. 12. 1991 Ende der Sowjetunion.

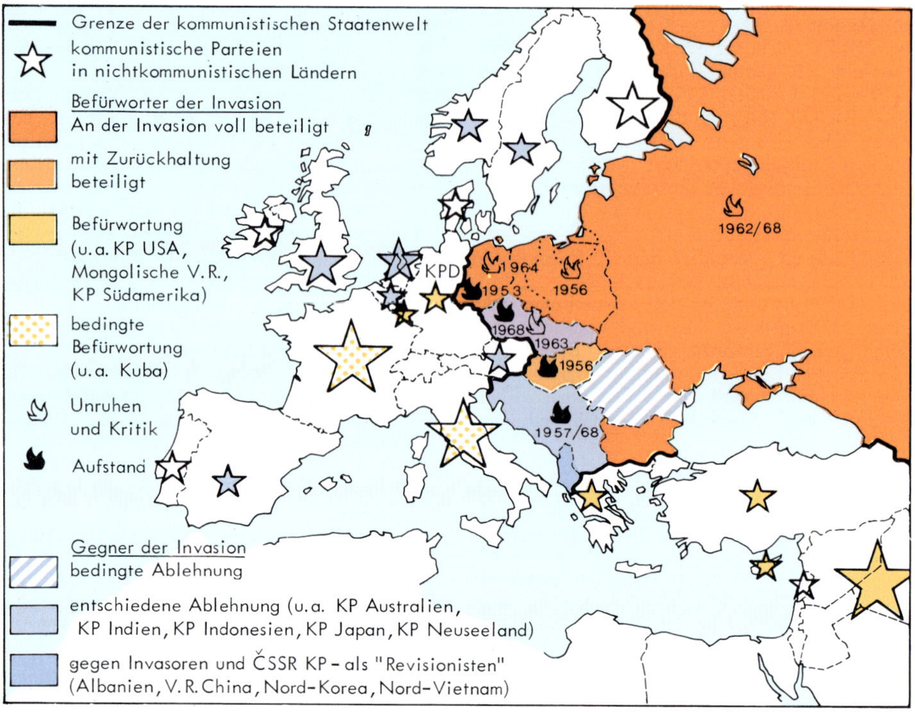

Der Fall »ČSSR« 1968

Das ungelöste Problem »Makedonien«

Polen (S. 510)
Dez. 1970 Besuch Brandts, Unterzeichnung des dt.-poln. Vertrags in Warschau. Blutige Unruhen wegen Preissteigerungen:
Dez. 1970 Rücktritt Gomulkas. Neuer Parteiführer wird EDWARD GIEREK.
1971 Senkung der Lebensmittelpreise, Lohnerhöhungen, bessere Sozialleistungen (Jan.)
1971 MP. JAROSZEWICZ [1970-80] empfängt Kardinal WYSZYNSKI.
Der Staatsrat ratifiziert den
26. 5. 1972 Vertrag mit der BR Dtl. unter Ablehnung der Bundestagsresolution.
1974 Besuch GIEREKS in den USA.
1975 Abkommen über Rentenzahlungen mit der BR Dtl.
1976 Verfassungsreform; verschärfte Haltung gegen Kirche und Intellektuelle.
KAROL WOITYLA, Ebf. von Krakau, wird
1978 Papst Johannes Paul II.
1979 Besuch von Papst JOHANNES PAUL II. in seinem Heimatland.
1980 Rücktritt von MP. JAROSZEWICZ. Sein Nachfolger MP. E. BABIUCH [Febr.–Aug. 1980] versucht, die wirtschaftl. Schwierigkeiten u.a. durch Abbau von Subventionen zu mildern. Bes. die erhöhten Fleischpreise führen zu einer
Juli-Sept. 1980 Streikwelle in Warschau, Danzig und Schlesien. Einigung zwischen Reg. und den von LECH WALESA geführten überbetriebl. Streikkomitees. Ablösung GIEREKS als Parteichef durch S. KANIA.
Okt. 1980 Registrierung der »Solidarität« (Solidarność) als freier Gewerkschaftsverband.
1981 Gen. W. JARUZELSKI wird MP. (Febr.). Fortgang der Liberalisierung. Gründung einer »Landsolidarität« der Bauern.
Okt. 1981 Gen. Jaruzelski wird Parteiführer (1. Sekretär des ZK) der PVAP.
Verhängung des Kriegsrechts (Dez.).
1982 Verbot der Solidarität (Okt.).
1983 Aufhebung des Kriegsrechts (Juli).
1984 Entführung und Ermordung des Priesters POPIELUSZKO (Okt./Nov.).
1985 JARUZELSKI wird Vors. des Staatsrats, MP. MESSNER [1985–88].
1988 MP. M. RAKOWSKI, Zulassung von Privatunternehmen und Opposition.
1989 Gespräche am »Runden Tisch« (Febr.–April) führen zu freien Wahlen mit 65%-Zwangsquote für die Reg. (Juni), alle freien Sitze im Sejm gewinnt die Solidarität.
Wahl JARUZELSKIS zum Staatspräs. (Juli). Solidarność-Mitgl. T. MAZOWIECKI wird MP. (Aug.).
Abschaffung des Begriffs VR:
Dez. 1989 Rep. Polen.
Auf Parteikongreß beschließt die komm.
Jan. 1990 PVAP ihre Auflösung in mehrere soz.-demokrat. Nachfolgeparteien. Privatisierung der Staatsunternehmen (Juli).
Nach Wahlsieg (25. 11./9. 12.) wird
Dez. 1990 Lech Walesa Staatspräs.
Jan. 1991 MP. J. K. BIELECKI.

Tschechoslowakei (S. 511)
1968 Wahl des Slowaken ALEXANDER DUBCEK (1921–92) zum 1. Parteisekr. Partei- und Staatschef ANTONIN NOVOTNY (S. 511) tritt zurück (22. 3.), MP. wird OLDRICH CERNIK, Staatspräs. (30. 3.) Gen. LUDVIK SVOBODA, Präs. der Nat.-Vers. (18. 4.) JOSEF SMRKOVSKY.
Der seit Anfang des Jahres von der KPC eingeschlagene Reformkurs wird von den Warschauer-Pakt-Staaten mit wachsendem Mißtrauen verfolgt.
Juni 1968 Warschauer Treffen (UdSSR, DDR, Polen, Ungarn, Bulgarien): warnender Brief an das ZK der KPC.
Konferenzen in Cierna nad Tisou (29. 7.–1. 8.) mit dem Politbüro der KPdSU und in Bratislava mit Vertretern der »Warschauer Fünf« bringen nur scheinbar eine Entschärfung der Lage.
21./22. Aug. 1968 Einmarsch der Truppen der fünf Warschauer-Pakt-Staaten in die CSSR. Zähe Verhandlungen einer tschech. Delegation unter Führung von Staatspräs. SVOBODA in Moskau führen zur »Normalisierung«. Wiedereinführung der Zensur.
Okt. 1968 Abschluß eines Truppenstationierungsvertrages mit der UdSSR.
1969 Ablösung DUBCEKS durch HUSAK als KP-Chef (April). Nach Rücktritt CERNIKS
1970 MP. STROUGAL [1970-88].
Mai 1971 Parteitag der KPC: Statutenänderungen zur Kaderpartei.
1974 Normalisierungsvertrag mit der BR Dtl. tritt in Kraft.
1975 HUSAK auch Präs.
Verschärfte Haltung gegenüber krit. Intellektuellen:
1977 Gründung der Bürgerrechtsgruppe »Charta 77«.
1979 Ausbürgerung des oppositionellen Schriftstellers PAVEL KOHOUT (Okt.).
1988 MP. L. ADAMEC. – Nach Massenkundgebungen gegen das komm. Regime, Gründung der Oppositionsallianz »Bürgerforum«, Rücktritt der KP-Führung sowie Verzicht der KPC auf das Machtmonopol:
1989 »Reg. der nat. Verständigung« (10. 12.) unter MP. M. CALFA.
Die Bundesversammlung wählt **Alexander Dubcek** zu ihrem Präs., den Schriftsteller
29. 12. 1989 Vaclav Havel (Charta 77) zum Staatspräs.
Die Bundesversammlung beschließt als Staatsnamen (April)
1990 Tschech. und Slowak. Föderative Rep. (CSFR). – Bei den ersten freien Parlamentswahlen
Juni 1990 Sieg der demokrat. Parteien in der Tschech. (Bürgerforum) und Slowak. (»Öffentlichkeit gegen Gewalt«) Republik.
Koalitions-Reg. CALFA.
Die letzten der in der CSFR seit 1968 stationierten
1991 sowjet. Truppen verlassen das Land.

Bulgarien (S. 510)
Die Führung im Staat wird von der
1971 neuen Verf. der KP und der Agrarunion gemeinsam übertragen. Vors. des neugebildeten Staatsrats wird Parteichef SCHIWKOFF, neuer Reg.-Chef TODOROFF [1971–81].
1975 Abkommen mit der BR Dtl. über industr. Zusammenarbeit.
1981 MP. G. FILIPOFF.
1986 MP. G. ATANASOFF.
Nach Schikanen durch Behörden 1989 Auszug der türk. Minderheit in die Türkei.
Nach der KSZE-Umweltkonferenz in Sofia (16. 10.–3. 11.) kommt es zum
10. 11. 1989 Sturz Schiwkoffs. Bildung von Oppositionsgruppen und
Jan. 1990 Gespräche am »Runden Tisch«. KP-Parteitag billigt Reformen (Jan./Febr.). Neuer
Febr. 1990 MP. wird A. LUKANOFF. Umbenennung der KP in Bulgar. Sozialist. Partei (BSP), die bei den ersten freien Wahlen (Juni) siegt.

Rumänien (S. 510)
1966 Reg.-Chef MAURER und AMin. MANESCU erstreben Lockerung der Ost-Integration.
1967 Partei-Chef CEAUSESCU regt Zusammenarbeit aller Balkanstaaten an; er wird Staatsratsvorsitzender (9. 12.) und setzt Ref. durch.
1968 Positive Haltung gegenüber dem Reformkurs der CSSR, Verurteilung der CSSR-Intervention.
Aug. 1969 NIXON-Besuch.
1970 Freundschaftsvertrag mit der UdSSR. Nat.-Vers. verabschiedet ein
1971 lib. Außenhandelsgesetz.
CEAUSESCU verteidigt auf dem XXIV. Parteitag der KPdSU das Recht Rumäniens auf einen unabhängigen Kurs.
17-Punkte-Programm soll die ideolog.-orthodoxe Ausrichtung der Bevölkerung intensivieren.
März 1974 CEAUSESCU nach Verfassungsänderung Präsident, MANESCU MP.
Nov. 1974 XI. Parteitag der KP: Programm bis zum Jahre 2000; Kodex der Arbeit.
1975 CEAUSESCU gegen Familienzusammenführung und Auswanderung.
1986 Einschränkung der Religionsfreiheit. Zerstörung von Kirchen.
1988 Zerstörung von Dörfern.
16. 12. 1989 Aufstand von Temesvar, Sturz, Verhaftung (22. 12.) und **Hinrichtung Ceausescus (25. 12.).**
Neue Führung unter I. ILIESCU (26. 12.).
1990 Freie Wahlen (20. 5.): Sieg der »Front zur Nat. Rettung«. Präs. ILIESCU.

Ungarn (S. 511)
Zulassung von Privatinitiativen bringt wirtschaftl. Erfolge. Auf MP. G. LAZAR [1975–87] folgt
1987 MP. K. GROSZ.
Nach Rücktritt von Parteichef KADAR wird
1988 GROSZ neuer Parteichef der USAP (Mai). Radikale Wirtschaftsreform (Juli). Die VR wird
1989 Republik Ungarn.
ZK der USAP beschließt die Einführung des Mehr-Parteien-Systems (Febr.). Rehabilitierung und Beisetzung IMRE NAGYS. Abbau der Grenzsperren (Juni).
Sept. 1989 Öffnung der Grenze nach Österreich: der Anfang vom Ende des »Eisernen Vorhangs«.
1990 Vereinbarung über Rückzug der sowjet. Truppen (10. 3.).
März/April 1990 freie Wahlen gewinnt das bürgerl. Demokrat. Forum; die USAP scheitert. Koalitionsreg. unter J. ANTALL (Mai).

Jugoslawien (S. 509)
1966 Währungsumstellung (1. 1.) und wirtschaftl. Liberalisierung.
1967 Zulassung ausländ. Kapitals zur Stärkung der Wirtschaft.
1968 Studentenunruhen werden unterdrückt, Ref. angekündigt (Juni). Verurteilung der CSSR-Besetzung.
Dez. 1969–April 1970 Auseinandersetzungen zwischen Kroatien und Belgrad.
1970 NIXON-Besuch (Sept.–Okt.).
1971 Verfassungsänderung überträgt Republiken und Provinzen Autonomierechte.
BRESCHNEW-Besuch (Sept.): Anerkennung der Unabhängigkeit Jugoslawiens.
1971/72 Verschärfung des Nationalismus-Streits zwischen der Belgrader Zentralreg. und der kroatischen Partei- und Reg.-Führung führt zu personellen Veränderungen, Verhaftungen, Parteiausschlüssen und Prozessen.
1974 1. Staatsbesuch Titos in der BR Dtl.
1975 Endgültige Regelung der Triestfrage.
1980 Krankheit und **Tod Titos** (Mai). Kollektives Staatspräsidium.
1988 Konflikt zwischen den autonomen Provinzen und Serbien (ab Aug.), Unruhen im Kosovo.
1990 Verfassungsfrage und Unabhängigkeitsbestrebungen (Slowenien, Kroatien).
Nach offizieller
Juni 1991 Unabhängigkeitserklärung der Teilrepubliken Slowenien und Kroatien kommt es zu Kämpfen zwischen slowen. und kroat. Bürgerwehren und der jugoslaw. Volksarmee.
Juli 1991 Beschluß des Staatspräsidiums: Bundesarmee räumt Slowenien.

Albanien (S. 510)
1968 Austritt aus dem Warschauer Pakt.
1985 Tod Enver Hodschas; Nachfolger als Parteiführer wird Staatspräs. [seit 1982] RAMIZ ALIA (April).
1990 Beginn einer Demokratisierung: Zulassung polit. Parteien (Dez.).
Juni 1991 Beitritt zur KSZE.

Finnland (S. 507)
1966 Volksfront-Reg. PAASIO.
1968 Präs. KEKKONEN (S. 507) wiedergewählt; Koalitions-Reg. unter dem soz.-demokrat. MP. MAUNO KOIVISTO ([MP. auch 1979–81].
1970 Koalitions-Reg. Karjalainen.
1971 Austritt der Kommunisten aus der Reg.
Febr. 1972 sozialdemokrat. Minderheits-Reg. PAASIO.
1972–75 Koalitions-Reg. K. SORSA [wieder MP. 1977–79, 1982–87].
1975 Volksfront-Reg. unter MIETTUNEN.
1978 Wiederwahl KEKKONENS zum Präs.
1982 Koivisto neuer Präsident.
1987 bürgerl. Koalitions-Reg. H. HOLKERI.

Schweden (S. 507)
1968 Sozialdemokraten erhalten absolute Mehrheit. – Nachfolger TAGE ERLANDERS [MP. seit 1946] wird
Okt. 1969 MP. Olof Palme (1927–86 [ermordet]), der die Entwicklung zum Wohlfahrtsstaat weiter vorantreibt. – Neuer König
1973 KARL XVI. GUSTAV, laut Verfassungsänderung (Juni) ohne reale Befugnisse.
Sieg der nichtsozialist. Koalitionsparteien:
1976 MP. Th. FÄLLDIN/Zentrum, nach Rücktritt (1978) MP. O. ULLSTEN.
1979 wieder MP. FÄLLDIN. Nach Wahlsieg der Sozialdemokraten wieder
1982 MP. PALME.
Febr. 1986 MP. Palme wird ermordet.
Nachfolger ist MP. I. CARLSSON/Sozialdemokrat (März).

Norwegen (S. 507)
Nach Rücktritt der bürgerl. Koalitions-Reg. BORTEN führt die
1971 sozialdemokrat. Minderheits-Reg. BRATTELI die EG-Verhandlungen:
Sept. 1972 Volksabstimmung lehnt EG-Beitritt ab. Rücktritt BRATTELIS, bürgerl. Minderheits-Reg. KORVALD (Okt.).
1973 neue Reg. BRATTELI (Okt.).
1974 Bekanntgabe großer **Erdöl- und Erdgasfunde** in der Nordsee. – Auf
1976 MP. O. NORDLI einer sozialdemokrat. Reg. folgt der Konservative
1981 K. WILLOCH [1983–85 Koalitions-Reg.]. Wie schon kurz [Febr.–Okt. 1981] wird MP. einer sozialdemokrat. Minderheits-Reg.
1986 Frau GRO HARLEM BRUNDTLANDT.
1989 bürgerl. Reg. unter MP. J. SYSE (Okt.).
1990 Minderheits-Reg. BRUNDTLANDT (Nov.).
Tod König Olafs V. (S. 507), neuer
1991 König HARALD V. (Jan.).

Schweiz (S. 521)
1971 Annahme des Frauenstimm- und Wahlrechts in eidgenöss. Angelegenheiten.
1974 Bevölkerung des Jura stimmt für einen eigenen Kanton.
1. 1. 1979 neuer Kanton Jura.
1989 Volksabstimmung lehnt Abschaffung der Armee ab.

Österreich (S. 521)
1969 Zustimmung zum »Südtirol-Paket«.
April 1970 SPÖ-Minderheitsreg. unter BK. BRUNO KREISKY (1911–90).
1971 Bundespräs. JONAS (1899–1974) wiedergewählt. Nach vorzeitigen Neuwahlen absolute Mehrheit der SPÖ:
Okt. 1971 SPÖ-Reg. unter BK. KREISKY.
1974 Bundespräs. KIRCHSCHLÄGER.
Durch Volksabstimmung
1978 Ablehnung der Inbetriebnahme des Kernkraftwerks Zwentendorf. Nach Verlust der absoluten Mehrheit der SPÖ
1983 Rücktritt Kreiskys. Koalitionsreg. mit der FPÖ unter
April 1983 BK. F. SINOWATZ, der zurücktritt wegen der Wahl
1986 K. Waldheims zum Bundespräs. (Juni).
Es folgt eine Koalition der SPÖ mit BK. **F. Vranitzky** mit der FPÖ (N. STEGER). Der Wechsel im FPÖ-Vorsitz zu J. HAIDER bringt eine
1987 SPÖ/ÖVP-Koalition (Jan.). BK. bleibt F. VRANITZKY. Nach Wahlsieg der SPÖ neue
1990 SPÖ/ÖVP-Reg. VRANITZKY (Dez.).

Belgien (S. 525)
Die im März 1966 gebildete Koalitions-Reg. (Christl.-Soz., Liberale) unter MP. VAN DEN BOEYNANTS (geb. 1919) tritt wegen des Sprachenstreites zurück.
Juni 1968 Koalitions-Reg. (Christl.-Soz., Sozialisten) unter MP. GASTON EYSKENS.
1970 Verfassungsreform über Dezentralisierung der Verwaltung und die Gewährung kultureller Autonomie an Flamen, Wallonen und Deutsche.
Jan.–Nov. 1972 Koalitions-Reg. EYSKENS [MP. auch April–Sept. 1981].
1973 Koalitions-Reg. LEBURTON.
1974 Koalitions-Reg. (Christl.-Soz., Liberale, 1977 Christl.-Soz., Sozialisten) TINDEMANS.
1978 Übergangs-Reg. VAN DEN BOEYNANTS.
1979 christl.-soz. **MP. W. Martens** mit wechselnden Koalitionen, seit
1988 Mitte-Links-Reg. MARTENS.

Niederlande (S. 525)
1966 Sturz der Reg. CALS. Trotz Wahlverlusten der Reg.-Parteien kann
1967 christl.-lib. Koalitions-Reg. DE JONG gebildet werden.
1971 Vertrag über Festlandsockel unter der Nordsee mit der BR Dtl.
1971 Koalitions-Reg. BIESHEUVEL. Wahlsieg der Sozialisten (Nov. 1972):
1973 Reg. DEN UYL (Mai).
1975 Surinam wird unabhängig.
1977 MP. A. v. AGT des neugebildeten Christl.-Demokrat. Appell (CDA).
1980 Abdankung der Königin JULIANA.
Nachfolgerin wird **Königin Beatrix I.**
1982 Koalitions-Reg. (CDA, Volkspartei) **R. Lubbers,** die auch 1986 und 1989 erneuert wird.

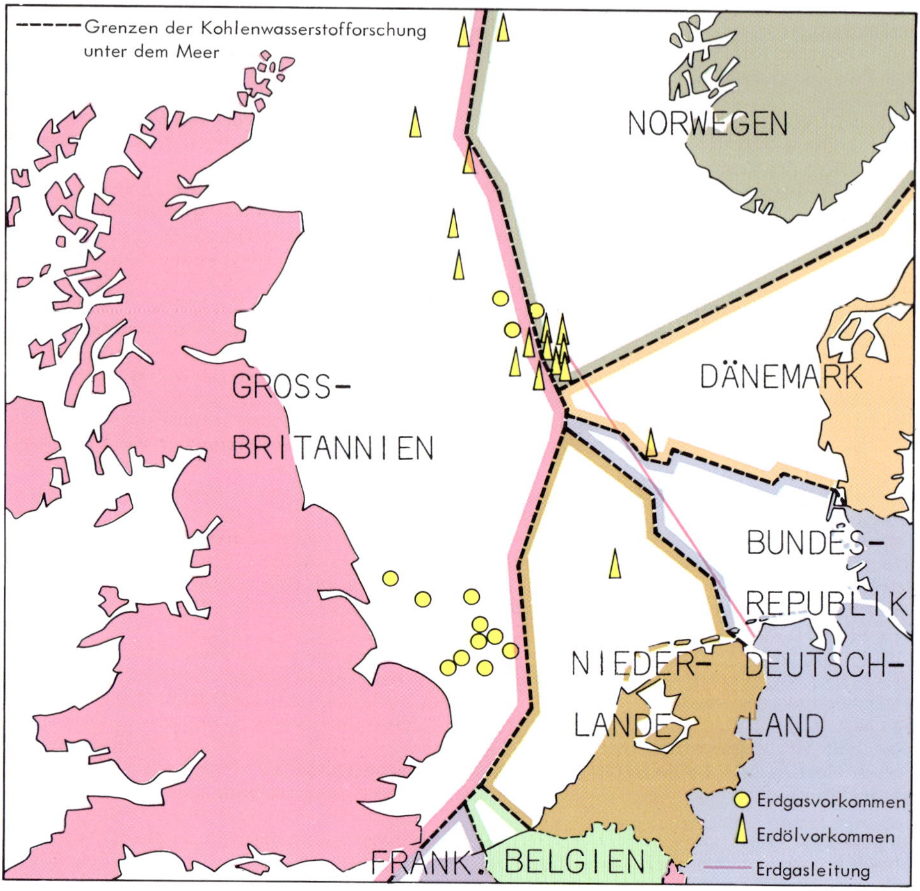

Aufteilung des Festlandsockels unter der Nordsee

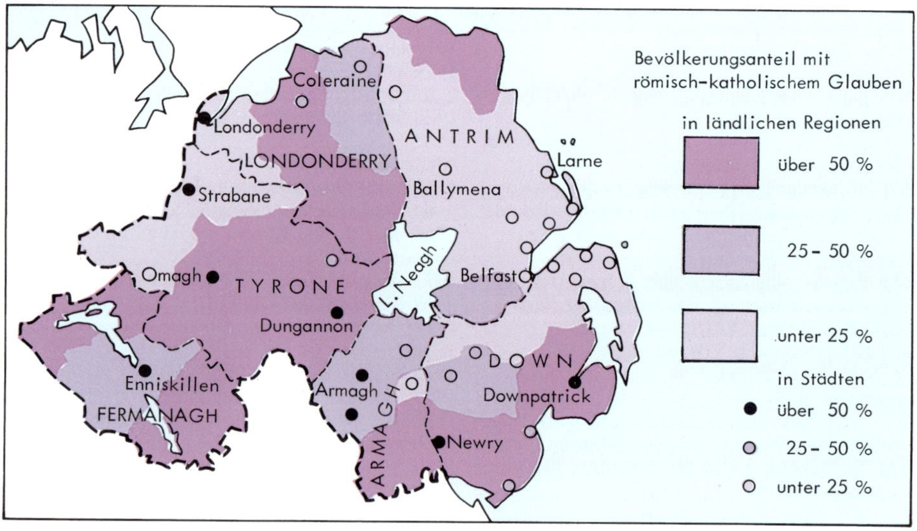

Anteil der katholischen Bevölkerung in Nordirland um 1970

Großbritannien (S. 524)
Nach Labour-Wahlsieg wieder
1966 Kabinett Wilson.
1967 Wiederverstaatlichung der Stahlindustrie. Verluste der Labour Party bei Nachwahlen.
1968 PM. WILSON verkündet umfangreiches Sparprogramm: Räumung aller milit. Stützpunkte östl. Suez bis 1971; damit **Aufgabe der Rolle als Weltmacht.**
Beschränkung der Zahl der Einwanderer aus dem Commonwealth.
1969 Einschränkung des Streikrechts wird von den Gewerkschaften abgelehnt.
Sieg der Konservativen bei Unterhauswahlen:
1970 Kabinett Edward Heath.
1971 Umstellung der Währung auf Dezimalsystem.
Wirtschaftl. Schwierigkeiten: steigende Zahl der Arbeitslosen, Streiks.
Jan. 1972 Unterzeichnung der Beitrittsverträge zu den Europ. Gemeinschaften.
1. 1. 1973 EG-Beitritt.
Nach vorzeitigen Neuwahlen wieder
1975 Labour-Reg. Wilson.
1975 Volksabstimmung: ⅔-Mehrheit für Verbleiben in der EG (Juni).
Eröffnung der 1. Erdöl-Pipeline aus der Nordsee (Nov.).
1976 neuer PM. CALLAGHAN.
1976 Beilegung des Fischereikriegs mit Island (seit 1973).
Nach Wahlsieg der Konservativen (Mai)
1979 Kabinett Margaret Thatcher.
1981 Gründung einer Sozialdemokrat. Partei (SDP; Auflösung 1990).
Hochzeit von Kronprinz CHARLES mit Lady DIANA (Juli).
Argentinien besetzt die brit. Falkland-Inseln (April):
1982 Falklandkrieg endet mit Sieg über die argentin. Truppen (Juni).
Sieg der Konservativen bei Wahlen zum Unterhaus:
1983 neues Kabinett THATCHER.
Wahlen zum Unterhaus ergeben absolute Mehrheit für die Konservative Partei:
1987 wieder Kabinett THATCHER.
22. 11. 1990 Rücktritt der PM. Margaret Thatcher. Nachfolger wird JOHN MAJOR.

Nordirland:
1969 Zusammenstöße zwischen kath. Bürgerrechtskämpfern und prot. Rechtsextremisten. Reformversuche durch
1969–71 MP. CHICHESTER-CLARK bringen keine Beruhigung.
Aug. 1969 Bürgerkriegssituation in Belfast und Londonderry. Durch Einsatz brit. Truppen keine anhaltende Lösung der Spannungen.
1970–73 Straßenkämpfe, Bombenanschläge und Heckenschützen fordern Tote und Verletzte und verursachen erhebliche Sachschäden. Terroraktionen der verbotenen »Irischen Republikanischen Armee« (IRA).
1971 MP. FAULKNER beantwortet neue Terrorwelle mit der Einweisung Verdächtiger in Internierungslager. – Übernahme der
1972 Reg.-Gewalt durch die brit. Reg.
1973 Volksentscheid für Verbleib bei Großbritannien.
1974 Antiterror-Gesetz.
Bis 1976 rd. 1500 Todesopfer.
1976 Friedensdemonstrationen von Frauen beider Konfessionen: MAIREAD CORRIGAN und BETTY WILLIAMS erhalten den Friedensnobelpreis.
1979 Ermordung von Lord MOUNTBATTEN.
1982 Neues Nordirlandgesetz; weitere Terroranschläge.
1988 Schwere Unruhen (ab März).

Irland (S. 524)
1966 Staatspräs. DE VALERA [1959–73] wiedergewählt.
1967 MP. JACK LYNCH. Politik der Nichteinmischung gegenüber den
1969 Unruhen in Nordirland.
1. 1. 1973 EG-Beitritt.
März 1973 Wahlsieg von Fina Gael/Labour: MP. COSGRAVE [1973–77].
1973 Präs. E. CHILDERS (prot.).
1974 O'DALAIGH neuer Präs.
1976 Präs. P. HILLERY.
1987 MP. CH. HAUGHEY/Fianna Fail (März).
1990 Präs. MARY ROBINSON (parteilos).

Dänemark (S. 507)
1968 bürgerl. Koalitions-Reg. unter MP. H. BAUNSGAARD (Radikal-Lib.).
1970 Beitrittsverhandlungen mit der EWG.
1971 Vertrag über Aufteilung des Festlandsokkels unter der Nordsee mit der BR Dtl.
Okt. 1971 sozialdemokrat. Reg. KRAG.
Auf König FREDERIK IX. [1947–72] folgt seine Tochter
Jan. 1972 Margrethe II. (geb. 1940).
Nach Volksabstimmung für EG-Beitritt
Okt. 1972 sozialdemokrat. Reg. JÖRGENSEN.
1. 1. 1973 EG-Beitritt.
Dez. 1973 lib. Minderheits-Reg. HARTLING.
1975 sozialdemokrat. Minderheitskabinett unter JÖRGENSEN.
1979 Grönland erhält autonome Reg.
1982 Minderheits-Reg. der Konservativen unter MP. P. SCHLÜTER.
Nach Volksabstimmung
1985 Austritt Grönlands aus der EG.
1988 wieder Minderheits-Reg. SCHLÜTER.

Island
1973 Fischereizonenklage Großbritanniens und der BR Dtl. vor Internat. Gerichtshof; Urteil zugunsten der Kläger, von Island abgelehnt.
Dez. 1973 Fischereikrieg mit Großbritannien.
1975 Ausweitung der Fischereizone auf 200 Seemeilen.
1976 3. Kabeljaukrieg mit Großbritannien.
1980 Frau VIGDIS FINNBOGADOTTIR wird Staatspräsidentin (bis 1996).

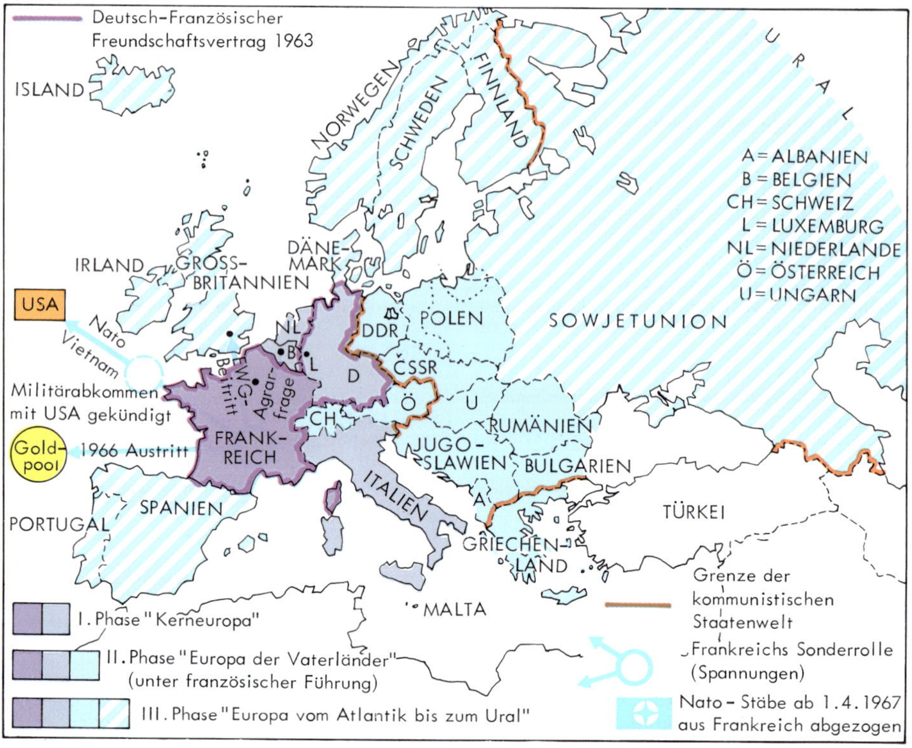

De Gaulles Europapolitik und Europamodell

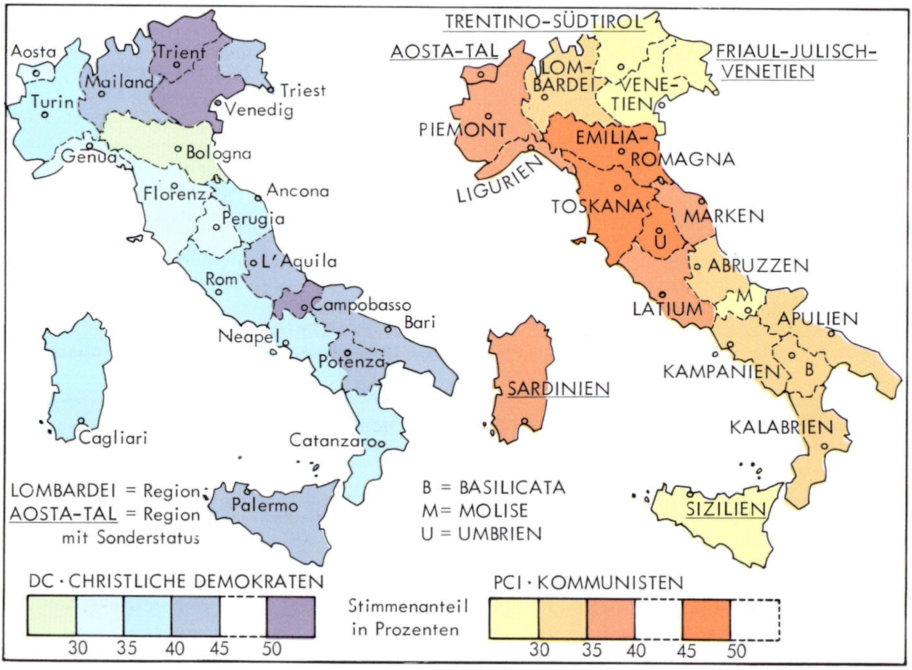

Wahlen in Italien 1976

Frankreich (S. 525)
Nach seiner Wiederwahl als Präs.
Juni 1966 Staatsbesuch DE GAULLES in der UdSSR und Weltreise. Neues
1967 Kabinett POMPIDOU. Studentenunruhen in Nanterre und
Mai 1968 Paris von der Polizei blutig unterdrückt: Generalstreik. Konzessionen der Reg. POMPIDOU. Die **bürgerkriegsähnl. Atmosphäre** (Straßenschlachten) veranlaßt DE GAULLE zur **Auflösung der Nat.-Vers.** und zu Truppenkonzentrationen um Paris. Nur zögernde Normalisierung, Beendigung der Streiks nach drastischen Lohnerhöhungen.
Juni 1968 absolute Mehrheit für die Gaullisten.
Nach Rücktritt POMPIDOUS
Juli 1968 MP. COUVE DE MURVILLE (S. 525).
Aug. 1968 1. franz. H-Bombe gezündet.
Juni 1969 Präs. Georges Pompidou (S. 525)
Juni 1969 MP. CHABAN-DELMAS.
1972 Kernwaffenversuche im Pazifik.
Juli 1972 MP. PIERRE MESSMER.
Tod POMPIDOUS: Nachfolger wird der Kandidat der bürgerl. Parteien
Mai 1974 Präs. V. Giscard d'Estaing; neuer MP. JACQUES CHIRAC.
Feb. 1976 XXII. Kongreß der KP: MARCHAIS tritt für Streichung des Begriffs Diktatur des Proletariats ein.
Aug. 1976 MP. RAYMOND BARRE, der Plan für Inflationsbekämpfung vorlegt.
1979 Gewinne der Links-Union (MITTERRAND/MARCHAIS) bei Regionalwahlen.
Mai 1981 Präs. François Mitterrand (1916 bis 96).
Sozialist. Reg. mit 4 komm. Ministern unter
Juni 1981 MP. PIERRE MAUROY. Verstaatlichung von wichtigen Industrieunternehmen und großen Banken (Dez.).
Bei den Wahlen zum Europaparlament erreicht die rechtsradikale Liste
Juni 1984 M. LE PEN 10,9% der Stimmen.
Auch wegen des gescheiterten Versuchs einer Schulreform neuer
Juli 1984 MP. L. FABIUS.
Nach Wahlsieg der bürgerl. Parteien wurde
April 1986 MP. wieder J. CHIRAC einer Reg. der »Cohabitation« (Präs. und MP. von entgegengesetzten polit. Richtungen).
Reprivatisierung der verstaatl. Industrieunternehmen und Banken. Mit großer Mehrheit wiedergewählt:
Mai 1988 2. Präsidentschaft Mitterrands.
Neue Reg. M. ROCARD.
1989 Feiern zum 200. Jahrestag der Franz. Revolution.
Mai 1991 MP. EDITH CRESSON.

Vatikan
Dez. 1965 wird das von Pp. JOHANNES XXIII. [1958–1963] für 1962 einberufene **II. Vatikan. Konzil beendet.** Hauptthemen: Reform der Liturgie, Stellung der Laien in der Kirche, Verhältnis von Kirche und heutiger Welt. Der Index (S. 239) wird eingestellt.
1967 Sozialenzyklika ›Populorum progressio‹: PAUL VI. (S. 503) ruft zum Kampf gegen Hunger, Armut, soz. Ungerechtigkeit auf.
März 1968 Kurienreform tritt in Kraft.
Juli 1968 Enzyklika ›**Humanae vitae**‹ untersagt die künstl. Empfängnisverhütung.
Aug. 1968 Der 39. Eucharist. Weltkongreß in Bogotá, an dem zeitweise auch Pp. PAUL VI. teilnimmt, befaßt sich mit der Verantwortung der Kirche für soz. Gerechtigkeit.
Nach dem Tod von PAUL VI. folgt
26. 8.–28. 9. 1978 Papst JOHANNES PAUL I., nach dessen plötzlichem Tod der Pole KAROL WOJTYLA, Erzbischof von Krakau, als
16. 10. 1978 Papst Johannes Paul II. (geb. 1920); er unternimmt zahlreiche Auslandsreisen. Bei einem
13. 5. 1981 Attentat auf dem Petersplatz in Rom wird JOHANNES PAUL II. schwer verletzt.

Italien (S. 521)
Das industrielle Wachstum Norditaliens verstärkt das wirtschaftliche Gefälle zum unterentwickelten Süden. Gefahr der Radikalisierung nach links und rechts.
Die Mitte-Links-Reg. MORO [1963–68] wird abgelöst durch die
Mai 1968 DCI-Übergangs-Reg. LEONE.
Dez. 1968 Mitte-Links-Reg. RUMOR.
1969 Verabschiedung des »Südtirol-Pakets«.
Aug. 1970 Mitte-Links-Reg. COLOMBO.
Dez. 1971 Staatspräs. Leone.
Juli 1972 Mitte-Reg. ANDREOTTI.
Juli 1973 Mitte-Links-Reg. RUMOR.Krise: Zahlungsbilanzdefizit, Inflation.
Nov. 1974 Zwei-Parteien-Kabinett MORO.
Juni 1975 Starke Gewinne der KP bei Regional-, Provinz- und Kommunalwahlen.
Okt. 1975 Endgültige Regelung der Triestfrage.
1976 DCI-Minderheits-Reg. ANDREOTTI [bis 1979], die von der KP (PCI) abhängig ist, aber nicht auf das Angebot des »histor. Kompromisses« eingeht.
9. 5. 1978 Ermordung A. MOROS (geb. 1916) durch die Roten Brigaden.
1978 Staatspräs. wird der Sozialist Sandro Pertini (1896–1990).
1980 Sprengstoffanschlag auf den Bahnhof von Bologna durch Rechtsextremisten.
1981 Affäre um die Geheimloge »P2« erschüttert den Staat.
Der erste (seit 1946) nicht von der DCI gestellte
Juni 1981 MP. wird G. SPADOLINI (Republikaner), gefolgt von
1983–87 MP. B. CRAXI (Sozialist). Neues
1984 Konkordat mit dem Vatikan.
Juni 1985 Staatspräs. F. Cossiga (DCI).
Okt. 1985 Entführung des ital. Kreuzfahrtschiffes »Achille Lauro« (Staatskrise).
1988 Billigung des Südtirol-Pakets.
Juli 1989 MP. wieder G. ANDREOTTI (geb. 1919).

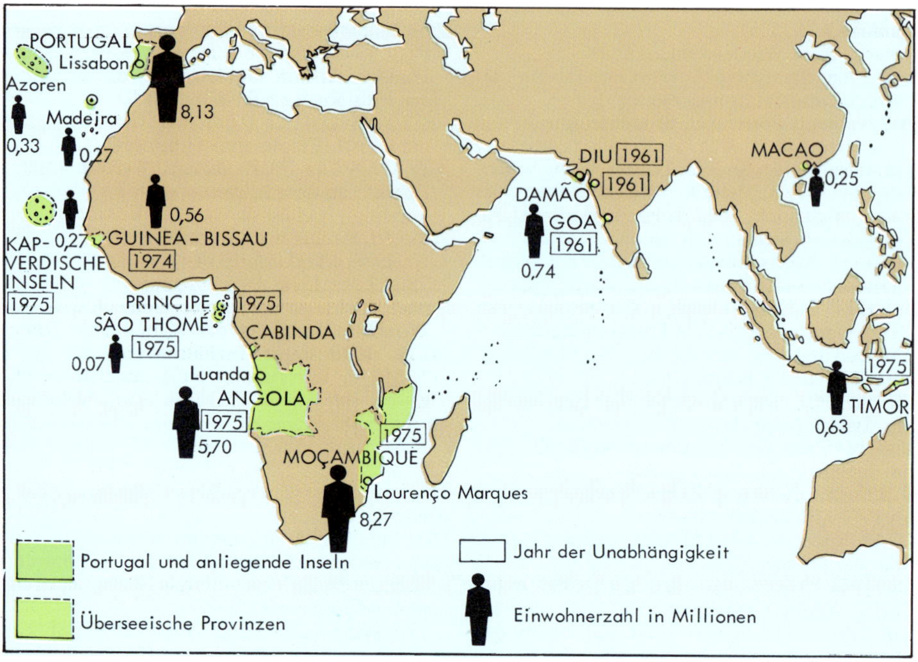

Die Auflösung des portugiesischen Kolonialreiches 1974/75

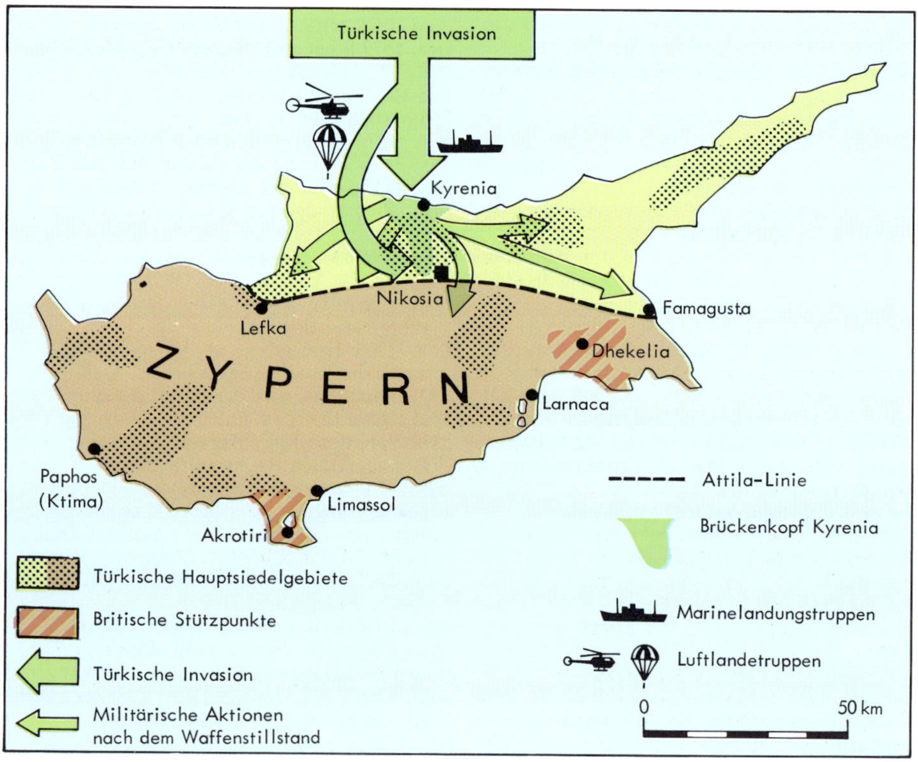

Zypern 1974/75

Spanien (S. 521)
1966–68 Studenten und Priester demonstrieren für Liberalisierung.
1968 Einführung der allg. Wehrpflicht.
1969 Abtretung der Enklave **Ifni** an Marokko.
Juli 1969 JUAN CARLOS wird zum Nachfolger (und seit 1971 Stellvertreter) FRANCOS und künftigen König nominiert.
1970 Entmachtung der Falange und Umbenennung in Movimiento Nacional.
Juni 1973 MP. CARRERO BLANCO, der durch bask. Terroristen ermordet wird (Dez.).
Jan. 1974 MP. ARIAS NAVARRO. Zunehmender Terrorismus und Antiterroristengesetze (mit Todesurteilen).
Nov. 1975 Tod Francos. JUAN CARLOS I. wird König. Beginn einer Liberalisierung und Demokratisierung.
Dez. 1975 Spanisch-Sahara: Abkommen Spanien, Marokko, Mauretanien; span. Herrschaft beendet (Jan. 1976). Durch
Juni 1976 Freundschaftsvertrag mit den USA wird Spanien praktisch in das Verteidigungssystem der NATO integriert.
Juli 1976 MP. SUAREZ GONZALES.
1977 Auflösung des Movimiento Nacional; Zulassung der KP. Wahl einer Verfassung gebenden Versammlung. Die neue
29. 12. 1978 Verfassung tritt in Kraft: Spanien ist parlamentar. Erbmonarchie.
1981 Putschversuch TEJEROS (Feb.).
1982 Spanien wird NATO-Mitgl.
Nach Parlamentswahlen
Okt. 1982 Mehrheit für die Sozialisten. GONZALEZ MARQUEZ wird neuer MP. (1986, 1989 und 1993 wiedergewählt).
1986 Spanien tritt der EG bei.

Gibraltar
1967 Volksentscheid für Verbleib bei Großbritannien (95%).
1969 Grenze gegen Spanien wird geschlossen; erst
1985 wieder geöffnet.

Portugal (S. 521)
Nachfolger SALAZARS (Amtsunfähigkeit durch Schlaganfall) wird
Sept. 1968 MP. MARCELO CAETANO.
April 1974 Sturz Caetanos durch Milit.-Putsch; neuer Präs. Gen. SPINOLA, der nach angebl. Putschversuch durch COSTA GOMES abgelöst wird. Links-Reg. unter GONÇALVES.
Aug. 1974 Überseeprovinzen wird Selbstbestimmung zugestanden (S. 589).
Sept. 1975 MP. AZEVEDO; Unruhen, Demonstrationen.
April 1976 Wahlen: Sieg der Sozialisten; MP. M. SOARES [bis 1978 und 1983–85].
1976 Staatspräs. Gen. A. R. EANES.
1982 Neue Verfassung tritt in Kraft (Okt.).
1985 MP. A. CAVACO SILVA (Sozialdemokrat).
1986 Portugal wird EG-Mitgl. Auf Gen. EANES folgt
März 1986 als Staatspräs. M. SOARES.

Griechenland (S. 507)
21. 4. 1967 Staatsstreich der Armee (Gen. SPANDIDAKIS). Kg. KONSTANTIN II. (S. 507) muß das Militär-Regime (MP. KOLLIAS) anerkennen. Inhaftierung demokrat. Politiker.
13. 12. 1967 Erfolgloser Umsturzversuch Kg. KONSTANTINS, der ins Exil (Rom) geht. Oberst GEORGIOS PAPADOPOULOS wird neuer MP.
1968 MP. Papadopoulos praktisch Diktator.
Aug. 1973 Abschaffung der Monarchie. Nach Sturz des Regimes Papadopoulos
Nov. 1973 Milit.-Reg. unter Gen. GIZIKIS. Im Zusammenhang mit der Zypernkrise **Rückkehr zu demokrat. Verhältnissen:**
1974 MP. K. Karamanlis (ND). Austritt aus milit. Bündnis der NATO [bis 1980]. **Griechenland bleibt Republik:**
1975 Staatspräs. K. TSATSOS.
1980 Staatspräs. K. KARAMANLIS (ND).
1981 Griechenland wird EG-Mitgl. Nach Wahlsieg der PASOK
Okt. 1981 MP. A. PAPANDREOU.
1985 Staatspräs. C. SARTZETAKIS.
1989 Übergangs-Reg. untersucht Korruptionsvorwürfe gegen PASOK.
1990 Staatspräs. wieder K. KARAMANLIS (ND).

Zypern (S. 524)
Seit 1964 Stationierung von UN-Truppen.
Juli 1974 Präs. Makarios von griech.-zypriot. Nationalgarde gestürtzt; daraufhin türk. Invasion und Besetzung des Nordens der Insel.
Dez. 1974 Rückkehr von MAKARIOS in den griech.-zypriot. Süden. – Im Norden
1975 Proklamierung eines »Föderativen Türk.-Zypriot. Staates« unter Präs. R. DENKTASCH [bis 1990] und der Unabhängigkeit als
1983 **Türk. Rep. Nordzypern.**
Im Süden nach dem Tod von MAKARIOS:
1977 Präs. S. KYPRIANU, dem der parteilose
1988 G. WASSILIU als Präs. folgt.

Türkei (S. 507)
1965–71 MP. DEMIREL.
1966 Präs. Gen. SUNAY.
Labile innenpolit. Lage: Studentenunruhen, Aktionen linksgerichteter Offiziere.
1971 Koalitions-Reg. unter MP. ERIM.
1972 Koalitions-Reg. MELEN.
1973 Präs. KORUTÜRK, Koalitions-Reg. TALU.
Jan. 1974 Koalitions-Reg. ECEVIT.
Juli/Aug. 1974 Invasion türk. Truppen auf Zypern.
März 1975 Koalitions-Reg. DEMIREL.
Dez. 1975 Besuch KOSSYGINS: Türkei verweigert Nichtangriffspakt.
Sept. 1980 Militärputsch: »Nat. Sicherheitsrat« unter Gen. K. EVREN; polit. Prozesse, Folterungen, Hinrichtungen.
1982 Neue Verfassung (Nov.): EVREN wird Staatspräs. Die »Mutterlandspartei« gewinnt
Nov. 1983 Parlamentswahlen: **MP. T. Özal.**
Nov. 1989 Wahl ÖZALS zum Präs.; MP. wird Y. AKBULUT.

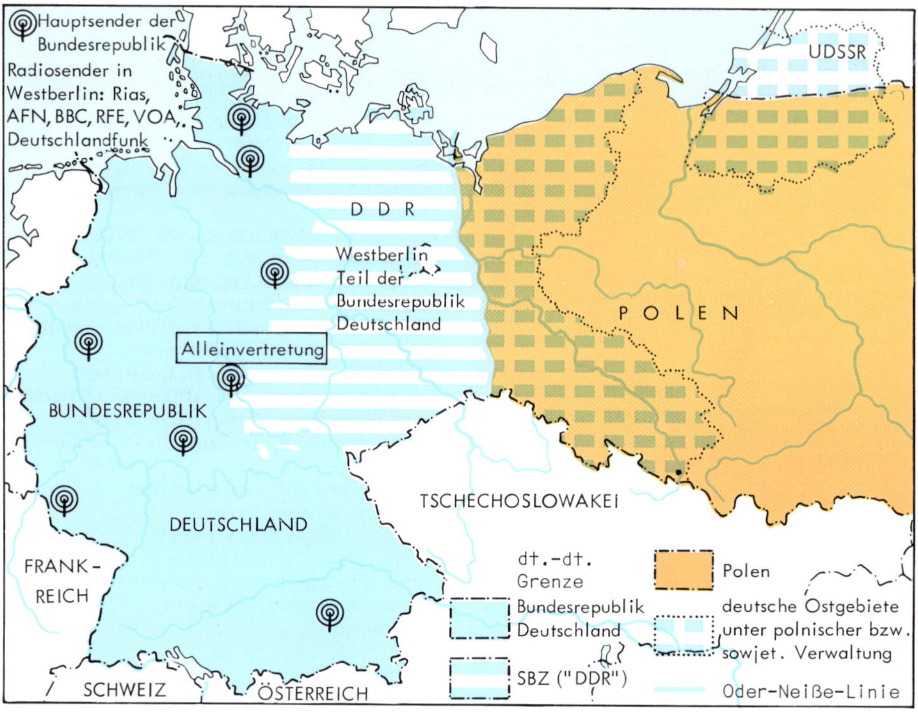

Ideologische Abgrenzung aus der Sicht der Bundesrepublik Deutschland

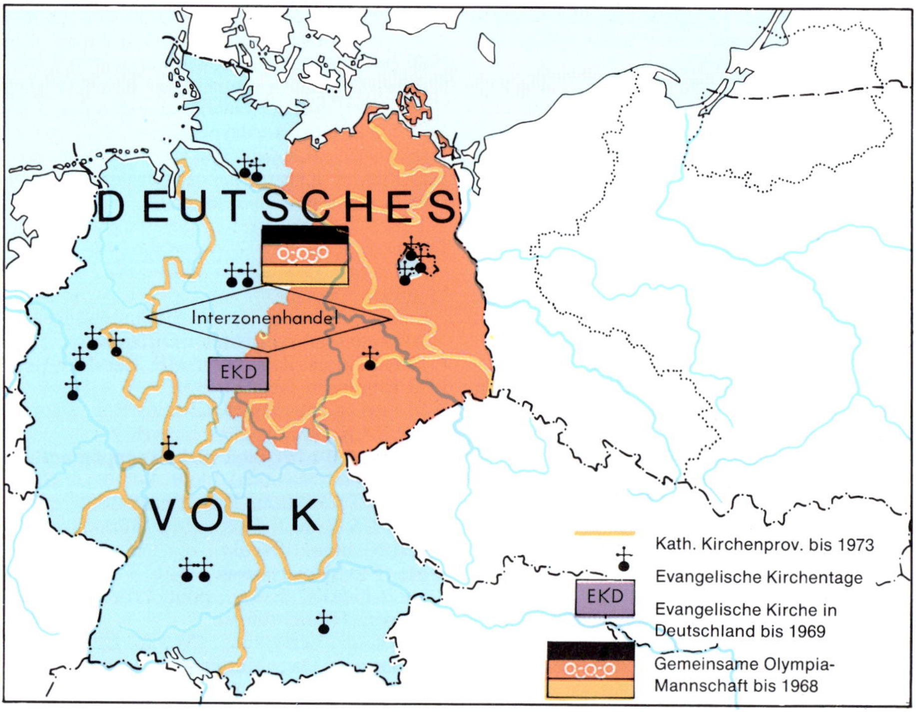

Reste deutscher Einheit

Bundesrepublik Deutschland (S. 529)
1966 Wirtschaftskrise: steigende Preise, Strukturkrise im Ruhrbergbau.
26. 10. 1966 Rücktritt der 4 FDP-Min.
Erfolge der Nat.-Demokrat. Partei/NPD (gegr. 1964) bei Landtagswahlen.
1. 12. 1966 Große Koalition unter BK. KURT GEORG KIESINGER/CDU (1904–88) und AMin. WILLY BRANDT/SPD (S. 531). Hauptaufgabe: Sanierung der Finanzen (Min. STRAUSS/CSU) und der Wirtschaft (Min. SCHILLER/SPD).
1967 Haushaltsausgleich durch Etatkürzungen und Eventual-Haushalt als Anreiz für Investitionen (19. 1.); »Konzertierte Aktionen« der Sozialpartner und Diskontsatz-Senkungen zur Belebung der wirtschaftl. Flaute.
Mai/Juni 1967 Unruhen anläßl. des Staatsbesuchs Schah RISA PEHLEWIS.
Sommer/Herbst 1967 Bildung einer Außerparlamentarischen Opposition (APO) als Reaktion auf Große Koalition und zunehmende Unbeweglichkeit des Bundestags.
1968 Einführung der Mehrwertsteuer.
Ostern 1968 Attentat auf das Mitglied des SDS-Vorstandes RUDI DUTSCHKE (1940–79) löst (z. T. blutige) Studentenunruhen aus. – Trotz starker Proteste
30. 5. 1968 Verabschiedung der Notstandsverfassung: Erlöschen der alliierten Vorbehaltsrechte aus dem Dtl.-Vertrag nach Inkrafttreten dieser Gesetze. Unruhen an den Universitäten wegen Hochschulref.
1969 Bundespräs. Gustav Heinemann/SPD (S. 529) nach vorzeitigem Rücktritt HEINRICH LÜBKES. – Auf die Wahl zum
Sept. 1969 6. Bundestag (CDU/CSU 242, SPD 224, FDP 30 Sitze) folgt Wechsel der Reg.:
Okt. 1969 BK. Willy Brandt/SPD bildet eine Koalitions-Reg. (SPD, FDP); Vizekanzler und AMin. wird WALTER SCHEEL/FDP (geb. 1919). – Bundesreg. unterzeichnet **Kernwaffensperrvertrag.**
Dez. 1969 Beginn der Gewaltverzichtsgespräche mit der Reg. der UdSSR in Moskau (Staatssekretär EGON BAHR) und der poln. Reg. in Warschau.
Aug. 1970 Unterzeichnung des Moskauer Vertrages: Gewaltverzichtsvertrag mit der UdSSR, mit Anerkennung der Unverletzlichkeit aller in Europa bestehenden Grenzen einschließlich der Oder-Neiße-Grenze und der Grenze zwischen BR Dtl. und DDR.
Dez. 1970 Unterzeichnung des Warschauer Vertrags: Normalisierung der Beziehungen zu Polen, Gewaltverzicht, Anerkennung der Oder-Neiße-Linie als poln. Westgrenze.
Mai 1971 Währungskrise durch verstärkten Dollarzufluß: Freigabe der DM-Wechselkurse (Wirtschafts- und Finanz-Min. KARL SCHILLER/SPD).
Sept. 1971 Krim: Treffen zwischen BK. BRANDT und dem sowjet. Parteisekretär BRESCHNEW.
Nov. 1971 BK. BRANDT erhält den Friedensnobelpreis.
Ablehnende Haltung der CDU/CSU-Opposition zu den Ostverträgen. Die Mehrheit der Reg.-Parteien im Bundestag schmilzt durch Übertritte von Abg.
28. 4. 1972 **Konstruktiver Mißtrauensantrag** der Opposition mit RAINER BARZEL/CDU gegen BK. BRANDT scheitert nur knapp.
Bei Stimmenthaltung und wenigen Gegenstimmen der CDU/CSU
17. 5. 1972 Zustimmung des Bundestags zu den Ostverträgen.
3. 6. 1972 Ostverträge und Verkehrsvertrag mit der DDR in Kraft.
Wegen Mehrheitsschwund Vertrauensfrage des BK. und
Sept. 1972 Auflösung des Bundestags.
Nov. 1972 7. Bundestag (SPD 230, CDU/CSU 225, FDP 41 Sitze); Fortsetzung der
Dez. 1972 soz.-lib. Koalition BRANDT/SCHEEL.
1973 Steigende Preise: Stabilitätsprogramm (Febr./Mai) zur Konjunkturdämpfung. DM-Aufwertung um 3% (März) und 5,5% (Juni).
Mai 1973 BRESCHNEW-Besuch in Bonn. In Kraft tritt der
21. 6. 1973 Grundvertrag mit der DDR.
Nach Rücktritt BK. BRANDTS (Agentenaffäre Guillaume)
Mai 1974 BK. Helmut Schmidt/SPD: Fortsetzung der soz.-lib. Koalition; Vizekanzler und AMin. H.-D. GENSCHER/FDP.
Juli 1974 Bundespräs. Walter Scheel.
Jan. 1975 Zusammenarbeits-Abkommen mit der CSSR.
Okt. 1975 AMin. GENSCHER unterzeichnet in Warschau vier Abkommen mit Polen über Renten- und Unfallversicherung.
Nov. 1975 BK. SCHMIDT in Peking.
Dez. 1975 Verkehrsverhandlungen mit der DDR über den Berlinverkehr, Transit-Pauschalen-Regelungen und Autobahnausbau (Planung einer neuen Autobahn von Berlin nach Hamburg).
März 1976 Inkrafttreten der neuen **Verträge mit Polen,** Aug. 1975 paraphiert (Rentenzahlungen gegen Rückwanderung von ca. 125000 Deutschstämmigen), vom Bundesrat mit 11 Gründen abgelehnt (Nov. 1975). Feb. 1976 Zustimmung des Bundestages. Nach Verbesserungen stimmt auch der Bundesrat zu (März).
Juli/Aug. 1976 Grenzzwischenfälle mit der DDR, Störung des Transitverkehrs.
3. 10. 1976 Wahlen zum Bundestag: Anwachsen der CDU/CSU, doch bleibt SPD/FDP-Koalition an der Macht. Nach langwierigen Verhandlungen (und Aufkündigung durch die CSU) bilden CDU und CSU erneut eine Fraktionsgemeinschaft.
Dez. 1976 BR Dtl. proklamiert 200-Seemeilen-Fischereizone.
1977 Ermordung von Generalbundesanwalt BUBACK, JÜRGEN PONTO und H. M. SCHLEYER durch Terroristen. Befreiung der entführten Lufthansa-Boeing in Somalia.
Staatsbesuch BRESCHNEWS (Okt.).

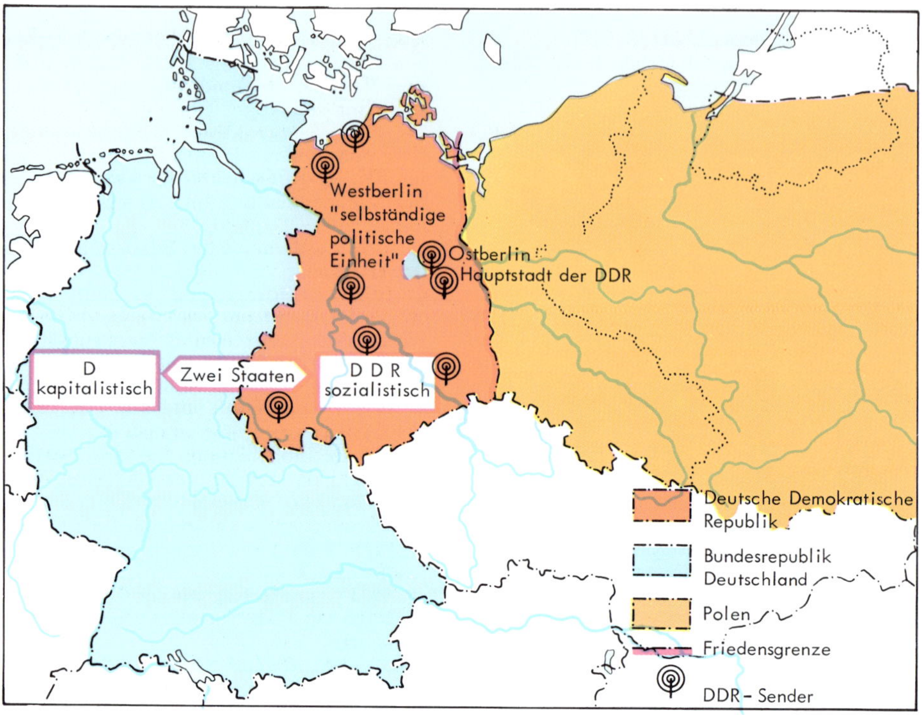

Ideologische Abgrenzung aus der Sicht der DDR

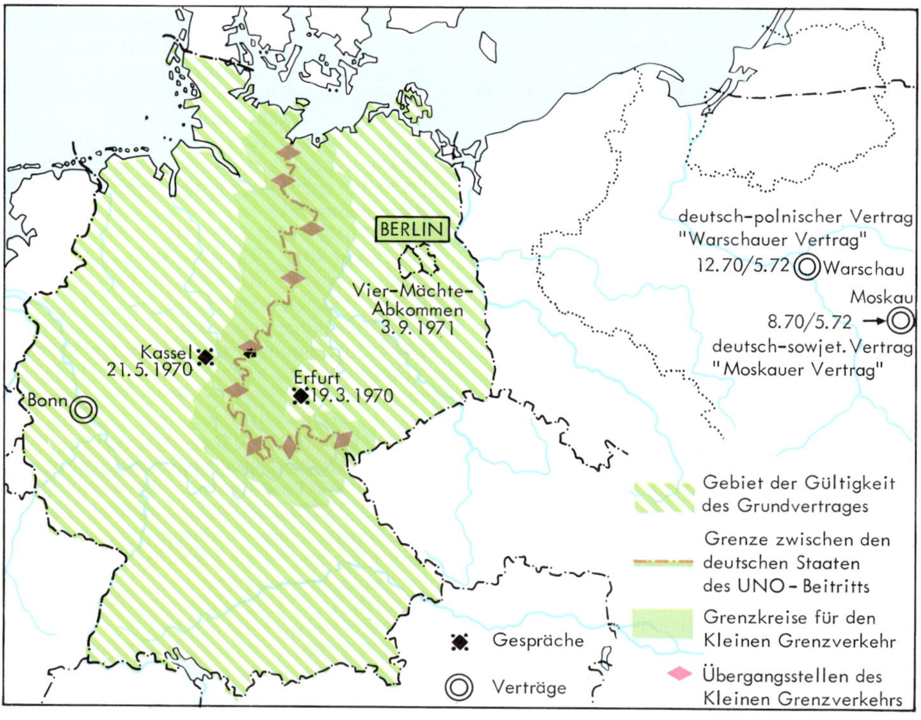

Der Grundvertrag

Die Deutschlandfrage (S. 497)
1966 scheitern Verhandlungen über einen Redneraustausch.
1967 befürwortet der Gesamtdt. Min. HERBERT WEHNER (1906–90) eine Viermächte-Dtl.-Konferenz (1. 2.), wie sie ULBRICHT in einem 10-Punkte-Programm zur Konföderation der beiden dt. Staaten andeutet.
Briefwechsel BK. KIESINGER und MP. STOPH bleibt erfolglos (Mai/Juni/Sept.).
1968 Einführung des Paß- und Visumzwangs für Westdeutsche (11. 6.) bei Reisen in die DDR und nach West-Berlin. Die Sowjetunion beharrt (5. 7.) auf Interventionsrecht gegen die BR Dtl.
1969 Verhandlungsangebot ULBRICHTS: Entwurf eines Vertrags über die Aufnahme **völkerrechtl. Beziehungen;** West-Berlin als selbständige polit. Einheit. HEINEMANNS Antwort betont die Einheit der Nation und die **Beziehungen besonderer Art.**
19. 3. 1970 Erfurt: 1. Treffen zwischen BK. BRANDT und MP. WILLI STOPH (S. 533).
21. 5. 1970 Kassel: 2. Treffen der beiden dt. Reg.-Chefs.
Nov. 1970 Beginn der Verhandlungen zwischen den Staatssekretären BAHR/BR Dtl. und KOHL/DDR.
Sept. 1971 Protokoll über Post- und Fernmeldeverkehr.
Dez. 1971 Transitverkehrsabkommen.
Febr. 1972 DDR setzt Transitverkehrsabkommen und Besucherregelung schon für Ostern und Pfingsten in Kraft. Als erster Staatsvertrag zwischen beiden dt. Staaten wird ein
26. Mai 1972 Verkehrsvertrag unterzeichnet. Nach Verhandlungen (ab Aug.) zwischen BAHR und KOHL
Dez. 1972 Unterzeichnung des Grundvertrags (Vertrag über die Grundlagen der Beziehungen zw. der BR Dtl. und der DDR).
21. 6. 1973 Grundvertrag in Kraft.
Juni 1974 Austausch ständiger Vertretungen beider dt. Staaten.
1974 Fluchthelferprozesse, Störungen im Transitverkehr.
Dez. 1974 Neue Swing-Vereinbarung zwischen der BR Dtl. und der DDR (850 Mill. Verrechnungseinheiten).
1975 Weiterer Ausbau von Selbstschußanlagen an der innerdt. Grenze.

Berlin (S. 531)
1966 4. Passierscheinabkommen.
Dez. 1966 H. ALBERTZ/SPD löst BRANDT als Reg. Bürgermeister ab.
März 1967 Reg.-Koalition SPD/FDP wird nach Wahlen fortgesetzt. ALBERTZ tritt nach Unruhen bei Schah-Besuch zurück:
Sept. 1967 Reg. Bürgermeister KLAUS SCHÜTZ/SPD.
1968 Auseinandersetzungen zwischen APO und Senat, Studentendemonstrationen.
März 1970 Beginn von **Viermächteverhandlungen** (Frankreich, Großbritannien, USA und UdSSR) auf Botschafterebene in West-Berlin. Unterzeichnung des
Sept. 1971 Berlin-Abkommens.
Dez. 1971 Besucherregelung und Vereinbarungen über Gebietsaustausch zur Lösung der Enklaven-Frage.
3. 6. 1972 Viermächte-Berlin-Abkommen in Kraft.
Juni/Juli 1974 Errichtung eines Bundesumweltamtes in Berlin. Die Proteste der UdSSR und der DDR werden von den Westmächten zurückgewiesen.
April 1975 Westmächte bekräftigen in Note an UNO die Vier-Mächte-Gesamtverantwortung für Gesamt-Berlin, während die UdSSR behauptet (Mai), Ost-Berlin sei integrierter Bestandteil der DDR und nicht der Vier-Mächte-Verantwortung unterstellt.
Mai 1975 Berlin-Erklärung der westl. Außenminister: UdSSR erklärt, daß der Vier-Mächte-Status nicht mehr existiert.
Dez. 1975 Vereinbarungen der BR Dtl. mit der DDR über Berlin-Verkehr.

Deutsche Demokrat. Republik (S. 533)
1966 Handelsabkommen mit Ostblockstaaten, Italien und Österreich (15. 3.). Gesetz zum Schutz der DDR-Bürger (Okt.).
1967 Gesetz zur DDR-Staatsbürgerschaft (20. 2.). Freundschaftsverträge mit Polen (13. 3.) und der CSSR (17. 3.).
1968 Annahme einer neuen Verfassung durch Volksabstimmung (6. 4.).
Beteiligung von Einheiten der Volksarmee an der Intervention in der CSSR (20./21. 8.).
1969 Anerkennung der DDR durch Staaten außerhalb des Ostblocks (Irak, Kambodscha u. a., bis 1973 fast alle).
Sept. 1969 Ratifizierung des Kernwaffensperrvertrags.
1970 neues Gesetz über die Zivilverteidigung tritt in Kraft.
3. 5. 1971 Rücktritt Ulbrichts (1893–1973) **als 1. Sekretär des ZK der SED;** sein Nachfolger wird **Erich Honecker** (1912–94).
1. 1. 1972 Öffnung der Grenzen mit Polen und der Tschechoslowakei.
21. 6. 1973 Grundvertrag mit der BR Deutschland.
Okt. 1973 W. STOPH wird Vors. des Staatsrats; MP. H. SINDERMANN.
Okt. 1974 Inkrafttreten einer Verfassungsrevision, in der auf den Begriff »deutsche Nation« verzichtet wird.
Sept. 1975 HONECKER wendet sich gegen uneingeschränkte Informationsfreiheit.
Okt. 1975 Neuer Freundschaftsvertrag mit der UdSSR am 26. Gründungstag der DDR (weitergehende Integration).
Mai 1976 IX. Parteitag der SED: Beziehungen zur BR Dtl. als Prozeß der völkerrechtl. Abgrenzung. Intensive Integration in das sozialist. Lager und die sozialist. Wirtschaft.
Okt. 1976 HONECKER auch Vors. des Staatsrats; MP. STOPH.

Land	Fläche km²	Einw. 1000
Schleswig-Holstein	15730	2594
Hamburg	755	1626
Niedersachsen	47349	7283
Bremen	404	673
Nordrhein-Westfalen	34068	17103
Hessen	21114	5660
Rheinland-Pfalz	19849	3701
Baden-Württemberg	35751	9618
Bayern	70554	11220
Saarland	2570	1064
Berlin	883	3409

Land	Fläche km²	Einw. 1000
Brandenburg	29060	2641
Mecklenburg-Vorpommern	23835	1963
Sachsen	18338	4900
Sachsen-Anhalt	20444	2964
Thüringen	16251	2683
BR Deutschland	356957	79112
davon vorher		
BR Dtl. mit W-Berlin	248626	62679
DDR mit O-Berlin	108332	16433

Die Bundesrepublik Deutschland Ende 1990

Berlin (S. 571)
1977 Londoner Berlin-Erklärung der 4 Westmächte (einschl. BR Dtl.).
1977 Reg. Bürgermeister D. STOBBE/SPD.
Jan. 1981 H.-J. VOGEL/SPD. Sieg der CDU:
Juni 1981 R. v. Weizsäcker/CDU Reg. Bürgermeister, seit 1983 CDU/FDP-Koalition. Wegen der Wahl v. WEIZSÄCKERS zum Bundespräs. wird
1984 E. DIEPGEN/CDU Reg. Bürgermeister.
März 1989 Koalitions-Reg. SPD/Alternative Liste (AL) mit 8 Frauen (von 14 Senatsmitgl.). Reg. Bürgermeister: W. MOMPER/SPD.
9. 11. 1989 Öffnung der Mauer zwischen W- und O-Berlin. Für Fußgänger
22. 12. 1989 Brandenburger Tor geöffnet.
1990 Abriß der Mauer.
3. 10. 1990 Gesamt-Berlin ist Bundesland der BR Dtl.

DDR (S. 571)
1980 Erhöhung der Mindestumtauschsätze.
1982 Neues Wehrdienst- und Grenzgesetz.
1986 Fünf-Jahres-Plan für 1986–90: Ausbau der Schlüsseltechnologien, Lösung des Wohnungsproblems.
1987 Abschaffung der Todesstrafe (Juli).
Nicht genehmigte Friedensdemonstration in O-Berlin (Sept.).
Besuch HONECKERS in der BRD (Sept.).
1988 Festnahme von Mitgl. unabhängiger Menschenrechtsgruppen (Jan.). Solidaritätsandachten. Wachsende Zahl von Ausreiseanträgen in die BRD.
1989 Reiseverordnung erleichtert Besuchsreisen in den Westen (ab April). Bei Kommunalwahlen Verdacht der Wahlfälschung (Mai). Besetzung von BRD-Botschaften in O-Berlin, Budapest, Prag und Warschau durch DDR-Bürger (Juli–Sept.). Massenausreise von DDR-Bürgern über die ungar.-österreich. Grenze (Sept./Okt.). Massendemonstrationen, Gründung von Oppositionsgruppen.
18. 10. 1989 Sturz Honeckers. Neuer Gen.-Sekretär und Staatsratsvors. EGON KRENZ. Rücktritt der Reg. STOPH (7. 11.).
9. 11. 1989 Öffnung der Grenze zur BRD, Fall der Mauer in Berlin.
MP. HANS MODROW (13. 11.). Politbüro und ZK treten zurück (3. 12.), Gen. Sekretär der SED-PDS wird GREGOR GYSI.
»Runder Tisch« (ab 7. 12.) beschließt
18. 3. 1990 freie Volkskammerwahlen: Sieg der CDU in der »Allianz für Deutschland« für »Freiheit und Wohlstand – nie wieder Sozialismus«. MP. LOTHAR DE MAIZIÈRE/CDU einer Großen Koalition (April).
Unterzeichnung (18. 5.) des Staatsvertrags über
1. 7. 1990 Währungs-, Wirtschafts- und Sozialunion mit der BRD.
Nach Abschluß des Einigungsvertrags Beitritt zur BRD:
3. 10. 1990 Ende der DDR.

Bundesrepublik Deutschland (S. 571)
1978 Affäre FILBINGER (Aug.).
Juli 1979 KARL CARSTENS Bundespräs.
1980 Bundestagswahlen (Okt.). Stärkung der SPD-FDP-Koalition. BK. bleibt H. SCHMIDT.
Nov. 1980 Krefelder Appell fordert Verzicht auf Nachrüstung. Anwachsen der Friedensbewegung bis zur
10. 10. 1981 Friedensdemonstration in Bonn mit rd. 250000 Teilnehmern. Steigende Staatsverschuldung und Arbeitslosigkeit führen zum
1982 Ende der soz.-lib. Koalition (17. 9.). Sturz der Reg. SCHMIDT durch konstruktives Mißtrauensvotum:
1. 10. 1982 BK. Helmut Kohl/CDU einer CDU/CSU-FDP-Reg. GENSCHER bleibt Vizekanzler und AMin. Durch Mißtrauensvotum gegen Kohl (17. 12.) vorgezogene Neuwahlen.
1983 Wahlerfolg der CDU/FDP-Koalition mit BK. KOHL (März).
Stationierung neuer US-Raketen vom Bundestag beschlossen (Nov.).
Juli 1984 Bundespräs. Richard v. Weizsäcker/CDU.
Nov. 1984 Der franz. Präs. MITTERRAND und BK. KOHL besuchen Soldatenfriedhöfe von Verdun.
Mai 1985 Staatsbesuch von US-Präs. REAGAN.
1986 Diskussion über den Asylantenstrom.
1987 Bundestagswahlen: Bestätigung der Reg.-Koalition (Jan.).
BARSCHEL-Affäre (Sept.–Nov.).
1988 Über 200000 Aussiedler aus Osteuropa kommen in die BR Dtl. Abzug der US-Mittelstreckenraketen (ab Sept.).
Tod von F. J. STRAUSS (3. 10).
1989 Besuch des US-Präs. BUSH (Mai). Besuch GORBATSCHOWS (Juni).
Besetzung von BRD-Botschaften durch DDR-Bürger (Juli–Sept.).
9. 11. 1989 Öffnung der innerdt. Grenze durch die DDR.
10-Punkte-Plan BK. KOHLS zur Überwindung der Teilung Dtls. (28. 11.).
1990 Unterzeichnung des Staatsvertrags (18. 5.), gebilligt durch den Dt. Bundestag und die Volkskammer der DDR (21. 6.), über
1. 7. 1990 Währungs-, Wirtschafts- und Sozialunion mit der DDR.
Nach Abschluß der 2+4-Gespräche (seit Mai) in Moskau Unterzeichnung des
12. 9. 1990 Deutschlandvertrags:
Ende der Rechte der Alliierten und Souveränität für Dtl.
Vollzug der staatl. Einheit:
3. 10. 1990 Beitritt der DDR zur BR Dtl.
Gorbatschow-Besuch (9.–10. 11.): dt.-sowjet. Grundvertrag.
Dt.-poln. Grenzvertrag (14. 11.). Wahlen zum 1. gesamtdt. Bundestag:
2. 12. 1990 Sieg der Reg.-Koalition mit BK. Helmut Kohl (CDU/CSU 319, SPD 239, FDP 79, PDS 17 Sitze).

Der Staat Israel 1967–76

Israel (S. 537)
1966/67 Grenzzwischenfälle mit arab. Nachbarn, Sabotageakte der Al Fatah.
Nach Abzug der UN-Truppen im Gaza-Streifen: VAR gibt Sperre des Golfs von Elath bekannt; arab. Truppenaufmarsch. Vert.-Min. wird **Moshe Dayan** [1967–74].
5.–10. 6. 1967 3. israel.-arab. Krieg (Israel gegen VAR, Syrien, Jordanien).
Nach dem Waffenstillstand bleiben die eroberten Gebiete besetzt (Gaza-Streifen, Sinai-Halbinsel, West-Jordanien und die syr. Golan-Höhen).
1968 Grenzzwischenfälle; Sabotageakte der Al Fatah, Vergeltungsaktionen Israels.
Nach dem Tod ESCHKOLS wird neuer
1969–74 MP. Frau GOLDA MEIR; AMin. ABBA EBAN [1966–74].
Flugzeugentführungen und Anschläge durch »Palästinens. Befreiungsorganisation« (PLO) unter JASSIR ARAFAT.
Zunahme der Grenzgefechte, besonders am Suezkanal. US-Friedensplan führt zur
Aug. 1970 Feuereinstellung.
1971 Palästinens. Aktionen und israel. Vergeltungsakte dauern an.
Okt. 1973 4. israel.-arab. Krieg.
Weltweite **Erdölkrise** als Folge der Produktionsdrosselung durch die arab. Staaten. Verhandlungen unter Vermittlung der USA (AMin. KISSINGER) und UdSSR führen zu
1974 Entflechtungs-Abkommen mit Ägypten (Jan.) und Syrien (Mai): von UN-Truppen besetzte Pufferzonen.
Dez. 1973 Genfer Nahost-Konferenz, die zugunsten der persönl. Diplomatie KISSINGERS bald vertagt wird.
1974–77 MP. RABIN.
Okt. 1975 Sinai-Vertrag mit Ägypten und Durchführungsprotokoll: Verpflichtung zur friedl. Konfliktlösung.
Nov. 1975 UdSSR fordert Wiederaufnahme der Genfer Nahost-Konferenz, da Separatverträge keine Lösung bringen.
Juni/Juli 1976 Entführung einer israel. Maschine durch PLO-Terroristen nach Entebbe (Uganda) und Befreiung der Geiseln durch israel. Kommando.
Nach Sieg des Likud-Blocks
1977 Kabinett Menachem Begin.
Nach Vermittlung von US-Präs. CARTER (Camp David)
1979 Friedensvertrag mit Ägypten: Räumung des Sinai (bis 1982).
1981 Zerstörung des irak. Kernreaktors bei Bagdad (Juni).
Annektierung der Golan-Höhen (Dez.).
1982 Invasion des Libanon (bis 1985).
1983 MP. I. SCHAMIR (Okt.). Seit
1984 Koalitions-Reg. Likud/Arbeiterpartei mit MP. S. PEREZ, ab
1986 MP. wieder SCHAMIR.
Aufstand der arab. Bevölkerung in den besetzten Gebieten: ab
Dez. 1987 »Intifada«.
1990 Massaker auf dem Tempelberg (8. 10.).
Im Golfkrieg neutral; trotzdem
1991 Angriffe von Scud-Raketen (Jan./Feb.) aus dem Irak.

Libanon (S. 535)
1973 Kämpfe zwischen Armee und Palästinensern.
1974 Überfälle palästinens. Terroristen auf israel. Ortschaften.
1975/76 Bürgerkrieg zwischen »Christen« und »Moslems«. Wahl von SARKIS zum Staatspräs. Einmarsch syr. Truppen.
Trotz Einsatz einer Multinat. Friedenstruppe (MNF)
1978–81 Unruhen und Kampfhandlungen, unterbrochen von kurzen Feuereinstellungen.
1982 Invasion israel. Truppen (ab Juni). Präs. B. GEMAYEL (Aug..) wird ermordet (Sept.), Nachfolger sein Bruder A. GEMAYEL. Massaker in den PLO-Lagern Sabra und Chatila.
1983 Bombenanschläge auf MNF-Unterkünfte in Beirut (Tod von 230 US-Marines und 58 franz. Fallschirmjägern).
1985 Rückzug der israel. Truppen (bis Juni).
1987 Einmarsch der Syrer (Jan./Febr.).
1988 Einsetzung der Militärreg. AOUN durch Präs. A. GEMAYEL (Sept.).
1989 Waffenstillstand (Sept.). Dokument für nat. Eintracht (Okt.).
1990 Nach Ermordung des gewählten Präs. MUAWAD (Nov.) folgt Präs. E. HRAWI.
1990 »Innerchristl.« blutiger Machtkampf.
1991 Vorrücken der Armee gegen die Milizen auch im Süd-Libanon.

Jordanien (S. 535)
1966 Grenzzwischenfälle mit Israel. Im
Juni 1967 Sechstagekrieg wird das westl. des Jordan gelegene Gebiet von Israel besetzt.
1970 Bürgerkrieg. Nach heftigen Kämpfen gelingt den Reg.-Truppen die
1971 Zerschlagung der Guerilla-Verbände.
1974 Verzicht auf Cisjordanien, zugunsten der Palästinenser.
1975 Vereinbarungen über Zusammenarbeit mit Syrien.
1988 König HUSSEIN bestätigt Verzicht auf Westjordanland.
1989 Parlamentswahlen (Nov.).
1990 Unterstützung des Irak gegen die von der UN verhängten Blockaden.

Syrien (S. 535)
Juni 1967 Sechstagekrieg gegen Israel.
Nach Machtkämpfen setzt sich der
1970 rechte Flügel der Baath-Partei durch:
1971 Präs. wird Gen. Assad.
Okt. 1973 Krieg gegen Israel.
1974 Truppenentflechtungs-Abkommen mit Israel (Golan-Höhen).
1975/76 Intervention im Libanon erzwingt Waffenstillstand.
1981 Annexion der Golan-Höhen durch Israel.
1987 Einrücken syr. Truppen in Beirut.

VR Jemen (Südjemen)
Das brit. Schutzgebiet »Südarab. Föderation« (Aden und Aden-Protektorate) wird als
Dez. 1967 VR Südjemen selbständig.
Nov. 1970 Demokrat. VR Jemen.
Nach Putsch und Bürgerkrieg
1986 Revolutionsrat übernimmt die Reg.
1990 Vereinigung mit der Rep. Jemen.

Jemen (S. 535)
1966–70 Kämpfe zwischen Royalisten (Hilfe Saudi-Arabiens) und von ägypt. Truppen unterstützten (bis Dez. 1967) Republikanern.
Dez. 1970 Verf. der **Arab. Rep. Jemen.**
1970–73 Kriegerische Auseinandersetzungen mit der VR-Jemen.
1974 Militärjunta übernimmt Präsidentschaft.
1978 Präs. SALEH.
Vereinigung der beiden jemenit. Staaten zur
22. 5. 1990 Rep. Jemen.

Irak (S. 535)
Sturz Präs. AREFS in unblutigem
Juli 1968 Milit.-Putsch: der rechte Flügel der Baath-Partei übernimmt die Reg. unter Präs. AL-BAKR. – Einigung mit den
1970 Kurden: Beteiligung an der Reg.
1973 Beteiligung der KP an der Reg.
1974/75 Kurdenkrieg; der Freiheitskampf der Kurden wird durch das irak.-iran. Normalisierungsabkommen beendet, aber weiter Verfolgungen und Zwangsumsiedlungen.
Austritt der KP aus der Reg. und Rücktritt von Präs. AL-BAKR, neuer
Juli 1979 Präs. wird Gen. Saddam Hussein.
1980 Beginn des »Golfkriegs« mit dem Iran.
1981 Zerstörung des Kernreaktors Osirak durch israel. Jagdbomber (Juni).
1982 Auf der US-Liste »terrorist. Länder« wird der Irak gestrichen (Febr.).
1988 Giftgaseinsatz gegen Kurden (März/April), Flucht in die Türkei.
20. 8. 1988 Waffenstillstand mit dem Iran, Friedensverhandlungen.
2. 8. 1990 Überfall auf Kuwait: das Emirat wird besetzt und zur irak. Provinz erklärt. Geiselnahme von Ausländern. Verurteilung durch den UN-Sicherheitsrat. Nach Ablauf des UN-Ultimatums
17. 1.–28. 2. 1991 (2.) Golfkrieg, der mit der militär. Niederlage SADDAM HUSSEINS und dem Verlust Kuwaits endet. Blutige Unterdrükkung oppositioneller Kräfte, bes. **Verfolgung der Kurden.**

Kuwait (S. 535)
1977 Einigung mit dem Irak über umstrittene Grenzgebiete.
2. 8. 1990 Besetzung durch irak. Truppen. Die UN-Resolutionen 660ff. werden von einer multinat. Truppe durchgesetzt:
Febr. 1991 Befreiung Kuwaits. Von den Irakern in den Golf gelassenes Erdöl und in Brand gesetzte Ölquellen drohen eine **Umweltkatastrophe.**

Saudi-Arabien (S. 535)
1973 König FEISAL erklärt, Erdöl als Waffe der Araber gegen Israel einzusetzen.
März 1975 Ermordung FEISALS, neuer König KHALED; FAHD wird Kronprinz.
1979 Besetzung der Großen Moschee in Mekka (Nov.) durch eine Gruppe revolutionärer Muslime wird mit militär. Gewalt beendet (Dez.).
1983 Tod KHALEDS, neuer König FAHD.
1987 Massaker zwischen iran. Pilgern und saud. Sicherheitskräften in der Großen Moschee in Mekka.
Teilnahme am und Aufmarschgebiet der alliierten Truppen für den
1991 Golfkrieg zur Befreiung Kuwaits.

Emirate am Persischen Golf
1968 Föderation der Emirate am Pers. Golf (ehem. Piratenküste, Bahrein und Katar).
Nach dem Austritt **Bahreins** und **Katars** Föderation der
1971/72 **Arab. Emirate.**

Islam. Gipfelkonferenzen
Sept. 1969 in Rabat: enge Zusammenarbeit und gegenseitige Hilfe.
Febr. 1974 in Lahore: Grundprobleme der Weltwirtschaftslage.
Sept. 1968 Gründung der OAPEC (Organisation der arab. erdölexportierenden Länder): Zusammenarbeit auf allen Gebieten der Bewirtschaftung des Erdöls.

Iran (S. 507)
1978 Blutige Unruhen, Demonstrationen, Streiks; soz.-revolutionäre Gruppen und islam. Fundamentalisten fordern den Sturz des Schahs.
Jan. 1979 Schah Pehlewi verläßt das Land.
Rückkehr aus dem franz. Exil des Schiitenführers
1. 2. 1979 Ayatollah Khomeini, der die »Islamische Republik« proklamiert.
Nov. 1979 Geiselnahme in der US-Botschaft in Teheran durch »Studenten«, die die Auslieferung des Schahs und seines Auslandsvermögens fordern.
April 1980 Befreiungskommando der US-Streitkräfte scheitert.
Der Grenzkonflikt am Schatt el-Arab weitet sich mit dem Angriff irak. Truppen zum
Sept. 1980 Golfkrieg mit dem Irak aus. Nach dem Tod des Schahs (27. 7.) und Vermittlung Algeriens
Jan. 1981 Freilassung der Geiseln.
Okt. 1981 Staatspräs. ALI KHAMENEI.
Nach 8 Jahren verlustreichem Krieg wird ein von UN-Truppen überwachter
Aug. 1988 Waffenstillstand im Golfkrieg mit dem Irak vereinbart.
4. 6. 1989 Tod Khomeinis. Nachfolger als relig. und polit. Führer wird der bisherige Präs.
Juli 1989 Rev.-Führer Khamenei, neuer Staatspräs. RAFSANDSCHANI.

Afghanistan (S. 543)
Sturz Kg. SAHIRS [seit 1933] durch
1973 Milit.-Putsch unter Gen. DAUD, der die Rep. ausruft. – Sturz durch
1978 KP-Reg. unter TARAKI. Nach dessen Sturz durch AMIN
Dez. 1979 Einmarsch sowjet. Truppen.
Präs. wird KARMAL. Bürgerkrieg zwischen den sowjet. und Reg.-Truppen und den Mudjaheddin. Massenflucht nach Pakistan.
Dez. 1986 Parteichef und Staatsoberhaupt wird NAJIBULLAH. Verhandlungen in Genf:
April 1988 Afghanistan-Abkommen mit Vereinbarung des **sowjet. Truppenabzugs,** bis
Febr. 1989. Trotzdem halten die Kämpfe zwischen Reg.-Truppen und Mudjaheddin an.
März 1990 Putschversuch gegen die Reg. NAJIBULLAH scheitert.

Indien (S. 543)
Nachfolger des verstorbenen MP. SHASTRI:
Jan. 1966 **Indira Gandhi** (1917–84 [ermordet]). Hungersnöte, Unruhen, Hindu-Demonstrationen.
1967 Chin.-ind. Grenzkonflikt in Sikkim.
1969 Blutige Auseinandersetzungen zwischen Hindus und Moslems in Ahmadabad.
Spaltung der Kongreßpartei und
März 1971 hoher Wahlsieg des linken Flügels unter MP. INDIRA GANDHI.
Durch Bürgerkrieg in Ost-Pakistan Flüchtlingsproblem in Bengalen. Sieg im
Dez. 1971 3. ind.-pakistan. Krieg.
Mai 1974 Kernwaffenversuch; Indien wird sechste Atommacht.
Sept. 1974 Sikkim wird assoziiert, dann Bundesstaat (1975). Nach gerichtl. Widerruf der Wahl von Frau GANDHI ins Parlament:
Juni 1975–März 1977 Indira Gandhi regiert mit Ausnahmezustand: Verhaftungen, Verbot der Opposition, Pressezensur.
März 1977 Wahlsieg der Opposition, neuer MP. wird M. DESAI/Janata.
1979 MP. CH. SINGH/Janata.
Nach Wahlsieg des »Indira-Kongreß«
Jan. 1980 INDIRA GANDHI wieder MP.
Aktionen der Sikhs gegen die im Punjab (seit April) regierenden Hindus.
Jan. 1982 landesweiter Generalstreik. Nach Überfällen militanter Sikhs
Okt. 1983 Ausnahmezustand im Punjab.
Juni 1984 Sturm auf den Goldenen Tempel von Amritsar mit Tausenden von toten Sikhs,
31. 10. 1984 Ermordung Indira Gandhis durch Sikh-Leibwächter; ihr Sohn RAJIV GANDHI wird neuer MP.
1985 Giftgaskatastrophe in Bhopal (Dez.).
1989 Wahlsieg der Opposition (Nov.). Reg. unter V. P. SINGH/Janata-Dal.
1990 Unruhen in Kaschmir, auch im Punjab.
Nov. 1990 MP. CH. SHEKHAR/Janata. – Der ehem. MP.
21. 5. 1991 R. GANDHI wird ermordet. – Nach Wahlsieg der Kongreßpartei
Juni 1991 MP. N. RAO/Kongreß.

Pakistan (S. 543)
Unruhen in Ost-Pakistan führen zum
1969 Rücktritt AYUB KHANS, Übergabe der Gewalt an Präs. YAHYA KHAN.
Dez. 1970 Wahlsieg der für Autonomie Ost-Pakistans eintretenden »Awami-Liga« unter MUJIBUR RAHMAN. Die in West-Pakistan siegreiche zentralist. »Volkspartei« unter ALI BHUTTO verhindert den Zusammentritt der Nat.-Vers. Schwere blutige Unruhen in Ost-Pakistan, Proklamation des unabhängigen
April 1971 **Bangladesh.** Bürgerkrieg: Millionen fliehen vor den Truppen der Zentralreg. nach Indien. Der
3.–17. 12. 1971 3. ind.-pakistan. Krieg endet mit der Niederlage Pakistans. **Bangladesh** wird selbständig.
Rücktritt YAHYA KHANS: Präs. wird BHUTTO. Neue Verfassung:
1973 MP. ALI BHUTTO. Wegen Wahlfälschung
1977 Machtübernahme durch die Armee: Gen. ZIA UL-HAQ (Juli), ab 1978 Präs. Islamisierung des Rechtssystems.
1979 Hinrichtung BHUTTOS (April).
1980 Zustrom von afghan. Flüchtlingen, Unterstützung der Mudjaheddin.
1985 Aufhebung des Kriegsrechts nach 8 Jahren.
1988 Tod von ZIA bei Flugzeugabsturz (Aug.), Präs. wird G. ISHAQ KHAN. Bei freien Wahlen siegt die Tochter des ehem. MP.:
Dez. 1988 MP. BENAZIR BHUTTO.
Dez. 1990 Präs. ISHAQ entläßt die Reg. B. BHUTTO. Neuwahlen bringen Mehrheit für Islam. Demokrat. Allianz, MP. N. SHARIF (Nov.).

Bangladesh
Febr. 1974 Anerkennung durch Pakistan,
Jan. 1975 Vereinigung der Ämter des Staatspräs. und MP. durch MUJIBUR RAHMAN.
Aug. 1975 Militärputsch. MUJIBUR RAHMAN ermordet. Machtkämpfe,
Nov. 1975 Militärputsch.
1977 ZIA UR-RAHMAN wird Staatspräs.
1981 Putschversuch: Ermordung RAHMANS (Mai), A. SATTAR neuer Präs. (Nov.).
1982 Militärputsch (März) unter **Gen. H. M. Ershad,** seit Dez. 1983 Präs. Nach anhaltenden Unruhen erklärt
Dez. 1990 Präs. ERSHAD seinen Rücktritt. Freie Wahlen gewinnt die Witwe RAHMANS:
März 1991 MP. KHALEDA ZIA.

Sri Lanka
1972 Ceylon (S. 543) wird Rep. Sri Lanka.
1970–77 MP. wieder Frau S. BANDARANAIKE.
Nach Einführung des Präsidialsystems
1978 Präs. J. R. JAYAWARDENE.
Seit 1980 Rassenunruhen zwischen Singhalesen und Tamilen: Bürgerkrieg.
1987 Landung einer ind. Friedenstruppe (Juli).
1988 Präs. R. PREMADASA.
1990 Abzug der (erfolglosen) ind. Friedenstruppe.

China und die »ungerechten Verträge«

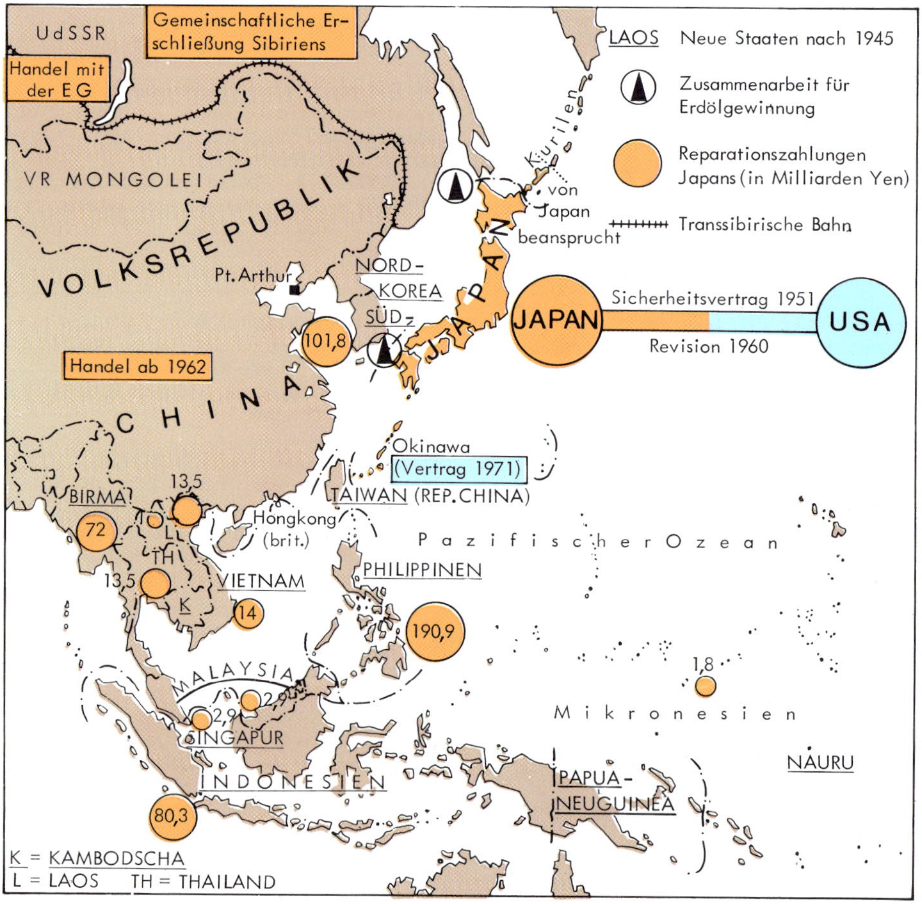

Außenpolitik Japans

VR China (S. 513)
1966 »Große Proletarische Kulturrevolution« (seit Sept. 1965). Säuberungen in Partei, Armee und Wirtschaft. Vert.Min. LIN PIAO (1907–71) ruft zum Kampf gegen Reaktionäre auf.
Schüler bilden **»Rote Garden«,** gefördert von MAO ZEDONG zur Ausschaltung der Parteiopposition um Staatspräs. LIU SCHAO-TSCHI. Ihr Terror richtet sich gegen die »Vier Alten« (Ideen, Kultur, Sitten, Gebräuche).
Febr. 1967 »Rote Garden« werden aufgelöst. Anhänger MAOS übernehmen Reg.-Gewalt.
Juni 1967 Zündung der 1. chin. H-Bombe.
Okt. 1968 Ende der 1. Phase der Kulturrev., Ausschluß LIU SCHAO-TSCHIS aus allen Ämtern.
1969 Grenzzwischenfälle mit der UdSSR am USSURI.
1971 »Ping-Pong-Diplomatie«. Geheimbesuch des NIXON-Beraters KISSINGER (Juli).
Okt. 1971 VR China wird UN-Mitgl., Ausschluß Taiwans.
1972 Besuch des US-Präs. NIXON (Febr.).
1975 Neue Verfassung: DENG XIAOPING (geb. 1904) wird stellvertr. Vors. des ZK.
Jan. 1976 Tschou En-lai gestorben. HUA GUOFENG amtierender MP. (Febr.). DENG XIAOPING abgesetzt (April).
9. 9. 1976 Tod Maos. Nach Auseinandersetzungen wird HUA GUOFENG Nachfolger. Verdammung der Witwe MAOS, JIANG QING, und ihrer Anhänger (»Viererbande«).
1977 Rehabilitierung Dengs, der sich zum mächtigsten Mann entwickelt und HUA GUOFENG [MP. bis 1980, Parteiführer bis 1981] durch eigene Anhänger ersetzt.
1978 Normalisierungsabkommen mit USA.
Ende 1980 Verurteilung der »Viererbande«; die Todesurteile, u. a. gegen MAO ZEDONGS Witwe, werden nicht vollstreckt.
1980 MP. ZHAO ZIYANG.
1981 Parteivors., seit 1982 Gen.-Sekretär wird HU YAOBANG. Reformkurs führt zu wirtschaftl. Aufschwung.
1987 Studentendemonstrationen für mehr Freiheiten. MP. wird LI PENG (Nov.).
1989 Studentenunruhen; Massendemonstrationen auf dem »Platz des Himml. Friedens« in Peking enden in einem
4. 6. 1989 Massaker durch die Armee, Verhaftungen und Hinrichtungen. Absetzung ZHAOS [Gen.-Sekr. seit Jan. 1987], JIANG ZEMIN wird Parteichef.
Nov. 1989 Rücktritt von DENG XIAOPING als Vors. der Zentralen Militärkommission. Nachfolger wird Parteichef JIANG (1990).

Taiwan (S. 513)
5. 4. 1975 TSCHIANG KAI-SCHEK gestorben. Sein Sohn
1978 CHIANG CHING-KUO zum Präs. gewählt; erfolgreiches Reformprogramm.
1988 Präs. LI TENG-KUI. Fortsetzung der vorsichtigen Annäherung an die VR China.

Korea (S. 515)
Seit 1972 Dialog und Wiedervereinigungsversuche scheitern.
Republik Korea:
1979 Präs. PARK CHUNG HEE ermordet. Gewaltsames Vorgehen gegen die Opposition.
1987 Schwere Unruhen zwingen Reg. zur Direktwahl des Präs., bei der die zersplitterte Opposition unterliegt:
1988 Präs. wird ROH TAE WOO.

Japan (S. 513)
Liberaldemokrat. Kabinette unter
1964–72 MP. Eisaku Sato führen Japan zur
1968 drittstärksten Industrienation der Welt.
Erste Auslandsreise eines japan. Kaisers:
Sept.–Okt. 1971 HIROHITO besucht Europa.
Mai 1972 Rückgabe Okinawas an Japan: US-Stützpunkte bleiben auf der Insel.
Juli 1972 MP. KAKUEI TANAKA, der wegen Korruptionsvorwürfen zurücktritt (Nov. 1974).
1975 Besuch Kaiser HIROHITOS in USA.
1978 Friedensvertrag mit der VR China.
1982 Streit um »revidierte« Geschichtsschulbücher (2. Weltkrieg).
1982–87 MP. Y. Nakasone; Japan bleibt eine der führenden Industrienationen.
1987–89 MP. N. TAKESHITA.
1989 Tod Hirohitos (7. 1.), neuer Kaiser wird AKIHITO.
Bestechungsskandal führt zu Reg.-Rücktritt. Auf MP. S. UNO folgt
Aug. 1989 MP. TOSHIKI KAIFU.

Philippinen (S. 541)
Nach Präs.-Wahlen
1986 Sturz von Präs. Marcos. CORAZON AQUINO, Witwe des ermordeten Oppositionsführers, wird Präsidentin (Febr.); mehrere Putschversuche scheitern.

Nauru
1968 unabhängige Rep. im Commonwealth.

Niue
1974 Selbst-Reg. in Assoziation mit Neuseeland.

Fidschi
1970 unabhängig im Commonwealth.

Papua-Neuguinea
1975 unabhängig im Commonwealth.

Australien
Nachfolger von MP. Robert Gordon Menzies [1949–66] werden
1966 MP. HAROLD HOLT,
1968 MP. JOHN GORTON,
1971 MP. WILLIAM MCMAHON.
1972 Labour-Reg. GOUGH WHITLAM, der die »White Australia Policy« aufgeben will.
1975 Wahlsieg der Liberalen unter MALCOLM FRASER, der auch 1980 wieder ein Kabinett bildet.
1983 Labour-Reg. unter MP. BOB HAWKE.
1990 4. Kabinett HAWKE.

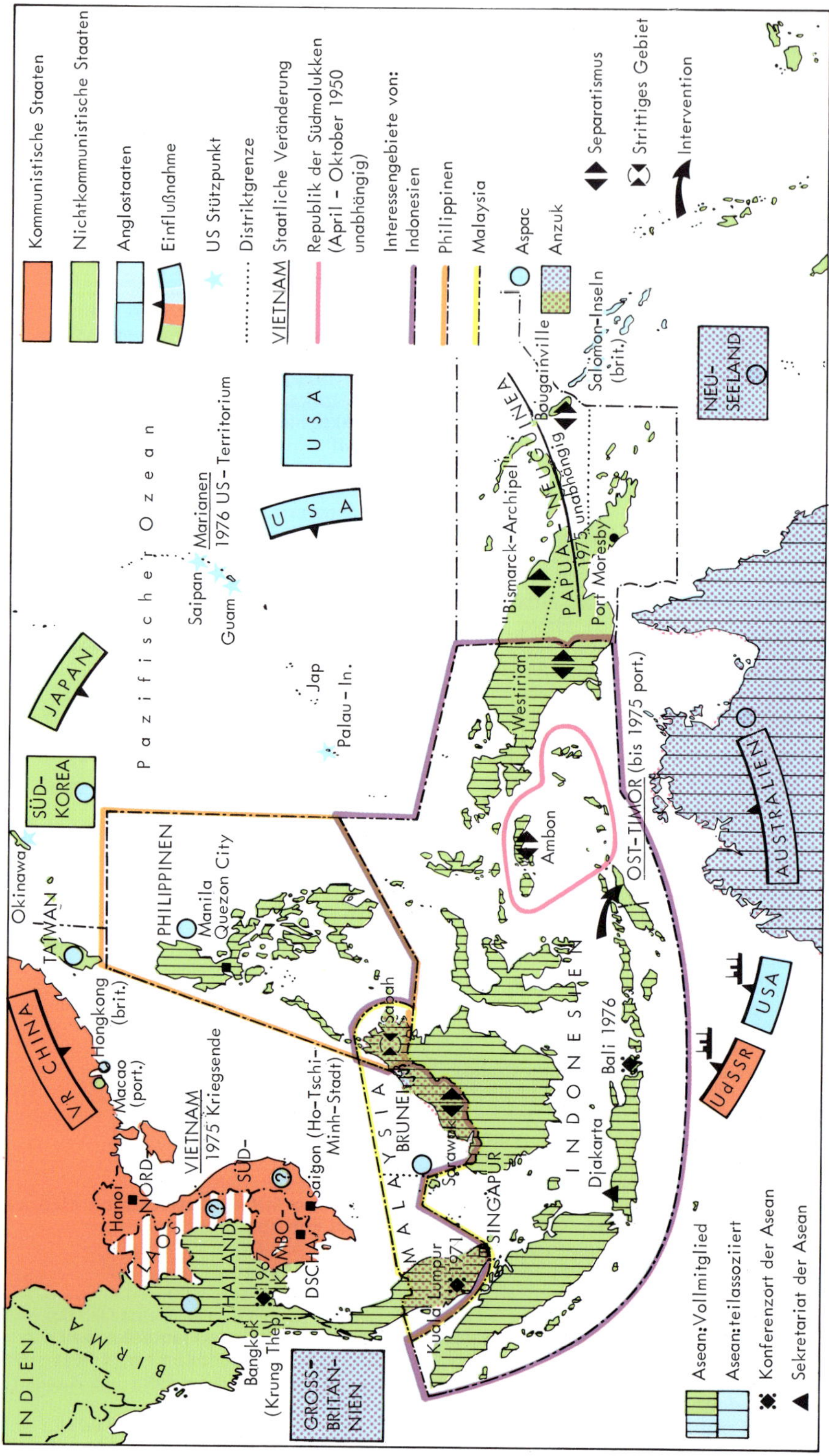

Spannungsfeld Südsee: Bündnisse im Pazifik

Thailand (S. 541)
1968–70 kommunist. Guerilla-Aktionen.
1971 Milit.-Reg. hebt Verf. auf.
1976 Abzug der US-Truppen; erneut Milit.-Reg.
1978 neue Verfassung.
1980–88 MP. Gen. PREM.
1988 MP. CH. CHOONHAVAN.

Laos (S. 515)
1966–72 Kämpfe zwischen Reg.-Truppen und komm. **Pathet Lao.**
US-Luftangriffe auf Vietcong-Nachschubwege (»**Ho-Chi-Minh-Pfad**«).
Febr. 1973 Friedensabkommen zwischen Reg. und Pathet Lao.
1975 Machtübernahme des Pathet Lao, Proklamierung einer Demokrat. VR; Vors. des Rev.-Rats: SOUVANNA VONG.

Kambodscha
1966–69 komm. Guerillas, Staatschef Prinz SIHANOUK versucht Neutralitätskurs.
März 1970 Sturz SIHANOUKS, der Exil-Reg. in Peking bildet.
Mai 1970 Einmarsch südvietnames. und US-Truppen. – Abschaffung der Monarchie:
Okt. 1970 Republik Khmer.
März 1972 Präs. LON NOL.
1973 Vordringen der »Roten Khmer« bis
April 1975 Besetzung Phnom Penhs: Terror im von der Außenwelt abgeschlossenen Land unter dem Regime von
1976 PM. POL POT/Rote Khmer. Mit milit. Hilfe Vietnams gewinnt die oppositionelle
1978/79 komm. Nat. Einheitsfront unter Präs. [seit 1981] HENG SAMRIN: Proklamierung der **VR Kambodscha.** POL POT nimmt Guerilla Kampf auf.
1989 Rückzug der vietnames. Truppen (Sept.). Die von China und der UN unterstützte Exilreg. »Demokrat. Kampuchea« führt einen Guerillakrieg, seit Febr.
1990 »Nat. Reg. von Kambodscha« mit Präs. SIHANOUK.
Juni 1991 Vereinbarung eines unbefristeten Waffenstillstandes zwischen der Reg. und den 3 rivalisierenden Bürgerkriegsparteien.

Südvietnam (S. 515)
1966 Buddhisten zwingen die Milit.-Reg. unter MP. KY zur Ausschreibung von Wahlen. Bodenkämpfe um Da Nang und Hué. US-Luftangriffe auf Hanoi und Haiphong. Die US-Truppen werden auf 425000 Mann verstärkt. Durch milit. Erfolge ermutigt, beschließen US-Präs. JOHNSON und MP. KY auf
März 1967 Konferenz von Guam innere Reformen zur Abwehr komm. Infiltrationen.
Sept. 1967 Präs. NGUYEN VAN THIEU wird wiedergewählt, KY wird Vizepräs.
Jan. 1968 »Tet«-Offensive: Kämpfe in Saigon, Hué und um Khe Sanh.
Mai 1968 Beginn von Verhandlungen zwischen den USA und Nordvietnam.
Nov. 1968 Einstellung der Bombenangriffe auf nordvietnames. Gebiet.
Jan. 1969 Pariser Vietnamgespräche.
Sept. 1969 US-Präs. NIXON kündigt stufenweisen Abzug der US-Truppen (550000 Mann) an: »**Vietnamisierung**« des Vietnamkriegs.
März 1970 Ausweitung auf Kambodscha.
Febr. 1971 Vorstoß nach Laos.
März 1972 nordvietnames. Großoffensive wird von den Reg.-Truppen nur durch massive US-Bombereinsätze zum Stehen gebracht.
US-Bodentruppen (noch 69000 Mann) greifen nicht in die Kämpfe ein.
Jan. 1973 Waffenstillstandsabkommen: Abzug der US-Truppen. Internat. Überwachung:
Febr./März 1973 Pariser Vietnamkonferenz.
30. 4. 1975 Bedingungslose Kapitulation und Wiedervereinigung mit Nordvietnam zur Soz. Rep. Vietnam (Juli 1976).

Nordvietnam (S. 515)
Nachfolger des verstorbenen HO CHI MINH (S. 515) wird
Sept. 1969 Staatspräs. TON DUC THANG. Nach der Kapitulation Südvietnams;
Nov. 1975 Politische Konsultativkonferenz über die Wiedervereinigung. Nach Wahlen in die gesamtvietnames. Nat.-Vers.
2. 7. 1976 Wiedervereinigung und Proklamierung der Sozialist. Republik Vietnam.

Vietnam
1978 Mitgl. des COMECON, Freundschaftsvertrag mit der UdSSR.
1979 Einmarsch in Kambodscha (Rückzug bis 1989).

Malaysia (S. 541)
1966 Beendigung der indones. »Konfrontation« im Abkommen von Djakarta.
Nach Unruhen zwischen Malaien und Chinesen
1969–71 Ausnahmezustand.

Indonesien (S. 541)
1966 Gen. Suharto (geb. 1921) übernimmt die Macht, SUKARNO wird schrittweise entmachtet. Massaker an Kommunisten.
Sept. 1966 Rückkehr in die UN.
Mai 1967 Absetzung SUKARNOS.
März 1968 SUHARTO wird Staatspräs.
Aug. 1969 Anschluß West-Irians.
1976 Anschluß ehem. port. Timor.
1989 Präs. SUHARTO besucht Moskau.
1990 Indonesien hat rd. 170 Mill. Einw.

Pakte
SEATO (S. 517): 1977 Auflösung.
ASEAN, gegr. 1967 durch Thailand, Malaysia, Indonesien, Singapur und Philippinen zur Förderung der wirtschaftl. Stabilität.

ANZUK, gegr. 1971: Verteidigungsbündnis zwischen Großbritannien, Australien, Neuseeland, Malaysia und Singapur.

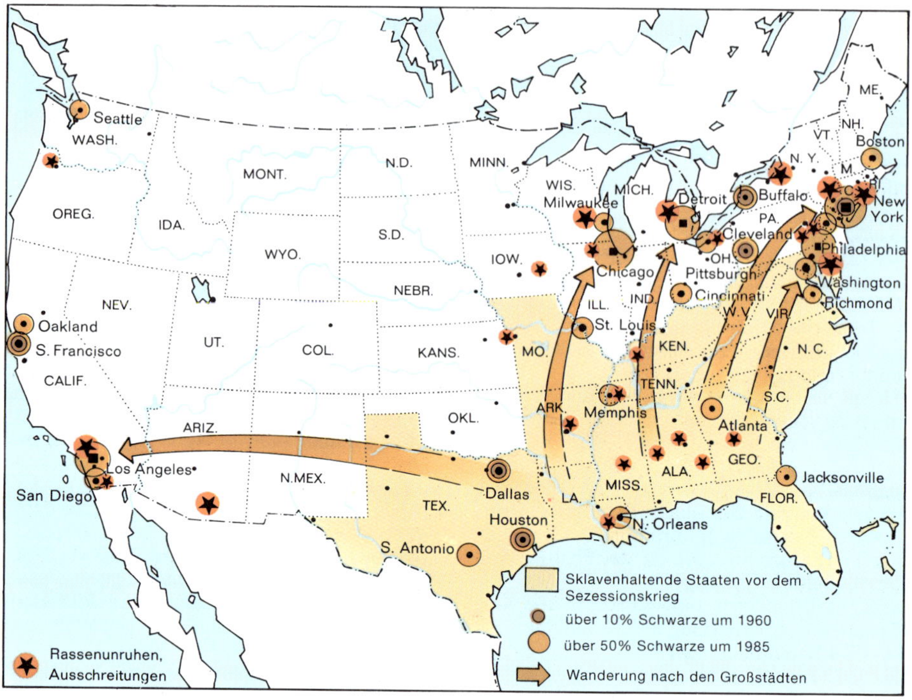

Vereinigte Staaten: Die Amerikaner schwarzafrikanischen Ursprungs

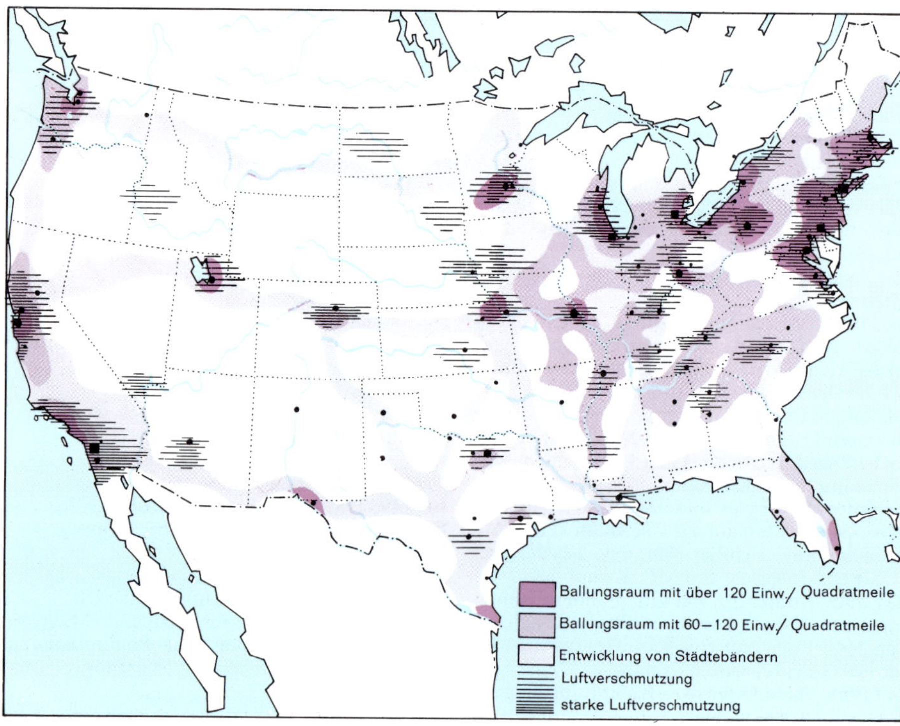

Vereinigte Staaten: Innenpolitische Aufgaben der 70/80er Jahre

Kanada (S. 520)
Nach Rücktritt PEARSONS (S. 520) folgt
1968 MP. Pierre E. Trudeau/Lib. (geb. 1921).
1972 Minderheits-Reg. TRUDEAU.
1974 wieder absolute Mehrheit der Liberalen; MP. TRUDEAU.
1976 und 1981 franz. Separatisten gewinnen die Prov.-Wahlen in Quebec, Spannungen zwischen franz. und engl.-sprachigen Kanadiern.
1982 Verfassungsproklamation durch Königin ELISABETH II. in Ottawa.
1984 Wahlsieg der Konservativen: MP. B. MULRONEY (Sept.). – Die
1990 kanad. Marine beteiligt sich an der multinat. Truppe gegen den Irak.

Vereinigte Staaten (S. 520)
1966 Rassenunruhen: neben gewaltlosem Protest (MARTIN LUTHER KING) militante Gruppen (»Black Muslims«, »Black Power«).
Juni 1967 Gipfeltreffen in Glassboro: Gespräche zwischen Präs. JOHNSON und dem sowjet. MP. KOSSYGIN bringen keine Lösung der Vietnam- und Israel-Frage.
1968 Präs. JOHNSON kündigt Friedensverhandlungen mit Nordvietnam an.
1969 Präs. Richard M. Nixon/Republikaner (S. 520) knapp vor HUMPHREY/Demokrat.
Sept. 1969 NIXON kündigt stufenweise Abzug der US-Truppen aus Vietnam an.
Juni 1971 Veröffentlichung der ›Pentagon-Papers‹ über die Geschichte des Vietnamkriegs.
Juli 1971 Nixon-Berater Kissinger in Peking.
Febr. 1972 Präs. Nixon in der VR China.
Nov. 1972 Wiederwahl NIXONS (61%) gegen GEORGE MCGOVERN/Demokrat.
1973 Watergate-Affäre: nach erzwungenem **Rücktritt Präs. Nixons.**
Aug. 1974 Präs. Gerald R. Ford:
BRESCHNEW in Wladiwostok (Nov.): Erklärung zu SALT.
März 1976 FORD tritt für eine »Politik für den Frieden durch Stärke« ein und lehnt den Begriff »Détente« ab.
200. Gründungstag der USA (4. 7.).
1977 Präs. James E. Carter/Demokrat; er vermittelt das ägypt.-israel.
1978 Camp-David-Abkommen.
1980 Die militär. Befreiungsaktion für die beim Umsturz im Iran in Teheran in der US-Botschaft genommenen Geiseln scheitert (am 20. 1. 1981 frei).
Wirtschaftssanktionen und
1980 Absage der Olympia-Teilnahme in Moskau wegen des sowjet. Einmarschs in Afghanistan.
1981 Präs. Ronald W. Reagan/Republikaner.
Aug. 1981 Abschuß libyscher Kampfflugzeuge über der Großen Syrte.
Okt. 1983 Militäraktion in Grenada. Hilfe für Contras in Nicaragua. Radikale Steuersenkung und Kürzungen von Sozialleistungen führen zum Wirtschaftswachstum: mit großer Mehrheit wird
Nov. 1984 Reagan wiedergewählt; Forschungsprogramm zur Abwehr von Raketenwaffen im Weltraum für das 21. Jh. (»Krieg der Sterne«):
Jan. 1985 Strategische Verteidigungsinitiative (SDI).
1986 Waffenlieferungs-Affäre: Waffen an den Iran durch den CIA.
1988 werden Mittelstreckenraketen aus Europa abgezogen und vernichtet. Nach Sieg über den Demokraten M. DUKAKIS:
1989 Präs. George Bush/Republikaner. In Ausführung einstimmig beschlossener Resolutionen (Nr. 660ff.) des UN-Sicherheitsrats nehmen die
1990 USA am Aufmarsch gegen den Irak teil; nach Ablauf eines Ultimatums, militär. Sieg der Verbündeten im
18. 1.–28. 2. 1991 Golfkrieg zur Befreiung Kuwaits.

Karibik
1973 Unterzeichnung des Gründungsvertrags der Karib. **Wirtschaftsgemeinschaft** (CCM).
1975 Konvention von Lomé: Barbados, Grenada, Bahamas, Jamaika und Trinidad-Tobago werden ass. Staaten der EG.

Bahamas
Juli 1973 Unabhängigkeit.

Barbados
Nov. 1966 Unabhängigkeit.

Dominikanische Republik (S. 549)
Nach bürgerkriegsartigen Unruhen
1966 Präs. BALAGUER; Abzug der OAS-Truppen.
Seit 1974 Präs. BALAGUER, wiedergewählt (auch 1990).

Grenada
Febr. 1974 Unabhängigkeit.
1979 Putsch unter M. BISHOP. Nach Links-Putsch des Militärs und Ermordung BISHOPS
1983 Intervention amerikan. und karib. Truppen (Okt.).

Haiti
1986 Sturz DUVALIERS, der nach Frankreich flieht (Jan./Febr.).

Kuba
1971 Gesetz: regelmäßige Arbeit ist Pflicht.
1972 Aufnahme in den COMECON.
1975 OAS hebt Sanktionen auf.
Intervention in Angola und
1977 auch in Äthiopien (Rückzug 1989).
1988 Angola-Namibia-Abkommen: Beginn des
1989 Truppenabzugs aus Angola. Verurteilung hoher Militärs wegen Korruption und Rauschgifthandel.
1990 Flüchtlinge versuchen, durch Flucht in westliche Botschaften die Ausreise zu erzwingen.

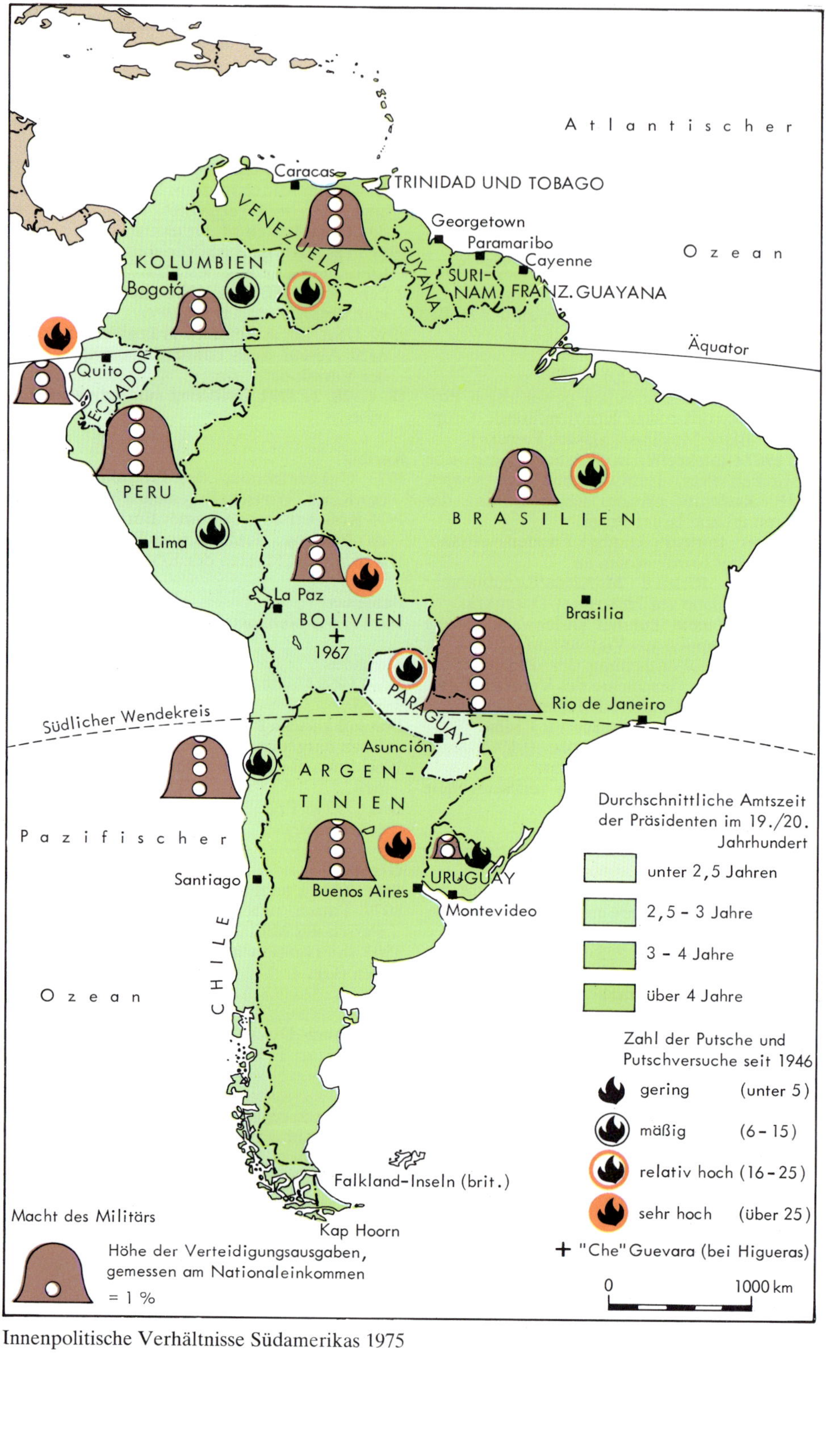

Innenpolitische Verhältnisse Südamerikas 1975

Mexiko (S. 549)
1970 Präs. L. ECHEVERRÍA ÁLVAREZ; unternimmt zwei Weltreisen (1973, 1975) zur Solidarisierung der 3. Welt.
1976 Präs. LÓPEZ PORTILLO. Erdölfunde entlasten den Staatshaushalt.
1982 Präs. M. DE LA MADRID.
1985 Erdbeben in der Hauptstadt fordert mehrere Tausend Tote.
1988 Präs. C. SALINAS.

Guatemala
1974 LAUGERUD nach umstrittenen Wahlen Präs. Militärregime und Guerillatätigkeit. Wahlen (Dez. 1985) gewinnt
1986 Präs. V. CEREZO/Christdemokrat.

Britisch-Honduras
1973 in **Belize** umbenannt.
1981 Belize erlangt die Unabhängigkeit.

El Salvador
1969 »Fußballkrieg«: Grenzstreitigkeiten mit Honduras enden erst
1976 mit einem Waffenstillstandsabkommen.
1979 Militärputsch, bürgerkriegsähnl. Zustände.
Dez. 1980 Juntachef DUARTE, erklärt sich
1984 zum Präs. Nach Wahl neuer
1989 Präs. A. CRISTIANI/ARENA.
1989/90 Verhandlungen mit der Guerillaorganisation FMLN scheitern.

Honduras
1969 »Fußballkrieg« mit El Salvador (s. o.).
Sept. 1974 Orkan Fifi vernichtet die Wirtschaft von Honduras. Nach Militärjunta folgen seit
1980/82 wieder zivile Reg.; Flüchtlinge aus El Salvador und Nicaragua belasten die innenpolit. Lage; Versorgungsbasen der nicaraguan. Contras.
1990 Präs. R. LEONARDO CALLEJAS.

Nicaragua
Dez. 1972 Zerstörung der Hauptstadt Managua durch Erdbeben.
1978 Ermordung des oppositionellen P. J. CHAMORRO. Aufstand der Sandinisten (FSLN) führt zum
1979 Sturz des Somoza-Regimes.
Junta unter Führung des Sandinisten D. ORTEGA übernimmt die Reg.
1983 Kämpfe zwischen Sandinisten und Rebellen (»Contras«).
1984 Verminung nicaraguan. Häfen unter Beteiligung des CIA (USA).
Präs.- und Parlamentswahlen:
Nov. 1984 Präs. Ortega/FSLN. Guerillakrieg gegen die von den USA unterstützten »Contras« hält an.
1987 10-Punkte-Vorschlag des Präs. von Costa Rica ARIAS zur inneren Demokratisierung Nicaraguas (Febr.).
Dialog zwischen Reg. und 11 Oppositionsparteien (Okt.).
1988 Waffenstillstandsabkommen von Sapoa (März).
1990 Freie Wahlen gewinnt die Mitte-Rechts-Koalition: Sieg der Opposition über die Sandinisten (Febr.).
Machtübergabe an die neue
April 1990 Präsidentin VIOLETA CHAMORRO: Demobilisierung der Contras.

Panama
1972–78 TORRIJOS »Führer der neuen Rev.«.
1977 Verträge mit den USA unterzeichnet: nach Rückgabe von rd. 55% der Fläche an Panama gemeinsame Verwaltung von Kanal und Kanalzone bis Ende 1999.
1989 Annullierung der Präs.-Wahlen vom 7. Mai (Mai). Putschversuch gegen OB Gen. NORIEGA (Okt.) scheitert.
20. 12. 1989 US-Militärintervention endet mit Sturz und
Jan. 1990 Verhaftung NORIEGAS; in den USA wegen Drogenhandels vor Gericht gestellt.

Kolumbien (S. 549)
1974 Präs. LÓPEZ MICHELSEN/Lib.: Verstaatlichung aller Erdölvorkommen. Guerilla-Kämpfe gegen rev. Befreiungsbewegungen; rechtsgerichtete Todesschwadronen.
1986 Präs. V. BARCO VARGAS/Lib. Seit
1989 verstärkter Kampf gegen die Drogenmafia (»Kartell von Medellin«).
1990 Präs. C. GAVIRÍA/Lib.

Ecuador
1968 Präs. VELASCO IBARRA setzt die
1970 Verf. außer Kraft. Militär-Putsch
1972: Junta unter RODRÍGUEZ LARA. Machtkampf in der militär. Führung:
1976 Oberster Reg.-Rat unter PÓVEDA BURBANO.
Nach Wahlen seit
1979 wieder Zivilisten als Präs.
1988 Präs. RODRIGO BORJA.

Peru (S. 549)
1963–68 Präs. F. Belaúnde Terry; durch Milit.-Putsch gestürzt:
1968 Präs. Gen. VELASCO ALVARADO, weitere Entwicklung zum Staatssozialismus.
1969 Bodenreform.
1973 Verstaatlichung der Fischmehlind. und der größten US-Bergbauges.
1974 »Inka«: Zeitplan der Revolution.
1975 Sturz des Präs. durch Militär. Neuer Präs. Gen. MORALES BERMÚDEZ, doch weiterhin Unruhen und Putschversuche.
1978 Verfassunggebende Versammlung. Seit den 80er Jahren Terroranschläge durch die maoist. Guerilla-Bewegung »Leuchtender Pfad«.
1980 F. BELAÚNDE TERRY wieder Präs.
1985 Präs. GARCÍA PÉREZ.
1990 Präs. A. FUJIMORI, nach Wahlsieg über den Schriftsteller M. VARGAS LLOSA, verkündet Sparprogramm.

Bolivien (S. 549)
Als Anführer von Guerillas wird
1967 ERNESTO »CHE« GUEVARA getötet.
Präs. BARRIENTOS setzt eine
1968 Milit. Reg. ein. Linksputsch unter
1969 Präs. Gen. OVANDO CANDIDA: nat. Revolution, Verstaatlichungen.
1970 Präs. Gen. JOSÉ TORRES. Rechtsputsch unter
1971 Präs. Oberst BANZER SUÁREZ; mehrere erfolglose, dann erfolgreiche
1978–82 Putsche in rascher Folge. Nach Wahlen
1982 Präs. H. SILES ZUAZO.
1983 Auslieferung des deutschen Kriegsverbrechers KLAUS BARBIE an Frankreich.
1985 Präs. V. PAZ ESTENSSORO.
1986 Einsatz von US-Truppen zur Drogenbekämpfung.
1989 Präs.: J. PAZ ZAMORA: Offensive gegen Drogenhandel.

Paraguay
1989 Sturz von Präs. STROESSNER (S. 549) durch Militärputsch (Febr.) unter Gen. A. RODRÍGUEZ, der Präs. wird (Mai).

Chile (S. 549)
Mit Unterstützung der Christl. Demokraten wird der **Volksfrontkandidat**
1970 SALVADOR ALLENDE neuer Präs.: Verstaatlichung der Industrie und des Großgrundbesitzes.
Sept. 1973 Sturz und Tod Allendes durch Milit.-Junta.
Juni 1974 Gen. A. Pinochet wird Staatschef, im Dez. Präs. der Rep. Verletzung der Menschenrechte, Verhaftung der polit. Gegner. Sept. 1975 noch 8000 Polithäftlinge.
1975 Gründung eines Staatsrates (Dez.).
1981 Neue Verfassung: PINOCHET 1. Präs.
ab 1981 Unruhen, Folterungen, Menschenrechtsverletzungen.
1988 Volksentscheid gegen Verlängerung der Amtszeit PINOCHETS (über 1990 hinaus).
1989 Freie Wahlen gewinnt der Kandidat der Opposition (Dez.):
1990 Präs. P. AYLWIN/Christdemokrat.

Argentinien (S. 549)
Nach unblutigem Staatsstreich der Armee
1966 Präs. ONGANÍA: Parteienverbot. Staatsstreich der Armeeführung:
1970 Präs. LEVINGSTON.
1971 Präs. Gen. LANUSSE: Wiederzulassung von Parteien.
März/April 1973 Wahlsieg der Peronisten;
Sept. 1973 JUAN PERÓN wieder Präs. Tod PERÓNS; seine Frau
1974 »ISABELLA« PERÓN wird Präs. Terrorismus, Notstandsprogramme.
1976 Übernahme der Macht durch Militärjunta; Staatspräs. Gen. VIDELA, dem die
1981/82 Gen. VIOLA und GALTIERI als Präs. folgen. Nach Besetzung der Malvinen:
1982 Krieg um die Falkland-Inseln (März–Juni) mit Großbritannien endet mit Niederlage. Gen. BIGNONE neuer Präs., Auflösung der Militärjunta.
1983 Wahlen: Präs. R. ALFONSÍN (Dez.).
1984 Kommission untersucht die Fälle der »Verschwundenen«. Schnellverfahren gegen Junta-Führer.
1986 Gesetz über die Verjährung von Verbrechen während der Militärdiktatur.
1989 Präs. wird der Peronist C. S. MENEM.

Uruguay
1968–72 Ausnahmezustand wegen Stadt-Guerilla »Tupamaros«.
1972 Präs. J. M. BORDABERRY.
1976 Sturz des Präs. durch Militär wegen undemokrat. Vorstellungen.
Gen. A. MÉNDEZ wird neuer Präs.,
1981 Gen. G. ÁLVAREZ. – Nach Wahlen folgt ein Zivilist als
1985 Präs. J. M. SANGUINETTI/Colorado.
1990 Präs. L. LACALLE/Blanco.

Brasilien (S. 549)
1967 Präs. Gen. COSTA E SILVA.
Kommissionsbericht über Ermordung der Indianer durch den »Indianerschutzdienst«.
Dez. 1968 Milit.-Diktatur durch Gen. COSTA E SILVA: Verhaftungswelle, Terroranschläge.
1969 Gen. MEDICI neuer Präs.
1974 Gen. GEISEL neuer Präs.
1976 Kernkraftwerk:
Abkommen mit der BR Dtl.
1979 Gen. FIGUEIREDO neuer Präs.
1983 Brasilien muß Schuldendienst einstellen. – Nach Wahlen:
1985 Präs. J. SARNEY. Extrem hohe Inflationsraten. Nach direkten Präs.-Wahlen:
1990 Präs. F. COLLOR DE MELLO mit radikalem Finanzsanierungsprogramm.

Surinam
Nov. 1975 Unabhängigkeit.
1980 Militärjunta mit sozialist. Kurs.
1987 Neue Verf., Wahlsieg der Opposition.

Guyana
Britisch-Guyana erlangt die
Mai 1966 Unabhängigkeit.

Venezuela
1973 Festlegung der Grenze mit Brasilien.
1974 Präs. C. A. PÉREZ/Demokrat. Aktion (AD).
März 1975 Kaffee-Gesellschaft mit Mexiko, Costa Rica und El Salvador.
Aug. 1975 Verstaatlichung der Erdölwirtschaft als Basis für den Plan einer neuen Wirtschaftsstruktur (Guayana-Projekt).
1979 Präs. L. HERRERA CAMPINS/COPEI.
1984 Präs. J. LUSINCHI/AD.
1988 Präs. wieder C. A. PÉREZ.
1989 Blutige Unruhen gegen drast. Sparprogramm der Reg. PÉREZ.

Marokko
Nov. 1975 »Grüner Marsch« gegen Selbständigkeit von Span.-Sahara.
1976 Besetzung des nördl. Teils,
1979 auch des Südens. Kämpfe mit der Unabh.-Bewegung Polisario.

Mauretanien
1975/76 Besetzung des südl. Teils von Span.-Sahara. – OULD DADDAH entmachtet durch
1978 Militärputsch, dem weitere folgen.
1984 Präs. TAYA.

Algerien
1978 Tod BOUMEDIENNES (S. 547).
1979 Präs. wird Oberst CHADLI.
1980 Kongreß der FLN: Ende der Ära BOUMEDIENNE.
Freilassung von BEN BELLA (Okt.).
1984/85 Unruhen und Terror durch moslem. Fundamentalisten.
1988 Blutige Unruhen wegen Erhöhung der Lebensmittelpreise.
1991 Unruhen durch moslem. Fundamentalisten (Juni).

Tunesien
1970 Vertrag mit Algerien.
1974 Verschmelzung mit Libyen beschlossen, von Tunesien aufgeschoben. – BURGIBA (S. 547) Präs. auf Lebenszeit (Dez.).
1978 Soziale Spannungen, Generalstreik.
1987 Ablösung BURGIBAS (wegen Amtsunfähigkeit) durch BEN ALI als Präs. und Parteichef.

Libyen
1969 Militärputsch junger Offiziere: Rev.-Rat unter KHADAFI ruft Rep. aus.
1973 KHADAFI proklamiert den Islam als sozialrev. Weg (»3. internat. Theorie«).
1975 Rüstungsvereinbarungen mit UdSSR.
1976 VR auf der Grundlage des Koran.
Nach Rücktritt als Staatschef bleibt
1979 KHADAFI »Führer der Revolution«.
1980 Eingreifen libyscher Truppen im Tschad. – Nach Zwischenfällen bei US-Manövern (Febr.) und milit. Zusammenstößen (März)
1986 US-Luftangriff auf Tripolis und Bengasi (April).
Seit 1988 Affäre um die Chemiewaffenfabrik in Rabta.

Ägypten (S. 535)
5.–10. 6. 1967 Israel.-arab. Krieg.
1968/69 Kämpfe um Suezkanal; Ausbau sowjet. Raketenstellungen. Nachfolger NASSERS wird
Okt. 1970 Präs. **Anwar As-Sadat.**
1971 Umbenennung der VAR in **Arabische Republik Ägypten;** neue Verf.
1972 Ausweisung der sowjet. Berater.
Okt. 1973 Krieg gegen Israel.
Juni 1975 Suezkanal wiedereröffnet.
1976 Kündigung des Freundschaftsvertrags mit der UdSSR; Abzug aller sowjet. Kriegsschiffe. – Verteidigungspakt mit dem Sudan, vor allem gegen Libyen.
1977 SADAT besucht Israel.
1979 Friedensvertrag mit Israel (März).
1980 SADAT wird Präs. auf Lebenszeit (Mai). Innere Opposition und Religionsunruhen.
1981 Mordanschlag und Tod Sadats (6. 10.). Neuer Präs. wird M. H. MUBARAK.
1982 Rückgabe des Sinai (April).
1987 Präs. MUBARAK wiedergewählt.

Sudan
Kampf des afrikan. Südens gegen Herrschaft des arab. Nordens, bes. um Einführung des islam. Rechts (Scharia).
1969 Milit.-Putsch unter Gen. NUMEIRI.
1971 Kommunistenverfolgung nach gescheitertem Linksputsch.
1972 Friedensabkommen mit Südsudan. Zahlreiche Putschversuche.
1985 Sturz Numeiris.
1989 Kriegsrecht und Bürgerkrieg. Putsch unter Gen. AL-BASHIR.

Äthiopien (S. 481)
1974/75 Entmachtung des Kaisers durch die Armee. Verstaatlichung des Landbesitzes, Abschaffung der Monarchie.
Aug. 1975 HAILE SELASSIE I. gestorben.
1977 MENGISTU HAILE MARIAM neuer Staats- und Reg.-Chef des Sozialist. Äthiopien. – Mit Hilfe sowjet. Waffen und kuban. Truppen.
1978 Sieg über Westsomal. (Ogaden) und über die Eritreische Befreiungsfront.
1984 Gründung der marxist. Äthiop. Arbeiterpartei (Febr.). Hungersnot (Okt./Nov.).
1984/85 Operation Moses: Luftbrücke für äthiop. Juden nach Israel.
1987 Neue Verfassung: Demokrat. VR Äthiopien; MENGISTU zum Präs. gewählt.
1990 Gründung von Privatfirmen erlaubt. Sieg der versch. Befreiungsbewegungen und
Mai 1991 Sturz Mengistus.

Franz.-Somali
1967 Volksentscheid für Verbleiben bei Frankreich; Unruhen. Umbenennung in **Territorium der Afar und Issa.**
1977 Unabhängigkeit als **Republik Djibouti.**

Somalia
1967–69 Präs. SCHERMARKE (ermordet).
1969 Milit.-Putsch unter Gen. BARRE.
1974 Vertrag mit der UdSSR (1977 gekündigt).
1976 Sozialist. Einparteienstaat. Gen. BARRE wird Staatspräs.
1977 Dt. GSG 9 befreit in Mogadischu ein von Terroristen entführtes dt. Flugzeug.
1977/78 Konflikt mit Äthiopien um Ogaden.
1979 Neue Verfassung.
1986 Präs. BARRE durch direkte Wahl bestätigt. – Bürgerkrieg und
Jan. 1991 Sturz von Präs. BARRE.

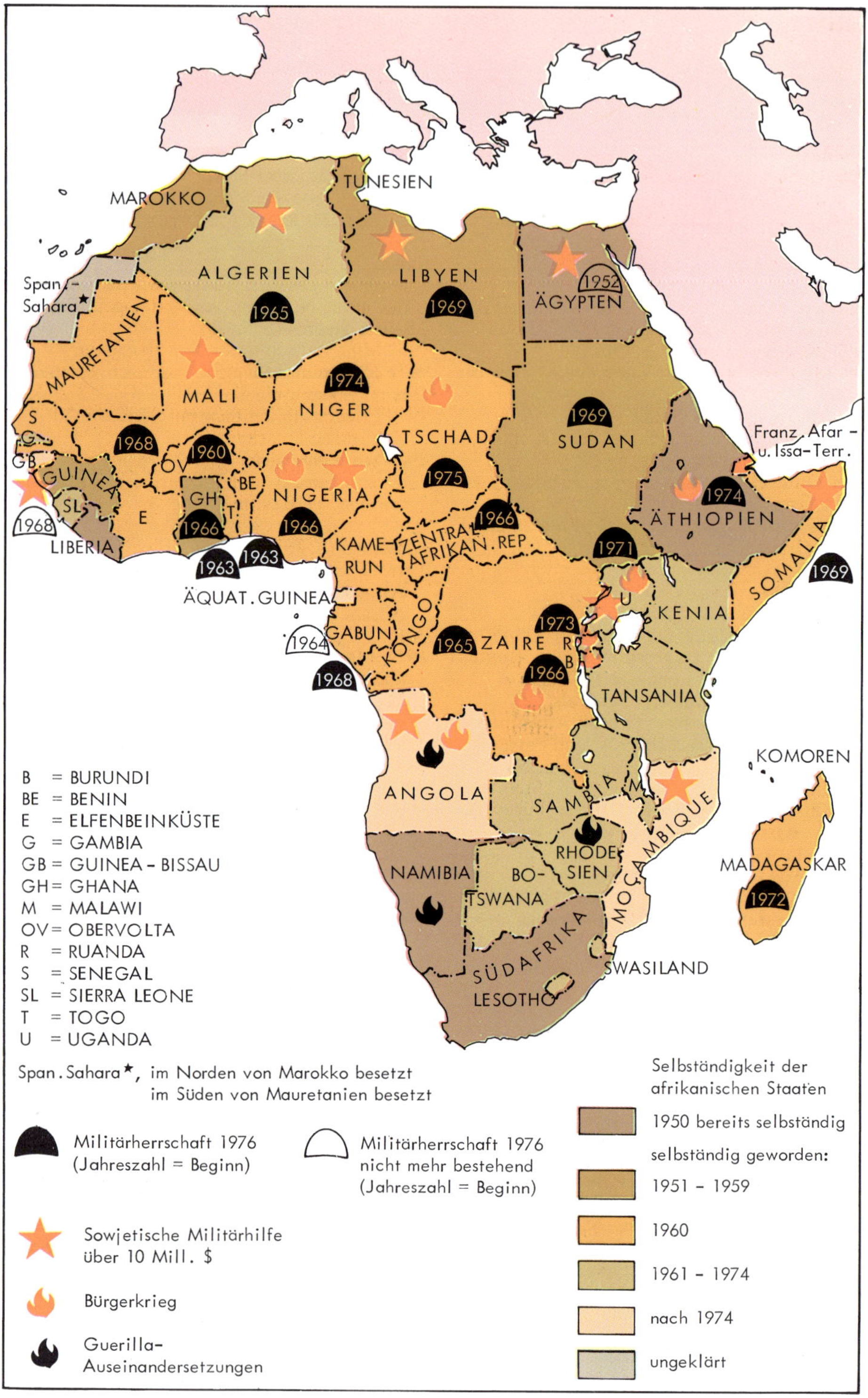

Die Herrschaft der Militärs in Afrika 1976

Kenia
Präs. Jomo Kenyatta (1891–1978) regiert mit seiner Partei KANU. Nach KENYATTAS Tod wird
1978 D. A. MOI Staatspräs.

Uganda
1966–71 Präs. M. OBOTE.
1971 Milit.-Putsch unter Gen.-Major IDI AMIN, der ein Terrorregime errichtet.
Einmarsch tansan. Truppen und
1979 Sturz des Diktators Idi Amin.
1980 MILTON OBOTE wieder Präs.
1983/84 Massenmassaker an Hunderttausenden von Ugandern durch Militär.
1985 Militärputsch unter T. OKELLO.
1986 Militärputsch unter Y. MUSEVENI.

Ruanda
1973 Militärputsch unter J. HABYALIMANA [Präs. seit 1978]; Einparteiensystem, Entmachtung der Tutsi.

Burundi
1966 König NTARÉ V. wird von MP. MICOMBERO abgesetzt, Rep. unter
1966 Präs. MICOMBERO.
1972 blutige Stammesfehden zwischen Hutu und den herrschenden Tutsi.
1974 Erste Verfassung des Landes.
1976 Putsch unter Oberst J.-B. BAGAZA.
1987 Putsch unter Major P. BUYOYA.

Tansania
Präs. Nyerere regiert mit Einheitspartei (TANU); Grundsätze in der
1967 Charta von Arusha.
1985 Rücktritt NYERERES; Nachfolger A. H. MWINYI.

Sambia
Präs. Kenneth Kaunda [seit 1964] versucht mit Hilfe seiner Reg.-Partei UNIP den Tribalismus (72 Stämme) zu überwinden.

Malawi
1966 Neue Verf.: MP. BANDA wird Staatspräs.

Madagaskar
Präs. TSIRANANA entmachtet:
1972 Militärreg. RAMANANTSOA.
1975 Militärjunta; Präs. RATSIRAKA.
1976 neue Verf. (Demokrat. Rep.), RATSIRAKA Präs. des Rev.-Rats.

Mauritius
1966 Die brit. Insel wird unabhängig.

Seychellen
1976 als Rep im Commonwealth unabh.

Botswana
Betschuanaland wird unabhängig als
1966 Rep. Botswana; erster Präs. wird S. KHAMA [1966–80].

Lesotho
Brit. Protektorat Basutoland wird als
1966 Königreich Lesotho unabhängig.
1970 Putsch: MP. L. JONATHAN [1965–86].
1986 Militärputsch.

Swasiland (Ngwane)
1968 Das brit. Protektorat wird unabhängig.
1973 König SOBHUZAS II.
1986 König MSWATI III.

Unabhängigkeit der ehem. port. Übersee-Provinzen (S. 567): 1974 **Guinea-Bissau.** 1975 **Moçambique; Sao Tomé/Principe; Kapverden; Angola.**

Moçambique
1975 Präs. S. MACHEL/FRELIMO; sozialist. VR., wirtschaftl. Schwierigkeiten. Bürgerkrieg mit der antimarxist. RENAMO, die weite Teile des Landes beherrscht.
1984 Abkommen von Nkomati mit Südafrika: Verzicht auf Unterstützung des ANC.
1986 Tod MACHELS bei Flugzeugabsturz. Neuer Präs. wird J. A. CHISSANO.
1990 Neue Verfassung: Rep. mit Mehrparteiensystem, freie Marktwirtschaft.

Angola
Nov. 1975 Verfassung: VR mit marxist. Einheitspartei MPLA. Kämpfe zwischen den Befreiungsbewegungen.
März 1976 MPLA unter A. NETO siegt mit Hilfe der UdSSR und kuban. Truppen, aber UNITA setzt den Bürgerkrieg fort. – Nach NETOS Tod folgt
1979 Präs. J. E. DOS SANTOS. Unterstützung der namib. SWAPO.
1988 Beschluß über Truppenrückzug der Kubaner und Waffenstillstand; Abzug der südafrikan. Truppen. Trotz
1989 Waffenstillstand kein Ende der Kämpfe.
1991 Friedensvertrag mit der UNITA.

Rhodesien (S. 545)
UN-Verurteilung, Handelsembargo bringen Reg. SMITH nicht zum Einlenken.
1970 Neue Verf.: unabh. Rep. – Seit
1975 Guerilla-Kämpfe.
1976 Genfer Rhodesien-Konferenz scheitert.
1978 MP. A. MUZOREWA/ANC einer zunächst gemischtrassigen Reg.
1979 Londoner Rhodesien-Konferenz beschließt Unabhängigkeit als **Simbabwe.**

Simbabwe
Parlamentswahlen gewinnt die ZANU/PF:
April 1980 MP. R. MUGABE/ZANU. Stammesrivalitäten führen zum
1982 Bürgerkrieg mit der ZAPU unter J. NKOMO.
1987 Vereinigung von ZANU und ZAPU; Präsidialsystem: Präs. R. MUGABE.
1990 Wiederwahl Präs. MUGABES (März); NKOMO wird Vizepräs. (Aug.).

Südafrika (S. 545)
1966 MP. Balthazar J. Vorster, keine Änderung der »Apartheid«-Politik.
Der **Entzug des UN-Mandats über Südwestafrika** wird nicht befolgt.
1971 Gutachten des Internat. Gerichtshofs in Den Haag erklärt die Anwesenheit Südafrikas in **Namibia** (Südwestafrika) für illegal.
1974/75 Milderung der Apartheidpolitik.
1976 Schwere Unruhen in Soweto. Homeland Transkei wird unabhängig, weitere folgen.
1978 MP. P. W. Botha.
Milit. Aktionen gegen SWAPO in Süd-Angola. Wirtschaftl. Rezession in den 80er Jahren
1981 Invasion in Süd-Angola (Aug.-Sept.).
1984 Neue Verfassung weiter ohne Beteiligung der schwarzen Mehrheit; Parlament aus 3 Kammern (Weise, Mischlinge, Inder), Präsidialsystem. P. W. Botha wird Staatspräs.
1986 Verhängung des Ausnahmezustands (Juni). Wirtschaftl. Sanktionen der westl. Länder. Nach Rücktritt Bothas
1989 Präs. F. W. de Klerk (Sept.). Freilassung von ANC-Führern.
1990 Freilassung des ANC-Führers Nelson Mandela nach 27 Jahren Haft (11. 2.). Direkte Verhandlungen zwischen de Klerk und Mandela (Mai).
Ausnahmezustand wird beendet (Juni). Kämpfe zwischen ANC und der Zulu-Organisation Inkatha.
Rückkehr des ANC-Präs. Tambo (Dez.).
1991 Präs. de Klerk kündigt **Ende der Apartheidspolitik** an (April).
Juni 1991 Aufhebung des Gesetzes zur Klassifizierung der Südafrikaner nach Rassen, das zwischen Weißen, Schwarzen, Asiaten und Mischlingen unterschied.

Namibia
Bei von der UN nicht anerkannten
1978 Wahlen siegt die Turnhallen-Allianz.
1988 Unterzeichnung des Friedensabkommens in New York (Dez.).
1989 Parlamentswahlen: Erfolg für die SWAPO (Nov.).
März 1990 Unabhängigkeit der Rep. Namibia; Präs. S. Nujoma/SWAPO.

Senegal
Auf Präs. Senghor [1960–80] folgt
1981 Präs. A. Diouf (Jan.).
1982 Union mit Gambia (bis 1989).
1990 Grenzkonflikt mit Mauretanien.

Gambia
1970 Republik im Commonwealth.
Präs. D. K. Jawara, auch
1987 wiedergewählt.

Guinea
1974 Stützpunkte für sowjet. Langstreckenflugzeuge.
1984 Tod Sékou Tourés und Machtübernahme durch das Militär.

Sierra Leone
1967 Milit.-Putsch unter Gen. Juxon-Smith.
1968 Milit.-Putsch: Ernennung von MP. Stevens/APC.
Umwandlung in
1971 Rep. unter Präs. Stevens.
1978 Neue Verf.: Einparteienstaat (APC).
1985 Präs. J. Momoh.

Liberia
1971 Tod Präs. Tubmans [seit 1943]. Nachfolger W. R. Tolbert, der beim
1980 Militärputsch unter S. K. Doe ermordet wird.
1984 Neue Verfassung.
1985 Parlamentswahlen.
1986 Doe wird 20. Präs.
1990 Tod von Präs. Doe (10. 9.), Bürgerkrieg.
Febr. 1991 Waffenstillstandsabkommen der Bürgerkriegsparteien.

Ober-Volta
Sturz Präs. M. Yameogos [1960–66] durch
1966 Milit.-Putsch unter Oberst Lamizana.
1974 »Reg. der nationalen Erneuerung«.
1975–78 Einheitspartei UDV.
Präs. Lamizana [1966–80] wird gestürzt durch einen
1980 Milit.-Putsch, wie auch seine Nachfolger S. Zerbo durch
1982 Präs. Quedraogo und der durch
1983 Präs. Th. Sankara.
1984 Umbenennung in **Burkina Faso.**

Burkina Faso
Auch Präs. Sankara wird gestürzt durch
1987 Milit.-Putsch: Präs. wird B. Campaoré.

Ghana
1979 Milit.-Putsch unter Leutnant Rawlings (Juni). Nach Wahlen wird H. Limann Präs.
1981/82 Putsch erneut unter Rawlings: Nat. Verteidigungsrat.

Togo
1967 Milit.-Putsch unter Eyadema.
1969 Einheitspartei RPT von Präs. Eyadema.
1990 Unruhe der Opposition gegen den Diktator Eyadema.

Dahome
1965 und 1967 Milit.-Putsch.
1968 MP. Zinsou.
Neuerl. Milit.-Putsch:
1969 Präsidialrat führt die Reg.
1972 Milit.-Putsch: Präs. Major Kerekou.
1974 Marxismus-Leninismus wird Staatsdoktrin.
1975 Gescheiterte Putschversuche.
Nov. 1975 Umbenennung in VR Benin.

Benin
Verstaatlichung der Banken. Nach Abkehr vom Marxismus
1990 MP. M. Soglo.

Nigeria
Jan. 1966 Milit.-Putsch unter Gen. IRONSI: strebt zentralist. Einheitsstaat an.
Föderalist. Gegenputsch unter
Juli 1966 Oberst GOWON, Ostregion verlangt Autonomie; Ausrufung der
Mai 1967 Rep. Biafra unter Oberst OJUKWU.
1967–70 Bürgerkrieg endet mit der bedingungslosen Kapitulation Biafras.
1975 Staatsstreich: Präs. Gen. R. MOHAMMED,
1976 bei Putsch ermordet. Präs. Gen. OBASANJO. Nach Wahlen folgt
1979 Präs. A. S. SHAGARI.
1983 Militärputsch unter Gen. BUHARI.
1985 Militärputsch unter Gen. BABANGIDA.

Sahelstaaten
1980/81 Hungerkatastrophe.

Mali
Präs. KEITA [seit 1960] gestürzt durch
1968 Milit.-Putsch unter M. TRAORÉ.
1974 Neue Verfassung: Präsidialsystem. Einheitspartei (UDPM).
1979 TRAORÉ wird bei erster Wahl bestätigt.
1985 Grenzstreitigkeiten mit Burkina Faso.
1991 TRAORÉ durch Putsch gestürzt.

Niger
Präs. H. DIORI [seit 1960] wird gestürzt:
1974 Putsch unter Oberst S. Kountie; nach dessen Tod
1987 Präs. A. SEIBU.

Tschad
1975 Militärputsch, Tod von Präs. TOMBALBAYE [seit 1960]: Oberster Militärrat unter Gen. F. MALLOUM.
1979 Bürgerkrieg; Übergangs-Reg. unter Präs. G. QUEDDEI.
1980 Libyen greift in Bürgerkrieg ein.
1982 Abzug der libyschen Truppen, Präs. QUEDDEI geht ins Exil, bildet Gegenreg. Präs. wird H. HABRÉ. Hilfe Frankreichs und Zaires gegen
1983 weitere Angriffe von Queddei-Truppen.
1987 Frieden mit Libyen. – Sturz HABRÉS:
Dez. 1990 Präs. IDRISS DÉBY.

Zentralafrik. Republik
Präs. D. DACKO [1960–66] gestürzt durch
1966 Milit.-Putsch unter J. B. BOKASSA.
1972 Präs. auf Lebenszeit; Terror.
Dez. 1976 Kaiserreich proklamiert.
1979 Sturz Kaiser BOKASSAS I.; wieder Republik; Präs. wieder D. DACKO.
1981 Präs. Gen. A. KOLINGBA durch unblutigen Putsch.
1987 Exkaiser BOKASSA wegen vielfachen Mordes zum Tode verurteilt.

Äquatorial-Guinea
Span. Guinea (Rio Muni) wird mit den Inseln Fernando Póo und Annobón als
1968 Rep. Äquatorial-Guinea selbständig.
1969 MACIAS herrscht nach Tod bzw. Ermordung führender Oppositionspolitiker.
1979 Sturz der Diktatur MACIAS NGUEMA. Präs. wird Oberst T. OBIANG NGUEMA MBASOGO.

Kamerun
1972 Umwandlung in einen Einheitsstaat.
1975 Präs. AHIDJO wiedergewählt.
Nach Rücktritt AHIDJOS wird
1982 P. BIYA Präs.

Kongo/Brazzaville
1968 Milit.-Putsch linksgerichteter Offiziere unter Hauptmann NGOUABI (März 1977 ermordet), der Staatspräs. wird.
Dez. 1969 Proklamation zur **VR Kongo.**
1977 Präs. J. YHOMBI-OPANGO.
1979 Präs. D. SASSOU NGUESSO.

Kongo-Leopoldville/Kinshasa (S. 547)
1966 Präs. MOBUTU auch MP.
1971 Umbenennung in **Rep. Zaire.**

Zaire
1977/78 Kämpfe in der Prov. Shaba (früher Katanga) mit Exil-Katangesen.
1978 Neue Verfassung: Präsidialsystem; Präs. bleibt MOBUTU.

Organisation für die Einheit Afrikas (OUA)
Konferenz in Lusaka verabschiedet
1970 Resolution über das »südliche Afrika«: gegen Rassendiskriminierung.
1988 (25.) Konf. in Addis Abeba stellt Scheitern der afrik. Einigung fest.
Die Präs. von 51 Staaten der OUA unterzeichnen einen
1991 Vertrag über die afrikan. Wirtschaftsgemeinschaft, die nach dem Muster der EG bis zum Jahr 2025 verwirklicht werden soll.

Wirtschaftszusammenschlüsse
1965 **Gemeinsame Afrik. Madegass. (Mauritan.) Organisation (OCAM):** Dahome, Elfenbeinküste, Gabun, Kamerun, VR Kongo bis 1972, Madagaskar bis 1973, (seit 1973) Mauritius, Niger, Burkina Faso (Obervolta), Ruanda, Senegal, Togo, Tschad, Zaire, Zentralafrikan. Rep.
1967 **Ostafrik. Gemeinsamer Markt** (Kenia, Uganda, Tansania); 1970 Abkommen mit der EWG.
1964 **Zentralafrik. Zoll- und Wirtschaftsunion** (UDEAC): Gabun, Kamerun, VR Kongo, Zentralafrik. Rep., (seit 1983) Äquatorialguinea.
1975 Konvention von Lomé mit der EG (S. 554).
1975 Wirtschaftsgemeinschaft Westafrik. Staaten (CEDEAO): die 6 CEAO-Staaten Burkina Faso, Elfenbeinküste, Mali, Mauretanien, Niger, Senegal und (seit 1984) Benin sowie Gambia, Ghana, Guinea, Guinea-Bissau, (seit 1977) Kapverden, Liberia, Nigeria, Sierra Leone und Togo.

Register

Außer den auf den Seiten 628 bis 631 erläuterten Abkürzungen wurden hier auch noch folgende Kürzel verwendet: F = Friede, FSt = Freistaat, K = Konzil, Ko = Konferenz, Kongr = Kongreß, Ks = Kaiser, S = Schlacht, V = Vertrag.
Halbfett gesetzte Ziffern: Stichwort steht an zentraler Stelle.

Verzeichnis der Symbole und Abkürzungen

- Ort, Stadt
- Großstadt, polit. oder kult. Zentrum
- Hauptstadt
- Erzbistum
- Bistum
- erloschenes Bistum
- Kloster, Abtei
- Schloß, Burg
- Festung
- Belagerung
- Konferenzort
- Vertragsort
- zerstörter Ort
- Gebirgspaß
- Sperre, Blockade
- Mauer, Wall
- Aufstand, Revolution
- Spannungsraum, Kriegsschauplatz
- Schlachtort
- Monarch (Kaiser, König, Fürst)
- Staatsoberhaupt, Präsident
- Gesetzgebung
- parlamentarische Institution
- politische Macht
- Bündnis, Allianz
- Bündnispartner
- Personalunion
- Eheschließung

AA.	Auswärtiges Amt
abess.	abessinisch
Abg.	Abgeordneter
absolutist.	absolutistisch
Abt.	Abtei
a. d./b.	an der, bei
Adm.	Admiral
afgh.	afghanisch
AFL	American Federation of Labor
afrik.	afrikanisch
AG	Aktiengesellschaft
agrar.	agrarisch
ägypt.	ägyptisch
akkad.	akkadisch
alb.	albanisch
alger.	algerisch
all.	alliiert
amerik., amerikan.	amerikanisch
AMin.	Außenminister
anglik.	anglikanisch
ANZUS-Pakt	Pazifischer Verteidigungspakt. Mitglieder: Australien, Neuseeland [New Zealand], USA
apostol.	apostolisch
arab.	arabisch
aragon.	aragonesisch
asket.	asketisch
astronom.	astronomisch
athen.	athenisch
äthiop.	äthiopisch
att.	attisch
aufkl.	aufklärerisch
auton.	autonom
babyl.	babylonisch
bad.	badisch
BBZ	Brit. Besatzungszone
bed.	bedeutend
bes.	besonders
best.	bestimmt
Bev.	Bevölkerung
Bf.	Bischof
BK.	Bundeskanzler
Bm.	Bistum
bourb.	bourbonisch
BR	Bundesrepublik
brand.	brandenburgisch
bras., brasil.	brasilianisch
brit.	britisch
BRT	Bruttoregistertonne
buddh.	buddhistisch
bulg.	bulgarisch
burm.	burmesisch
BVP	Bayerische Volkspartei
byz., byzantin.	byzantinisch
BZ	Besatzungszone

CDU	Christlich-Demokratische Union
CENTO	Central Treaty Organization
CERN	Conseil Européen pour la Recherche Nucléaire
Ch.	Chanat
chil.	chilenisch
CIO	Congress of Industrial Organizations
COMECON	Council of Mutual Economic Aid (Rat für gegenseitige Wirtschaftshilfe)
Comp.	Companie, Company
CSU	Christlich-Soziale Union
D	Bundesrepublik Deutschland
d. Ä.	der Ältere
DAC	Development Assistance Committee
DAP	Deutsche Arbeiterpartei
DCI	Democrazia Cristiana Italia
DDP	Deutsche Demokratische Partei
DDR	Deutsche Demokratische Republik
delph.	delphisch
Dep.	Departement
d. Gr.	der Große
Div.	Division, Divisionen
d. J.	der Jüngere
DNVP	Deutschnationale Volkspartei
Dom.	Dominion
DStP	Deutsche Staatspartei
dt.	deutsch
Dtl.	Deutschland
DVP	Deutsche Volkspartei
Dyn.	Dynastie
dynast.	dynastisch
Ebf.	Erzbischof
Ebm.	Erzbistum
ecuad.	ecuadorianisch
edom.	edomitisch
EFTA	European Free Trade Association
Ehzm.	Erzherzogtum
eidg.	eidgenössisch
empir.	empirisch
engl.	englisch
EURATOM	Europäische Atomgemeinschaft
EVG	Europäische Verteidigungs-Gemeinschaft
evgl.	evangelisch
EZU	Europäische Zahlungsunion
FDP	Freie Demokratische Partei
finanz.	finanziell
fiskal.	fiskalisch
fläm.	flämisch
FLN	Front de Libération Nationale
FM.	Feldmarschall
Föd.	Föderation
Fr.	Friede
Frh.	Freiherr
Fs.	Fürst
Fsm.	Fürstentum
Ft.	Fort, Festung

GATT	General Agreement on Tariffs and Trade
geh.	geheim
gen.	genuesisch
Gen.	General
Gen.-Gouv.	Generalgouverneur
Gen.-Lt.	Generalleutnant
Gen.-Maj.	Generalmajor
Gen.-Oberst	Generaloberst
Gen.-St.	Generalstab
germ., german.	germanisch
ges.	gesamt
Gf.	Graf
Gfs.	Großfürst
Gfsm.	Großfürstentum
Gft.	Grafschaft
Ghzm.	Großherzogtum
Gouv.	Gouvernement
griech.	griechisch
habsbg., habsburg.	habsburgisch
hann.	hannoveranisch
HGr.	Heeresgruppe
hl.	heilig
HL	Heeresleitung
holl., holländ.	holländisch
Hptm.	Hauptmann
HQ	Hauptquartier
Hs.	Haus
human.	humanistisch
Hzm.	Herzogtum
I.	Insel
Iae.	Insulae (lat.)
IAEA	Internationale Atom-Energie-Agentur
iber.	iberisch
IFC	International Finance Corporation
illyr.	illyrisch
In.	Inseln
indogerm.	indogermanisch
IRO	International Refugee Organization
ital.	italienisch
J.	Jahr, Jahre
jap.	japanisch
Jh.	Jahrhundert
jon.	jonisch
Jt.	Jahrtausend
Kab.	Kabinett
Kaiserr., Ksr.	Kaiserreich
kanon.	kanonisch
karoling.	karolingisch
karth.	karthagisch
kassit.	kassitisch
kast.	kastilisch
kath.	katholisch
Kfsm.	Kurfürstentum
kgl., königl.	königlich
Kgr.	Königreich
kirchl.	kirchlich
Kl.	Klein-
KL	Konzentrationslager
klass.	klassisch
klev.	klevisch
KMT	Kuomintang
Kol.	Kolonie

kol.	kolonial
Komintern	Kommunistische Internationale
komm.	kommunistisch
Konf.	Konferenz
konserv.	konservativ
konst.	konstitutionell
KP	Kommunistische Partei
KPdSU	Kommunistische Partei der Sowjetunion/Bolschewiki
kret.-myken.	kretisch-mykenisch
krieger.	kriegerisch
kult.	kulturell
künstl.	künstlerisch
kurld.	kurländisch
KZ	Konzentrationslager
landständ.	landständisch
latein.	lateinisch
Lgft.	Landgrafschaft
lib.	liberal
lit.	litauisch
lün.	lüneburgisch
lux.	luxemburgisch
lyd.	lydisch
Maj.	Major
mandsch.	mandschurisch
meckl.	mecklenburgisch
med.	medizinisch
merowing.	merowingisch
mesopot.	mesopotamisch
messen.	messenisch
Mgf.	Markgraf
mil., milit.	militärisch
Min.	Minister
Mitgl.	Mitglied
MLF	Mobile Land Forces
mod.	modern
mold.	moldauisch
Mon.	Monarchie
mont.	montenegrinisch
MP.	Ministerpräsident
MSI	Movimento Sociale Italiano
Mt.	Mont, Mount
Mts.	Monts, Mountains
myken.	mykenisch
myst.	mystisch
myth.	mythisch
napol.	napoleonisch
NASA	National Aeronautics and Space Administration
nat.	national
NATO	North Atlantic Treaty Organization
nat.-soz.	nationalsozialistisch
Nat.-Vers.	Nationalversammlung
ndl.	niederländisch
Ndr.	Nieder-
neolith.	neolithisch
Niederl.	Niederlassung
nord.	nordisch
norw.	norwegisch
NS	Nationalsozialismus, nationalsozialistisch
NSDAP	Nationalsozialistische Deutsche Arbeiter-Partei
OAS	Organisation amerikanischer Staaten
OAS	Organisation Armée Secrète
OB	Oberbefehlshaber
Oberkdo.	Oberkommando
OBH	Oberbefehlshaber des Heeres
OBL	Oberbefehlshaber der Luftwaffe
OBM	Oberbefehlshaber der Kriegsmarine
OCAM	Organisation Commune Africaine et Malgache
OECD	Organization for Economic Cooperation and Development
OEEC	Organization for European Economic Cooperation
OHL	Oberste Heeresleitung
OKW	Oberkommando der Wehrmacht
old.	oldenburgisch
orth.	orthodox
osm., osman.	osmanisch
Österr.	Österreich
österr.	österreichisch
otton.	ottonisch
OUA	Organisation de l'Unité Africaine
ÖVP	Österreichische Volkspartei
parlament.	parlamentarisch
PCI	Partito Communista Italiano
peloponnes.	peloponnesisch
pers.	persisch
Pers.-U.	Personalunion
pfälz.	pfälzisch
Phil.	Philosophie
philos.	philosophisch
phönik.	phönikisch
phys.	physikalisch
PM	Premierminister
PNF	Partito Nazionale Fascista
polit.	politisch
poln.	polnisch
pomm.	pommerisch
port.	portugiesisch
Pp.	Papst
Pr.	Probstei
Präs.	Präsident
privileg.	privilegiert
prot.	protestantisch
Prov.	Provinz
PSDI	Partito Socialista Democratico Italiano
PSI	Partito Socialista Italiano
Pt.	Port
PU., Pers.-U.	Personalunion
RAF	Royal Air Force
Ref.	Reform, Reformen
ref.	reformiert
reformat.	reformatorisch
Reg.	Regierung
relig.	religiös
Rep.	Republik
republ.	republikanisch
Rev.	Revolution
rev.	revolutionär
RGW	siehe COMECON
RK.	Reichskanzler
RM.	Reichsmarschall

röm.	römisch
roman.	romanisch
RSHA	Reichssicherheitshauptamt
RT.	Reichstag
S.	San, Sao
Sa.	Santa
SA	Sturmabteilung
sard.	sardinisch
sav.	savoyisch
SBZ	Sowjet. Besatzungszone
schwed.	schwedisch
SD	Sicherheitsdienst
SEATO	South-East Asia [Collective Defense] Treaty Organization
selbst.	selbständig
serb.	serbisch
SHAPE	Supreme Headquarters Allied Powers in Europe
siz.	sizilianisch
slaw.	slawisch
souv.	souverän
soz.	sozial
soz.-rev.	sozial-revolutionär
SPD	Sozialdemokratische Partei Deutschlands
SPÖ	Sozialdemokratische Partei Österreichs
SS	Schutzstaffel
SSR	Sozialistische Sowjetrepublik
St.	Saint, Sankt
staatl.	staatlich
ständ.	ständisch
sumer.	sumerisch
SVP	Südtiroler Volkspartei
syr.	syrisch
tatar.	tatarisch
territ.	territorial
theban.	thebanisch
theoret.	theoretisch
tosk.	toskanisch
tribut.	tributpflichtig
Tsd.	Tausend
türk.	türkisch
U.	Union
u. a.	und andere, unter anderem
UdSSR	Union der Sozialistischen Sowjetrepubliken
ukrain.	ukrainisch
UN	United Nations
unabh.	unabhängig
UNESCO	United Nations Educational, Scientific and Cultural Organization
ungar.	ungarisch
UNRRA	United Nations Relief and Rehabilitation Administration
USBZ	Amerikanische Besatzungszone
VAR	Vereinigte Arabische Republik
Vas.	Vasall
verein.	vereinigt
Verf.	Verfassung
versch.	verschieden
Vert.-Min.	Verteidigungs-Minister
Vertr.	Vertrag
Verw.	Verwaltung
Vgft.	Vizegrafschaft
Vkgr.	Vizekönigreich
VR	Volksrepublik
waräg.	warägisch
WEU	Westeuropäische Union
wirtschaftl.	wirtschaftlich
württ.	württembergisch
WVO	Warschauer Pakt-Organisation
zentralist.	zentralistisch
ZK	Zentralkomitee

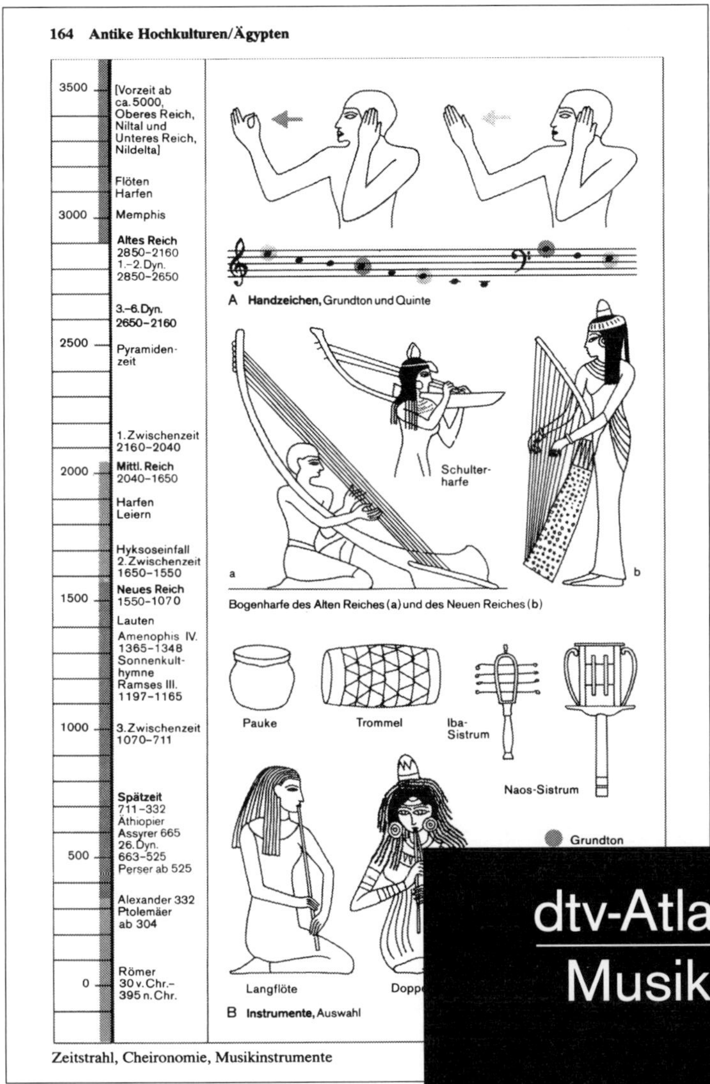

dtv-Atlas Musik
von Ulrich Michels
2 Bände
250 Farbseiten
von Gunther Vogel
Originalausgabe
dtv 3022 / 3023

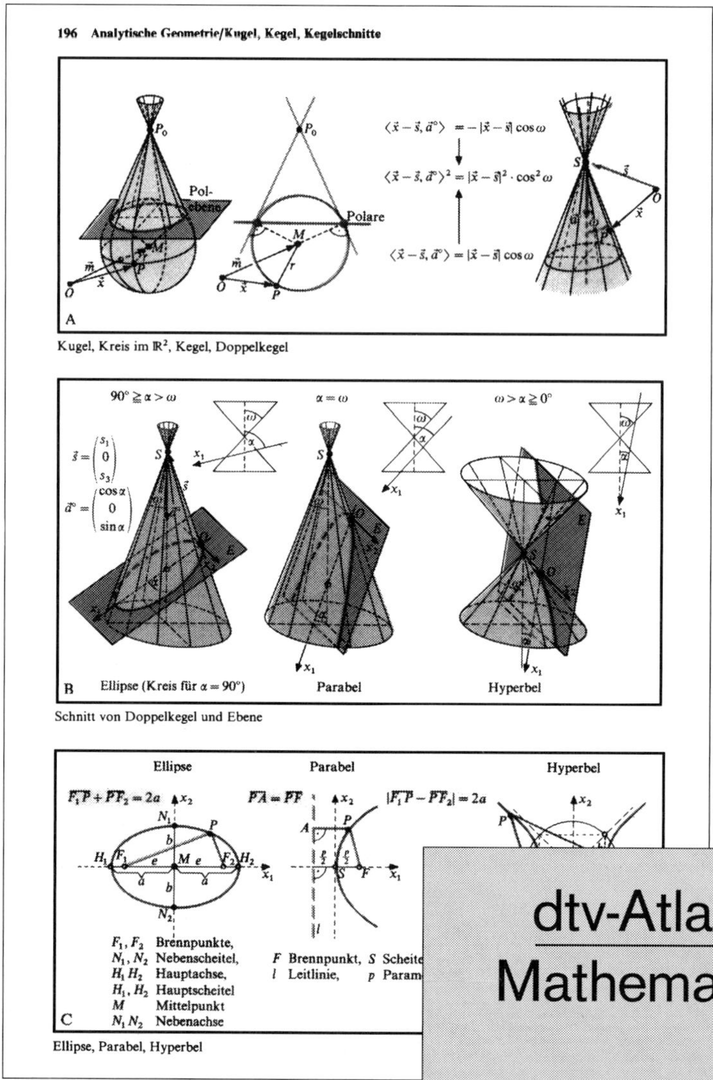

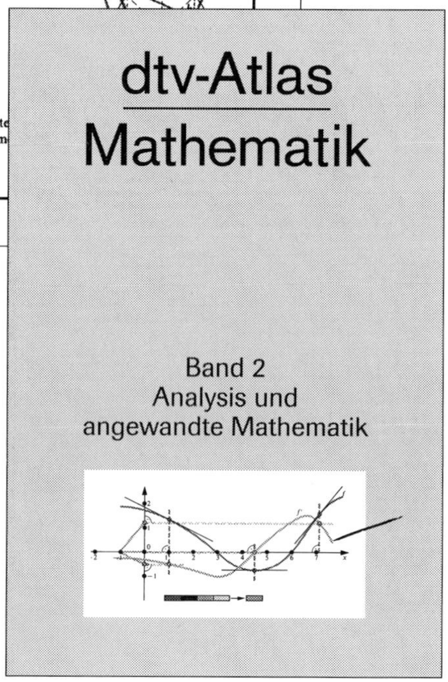

dtv-Atlas Mathematik
von F. Reinhardt und
H. Soeder
Band 1: Grundlagen.
Algebra und Geometrie
Band 2: Analysis und
angewandte Mathematik
222 Farbseiten von
Gerd Falk
Originalausgabe
dtv 3007/3008

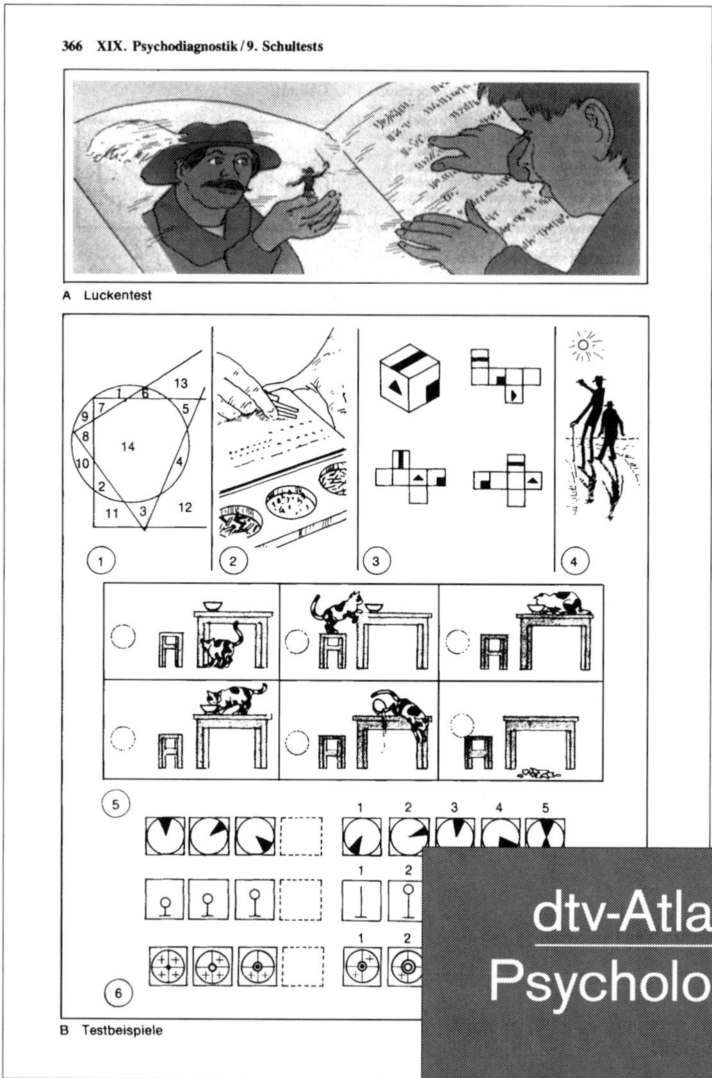

dtv-Atlas Psychologie
von Hellmuth Benesch
2 Bände
208 Farbseiten
von H. u. K. von Saalfeld
Originalausgabe
dtv 3224 / 3225

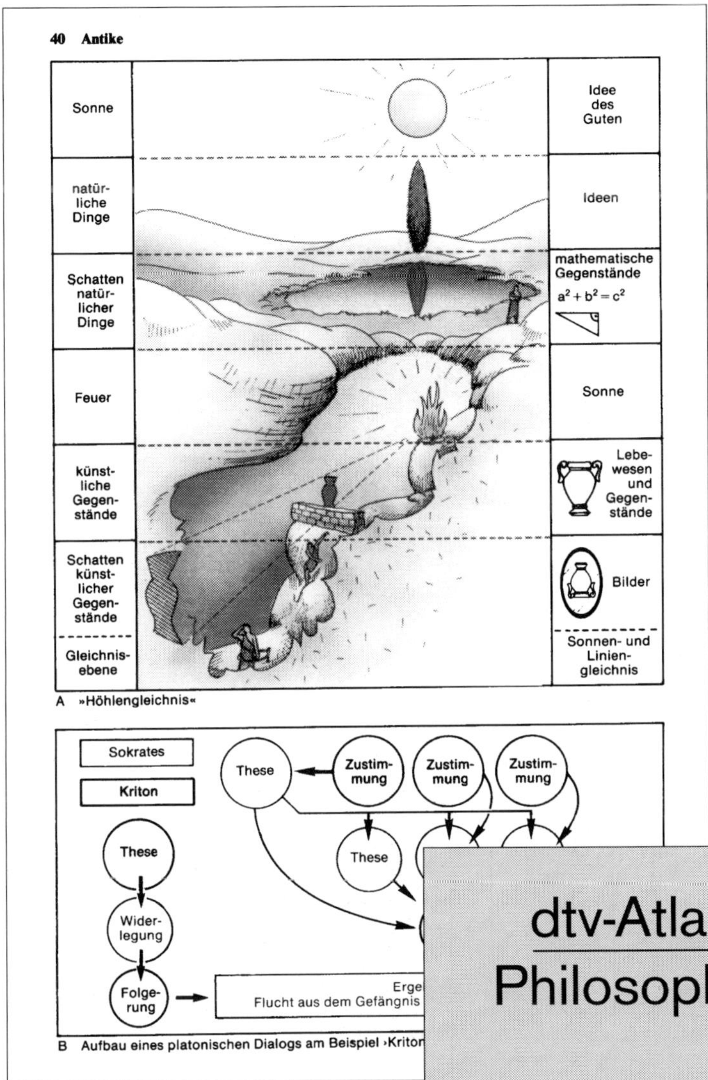

dtv-Atlas Philosophie
von Peter Kunzmann,
Franz-Peter Burkard und
Franz Wiedmann
111 Farbseiten
von Axel Weiß
Originalausgabe
dtv 3229

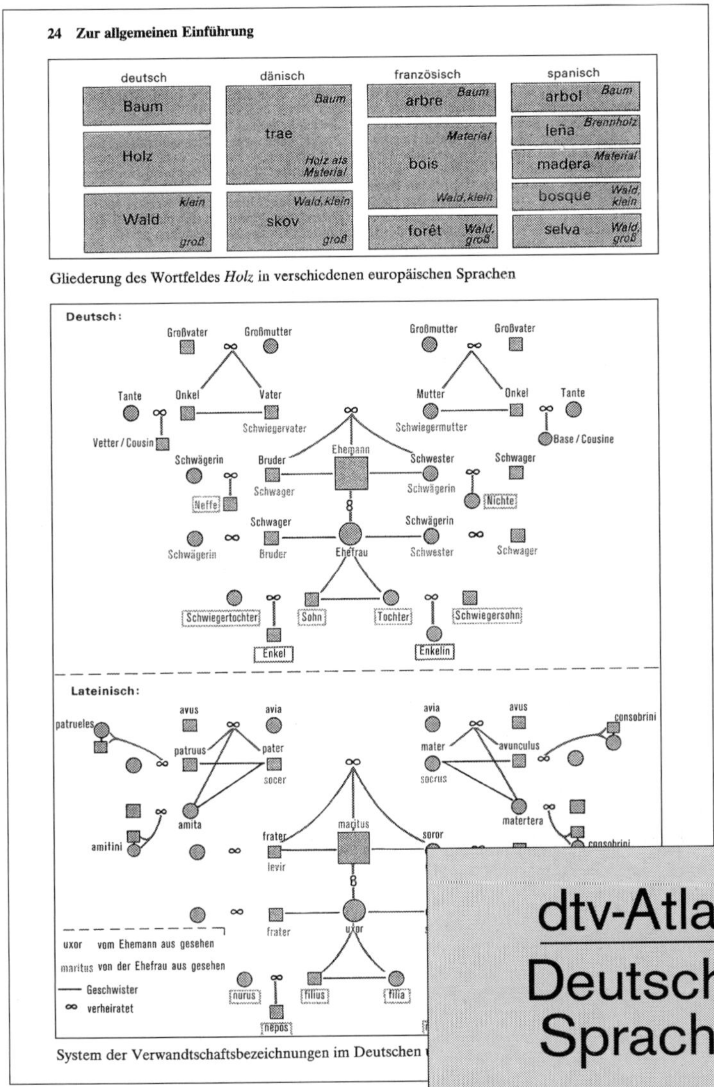

Gliederung des Wortfeldes *Holz* in verschiedenen europäischen Sprachen

System der Verwandtschaftsbezeichnungen im Deutschen

dtv-Atlas Deutsche Sprache
von Werner König
155 Farbseiten
von Hans-Joachim Paul
Originalausgabe
dtv 3025